DIE ERINNERUNG BLEIBT

DIE ERINNERUNG BLEIBT

DONAUSCHWÄBISCHE LITERATUR SEIT 1945
EINE ANTHOLOGIE
BAND 3
H - J

HERAUSGEGEBEN
UND MIT EINEM VORWORT
VON
STEFAN TEPPERT

HARTMANN VERLAG
SERSHEIM

Dieser Band erscheint im „Donauschwäbischen Archiv" der „Donauschwäbischen Kulturstiftung", München-Sindelfingen, Reihe III: „Beiträge zur Volks- und Heimatgeschichtsforschung, Schulgeschichte", Band 121, ISSN 0172-5165-121; zugleich als Band 6 in der „Donauschwäbischen Kunst- und Geschichtsreihe" des Hartmann Verlags, Sersheim.

Copyright © by Hartmann Verlag, Sersheim 2004

Alle Rechte,
auch das der photomechanischen Wiedergabe,
vorbehalten.
Umschlaggestaltung unter Verwendung eines Gemäldes
von Sebastian Leicht im Haus der Donauschwaben, Sindelfingen
Vignette auf dem Leineneinband von Josef de Ponte
Gesetzt aus der Times New Roman
Satz: Stefan u. Isabela Teppert, Meßstetten
Printed in Germany
Druck und Buchbinderarbeiten: Hanf Buch- und Mediendruck GmbH, Pfungstadt
Band 3: ISBN 3-925921-26-5
Gesamtwerk (6-7 Bände): ISBN 3-925921-23-0
Band 1: A - D, 669 Seiten, Sersheim 1995, ISBN 3-925921-24-9
Band 2: E - G, 1021 Seiten, Sersheim 2000, ISBN 3-925921-25-7

INHALT

Vorwort 9

Dank 12

Die Autoren und ihre Texte: 13

Habermann Paul Otto 15

Hammerstiel Robert 41

Haupt Herbert Werner 61

Haupt Nikolaus 83

Hauser Hedi 107

Hecker Róbert 125

Hegel Elisabeth 147

Hehn Ilse 165

Heidelbacher Josef 187

Heilmann-Märzweiler Leni 207

Heim Ferdinand 223

Heinz Franz 241

Heinz Stefan 263

Hell Karl 287

Herdt Barbara 309

Herold Johann 331

Herr Anita 351

Herr Christ N. 369

Heuer Roswitha	389
Hiel Ingeborg	405
Hieß Joseph	427
Hild Fritz	443
Hockl Hans Wolfram	463
Hockl Helmfried	489
Hönig-Sorg Susanne	513
Hollinger Rudolf	535
Holzinger Michael	561
Hornyatschek Josef	591
Horwath-Tenz Maria	611
Hruszek Heinrich	633
Huber Adam	653
Hübner Jakob	673
Hübner Nikolaus	689
Hunoltstein Hans von	707
Hutterer Christl	731
Hutterer Franz	755
Ilk Anton-Joseph	775
Janko Magdalena	793
Johler Matthias	817
Jünger Franz	837
Jung Peter	857
Just Hans Matthias	881

Anhang

Nachweis der Textauswahl 901

Bibliographie 929

Anthologien und Sekundärliteratur 993

Abkürzungen 1007

Vorwort

Gegenüber den zwei Vorgängerbänden hat sich hier im dritten Band an der Konzeption nichts geändert. Den Texten der einzelnen Autoren habe ich aber etwas mehr Platz eingeräumt. Auch der Schrifttumsnachweis bezüglich nichtselbständiger Veröffentlichungen und Beiträge über die Autoren ist wesentlich verbessert; erfaßt ist alles, was mir in Einzelfällen zur Verfügung gestellt wurde oder was – besonders bei verstorbenen Autoren – in der Reichweite meiner Recherchen lag. Diverse donauschwäbische Zeitungen und Zeitschriften habe ich zu diesem Zweck systematisch ausgewertet, andere nur sporadisch. Erschöpfendes konnte und sollte schon deshalb nicht geleistet werden, weil der Nachweis von Literatur, die vor dem Zweiten Weltkrieg oder außerhalb des donauschwäbischen Einzugsbereiches publiziert wurde, entweder unverhältnismäßig aufwendig oder mangels Beständen gar nicht realisierbar ist. Als notwendig hat sich die Einführung eines Abkürzungsverzeichnisses der zitierten Periodika erwiesen, wobei nur bedauerlich ist, daß man im deutschen Sprachraum nicht auf normierte Abbreviaturen zurückgreifen kann und gezwungen ist, das Rad immer wieder neu zu erfinden.

Wenn es übrigens gelingt, diese Anthologie auf lange Sicht abzuschließen, soll sie planmäßig keinesfalls mehr als sechs bis sieben Bände umfassen.

Unter den Buchstaben H, I und J sind hier neununddreißig donauschwäbische Schriftsteller und Dichter versammelt, darüber hinaus drei, die nicht ihrer Herkunft, vielmehr ihres Bekenntnisses und Engagements für die donauschwäbische Sache wegen aufgenommen wurden: Zu ihnen gehören *Paul Otto Habermann*, *Joseph Hieß* und *Ingeborg Hiel*. Die teilnehmende Annäherung der von außen Kommenden erweitert unser Verständnis, nicht selten durch überraschende Zusammenhänge und unbefangene Ansichten. Wie schon *Karl Götz* und *Ferdinand Ernst Gruber* im zweiten Band sind sie durch ihre Zuneigung und ihre unerschrockene Auseinandersetzung mit dem harten Schicksal dieses Volksstammes zu kundigen und geschätzten Anwälten in dessen nach außen hin kaum adäquat vertretenem Interesse geworden. Diese Mittler zwischen Auslandsdeutschen und Mutterland wurden von den Donauschwaben enthusiastisch „Künder", „Herolde", „Wahrer" und „Sachwalter" genannt und galten geradezu als die ihrigen.

Wieder ist der thematische und geographische Bogen so weit gespannt wie das Niveau der vertretenen Literaten und die von ihnen gepflegten Textsorten oder literarischen Gattungen. Ob die Texte sich als Poesie behaupten können oder unsere Aufmerksamkeit „nur" durch ihren Zeugniswert verdienen, darüber mag der Leser urteilen. Da diese Anthologie eine versunkene und hie und da noch fortlebende Welt spiegelt, sind auch Splitter willkommen, die das Bild zu ergänzen vermögen.

Beispielsweise schrieb Pfarrer *Matthias Johler* im Todeslager Gakowa Tagebuch, ohne literarischen Anspruch zwar, aber zweifellos mit der Absicht, die Außenwelt in gläubig-nüchterner Zeugenschaft über himmelschreiendes Unrecht zu unterrichten. Tatsächlich konnte Johler seine Aufzeichnungen in die Freiheit retten, es sind die einzigen uns bekannten aus einem jugoslawischen Vernichtungslager, die einzigen, die das Leid dort hautnah, aus täglicher Mitleidenschaft und nicht aus dem Abstand nachträglicher Erinnerung überliefern. Durch seine singuläre Stellung besitzt Johlers Tagebuch für uns Heutige neben seinem historischen Quellenwert eine aus Not und Schrecken geborene Würde.

Eine Besonderheit in diesem Band sind auch die Schriften von *Karl Hell*. Sie reichen inhaltlich in eine Vergangenheit zurück, die von dieser die Nachkriegsliteratur versammelnden Anthologie in der Regel nicht mehr berührt wird: in den Ersten Weltkrieg und den Untergang der k. u. k. Monarchie. Jedoch hat Hell seine wahrscheinlich wesentlich früher entstandenen Notizen und Unterlagen nach Österreich mitgenommen, wahrscheinlich auf deren Grundlage er nach 1945 seine Erinnerungen niederschrieb und Teile davon auch veröffentlichte. Dieser Schaffensperiode entstammen die hier ausgewählten Texte.

Mit der Aufnahme des Gedichts „Schwäbische Bauern" von *Peter Jung* habe ich mir dagegen einen kleinen Regelverstoß erlaubt. Erstmals erschien es nämlich 1928 in den „Banater deutschen Kulturheften", kurz nach Jungs Tod abermals 1967 in der Zeitung „Der Donauschwabe", ein drittes Mal 1990. Wo und wann es darüber hinaus publiziert wurde, entzieht sich meiner Kenntnis. Das Poem wirft – gerade weil es nur in der Zwischenkriegszeit geschrieben werden konnte – ein bezeichnendes Schlaglicht nicht nur auf Jungs weltanschauliche Entwicklung, sondern auch auf die donauschwäbische Kulturgeschichte davor und danach. Es ist eine Ikone ungebrochenen donauschwäbischen Selbstbewußtseins, das sich freilich nur dem historischen Blick erschließt und aus heutiger Sicht allzu leicht unter Ideologieverdacht gerät. Aber gerade deshalb schien es mir einer ausnahmsweisen Grenzüberschreitung wert.

Erfreulich ist der Umstand, daß mit *Josef Heidelbacher* ein Sathmarer Schwabe und mit *Anton-Joseph Ilk* ein Landsmann aus Oberwischau in der Zips vertreten sind, beide übrigens geographisch gesehen der Landsmannschaft der Sathmarer Schwaben zugehörig. Sie sind seltene literarische Vertreter kleiner oder winziger Volks- und Mundartgruppen, die den Donauschwaben zugerechnet werden.

Auch in diesem Band sind einige Autoren vertreten, die durch Talent, Produktivität und/oder Bedeutsamkeit herausragen. Teilweise haben sie es sogar zu hohen Auflagen und einem zumindest im deutschen Sprachraum beachtlichen Bekanntheitsgrad gebracht. Unter den Arrivierten muß in erster Linie *Franz Hutterer* genannt werden, weiterhin *Robert Hammerstiel*, der allerdings vor allem durch seine bildnerische Kunst Weltruf genießt.

Da nach erzählerischen und ideengeschichtlichen Maßstäben vollendete Werke oder international bekannte Autoren in dieser Anthologie kaum vertreten sind, weil die donauschwäbische Literatur insgesamt damit höchstens in seltenen Ausnahmefällen aufwarten kann, mußte der hier angelegte Anspruch von vornherein ein anderer als der literaturkritische oder ästhetische, der an weltliterarischem Niveau orientierte sein. Das Leitmotiv ist vielmehr auch weiterhin, Beiträge zur Kenntnis der Donauschwaben, ihrer Literatur und ihrer Geschichte zu präsentieren, auch wenn dies nicht immer mit künstlerisch hochwertigen Texten abgedeckt werden kann. Dazu muß das Bestreben, das kollektive literarische Erbe einer weltweit zerstreuten Volksgruppe in der Zeit nach dem Zweiten Weltkrieg aufscheinen zu lassen, keinen Widerspruch bilden. Aber nicht einen Kanon aufzustellen, sondern Kostproben und ein wenig Übersicht zu geben, ist hier das Ziel. Ohnehin entscheidet letztlich doch der Leser mit seinem privaten Behagen und seinem Zugewinn an Einsicht darüber, was lesenswert und wertvoll ist. Wenn er sich hier einige Anregungen holen kann, so wäre der Zweck dieser Unternehmung erfüllt.

In einer dem Materiellen huldigenden und vor Flexibilität und Mobilität richtungslos gewordenen Welt ringen die hier versammelten Autoren jeder auf seine Weise um die Überlieferung des Geistigen, um die Weitergabe von identitätsstiftenden Schätzen, weil sie sich bei aller Erweiterung und Vertiefung ihrer inneren Wahlverwandtschaft noch an einem stabilen Pol heimatlicher Verwurzelung orientieren können.

Daß die alte Heimat erst dann wahrhaft verloren wäre, wenn sich niemand mehr daran erinnerte, ist unzweifelhaft eine Wahrheit. Aber in der aufgespeicherten Erinnerung der Vertriebenen haben die Deutschen seelisch immer noch teil an Lebensgefühl, Mentalität und Spiritualität im Osten Europas, von denen sie beeinflußt worden sind bei der Entwicklung ihrer Regionalkulturen und die sie umgekehrt auch mitgeprägt haben. Vielleicht hat der Verlust der Heimat das Bewußtsein von ihr sogar geschärft, das Verhältnis zu ihr auf eine höhere Ebene gehoben und – nach allem Leid, das die Völker sich gegenseitig zufügten – neue Möglichkeiten des Respekts füreinander und der friedlichen Gemeinsamkeiten mit den einstigen Nachbarvölkern eröffnet.

In der Kenntnis des Herkommens besteht das Geschenk zwischen den Generationen. Doch muß jeder einzelne es auch erwerben, um es zu besitzen. Die Bringschuld der Erben besteht im persönlichen und spontanen Akt der geistigen Aneignung. Dann ist das Vergangene tatsächlich – wie es William Faulkner einmal formuliert hat – „nie tot, es ist nicht einmal vergangen". Denselben Sachverhalt faßt der kroatische Schriftsteller Miroslav Krleša als Imperativ an die Autorschaft: „Mit den Augen der Literatur beschaut sich das Volk durch die Jahrhunderte, und damit sein Gedächtnis nicht wie eine Wolke im Wind verfliegt, darf die Literatur nichts vergessen."

Stefan Teppert
Meßstetten, im Oktober 2004

DANK

gebührt selbstverständlich allen Autoren
beziehungsweise ihren Angehörigen oder Nachkommen,
die mir ihre Beiträge überlassen
und mich bei deren Bearbeitung unterstützt haben.

Verbunden bin ich dem Institut
für donauschwäbische Geschichte und Landeskunde in Tübingen
und seinen Mitarbeitern.
Auch dieser Band hätte schwerlich entstehen können
ohne die Möglichkeit, dort zu arbeiten.

Für ihre weiterführenden Hinweise, Angaben und Auskünfte
sowie ihr Interesse danke ich den Mitarbeitern dieses Instituts,
Dr. Horst Fassel, Dr. Hans Gehl
und den Bibliothekarinnen Renate Krestel und Susanne Munz,
ebenso Dr. Peter Motzan und Eduard Schneider vom Institut
für deutsche Kultur und Geschichte Südosteuropas in München,
Wolfgang Gleich als Schriftleiter des eingestellten „Donauschwaben",
Johann Schuth, dem Chefredakteur der Neuen Zeitung in Budapest,
sowie Luzian Geier in Augsburg, Dr. Hans Dama in Wien
und Hans Vastag in Stuttgart, weiterhin Henriette Mojem,
der Geschäftsführerin, und Ottmar Maier, dem Bibliothekar
im Haus der Donauschwaben in Sindelfingen.

Hans Sonnleitner,
der Vorsitzende der Donauschwäbischen Kulturstiftung in München,
hat dem auch vor der Drucklegung keineswegs kostenlosen Projekt
wieder finanziell unter die Arme gegriffen.
Herzlichen Dank für die Entlastung.

Oswald Hartmann verdient Anerkennung für seinen
durch nichts als Begeisterung für die Sache gerechtfertigten,
immer noch ungebeugten Mut zum verlegerischen Risiko.

Meine Frau Isabela hat dankenswerterweise
einen gewichtigen Beitrag zur Texterfassung geleistet.

Auch den hier nicht genannten
Helfern und Informanten,
Fürsprechern, Ermunterern und Rezensenten
sei nicht weniger herzlich gedankt.

DIE AUTOREN
UND IHRE TEXTE

Paul Otto Habermann †
Ziegelrode – Seeon-Seebruck

Paul Otto Habermann wurde am 8. November 1901 in Ziegelrode geboren. Er absolvierte die Oberrealschule, studierte dann Kunstgeschichte, praktische Psychologie und Journalismus. 1925 wurde er Mitglied und Mitarbeiter des „Vereins für das Deutschtum im Ausland" (VDA) und begann mit dem Studium einschlägiger Werke über das Deutschtum in Südosteuropa. Ab 1926 erfolgten alljährlich ausgedehnte volkskundliche Studienreisen durch alle deutschen Siedlungsgebiete in Ungarn, Rumänien, Jugoslawien und Bulgarien. Mit Kamera und Notizblock fuhr der Ethnologe auf seinem Motorrad von Dorf zu Dorf, um über die Menschen, ihre Aufbauleistung und ihre Lebensart zu berichten. Uralten deutschen und donauschwäbischen Spuren spürte er auch in Italien und Frankreich nach. 1931 wird der Freund der Südostdeutschen Mitarbeiter der praktischen Abteilung der „Deutschen Akademie" (zur wissenschaftlichen Erforschung und zur Pflege des Deutschtums) in München, ab 1937 freier Mitarbeiter der Presseabteilung des „Deutschen Auslands-Institutes" in Stuttgart. Nach sechs Jahren Kriegsdienst und Fronteinsatz und anschließend fünfjähriger sowjetischer Kriegsgefangenschaft kehrte er 1950 zu seiner Familie zurück und nahm sofort wieder Verbindung zu dem inzwischen heimatberaubten und in alle Welt zerstreuten Südostdeutschtum auf. Mit leidenschaftlicher Feder hat Habermann, beschlagen und kenntnisreich wie kein zweiter „Reichsdeutscher", in über 500 – teilweise größeren – Artikeln sein erlebtes Wissen über das Deutschtum in Südosteuropa, seine kulturellen Leistungen und das Schicksal der aus dieser Heimat Vertriebenen erfaßt. In vielen Städten und Dörfern bis nach Südtirol hat er auch 200 stets positiv aufgenomme Lichtbildervorträge gehalten. 1960 wurde er vom Landesverband der Südostdeutschen in Rheinland-Palz mit der Verdienstnadel in Gold ausgezeichet. Die mit ihm befreundete donauschwäbische Dichterin Anni Schmidt-Endres nannte Habermann den „getreuen Herold des Südostdeutschtums" und „Wahrer und Künder unseres Volksstammes". Paul Otto Habermann starb am 13. September 1980 in Seeon.

Ich suchte das Deutschtum in Südosteuropa
Erinnerungen und Bekenntnisse eines „Reichsdeutschen"

„Aus der Jugendzeit ... klingt ein Lied mir immerdar ..." So hatte einst ein Dichter gesungen. Und dieses Dichterwort klingt immer wieder in mir auf, wenn ich an einen Herbsttag des Jahres 1911 denke. Damals hatte ich als Zehnjähriger in einem Unterrichtsbuch erstmals eine kurze Notiz über das Deutschtum in Siebenbürgen gelesen. Diese wenigen Zeilen (es wurde darin über das beinahe achthundertjährige Bestehen, die einzigartigen, mächtigen Kirchenburgen sowie die selten farbenfrohen Volkstrachten berichtet) hatten mich so tief beeindruckt, daß ich den Vorsatz faßte, jenes Deutschtum im „Land der Kirchenburgen" in den Bergen zwischen transsylvanischen Alpen und Waldkarpaten unter allen Umständen einmal aus eigener Anschauung kennenzulernen ... Durch Verbindung zu einer VdA-Schulgruppe kam ich zunächst zu Lesestoff über das Gesamtdeutschtum im Ausland. Später bot sich Gelegenheit, mir allerlei Schriften über das Südostdeutschtum zu verschaffen ... Dann habe ich gelesen. Immer wieder! Oft bis spät in die Nacht, bis ich vor Müdigkeit einschlief. Und dann kam das „Traummännlein" und zeigte mir Land und Leute meiner Sehnsucht. Wenn ich aufwachte, war das Traumbild zwar verschwunden, übrig blieb jedoch die Sehnsucht nach Land und Leuten meiner Träume ... Bis im Februar 1926 dieses Sehnen erstmals seine Erfüllung fand im deutschen Siedlungsraum Südosteuropas und unter dessen deutschen Menschen.

I. Teil: Zwischen Neusiedler See und Ofener Bergland

Vor mir liegen diejenigen meiner Tagebücher aus den Jahren 1926 bis 1939. Kunde begehren möchte ich von ihnen wieder einmal über jene Zeit, wahrend der ich zwischen Burgenland und Schwarzem Meer deutsche Menschen suchte und fand ... Ihre Kolonistenahnen hatten sich einst in diesem Raum durch Mühe und Not und harte Arbeit eine Heimat geschaffen. Und durch Generationen haben sich deren Nachkommen diese Heimat immer wieder von neuem erarbeitet und sie somit rechtmäßig besessen ...

Burgenland! – Uralter deutscher Siedlungsboden nicht weit hinter Wien. Ehemals zu Ungarn gehörig, fiel es im Jahre 1921 als selbständiges Bundesland an Österreich. Es ist die Heimat zweier großer Meister deutscher Tonkunst: *Josef Haydn* und *Franz Liszt*. Unsterbliche Namen und unvergeßlich jedem Deutschen, der seine Heimat, sein Volk und sein Vaterland liebt ... Und wenn in traurigen und trüben Zeiten das deutsche Volk seine Hymne singt, möge es nie vergessen, daß Hoffmann von Fallerslebens „Lied der Deutschen" nach Österreichs Kaisermelodie gesungen wird, die ein Jahr vor des Dichters Geburt von Josef Haydn komponiert wurde. Und in Eisenstadt, Burgenlands schönem Hauptstädtchen, umweht den Besucher in allen Gassen gleichsam der Hauch des gewaltigen Werkes jenes Großen aus dem Reich der Musik.

„Dem deutschen Meister, das deutsche Volk", so steht an einem Hause im Dörfchen *Raiding*. Hier wurde Franz Liszt geboren. Auch er wurde einer der wahrhaft Großen im Reiche der Musik, schuf unsterbliche Melodien und wurde in der weltberühmten Wagnerstadt Bayreuth zur letzten Ruhe gebettet.

Auf dieser Reiseroute war ich bei Hegyeshalom über die Grenze nach Ungarn gekommen. In Bezenye machte ich bei einer befreundeten deutschen Familie Station und unternahm von hier aus mehrere Male Abstecher nach *Rajka*, dem deutschen Ragendorf. Diese Großgemeinde lag an der Schleife eines Armes der sogenannten kleinen Donau. Von guten Bekannten wurde mir erzahlt, daß die Ragendorfer Deutschen aus der bayerischen Donaugegend gekommen seien und sich hier genau wie in der alten Heimat mit Fischfang, besonders aber mit Krebsfang beschäftigten. In ihrer Tätigkeit als Fischer seien sie so geschickt gewesen, daß sie die ganze Ragendorfer Umgebung mit den schönsten und besten Fischen sowie den schmackhaftesten Krebsen belieferten. Diese deutsche Siedlung wurde deshalb auch von den in der Umgebung wohnenden Ungarn Rákfalu (Krebsendorf) genannt; die Deutschen aber haben daraus in ihrer Mundart das Wort Ragendorf geformt.

Unterwegs nach Budapest. – In *Vértestolna* war ich bei dem Präses der Ortsgruppe des Ungarländisch-Deutschen Volksbildungsvereins (UDV), Anton Engstner zu Gast. Bei dieser Gelegenheit lernte ich den jungen Studenten Georg Goldschmidt kennen, der bei seinem Onkel Ferien machte. Sein Zimmer glich einem „Bücherladen", unzählige Bücher hat er mit unermüdlichem Fleiß und Ernst auf das genaueste durchgearbeitet. Die Ergebnisse erschienen als Buchbesprechungen eines anerkannten Könners. Mit den Honoraren hat er sich einen nicht unbeträchtlichen Teil der Studiengelder selbst verdient ... Damals, und etwa zwei Jahre später, als ich ihm zu einer Gratulation einen Blitzbesuch machte (er hatte kurz vorher mit glänzendem Erfolg seinen Dr. gemacht), ahnte er wohl kaum, daß er knapp ein Jahrzehnt später das verantwortungsvolle – und wohl auch exponierte – Amt eines stellvertretenden Volksgruppenführers des ungarländischen Deutschtums bekleiden würde ... Zu jener Zeit haben mir bei meinen wiederholten Reisen durch Ungarn immer wieder ungarndeutsche Freunde bestätigt, daß die Amtsführung Dr. Georg Goldschmidts korrekt und sauber sei ... Und nach der Vertreibung wurde das mir gegenüber ebenfalls des öfteren betont und als Regel-Tatsache erneut bekräftigt. Freilich, so sagten diese ungarndeutschen Freunde, gäbe es auch Ausnahme-Kritiker, die an diesem Manne so manches auszusetzen hätten. Aber, so wurde weiter argumentiert, müsse man in diesem Zusammenhang immer daran denken, daß es besonders heute eine bestimmte Kategorie von

Menschen gäbe, denen im Prinzip selbst ein Herrgott nicht alles recht zu machen vermag ...

Nicht unerwähnt soll bleiben, daß mir Dr. Goldschmidt damals bei meinem ersten Besuch in Vértestolna die Bekanntschaft eines Mannes vermittelte, dem ich zeit meines Lebens ein dankbares, ehrendes Gedenken bewahre: Prof. Dr. Jakob Bleyer. Die vielen wertvollen Anregungen, die mir dieser wahrhaft väterliche Freund und Gönner damals immer wieder bereitwillig und ausführlich gab, haben mir während meiner volkskundlichen Studienreisen durch die ungarischen Deutschtumsgebiete unschätzbare Dienste geleistet. In meiner Erinnerung lebt er fort als ein unbestechlicher Kämpfer für sein und seiner ungarndeutschen Landsleute angestammtes Volkstum. Dabei ist er stets bereit gewesen, dem gemeinsamen ungarischen Vaterlande das zuzugestehen, was dieses billigerweise von jedem seiner Staatsbürger zu Recht verlangen durfte: Treue und Loyalität ...

Durch eine weitere Empfehlung wurde ich bei der Jungkameradschaft Ungarländisch-deutscher Hochschüler der „Suevia", Budapest, Mollnar utca 20/II/10 eingeführt. Und hier lernte ich zwei junge Menschen kennen, mit denen ich damals besonders in Freundschaft verbunden war: stud. med. Michael Heller und stud. phil. Adam Wohlfahrt.

Dr. Heller soll heute irgendwo im Burgenland eine Arztpraxis ausüben; Prof. Wohlfahrt (langjährig in Fünfkirchen tätig) glaubte als Idealist, die Anerkennung der Menschenwürde nach Kriegsende auch bei den neuen Herren als etwas Selbstverständliches voraussetzen zu können. Deshalb wurde er bitter enttäuscht; denn er hatte die alte Heimat – als das Chaos hereinbrach – nicht verlassen ...

Im Jahre 1950 kam eine Frau aus Csâtalja nach Deutschland. Und diese Frau brachte Kunde mit, daß Prof. Wohlfahrt mit seiner sechsköpfigen Familie in den Csâtaljaer Weingärten als gewöhnlicher Arbeiter vegetiere ... Ob sich diese beiden Freunde aus der „guten alten (Jugend-) Zeit" noch jenes „Reichsdeutschen" erinnern, dessen „Leistungen" im unzähligen „Verkoschte" bei so manchen gemeinsamen Kellerpartien in den Weingärten ihrer Eltern (in Zsámbék und Vaskút) sie stets mit dem Prädikat „gut" benotet hatten? – Erinnern sie sich noch an jenen 7. Februar 1926 und an das, was sich an jenem Tage in den Sälen der Ofener Redoute abspielte? Es war der *Budapester Schwabenball*. Niemand, der dieses einmalige Jahresereignis miterleben durfte, wird es zeit seines Lebens vergessen. Und was meine Tagebuchblätter davon erzählen, ist folgendes:

Jung und alt sah in freudiger Erwartung dem Schwabenball entgegen. Ihrer deutschen Abstammung in Liebe gedenkend, fanden sich die ungarländischen Deutschen zu einer Unterhaltung zusammen, die in sämtlichen Sälen der Ofener Redoute abgehalten wurde, die weit über das Alltägliche hinausging und die ein Ball des gesamten Deutschtums in Ungarn war. Es war ein gegenseitiges Kennenlernen des städtischen und bäuerlichen ungarländisch-deutschen Volkes, wobei sich bei beiden Teilen die Erkenntnis der Zusammengehörigkeit vertiefen sowie die Treue zur gemeinsamen Muttersprache und zum gemeinsamen Volkstum stärken konnte.

Die Mädchen der deutschen Ortschaften waren am aufgeregtesten. Es wollte jede die Schönste **sein** und die schönste Volkstracht tragen! Sie waren schon lange vor dem Feste emsig dabei, sich zu diesem ereignisreichen Tage zu rüsten. **Diese Volkstrachten haben ja nicht nur Schönheit und Poesie zum harmonischen Ausdruck gebracht, sondern sie sind zugleich das äußere Zeichen einer festen Gemeinschaft gewesen.** Den Festausschuß haben 150 Deutsche aus der Hauptstadt und ihrer Umgebung gebildet. Als „Hausfrauen" haben sich 145 weibliche Persönlichkeiten betätigt, und 88 deutsche Studenten sorgten als Festordner für die äußere Gestaltung des Balles ... Das sind überaus nüchterne Zahlen, aber sie beweisen die außerordentliche Stellung des Schwabenballes, der weit über die jährlich stattfindenden etwa 80 bis 90 Budapester Bälle hinausragt. Das, was ich auf diesem Ball zu sehen bekam, waren im wahrsten Sinne: deutsche Tänze, deutsche Volkstrachten; und was man hörte, war deutscher Gesang und deutsche Musik (wobei jedoch auch ungarische Musik und Tänze gebührend berücksichtigt wurden).

Im Schutze der Ofener Bergrücken liegt etwas abseits von Budapest ein Dörferkranz: schwäbische Ansiedlungen. Einige davon habe ich besucht. Ob ich in Hydegkut bei der Familie Schillinger zu Gaste war, ob ich in Budaörs beim Weber-Vetter in der Friedhofgasse verweilte, ob ich in Budakeszi der Sparkassen-Präses Josef Frankhauser besuchte, ob ich in Törökbalint bei den Familien meiner Namensvettern, der Habermann-Sippe eingeladen wurde, überall seltene Gastfreundschaft und überall in den Kellern „Noch a Schnipfele zum Verkoschte".

II. Teil: In der Schwäbischen Türkei

Weiter nach Süden geht die Fahrt. Da gab es einst im südwestlichen Teil des alten Ungarn drei Komitate mit den größten geschlossenen deutschen Siedlungen: Tolnau (Tolna), Baranya, Schomodei (Somogy). Dieses Gesamtgebiet war damals wohl das einzige, wo die Türkenherrschaft am längsten währte ... Damals war es auch, wo ganz plötzlich das Wort „Törökország" (Türkei) aufkam. Es wurde von den durch den Vertrauten des Prinzen Eugen, Graf Mercy erneut ins Land gerufenen deutschen Ansiedlern übernommen und deren Nachkommen durch mündliche Überlieferung weitergegeben. Für diese deutschen Ansiedler gab es die Sammelbezeichnung „Schwaber", die nicht zuletzt durch die Taten des Landgrafen Ludwig von Baden (dem „Türkenlouis") und seine Soldaten zu einem Ehrennamen wurde. In Verbindung mit dieser Sammelbezeichnung entstand dann für das obengenannte Siedlungsgebiet der Name „Schwäbische Türkei". Um die Erkenntnis über den Ursprung dieser Benennung hatte sich wohl die ungarndeutsche Heimatdichterin Ella Triebnigg-Pirkhert durch ihre Forschungen besonders verdient gemacht.

Reich an vielfältigen Ereignissen ist die historische Vergangenheit dieser Gebiete ... Es mögen uralte vergilbte Blätter gewesen sein, die den Fachgelehrten Kunde gaben, daß in längst vergangenen Zeiten besonders die Baranya von germanischen Kelten – mit einem dem deutschen ähnlichen Sprachschatz – bewohnt gewesen sei. In stetem Wechsel kamen dann fremde Völker: Hunnen fielen ein und raubten und mordeten, die Goten und Gepiden kamen und gingen, und die Langobarden wurden von den Awaren abgelöst.

Die 200jährige Awarenherrschaft wurde durch den Frankenkönig Karl gebrochen, der das Gebiet teilweise mit seinen Franken besiedelte. Und erst nach den Franken hatten sich die Magyaren hier ansässig gemacht. Ihr erster König, Stefan, hatte die wertvollen Eigenschaften der deutschen Menschen erkannt und rief mehr und mehr davon als Kolonisten in sein Land. Besonders viele deutsche Handwerker holte er nach Fünfkirchen, der Hauptstadt der Baranya. Und schon damals gingen die deutschen handwerklichen Erzeugnisse weit im Lande umher als Zeugen vom Fleiß und Können einer ehrsamen deutschen Handwerkerzunft. – Prinz Eugen von Savoyen hatte das Land von einer weit über 150jährigen Türkenherrschaft befreit ... Viel deutsches Blut war in den langen Kämpfen gegen den äußeren Feind auf dieser Erde geflossen. Und dieser Blutzoll hat – zusammen mit Fleiß und Treue – für alle Nachkommen der deutschen Kolonisten das Recht geschaffen auf diese Erde als – Heimaterde.

*

Es war ein eigenes Völkchen, diese deutschen Menschen auf dieser fruchtgesegneten Erde; Freude am Lied und Witz waren Eigenschaften, die sich besonders bei ihnen abhoben. Aufnahmefähig und unverbraucht war der Geist dieser deutschen Menschen. Das Festhalten an Glauben, Sitte, Tracht und Sprache der Ahnen war für sie eine Selbstverständlichkeit. Und wenn sie sich in der Umgebung von Ungarn, von bulgarischen, serbokroatischen und schokazischen Siedlern als Deutsche erhalten haben, so kann dieses als ihr Verdienst nicht oft genug bezeugt werden. Als Bauernvolk waren sie der Scholle, ihrem Volkstum und dem Staate stets in Treue verbunden. Fruchtbar war dieses Stückchen Erde. Dankbaren deutschen Menschen war durch nimmermüden Fleiß in fremdem Land eine reiche Heimat entstanden. Fruchtgesegnet waren die Äcker, üppig die saftigen Wiesen ringsumher. Und die Abhänge des Mecsek, der Szekszárder und Vilányer Höhen waren von paradiesischen Weingärten bestanden; ebenbürtig denen am deutschen Rhein. Heilquellen, Steinkohle und Marmor als wertvolle Bodenschätze birgt das Innere dieser reichen Erde. Und in subtropische Gegenden fühlt man sich versetzt in den südlichen Teilen, wo auf feuchtem Boden Reis und auf dem sandigen Tabak angebaut wurde.

Musterbetriebe waren die donauschwäbischen Bauernwirtschaften und ihre Besitzer wohlhabend durch Sparsamkeit, Können und Fleiß. Ihre Heimat da unten hatten sie sich rechtmäßig erworben. Und dieser Heimat sind seine deutschen Menschen nur Heger und Pfleger gewesen ... und niemals zum Schaden des ungarischen Staates!

Auf meinen Fahrten und Wanderungen in der Schwäbischen Türkei habe ich u. a. selten gastliche Menschen in folgenden deutschen Dörfern kennengelernt: *Mórágy, Némétkér, Möcsény, Czikó, Mözs, Várdomb, Alsónána, Egyhazaskozár, Bátaszék*. Wenn ich die beiden vorletzten Orte in der Wertung besonders herausgreife, so sollen und dürfen sie für seltene Gastfreundschaft und Festhalten am Vätererbe stellvertretend für alle die genannten (und ungenannten) deutschen Orte dort unten sprechen.

In Alsónána war es das gastliche Haus vom UDV-Präses Jakob Turban und seiner liebenswerten Familie, wo ich „alle Jahre wieder" mein „Hauptquartier" aufschlug und von wo aus ich meine Entdeckungsfahrten in die nähere und weitere Umgebung zu den deutschen Dörfern unternahm ... und überall ward meinem Suchen und Forschen und Erleben reichlicher Lohn.

In einem Talkessel liegt das andere schmucke Schwabendorf mit seinen sauberen weißen Häusern. Die hellblauen Türen und farbenfroh gestrichenen Fensterrahmen machen einen freundlichen, anheimelnden Eindruck; es ist Egyhazaskozár.

Als ich diesen Ort das erste Mal besuchte, hatte ich ein ganz besonderes Glück. Es war Werktag und dennoch überall in den Straßen festtäglich gekleidete Menschen. Einen Vorübergehenden frug ich um die Ursache, stellte mich vor und erhielt plötzlich folgende geradezu begeisterte Gegenrede: „Sie san vun Deitschland? Do müssens gleich dobleiwe. S' isch heit a große Baurehochzeit bei uns. Kommens mit, uff d'r Hochzeit müssens mehr verzehle vun Deitschland." Der diese Worte zu mir sprach, war, ein Verwandter vom „Hochzeiter", hängte sich bei mir ein und dann führte er mich zum Hochzeitshaus beim Müller-Heinrich-Vetter in der Hauptgasse. Und da erfuhr ich, was nach „reichsdeutschen" Begriffen schlechthin unvorstellbar ist: „Es isch a Schwowehochzeit mit 400 inng'ladene Gäscht." Das heißt also 400 eingeladene und somit nichtzahlende Gäste. Diese Hochzeit dauerte drei Tage und hat die „Veranstalter" ein kleines Vermögen gekostet. Jawohl! Aber das Vermögen war da; es mußte nicht erst von irgendwoher geliehen werden. Es war ein durch ehrliche Arbeit erworbenes, erspartes Vermögen, durch Fleiß und Können stets vermehrt ...

Es war ein Fest der Freude, aber auch ein Fest der Treue gegenüber dem Vätererbe. Besser hätten wohl donauschwäbische Bauernart und Bauernglaube nicht gezeigt werden können als durch das Brautpaar und die Gäste, die von den Vätern ererbte Trachten trugen und – im Gegensatz zu den sonst allgemein üblichen Gassenhauern – nur die alten, schönen deutschen Lieder sangen, die einst schon von den Kolonistenahnen mit aus der Urheimat gebracht wurden.

Als Gast aus dem Reich mußte ich drei Tage bleiben; sie wollten nicht müde werden im Fragen, die donauschwäbischen Bauern während der Hochzeit beim Müller-Heinrich-Vetter in Egyhazaskozár. Und der Gast aus dem Reich erzählte immer wieder „vom Land der Ahnen" ... und fand nimmermüde, dankbare Zuhörer.

22. November 1936. – Diesmal befinde ich mich im Donau-Drau-Winkel, jenem Teil der Baranya, der nach dem ersten Weltkrieg an Jugoslawien fiel.

Freudenfest in Beli Manastir. Treffen und Bekenntnisfest der im Schwäbisch-Deutschen Kulturbunde zusammengeschlossenen deutschen Jugend der jugoslawischen Baranya. Die gastgebende Ortsgruppe unter Leitung von Josef Stiegler hatte vorbildliche Arbeit geleistet. Eine unübersehbare Menschenmenge hatte sich vor dem neuen Heim der Ortsgruppe versammelt, um all die vielen Gäste begeistert zu begrüßen ... Und der Gast aus dem Reich, dessen ehrenvoller Auftrag es ihm ermöglichte, an dieser Feier teilzunehmen, war tief beeindruckt.

Im Heim bildeten ein paar hundert Mädel und Jungen Spalier und begrüßten mit beispielloser Begeisterung den prominentesten Gast: Bundesobmann Johann Keks ... Und als das Schwabenlied erklang, waren wohl nur wenige Augen trocken geblieben ...

Abends waren noch einmal über tausend Menschen zu einer Kreisversammlung zusammengekommen. Neben Johann Keks ergriff besonders der Pfarrherr von Beli Manastir, Dechantspfarrer Klein, das Wort. Dieser aufrechte Mann rief mit erhobener Stimme in den Saal, daß die Pflege des Volkstums genauso wichtig sei wie die Religion. Beide seien sehr wohl in Einklang zu bringen. Alter und Jugend der Deutschen dort unten hätten das von den Ahnen übernommene deutsche Erbe in fester Gottgläubigkeit zu pflegen und zu hüten ...

Was an Bekenntnissen während des gesamten Festtages immer wieder aufklang – und was diesen Feiertag besonders für mich unvergessen machte –, galt der Pflege der Muttersprache, der Heimat- und Vaterlandsliebe, des angestammten Väterglaubens.

*

Zum Abschluß dieser kurzen Würdigung der Schwäbischen Türkei und ihrer deutschen Menschen hier noch den Text vom ersten und dritten Vers des „Schwäbischen Bauernliedes" von Peter Jekel (einem Deutschen aus Ungarn, der während einiger Jahre nach dem ersten Weltkrieg als Vizestaatssekretär im Budapester Kabinett die Belange seiner Landsleute vertrat):

Wir sind ein Bauernstamm, das macht uns stolz,
Aus kerngesundem hartem Holz.
Ist auch an schwerer Arbeit reich das Jahr,
Wir preisen, Herr, Dich immerdar!

Das Ahnenvolk kam her aus deutscher Mark,
War fleißig, treu und glaubensstark.
Das sind auch wir am neuen Heimatherd:
Laß, Herr, uns sein der Ahnen wert!

Daß diese Deutschen der Schwäbischen Türkei ebenfalls stets der Ahnen wert waren und es noch heute sind, darf ihnen immer wieder bestätigt werden.

III. Teil: Was mir die Batschka erzählt ...

Batschka! – Deutscher Menschen verlorenes Bauernparadies – heute ... Nachdem Prinz Eugen die Türken in der Schlacht bei *Zenta* an der Theiß im Jahre 1697 vernichtend geschlagen hatte, gab es für die damalige Landesherrschaft erstmals wieder die Möglichkeit – neben den anderen befreiten Landesteilen –, auch den wirtschaftlichen Verhältnissen der Batschka Festigkeit und Dauerhaftigkeit zu verleihen.

Gegen Ende Juni 1764 entschloß sich *Maria Theresia*, das Gebiet der Batschka mit Deutschen zu besiedeln. Eine zweite Ansiedlungsperiode für Deutsche begann während der Regierungszeit Kaiser *Josefs II.* (1780-1790). Im September 1782 wurde ein kaiserlicher „Einwanderungs-Freibrief" erlassen. Es wurden Werber, sogenannte Geheimboten, mit dem Auftrag nach Deutschland geschickt, insbesondere „Deutsche Reichsglieder (Ackersleute und Professionisten) aus dem oberen Rheinkreise" für eine Ansiedlung in Ungarn aufzufordern. Später sind Auswanderungswillige aus allen Reichsgebieten gekommen und haben der Auswanderungs- bzw. Ansiedlungsaufforderung Folge geleistet.

*

Als Folge der Kriegsverheerungen waren die weiten Ebenen der Batschka Ödland und Wüste geworden. Und von Sumpf und Morast sind große Flächen überzogen gewesen. Nachdem die Ansiedlungsversuche mit nichtdeutschen Volkszugehörigen zum Großteil fehlgeschlagen waren, brachten erst die Kolonisationen mit Deutschen diesem Gebiet dann wieder eine starke wirtschaftliche Neubelebung. Aus eben diesem Ödland und dieser Wüste schufen deutsche Bauernfäuste fruchtbares, reiches Ackerland. Der Ackerpflug, mit dem sie die Erde bebauten in nimmermüdem Fleiß, war das Symbol dieser deutschen Bauerngeschlechter. Und ihr Lebenssinn war Arbeit und Treue.

Die schlichten Ansiedlerhäuschen in den deutschen Dörfern waren Denkmäler aus längst vergangener Zeit. Für ihre ersten Bewohner mag die Arbeit schwer, groß die Not und schlicht und einfach die Lebensweise gewesen sein ... Und für den Gast aus dem Reich war es stets, als raunten die uralten stummen Wände und erzählten als dennoch beredte Zeugen von jener Zeit, von der die folgenden inhaltsschweren Worte geprägt wurden: „Die erste Ansiedlergeneration hatte den Tod, die zweite noch immer Not und die dritte erst das Brot."

Der deutsche Menschenschlag der Batschka war bei reichlicher Kost und regelmäßiger Lebensweise tüchtig und ausdauernd. Alte Leute zwischen achtzig und neunzig Jahren waren keine Seltenheit. Und das Streben dieser deutschen Bauerngeschlechter war: für Kind und Kindeskinder die Zukunft zu sichern zum Nutzen ihrer Volksgruppe und des Staates.

Wer je einmal in ihrer unendlichen Weite die fruchtgesegnete Erde der Batschka mit ihren wogenden goldgelben Ähren- und Maisfeldern und den Rebenbestand in lieblichen Weingärten kennengelernt hat, mußte überzeugt sein, daß diese Landschaft die Kornkammer nicht nur Südosteuropas war. Wer je einmal in den schmucken massiven Heimstätten mit den freundlichen Giebeln, farbenfroh getünchten Wänden und ebenso gestrichenen Fensterläden in den wohlhabenden deutschen Dörfern zu Gast war, erlebte es, daß bei seinen deutschen Menschen Gastfreundschaft als geheiligter Brauch gepflegt wurde.

Spätsommer 1936. – Zeit froher Festtage in einer Anzahl deutscher Jubelgemeinden der Batschka ... Im Jahre 1786 war es, da zogen deutsche Menschen aus den verschiedenen Gegenden des Mutterlandes aus, um sich in den durch die Türkenherrschaft verwahrlosten und entvölkerten Gebieten der Batschka eine neue Heimat zu gründen. Unter anderen sind als neue Dorfschaften auf Prädien oder Pußten errichtet worden: *Kleinker, Neu-Siwatz, Bulkes, Sekitsch* ... Es war also das 150jährige Ansiedlungsjubiläum, das diese Gemeinden im Jahre 1936 feiern konnten ... Der Weg der Kolonistenahnen der Deutschen dieser Jubelgemeinden führte sie zunächst donauabwärts über Wien und Budapest. In der königlich ungarischen Freistadt *Sombor* wurde ihnen durch die staatlichen Abwicklungsbehörden ihr Ansiedlungsgebiet zugewiesen ... Heiß brannten die Strahlen einer fast südlich anmutenden Sonne in der schweigenden Batschkaer Ebene. Und als dann aber den Kolonisten Land, Vieh und Gerätschaften zu eigen übergeben wurden und als sie erstmals Einzug hielten in ihre Häuschen, da empfanden sie erst so recht die Wirklichkeit, daß sie in fremdem Land eine neue Heimat, *ein Stück eigene Erde* gefunden hatten ...

Die Jubelgemeinden hatten sich entschlossen, dieses Ansiedlungsjubiläum jeweils würdig zu begehen. Und ich habe es dankbar empfunden, damals diese Jubelfeiern miterleben zu dürfen.

Umfangreiche Vorkehrungen wurden getroffen und herzliche Einladungen ergingen an Landsleute bzw. ehemalige Angehörige der Dorfgemeinschaft aus nah und fern; selbst in Übersee wurde dieser Ruf nicht überhört. Es fanden sich überall begeisterte Menschen zusammen, die immer wieder bemüht waren, ein glückliches Gelingen dieser Jubelfeste zu gewährleisten.

Örtliche Museumsausschüsse wurden gebildet mit der Aufgabe, ein Heimatmuseum zu errichten, alle Gegenstände, die sich auf die Einwanderung beziehen oder aus dieser Zeit stammen, einzusammeln und diese örtlichen Museen damit auf das reichhaltigste auszugestalten.

Für die Trachtenzüge zum Jubelfest wurden die alten Trachten hervorgesucht, ausgebessert und aufgeputzt oder auch neue, den typischen Eigenarten der alten Volkstracht Rechnung tragende Gewänder angeschafft ... Rührend war es anzusehen, wie weder Opfer noch Zeit gescheut wurden, um all das zusammenzutragen, was Väterart und Vätersitte in ehrenvollem Licht erscheinen lassen konnte ... Und dann wurden drei „Brautpaare" mit Gefolge jeweils zusammengestellt, je eines in der malerischen Tracht, wie sie vor 150, vor 100 sowie vor 50 Jahren bei den Ahnen ortsüblich war, um im Festzuge mitzumarschieren ...

Diese Jubelfeste waren „Feiertage des Gedenkens" an die Ahnen und an deren Leistungen, die sie allen Erschwernissen zum Trotz vollbracht hatten. In den Liedern und Reden auf den Festplätzen und bei den Dankgebeten im Gotteshaus klang immer wieder das Gelöbnis auf, das Kulturerbe der Ahnen zu pflegen und zu erhalten ... Und diesem Gelöbnis getreu haben die Nachkommen durch Generationen gelebt und gearbeitet ...

Batschka! Einst fruchtgesegnetes Land. – Brechen der Scholle, Saat und Ernte war der Dreiklang der Bauernfäuste deiner fleißigen deutschen Menschen. Immer wieder! Und die Folge: reiche Frucht. Immer wieder! Bis auf den Tag, der die Entrechtung brachte und das Grauen. Das war damals, als in jenen grauen Oktobertagen des Jahres 1944 das für menschliche Begriffe kaum vorstellbare große Sterben begann ... Denen diese Erde einst Heimat war – und denen, die sie als „Reichsdeutsche" erleben durften –, bleibt sie die unvergessene Batschka. –

*

Sekitsch, deutsche Großgemeinde in der Batschka. – Durch Empfehlung jugoslawiendeutscher Freunde war ich in diese Gemeinde im Batsch-Topolaer Bezirk gekommen. Das freundliche Entgegenkommen des damaligen Ortsrichters Heinrich Schübler gab mir die Möglichkeit, im Ortsarchiv wertvolle Aufzeichnungen über die Sekitscher Ansiedlungsgeschichte zu machen, die ich durch den Inhalt der vergilbten Blätter der Kirchenbücher im evangelischen Pfarramt ausführlich ergänzen konnte. Es hatte ja schon im Jahre der Ortsgründung der erste eigene Pfarrherr, Gottlieb Johann Weinrich, mit den Eintragungen begonnen.

Die eigentliche Geburtsstunde von Sekitsch begann am 13. März 1786, als Josef II. jene Verordnung unterschrieb, wonach die in der Gemarkung Batsch-Topola gelegene Pußta „Szekity" von den damaligen Pächtern zu räumen und den neuen deutschen Einwanderern zur Verfügung zu stellen sei ...

Das Häuschen des Janzen-Vetter war noch ein Originalzeuge aus jener Einwanderungszeit. Dessen Ur-Ur-Großvater war 1786 der erste Besitzer dieses Häuschens, und aus Tronecken, Kreis Bernkastel im Rheinland eingewandert ... Oft und oft hatte sich der Verfasser zu angeregter Plauderstunde beim 80jährigen Janzen-Vetter eingefunden und dabei mancherlei Wissenswertes über die „gute alte (Szeghegyer-) Zeit" erfahren dürfen.

Warum ich Sekitsch ein besonderes Gedenken widme? – Weil es für meine „Entdeckungsfahrten" durch die deutschen Siedlungsgebiete der Batschka mein „Standquartier" war, weil ich über ein Jahrzehnt alljährlich dorthin wiederkehrte, weil ich in diesem Jahrzehnt alle Feste, die Sekitsch im Jahreslauf feierte, miterleben durfte, weil ich in vielen Heimstätten der Sekitscher als Gast ein und aus gegangen bin, weil ich mit vielen seiner Menschen in seltener Freundschaft verbunden war, weil ich kurzweg in Sekitsch „drheem g'wese" bin, und weil mir aus all diesen Gründen Sekitsch – was durch den zweiten Weltkrieg verhindert wurde – zur Wahlheimat geworden wäre ...

Meine Gedanken wandern immer wieder zurück nach Sekitsch und lassen all das viele unvergessene Vergangene in der Erinnerung aufsteigen ... und nicht nur in den vielen mir ehemals vertrauten Heimstätten vermisse ich die Zeichen der früheren Wohlhabenheit, sondern auch auf den Gassen die unzähligen früheren vertrauten Gesichter ... Da, plötzlich steigen im Nebel des Grauens zwei Namen auf: *Gakowa* und *Kruschiwl* und künden vom unsagbar tragischen Massensterben eines Großteils der Sekitscher deutschen Menschen ... Ich weiß, daß die Sekitscher Überlebenden *und ihre Jugend* diesen ihren Toten im Herzen eine Heimstatt bewahren werden für alle Zeiten. –

IV. Teil: Deutsche Heimat im Banat

1929! – Unterwegs in der „Porta Orientalis" der alten Zeit: dem Banat.

Was über die bisher schon erwähnten südostdeutschen Siedlungsgebiete und den Fleiß und das Können ihrer deutschen Menschen, über deren Wirtschaft, Industrie, Handwerk und Gewerbe, Schulwesen, Sitte und Brauchtum gesagt wurde, trifft voll und ganz auch für das Banat zu.

Das eigenartige Gefühl, das ich empfand, als ich mich erstmals im Jahre 1926 als „Deutschländer" auf Entdeckungsfahrt durch das Banat befand, kam auch diesmal immer wieder in mir auf: Staunen über ein „Deutsches Wunder in fremdem Land". Überall aufrechte deutsche Menschen, insbesondere mit Berechtigung stolze deutsche Bauerngestalten, in der Gesamtheit ihres bäuerlichen Lebens von der Wiege bis zum Grabe dem Kulturerbe ihrer Ahnen in Treue verbunden. Ihre nimmermüden Betreuerhände hatten eine selten fruchtbare Heimaterde geschaffen, ob im Bergland, in der Heide oder in der Hecke. Und dieser ihrer Banater Heimat hatten sie sich auf Gedeih und Verderb verschrieben ...

Der Vertrag von Trianon hatte zwar das Banat in drei Teile zerhackt, und das war für das Banater Deutschtum damals auch ein harter Schlag. Man hatte aber den Eindruck, daß sich diese deutschen Menschen da unten durch diese Zerstückelung ihrer Heimat nun erst recht auf die hohen Werte besannen, die sie als Vätererbe zu treuen Händen übernommen hatten. Und die nun vermehrt einsetzende Pflege jener materiellen, geistig-seelischen und kulturellen Werte ließ das Banater Schwabentum wirtschaftlich und somit auch in seiner volklichen Substanz mehr und mehr erstarken ...

Im rumänischen Banat

„Es war einmal ... so fangen alle Märchen an. Und es war damals auch für mich wie im Märchen: Ich war in „Tirol", einer deutschen Siedlung – im Banat. Jawohl! So etwas hat es dort unten gegeben ...

Man schrieb das Jahr 1810 ... Nachdem ein Jahr zuvor der Heldenkampf der Tiroler unter Andreas Hofer so verheißungsvoll begonnen hatte, brach dieser Volksaufstand ein Jahr später zusammen. Andreas Hofer fiel in Mantua durch französische Kugeln. Viele der Tiroler Freiheitskämpfer waren schlimmsten Verfolgungen durch Organe der Besatzungsmacht ausgesetzt. Da wurde den heimatlos gewordenen Tirolern durch die Gnade des Kaisers (Königs von Ungarn) im Banat eine neue Heimat geboten. Und diese Neusiedlung, dieses „Tirol im Banat" (wie es auch im amtlichen rumänischen Sprachgebrauch hieß) wurde Königsgnad genannt. Diese Gründung stand damals jedoch schon unter keinem guten Stern; durch die „Geißel des Banats" (Malaria und Typhus) begann unter den neuangesiedelten Tiroler Bergbauern ein Massensterben. Es wurde gesagt, daß die durchschnittliche Sterbeziffer damals um das etwa Zwanzigfache höher gegenüber dem normalen Stand gewesen sein soll ...

Als im Jahre 1814 Tirol wieder zu Österreich kam, da trieb die Heimatsehnsucht eine Anzahl Tiroler Familien aus Königsgnad wieder in ihre alte Tiroler Bergheimat zurück. Die 55 württembergischen Familien, die im Jahre 1816 in Königsgnad angesiedelt wurden, fanden den Ort schon von einem Großteil der Tiroler verlassen. Im Jahre 1818 – so wurde mir erzählt – seien die Königsgnader Tiroler Familien, bis auf einen kleinen Rest, mit ihrem Ortsgeistlichen nach Temeschburg gezogen ...

Temeschburg! – Die Hauptstadt und zugleich der geistige und kulturelle Mittelpunkt des Banats ist besonders durch Adam Müller-Guttenbrunns „Der große Schwabenzug" in aller Herren Ländern bekannt geworden. Und dann wurde oft schon durch andere berufene Federn über die geschichtliche und wirtschaftliche Entwicklung dieser Stadt berichtet. Weniger bekannt sein dürfte aber, daß bereits am 1. Januar 1718, also noch vor dem Passarowitzer Friedensschluß, unter der Leitung des Grafen Mercy in Temeschburg der

„deutsche Magistrat" eingesetzt wurde. Als Stadtrichter (Bürgermeister) stand an der Spitze der Stadt Tobias Balthasar Hold aus Frankenhausen in Bayern. Von den Ratsherren stammte einer aus Weyden am Neusiedler See, der andere von Lössa in Braunschweig und ein dritter von Egenfeld in Bayern.

Voll Stolz haben die Deutschen von Temeschburg mir erzählt, daß ihre Stadt schon seit der Mitte des 18. Jahrhunderts ein Zentrum deutscher Theaterkultur im Banat gewesen sei; im Jahre 1796 sei bereits Mozarts „Zauberflöte" zur Aufführung gelangt ...

Es war schon so: Inmitten fremdvölkischer Kulturen war das deutsche Theater in Temeschburg nicht nur eine repräsentative Stätte guter Bühnenkunst, sondern weit darüber hinaus eine nicht unbedeutende Brücke zur Völkerverständigung in diesem Vielvölkerraum Südosteuropas. Und wenn ich durch die Straßen und Gassen der Stadt wanderte und die Domglocken ihre gewaltigen Stimmen ertönen ließen, da war es mir stets, als seien sie ein Mahnruf, der dem fremden Wanderer sagen wollte: Wenn du heimkehrst und dort von den wirklichen Kunstwerken und -werten erzählst, die du angetroffen hast im unteren Donauraum, so vergiß nicht jenen Bau, den ebenfalls begnadete Künstlerhände schufen: den Dom zu Temeschburg. Und noch etwas: Unvergessen bleiben wird allen, die irgendwie einmal mit der Banatia in Berührung kamen, dieser gewaltige Bau, der (einst) der geistige Mittelpunkt eines freien deutschen Schulwesens im Banat gewesen ist. Hier hatte die begabte deutsche Banater Jugend das geistige Rüstzeug erhalten, daß sie befähigen sollte – und befähigt hat –, den Namen ihres Stammes einerseits ehrenvoll im Lande zu vertreten und andererseits ebenso ehrenvoll hinauszutragen in die Welt ...

Mein Weg führte weiter durch die Banater Heide. In dieser gewaltigen fruchtgesegneten „Ebene ohne Ende" ist die schnurgerade Linie des weit entfernten Horizonts wie ein einziger riesiger Gedankenstrich ...

In *Lenauheim*, dem Heimatort, wo die Wiege eines Unsterblichen stand ...

Was kann man schon als ein gewöhnlicher Sterblicher über einen Unsterblichen sagen? Da muß man doch nur ganz bescheiden jene Worte als Wertmesser gelten lassen, die solch ein Unsterblicher selbst gesagt oder niedergeschrieben hat. Und wenn Nikolaus Lenaus Erbe es allein ermöglicht hätte, daß bei seinen südostdeutschen Heimatmenschen die Heimat als eine „Heimat im Herzen" erhalten bleibt, wäre seine Unsterblichkeit wohl schon gesichert.

Ob Nikolaus Lenau sich durch sein Werk bewußt eine Heimstatt in den Herzen seiner Südostdeutschen schaffen wollte, wissen wir nicht. Was wir aber wissen, ist folgendes: Diese Menschen haben ihm in ihren Herzen eine Heimstatt gegeben. Und diese Heimstatt wird erhalten bleiben, solange es auf dieser Erde Südostdeutsche gibt.

Durch einen Mann, der sich als Abgeordneter, Initiator und Mitbegründer der „Volksgemeinschaft" weit über seine engere Banater Heimat hinaus im öffentlichen Leben einen ehrenvollen Ruf geschaffen hatte, bin ich auf dessen Heimatort aufmerksam gemacht worden. Dieser Mann war Dr. Kaspar Muth. Und sein Heimatort hieß: *Lovrin*.

Wenn ich von Lovrin sagen darf, daß es eine beträchtliche Anzahl von Männern (insbesondere Ärzte, dann Juristen, Künstler, Journalisten, Politiker und Geistliche) mit klangvollem Namen hervorgebracht hat, so darf aber auch nicht verschwiegen werden, daß diese Gemeinde mit ihren wohlhabenden donauschwäbischen Bauernsippen mit zu den kinderärmsten im Banat gezählt werden mußte.

Die Lovriner Erzeuger-Genossenschaft gab eindeutige Kunde von der stetig steigenden Wohlhabenheit der Lovriner schwäbisch-deutschen Bauern. Und als besonderer Wertmesser der verschiedenen landwirtschaftlichen Produkte mag gelten, daß deren Absatzmärkte außer im eigenen Lande und in Österreich selbst in wichtigen Städten Deutschlands lagen ...

Für die, die zu hören verstehen, können auch Steine reden, wenn Menschen schweigen ... Auf dem Friedhof in Lovrin war es der verwitterte Grabstein auf der Ruhestätte von Nikolaus Gefesser, dar dem Beschauer aus dem Reich erzählte, daß im Jahre 1770 jener Mann sich als erster deutscher Ansiedler in Lovrin eine neue Heimstätte schuf.

Als stumme Zeugen, die bei den Lovrinern die Erinnerung an alte Zeiten ihres Heimatortes wachhielten, waren wohl auch die altersgraue Windmühle des Nikolaus Stefan und die beiden Roßmühlen von Peter Jung und Nikolaus Marx zu bewerten ...

Im Sommer 1929 war es, da klang die Erinnerung der Lovriner an das „Gestern" ihres Heimatortes in der weiten Banater Ebene ganz besonders mächtig auf. Damals hielt diese Erinnerung mit einem gewissen Stolz (und zwar berechtigt über vollbrachte Leistungen aller Lovriner Generationen) symbolisch innige Vermählung ... Meine Tagebuchaufzeichnungen erzählen darüber folgendes:

Die Lovriner deutschen Menschen hatten sich gerüstet, das „Fest der Ahnen" würdig zu begehen. Es war ein Fest dankbaren Gedenkens an die Zeit vor 150 Jahren, wo die ersten Lovriner Deutschen den damals vielerlei Arten von Erschwernissen zum Trotz ihr Gemeinwesen gründeten. An der Stelle, wo einst die Bulgaren versagten, haben die Ahnen der Lovriner Deutschen ihre Prüfung bestanden ... Es war ein festfroher, malerischer Zug freudiger Menschen, die sich hinausbewegten zum Friedhof. Und die Weihestunde, die an der Stelle stattfand, wo einst des ersten Ansiedlers von Lovrin, Nikolaus Gefessers, irdische Hülle ihre letzte Ruhestätte gefunden hatte, war ein einziges Dankgebet für alle Gründerahnen von Lovrin. Und als der Oberhirte von Temeschburg, Bischof Dr. Augustin Pacha, die Festrede hielt und dann die Lieder zum Himmel klangen, schämten sich viele der dankbaren Lovriner ihrer Tränen nicht! –

Heute, wo ich diese Zeilen schreibe, höre ich es klingen, jenes Lied, welches von fast zweihundertfünfzigjährigen werteschaffenden und stets friedlichen Aufbauleistungen singt, die stolze deutsche Bauernsippen im Banat vollbracht haben.

Mein Gruß und mein dankbares Gedenken gilt an dieser Stelle abschließend all den vielen schmucken Schwabensiedlungen im rumänischen Teil des Banats, wo ich bei den gastfreundlichen deutschen Menschen immer wieder unvergeßliche Eindrücke sammeln durfte. –

Im ungarischen Banat

Spätsommer 1936! – Die Ansiedlungsfeiern in einigen Orten der jugoslawischen Batschka mit ihren unvergeßlichen Erlebnissen liegen erst kurze Zeit zurück. Und zum zweiten Male befinde ich mich nun im Norden der rumänischen Banater Heide ... Bevor ich über die Grenze in den nur sehr kleinen Teil des bei Ungarn verbliebenen Rest-Banats hinüberwechsle, besuche ich noch kurz die Doppelgemeinde Groß- und *Deutsch-Tschanad* an der Marosch, die jetzt an dieser Stelle für eine kurze Strecke zwischen Rumänien und Ungarn die Staatsgrenze bildet ...

Im Jahre 1850 zog eine größere Anzahl schwäbischer Familien aus dem übervölkerten Deutsch-Csanád nach *Neu-St. Iwan*, etwa 9½ km südlich Szegedin. Neu-St. Iwan und Kübeckhausen sind die beiden einzigen Orte im Theiß-Marosch-Winkel des heutigen ungarischen Banats, in denen nach einer Statistik im Jahre 1930 zusammen 1138 Deutsche lebten.

In dem Serbendorfe Ujszentiván (Neu-St. Iwan) also gab es um die Mitte des 19. Jahrhunderts zu günstigen Bedingungen Ackerland für den Pflug. Mit ihren arbeitsgewohnten Fäusten bebauten die schwäbischen Bauern von Deutsch-Tschanad die Erde der neuen Heimat in Neu-St. Iwan, und diese Erde gab reichlich das tägliche Brot. Und der Wohlstand und das Blühen und Gedeihen dieser neuen Heimat nahm zu mit jedem Tag.

Peter Huhn war Ortskind und seit 1918 als Lehrer in seinem Heimatort Neu-St. Iwan tätig (er ist 1940 dort gestorben); durch eine Empfehlung war ich bei ihm zu Gast.

Neu-St. Iwan hatte zwar eine Schule in der Deutschen Gasse, aber als römisch-katholische deutsche Gemeinde keine eigene Kirche. Gottesdienst wurde in einem Schulzimmer gehalten, dessen Verlängerung als Altarraum ausgebaut worden war. Vom angebauten Turmraum erklangen die ehernen Stimmen der drei Glocken und riefen die Gläubigen zum Gebet. Die seelsorgerische Betreuung wurde bisher vom röm.-kath. Pfarramt der ungarischen Nachbargemeinde *Szöreg* durchgeführt. Inzwischen hatte Neu-St. Iwan ein eigenes Pfarramt bekommen; Stefan Winkler aus *Kübeckhausen* ist der erste Pfarrherr gewesen. Und dann hatte 1936 der Ort auch eine eigene deutsche Schule erhalten. Wissenswert dürfte noch sein, daß mindestens 50 % aller deutschen Neu-St. Iwaner ihre Kinder auf eine Realschule, ein Gymnasium, eine technische Mittelschule oder Handelsschule schickten ... Diese Tatsache ist doch wohl zweifellos ein erfreuliches Zeichen von einem gesunden Streben nach Weiterbildung auf allen Gebieten des Wissens gewesen ...

Es ist in der zweiten Septemberwoche; für die Frauen und Mädchen von Neu-St. Iwan ist höchste „Alarmstufe" angesetzt. Und der erstaunte Gast aus dem Reich erfährt, daß hier die deutschen Menschen ihr höchstes Fest des Jahres feiern wollen: Kirchweih, am 14. September ... Und nun war es da, dieses Fest, an dem, wie kaum sonst, das harte Tagewerk von Frohsinn und Freude abgelöst wurde. Der oft mehrere Jahrzehnte alte Maibaum – der jeweils Ende Mai umgelegt und oberhalb der Kegelbahn im Vereinshaus seinen „Sommerschlaf" hielt – wurde wieder aufgestellt. Da gab es eine „Vortanzstrauß"-Versteigerung, einen „Maitanz", und ganz besonders aber eine selten festfrohe Dorfgemeinschaft. Und das Jauchzen und Singen währte – drei Tage lang ... Für die „alten Herren" gab es am dritten Festtag das „Scheibeln auf den Bock", wobei auf der Kegelbahn unaufhörlich die Kugel rollte ... bis dann einer beim „Stechen" zum Sieger wurde. Der gewonnene Bock wurde mit Musik in das Haus des Siegers gebracht. Und dort feierten die fröhlichen Kegelbrüder weiter ... „bis daß ein neuer Tag anbrach". –

Allen Neu-St. Iwanern, gleichviel, wo sie heute als Heimatberaubte eine neue Heimat gefunden haben, möchte ich zurufen, daß ich mich immer wieder gerne an jenen Zweiklang erinnere, der auch ihr Leben stets beherrschte: harte Arbeit und frohe Feste. –

In meinem „Standquartier", in Sekitsch, hatte ich 1936 bei dem selten gastfreundlichen Ortsobmann des Kulturbundes, Friedrich Weingärtner, eine echte deutsche Weihnacht verleben dürfen. Dann hatten wir gemeinsam mit guten Freunden fröhlich und zukunftsfroh den Jahreswechsel gefeiert. Anschließend folgte die Fortsetzung meiner volkskundlichen „Entdeckungsfahrten" zunächst noch durch mehrere Batschkaer Schwabendörfer ... Und am 22. Januar fuhr ich dann erlebnisfroh der Bega-Stadt des jugoslawischen Banats, Großbetschkerek, entgegen ... Schon in den vorgelagerten Dörfern, beispielsweise in Deutsch-Elemir, herrschte besonders unter der Jugend ein geheimnisvolles, geschäftiges Treiben; es mußte schon etwas Besonderes sein, zu dem diese Jugend sich rüstete. Und so war es auch ...

Im jugoslawischen Banat

Samstag, den 23. Januar 1937 – Zum zehnten Male sollte in *Großbetschkerek* vom Schwäbisch-Deutschen Kulturbund das Banater Trachtenfest durchgeführt werden. Die Angehörigen der Mädchen-Sportabteilung des Kulturbundes von Großbetschkerek hatten den Räumen des Kasinos ein prächtiges Festkleid angelegt, überall von unzähligen Blüten in den schwäbischen Farben grün und weiß beherrscht.

Aus einer Anzahl Orte des jugoslawischen Mittel-Banats (*Betsche, Elemir, Klek, Lazarfeld, Etschka, Perles, Rudolfsgnad, Begej, Tschestereg*, und selbst aus *Weißkirchen*, um nur einige zu nennen) waren mehr oder weniger starke Trachtenabordnungen erschienen.

Als um 21 Uhr das Fest seinen Anfang nahm, waren sämtliche Räume des Kasinos überfüllt. Was man an diesem Abend zu sehen bekam, war eine einzige, gewaltige bewegliche Farben-Symphonie fröhlicher Menschen ... An der Spitze des sehr langen Trachtenzuges marschierten die symbolischen Trachtengruppen in den Saal: als erste erschien eine Kirchweihgruppe aus Etschka (mit Maibaum und Kirchweihstrauß), dann folgten eine Kirchweihgruppe aus *Martinica*, eine Hochzeitsgruppe mit Trachten, wie man sie um 1870 trug, eine Tanzgruppe mit Trachten um 1860, beide aus Lazarfeld, eine Erntegruppe und eine Winzergruppe aus Klek, abschließend folgte eine Schwarzwäldergruppe aus Großbetschkerek. Und dann wollten die unzähligen Trachten-Einzelpaare schier kein Ende nehmen ...

Die Anwesenheit von Bundesobmann Johann Keks gab dem Fest eine besondere Note. Über das, was er in seiner Ansprache hervorhob und was mich besonders beeindruckte, steht sinngemäß in meinen Aufzeichnungen folgendes: Trachtenfeste seien Ahnen- und Gemeinschaftsfeste, die dazu beitragen sollen, ihre Teilnehmer einmal jährlich anzuregen, sich mit den Arbeiten und Leistungen der Vorfahren zu befassen und bestrebt zu sein, es ihnen gleich zu tun, ihrer würdig zu sein, die ewigen Gedanken und Tugenden als echte Perlen für das weitere Leben zu gewinnen versuchen und sie an die Nachkommen zu vererben ... Und dann erklang abschließend mächtig und ergreifend das Schwabenlied.

Es folgte eine begeistert aufgenommene Dankadresse an den Bundesobmann. Und dann sang der gemischte Chor aus Etschka unter Führung des dortigen Kreisobmanns Dr. Steiner, der anschließend noch über die gemeinschaftsbildende Kraft des Volksliedes sprach, welches Stärke gewähre in schweren Stunden, und bei frohen Gemeinschaftsfesten die Herzen erfreue.

Nachdem die Jugend angesprochen war und der Jugendchor gesungen hatte, spielte die Kapelle einen Ländler, als Startzeichen dafür, daß nun der offizielle Teil abgeschlossen war.

Was nun zunächst in Abständen immer wieder mit Begeisterung gezeigt wurde und was dem Gast aus dem Reich zeit seines Lebens unvergessen bleiben wird, waren uralte Volkstänze, die Kunde brachten von ebenso uraltem Brauchtum und von Ahnensitten, wie sie im Mutterlande schon so gut wie vergessen waren ... Es darf wohl das Einverständnis meiner freundlichen Leser vorausgesetzt werden, wenn ich nachstehend etwas ausführlich erwähne, was damals gezeigt wurde, was unvergessen bleiben soll und muß, und was ich damals aufgezeichnet habe:

„Spinnradl" heißt der Volkstanz, den die Kirchweihgruppe aus Etschka zeigte, von der dann noch das Lied „I bin a Schwob" gesungen wurde, dann folgte der Volkstanz „Mädle wasch Dich" von der Martinicaer Kirchweihgruppe. Während längst vergessene Hochzeitssitten aus dem Jahre 1870 von der Lazarfelder Hochzeitsgruppe gezeigt wurden, führt die Tanzgruppe aus Lazarfeld den Volkstanz „Beim Kronenwirt" vor. Sehr starken Beifall „erntete" die Kleker Erntegruppe, die ihre Darbietungen mit vielerlei bäuerlichem Arbeitsgerät durchführte: Tanz und Gesang – "I bin a Schwobebu". Dann folgte ein schöner Volkstanz der Kleker Winzergruppe, und abschließend zeigte die Großbetschkereker Schwarzwäldergruppe die begeisternden Tänze „Mit meinem Mädle", „Kegelkönig" und „Schüttl die Hos" ...

Zwölf gewaltige Glockenschläge dröhnten weithin durch die Nacht und kündeten die Mitternachtsstunde an. Der Zeitpunkt war gekommen, wo nach altem Brauch von der Lazarfelder Hochzeitsgruppe der Ehrentanz getanzt, der Braut symbolhaft der Kranz abgenommen und das „Tüchle" aufgesetzt wurde. Und dann ist von der Etschkaer Kirchweihgruppe die Kirchweihstrauß-Versteigerung durchgeführt worden.

Für die frohgestimmten Banater deutschen Menschen begann nun bei schneidiger Musik der allgemeine Tanz, dem reichlicher und gerne gewährter Tribut gezollt wurde ... bis am 24. Januar morgens das Tagesgestirn schon beträchtlich hoch am Himmel stand.

In den Tanzpausen ist immer wieder das alte, schöne deutsche Volkslied zu Ehren gekommen ... In diesem Zusammenhang darf ich noch ergänzend sagen: Es ist schon so, von dem kostbaren deutschen Volksliedschatz haben die Kolonistenahnen aller Deutschen aus dem Südosten Europas einen großen Teil davon einst aus der Urheimat der Väter nach der sonnendurchglühten Erde ihrer neuen Heimat mitgenommen. Und durch Generationen haben die deutschen Mütter dort unten von diesem wertvollen Gut den Kindern an der Wiege schon gesungen. Und diese Kinder haben, ebenso durch Generationen, sich immer wieder um die Erhaltung und Pflege der alten deutschen Volksweisen, als innigste Werte der deutschen Volksseele, bemüht.

Zum Festgelingen haben beigetragen: Hans Kindl (Kreisobmann von Großbetschkerek), Hans Hebel (von der Bundesleitung), mit vielen Helfern, durch ihre Vorarbeiten, die begeisterten Trachtengruppen, als eigentliche „Wertmesser" des Festes, ungezählte fröhliche Menschen, durch deren Teilnahme dieses Fest erst ein Bekenntnisfest der Treue zum angestammten Volkstum, zum Ahnenerbe gewesen ist ... in einem Heimatland deutscher Menschen, im – auch für mich – unvergessenen Banat. –

X. Teil: In Syrmien/Slawonien zu Gast

1929! – Vom rumänischen Banat kommend, hatte ich *Werschetz*, der Stadt der deutschen Weinbauern im jugoslawischen Banat, einen kurzen Besuch gemacht. – Und daß jeder Banater Deutsche Werschetz voll Stolz die „Hennemannstadt" nennt, ist wohl für jeden, der die Zusammenhänge kennt, begreiflich. Weshalb nun, das soll hier kurz erwähnt werden ...

Es war schon ein Husarenstückchen, als während der Türkenzeit der Werschetzer Grobschmied und Bauer Johann Jakob Hennemann mit 70 Deutschen und 5 Serben durch eine List (indem er eine Menge leerer Weinfässer auf eine Anzahl Pferdewagen laden und damit ununterbrochen Tag und Nacht über das holprige Straßenpflaster rasseln ließ) dem Werschetz belagernden türkischen Heer den Einmarsch einer großen kaiserlichen Streitmacht vortäuschte ... Sechs Wochen lang konnte Hennemann durch diese List seine bedrohte Vaterstadt gegenüber den Türken halten, bis tatsächlich Entsatz durch die Kaiserlichen aus Temeschwar eintraf ...

Die Stadt hatte eine Reihe deutscher Großbetriebe, ein deutsches Gymnasium, eine deutsche Lehrerbildungsanstalt, eine deutsche Bürger- und Landwirtschaftsschule. Und vor allem: Es lebten dort etwa 15 000 fleißige deutsche Menschen mit rund 13 000 Serben und 3 000 Rumänen und Ungarn friedlich zusammen ...

Mein nächstes Reiseziel war Belgrad – Semlin – Franztal ...

Belgrad! – Diese Stadt hatte ich ein Jahr zuvor schon gesehen. Riesenhafte Paläste „wuchsen" damals aus dem Boden. Und daneben waren noch elende Lehmhütten gestanden. Die neuen Herren damals waren bemüht, aus der „Hauptstadt" des balkanischen Serbien im Akkordtempo die Hauptstadt des vereinigten Königreichs der Serben, Kroaten und Slowenen (SHS) zu gestalten ... Was mich als „Reichsdeutschen" an diesen gewaltigen und modernen Bauten einzig und allein interessierte, war, daß sie auf Konto deutscher Reparationen (Kriegsschuldleistungen nach dem ersten Weltkrieg) geradezu fieberhaft aus dem Boden gestampft wurden.

*

Eine ganz bestimmte Stätte war mein Ziel. Dorthin wollte ich Grüße bringen aus Deutschland;

Grüße sollten es sein in einer ganz bestimmten, einer deutschen Mission. Und diese Stätte hieß: *Topschider!* – Deutscher Heldenfriedhof bei Belgrad ... Durch herrliche Anlagen führt der Weg hinauf zur Höhe, wo oberhalb der Stadt auf dem *Banovo Brdo* deutsche Kriegskameraden des ersten Weltkrieges ihre letzte Ruhestätte gefunden haben ... An dieser Stelle schweigt aller Haß und alles Kriegsgetümmel; friedlich ruhen sie hier oben:

Freund und Feind. Auf der einen Seite die Toten des 208. Reserve-Regiments, auf der anderen die des 22. Reserve-Korps, und inmitten die Ruhestätten serbischer Krieger. – Ewiges Biwak im Topschider Park ...

*

Bemerkenswert wäre noch die gewaltige Kettenbrücke, die in über 200 Meter Länge die Save überspannt und *Belgrad* mit *Semlin* verbindet. Diese Brücke, ein Meisterwerk deutscher Technikerkunst, ist ebenfalls auf deutsches Reparationskonto des ersten Weltkrieges errichtet worden.

Vom Kalemegdan, der alten Türkenfeste, lasse ich meine Blicke hinausschweifen ins weite Land. Wie zwei silberne Bänder leuchten Donau und Save zu mir herauf. Unten im Hafen herrscht geschäftiges Treiben. Schiffssirenen heulen. Dampfer kommen und fahren ab. Und flinke kleine Motorboote flitzen zwischen den Schiffsleibern hindurch ... Noch ein Blick auf „Stadt und Festung Belgerad", wo am 16. August 1717 der neue türkische Großwesir Chali Pascha durch Prinz Eugen besiegt und die Stadt erobert wurde ... Viel deutsches Blut hat die Erde auch in diesem Raum damals schon getrunken ... Und wenn südostdeutsche Menschen zusammenkommen und dabei auch ihres Türkenbefreiers gedenken, da klingt immer wieder ein Lied mächtig auf: „Prinz Eugen, der edle Ritter ..." In diesem Lied ist jene Tat um „Stadt und Festung Belgerad" für alle Zeiten verewigt.

Belgrad und die Save liegen hinter mir. Und das nächste Reiseziel heißt *Franztal* bei Semlin.

Diese schmucke Schwabensiedlung wurde 1816 etwa drei Kilometer westlich Semlin gegründet und hieß ursprünglich *Siegenthal*. Durch eine besonders wohlwollende Haltung des damaligen Kaisers Franz, der den Siegenthaler Deutschen vielerlei Privilegien gewährte, nannten dann die dortigen dankbaren deutschen Siedler – dem Kaiser zu Ehren – ihren Heimatort Franztal.

Gern und dankbar erinnere ich mich noch der liebenswerten, freundlichen Familie Michael Braschel, in deren Heim in der Eisenbahngasse Nr. 27 ich während meines Aufenthaltes in Franztal als Gast des öfteren verweilen durfte. Obwohl auch sie noch manchmal an jenen „reichsdeutschen" Gast denken, der stets ein aufmerksamer Beobachter und hie und da sogar ein „praktizierender" Schüler bei ihrer Limonade-Fabrikation gewesen ist? Ob sie dem Grauen entrinnen konnten und heute wieder irgendwo ein Stückchen neue Heimat gefunden haben? Der Verfasser ist heute noch im Besitz einer Fotoaufnahme, die er damals von ihrem freundlichen Heim gemacht hat. Sie dürfen gewiß sein: sie, ihr Franztal und seine deutschen Menschen bleiben auch mir unvergessen.

Unterwegs nach *India*. Zwischenstation ist *Neupasua*; hier erfolgt eine kurze Rast. Mit meinem Gedenken an diese deutsche Siedlung bleiben verbunden die Namen der Familien Fromm und Pfeiffer (sowie all die anderen, deren Namen mir nicht mehr im Gedächtnis geblieben sind) und ihre seltene Gastfreundschaft.

In India ... Im Ansiedlerhäuschen des alten Dubs-Schmied erblickte der Gast aus dem Reich die geeignete Stelle, um sich erzählen zu lassen über die ersten Deutschen, die sich in dieser Gegend ansiedelten. Sie kamen etwa zu Beginn des 19. Jahrhunderts aus dem Banat. Eine kurze „Zwischenstation" ist für sie Franztal bei Semlin gewesen. Dann sind sie weitergezogen. Um 1825 ist dann India ihre endgültige Heimat geworden ... Und nun begann auch in diesem Ort, in dem bisher nur etwa 1 000 Serben wohnten, ein deutsches Wirtschaftswunder. Die fleißigen deutschen Menschen in India haben ihren Heimatort zu einem der blühendsten schwäbischen Gemeinden Jugoslawiens gemacht. Das Gesicht dieser Schwabensiedlung (deren Einwohnerzahl in Jahre 1944 fast 10 000 betrug, von denen etwa 8 000 Deutsche waren) wurde durch die deutschen wirtschaftlichen und industriellen Betriebe geprägt. Eine selten hohe Zahl geistiger Bannerträger sind aus den deutschen Bauerngeschlechtern dieses Ortes hervorgegangen. Einer, dessen Namen wohl zur größten Berühmtheit gelangte, war *Dr. Stefan Kraft*, in dessen Elternhaus ich oft als Gast geladen war. Er war jener Mann, der als erster unerschrockener Sprecher der Deutschen Jugoslawiens in fließendem Serbisch in Belgrad vor Parlament und Regierung die Interessen seiner Landsleute vertrat.

*

Hundertjährige deutsche Jubelgemeinde India! – Emsig waren seine deutschen Menschen am Werke für die Vorbereitungen zu einem würdigen Verlauf der Jubelfeier hundertjähriger deutscher Ansiedlung. Und was besonders auffiel, war ein gar liebliches Duften in allen deutschen Häusern von allerlei süßem Backwerk und vielerlei Braten. Für unzählige festfrohe deutsche Menschen stand dort das Beste bereit, was Küche und Keller zu bieten vermochte.

Im Gasthaus Diebisch war am Jubiläums-Vorabend Gästeempfang und Bekanntschaftsabend. Von weither waren die frohgestimmten und dankbaren Indiaer gekommen, um an diesem seltenen Jubelfest ihres Heimatortes teilzunehmen ... Und es war überall ein freudiges Begrüßen und Händeschütteln und Schwelgen in Erinnerungen ...

Nun war er da, der eigentliche Jubeltag, der mit einem feierlichen Gottesdienst begann, dem sich ein mächtiger, farbenfroher Festzug anschloß. Und auch hier in India war das Dankgebet seiner festfrohen deutschen Menschen ein Gelöbnis, dem Ahnenerbe in ehrendem Gedenken die Treue zu halten. Die große Kundgebung fand am Sportplatz statt und war leider verregnet. Und dennoch haben die Ansprachen der beiden prominentesten Gäste, das Ortskind Dr. Stefan Kraft und der Bundesobmann des Schwäbisch-Deutschen Kulturbundes Johann Keks, bei allen Festteilnehmern einen tiefen Eindruck hinterlassen ...

In den gastlichen Räumen des Bahnhofhotels von Balthasar Schneider hatten sich am Abend eine große Anzahl Menschen zu einem Festbankett zusammengefunden. Das Ehepaar Schneider, unterstützt durch ihr gut geschultes Personal, war nicht nur bemüht, allen Ansprüchen ihrer Gäste gerecht zu werden, sondern ist ihnen auch in jeder Weise gerecht geworden ...

Hundert Jahre deutsches Leben, deutsche Arbeit, deutscher Fleiß und deutsche Leistung in India. Das war – neben geziemend ehrendem Gedenken an die Ahnen – doch wahrhaft ein Grund zu frohem Feiern ... Und dann – wie hätte es anders sein können – fand dieses Jubelfest seinen Abschluß bei fröhlichem Tanz und Frohsinn und Gemütlichkeit.

Heute, wo ich der einst blühenden Schwabengemeinde India dieses Gedenken widme, weiß ich um dessen Ende und um das Grauen, das auch hier über seine deutschen Menschen hereinbrach, die zurückgeblieben waren. Und in diesem Gedenken klingt ein Klagen auf und kündet von der Schande von Mitrowitza, wo der Rest der dorthin verschleppten arbeitsfähigen zurückgebliebenen Indiaer ihr grauenvolles Ende fanden ... Dieses Sterben wird den Überlebenden Vermächtnis bleiben ...

Von India ging die Fahrt in nördlicher Richtung weiter nach *Beschka*. Mein Gedenken gilt hier der kurzen Rast und herzlichen Gastfreundschaft im Hause des Jakob Putscher ...

Es folgt eine herrliche Fahrt an der Donau entlang bis zum gewaltigen Flußknie bei *Peterwardein* ...

Im Jahre 1526 fiel Peterwardein den Türken in die Hände ... 190 Jahre später! – Von Futok war Prinz Eugen aufgebrochen und zog mit seiner tapferen Armee in Richtung Peterwardein einer dreifachen türkischen Übermacht entgegen ... Geschichtsträchtiger Boden ist südlich der Stadt jener Raum, wo sich am 5. August 1716 eine gewaltige Schlacht abwickelte, aus der Prinz Eugen als Sieger hervorging ...

Welcher Besucher von Peterwardein erinnert sich nicht gern jenes vielbesuchten Wallfahrtsortes, der kurz vor der Stadt zwischen Straße und Eisenbahn liegt? Es ist das idyllische Kirchlein *Maria Schnee*. Und darinnen bringt eine Inschrift Kunde von jenem kühnen Sieg des „edlen Ritters" über den damals größten Feind des christlichen Abendlandes.

In *Beotschin!* – Weit über das Land hinaus war der Ort bekannt geworden durch sein großes Zementwerk. Unter der beträchtlich hohen Beschäftigtenzahl waren Angehörige fast aller Volksstämme Jugoslawiens anzutreffen. Diese gewaltige Werksanlage und ihre nähere Umgebung, deren soziales, wirtschaftliches und politisches Gesicht durch dieses Werk geprägt wurde, war mit ihrer Vielvölker-Konzentration auf engem Raum tatsächlich ein „heißer" Boden. Und wenn dennoch das Betriebsklima als ein im allgemeinen gutes zu bezeichnen war, so hat daran ein Deutscher einen nicht geringen Anteil. Es ist ein Mann, der in Alt-Futok beheimatet war und dann in Beotschin ansässig wurde; es ist ein Mann, der mit seltenem Lerneifer, Pflichtbewußtsein und Verantwortungsgefühl von der Pike auf diesem Werk mehrere Jahrzehnte hindurch in Treue gedient hat; es ist ein Mann, der durch seine in jeder Weise charakterlich einwandfreie Haltung und Unbestechlichkeit – gerade als Deutscher – das verdiente Ansehen genoß: der Zementmeister Florian Schenke.

Das gastliche Heim der Familie Schenke in Beotschin war immer wieder „Treffpunkt" unzähliger Deutscher aus dem Reich, die stets mit Bewunderung und Dankbarkeit feststellen konnten, in welch liebevoller Weise das Ahnenerbe in dieser Familie gepflegt wurde. Die Verbundenheit gegenüber diesem Ahnenerbe zeigte sich auch bei deren Tochter Anni Schenke, die als junge Studentin (sie hatte zunächst in München Germanistik und später Religionsphilosophie studiert) während der Semesterferien im Auftrage der Bundesführung des Schwäbisch-Deutschen Kulturbundes als Wanderlehrerin in den deutschen Siedlungen eine lobenswerte Tätigkeit entfaltete. Es war eine Tätigkeit, die in nicht geringem Maße beigetragen hat, bei den dortigen Deutschen die Liebe und Treue gegenüber dem angestammten Volkstum zu stärken ...

Drüben über der Donau, in *Alt-Futok*, steht in der Schimandrigasse ein Ansiedlerhäuschen. Sein erster Besitzer, Christian Fischer, war im Jahre 1778 von Ulm auf der Donau als Kolonist herunter gekommen. Und bis zur Vertreibung gehörte jenes Ansiedlerhäuschen ununterbrochen der Fischer-Sippe. Die Urenkelin, eine geborene Fischer – als letzte Besitzerin –, ist die heutige Ehefrau des Schenke Florian-Vetter.

*

Von Altfutok dreißig Flußkilometer donauaufwärts liegt auf der einen Seite der Donau *Batschka-Palanka*. Und wenn man von hier aus mit der Motorfähre übersetzt nach *Illok*, sieht man eine idyllische Landschaft, an der sich das Auge erfreut. Auch diese Erde ist zugleich uralter geschichtlicher Boden. Im Jahre 1456 ist dort der Franziskaner und Kreuzprediger Johannes Capistrano gestorben ...

1453 prägte der türkische Sultan Mohammed II. folgende Worte: „Im Himmel gibt es nur einen Gott und auf Erden nur einen Herrn." Das war eine deutliche Drohung an die Adresse des christlichen Abendlandes und richtete sich ganz besonders gegen die damals noch in ungarischem Besitz befindliche letzte christliche Bastion auf dem Balkan: die Festung *Griechisch-Weißenburg*, das spätere Belgrad. Und damals wäre die Sache der Christenheit verloren gewesen, wenn nicht Capistrano, der die Aufforderung erhielt, einen Kreuzzug zu predigen, auch tatsächlich der richtige Mann gewesen wäre, ein Massenaufgebot der sogenannten niederen Stände (Bauern, Handwerker, Bürger und Studenten) zu organisieren und mit diesen ein mächtiges Kreuzheer aufzustellen ...

Drei Jahre später! – Unter Führung des damaligen großen ungarischen Freiheitshelden Hunyadi und Capistranos wurden die Türken am 6. August 1456 in einer gewaltigen Schlacht bei und in Belgrad vernichtend geschlagen. Das bedeutete für die damalige Christenheit für 70 Jahre Befreiung von jeglicher Türkengefahr. Aus Dankbarkeit über diesen Sieg und die damit verbundene Errettung des christlichen Abendlandes aus tödlicher Gefahr ordnete das damalige Oberhaupt der christlichen Kirche, Papst Callixtus III., ein tägliches Läuten zu Beginn der Mittagsstunde für alle Kirchen der gesamten Christenheit an. Die Geburtsstunde des Zwölfuhrläutens hatte geschlagen ...

Und der, dem jener Sieg – und in diesem Zusammenhang das tägliche Mittagläuten – in der Hauptsache zu verdanken war, Johannes Capistrano, ist noch im gleichen Jahre (1456) in Illok gestorben.

*

Unweit Vinkovci, in östlicher Richtung, liegt an der Bahnlinie das kleine Dörfchen *Orolik*. Zwei Drittel seiner Bevölkerung waren Deutsche, das andere Drittel Kroaten. Diese Kroaten sind stets gute Nachbarn gewesen. Und wie überall im Südosten hatte sich auch in Orolik der Wohlstand seiner deutschen Menschen durch Fleiß und Sparsamkeit stetig vermehrt ...

Fröhlich war das deutsche Völkchen in Orolik. Und was den Gast aus dem Reich mit besonderer Freude erfüllte, war, daß auch hier die alten deutschen Tänze und Lieder eine würdige Pflegestätte gefunden hatten.

Zwischen Orolik und dem etwa zwei Kilometer entfernt liegenden Nachbarort *Berak* hatten die Oroliker Deutschen begonnen, eine Freilichtbühne zu errichten ... Und dann entdeckten sie plötzlich eine besondere Lust und Liebe am Passionsspiel. Es begann ein emsiges Werken und Proben. Immer wieder! Eines Tages im Sommer 1928 war es dann soweit. Aus der näheren und weiteren Umgebung waren Zuschauer gekommen und hatten die Darbietungen über das Leben und Leiden Christi tiefbeeindruckt erlebt ... Eine Ehrung besonderer Art empfanden vor allem die Darsteller darin, daß zu jener Aufführung auch der Bischof von *Djakowo* gekommen war ...

Als ich Abschied nahm vom Dörfchen Orolik, da ließ ich auch hier gute Freunde zurück. Und wenn ich besonders des gastlichen Hauses der Familie Stefan Pfeiffer gedenke, so gilt dennoch mein Gruß allen anderen deutschen Menschen, die einst in Orolik beheimatet waren ...

In südlicher Richtung unterwegs. Die deutschen Siedlungen jenseits der Save, in Bosnien, sind mein nächstes Reiseziel. Bevor ich jedoch bei *Gunja* die Save überquere, mache ich noch kurz zuvor einen Abstecher nach rechts, um ein Dorf zu besuchen, dessen Namen mit der Geschichte einer slawoniendeutschen Großsippe auf das engste verbunden ist: *Rajevoselo*.

Ähnlich wie im Banat und in der Batschka hatten auch in Slawonien die Türken nach ihrer Vertreibung verwahrlostes und entvölkertes Land zurückgelassen. Dieser herrenlosen Ländereien bemächtigte sich der Adel, der zunächst versuchte, serbische und böhmische Ansiedler für die Kultivierung dieser Ländereien zu gewinnen. Die Erfahrungen, die mit diesen Leuten gemacht wurden, sind denkbar schlechte gewesen. Es erging daher von den einzelnen Grundherren die Aufforderung an die deutschen Siedler in allen übervölkerten Dörfern im Banat und in der Batschka, es möge sich von dem dortigen deutschen Bevölkerungsüberschuß eine möglichst große Anzahl in Slawonien ansiedeln. Und diese Werbeaktion hatte auch Erfolg.

Im Zuge dieser Umsiedlungsbewegung kam auch der 1855 in *Neu-Siwatz* in der Batschka geborene Adam Schlarb nach Rajevoselo an der Save. Er wurde hier im slawonischen Siedlungsraum der Begründer der Großsippe Schlarb.

Die Bevölkerung von Rajevoselo bestand zu 50 Prozent aus Kroaten; die zweite Hälfte teilte sich in je ein Drittel Serben, Ukrainer und Deutsche. Und wenn die drei Haupttugenden der deutschen Kolonisten Arbeitswille, Fleiß und Sparsamkeit, in ihrer praktischen Auswirkung deren Wohlstand stetig vermehren halfen, so stieg in diesem Zusammenhang ebenso stetig die Personenzahl der Rajevoseloer deutschen Bauernsippe Schlarb. Und Friede und Eintracht herrschten im Dörfchen Rajevoselo zwischen den Angehörigen der vier Völkerstämme ...

1938! – Urgroßvater Adam Schlarb hatte ein patriarchalisches Alter erreicht und war noch immer ein aufrechter Hüne von Gestalt; er war 83 Jahre alt geworden. Sein Leben war ein Leben der Arbeit und der Treue im Dienste seiner Familie und des angestammten deutschen Volkstums. Und dieses Leben und diese Arbeit ist in vielerlei Weise vom Herrgott sichtbarlich gesegnet worden ... Weit über 100 Verwandte waren erschienen, um zu diesem Jubelfeste den Stammvater der slawoniendeutschen Großsippe Schlarb gebührend zu ehren und dankbar und fröhlich mitzufeiern; allein 70 der erschienenen Gäste waren Träger des Namens Schlarb. – Kinderreiche deutsche Bauernsippe aus dem Südosten Europas, du hast in diesem deinem Kinderreichtum niemals ein lästiges Übel gesehen. Und darin liegt die Unsterblichkeit deiner Sippe verankert. – (...)

Robert Hammerstiel
Werschetz – Pottschach

Foto: Stefan Teppert

Robert Hammerstiel wurde am 18. Februar 1933 als Sohn des Bäckers und Ikonenmalers Anton Hammerstiel und seiner Frau Therese, geb. Schiff, im Taglöhnerviertel von Werschetz (Banat/Jugoslawien) geboren. Nach dem Einmarsch sowjetischer Truppen erlebte der Elfjährige das Schicksal der deutschen Bevölkerung mit. Partisanen trieben die Werschetzer Männer zusammen und metzelten sie wahllos nieder. Die Mutter Hammerstiels wurde verschleppt. In den Lagern Zichydorf, Setschanfeld, Molidorf und Gakowa durchlitt der Jugendliche drei schreckliche Jahre. Hunderte ihrer Insassen, auch viele seiner Freunde und Schulkameraden, starben an Typhus und Hunger. Nach einer schweren Malariaerkrankung konnte Hammerstiel mit seiner Mutter schließlich nach Ungarn fliehen. 1948 Aufenthalt in einem Flüchtlingslager in Wien. 1950 Rückkehr des Vaters aus der Kriegsgefangenschaft. Hammerstiel absolvierte eine Bäckerlehre. Studien beim Vater im Zeichnen und Malen, danach bei verschiedenen Wiener Hochschullehrern. Da er in der Kunstakademie keine Aufnahme fand, nahm er 22jährig eine Stelle im Stahlwerk an, wo er 24 Jahre lang arbeitete, um nie vom Verkaufserfolg seiner Bilder abhängig zu werden und frei zu sein für seine Kunst. 1968 erste Personalausstellung in Wien. Er unternahm zahlreiche Reisen, die seine künstlerische Entwicklung ebenso beeinflußten wie die Begegnung mit Künstlern und ihren Werken. Umfassende Ausstellungstätigkeit in Europa, den USA, im Nahen Osten und in Japan. Sammlungen seiner Werke sind weltweit verbreitet. Trotz seines Ruhms und der zahlreichen Preise ist er immer der bescheidene, tiefreligiöse Mensch geblieben. Immer wieder verarbeitet er sowohl als Künstler wie als Literat seine traumatischen Kindheitserlebnisse. Der grausam Umgekommenen und des begangenen Unrechts zu gedenken, sind Hauptanliegen seiner Werke. Nach seinem ersten Buch „Von Ikonen und Ratten" arbeitet er seit Jahren am zweiten Band. Der Kosmopolit und Pazifist Hammerstiel wohnt in Pottschach bei Ternitz in NÖ.

Von Ikonen und Ratten
Die wunderbaren und die schrecklichen Straßen der Kindheit

Es ist früher Morgen. Der Schweinehüter bläst in sein Horn und weckt mich. Die Haustore sind schon offen, damit die Schweine dem Blasen des Hüters folgen können. Milchfrauen rufen vorbeigehend: „Frische Milch!" Die Großmutter öffnet das Fenster, und in ihre Kanne rinnt die Milch. Im Hof sitzen die Taglöhnerfrauen und behüten ihre Störbrote, die sie in Körben tragen und mit schönen, bunten Tüchern eingehüllt haben. Die Mutter und der Vater heizen den Backofen, der erste Schuß Brot liegt bereits auf den Brettern. Mischi, mein Freund, ist auch schon hier. Wir legen warme Brote auf einen Handkarren. Mit den Broten fahren wir in die Stadt zu den Greißlern, bevor wir zur Schule gehen.

Unsere Nachbarin Seka Kaja füllt ihre Körbe mit Gemüse und Früchten. Sie singt dabei ihr Morgenlied, dann grüßt sie die Großmutter am Fenster und geht mit den vollbeladenen Körben auf den Markt.

In der Backstube schlafen die Kröten unter den Mehltruhen. Sie haben viel zu tun gehabt, weil sich nachts in diesem Raum Ungeziefer tummelt. Wildtauben schreien in den Gärten. „Es wird ein heißer Tag", sagt die Großmutter, die uns beim Weggehen küßt.

Abends, wenn die Taglöhner vom Feld heimkehren, kommen auch die Schweine und die Kühe, und wenn das Tor nicht geöffnet ist, machen sie einen ordentlichen Lärm. Die Kühe muhen vor dem Haus, die Schweine stoßen mit den Rüsseln gegen das Tor. Die Seka Kaja singt ihr Abendlied, denn es wird dunkel. Frauen zünden das Straßenfeuer an, und alle scharen sich um das Feuer. Wir Kinder springen darüber und laufen umher. Alte Frauen sitzen daneben und erzählen. Mädchen und Burschen machen Musik, und es wird getanzt.

Die Kröten werden wach und nehmen ihre Tätigkeit wieder auf. Der Vater macht das Dampfl für das morgige Brot. Das Feuer ist abgebrannt, der Mond hat den Zenit erreicht, und das Singen hat aufgehört. Denn es ist Nacht.

Wieder ist es Morgen. Heute ist die Großmutter aufgeregter als sonst. Sie hat ihr wunderbares schwarzes Kopftuch auf. Mischi und ich helfen ihr, das Gebäck auf den Markt zu bringen, Semmeln und Brezeln, Briaghe und Kuchen. Die Großmutter trägt einen großen Korb auf dem Kopf, sie geht dabei kerzengerade. Wir Buben laufen mit weiteren Körben voraus zum Wochenmarkt. Auf dem Boden liegen Hühner, an den Beinen zusammengebunden. Auch irdene Töpfe stehen da. Dazwischen sitzen Frauen. Affen tanzen in einem Kreis nach melancholischer Musik. Ein Mann kommt mit einem riesigen Bären, der ebenfalls tanzt. Ein magerer Knabe schlägt mit der Faust auf eine Trommel. Pferdefuhrwerke stehen da, mit Holz beladen. Sie gehören rumänischen Berg- und Waldbauern, die lange gefahren sind, um das Holz in der Stadt zu verkaufen. Schweine schreien in Kisten. Gänse und Enten, Lebkuchen, türkischer Honig sind da. Frauen braten auf Rosten Fleisch, in der Nähe stehen Bottiche, in denen Fische schwimmen. Auf dem Erdboden werden Schuhe und Opanken probiert, daneben Säuglinge gestillt. Kleine Kinder sitzen auf Nachttöpfen. Melonen werden verkauft und würzige Trauben, Wespen, Bienen und Fliegen summen. Auf dem Boden wird Raki getrunken, Karten werden aufgeschlagen, aus der Hand wird die Zukunft gelesen, und die gefesselten Hühner werden weggetragen.

Mischi und ich gehen miteinander zur Schule. Wir sind immer beisammen, sitzen nebeneinander, weinen miteinander, wenn einer von uns schlechte Noten bekommt, und lachen beide, wenn uns die Religionslehrerin lustige Geschichten erzählt.

Einmal ließ die Klassenlehrerin meine Mutter kommen und sagte, Mischi sei kein Umgang für ihren Buben. Sie sei auch nicht sicher, ob er nicht Läuse habe. Sie habe die beiden Buben schon einmal auseinander gesetzt, aber es sei nichts zu machen, immer stecken sie beisammen. Ihr Bub solle sich doch wirklich einen passenderen Kameraden suchen, Mischis Leute seien ja nur Tagelöhner, und noch dazu hätten sie nichts Ordentliches anzuziehen.

In diesem Jahr blieb Mischi sitzen. Nach den großen Ferien, als wir wieder zur Schule mußten, sollte ich in eine andere Klasse. Mischi und ich berieten, was wir tun sollten. „Wir gehen einfach miteinander in deine Klasse und setzen uns wieder nebeneinander", sagte er. Die neue Lehrerin führte Mischi in die alte Klasse, und ich blieb allein. Jetzt war nichts mehr mit mir anzufangen, ich war bockig und weinte immer, bis meine Tante, die Lehrerin war, es fertigbrachte, daß er wieder an meiner Seite saß.

Es ist Anfang Mai. Die Häuser sind mit Flieder geschmückt. Mischi und ich haben Maiglöckchensträuße auf unseren Anzügen. Wir gehen der Kirche zu. Von weitem hören wir das dumpfe Läuten der großen Glocke. Auch die Kirche ist mit Blumen geschmückt. Wir Kinder stehen in Reihen neben den Bänken, hinter uns unsere Firmpaten. Es sind ganz junge Paten, fünfzehn bis sechzehn Jahre alt, oder Frauen, denn die Männer sind im Krieg. Es sind fast drei Jahre vergangen, seit der Vater das letzte Mal auf Urlaub war. Es war Sommer, und das Straßenfeuer war angezündet, als wir ihn zum Bahnhof begleiteten. Der Vater weinte, und der Zug fuhr in Richtung Belgrad.

Wir gehen ohne Vater nach Hause, die Mutter, mein Bruder Alfred und ich. In unserer Straße ist es dunkel, die Fenster sind verhängt. Kein Licht ist zu sehen, denn es gibt oft Fliegeralarm. Die Frauen sitzen nicht mehr auf der Straße, keine Burschen und Mädchen tanzen und singen mehr. Alle haben sich in den Häusern verkrochen, und es ist still.

Auch wir haben uns verkrochen, nicht in die Häuser, sondern in die Erde des Gartens, der unserer Patin gehört. Wir, das sind etwa ein halbes Dutzend deutscher Familien, die im serbischen Viertel der Stadt wohnen. Mischi und sein Bruder Wastl, seine Mutter und seine erwachsene Schwester Helen sind auch hier in der Grube. Es ist dunkel, und wir schweigen. Von der Straße hören wir Gewehrschüsse. Sie hören nicht auf, und die Erde fällt uns ins Gesicht.

Am nächsten Tag ist das Schießen zu Ende, und man hört Menschen schreien. Es sind Freudenschreie, die den ganzen Tag anhalten. Gegen Abend hören wir aus der Innenstadt dumpfen Lärm. Die Leute sind alle in der Stadt, um zu feiern. Wir Deutsche kriechen aus der Grube und forschen ängstlich, was auf der Straße los ist. Mischis Schwester Helen und der Sohn meiner Patin, Joschi, gehen vorsichtig auf die Straße. Sie versichern, daß sie wie ausgestorben sei und wir ruhig in die Häuser zurückgehen könnten.

Die serbischen Nachbarn kommen von den Feldern zurück. Wir stehen verängstigt auf der Straße, aber die Nachbarn sagen, wir sollten keine Angst haben, denn sie würden die paar deutschen Familien nicht angeben. Es würde uns niemand etwas zuleide tun. Wir verkriechen uns in die Häuser und warten, was weiter geschehen wird. Die Großmutter schaut die ganze Nacht aus dem Fenster, bis es Morgen wird. Keine Milchfrauen gehen vorbei, die Nachbarin singt kein Morgenlied, und sie trägt auch keine Körbe zum Markt. Stattdessen kommt sie in unsere Küche und schreit und schreit und weint laut. Sie schreit in den grauen Morgen des dunklen Oktobertages, daß man die Leute im deutschen Viertel erschieße, sie habe alles gesehen. Meine Mutter setzt ihre Hand auf die Tür, um nicht zu fallen. Wie ein wildes Tier seine Krallen gräbt sie ihre Fingernägel in den Türstock.

Unsere Mütter, Mischi und ich und die beiden kleinen Brüder flüchten mit dem Wagen, den das magere alte Pferd zieht, in die Weingärten. Dort bleiben wir, bis es Abend wird. Da es sehr still ist und das Pferd und wir Hunger bekommen, fahren wir in die Stadt zurück. In der Dunkelheit sehen wir etwas auf uns zukommen: Es ist ein Pferdefuhrwerk, das ohne Kutscher gespenstisch an uns vorbeirast. Mischis Mutter reißt geistesgegenwärtig unser Pferd in den Graben, daß das Gespensterfuhrwerk vorbei kann. Es flieht wie von Furien getrieben, bis der Horizont den Wagen samt Pferd verschlingt. Kurz darauf folgt ein zweites Fuhrwerk, und da hören wir eine Frau vom Wagen schreien: „Nicht in die Stadt, um Gottes willen, nicht in die Stadt, da werden alle erschossen! In der Dreilaufergasse liegen die Menschen auf der Straße, die Pferde gehen durch, überall Blut, alles voll Blut!"

Wir bleiben die Nacht über auf freiem Feld. Am Morgen suchen wir Wasser für das aufgescheuchte Pferd. Frauen, die fortwährend beten und weinen, begegnen uns. Sie sagen, wir sollten nicht in die Stadt zurück. Man habe alle Männer und Burschen erschossen. Auch die Bauern, die mit der Maische in die Stadt hereingefahren kamen, habe man von ihren Wagen heruntergeholt und der Reihe nach erschossen.

Einige Tage später gehen wir ohne Pferd in die Stadt, um nicht zu verhungern. Unsere Großmutter empfängt uns weinend an der Tür. Sie hat schon geglaubt, man habe uns erschossen, und ist außer sich vor Erregung, ebenso wie unser Hund, der fortwährend an uns hochspringt.

„Man will zweihundert deutsche Mädchen erschießen", berichtet die Großmutter, „im Alter von achtzehn bis zwanzig Jahren." Mischis Schwester Helen ist zwanzig Jahre alt, und sie versteckt sich sofort im Haus, gleich neben dem Brunnen. Wenn man sie holen käme, würde sie in den Brunnen springen. Man kommt wirklich, um sie zu holen, und nimmt unsere Mütter mit. Wir Kinder bleiben allein. Am Abend kommt Helen aus ihrem Loch, die Haare wirr und offen. Sie trägt nie Kopftücher so wie unsere Mütter, schöne, schwarze, die ihnen über die Schultern reichen. Wir weinen, glauben, die Männer hätten unsere Mütter umgebracht. Helen tröstet uns: Die Männer würden unsere Mütter wieder nach Hause schicken, wenn sie sie nicht mehr bräuchten. Dabei steht sie vor dem Spiegel und kämmt sich. Da hören wir etwas vom Haustor her, und Helen flieht in ihr Loch. Als wir die Stimmen unserer Mütter hören und den Hund, kriecht sie wieder aus ihrem Versteck hervor, und wir springen und schreien vor Freude. Es ist Mitternacht vorbei. Wie herrlich weiß die Gesichter unserer Mütter aus dem Dunkel der Kopftücher und der Nacht hervorleuchten! Wir drehen das Licht auf, und ihre Gestalten werfen große schwarze Schatten auf die geschlossene Tür und die blanke weiße Wand. Und je weiter sie in das Innere des Raumes treten, desto länger werden die Schatten, die sich auch auf dem Boden lang und breit ausdehnen.

Am Tag darauf schlachten unsere Mütter das dicke Schwein. Ich sehe, wie das Blut in den Topf rinnt. Alle Messer werden gewetzt. Mischi und ich warten auf die Blase. Man rührt das Blut im Topf und hängt das abgebrühte Schwein an die Leiter, ganz vorne, wo der Korridor beginnt. Das Wasser kocht im Kessel. Da kommt die Nachbarin hereingestürzt und schreit: „Sie werden aus ihren Häusern getrieben, alle im deutschen Viertel!" Das Schwein hängt an der Leiter, und die Mütter laufen in die Räume ihrer Häuser und öffnen die Türen der Kästen.

Am Haustor hört man schwere Schritte und laute Stimmen. Es sind die Stimmen fremder Männer, die unsere Räume betreten. Ich flüchte zur Mutter. Die Männer sagen zu ihr, sie müsse in zehn Minuten gepackt haben. Die Mutter läuft von einem Raum in den anderen. Die Kästen werden aufgerissen, Wäsche und Bücher liegen auf dem Boden. Die Mutter schreit, ich solle die Bücher lassen und nur Lebensmittel in einen Sack füllen. Ich darf keines meiner Bücher mitnehmen, bis auf ein ganz kleines, das ich schnell in die Tasche stecke.

Ein Uniformierter hilft meiner Mutter packen. Er sagt, sie solle unbedingt eine Tuchent mitnehmen, und hilft ihr, sie in den Sack zu stecken. Wir werden auf die Straße getrieben. Die bulgarische Zinsfrau hat den Hund in ihr Zimmer gesperrt, damit er von den Männern nicht erschossen wird. Noch sehr weit hören wir das Heulen unseres Hundes.

Wir gehen in einer Kolonne, Mischi und ich nebeneinander, vor uns Helen mit ihrem kleinen Bruder auf dem Rücken, hinter uns meine Mutter mit Alfred, daneben Mischis Mutter. Sehr lang ist die Kolonne, die aus Frauen und

Kindern besteht. Wir werden in die leeren Fliegerbaracken außerhalb der Stadt getrieben, die nun überfüllt sind. Wir Deutsche vom serbischen Viertel bleiben eng beisammen. Die Rutschmarie ist auch bei uns. Sie sitzt auf einem kleinen, zweirädrigen Karren, der von ihrem Esel gezogen wird. Früher stand sie immer an der Ecke des Marktplatzes. Wenn wir zur Schule gingen, stand sie bereits mit ihrem Karren da, vielmehr, sie saß in ihrem Karren, denn sie hat keine Beine, und schlug Karten auf. Um ihren Leib tummelten sich Meerschweinchen, die Karten aus ihrer Hand zogen. Die meisten Leute, die zum Markt gingen, ließen sich von den Meerschweinchen ihr Glück ziehen, um zu wissen, ob sie gute Geschäfte machen würden.

In die Fliegerhallen hineingetrieben, setzen oder legen wir uns auf den Boden, und die Halle füllt sich mit Menschen. Mischi und ich mit unseren Müttern und Geschwistern legen uns neben Rutschmaries Esel. Unsere Mütter packen die mitgenommenen Lebensmittel aus, und wir Kinder bekommen zu essen. Doch es gibt viele Menschen, die keine Lebensmittel besitzen, da sie keine Gelegenheit hatten, etwas mitzunehmen, weder Brot noch Decken oder Mäntel, und die Nächte im November sind sehr kalt.

Die Halle ist dunkel, und es wird Nacht. Schemen taumeln an uns vorbei. Dann wieder leuchtet ein Posten mit einer grellen Taschenlampe über uns. Alle Menschen liegen oder kauern auf dem Boden, nur der Esel steht und läßt den Kopf hängen. Er schreit, und dieses Schreien zusammen mit dem Schreien der Kinder und dem Beten der alten Frauen bildet einen merkwürdigen Chor. Unsere Mutter hat die Tuchent ausgebreitet. Wir Kinder dürfen unsere Beine darunterstecken, und auch die alte Schuldirektorin, die sich neben den Esel und uns gebetet hat, darf das tun. Mischi und ich drücken uns dicht aneinander, denn es ist Nacht.

Am Morgen gehen uniformierte Posten durch die Halle. Die Menschen flehen um Wasser und Essen. Helen bittet um Futter und Wasser für den Esel. Der Posten lacht und schüttelt den Kopf. Als er aber die Rutschmarie sieht, wird sein Lachen zur Grimasse. Er starrt auf die Frau und auf die Meerschweinchen, die Karten aus ihrer Hand ziehen, denn es ist jene Zeit am Morgen, zu der die Rutschmarie auf dem Markt mit ihren Meerschweinchen das Schicksal zog. Immerfort ziehen die Tierchen das Schicksal, immerfort und fort, und die Rutschmarie liest aus den Karten vermutlich ihr eigenes Schicksal. Der Posten starrt auf den Karren und die beinlose Frau und dann auf uns Kinder, die daliegen neben dem Esel und dem Karren. Er geht fort, wortlos, und nach einer kurzen Zeit bringen Männer Heu und einen Eimer Wasser. Sie bringen so viel Heu, daß es für einige Tage genügt und wenigstens der Esel etwas zu fressen hat. Helen hilft der Rutschmarie vom Karren, um das übrige Heu darauf zu legen, dann setzt sich die Rutschmarie wieder auf das Heu. Die Meerschweinchen haben sich verkrochen. Der Esel trinkt feierlich das wunderbare Wasser aus dem Eimer, so, als wäre nichts geschehen und alles wäre in Ordnung. Nur die Kinder schreien, denn sie sehen das Wasser, das der Esel trinkt. Sie schreien und schreien, und die Frauen beten.

Der Esel hat nicht den ganzen Eimer ausgetrunken, und wir Kinder raufen uns um das übriggebliebene Wasser.

Kommandanten, Posten und serbische Frauen in Uniform gehen durch die Halle. Es heißt aufstehen und sich aufreihen. Es wird wieder geschrien, geweint und gebetet. Wir bleiben dicht nebeneinander, neben dem Karren, als gehörten wir alle, Mischis Mutter, seine Schwester Helen, sein Bruder Wastl und wir und die anderen, zu Rutschmarie und ihrem Esel. Es ist, als suchten wir Schutz beim Esel und bei den verkrochenen Meerschweinchen.

Namen werden aufgerufen, und wenn die Aufgerufenen nicht aus der Reihe treten, werden sie herausgezerrt und vor die Baracke gebracht. Jedesmal fallen Schüsse, und die Herausgezerrten kommen nicht mehr zurück in die Reihe. Wir Kinder umklammern unsere Mutter, und sie hält uns fest, als lasse sie uns nie mehr los. Auf dem Erdboden rinnen kleine Bäche, die wir Kinder verursachen, und wir fragen unsere Mutter, ob wir ganz sicher nicht aufgerufen würden. „Wir haben nichts Böses getan, und wir werden ruhig bleiben", erwidert sie. Einige Frauen werden ohnmächtig, die anderen beten. Mischi und ich bekommen Schüttelfrost, denn wir sind ja noch Kinder, knapp zwölf Jahre alt. Es wird der Name einer Mutter aufgerufen, die unmittelbar neben uns steht und deren Kinder auch rinnende Bäche machen. Sie rührt sich nicht, und als die Uniformierten schreien: „Wenn du nicht herauskommst, schießen wir in die Reihe", wird sie hinausgestoßen, und ihre Kinder hängen an ihr wie Blutegel. Sie reißen die Kinder von ihr los, und die Kinder wälzen sich auf dem Boden, und die Mutter wird fortgezerrt und kommt nicht wieder.

Nach drei Stunden werden wir ins Freie getrieben, die Zusammengebrochenen bleiben liegen. Wir gehen hinter dem Karren nach, Mischi und ich halten uns daran fest. Das Licht tut uns in den Augen weh, denn es ist ein herrlicher Tag, dieser 19. November 1944, und die Sonne scheint warm. Wir werden durch die ganze Stadt getrieben. Mütter und Kinder fallen vor Erschöpfung nieder und werden geschlagen. Wir verlassen die Stadt. Vor uns liegt das brache Land mit den kahlen Maulbeerbäumen. Es beginnt zu dämmern. Wir hängen an Rutschmaries Karren und stolpern über Rucksäcke und andere Sachen, die die Erschöpften weggeworfen haben. Ohnmächtige liegen auf dem Boden, denen Rutschmaries Karren immer wieder ausweichen muß.

Es ist Nacht geworden. Nur das Jammern der Mütter und das Weinen und Schreien der Kinder sind zu hören. Es ist nun schwieriger, voranzukommen, weil wir nicht mehr sehen, was vor uns liegt. Sind es Säcke oder Menschen? Einerlei, nur vorwärts, denn diejenigen, die nicht mehr können, werden hinten, am Ende der Kolonnen, erschlagen.

Die Mütter tragen keine Säcke und Taschen mehr, sondern ihre Kinder. Helen trägt Wastl, ihren Bruder, meine Mutter meinen achtjährigen Bruder Alfred. Mischi und ich halten uns noch immer am Karren fest, der holpernd dahinfährt. Jedesmal, wenn wir rasten dürfen, fallen wir auf den Boden. Meine Mutter fährt mir in der Dunkelheit über das Gesicht und über den Kopf, als wolle sie mir Mut einflößen. Auf ihrem Rücken hängt mein Bruder, den sie mit sich selbst auf dem Boden hinlegt, und danach bleibt sie wie eine Kröte flach liegen. Auch wir legen uns hin. Dann heißt es wieder weiter. Von vorne sehen wir ein Licht auf uns zukommen, es ist ein Lastauto. Danach ist es wieder ganz dunkel. Aber später sehen wir noch ein Licht, eines, das stehenbleibt, und wir dürfen diesem Licht zugehen. Es verschwindet auch später nicht, bleibt da und leuchtet uns zu. Es ist wie eine große Hoffnung, und wir gehen dem Licht zu, als gingen wir etwas sehr Schönem entgegen, als warte unsere Mutter vor der Tür auf uns.

Wir dürfen uns wieder auf den Boden fallen lassen. Große, breite und lange Lichter fallen auf uns, die sich bewegen, über uns streifen und sich dann wieder von uns abwenden. „Wir sind an der Grenze", sagt Helen, „vielleicht dürfen wir hinüber ins Rumänische, das wäre ein großes Glück." Es heißt wieder aufstehen und weitergehen. Merkwürdig, hier an der Grenze werden die Leute nicht geschlagen, wenn sie nicht mehr können, man läßt sie einfach liegen. Wir weinen vor Freude, daß wir hinüber dürfen, so weit durchgehalten haben und nicht erschlagen worden sind. Da schreien die Posten: „Umdrehen, es geht wieder zurück!" Die Menschen weinen: „Es geht wieder nach Hause, wir werden wieder nach Hause gebracht!" Wir stolpern über liegende Gestalten. Der Esel Rutschmaries will auch nicht mehr weiter. Niemand weiß, was los ist. Aber es geht wieder zurück.

Nach einer kurzen Zeit bleibt der Anfang der Kolonne stehen. Wir hören von vorne großen Lärm, es wird geschrien, geweint und gebetet. „Jetzt werden wir alle erschossen!" schreien die Mütter, und Panik bricht aus. Die Frauen werden hysterisch, eine brüllt: „Wir kommen nach Hause!" Vorne, wo die Kolonne beginnt, wird das Schreien lauter und unerträglicher, es klingt wie das Schreien der Tiere vor dem Schlachten. Was mag da vorne los sein? „Erschießen werden sie uns alle", denken wir. Doch es fällt kein Schuß. Die Kolonne betet. Man sieht Licht, es ist das Licht der Posten, die uns mit Taschenlampen ins Gesicht leuchten, in die starren Gesichter der Kinder und in die verzweifelten der Mütter. Die Kolonne biegt rechts ab: „Einzeln hintereinander gehen, einzeln hintereinander!" Denn hier gibt es keine Straße, bloß die eine nach Werschetz. Auf der rechten Seite der Straße liegt das große Sumpfgebiet, und dorthin wird die Kolonne getrieben. Mütter schreien, daß sie uns in Sümpfen ersäufen würden, da bräuchten sie keine Kugeln. Eine Mutter schreit: „Um Gottes willen, macht doch die Lage nicht noch schlimmer, als sie schon ist, es gibt doch einen angelegten Feldweg!" Das ist eigentlich ein Steg, der Moorsteg nach Vatina, einer rumänischen Ortschaft, die auf jugoslawischem Gebiet liegt. Es gibt keine andere Möglichkeit, den Ort zu erreichen, denn die Landstraße führt über rumänisches Gebiet, und die Rumänen lassen uns nicht über die Grenze.

Alles geht ganz ruhig, wie wenn ein zum Tode Verurteilter seine Zelle verlassen muß, um im Hof liquidiert zu werden. Die Rutschmarie vor uns mit ihrem Karren und wir kommen jetzt an die Reihe, die Straße zu verlassen, um in die Finsternis des Sumpfes gestoßen zu werden. Die Posten richten ihre Lampen auf uns, einmal nach unten zu uns Knaben, dann auf unsere Mutter, die meinen Bruder trägt, dann auf Helen, die ihren siebenjährigen Bruder auf dem Rücken schleppt.

Die Posten schreien: „Der Esel mit dem Karren bleibt hier, die Frau muß heraus aus dem Karren, heraus mit ihr!" Helen ruft, daß die Frau keine Beine habe. Die Rutschmarie schreit: „Habt Erbarmen, um Gottes willen, tötet mich mit meinem Esel!" Die Posten brüllen uns an, wir sollten weitergehen, um nicht die ganze Kolonne aufzuhalten. Die Rutschmarie muß zurückbleiben, und wir werden auf den Steg gestoßen. Mischi und ich klammern uns fest an die Mutter. Wir spüren, daß der Weg weich ist und wir mit den Beinen einsinken, aber wir versinken nicht ganz, es sei denn, wir glitten vom Steg. Noch immer hören wir das Schreien und Rufen der Rutschmarie, man solle sie doch erschießen. Es wird stiller. Ein Posten geht zu Helen, streicht ihr mit der Hand übers Haar und sagt: „Nicht verzweifeln, nicht verzweifeln! Der Steg ist nicht lang, nur ein ganz kleines Stückchen noch, mein Mädchen!"

Dichter Nebel zieht auf. Man solle das schwere Gepäck wegwerfen und die größeren Kinder vom Rücken nehmen, schreien die Posten, sonst würde man einsinken. Ich klammere mich an die Mutter. Alfred, den die Mutter vom Rücken nehmen mußte, klammert sich an mich. Helen, die noch immer ihren Bruder auf dem Rücken trägt, muß ihn auch herunternehmen, da sie sonst zu tief einsinkt. Noch immer höre ich das Klagen der Rutschmarie, das Schreien der Mütter und das Weinen der Kinder, das sich mit dem Schreien der aufgescheuchten Sumpfvögel vermengt. Das Gehen ist eher ein Gleiten. Wir Kinder können nicht mehr. Immer wieder fragen wir, wann denn endlich dieser Steg zu Ende sei. „Sei doch ruhig, ganz ruhig, nur noch ein Stückchen, ein ganz kleines Stückchen, mein Täubchen, dann werden wir wieder festen Boden unter den Füßen haben, nur ein ganz kleines Stückchen, ihr müßt es durchhalten, sonst sind wir verloren."

Mein Gott, wann endlich spüre ich wieder festen Boden unter den Füßen? Wann kann ich wieder fest auftreten und auf den Boden stampfen, ohne einzusinken?

Endlich haben wir die Straße erreicht und sind nicht im Moor versunken. Alle sind wir noch da! Wir betasten uns bis in die Nacht hinein, und es ist alles gut. Wir haben festen Boden unter den Füßen, können springen und uns auf dem Boden wälzen.

Sehr müde sind wir, aber wie leicht ist dies zu ertragen im Vergleich zu dem weichen Steg! Mischi und ich gehen wieder nebeneinander, hinter uns unsere beiden Mütter, vor uns Helen, die ihren Bruder auf dem Rücken trägt, so wie auch mein kleiner Bruder wieder von der Mutter getragen wird.

Aus dem dichten Nebel taucht ein Licht auf, und es sind auch Häuser da. Links und rechts der Kolonne bilden Häuserschemen einen heimeligen Schutz, Haustore krächzen, und es wird geflüstert. Hin und wieder leuchtet ein Licht auf, das von einem Fenster der niedrigen Häuser auf uns strahlt, wenn auch sehr blaß, und lange Schatten ziehen auf der anderen Straßenseite an den Häusern vorbei. Eine ganz kleine Hoffnung steigt in uns auf, und wir fragen unsere Mütter, ob wir bald in die Häuser dürften, um uns auf den herrlichen Boden zu legen und zu schlafen. In den Zimmern der niedrigen Häuser ist vielleicht nicht Platz für uns alle, aber es gibt Stallungen und Scheunen. Ich würde mich dicht an eine Kuh legen, und da gäbe es sicher auch herrlich warme Milch!

Aber wir ziehen die Dorfstraße entlang, an der niedrigen Kirche und den geduckten Häusern vorbei. Es ist, als wollten sich die Häuser verkriechen oder im Moor versinken. Ach, wie herrlich riecht es nach Stall und Tieren! Aber wir dürfen nicht hinein in die Häuser, nicht in die Ställe und nicht in die Scheunen.

Wir haben wieder freies Feld vor uns. Wir wagen nicht mehr, unseren Müttern Fragen zu stellen, und wir weinen so, daß man es nicht bemerken und nicht hören kann. Zum Glück sieht man es auch nicht, denn es ist Nacht. Die Kolonne bleibt stehen, und wir werden von der Straße auf einen Feldweg hinunter getrieben. Eine dünne Härte überzieht den Lehm, die bei jedem Tritt einen feinen Klang gibt. Wir biegen rechts ab, und es scheint uns, als seien wir an einer langen Mauer angelangt. Es geht langsam durch ein Tor, und dahinter sehen wir schemenhafte Kreuze. Um Gottes willen, wir sind auf einem Friedhof gelandet! Wieder werden einige Mütter hysterisch: „Man wird uns hier erschießen! Aber wenn schon, wir können ohnehin nicht mehr weiter, wenigstens wird alles ein Ende haben, diese ganze Qual ..."

Wir legen uns auf einen Grabhügel nieder, auf dem es noch alte Kränze und verdorrte Blumen und Gras gibt. Die Mutter holt die Tuchent aus dem Sack, und wir Kinder dürfen wieder unsere Beine darunterstecken. Es ist bitterkalt, und Beine und Kleider sind naß.

Uniformierte ziehen mit Laternen und Taschenlampen vorbei. In deren Schein sehen wir nichts als Kreuze, Menschen und Nebel. Die Mutter macht die Uniformierten darauf aufmerksam, daß die Kleider der Kinder naß sind und gefroren an den Körpern kleben. Ob man nicht Feuer machen dürfe? Holzkreuze werden auf einen Haufen gestapelt, und Feuer wird angezündet. Es beginnt ein ungeheures Gedränge. Jede Mutter will ihr Kind ans Feuer bringen. Wir bekommen keine Möglichkeit hinzugelangen. Helen spricht einen Posten an, ob sie mit den vier Kindern nicht auch ein bißchen zum Feuer dürfe. Er macht uns mit seinem Gewehr Platz. Die Mütter der anderen Kinder schreien: „Was für eine Hure, sie packelt mit denen da!" Das herrliche Feuer wärmt uns nicht nur und trocknet unsere Kleider, es wirft auch große Schatten auf die Friedhofsmauer, und Figuren zucken und tanzen darauf. Der Posten steht neben Helen, und ich sehe sein Gesicht. Tränen laufen darüber. Ich habe meinen Vater weinen sehen, als er das letzte Mal auf Urlaub war. Der Posten weint wie mein Vater.

Wir werden wieder zurückgebracht. Die Hände des Mannes fahren über das Haar Helens. Wir Kinder stecken unsere Beine unter die Tuchent. Unsere beiden Mütter aber sitzen starr, als würden sie von wilden Tieren gesichtet, und so bleiben sie die ganze Nacht. Ich habe geschlafen, Mischi an meiner Seite auch. Ich sah Vater in der Backstube das Brot in die Strohkörbe geben. Das Feuer, das im Ofen brannte, spielte auf der Wand der Backstube und warf den großen, dunkelroten Schatten des Vaters an die Wand, und es tummelten sich noch andere Schatten, auch der des weinenden Postens, und unsere Mutter und wir waren dabei.

Meine Mutter weckt mich. Ich sehe, daß es Tag geworden ist, und ich sehe die harten, starren Gesichter der Mütter und der Kinder, vom Nebel verschleiert. Und ich sehe, daß es keine Kreuze mehr gibt. Wir müssen uns von unserem Lager erheben. Die Mutter steckt die kostbare Tuchent wieder in den Sack. Es dauert lange, bis wir aus dem Friedhof, der in der Nacht seine Kreuze verloren hat, hinauskommen, da wir alle durch das enge Tor müssen. Ich bin ganz benommen.

Die Bauern schauen hinter ihren Toren hervor und lugen aus ihren Fenstern. Die Schornsteine rauchen so, als ob nichts geschehen wäre. Nachdem wir vorbeigetrieben worden sind, werden sich die Bauern in ihren Häusern verkriechen, ihre Milch trinken und sich an den warmen Lehmofen setzen, denn die meiste Arbeit ist getan. Der Nebel zieht übers Land, und die Pfützen sind gefroren. Es riecht nach Stallmist, nach Schafen und nach Kühen.

Es ist wieder ganz hell geworden, auch wenn der Nebel über unsere Köpfe zieht. Jetzt brauchen wir keine Angst zu haben, im Moor zu versinken oder den vorne Marschierenden auf die Fersen zu treten, und es wird einem auch nicht ins Gesicht geschlagen.

Wir werden auf einen Damm getrieben. Große Hanffelder liegen neben ihm. Drecklachen sind mit einer dünnen Eisschicht überzogen. Aber die Sonne kriecht im Osten aus der sumpfigen Erde. Der Nebel ist verschwunden, und die Frauen, die unsere Mütter sind, bekommen wieder Gewehrkolben in den Rücken geschlagen, wenn sie nicht mehr weiterkönnen. Die Kinder schreien. Es ist ein schöner später Novembertag. Zwei Kirchtürme steigen aus dem Sumpf und recken sich wie Zeigefinger am Horizont. Wir kennen dieses Dorf, es ist eine rumänische Siedlung. Aber wir dürfen nicht hinein, sondern werden an der Peripherie vorbeigetrieben. Dann dürfen wir rasten. Wir trinken das Wasser vom Werschetzer Kanal, der hier vorbeizieht. Die Mütter und Kinder dürfen ihre Notdurft unweit der ruhenden Kolonne verrichten. Im Kanal werden die Hosen der Kinder und ihre Hintern gewaschen. Das Wasser ist eisig. Wieder geht es weiter.

Helen ist fort gewesen. Sie hat sich mit dem Posten getroffen, der uns in der Nacht zum Feuer gebracht hat, und erfahren, was mit uns geschehen soll. Wir forschen ängstlich in ihrem Gesicht, ob das etwas Schreckliches sei, aber sie macht einen zufriedenen Eindruck. „Nach Zichydorf kommen wir", sagt sie, „es sind noch an die zwölf Kilometer zu gehen, dann sind wir am Ziel, und dort bleiben wir."

Zichydorf ist eine deutsche Gemeinde, ein reines Schwabendorf. Es gibt eine halbwegs gute Straße dahin, und auch Telegraphenmasten sind hier. Wir ziehen an ihnen vorbei, und ich weiß, wo Telegraphenmasten sind, braucht man nicht mehr zu fürchten, im Sumpf zu versinken. Wie sehr liebe ich diese Masten! Sie führen weit hinein ins Land, bis man sie nicht mehr sieht.

Bauern ziehen mit ihren Fuhrwerken vorbei, die mit Zuckerrüben voll beladen sind, und auf den Rüben sitzen Frauen und Kinder. Die Fuhrwerke müssen stehenbleiben, weil die Uniformierten den Bauern das Gewehr vorhalten, und die Bäuerinnen sehen erschrocken auf uns herunter. Sie müssen die erschöpften Kinder und alte Frauen auf den Wagen nehmen, und wir dürfen über die Rüben herfallen. Es wird geschrien und geweint, und die nervös gewordenen Pferde springen mit den Vorderbeinen in die Höhe. Die Fuhrwerke fahren weiter und an uns vorbei, und wir dürfen rasten und unsere Rüben essen. In der Ferne sehen wir einen weißen, barocken Kirchturm mit einem glitzernden Dach. Frauen rufen: „Dort ist Zichydorf!" Es wird geweint und gelacht vor Freude, und wir brechen wieder auf.

Endlich erreichen wir das Dorf. Frauen und Kinder kommen eben vom Feld und die Kühe von der Weide. Die Uniformierten schreien: „Alles in die Häuser!" Die Tore aber sind geschlossen. Uniformierte, Mütter und Kinder brechen die Tore auf, die Menschen stürmen in die Häuser. Die Pferde und die heimkommenden Kühe werden scheu, denn sie sind von Menschenmassen eingeschlossen. Überall füllen sich die Ställe, die Scheunen, die Höfe, die Zimmer, die Küchen, die Kammern und die leeren Schweinekoben mit Menschen. Helen ist vorne, und wir drängen hinter ihr nach. Unsere kleinen Brüder schreien und weinen. Für sie hat niemand Zeit, nur hinein, hinein in die Höfe, alles ist voll, nur weiter!

Mischi und ich halten uns an den Händen. Es gibt kein Erbarmen, nur los, ins nächste Haus und weiter, weiter! Aber alles ist voll. Es wird bereits dunkel, und noch immer irren viele Menschen, Kühe und Pferde auf der Dorfstraße umher. Helen schreit: „Wir müssen Unterschlupf finden, ehe es ganz dunkel ist, sonst sind wir verloren!" Kinder werden getreten und geschlagen. „Nur weiter, mein Kind, sei doch still, mein Herz, sei still!"

In den Höfen sind noch Menschen, die in die Räume wollen und nicht hineinkommen. Alles, was ein Dach hat, ist voll. Hühner, Hunde, Kühe, Gänse und Katzen, alles flieht irgendwohin, eines dem anderen nach. Es wird Nacht und bitterkalt, und der Nebel macht unsere Kleider noch nässer, als sie vom Schweiß schon sind.

Die Nacht ist hereingebrochen, der Nebel zieht über die Höfe und über die Köpfe der Menschen. Wir können nicht mehr. Alfred bricht zusammen, und unsere Mutter weint in die Nacht hinein. Auch Helens Mutter, Mischi und ich weinen, nur Helen nicht, sie darf die Nerven nicht verlieren. „Wir werden im Freien übernachten müssen", sagt sie. Sie trägt Wastl auf dem Rücken, und Wastl bekommt von hinten Schläge von seiner Mutter, weil er wie verrückt weint und schreit. Wir sind am Ende des Dorfes angelangt, kehren wieder um und laufen zurück. Wir wollen uns auf die Erde fallenlassen, denn wir können nicht mehr. Aber es kommen Uniformierte, die mit uns ins Dorf gehen und mit ihren Gewehrkolben die Leute zusammendrängen. Und so bekommen wir Platz in einem Stall.

Am nächsten Morgen irren die Tiere noch immer in den Höfen umher, und es wird wieder geweint. Da kommen Posten und jagen uns aus dem Haus hinaus auf die Hutweide, alle Menschen, auch die Bewohner des Dorfes. Die Frauen des Dorfes schreien, daß die Tiere gefüttert und die Kühe gemolken werden müßten. Während wir auf der Hutweide herumstehen, suchen die Tiere ihren Lagerplatz, und die Bauern des Dorfes dürfen für eine Stunde in ihre Häuser, um sie zu füttern. Wir müssen warten, und wir setzen uns auf den Boden. Es werden Tische und Stühle gebracht. Uniformierte Männer und Frauen nehmen dort Platz. Es werden Listen aufgeschlagen und Namen aufgerufen. Die Bäuerinnen von Zichydorf, die bereits zurückgekommen sind und mit uns auf der Weide stehen, müssen hervortreten und genau angeben, wieviele Räume sie haben, wieviel Weizen sie besitzen, wieviele Kühe sie im Stall haben. Je nach Größe ihres Besitzes und ihres Reichtums werden den Bäuerinnen Leute zugewiesen: Bei nur einer Kuh sieben Leute, bei zwei Kühen vierzehn bis fünfzehn Leute und so fort. Auf der einen Seite stehen die Zichydorfer, auf der anderen Seite wir Werschetzer, in der Mitte gehen Uniformierte umher.

Namen werden aufgerufen: „Haasenfratz!" Eine Bäuerin tritt vor. Ein Uniformierter am Schreibtisch fragt: „Wieviele Räume hast du, Schwabitza?" „Küche und Zimmer, alte Kammer, Stube." „Und wieviele Kühe und Schweine?" „Drei Kühe und zwei Schweine." „Zwanzig Leute", sagt ein Uniformierter. Ein anderer meint: „Das ist zu viel für diese kleine Landwirtschaft, siebzehn genügen." Siebzehn Leute werden aus unserer Reihe geholt, und die Bäuerin geht mit ihnen weg.

Den ganzen Tag sitzen wir auf unseren Habseligkeiten. Es geht schon gegen Abend, und noch immer werden Namen aufgerufen und Leute fortgeführt. Helen hört, daß eine Frau sieben Personen zugewiesen bekommen soll. Sie ruft: „Wir sind unser sieben!" Die Uniformierten schauen sie erstaunt an. Sie schreien nicht, und es werden uns auch keine Gewehrkolben in den Rücken geschlagen. Sie sagen nur, sie solle mit ihrer Sippe hervortreten und deuten uns, wir sollten gehen. Die Bäuerin mustert uns, ohne etwas zu sagen, und geht mit uns etwa zehn Minuten ins Dorf hinein. Dann bleibt sie vor einem Giebelhaus stehen und sagt: „Wir sind da." Sie holt einen Schlüssel aus dem Rock hervor und steckt ihn ins Schloß. Ein langer Korridor wird sichtbar, als sie die Tür öffnet, rechts auf der Hausseite drei Türen, links, hofseitig, wilder und echter Wein. Die Blätter sind verschwunden, die nackten Reben spreizen sich allein zum Dach empor. An der ersten Tür steht eine ältere Frau, ganz dunkel gekleidet. „Mutter, wir sind da, das sind die Leute, die wir nehmen müssen", sagt die Bäuerin. Die alte Frau schaut uns etwas mißmutig an, uns Kindern aber lächelt sie zu und sagt, wir sollten weiterkommen. Sie habe bereits Brot im Ofen, das sie in Kürze ausbacken werde.

In der Küche ist es warm, und wir vier Kinder dürfen uns setzen. Die junge Frau geht mit Helen, Helens Mutter und unserer Mutter hinaus, um ihnen die Kammer zu zeigen. Die alte Frau holt das Brot aus dem Lehmofen. Sie schneidet dicke Scheiben ab, die sie mit Schweineschmalz bestreicht, daß ihr das warme Fett über die Finger läuft. In der Kammer räumen unsere Mütter, Helen und die junge Frau um. Es werden Betten aufgestellt, die Tuchent geholt und unsere paar Sachen in eine alte Truhe gegeben. Wir Kinder öffnen die drei Türen: die zweite führt zur Kammer, die dritte zu einer Futterkammer, die auch als Waschküche benützt wird. Eine weitere Tür führt in den Stall. Hier liegen eine Kuh und eine Ziege. Die Ziege springt sofort auf und reckt den Kopf so lange und so weit nach vorne, bis ihre Kette straff gespannt ist. Sie streckt die Ohren und schaut uns nach. Die Kuh käut wieder, als sei nichts geschehen. Gestern noch ist auch sie mit uns herumgeirrt, jetzt bleibt sie ruhig liegen. In der Ecke des Stalls liegt Stroh, in dem wir uns wohlig verkriechen, denn wir wissen, daß wir heute Nacht nicht im Freien schlafen und auch nicht durch den Sumpf gehen müssen. Dann sucht uns Helen, und wir gehen mit ihr in die Küche. Die alte Frau stellt eine Pfanne mit gebratenen Kartoffeln und Kürbissen auf den Tisch. Die junge Frau sagt, wir sollten zugreifen und so lange essen, bis wir satt seien. Es ist schon einige Tage her, daß wir die letzte Mahlzeit zu uns genommen haben. Wir sitzen alle um den großen Küchentisch: die alte Frau, ihre Schwiegertochter, ihr fünfjähriger Bub, der auf dem Schoß seiner Großmutter sitzt, unsere beiden Mütter, Helen, unsere beiden jüngeren Brüder und wir, Mischi und ich.

Nachden wir gegessen haben und unsere Mütter vor Zufriedenheit strahlen, gehen wir in die Kammer, wo zwei Betten aufgestellt sind. Ich kann lange nicht einschlafen. Die Rutschmarie ist wieder da, und sie gleitet mit dem Esel auf dem Karren, in dem sie sitzt und wo ihre Meerschweinchen fortwährend Karten aus ihrer Hand ziehen, über den Sumpf. Sie gleitet über den Sumpf in den Nebel hinein. Der Vater bäckt das Brot aus. Die Großmutter belädt Rutschmaries Karren mit dem frischen Brot. Die Meerschweinchen tummeln sich in der Backstube, sie ersetzen die Kröten. Der Vater heizt den Ofen, und die Großmutter sitzt neben der Mehltruhe und den herrlichen Broten. Die Mehltruhe, die Brote und sie selbst tanzen auf der Wand. Aber die Posten, die mit ihren Gewehrkolben auf unsere Mütter einschlugen, sind auch hier und ziehen auf der Wand vorbei – nur ein kleines Stückchen, mein Täubchen! Die Mädchen und Burschen tanzen über das Feuer. Aus den Gärten werden Melonen geholt, und Kürbiskerne werden über dem Feuer geröstet. In dem dunklen Garten haben sich die Hexen verkrochen, die sich in tollwütige Hunde verwandeln. An der Wand unseres Hauses sehe ich eine Hexe springen, und ich will davonlaufen, aber meine Beine bleiben starr, und ich schreie.

Mischi und seine Mutter fragen mich, was los sei. „Die Hexe war am Haus", sage ich. „Hast du denn Angst vor Hexen? Die gibt es ja gar nicht."

„Sie ist aber auf Rutschmaries Esel geritten, bis der Esel zusammengebrochen und im Sumpf versunken ist."

Mischis Mutter sagt, wir sollten endlich ruhig sein, sonst wecken wir noch Wastl auf. Wastl liegt neben ihr; unsere Mutter, mein kleiner Bruder und Helen schlafen im Zimmer der beiden Hausfrauen.

Wir gehen täglich auf die umliegenden Felder, um Rüben, Kartoffeln und anderes Gemüse zu suchen, Mischi und ich, Helen und auch meine Mutter. Die beiden Hausfrauen können uns nicht viel zu essen geben, denn zehn Leute hätten bald alles aufgegessen. Wir Kinder aber bekommen immer Milch von der jungen Frau. Die alte gibt uns nie welche. Mischi und ich suchen die Äcker ab, um etwas Eßbares zu finden. Das Gefundene aber ist bereits gefroren und weich. Einmal kommen wir früher zurück und finden niemanden zu Hause. Wir gehen in den Stall, und Mischi sagt, daß er melken könne. Wir holen einen Topf, und Mischi beginnt zu melken. Die Milch rinnt wahrhaftig in den Topf und gibt dabei einen wunderschönen Klang. Gierig trinken wir. Da kommen unsere Mütter und Helen und die beiden kleinen Brüder. Die Mütter und Helen tragen auf ihren Schultern Maisstengel und anderes, womit man heizen kann. Mischi und ich haben indessen den Topf säuberlich gewaschen und in der Waschküche an seinen Platz gestellt, als sei nichts geschehen. Wir essen zu Abend, Kartoffeln mit Sirup, den wir aus den Zuckerrüben gemacht haben. Die alte Frau ist im Stall und melkt, und uns beiden klopft das Herz.

Auch am nächsten Tag und an den folgenden Tagen, sobald gegen Abend reine Luft ist, gehen Mischi und ich melken, und wir trinken die Milch. Eines Nachmittags sind wir wieder auf Lebensmittelsuche. Als wir zurückkehren, hören wir Geschrei in der Waschküche. Wir beide wissen, worum es geht. Die alte Frau schreit, daß die Kuh weniger Milch gebe und daß jemand sie melke. Es würgt mich im Hals, und wir getrauen uns nicht, die Tür zu öffnen, wenn auch unsere Säcke voll von Kartoffeln sind. Jetzt haben wir die Freude verloren und stehen zaghaft vor der Tür, hinter der noch immer geschrien wird. Wir erschrecken, als Helen plötzlich die Tür öffnet. Aber sie nimmt uns nur die Säcke ab und sagt: „Mein Gott, die Kinder! Sie haben so viele Kartoffeln gefunden und sind ganz verfroren!" Und sie sagt, die Mutter solle endlich zu schimpfen aufhören, die Sache sei ja die Aufregung gar nicht wert. Wir sind stolz auf unsere vollen Säcke, aber Angst und ein schlechtes Gewissen quälen uns.

Es wird wieder zu Abend gegessen. Mischis kleiner Bruder versucht, mehr Sirup zu essen als Kartoffeln. Er bekommt von seiner Mutter eins auf die Finger und weint. Es ist Nacht und dunkel. Die Tür des Futterofens steht offen, und das Feuer leuchtet auf den alten Tisch und auf unsere Mütter und Helen, die große Schatten an die Wand werfen. Es ist Nacht, und wir dürfen nicht mehr in den Stall, um der Kuh gute Nacht zu sagen. In der Kammer ist es kalt. Die Mütter haben warme Ziegel in die Betten gelegt, und wir legen uns nieder.

Zeitig am Morgen gehen wir, Helen, Mischi, meine Mutter und ich, um Brennzeug, Hanf- und Maisstengel, zu suchen. Auf den Feldern treffen wir eine Frau, die uns sagt, daß meine Patentante, Marie Bodo, wieder in ihrem Haus in Werschetz sei. Die Frau erzählt, daß sie auf einem Gutshof in der Nähe von Vatina, dort, wo wir auf dem Friedhof übernachteten, mit Marie zusammen war. Da kamen einige Uniformierte mit Laternen und durchsuchten die Scheunen und Stallungen. Im Stall lag sie zusammen mit Marie, die ein drei Wochen altes Kind hatte. Die Uniformierten blieben vor der Frau stehen, die mit ihren beiden Mädchen und dem Säugling auf dem Boden lag. Sie leuchteten sie länger an, bis der eine Uniformierte schrie: „Marie, Marie! Was machst denn du da? Hat man dich auch mitgenommen? Du bist doch keine Deutsche!" Der Uniformierte war Maries Schwager, der Bruder ihres Mannes. Er sagte zu den anderen Männern: „Hier muß ein Irrtum vorliegen. Wir sind doch Ungarn, und das ist das Weib meines Bruders und das sind seine Kinder!" Sie sagten, Marie solle ausharren, sie würden etwas unternehmen. In der Nacht brachten sie Marie aus dem Stall, setzten sie mit ihren Kindern auf ein Fuhrwerk und fuhren mit ihr ab.

Die Patin war zuvor immer in der Nähe von Rutschmaries Karren gewesen, bis sie zusammenbrach und man sie auf ein Fuhrwerk lud. Das war ihr Glück, sonst wäre sie nie mit ihrem Schwager zusammengekommen, sondern auch auf den Friedhof getrieben worden. Bis zum Tag unserer Internierung hatte sie schon viel durchstehen müssen. Am 23. Oktober, um sieben Uhr morgens, gebar sie ihr letztes Kind, und um halb zehn drangen Uniformierte bei ihr ein. Meine Mutter, Mischi und ich warteten bei ihr. Meine Mutter pflegte sie und das Neugeborene, und wir Kinder spielten im Hof. Auf der Straße durften wir nicht. Da wurde das Tor aufgetreten, und es kamen Uniformierte mit Gewehren. Wir liefen in die Küche, wo die Patin mit dem Säugling lag und meine Mutter am Herd hantierte. Der Pate und Joschi, ihr älterer Sohn, sechzehn Jahre alt, waren irgendwo im Haus versteckt, da man schon mehrere Männer weggebracht hatte. Die Uniformierten hielten meiner Mutter und der Patin, die im Bett lag, das Gewehr vor die Brust und schrien, die Männer sollten aus dem Versteck kommen, sonst würden wir alle erschossen. Wir Kinder klammerten uns an den Kasten, und die Mutter stellte sich vor uns. Die niedere Küchendecke und der ganze Raum schienen sich zu bewegen, der Säugling schrie. Mein Pate und Joschi kamen aus ihrem Versteck hervor. Sie wurden mit Gewehrkolben geschlagen und auf die Straße getrieben. Als die Uniformierten fortgingen und den Paten und seinen Sohn mitnahmen, schrien und weinten wir, und die Patin schrie, man solle sie und das Kind erwürgen.

Es wurde Mittag, und am Nachmittag kamen die Nachbarn, um die Patin zu trösten. Alle kamen sie, die paar Familien aus dem deutschen Viertel, aber nur die Mütter und die Kinder, denn die Väter waren alle fort. Es wurde Nacht, und meine Mutter lag im Fenster, um drohende Gefahren zu erkunden. Da kamen wieder Uniformierte zu Marie Bodo. Sie wollten das Neugeborene töten, wenn es ein Knabe sei. Weil aber Marie log und sagte, es sei ein Mädchen, spielten sie nur Ball mit dem Kind. Da sie eine Frau, die am selben Tag entbunden hatte, nicht vergewaltigen wollten und ihre beiden Mädchen noch zu klein waren, gingen sie, ohne das Kind getötet und ohne die Frau vergewaltigt zu haben, und suchten ihre Opfer anderswo.

Es ist zeitig am Morgen und bitterkalt. Mischis Mutter heizt den Futterofen mit Maiswurzeln, und wir Kinder haben uns um den Ofen versammelt. Wir warten, daß die Mutter und Helen etwas zu essen bringen. „Jetzt kommen sie", sagt Mischi, denn am Tor ist jemand. Wir schauen durch das Fenster zum Hauseingang. Aber es sind nicht Helen und unsere Mutter, es sind Uniformierte, die in die vorderen Räume hineingehen und wieder herauskommen. Die beiden Hausfrauen haben sich vermutlich irgendwo versteckt. Mischis Mutter kommt aus der Kammer, in der sie gerade zusammengeräumt und die Betten in Ordnung gebracht hat. Die Uniformierten treten aus dem vorderen Raum und schreien, sie solle stehenbleiben. Wir hören lautes Reden, und Mischis Mutter kommt mit den Uniformierten zu uns in die Futterkammer. Ich bete leise, daß unsere Mutter und Helen jetzt nicht kommen sollen, nur nicht kommen, nur nicht kommen! Ich sehe durch das Waschküchenfenster direkt auf das Haustor, das offen steht, ich brauche dazu nur meinen Kopf ein wenig nach links zu drehen. Der eine Uniformierte schreit Mischis Mutter an, sie solle sich beeilen. Sie läuft von der Futterkammer in die Schlafkammer, wühlt in den Betten und kommt mit einem kleinen Säckchen zurück. Der Uniformierte läßt sie nicht aus den Augen. Der andere steht neben uns wie eine Statue, und auch wir stehen wie Statuen. Ich bekomme einen Schüttelfrost und weiß nicht, was das ist. Die Mutter Mischis schaut auf das Haustor, um zu sehen, ob nicht Helen kommt, denn sie weiß, daß es nicht sicher ist, ob sie selbst jemals zurückkehren wird. Sie sagt aber kein Wort, schaut nur auf das Tor. Dann beugt sie sich herunter und küßt Mischi und mich, meinen Bruder und Wastl. Wastl umklammert sie und schreit, und die Mutter tröstet, sie werde ja bald zurückkommen, er solle ruhig sein, ganz ruhig. Der eine Uniformierte schreit, sie solle kein Theater machen, sondern schauen, daß sie fortkomme. Er reißt Wastl von seiner Mutter, und Wastl starrt den Uniformierten sprachlos an. Er ist kreideweiß, und es ist still. Wir laufen noch bis zum Tor. Da kommen Mutter und Helen. Ihre Hände sind leer, und wir gehen in die Futterkammer. Das Essen ist karg heute. Es ist ein sehr kalter Tag, und der Nebel kommt und saugt die letzte Helligkeit auf.

Es wird wieder dunkel, und wir gehen in die Kammer. Es gibt kein Licht, und die Nacht ist lang, besonders wenn man wartet und wacht. Unsere Mutter und Helen wechseln sich dabei ab. Es gibt keine Sterne am Himmel, die uns Trost einflößen könnten. Am Morgen liegt der Nebel über der Kammer, über der Futterkammer, über dem ganzen Haus. Es ist gut, diesen Nebel zu haben, denn da kann man sich besser verstecken, und die Uniformierten finden uns nicht so schnell. Und es wird Mittag und Abend, Nacht und Morgen. Es sind zwei Tage vergangen, und es gibt einen neuen Tag, einen, der keinen

Nebel hat. Nackt und kahl stehen die Zäune, die Bäume und die niedrigen Häuser sind dem Licht ausgesetzt, nichts kann sich verstecken, nichts, weder Tier noch Mensch. Die Sonne scheint böse auf uns und alles andere.

Es ist Lärm auf der Gasse, und die Tore werden aufgerissen. Wir sitzen in der Futterkammer beim Essen, und uns bleiben die Rüben in der Kehle stecken. Im Hof wird geschrien, die Türen zum Zimmer und zur Küche werden eingetreten, die Tür zu unserer Futterkammer wird aufgerissen. Wieder stehen Uniformierte in dem niedrigen kleinen Raum. Wir sitzen und wagen uns nicht zu bewegen. Sie deuten zur Mutter und zu Helen: „Du und du." Unsere Mutter fragt, was man denn vorhabe und wohin man sie bringen wolle. Der eine Uniformierte sagt, sie solle sich beeilen, sie werde schon sehen, wohin sie komme. „Und du, warum machst du nicht flott, was wir dir sagen?" schreit er Helen an. Helen sagt: „Ich kann nicht gehen, sehen sie doch mein Bein an!" Und sie macht ihr Bein frei bis hinauf zu den Oberschenkeln. Die Uniformierten schreien, wir sollten hinausgehen, und wir vier Kinder stellen uns im Korridor in den Gang. Die Weinreben hängen nackt an den Balustraden. Die verfluchte Sonne scheint erbarmungslos darauf. Der Zaun ist dunkel gestrichen, und die Schatten der Zaunlatten kriechen wie Schlangen auf dem dreckigen Boden. Das Tor ist offen, die Türen zu den Räumen des Hauses sind aufgebrochen. Die Frau des Hauses steht neben der Tür, bleich und eingefallen ist ihr Gesicht. Man sieht nur die eine Seite davon, die andere ist im Schatten der verfluchten Sonne, die nicht einmal dieses erbärmliche Gesicht in Ruhe läßt, sie schlägt zu, und die Frau wirft lange Schatten auf die Wand des Korridors. Erbarmungslos nackt ist alles.

In der Kammer gibt es kein Geschrei, nur Seufzen. Unsere Mutter steht mit uns im Korridor, ein Säckchen im Arm. Sie wartet, was weiter geschehen wird. Die Uniformierten knöpfen sich die Hosen zu, einer treibt unsere Mutter nach vorn zu der Frau des Hauses. Mutter umarmt uns. Stark und hart ist ihr Gesicht, sie preßt den Mund zusammen. Sie küßt uns, und keine Träne entläßt ihr Gesicht. Jetzt steht sie weit weg von uns. Es sind an die zehn Schritte, wir dürfen nicht zu ihr laufen und dürfen nicht weinen. Wir stehen starr vor der Tür der Kammer und hören Helen weinen, ganz laut. Die Uniformierten ziehen unsere Mutter und die junge Frau des Hauses fort auf die Gasse, und die Schatten laufen mit, die Schatten, die die verfluchte Sonne schafft.

Jetzt können auch wir weinen, und wir gehen zu Helen in die Kammer, und sie schreit und schreit, die Haare aufgelöst, die Augen weit aufgerissen. Die Sonne gibt auch ihr keine Ruhe. Sie scheint grausam ins Gesicht des Mädchens. Helen schreit: „Diese Hunde!" Sie hängt das Fenster mit einer dunklen Decke zu und sagt: „So ist es gut, jetzt sieht uns niemand, so ist es gut!" Wir Kinder sind verwirrt. Was hat Helen? Was hat sie auf dem Bein? Wir wußten nicht, daß sie eine Wunde hat. Was haben die Unifomierten bei ihr getan? Sie haben sie nicht mitgenommen, und es ist gut so, daß wir nicht alleine sind. Es ist zwar noch nicht Nacht, aber im Raum ist es stockdunkel, und wir weinen in die Finsternis hinein. Helen läuft in die Schlafkammer und wirft sich auf das Bett. Wir bleiben in der Futterkammer stehen, bis wieder die Tür aufgeht und die alte Frau des Hauses den Raum betritt und weinend fragt, was denn los sei, warum der Raum verhängt sei. Es sei doch der Tag dunkel genug, und die Tage seien jetzt sehr kurz. Sie stellt eine Schüssel mit Grammeln und einige Stückchen Brot auf den Futtertisch und sagt weinend, wir sollten essen. Der kleine Bub kommt gelaufen. Er schreit, wo denn die Mama sei, und die alte Frau nimmt den kleinen Knaben in die Arme und schluchzt. Sie geht wieder nach vorne. Dort schließen die Türen nicht mehr richtig, und es ist bitterkalt.

Gegen Abend, als sich die verfluchte Sonne wieder verkrochen hat, kommt Helen aus der Schlafkammer und sagt zu uns, sie wolle ein wenig weggehen. Wir sollten ruhig bleiben, sie werde bald wiederkommen. Wir wissen, daß sie nicht bald kommt, denn sie geht sehr oft weg und bleibt lange aus. Heute sagt sie uns, daß sie zu der Mariebas gehe. Die Mariebas kennt ein jeder der Einheimischen und viele von uns Werschetzern. Sie ist die weithin bekannte Wahrsagerin des Dorfes und wohnt neben dem Friedhof, am Ende des Dorfes. Die Häuserzeile, in der Mariebas ihr Haus hat, schaut in die freie Landschaft hinaus, hinaus auf die ebenen, schwarzen Felder. Um diese Jahreszeit ist alles kahl, und solange kein Schnee auf den Feldern liegt, ist alles schwarz, und über die schwarzen Felder fliegen schreiend die schwarzen Krähen.

Wir bleiben in der Waschküche und heizen Maiswurzeln im Futterofen. Die Ofentüre lassen wir offen, damit uns das Feuer etwas Helligkeit bietet und Figuren auf die Wand zeichnet. Mischi sagt, wir könnten Helen abholen. Wir gehen hinter dem Haus durch die Gärten bis zum Friedhof. Helen geht immer diesen Weg. Es ist dunkel, und die kahlen Bäume, die uns Orientierung geben, sind auch schon schwer zu sehen. Doch wir finden gut in die Zeile, in der die letzten Häuser des Dorfes liegen und wo die dürren Bäume vom Friedhof zu sehen sind. Der Friedhof ist von einer weißen Mauer umgeben, die jetzt graublau leuchtet. Die Äste der Bäume stechen schwarz hinter der Mauer hervor. Das letzte Haus neben dem Friedhof ist ein niedriges Giebelhaus wie fast alle Häuser hier in diesem Dorf. Mariebas' Haus ist so weiß wie die Mauer des Friedhofs, nur hat seine Fassade einen blauen Sockel und zwei dunkle Fenster. Das Haustor ist nicht abgesperrt. Wir bleiben vor der Küchentüre stehen. Der Wind bläst und macht einen unheimlichen Lärm. Die Scheunen und Türen knarren, und wir hören Mariebas in der Küche sprechen. Wir klopfen, und in der Küche wird es still. Wir wiederholen das Klopfen und fragen nach Helen. Mariebas sagt: „Helen, es sind die Kinder!"

Sie öffnen die Tür und bleiben einige Sekunden an der Schwelle stehen. Von der Küche leuchtet das milde, warme Licht auf die beiden Frauen. Die eine Figur, so groß wie die Tür, das ist Helen, die andere, etwas kleiner, aber sehr breit, das ist Mariebas. Ein großes Kopftuch umhüllt ihren Kopf. Die Gesichter der beiden sind nicht zu sehen, nur ihre Silhouetten, aber das Licht malt einen herrlichen Schein über die Umrisse der Frauen. Mariebas ruft: „Mein Gott, die armen Kinder, kommt doch herein!"

Helen wirft uns einen vorwurfsvollen Blick zu und sagt endlich, sie wäre ja bald gekommen, ob wir denn nicht ein bißchen allein sein könnten. Mariebas küßt uns und sagt: „Lasset die Kinder ..." und küßt uns immer wieder. „Setzt euch zum Ofen, dort ist es warm. Ihr seid ja ganz ausgefroren." Was für ein wunderbarer Raum! Das Küchenfenster ist mit schwarzen Tüchern verhängt. Unweit vom Ofen steht der Tisch, mit einem großen weißen Tuch bedeckt, worauf die Karten liegen, aus denen Mariebas die Wahrheit herausfindet. Es riecht nach würzigen Kuchen, die in roten und blauen Schüsseln auf der Stellage neben dem Ofen liegen. Mariebas gibt uns davon und sagt, sie habe die Kuchen für Weihnachten gebacken, denn da würden unsere Soldaten heimkommen. „Die Karten lügen nicht. Ich habe sie Hunderte Male aufgeschlagen, und jedesmal zeigen sie, daß sie kommen. Schau, Helen, Schnaps und Wein sind auch bereit, aber ich habe sie ordentlich versteckt, damit sie niemand sonst finden kann." Mariebas führt uns ins Zimmer und öffnet einen Kasten, in dem Gewänder hängen. „Schau, Helen, das ist Hannes' schwarzer Anzug. Er hat ihn erst einmal angehabt, bei seinem ersten Ball. In seinem letzten Urlaub war er sehr traurig. Er saß am Ofen und sprach nur wenig. Ich fürchtete, er würde krank. Beim Abschied weinte er. Aber ich weiß, daß er zu Weihnachten kommen wird. Zu Weihnachten wird alles anders. Alle werden zurückkommen und uns befreien!" Helen hält die Lampe in der Hand, und Mariebas' Gesicht ist von dem Licht sehr hell. Diese Helligkeit verschwindet im Kasten, wo die dunklen Gewänder aufgehängt sind, und auf der Tür des Kastens bewegt sich Mariebas' Schatten. Der Kasten wird geschlossen, und wir gehen in die Küche zurück. Mariebas beginnt Karten zu legen, und die Lampe bescheint sie, sodaß ihr Körper einen breiten, langen Schatten auf die weiße Wand wirft. Noch im Traum, als ich bereits in der Kammer liege, sehe ich Mariebas die Karten legen, und der dunkle Schatten wird immer länger und breiter, bis der ganze Raum im Dunkel versinkt. Ich habe aber keine Angst, denn Mischi liegt neben mir, und Helen paßt auf, daß nichts geschieht. Sie lauert die ganze Nacht und schläft untertags. Wir müssen aufpassen, ob die Türen gehen, damit sie sich gleich verstecken kann.

Herbert Werner Haupt
Temeswar – Leimen

Herbert Werner Haupt (Pseudonyme: *„Bakk"* bzw. *„Bert Haupt")* wurde am 3. August 1938 in Temeswar (Banat/Rumänien) geboren. Erste drei Volksschulklassen rumänisch, danach Deutsche Pädagogische Lehranstalt und Technische Mittelschule für Bauwesen; Matura am Lenau-Lyzeum, drei Jahre Technische Baufachmittelschule, zwei Jahre Postlyzeale Baufachschule, alles in Temeswar, danach Haupttechniker im Bokschaner Werk für Stahlbau (Zwangsaufenthalt). Erwarb in Bukarest das Übersetzerdiplom Deutsch-Rumänisch. Wegen kritischer Einstellung vier Prozesse infolge tätlicher Auseinandersetzungen mit Mitarbeitern des rumänischen Innenministeriums. Drei Verurteilungen. Aktive Teilnahme am Dezember-Aufstand 1989; gründender Vorsitzender und Ehrenvorsitzender des Deutschen Demokratischen Forums in Bokschan; Mitglied im Rat des Deutschen Demokratischen Forums Banat und Banater Bergland. Nach mehreren zurückgewiesenen Ausreiseanträgen mißlungener Fluchtversuch. Dank der Revolution Stadtrat als Repräsentant der deutschen Bevölkerung in Bokschan, Vasiova und Neuwerk. Im Juni 1990 Flucht mit Frau und Kindern nach Deutschland; Übergangslager in Nürnberg, Todenhof, Holm, Tübingen, Schwetzingen, Wiesloch und Leimen. Haupt wohnt heute als Rentner in Leimen, wo er an der Volkshochschule die ungarische Sprache lehrt. Er ist Kulturreferent im Vorstand des Kreisverbandes Rhein-Neckar der Landsmannschaft der Banater Schwaben. Seit etwa 1980 literarische Versuche mit Lyrik, Fabeln, humoristischer Kurzprosa und Dramatik, vorwiegend in donauschwäbischer, -pfälzischer, -hessischer Mundart, vermischt mit „Asphaltbanaterisch", dem in Temeswar gepflegten wienerischen Dialekt. Bert Haupt ist Mundartdichter mit sprachpflegerischer Absicht in dritter Generation. Seine Texte sind erschienen in der Pipatsch-Beilage der „Neuen Banater Zeitung", im „Neuen Weg", der „Banater Post" und in „Der Donauschwabe". Er ist wie schon sein Vater Mitglied des Adam-Müller-Guttenbrunn-Literaturkreises, wo er auch in Rumänien, Österreich und Deutschland zu Lesungen auftrat.

Des billich Schwein un der teiri Kokosch

Die Leit verzähle, die Schwein werre vun Johr zu Johr teirer, awer mer kann, wann mer Glick hat, aa aarich billich zu am Schwein kumme. Wie mei Freind, der Borschtners Sepp. Und des will ich eich verzähle.

Do unlängscht sin ich ins Wertshaus. Des mach ich letschter Zeit, net so wie frieher, meh aus „platonische" Grinde. Mer kummt mit Kullegre zamm, heert was un kann de aigeni Senf derzugen.

Un wer anerscht hat do ghuckt bei ner Flasch Bier wie mei alder Freind, der Borschtners Sepp.

– Serwus Sepp, was machscht, wie geht's der noch? – so ich.
– Na, so – so, net so gut, wie es sellt, awer es geht. Ich trink nor mei Bier aus un noh gehn ich hem – so er.

Na for was dann gleich so hitzich, du hascht doch noch vor net allzulanger Zeit aa meh vertraa wie e Flasch – so ich.

– Ja, awer heint kummt der teierschti Kokosch vun meim Lewe in de Thopp, un do mecht ich net verschpoote – so er.
– Schau, wannscht mer des vun dem Kokosch verzählscht, vergess ich, daß ich heint gurich ufgewacht sin, un dei nächschti Flasch Bier wird vun mir gezahlt. Uf e Vertlschtund meh oder wenicher kumm's do aa bei deim Weib net an – so ich.

Un wie ich de Sepp do gekennt han, wor des ke Fehlschpekulazion – er hat angebiss wie e hungricher Hecht.

– Aso, wann's sein muß mit dem Bier. Sowas hascht awer aa noch die Lebtach net ghert. Nemol in der „Pipatsch" gelees.

Vorm Sunndach sin ich mit meim Weib uf de Maark for Schweinkaafe. Es wore jo do, awer des een wor zu kleen, des anri hat e zu langi Schniss ghat, Zichtl hätt's aa sin selle, bal han se's nor uf Au un net uf Kilo gen wille, bal hats mer gfall un meim Weib net un noh meim Weib un mir net.

Geer End han ich zwaa Leit gheert, die gsaat han, der Mann is verruckt. Wie ich besser hingschaut han, do han ich de Matz aus Zillasch gsiehn. Der hat bees vor seim Auto gschtan un noch beeser in die Luft gschaut.

Im Auto war sei Weib, es Evi, un noch e weibliches Weese, daß, wie ich's gsiehn han, bal mei Ochtum un Herzschlach gschtockt hat. Des Ideal meiner geheimste Winsche. Jung, fescht, rosich, mit frehliche, glitzriche Aue, schtrammi Schunge un e noch schtrammeres Gschtell, gut bei Leib, kleeni Fieß un rotlichblondi Hoor. Un e allerschenschtes, gekringeltes Schwänzche. Traam meiner schloflose Nächte.

– Matz, is es noch zu han? – froh ich ne.
– Zu han schun, un derzu noch billich, awer ... – so er.
– Was awer? – so ich.

– Awer do is e Hooke dran. Ich kann der des Schwein nor mit der Bedingung gen, wannscht aa de Kokosch do kaafscht – so er. – Un mer e Erklärung unerschreibscht, was des Schwein gekoscht hat.
– Nor so viel? – so ich.
– Nor so viel – so er.
– Un was koscht des Schwein? – so ich.
Billich, hunertsieweundreisich Lei. E Lei de Killo – so er.
– Mach ke bleedi Witz! – so ich.
– Des is ke bleeder Witz, nor de Kokosch is halt teirer – so er.
– Der werdt jo aa net die Welt koschte! – so ich.
– Die Welt net, awer achttausendzwaahunert Lei – so er.
– Was? E Kokosch achttausendzwaahunert Lei? Des get's doch net! – so ich.
– Des get's. Wann's e Schwein vun hunertsieweundreisich Killo mit hunertsieweundreisich Lei get, noh get's aa e Kokosch mit achttausndzwaahunert. Froh nor es Evi, die was des so scheen ausschpekuliert hat. For des wer ich jo for bleed angschaut, heint schun de ganze Tach.
– Ja, des get's, un ganz gut – un wam's net gfallt, der muß net! – hot mer do es Evi aus'm Auto ghert.
– Ja, des get's, hat uf des aa mei Weib glei gsaat (dir hat doch schun was vun der monstrees Allianz vun de Weiwer gejer die Ehemänner was gheert un vun der „Logik des scheenen Geschlechtes").
Un des is mer vun drei Seide vorgerechnt wor gen, daß achttausnddreihunertsieweundreisich Lei gar net so teier for des Schwein mitzamscht'm Kokosch währ. Nor is meischt so e Form vun Handl net ganz Usanz. Zuletscht han ich mich, ich sin jo e inteligenter Mensch, iwerzeije geloss un war mid 'm Kaaf inverschtan.
– Awer nor mit eener Bedingung, un die is: Ihr mißt mer verzähle, for was der de ganze Zirkus do ufgfiehrt hat.
– Des soll nor des Matz verzähle, wal er hat sich jo mit seim Mannsverschtand die ganzi Sach ingebrockt, un mir armi, dummi Weiwer misse es alsmolwider auserschte. Verzähl nor, Matz, verzähl nor ganz ruhich!
– Na, wann's sein muß, wer ich mol in de saure Appl beiße un verzähle. – hat der Matz gsaat, wie schun de Aldemasch im Wertshaus uf 'm Tisch gschtan wor un hat sei Fieß ausgschtreckt. Wal bis zuletscht wor er jo doch zufriede un sei iwli Laun von morjets iwerschtan.
– Angfang hat's jo am Anfang Feber mit de scheenschte Intenzione. Do sin ich mit meim Nochber, 'm Breimbachs Kruwliche, Schweincher kaafe gang. Er e Paar un ich e Paar. Seini wore scheen, un meini wore scheen. Meini wore teier, un seini wore noch teirer. Wal's bitter kalt wor, han mer e Raki getrunk. Un, wal er so warm wor, noch aane. Un wal sei Ferkelcher teirer wore, hat er doch wille weise, daß se die bessri sin un aus meine nix Gschetes wert. Des han awer ich wider net zugen wille, was zu immer neiem Raki gfiehrt hat. Un zuletscht zu ner verfluchti Wett. Der Kruwlichi hat behaupt,

ich krien die zwaa bis End Oktower net uf je 150 Killo, ich han behaupt, ich krien se. Er hat gemeent, er zahlt mer die Halbscheit vun am Schwein, wann's iwer 150 werd, un ich, wann es net iwer 150 werd.
Un Zeije ware bei der Wett aa derbei.
— Natierlich hat mei gscheider Matz verlor, wal mir han's jo so dick, daß mer sich des erlauwe kenne — hat sich do des Evi ingemischt. — Es wird jo net uf uns Weiwer gheert, awer am End misse jo doch mir de Karre aus'm Dreck ziehe. Wal die Schwein sin jo scheen gang, awer bis End Oktower wore bei dem Fresse beim beschte Wille ke 150 Killo rauszukrien. Gewißt han ich jo vun der Sach nix, awer der Matz is in der letscht Zeit bei dem schtändiche Wieje vun deni Schwein immer kridlicher un unausschtehlicher gen.
— Ich han jo ghat for was — hat der gemennt. — Un noh han ich jo noch des anri Problem ghat: Wie saan ich's meim Weib? Dem Kruwliche hätt ich geere, wann er sich bei uns als scheinheilich noh unsere Schwein interessiert hat, des Zigrettl ins schpettisch verzohni Maul gschtoppt, awer des is net gang. Un zuletscht, wie ich mit dem Viechzeich nor uf 137 un uf 143 Killo kumm sin un der Kruwlichi bal jede zwate Owed voriwerkumm is, han ich's nemi aushalle kenne un han meim Weib verzähle misse vun dere Wett. Die hat bal gekrisch vor Freid, un daß ich net ins Schpital kumm sin, is nor dem zu verdange, daß unser Gscherr aus der Ausschteijer gudes teires Porzellan is un zu schaad for Schmeisse. Dem Kruwliche hat's awer bal die Aue auskratze wille, so daß der seit selmols nemi kumm is. Noh hot's drei Täch net mit mer geredt. Normalerweis hätt mich des jo gfreit, awer desmolrum is es net gang. Nor des Jesmantjo un de heiliche Antonius hat's im Maul ghat, iwer des traurich Lewe vun de Weiwer im allgemeine gebrodlt un im bsonder iwer die gscheidi Männer gschennt.
Un noh is es, wie ich schun nemi gewißt han, was zu mache, mit der schenitali Idee kumm, des Schwein billich zamscht mit unserm Kokosch, der, wie sei ganzi Art, doch for nix gut is, teijer zu verkaafe. Daß ich doch endlich zu Verschtan kumm, des Saufe un Wette doch loß un daß hoffentlich de Kruwlichi mit seim Weib un mit deni 68 Lei un 50 Bani, die Halbscheit vun dem Schwein, de Schlach treffe werd. Un daß des ganzi Dorf net iwer uns lacht. Un, was die Hauptsach is, daß des liewi Geld im Haus bleiwe tut. Ich sin jetz schun neigierich, was der Kruwlichi, der schun's ganzi Dorf vollgemach hat, daß er bal was zu verzähle hätt, for e Gfriess schneide werd.
Wal Mann muß mer sin un deskuriere muß mer sich kenne! — hat der Matz gemennt un hat e zufriedenes Gsicht gemach.
Des hat aa der Sepp gemach, wie er sei umsunscht krietes Bier ausgetrunk hat, hat sei Lefze abgewischt un is, je, uf Hem zu, zu seiner sicher teiterschti Kokoschsupp aus 'm ganze Banat.
Ich han mer die ganz Sach iwerdenkt un sin zum Schluß kumm, daß mer jo vun Zeit zu Zeit aa Dummheide mache kann, wann mer nor genuch Verschtand hat for sich nohher nauszuworschtle.
Un wann mer e gscheides Weib hat. Des unbedingt.

Wette mer?!

Do unlängscht war ich nomol im Baad, for mich kurriere. Awer abgsiehn dervun, daß ich mer im Baad zwaa Herzanfäll inghandlt han, han ich aa was Nejes derzugelernt. Ich sin drufkumm, wie mer's mache muß, daß mer mit Wette, die was mer verliere tut, so manches erreiche kann, was mer uner normali Umschtänd net erreiche tut. Wie des war, des will ich eich do verzähle.

Wie ich mit meiner Kart im Hotel Diana ankumm sin, hat des Weib an der Rezepzion mir des Zimmer 412 uf 'm vierte Schtock zugewies. Des Zimmer war uf der Nordseit gelee, wo absolut ke Sunn hinscheine tut. Des hat mir gar net gfall un ich han angfang zu verzähle, daß ich's mid 'm Herz han, daß ich mol Kinerlähmung ghat han, daß ich vun am schattiche Balkon Allergie krien, daß ich mit ältri Zimmerkullegre immer Schtreit han un daß ich geere Televisor schaue tun. Des hat awer alles nix genutzt.

Es git ke anres Zimmer, hat des Weib gsaat, alli anri sin schun uf Wuche vorbschtellt, un nemol wann ich der schtellvertretendi Scheefredakteer vun der „Pipatsch" sin tät, mecht se mer e anres gen kenne. Ich han halt zuletscht klaan beibieje misse, 's war nix zu mache, ich han mich mit dem Zimmer zufriede gen misse.

Mei zwati Niederlaach han ich erlitt, wie es ghaas hat for mich programiere. Ich han unbedingt ins Hallebaad wille programiert were, awer do hucke se. For mich war ke Platz do. Daß ich dann doch meh drin war, wie anri, die was dorthin programiert ware, des kann ich nor alleen meiner ausergewehnlich Intelligenz zuschreiwe (un wal ich dem vum Baad täglich e halwes Dutznd Witze verzählt un aa verschiedni Biere gzahlt han).

Die dritt Niederlaach is dann kumm, wie ich fors Esse programiert sin gen. Ich han Diät for Zuckerkranki (die hans beschti Esse) in der erscht Serie am Tisch newerm Finschter wille. Kriet han ich Diät Nr. 2 ohni Fett un Salz, am Tisch newer der Kuchl un natierlich in der zwat Serie. Ich han mache kenne, was ich han wille, es is so geblieb un basta! Un wal ich mich net ufrege derf, han ich des alles hinghol, wal ich han e gudi Gsellschaft gfun, mich aa gut gfiehlt un unerhal.

Am dritte Tach is dann mei guder Freind, der Bischnitzer Pheder, erschien. Wie ich 'm verzählt han, wie die Sache do laafe, hat 'r gelacht un gemennt, daß er e gudes Zimmer im erschte Schtock uf der Sunnseit, Hallebaad, 's beschti Esse in der erscht Serie un beim Finschter krien werd.

„Du schpinscht", han ich gsaat. „Sowas git's doch net!"

Er hat awer nor gschmunzlt, un am anre Tach han ich's erlewe misse, daß er e Zimmer im erschte Schtock mit Televisor, 's beschti Esse in der erscht Serie am Finschter, Hallebaad un sogar Paraffin zugewies kriet hat.

Ich han mer gedenkt, der Mann hat entweder e Mordsglick, e schtark uffni Hand oder was aarich Unappetitliches in seiner Kindheit gess. Un wie ich dernoh erlebt han, daß er an dem Tach, wu ke Gschpur vun em warme Wasser bei mir im Baadzimmer war, punkt um halwer finef warm baade hat kenne, genau wie er vorher großschpurich verkindt hat, is mer die Sach doch schpanisch vorkumm, un ich han ne gfroot:

„Pheder, wie zum Teifl machscht du des, dascht alles kriescht, was ich aa han mecht un net um die Welt erraiche kann?"

„Gscheit muß mer sin un wette muß mer kenne", hat er gsaat.

„Ich sin jo aa net graad bleed", han ich gemennt. „Un wette kann ich aa. Awer wie du des machscht, des mecht ich aa gere wisse."

„Mer muß halt wisse, wie mer wette tut un wie mer Wette verliere muß."

„Des verschteh ich net. Wette verliere? For was is des gut?"

„Schau, ich han am erschte Tach, wie ich ankumm sin, um e Schachtl „Kent" bei der Rezepzion gewett, daß se mer ke Zimmer am erschte Schtock gejer Siede un mit am Televisor gen kann. Ich han die Wett natierlich verschpielt, es hat mich e Schachtel „Kent" gekoscht, awer ich han des Zimmer ghat. Dernoh han ich e Wett vun finfunzwanzich Lei abgschloss, daß ich weder e Hallebaad noch Paraffin krien wer. Ich han die Wett natierlich verschpielt un die finfunzwanzich Lei losghat, dernoh hat's awer for mich Hallebaad un Parafin gen. Die verschpielti Wett fors Esse hat mich schun fufzich Lei gekoscht, awer es hat sich ausgezahlt. Un wal ich aa e Phackl „BT" zu verwette ghat han, han ich warmes Wasser kriet, wann ich han wille. Gsiehscht, mei Freind, so muß mer des mache. Wette un verschpiele. Awer natierlich muß mer wisse wann, wo, mit wem un for was."

Ich han mer des angheert un han for de ganze Owed Sach ghat for Nohdenke. Rede soll mer jo net iwer alles, des is net immer gut, awer nohdenke, des kann mer sich jo noch leischte.

Jo, Leit, fahrt ins Baad, dort kann mer viel lerne. Aa wie mer rentabl Wette verschpiele kann!

Briefwexl

Do neilich sin ich an em triewe Tach uf der Gass mit meim Freind Hermann zammkumm. Des währ jo nix Bsunderes gewen, awer er war in beschter Form, braungebrennt, grad wie eener de was vum Meer zuruckkumm is.

„Vun wu hascht dann dei Farb her? Machscht neischtns Ultraviolett oder worscht e halwes Johr in Delegazion am Schwarze Meer?"

„Ich kumm vun der franzeesisch Riviera" hat 'r gsaat.

„Was ich dort for e Monat verbrung han, des kannscht der net vorschtelle. Ich han deer gelebt wie der Herrgott in Frangreich!"

„Bei Verwandti?"

„Wuheer. Wildfremdi Leit. Han se iwer Briefwexl kennegelernt."

„Wascht net saascht. Un wie hascht des gemach?"

„Aso, horch her. Ich han e Nochber, der was mich schun die längscht Zeit kujoniert un mer es Lewe gfress hat. Wal ich Franzeesisch kann, soll ich doch so gut sin un ihm e Brief iwersetze. Er hat nämlich im Biro verzählt, daß er Franzeesisch kann, un wal er des kann, hat 'm sei Scheef e Brief gen for I-wersetze.

Was hätt ich mache selle? Ich han 'm de Brief iwersetzt, mer muß sich doch mit de Nochberschleit gut halle. Uf des kummt noh drei Täch der Nochber, daß mer aa e Antwortschreiwe iwersetze mißt.

Es wor jo net viel, nor daß es ne gut geht, der Andrei uf die Hochschul ufghol is gen un 's Linda hat e drei Wuche alde Puh un Schluß. Uf des hin hat dann der fleißich franzeesisch Freind nohmol gschrieb, der Scheef hat geantwort, un ich han nohmol un nohmol iwersetze misse. Ich han schun meim Nochber seim Scheef sei ganzi Familje un dem Pariser Freind sei Familjeangelegeheide ausewenzich gekennt.

So is des e Zeitlang gang, un wie dann mei Nochber so weit war, daß der Scheef 'm nor e paar Werter gsaat hat un mir, er un ich, richtich gsaat ich lenich, die Briefe gschrieb han, is mer e geniali Idee kumm. Ich han in die Angelegeheide vum Scheef e Inladung for mich un mei Weib ingflocht. Ich han nämlich im Nome vum Scheef gschrieb, daß er e großartiche Freind hat, de was mit seim Weib im Herbscht uf Paris kummt, dem was er riesich verpflicht is, wal der doch de Andrei aus 'm brennende Haus vor 'm Versaufe gerett hat un daß es meeglich is, daß die bei ihne voriwerschaue were.

Die Pariser han uf des gleich reagiert; so han ich e dreivertl Johr lang korreschpondiert, un wie mer noh in Paris ankumm sin, han uns die dorte mit offni Arm empfang."

„Un wann der Scheef jetz do drufkummt?" han ich mei Freind Hermann gfroot. „Des kann for dei Nochber schwerlich gut ausgehe."

„Er is schun drufkumm. Mei Nochber schaut sich zeit zwaa Wuche noh em neije Poschte um, un sei Scheef hat angfang, Franzeesisch zu lehre."

Navetiste
oder: Vun der Demokrazie

Wildkatz, Fuchs un Wolf un Bär
Beteilicht han sich am Verkehr
Vun der schtaatlich Eisenbahn.
(Als „Navetiste" sozusaan.)
Des Friehufschtehn un de Arweitstach
Han se mitnand gar mied gemach,
For des kann mer ne aa vergunne
Noh aner Fahrt vun fascht zwaa Schtune,
Daß se zu thunge angfangt han.
A kann mer nix dergeje saan,
Wann aner derbei schnorxe tut.
(Wann mer's selwer macht, noh is's gut.)
Die vier han halwer ghuckt un halwer glee
Un ausgeruht sich im Kupee.
Uf mol is dann die Tier ufgang
Un draus do war e Haas eich gschtan.
Der hat bei sich ghat so e Gej
Un hat zu geije angfang glei.
Sei Musich, die war laut un schroh,
Der Haas der war aa unerzoh,
For des hat sich do glei empeert
Die Wildkatz, wie's des Geijes gheert,
Un hat noh gsaat: „Mei liewer Haas,
Horch aamol her, ich saan der was:
Benehm dich mool, wie's wär normal
Un hehr jetz uf mit dem Krawal,
Wal mit deim Geije du uns schteerscht.
Awer wann du net uf mich heerscht,
Do kannscht am End leicht was erlewe,
Was gsiehn du noch net hascht im Lewe!"
Der Haas schaut an se impertinent
Un hat druf hehnisch gement:
„Heer mol Katz, du Hungrleder,
In deine dreckich Arweitskleeder,
Jetz wer ich der mei Meinung saan:
Halt scheen dei Maul, wal du bischt klaan.
Wann net, kumm raus uf de Korridor,
Un ich zieh der 's Fell iwers Ohr!"
Die Wildkatz mennt, die Uhr bleibt schtehn,
Wie se sieht de Haas zur Tier nausgehn.

Un wal es net war ihri Art,
Hat se nemi lang gewaart,
Vor Zorn verzoh hat se die Naas,
Is noh dem unverschämte Haas.
Der Fux hat gschaut, der Wolf gebrummt,
Der Bär aus seiner Ruh net kummt.
Ke finf Minute sin vergang,
Do hat der Haas schun vor ne gschtan
Un hat vor se gschmiss des bludich Fell,
(Der Fux hat gsaat: „Daß doch die Hell!")
Un hat gemennt: „Is noch wer do,
Dem mei Musich is allzuschroh
Oder vielleicht der Text net gfallt,
Der brauch sich net verschtecke halt.
Dem kann ich's jo drauße zeije,
Daß nix Schenres wie mei Geije!"
Der Fux, beleidicht in der Ehr,
Schaut uf de Wolf un uf de Bär.
Un wal do keener net reagiert,
Daß er de Haas hätt aranschiert,
Do hat er in die Hand sich gschpauzt
(E Fux, des is ke Katz, die maunzt)
Un zum Haas gsaaat: „Kumm bißche naus,
Noh reiß ich der die Ohre raus
Un daß du nemi werscht so frech,
Ich der derzu die Rippe brech!"
Der Fux is naus, der Haas 'm noh,
Der Bär hat nemol 's Gsicht verzoh.
Nor der Wolf, der hat Aue gemach,
Als wann ne intressiert die Sach.
's is net vergang e vertl Schtun,
Do is der Haas schun wider kumm
Mid 'm Fuxefell awer desmolrum
(De Wolf, der schaut ne an ganz dumm).
„Ei, daß der Herrgott fix Sakrament
– saat er zu sich – net ninschlaan kennt!"
Un aa der Bär, wie mer jetz gsieht,
Fangt an zu blinzle, intressiert.
„Wann do noch is e Amateer",
Saat der Haas: „Ich bitt eich sehr!"
Der Wolf uf des: „Aus is der Gschpaß,
Jetz weis ich der's mol, dreckiger Haas!"
Der Bär hat 'm Beifall gebrummt
Un war neigrich, was jetz kummt.

Un wie e halwi Schtun vergang
(Ich menn es war gar net so lang),
Wer hat dem Wolf sein Fell ningschmiss
Un arrogant verzoh sei Schniß?
Ihr hat's errot, es war der Haas gewen,
Der Bär, der hat schun wille gehn,
Daß endlich er do Ordnung macht.
Awer der Haas, der hat gelacht,
Wal hiner am, wer war do gschtan?
(Ihr kummt net druf, wann ich's net saan.)
Es war der Leewe, schtellt eich vor,
Un hat gegrinst bis an sei Ohr,
Gepeitscht die Erd hat 'r mid 'm Schwanz,
Gekratzt hat er derbei sei Phanz
Un gfroot, ob do noch aaner währ,
Dem net gfallt 's Geije vun seim Sekretär?
Der Bär uf des war ruhich scheen,
Wal er hat gsiehn, er is aleen.
(Wann er de anre gholf hätt, maan ich,
Wär er am End net do gschtan, laanich.)
So hat gekuscht zuletscht der Bär,
Vorm Leewe un seim Sekretär.
Un zu dem schreckliche Gegeij
Gelacht un gfreit han sich die zwei!

Moral:
Uf die Art kumme mer nie
Zu sowas wie Demokrazie!

Reklamiere – mer?

In unsere scheene Kaufhaiser un unserm raiche Waareangebot get's noch manichsmol sorchelos hergschtellti, qualitätslosi Ausschußwaar. Ich saan eich kaum was Neijes mit der Feschtschtellung un ich men aa net, daß es so e Leser get, der, wann er bis do mid 'm Lese kumm is, sich an die Schtern schlaan un ausrufe tut:

„Richtich, mir is noch net ingfall, daß des Sach do, was ich vorichi Wuch gekaaft han, for des net funkzioniert, wal es schlecht is!"

Dem gejeniwer saan ich vleicht was Neijes, wann ich eich verzähl, uf was ich mit meim Freind Paul S. drufkumm sin, uf was bis jetz ke Wertschaftsekonum vun der Welt drufkumm is (nemol der großi Karl May):

Der Weert vun aaner Waar wird gemeenerhand net nor vum Rohschtoff oder vun der derzu verbrauchti Arweit beschtimmt, awer aa vun der Greese vun de Reklamazione, die noh der verkaaft Waar gemacht were.

Ich verschteh, die Wertschaftsekonomie is net laicht zu verschtehe, for des versuch ich die ganz Sach gmeenverschtändlich zu erkläre:

Setze mer voraus, daß e hauswertschaftlichi Pamschetiermaschin (die ältere Leser vun der Pipatsch were sich noch dran erinnre, daß der Haupts Niklos mol vun dem Wunnerwerk der schwowisch Heiltechnik e beriehmte Artikl gschrieb hat) noh der geleiflich Kalkulazion dreitausndunsiewehunert Lei koscht. Awer, setze mer wieder voraus, daß jedi zwat Pamschetiermaschin schlecht funkzioniert oder glei kaputtgeht, folglich muß der Kaifer, daß er zu aaner gude kummt, dorchschnittlich zwaa Pamschetiermaschine kaafe. For des muß mer wieder kalkuliere, un zwar so:

Pamschetiermaschin plus Reklamazion plus zwati Pamschetiermaschin is gleich mit zwaa mol dreitausndunsiewehunert Lei, was wider gleich is mit siewetausndviermolhunert.

For soviel mißt mer die Pamschetiermaschin im Waarehaus verkaafe, for daß aa die Reklamazion wie aa die Tausch- oder Garanziepamschetiermaschin rauskummt. Des is for niemand net gut, am wenigschte 'm Kaifer, der die Maschin sindhaft teier, for doppelter Preis, kaafe muß; der Industrie aa net, wal se jo zwaa Maschine derfor herschtelle gezwung is, un for de Handl is es jo aa dopplti Arweit, zwaa mol aani zu verkaafe.

Awer: In was for am Fall – nehme mer des owrichi an – kann die Industrie un de Handl e Vorteel erziele? Na, in welm?

Wann se 'm Kaifer die Luscht am Reklamiere vertreibt!

Es is kloor wie schwarzi Thinde, wann der Kaifer net reklamiert, noh hat mer die enzich Pamschetiermaschin for de Preis vun zwaa verkaaft, un außer dem bleede Kaifer sin alli glicklich un zufriede.

Die Reklamazion wär jo 'm Recht noh giltich, awer wann mer nor die Prozedur vun dere Reklamazion gscheit un schpitzfindich projektiert, kennt mer die Luscht vum Reklamant for reklamiere ohni weiteres vertreiwe. Un zwar so:

Die fehlerhafti Pamschetiermaschin kann mer zwaa mol im Monat zwische halwer un dreivertl Ens zruktraan zum Bukarester „Magazin de prezentare" vum respektive Ministerium aus der Balta Alba zamscht mit der Quittung, die was vorher vun zwaa Zeije vorm effentliche Notär in Valea Curtei, wu die Pamschetiermaschin verpackt gen is, beschtätticht werdt. Der Reklamant kriet jedes Johr am dreisichschte Feber e Antwort uf sei Reklamazion, un wann se schtichhaldich war, wird 'm ohni Umständ die Pamschetiermaschin for e anri

71

umgetauscht am Taach, wann die Pheer Phingschte han, wann er mit am griene Trabant mit unpaarichi Zulassungsnummer un bis am dreisichschte März ausgezahlte Steijer derfor kummt.

Wann awer der Kaifer net reklamiere tut, for des kann die Industrie un der Handl wirklich nix derfor.

Na, Adje!

Die letschti finf Johr

Wie ich in des Biro ningang sin, wenne han ich do gsiehn? Mei gwesene Klassekulleger, de Altmayer Pali. Ich han fascht meine Aue net glaawe wille, vor mir war e alder Mann gschtan.

„Pali! Bischt du des? Kannscht dich noch erinnere? Mir ware doch Kullegre in der sieweti A. Vor wie lang wor des? Vor dreisich ...?

„Vor verzich!" hat er gsaat un mer zugephischpert:

„Ich sen um zehn Johr älter! Awer jetz Ruh!!!"

Verschtan han ich des jo net, awer nohher han ich's aranschiert, daß ich uner vier Aue han mid 'm rede kenne.

„Was zum Teiwl machscht du dich älter, wu doch e jeder, vun de Weiwer gar net zu rede, sich jinger mache tut?"

„Wal die bleed sen, des Lewe net kenne un net wisse, was mer for Geld krien kann, wann mer älter is. Ich sin, wie du's gut weescht, sexunverzich, awer do wisse alli, daß ich fescht iwer die fufzich sin!"

„Hascht dei Geburtsschein gfälscht? Awer for was, Mann? For was?"

„Wu dann! Kener schaut Zeignisse an, hechschtns es is schwerer Grund do. Awer ich han schtaad langsam vun mir verlautbare geloss, daß ich iwer finfunfufzich sen. Also mit zehn Johr meh, wie ich uf 'm Buckl han. Zum Glick sen ich ziemlich runzlich un außerdem mach ich alles, for daß ich älter ausschaue soll. Die Nächt vermulatiere, fescht trinke un raache un, for was soll ich's net saan, deni Weiwer gehn ich aa noh, wie wann ich finfundreisich währ. Des alles nore, daß ich wie finfunfufzich ausschaue soll. Nemol mei Hoor sen richtich so weiß, wiescht du gsiehscht, awer ich han e Friseer, de was des so groo mache verschteht."

„Un for was is des alles gut?" han ich ne gfroot.

„In de finf letschti Johr sen die beschti Gehälter", hat er mer zugephischpert. „Wescht du des net? Des schteht im Pensionsgesetz. Umsunscht han ich frieher Gehaltserhehung, Avanschierung oder Ernennung verlangt. Die hehre aane doch gar net an. Es enzich, was se akzeptiere, is, daß mer vor der Pensionierung schtehe tut. Dann werd der Gehalt erheeht, for daß mer e schenri Pension krien soll. E wenich Humanität, e wenich Schwindl, awer es wird iwerall so gemacht, wall die wille jo aa alli mool in Pension gehe!"

„Du hascht doch noch lang bis zu deiner Pensionierung!"

„Des wees ich, awer die Leitung wees des net. Ich han iwerall ausgschtrait, daß ich vor der Pensionierung schteh un daß es schun gut wär, wann ich e richtichi Pensionsgrundlach han tät. Ich han uf des hin Gehaltserhehung kriet, ich sin avanschiert un heint in aaner Posizion, wu mer vor zehn Johr gar net denke hätt kenne. Schau mich an. Meim runzlich Gsicht un meine grooi Hoor kann ich wenichstns 800 Lei im Monat verdanke!"

„Net zu glaawe. Un hascht ke Ängschtre, daß se der do drufkumme? Was saascht noh?

„Nix! Ich teel ne mit, daß ich mich geert han. Mit finfzich kenne se mich net pensioniere, bis dohin kann ich awer alli Vorteele vum Altertum geniese."

„Mit eem Wort, dir geht's jetz gut?"

„Sehr gut sogar. So gut, daß ich's gschpier, wie ich jede Tach jinger wer. Un des is, du kannscht mer's glaawe, in meim Fall direkt e Unglick!"

Also Leit, sowas get's aa.

Un wer will, kann sich dernoh richte.

Wu is die Heed – 1988
(net vum Johann Szimits)

Wu Wind dorch de Kotarka weht,
Ke Nonius im Schtall meh schteht,
   Des is die Heed.

Wu die Heiser schtehe ohni Kuh
Un aa im Schweinschtall tiefi Ruh,
   Des is die Heed.

Wu unerm Gewl leit der Mist,
Newedran der Sohn vum Kolonist,
   Des is die Heed.

Wu uf der Tenn ke Hingl scherrt,
Wu mer ke schwowisch Wort meh hert,
    Des is die Heed.

Wu im Schtall nemi die Krippe schtehn,
For Mehl zur Koprativa gehn,
    Des is die Heed.

Wu im Hof nimi schteht der langi Waan,
Der Großvater verzählt vum Baragan,
    Des is die Heed.

Wu uf 'm Bodm ke Kukrutz meh leit,
Aus der Selch ke Raach meh schteit,
    Des is die Heed.

Wu im Schopp die großi Trauwepress
Die Trauwe hat schun längscht vergess,
    Des is die Heed.

Wu ausgschtockt der letschti Kwetschebaam,
Im Keller nemi Millich un Rahm,
    Des is die Heed.

Wu's net get e eenzich Ort,
Vun wu die Leit net wille fort,
    Des is die Heed.

Wu's uf Kartell nor git e Broot,
Un mer sich nor for anri ploot,
    Des is die Heed.

Wu ke Halt kummt oweds uf der Gass,
Der Salasch im Hotar schteht verlass,
    Des is die Heed.

Wu im Keller leit der Wein,
Im Kobl nemi grunzt des Schwein,
    Des is die Heed.

Wu nemi hängt der Schunkeschpeck,
Uf 'm Bodm nemi volli Säck,
    Des is die Heed.

Wu nemi dein Garte un Feld,
Was der Großvater schun hat bschtellt,
   Des is die Heed.

Un wu mer nemi schtolz kann saan:
Ich sin e Schwob, e Bauersmann,
   Des is die Heed.

Na, sowas ...

Mer macht sich als Gedanke, wann mer dorch die heidich bundesrepublikanisch Gegnwart laaft. Do get's Leit, die derfe sogar unser Kanzler beleidiche, un 's passiert ne nix. Anre wider gfalle owichi Leit net, un wal se die Kurasch han, des ganz effentlich zu saan un sich for gudi Deitschi halle, die kenne wejer „Volksverhetzung" zwaa Johr im Kiehle hucke.
   Anri wider kumme dorthin uf Grund vun „Indizien".
   „Indizien", des is aa so e Wort, was schwer for verschtehe oder leicht for mißverstehe is, soll awer soviel bedeide wie e Anzaiche oder e Grund zum Verdacht scheppe oder aa, daß mer vun aam saat des was mer net beweise kann oder muß, gejer des was mer sich awer sehr schwer oder gar net wehre kann. Wal Indiz hat gmeenerhand meischt nix mit der Wohrheit zu tue.
   Wann ich des Wort Indiz nor hehr, fallt mer de Fall vun meim Freind Kruwlichs Matz mit seiner Kuh Rosa un seim Weib, 'm Evi, in.
   Aso, der Matz war Dreher in der Schtadt, dorch des Navetist, des is bekannterweis des neihochschwowisch Wort for Pendler, un hat, aus schwowischer Bauretradizion, sei Wertschft, mitsammt seim Weib Evi, weidergfiehrt. Im große Hof un ufm friehere Dreschplatz han se Rewe ghat, der Garte war inschtandghall wie bei weniche, un e Kuh, des Rosa, Schwein un Hingl han se aa ghat. Es Evi hat sei Hauswertschaft gfiehrt, for Nochbersleit genäht, die Kiner erzoh un aa fratschle gfahr in die Schtadt. Un es Rosa, es war e gudi Kuh, awer mit Naupe, hat sich nor vum Evi melke geloss.
   Do is mol der Matz vun der Schicht hemmkumm un hat seim Weib glei angsiehn, daß es vun Erjer bal gekrisch hat.
   – Evi, na was is dann los, du schauscht aus wie drei Täch Rejewetter, was for e Laus is der dann iwer die Lewer gekrawwlt?
   – Wie soll ich net, heint geht mer alles dernewe: 'm Schtuppe Pheder sei Liss hat pertu un schtandeped noch bis zwelf des Blooi fertich han wille, der

Schtrudltaich hat sich net ziehe geloss, es Esse for mei Mann is net fertich, un es Rosa im Schtall is aa schun unruhich, wal ich noch net zum Melke kumm sin. Ich waas meiner Seel nimi, was ich es Erscht anfange soll. Ich menn, ich phack mich zamm un gehn in die Welt!

– Nor net glei kreische, 's werd sich schun ferschte, mach nor 's Esse fertich, bis dann zieh ich mich um un wer 's Rosa melke un's wird alles gud.

– Werd es Rosa sich awer vun der melke losse, des is doch nor mit mir gewehnt?

– Na hehrscht, ich wer doch noch unser Kuh melke kenne.

– Wann des nor gutgeht, es Esse is iner halwi Schtund fertich.

Der Matz hat sich ausgezoh, sei Arweitsgattjer angezoh, un wal die so weit an 'm gflattert han (es war bei weidm net sei Nummer), hat er se noch mit am Hosserieme feschtgemach, hat des dreibeenich Schtielche un de reini Milchamber ghol un sich newer des Rosa ghuckt.

Es war awer aa net der beschti Tach vun dem Rosa gewen, for des hat es sich erschtaunt umgschaut un wie es gsiehn hat, daß do net, wie gewehnlich, 's Evi am Melke is, hat's sich net lang iwerleet un hat mid 'm hinre rechtse Fuß de Milchamber umgschmiss.

– Du sollscht doch wiedich werre – hat der Matz gemennt. – Macht nix, soviel is do gar net verlorgang. Awer des mid 'm Fuß rumschlaan, des wer ich der schun vertreiwe!

Hat sich rumgschaut, bis er zwaa korzi Schtrick gsiehn hat, un mit ehm hat er noh 'm Rosa de hinere rechtse Fuß an e Phlock angebunn.

– Na so, jetz werscht mer nemi de Amper umschmeise – hat 'r gemennt, war mit sich zufriede un hat wieder fertich melke wille. Wer awer net zufriede wor, des wor es Rosa un hatt aa anerscht gemennt. Wal se mid 'm rechtse Fuß nix mache hat kenne, hat se noh korzer Iwerlegung mid 'm linxe ausghol un wider de Amper umgschmiss. Un zufriede de Matz mit große Aue angeglurt.

De hat des natierlich gfuxt, er hat awer gemennt, er mißt jo meh Verschtan han wie die dummi Kuh, un hat 'r aa de linxe Fuß mid 'm zwate Schtrickend an e anre Phoschte gebunn.

– So, mei Rosi – hat er gemennt – jetz han ich dich soweit, jetz kannscht nemi mit kohm vun de zwaa gschpreizti Haxe was umschmeisse un dei ganzer Iwermut is for die Katz – un hat fors dritti Mol angfang for melke ...

Des Rosa war ganz verschtawwert, awer es hat gemennt, for e gscheidi Kuh, for was es sich ghal hat, derft se doch so rasch net ufgenn, hat bißche gezoppt un noh, mit am hehnische Blinzle in de Aue, hat es, desmolrum, mid 'm Schwanz de Amber umgschmiss.

– A jérumját nomol nin, damisches Rindsvieh, werscht du net Verschtan annehme – hat der Matz gflucht. Awer es Rosa hat nemol jetz dernoh ausgschaut. – Jetz wer ich der awer de Schwanz anbinne, un noh wer mer schun gsiehn, wer do Herr im Haus is!

Wie er sich rumgschaut hat, hat 'r awer nix meh gsiehn for Anbinne, bis 'm ingfall is, daß er jo e Hosserieme hat. De hat er runerghol, mit der Schnall e Schlopp gemach un so am Kuhschwanz angebun. Awer an was des anri End anbinne? E Traam vum Dachschtuhl währ jo es richtichi gewen, awer e bißche zu hoch; for des hat 'r sich umgedreht, un de Amber umgedreht, hiner es Rosa gschtellt, is nufgekrawwlt un sich gschtreckt for de Hosserieme am Dachschtuhl feschtzumache. Un wie daß sich so gschtreckt hat, sin 'm die Arweitsgattjer, die was, wie schun gsaat, sowieso zu breit ware, runergerutscht bis uf de Amber un zu allm Unglick hat 'r aa ke Unnerhose anghat.

Schtellt eich des nor vor: e Kuh mit angebunne, ausnanergschpreizti Hinnerfieß, de Schwanz angebunn un nuf uf de Dachschtuhl gezoh un hinedran, ganz nächscht, e Mann uf am Amber mit nunnergelossne Gattjer.

Un zu weiderm Unglick hat grad in dem Aueblick es Evi ninschaue misse, wals doch ihre Mann for Esse hat wille rufe. Des armi Weib war ganz verschtawwert un hat nor soviel saan kenne:

– Jesmarjandjosef schteh mir bei, Matz, um Herrgottskrischtiwille, was machscht dann du do mit der Kuh?

Der armi Matz hat sich, in der peinlich Situazion, rumgedreht un ganz verzwaiflt gantwort:

– Du gsiehscht jo, was ich mach, un wann ich aa zehnmol die Wohrheit saa, es werd mer jo doch niemand glaawe, wann ich aa ke enziches Wort lieje tu!

Ihr hätt's jo aa net for meeglich ghal, ich jo aa net bei soviel „Indizien", awer des is nomolrum der kloori Beweis, daß mer net an sowas wie Indizien allzufescht glaawe soll, wal mer kann jo nie wisse, wann mer in so e oder ähnlichi Situazion wie der Matz mit seim Rosa kummt.

Un kimmert eich vor allem net um Sache, die wu eier Weib besser verschteht.

Sowas wie e Nohwort

Vieli Bicher han e Vorwort. Vun am bekannte Kritiker, Freind oder Literat. Dorte werdt meischt was scheenes iwers Buch un, manichsmol, iwer de Autor gschrieb.

Find der Autor awer kaane, der was des bis zuletscht mache mecht, bleibt am nix iwrich wie e Nohwort zu schreiwe. So is es aa mir passiert.

Der Leser werdt sich die Froh schtelle: For was is des Buch do gschrieb gen?

Erschtns aus Tradizion.

Mei seelicher Großvater Egidius un Vater Nikolaus han schun Bicher in unser scheen banatschwowisch Weltschprooch gschrieb, do kann mer doch als dritti Generazion net hinenoh schtehe un net aa was zur Bekanntheit der Familje beitraan.

Zum Zwate:

Der Egidius Haupt hat im Vorwort vun seine „Banater Kleenichkeite" Band I, uner annerm, wie folgt gschrieb:

„Beileifich 150 Johr (jetz 250) is es jetz her, daß unser Ureltre ins scheeni, domols riedich, Banat ingewanert sin. Die Sitte un Gebreiche sin noch, zu Teel, erhall, awer es is nimi so leicht die ‚Kloor Sproch' iwerall ufrecht zu erhalle.

Der Zweck vun dem Buch soll sin, wenichschtens etwas derzu beizutraan, daß in spät're Zeite unser Kindskiner noch Kleenichkete vum Lewe un Treiwe, vun dem hie un do bißl derbe, awer desweje ganz g'sunde un natürliche Humor vun de Banater Schwowe (aa Asfaltschwowe) un vun ihre Voreltre erfahre könne.

Jedi Nazion un Rass hat ihre ajeni Faxe, Maxe un Eigenthümlichkeite.

Jedes Volk raaft um sei Existenz.

Die Sproch, die was unser Ureltre gered han, wie se ingewanert sin, hat sich bis jetz wohl erhall.

Awer ob des for die Zukunft aa der Fall wird sin, das will ich bezweifle. (Mei Großvater hat gejer die „Magyarisierung" schwowisch gschrieb, mei Vater gejer die „Romanisierung", un ich versuch gejer die amerikanisch versauti „Germanisierung" was zu tun.)

Ich hall's darum for e Notwendichkeit, de banater Dialekt aa schriftlich zu kultiviere un ‚kloori Wohrheite' vun dort ‚kloor' in der Ursproch niederzuschreiwe. Es is das vum volksgeografische Standpunkt e Stückl Volksg'schicht, die ohne jede Hinergedanke Natur, Charakter, Denk- un Handlungsvermeje unserer Rass kloor verewiche soll. Um des Ziel zu erreiche, is bis jetz viel zu wenich gschiet: Wann des Buch der Sach phaar Schritt nächster kummt, sin ich zufriede. Un die was solchi fleißich kaafe, bringe de Steen ins Rolle, un die ‚kloor Sproch' git for alli Zeite literarisch vereewicht."

Ich hoff, daß mei Buch de Pretenzione vun meim Großvater net allzuweit nohhinkt.

Un drittns: daß es gekaaft un gelees werdt.

Des Buch is e vleicht net immer gelungni Auswohl vun Schreiwe die was in eem Duznd Johr in schwowischer Mundart in der „NBZ-Pipatsch", „Banater Post", „Der Donauschwabe" oder gar net erschien is. For des aa die verschiedni Art zu schreiwe, die angetroff were kann. Dervor were aa meischt Ort un Datum angen, meeglicherweis aa als Gejeniwerschtellung zu anri die was „Quellenangaben" angen for manichsmol Unsinn, de se awer „wissenschaftlich" erscheine lasse meechte.

Daß's manchsmol etwas derb un net graad for Kloster-Schilerine zugeht is wohr, awer schun der groß schteijrer Peter Rosegger saat, daß: *„Die Volksmundart hat in ihrer kulturloss Unschuld die Macht un 's Recht, ohne frivol zu sin, manches zu saan, was die Schprooch der Gebildete hechschtns anzudeite wage derf."*

Es wird sicher aa solchi gen, dene was die Verschiedeartichkeit der Ausdrucksmittl net gfalle wird, awer die, vleicht net immer glicklich, Beiträch sin aus aaner Zeitschpann, wie schun gsaat, von iwer e Dutznd Johr zammgetraa, un do is es aa net verwunderlich, daß des „schwowisch Koiné" (Verkehrsmundart oder aa Mundartschprooch) ball so un ball anerscht ausgedrickt werdt. (...)

Kata-Strophen

7te KATA-Strophe

Ein Albatros, auf einem Floß,
Sprach zu seiner Frau, der Albatrose:
Mein Täubchen, bin ich auch der Boß,
So bist du längst noch nicht die Bose.

12te KATA-Strophe

Ein Beutelaxolotl
Schwang sich auf einen Baum.
Es war beileib kein Trottel,
Sondern possierlich anzuschaun.

29ste KATA-Strophe

Es pflanzt sich fort auf Reben
Ein Streptokokulus.
Was würd' er dafür geben,
Wär er 'ne Kokosnuß

65ste KATA-Strophe

Auf einem morschen Ast
Da schlief ein Päderast.
Herab fiel er dann leider,
Denn es kam ein Astabschneider.

75ste KATA-Strophe

Eine quietschende Schublade
Die quietschte vor sich hin.
Später hielt sie es für schade
Und schluckte Aspirin.

81ste KATA-Strophe

Die Phillipine durch die Wüste
Ritt auf einem Dromedar.
Sie entwickelt' solch Gelüste,
Weil selbst sie dromedarisch war.

85ste KATA-Strophe

Caligula, der verrückte Imperator,
Aus 'nem Roß macht 'nen Senator.
Der Bundeskanzler, auch sinister,
Aus 'nem Ochs 'nen Staatsminister.

86ste KATA-Strophe

Ein Wankelmotor wankte
Nach Hause aus der Bar.
Am Wanken er erkrankte,
Weil er ein Wankel war.

94ste KATA-Strophe

Die Brillenschlang' putzt' sich die Brillen
Und faucht zum grünen Leguan:
„Wir schreiben nur des Reimes willen.
Der Sinn, der geht uns wenig an."

97ste KATA-Strophe

Die Sonne lag im Zimmer,
Der Mond stand in der Bar.
Besoffen war er immer,
Wenn er nicht nüchtern war.

102te KATA-Strophe

Auf den rosaroten Seen
Schwimmen bläulich Mogel-Anten
Die dann auf das Konto gehen
Von meinen Erbschafts-Tanten.

103te KATA-Strophe

Prüderus und Prüderie
Trafen sich auf einer Tenne;
Nichts zu sagen wagten sie,
Denn es sah sie eine Henne.

3te KATA-Strophe

Es war einmal ein Hasel
Der liebte eine Nuß.
Das Ende vom Gefasel
War eine Haselnuß.

26ste KATA-Strophe

'ne Frau, die aus dem Land der Drusen,
Die hatt' 'nen riesengroßen Busen.
Um dran nicht allzuschwer zu tragen
Mußt' der Busenfreund sich plagen.

29ste KATA-Strophe

Sprach das Ren zu seiner Renin:
„Kennst du einen Grund, so nenn ihn,
Der mich weiter könnte zwingen,
Dir Pistazieneis zu bringen?"

48ste KATA-Strophe

Eine alte Antioxidante
Jüngstens um ihr Leben rannte,
Denn sie konnt' es nicht vergessen,
Daß der Rost sie mal gefressen.

50ste KATA-Strophe

Und weil sie gern Choräle sang
Gewohnt' sie sich an den Kirchengang.
Ihr Freund, es war ihr engster,
Nannt' sie darum Kirchengängster.

58ste KATA-Strophe

Wein mecht ich trinke aus der Gieß
Un Bier als aus 'm Amber.
De verzichgradich Raki nor,
Den sauf ich aus 'm Stamper.

63ste KATA-Strophe

Hoch hinauf und tief hinunter
Steigt Zucker und Blutdruck mir,
Doch ansonsten bin ich munter
Bis am End ich dran krepier.

76ste KATA-Strophe (Anhang)

Es ist ein sonderbares Ding
Das heißt Zivilcourage,
Bei wem's nicht anzutreffen ist,
Leckt andere am Arsch.

86ste KATA-Strophe

Bottich sprach zu einer Kufe:
„Ich bin Bottich von Berufe,
Aber du, weiß Gott allein,
Kannst niemals Bott-du sein."

103te KATA-Strophe

Alte Römer fanden's toll
Zu haben ein Kapitol.
Wir hingegen, höchst banal,
Lieben mehr das Kapital.

Meckern und schleimen
- so was wie eine Fabel -

Die Ziege vom Müller,
Die Schnecke vom Bache,
Die gingen zum Rathaus
In der selbigen Sache.

Zuerst ging die Ziege,
Sie war an der Reih',
Trug vor ihre Klage
Mit Krach und Geschrei.

Und das 'ne halbe Stunde,
Doch hat's wenig gebracht:
Der Mann von dem Amte
Hat sie nur ausgelacht.

Danach hat die Schnecke
Dies im Stillen getan,
Bloß kurz zehn Minuten,
Überzeugt war der Mann.

Da meckert' die Ziege:
„Wie kommt es denn nur,
Daß du alles erledigst,
Und bei mir keine Spur?"

„Ach du, liebe Ziege",
So sagte der Schneck,
„Ich kenn' die Methode,
Welche du nicht hast weg.

Es hilft dir da gar nichts,
Kein Ach und kein Weinen.
Nicht meckern darfst du,
Sondern nur schleimen."

Nikolaus Haupt †
Sackelhausen – Temeswar

*Nikolaus Eugen Haupt (Pseudonym: „**Haupts Nick**") wurde am 19. August 1903 in Sackelhausen (Banat/Rumänien) geboren. Sein Vater war der Schriftsteller, Mundartautor und Volkskundler Egidius Haupt. Nikolaus besuchte die Volksschule in der Heimatgemeinde, danach das Piaristengymnasium und machte sein Abitur 1922 am Deutschen Realgymnasium in Temeswar. Nach einem Praktikum bei den Reschitz-Werken in Bokschan studierte er in Klausenburg fünf Jahre lang Rechtswissenschaften, allerdings ohne Abschluß, zuletzt als Werkstudent in der Anwaltskanzlei von Dr. Kaspar Muth. 1928-39 war er Journalist bei der „Banater Deutschen Zeitung", 1938-43 Chefredakteur der „Neuesten Nachrichten", 1943-44 in der Schriftleitung der „Südostdeutschen Tageszeitung (Ausgabe Banat) in Temeswar. Nach August 1944 im KZ Tirgu-Jiu interniert und zur Zwangsarbeit nach Rußland verschleppt. Im Anschluß an seine Flucht war er Saison- und Bauarbeiter, Tagelöhner und Bauernknecht und mußte wegen diverser Verhaftungen zeitweilig untertauchen. 1948 arbeitete er vorübergehend bei der Temeswarer Tageszeitung „Freiheit" sowie der „Temesvarer Zeitung", um sich dann zunächst als unqualifizierter Arbeiter, dann als Montageschlosser bei der Temeswarer Maschinenfabrik „Technometall" zu verdingen. 1951 wurde er verhaftet und sieben Monate lang in der Psychiatrieabteilung des Bukarester Securitate-Gefängnisses festgehalten, 1952 von einem Temeswarer Militärgericht zum Zwecke der Umerziehung zu Kerkerhaft verurteilt wegen „Unterminierung der Staatssicherheit", er bekam Berufs- und Schreibverbot, stand unter Meldepflicht und verlor seinen Rentenanspruch. 1968 Pension. Mitglied des Adam-Müller-Guttenbrunn-Literaturkreises. Seine humoristische Kurzprosa in Mundart erschien in der NBZ-Pipatsch. Für die sechs von ihm herausgebrachten Bücher erhielt er 1993 einen Literaturpreis, jedoch seien, nach eigener Aussage, seine besten Sachen nicht publiziert worden. Nikolaus Haupt starb am 18. September 1993 in Temeswar.*

Was hundert Ahnen

Was hundert Ahnen vor dir je ersonnen,
erlebt, erlitten, kämpfend je erstrebt,
was sie erreicht, verspielt, was sie gewonnen,
was sie am Gipfel ihres Seins erklommen,
ruht auch in dir. Ihr Leben lebt, es webt
in dir am Tuch der Zeiten, denn du bist
ein Glied in einer Kette nur. Sie fließt
von Ewigkeit zu Ewigkeit und schließt
sich nie. In deiner Kinder Augen grüßt
der Ahn dich, den du auch im Enkel siehst!

So türmt sich Stein auf Stein am Bau,
den Mann und Weib und Weib und Mann im Spiel
und Ernst errichten, ewig eins im Ziel:
der Wiegen und der Gräber endlos Schau.

Was zwischen diesen beiden Polen ist,
verweht wie Hauch. Vergänglichkeit allein
ist bleibend. Auch wer tausend Küsse küßt,
aus tausend Tiefen Schätze sich erschließt
kam nackt zur Welt und starb für sich allein.

Das größte aller Werke bleibt stets klein
am Maß des ewig gültigen gemessen.
Eines Farnkrauts Blumenstaub im Hain
trägt schon der Welten Walten Widerschein
im Werden, Sein, im Sterben und Verwesen.

Rebellen-Song

Wir schweigen still. Doch hinter diesem Schweigen
wächst riesengroß ein stumpfverkrampfter Haß.
Je tiefer auch wir unser Antlitz neigen,
die Zornesfalten, scharfgeritzt, sie bleiben,
sie werden tief und hart, sie werden blaß.

Wir warten stumm auf eine große Wende ...
Alle warten! Alle stehn bereit!
Wir ballen zähneknirschend unsere Hände,
wir schüren Gluten, legen tausend Brände
in tausend Herzen. Bald kommt unsre Zeit!

Die Zeit, die allergrößte aller Zeiten,
die Dämme niederreißt und Ketten bricht.
Da alle Arme sich zum Sturm bereiten,
von allen Türmen alle Glocken läuten
und flammend unser Zorn zum Himmel sticht.

Der Schatzsucher in den Katakomben

Wer etwas von Pflaumenmus hielt und nicht zu faul war, sich die Nacht um die Ohren zu schlagen, der saß schon um neun Uhr am Abend im Hof unter dem großen Nußbaum und schaute zu, wie die Ritzi ihre Vorbereitungen traf. Denn ein richtiges Pflaumenmus mußte auch richtig gekocht werden. Dazu brauchte man einen ganz großen Kessel, außen verrußt und innen so blank geputzt, daß man sich drin anschauen konnte wie in einem Spiegel. Dann gehörte ein Umrührer dazu, einer, der handfest war und etwas schaffte, ein Kochlöffel taugte da nicht, aber die Ritzi hatte eine Latte zu diesem Zweck bereit, die war am oberen Ende rund, so daß sie gut in den Händen lag, am unteren aber eckig und fest, mit der konnte man auch den Boden des Kessels richtig lockern, damit das Mus nicht anbrannte.

Als der Bernecker, der Bratschist, in den Hof trat, saßen schon an die zwanzig Leute am Feuer. Sie kauerten in der Runde, drehten sich Zigaretten, die Frauen hielten kurzstielige, klobige Pfeifen zwischen den Zähnen, unter dem Kessel prasselte das Feuer, und die Sonne schickte sich an, im Westen unterzugehen. Es war Ende August, nach einem heißen Tag wehte ein kühler Wind von der Wiese her, die sich, von sumpfigen Röhrichten unterbrochen, bis zu den massigen Mauern der Festung hinzog. Die Gasse der Spielleute lag am Ende der Fabrikstadt, hinter den schadhaften Bretterzäunen duckten sich kleine Häuser, manche halb in die Erde gegraben, und ihre schiefen Dächer hingen wie verbeulte Hüte auf den struppigen Köpfen alter Männer.

In den Häusern wohnten Spielleute. Es waren die Musikzigeuner der Stadt Temeswar, Geiger und Schlagwerker, Cellisten und Baßgeiger, sie bliesen die Trompete und die Klarinette, es gab unter ihnen welche, die sechs Instrumente berherrschten, sie hatten ihre Kunst, ohne die Noten zu kennen, von den Vätern erlernt, und sie gaben sie an die Söhne weiter. Es war ein munteres Völkchen, das hier hauste, nicht reich, aber nie ohne Brot auf dem Tisch, laut und oft unbeherrscht, aber gutherzig und hilfsbereit. Die Kinder, es gab in jedem Haus einen ganzen Schock davon, waren schwarz gebrannt von der Sonne, mit blanken Augen in den dunklen Gesichtern, schnellfüßig und nackt bis auf eine alte Hose oder einen zerfransten alten Rock. Sie hatten keinen Zutritt zum Pflaumenzeremoniell der Ritzi, lungerten vor dem Zaun, lugten durch die Lücken und prügelten sich um die besten Schauplätze.

Während sich die hoffnungsvolle Jugend die Nasen an den Zaunlücken und Astlöchern plattdrückte, schüttelte die Ritzi die ausgekernten Pflaumen in den Kessel. Es waren reife, fast schwarze Pflaumen, die Ernte von drei Bäumen, die hinten im Hof standen und auch von den waghalsigen Jungen nicht geplündert werden durften. Denn die Pflaumenbäume der Ritzi waren tabu, da durfte keiner dran rühren, darauf paßte die ganze Gasse auf.

„Daß du dich nicht unterstehst, bei der Ritzi Pflaumen zu stehlen, sonst kannst schon dein Bündel packen", belehrte die dicke Misefa ihren Sohn, den springlebendigen Josso, für den kein Zaun zu hoch und kein Baumstamm zu dick war. Diese und ähnliche Ermahnungen waren ernst gemeint und wurden auch ernst genommen, und so hatten die Pflaumen im Hof der Ritzi Zeit zu wachsen und zu reifen, auch dann, wenn sie in den umliegenden Gärten schon geklaut wurden, wenn sie noch grün wie Gras und sauer wie Essig waren.

Nun war der Tag da, an dem aus diesen Pflaumen süßes Mus wurde. Die Ritzi rührte mit kräftigen Armen in dem Kessel, die alte Safta achtete darauf, daß zur richtigen Zeit aufs Feuer nachgelegt wurde, und die Männer und Frauen, die da im Kreis saßen, konnten kaum den Augenblick erwarten, da ihnen mit dem aufsteigenden Dampf der würzige Geruch der kochenden Pflaumen in die Nasen steigen würde.

„Solches Leckwar kann auch nur die Ritzi kochen", stellte der alte Müller fest und wischte sich mit einem großen rotkarierten Taschentuch die Nase. Dieses Taschentuch war berühmt, nicht nur in der Gasse der Spielleute, sondern auch in der Milch- und in der Grabengasse, denn wer hat schon sowas erlebt, sich die Nase mit einem Tuch zu wischen, wo man solches Geschäft doch schon seit undenklichen Zeiten mit Daumen und Zeigefinger zu erledigen pflegte. Aber der Müller war in seinen jungen Jahren bis nach Wien gekommen, er war Klarinettist und hat dort in den vornehmsten Gasthäusern gespielt. Außer dem Nasenputzen hat er auch andere vornehme Angewohnheiten mit nach Hause gebracht und erfreute sich großen Ansehens im Kreis der Musikzigeuner.

„Mir sein deitsche Zigeiner", pflegte er zu sagen, „unsere Großväter sein als Neubanater in den Registern der Stadt eingeschrieben, mir sein keine Hergelaufenen und haben uns dementsprechend zu benehmen."

Die Toll, die Bernecker, die Stürzinger, die Jost, die Kutschmann, alles erbangesessene und unter sich verschwägerte Familien, Musiker alle und keine schlechten, haben sich das zum Wahlspruch gemacht und nicht versäumt, es auch ihren Kindern hinter die Ohren zu schreiben.

Das Pflaumenkochen bei der Ritzi hat alle, die nicht gerade in den Gasthäusern beschäftigt waren, um das Feuer versammelt, sie schwatzten und lachten und vertrieben sich die Zeit nicht zuletzt mit einem dickbäuchigen Tonkrug, der die Reihe entlangwanderte und in dem keine Sauermilch war.

„Daß sich mir keiner besäuft", mahnte die Ritzi, „denn der wird meinen Löffel spüren, und so wie er ist, heiß aus dem Kessel und voll mit Leckwar, kriegt er ihn um die Ohren geschlagen!"

Der Bernecker, der Bratschist, rief Bravo.

Er hatte schon lange ein Auge auf die Ritzi geworfen, sie hatte festes Fleisch, das konnte jeder sehen, und war auch sonst gut gebaut, auch das Haus gehörte ihr und sie verstand sich aufs Wahrsagen wie keine zweite.

„Ich habe meine Kundschaften unter den größten Damen", hatte sie ihm einmal gesagt, „die kommen zu mir, als gingen sie zur Beichte. Und sie zahlen mit Silber, so wahr ich lebe." Sie zeigte ihm einen Topf, schüttelte den Topf, da klapperte es drinnen, daß einem sogleich warm wurde ums Herz.

„Gulden sind das, Schani, Silbergulden, mit dem Adler aufgeprägt, das ist kein Spaß, und wenn es eintrifft, was ich ihnen wahrsage, dann schicken sie ihre Freundinnen zu mir, und solcherart blüht mein Geschäft, ich muß nicht waschen gehen in die Häuser und aufräumen, sondern sitz daheim und wärm mir den Hintern." Sie lachte, tausend Funken in ihren Augen, und klopfte sich auf das gewärmte Hinterteil. Er hätte solches gerne selbst besorgt, der Schani, aber er hatte diesbezüglich schlimme Erfahrungen. Die Ritzi war eigen in solchen Sachen, sie ließ keinen zu nahe an sich heran, sie war nicht nur flink mit der Zunge, sondern noch mehr mit der Hand und hat ihm unmißverständlich zu wissen gegeben: „Hände weg von der Puttn! Da greift nur der dran, dem ich es erlaube. Dir, Schani, erlaube ich es noch nicht."

„Und wann wirst du es mir erlauben?"

„Weiß ich? Wenn ich mal Lust haben werde. Dann vielleicht." Und dabei lachte sie ihn an, daß ihm das Herz schier aus der Brust sprang. Denn ihm hatte es die Ritzi nun einmal angetan. Begonnen hatte es schon vor einem Jahr, in diesem Hof, beim Leckwarkochen, da hatte sich die Ritzi, es war schon gegen Morgen, neben ihn gekauert, hatte ihm, müde wie sie war, den Kopf auf die Schulter gelegt und gesagt:

„Bist ein guter Kerl, Schani, und ich kann dich auch gut leiden. Weißt, wenn man allein ist, wie ich, dann sehnt man sich hin und wieder nach jemandem, mit dem man reden, meinetwegen auch zanken kann. Denn das Haus ist oft so leer, und man möchte auf und davon, mit den Wolken fortziehen und mit dem Herbstwind, das verstehst du aber nicht, denn was versteht ihr Männer schon davon, wonach sich eine Frau sehnen kann!"

Er verstand es nicht, der Schani, denn sie hatte doch das Haus und den Topf mit den Silbertalern, aber sie war hübsch, und wie sie sich so an seine Schulter kuschelte, wurde es ihm ganz warm ums Herz, und von dieser Stunde an war er ihr verfallen mit Haut und Haaren, und das wurde mit jedem Tag ärger.

„Ritzi", sagte er, nachdem eine geraume Zeit verstrichen war und er bemerkt hatte, daß er von ihr nicht loskommt, „Ritzi, wie wär's mit uns zwei? Du hast ein Haus und den Guldentopf, ich habe meine Bratsche und bin ein angesehener Mann, der sich sehen lassen kann. Wir kennen uns von Kind auf, und ich habe dich nicht einmal auf den nackten Hintern versohlt."

„Stimmt, Schani, aber der ist seitdem gewachsen, und ich trage ihn auch nicht mehr nackt durch die Gasse. So etwas muß gut überlegt werden, du weißt, ich habe weder Vater noch Mutter, von denen ich mir Rat holen könnte."

Es war seitdem ein volles Jahr vergangen, und die Rtzi hatte sich noch immer nicht entschlossen. Er aber lechzte nach ihr wie ein Hund nach der Wurst, die auf dem Haken hängt, lecker und verlockend, und an die er nicht und nicht herankam. Wie er sie da am Kessel hantieren sah, mit vom Feuer gerötetem Gesicht, Brüsten, die fest und wohlgeformt die Enge des Blusenstoffes zu sprengen drohten, wäre er am liebsten aufgesprungen, hätte ihr den Rührer aus der Hand genommen und das ganze Weibstück, so wie es da stand, an sich gedrückt, bis ihr der Atem wegblieb.

„Jaja", sagte der alte Müller, der neben ihm saß und ihm den Trinkkrug reichte, „die Ritzi, die ist schon etwas ganz Besonderes. Wer die kriegt, hat einen Volltreffer gemacht, da kannst du ruhig Gift darauf nehmen."

Er wußte das nur allzu gut, der Schani, aber was hilft das Wissen in einem solchen Fall? Er schluckte nur, setzte den Tonkrug an und ließ den Schnaps durch die Kehle rinnen. Der brannte wie Feuer, es war ein Getränk für Kenner, die Leute aus der Gasse der Spielleute hatten schon das richtige Gespür für solche Sachen. Er machte öfter die Runde, der Tonkrug, wurde auch mehr als einmal nachgefüllt. Gegen Mitternacht, das Mus brodelte und kochte im Kessel, die Ritzi wurde abgelöst beim Rühren und kauerte sich nieder neben dem Bernecker, erzählte der Jost, der Zymbalist, dem der Schnaps schon in den Kopf gestiegen war, von einem Türken, der als Gespenst schon seit langer Zeit in der Bierbrauerei herumgeistern sollte und den nur einer bannen könne, der den Mut habe, zwischen Mitternacht und dem ersten Hahnenschrei ein halbmondförmiges Hufeisen von der Schwelle der Moschee zu entfernen.

Die Moschee, ein Überbleibsel aus der Türkenzeit, stand im Hof der Brauerei. Wer am Abend bei den „Drei Husaren" durch eine Zahnlücke lugte, konnte genau sehen, wie sie sich, vom Mondlicht übergossen, gespenstisch mit ihren weißgetünchten Mauern aus dem sie umgebenden Strauchwerk heraushob. Das Minarett war eingestürzt, vielleicht abgetragen worden, wer konnte das noch wissen! An die Moschee hatte man sich jedoch nicht herangewagt, denn über der liege ein Fluch, und wer getraute sich schon an solche Dinge heran! Der Jost arbeitete bei den „Drei Husaren", er spielte allabendlich auf dem Zymbal und kannte alle Stammgäste. Unter diesen gab es manche, die in der Brauerei arbeiteten und gruselige Geschichten über die Moschee zu erzählen wußten. Ein Türke und ein junges Mädchen sollen dort erstochen worden sein, und deren Seele fände keine Ruhe. Ein türkischer Soldat, ein Bimbaschi, hatte sich in ein Zigeunermädel verliebt, und die zwei trafen sich im geheimen bei Nacht innerhalb der verschwiegenen Mauern der Moschee. Der Türke habe sich an einem Strick von der Festungsmauer herabgelassen, sei zwischen Buschwerk und Schilf versteckt in die Palanka gelaufen, um dann in der Früh ebenso in die Festung zurückzukehren. Das ging solange, bis die Festung vom Prinzen Eugen, dem Türkenschreck, erobert wurde. Der Prinz sicherte den Verteidigern und auch allen in Temeswar wohnhaften Türken freien Abzug zu, sie konnten ihre Habe mitnehmen und frei in ihre türkische Heimat zurückkehren. Alle nahmen dieses großzügige Angebot in Anspruch, nur der verliebte Bimbaschi nicht. Er versteckte sich in der Moschee, um auch weiterhin in der Nähe der schönen Azemina bleiben zu können.

Nun aber hatte auch ein junger Zigeuner seine Augen auf das Mädel geworfen. Er war ihr nachgeschlichen und hatte sie in den Armen des Türken erwischt. Daraufhin hatte er den Türken mit einem scharfgeschliffenen Schlachtmesser erstochen, der Azemina aber, die sich jammernd über ihren Geliebten geworfen, die Kehle durchgeschnitten. Dort aber, wo das Blut der Ermordeten die Fliesen genetzt hatte, soll in mondhellen Nächten eine blaue Flamme gesehen worden sein, die unruhig hin und her zuckte, gerade wie ein erlöschendes Herz.

„Ich habe auch davon gehört", meldete sich jetzt der Pepi Ratz. Er arbeitete bei den „Fröschen", auch dort verkehrten Arbeiter aus der Bierbrauerei, und die wollten wissen, daß in der Moschee ein Schatz vergraben läge, den nur einer heben könne, der den Mut habe, die Flamme zu löschen und den Halbmond von der Schwelle zu entfernen. Aber der Geist des erstochenen Türken bewache Halbmond, Flamme und Schatz, und ihm zur Seite sitze die schöne Azemina und kämme ihr rabenschwarzes Haar. Der Kamm aber sei eitel Brand, er knistere bei jedem Kammstrich, und das höre sich an, als zischten hundert Schlangen. Manch beherzter Mann solle schon versucht haben, den Schatz zu heben, unter ihnen auch ein bärenstarker Fleischergeselle, alle hätte man aber in der Früh tot vor der Moschee gefunden. Ob dem so sei, wisse er nicht, obwohl derjenige, der es erzählt, die heiligsten Eide geschworen hätte, aber er sei nicht ganz nüchtern gewesen, und der Mensch neige in dieser Lage eben dazu, die Dinge aufzubauschen. Wie dem auch sei, mit der Moschee müsse etwas los sein, denn auch die Brauereiherren zeigen nicht die geringste Lust, Hand an die Moschee zu legen, wo sie doch, seit dem Abzug der Türken nutzlos geworden, einsam und verlassen im Brauhof dasteht.

„Und soll dort wirklich ein Schatz vergraben sein?" wollte die Ritzi wissen, „oder ist das nur so ein Gerede?"

Vergrabene Schätze gäbe es viele, meinte der Müller, und daß über solche Schätze blaue, gelbe oder grüne Brandzungen geistern, das habe er in Wien gehört, und dort seien die Leute doch aufgeklärter. Auch soll es immer waghalsige Burschen gegeben haben, die sich Geistern und Gespenstern stellten, diese mit Kraft und List besiegt und dann mit dem solcherart erworbenen Schatz bis zu ihrem Ende ein Leben in Wohlstand und Überfluß geführt haben. Hier, um die Moschee herum, hatten sich in der Türkenzeit Händler und Makler niedergelassen, auch Schafzüchter soll es unter ihnen gegeben haben, die mehr als tausend Schafe aus den Sumpfweiden stehen hatten. Daß diese prall mit Gold und Silber gefüllte Beutel in nicht geringer Zahl unter ihren Liegen aufbewahrt hatten, das wußte sein Großvater zu erzählen. Auch die Mullas und die Gebetsausrufer der Moschee waren keine armen Leute, und wer weiß, wer noch alles Gold und Silber und Geschmeide vor dem Abzug der Türken in die Moschee vergraben hat, in der Hoffnung, daß sich das Kriegsglück wenden und sie mit dem siegreichen Halbmond wieder in die Stadt Temeswar zurückkehren könnten.

Der Gusti Toll, der war „Primasch" beim „Goldenen Ochsen" in der Festung und als ernster Mann bekannt, meinte, das mit dem Schatz in der Moschee dürfte schon seine Wahrheit haben. Auch bei ihm zuhause wurde oft davon gesprochen. Seine Großmutter, die es aus den Karten herausgelesen, hätte immer wieder gesagt, diesen Schatz könne nur einer heben, dem eine Jungfrau einen Nußbaumzweig überreicht, den sie drei Nächte in ihrem Bett und an ihrer Brust gewärmt. Wer im Besitze eines solchen Zweiges sei und den erforderlichen Mut aufbringe, müsse genau um Mitternacht über die Mauer auf das Gelände der Brauerei steigen. Er habe darauf zu achten, daß der Wind vom Osten her bläst. Den Weg zur Moschee müsse er so zurücklegen, daß er sich ständig im Kreis dreht und von hundert nach rückwärts zählt. Er müsse genau bei eins an der Treppe der Moschee stehen, diese dreimal mit dem Zweig berühren und ausrufen: „Ich banne dich, Geist, wer immer du seist, mit diesem Zweig. Verschwinde und hüpfe von hinnen, denn drinnen, denn drinnen hebt sich der Stein bereits."

Das sei der Zauberspruch, der den Geist banne, und er müsse genau hergesagt werden, denn der kleinste Fehler koste dem Wagemutigen das Leben, wie das verschiedentlich schon der Fall gewesen sein soll, da junge Männer, aber auch ältere, versucht hätten, den Schatz zu heben und dabei umgekommen wären. Denn entweder hätten sie vergessen, sich zu drehen oder sonst etwas anderes falsch gemacht. In der letzten Zeit habe auch dann niemand mehr den Mut gehabt, das Abenteuer zu wagen, und so liege der Schatz ungehoben in der Erde und könne niemandem von Nutzen sein.

Vielleicht auch darum, weil es heutzutage so wenig Jungfrauen gäbe, bemerkte der Stürzinger, der schon immer eine lose Zunge hatte, und dabei schaute er so treuherzig in die Welt, als ob er nicht bis drei zählen könnte.

„Du bist dumm", wies ihn die Ritzi zurecht. „Die sind schon da, mehr noch als du dir träumen ließest, aber nicht für dich, Stürzinger. Nicht für dich! Die schauen sich denjenigen dreimal an, für den sie da sein wollen, und dann überlegen sie es sich noch siebenmal. Und jetzt wollen wir das Mus verkosten. ich glaube, es ist fertig, meine Latte bleibt drin stecken, und dann finde ich auch den Geruch für ganz prächtig." Sie zog den Umrührer heraus, das Leckwar klebte dick daran, und reichte ihn dem alten Müller. Der war eine Respektsperson, und es wurde wert auf sein Urteil gelegt. Er nahm einen Brocken von der Latte, rollte ihn zu einer Kugel und ließ diese Kugel in seine Hand vom Ballen zu den Fingern und dann wieder zurückgleiten. Als er das Mus auf diese Weise etwas abgekühlt hatte, legte er sich davon eine Prise auf die Zunge und zerdrückte diese prüfend am Gaumen. Er wiederholte die Prozedur noch einige Male, nickte dann und meinte:

„Gut, sehr gut. Das hast du wieder einmal richtig getroffen."

Die Ritzi lief rot an vor Freude, ging ins Haus und kam mit einem großen Schöpflöffel zurück. Dann langte sie damit in den Kessel, und jeder bekam einen tüchtigen Schlag Mus in das bereitgehaltene Gefäß.

Es war schon gegen drei Uhr am Morgen, als die Ritzi das Feuer unter dem Kessel austrat. Der Hof hatte sich geleert, die Gäste waren heimgegangen. Nur der Bernecker war geblieben, er schickte sich gerade an, den Kessel zuzudecken, als in der Nachbarschaft ein Hahn krähte. Gleich danach setzten auch andere Hähne ein, und die Ritzi meinte:

„Wenn sich ein Schatzsucher jetzt bei der Moschee befände, hätte er das Nachsehen. Er wäre verspätet, und der Geist würde ihm, hujhuj, den Hals umdrehen!"

„Mit sowas ist nicht zu spaßen", brummte der Bernecker, „solche Gespenster haben es in sich, und mit denen ist nicht gut aus einer Schüssel Kirschen essen."

Die Ritzi schaute ihn an, dachte nach und sagte dann:

„Was würdest du sagen, Schani, wenn ich den kleinen Zweig dort über deinem Kopf abreißen und mit mir ins Bett tragen würde?"

„Ich würde sagen, du bist verrückt, und das bist du auch, denn wenn du schon etwas mit ins Bett nehmen willst, dann schon lieber mich, an mir hast etwas, und dann wär ich auch weniger langweilig als ein Nußbaumzweig."

„Red nicht so geschwollen, Schani. Du weißt, was ich davon halte, aber ich hab an den Schatz gedacht und daran, wie es wäre, wenn du ihn heben würdest und dann ein stockgroßes Haus in der Festung kaufen könntest. Schaut den Schani, wie reich der geworden ist, würden die Leute sagen, und ich könnte stolz sein, weil ich dir den Nußbaumzweig in die Hand gedrückt habe. Und das ist das Wichtigste. Alles andere eine Kleinigkeit."

„Eine Kleinigkeit?!" Der Schani war empört. „Du nennst es eine Kleinigkeit, bei Mitternacht über die hohe Braumauer zu steigen? Du traust dich ja nicht einmal über deine Waschmolter zu steigen, wenn du sie am Abend im Hof vergessen hast!"

„Ich bin ja auch kein Mann!"

„Na ja, aber sich wie ein Verrückter um sich selbst drehen, daß einem ganz schwindelig im Kopf wird, und dann von hundert nach rückwärts zählen, wer hat schon sowas gehört, und wenn einem dann der Schluckauf kommt? Und an den Wind denkst du nicht, und dann ist auch noch ein Spruch aufzusagen, das ist schon bald wie in der Schule, wenn man gerade einen schweren Tag erwischt."

„Naja, ich hab halt gemeint, meine Silbergulden und der Schatz, da könnte man schon etwas anfangen, aber da müßtest du natürlich den Mann hinstellen, von dem du mir soviel erzählt hast. Ich weiß, sowas ist nicht leicht, da braucht man Mut dazu, und ich würde dir auch die Leiter halten, wenn du über die Mauer steigst, und dir den Daumen drücken."

„Und wenn es gar keinen Schatz gibt? Wenn das alles nur so ein Gerede ist?"

„Dann gibt es auch keine Gespenster, und dir kann nichts passieren, höchstens, daß ich sag, Schani, bring deine Bratsche zu mir ins Haus, wir wollen sehen, ob wir miteinander auskommen."

Das war eine klare Rede und Musik für Schanis Ohren. Bekanntlich haben sogar berühmte Männer Dummheiten begangen, wenn es galt, sich Frauengunst zu sichern. Wie konnte da der Schani Bernecker aus der Gasse der Spielleute in Temeswar eine Ausnahme bilden? Und der Schani spuckte sich eins in die Hände und sagte:

„Probieren wirs halt. Vielleicht haben wir Glück! Die Leiter aber und der Spruch sind deine Sache, Ritzi. Ich kümmer mich um den Wind, werd mich im Umdrehen üben und versuchen, mit dem Rückwärtszählen ins Reine zu kommen."

„Und einen Sack bekommst auch umgehängt, Schani. Den spendier ich", sagte die Ritzi.

„Wozu einen Sack?"

„Für den Schatz, Liebling. Für den Schatz! Du mußt doch etwas haben, wo du ihn hineintust. Oder nicht?"

Nachdem das große Unterfangen solcherart beschlossen worden war, gingen beide heim. Während die Ritzi sofort einschlief und davon träumte, daß der Bernecker mit seiner Bratsche einen siebenköpfigen Drachen erschlug, wälzte sich der Schani schlaflos auf seinem Lager, denn die Sache, in die er sich da eingelassen hatte, roch gar nicht gut, und wenn es sich nicht um das Mädel gehandelt hätte, wäre er sofort zurückgetreten.

Der Teufel soll alle Schätze holen und das Türkengespenst mit dazu, daß gerade ich Kopf und Kragen riskieren muß bei einer Sache, die ganz leicht schiefgehen kann, überlegte er. Was hab ich davon, wenn mir so ein Gespenst den Hals umdreht? Nichts, und auch die Ritzi nicht, aber kann man mit Weibern vernünftig reden? Wenn die sich was in den Kopf setzen, dann muß das so sein, und unsereins hat das Nachsehen. Es half jedoch nichts, und er begann sich für den nächtlichen Gang vorzubereiten: er drehte sich im Hof um die eigene Achse und zählte dabei laut. Die Nachbarn, die sein Tun durch die Zaunlücken verfolgten, schüttelten die Köpfe, es war ihnen nicht geheuer, was er da trieb, und die dicke Lisa, die vom Baßgeiger Kutschmann, stellte auch sogleich fest:

„Der Schani ist übergeschnappt, da kann einer sagen, was er will. Der ist spinnet und meschugge, schaut nur hin, wie er sich umanand dreht, mir wird schwindlig nur vom Zuschauen."

„Er soll", bemerkte die Julka, „mit einer Schnur im Hof der Brauerei herumgestiegen sein und angefangen haben, auszumessen. Als ein Braumeister ihn dann gefragt habe, was er da überhaupt suche, habe er ganz verworren geantwortet und sei ohne Gruß davongegangen. Die Lina, die mir das gesagt hat, mußte es wissen, denn sie hat es von ihrem Nachbar, dem Kohut, und der arbeitet in der Brauerei."

Während sich die Nachbarinnen solcherart Sorgen um seinen Geisteszustand machten, quälte sich der Schani damit ab, das Zählen mit seinen Umdrehungen auf die Entfernungen abzustimmen, die er mit der Schnur von der Mauer bis zur Moschee abgemessen hatte. Als er dann auch noch daranging, einen Stern aus rotem Papier, wie der Kronenberger sie anfertigte und auf den Märkten für die Kinder feilbot, an einem Zwirnfaden auf einer Stange aufzuhängen, und ständig nachsah, aus welcher Richtung der Wind blies, gab es für die Weiber keinen Zweifel mehr darüber, daß dies mit dem Schani ernst wurde. Man müsse ihn zur Ader lassen, erklärte die dicke Lina. Das soll sich auf den Kopf gut auswirken. Es gäbe nichts Besseres als ein Klistier. Ein richtig angesetzter Einlauf mache Leib und Seele frei. Mit Knoblauch und etwas scharfem Paprika bringe sie einen Halbtoten ins Leben zurück.

Der Bernecker hörte nichts von dem Tuscheln der Nachbarinnen und hatte auch keine Zeit, sich um sie zu kümmern. Er war ganz damit beschäftigt, sich für den nächtlichen Ausflug vorzubereiten, und während er Umdrehungen probierte und Zahlen murmelte, saß auch die Ritzi nicht untätig da. Sie besorgte eine Leiter, lang genug, um beim Kellerberg über die Brauereimauer zu reichen, und beschaffte den Spruch, den der Schani bei der Beschwörung hersagen sollte. Sie schlief auch in den drei nächsten Nächten mit dem Nußzweig zwischen den Brüsten und stellte erstaunt fest, daß sie in diesen Nächten von keinem einzigen Floh gebissen wurde.

„Das ist ein gutes Zeichen, Schani", sagte sie. „Ein Beweis, daß etwas von Zauberkraft in dem Zweig vorhanden sein muß. Wenn auch du alles richtig versorgst, ist der Schatz so gut wie unser!"

Dann kam der Tag, an dem der Schani mit seinen Vorbereitungen fertig war und auch der Wind aus der richtigen Richtung blies. Der Himmel war fast wolkenlos, als die zwei, die Ritzi und der Schani, kurz vor Mitternacht mit der Leiter an der Bräuhausmauer erschienen. Die Gasse war menschenleer, in keinem der wenigen Häuser brannte ein Licht, die Ritzi hängte dem Schani einen Sack um den Hals und gab ihm noch schnell einen Kuß. Dann lehnte sie die Leiter an die Mauer, und er begann mit dem Aufstieg.

Der Schani hatte kein gutes Gefühl. Er biß jedoch die Zähne zusammen, blickte, oben angekommen, noch einmal zurück und ließ sich in den Brauereihof hinab. Er hatte Glück, denn er fiel beim Absprung auf einen Misthaufen. Der roch nicht gut, war aber weich und dämpfte die Wucht des Falles. Auf allen Vieren besah er sich das Terrain. Es lag, vom Mondlicht schwach beschienen, ungepflegt und verlassen da. Überall standen Grasbüschel, niedriges Gestrüpp zog sich entlang der Mauer hin und kroch hinauf auf den Kellerberg, der sich lang, grau und klotzig, einem schlafenden Tier ähnlich, entlang der Mauer dahinzog. Dann äugte er zur Moschee hin. Auch dort regte sich nichts. Er sah weder ein Gespenst noch eine Flamme, wiewohl er die Stiege gut im Blick hatte. Es war jedoch keine Zeit, sich Gedanken darüber zu machen, denn jetzt begann die Uhr im Turm der rumänischen Kirche auf der Pfarrinsel die Mitternachtsstunde zu schlagen. Als der zwölfte Schlag verklungen war, richtete er sich auf und begann sich drehend und zählend auf die Moschee hin in Bewegung zu setzen. Es war nicht leicht, er mußte auch auf den Weg achten, damit er sich nicht im hohen Gras verfange, über einen der niedrigen Sträucher stolpere. Um nicht aus dem Takt zu kommen, zählte er laut, und dem einarmigen Nachtwächter der Brauerei, dem alten Mutschalek, stand das Borstenhaar unter der Kappe zu Berg, als er auf seinem Rundgang diese Gestalt zu Gesicht bekam. Er blieb wie angewurzelt stehen, wollte seinen Augen nicht trauen, denn sowas gab es doch nicht, daß sich einer da wie verrückt um die eigene Achse dreht, laut zählt und mit irgendetwas in der Hand herumfuchtelt, das wie ein Baumzweig aussieht.

Sollte das vielleicht der Geist des Türken sein, von dem so viel gesprochen wurde? Angezogen war der allerdings gar nicht türkisch, und er zählte deutsch. Ein Verrückter wahrscheinlich oder ein Dieb, der den Verrückten spielt, dachte der Nachtwächter, besann sich dann auf seinen Dienst und darauf, daß er als alter Soldat keine Furcht haben durfte. Er faßte sich ein Herz, schwenkte die Laterne und rief:

„Heda, du, was treibst da in der Nacht? Bleib stehen und übergib dich im Namen des Gesetzes, sonst zwingst du mich, Gewalt anzuwenden. Hände hoch, oder ich schieß dich über den Haufen." Er hatte zwar nicht womit zu schießen, aber auch ihn hatte die Angst gepackt, und da fiel ihm im Augenblick auch nichts Gescheiteres ein.

Den Schani traf der Ruf des Nachtwächters wie ein Schlag. Er zuckte zusammen, hielt in seinem Drehen inne, es dauerte einige Augenblicke, bis er sein Gleichgewicht wiedergefunden hatte, und dann reagierte er, wie jeder in einer solchen Lage reagiert hätte:

Er schaute in die Richtung des Rufes, sah, wie da einer ein Licht schwenkte und wußte, jetzt ist Schluß mit der Schatzsucherei, aus und vorbei, und da gibt es nichts anderes als laufen, je rascher, umso besser. Er drehte sich um und begann zu laufen, er sprang über Grasbüschel, hechtete über Büsche, hetzte zur Mauer, und da er mangels einer Leiter an der Mauer nicht hochsteigen konnte, klomm er keuchend und schwitzend den Kellerberg empor. Der Kellerberg war von Strauchwerk überwachsen, der Schani hetzte durch das Gesträuch und fiel, da er mit der Örtlichkeit nicht vertraut war, in einen der Eisschächte. Das waren tiefe Löcher, die bis hinunter in den Keller führten und in die von Zeit zu Zeit Eis geschüttet wurde, um den Keller kühl zu halten. Dieser selbst lag unter der Erde und bestand aus langen, schmalen, sich immer wieder kreuzenden Gängen, in denen das Bier in großen, runden Bottichen zum Rasten abgestellt war. Die Arbeiter der Brauerei nannten diese Keller Katakomben und hielten sich von ihnen fern, denn es war hier auch bei Tag dunkel, und wer sich nicht auskannte, konnte sich leicht verlaufen. Er irrte wie verloren in den Gängen herum, stolperte über die Bottiche, schlug sich die Beine wund und mußte vom Kellermeister, der sich hier auskannte und den Weg zum Aufstieg wußte, hinauf zum Tageslicht geführt werden.

Als der Schani den Boden unter den Füßen verlor, blieb ihm vor Schreck fast das Herz stehen. Jetzt ist es aus, dachte er, da geht's stracks in die Hölle, und der, den ich mit dem Licht sah, das war gewiß der Geist des Türken, und der steht im Bund mit dem Teufel, ade Welt und Bratsche, ade Ritzi, und den Zauberzweig hab ich auch verloren. Er konnte aber nicht weiterdenken, denn er war am Boden des Schachtes angelangt, schlug hart mit den Füßen auf und hätte sich um ein Haar die Zunge abgebissen. Das schmerzte und brachte ihn in die Wirklichkeit zurück. Er erkannte, daß hier keine Hölle sein konnte, wiewohl es dunkel war wie in einem Sack. Er tastete um sich und fand einen Einschnitt, der in einen Gang mündete. Auch hier war es dunkel, es roch nach Gärung, und wie er sich vorwärtsbewegte, stolperte er und fiel in einen Bottich. Er japste und prustete, bekam den Mund voll von der darin befindlichen Flüssigkeit und mußte zu seinem größten Erstaunen erkennen, daß es Bier war.

„Ich bin im Braukeller, so wahr ich lebe, ich bin im Braukeller!"

Wie oft hat er von diesem Keller erzählen gehört, von seinen Gängen, die keinen Anfang und kein Ende hatten, die sich ineinander verschlangen, wo es sogar bei Tag nicht geheuer war und in denen es Ratten gab, groß wie Katzen und mit Schwänzen, haarlos und glatt wie Därme beim Schweineschlachten. Da sollen Arbeiter, die den Verlockungen des Bieres nicht widerstehen konnten, fast zu Tod gekommen sein, und als man sie fand, hatten sie weißes Haar und führten verworrene Reden. Im Volksmund wurden diese Kellergänge Katakomben genannt, und die Bierwirte behaupteten, das Bier, das in diesen Gängen abgelegen ist, sei von einer ganz besonderen Güte. Der Schani empfand einstweilen nichts von dieser Güte. Er spürte nur, daß es kalt war, daß seine Kleider klatschnaß an ihm klebten, als er aus dem Bottich herausstieg und daß ihm die Zähne klapperten.

„Brrr", machte er und schüttelte sich wie ein Hund nach dem Bad. Das kann ja schön werden. Zurück konnte er nicht, denn er wußte die Richtung nicht mehr, so tastete er sich vorwärts, wich, soweit er vermochte, den Bottichen aus, wobei er sich in der Dunkelheit immer wieder die Schienbeine wundschlug. Er kam an Quergänge, bog einmal nach rechts, dann wieder nach links ein, fühlte, wie Ratten an seinen Füßen vorbeihuschten, er hörte sie auch piepsen und hätte gerne irgendetwas in der Hand gehabt, um zuschlagen zu können, ohne Ziel und ohne zu sehen, wohin er traf, aber zuschlagen, immer wieder zuschlagen! Er hatte seinen Hut verloren und Angst, daß er mit dem Kopf an das Bogengewölbe anstoßen könnte. Er hatte das Gewölbe abgetastet, es war verflucht niedrig, und er zog, während er vorwärts stolperte, seinen Kopf ein. Dann sah er irgendwo, ganz weit vorne, einen Lichtschein. Er ging auf den Schein zu und kam in einen Kreuzgang, wo an der Wand eine Petroleumlampe angebracht war. Sie gab ein fahles Licht, ein Teil des Lampenglases war abgesplittert, der Rest stark verrußt. Es war ein elendes Licht, aber ein Licht, und der Schani lehnte sich unter diesem Licht an die Mauer, verschnaufte, besah sich seine Schienbeine, die an verschiedenen Stellen angeschrammt waren und bluteten. Sie taten weh, auch die Ellenbogen taten weh, die er sich beim Taumeln durch die finsteren Tunnelsäcke aufgeschlagen hatte. Sein Hemd war zerrissen, die Hosen hatten Löcher und waren von oben bis unten verschmutzt. Er war durch und durch naß und fror sich fast die Seele aus dem Leib.

„Das gibt eine Lungenentzündung, da nehme ich Gift darauf", brummte er und mußte lachen, wenn er daran dachte, daß er wohl schwerlich Gelegenheit haben werde, sich den Luxus einer Lungenentzündung zu leisten.

Wenn die mich hier finden, bin ich gewiß schon erfroren, verhungert und von den Ratten aufgefressen. Denn wer weiß, wann der Kellermeister wieder einmal hier runterkommt, wo doch das Bier monatelang rasten muß, bevor es in die Fässer gefüllt werden kann. Bis dahin gibt es keinen Schani mehr, nur ein Skelett mit langen Fingernägeln und Haaren. Das waren düstere Aussichten, der Schani begann mit den Armen um sich zu schlagen und mit den Füßen zu tappen und sprang von einem Fuß auf den anderen und hätte sich, wenn er dazu genügend Raum gehabt hätte, auch um die eigene Achse gedreht, denn das hatte er lange genug geübt, aber hier ging das nicht. Er versuchte, sich auf irgendeine Art warmzuhalten, dann mußte er auch etwas tun, denn das Schweigen hier, die Grabesstille zerrte an seinen Nerven dergestalt, daß er zu schreien begann. Er schrie aus vollem Hals, ganz sinnloses Zeug, die Schreie zerschellten am engen Kellergewölbe, sie pflanzten sich fort, duckten sich und sprangen weiter entfernt wieder hoch, es war ein gespenstischer Lärm, der solcherart anhub und die Katakomben mit einem Getöse erfüllte, das nichts Irdisches mehr zu haben schien. Dann, als er sich müde geschrien hatte, fiel dem Schani ein, daß Alkohol wärmen könnte.

Ich muß Bier trinken, das macht mir vielleicht warm, sagte er sich, und Bier gibt es hier jede Menge. Er beugte sich über den nächsten Bottich und begann zu trinken. Er trank in großen Schlucken, setzte ab und begann wieder, das Bier war ausgegoren, und als er zum siebenten Mal zu trinken anhub, begann es ihm zu schmecken.

Er schob den Sack, der ihn beim Trinken behinderte, auf den Rücken und setzte sich neben dem Bottich auf die Erde. Die Welt begann für ihn rund zu werden, und je mehr er trank, umso mehr hellte sich sein Gemüt auf.

„Heißa", rief er und trat mit dem Fuß nach einer Ratte, die ganz ohne jede Furcht an ihm vorbeispazierte. „Scher dich fort, Biest, sonst bekommst es mit mir zu tun. Ich leg mich, wenn es sein muß, sogar mit Geistern und Gespenstern an und kann von vorne – huck –, von vorne nach rückwärts zählen. Er begann zu zählen, doch die Zunge wollte ihm nicht gehorchen; was sie zustande brachte, war nur ein unverständliches Lallen, daraufhin gab er es auf und schlief ein.

Als ihn am nächsten Morgen der Kellermeister fand, war er noch immer sinnlos betrunken. Er mußte aus dem Keller getragen werden, man hüllte ihn in warme Decken und legte ihn im Hof ins Gras. Es wußte vorerst niemand, wer er war und wie er in den Keller gelangt war. Erst als der Nachtwächter berichtete, daß sich in der Nacht ein Wahnsinniger im Hof der Brauerei herumgetrieben habe, dann den Kellerberg hinaufgelaufen und dort spurlos verschwunden sei, begannen sich Zusammenhänge aufzutun. Man fand die Leiter, die noch immer an der Mauer lehnte, und dann erschien, verängstigt und zaghaft, die Ritzi, die sich ein Herz genommen hatte und nach dem verschwundenen Schani zu suchen begann. Sie war in der Nacht, als sie den Lärm im Bräuhaushof hörte, zu Tode erschrocken, ließ die Leiter sein und lief, was sie laufen konnte, nach Hause. Sie schaute, daß sie ins Bett kam und wartete, zitternd vor Angst und mit der Decke über dem Kopf, darauf, daß es Tag werde. Aber auch dann wagte sie sich nicht gleich aus dem Haus, der Schreck saß ihr tief in den Gliedern, und erst gegen zehn Uhr konnte sie sich soweit aufraffen, daß sie in die Brauerei ging. Stockend und mit Tränen in den Augen erzählte sie dort, wie sich alles zugetragen habe und daß der Schani weder stehlen noch sonst etwas Schlechtes tun wollte. Er stieg über die Mauer, lediglich um sich mit dem Geist anzulegen, denn er wäre kein Hasenfuß, der Schani, keineswegs, er wollte doch nur Hand auf den Schatz legen, zu diesem Zweck habe sie ihm auch den Sack umgehängt, um das Gold und das Silber hineinzutun, denn solches könnten sie gut gebrauchen, und sie hätten im Sinn zusammenzuziehen, sie und der Schani, und sie habe auch etwas Gespartes auf die Seite gelegt.

Es war etwas wirr, was die Ritzi zusammenredete, aber als man den Nußbaumzweig fand und auch die Stelle, an welcher der Schani in den Keller gerutscht war, kam man davon ab, die Polizei zu verständigen.

Das hat bestimmt nichts mit Diebstahl zu tun, meinte der Kellermeister, und die paar Liter Bier, die der Bernecker getrunken hat, machen die Fabrik nicht arm. Die Ritzi brachte einen Schubkarren, lud den Schani, der noch immer nicht zu sich gekommen war, auf und schob ihn zu sich nach Hause. Es sei ihm schlecht geworden, dem Schani, erklärte sie den Leuten, die sich voller Neugier diesen Transport ansahen. Und jemand mußte sich wohl um ihn kümmern!

Es dauerte drei Tage, bis der Schani seinen Bierrausch ausgeschlafen hatte. Dann aber ging er nach Hause, nahm seine Bratsche und seine anderen Siebensachen und zog zur Ritzi. Er hatte keine Lungenentzündung bekommen, nicht einmal einen Schnupfen hatte er sich in den Katakomben zugezogen. Was als ein Beweis dafür angesehen wurde, daß im Bier ganz ansehnliche Heilkräfte vorhanden sein müssen.

So endete die Schatzsuche, von der Enkel und Urenkel der ehemaligen deutschen Musikzigeuner aus der Gasse der Spielleute auch heute noch erzählen. Die Moschee steht noch immer im Hof der Brauerei, sie wurde in der Zwischenzeit einige Male umgebaut und zu verschiedenen Zwecken verwendet, abgerissen aber hat man sie nicht. Demzufolge ruht auch der Schatz noch unter ihren Fliesen, sofern der Geist des Türken mit Hilfe der schönen Azemine ihn nicht schon gehoben und sich mit ihm bei Nacht und Nebel, hujhuj, in die Türkei abgesetzt hat.

Wer kann es wissen?

Iwer was die Leit rede

Wann mer die Zeitung lest, de Televisor anschaut oder 'm Radio zuheert, weeß mer, daß die Welt voll is mit Neiichkeite. Un glaabt, daß die Leit sich mit deni Neiichkeite ausnanersetze mißte. Statt abzuriste wird gerist, Revolte do, Putsche dort, Bumbe falle, un mit Kanone werd gschoß, Banke were ausgeraabt, Flugzeiche were entfiehrt, 's tut sich was, heit is do, morje dort etwas los, un do is mer der Gedanke kumm, horchscht mol bißl hin, was zum Beispiel zwaa Hausfraue doch in dere unruhichi un verruckti Zeit sich zu verzähle han, wann se vum Platz kumme, an em Gasseeck stehn bleiwe un die Inkaaftasche hinstelle, for sich bißl auszuschnaufe.

Ich han mer zwaa solchi Weiwer ausgschaut, mich nit weit vun ne hingstellt, gemacht, wie wann ich uf jemand warte mecht, un mit gspitzti Ohre zughorcht, was se sich zu saan ghat han.

„... was du nit saascht", hat die een gsaat.

„'s kocht?"

„Jo, wan ich der saan, 's kocht. U derzu noch sogar gut", hat die anner geantwort.

„Gut? Un hat nie koche gelernt?"

„Nie in seim Lewe. 's hat nitmol gwißt, uf welm Baam des Koche waxe tut!"

„Sowas han ich noch nit gheert!"

„Ich aa nit. Ich han mei Maul nor so ufgsperrt, wie ichs gheert han. Ich han 'm noch, bevor daß es gheirat hat, gsaat: Du werscht dich noch anschaue, han ich 'm gsaat, wannscht koche werscht misse!"

„Un jetz kocht 's ganz selbständich?"

„Total. Un hat ke eene Tach koche gelernt."

„Des kann ich nit verstehn."

„Ich aa nit. Awer 's is so!"

„'s kummt em direkt nit zum Glaawe!"

Ich han in der Apothek zu tun ghat, dann beim Aprosar, sin in die Alimentara gang un in des Gschäft mit die Heelplanze. In eener guti halwi Stun sin ich zruckkumm, die zwaa Weiwer han noch immer am Ecke gstan. Un ich han gheert, wie die een gsaat hat:

„Daß es sowas git! Kocht un hats nit gelernt, un gut noch derzu, wie du saascht."

„Gut? Des is ke Ausdruck. Prima kochts un hats nie im Lewe gelernt ..."

Ich han ke Zeit meh ghat for weiter zuzuhorche, ich han misse zum Schuschter gehn, e Phaar gedoppiti Schuh abhole, weeß also nit, wie lang die zwaa Weiwer noch am Ecke gstan sin un sich unerhal han. Awer ens weeß ich, un des is sicher: Ich weeß, was die Leit wirklich interessiere tut. Un wann dir mir nit glaabt, macht selwer die Prob un heert deni Leit am Platz oder uf deni Bänk im Park zu. Ihr werd eier Wuner derlewe.

Wann der Putzteiwel losgeloß is

Bei uns drhem war Großzammraame un des garnit lang drnoo, daß mei Weib des mitm Umraame ghat hat. Ich weeß nit, wie annri Männer sich derzu stelle, awer ich persenlich sin noo so em Großzammraame drei Täch lang krank. Nit, daß ich mich derbei zu Tod arweite mißt, Gott behiet mich dervor, awer wel so e Großzammraamerei aa de ruhichschte un gemietlichschte Mensch zum Towe bringe kann. Do were Teppiche ufgerollt, Mebl verrickt, Finschtre un Tiere ufgeriß, daß mer schier mennt, die Zuchluft bloost em ausm Haus, mer hat ke Platz, wu mer sich ruhich hinsitze un die Zeitung lese kennt, mer stolpert iwer die Schnur vun dem Staabsauger, fallt iwer de Eemer mitm Seefewasser, is iwerall im Wech un wird hin un her gstuppt wie e Phupp, die was schon alt is un nimmi gut for mit ihr zu spiele.

So e Hausfrau, Leit, die tut, wann der Putzteiwl losgeloß is un se iwerfallt, ärcher im Haus randaliere, wie wann der Feind inbreche tut. Do wird geputzt un gewixt, 's wird nit gerascht un geruht, bis der Fußbodm so glattich is, dascht jede Aueblick ufm abritsche, hinfalle un ders Gnack breche kannscht. Uf de Regame trauscht dich nimmi zu sitze, wel die Polschtre sin der so hingeleet, daß mer grad mennt, die sin do for Anbete un nit for sich Drufsitze. Ufm Teppich findscht ke Krimml Staab un wannscht am Lichtschalter drehe willscht, muscht der zuerscht die Hand am Hosebeen abputze, for de Schalter jo nit um sei Hochglanz zu bringe. Der Asor, unser Hund, is aa todunglicklich. Er werd vun eem Ecke in de annre gejaat, un wels grad draus reene tut, kann ich ne aa nit spaziere fiehre. Er loßt sei Ohre hänge, zieht de Schwanz zwischer die hineri Fieß un schaut mich an, wie wann er saan tät: Asso, mach schun mol was, wel des do is uf die Dauer nit meh auszuhale! Awer ich sin do total machtlos, kann weder mir selwer noch unsrem Hund helfe.

Mit dem is awer noch lang nit genuch. Wel wann mei Weib so richtich in de Schwung kummt, drnoo krie ichs zu here: Was stehscht do rum wie der Ponzius im Pilatus. Lee Hand an, phack aa du was an, do is Arweit im Haus iwer Arweit, ich weeß schun nimmi wu anfange un ufheere, awer natierlich, der Herr is zu bequem, er forcht sich, daß em e Kron vum Kopp falle kennt, wanner was in die Hand holt. Schau in der Kich, dort steht 's Essegscherr un soll abgewäscht were, dort kannscht dich nitzlich mache, awer nit so wie in der vorich Wuch, wuscht bei eem Abwäsche meh Schade angericht hascht wie ich in em ganze Johr. Krempl der nor die Himedsärml in die Heh, daß se der nit nomol ins Abwäschwasser ninhänge, un wannscht mer nomol was vum Servis verbreche tuscht, drnoo ... Un des Hundviech hol nor gleich mit in die Kich, ich brauch ne nit zwischer mei Fieß, un Fleh hatr aa schun nomol, vun wu der nor die Fleh immer zammraafe tut, awer uf de Hund owacht gin, daß er nit iwerall rumschluppt, des is der aa schun zuviel, wu ich mir 's Herz abarweite muß in dem Haus, un wann ich zammzähle mecht, wieviel

Essegscherr ich do schun abgewäscht han, des mecht e Berch gin, so hoch wie der Semenik, un wann mer die Schritte, die was ich in die vieli Johre do in dem Haus schun gemacht han, newenanner stelle tät, mecht des gwiß bis uf Amerika reiche. Un steh nit do rum, lee Hand an, riehr dich un schaff was, wannscht nit willscht, daß ich do im Aueblick un momentan vor lauter Ärcher ufpatsche soll!"

Was soll ich saan, mei Weib is nit ufgepatscht, ich han beim Abwäsche zwaa Tellre, e kleene un e tiefe zammgschlaa, der Asor hat uf de Teppich gebrunzt, un spoot am Owed, wie schun alles fertich wor un ich todmied ins Bett han wille krawle, han ich mer noch die Fieß wäsche misse, wel mei Weib hat die Better frisch iwerzoo. Gut Glick, ich han des ganzi mitm Lewe iwerstan, un jetz is nomol Ruh im Haus bis im Friejohr, wann der Putzteiwel sei Kralle nomol noo meim Weib ausstrecke werd.

Bis dorthin awer is noch lang.

Mann, e Auto muß her!

Em Stolle Hans sei Weib, des Radegunde, hat an em Tach noom Owedesse gsaat: „Hans", hats gsaat, „e Auto muß her!"

Der Hans, e ruhicher un aa sunscht iwerleter Mann hat Messer un Gawl hingeleet, sichs Maul mitm Salvet abgeputzt, sich e Glas Bier ingschenkt un dann de Kopp gschittlt. „Mir brauche ke Auto", hatr gsaat. „Un ich han ders schun hunnertmol ekschpliziert, for was mir kens brauche. Mir hans alli zwaa nor zehn Minute bis zu unsrem Arweitsplatz, un for des brauche mer ke Auto. In de Urlaab, ans Meer, fahre mer mitm Flieger, des geht schnell un is bequem. Zum Theater fiehrt uns die Elektrisch, un die Motter hole mer ohnehin im Herbscht zu uns in die Stadt, asso misse mer aa nimmi zu ihr ins Dorf fahre. Dann koscht so e Auto, wie du des jo selwer weescht, e Haufe Geld, mit dem is awer noch lang nit genuch. Des Auto muß mer in Ordnung hale, mitm Benzin hat mer sei Potka, un dann kann mer nie wisse, ob nit irgend so e Bsoffner oder Nerveeser em vun hine oder vun der Seit ins Auto ninfahrt un dere Fahrerei e ganz e schieches End macht. Nee, nee! Mir han bis jetz ohne Auto gelebt un were aa weiter ohne Auto auskumme. Iwerhaupt weeß ich nit, wie daß des dir mit dem Auto jetz schun nomol ingschoß is. Wu du ganz gut weescht, daß mir nit mol e Garasch han, for e Auto ninstelle."

„Un doch muß e Auto her", hats Radegunde gsaat. „E Garasch kenne mer kaafe, un bis mer e Auto han, were mer die Garasch rasch verzinse. Hartlauersch han ihre Garasch, wie des mit ihrem Auto passiert is, for gutes Geld an e Schneider verzinst, un der hat sich e Werkstatt drin ingericht!"

„Ich brauch ke Garasch", hat der Hans dem Dischkorsch e End gsetzt. „Un aa ke Auto. Un jetz gehn mer schlofe."

Des hat sich an eem Freitach am Owed abgspielt. Vun dem Tach an hats Radegunde phessich gspielt. Wann der Hans hat e Bußl wille, hats gsaat, 's hätt Koppweh. Im Bett hats sich mitm Buckl geger ne gelet, un in de Tee hats 'm morjets statt zwaa nor meh een Leffl Zucker gschitt. Die Supp hats versalzt, 's Fleisch anbrenne geloß, un der Reis, de was es gekocht hat, is knedlich gin. Der Hans hat gschlickt, awer nix gsaat. So is des phaar Täch lang gang, un wie dann an em Owed, wie er vun eener Schedinza hemkumm is, iwerhaupt nix for Esse ufm Tisch gstan hat, hatr die Geduld verlor.

„Herrgottsackerment", hatr gsaat, „jetz is awer gnuch. Wannscht verruckt spiele willscht, saa mers. Awer saa mer aa de Grund!"

„Du weescht ne ganz gut!" hats Radegunde geantwort. „Nore willscht ne nit wisse!"

„Weger dem Auto?"

„Jo! Weger dem Auto! Un jetz saan ich dir, for was ich des Auto han muß. Jeder, der etwas uf sich halt, hat e Auto. Der Korngeize Krischtof hat in der vorich Wuch sei Dacia kriet. Un der is nor e ganz e eenfacher Buchhalter, un du, wu du doch e Inschinier mit em Diplom bischt, stehscht zruck. Ich trau mich schun nimmi uf die Gaß zu gehn vor lauter Schand. Alleenich vor unsrem Block stehn schun siewe Autos, un des Dickarschichi vum finfte Stock, des Eklhafti, kummt jede Owed zum Autowäsche runer, macht awer nix, stolziert nore in dere kleeni Hos hin un her, wacklt mitm Arsch, un ihr Männer schaut eich schier die Aue ausm Kopp, wann dem sich die Hos beim Bikke spannt!"

„Awer Radegunde", hat der Hans jetz prowiert sich zu verteidiche. „Ich persenlich ..."

„Sei nor ruhich! Mennscht, ich sin blin? Un drbei kann ich mich alli Tach mit dem messe. Wann ich mei korzi Hos anzieje tun ..."

„Um Gotts wille, Radegunde. Du werscht doch nit ..."

„Horch mol, Mann! Mir scheint, du willscht for uns ke Auto kaafe, nor for daß ich mei korzi Hos nit anzieje kann! Ich awer saan, e Auto muß her, und des Dickarschich muß vor lauter Ärcher ufpatsche!"

Wie ich heer, hat der Hans vor drei Wuche die erschti Rate for e Auto ingezahlt. Sei Kullegre in der Fabrik awer saan, daß er sich manchsmol ganz spaßich uffiehre tut. Er red mit sich selwer un faslt etwas vun korzi Hose. Dann schittlt er sei Kopp un stoßt jedsmol e lange harte Seifzer aus.

Der Narr mit der Schellenkappe

An einem Sonntag im Sommer kamen fahrende Leute in ein Banater Dorf. Es waren arme Leute, ein Mann, eine Frau und ein Junge, die von Dorf zu Dorf zogen, auf einem grünen Fleck in der Dorfmitte eine Matte ausbreiteten und dort ihre Kunst zeigten. Sie jonglierten mit Kugeln und Reifen, schlugen Purzelbäume, und der Mann stellte sich auf einem ausgespannten Seil als Seiltänzer vor. Sie waren keine großen Künstler, aber was sie machten, das machten sie gut, und die Zuschauer geizten nicht mit dem Kleingeld, wenn der Junge mit dem Sammelteller herumging.

Auch an diesem Sonntag breiteten sie ihre Matte aus, das Seil wurde gespannt, und bald ging der Gemeindediener, von allen nur Plajasch genannt, mit der Trommel durch die Gassen, um die Vorstellung für den Nachmittag anzukündigen. Während die Frau und der Junge die Geräte vorbereiteten, begab sich der Mann ins Wirtshaus, um die Gemeindevorsteher und die gewichtigsten Männer des Dorfes persönlich einzuladen. Denn diese hatten sich, wie stets, auch an diesem Sonntagvormittag ins Wirtshaus begeben. Einerseits um den Pfarrer zu ärgern, der sie lieber in der Kirche gesehen hätte, zum anderen aber, um bei einem Glas Bier über den Lauf der Welt zu reden. Als der Komödiant die Gaststube betrat, saß der Bauer Löffelholz mit anderen Bauern an einem Tisch. Löffelholz war reich, aber dumm. Er bildete sich etwas ein auf seinen Reichtum und war deshalb protzig und aufgeblasen. Daß er dumm war, wußte er nicht und meinte, wie alle dummen Leute, er sei gescheit. Deshalb führte er auch das große Wort. Und da er schon viel Bier getrunken hatte, war er streitsüchtig. Wie er des Komödianten ansichtig wurde, rief er diesem auch schon zu:

„Heda, Hungerleider, läßt du einen Bären tanzen, oder bist du selbst der Tanzbär?"

Die Männer im Wirtshaus lachten, und der Komödiant wurde rot vor Ärger. Er erwiderte jedoch ruhig:

„Wir haben keine Tanzbären. Aber tanzen kann ich schon. Sogar auf dem Seil. Und ich bin gekommen, euch alle höflichst zu unserer Vorstellung einzuladen."

„Hoho", rief Löffelholz, „ist das Seil auch ausgespannt, oder liegt es auf der Erde? Denn auf einem Seil, das auf der Erde liegt, kann jedes Kind laufen."

„Es ist ausgespannt."
„Wie hoch?"
„Zwei Meter hoch."

„Das ist nichts", erklärte Löffelholz, „Wenn du ein richtiger Akrobat bist, dann lauf über ein Seil, das hoch oben in der Luft, vom Wirtshaus bis hinüber zur Schule gespannt ist. Von einem Bodenloch zum anderen. Wetten wir, daß dir der Mut dazu fehlt?"

„Ich hätt ihn schon, den Mut", lautete die ruhige Antwort, „aber ich müßte wissen, wofür ich meine Glieder riskiere."

„Zwanzig Gulden bekommst du, wenn du es schaffst." Löffelholz schlug mit der Hand auf die Tasche, wo er sein Geld hatte. „Ich kann mir's leisten."

„Gut", sagte der Komödiant, „die Wette gilt. Ich habe den Mut, meinen Hals zu riskieren. Nun aber sollst auch du beweisen, daß du Mut hast. Ich fordere von dir nicht, daß du deine Glieder riskierst. Aber wenn ich die Gasse überquere, wieder zurückkomme und auf dem Seil sogar Tanzschritte vorführe, sollst du dich verpflichten, eine Kappe aufzusetzen, die ich dir gebe, und mit dieser auf dem Kopf durchs Dorf gehen."

Was ist schon viel daran, dachte Löffelholz und erklärte:

„Abgemacht, Komödiant. Und wenn du dir das Genick brichst, soll der Pfarrer auf meine Kosten für dich eine Seelenmesse lesen."

Alle lachten, und Löffelholz war der Held des Tages. Als der Komödiant gegangen war, tranken sie noch einige Runden, dann brachen sie auf.

Auf dem Heimweg dachte Löffelholz über die Wette nach. Wenn der Akrobat nun doch gesund über das Seil kommt, so kostet ihn das zwanzig Gulden. Das aber dünkte dem geizigen Bauern zu viel für eine Wette. Er sann nach, was er tun könnte, um die Wette auch ganz sicher zu gewinnen. Und dann faßte er einen bösen Plan. Er ging zurück ins Wirtshaus und erkundigte sich bei der Wirtin, wo der Schlüssel zur Bodentür gehalten werde. Als die Frau ihm den Schlüssel zeigte, er hing in der Küche neben der Tür, nickte er zufrieden, rieb sich die Hände und ging heim.

Um diese Zeit spannte die Frau des Komödianten und der Junge das Seil aus, das vom Dachboden des Wirtshauses zum Dachboden der Schule führte. Es war ein solider Strick, der hüben wie drüben gut verankert wurde und von einem Haus zum anderen hoch in der Luft über die Gasse führte. Als sie fertig waren und zum Essen in die Wirtsstube kamen, sagte die Wirtin:

„Ich will euch nicht erschrecken, aber ich glaube, der Löffelholz führt eine Teufelei im Schilde. Er ist ein böser Mensch, der ums Geld zu allem fähig ist. Daß der sich bei mir nach dem Bodenschlüssel erkundigte, war bestimmt nicht von ungefähr. Seid auf der Hut, damit ihr keine schlimme Überraschung erlebt."

„Wenn er das Seil kappt, bist du verloren", meinte der Junge, der seinen Vater über alles liebte.

Sie faßten sodann einen Plan, den sie gleich nach dem Essen ausführten. Der Junge begab sich auf den Dachboden des Wirtshauses und spannte dort zwischen den dicken Holzbohlen in Knöchelhöhe einen dünnen Draht aus. Jeder, der auf den dunklen Boden ging, mußte über diesen Draht stolpern. Dann setzte er sich neben dem Bodenloch auf einen Balken. Er hielt eine Maske in der Hand, die er der Komödiantenlade entnommen hatte. Die Maske war um die Augen und um den Mund herum mit Phosphor bemalt und leuchtete im Dunkeln, daß man sich fürchten mußte. Als die Zeit für die Vorstellung kam, kleidete sich der Komödiant für den Gang auf dem Seil an, nahm die Balacierstange in die Hände und trat aus dem Bodenfenster des Wirtshauses auf das Seil hinaus. Unter ihm, auf der Gasse, hatte sich schier die gesamte Bevölkerung des Dorfes angesammelt. Alle sahen gespannt auf den Mann, der dort oben ruhig auf dem Seil dahinschritt, verschiedene Figuren machte, nach vorn und nach hinten sprang, daß alle meinten, jetzt und jetzt müsse er abstürzen. Er stürzte aber nicht ab, sondern erreichte wohlbehalten die andere Seite der Gasse, machte beim Bodenfenster der Schule kehrt und begann, noch immer auf dem Seil, den Weg zurückzugehen.

Während solches draußen geschah, saß der Junge mäuschenstill an der Bodenluke im Schatten und wachte. Löffelholz aber, der gesehen hatte, wie sicher der Komödiant sich auf dem Seil bewegte, bekam Angst um seine zwanzig Gulden und beschloß, den Strick durchzuschneiden, um den Seiltänzer zum Absturz zu bringen. Mit einem Messer in der Hand schlich er sich auf den Dachboden. Leise, ganz leise stahl er sich zur Bodenluke, sah aber in der Dunkelheit den ausgespannten Draht nicht, stolperte darüber und fiel, so lang er war, hin. Der Junge aber, der alles gehört hatte, sprang von seinem Sitz auf, hielt sich die Maske vors Gesicht und rief mit verstellter Stimme:

„Huhu, huhu! Huhhuhuhhu!"

Der Phosphor auf der Maske schien zu brennen und das ganze war so fürchterlich anzuschauen, daß Löffelholz glaubte, dort sei der leibhaftige Teufel. Er erschrak zu Tode, raffte sich auf und lief, hüpfte und stolperte, so schnell er nur konnte, die Bodentreppe hinunter und gelangte, mehr tot als lebendig, auf die Gasse. Dort konnte er sehen, wie der Komödiant eben seine Schaustellung beendete, alle Leute klatschten Beifall, und die Männer, die im Wirtshaus waren, als die Wette abgeschlossen wurde, riefen:

„Löffelholz, du hast verloren. Löffelholz muß zahlen! Mach deinen Geldbeutel locker, du Geizhals!"

Andere meinten, nun wollten sie sehen, mit welcher Kappe Löffelholz wohl durchs Dorf marschieren muß. Löffelholz aber stand mitten unter den Leuten, zitterte noch immer nach dem erlittenen Schreck am ganzen Körper und wußte nicht, was er sagen sollte. Da kam der Komödiant und hielt eine Kappe in der Hand, wie sie Hanswürste im Zirkus zu tragen pflegen. An der Kappe hingen viele Schellen, und wenn einer mit so einer Kappe auch nur einen Schritt tat, begannen diese Glöckchen zu klingen, tingtingting, und das war so komisch anzuhören, daß jedermann lachen mußte. Diese Kappe nun drückte der Komödiant dem Löffelholz auf den Kopf, dann nahm er eine Trompete, setzte sie an den Mund, der Junge aber hängte sich eine Trommel um, und während der Komödiant die Trompete blies, schlug der Junge die Trommel, daß es eine Art hatte. Vor ihnen aber mußte Löffelholz schreiten, mit der Schellenkappe auf dem Kopf, um ihn herum auf beiden Seiten zogen die Leute aus dem Dorf mit. Sie lachten, spotteten ihn aus und riefen:

„Der Narr mit der Schellenkappe!"

Als sie solcherart durch das ganze Dorf gezogen waren, mußte Löffelholz den Komödianten die zwanzig Gulden hinzählen, und wieder wurde er von allen ausgelacht.

Von dieser Stunde an hieß Löffelholz nur mehr der Narr mit der Schellenkappe. Alle Leute, sogar die Kinder, zeigten mit dem Finger auf ihn, und er getraute sich bald nicht mehr aus dem Haus. Er mußte alle seine Felder verkaufen, da ihn auch die Knechte verlassen hatten, und weit fortziehen in eine andere Gegend, dahin, wo niemand ihn kannte. In dem Dorf aber erzählte man noch lange Zeit die Geschichte vom geizigen Löffelholz, und wenn jemand aufgeblasen tat und sich aufspielen wollte, hieß es sogleich:

Gib acht, daß es dir nicht auch so ergeht wie dem Narren mit der Schellenkappe.

Hedi Hauser
Temeswar – Hamburg

Hedwig Margarete Hauser (geb. Bittenbinder) wurde am 26. Januar 1931 in Temeswar (Banat/Rumänien) geboren. Dort besuchte sie die Klosterschule Notre Dame und das Deutsche Lyzeum, Abitur 1950, dann drei Semester Germanistik an der Bukarester Universität. Sie schlug zunächst die Laufbahn der Journalistin ein, arbeitete 1950-55 in Bukarest beim „Neuen Weg", ab 1959 war sie Mitglied des „Schriftstellerverbandes Rumäniens", 1955 Lektorin des „Landwirtschaftsverlags", dann Lektorin und später Leiterin der deutschen Abteilung des „Jugendverlags", ab 1969 Chefredakteurin des Bukarester „Kriterion Verlags", der sich ausschließlich auf Publikationen der nationalen Minderheiten verlegt hatte. Maßgeblich war sie an der Förderung einer niveauvollen Buchproduktion in deutscher Sprache in ihrem Lande beteiligt. Sie war mit dem Siebenbürger Erzähler und Chefredakteur der „Neuen Literatur" Arnold Hauser († 1988) verheiratet und hat drei Kinder. In mehreren politischen Gremien hat sie die deutsche Bevölkerung und den Rumänischen Schriftstellerverband vertreten. 1969-89 Mitglied des Zentralkomitees der Kommunistischen Partei Rumäniens, 1974-85 Abgeordnete und Sekretärin der Großen Nationalversammlung, weiterhin Mitglied im Rat der Werktätigen deutscher Nationalität, im Beirat des Rates für Kultur und sozialistische Erziehung, Sekretärin im Landesverband der Frauenorganisation u. a. m. Reisen führten sie meist zu Buchmessen in die DDR, die BRD, Österreich, Jugoslawien, Polen, Bulgarien, England und andere Länder. Ihr literarisches Werk ist ganz den Kindern und der Jugend gewidmet. 1951 debütierte sie mit einer Kindergeschichte im „Kulturellen Wegweiser". Für ihr Kinderbuch „Eine Tanne ist kein Hornissennest" erhielt sie vom Rumänischen Schriftstellerverband 1979 einen Preis. In den 70er und 80er Jahren gehörte sie zu den bekanntesten Kinderbuchautoren Rumäniens, ihre Bücher wurden auch ins Rumänische und Ungarische übersetzt und in hohen Auflagen im Ausland verlegt. 1971 verlieh ihr der damalige Bundespräsident Heinemann das Verdienstkreuz am Bande. Hedi Hauser lebt in Hamburg.

Wie die Riesenfichte gerettet wurde

„Frau Nachbarin! Frau Nachbarin! Haben Sie schon gehört? Na, so was!" Die Elster ist ganz außer Atem und muß nach Luft schnappen.

„Was gibt's denn, Frau Schwatzak?" fragte die Tannenmeise und steckte neugierig den Kopf aus der kleinen Baumbehausung.

„Hat man so etwas schon gesehen? Unsere Fichte ... unsere ... Der Buchdrucker will sie vernichten! O weh, unsere Fichte!"

„Das ist doch nicht möglich, daß der so hoch hinaus will. Der wird sich noch mal den Hals brechen."

„Daß Sie so ruhig sein können, Frau Meise", tut die geschwätzige Elster gekränkt, „wo es doch um unsere Fichte, um den Stolz unserer Waldgemeinschaft geht! Der ganze Wald ist in Aufregung." Und schon ist sie auf und davon, um auch ihre anderen Bekannten mit dieser Neuigkeit zu überfallen.

Währenddessen trug Vater Lampe dieselbe Nachricht von Höhle zu Höhle, von Käferbehausung zu Käferbehausung. Die Bienen und die Ameisen erzählten es einander. Überall die gleiche Bestürzung. Wo sollte das nächste Sommerfest abgehalten werden, wenn nicht unter der Riesenfichte, wie schon all die Jahre hindurch, seit die Waldgemeinschaft „Froher Mut" besteht? War denn so etwas möglich? Das durfte man nicht zulassen! Man mußte den Buchdrucker, diesen Schandfleck der Käferwelt, dingfest machen.

Was war da zu tun? Wie von selbst fand sich einer nach dem anderen bei der großen, ehrwürdigen Fichte ein, die vor Angst in allen Zweigen bebte. Denn obgleich sie stark und mächtig war, gegen so einen kleinen und tückischen Forstschädling wie den Buchdrucker kam sie nicht auf.

„Eine von uns soll in sein Labyrinth kriechen und ihm solange zusetzen, bis er sich geschlagen gibt", meinte eine Wespe.

„Besser eine Ameise, die ist kleiner", fielen mehrere Stimmen ein.

„Bei dem richtet weder eine Wespe noch eine Ameise etwas aus; der Buchdrucker hat eine viel zu harte Haut. Dem muß man viel derber auf den Leib rücken", war die Meinung des Spechtes Buntscheck. „Ich mit meinem langen Schnabel käme da schon eher in Frage."

„Wer weiß, wo dieser elende Wicht sich verborgen hält. Dem ist nicht so leicht beizukommen. Wie wär's, wenn wir einmal bei seinen Verwandten nachfragten? Die leben ja wie Hund und Katze."

Aber weder der große Kiefernmarkkäfer noch die vielen Splintkäfer kannten seinen Schlupf. Die meisten wären verzweifelt, wenn eben nicht Siebenpunkt, das Marienkäferchen, einen so guten Einfall gehabt hätte.

„Hört mal alle her", erhob es plötzlich sein schwaches Stimmchen und begann seinen Plan auseinanderzusetzen. Wie weggeblasen waren da auf einmal Verzweiflung, Trauer und Jammer. Nur Freude und helle Begeisterung herrschten überall. So war's gut! So mußte es gemacht werden! Na warte nur, Buchdrucker! Jetzt hast du bald nichts mehr zu lachen!

Und jeder ging wieder seinen alltäglichen Besorgungen nach. Nur das Marienkäferchen ließ Blattläuse Blattläuse sein und flog ein bißchen spazieren. – Ob es wirklich nur ein Spazierflug war? ...

Es flog und flog, bis es zu einer Kiefer mitten im Walde kam, wo an einem Ast ein Schild baumelte: „Waldmiliz" war mit großen Buchstaben darauf geschrieben. Vor dem Eingang stand ein Hirschkäfer. Er fragte Siebenpunkt nach seinem Begehr. Als er erfuhr, was los sei, führte er das Marienkäferchen eine steile Wendeltreppe im Inneren der Kiefer hinauf. Oben angekommen, sah sich Siebenpunkt in einem großen Raum mit Fenstern rings um die ganze Wand. So konnte man nach allen Richtungen Ausschau halten. Hinter einem Tisch saß eine Kerfe, während der Specht Baumpicker gravitätisch mit großen Schritten das Zimmer durchmaß. Alle drei – Hirschkäfer, Specht und Kerfe – gehörten zur Waldmiliz der Kleinbewohner; außer ihnen auch noch ein Igel und ein Dachs. Doch diese beiden waren gerade unterwegs, um einen Dieb zur Strecke zu bringen.

Als Siebenpunkt seine Geschichte vorgebracht hatte, schüttelten alle drei bedenklich den Kopf. Das sei eine schwierige Sache. Der Buchdrucker wäre – wie alle Borkenkäfer – ein schlauer Geselle, und ist er einmal in seinem verzwickt gebauten Haus, dann kann man ihn nicht so leicht wieder hervorlocken. Aber bestrafen mußte man ihn auf alle Fälle. Seine schändliche Tat war einwandfrei bewiesen: Die Rinde der Festfichte war bereits angenagt. Aber wie? – Das ist die Frage. Da rückte das Marienkäferchen mit seinem Plan heraus.

Nun wurden alle Einzelheiten besprochen, und dann wanderten alle vier zur bedrohten Fichte. Dort hatte sich wieder eine Menge Neugieriger eingefunden. Aber auch unter ihnen war keiner, der des Buchdruckers Adresse kannte. Wo sollte man diesen Bösewicht nun finden!

Da kam der Schmetterling ganz aufgeregt herbeigeflattert: „Ich weiß, wo er steckt. Ich habe ihn gesehen! Ich habe ihn gesehen!"

„Wen? Wo?"

„Den Buchdrucker?"

„Ja, den Buchdrucker. Hier, ganz nahe." Der Schmetterling wies mit seinen Flügeln nach rechts.

„Dort hinter dem Busch steht eine kleine verwachsene Fichte. Dort hat er seinen Kopf gerade in dem Augenblick aus dem Tor gestreckt, als ich vorbeiflog."

Die Milizleute, die begonnen hatten, alle Bäume abzuklopfen, unterbrachen ihr Suchen und eilten zu dem besagten Ort. Sie fanden rasch den Eingang zu Buchdruckers Gängehaus, aber ... ob er wohl noch drinnen war?

Der Specht klopfte mit seinem langen Schnabel dreimal laut und vernehmlich an das Tor, der Hirschkäfer zog an der Glocke, und die Kerfe rief mit voller Stimme:

„Buchdrucker, komm heraus, sonst wird es dir schlecht ergehen!" Danach wurde es still. Aber der Borkenkäfer kam nicht zum Vorschein. Nun bot Siebenpunkt an, in den Gang hineinzukriechen. Er kroch nach links in einen Larvengang und dann nach rechts in einen anderen, dann wieder geradeaus – aber vom Buchdrucker war keine Spur. Da stieß er unvermutet auf eine Larve. Nun konnten die Eltern auch nicht mehr weit sein. Befriedigt kroch Siebenpunkt wieder den langen Weg zurück.

Als der Buchdrucker auch auf eine abermalige Ermahnung nicht herauskam, ging die Waldmiliz daran, Siebenpunkts Plan auszuführen. Fünf Fichtennadeln wurden aneinader gebunden, angezündet und vor dem Eingang aufgestellt. Der Rauch nahm seinen Weg geradeaus in das Buchdrucker-Labyrinth, als ob er gewußt hätte, was die Waldbewohner von ihm erwarteten. Die Fichtennadeln waren noch nicht zur Hälfte abgebrannt, als der Buchdrucker-Vater sich meldete.

„Nehmt das vermaledeite Zeug da weg, dann kommen wir hinaus."

Als die Fichtennadelfackel weggetragen war, erschien der Buchdrucker und hinter ihm seine Frau und eine ganze Reihe Kinder.

Während man seine Familie unbehelligt ließ, wurde der Buchdrucker abgeführt. Und noch am selben Tag wurde das Urteil verkündet: zwei Jahre Haft im Föhrenturm.

Als man den Buchdrucker gerade hinausführen wollte, kam ein Trupp singender Jungen und Mädchen vorbei. Sie waren mit allerlei Fanggeräten ausgerüstet, denn sie gingen auf Jagd – auf die Schädlingsjagd.

Da erblickte eines der Mädchen unten am Boden den Buchdrucker. „Ei, seht doch mal, welch schöner Borkenkäfer!" Und sie bückte sich, um ihn aufzuheben.

Die Kerfe, die ihn begleitet hatte, konnte sich gerade noch rechtzeitig verdrücken – da saß der Buchdrucker auch schon in der dunklen Botanisiertrommel. Nun war er gut aufgehoben und konnte bestimmt keinen Schaden mehr anrichten. Auch über Einsamkeit konnte er nicht klagen, denn die Kinder hatten schon eine ganze Menge anderer Borkenkäfer und ähliches Gelichter gefangen und ebenfalls in die Botanisiertrommel gesperrt.

Die Kerfe war schnell zur Fichte geeilt, wo wieder alle Waldbewohner versammelt waren. Die Elster hatte alles mit eigenen Augen gesehen und war mit der Nachricht durch den ganzen Forst geflogen.

Da war die Freude übergroß, und unser kleines Marienkäferchen war mit einem Schlag der Held des ganzen Waldes geworden.

Der undankbare Kaktus

Suse ist ein recht ordentliches Mädchen, bloß sucht sie den ganzen Tag ihre Haarspangen und ihr Taschentuch. Und als sie gestern gerade wieder irgendetwas suchte, entdeckte sie in Vaters Schreibtischfach drei Injektionsspritzen. Das ist mir mal ein Spielzeug! Behutsam nahm sie eine heraus, steckte vorn die Nadel dran und kramte weiter. Ha – da war ja auch Jockeles C-Vitamin. Ritschratsch, brach Suse einer Phiole den Kopf ab und ließ die Spritze sich daran satt trinken.

Einen Brillenrahmen auf der Nase, die Spitze mit der langen Nadel wie einen Spieß in der Hand, so kreuzte Suse durch die ganze Wohnung. Wem konnte man schnell eine Injektion machen? Jockele? Lieber nicht! Der brüllt doch jedesmal, daß einem die Ohren wehtun, und verdirbt den ganzen Spaß. Den Puppen Loni, Lori, Lilo und Lilli? Was war das schon für eine Injektion, wenn nur das Sägemehl in ihrem Bauch damit seinen Durst stillte. Suses Mausäuglein huschten überall hin. Wen konnte man schnell impfen?

Sieh da – ein Kaktus! Ganz bleich war er, der Arme! Vor Staub ... oder war er am Ende gar blutarm? Das mußte es sein, sicher! Blutarm! Schnell das Vitamin her! Und Suse stach dem Kaktus die Nadel ganz tief-tief ins Fleisch – hier und hier und da und dort, unten und oben und in der Mitte. Und damit er ja genug bekomme, köpfte sie noch zwei C-Vitamin-Phiolen. So!

Der Kaktus aber, glaubt ihr, er ist gewachsen? Woher! Es war ein ganz undankbarer Kaktus. Statt sich über das viele C-Vitamin zu freuen und drauflos zu wachsen, zu blühen und Kaktusjunge in die Welt zu setzen, wurde er zusehends welker und schrumpfte schließlich ein.

„Du böser Kaktus, du!" schimpfte Suse und stellte ihn in die hinterste Ekke. Neben den Besen. So ein Spielverderber!

Wirklich? War er das, der Kaktus?

Himpelchen, Pimpelchen und die Pilzsucher

„Himpelchen", sagte Pimpelchen eines Tages zu dem Wichtel, „wie wär's, wenn wir in die Pilze gingen?"

„In die Pilze hineingehen?" wunderte sich Himpelchen.

„In die Pilze gehen, heißt Pilze suchen gehen", erklärte Pimpelchen bereitwillig seinem Freund.

„Woher weißt du denn das?" fragte der Wichtel staunend.

„Du weißt manches, weil du Radio hörst", sagte Pimpelchen, „und ich weiß manches, weil ich für mein Leben gern Wörterbücher lese."

„Also, da hör ich lieber weiter Radio und geh *Pilze suchen* und *ins Haus hinein*", entschied Himpelchen.

„Trotzdem komme ich auf meinen Vorschlag zurück", wandte Pimpelchen ein. „Wir fällen drei, vier Pilze, dörren sie und heben sie für den Winter auf. Man kann die verschiedensten Speisen daraus zubereiten, und sie schmecken mir alle gut."

„Du hast Glück, daß Pilzgerichte auch mir schmecken", meinte Himpelchen. „Aber dann müssen wir uns sofort auf den Weg machen, denn es ist weit. Sonst schaffen wir es nicht mehr bis zum Dunkelwerden."

„Also los!" Pimpelchen war bereit. Er verschloß die Wohnungstür und packte den Schubkarren, der unter dem Vordach stand. Himpelchen legte zwei Äxte quer darauf, und sie zogen los.

Da der Weg bis zu dem feuchten, schattigen Tal des Waldes am Nordhang, wo die feinsten Steinpilze, die mastigsten Pfifferlinge und die Brätlinge mit den größten Hüten sprossen, recht weit ist, will ich die Zeit ausnützen und euch erzählen, wer Himpelchen und Pimpelchen eigentlich waren, wie sie lebten und was sie trieben.

Denn vorläufig wißt ihr ja bloß, daß Himpelchen ein Wichtelmann war und Pimpelchen ein Zwerg.

Der Unterschied zwischen einem Wichtel und einem Zwerg besteht darin, daß die Zwerge ihre Zipfelmützen mit einer Feder aufputzen und die Wichtelmänner die ihren mit einer Quaste. Das wird seit altersher so gehalten, und es ist mir noch kein Gerücht zu Ohren gekommen, daß sich in dieser Hinsicht in absehbarer Zeit im Lande der Zwerge und Wichtelmänner etwas ändern wird.

Himpelchen und Pimpelchen waren noch recht jung. Sie zählten nur 111 beziehungsweise 110 Jahre und waren echte, rechte Freunde. In der Zwergen- und Wichtelwelt tief im Berg ist es üblich, daß die einzelnen Mitglieder der Gemeinschaft von Zeit zu Zeit ein Jahr lang in anderer Umgebung leben. Das gehört zum Anschauungsunterricht (man ist schließlich auch mit hundert Jahren noch jung genug zum Lernen!), soll das Wissen mehren und die Erfahrung bereichern. Nun war also an Himpelchen und Pimpelchen die Reihe, sich ein wenig im Tal umzusehen.

Sie hatten sich in mühsamer Arbeit eine Wohnung eingerichtet, in dem Wald, wo ich im Urlaub meinen täglichen Spaziergang machte, und so kommt es, daß auch ihr durch dieses Buch ihre Bekanntschaft macht.

Aber ich glaube fast, ich habe zu lang geplaudert. Himpelchen und Pimpelchen dürften mittlerweile in dem pilzreichen Abschnitt des Waldes angekommen sein.

„So, da wären wir!" sagte Pimpelchen und ließ den Schubkarren polternd auf den Waldboden aufschlagen. „So! Da ich den Karren den ganzen Weg bis her allein geschoben habe, wirst du das ungeteilte Vergnügen haben, ihn allein zurückzuschieben."

„Mit Vergnügen! Mir ist er auch vollbeladen nicht zu schwer. Denn erstens bin ich ein Jahr älter als du, und zweitens turne ich jeden Morgen, also habe ich auch viel mehr Kraft als du. Darum habe ich dir doch den leeren Karren überlassen." Und er spannte seine Armmuskeln, erst am rechten Arm, dann am linken, und forderte Pimpelchen auf, sie zu betasten.

„Ach geh", sagte Pimpelchen geringschätzig, „damit kriegst du mich noch lange nicht dran, eine Viertelstunde eher aufzustehen, gerade wenn es im Bett am schönsten ist. Bah!"

„Vor lauter Schwatzen haben wir die Schwämme vergessen", sagte Himpelchen, packte den Schubkarren und schob ihn unter einen Farnbaum. Dann nahm er eine Axt zur Hand und ...

„Sieh, dort drüben, was für ein herrliches Exemplar!" rief Pimpelchen erfreut und lief auch schon auf den großen, prächtigen Steinpilz zu. Er ging um ihn herum, beklopfte den Stamm und legte das Ohr daran, um ihn auf das Vorhandensein von Würmern zu prüfen, und guckte in den Schirm hinauf. Alles in Ordnung!

„Den nehmen wir", sagte er, „den nehmen wir!" Himpelchen gab ohne zu zögern seine Zustimmung.

Und sie packten die Äxte, stellten sich rechts und links vom Pilz auf, und los ging's: eins – pock! zwei – pock! drei – pock! und bei zwölf begann der stolze Steinpilz zu wanken; er wankte, schwankte, dann gab es einen Krach, und er lag auf dem Boden.

„Das war saubere Arbeit", lobte Himpelchen. „Jetzt müssen wir ihn zerkleinern, dann läßt er sich besser verladen."

Sie trennten also den Schirm vom Stamm, zerteilten beide und verfrachteten die Stücke auf den Schubkarren, den Pimpelchen mittlerweile herangefahren hatte.

„Der ist so groß, daß wir höchstens noch zwei, drei andere Schwämme aufladen können, mehr nicht", meinte Pimpelchen, „sonst kippt der Wagen um."

„Soviel brauchen wir gar nicht. Du willst wohl Vorrat auch für den übernächsten Winter anlegen. Oder aber tagaus, tagein immer nur Pilze essen: morgens, mittags und abends."

„Mein Grundsatz ist: Wer zwischen mehr oder weniger wählen kann, der entscheide sich für *mehr*. Also komm, suchen wir etwas Ordentliches", forderte der Zwerg seinen Freund zum Weitersuchen auf.

Kaum waren sie ein wenig herumgegangen, hielt plötzlich etwas Leuchtendgelbes ihre Blicke fest. Wie von einem Magnet angezogen, bewegten sie sich darauf zu.

Und als sie davor standen, klatschten sie vor Freude über den seltenen Fund in die Hände: zwei Pfifferlinge, frisch und zart und dabei sooo grooß.

„Das ist ein Leckerbissen!" frohlockte Pimpelchen.

„Wenn wir die zwei haben, können wir gleich Erntefest feiern", sagte Himpelchen erfreut.

Sie gingen begutachtend um die Pfifferlinge herum, und plötzlich stockte beiden der Atem: Nicht weit von ihnen standen zwei Menschenkinder aus dem Tal und blickten sich suchend um.

Ohne lange zu fackeln, lief Pimpelchen davon, während Himpelchen sich sofort unter ein Blatt neben die Pilze duckte.

Inzwischen hatten die beiden Jungen, die Körbe in den Händen trugen, die leuchtendgelben Pfifferlinge auch entdeckt und stürzten sich mit Hurrageschrei darauf.

„So schöne Pilze!" rief der eine.

„Die nehmen wir auf alle Fälle", sagte der zweite, und sie bückten sich gleichzeitig, um die prächtigen Pfifferlinge abzubrechen.

„Rührt mich nicht an, ich bin giftig", ließ sich da ein feines Stimmchen vernehmen.

Die beiden Jungen stutzten.

„Hast du eben was gesagt?" fragte der eine.

„Ich? Nein. Mir scheint aber, du hast etwas von ‚giftig' gefaselt", sprach der andere.

„Ich habe nicht gefaselt."

„Ich bin giftig, sehr giftig! Rührt mich nicht an!" ertönte das feine Stimmchen abermals.

Die beiden Jungen, die eben die Hände nach den Pilzen ausgestreckt hatten, zogen sie sofort zurück und sprangen auf.

„Mensch, das ist doch nicht möglich!" schrie der eine ganz erstaunt.

„Ich kann es nicht glauben. So etwas gibt's doch nicht, gibt's doch nicht", stotterte der zweite.

Die Jungen guckten sich verdutzt an.

„Versuchen wir noch einmal, die Schwämme zu nehmen", schlug der eine vor.

„Versuchen wir's", stimmte der andere zu.

Und als sie sich bückten, erklang zum dritten Mal das feine Stimmchen: „Giftig bin ich, sehr giftig! Wer mich berührt, muß sterben! Sterben!"

Wie von einer Wespe gestochen, fuhren die beiden Jungen empor und starrten sich an.

„Wenn ich das nicht mit eigenen Ohren gehört hätte, ich würde es nicht glauben", sagte der eine.

„Ein Pilz, der redet ... Nein, so etwas!" wunderte sich auch der andere.

„Mensch, am Ende will uns einer von unseren Freunden verulken", sagte der erste.

„Wir können ja nachsehen", entschied der zweite.

Sie liefen also im ganzen Umkreis umher, guckten hinter jeden Baum und bogen an jedem Strauch die Äste auseinander. Nichts.

Als sie sich wieder bei dem Pfifferlingspaar trafen, ertönte es erneut: „Ich bin überaus giftig. Laßt die Finger von mir!"

„Geben wir's auf! Komm, erzählen wir den anderen, was wir hier erlebt haben", sagte der eine.

„In Ordnung", entgegnete der andere. „Aber ich bezweifle es, daß die anderen uns glauben werden."

„Mensch, wo wir es doch mit eigenen Ohren gehört haben", sagte der erste verärgert.

„Meinetwegen", willigte der zweite ein. „Aber du wirst ja sehen: die werden entweder glauben, wir wollen sie auf den Arm nehmen, oder daß wir alle beide spinnen."

Laut redend und gestikulierend entfernten sich die beiden Jungen schließlich.

Himpelchen kroch unter dem Klettenblatt hervor, streckte sich und atmete tief ein, um sich von dem Schreck zu erholen (wie leicht hätte er unter eine Schuhsohle geraten können!), dann begann er zu lachen. Und er lachte, lachte und krümmte sich vor Lachen.

Dieses Gelächter lockte Pimpelchen aus seinem Versteck. Er konnte sich nicht erklären, was geschehen war: Die beiden Menschenkinder waren fort, die Pfifferlinge standen noch auf ihrem Platz, und Himpelchen hielt sich den Bauch vor Lachen.

Auf seine neugierigen Fragen vertröstete Himpelchen ihn auf den Heimweg: „Du sollst alles erfahren, aber jetzt müssen wir uns sputen, sonst bricht die Nacht herein, und dann ist der Heimweg beschwerlicher."

Pimpelchen schmollte zwar, daß er seine Neugier so lange bezähmen müsse, aber schließlich packte auch er fest mit an, und im Handumdrehen waren die Pfifferlinge gefällt, zerhackt und verladen.

Dann schulterte Pimpelchen die Äxte, und Himpelchen schob den Karren, und so machten sie sich nach einem erfolgreichen Tag auf den Heimweg.

Ihr wißt ja, daß der Weg recht lang ist. Da konnte also Himpelchen Pimpelchen den Verlauf der Begegnung mit den Jungen in allen Einzelheiten schildern. Und da lachte auch Pimpelchen, daß ihm die Äxte auf den Schultern tanzten und er lauter blaue Flecken davon bekam.

Und daheim lachten sie weiter und lachten auch noch, als sie die Pilze in kleine Stücke zerschnitten, auf Schnüre fädelten und zwischen Stangen spannten – zum Dörren. Für den Winter. Und sie verschluckten sich beim Abendbrot vor lauter Lachen. Und als sie dann in ihren Betten lagen, träumten sie von redenden Pfifferlingen und ins Bockshorn gejagten Riesen.

Hihi!

Wolfi und die Märchenwiese

Es gab einmal, irgendwann, irgendwo eine Wiese. Und die Wiese war leuchtendgrün wie keine zweite; und es blühten darauf Margariten und Rittersporn, Kornblumen und Klatschmohn, so bunt und farbenprächtig wie auf keiner anderen Wiese. Und dorthin, wo es schien, als wolle die Sonne gar nicht untergehen, wo nur hin und wieder der Regen herabrieselte und man Sturm, Blitz und Donner nicht kannte, wo alles so war, wie es schöner nicht hätte sein können, verirrte sich – wer weiß woher – ein Wirbelwind.
Ein Wirbelwind?
Er war klein und schmächtig, die braunen Strubbelhaare standen nach allen Windrichtungen und die blauen Augen erspähten alles, was ihnen besser verborgen geblieben wäre. Wolfi hieß der Bub, der wie ein Wirbelwind über diese Wiese fegte.
Vielleicht merkte er gar nicht, wie herrlich es hier war. Denn er lief wie ein Füllen auf der Wiese umher, von einem Ende zum anderen. Und die Beinchen knickten dabei einen Rittersporn, zertraten einen Klatschmohn und legten unzählige Gräser um.
„Was ist denn das?" Mit funkelnden Augen griff Wolfi nach den blinkenden Tautropfen, die wie Spiegelscherben im Gras hingen, um mit ihnen zu spielen. Die Tautropfen aber zerrannen unter seinen Fingern.
„Warum geht ihr mir nicht aus dem Weg?" Und dabei rannten die Ameisen so lustig hin und her. Ein Gewimmel. Sie hatten es eilig, als ob sie fürchteten, etwas zu versäumen. Ich werd' mir ein paar nehmen, dann kann ich mit ihnen spielen. Rasch raffte Wolfi mit beiden Händen zusammen, was er von den Ameisen erwischen konnte, und schob sie in die Tasche. Und in der Ameisenburg wartete man an diesem Tag vergeblich auf etliche Futterbesorgerinnen.
Doch was kümmerte es Wolfi, wenn er nur Ameisen zum Spielen hatte.
„So ein glänzender Käfer! Lauter Gold!" Wolfi grapschte gierig danach und stopfte ihn zu den Ameisen. Und unserem Rosenkäfer brachen dabei zwei Beinchen ab.
„Ach, wie schön!" Herrlich spannte sich das Spinnennetz vom Schlehdorn zur Rosenhecke. Wie eine edelsteinbesetzte Brücke aus dem Märchen, die im Lichte der Sonne selber zu leuchten begann. Wolfi riß die Brücke an sich, wollte sie haben, *sein* sollte sie sein, nur sein – und da war es keine funkelnde, glitzernde Märchenbrücke mehr: In seiner Hand lagen nur einige feuchte Spinnfäden. Brrr! Wie häßlich!
„Leuchte sofort! Wie vorhin!" schrie Wolfi.
Aber er mochte toben, soviel er wollte, die grauen Fäden wurden nicht wieder zur leuchtenden Brücke. Da stampfte er mit dem Fuß auf und rannte zornig davon, so plötzlich, wie er gekommen.
Da war die Wiese keine Märchenwiese mehr.

Das verschnupfte Bilderbuch

Peter wohnte in einem Haus mit vielen Fenstern.
 Eines Tages schien die Sonne warm. Peter saß auf dem Balkon und blätterte in seinem Lieblingsbuch mit den vielen Tieren. Einige davon kannte er, denn die Großeltern lebten auf dem Lande.
 In dem Bilderbuch gab es Pferde, Schweine, Kühe, Schafe, Enten, Gänse und Hühner, aber auch wilde Tiere, die Peter nur vom Zoo kannte: Elefanten, Löwen, Tiger, Kamele, Affen und andere.
 Doch vor den Bilderbuchtieren fürchtete er sich nicht und stupste mit dem Finger auf den langen Rüssel des Elefanten.
 „Peter", rief die Mutter, „komm schnell! Ich muß ins Warenhaus. Du kannst mitkommen." „Ei fein, dann kriege ich auch etwas", freute sich Peter und sprang so schnell auf, daß der Stuhl umkippte und das Buch auf den Boden fiel.
 Da lag es nun, das Bilderbuch, in der prallen Sonne. Der Bär schwitzte so unter seinem Pelz, daß ihn alle bedauerten.
 Plötzlich schob sich eine schwarze Wolke vor. Ein Krach, ein Donner, Blitze zuckten, und ein Windstoß brauste heran, daß die Blumentöpfe wackelten.
 Platsch! Fiel der erste Tropfen. Ihm folgten – platsch-klatsch! – viele andere. Durstig saugten die Blumen das belebende Naß auf, aber das Bilderbuch wurde ganz naß.
 „Hatschi!" nieste das Schaf. „Hatschi!" nieste auch das kleine Schwein, und schließlich niesten alle um die Wette.
 „Was machen wir nun?" jammerte die Glucke. „Meine Küken kriegen Schnupfen."
 „Auch meine Kinder werden sich erkälten", klagte die Gans.
 „Im Bücherschrank gibt es ein Buch mit Heilpflanzen", erinnerte sich die Giraffe. „Fragen wir diese um Rat."
 Die Tiere aber reckten sich und streckten sich, bis sie groß wurden, daß ihre Beine und Köpfe aus dem Bilderbuch herausragten.
 Und dann marschierten die Tiere ins Zimmer. Als das Zebra seinen Kopf in das erstbeste Buch steckte, zog es ihn gleich wieder zurück, bebend vor Kälte: Es war ein Buch über eine Nordpolfahrt. Endlich hatten die Tiere das Buch gefunden. Welches waren nun aber die richtigen Heilpflanzen? Da kam ihnen das Fliedermütterchen aus dem Märchenbuch daneben zu Hilfe. Eine große Kanne Lindenblütentee machte die ganze Gesellschaft schnell wieder gesund.
 Die Tiere bedankten sich und stiegen in das Bilderbuch zurück, das seine Seiten zuschlug und auf dem Teppich liegenblieb.
 Als Peter heimkam und zum Balkon eilte, um nach seinem Bilderbuch zu sehen, konnte er es nicht finden. Wo war sein Bilderbuch? Wo waren seine Tiere? Traurig kam er vom Balkon ins Zimmer. Dort stand Mutti mit dem

Bilderbuch in der Hand. „Immer läßt du deine Sachen herumliegen. Nun bin ich fast über das Buch gestolpert."

Peter bekam vor Verwunderung ganz große Augen. Er drehte das Buch hin und her und merkte, daß es im Regen gelegen hatte. Aber wie kam es ins Zimmer? Wahrscheinlich hatte es der Wind hierher geweht. Peter begann darin zu blättern. Zwinkerte der Affe mit dem linken Auge, oder schien es nur so? Zwinkerte auch der Löwe, oder kniff er die Augen einfach zu?

Peter freute sich sehr, daß er sein Buch wieder hatte, nahm es mit ins Bett und schlief damit ein.

Die Bilderbuchtiere freuten sich auch. Nun hatten sie es schön warm und wurden ganz bestimmt bis zum nächsten Tag gesund.

Die Nischen der Nischengesellschaft
Über die Tätigkeit im rumänischen Verlagswesen

Als im Dezember 1969 das rumänische Verlagswesen neu organisiert und der Kriterion Verlag gegründet wurde, gingen wir zu dritt, Géza Domokos, Pál Bodor und ich, daran, eine Liste derjenigen aufzustellen, die wir in den Verlag aufnehmen wollten. Wir steckten natürlich auch die näheren und ferneren Ziele ab, formulierten die Aufgaben des Verlags und fanden einen Namen für ihn. Wir brachten im Laufe der Jahre Bücher in zehn verschiedenen Sprachen heraus und erweiterten das Verlagsprofil, das vorher beim Literatur-Verlag und beim Jugendverlag auf Belletristik beschränkt war, um weitere Sachbereiche: Geschichte und Heimatkunde, Folklore, Literatur- und Musikgeschichte, Ethnographie und andere. Dafür mußten wir Mitarbeiter finden, und dafür mußten wir selber Erfahrungen sammeln. Aber schließlich gelang es uns, im Laufe der Jahre eine Reihe von Büchern zu veröffentlichen, die sich auch heute noch sehen lassen können. Wir müssen uns ihrer nicht schämen. Wir gingen voller Begeisterung an die Arbeit. Dabei hatten wir mit manchen Schwierigkeiten gerechnet, wir konnten jedoch nicht absehen, was mit der Zeit zum Beispiel im Bereich Geschichte auf uns zukam.

Nachdem wir die „Sächsisch-schwäbische Chronik" von Eduard Eisenburger und Michael Kroner herausgebracht hatten, in der unter anderem zum ersten Mal in einer deutschen Publikation in Rumänien über die Rußlanddeportationen der Rumäniendeutschen geschrieben wurde, stellten wir uns der Aufgabe, eine umfassende Geschichte der Deutschen Rumäniens in mehreren Bänden zu veröffentlichen. Es war uns natürlich von Anfang an bewußt, daß wir diese im Kontext der rumänischen Geschichte behandeln mußten und die Berücksichtigung von marxistischen Ansichten zur Geschichtsschreibung nicht völlig zu vermeiden war. Ergebnis dieses Vorhabens war der erste Band der „Rumäniendeutschen Geschichte", der mit der ersten Einwanderung deutscher Siedler nach Siebenbürgen beginnt und bis zum Ausbruch des Ersten Weltkriegs reicht. Koordiniert von Carl Göllner, wurde der Band von einem großen Mitarbeiterstab erarbeitet. Um das weitere Vorgehen nach der schriftlichen Fertigstellung leichter zu bewältigen, hatte ich selbst das Buch als Lektorin redigiert und mit Geduld und Beharrlichkeit über alle Hindernisse geführt, einschließlich der Zensur. Und bei diesem einen Band ist es dann auch geblieben. Dafür gibt es manche Gründe. Zu nennen ist der plötzliche Sinneswandel innerhalb der Parteispitze in bezug auf die Geschichte der Minderheiten. Die offizielle Auffassung lautete, daß zunächst eine Geschichte der Rumänen gemäß den neuesten Erkenntnissen erscheinen müsse, erst danach können die einzelnen Teilgebiete, etwa die Geschichte der Minderheiten Rumäniens, bearbeitet werden. Im Grunde aber ging es um etwas ganz anderes. Das Erscheinen der Geschichte der Deutschen Rumäniens gab den Ungarn in Rumänien eine Handhabe, die Herausgabe einer Geschichte der Ungarn Rumäniens ins Auge zu fassen. Das wollten die rumänischen Parteifunktionäre aber auf keinen Fall. Und das war der eigentliche Grund, weshalb ein zweiter Band der Geschichte der Deutschen Rumäniens nicht erscheinen konnte. Der zweite Band liegt fertig erarbeitet, lektoriert, begutachtet und überarbeitet noch immer beim Kriterion Verlag. Dort liegt auch eine ganze Mappe mit Eingaben des Verlags und des Herausgebers Carl Göllner an das rumänische Kulturministerium, an die Ideologische Abteilung des ZK der Rumänischen Kommunistischen Partei (PCR) und an Elena Ceauescu persönlich, aber alle Mühen fruchteten nicht. Nach den Ereignissen vom Dezember 1989 glaubten wir, die Zeit für das Erscheinen des zweiten Bands sei endlich gekommen, doch hatten wir erneut die Rechnung ohne den Wirt gemacht. Denn nun gab es kein Geld für diesen Band, und daran hat sich bis heute nichts geändert. Und so liegt das Manuskript noch immer beim Kriterion Verlag in einer Schublade.

Andere Schwierigkeiten, mit denen wir zu kämpfen hatten, ergaben sich bei der Neuveröffentlichung alter Texte, wenn sich der Autor irgendwann einmal nach Meinung der Parteifunktionäre negativ über die Rumänen geäußert hatte. Diese Tatsache wurde schnell verallgemeinernd auf das gesamte Werk des Autors bezogen und erwckte Anstoß. Infolge solcher Schwierigkeiten kam es dann entweder zu gekürzten Ausgaben oder, wenn man keinen anderen Ausweg fand, zu ausführlichen Kommentaren. Dies war der Fall bei den Schriften von Martin Felmer, die in der Reihe „Kriterion-Bücherei" von Adolf Armbruster herausgegeben wurden. Nach langen Debatten mit der Zensurbehörde einigten wir uns schließlich darauf, den Text ungekürzt zu veröffentlichen; dafür mußte der Herausgeber sehr viel kommentieren. Mein Standpunkt war, daß der Leser sich selber ein Bild machen soll und darüber befinden möge, ob er lieber Martin Felmer oder Adolf Armbruster glaubt.

Und schließlich war da noch die Sache mit den Ortsnamen. Praktisch über Nacht wurden in Zeitungen, Zeitschriften, im Rundfunk und im Fernsehen die deutschen Ortsnamen und Bezeichnungen durch die amtlichen rumänischen ersetzt. Mit einigen wenigen Ausnahmen (zum Beispiel Schäßburg) durften ausschließlich die rumänischen Ortsnamen verwendet werden. Eine Ausnahme bildete der Kriterion Verlag. Da man es unterlassen hatte, uns im Verlag dahingehende Anweisungen zu geben, verwendeten wir auch weiterhin die deutschen Namen. Als uns dann die Zensur dazwischenfunkte, redeten wir uns noch eine Zeitlang heraus. Gerade damals brachten wir eine Ortsmonographie von Heldsdorf heraus. Ich ging mit dem Titelblatt zum Chef der Zensurbehörde und erklärte ihm, daß sich dieser Name (Heldsdorf) direkt aus dem Lateinischen ableite und der rumänische Name erst später durch Anlehnung entstanden sei. Und entweder brächte ich das Buch unter diesem Titel heraus oder gar nicht. Dann würde ich aber auch mit der wahren Begründung die Bestellungen aus dem Ausland absagen. Schließlich wurde der Titel mit dem deutschen Ortsnamen genehmigt.

Wir wurden dabei von Deutschland aus nicht unterstützt. Im Gegenteil: Die Siebenbürgische Zeitung und die Banater Zeitung in Deutschland stimmten ein großes Geschrei über die Haltung der deutschen Zeitungen in Rumänien an – als ob sie diese Änderungen erfunden hätten –, wiesen dann aber auf den Kriterion Verlag und fragten, warum der Verlag deutsche Ortsnamen nach wie vor verwende, die Zeitungen aber nicht. Nur der Verlag beweise Mut. Das Schweigen der Zeitungen in bezug auf den Kriterion Verlag hätte uns mehr geholfen.

Was die Zensur angeht, solange es sie offiziell gab, so war sie natürlich für jeden Autor und für jeden Verlag eine Schikane, aber wir wußten immerhin, woran wir waren. Und es ließ sich mit den Leuten von der Zensur auch reden. Außerdem: Hatte die Zensur einmal ihren Stempel auf jede Manuskriptseite gesetzt, so konnte niemand mehr mit späteren Einwänden kommen. Hinzu kam, daß ich manches auf eigene Verantwortung übernehmen konnte. Anders war die Sachlage nach der von Ceauescu per Dekret verfügten Auflösung der Zensur. Da nun der „Rat für Kultur und sozialistische Erziehung" für den Inhalt der veröffentlichten Bücher haftbar gemacht wurde, richtete dieser eine hauseigene Zensur ein, die sich jedoch nicht so nannte. Und da kein Stempel mehr aufgedruckt wurde, konnten die Einmischungen seitens des Rates endlos weitergehen, manchmal sogar bis nach dem Erscheinen der Bücher.

Ein Beispiel: Wir wollten die „Deutschen Sprachdenkmäler aus Siebenbürgen" von Friedrich Müller herausbringen. Der Natur des Buches gemäß in einer sehr kleinen Auflage. Es war Ende Dezember, als ich erfuhr, das Buch sei nicht ausgeliefert worden, denn der zuständige stellvertretende Minister (Mihai Dulea) habe die Auslieferung untersagt. Da er uns nicht offiziell davon in Kenntnis gesetzt hatte und wir einen Plan zu erfüllen hatten – andernfalls zog man uns zur Rechenschaft –, ging ich unangemeldet sofort zu ihm und wollte wissen, was los sei. Der Vorwurf an mich lautete, warum ich gerade dieses Buch ausgewählt habe, in dem keine rumänischen Ausdrücke vorkämen (er habe einen einzigen gefunden), dafür aber ungarische. Dies sei Wasser auf die Mühlen der ungarischen Irredentisten. Als ich auf die Verdienste des Kriterion Verlags bei der Verbreitung rumänischen Kulturguts (Dimitrie Cantemir, David Prodan, P. P. Panaitescu und andere) hinwies und auf die Aufgaben eines Minderheitenverlags, auch die eigene Kultur bekannt zu machen, gab er zögernd das Buch frei. Mir brachte der Vorfall eine Rüge ein wegen mangelnden Ordnungssinns, aber damit konnte ich leben. Und der Clou: Dulea wußte gar nicht, daß der Autor Bischof gewesen war, denn dies hatte ich ihm verschwiegen.

Ein Problem so schnell lösen konnten wir manchmal nur, weil sowohl Domokos als auch ich Mitglieder des ZK waren und offene Türen fanden. Mit anderen Worten: Man konnte uns nicht einfach rauswerfen. Auf diese Weise konnten wir für den Verlag manchmal zusätzlich Papier oder Geld herausschinden, auf diese Weise haben wir manches herausgebracht, was anderen nicht gelungen war. Man konnte von innen heraus Probleme eher lösen. Natürlich nicht immer, aber wir waren stets bereit, selber Verantwortung zu übernehmen.

Es würde zu weit führen, hier auf die vielen einzelnen Zwischenfälle einzugehen, auf die wir gestoßen und über die wir gestolpert sind. Auch folgendes Beispiel soll zeigen, wie wir herumtüfteln mußten, um etwas durchzubringen. Der Kriterion Verlag veröffentlichte eine Reihe junger Autoren in den „Kriterion Heften", dort sind ein oder mehrere Bände erschienen von Werner Söllner, Richard Wagner, Herta Müller, Johann Lippet, Horst Samson, Reinhold Schmidt, Helmuth Frauendorfer, William Totok und anderen. Die ersten Bände der Reihe hatten auf dem Einband ein beidseitiges textbezogenes Foto von Edmund Höfer. Ich muß zugeben, diese Einbände waren für die damalige Zeit explosiv. Als Höfer zum Beispiel das Foto für den Gedichtband von Mircea Dinescu brachte, mit einem Kopf, der einen Reißverschluß an Stelle eines Mundes hatte, der auch noch zugezogen war, waren wir zunächst ratlos, wie wir einen solchen Einband herausbringen sollten. Schließlich einigten wir uns darauf, den Reißverschluß halb zu öffnen, also der Mund wird einem nicht ganz verboten, und so ist der Band dann auch erschienen. Und alle rumänischen Dichterkollegen wunderten sich, wieso ein Band mit einem solchen Umschlag in einem Verlag in Rumänien erscheinen konnte.

Aber die schwerste Aufgabe war, die Verlagspläne so ausgewogen auszuarbeiten, daß es danach keinen Grund gab, sie völlig auf den Kopf zu stellen. Wir hatten unsere Vorschriften für den Umfang und die prozentuale Aufteilung zwischen den Sparten, Themen, Genres. Niemand weiß, welche Anstrengung es kostete, die Titel, die wir herausbringen wollten, in gewisse Themenkreise einzuordnen und was da alles zum Beispiel in der Sparte Erziehung zur Vaterlandsliebe figurierte. Oder um junge, eigenwillige Autoren herausbringen zu können, mußten auch ein Breitenhofer oder eine Lotte Berg im Plan stehen, um ein Gleichgewicht zu halten. Um Heimatgeschichte zu drucken, brachten wir auch eine ganze Reihe von Titeln aus der rumänischen Kulturgeschichte heraus, und dennoch gab es den ständigen Vorwurf, der Kriterion Verlag drucke zuviel eigene Geschichte und Heimatkunde. Der Kalvarienweg begann schon bei den Verlagsplänen, die zur Festlegung der Auflagen gedruckt und an den Buchhandel verteilt wurden. Es gab zu jedem Titel eine kurze Beschreibung, die einerseits interessant sein sollte, um den Buchhändler zu veranlassen, eine höhere Auflage zu bestellen, andererseits aber so formuliert sein mußte, daß der Titel bei unseren übergeordneten Stellen – Verlagszentrale, „Rat für Kultur und sozialistische Erziehung", Ideologische Abteilung des ZK der Partei – genehmigt wurde. Uns rauchten die Köpfe, bis wir alles – oft gemeinsam mit den Autoren – so formuliert hatten, daß wir damit anstandslos durchkamen. Dabei bestand immer noch die Gefahr, daß man beim Zensieren der Manuskripte im Kulturrat feststellte, daß das Manuskript nicht mit dem im Verlagsplan angekündigten Thema übereinstimmte. Dann begann ein endloses Sich-Durchwinden, Feilschen und Argumentieren. Es gab Titel, die monatelang liegenblieben, entweder als Manuskript oder bereits als fertiges Buch – denn es gab auch noch eine Nachzensur –, und nicht gedruckt oder ausgeliefert werden konnten. Manchmal muß-ten wir nachträglich bei einem Buch Seiten ausreißen, neu drucken und wieder einkleben, oder im besten Fall ein nachträglich gefordertes, erläuterndes Nachwort hinzufügen. Manche Titel wurden jedoch ganz zurückgezogen und eingestampft. Dafür wurde dann der Verlag haftbar gemacht. Das geschah meist mit ungarischen Büchern, auf die waren Zensur und Kulturrat besonders scharf.

Ein eigenes Kapitel in der Verlagsgeschichte stellten die Verhandlungen mit dem Lektor dar, der im Kulturrat unsere Manuskripte zensierte. Zum Glück erledigte dies meist ein Mann mit etwas Verständnis für uns. Wir bemühten uns oft gemeinsam, zunächst Argumente gegen etwaige Einwände zu finden (bei schwierigen Texten), oder – zusammen mit dem Autor – Änderungen durchzuführen, damit ein Gedicht, eine Kurzgeschichte oder eine Erzählung nicht ganz unter den Tisch fallen mußte. Manche Autoren waren allerdings der Meinung, was in einem Verlag nicht durchgehe, weil die Lektoren vielleicht zu vorsichtig seien, könne man in einem anderen Verlag durchbringen. Aber das ging auch nicht. Anemone

Latzina wollte ihren Debüt-Band bei Kriterion herausbringen. Da wir aber einige Gedichte nicht aufnehmen konnten, um nicht den ganzen Band zu gefährden, legte sie ihn dem Dacia-Verlag in Klausenburg vor. Aber dort kam der Band dann doch ohne die bewußten Gedichte heraus. Es ging unter anderem in einem Gedicht um die Selbstverbrennung in Prag im Jahr 1968.

Die erste Hürde, die zu nehmen war, um ein Buch zu veröffentlichen, begann im Grunde genommen bereits im Kopf der Autoren. Es bildete sich mit der Zeit eine Selbstzensur heraus. Die Autoren wußten, was gar nicht ging, sie wußten, was eventuell noch ging, oder um es anders zu formulieren, was sie gerade noch durchdrücken konnten. Und sie trugen dem beim Schreiben Rechnung. Demzufolge wurde oft so verschlüsselt und so vieldeutig geschrieben, daß sie manches verstecken konnten, daß unterschiedliche Deutungen möglich waren; somit hatten sie in Grenzfällen immer eine Ausrede, ein Argument parat. Martin Walser sagte in einem Interview in einem ähnlichen Zusammenhang: „Es ist immer die Nichtübereinstimmung mit etwas Herrschendem, was dich zwingt, aus deinem Gesamtbestand das Mögliche auszuwählen. Jeder Teilnehmer am jeweiligen Diskurs lernt ganz von selbst, was gerade und wie es gesagt werden darf. Der Diskurs ist der dauernde TÜV, der das Zugelassene etikettiert und den Rest tabuisiert." Die nächsten Hürden waren im Verlag der jeweilige Lektor und der Chefredakteur. Darüber hinaus gab es bei der nächsthöheren Instanz, der Buchzentrale, eine Syntheseabteilung, in der für jeden Verlag ein Mitarbeiter zuständig war, dann schließlich die Zensurstelle beim Rat für Kultur und sozialistische Erziehung. Außerdem gab es noch Beiräte im Verlag und auf allen anderen Ebenen sowie die Ideologische Kommission des ZK der Partei. Sie alle begutachteten und kontrollierten die gesamte Tätigkeit der Verlage, angefangen mit den Verlagsplänen. War eine Veröffentlichung nicht im Plan vorgesehen, konnte sie nur in Ausnahmefällen erscheinen. Das Lavieren zwischen diesen Gremien kam dem tänzelnden Balancieren auf dem Seil gleich, von dem wir jeden Augenblick abstürzen konnten. Unter diesen Umständen ist es fast schon verwunderlich, daß überhaupt Bücher, und sogar viele gute, erscheinen konnten. Letztlich gab es noch die Referenten. Wir beim Kriterion Verlag benutzten in den Fällen, in denen es um ein grundlegendes Buch ging, Personen, die bei der Partei einen guten Ruf hatten. Bekamen wir von ihnen positive Gutachten, so konnten wir uns bei eventuellen Einwänden jederzeit auf ihre autorisierte Meinung berufen. Aber das half uns zum Beispiel beim zweiten Band der Geschichte der Deutschen auf dem Boden Rumäniens auch nicht.

Der Kriterion Verlag feierte am 15. Dezember 1994 sein 25jähriges Bestehen. Ich glaube, ohne *pro domo* zu sprechen, man muß ihm zugestehen, daß er in einer schweren Zeit versuchte, aus dem Vorhandenen das Beste zu machen: Bücher herauszubringen, die vor allem für die Minderheiten in

Rumänien von Nutzen waren, die aber auch andere über die historischen Leistungen und die Kultur dieser Minderheiten informierten. Daß nicht immer alles so lief, wie es geplant war, damit hatten wir von Anfang an gerechnet. Aber wir fielen wie eine Katze immer wieder auf die Füße und nahmen mit unverminderter Kraft einen neuen Anlauf.

Wir machten wohl auch Fehler, die man manchmal entschuldigen kann, manchmal aber auch nicht. Natürlich ging es auch nicht ohne Kompromisse. Verschiedene Titel zu verschiedenen Anlässen oder Themen wurden uns ganz einfach in den Plan gesetzt, und wir mußten sie herausbringen, um nicht den ganzen Verlag zu gefährden. Aber wir taten nur das unbedingt Nötige und waren auch in diesen Fällen bemüht, Anstand zu wahren. Jürgen Habermas sagt in seinem Vorwort zu Victor Farias Heidegger-Buch: „Als Nachgeborene, die nicht wissen können, wie sie sich unter Bedingungen der politischen Diktatur verhalten hätten, tun wir gut daran, uns in der moralischen Bewertung von Handlungen und Unterlassungen während der Nazi-Zeit zurückzuhalten." Das ist, meine ich, auch für andere Diktaturen gültig.

Ich hoffe, es ist mir gelungen, einiges zum Thema der Nischengesellschaft im kommunistischen Rumänien zu vermitteln. In welcher Nische man sich gerade befand, in welche man gedrängt wurde oder in welche man flüchtete oder sich zurückzog, das wurde einem durch die Umstände aufgedrängt. Aber selbst unter solchen Bedingungen konnte eine ganze Reihe von Leuten oder Institutionen manches leisten. Und den Kriterion Verlag zähle ich dazu.

Róbert Hecker
Budapest – Szolnok

Róbert Hecker wurde am 10. Dezember 1963 in Budapest geboren. Die Familie seines Vaters wanderte Anfang des 18. Jahrhunderts aus Hessen nach Ungarn ein und hielt treu an ihrem deutschen Erbe fest. Die Mutter des Autors, Ingeborg Hecker, ist eine ausgebildete Kindergärtnerin und stammt aus Sachsen. Sie ist ebenfalls schriftstellerisch tätig und Mitbegründerin des Verbandes Ungarndeutscher Autoren. Róbert Hecker lernte als Teenager das tragische Schicksal, aber auch die urwüchsige Vitalität seiner donauschwäbischen Volksgenossen in denjenigen Gemeinden der Tolnau und Branau kennen, wo sein Vater als Pastor gedient hatte. Er studierte nach der Absolvierung des Pesterzsébeter deutschen Nationalitätengymnasiums 1983-89 evangelische Theologie. Sein Pastorendiplom erwarb er an der Evangelisch-Lutherischen Akademie von Budapest im Jahre 1989. Gegenwärtig studiert er an der Reformierten Theologischen Akademie von Debrecen Pastoralpsychologie und ist als Gemeindepastor der Evangelisch-Methodistischen Kirche in Szolnok tätig. Seine besonderen Einsatzgebiete sind die Drogenprävention bei Jugendlichen und die Zigeunermission. Hecker ist verheiratet und hat zwei Kinder, mit denen er sich ausschließlich auf deutsch unterhält. Er begann, ermutigt durch seine Mutter, seine deutschsprachigen literarischen Texte in der „Neuen Zeitung" zu publizieren. 1986 wurde er Mitglied des Verbandes Ungarndeutscher Autoren. Seine literarischen Vorbilder sind Hans Fallada und Rainer Marie Rilke. Weil er gemäß einer Familientradition das Schreiben immer auch als Pflege der Identität und Minderheitenwerte auffaßte, dies jedoch bei der Leserschaft nicht gut ankam, geriet der Autor allmählich in eine Schaffenskrise, stellte frühere Projekte (z. B. einen Familienroman) ein und steckt seit zwei Jahren in einer Publikationsflaute. Seine Ars poetica lautet: „Die Stimme der Stille hören, die Worte der Würde reden." In ungarndeutschen Zeitungen, Kalendern und (teilweise auch deutschen) Anthologien hat Róbert Hecker Gedichte und Erzählungen veröffentlicht.

Pensées

Ich habe nacheinander zweimal Deine wunderbare Gegenwart erfahren können! Ich mußte nämlich zuerst in den Mittagsnachrichten des ungarischen Rundfunks, danach in der Life-Übertragung des Landesfernsehens die Stellungnahme des ökumenischen Pastorenkreises bezüglich der Okkultismusfrage vertreten. Eine heikle Angelegenheit, heiße, zugespitzte Fragen, manchmal echt aufgebrachte, diametral entgegengesetzte Meinungen vertretende Gesprächspartner ... Und DU hast mir solch eine unnatürlich große Ruhe, solch eine Gelassenheit des Friedens – außer den passenden Worten der Weisheit von oben geschenkt ... Ganz herzlichen Dank dafür! (den 15.01.02)

Herr, ich stoße immer wieder an meine Grenzen. Meine komplizierte, kontaktarme Persönlichkeit läßt mich statt einer Brücke oft zur Mauer werden ... Dann bin ich statt eines Wegweisers jemand, der den Weg zu DIR verbaut. Was soll nun daraus werden? Ich kann es ja einfach nicht anders! Da ich so im Loch meiner Verzweiflung saß, hörte ich eine leise, sanfte Stimme: „Laß dir an meiner Gnade genügen; denn meine Kraft ist in dem Schwachen mächtig." (II. Korinther 12,9) Herr, DEINE Sicht der Dinge war wieder einmal wunderbar zutreffend ... DU hast mich erneut auf die Beine gestellt. (den 24.01.02)

Herr, DU hast mich beschämt, und das tat mir wohl. Ich mußte es unausweichlich wahrnehmen, wie kontaktunfreudig ich in der eigenen Familie bin, manchmal sogar abweisend-barsch. DU aber bist immer zuvorkommend, immer offen, mit DIR kann ich immer alles besprechen – sogar die kleinlichsten Dinge meines Lebens ... Herr, verzeihe mir meinen Egoismus und lasse mich so offen werden für meine Umwelt, wie DU es bist – für mich! (den 02.03.02)

Herr, ich gestehe es DIR offen ein: Ich habe vor DIR manchmal Angst gehabt. In diesen Angstperioden meines Lebens zuckten mir Gedanken durch den Hinterkopf, welche mir diejenige düstere Vorahnung, nach der DU DICH plötzlich ändern und mich wegen meiner Vergehen erbarmungslos zur Rechenschaft ziehen würdest, unbedingt einhämmern wollten ... Herr, diese innere Gespaltenheit – welche mir immer neu meinen Frieden raubte – durfte ich nun endgültig ablegen. Ganz herzlichen Dank dafür! (den 15.03.02)

Immer wieder bestürmen mich Gedanken, welche meine von DIR empfangene Berufung in Frage stellen. „Du bist überflüssig, dein sogenannter Dienst ist nichts anderes als sinnloser Zeitvertreib!" – zischt mir die Schlange zu. Was soll ich denn tun? Denn den Holzweg der Erfolgssucht als Antwort der Selbstbestätigung zu gehen ... das hat keinen Sinn und würde mich noch mehr in die innere Verunsicherung treiben. DEINE Antwort war eigenartig wegweisend: „Wer sein Leben findet, der wird es verlieren; und wer sein Leben verliert um meinetwillen, der wird es finden." (Matthäus 10,39) Herr, ich will für DEINE Wege offen bleiben: DU wirst es mir schon zeigen, was DEINE Botschaft konkret bedeutet. (den 18.03.02)

Vor zwei Wochen sprach mich der Leiter des Diakoniewerkes in Z. erneut an, um mir zu signalisieren, er wäre weiterhin an meiner Mitarbeit beim Aufbau der Wohngemeinschaft für die Patienten und des Schulungsprogrammes für die Mitarbeiter interessiert. Wie schön wäre es, endlich wieder nach Deutschland zurückzukehren und dort meine von DIR bekommenen Gaben kreativ einzusetzen! Doch was wird dann mit denen, die DU mir hier in Ungarn anvertraut hast? Wann, wie verliere ich mein Leben und wann, wie werde ich es finden? Ich will keineswegs untreu werden … (den 11.06.02)

Ich sprach mit meinem Superintendenten über diese Angelegenheit. Er teilte mir mit, daß – falls ich dieses Stellenangebot in Z. annehmen würde – angesichts des bestehenden Pastorenmangels keiner meine Stelle übernehmen könne … Ich will mein Leben finden, und keineswegs untreu werden: ich bleibe. (den 08.07.02)

Herr, ich mußte während unseres Familienurlaubs am Balaton erneut erkennen, wie falsch mein Herz ist. Fern von der Alltagshektik hatte ich nun mehr Zeit für mich und merkte erschrocken, ja schockiert, wie intensiv in mir die schon als abgeschlossen geltende Frage des Stellenangebotes von Z. erneut hochkommt. Meine Verlegenheit und Beklommenheit nahm nach einer seltsamen Begegnung noch mehr zu. Auf der Straße ging eine mir völlig unbekannte deutsche Familie vorbei. Das eine Kind fragte den Vater etwas, er antwortete … Das war alles, doch ich blieb fast wie versteinert stehen und hörte in mir eine Stimme: „Das ist doch dein Volk, das dich nötig hat!" Ich war innerlich ganz zerrissen: WER HAT MICH DENN NUN ANGESPROCHEN? Diese Frage habe ich DIR gestellt und brauchte eine volle Woche, um DEINE Antwort klar zu verstehen: „Denn der Herr, euer Gott, versucht euch, um zu erfahren, ob ihr ihn von ganzem Herzen und von ganzer Seele lieb habt." (V. Mose 13,4) Ich bin DIR riesig dankbar dafür, daß DU mir meine zuerst konturlose Situation so klar entschlüsselt hast! (den 12.08.02)

Rück-Ausblick I

Herr, DU sprachst vor zwanzig Jahren zu mir: „Diese Krankheit ist nicht zum Tode, sondern zur Verherrlichung Gottes, daß der Sohn Gottes dadurch verherrlicht werde." Zur Zeit erlebe ich die Erfüllung dieser damaligen Verheißung. Ja, wenn auch DEINE Uhr anders tickt als die meine, dies bedeutet nie, daß DU mich vergessen hast! Es handelt sich eher um einen Reifeprozeß: Ich mußte zuerst innerlich dazu fähig werden, das verheißene Gut nicht nur einfach zu genießen, sondern auch einzubauen bzw. segensreich zu verwalten ... Allzu oft bin ich dazu geneigt, einfach die Erleichterung, die Besserung meiner Umstände von DIR zu erbitten, und stelle mir dabei selten die Frage: „Wozu sollte denn das Erworbene dann dienen?" Dabei gibt es bei DIR keine „funktionslosen", meinen puren Egoismus befriedigenden Wunder ...

Ich hatte nämlich seit meiner Pubertät eine schwere Last zu tragen, und dies war meine Epilepsie. Da diese Krankheit mit einer sehr leistungsschwachen, gesundheitlich auch angeschlagenen körperlichen Konstitution gekoppelt auftauchte, hatte sie mir zu schaffen gemacht. Ich fühlte mich demzufolge in vielerlei Hinsicht benachteiligt oder zwischen für mich lästige Grenzen gezwängt. Ich durfte z. B. keinerlei Sport treiben, sogar die Teilnahme am Turnunterricht wurde mir untersagt. Ausflüge, Jugendfreizeiten, physikalische Leistungsfähigkeit beanspruchende Jugendprogramme? Für meine aktive, weltoffene Lebensart eine tolle Unternehmung, zugleich für meine auf tönernen Füßen stehende Körperverfassung ein Risikofaktor ... Und die Bedrohung meiner Krampfanfälle, die zwar nicht oft, doch immer ganz unerwartet eintraten; ja dies brachte mir das Phänomen des Todes, die Sinnfrage des Lebens hautnah.

In dieser Zeit hatte ich selbstverständlich oft nach DEINER Weisung gefragt. Wie siehst DU meine Situation, könntest DU mich nicht endlich heilen, daß ich nun doch einmal so rüstig und stark werde wie meine Gefährten oder Klassenkameraden aus der Jugend? Ich wartete beharrlich auf DEINE Antwort, doch DEINE oben zitierte Weisung habe ich nicht verstanden. Mehrere Jahre, Jahrzehnte mußten vergehen, bis DEINE Verheißung in meinem Leben langsam aufblühte und Früchte trug. Was ist denn inzwischen mit mir passiert?
- Langsam, aber sicher hatte sich meine körperliche Lage stabilisiert bzw. allmählich gestärkt. Dieser Prozeß war nicht von großen Sprüngen, sondern eher von einer unscheinbaren, jedoch kontinuierlichen Festigung gekennzeichnet. Nein, ich muß mich schnell korrigieren, es war nicht ganz so! Ich habe nämlich große Sprünge dennoch mitgemacht, aber interessanterweise immer nur dann, wenn ich für DICH, in DEINEM Dienste stehend einen Schritt wagte, und zwar dort, wo ich sonst früher ganz bestimmt kläglich versagt hatte. Ich erinnere mich z. B., wie ich mit dem Chor meiner lieben Zigeunergeschwister eine Tournee in der Schweiz machte, ich, der bis dahin in fremden Betten nicht richtig schlafen, geschweige denn mich ausruhen konnte ... (Um meine damalige Körperverfassung vor Augen zu stellen: – falls ich meine nötige Nachtruhe nicht hatte – ereilten mich oft solche Erschöpfungszustände, daß ich von den Symptomen einer klassischen Panikkrankheit gezeichnet war.) Unterwegs

ist unser Bus fahrtuntüchtig geworden, ich mußte ständig die Konflikte der in einer fremden Kultur sowieso gereizten, sich wegen ihrer Hautfarbe von Minderwertigkeitskomplexen gequälten Geschwister schlichten ... An jedem Abend dienten wir in einer anderen Gemeinde, und als wir dann nach zehn Tagen doch wohlbehalten zu Hause ankamen, habe ich es zum ersten Mal erfahren können, was es heißt: „Wenn ich schwach bin, dann bin ich stark."

- Meine Epilepsie wurde aus einer ständigen Bedrohung zu einem auf DEINE Gnade hinweisenden Stachel. Bei regelmäßiger Tabletteneinnahme hatte ich schon keine Anfälle, so daß ich auch meinen Führerschein machen konnte. Doch interessanterweise konnten die Tabletten bis jetzt nicht abgesetzt werden, denn schon bei der kleinsten Minderung der Dosis hatte ich erneut einen Anfall. Ich konnte mich also keineswegs als geheilt betrachten.

Ja, bis jetzt. Und diese meine „Wundergeschichte" begann mit den Schwierigkeiten bei der Verlängerung meines Führerscheins. Der Kreisarzt sagte nämlich: Es ist schon in Ordnung, daß ich bei Tabletteneinnahme keine Anfälle habe. Doch er ist kein Facharzt (in meinem Falle nennt sich dieser auf Amtsdeutsch Epileptologe), und was passiert, wenn es mir dann plötzlich am Steuer schlecht geht und ich einen Unfall verursache? Dieses Risiko könne er nicht auf sich nehmen. Na gut. Ich versuchte mich zu erkundigen, welcher Facharzt mir denn diese Genehmigung geben könne, die ich ja zehn Jahre zuvor schon einmal bekommen hatte ... Jeder Befragte hat sich verschlossen oder war gar nicht erreichbar. Was nun? Ich habe ja außer der Muttergemeinde drei andere zu betreuen, welche 50, 20 und 18 Kilometer entfernt sind ... Diese Aufgabe konnte ich ohne PKW einfach nicht bewältigen. Da empfahl mir eine Schwester aus der Gemeinde eine Fachärztin, welche sie gut kannte. Ehrlicherweise hatte ich zu dieser Ärztin nicht viel Vertrauen, da ich zwei Jahre zuvor schon einmal bei ihr gewesen war, und damals ohne jegliche Untersuchung kurzerhand „abgefertigt" wurde. Doch diesmal ging alles ganz anders ... Die Fachärztin war freundlich und zuvorkommend, bestimmt auch deswegen, weil unsere neuerdings in die Gemeinde kommende Schwester ihren Pastor bei ihr regelrecht protegierte. Sie machte eine gründliche Untersuchung und stellte dann fest: „Sie sind praktisch geheilt, die EEG-Befunde unterstützen dies auch. Sie können die Tabletten schrittweise weglassen."

So bekam ich meine Führerscheinverlängerung. Noch ein Sondergeschenk Gottes war, daß es sich beim Kreisarzt herausstellte: Nicht nur die Tabletten, sondern sogar meine Brille kann ich absetzen, denn meine Augen haben sich im selben Maße verbessert ... Und nun nehme ich schon mehr als fünfzig Prozent weniger Tabletten als früher ein und habe tatsächlich gar keine gesundheitlichen Beschwerden mehr. So Gott will, werde ich dann am 31. Oktober 2002 meine letzte Pille schlucken. Ja, eine zwanzig Jahre alte Verheißung geht damit in Erfüllung!

Doch nicht nur mit mir, sondern auch in unserer Familie passierte solch ein Wunder, und zwar mit meinem Sohn, dem Florian. Sein Bauch tat schon seit einem Jahr immer wieder weh, doch ohne ernsthafte Beschwerden und nur für ganz kurze Perioden. Letztendlich entschlossen wir uns, eine gründliche Untersuchung zu starten. Ein Bruder, welcher als Chirurg im Spital arbeitet, war so freundlich und nahm unseren Florian unter seine Fittiche: Ultraschall- und Blutuntersuchung, Konsultation mit dem Chefarzt ... Sie vermuteten eine Blinddarmentzündung und entschlossen sich zur Operation, obwohl die Befunde nicht eindeutig waren. Im nachhinein stellte es sich heraus, wie wichtig dieser Eingriff war! Der Blinddarm war kurz vor dem Platzen, Florians Bauchfell war schon entzündet. George (so heißt unser Bruder, ein nigerianischer Arzt, der seine Ausbildung hier in Ungarn machte, eine ungarische Frau heiratete und seit zirka zwei Jahren in unsere Gemeinde kommt) meinte, Florian hätte ein starkes Immunsystem, welches trotz der akuten Lage kräftig durchhielt. Nur so könne man es erklären, daß unser Sohn weder Fieber noch Brechreiz hatte, sein Appetit auch immer gewaltig war und daß er ein ganzes Jahr lang diese Entzündung mit sich herumgeschleppt hatte! Nun geht es ihm Gott sei Dank wieder gut. Sein großer Kummer ist aber, daß er sechs Wochen lang nicht am Turnunterricht teilnehmen kann (was ja die Hauptsache ist – soooo lange nicht Fußball spielen ...!)

Herr, DU hast mich durch all dies gewaltig ermutigt: Ich durfte mein Leben wahrhaftig finden. Und wenn DU solch gewaltige Wunder unter uns tust, wieso sollten wir sie nicht bezeugen? Ich werde also mein Tagebuch irgendwo, irgendwann auch für Außenstehende zugänglich machen. (den 29.08.02)

Herr, ich möchte nicht über Sachen grübeln, die ich als Gegebenheiten unseres Alltags annehmen sollte ... Ja, wir haben doch bis jetzt durch DEINE Hilfe unsere finanziellen Engpässe immer wieder überbrücken können! Trotzdem bin ich wegen dieser permanent belastenden Situation unserer Familie innerlich immer unruhiger. Ich stelle mir oft die Frage: Ist sie nicht eine Folgeerscheinung meiner eigenen Unverantwortlichkeit? In Deutschland hätte ich ja Anstellungsmöglichkeiten, wo ich mindestens das Siebenfache meines jetzigen Gehaltes verdienen könnte ... Oder sollte eben dieses ständige Ausgeliefertsein das Wesen des Glaubens sein? DEINE Antwort kam erneut wie die erfrischende Morgenluft und beschenkte mich statt meiner verworrenen Gedanken mit der klaren Sicht DEINES Friedens: „Befiehl dem Herrn deine Wege und hoffe auf IHN, ER wird es wohl machen ... Sei stille dem Herrn, und warte auf IHN." (Psalm 37,5-7) Ja, Herr, ich will auf DICH warten und mich auch bezüglich unserer finanziellen Situation völlig DIR anvertrauen. (den 14.09.02)

Herr, als DU mich am 24. August 1982. in DEINEN Dienst berufen hast, gabst DU mir die eindeutige Weisung: „Geht heraus aus Babel, flieht von den Chaldäern! Mit fröhlichem Schall verkündigt dies und laßt es hören, tragt es hinaus bis an die Enden der Erde und sprecht: Der Herr hat seinen Knecht Jakob erlöst." (Jesaja 48,20) Den zweiten Teil dieses Berufungswortes habe ich sofort verstanden: Ich sollte die Möglichkeit des freudenvoll-vertraulichen Kontaktes mit DIR meinen Mitmenschen bezeugen. Aber was bedeutet die Formulierung „fliehet aus Babel"? Sollte es ein Hinweis darauf sein, Ungarn doch zu verlassen? Herr, ich weiß: Wenn die Zeit reif ist, werde ich auch auf diese meine Frage von DIR eine Wegweisung bekommen. (den 07.10.02)

Herr, ich danke DIR für die klare, befreiende Sicht DEINER Wahrheit! Ich konnte die wahren Perspektiven meines Berufungswortes endlich erkennen ... Wie wenn Schuppen von meinen Augen gefallen wären: Ja, es geht nicht um die geographische Position, sondern um die innere Loslösung von dem heimtückisch-knechtenden Geiste Babels! Ich sollte mich also darüber von ganzem Herzen freuen, daß ich nicht an den hochmütig-selbstzerstörerischen Turmbau-Unternehmungen teilnehmen muß, wo es ureigentlich einzig und allein um die Selbstverherrlichung des Menschen geht. Da zerfällt ja immer wieder alles: Unsere grandiosen Selbstverwirklichungspläne entpuppen sich als elende Trümmerhaufen der inneren und äußeren Gespaltenheit ... Wie gut, daß ich diese Zwangsjacke endlich abschütteln darf! So sehe ich also meine Zukunftserwartungen endlich klar und bin nicht mehr den Unfrieden und innere Zerrüttung bringenden Gedanken der Umsiedlung nach Deutschland ausgeliefert! (den 11.11.02)

Herr, ich habe mit DEINER Hilfe in mir eine verborgene, heimtückische Angst entdeckt, welche es mir immer wieder erneut zuflüstert: „Passe auf, sonst kommst du zu kurz! Es ist höchste Zeit, daß du dich endlich um die eigenen Interessen kümmerst und dich nicht ständig für andere aufopferst!" Herr, ich bedanke mich von ganzem Herzen bei DIR dafür, daß DU mir in der Enthüllung bzw. Entlarvung meiner „unterirdischen Motivationen" behilflich bist! So durfte ich auch DEINE wegweisende, klare Sicht schenkende Botschaft als befreiende neue Perspektive erleben: „Kein Knecht kann zwei Herren dienen: entweder er wird den einen hassen und den anderen lieben oder wird dem einen anhangen und den andern verachten. Ihr könnt nicht Gott dienen und dem Mammon." (Lukas 16,13) Dabei soll es auch bleiben: eine klare Position beziehen – für DICH, mit DIR. (den 25.11.02)

Rück-Ausblick II

„Denn ihr wisset die Gnade unseres Herrn Jesus Christus, daß, ob Er wohl reich ist, ward er doch arm um euretwillen, auf daß ihr durch Seine Armut reich würdet." (2. Korinther 8,9) Diese Worte sind mir als Schlüssel zur Deutung meiner jetzigen Lebensepoche ganz neu aufgegangen. Ich konnte es verstehen: Mein Herr hat die Armut des irdischen Daseins bewußt auf sich genommen, um für uns Menschen einen ungewohnten, aber eben dadurch überreich gesegneten Weg zu erschließen. Dieser Weg ist derjenige des Glaubens, welcher sich in der entschieden durchgezogenen Haltung der Entsagung manifestiert. Ohne diesen "lohnenden Verzicht" bleibt der Glaube eine leblose Illusion, eine fade, kraftlose Ideologie, doch diesen Weg gehorsam gehend blüht für uns die ganze Christus-Nachfolge in ihrer bisher ungeahnten Farbenpracht auf. Die Geschehnisse der letzten Zeit haben mich mit dieser Entdeckung beschert, und nun möchte ich sie kurz zusammenfassen.

In der letzten Woche habe ich eine Entscheidung getroffen, welche ich schon seit mehreren Jahren in mir reifen lasse. Es handelt sich um meine Beziehung zu Deutschland bzw. um die mich immer wieder neu bewegende Frage: "Herr, wo willst Du mich in der Zukunft sehen, wo sollte ich Dein Reich bauen?" Um meine Situation klarer artikulieren zu können, liste ich nun diejenigen Fragen und Basiserlebnisse auf, welche mich diesbezüglich grundlegend bestimmten:

- Ich selber bin zwar hier in Ungarn, aber in einem von der deutschen Sprache und Kultur geprägten Elternhaus aufgewachsen. Diese Verbundenheit, die innere Verpflichtung, für unsere deutschen Geschwister etwas zu tun, hatte meine Identität schon immer bestimmt. (Besitze selber und dadurch auch meine Kinder die deutsche Staatsbürgerschaft.) Mich hier in Ungarn zurechtzufinden, war eben deshalb nicht immer leicht, obwohl für mich diese multikulturelle Situation auch eine große Bereicherung ist.

- Durch meine regen Kontakte mit deutschen Geschwistern habe ich immer wieder solche Möglichkeiten gehabt, wo ich im Rückzug nach Deutschland meine Fähigkeiten in weit anziehenderer Weise hätte einzusetzen können. (Hier in Ungarn sind viele derjenigen infrastrukturellen Bedingungen erst im Keimen, welche in Deutschland schon länger eine Selbstverständlichkeit sind.)

- Die Zukunft meiner Kinder hat mich immer wieder neu beschäftigt. Werde ich sie nicht unwiderruflich ihrer Entfaltungsmöglichkeiten berauben, wenn ich mit meiner Familie hier in Ungarn bleibe, sie unter sehr bescheidenen finanziellen Bedingungen, fern vom deutschen kulturellen Umfeld erziehe und dadurch für ihre spätere Laufbahn unüberwindbare Schranken setze?

- Doch was sollte mit den Geschwistern passieren, welche mir unser Himmlischer Vater hier in Ungarn anvertraut hatte? Werde ich sie nicht im Stich lassen, falls ich meiner Sehnsucht nachgebend meinen hiesigen Dienst auf einmal abbreche? Werde ich dadurch meiner Berufung nicht untreu?

Von diesen Gedanken hin- und hergerissen, habe ich lange Zeit um eine klare geistliche Sicht gerungen. Das Endergebnis dieses Prozesses möchte ich mit einem Zitat von Lawrence Crabb veranschaulichen: "Wir nehmen den Glauben doch ernst und gehen gerne auf Gottes Pläne ein. Am häufigsten jedoch graben wir unsere eigenen Brunnen und tun alles, um uns wohlzufühlen ... Das ist alles fleischliches Bemühen ohne Kraft zum Guten ... Was daraus an ‚Gemeinschaft' entsteht, ist oberflächlich, brüchig, vielleicht eine Zeitlang befriedigend, aber immer gefährdet."

So habe ich mich nun für ein eindeutiges "Ja" bezüglich meines Dienstes in Ungarn durchgerungen. Und als ich dies endlich entschlossen aussprechen konnte, verstand ich neu: Echte Gemeinschaft entsteht erst dort, wo wir im Hinterkopf keine Fluchtwege mehr freihalten, wo wir uns den uns anvertrauten Menschen ganz hin- und übergeben. So wie es unser treuer Heiland auch getan hat, als Er für uns ganz Mensch wurde, um mit uns eine vollkommene Gemeinschaft zu haben – um uns vollkommen zu retten. Herr, diese Sicht der Dinge hast DU mir geschenkt, sie wird mich in der Zukunft leiten! (den 28.11.02)

Unlängst bekam ich von einem Freund unserer Familie aus der Schweiz einen Brief, welcher sich als wertvolle Ergänzung, sozusagen als Ausklang der vorigen Geschehnisse erwies. Ich zitiere eine Passage: „Ich möchte Dir danken für die ausführlichen Zeilen; auch für den Einblick in den Reifeprozeß, was Deine Berufung und die Zukunft Deiner Kinder betrifft. Wenn ich auf dies Dein Anliegen eine biblische Wegweisung suche, zeigt uns Gottes Wort den Elimelech (Ruth 1,1), der aus Gründen einer Hungersnot ins Land der Moabiter auszog. Elimelech und seine beiden Söhne starben, und seine Frau Naomi bezeugt: „Voll zog ich aus, aber leer hat mich der Herr wieder heimgebracht ..." Eine andere Stelle finde ich in I. Mose 12, wo Abraham auch aus Gründen einer Hungersnot nach Ägypten ausweicht und die Folge davon schwere Krisen sind. Ein ähnliches Erlebnis muß David machen, als er vor Saul fliehen muß und Zuflucht bei Achisch, dem Philisterkönig von Gat, sucht. So könnten wir fortfahren mit Hinweisen aus der Bibel, die aufzeigen, daß Not entsteht, wo Gottesmenschen den Ort verlassen, den Gott ihnen zugewiesen hat. Berechtigte Gründe mögen zwar vorhanden sein, ob sie im Willen Gottes sind, ist aber die andere Frage. So freue ich mich über Deinen Entschluß. Komm nicht wieder darauf zurück; achte vielmehr darauf, wie der Herr Dein Bleiben bestätigt und segnet." (den 20.12.02)

Herr, ich spüre eine innere Unruhe. Ich weiß nicht, ob sie mich auch früher kennzeichnete oder mich erst in letzter Zeit beschlagnahmt ... „Nur schäumende Bächlein tratschen heiser, Ströme werden in der Mündung leiser." Der große ungarische Dichter Lajos Áprily faßt mit diesen Worten den Wesenswandel des Lebens zusammen. Es wäre so schön, wenn diese Umwandlung auch mich charakterisieren würde! (den 11.02.03)

Ja, dieses Áprily-Zitat ist eine treffende Summe all dessen, worüber ich zur Zeit oft nachdenke. Herr, eins durfte ich schon mit DEINER Hilfe verstehen: DU hast meine, mich leider allzu sehr bestimmende innere Überzogenheit enttarnt. Dies war keineswegs einfach, denn es handelt sich um eine „Lebensphilosophie", nach der ich mich seit Jahrzehnten orientiert hatte ... Ich lebe immer in der Zukunft, in neuen Projekten und Unternehmungen, und fühle mich förmlich überflüssig, wenn solche nicht in Aussicht sind. Mein Leben war bisher wie ein ständig gespannter Bogen, schußbereit und ruhelos. Diese Alltagsstimmung hatte mich zwar zu einem sehr aktiven, aber zugleich auch sehr spannungsgeladenen Menschen geformt. Werde ich wohl diese Persönlichkeitsstruktur hinter mir lassen können? Ich denke nicht, daß solch eine gewaltige Umstellung so einfach, auf „Samtpfötchen dahinschleichend", sich artikulieren wird ... (den 23.02.03)

Herr, mein Berufungswort sprang mir erneut ins Auge, besonders diese Passage: „Mit fröhlichem Schall verkündigt dies, und laßt es hören, tragt es hinaus bis an die Enden der Erde, und sprecht: ,Der Herr hat sein Knecht Jakob erlöst.'" (Jesaja 48,20) Ich mußte es erkennen, daß mein Dienst nicht von dieser Freude der Erlösten, eher vom Streß der Gehetzten gekennzeichnet ist. In mir ist die Sehnsucht nach einer tiefen inneren Ruhe und Gelassenheit immer wacher. Ich habe meine stets neuen Pläne und Projekte immer mehr satt und will zur Zeit nichts anderes, als diese authentische Freude der Erlösten zu verkörpern. Ich sehe es immer mehr so: Meine Mitmenschen haben nicht sensationelle Gedankenflüge, sondern die natürliche Verkörperung des göttlichen Friedens nötig! (den 05.03.03)

Ich habe wahrscheinlich eine große Dummheit begangen und mir trotz der Warnung meiner lieben Frau in den Kopf gesetzt, das kleine Stück Erde zwischen dem Bürgersteig und der Straße vor unserem Gemeindezentrum in einen Vorgarten umzuwandeln ... Ich schuftete drei Tage lang sechs bis acht Stunden im wahrhaftig verlotterten „Garten Eden" (die Erde war hart wie Beton, voller Steine, ich mußte sie eben deshalb zuerst auflockern, um dann das Gras anpflanzen zu können ...) Meine Hände sind mit Blasen übersät, meine Rückenmuskeln haben sich so versteift, daß ich fast nicht mehr gehen kann, da jede Bewegung schmerzt ... (den 15.03.03)

Nachts werde ich wegen seltsamen Herzklopfens oft wach. Die Schlafstörungen sind in der letzten Zeit unausgesetzt gegenwärtig und verbinden sich immer mehr mit seltsamen Panikattacken ... Herr, ich habe immer mehr Angst vor der nächsten Nacht, ob ich denn nicht vor Erschöpfung bald zusammenbreche ... Ich lege aber jetzt diese für mich einfach undeutbare Situation in DEINE Hände und bitte DICH erneut: Sorge für mich! Wie gut es ist, daß DU mich auch dann unter der Kontrolle DEINER fürsorglichen Liebe hältst, wenn ich diese über mich selbst schon verloren habe ... (den 02.04.03)

Ich war beim Kardiologen zu einer Herzuntersuchung. Er hat nichts gefunden, auch mein Blutdruck sei in Ordnung. Herr, ich will also nicht um meine zur Zeit sehr labile Gefühlswelt kreisen, und von den angsterregenden Symptomen meines Körpers mich nicht erschrecken lassen! Herr, DU mögest mir beistehen, daß ich in meiner Familie und unter den mir anvertrauten Geschwistern weiterhin DEINEN Zuspruch und nicht meine eigene Ängstlichkeit verkörpere! Und das ist auch so wunderbar, daß von den in mir brodelnden Gemütswallungen und von meinem „angenagten" Körperzustand niemand etwas gemerkt hat ... (Außer meiner lieben Frau, die selber auch oft nachts wach wird, da die Hochtouren meines Herzens auch für sie hörbar sind ... Da nimmt sie meine Hände in die ihren, betet mit mir ein kurzes Gebet – und es wird bald alles leichter.) Dies ist für mich nicht deswegen wichtig, weil ich keineswegs als ein Schwächling gebrandmarkt werden will, sondern weil ich ja den um mich lebenden Menschen nicht meine Lasten, sondern DEINE Befreiung weitergeben möchte ... Herr, besonders meine Kinder brauchen eine Stütze: Mache DU mich auch für sie stark! DEINE Antwort hat mich wahrhaftig erquickt: „Der Herr, der König Israels ist bei dir, daß du dich vor keinem Unheil mehr fürchten mußt." (Zephanja 3,15) Und DEINE Verheißungen haben sich auch bewahrheitet: Ich kann meinen Dienst in der Gemeinde ungehindert tun! Aber was so seltsam ist: Alle Aufgaben, welche ich früher wacker und selbstbewußt angegangen bin, erscheinen mir zur Zeit als ungeheuer schwer ... Ich will aber DIR gegenüber nicht untreu werden, und dann, wenn ich mich zum Handeln doch durchringe, ist auf einmal alles doch so leicht, wie wenn JEMAND anderes in mir handeln und mich tragen würde ... Seltsam. So etwas habe ich noch nie erlebt. (den 16.04.03)

Herr, die Karfreitagsliturgie unserer Kirche hat mich mit einem wirklichen Durchbruch beschenkt. Die Texte der Lieder, die Schriftlesungen haben meine Seele wahrhaftig durchgespült. Besonders DEINE Frage: „Simon, schläfst du? Vermochtest DU nicht eine Stunde zu wachen? Wachet und betet, daß ihr nicht in Versuchung fallet! Der Geist ist willig; aber das Fleisch ist schwach." (Markus 14,37f.) Herr, ich will nicht, kreisend um meine Besorgnisse, der Schwachheit meines Fleisches erliegen und dadurch meine heilige Pflicht verschlafen! Ich will mit DIR, Herr, beten, im Fürbittegebet den Sieg der Erlösung bekennend ... Herr, ich möchte meiner Berufung treu bleiben, und nicht um meine Ängste kreisend diejenigen im Stich lassen, welche DU, Herr, durch mich segnen willst. (den 19.04.03)

Gestern früh habe ich nach acht Jahren wieder einen Anfall gehabt – früh um 5 Uhr 15, unmittelbar vor dem Sonntagsgottesdienst ... Gott hatte mir genügend Kraft gegeben, damit ich – zwar noch ziemlich schwach – den Gottesdienst halten konnte. Und nach drei Tagen ging es mir zum gleichen Zeitpunkt wieder schlecht, diesmal gar nicht zu Hause, sondern im Nachtquartier der Landessynode. Ich mußte diese vorzeitig verlassen und bin mit Hilfe unseres Laienabgeordneten zu Hause angekommen. Herr, DU hast mich inmitten dieses harten Rückschlages vor jeglicher Bitterkeit bewahrt. Ich verstehe zwar nichts, aber DEINE Antwort gab mir erneut klare Sicht: „Denn Gottes Gaben und Berufung können ihn nicht gereuen." (Römer 11,29) Dabei bleibt's: Ich will auf DEINE Verheißung bauen. (den 20.04.03)

Ich war bei derjenigen Fachärztin, welche mich bezüglich meiner Epilepsie als „geheilt" eingestuft hatte. Sie hat mir erneut Tabletteneinnahme verordnet, mich gründlich untersucht (EEG, Gehirn-MR). Es hat sich herausgestellt: daß eine seit meiner Geburt bestehende organische Mißbildung im Hypokampus (eine spezielle Gehirnpartie) für meine Anfälle verantwortlich sei. Ich werde mich also lebenslang mit meiner Krankheit arrangieren müssen ... Zur Zeit ist also alles im Fließen. Wegen meines schwachen körperlichen Zustandes mußte mein Studium in dieser Woche zwangsläufig ausfallen. (Ich studiere seit dem September 2002 Pastoralpsychologie.) Trotz der damit verbundenen enormen psychischen Belastung fühle ich im Kern meiner Seele einen tiefen, ungestörten Frieden. Ich bin meinem Herrn und Heiland unaussprechlich dankbar dafür, daß ich IHN kennen darf! Eben in diesen schweren Zeiten bewährt es sich als eine unumstößliche Wahrheit, daß „Alle Züchtigung aber, wenn sie da ist, dünkt uns nicht Freude, sondern Traurigkeit zu sein; aber danach wird sie geben eine friedsame Frucht der Gerechtigkeit denen, die dadurch geübt sind." (Hebräer 12,11) Was würde ich ohne Ihn tun? Woher bekäme ich die nötige Kraft, diese schwere Lebensperiode siegreich zu bestehen? Ja, es ist so wunderbar, daß wir einen Vater im Himmel haben, der uns in allen unseren Nöten beisteht und es nicht zuläßt, daß wir dem Bösen ausgeliefert werden! (den 22.04.03)

Herr, DU hast mir ein seltsames Wort geschenkt, worüber ich zur Zeit oft nachdenke. DU sagtest: „Du bist mein Knecht, durch den ich mich verherrlichen will. Ich aber dachte, ich arbeitete vergeblich und verzehre meine Kraft umsonst und unnütz, wiewohl mein Recht bei dem Herrn und mein Lohn bei meinem Gott ist." (Jesaja 49,3-4) Ich empfinde diese Worte immer mehr als einen Schlüssel zur Deutung all der Geschehnisse, die mir in letzter Zeit zustießen ... Ja, ich will nicht mehr die sauren Früchte meiner Überzogenheit ernten, sondern den Weg Deines Friedens wandeln ... Ich fühle, langsam bin ich auch innerlich reif dazu. (den 05.05.03)

Herr, eine neue, unbekannte Lebensepoche bahnt sich an! Ich verspüre in mir eine bisher noch nie vorhandene innere Stabilität – ein Vertrauen auf DEINE Zuverlässigkeit. Als reales Zeichen, sozusagen als Auftakt dieser neuen Lebensauffassung deute ich die für mich in dieser Intensität bis jetzt absolut unbekannte Gedankenüberflutung des Nachts, wo mich die alte Schlange förmlich überrumpelte und mir den auf DICH sich berufenden Glauben als völlig haltlos, illusorisch vorzustellen versuchte. Mitten in dieser dunklen Anfechtungszeit leuchtete in mir plötzlich DEIN Wort mit hellem Schein auf: „In der Welt habt ihr Angst. Aber seid getrost: Ich habe die Welt überwunden." (Johannes 16,33) Die Vollmacht dieses DEINES Wortes brach durch die Dunkelheit mit solch einer Wucht und Vollmacht, daß in mir plötzlich alles still wurde und ich friedlich einschlief ... Und heute stehe ich am Ufer des einst so stürmischen Meeres, höre die Wellen sanft rauschen und bekenne: Gott ist groß und Herr allein. (den 08.05.03)

Gestern abend habe ich eine merkwürdige Sache erlebt. Zu Hause ankommend hörte ich plötzlich eine Stimme in mir: „Ich bin mit DIR. Ab jetzt beginnt in deinem Leben eine neue Zeitrechnung." Das Erlebnis war so realistisch, daß ich sofort wußte: DU hast mich angesprochen. Nachts habe ich dann von DIR geträumt ... Derlei ist mir noch nie passiert! (den 09.05.03)

Rück-Ausblick III

„Es gefällt mir, die Zeichen und Wunder zu verkünden, die Gott der Höchste an mir getan hat." Dieses Bibelwort ist seit dem 24. November 1982 in meiner Bibel unterstrichen, doch verstehen kann ich es erst jetzt.

Die Vorgeschichte war, daß ich im November 2002 davon ausging, unser lieber Himmlischer Vater habe mich von meiner seit meiner Kindheit mich belastenden Epilepsie befreit. Ich habe diese Tatsache als ein Wunder Gottes erlebt und bezeugt. Jetzt, nachdem diese Krankheit erneut mein Kreuz ist, kann ich jedoch sagen: Dies offenbarte ein viel größeres Wunder Gottes! Nein, das sind keineswegs fromme Phrasen, mit denen ich mich vertrösten will! Ich habe eher etwas solch Wesentliches erkannt, DEINE Liebe aus einer solch unmittelbaren Nähe erlebt, wie bis jetzt noch nie ... Und diese gnadenvolle Gotteserfahrung meinen Mitmenschen mitzuteilen, ist auch deswegen meine Pflicht, weil solche Tiefen, wie ich sie in der letzten Zeit erlebt habe, uns alle ereilen können! Mein Zeugnis sollte also eine zusätzliche Möglichkeit zur Selbsthilfe sein: Falls jemand in eine ähnlich schwere Situation geraten sollte, mögen meine hier formulierten Erfahrungen ihm/ihr zum Segen werden ... Das Resümee sei: „Diesen Dornenweg haben andere schon passiert ... Ich werde ihn auch durchschreiten."

Aber zurück zu meiner Geschichte, welche im März 2003 begann. Plötzlich haben mich nachts eigenartige Schlafstörungen überfallen, mein Herz begann wiederholt so heftig und schnell zu klopfen, daß sogar meine Frau es hörte und aufwachte. Ich unterwarf mich nun einer kardiologischen Untersuchung, man fand jedoch keine medizinischen Ursachen. Dann setzte es sich fort mit seltsamen Angstanfällen: Zuerst nachts, danach auch tagsüber befielen mich immer wieder ruckartig, völlig unberechenbar Panikattacken. Die Folge war eine immer mehr um sich greifende innere Überspannung und körperliche Schwäche.

Ich konnte mir diese Symptome mit nichts anderem erklären, als daß sie eine Nervenerschöpfung signalisierten. (Später hat die Fachärztin es mir klipp und klar gesagt: Es waren die Vorzeichen der sich wieder anbahnenden epileptischen Anfälle ...) Meine große Frage war eben deshalb: Wie sollte ich nun damit umgehen? Ich suchte nach einer fachlich zuverlässigen Betreuung, denn mein aufgewühlter Gemütszustand hatte die Notwendigkeit eines „sachlichen Gegenübers" unterstrichen ... Aber wohin sollte ich gehen, wem könnte ich mich anvertrauen? Zu DIR flüchtete ich, mein Herr, und zwar mittels der „wohlbekannten Methode": Wenn ich merkte, daß sich eine Panikattacke langsam einschleichen wollte, bat ich DICH um ein passendes Wort, schlug einfach die Bibel auf und bekam immer, aber wirklich immer haargenau auf meine konkreten, oft mir selber nicht benennbaren Ängste passende Antworten, daß mir vor Rührung über die unermeßliche Liebe Gottes oft die Tränen in den Augen standen.

Aber nicht nur das bekam ich, sondern auch zusätzliche Kraftquellen, welche mir in diesem Maße bis dahin nur über kürzere Perioden, nicht aber, wie jetzt, so dauerhaft zur Verfügung standen. Mein mysteriöser Körperzustand war also die eine, doch tägliche Zusprachen und Stärkungen des Herrn waren die andere, handfeste Erfahrung dieser Periode. Diese zeigte sich auch darin, daß ich trotz meiner angeschlagenen Verfassung in meinem pastoralen Dienst nicht beeinträchtigt wurde. Und dies passierte in der Tat ganz seltsam: Vor anstehenden Dienstverpflichtungen fühlte ich mich immer so diffus, daß ich mich zu ihrer Erfüllung absolut untauglich hielt und mich am liebsten für längere Zeit in ein Erholungsheim verlegen lassen hätte. Doch eine wohlbekannte, sanfte Stimme sprach mir immer zu: „Flüchte nicht, Ich bin mit dir." Und da ich trotz meiner vielschichtigen Feigheit eines immer sicher wußte, nämlich daß ich meinem Lieben Heilande nie „Nein" sagen würde – nun, so ging ich zwar immer mit zitternden Knien, aber unweigerlich in den Dienst ... Und als Fazit zog ich die Lehre: Paulus' Feststellung, („Meine Gnade sollte Dir genügen, denn wenn ich schwach bin, dann bin ich stark.") ist nicht nur wahr, sondern funktioniert auch!

Dann überrollte mich mein erster Anfall. Eben am Sonntag und zwar – wie es bei mir praktisch regelmäßig vorkam – in der Frühe (ganz genau um 5 Uhr 15). Dies nahm ich noch nicht so ernst, umso weniger, weil ich danach wieder einen enorm großen „himmlischen Energienachschub" bekam, daß ich auch den Vormittagsgottesdienst halten konnte. Ich hoffte sehr, daß es einfach ein „Ausrutscher" war, aber leider war dem nicht so. Nach drei Tagen begann die Landessynode. Schon in der ersten Nacht habe ich erneut enorme Schlafstörungen gehabt, aber ich schrieb diese dem Streß (ich fungierte auch als Simultanübersetzer und sollte am kommenden Tage den Bericht der Missionskommission vertreten) dieser Tage zu. Den nächsten Tag konnte ich ganz gut überstehen. Unser Bericht wurde positiv aufgenommen, und ich habe gehofft, nun die ganze Periode hinter mir zu haben. Aber es sollte anders kommen. In dieser Nacht fühlte ich mich so schlecht wie noch nie in meinem bisherigen Leben. Ich lag auf meinem Bett, faltete meine Hände zum Gebet, doch beten konnte ich vor Erschöpfung dann nicht mehr. Ich sah meinen Herrn und Heiland am Kreuz und fühlte mich innerlich ganz mit Ihm verbunden, wie Er ausrief: „Vater, ich lege meinen Geist in Deine Hände." Doch nicht nur eine totale Ohnmacht hatte ich in dieser Nacht erlebt, oh nein! Tiefe, unerklärliche Ruhe erfüllte meinen Geist, und ich fühlte ganz real, daß mein Heiland neben meinem Bette stand und meine Hände in den Seinen hielt – wie meine Mutter zu Zeiten, da ich als Kind mit hohem Fieber unruhig im Krankenbett lag.

Früh um 5 Uhr 15 – also haargenau zur gleichen Zeit wie früher – ereilte mich dann mein zweiter Anfall. Unser Laienvertreter brachte mich dann mit dem Dienstwagen des Bezirkes nach Hause. Ich fing erneut an, die Tabletten von früher einzunehmen, bin nun wieder in Behandlung ... Und diese Tabletten wirken Gott sei Dank sehr gut, haben also nicht nur meine epileptischen Anfälle blockiert, sondern die gesamte, oben geschilderte Psychosomatik in Ordnung gebracht – obwohl ich nur die Kinderdosis einnehme! (Eben deshalb hatte ja die Fachärztin gemeint, man könnte diese schrittweise abstellen, da sie ja in meinem Alter in solch einer geringen Dosis gar nicht wirken können – und siehe, sie wirken doch!)
„Es gefällt mir, die Zeichen und Wunder zu verkünden, die Gott der Höchste an mir getan hat." Bis jetzt habe ich gedacht, diese Bibelworte verheißen mir, daß ich von meiner Krankheit endgültig befreit werde. Nun weiß ich es: Nicht das ist die Hauptsache, sondern die handgreifliche Erfahrung der Nähe Gottes, die Erfahrung Seiner unermeßlichen Liebe, Seiner kraftspendenden Unterstützung in meiner totalen Ohnmacht, Seines Friedens, welcher „höher ist als alle Vernunft ..." Die Erfahrung Seines Selbst. (den 01.06.03)

Wegen meiner Krankheit konnte ich an der vorletzten Konsultation an der Uni nicht teilnehmen. Dies war für mich auch deswegen riskant, weil sie in unserem Fernstudium ein Teil mit viel theoretischer Wissensvermittlung ist. Besonders im Fach Krisenseelsorge wurde es sehr kritisch, da hier kein Lehrbuch, sondern nur unsere Mitschriebe als Ausgangspunkt der Prüfung galten ... So nahm ich also mit „Zittern und Zagen" teil, doch ich erlebte mein erstes Wunder: 80 Prozent der gestellten Fragen bezogen sich auf diejenige Lehreinheit, welche ich noch mithören und -schreiben konnte, und der Rest war so leicht, daß ich ihn meisterte! (den 14.06.03)

An der Kinder- und Teenagerfreizeit unserer Gemeinde habe ich an jedem Tag zwei Einsätze (Evangelisation und Seminar) gehabt und bangte eben deshalb ziemlich, ob ich wohl in meiner Aufholphase solch eine Anspannung kräftemäßig auch schaffen würde ... Und DU hast mich erneut gewaltig gestärkt! Ich empfand gar keine Erschöpfung, konnte meinen Dienst mit Freuden verrichten ... Und es haben sich erneut viele von unseren Teilnehmern für einen Bund mit DIR entschlossen, unter ihnen etliche von den Kindern aus dem Waisenheim. (den 30.06.03)

Während dieser Freizeit haben wir noch ein großes Wunder erlebt: Meine Frau erfuhr ebenfalls DEIN barmherziges Eingreifen! Die besorgniserregende Vorgeschichte war, daß die mysteriösen Blutungen, derentwegen sie schon eine kleine Operation und lange Hormonbehandlungen erdulden mußte, plötzlich unerwartet erneut auftraten. Wir versuchten ihren Facharzt telefonisch zu erreichen, um sie so schnell wie möglich nach Hause in Behandlung zu bringen ... Da stellte es sich heraus, daß der Facharzt auf Urlaub und sein von ihm empfohlener Kollege erst zwei Tage später erreichbar war. Was sollten wir nun tun? In unserer äußerst schwierigen Situation haben wir DICH im Mitarbeiterkreis um Hilfe gebeten, daß DU DICH doch über uns erbarmen und Aniko heilen mögest ... Und dies passierte auch! Die Blutungen hörten auf und blieben seitdem aus ... Gelobet sei der Name des Herrn dafür! (den 09.07.03)

Kurz danach wurde ich als Evangelist an der Jugendfreizeit unserer Kirche erwartet. Es war für mich eine große Hilfe, daß meine liebe Frau als „Rückendeckung" auch mitkommen konnte, denn das Hin- und Herreisen, die Lebensform des „aus einem Lager raus, in das andere rein" ist einfach nicht mein Stil. Während dieser Zeit hast DU mich auf eine wunderbar eindrückliche Art beschenkt!

Dieses Erlebnis koppelte sich an die Vorgeschichte meines vorigen Rückfalles, also an meine damaligen intensiven Schlafstörungen. Dieses Trauma hatte sich noch immer nicht ganz gelöst und saß während dieser Jugendfreizeit noch ganz fest in mir: Wenn sich der Tag neigte, stieg in mir oft die angstvolle Frage hoch, ob ich denn heute gesund schlafen oder erneut eine unruhige Nacht haben würde ... Nun, eben diesbezüglich habe ich von DIR eine eindrückliche Lehre erhalten! Direkt an das Gelände unseres Jugendcamps grenzte nämlich ein anderes, wo parallel zu unserer Jugendfreizeit ein Motorradfahrertreffen stattfand. Unser Nachtquartier lag direkt an dieser Seite, so daß wir aus einer Nähe von zirka 500 Metern die mittels 6000 Watt starken Lautsprechern ausgestrahlten nächtlichen Hardrockkonzerte „genießen" durften. (Die Bässe waren z. B. so gewaltig, daß auch mein Bett mitschwang ...) Und eben da, mitten in dieser höllischen Lärmkulisse habe ich den wunderbaren Frieden Gottes erneut handgreiflich erfahren dürfen! Ich betete zu DIR, DU mögest mich in dieser Nacht bewahren, damit ich mich ausruhen und so dem erneuten Anfall vorbeugen kann ... Und es geschah auch so. Es ist einfach unerklärlich, jedoch trotzdem wahr: Ich, der solchen überdimensionalen Lautstärken gegenüber ohnehin immer allergisch war, konnte mich trotzdem entspannen und früh frisch aufwachen ... Einen so großen Herrn und Heiland haben wir! (den 12.07.03)

Die Sache mit unserem Urlaub war auch eine solch wunderbare Bescherung. Da wir außer den oben beschriebenen noch zwei andere Freizeiten absolviert hatten, waren wir nun wirklich urlaubsreif ... Aber hatten weder Geld noch eine Idee, wohin. Da hat uns der Himmlische Vater wieder ganz großzügig ausgeholfen. Zwei ganz unerwartete Spenden und das Angebot eines meiner Uni-Kollegen, im Gästezimmer seiner Pastorenwohnung mit Familie umsonst zu übernachten, machten die Sache doch möglich. Wir haben also zehn wunderbare Tage in der Slowakei verbracht, wunderschöne, uns bis dahin ganz und gar unbekannte Gegenden gesehen, konnten uns endlich mal entspannen und die sich tagtäglich wiederholende Anspannung in der Arbeit vergessen ... Und als Zusatzgeschenk konnte Aniko sich sogar eine Küchenmaschine kaufen! Sie hatte schon seit Jahren darauf gespart, aber hier bei uns sind diese Geräte so teuer, daß es noch mehrere Jahre gedauert hätte, bis der Kaufpreis eines Standardgerätes zusammengekommen wäre ... In der Slowakei sind aber Elektrogeräte viel billiger als bei uns, zumal der Schwager unseres Gastgebers selber in einem solchen Fachladen arbeitet. So konnte er uns ein Gerät besorgen, welches eben im Sonderangebot war ... Jedoch damit nicht genug: Da wir von den nach sämtlichen Vergünstigungen nötigen 200 Euro nur die Hälfte bei uns hatten, durften wir die Küchenmaschine nach Anzahlung mitnehmen. Den fehlenden Teil haben wir zu Hause aus dem Zusammengesparten ergänzt und dem Elektrohändler zugeschickt ... So hat also meine Frau eine wunderschöne Kompaktküchenmaschine bekommen, sogar noch zu Ihrem Geburtstag! (den 07.08.03)

Viele solche und ähnliche Erlebnisse reihen sich in dieser Periode meines Lebens aneinander und lassen in mir die wunderbare Gabe DEINES Friedens zur Wahrheit werden. In meinem ganzen Leben habe ich mich nach diesem wunderbaren Beweis DEINER Gegenwart gesehnt, daß sie eine natürliche Bestimmung bzw. Eigenschaft meines Lebens sei ... Jetzt spüre ich es immer mehr, wie sie zu einer festen Mauer um mich wird, die mich vor meiner altgewohnten Ängstlichkeit schützt und widerstandsfähig macht! Kurz: Ich sehe die Welt um mich nicht mehr als Bedrohung, sondern als Geschenk, weil ich es erfahren habe: Gottes Segen muß man nicht erkämpfen ... Wir bekommen ihn geschenkt, umsonst. Herr, ganz herzlichen Dank dafür! (den 22.09.03)

Lieber Robert, wenn ich richtig aufgepaßt habe, dann hast du heute deinen 40. Geburtstag!?! Alles Gute zum Geburtstag und Gottes reichen Segen für das neue Lebensjahr und -jahrzehnt! Um ehrlich zu sein, obwohl ich mir nie Gedanken gemacht habe, wie alt du bist, habe ich dich in all den Jahren, wo wir uns kennen dürfen, als älter eingeschätzt. Ist das jetzt ein Kompliment? Liebe Grüße an die Kinder und Aniko. Dein Bruder Werner (den 10.10.03)

Lieber Freund Robert, soeben habe ich Deinen Familienrundbrief gelesen mit dem Hinweis auf Deinen heutigen Geburtstag. Deshalb schicke ich Dir noch ganz schnell den elektronischen Postboten vorbei, und es soll ein Gruß sein, der von Herzen kommt. Lieber Robert, ganz herzlich gratulieren Anneliese und ich zu Deinem heutigen Geburtstag. Durch Dein Leben sind auch wir gesegnet worden und danken Dir für so manches seelsorgerliche Begleiten. Gottes Gnade und Barmherzigkeit sei mit Dir im neuen Lebensjahr. Die Liebe unseres Herrn Jesus Christus und seine Friedenshände mögen auf Dir ruhen. Der heilige Geist bewirke in Dir die Kraft, auf Gottes großer Baustelle Stein auf Stein zu setzen zur Verherrlichung seines Namens. Psalm 91 möge Dich begleiten. Dein Freund Manfred (den 10.12.03)

Rück-Ausblick IV

In zwei Tagen werde ich 40! Das ist schon eine bedeutende Zäsur im Leben eines Menschen, so daß ich mich zu einem Rückblick veranlaßt fühle. Wie würdest DU mein Leben zusammenfassen? DU hast mir erneut eine trefflichsegensreiche Sicht geschenkt: „Der Feind ist vernichtet, zertrümmert für immer, die Städte hast DU zerstört; jedes Gedenken an sie ist vergangen. Der Herr bleibt aber ewiglich." (Psalm 9,7-8) Um dieses Wort möchte ich nun meine Erlebnisse hochranken lassen ...

Durch das Vergrößerungsglas dieses Bibelwortes die vergangene Zeit betrachtend spüre ich in meinem Herzen eine riesengroße Erleichterung und Dankbarkeit. Ja, ich durfte also neu die alte Wahrheit erfahren, daß die Befreiungswunder Gottes vollständig sind und letztendlich nichts anderes Bestand hat als die Gewißheit der Treue Gottes. Ja, weil alles vergeht, auch das Andenken an unsere so finstern, vor kurzem noch überaus lastenden Tage

... Aber die wunderbare Erfahrung, daß der gleiche liebe Himmlische Vater, welcher uns schon so viele Jahre hindurch getragen, auch diesmal Seine unermeßliche Liebe bewiesen hat ... Diese bleibt und schlägt Wurzeln, welche sich so tief in DEINE Liebe hineinbohren, daß uns aus dieser wunderbaren Geborgenheit nichts mehr herauszureißen vermag!

Manchmal kommt mir der Gedanke in den Sinn: Wenn ich vor DIR im neuen Jerusalem stehen werde, was werde ich DIR dann wohl sagen? Ich weiß, es ist eine „dumme Frage", denn die neue Welt wird ganz andere Kommunikationsformen haben als die hiesige, und doch formt sich in mir immer klarer dieser Satz: „Ich möchte mich bei Dir bedanken dafür, daß Du aus mir einen wahren Menschen geformt hast."

Und was ich darunter verstehe? Wenn ich auf die vergangenen 40 Jahre zurückschaue, muß ich es ehrlich eingestehen, daß die entscheidenden Schritte meines Lebens alle wie in einem Traum getan wurden. Ja, es wäre ganz bestimmt viel eindrucksvoller zu behaupten: „Ich habe die Lage gründlich erforscht und dann eine Entscheidung getroffen, welche sich als tragfähig erwies ..." Aber in der Tat war es nie so. Ja, ich habe zwar die eben aktuelle Sachlage soweit wie möglich untersucht, habe viele Entscheidungen getroffen (in jüngeren Jahren mit hoher Selbstsicherheit gewappnet, heutzutage eher um innere Überzeugung ringend), doch daß *ich* den Nagel auf den Kopf getroffen hätte ... das ist einfach nicht wahr. Mein Leben gleicht eher einem Schiffer, der mit zugebundenen Augen durch ein Labyrinth von Felsen und Sandbänken hindurchsegeln muß ... Eine unmögliche Aufgabe, und doch, die Sache funktioniert! Ich weiß es selber nicht wie, nur eins ist klar: Ich bat immer den Himmlischen Steuermann, das Ruder meines Lebens zu führen.

Jetzt, nach 33 Jahren (denn mit sieben durfte ich mein eindeutiges Ja zu DIR, also meine Bekehrungsentscheidung zuerst klar aussprechen) sehe ich es immer mehr so: Ich habe mich angestrengt und habe meistens versagt. DU warst aber immer dabei und hieltest stets DEINE segnende, beschützende Hand über mich/uns, so daß ich und meine Familie aus allen Konfliktsituationen und Proben bereichert und gestärkt herausgekommen sind. Deshalb also der Dank an DICH, denn allein DIR ist es zu verdanken, daß ich die Unfälle meines Lebens nicht mit Prallwunden oder schweren Verletzungen meiner Seele überlebt habe, sondern zu einer immer breiter strömenden Lebensfreude finde. Dieser Gnadenstrom spült meine Ängste und Krämpfe immer mehr weg, und ich entdecke immer mehr, was es bedeutet: ein Mensch zu sein.

Deshalb habe ich auch eine immer innigere Beziehung mit dem wahren Menschensohn, also mit DIR. DEIN Leben, DEINE Worte, DEINE Gedanken werden für mich immer plastischer, eindrucksvoller. Und das hilft mir so gewaltig in meiner Arbeit! Ich möchte ja meinen Mitmenschen nicht abgedroschene Phrasen weitergeben, sondern DICH selbst … Ich möchte DEINE Person vor die Augen der Geschwister malen, damit sie die lebensspendende und freudvolle Kraft des Evangeliums neu entdecken können.

Denn wir leben in einer sehr grausamen Zeit: Der Teufel hetzt die Menschen förmlich zu Tode, die „immer höher, immer größer"-Losungen richten alles zugrunde, und zuletzt bleibt der ausgebrannte, abgerackerte Mensch einsam und von allen verlassen auf der Strecke. Deshalb möchte ich mein Bestes tun, um die Gemeinschaft untereinander zu fördern, um den auseinandertreibenden dämonischen Kräften Widerstand zu leisten, um alles zu tun, damit die persönliche Bindungen bewirkende Kraft des biblischen Christentums aufrechterhalten bleibt. Das ist kein einfacher Kampf, da es Mühe kostet, unserer natürlichen Selbstabgrenzung zu widerstehen. Dem Zeitgeist entspricht es auch nicht, da heutzutage die „Hochpolierung des Individuums" als Lösung dargeboten wird … Doch darin haben wir hier in Osteuropa schon eine gewisse Routine: Während der Zeit des Realen Sozialismus war es eben auch nicht „in", ein biblischer Christ zu sein … Heute ist es ebenso, nur mit dem Unterschied, daß die Verlockungen und Blockaden des Teufels heimtückischer geworden sind. Aber eins ist klar: Solange wir an der beschützenden, tröstenden Beziehung mit Gott und den Geschwistern kompromißlos festhalten, kann uns gar nichts Schädliches passieren!

Ins Praktische umgesetzt bedeutet dies für mich drei Dinge:
- Ich will unsere materiellen Fragen und Bedürfnisse bewußt in DEINE Hände legen! Dies bedeutet für mich ganz konkret, daß ich alle meine Kräfte für den Bau des Reiches Gottes einsetzen will und es nicht zulasse, daß ich durch Unternehmungen, welche die Aufbesserung unserer familiären Finanzlage bezwecken, mich davon ablenken lasse. Ich weiß, daß diese Aussage weltfremd und sektiererisch klingt, trotzdem habe ich die Erfahrung gemacht, daß DU es weißt, welche Ausgaben unumgänglich sind, und uns zu gegebener Zeit dazu auf wunderbare Weise auch das nötige Geld gibst. So möchte ich hier als Beweis eine Episode aus unserem Leben mitteilen, welche die vorigen Sätze veranschaulicht. Meine Eltern haben mich vor drei Monaten angerufen, daß sie von einer unbekannten Person ein Päckchen persönlich überreicht bekamen, mit der Bitte, es an uns weiterzuleiten. Es ist eine Büchersendung, meinten sie. Nun, wer mich kennt, weiß, daß ich bis zu den Zehen mit Büchern „bewaffnet" und immer voll neuen Lesestoffs bin … Kurz und gut, die Sache hat mich nicht eben begeistert. Inzwischen verging ungefähr ein Monat, ein Pastorentreff rückte heran, wo mein Vater mir das Päckchen übergab. Auf dem Heimweg im Zug packte ich es aus und fiel fast in Ohnmacht: Da lag vor mir ein vielfach mit Pappkarton umwickelter Brief – von einer lieben alten Schwester, welche mich noch aus meiner Kindheit kannte … und nebenbei 1 000 Euro!

- Ich fühle mich immer mehr dazu genötigt, diese Lebenserfahrungen, welche Gott mir geschenkt hat, auch in einer lehrhaften Form anderen mitzuteilen. Zwar habe ich mich dagegen lange gesträubt und war wegen meines Kleinglaubens auf diesem Gebiet blockiert, doch DU hast mir geduldig zugesprochen und Mut gemacht, so daß ich nun den Auftrag zur Leiterschaftsschulung auf dem Seminar für Gemeindemitarbeiter der ungarischen Methodisten übernommen habe. Die Sache macht mir Spaß und viel Freude. Zwar ist sie mit einem hohen Reisepensum verbunden (monatlich einmal unterrichte ich in Budapest, und zur eigenen Weiterbildung – um „unterrichtsfähig" zu sein – gehe ich ebenfalls einmal auf die Uni für mehrere Tage), doch spüre ich dabei Gottes Segen und Kraft. Ich bin von mehreren Seiten (von den Schulleitern des Seminars und dem Leiter des Lehrstuhls von der Uni, welcher sogar meinen Großvater kannte, da sein Vater und mein Großvater befreundete Pastorenkollegen waren) auch dazu veranlaßt worden, diese Kenntnisse schriftlich festzuhalten ... Mal sehen, was daraus wird.
- Ich bin von meinem Herrn erneut dazu veranlaßt worden, mich denen zuzuwenden, die heutzutage am meisten gefährdet sind: den Jugendlichen auf der Straße. So habe ich mit den Pastorenkollegen aus der Stadt gesprochen, und der Himmlische Vater hat durch das Ergebnis dieses Gesprächs meine anfängliche Unsicherheit einfach weggefegt! Alle waren nämlich damit einverstanden, daß wir hier in Szolnok auf ökumenischer Basis einen Jugendklub für drogengefährdete Teenager auf die Beine stellen sollten, und beauftragten mich, die Arbeitsgruppe der ökumenischen Mitarbeiterschaft zu leiten ... So haben wir nun ein Team aus sieben Gemeinden, einen gemeinsam gegründeten Verein, welcher diese Arbeit koordiniert, einen Raum im neu eröffneten Zivilhaus der Stadt, wo wir unsere Programme anbieten dürfen ... Das sind wirklich wunderbare Schritte nach vorn, wo sich wieder einmal die alte Erfahrung bewahrheitet hat: Gott geht uns voraus, öffnet die Türen – und wir müssen nur eintreten.

Was die Zukunft noch bringen wird, weiß ich nicht. Eins ist aber gewiß: Wo DU vor mir Türen öffnest, dort werde ich eintreten – aber nur dort! (den 08.12.03)

Heute traf die Post von S. T. bei mir ein. Ich sollte/könnte ihm zwecks Veröffentlichung eine „repräsentative Textauswahl aus heutiger Sicht im Umfang von 20-30 Seiten" zuschicken. Herr, was meinst DU? Heute, in einer Welt des Big Brother, wo man unverhohlen den heimtückischen Unrat des würdelosen Kraftprotzen-Lebens zur Schau stellt ... Nicht eben jetzt sollte der menschenwürdig-gebrechliche, der ehrlich erkämpfte Edelstein der inneren Überzeugung zu Wort kommen? Mal sehen. Wir starten einen Versuchsballon. Eins ist sicher: Was ich von DIR bekommen habe, verheimliche ich nicht. (den 23.02.04)

Elisabeth Hegel
Marienfeld – Fürth

Fotostudio Peter, Fürth

Elisabeth Hegel, geb. Mathias, wurde am 5. Dezember 1923 in der Weinbau-Großgemeinde Marienfeld (Banat/Rumänien) geboren, drei Kilometer von der jugoslawischen Grenze entfernt. Nach Abschluß der Bürgerschule im Heimatort arbeitete sie in der Landwirtschaft ihrer Eltern. Sie verlebte eine glückliche Kindheit, bis der Krieg ausbrach und später die russische Front kampflos über Marienfeld hinwegrollte. Wie viele andere, die nicht zuvor geflüchtet waren, wurde Elisabeth Hegel nach Rußland zur Zwangsarbeit verschleppt, aus der sie erst nach fünf elenden Jahren entlassen wurde, um eine fremd gewordene Heimat vorzufinden. Im April 1951 heiratete sie den Buchhalter Josef Hegel aus Gottlob, dem sie zwei Kinder schenkte. Mit ihrem Mann arbeitete sie in der LPG. Da sie für sich keine Zukunft in Rumänien mehr sahen, beantragten sie die Ausreise. Nachdem der Sohn zuvor schon geflüchtet war, landete die Familie im Juli 1980 in der Durchgangsstelle Nürnberg. Dort erfuhr Elisabeth Hegel, daß sie einen von der „Banater Post" mit 500 Mark dotierten ersten Preis für ihre unter Pseudonym eingesandten Rußland-Erinnerungen gewonnen hatte. Nach fünf Monaten im Übergangswohnheim und elf Jahren in einer Drei-Zimmer-Wohnung in Nürnberg baute sie mit der Tochter zusammen eine Doppelhaushälte in Burgfarrnbach, einem Stadtteil von Fürth. Als ein Heimatbuch über Marienfeld geplant war, wurde sie um einen Beitrag über die Verschleppung gebeten. Ermutigt von den Rückmeldungen, entschloß sie sich, ein persönliches Buch über ihre Erlebnisse zu schreiben. Sie hoffte, damit auch ihre Erinnerungen leichter verarbeiten zu können. Mit 74 Jahren lernte sie noch, mit der Schreibmaschine umzugehen, erweiterte ein halbes Jahrhundert nach ihrer Entlassung ihre Niederschrift über die russische Gefangenschaft und brachte sie 1997 im Selbstverlag unter dem Titel „Hinter Stacheldraht blühen keine Blumen" heraus. Auf Anregung ihrer Enkelin ließ sie 1999 auch ihre Heimatgedichte unter dem Titel „Kostbare Erinnerung" drucken. Beide Bücher fanden bei den Landsleuten lebhaften Anklang.

Kostbare Erinnnerung

Ich saß unter der Linde
Und hatte einen seltsamen Traum.
Ich sah daheim im Garten
Den blühenden Apfelbaum.

Ich hörte die Bienen summen
In sonnendurchzitterter Luft.
Die Welt war erfüllt
Von Akazienblütenduft.

Am Ufer des stillen Baches
Stand der rote Mohn im Brand.
In der entschwundenen Kinderzeit
Wurde er „Pipatsch" genannt.

Am Rande des Ährenfeldes
Stand die Kornblume so blau.
Ich hörte den Wachtelschlag
Im frühen Morgentau.

Das goldene Ährenfeld
In voller Reife steht.
In blauer Luft die Lerche
Trillert ihr Morgengebet.

Aus meinem Traum erwachend
Bei der Linde ich stand,
Und das, was ich gesehen,
Aus meinem Blick entschwand.

Das alles gab es einmal
In meinem Heimatort.
Jetzt stehn verlassen und verkommen
So viele Häuser dort.

In meinem Herzen bleibt es
So wie es war, so schön.
Und in Erinnerung kann ich
Durch die bekannten Straßen gehn.

Erinnerung ist kostbar
Die uns niemand nehmen kann.
Sie bleibt für uns ein Reichtum
Ein ganzes Leben lang.

Nie wieder Krieg!

Oft sinne ich so vor mich hin,
so manches geht mir durch den Sinn.
Viel Schweres, was ich schon erlebt,
Erinnerung, die nie vergeht.
Was mir deshalb am Herzen liegt,
das ist mein Wunsch: „Nie wieder Krieg!"

Daß nie mehr Frauen um ihre Männer klagen
und Kinder nicht nach ihren Vätern fragen.
Sich Mütter nicht um ihre Söhne sorgen
und angstvoll fragen: „Was bringt der Morgen?"

Daß nie mehr Menschen hinter Drahtzaun schmachten
und Völker nicht nach anderer Leben trachten.
Daß Helden nicht in fremder Erde modern
und Städte nicht im Bombenhagel lodern.

Daß Menschen nie mehr vor dem Feinde fliehen
und heimatlos durch fremde Straßen ziehen.
Daß Ernten nicht in voller Pracht verderben
und Kinder nicht am Wegesrand vor Hunger sterben.

Daß all das Schreckliche nie mehr geschieht,
ist es mein Herzenswunsch: „Nie wieder Krieg!"

Ihr Völker aller Welt,
das Friedenslicht in Händen seid ihr aufgestellt,
o hütet der Flamme heiligen Schein,
dann wird es Frieden auf Erden sein.
Laßt uns als Brüder Hand in Hand durchs Leben gehn,
laßt uns vertrauensvoll in die Zukunft sehn!

Hinter Stacheldraht blühen keine Blumen

(...) Eines Tages hielt der Transport an einem Bahnhof, ringsum war alles mit einer roten Staubschicht bedeckt. Von Fenster zu Fenster ging der Ruf: „Wir sind in Kriwoi Rog." Ein Mann sagte, daß die rote Staubschicht vom Eisenerz sei. Kriwoi Rog war uns ein Begriff aus den Wehrmachtsberichten.

Hier nahmen die Russen aus der Hälfte des Transports die Männer heraus, sie blieben in Kriwoi Rog. Sie nahmen keine Rücksicht auf Ehepaare oder Väter mit Kindern. In manchen waren die Koffer mit beiden Sachen gepackt, es blieb keine Zeit, sie auseinanderzuteilen. Auch aus unserem Waggon wurden die Männer herausgeholt. Es war uns ein Schreck, bisher hatte man sich ein wenig beschützt gefühlt.

Als die Männer weg waren, mußten auch wir raus und wurden in die anderen, halb leeren Waggons aufgeteilt. Man muß bedenken, daß wir nie wußten, was es zu bedeuten hatte oder wo wir hinkommen würden, wir standen immer unter Angst und Druck.

Wir waren vier Frauen, die in einen Waggon zu Siebenbürger Sachsen kamen. Wir waren so unglücklich und ängstlich, weil wir von unseren Landsleuten getrennt waren. Die Sächsinnen saßen alle auf den Pritschen, wir richteten darunter unser Lager her.

Zuerst konnten wir uns nicht einmal miteinander verständigen, da die meisten nur sächsisch und rumänisch sprachen. Dann meldete sich Frau Anna Silmen, sie sprach hochdeutsch.

Als wir am Abend halblaut beteten, wurde es auf einmal still im Waggon – die Sachsen sind evangelisch –, andächtig hörten sie unseren Gebeten zu. Die Nacht verbrachten wir sitzend auf unserem Gepäck, denn zum Hinlegen war es von unten zu kalt. Und der Zug rollte und rollte immer weiter. (...)

Die Russen säumten die Straße und sahen voll Verwunderung dem Zug entgegen. Einige bekreuzigten sich, was in mir ein mulmiges Gefühl auslöste. Ein Glück, daß wir damals noch nichts von den Gaskammern wußten, sonst wäre unsere Angst noch größer gewesen.

Einige Russinen kamen mit Wasserkannen an den Straßenrand und boten zu trinken an, was einige aus unserem Zug auch dankend annahmen. Wie lange wir unterwegs waren, wußte niemand, die Stunden und die Minuten sollten in den nächsten Jahren keine große Rolle mehr bei uns spielen, nur das ahnten wir damals noch nicht. (...)

Essen gab es zweimal täglich. Morgens um neun Uhr gab es Sauerkrautsuppe mit Rübenstiften – die russische Borsch. Manchmal fand man ein Stückchen Kartoffel darin, aber sehr selten. In denselben Blechschüsseln gab es dann den Tee, er roch oft nach Benzin, oder es schwammen Krautfäden darin. Am Abend gab es dieselbe Suppe und „Kascha", das waren Graupen in Salzwasser, zu Brei gekocht. Manchmal war ein Löffelchen Öl darauf oder ein Stückchen Salzfisch, ganz selten eine dünne Scheibe Wurst, und danach gab es wieder Tee.

Das war unser Essen fünf Jahre lang, immer dasselbe. Dazu gab es 350 Gramm Brot, welches schwer, sauer und klebrig war. Es war höchstens drei Finger breit, genauso hoch und mittelfingerlang. (...)

Eines Nachmittags führte man uns nach nebenan, wo die Küche war, in einen großen Saal, zum „Meeting". Bis damals hatten wir das Wort noch nie gehört und wußten auch nicht, was es bedeutet. Viele Russen waren dort, für uns waren ein paar Bänke frei. Die Dolmetscherin mußte auf die Bühne, und ein Mann, zwischen 40 und 50 Jahre alt, begann zu reden. Er steigerte sich derart hinein, wurde immer lauter, gestikulierte, überschrie sich fast. Da wir ihn nicht verstanden, saßen wir ruhig auf unseren Plätzen, bis wir bemerkten, daß die Dolmetscherin bleich wurde und ihr Gesicht zitterte.

Als der Redner ihr das Wort erteilte, begann sie mit stockender Stimme zu übersetzten: „Wir Deutschen sind schuld am Krieg, wir haben ihr Land überfallen, ihre Städte ausgeraubt, ihre Kultur vernichtet, wir haben unsägliches Leid über ihr Land gebracht. Wir müssen das, was unsere Männer, Väter oder Brüder vernichtet haben, mit unseren Händen, unseren Tränen und mit unserem Blut wieder aufbauen." Das Letzte brachte die Dolmetscherin nur mehr zitternd hervor.

Die Russen im Saal sahen neugierig auf uns. Wir saßen starr vor Schrecken. Aber schon wurde durch die Reihen geflüstert: „Nicht weinen!" Dieses Schauspiel wollten wir den Russen nicht bieten.

Zum Glück wurden wir bald darauf entlassen. In unserem Zimmer ließen wir den Tränen freien Lauf.

Wir waren alle entsetzt. Was uns wohl noch bevorstand, wenn die sogar unser Blut forderten? Umsonst sahen wir einander hilfesuchend an, keiner konnte Trost spenden. Jemand sagte mit schwerer Stimme: „Lebend kommen wir da nicht mehr raus!" (...)

In der ersten Zeit wurden wir natürlich von allen Seiten angestarrt, mit der Zeit aber gewöhnten sie sich an uns.

Die Fabrik war bombardiert worden, sie hatte drei Einschlagtrichter. Am zweiten Tag wurden wir an den ersten Trichter gestellt und mußten Steine und Schutt wegräumen. Mit Brettertragen mußten wir ihn zum Waggon befördern, hochheben und reinschütten. Die großen Steine wurden mit einem Hammer zertrümmert. Es war eine schwere, für uns ungewohnte Arbeit. Anfangs arbeiteten wir zehn Stunden. Da es früh dunkel wurde, fanden wir bald heraus, daß sieben Sterne am Himmel standen, wenn Feierabend war, und dann gab es das bekannte Abendessen, wobei wir nach dem Essen hungriger waren als vorher. (...)

In der Arbeit lernten wir einige russische Wörter, die Eisenstange hieß „Lomn", der Eispickel „Girka", so daß wir allmählich verstanden, was wir holen sollten, wenn uns etwas gesagt wurde.

Ich dachte an meine Schulzeit, wo wir ja auch die rumänische Sprache lernen mußten. Da wir nur Deutsche im Ort waren und mit Rumänen keinen Umgang hatten, machte uns das Lernen ziemliche Schwierigkeiten. Da sagte unsere Lehrerin, Schwester Cäcilia, des öfteren: „Kinder, lernt's rumänisch, damit nicht jeder schmierige Kerl euch an der Nase rumführen kann."

Ich dachte, nun sind wir hier, wer weiß, wie lange wir hier arbeiten, da muß man auch die Sprache kennen. Ich begann mich damit zu befassen. Bald konnte ich ein paar russische Wörter. Die Fabrik hieß „Savod Komunist" (Fabrik Kommunist), das stand auf Tafeln in zyrillischen Buchstaben, die uns bisher völlig unbekannt waren. Bald konnte ich das entziffern und so lernte ich die Buchstaben und die russische Sprache. Als erstes schrieb ich meinen Namen in Cyrill. (...)

In meinem Gepäck hatte ich ein Notizbüchlein gefunden und so fing ich an, Tagebuch zu schreiben. Abends wurde immer von daheim erzählt. Sonntags war es ganz schlimm, hungrig saßen wir auf den Betten und erzählten nur vom Kochen und Backen. Manche schrieben Rezepte ab, die sie daheim verwenden wollten. Unser ganzes Denken drehte sich nur ums Essen – denn hungrig waren wir immer – und ums Heimfahren. (...)

Im Lager hatten wir eine junge russische Ärztin, sie hieß Anja. Zur Seite stand ihr Frau Lisa, eine Krankenschwester, eine Internierte aus Ungarn.

Unsere Offiziere waren: ein Major, er trug einen graugrünen Mantel, wir nannten ihn „Graumantel", ein älterer Leutnant, er hatte auf dem Rücken seines feldgrauen Mantels einen handgroßen Fettfleck, ihn nannten wir „Fettfleck".

Posten, die uns mit Gewehr auf die Arbeit führten und abholten, waren zwei Frauen und zwei Männer. Der eine Mann war so um die sechzig, ihn nannten wir den „Alten", der andere hatte ein südländisches Aussehen, aber einen hinterlistigen Blick, er war der „Italiener".

Immer wenn wir auf Arbeit gingen, schrie die ältere Frau: „Dawai – Schnell", und so nannten wir sie auch. Die zweite Frau war so um die vierzig, sie war stets freundlich, wir mochten sie gern. Sie nannten wir mit Namen, „Tjotja (Tante) Marusia". (...)

Am Morgen des neunten Mai kam Rosi ganz aufgeregt ins Zimmer gelaufen und sagte, eine Russin hätte gerufen: „Hei, Deutsche, der Krieg ist aus, bald fahrt ihr heim." Unsere Freude war riesengroß. Sederle Anna sagte: „Innerhalb von drei Monaten müssen sie uns freigeben." Zum Glück ahnten wir damals nicht, daß es tatsächlich fünf Jahre dauern würde, wir wären seelisch zusammengebrochen.

Beim Antreten sagte uns auch der Major, daß der Krieg aus sei und Rußland den Faschismus besiegt hätte. Wir gingen hinaus in den Garten und erfuhren später, daß die Fabrikarbeiter frei hätten.

Wir sangen und beteten unterwegs und waren voller Hoffnung, daß es bald heimwärts gehe. Aus einem Haus am Wege kam eine Frau heraus. Als sie uns sah, schüttelte sie die Faust gegen uns und schrie: „Der Krieg ist aus, Hitler kaputt, Hitler kaputt!" Sie spuckte gegen uns. Wir lachten sie aus und sagten zueinander: „Den kriegen sie nicht so leicht kaputt."

Wie naiv und unerfahren wir doch waren. Wir hatten keine Ahnung, wie es in der Welt draußen aussah, wie zerschlagen Deutschland war und welche Not über Europa hereingebrochen war. Wir im Banat hatten so ruhig und still gelebt. An Lebensmitteln war keine Not, und das einzige, was wir vom Krieg gespürt hatten, waren die gefallenen Soldaten, das allerdings waren in der letzten Zeit nicht wenige. Erst als viele flüchteten und unsere Verschleppung kam, spürten wir den kalten Hauch des Krieges. Das, was uns immer als etwas Unmögliches erschien, wurde plötzlich wahr, und wir spürten es am eigenen Leibe, daß Frauen und vor allem Mütter nicht vom Krieg verschont blieben. (...)

Wir gingen wieder in die Fabrik, wo wir unseren Bombentrichter leerräumten. Da am anderen Ende des Gebäudes, das nicht so schwer beschädigt war, die Fertigstellung auf Hochtouren lief, sollten wir mithelfen. Dort war eine junge Brigadierin. Wir kannten sie schon von einer anderen Brigade. Sie trieb immer zur Arbeit an und schrie über die Frauen: „Hei, die", und so nannten wir sie auch. Als wir nun Schutt mit den Brettertragen wegtrugen, wollte sie, daß wir mehr aufladen sollten. Da der Schutt schwer war, machten wir weiter wie bisher. Sie schrie hinter uns her, vielleicht wollte sie sich aber auch nur vor den russischen Arbeitern wichtig machen. Da legte sie einen großen Brocken auf die geladene Trage von Helene Günther, und Helene kippte die Trage kurzentschlossen um. Da sprang die Russin sie an und schlug auf sie ein. Helene schlug kräftig zurück, und im Nu war eine Prügelei im Gange. Wir standen erschrocken still, aber ein Russe sprang dazwischen und trennte die beiden.

Ein Chef war plötzlich da, der zornig eine Erklärung forderte. Wir standen alle hinter Helene und sagten, daß die Trage umgekippt wäre, weil sie zu schwer beladen war, und daß die Russin angefangen habe zu schlagen, was ihre Leute bestätigen mußten. Für Helene hatte es keine Folgen, aber die „Hei, die" haben wir nicht mehr gesehen.

Die Fabrik lag am Dnjepr. Eines Tages wurden Sederle Anna und ich den russischen Maurern zugeteilt, die unten am Fluß arbeiteten. Wir sollten handlangen. Die Russen arbeiteten gemütlich, so daß wir auch nicht überanstrengt wurden.

Die Zivilbevölkerung verhielt sich nicht feindlich uns gegenüber. Anfangs fragten sie schon, woher wir kamen und warum wir da wären, denn sie hatten ja selbst zu wenig Brot. Da ich es schon russisch erklären konnte, bemitleideten sie uns, und es kam nicht selten vor, daß sie uns ein Brot zusteckten.

Die Sirenen heulten, wenn es Zeit zum Essen war. Die Maurer hörten aber schon eher auf, so daß wir von den ersten in der Kantine und auch beim Essen waren. Als wir wieder draußen waren, kam erst unsere Gruppe. Anna und ich beschlossen, mit denen abermals zum Essen zu gehen. Es gelang uns auch, und zu alledem merkte es auch niemand. Am zweiten Tag machten wir es wieder so. Als wir das zweite Mal am Tisch saßen, ging André durch die Reihen und fragte, wer das zweite Mal dabei wäre. Wahrscheinlich hatte es die „Brothexe" (wir nannten sie so, weil sie immer ein angewidertes Gesicht machte) an den Brotrationen gemerkt. Wir saßen ja vollzählig mit unserer Gruppe und taten sehr unschuldig. Angst hatten wir schon, aber zum Glück hat er nichts bemerkt, denn es hätte sicher eine harte Strafe gegeben. Ein drittes Mal wagten wir es nicht mehr. (...)

In der Küche arbeiteten zwei aus dem Banat, Resi und Julschi. Hatte Resi etwas Essen übrig, sang sie laut und manchmal auch falsch: „Anna, komm rüber, ich hab' etwas." Die Russen verstanden es nicht und die zwei schlichen sich in die Küche zum Essen.

Eines Tages mußte unsere Brigade am Dnjepr einen Lastkahn mit roten und gelben Klinkerziegeln beladen und damit weit aus der Stadt fahren. Wir freuten uns, denn es war wieder ein Stück Freiheit ohne Posten, ohne Chefs. An einer Insel, oder vielleicht war es auch das andere Ufer, denn wir sahen nur Wald und Gestrüpp, wurden die Steine ausgeladen. Es geschah nun öfters, daß wir mit Ziegeln dort hinausfuhren. Meistens fuhr das Motorboot weg und kam uns später wieder holen. Waren wir früher fertig, legten wir uns in das Boot und schliefen, bis wir abgeholt wurden. Schlafen konnten wir zu jeder Zeit, denn müde und hungrig waren wir immer.

Eines Tages beluden wir zwei große Kähne mit Ziegeln und mußten durch die ganze Stadt, bis ans andere Ende, zum Hafen gehen. Dort kam ein stärkeres Motorboot vor die Kähne, und wir konnten einsteigen. Ein älterer, gutgekleideter Herr – gleich ersichtlich, daß er ein Chef war – kam mit und saß mit uns auf den Steinen. Er sprach uns in einem jüdischen Dialekt an. Er sagte, daß wir nicht „Natschalnik" zu ihm sagen sollten, sondern „Chef". Er fragte, woher wir kämen, und dann erklärte er uns die Vorteile des Kommunismus. Sein Hauptargument war, daß es im Kommunismus keine Kapitalisten und keine Ausbeuter gäbe und alle Menschen gleich seien. Wir hörten ihm ruhig, aber ziemlich skeptisch zu. Währenddessen hatte der Motorführer sein Essen ausgepackt, Schwarzbrot und eine gekochte Rübe. Das hatten wir schon bei vielen Fabrikanten gesehen. Auch unser Chef nahm sein Essen aus der Aktentasche, Weißbrot, Wurst und Käse, was wir mit hungrigen Augen verfolgten. Da fragte ich: „Genosse Chef, sie sagen doch, im Kommunismus sind alle gleich, wieso ißt dann der Mann schwarzes und sie weißes Brot?" Er schluckte einmal, dann sagte er kurz: „Das versteht ihr nicht." Er sprach auch weiter nicht mehr mit uns. An der Abladestelle sah er sich ein bißchen um und fuhr mit dem Motorboot wieder weg. (...)

Nun wurden wir auch bezahlt. Jeden Monat am 25. gab es 100 bis 120 Rubel Vorschuß und am 5. des nächsten Monats genausoviel. Nach drei Monaten gab es schon 340 bis 380 Rubel.

Von außen, dem Stacheldraht entlang, wurden aus Brettern lange Tische aufgestellt, die unseren Marktplatz darstellten. Die Russinen kamen mit Milch, Bohnen, Maismehl und Maiskuchen. Auch die Fabrikarbeiter hatten schon Bezahlung, so daß jeden Abend am Stacheldraht Hochbetrieb war. Mehl und Bohnen wurden in 150-Milliliter-Gläsern verkauft. Maismehl, in gekochte Bohnen eingerührt, schmeckte herrlich, und man war satt. Aus der Fabrik brachten wir uns Holz und Kohlen, damit wir kochen konnten. Aber wenn die „Holzhexe" im Dienst war, nahm sie uns alles weg. So steckten wir in jeden Arbeitshandschuh ein großes Stück Kohle, und wenn sie uns dann abgriff, streckten wir die Arme mit den Handschuhen auseinander, und so merkte sie nichts. Wir freuten uns jedesmal, daß wir sie wieder überlistet hatten. (...)

Im Kommunismus wird der Arbeitswettbewerb großgeschrieben. Dank Peters guter Einteilung waren wir die beste Brigade von den drei Transportgruppen. Wir waren Bestarbeiter. Im Speisesaal unseres Lagers hing ein großes Plakat: „Lisa-Brigade Bestarbeiter".

Unsere Offiziere machten ein großes Tamtam daraus, wahrscheinlich hatten sie einen Nutzen davon. Alle bekamen 25 Rubel Prämie. Ich erhielt zusätzlich vier Meter braunes Material für ein Kleid. Ich fühlte mich nicht wohl dabei, denn es war der Verdienst der ganzen Gruppe, aber keine der Frauen zeigte sich neidisch mir gegenüber. Wir waren auch eine sehr gute Gruppe. Galt es, eine Arbeit zu erledigen, wurde tüchtig zugegriffen. Gab es einmal kleine Meinungsverschiedenheiten, griff ich schlichtend ein.

Das Bad in der Fabrik war wieder in Funktion, und wir durften nach jeder Schicht baden. Das war das Beste, was wir in Rußland hatten. War Tante Marusia unser Posten, ging sie immer mit ins Bad. Sie kam dann zu mir, und wir wuschen uns gegenseitig den Rücken. An das Nacktsein hatten wir uns schon gewöhnt.

Durch das regelmäßige Baden und Wäschewaschen hatten wir keine Läuse mehr. Gegen die Wanzen verwendeten wir Kerosin.

In unser Lager kam ein neuer Leutnant. Er sprach deutsch mit jüdischem Akzent. Er brachte uns das Kino ins Lager. Anfangs waren es Propagandafilme gegen die Deutschen. Wir mußten sie anschauen, auch wenn wir als Schichtarbeiter in der Nachtschicht waren und am Tag schliefen. Wir mußten trotzdem aufstehen und im Speisesaal die Filme sehen. Natürlich murrten wir und empfanden es als Schikane. Da brachte er uns deutsche Filme wie: „Die Maske in Blau" mit Marika Röck, die Operette „Rigoletto" und „Der Zigeunerbaron", was bei uns mehr Anklang fand.

Der Leutnant kaute ständig. Einige behaupteten, er sei ein Wiederkäuer. Erst nach vielen Jahren kam ich darauf, daß er damals schon amerikanischen Kaugummi kaute.

Eines Tages beauftragte er Sederle Anna, sie solle eine Theateraufführung organisieren. Anna zuliebe machten wir mit. Im Speisesaal wurden Tische zusammengestellt, die unsere Bühne darstellten. Bettlaken waren der Vorhang. In der ersten Reihe saßen die Offiziere und Posten mit ihren Familien. Wir haben Lieder gesungen, und Frau Lisa, die Krankenschwester, tanzte einen feurigen Csardas. Auch die Sächsinnen tanzten ein paar Volkstänze.

Die Russen applaudierten begeistert. Wir wunderten uns, daß sie überhaupt zu dieser primitiven Vorstellung gekommen waren. Im umgekehrten Fall wären wir sicherlich nicht hingegangen.

Heute denke ich anders darüber. Vielleicht wollten sie uns damit zeigen, daß sie uns als Menschen schätzten oder wollten ihre Anerkennung bekunden. In uns saß noch immer die Überzeugung, daß sie unsere Feinde seien. (...)

Wir erhielten eine neue russische Brigadierin, sie hieß Lisa und sprach deutsch wie die Österreicher. Sie erzählte, daß die Deutschen sie bis Österreich mitgenommen hätten. Hier sagt man, sie wäre freiwillig mitgegangen, und zur Strafe dürfe sie nicht heim, sondern müsse zwei Jahre hier in der Fabrik arbeiten. In Österreich war es ihr gut gegangen. Wenn sie Hunger hatte, nahm sie sich ein Stück schwarzes Fleisch. Wir wußten nicht gleich, was das sein sollte. Es stellte sich heraus, daß es geräucherter Schinken war. Wir verstanden uns gut mit ihr. Wenn wir mit ihr lachten und scherzten, antwortete sie auf echt österreichisch: „Du bist ein Rahmvieh!"

Eines Tages sagte sie zu mir: „Lisa, morgen gehen wir beide zum Fabrikdirektor zur Audienz. Sie wußte nicht warum, es war so angeordnet. Da wir in der Fabrik nicht barfuß gehen durften, hatten wir für den Sommer Gummischuhe bekommen, in denen wir aber schwitzten. Heimwärts liefen wir deshalb barfuß. Als wir nun zum Büro des Direktors gingen, hatte ich diese Schuhe in der Tasche, die wir uns aus Arbeitshandschuhen genäht hatten. Im Lager hatte es sich herumgesprochen, daß ich zur Audienz ginge. Einige kamen mit Vorschlägen, was ich sagen sollte. Ich wehrte ab, denn ich mußte erst mal sehen, um was es ging.

Als Lisa und ich ins Büro kamen, waren dort schon einige Chefs. Anscheinend handelte es sich um eine Arbeitsbesprechung. Der Direktor sprach mit Lisa, vielleicht dachte er, ich könne nicht russisch. Seine erste Frage war, warum ich barfuß sei. Lisa fragte es mich deutsch, und so antwortete ich auch: „Weil man in ihnen schwitzt. Aber in der Arbeit habe ich sie an."

Er erklärte lang und breit den Arbeitsplan und ermahnte Lisa, uns zu mehr Leistung anzuspornen. Sie antwortete, daß wir sehr fleißig und Bestarbeiter wären, jedoch über zu wenig Essen geklagt hätten. Er antwortete sehr scharf: „Sie bekommen auch soviel Brot wie die Russen." Da antwortete ich russisch: „Aber kein Fleisch, keinen Zucker, kein Fett und nur Wassersuppe." Alle starrten mich verwundert an, vielleicht weil ich russisch sprach, oder weil ich es wagte, dem Direktor zu widersprechen. Der Direktor sprach mit ruhiger Stimme: „Das habt ihr den Deutschen und ihrem Krieg zu verdanken." Mit Tränen in den Augen sagte ich: „Wir haben diesen Krieg auch nicht gewollt." Der Direktor senkte einen Moment den Kopf, dann nickte er vor sich hin und entließ uns. Lisa brachte mich zum Tor, damit man mich hinausließ. Als ich ein Stück des Weges gegangen war, kam unser Posten atemlos angelaufen. Im Lager hätte es Krach gegeben, weil er mit einer Person zu wenig angekommen war. (...)

Unsere Gruppe wurde wieder gelobt, und ich erhielt als Prämie ein weißes Handtuch. Vieles hatten wir auch unserem Peter zu verdanken, denn er half uns, wo es nur ging, und in der Arbeit verlangte er nie Unmögliches. Einmal erzählte er mir von seinen beiden Jungs, die schon zur Schule gingen. Er schimpfte auch über Stalin, nachdem er sich erst sorgsam umgesehen hatte. Er sagte, er dürfte das nicht laut sagen, sonst käme er hinter Gitter. Ich freute mich über sein Vertrauen. (...)

Wir fuhren Tage und Nächte. Ich erinnerte mich an die Lehre meines Vaters, daß man am Moosbewuchs der Bäume sehen könne, wo Norden liegt. Durch das vergitterte Fenster sah ich immer nach den Bäumen, wir fuhren Richtung Süd-Südwest. Wir mußten ja bald an der rumänischen Grenze sein. Einmal hielt der Zug, und es roch nach Heu und Äpfeln. Gerne hätten wir welche gehabt. Da kam ein älterer Mann vorbei. Durchs Gitter rief ich ihn und fragte: „Onkel, ist die rumänische Grenze noch weit?" Er kratzte sich hinter dem Ohr und sagte: „Ja, noch weit." Ich fragte weiter: „Wieviele Kilometer?" Das wußte er nicht. Wir wunderten uns, denn es konnte doch nicht mehr so weit sein. In Wirklichkeit war die Entfernung riesig.

Eine Woche waren wir unterwegs. Endlich hielt der Zug, und es hieß aussteigen. Unsere Enttäuschung und Niedergeschlagenheit waren groß. Wir waren im Industriegebiet Donbass, dem Donez-Steinkohlebecken westlich des Donez, in der Stadt Jenakoewa. Wieder das Gepäck auf einen Haufen, einer bleibt dabei, die anderen in Viererreihen abmarschieren. Ein paar Kilometer ging es durch die Stadt. Am Wegrand arbeiteten Internierte. Plötzlich wurden wir mit Namen gerufen. Erstaunt schauten wir uns um. Es war unsere Landsmännin Anna Hoffmann, geb. Retzler. Wir wußten nicht, daß sie damals nach uns auch verschleppt wurde. Wir konnten nur ein paar Worte mit ihr sprechen und haben sie später nicht mehr gesehen. Wahrscheinlich war sie in einem anderen Lager.

In dem neuen Lager kamen wir in einen großen, leeren Saal ohne Betten. Wir saßen auf Koffern oder auf dem Fußboden, und zu essen gab es nichts. In diesem Lager waren viele Internierte aus Ungarn. (...)

Mit uns ging es rapide abwärts, wir taumelten nur mehr über die Erde. Die Offiziere waren ekelhaft und oft beschimpften sie uns als „deutsche Hunde". Wir waren grau und haarig im Gesicht, in unseren trüben Augen stand die Hoffnungslosigkeit. Noch heute habe ich unsere Kolonne vor Augen, die mit hängenden Schultern und mit schwankenden, schleppenden Schritten des Weges zog. Jeden Tag, morgens und abends. Es gab erschreckend viele Todesfälle, besonders unter den Männern. Es geschah oft auf der Straße, sie bekamen einen starren Blick, sackten zusammen und waren tot. Sie wurden im Lager nackt ausgezogen und in einen Verschlag gelegt, wo sie sonntags, so verkrümmt, wie sie lagen, auf einen Karren geladen und von den Männern aus dem Lager zum Friedhof gefahren und dort verscharrt wurden. Der Winter 1946/47 war bitterkalt, die Erde hartgefroren, die Männer selber schwach. Tief konnten sie nicht graben, und so hieß es im Frühjahr, die Hunde würden die Toten aus der Erde scharren.

Ich kam einmal dazu, als die Toten aufgeladen wurden. Es waren keine Menschen, es waren Skelette, Gerippe aus Haut und Knochen. Diesen furchtbaren, erbarmungswürdigen Anblick habe ich heute noch vor Augen. Ich hatte Angst, daß wir wie die Fliegen umfallen würden, falls eine Epidemie ausbräche. Ich wollte nicht in Rußland sterben, in dieser kalten, fremden Erde wollte ich nicht begraben sein. Noch heute kann ich mich an das Gefühl erinnern, wenn vor Angst die Kälte zwischen den Schulterblättern hochkam. Da halfen keine Tränen, nur beten. So inbrünstig wie damals in der Not kann ich gar nicht mehr beten. Ich habe das sehr oft getan und bin fest überzeugt, daß es mir geholfen hat, das alles zu überstehen.

Dieses Lager war das Todeslager! (...)

Einmal wurden wir gerufen: „Das Bad funktioniert." Alles stürmte darauf zu, denn nach so langer Zeit wollte schon jeder baden. Männer und Frauen, alles durcheinander, es gab Duschen und Waschschüsseln. Ich sah, wie ein Mann und eine Frau um eine Schüssel rangen, beide nackt, beide nur Skelette. Es wäre zum Lachen gewesen, wenn es nicht so makaber gewesen wäre. Mann achtete nicht auf Mann oder Frau, es waren lauter traurige Gestalten.

Wichtig war, daß man sich mal endlich mit warmem Wasser waschen konnte. (...)

Anna erzählte mir, daß im Lager Wegmelden gekocht würden, die so gut wie Spinat seien. Sie hatte auch von der Arbeit ein paar mitgebracht. Ich hatte ein paar Kartoffelschalen, die sauber gewaschen und in Salzwasser gekocht wurden. Anschließend wurden sie zerrieben und in die gekochten Wegmelden gemischt. Wir haben es gegessen, jedoch hat es uns nicht geschmeckt. Wir haben keine mehr gekocht. Aber denen, die öfter welche aßen, schwollen die Beine und das Gesicht an, und ihr Kopf sah aus wie ein Luftballon. Das strikte Verbot, die giftigen Melden zu kochen, wurde ausgesprochen.

Im Lager wurde auch mehrfach Fleisch gekocht. Wir wunderten uns, was die für Fleisch hatten, bis wir erfuhren, daß es Katzenfleisch war. Die Männer aßen sogar Hundefleisch. Wir schüttelten den Kopf, nein, das wollten wir nicht!

Als ich eines Abends heimkam, erzählte mir Anna, ein Mädchen hätte ihr gekochtes Hundefleisch gegeben, welches auch sehr gut geschmeckt hätte. Weil die Katzen sehr reinliche Tiere sind, soll auch ihr Fleisch gut sein. Das Argument, daß die Italiener auch Katzenfleisch essen, war ebenfalls sehr überzeugend.

Bei meinem nächsten Ausgang erwischte ich eine Katze in einem verwilderten Park, schlachtete sie und zog ihr das Fell ab, so wie ich es bei meinem Vater mit den Hasen gesehen hatte. Anna war die Köchin. Als das Essen fertig war, saßen wir davor und sahen uns doch etwas skeptisch an. Schließlich versuchten wir es doch, und es schmeckte wunderbar. Später brachte ich noch einmal ein Kätzchen. Ich erinnere mich noch gut an Annas Augen beim Essen, sie sagte: „Hm, so etwas Gutes haben wir noch nicht gehabt."

Heute denke ich, daß einen der Hunger doch tief fallen läßt! (...)

Es tauchten Gerüchte auf, daß das Lager in eine andere Stadt verlegt werden sollte. Als ich noch hausieren ging, hatte ich eine deutsche Familie kennengelernt. Das heißt, nur die Großmutter war eine Deutsche. Die Tochter hatte einen russischen Offizier geheiratet, und so waren sie der Deportation nach Kasachstan entgangen.

Die Frau hatte mir einen Teller Suppe und ein Stück Brot gegeben und mich russisch gefragt, woher ich käme. Als sie hörte, daß ich eine Deutsche sei, sprach sie auf einmal deutsch mit demselben Dialekt, den wir Schwaben haben. Ich war sprachlos. Dann erzählte sie mir ihre Geschichte. Als einmal der 16jährige Enkel heimkam, redete er auch in unserem Dialekt. Wahrscheinlich haben sie daheim weiter deutsch gesprochen.

Als ich nun nach langer Zeit wieder bei ihr auftauchte, fing sie an zu weinen. Sie hatte geglaubt, ich sei schon daheim. Ich erzählte ihr, daß ich auf dem Kolchos war und wir wegziehen würden. (...)

Die Tochter von Schwester Fitisowna, Valia, arbeitete in der Anmeldung der Poliklinik. Sie besuchte das Abendgymnasium, in dem sie als Fremdsprache Deutsch hatten. Sie schickte mir mit ihrer Mutter ein russisch-deutsches Lesebuch von der elften Klasse. Daraus konnte ich noch viel lernen. Auch Bücher aus einer Bibliothek brachten sie mir mit, die ich dann las und den Inhalt den Zimmerkameradinnen erzählte. Sie sagten, sie würden es nicht verstehen, wenn sie es lesen würden. Auch Filme mit geschichtlicher Handlung verstanden sie oft nicht. Ich erklärte ihnen das und meinte, daß sie das doch in der Schule gelernt haben müßten, aber wahrscheinlich wurde im Kommunismus nicht viel Wert auf Geschichte gelegt.

Oft staunten sie, was ich von der Welt wußte. Sie waren wirklich hinter dem Eisernen Vorhang aufgewachsen. Oft dachte ich mit Dankbarkeit an Schwester Cäcilia, sie war unsere Lehrerin in den letzten drei Klassen. Sie hat uns so viel fürs Leben mitgegeben. Ich erhielt damals einen sehr schönen Brief von ihr, in dem sie mir Mut zusprach und daß ich die Hoffnung nicht verlieren solle. Obwohl sie nach meinem Jahrgang noch acht Jahre unterrichtete, wußte sie noch, wo ich in der siebten Klasse gesessen hatte. (...)

Eines Tages ließ die Ärztin mich in ihr Zimmer rufen und sagte: „Das Krankenhaus kann drei bis vier Patienten kostenlos auf Kur schicken. Tosia und Klava sind dabei, möchtest du auch mitfahren?" Ich wäre schon gerne mitgefahren, aber ich hatte ja keinen Ausweis und keine Papiere. Sie bedauerte es sehr, denn sie hätte mich gerne dabei gehabt. Aber wer weiß, ob ihre Vorgesetzten es auch bewilligt hätten. Eine Internierte auf Kur? Ich glaube nicht, daß das durchgegangen wäre! Aber dankbar war ich ihr, denn das hat doch bewiesen, daß sie mich trotz meiner Nation als Patientin schätzte, der man helfen konnte.

Wir hatten eine neue Patientin, ein junges, schwarzhaariges Mädel namens Lena bekommen. Da ich die Jüngste war, schloß sie sich mir an. Sie war lustig und ein wenig frech, hatte ein loses Mundwerk.

Einmal war sie mit im Kino. Wir sahen einen Film an, in dem auch so ein junges, freches Mädel vorkam, das ihr ähnelte. Ihr Name war Petraschka. Von nun an nannten wir sie auch so, was ihr gefiel.

Sie hatte in einer Obst- und Gemüsebasis nicht weit vom Krankenhaus gearbeitet und konnte dort billig einkaufen. Einmal nahm sie mich mit dorthin. Ihre Kolleginnen waren lauter junge Mädels, die uns freundlich begrüßten. Petraschka stellte mich vor, und sie suchten mir lauter schöne Äpfel aus. Beim Wiegen waren sie auch nicht so genau, und natürlich machten sie mir einen ermäßigten Preis. Ich bedankte mich recht herzlich dafür, und sie luden uns ein, öfter zu kommen, denn sie hätten noch so viel zu fragen.

Es waren doch lauter Fremde gewesen und sie wußten, daß ich eine Deutsche bin, und doch waren sie herzlich zu mir. Heute frage ich mich oft, wäre ich im umgekehrten Falle auch so freundlich gewesen? Jetzt, nach meinen Erfahrungen, bejahe ich es jedem Fremden gegenüber, aber früher, als wir die Russen als unsere Feinde ansahen, wie wäre es da gewesen? Diese lange Zeit im Krankenhaus hat mich auch die russische Seele erkennen lassen.

Im Lager herrschte eine gute Stimmung, alle hatten sich erholt und verdienten Geld. Es war alles sauber. Schon bevor ich ins Krankenhaus kam, hatte ich festgestellt, daß wir von allen Russen – den Arbeitern, den Fabrikchefs einschließlich unserer Offiziere – sehr respektvoll behandelt wurden. Ich denke, sie haben anerkannt, daß wir fleißige Arbeiterinnen waren und aus unserer Lage das Beste zu machen versuchten. (...)

Bei uns im Lager gab es auch Schwangerschaftsabbrüche. Ich erfuhr, daß sie vom Major ein Schreiben benötigten, um diese dann im Krankenhaus vornehmen zu lassen. Es gab deshalb viele Tränen, da die Männer aus dem Osten nach Deutschland zu ihren Familien wollten und die Frauen mit einem unehelichen Kind nicht heimkommen konnten. Somit mußten einige diesen Weg gehen. (...)

Am Morgen mußten alle im Hof antreten. Der Leutnant – er war immer gut zu uns – schien selbst bewegt. Wahrscheinlich sah er die leuchtenden Augen in unseren bewegten Gesichtern. Er bestätigte uns die Heimfahrt. Eine Woche hätten wir Zeit, alles vorzubereiten. Das Geld für den Monat Dezember bekämen wir noch, aber da kein russisches Geld ausgeführt werden dürfe, müßten wir es ausgeben. Geschriebenes, Gedrucktes oder Fotografien mit Stadt- und Landaufnahmen oder Denkmälern dürften nicht mitgenommen werden. Wir sollten es gar nicht versuchen, denn es würde strenge Kontrollen geben. Diejenigen, die aus dem Osten kämen, müßten eine Woche länger auf ihre Heimfahrt warten. Als er zu Ende gesprochen hatte, fielen wir uns jubelnd in die Arme. Jetzt war es sicher wahr.

Nun begann die große Vorbereitung. Es wurde gewaschen, aussortiert, Koffer ein-, aus- und wieder eingepackt. Die Mütter von den Babys baten,

Wäsche oder Kleider, die man nicht mitnehme, ihnen als Wegwerfwindeln zu überlassen. Unterwegs war ja keine Waschgelegenheit.

Den Kameraden im Krankenhaus hatte ich die frohe Nachricht geschrieben und mich bei allen bedankt. Außerdem versprach ich, daß ich ihnen von daheim schreiben würde. Ich habe auch Wort gehalten, aber eine Antwort habe ich nicht erhalten. (...)

Am 2. Dezember 1949 wurden wir wieder in Viehwaggons verladen. Ich war im Krankenwaggon untergebracht. Mit der sächsischen Krankenschwester waren wir acht Personen. Aber nur zwei davon waren aus unserem Lager. Es war viel Platz, und ich hatte eine Pritsche oben für mich allein. Mit Lebensmitteln war ich gut versorgt, und meine Decke hielt mich warm.

Am zweiten Tag fragte die Schwester, was ich im Lager gewesen war. Ich fragte: „Warum?" Sie antwortete, daß ich alles anders als eine einfache Arbeiterin hätte. Ich sagte: „Doch, ich war nur eine Arbeiterin. Aber ich war neun Monate im Krankenhaus." Ich weiß nicht, was sie bei mir anders gesehen hatte. Wenn der Zug stand, kam Anni oder einer von den Jungen gelaufen und fragte, wie es mir ginge und ob ich etwas bräuchte. Mir ging es gut, und ich hatte viel Zeit zum Nachdenken.

Die Räder klopften. Mir kam es vor, als wäre es eine Melodie. Es klang, als sängen sie: „Heimwärts, heimwärts!"

Ich ließ die fünf Jahre noch einmal an mir vorbeiziehen. Was hatten wir durchgemacht! Hunger, Heimweh und der Kampf mit Wanzen und Läusen. Wieviele Tränen hatten wir geweint, wieviele Hoffnungen hatten wir begraben? Wir hatten durchgehalten, wenn auch manchmal verzweifelt, und immer wieder haben wir uns nochmal hochgerissen. Ich hatte in den fünf Jahren keine Grippe, kein Zahnweh, keine erfrorenen Füße, obwohl wir im Winter draußen, auch nachts, gearbeitet haben. Wir haben echte Kameradschaft und Hilfsbereitschaft kennengelernt.

Ich dachte an mein vielleicht einmaliges Schicksal. Die Monate im Krankenhaus und die zwei Ärztinnen, deren Handlungsweise ich nie vergessen werde. Wahrscheinlich verdanke ich ihnen mein Leben. Ich habe das Volk, die russische Seele kennengelernt. Sie waren alle freundlich, ja mitleidig mir gegenüber. Wir sahen ja am Anfang alle Russen als unsere Feinde an. Ich mußte mich selbst korrigieren: Das russische Volk war nicht unser Feind, sie haben den Krieg auch nicht gewollt – genauso wenig wie wir.

Wie es daheim sein würde, konnte ich mir nicht vorstellen. Die Mutter hatte immer nur Persönliches geschrieben. Wie die aktuelle Lage war, wußte ich nicht. Fast war mir ein wenig bang davor. Dazwischen klopften die Räder Tag und Nacht ihre Melodie: „Heimwärts, heimwärts." (...)

Ich konnte an nichts denken. Das eine Gefühl überwog alles: „Du bist daheim!" Und doch war es mir irgendwie fremd. Vom Bahnhof konnte man durch die breite Straße bis zum Park vor der Kirche sehen. Links und rechts die Allee mit grünbelaubten Pappelbäumen. So hatte ich es immer in meinen

Erinnerungen gesehen. Aber jetzt war es Dezember, und die Bäume waren kahl. War es mir deshalb so fremd?

Frau Helene, die mit mir ausgestiegen war, sagte: „Schau, die Briefträger sind mit dem Handwagen da, vielleicht nehmen sie deine Koffer mit auf die Post. Von dort kann sie ja dein Vater abholen." Keller Ernst, der im Krieg seinen rechten Arm verloren hatte, und sein Vater waren die Briefträger. Sie waren auch sehr überrascht, aber sie nahmen meine Koffer mit. Meine Tasche behielt ich bei mir und ging mit weichen Knien, die immer einzuknicken drohten, ins Dorf hinein. Frau Helene plauderte munter drauflos. Langsam legte sich meine Aufregung, und die Knie wurden wieder fest.

Vor uns sah ich auf einmal, daß eine Menge Leute vor einem früheren Laden standen. Erstaunt fragte ich: „Warum stehen die Leute dort?" Frau Helene klärte mich auf: „Dort ist eine Genossenschaft, und auf Mitgliedsbücher gibt es ungebleichte Leinwand." Das war mir unbekannt, und ungebleichte Leinwand kannte ich auch nicht.

Als wir dort ankamen, gab es natürlich ein großes „Hallo". Viele drückten mir die Hand, einige weinten. Eine Verwandte kam aus der Reihe und sagte, daß sie mit mir gehe. Mir war so vieles fremd im Dorf, aber jeder, der uns begegnete, begrüßte mich mit Freude. Mein Herz wurde ruhiger und ich dachte: Man hat uns doch nicht vergessen.

Die Kunde von meiner Heimkehr war mir vorausgeeilt. Als wir in die Straße hinter der Mühle einbogen, standen fast vor allen Toren die Leute auf der Straße. Von hier waren die wenigsten geflüchtet. Viele Hände wurden geschüttelt, und es gab viele Tränen.

Dann kam die Mutter gelaufen. Es war so schön, sie endlich wieder umarmen zu können. Auch die Großmutter kam und dann der Vater. Er war in der Arbeit gewesen und hatte es auch erfahren. Gott sei Dank, sie lebten alle. Wenn auch gealtert – aber sie waren da! Das Heimkommen war so schön!
(...)

Dann war ich endlich daheim im Elternhaus. Nur an eines konnte ich immer denken. Endlich daheim! Am offenen Gang hatten wir Kletterrosen. Neben dem Eingang, von der Mauer geschützt, blühten noch zwei Rosen. Als ich mich darüber freute, sagte die Mutter: „Vor ein paar Tagen waren es noch drei." Mir stieg es heiß in die Augen: „Vor meinem Vaterhaus, da blüh'n drei Rosen ...", war mein Lieblingslied in Rußland!

Erst mal ging ich durch das ganze Haus. Ich mußte erst verarbeiten, daß ich wirklich daheim war. Nach dem Mittagessen hatte ich nur einen Wunsch: baden, Haare waschen und ins Bett. Ich war noch nicht fertig, da hörte ich laute Stimmen draußen.

Ich erkannte sie, es waren die Kameraden, die früher aus Rußland heimgekommen waren. Sie riefen vor der Tür, ob sie mir nicht den Rücken waschen sollten, da wir es in Rußland auch immer getan hatten. Aber hier war ja nicht Rußland. Hier wollte ich mich nicht nackt vor ihnen ausziehen. Nachher begrüßten wir uns freudig. Manche Erinnerung wurde ausgetauscht und über manches gelacht, was damals recht traurig war. Ich wurde müde, denn ich war ja die ganze Nacht hindurch gefahren. Der Raum begann zu schweben. Wahrscheinlich merkten sie es und verabschiedeten sich deshalb. Mutter sagte: „Aber jetzt schnell ins Bett!" Ich bat noch, mich zum Abendessen zu wecken. Das wollte ich nicht versäumen, denn gehungert hatte ich lange genug. Unter der dicken Daunendecke schlief ich auch schnell ein.

Als später zwei Tanten mit ihren Kindern mich besuchen wollten – sie waren alle geflüchtet und wieder zurückgekommen – wollte die Mutter mich wecken. Ich redete russisch und schlief weiter. Später wußte ich nichts davon. Erst um neun Uhr abends, als zwei Musiker vor der Tür ein Ständchen bliesen, wurde ich wach und fragte: „Wo bin ich?" Die Mutter sagte weinend: „Kind, jetzt bist du zu Hause." Ja, daheim! Ich mußte das erst überdenken und begreifen, daß es wahrhaftig zutraf.

Es kam vieles auf mich zu. Ich war die Zweitletzte, die aus Rußland eintraf. Ich erfuhr, wer in den anderen Lagern gestorben und wer noch gefallen war. In der letzten Zeit waren ja keine Briefe mehr gekommen. Außerdem erfuhr ich, wer von den Geflüchteten zurückgekommen war, denn viele sind in Deutschland geblieben. Die Jugend kannte ich nicht, denn vor fünf Jahren waren sie noch Kinder. Nun erfuhr ich auch, daß die Deutschen alle enteignet worden waren. Sogar die Häuser waren in Staatseigentum übergegangen. Da ich in Rußland war, sollten die Eltern nicht enteignet werden, weil aber mein Bruder in der Deutschen Armee gedient hatte, fielen sie auch unter dieses Gesetz. Die Deutschen hatten unter vielen Schikanen zu leiden. (...)

Oft denke ich an die Unglücklichen, die dort ihr Leben ließen. Heute kennzeichnet nicht einmal ein Kreuz oder ein Hügel die Stelle, wo sie begraben sind. Ihrer sollten wir stets gedenken.

Endlich war es wahr geworden, die fünfte Weihnacht feierten wir in der Heimat. Was man fünf Jahre lang gehofft und ersehnt hatte, war Wirklichkeit. Aber irgendwie kam nicht die überschäumende Freude in mir auf, wie ich es mir immer vorgestellt hatte. Es war so vieles fremd geworden, und über Nacht konnte ich das nicht überwinden. Angst vor etwas Unbegreiflichem war noch in mir. Zu nah war noch das, was hinter mir lag. Zu gegenwärtig noch der Stacheldrahtzaun.

Nachts kamen noch die schweren Träume!

Es waren fünf lange, bittere Jahre. Manchmal sagte ich: „Fünf verlorene Jahre!" Aber haben wir nicht auch etwas gewonnen? Ich betrachte das Leben anders als vorher! Ich bin selbständiger geworden. Ich schätze auch andere Rassen als Menschen, denn ich war im Krankenhaus auch Ausländerin, und dazu noch von der Nation, die in den Augen der Russen den Krieg verschuldet hatte. Und doch waren sie mir gegenüber nicht feindlich gesinnt. Im Lager lernte man die Kameradschaft schätzen. Man half sich gegenseitig.

Heute frage ich mich noch oft, wo so mancher wohl sein mag?

Mit ein paar war ich noch eine Zeitlang in Verbindung. Mit dreien bin ich es immer noch. Manchmal höre ich etwas von den anderen und freue mich darüber.

Seither sind fünfzig Jahre vergangen. So mancher lebt nicht mehr. Doch mit denen ich eng verbunden war, hat das gute Verstehen auch all die Jahre überstanden.

Anna Sederle lebt nicht mehr. Unsere Freundschaft bestand bis zum Schluß. Aber Anni lebt noch, und wir sind noch immer so eng miteinander verbunden wie damals in den schweren Jahren. Was sich in der Not verbindet, was echte Kameradschaft ist, überdauert auch die guten Jahre!

Die junge Generation bringt dem Ganzen wenig oder kein Verständnis entgegen. Für uns aber war es etwas Schreckliches und ein unvorstellbares Geschehen! Nie hätten wir uns vorgestellt, daß man all das überstehen könne. Die Erinnerung daran läßt sich niemals auslöschen.

Noch heute bete ich jeden Abend ein Dankgebet, daß ich alles durchgestanden habe und daß ich unter ganz besonderem Schutze stand.

Gebe Gott, daß so etwas in der Geschichte der Menschheit nie mehr geschehen möge!

Ilse Hehn
Lowrin – Ulm

Foto: Karin Botzenhardt, Ulm

Ilse Hehn wurde am 15. Mai 1943 in Lowrin (Banat/Rumänien) geboren. Nach Abschluß der Mittelschule besuchte sie die Hochschule für Bildende Kunst in Temeswar. Danach Gymnasiallehrerin für Kunst und Kunstgeschichte in Mediasch (Siebenbürgen). Seit 1967 veröffentlicht sie Lyrik, u. a. in der „Neuen Literatur", im „Neuen Weg" und in den Lyrikanthologien rumäniendeutscher Literatur „Fahnen im Wind" und „Wortmeldungen". 1973 brachte sie ihren ersten Gedichtband „So weit der Weg nach Ninive" in Bukarest heraus. 1993 übersiedelte sie mit ihrem Sohn in die Bundesrepublik Deutschland, lebt in Ulm, wo sie als Kunstpädagogin und Dozentin für Malerei tätig ist. Ehrenamtlich arbeitet sie als Bundeskulturreferentin für die Landsmannschaft der Sathmarer Schwaben in Deutschland. In Lyrikanthologien aus Deutschland, Rumänien, Österreich und Ungarn ist sie vertreten. Einige Gedichte Ilse Hehns wurden von dem Schriftsteller und Komponisten Wolf von Aichelburg vertont. Die Autorin hat bislang neun Lyrikbände und zwei Kinderbücher veröffentlicht. Sie ist Mitglied des „P.E.N.", des „Rumänischen Schriftstellerverbandes", der europäischen Autorenvereinigung „Die Kogge", der „Esslinger Künstlergilde" und der „Ulmer Autoren '81". 1988 erhielt sie für ihre Lyrik den Preis des Temeswarer Literaturkreises „Adam Müller-Guttenbrunn", im selben Jahr den Bukarester Kinderbuchpreis, 2001 wurde sie mit dem „Inge-Czernik-Förderpreis" für Lyrik der Stadt Freudenstadt ausgezeichnet, am 19. Oktober 2003 mit dem 1. Preis beim Literaturwettbewerb der Künstlergilde Esslingen. Darüber hinaus erhielt sie 2001 ein Literaturstipendium der Stadt Salzwedel in der Altmark. Ihre in dieser Zeit entstandenen Fotografien stellte die vielseitig begabte Künstlerin im Herbst 2002 in der Stadt- und Kreisbibliothek Salzwedel aus.

Banater Dorf mittags

Stille
unter der heißen
Staubdecke
Das Dorf scheint
tot
doch auf dem
Feld
da leben sie

noch immer

Es riecht nach Korn

Im Mal-Atelier meiner
Schwester
Bilder von Franz Ferch:
pflügender Bauer,
Silberdistel der Heide,
Maroschlandschaft,
Wolfsberger Skizzen von Podlipny
immer wieder sein Motiv Apfel,
Sonnenblumen,
von Stefan Jäger Trachtenbilder,
das Banater Dorf.
Es riecht nach Korn und
Farben.
Ich bin zu Hause.

Banater Landschaft

Es ist das
worüber kaum jemand
spricht
wenn er durch die breiten
Straßen geht und nach
bekannten Gesichtern sucht
es ist das
was trüb in ihrem
Blick hängt
die Worte hast du doch
Wurzeln sag Ja

das ist
was ein Heim-Kommen
so schmerzlich macht

August in Michelsberg

Schwer und mit
müder Zunge singt das
Dorf
der Sommer backt
den Eidechs unterm
Stein
an den Rippen der Tage
frißt das Licht
das Jahr ist aufgebrochen
und rinnt träge
dem Herbst in die
Hand

Zu Max Ernst

Es gibt
noch andere
Wirklichkeiten:
Welten,
die dahinter
liegen,
Visionen
des Unbewußten.
Natur –
Reflexion einer
Vorstellung.
Strukturen –
beängstigend
lesbar.

Für Salvador Dali

Zeit
rinnt
fließt
zerfließt
sickert
tropft
mahnt
weckt
ruft
lockt
läutet
läuft
über die Kante
unseres Tisches.
Ach Gott, Dali,
die Kante,
die Kante bedeutet mir
mehr
als das ganze Uhrengebimmel.

Verwurzelt nirgends
Für René Magritte

Kein Blatt
ist wahrer
als das deine:
schwebend,
grün,
Realität in der
Einzelform,
auf der Suche
nach der dritten Dimension.

Zwischen zwei Ufern
Zu Marc Chagall

Eine Brücke
von Zartheit und
Kraft:
Deine Brücke über
Traum und
Wirklichkeit.
Sie trägt uns,
sie bricht
nicht
ein
wenn der Engel
stürzt oder
emporfliegt –

Rauch und Flamme
sind eins.

Schülerballade

sie stehen 7 Uhr auf frühstücken packen
ein Brot in die Tasche und gehen
an dem Fluß entlang es ist schon warm
8 Uhr ungefähr sind sie dort
im Fußballstadion
sie sitzen herum im Gras auf Steinen die
meisten auf der Holztribüne
viele lesen hören Musik
sie sagen er kommt noch immer nicht
zehn vor 9 ruft einer er ist da
er ist dick groß ungefähr 50 schiebt
ein Fahrrad
er schreit wer fehlt heute er teilt sie in
Gruppen gibt ihnen Spaten und Hacken sie
gehen an die Arbeit
er schreit ihnen etwas nach und verschwindet
wieder mit seinem Rad
sie gehen zu einem verscharrten Graben
decken ihn auf nehmen die Steine heraus
graben tiefer hocken ringsherum suchen die
Steine aus der herausgeworfenen Erde
reinigen die Steine und werfen sie wieder
zurück in den Graben
sie hören Musik schaben mit ihren
Fingern durch die Erde es ist heiß sie
sitzen nun im Badeanzug
es ist 10 Uhr und eine halbe Stunde Pause
in den dreckigen Händen halten sie
Zwiebel Tomate ein Stück Brot
liegen im Gras und essen einige rauchen
er kommt und sagt sie sollen die
Pause kürzer machen und geht
sie liegen noch weitere 40 Minuten in der
Sonne und gehen dann zurück zum Graben
um 14 Uhr ruft einer er ist da

sie nehmen ihr Werkzeug und gehen zu
ihm unter den Baum in den
Schatten
er zählt sie das heißt er sieht nach wer fehlt wer
früher nach Hause ging zählt auch

Spaten und Hacken stellt
diese weg sperrt sie ein
er sagt sie können gehn
sie gehn

oder

sie stehen in Gruppen vor dem
deutschen Gymnasium
Nebel
Busse kommen führen sie aufs Feld
sie arbeiten raffen Kartoffeln in Körbe welche
abtransportiert werden
die halbe Stunde Pause ist kaum erwünscht
sie müssen sich bewegen um nicht zu frieren
morgen regnet es vielleicht denken sie
dann haben wir Unterricht
ich sitze im Zug komme aus Bukarest
du sollst etwas über deine Schüler
schreiben sagte Claus in der
Redaktion „Neue Literatur" etwas über ihr Leben
gut sagte ich da hast du's

Valentinstag

Schenk mir Kiesel vom Fluß den
Fisch der fliegt kein Tisch
lein deck dich Auto reck
dich mich freut die Speiche vom
Rad eine Fahrt zu keiner
Südsee trink Tee mit mir
verschenke keinen schönen
Traum ich brauche nur ein
Brett aus deinem Lattenzaun

Hier wird gewürfelt

Knüpf dir die Augen auf verdammte
Scheibe Zeit
und rolle nicht von unsrem
Tisch

hier wird gewürfelt
um Brot
und Fisch

hier wird geknebelt geleckt zer
kaut gesprochen das Wort
die Macht

Wißt ihr

Weil unsere eltern uns
falsch erzogen
weil niemand mit uns rechnet
weil unser steckbrief an keiner
mauer klebt
weil absterben keine erholung ist
drehen wir den spieß
um

wißt ihr
was das in unserer sprache bedeutet?

Nicht zu vergessen

Den Glanz abklopfen
die Farben hinterfragen
ansprechen den Tag
und
im Hinterhalt jeden Zweifel
wachhalten

Jetztzeit

Was wenn Leben normiert
wird Korallen in den Sand
gekippt der Tod kein

Bruder mehr Dafür aber
gilt das was sich
am steilen Grat

zusammengedrängt als kostbare
Jetztzeit Wir packen die
Sehnsucht

in Zeitungspapier zersägen die Sätze
in Worte Zäune für morgen Hektisch
sprichst du von Liebe

Porträt

Nun ja
nicht leicht zu malen
falls ich zu freundlich blicke
fügt einen Pinselstrich Grau
hinzu
eine Spur Zweifel
einen Ton Unruh
etwas Mozart ins Haar
aber ja keinen Zopf bitte
übermalt jedwelches Blau
spart an Weiß nicht
an der Farbe der Fragen

Vielleicht
bin ich das

Wenn keine Farben mehr

Wenn keine Farben mehr um dich sind
kein Geruch
auch die Musik nicht mehr
bleiben dir immer noch die Worte
die quadratischen
die runden
langen
schweren
selbst die mit kleinem Gewicht gehen
nie verloren
die Worte
immer bereit
dem Leben ins Auge zu sehen
täglich
bis spät nach Mitternacht
bereit

selbst während des Schlafes
bei dir zu wachen
in deinem Haar
das nun auf dem Polster noch
müder erscheint
abrufbar
bei jedem Erwachen
sammeln sie sich in deinem Kopf
Silbe für Silbe
summen
klingen
froh bei dir zu sein
fallen dir schon beim Zähneputzen
aus dem Mund
sagen hallo wir sind da

Du schaust ihnen in die Augen
weißt jetzt schon
auch heute sind sie die einzigen Freunde
die sich bewähren
selbst das wenn und aber

Aschermittwoch

Die Maske verloren in diesigem
Licht vor dem Münster der Rose
die Dornen ins Fleisch gedrückt ver
rückt das Gesicht offen verletzlich fallen
wir dem Tag in den Schlund
alles und jeder ersetzlich

Trotzdem

Dieses erste Jahr in Deutschland lehrte mich
das Auto ist lebenswichtig
dieses Jahr lehrte mich
Kinder sind einsames Spielzeug
dieses Jahr lehrte mich
Frauen singen keine Wiegenlieder mehr
dieses Jahr lehrte mich
Mann & Liebe finden keinen Sinn
dieses Jahr lehrte mich
nie zu sagen wer
ich bin

Trotzdem oder gerade darum
laufe ich barfuß durch die Straßen maße
ein Lächeln den Frauen zu den Kindern im
Bauch ihrer Mutter du sag ich dem Manne liebe
mich und ich sage ich bin
ich

Somit läßt meine Zukunft nicht
hoffen offen liegt nur mein Herz

Dieses Jahr lehrte mich
Angst sagen
Liebe sagen

Im Netz

In diesem riesig zuckenden
Rachen Kabel
Die Worte an
Den Strand gezogen
Boote lagern in Schuppen
Ausgeträumt bis zum
Rand der Sprache

Die Toten in unserer Haut

Der Tag ist leicht bläulich
wie Bahnhofsbeleuchtung
wie schmales Leben
die Gleichgültigkeit seiner Farbe
erweckt Sehnsucht nach Leere
die Lust nach Winter

Verpackte Zeit

Kaum ansprechbar die
Toten in unserer Haut

Rast

Links wo der Schmerz
liegt ist Rast:

MEINE SPRACHE

verletzlich
hellwach
sprungbereit

Herztier

Winter

Du schweigst, Liebster

Davon kann ich nicht leben

Rost

Seit ich diesen
rotbraunen Staub auf
meiner Haut spüre
lebe ich gefährdeter
bin sichtbar für die Wölfe
und Gaukler essen mein Herz auf

Reisen

Infragestellen
das Schlepptau des Tages
die Trägheit der Stunden
leben zwischen Abschied
und Ziel
nahe dem Zeitgedächtnis
dem Unvergitterten

/ Rom 2003 /

Rannoch Moor / Highland

Hundert Tönungen und doch
nur eine – rostbraun
Mutter Erde ist eine Verbitterte
mit unverwechselbarem Gesicht
als schickt sie sich zum
Sterben an
Land in Moll

Ein Dram ist ein Dram ist ein
Dram sagst du und trinkst ein
Loch in die Wolkendecke trinkst
eine flirrende Etüde zwischen
Moor und Himmel

/ Schottland 2000 /

Atemgrau / Insel Sky

Fern vom Kontinent und der
Industriegesellschaft von
Flitterkram Posen und allerlei
Liebe die Stille
etwas beruhigend Rückgewandtes
Eine Treppe aus Blei und
Zink der Himmel
programmatisches Atemgrau
nichts Strahlendes Serenes
Tage jenseits der Idylle
bleiben dir nichts schuldig

/ Schottland – Hebriden 2000 /

Schraffuren

Die Horizontale der
Schattenregionen im Wechsel
mit Schraffuren des Lichts
Diese Weite, die alles auflöst
der Blick kann nichts festklammern
Trotzdem das Gefühl, im
Herzland zu sein

Ab und zu seltsame Kamerawesen
die hier einfallen, ausschwärmen
und abziehen
Zugvögel – larus touristicus

Man müßte uns beringen

/ Schottland 2000 /

Lakonische Zeilen /
Bei Freunden in Israel
(für A.)

Die Spalte im Baumstamm
Der Sand auf der Tischplatte
Die Wunde im Kopf
Das Brot aus dem Kühlschrank
Die Gespräche
Die Küsse
Der Tumor im Alltag
Die Nähe der Toten
Die Gräte im Hals
Das Vorrecht, Besucher zu sein
von Mal zu Mal weniger

/ Israel 2000 /

Klicken Sie auf OK

Rost im Sprachgitter
der Cursor verirrt zwischen
Leerstelle und Wort
Dialoge – virtuell wie dieser
Beginn des einundzwanzigsten
Jahrhunderts

Also speichern wir den Tod
den Kuß der ins Messer führt
wie der Ring zur Kette läuft

/ Rumänien 2001 /

Zirkelschluß / Blindflugzeit

Einkalkulierte Spiegelung
Scheinempfindungen
Donaulurelei

Du trittst aus einem Satz in
den anderen
Schleppst die Bilder herum
Wie in einer Höhle

Blindflugzeit

Das nichtgesagte Wort
ist Schmerz
schamlos das gesprochene

/ Rumänien 2001 /

Allerorten

Tief im Wort der
Schatten
stets farblos
kühl

gebunden
an die unabdingbare
Notwendigkeit des Lichts

/ *Rumänien 2001* /

Ohne Irritation /
Rumänische Landschaft

Sätze aus dem Fenster gekippt
Sprachmüll umgeschmolzen in
Silben
wohltemperiert
untätig

Das Wort kein Zahnrad
auch nicht semantischer
Zauberwürfel
lautlos reparabel
Sprechblase über unserer
kalten Anatomie

Was heißt da Heimat
und wann fahren wir aus der Haut

/ *Rumänien 2001* /

Finistère

zerfressen das ufer wehrhafter rand der
austermuschel
gleich botschaften krallen wellen mit spitzen
fingern ins fleisch der felsen toben
kämpfen als wärs ein feind darüber ein
spinnenförmiger himmel der dolch sonne
dort vögel wie decksteine reglos auf den klippen
umarm mich sagst du drückst mein knie an den
stein wir folgen den göttern ins jenseits im boot
unserer körper
ablesbar deine küsse wie an gefälteten
gneisfelsen die metamorphose des gesteins
dickbäuchige nester der kormorane an den
klüften der felswände
inseln (augenklein) verschwinden im dunst der
ersten und letzten welle im gehör des wassers
am
        rand der erde
                     Finistère!

ergreifen wir den mittag das ertrunkene land
armor watt und meer eingescannt in unserer
haut
zärtlich naß unsere zunge als wärs ein anderes
leben nicht eingeschlossen im kern einer traube
in der haut der schlüsselblume (matt unter der
oberfläche, ängstlich) wir
spiel der gezeiten

die scharfe klinge der steine im brennpunkt
flimmernder hitze zeichnet das abbild der
ewigkeit
dieses gleiten der kähne gelöst wie unsere
worte

sommerfülle und herrenlos frei die linie der
vögel am dünnen seil hängt der augenblick
schutzlos unsere helle die geöffnete stunde
(doch) der atlantik trägt den himmel voller
weiterungen vertraut
                     sich selbst

entflogen die felder ihr buntes harlekinsgewand
jeder flicken durch windenüberwucherte
erdwälle gegen den anderen abgesteppt
fern der träge schritt bretonischer kühe die
dampfende senke land
       finis terrae!

gewohnheiten der krebse zwischen der kalten
last der steine
die küste stößt mit roten granitzähnen ins
wasser zersplittert zeit
manchmal bringt das meer seine schwächen mit
in gebärden empfindsam als gäbs ein beweis für
sein geheimnis als wöge es licht zerstäubt es
in stürzendes silber

/ *Bretagne August 2003* /

Hospital „Hôtel Dieu" / Beaune

nach allem greift der vibrierende sonnendynamo
menschenmasse rinnt wie gallert durch die
straßen der hintere eingang der häuser ist oft der
menschlichste (dieser ist zwar verboten doch
offen) im schattigen hospizpark fern der
betriebsamkeit des abgenutzten lächelns in der
tasche
    den einzig gültigen paß
            leben!
sprechen greisinnen miteinander in der grünen
kühle lösen die gekreuzten finger erinnern
sich an die buchstaben von du von wir
ein lächeln liegt über ihnen zauberhafte
leichtigkeit
ahnung in mir von dem wirksamsten
schmerzmittel
      menschliche zuwendung

vergessen die hohen worte kühl und zugig wie
triumpfbögen es gibt sekunden am tag da halten
wir den traum wie eine lila malvenblüte in der
hand ahnen wie groß die gärten sind hinter
unserer stirn gärten mit dem duft von jerusalem
von grasse von florenz

die gedanken gehen so leicht an diesem ort
(neben) unter dem dach mit ziegeln wie bunte
vögel anzulocken mit dem leuchten der augen
dem pulsschlag des herzens all die teilnahmslosigkeit der welt so scheint es löst sich auf
hier an diesem farbfrohen rand des
                                       kruges himmel
gestülpt über uns

ich gehe ins haus mit dem namen „gottes hotel"
reihe mich ein in den besucherstrom werde
geschleust durch den mittelalterlichen *„palast
für die armen"*.
ein faltblatt informiert: *mit ausnahme eines
altersheimes ist seine tätigkeit vom jahre 1971
an in ein anderes krankenhaus verlegt worden.
als bewirtschafter der 61 ha weinberge,
welche im laufe der jahrhunderte geerbt
wurden, organisiert das hospital jedes jahr die
berühmteste weinversteigerung unserer zeit.*

der ausgang befindet sich am ende dieses saales
durch den souvenir – laden. ist's nicht eine
schöne welt

/ Burgund August 2003 /

Via Appia Nova abends

Zwischen dem Hin & Her San-
tissima Trinità dei Monti und
Spanische Treppe in den Metro-
Tunnel den Bauch Roms gefallen
in die Zwergenwelt der Gegenwart
zu gespenstischen Resten einer
Art Biomüll zusammengeschrumpft
ausgespuckt weitab von Bernini
und Bramante ins schwarze Maul
der Verità welche auf solch triste
Art die Architektur unserer eigenen
Epoche der Lächerlichkeit preisgibt
der Tag versenkt sich in Ödschaften
unsere handkolorierten Träume
steigen planvoll ins Bild

/ Rom 2003 /

Dieser Eindruck

Schnee tönt sich indigo
über den Stein

Dieser Eindruck
man hätte Zeit

/ Norwegen 2002 /

Josef Heidelbacher †
Bildegg – Backnang

Josef Heidelbacher wurde am 8. August 1909 in Bildegg (Sathmar/Rumänien) als Sohn des Landwirts Stefan Heidelbacher und der Cecilia Heidelbacher, geb. Böhm, geboren. Die Eltern verstarben, als er noch ein Kind war. Als jüngstes von 13 Geschwistern wurde Josef von der ältesten Halbschwester aufgenommen und großgezogen. Er absolvierte die Katholische Lehrerbildungsanstalt in Temeswar. Von 1928 bis 1945 war Heidelbacher Lehrer an der deutschen Sektion der Ortsschule von Bildegg, die gegen heftigen Widerstand von Simon Welti, dem ersten Obmann der Volksgemeinschaft im Sathmargebiet, eingerichtet worden war. 1934 heiratete Heidelbacher dessen Tochter Emma, mit der er zwei Kinder bekam. Nach dem Krieg wurde die deutsche Abteilung der Schule geschlossen. Heidelbacher unterrichtete in verschiedenen Ortschaften an rumänischen und ungarischen Schulen, bis er 1958 als politisch unerwünschte Person aus dem Lehramt entfernt wurde. Er mußte danach seinen Lebensunterhalt als Hilfsarbeiter in der Fabrik „1. September" in Sathmar verdienen. Erst als in der Fabrik seine Fähigkeiten erkannt wurden, rückte er zum Archivar des Unternehmens auf und versah diese Aufgabe bis zu seinem Renteneintritt 1970. Nach dem Krieg sind seine Bemühungen, seine literarischen Texte in Rumänien zu veröffentlichen, auf Ablehnung gestoßen. 1971 erhielt Heidelbacher die Ausreisegenehmigung, übersiedelte in die Bundesrepublik Deutschland und kehrte nicht wieder nach Rumänien zurück. Bis zu seiner Pensionierung 1977 unterrichtete er noch fünf Jahre lang an der Schickard-Realschule in Backnang. Vereinzelte Veröffentlichungen erschienen in Zeitungen und Zeischriften. Sein Roman „Wie's daheim war ..." ist nicht mehr zur Veröffentlichung gekommen. Im Alter von 86 Jahren starb Josef Heidelbacher am 25. Oktober 1995 in Backnang.

Groß war die Not und das Heimweh
Die erste Weihnacht – 1730 – der Bildegger Schwaben

Beim Dunkelwerden fing es an. Lautlos, in dichten, großen Flocken fiel aus dem dunkelgrauen, endlosen All der erste Schnee auf die neue Heimat nieder. Es war der 22. Dezember 1730.

Martin Nägele stand vor seiner Hütte, als ihn sein Nachbar, Peter Kind, mit einem „Guten Abend" begrüßte. Nägele reichte ihm die Hand. Eine Weile standen sie wortlos nebeneinander.

Peter Kind brach die Stille:

„Ob sie noch den ersten Schnee erleben konnte ...?"

„Deine Mutter?"

Es verging wieder eine Weile, bis Peter Kind seine Gedanken in Worte faßte:

„Sie war schon ganz elend dran, als wir wegkamen."

Die dichten Schneeflocken machten die Stille noch vollkommener. Ihre Gedanken – getrieben von einem heißen Heimweh – flogen immer wieder über Länder und Grenzen, in die ferne Heimat, um bei ihren daheimgebliebenen Lieben zu verweilen.

Peter Kinds „Gute Nacht" verklang in der dunklen Stille.

Martin Nägele hielt seine Hand eine Weile fest:

„Wie Gott will, Peter ... Sein Wille geschehe ..."

Die Schneeflocken wurden größer und dichter, die Stille lautloser, die Nacht immer tiefer.

Ein langgezogenes Heulen drang klagend, unsicher und beängstigend in die unheimliche Stille. War es der Hund des gräflichen Verwalters Sásvári? ... Oder vielleicht einer der Wölfe, die – angeblich – die Ochsen Josef Haulers zerfetzten?

Ein fahles Graulicht verdrängte allmählich die Finsternis der endlos scheinenden Nacht. Das Bild, das sich bot, war einmalig. Wo gestern noch das Hüttendorf der Bildegger Schwaben stand, glitzerte heute eine glänzend-weiße Wolldecke, auf der die Hütten wie kleine – aus demselben Stoff gewobene – Verzierungen wirkten. Die in Weiß gekleidete Kirche schien das einzige Wahrzeichen des – vom Schnee bedeckten – Lebens zu sein.

Josef Hauler schaufelte sich grad einen Verbindungsweg durch den Schnee, als Veres Laci, der erste Haiduk des Gutsverwalters Sásvári, von der Landstraße her ihm mit lauter Stimme zurief:

„Hauler! Herr Sásvári will Sie sprechen! Ich muß Sie sofort zu ihm bringen!"

Josef Hauler stieß seine Schaufel in den Schnee, dann wandte er sich an seine in der Hüttentür stehende Frau:

„Du weißt, was du zu tun hast, wenn ich nicht wiederkomme."

Der Haiduk meldete die Ankunft Haulers.

„Er soll warten!" befahl Sásvári.

In der Verwaltungskanzlei saß Sásvári an seinem Schreibtisch, vor ihm stand Matthias Pfeiffer, der erste freigewählte Dorfrichter der vor sieben Monaten gegründeten schwäbischen Gemeinde Bildegg.

„Herr Gutsverwalter, ich protestiere gegen die Festnahme Haulers. Ihre Vermutung ist noch lange kein Beweis. Unsere diesbezüglichen Abmachungen mit unserem Gutsherrn sind eindeutig, und Sie als der Verwalter unseres gnädigsten Herrn sollten es ..."

Sásvári konnte sich nicht mehr beherrschen:

„Ich als gräflicher Gutsverwalter werde mich von einem Dorfrichter nicht belehren lassen! Und, das wissen Sie übrigens ganz genau, daß zwei Ochsen von Wölfen nicht ohne jedwelche Spur zerfetzt werden können! Keine Blutspuren ... nichts ... Wie erklären Sie das?"

Pfeiffers Stimme klang hart und entschlossen:

„Unsere Verträge und Vereinbarungen mit unserem Gutsherrn müssen Sie voll respektieren und demnach haben Sie kein Recht ..."

Sásvári sprang auf und riß die Tür auf:

„Kommen Sie herein, Hauler!"

Sásvári stand vor seinem Schreibtisch. Seine Halsadern schwollen fingerdick an, als er Hauler anschrie:

„Warum lügen Sie? Warum sagen Sie nicht die Wahrheit, daß Sie Ihre Ochsen verkauft haben?"

Josef Hauler stand in der Mitte des Zimmers. Es schien, als ob er von dem wütenden Verwalter überhaupt keine Kenntnis nähme. Er hielt seinen runden Hut in seinen beiden Händen und drehte ihn zuerst von rechts nach links, dann von links nach rechts.

Die Teilnahmslosigkeit Haulers schien Sásvári bis aufs äußerste gereizt zu haben:

„Sind Sie stumm?"

Abwesend sah Hauler auf seinen Hut, den er unentwegt, beinahe rhythmisch um seinen Zeigefinger drehte.

Fassungslos vor Wut wandte sich Sásvári an Pfeiffer:

„Seine Schuld ist einwandfrei! Er verteidigt sich nicht, weil er sich nicht verteidigen kann!"

Pfeiffer trat zu Hauler, legte die Hand auf seine Schulter:

„Erzähl die ganze Sache, so wie sie war."

Hauler hob den Kopf:

„Die Wölfe kamen von Cserhat her ... sie jagten die Ochsen in den Stinaer Wald hinein ... Ich weiß nicht, wie weit ... ich weiß nicht ..."

Das fahle Gesicht Haulers glich dem eines Toten. Pfeiffer war es unheimlich zumute, als er dieses Gesicht betrachtete, das kein Leid, keine Furcht, keine Anklage, keine Vergebung, nur Aussichtslosigkeit, ein unendliches Nichts ausdrückte.

Im Zimmer war es still. Sásvári setzte sich. Hauler sah jetzt Pfeiffer in die Augen. Pfeiffer hielt den Blick fest. Er las aus diesen Augen: den langen Winter, die paar Kartoffeln, die vier Kinder, die schwangere Frau und ... die unendliche Sehnsucht nach der fernen Heimat, die er ... und sie alle verlassen haben ... warum? ... warum? ...

Sásváris Stimme klang hohl:

„Sie werden dieses Märchen vor dem Gericht erzählen! Glauben wird es Ihnen niemand!"

„Veres!"

Veres trat eilig ins Zimmer.

„Einsperren!" schrie Sásvári heiser.

Matthias Pfeiffer wandte sich an Sásvári:

„Herr Verwalter, die Frau Haulers ist schwanger. Das Gefühl der Unsicherheit, die Aufregung könnte für sie verhängnisvoll werden. Wenn Sie keinesfalls bereit sein sollten, all das in Betracht zu ziehen, so muß ich als Dorfrichter gegen Ihren Willen handeln."

„In diesem Falle werden Sie die volle Verantwortung übernehmen! Ich habe Ihnen nichts mehr zu sagen!"

Sásvári verließ das Zimmer.

Pfeiffer klopfte an der Hüttentür und trat nach dem kräftigen „Herein!" Petukers, des Dorfschmiedes, in die Hütte.

„Was ist mit Hauler?" fragte Petuker, ohne den „Guten Tag" Pfeiffers abzuwarten.

„Eingesperrt", antwortete Pfeiffer kurz.

Petuker zog die Schublade der aus der Heimat mitgebrachten Truhe und nahm einen Schlüssel heraus.

„Als Sásvári vor einem Monat bei mir ein neues Schloß bestellt hat, sorgte ich – für alle Fälle – für einen zweiten Schlüssel. Ich bring ihn heute Nacht unbemerkt heraus."

Wortlos reichte ihm Pfeiffer die Hand und verließ das Zimmer.

Es schneite die ganze Nacht. Die in der Nacht hinterlassenen Spuren wurden, bis der Tag anbrach, von einer sorgenden, unsichtbaren Hand sorgfältig mit glänzendem Neuschnee überstreut und bedeckt.

In der Hütte Haulers fand Veres, der erste Haiduk Sásváris, eine vielsagende Leere vor, als er bei Tageslicht die Tür mit seinen Stiefeln etwas unsanft öffnete. Zehn Minuten später bekam Sásvári folgende Meldung:

„Hauler muß die Flucht schon vor Tagen vorbereitet haben. Mit vier Kindern und Frau konnte er in diesem Schnee das Dorf zu Fuß nicht verlassen."

Am 24. Dezember 1730 wurden in den meisten Hütten der Bildegger Schwaben die Bratkartoffeln zu Weihnachtskuchen. Am Vorabend des Friedensfestes schien der Friede etwas unheimlich vollkommen zu sein. Aber kaum fing der Tag an, schon ging er zu Ende.

Franz Petuker und sein Freund Hans Stocker waren die Initiatoren. Liesel Pfeiffer und Cecilie Hartmann schlossen sich an. Bei der fünften Hütte waren es schon über zehn, die im Chor mitsangen.

„Diafe mr Gott lobe?"

„Jo!" war überall die Antwort. Und es erklangen die alten, trauten Weisen. Die Bildegger Schwaben fanden die ferne, liebe Heimat in ihren Weihnachtsliedern wieder. Die Armut schien vergessen zu sein, die Angst vor morgen verbannt. Sie hatten ihren Herrgott, dessen Nähe sie immer wieder von neuem empfanden.

Und als sich in der armbeleuchteten Kirche die Gemeinde zur mitternächtlichen Mette zusammenfand und der Vorbeter, Sebastian Nagel, der in der neuen Heimat Verstorbenen und der aus der neuen Heimat Geflüchteten gedachte, da beteten die Bildegger andachtsvoll mit einem tiefen Weh im Herzen mit:

„Stehe unseren auf der Flucht befindlichen Brüdern bei. Wir bitten Dich, oh Herr!"

Nicoara

Es war im Sommer 1915. Ich war fünf Jahre alt. Meine Mutter war schon tot, mein Vater krank, mein Bruder im Krieg, meine Schwestern verheiratet. Mein Vater wohnte mit mir in unserem großen und unheimlich stillen Bauernhaus. Alles war bei uns so ungeheuer groß. Die Scheune, die Ställe, der Getreidespeicher, ja sogar unsere Pferde waren so unheimlich groß. Unsere Ochsen hatten mächtige Hörner, auch Jancu Cumputan, der Zweitknecht, war mächtig. Heute – wenn ich zurückdenke, weiß ich, daß diese ungeheuren Dimensionen allein der großen und unheimlichen Stille, die in unserem Hause herrschte, zuzuschreiben war. Die Taglöhner – meist Frauen –, die in der großen Arbeitszeit den Mittlederberg in einem einzigen Tag fertig hacken mußten, wurden auf einmal still, wenn sie abends nach der Arbeit den Hof betraten, denn Frau Cocos, die den verwaisten Haushalt führte, legte ihren Zeigefinger auf den Mund, wenn einer zu laut war:

„Numai incet. Sti, ca gazda-i in pat." (Nur leise. Du weißt, der Bauer liegt im Bett.)

War diese Zurechtweisung Achtung vor dem Bauern oder Mitleid mit dem kranken Menschen? Vielleicht beides. Als die Taglöhner fort waren, zog sich

Frau Cocos in die Sommerküche zurück. Sie begann, die Unmenge von Eßgeschirr zu spülen. Sie spülte beinahe lautlos. Nur das eintönige Plätschern begleitete die leisen Lieder der wunderbaren, blauäugigen Rumänin: „Foaie verde de secara, mi-a murit mindra-mi aseara ..." (Grüne Blätter des Roggens, meine Liebste ist seit gestern tot ...)

Leise klang die Doina (Lied der Wehmut), wehmütig, kaum hörbar, und doch drang sie in die entfernteste Ecke des einsamen Hauses, der großen Scheune. Sie drang in den dunklen Garten, in den dunklen Getreidespeicher und tief in meine Kinderseele hinein. Wenn sie sang, wurde in meiner Phantasie alles lebendig, die Helden meiner Kindermärchen, die Hexen, die Feen, die bösen Stiefmütter, die Drachen und alle bösen Geister ... und wenn Frau Cocos aufhörte zu singen, dann bat ich sie gleich: „Cîntă!" (Sing!)

Und sie sang. In ihrer Stimme sangen der Wald, die Wiese, die Blumen. In ihrer Stimme säuselte es so leise und geheimnisvoll wie der Abendwind in den dunklen Kronen der Bäume.

Inmitten dieser Stimmung, es war ein paar Minuten vor Mitternacht, stand plötzlich in der offenen Küchentür ein Mann mit langem Bart, braungebrannt, strupphaarig. Heiser, kräftig krächzend klang sein „Bună seara" (Guten Abend).

Mit einem Sprung warf ich mich vor Angst in die Arme der Frau Cocos. Sie schenkte mir ihre Aufmerksamkeit, indem sie mich umarmte und liebkoste: „Fii cuminte, doar nu s-a întimplat nimic." (Sei klug, es ist ja nichts geschehen).

Dann wandte sie sich an den Eintretenden: „De unde dracu vii la miezul noptii?" (Von wo zum Teufel kommst du um Mitternacht her?)

Beschämt stand der Struppige in der Tür und ließ geduldig die Schimpfwörter meiner lieben „Cocos-Mutter" über sich ergehen. Als kein Laut von der Tür kam und ich mich vom Schreck erholt hatte, fragte sie etwas sanfter: „Wo streifst du in der Nacht herum? Was willst du?"

Leise kam die Antwort: „Ich komme soeben vom Codru (Bergwald), aus Corn (Dorfname). Ich suche Arbeit ... Ich hörte dich singen und kam herein ..."

Sie lächelte mich an und stellte mich auf den Boden: „Nu-ți mai e frică?" (Hast keine Angst mehr?) Dann nahm sie einen Teller, füllte ihn mit Kartoffelsuppe, nahm einen Löffel und Brot dazu.

„Na!" sagte sie kurz, „mînincă!" (Na, iß!) „In der Scheune kannst du schlafen. Morgen, bevor du weitergehst, komm herein. Du bekommst dein Frühstück, und ich möchte dir auch beim Tageslicht in die Augen sehen."

„Noapte bună!" sagte er und wollte gehen. Frau Cocos wollte seinen Namen wissen: „Wie heißt du?"

„Nicoara!" war die kurze Antwort.

„Și incă?" (Und weiter?)

„Numai Nicoara." (Nur Nicoara.)

„Wieso nur Nicoara? Jeder Mensch hat doch zwei Namen."

„Eu-s numai Nicoara" (Ich bin nur Nicoara), wiederholte er leise.

„Dann sei du halt nur Nicoara!" antwortete sie ebenso leise und setzte sich auf das Melkstühlchen, zog mich an sich und sagte mit warmer Stimme: „Jetzt schlafen schon die Engelein im Himmel, und du gehst jetzt auch schlafen ..."

Es vergingen vielleicht zwei, drei Tage nach dieser Begebenheit, als ich frühmorgens durch ungewöhnliches Geblase aus dem Schlafe geweckt wurde. Ich sprang aus dem Bett, lief im Hemd hinaus und stieg aufs Gehäuse des Sankt Florian, den mein Vater besonders verehrte und ihm in unserem Hof ein Denkmal gesetzt hatte, weil er unsere Scheune vor Feuersbrunst bewahrt hatte, als die Scheune des Nachbarn, kaum zwei Meter von der unseren entfernt, niederbrannte. Ich setzte mich immer auf die Schultern des Heiligen, wenn ich die Straße ganz übersehen wollte. Das Bild, das sich mir diesmal bot, war seltsam. Auf der Straße, kaum einige Meter vor mir, stand Nicoara. In seiner Hand hielt er ein prachtvolles Horn, lang, schlank, zweimal gewölbt, geziert mit schönen, bunten Quasten. Um seine Schultern, den Hals und die Brust schlängelte sich die schönste Lederpeitsche, die ich in meinem kurzen Leben je gesehen hatte. Der Stiel war ein Kunstwerk, geschnitzt, gedrechselt und bemalt ... wunderbar.

Jetzt hob er sein Horn langsam, aber stolz, so wie der Erzengel Gabriel das himmlische Horn, an die Lippen. Es heulte wie eine Sirene über das erwachende Dorf. Dann ließ er das Horn auf den Rücken gleiten, nahm den Peitschenstiel in die Hand und wickelte die lange Schnur von Hals, Schultern und Brust ab, spreizte die Beine und holte zum Knallen aus. Es war meisterhaft, wie er es machte. Er knallte und knallte. Beim letzten Knall ließ er sich die Peitschenschnur um den Körper winden. Dann ertönte seine Stimme wie Schlachtengeschrei: „Mina viteiiii! Minaaaaaa! (Treibt die Kälber, treibt sieeee!)

Das war der erste große Auftritt Nicoaras. Ich wußte damals noch nichts vom Beifallklatschen, sonst hätte ich es getan. Nicoara hat seine Sache sehr gut gemacht, doch die Zensur „Eins" blieb für ihn jetzt und auch im späteren Leben aus.

Er gehörte zum Dorfbild wie die Urbanuskapelle, wo Sankt Urbanus hauste und von wo er die Reben vor Frostschaden bewahrte ... oder so wie die zwei Wersardamen, von denen die achtzigjährige „Bohlernana" behauptete, daß sie, seit sie sich erinnern könne, immer so schön jung waren wie heute, oder so wie der alte Ludescher, von dem das Dorf behauptete, daß er im Ort der Allerdümmste sei, denn er sitze seit vierzig Jahren noch immer in der ersten Grundschulklasse, und es bestehe keine Chance für ihn, in die zweite versetzt zu werden. Er unterrichtete nämlich als Lehrer seit vierzig Jahren immer die erste Klasse.

Nicoara, dessen Anblick mich stets an meine Kindheit erinnerte, übte einen gewissen Reiz auf mich aus. Meine Versuche, mit ihm in ein längeres Gespräch zu kommen, wollten mir nie recht gelingen. Einmal fragte ich ihn, wo er wohne. Er sah mich an, zuckte die Achsel: „Apoi unde? ... eu-s in Beltiug acasă!" (Wo? ich bin in Bildegg zu Hause!)

Ja, er war in der schönen, reichen schwäbischen Gemeinde Bildegg zu Hause und nicht der einzige, der aus dem Codru herunterkam, um Arbeit und Brot zu bekommen. Die meisten von ihnen blieben im Ort und bauten ihre Häuser. Es entwickelte sich zwischen ihnen und den einheimischen Schwaben ein Zusammenleben, eine Solidarität nach dem ungeschriebenen Gesetz der Stiefkinder, das von beiden Seiten geachtet und eingehalten wurde. Sie saßen am selben Tisch, aßen dieselben Speisen, tranken denselben Wein, arbeiteten Seite an Seite, und jeder von ihnen verstand und sprach die Sprache des anderen. Was sie nie aussprachen, wußten sie: Sie wurden beide vom madjarischen „Herrenvolk" verhöhnt, denn es galt: „Süvegelje meg a magyart ugy az oláh, mint a német, mint a tót, legyen ugy mint régen volt!" (Ziehe den Hut ab vor dem Madjaren, sowohl der Walach, der Deutsche wie der Slowake, es sei wieder alles so, wie es einst war!) Rumänen und Deutsche, sie waren beide zu Hause auf der Scholle ihrer Väter, und doch wurden sie als Fremde betrachtet.

War diese passive Solidarität der Nichtmadjaren Resignation? Nein! Denn dahinter verbarg sich ein aktiver Kampf. Er wurde schweigsam, aber mit Konsequenz gegen das scheinbar mächtige „Reich der Ungarn" geführt. Das Ziel war bei den Rumänen die Loslösung von einem Ungarn, das nichts anderes als das baufällige Flickwerk eines allzu bunten Nationalitätenstaates war.

Und eines Tages, nach vier langen Jahren, kehrten die Männer, die ihre Ruhe nicht in einem der vielen Massengräber des ersten Weltkrieges gefunden hatten oder in einem Gefangenenlager schmachteten, wieder heim.

Die Ideale, für die sie gekämpft und für die viele von ihnen ihr Leben geopfert hatten, entpuppten sich als Kindermärchen. Reiche stürzten wie Kartenhäuser zusammen. In Versailles und Trianon saßen die Sieger beisammen und zogen eifrig die Striche, welche das Angesicht des alten Europa wieder einmal veränderten. Die stattlichen Dörfer der Sathmarer Schwaben lagen nunmehr dicht an der östlichen Seite des Striches, der die Grenze zwischen Ungarn und Rumänien markierte. In der linken oberen Ecke der neuen Landkarte stand es groß und gewichtig: „ROMANIA".

Tschechen und Slowaken, Kroaten, Dalmatiner und Serben sangen ihre eigenen Hymnen. Die Rumänen pochten auf ihre Latinität. Und inmitten dieses Erwachens rieb sich auch das brave, arbeitsame, treue Völkchen der Sathmarschwaben nach einer hundertjährigen „schwäbischen Nacht" den Schlaf aus den Augen.

„I bin a Schwob. Mir send Schwoba ...", hörte man hie und da immer wieder. Es begann ein ruhmvoller Zeitabschnitt im Leben eines Völkchens. Es begann der heldenhafte Kampf für Sprache und Volkstum des zahlenmäßig winzigen, biologisch und moralisch aber kräftigen Völkchens der Sathmarer Schwaben.

In deutschen Schulen lernten jetzt deutsche Kinder wieder in ihrer Muttersprache. Auf den Straßen, in den Spinnstuben, immer wieder und überall ertönten die schönsten Lieder der Ahnen.

Wie ein Blitzschlag aus heiterem Himmel, so wirkte der verhängnisvolle 30. August 1940, als wieder einmal – diesmal in Wien – ein Strich gezogen wurde. Die Sathmarer Schwaben wurden an Ungarn zurückgegliedert.

Der 30. August 1940, den die Ungarn als einen stolzen Tag ihrer Geschichte feierten, bedeutete für die Sathmarer Schwaben den Beginn ihres völkischen Todes. Nun kannte die nationale Überheblichkeit der ungarischen Machthaber keine Grenzen. In den Sitzungen, Versammlungen, Demonstrationen hörte man nichts als Phrasen wie: „Tausend Jahre Ungarn", „Die stolze Geschichte Ungarns", „Das Hungaristische Imperium der Zukunft". Die Redner sparten nicht mit Beschimpfungen der verschiedenen anderen Nationalitäten.

Inmitten einer dieser Kundgebungen traf ich wieder einmal unseren Nicoara. Der Redner sagte eben überschwenglich: „Himmel und Erde können vergehen, aber Ungarn vergeht nie!" Nicoara war anderer Meinung, denn ehe der Beifall aufbrausen konnte, fragte er mit kräftiger Stimme: „Wenn Himmel und Erde vergehen, was macht dann Ungarn ganz allein im Dunkeln?"

Für einige Tage wurde Nicoara unsichtbar. Die Horthy-Gendarmen taten „gewissenhaft" ihre Pflicht. Als er wieder auftauchte, war er noch schweigsamer als zuvor.

Und dann war der zweite Weltkrieg da, mit ihm Nöte und Sorgen. Einige der großen „Helden-Redner" wurden bescheidener, andere noch lauter. Und endlich brach der 8. Mai 1945 an.

In den sathmarschwäbischen Dörfern standen wieder Redner vor dem Publikum. Dieselben Redner. Sie sprachen mit derselben Lautstärke, aber sie sprachen jetzt von einer Demokratie, in der alle Rumänen und Ungarn gleichberechtigt, friedlich miteinander leben wollten und vereint gegen die Faschisten, Hitleristen und gegen die Todfeinde des Volkes kämpfen müßten. Gemeint waren diesmal die Schwaben. Und die Schwaben? Sie, die außer ihrer Arbeit nichts kannten, standen da und hörten, sie seien die Todfeinde des Volkes. Sie mußten sich das sagen lassen, und von wem?

Darauf gab Nicoara die Antwort. Er stand ganz hinten im Saal. Schweigend hörte er zu. Manchmal schüttelte er mißbilligend den grauen Kopf. Das Kopfschütteln wurde immer energischer. Seine Geduld ging schließlich zu Ende, er fragte leise und bebend: „Leute, warum laßt ihr den da sprechen?"

Dann wurde seine Stimme so kräftig und krächzend wie damals, als ich ihn zum ersten Male hörte: „Der hat schon einmal hier gesprochen und er hat nicht nur unsere schwäbischen Brüder beschimpft, sondern auch ..." Die Stimme wurde unsicher und überschlug sich. Er ballte die Faust und verließ die Versammlung. Die Veranstaltung platzte, denn mit Nicoara verließen einige der anwesenden Rumänen den Raum.

Das war der letzte große Auftritt Nicoaras.

Nach Jahren besuchte ich wieder einmal meine Heimatgemeinde. Es war die Zeit der Akazienblüte. Ich stand vor meinem Elternhaus und bewunderte die alte blaue Akazie, deren Rinde zwar ihr Alter vermuten ließ, doch ihre Blüten wirkten frisch und üppig wie in meiner Kindheit.

Ein freundliches „Guten Tag!" machte meiner Betrachtung ein Ende. Georg Tepfenhart reichte mir lächelnd die Hand: „Wissen Sie, was mir einfiel, als ich Sie da stehen sah? ... der alte Nicoara."

Das Gesicht Tepfenharts wurde ernst: „Wir standen damals, als er empört die Versammlung verließ, nebeneinander ... Gestern haben wir ihn begraben."

„Es tut mir leid, daß ich nicht schon gestern hier sein konnte, ich wäre gern ..."

Tepfenhart unterbrach mich: „Ich dachte an Sie, ich hatte das Gefühl, daß Sie gern dabei gewesen wären ... Vor vier Tagen, abends gegen acht Uhr aß Nicoara noch mit gutem Appetit seine Bohnensuppe, die ihm die junge Frau Hauler aufgetischt hatte. Er bedankte sich wie immer mit einem freundlichen „Mulțăm lui Dumnessău" und zog sich in den Hinterhof zurück, wo er sich gemächlich auf den Holzbock setzte, um seine letzte Pfeife zu rauchen. Dann ging er zur Nachtruhe in die große, geräumige Scheune zurück. Morgens gegen sechs Uhr öffnete Frau Hauler flüchtig die Scheunentür: „Nicoara!" rief sie, „wirf der Kuh etwas Heu vor und tränke sie nachher. In einer Stunde bin ich wieder da."

Frau Hauler kam nach einer Stunde wieder. Sie machte große Augen, denn ihre Kuh stand noch immer vor der leeren Krippe.

„Das habe ich noch nie erlebt", sagte sie, nichts Gutes ahnend, und trat in die Scheune. Nicoara lag friedlich mit geschlossenen Augen auf dem weichen Heulager.

Der herbeigeholte alte Arzt sagte: „Selten habe ich ein so friedliches Hinübergleiten ins Jenseits gesehen ... ein wunderbarer Tod. Das Begräbnis wurde von der Gemeindeverwaltung finanziert. Es ergab sich nur eine einzige Schwierigkeit: die Feststellung seines Namens. Niemand von den 3 800 Einwohnern der Großgemeinde kannte ihn, niemand wußte, woher er stammte, wie alt er war."

Nachmittags besuchte ich das Grab. Es war mit halbverwelkten Akazienblüten bedeckt. Ein Holzkreuz, etwas schief, stand in der lockeren Erde. Es trug die Inschrift: „NICOARA".

Ich stellte mir die Frage, ob es nicht richtiger gewesen wäre: „NUMAI NICOARA" (Nur Nicoara) zu schreiben, so wie er damals der lieben Cocos-Mutter sagte: „Numai Nicoara".

Die Stille des Friedhofs war vollkommen. Nichts störte den freien Lauf meiner Gedanken, die in der Vergangenheit verweilten, in einer Zeit, in welcher in meinem schönen Heimatdorf Bildegg Schwaben und Rumänen „im Guten und im Schlechten" zusammenlebten.

Ich schickte mich gerade an, das Grab Nicoaras zu verlassen, als ich einige Schritte von mir entfernt einen etwa zehnjährigen Jungen stehen sah. Aufmerksam betrachtete er den mit Blumen bedeckten Grabhügel.
„Hast du ihn gekannt?" fragte ich und zeigte auf die Inschrift. Er sah mich an und zuckte die Achseln. Er verstand kein Wort deutsch.
„Wie heißt du?" fragte ich ungarisch.
„Brutler Otto", war seine kurze Antwort.
Die „Helden", die in den ersten zwei Nachkriegsjahrzehnten an der Spitze der sathmarschwäbischen Dörfer standen, können heute stolz auf ihr „Werk" zurückblicken. Sie, die skrupellosen Totengräber der Sathmarschwaben, die als antifaschistische Helden galten, mußten zwar inzwischen ihren „Kampfplatz" räumen, aber zu spät, leider viel zu spät.
Ist es wirklich zu spät? Sind die Sathmarer Schwaben nicht mehr zu retten?
Sie leben noch. Ihr Fleiß, ihr Arbeitswille ist ungebrochen. Ihre Sprache lebt noch.
Brutler Otto lief schon einige hundert Meter vom Friedhof entfernt seinem Reifen nach, als ich gedankenverloren immer noch am Grabe Nicoaras verweilte. Ich sah ihn vor mir, so wie er an jenem Abend braungebrannt, strupphaarig in der Küchentür stand, wie er mit der Lederpeitsche knallte und wie er mit geballter Faust den Saal verließ.
Aus den Jahrhunderten des „Zusammenlebens im Guten und im Schlechten" erklingt wie ein Vermächtnis das „Numai Nicoara", womit sie ihre Söhne – die Zuständigen von heute – bedenken:
„Reicht ihnen eure hilfreiche Hand, denn wem könnte es schaden, wenn sie die Sitten und die Sprache ihrer Väter treu bewahren und bleiben, wie sie immer waren: treu, stark und arbeitsfroh."

Michel singt das Ave Maria

Es schien, als ob diesmal die Bäume doch in den Himmel gewachsen wären. Die dunklen Wolken hingen unmittelbar über den Wipfeln ihrer prachtvollen Kronen, die sich im stürmischen Wind hin und her wiegten. Der Wind zeigte übrigens wenig Verständnis für das zarte Grün der soeben angesetzten Knospen. Er drängte sich unsanft zwischen die Äste, wie wenn er sie – eh noch die ersten Knospen sprängen – wieder entlauben wollte. Vergebens. Die Bäume behielten ihre üppige Herrlichkeit, das Dunkel lichtete sich. Und als nach dem letzten Amen die Menge aus der Nachmittagsvesper der strahlenden Sonne entgegenströmte, waren Wind und Wetter schon längst vergessen.

Die junge Frau Tepfenhart verließ heute als letzte die grüngeschmückte Kirche. Sie wollte ihren umfangreichen Körper, den ihre aufgedunsenen Beine kaum noch zu tragen vermochten, nicht vor dem ganzen Dorf zur Schau stellen. Außerdem hätte sie so manches mit ihrem Herrgott auszurichten. Sie wollte ihn noch einmal und vielleicht zum letzten Mal ganz innig bitten, ihren zwei Söhnen ein Schwesterchen zu schenken. Sie wollte ihm sagen, daß in der kleinen Wirtschaft die zwei Söhne zwar genug zu tun hätten, aber ein dritter Sohn? ... Ein Mädchen hingegen wäre im Haushalt und im Weingarten beinahe unentbehrlich.

Bevor sie die Kirche verließ, blieb sie noch vor der Muttergottes stehen. Sie wiederholte kurz ihre Bitte: „Mädchen, ein kleines Mädele, sie wird Maria heißen", sagte sie leise und verließ die Kirche.

Vor der Kirche stand ihr Nachbar, der alte Brutler Ändres, im Gespräch mit einigen Bauern.

„Kommen Sie mit, Vetter Ändres?" fragte Frau Tepfenhart, nachdem sie die Männer mit einem freundlichen „Guten Tag!" begrüßt hatte. Brutler verabschiedete sich von seinen Gesprächspartnern.

„Ja, freilich komm ich mit dir, Anes", sagte der Alte und fügte fröhlich lächelnd hinzu: „Du bist aber dick, Anes! Du wirst doch nicht auf einen Schlag zwei Schwesterlein für deine zwei Jungen bestellt haben?"

„Schön wär's, Vetter Ändres, „denn ...", sie hielt plötzlich inne, „Vetter Ändres ..."

„Geh schnell nach Hause", unterbrach sie Brutler, „ich bring dir die Hebamme, Anes!"

Die herbeigeeilte Hebamme fand den kleinen Jungen schon neben seiner Mutter.

„Wieder ein Junge", sagte die junge Mutter. „Ich wünschte mir vergebens ein Mädele."

Als die Hebamme das Haus verließ, stand Brutler Ändres vor seinem Haus. „Mädele?" fragte er neugierig.

Die Hebamme antwortete erst, als sie Brutler zuflüstern konnte: „Es ist ein Junge, aber ich wünsche, er läge tot in seinem Bettchen, wenn ich morgen wiederkomme."

„Wäre es besser für ihn?" fragte Brutler.

„Für ihn und für seine Eltern", bejahte die Hebamme, und eiligen Schrittes verließ sie den verstummten Nachbarn.

Die Dorfhebamme Maria Sulzer kam am nächsten Tag wieder. Sie machte große Augen. Der kleine, in aller Eile auf den stolzen Namen des großen Erzengels getaufte Michael Tepfenhart lebte. Und es sah aus, als ob er es mit dem Leben ganz ernst meinte, denn er nahm den süßen Inhalt der vollen Mutterbrust mit dem Lebensinstinkt eines gesunden Kindes entgegen.

Die Jahre vergingen, und Michele, der Tepfenhart Michele, so wurde er von jung und alt genannt, blieb am Leben.

Man meinte, sein dünner Hals sei auf die Dauer kaum fähig, seinen überaus großen Kopf zu tragen. Um diese Ungläubigen Lügen zu strafen, hielt Michele seinen Kopf sogar etwas zu hoch, so wie wenn das schöne Blau seiner Augen immer auf der Suche nach dem unendlichen Blau des Himmels gewesen wäre. Seine mächtigen Hände hingen plump am Ende seiner dünnen, langen Arme, und seine dünnen Beine schienen aus den mächtigen Füßen wie ein zarter Seitentrieb aus einem dicken Wurzelknoten gewachsen zu sein. In seiner von zwei ansehnlichen Buckeln verunstalteten Brust schlug ein warmes Herz, das sich in seinen himmelblauen Augen widerspiegelte.

Wenn er seine dünnen Lippen bis auf eine kleine Spalte zusammenpreßte und den schönsten Lerchengesang in Gottes wunderbare Welt hineintrillerte, dann wurde um ihn alles lebendig. Nachtigall und Lerche erwiderten seinen Ruf. Sie verstanden sich, sie, die wunderbaren Kinder der Natur, die von dem Zwang der von Menschen geschaffenen Gesetze keinerlei Kenntnis nahmen.

Michele sprach wenig, denn die Worte brachte er nur stotternd über seine Lippen, wenn er sprechen mußte. Ja ... wenn er sprechen mußte, nicht aber, wenn er sang. Wenn sein warmer Heldentenor, begleitet von den schönsten Texten, hell und klar erklang, dann schmiegten sich seine Worte aneinander, sie flossen ineinander wie die kristallklaren Tröpflein der unzähligen Bächlein, die von dem Bükkgebirge ins Tal eilen seit endlosen Jahrhunderten.

Er war nicht menschenscheu. Wo er gern gesehen war, dort verweilte er gerne. Wenn er sich überflüssig fühlte, so ging er auch unaufgefordert. Bei Kranken und Hilflosen fühlte er sich wohl. Bei ihnen saß er stundenlang wortlos wie ein treuer Hund und war glücklich, wenn er sich nützlich machen konnte.

Neuestens war Anton Mesmer sein Schützling. Mesmer, der sonst rüstige Fünfziger, war mit gelähmten Beinen an seinen Stuhl gefesselt. Oft saß Michel den ganzen Tag bei ihm. Er sang ihm seine schönsten Lieder, er trillerte morgens sein Morgengebet und abends zwitscherte er leise sein Abendlied.

Jetzt saßen sie auch beieinander. Das Dorf war leer. Alles, was Hände und Füße hatte, war bei der Arbeit. Nur die ganz Alten und die Kranken waren im Dorf.

„Sing mir etwas, Michel."

Jede Bitte Mesmers erfüllte er mit Freude: „Nachtigall, ich hör dich singen ... Grüß dich Gott, Frau Nachtigall! Grüß dich Gott, Frau Nachtigall!" Es blieb eine wohltuende Stille zurück, eine Stimmung des Wohlbehagens, des Friedens.

„Mein Leben wäre unerträglich, wenn du nicht wärest, Michele", sagte Mesmer und nach einer Weile fügte er hinzu, „du hast noch nie so schön gesungen wie heute."

Michel hob seinen Kopf. In seinen Augen blitzte es auf.

„Schö ... schön ... si ... singen", flüsterte er wiederholt, erhob sich und eilte davon. Er wollte schön singen hören. Unwiderstehlich fühlte er sich jetzt von seinem großen Freund Wieland angezogen. Eilenden Fußes brach er auf und ging schnell, so schnell ihn seine dünnen Beine zu tragen vermochten.

Er hatte Glück. Er traf seinen langen Freund wie immer bei der Arbeit.

„Gu ... guten Ta ... ag H ... He ... Herr Do ... Dok ... tor!" grüßte er ehrerbietig. Wieland sah auf, stützte sich auf den Hackenstiel, wischte mit der Handfläche den Schweiß von der Stirn.

„Grüß dich, Michele, endlich bist du wieder da!" Fröhlich wie immer begrüßte der zwei Meter große Wieland seinen Freund.

Josef Wieland? Den Doktortitel verlieh ihm das Volk. Er hatte keinen Anspruch auf diesen Titel, aber er wehrte sich auch nicht dagegen. War er ein Bauer? Ja und nein.

Nachdem er die sechste Volksschulklasse beendet hatte, ging er aufs Gymnasium. Er war ein pflichtbewußter Gymnasiast, anständig und ehrlich. Nach der achten Gymnasialklasse machte er das Abitur und ging auf die Theologie. Die Kutte stand ihm gut. Als Theologe tat er auch seine Pflicht. Wenn er betete, so betete er mit Andacht. Sein Tenor füllte die neue große Kirche, wenn er sich in den Gesang einschaltete. An den heißen Sommertagen zog er seine Kutte aus, nahm die Sense oder die Hacke und ging aufs Feld oder in den Weingarten, wo die Arbeit eben am meisten drängte.

Er beendete gewissenhaft und ehrlich als treuer Sohn der Kirche sein Studium der Theologie. Nach fünf Jahren machte er seine Abschlußprüfung, er ließ sich aber nie zum Priester weihen.

Nach der Theologie überschritt er schwarz die ungarische Grenze, um an der Debereziner Universität Medizin zu studieren. Als Student der medizinischen Fakultät tat er auch gewissenhaft seine Pflicht. Er legte alle seine Prüfungen ab. Seine Staatsprüfung blieb er schuldig. Ohne Staatsprüfung, nach vierundzwanzigjährigem Studium, blieb er zu Haus und wurde ... Bauer, Herr? Er war kein Bauer und kein Herr ... vielleicht war er ein Bauer und ein Herr.

Die sechs Wochentage arbeitete er wie ein Taglöhner. Sonntagvormittag sang er in der Kirche die Haydn-Messe oder die Schubert-Messe, am Nachmittag sang er in fröhlicher Gesellschaft Verdis Rigoletto, Trubadour oder Nabucco, am liebsten vielleicht die Träumerei von Schumann. Ja, sein Leben war Arbeit und Träumerei. Er liebte das Schöne voll Leidenschaft, er sehnte sich nach etwas, was ihm nie zuteil wurde. Manchmal vergaß er seine Arbeit, manchmal war er auch an Werktagen ... Herr. Wenn er in einem seiner elegantesten Anzüge einer schönen Frau die Kur machte, vergaß er alles, denn Josef Wieland liebte das Schöne voll Leidenschaft und war in der Rolle eines Kavaliers ebenso vollkommen wie in der des Tagelöhners. Er war ein Meister der Geselligkeit. Er tanzte mit seltener Eleganz und wählte die Blumen sowie seine Krawatten mit besonderer Sorgfalt aus. Er sang nie unaufgefordert, er ließ sich aber auch nie lange bitten. Er stand auf, trat zum Klavier, und sein geschulter Tenor eroberte im Nu die Frauenherzen, die Sinn für Musik und für hohe, schlanke Männer hatten. Auch ohne Melodie ließ sich seine vielseitige Bildung erkennen. Er war kein schlechter Mensch, aber irgendwo, irgendwie, irgendwas stimmte bei ihm nicht. Auf seinem Grabstein müßte die Inschrift stehen: „Mütterchen, solche Pferde wollt' ich nie."

„Wo warst denn, Michele? Ich dachte, du wärest mir schon untreu geworden."

„Si ... sin ... singen Sie H ... Herr Do ... Dok ... tor!" Die blauen Augen Michels flehten ihn an.

Josef Wieland, der Arzt und der Priester, sah in die Tiefe der reinen, unverdorbenen Seele dieses immer, auch mit vierzig Jahren unschuldigen Kindes.

Spontan, als ein erhabener Hymnus der Freude, brach aus dem Herzen Wielands Schuberts Ave Maria herauf. In den benachbarten Weingärten horchten die Menschen auf, die blauen Augen Michels standen voll Tränen.

Die Tiere haben keine Tränen. Michel war ein Mensch. Ein Mensch, der in seiner Einfalt weinte und lachte, sich freute, aber sich nie ärgerte und niemanden haßte. Er teilte die Menschen in zwei Kategorien ein, in die, denen er zulächelte, und in die, denen er aus dem Wege ging. Die ersten begrüßte er mit einem freundlichen „Gu ... gu ... ten Mo ... or ... gen!" Die anderen knurrte er nicht an, er ging ihnen einfach aus dem Weg.

Anton Mesmer mußte auch am nächsten Tag seinen Freund vermissen. Am nächsten Morgen, als Michel um fünf Uhr keuchend den Nachbill bestieg, fand er seinen Freund schon eifrig bei der Arbeit.

Wieland bemerkte seinen Freund erst, als er um zwölf Uhr zum großen Birnbaum kam, um sein Mittagessen zu verzehren.

„Grüß dich, Michele!"

Wieland setzte sich auf den Rasen, packte sein mitgebrachtes Mittagessen – Brot, Käse, Speck, Zwiebel und ein Fläschchen Wein – aus. Michel saß etwa drei Schritte von ihm entfernt und übernahm das ihm dargebotene Käsebrot mit einem „Da ... dan ... ke sch ... schön H ... Herr Dok ... tor."

Nach dem Mittagessen legte sich Wieland auf den Rasen, schloß seine Augen, um sich – wie üblich – ein halbes Stündchen Mittagsschlaf zu gönnen. Im Halbtraum hörte er Michels Flüstern. Er spitzte seine Ohren. Er täuschte sich nicht. Michel flüsterte wiederholt die Worte Ave Maria. In Wielands Gesicht erschien ein Lächeln. Ohne seine Augen zu öffnen, begann er pianissimo: Ave Maria, gratia plena ... Nachdem er es einige Male wiederholt hatte, erhob er sich, lächelte Michel freundlich zu und ging seiner Arbeit nach.

Kaum hatte er seine Arbeit wieder aufgenommen, als er plötzlich wie gebannt innehalten mußte. Innig und seelenvoll, heiter und doch mit Andacht flog die wunderbare Melodie des Ave Maria in die milde Luft dieses Junitages empor.

In der Stimme Michels lag ein besonderer Zauber, dem Wieland immer, sooft er Michels Stimme hörte, erlegen war.

Das Lied verstummte, der Zauber löste sich. Als Wieland sich dem Birnbaum näherte, um seinem Freund für diesen Genuß mit einer freundlichen Miene zu danken, war Michele nicht mehr da. So unbemerkt, wie er zu erscheinen pflegte, so unbemerkt konnte er auch verschwinden. Vielleicht unterhielt er sich unterdessen schon im nahen Wäldchen in der ihm bekannten Trillersprache mit Frau Lerche und Frau Nachtigall.

„Herr Doktor!" rief Paul Hartmann, der in der Nähe arbeitete.

„Ja!" war die kurze Antwort Wielands.

„Haben Sie es gehört, Mesmer Toni ist vor einer Stunde gestorben."

„Vielleicht war der Tod für ihn schon eine Erlösung!?" bestätigte Wieland die Nachricht.

Die Nachbarn und die Verwandten waren trotz der großen Arbeitszeit der althergebrachten Sitte entsprechend am Sarge des verstorbenen Mesmer zur „Nachtwache" erschienen. Michel saß im Hof auf einem Holzstoß. Mit verstörtem Gesicht beobachtete er die stillen Gesichter der Freunde und Verwandten. Er lehnte sich gegen die neue Lage auf. Er fühlte sich gezwungen, etwas zu unternehmen. Er wollte seinen Freund nicht verlieren ... er wollte ihm das um jeden Preis zur Kenntnis bringen ... er wollte ihm sagen, daß er hier ist ... daß ... Plötzlich entspannte sich sein Gesicht ... er näherte sich der offenen Haustür. Die Lampe warf ihr Licht auf seine entstellte Gestalt, seine Augen glänzten, als er seine Lippen öffnete: „Frau Nachtigall, du singst ja wohl Tag und Nacht, daß uns der liebe Gott nicht vergessen mag. Frau Nachtigall, wo tust du wohnen? Wohl unter den Heck', wohl unter den Dornen, wohl überall, grüß dich Gott, Frau Nachtigall."

Im Haus herrschte Totenstille. Keiner winkte ihn ab, keiner schickte ihn weg. Jeder wußte, dieses Lied galt dem toten Freund, dem dahingeschiedenen Kameraden.

„Grüß dich Gott, Frau Nachtigall ..."

Auch in den Männeraugen glänzten Tränen.

Der alte Kraft Bläse stand schon um vier Uhr vor seinem Haus. Er erwiderte freundlich den „Guten Morgen" der zur Arbeit eilenden Bauern.

„Der arme Mesmer wird kein großes Begräbnis bekommen", sagte er zu seiner Frau, die soeben aus dem Haus kam.

„Schade, er hätte es verdient. Es ist aber kein Wunder", antwortete seine Frau, „die Hitze drängt, der Boden ist steinhart, jede Stunde ist teuer."

Das Begräbnis war auf elf Uhr festgesetzt. Zehn Minuten vor Elf erklang die Glocke und meldete, daß der Pfarrer und der Organist in Begleitung von vier Ministranten soeben die Kirche verließen und auf dem Weg zum Toten seien.

Das Dorf war wie ausgestorben. Im Hofe Mesmers waren höchstens zwanzig Personen versammelt, meist Frauen. Außer Michele waren kaum zwei, drei Männer da, als Paul Schmied, mit einer Sichel unter dem Arm, erschien und sich stumm in eine Ecke des Hofes stellte. Er kam von der Arbeit. Zögernd näherte sich bald darauf Hans Nusser, seine Hacke nicht wie üblich auf der Schulter, sondern ebenfalls unter den Arm geklemmt. Und so kam einer nach dem anderen: Schmied, Späth, Pfeiffer, Müller, Hauler und die anderen.

Dem soeben angekommenen Pfarrer und Josef Wieland (den der Organist gebeten hatte, ihn zu vertreten) bot sich ein ergötzlicher Anblick. Die Schar der von Arbeit, Wind und Sonne gehärteten Männer stand bewegungslos in ihrer Arbeitskluft da. In ihren festen Fäusten ruhten die Waffen ihrer Ehre. Einem König gleich, umgeben von den Helden der Arbeit, lag Mesmer in seinem Sarg.

Josef Wieland war fasziniert vom Anblick dieses einmaligen Bildes. Er, der sich von der Erde der Ahnen angezogen, dem Zauber der heimatlichen Scholle nie hatte entziehen können, fühlte sich ein Leib und eine Seele mit diesen herrlichen Menschen. Sein Blick fiel jetzt auf das abgezehrte Gesicht des Gnoms, der vor dem Tor stand und dessen Blick unbeholfen, ängstlich, hilfesuchend umherschweifte.

Ein Gefühl des Mitleids, der Liebe zwang Wieland, jetzt dem hilflosen Freund beizustehen. Er trat zu ihm, nahm ihn an der Hand. Michele schaute zu ihm hinauf und ging mit ihm.

Die Begräbniszeremonie begann. Micheles Hand ruhte in der warmen, harten Hand Wielands. Es war für ihn ein angenehmes Gefühl, ein Gefühl der Geborgenheit, zu wissen, daß ihm, solange er bei seinem großen Freund war, nichts passieren konnte.

Nach der alten Sitte setzte sich der Leichenzug, nach dem Abschiedslied der Angehörigen, Freunde und Nachbarn von dem Toten, in Bewegung. Das Zeichen zum Aufbruch gab der Organist, indem er das „Miserere" intonierte.

Diesmal geschah es anders. Der Leichenzug wartete umsonst auf Wielands Miserere. Wieland wollte seinem überfüllten Herzen freien Lauf lassen. Er drückte leise die Hand des kleinen Freundes, sah zu ihm hinab und begann leise, das Ave Maria zu singen.

Der kleine schüchterne Tepfenhart Michele vergaß alles. Weich und klangvoll ertönte seine Stimme. Wieland überließ ihm die erste Stimme, er sang leise die Begleitung.

Michele sang. Das warme Blau seiner Augen ruhte fragend auf dem Sarg des toten Freundes: „Hörst mich, Freund, ich singe dir, nur dir allein das Ave Maria."

Nach einem stillen „Ruhe in Frieden" verließ die Menge den Friedhof. Die Menschen eilten zu ihrer Arbeit zurück. Michele bemerkte kaum, daß er allein zurückgeblieben war. Es war für ihn nichts Ungewöhnliches. Er war sehr oft allein ... auch wenn er nicht allein war, auch dann war er allein.

Vor dem Friedhofstor blieb er – nur einen Augenblick – unschlüssig stehen, dann schlug er den Waldweg ein.

Außer den zwitschernden Spielgenossen war niemand für ihn da. Bei ihnen aber war er immer willkommen. Auf sein Trillern flogen sie herbei, oft so nahe, daß er nach ihnen nur seine Hände hätte ausstrecken müssen. Das tat er aber nie. Er war froh, wenn er sie von der Nähe sehen konnte.

Ja, der musizierende Wald ließ ihn alles vergessen. Die schallende Schar dieser tonreichen grünen Welt erfüllte ihn mit Lebenslust und Freude. Der duftende frische Rasen lud ihn zur Rast ein. Er ließ sich nieder, schloß seine Augen und überließ sich dem Wonnegefühl, das er nur hier empfinden konnte.

Ein weinendes Piepsen weckte ihn. Einige Schritte von ihm entfernt erblickte er das soeben aus dem Nest gefallene, hilflos zappelnde Vögelchen. Leise zwitschernd näherte er sich dem Hilflosen, nahm es in die Hand und liebkoste es:

„Wa ... wa ... wart ... Mi ... Mi ... Miche ... le ... bri ... bringt ... di ... dich gleich zu ... zu ... dei ... dei ... nem ... Mü ... Mütter ... le."

Mit seinem Schatz im Busen kletterte er behutsam auf den Baum. Endlich war er oben. Er hielt inne, um ein wenig auszuschnaufen. Das Nestchen war auf einem Nebenast. Er mußte nur seinen Arm ausstrecken, um es zu erreichen. Seine langen Arme erwiesen sich diesmal doch als zu kurz. Er mußte etwas näher rücken. Der Ast schien nicht einmal dem Federgewicht Micheles gewachsen zu sein. Ein Knarren und ein Knacksen ... und ... dann war es wieder still.

Franz Link, der Waldhüter, machte eben seine Runde:

„Du bist aber gut eingeschlafen, Michele", sagte er leise, damit er ihn nicht weckte. Er warf einen flüchtigen Blick auf den Schlafenden und stutzte. „Nanu ... Michele ... du bist doch ...?"

Link trat näher. Michele lag mit geschlossenen Augen auf dem üppigen Rasen. In seinem Mundwinkel glänzte ein rotes Tröpflein. Wo vor kurzem noch sein warmes Herz geschlagen hatte, piepste jetzt hilflos ein kleines Vögelein.

Als die vierjährige Christel Baumann die traurige Nachricht hörte, lief sie zu ihrer Mutter:

„Mama, sag Mama, was macht jetzt Michele?"

„Ja ... mein Kind ... was er jetzt macht?" Nachdenklich fügte sie dann hinzu: „Weißt, Christel ... jetzt wird er wohl im Himmel das Ave Maria singen ... oder ..."

„Oder Frau Nachtigall ... Grüß dich Gott, Frau Nachtigall, nicht wahr, Mama?"

Sathmar, wir grüßen dich!

In der Nordwestecke Rumäniens liegt eine Stadt mit modernen Hochhäusern, mit geraden, breiten Boulevards, mit Parks und Grünflächen, mit Schulen und stolzen Institutionen. Sathmar heißt sie. Heute trägt sie ihr schönstes Kleid, sie feiert, sie jubiliert.

Ein Jahrtausend! Ein ansehnlicher Zeitabschnitt auch in der Geschichte eines Volkes, eines Staates, ja sogar im Leben eines mächtigen Imperiums. In einem Jahrtausend entstehen oft mächtige Imperien, um noch in demselben Jahrtausend unterzutauchen und als Vergangenheit in die Geschichte einzugehen.

In einem Jahrtausend entstehen Städte, um für immer zu verschwinden oder aber, dem Schicksal trotzend, aus den Trümmern zu neuem Leben zu erwachen, um dieses neue Leben üppiger, hoffnungsvoller zu gestalten als zuvor.

Sathmar, liebe Stadt am Samischstrand, was erlebtest du in diesem langen Jahrtausend? Wie oft haben Kriege, Krankheit und Not die Früchte deiner Arbeit von Jahrhunderten zerstört? Wie oft wurden deine Kinder von der Pest hinweggerafft? Wie oft wurdest du dem Boden gleichgemacht?

Uns bist du lieb, Sathmar. Wir tragen deinen Namen. In dem letzten Viertel deiner Existenz wurdest du uns Heimat. Vielleicht kennst du uns nicht zur Genüge, deshalb wollen wir dir heute über uns erzählen, damit du uns nie mehr vergißt, uns, die wir zu dir nie untreu waren.

Man schrieb das Jahr 1712. Infolge des Kurutzenkrieges und anderer Schicksalsschläge lagst du inmitten veröderter Dörfer ohnmächtig, arm, zerstört und verlassen. Graf Alexander Karolyi, der ehemalige Feldherr des großen Kurutzenführers Franz Rakoczi, beklagte sich in Preßburg auf dem Landtag über deine katastrophale Lage.

„Der einzige Ausweg aus diesem Elend", schrieb Karolyi im Juni des Jahres 1712 an die Wiener Hofkanzlei und an den Kriegsrat, „ist die Ansiedlung von Schwaben aus Deutschland."

Die Hofkanzlei sagte zu, und wir kamen. Nun sind wir seither da, wir Sathmarer Schwaben.

Was machten wir in diesen letzten zweieinhalb Jahrhunderten? Wir arbeiteten. Die Arbeit war unser Lebenselement, unser Glaube, unser Sein. Sumpf und Seuchen vermehrten die schlichten Gräber in unseren Friedhöfen. Diese Gräber erzählen in ihrer stummen Sprache von unserer Ehre, von unserem Opfermut und Lebenswillen. In diesen zweieinhalb Jahrhunderten arbeiteten wir still, bescheiden, aber hart und zäh. Wir legten Sümpfe trocken, wir verwandelten verödete Flächen in ein herrliches Grün, wir pflanzten Reben und Obstbäume, wir schrieben den Wässern ihren Lauf vor, wir bauten Schulen und Kirchen.

So kam es nun, liebe Stadt Sathmar, daß dich allmählich fruchtbare Felder, blühende Obstgärten und stattliche Dörfer umgaben. Wir brachten dir auf unseren vollbeladenen Wagen das teure Brot, das auf unseren blühenden Fluren wuchs. Auf deinen Märkten betrieben wir Handel mit Getreide, Rasseschweinen, mit gutmilchenden Kühen, mit Vollblutpferden.

Nach tausendjähriger Existenz stehst du heute voll Pracht und Schönheit vor uns. Wir grüßen dich, Heimat, aus nah und fern. Nimm unsere Liebe entgegen, jubilierende Stadt am Samischstrand, und höre unsere Bitte:

Wir wollen die Sitten unserer Väter und den süßen Laut unserer lieben Muttersprache treu bewahren. Reiche uns dazu deine hilfreiche Hand, damit wir bleiben, wie wir waren: treu bis ins Mark, stark und arbeitsfroh.

Felder und Wälder, Reben und Gärten, mit Mühe bebaute goldene Au, Heimat, Sathmar, wir grüßen dich.

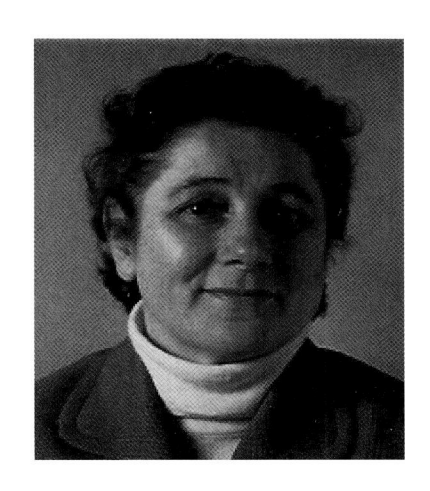

Leni Heilmann-Märzweiler
Hodschag – Obergimpern

Magdalena Heilmann wurde am 24. November 1933 in Hodschag (Batschka/Jugoslawien) als Tochter des Landwirts Michael Märzweiler und Magdalena, geb. Pollacher, geboren. Im Heimatort absolvierte sie vier Klassen der Elementarschule, bevor sie mit ihrer Großmutter den Weg durch verschiedene Vernichtungslager antrat (Filipowo, Hodschag, Gakowo, zuletzt Kruschiwl). Als eine der wenigen ihrer Altersgenossen hat sie Hunger, Krankheit und Elend des Lagers überlebt. Die Familie fand sich nach Flucht und Entlassung über viele Umwege wieder und ließ sich in Martinszell im Ällgau nieder, wo Leni die sechste und siebte Klasse der Volksschule nachholte und eine dreijährige hauswirtschaftliche Berufsschule absolvierte. Sechs Jahre lang war sie in einer Kunstblumenfabrik tätig, dann Umzug ins oberschwäbische Bad Buchau, wo sie als Weberin in einer Trikotagenfabrik eine Anstellung fand. 1958 heiratete sie den Donauschwaben Josef Heilmann aus der Schwäbischen Türkei. Das junge Paar wurde im nordbadischen Kreis Sinsheim auf einem Aussiedlerhof (Bodenreformland für Heimatvertriebene) angesiedelt. Auf dem Hof, der für die Familie bis heute Heimat und bäuerliche Existenz geblieben ist, zog sie drei Kinder groß. Seit zwei Jahrzehnten schreibt sie Erzählungen und Gedichte in hochdeutsch, badisch und in ihrem heimatlichen Hodschager Dialekt. Sie hat sich die Last der schrecklichen Erinnerungen von der Seele geschrieben. Ihre Texte sind vor allem im „Hodschager Blättli", im „Landwirtschaftlichen Wochenblatt", aber auch in einem eigenständigen Band mit dem Titel „Verlorene Kindheit" (1987) erschienen. Den Neuanfang in Deutschland beschrieb sie in dem schmalen Heft „Zukunft hieß damals das Zauberwort". Veröffentlichungen auch in „Der Donauschwabe", humorvolle Gedichte und Geschichten über das Landleben, Menschen, Tiere und ihre Eigenarten erschienen im Badischen Wochenblatt. Bei Landfrauen und Senioren in den Nachbargemeinden von Bad Rappenau hielt Leni Heilmann-Märzweiler Lesungen, am Hodschager Ehrenmal in der Patenstadt Moosburg war sie Festrednerin und trug Gedichte vor.

„Kirwi und Erntedank"

Säen, pflegen, ernten, bergen für den Winter. Die Selbstversorgung der Familie und der Helfer oblag in den meisten Fällen den Frauen. Es war nicht nur Arbeit, es war eine Wissenschaft für sich und ihr Studium hörte nie auf. Es war der Beruf der Frau schlechthin. Und halb im Spiel, halb im Ernst wurde er schon den kleinen Mädchen beigebracht.

In der Großfamilie, in der jeder seinen festen Platz und seine Zuständigkeit hatte, gab es keine Kranken-, keine Lebens- und keine Altersversicherung. Einer stand immer für den anderen, und immer mußte es weitergehen.

Seit Vater beim Militär war, hatte Mutter, die ja auch eine tapfere „Soldatenfrau" war, noch eine andere als ihre Hausfrauenrolle zu spielen. Nach ihren Worten war sie jetzt: „Dr klá un dr groß Knecht in ám un drzue im Otati sei Lehrbue." Es klappte auch prima mit den beiden, die nur den einen Wunsch hatten: „zu retten, zu erhalten, was möglich war".

Der Oma in Haus und Hof zugeteilt, hatte ich auch schon meine Pflichten. Und Oma, die doch immer mein bestes Stück war, wurde hartnäckig und kramte alle ihre Sprüche aus, um mich bei der Stange zu halten. Und sie bekam die Angewohnheit, immer zu sagen: „Mir zwá mache jetz des un sell mitnand." Halb gelockt, halb gescheucht, malochte ich so viele Stunden mit der Oma, dabei ständig nach einer Ausrede oder einem Fluchtweg suchend. Oft genug habe ich sie auch einfach versetzt. Doch Einblick in die Hauswirtschaft bekam ich allemal, und wenn's nicht zu lange dauerte, war es auch hochinteressant.

Im zeitigen Frühjahr wurde Seife gekocht, mit Soda, Lauge, allerhand altem Fett. Und das war auch eine Wissenschaft für sich, die Mami und Omami nicht ganz kapierten. Die Seife wollte und wollte sich nicht absetzen; die andere Oma mußte zu Hilfe geholt werden.

Es war warm geworden. Die Hühner legten fleißig, also mußte Vorrat für die kommende arbeitsreiche Zeit geschaffen werden.

Es kam eine Kathibäsl mit einer neumodischen Nudelmaschine ins Haus. Ein Sack Weißmehl, das große Bogekärwli voll Eier und mit weißen Tüchern bedeckte Tische standen bereit. Dann wirkten und kneteten die Frauen den Nudelteig, bis er geschmeidig und glänzend wurde. Es war Schwerstarbeit, der Schweiß lief ihnen über Arme und Stirn. Jetzt kamen die verschiedenen Walzen und Scheiben in die Maschine, und ich durfte drehen. Riwili, Taranja, feine Nudeln, breite Nudeln wurden auf dem Gang zum Trocknen ausgelegt und in alten Kissenbezügen aufgehängt.

Das Obst wurde nacheinander reif, angefangen mit den Beeren und Kirschen, süß und sauer, Ringlo, verschiedene Pfleimli und die köstlichen Aprikosen und Pfirsiche. Die makellosen Früchte wurden mit Zucker in Gläser gefüllt und im Backofen nach dem Brotbacken sterilisiert. Auch das Pekmeskochen war eine langwierige Arbeit. Das Entsteinen und Passieren der

Früchte geschah meist auf dem Gang, dort war es schön schattig und kühl. Der Knöterich blühte gerade und duftete so angenehm. Ich begann diesen Gang zu lieben, weil er so behaglich wir nützlich war. Zwei bis drei Stunden wurde die Marmelade gerührt und gekocht, damit die Flüssigkeit verdampft und die Marmelade nicht anbrennt. Erst wenn der Kochlöffel stehenbleibt, ist sie fertig. Ein Teil des Obstes wurde fürs Schnapsbrennen eingemaischt.

Immer wieder mußten wir Kinder auch zum Heilkräutersammeln gehen. Da waren die Kamille, die Lindenblüten, die Minze, der Kampfer, der Huflattich, die gelben Knöpfchen gegen den Strengl bei dr Ross. Oma verstand sich aufs Zubereiten von verschiedenen Tees, Salben, Mixturen mit Alkohol, Hasenschmalz, Schweineschmalz, mit Hausseife, Eidotter, Saugalle, Teer, für innen und außen, für Mensch und Tier. Sie behandelte Hufe und Klauen, erfrorene Kinderfüßchen, Hälschen und Brüstchen. Sie war überglücklich, wenn jemand um Rat fragte und sie helfen konnte.

Wie oft mußte ich doch mit'm Kändili ihre gute eingemachte Kindbettlisuppe mit junge Teiwili austragen, zu Verwandten, weiten und nahen Nachbarn. Eine schöne, hilfreiche Tradition, die viele Frauen ausübten.

Inzwischen ging es mit den Paradeisern los. Eimerweise wurden sie angeschleppt, dann auf der Brustmauer zum Nachreifen ausgelegt. Darauf im großen Kupferkessel vorgekocht, passiert und nochmal gut aufgekocht. Dies alles, auch das Reinigen der Flaschen, mußte sehr sauber vonstatten gehen, damit die Flaschen dicht blieben.

Wieder mal waren die Tische auf dem Gang belegt, diesmal mit Mohn, für süße Mohnnudeln und bald schon für den guten Drescherstrudl.

So ging's dann weiter mit der Trocknerei auf unsrem schönen Gang. Kartoffeln wurden ins Nachbardorf gefahren und gegen tropfnasse Stärke eingetauscht. Die Zwetschgen kamen in die „Schnitz", die Bohnen zum Klopfen und Reinigen, allerdings auf dem hinteren Gang. Die Brustmauer lag voll mit Kürbissen, grünen, gelben, großen, kleinen.

Dann kam der Krautwagen aus Futok, der Paprich aus Bukin. Die Krautschneiderein mit ihrem großen Hobel füllte Stand und Faß. Sie hatte ihr eigenes Rezept mit verschiedenen Blättern, Quitten, Pfefferoni – und das schmeckte uns allen. Paprika wurde in Stånd und Gläser eingelegt. Dann gab's noch ein paar Säcke Nüsse, die alle noch gereinigt und nachgetrocknet werden mußten.

Das Tempo verschärfte sich, denn bald kam das Traubenlesen und unsere Michelikirwi. Bis dahin mußte wieder alles blitzsauber sein für unsere Gäste aus Weckerle, Milditsch und Brestowatz. Und so zeigte sich unser geliebter Gang von seiner allerschönsten Seite: voll besetzt mit lieben, freundlichen Menschen, die Tische reich beladen mit dem Segen und der Arbeit eines ganzen Jahres.

Welche Hausfrau müßte da nicht Gott preisen und danken für all die Gaben und mit Recht auch stolz und glücklich sein über ihren segensreichen, schönen Beruf!

Als dr Groußvattr d' Großmuedr nahm

„Omami, kumm, leg moul die Strickstrumpf au d' Seit
Un vrzähl mr vun Odschag un dere guede alde Zeit!
Wie woar denn des selmoul mit dr junge Leit,
un wie hot denn dr Otati um Dich gfreit?"

„Kumm, vrzähl halt, woarsch aorich vrlippt?"
„Wuher denn, ich woar doch erscht 15zeni,
hab goar nit gwißt, daß es sou was gibt.
Dou isch dr Brautwerwr kumme, di Matli vrlange;
Un sou ähnlich wie mir ischs dr andre aa gange."

„Also hot selmoul mei Schwiegervattr gsagt:
Mischke, de Brautwerwr, isch dou, jetz wert's awwr packt!
Andresvettr, ziege moul glei eiri Schlappe aa,
un klopfe far uns ins Brunnrs aa!
Mir mane, es wär far eich a lohnendr Gang, mir mane
Unser Mischke un die Res, des wär doch a Gspann!"

„Freilich, sie isch noch jung, die Res, ich waas,
awwr rotbackich un gsund un umundum scheen gfaaßt.
Die hot jetz schun 's Gris, des sehne mr doch,
un neweher erbt sie noch etlichi Joch!"

„Sou zwaa Viertl Feld, des mießt sie bringe,
un a noch a Batze Geld.
A noch a Rind un a Kueh un a halwedr Trepplatz drzue!
Mir vrlosse uns ganz uff eire Vrhandlungsgschick,
war die sechs Joch mieße drzue newr unsre Hitt!
Dou simmr schun Feldnochbr seit ewichr Zeit,
daß des moul zammkummt, des winsche mr uns –
ich un mei Weib!"

„Des losse mr uns awas koschte, mir sin jou nit sou,
un stifte noch a Kerz far d Muttrgottes vun Dareslo."

„Sou hen si uns halt zammtue", vrzählt mei Omami
un sie hot's nidemoul bereit,
s woar halt selmoul sou
in dere guede alde Zeit!

's Zuerichte

So a Hochzeit bringt nit nar Fraad un Glick,
viel Arwet un Sarge bringt sie noch mit.
Doch die Vettre un Bäsle um etlichi Ecke,
die tien jetz alli ihre Hacke versteckle.

Doch nit nar, daß mr sie bei dr Arwet sigt,
dr greschti Pokrhahn wird gschickt.
A Kerwli Eier far d' Kiechli und d' Nudle
un Kääs un Rahm far die zogene Strudle.

Doch far allne andre guede Sache
werre zerscht d Hochzeitskiechli bache.
D' Hochzeitskechin fiehrt do 's Regiment
Un brauch alli Tag 10-12 tichtichi Händ.

Muschkrzanne, Nussekipfl,
Stangerli, Pitte, Polschterzipfl,
Pußrli, Kränzli, Bischkoteroll,
bal isch dr Schiewrkaschte voll!

Noch Krempitte un Doboschtorte
un 10 Tepsi Strudle vrschiedni Sorte.
Was Guedes halt far alli Gschmäcker,
un far die klane Schißlschlecker!

A Rind wert gschlacht, un 's Kälwli un d' Sau,
un am Hackklotz isch goar a großr Radau.
D' Großmuedr bindt Mäschili an dr Rosmarein,
un d' Ehrgselle un d' Kränzliumpfer sammle die große Hääfe ei.

Sie knalle mit dr Paatsche, sie juchze un lache,
un die Hääfe ufm Wage, die tscheppre und krache.
D' Rappe, die tänzle, es isch a woari Pracht!
Marge isch Dinschtag, Leit, no wert's hujujuj Hochzeit gmacht!

A Odschager Baurehochzeit

S wird zeitich Tag im Hochzeitshaus,
d' Brautmuedr trummlt alli raus,
un voar dr erschti Kullr kräht,
isch gmolge, gfuedrt, d' Gaß isch kehrt,
's Hoftoar vrziert un d' Fenschtrläde,
d' Ross sin putzt un a die Wäge.

Nou kummt a schun 's jungi Breitli an d' Reih.
Sie schlupft in die gstärkte Undrröck nei,
un alli zupfe an re rum;
sie kummt sich hilflos voar un dumm.

Glei muß sie aus em Eldrehaus,
zu fremdi Leit, in a andres Haus.
Nou isch dou noch a Mann un sou viel andri Sache,
sie waas nit recht, soll sie heile odr lache?

Jetz wert sie kamblt, kriegt dr Brautkranz uffgsetzt
Un d' Stirn mit Weichwassr gnetzt,
sie sagt noch zu allne „Vrgeltsgott un Dank",
un d' Großmuedr wicklt re dr Rosekranz um d' Hand.

Nou treffe d' Ehrgselle mit em Breidigam ei,
un dr Brautvattr schenkt allne a Schnäpsli ei.
Heint mueß mr zaage, was mr isch, was mr kann;
Sou an die 150 Gäscht kumme dou zamm.

Dou derf mr sich nit lumbe losse,
d' Blechmusich fangt a schun a z' blouse.
Die gehen als erstes varne naus,
nou kumme d' Kindrli un d' Ehrgselle mit dr Braut ausm Haus.

Un die Gschwischtr, d' Eltre, d' Godlsleit, Nochpre un Freind,
hindenou d' Kränzliumpfr mit em Breidigam vreint.
Sou ziege sie mit Tschinderassabumm durch die Gasse
un tien sich vun allne bewundre un bejuble losse.

Ganz feierlich leide d' Glocke un d' Argl setzt ei,
un 's Brautpoar, des holt jetz sei Sege, sei Weih!
Uno vrsprecht die Jungfrau, ehr un tugendsam,
stets treu zu sei un untertan!

Beim Kraus Fery im Wirtshaus stehn sie Hand in Hand,
un alli winsche viel Glick im Ehestand.
Bier und Breschtli tale sie dort aus,
nou gehen alli haam, ziege 's Kirchgwand aus.
Daß jou nix passiert bei dere grouße Schlemmerei,
's Esse schmeckt wundrbar, un alli haue kräftich ei.

D' Kechikathibäsl kummt mim Schepfleffl un mim verbundne Arm,
sie hot sich sou d' Hand vrbrieht, die oarm.
Daß es nit goar sou wehtuet, des sehne alli ei,
lege sie gern a Troschtpflaschtr in dr Schepfleffl nei.

Nou sin sie alli gstärkt un satt,
d' Musikante sueche ihre Noteblatt.
„Dr Brauttanz kummt", dou freie sich schun alli druf,
sie strecke d' Häls un stehn a uff.

„A Paßgspann" isch des wundrscheen,
wie die im Walzrtakt sich drehn,
scheen dr Reih noch tanze die Ehregescht ei,
nou wert dr Tanzsaal far alli frei.

Dr Großmuedre, wenn sie goar sou neigierich woare,
wert mit dr gstärkte Reck iwwr dr Boart driwwr gfoahre.
Nou mueß anr ums Fedrweiß renne,
dass d' Kindrli scheen schleife kenne.

Jetz wert a aldr Tisch fard Ehrgsell reigschouwe,
dou druff miese die hopse un tanze un touwe,
bis d' Tischplatt kracht. Sou woars bei uns Brauch,
un Glick bringe sollt die Sach jou auch.

Um Mittrnacht spielt d' Musich a Tusch,
un d' Braut setzt zum erschte Moul 's Kopftiechl uf.
Nou sin die Zeremouni alli vrbei, uns wert weidrtanzt
bis in dr nägsti Marge nei.

Gakowo – die Hölle

Warum nur jagt dieses Wort, dieser Gedanke mir immer noch Schauer über den Rücken? Warum nur träume ich nach all den Jahren noch immer davon?
Jene Bilder und Gestalten! Werden sie mir Ruhe geben, wenn ich diese Zeilen niedergeschrieben und aufgearbeitet habe?
Wir wurden in Gakowo ausgeladen, und wir größeren Kinder sollten uns der Kleinen annehmen. So zogen wir durch das Dorf. Den Rucksack auf dem Rücken und rechts und links Kinderchen an der Hand. Sie weinten und ließen sich ziehen.
Da plötzlich hörte ich „Leni, Leni!" rufen. Zwei Frauen rissen mich aus der Gruppe. Sie waren wohl meine Rettung. Lauber Vroni und Willmann Kathibäsl nahmen mich in ihre Obhut. Sie wußten sehr genau: In den Kinderhäusern wird gestorben!
Täglich kamen neue Transporte an. Täglich fuhr die Mauleselkarre mit ihrer steifen Fracht die Straßen rauf und runter. Die Toten wurden vor die Häuser gelegt. Mit oder ohne Namen, in Säcke oder Decken eingenäht, oft ohne alles.
Niemand wußte genau, wieviele Menschen in diesem Dorf lebten. Es waren immer zu viele. Die Kessel der Verpflegungsküchen immer zu früh leer. Hunderte gingen hungrig und verzweifelt auf ihre von Ungeziefer und Krankheitserregern strotzende Strohpritsche zurück.
Das Fleckfieber grassiert, der Typhus. Jeden Morgen ist Zimmerkontrolle, da heißt es aufstehen, egal wie es geht. Die Kranken kommen in die Friedhofgasse. Da ist Quarantäne und Endstation. Viele versuchen zu flüchten. Viele werden dabei niedergeschossen, zur Abschreckung öffentlich hingerichtet.
Viele suchten den Freitod. So erlebte ich, wie Manz Kathi (Bäcker) Pertschy mit zwei ihrer drei Kinder aus dem Brunnen gezogen wurde. Ich sah Menschen mit aufgeschnittenen Pulsadern und Stricken um den Hals.
Willmann Kathibäsl nahm meine kleine Cousine Ertl Annili bei sich auf. Ihre Großmutter war gestorben. Sie hinterließ etwas Geld, sollte deshalb in ein Einzelgrab kommen. Also nähten wir die Tote in ihre Decke und fuhren sie mit der geborgten Schubkarre auf den Friedhof. Die Erde war hart gefroren. Das kalte Grauen erfaßte uns: die Massengräber! Mit 500-600 Toten. Nackte, abgemagerte Skelette wurden hinuntergeworfen, hingeschlichtet, jede Lage mit Kalk abgedeckt. Wir verließen fluchtartig diesen Ort, konnten lange nicht darüber sprechen.
Kathibäsl klammerte sich an ihre Kinder, ich an Nannili. Wer kommt zuerst dran in unserem Zimmer? Es war der kleine Lutz Egon. Er lag steif und kalt neben mir. Ich merkte nicht mal, daß er so schwach war. Adele, seine Mutter, verlor ihren Lebenswillen, folgte ihm bald nach. Ebenso Kathibäsls Lieblinge Franzi und Kathi. Kathibäsl wurde energisch. Jeden Morgen mußten

wir unsere Betten ausschütteln, die Wäsche ausziehn und Läuse knicken. Dann legten wir einander die Köpfe in den Schoß und knickten weiter. Nannili hatte die Ruhr. Selten kamen wir rechtzeitig zur Tür hinaus. Und es gab keinen Tropfen warmes Wasser. Unser Lagerstroh stank und faulte vor sich hin.

Dann kam Lauber Matheisvetter aus Wien, seine Familie zu holen. Praktisch in letzter Minute. Für Lenibäsl, seine Mutter, war es zu spät. Sie war schon zu schwach. Dem Baby Maria wurde ein Mohntee gekocht, damit es während der Flucht schlief. Der Abschied von meinen Freundinnen schmerzte sehr. Wir beteten um ihr Leben und lauschten in die Nacht.

Ein paar Tage später kam Lenibäsl auf die ‚Gasse' und ich in die Friedhofstraße. „Typhus!" Es war alles so leicht geworden. Ich schlief viel, spürte auch keinen Hunger mehr. Dann sah ich den alten, zittrigen Pallidoktor über mir. Hottinger – mein Urgroßvater Haag hatte ihn geschickt. Er ließ mich in eine andere Ambulanz bringen, eine bessere. Ich überlebte, ging zu Kathibäsl und Nannili zurück. Mein Haar fiel aus, und es wurde Frühling.

Wieder kam ein neuer Transport aus Hodschag an. Jemand brachte uns eine große Wurst mit Einbrenne, ein Säckchen Semmelbrösel und etwas Mehl mit. Meine Tante, Nannilis Mutter, hat es uns geschickt. Kathibäsl kochte die besten Bröselnudeln der Welt und jeden Tag Einbrennsuppe. Sie half uns auf die Beine.

Die Schrotsuppe und das Gerstel im Lager waren zu dieser Zeit immer rosa. „Sie nehmen jetzt Viehsalz oder Kali", sagten die Leute und starben tapfer weiter.

Dann stand Mayer Api (Wagnerwendel Schmitt), mit einem Serben verheiratet, in der Tür. Sie hatte Wachposten bestochen, um meine Cousine zu ihrer Mutter nach Hodschag zu bringen. Ich wollte mit, weinte, bettelte. Dann trug die Frau das todkranke Kind durch die Schützengräben, und ich lief ihnen nach.

Meine Tante und Cousine Wawi betreuten zu dieser Zeit die Enten und Gänse der Schwaben in dem Brunnerischen Haus in der Kukuruzreihe. Von dort aus trieben sie das Federvieh ans Butter- und Marktloch. Sie konnten uns dort einige Zeit versteckt halten. Nannili kämpfte noch wochenlang mit dem Tod. Bis zum heutigen Tage trägt sie ihre gesundheitlichen Schäden. Auch ich vertrug die kräftigen Suppen und Eier nicht mehr, war zum zweiten Mal Todeskandidat. Walter Hermineni (Goldschmied) besorgte mir gute Medikamente, pflegte mich wieder gesund.

In dieser Zeit strömten täglich Hunderte von Neusiedlern aus dem Balkan in unsere Häuser. Mehr als je darin gewohnt hatten. Unser Vieh wurde aufgeteilt, die Magazine mit Möbel, Wäsche und Kleidern geräumt. Die „Neuen" wurden in der Fabrik angelernt.

Sie sammelten sich jeden Tag vor dem Gemeindehaus und zogen mit Dudelsackbegleitung singend und tanzend über die Felder.

Sie waren im Paradies!

Die deutschen Arbeitskräfte wurden überflüssig, kamen zur Endlösung nach Kruschiwl.

Nur ein kleiner Frühlingsspaziergang

Wie durch ein Wunder wurde Omami wieder aktiv. Sie hatte die Aufgabe übernommen und ging kundschaften. Also: Unsere Lagerpartisanen selbst machten die Führungen über die Grenze zum stolzen Preis von 2 500 Dinar, Kinder die Hälfte.

Meine Cousine Leni und ich flüchteten gleich darauf nach Hodschag, um unsere letzten bei Katica Jovin aufbewahrten Wertsachen zu verkaufen.

Das „Judasgeld", das uns vor Tod und Verdammnis retten sollte! Es wurde einbezahlt, und wir marschierten in der Dunkelheit, von den Lagerposten völlig unbehelligt, in Richtung ungarische Grenze.

Plötzlich waren unsere Führer verschwunden. Wir wurden geschnappt und für zwei Tage in den Lagerkeller gesperrt. Was nun? Ohne Geld! Oma ging wieder kundschaften. Wir erfuhren Zeit und Hof, durch den die Führungen gingen, und versteckten uns dort.

Ende März war es soweit. In einer stockdunklen Regennacht krochen wir durch die Sperrlinie. Wir trafen viele Flüchtlinge unterwegs und schlossen uns an. Querfeldein, durch Schlamm und Morast schleppten wir uns über die ungarische Grenze. Wir wähnten uns frei. Doch auch in Ungarn warteten die Aasgeier! Bis zur Sichtweite der Grenzlichter führten sie uns zurück, um uns zu erklären, daß sie unter besonderen Umständen bereit wären, uns laufen zu lassen. Die Leute fielen auf die Knie, bettelten, zogen ihre Jacken, Mäntel und Eheringe aus. Endlich reichte es. Wir gingen den schweren Weg zurück!

In einem verlassenen Schafstall versteckten wir uns tagsüber, um im Schutze der Dunkelheit das 18 Kilometer entfernte Bácsalmás zu erreichen. Dort hatte Pfarrer Franz Schneider eine Pfarrstelle. Sie war Zufluchtsstätte für viele unserer Landsleute. Wir wurden gebadet, entlaust und auf wunderbare Weise versorgt.

Lorineni, die Schwester des Pfarrers, hatte täglich bis zu 20 Flüchtlinge zu versorgen. Sie bettelte das ganze Dorf an, um Kleidung, Nahrungsmittel und Arbeitsplätze für ihre Schützlinge zu bekommen.

Wir erholten uns schnell, schlossen uns einer Gruppe an, die wie wir nach Deutschland wollte. Pfarrer Schneider segnete uns zum Abschied und versprach, für mich zu beten, damit ich meine Eltern wiederfinde. Herbst Resbäsl verkaufte ihr Silberbesteck und besorgte uns Fahrkarten bis St. Gotthardt nahe der österreichischen Grenze. Dort spielte sich unser Grenzübertritt ähnlich ab wie in Jugoslawien. Diesmal schnappten uns die Österreicher, um uns wieder den Ungarn auszuliefern.

Im Kasernenhof der Honved-Grenzsoldaten sammelten sich in dieser Nacht über 100 weitere Flüchtlinge. Wir bekamen Suppe und erwarteten unser Urteil.

Man war freundlich mit uns, sagte, daß wir in Ungarn unerwünscht sind und führte uns wieder über die Grenze. Wir sollten vorsichtiger sein, soweit wie möglich landeinwärts laufen und ja nicht wieder zurückkommen. Das versprachen wir gerne und hatten diesmal Glück.

Doch Österreich hatte noch drei Zonengrenzen, die wir zu überwinden hatten. Wir kamen nur schrittweise unserem Ziel näher. Tagsüber im Wald oder in einer Scheune schlafen und nachts laufen, laufen, laufen! Ich lernte unendlich viel in diesen Wochen: die Leute auszuhorchen, zu betteln, sich ohne Fahrkarte in überfüllte Züge stehlen. Tausende Flüchtlinge und entlassene Kriegsgefangene waren in diesen Tagen unterwegs, um eine Bleibe oder ihre Angehörigen zu suchen.

Wir fuhren im Personenzug in Richtung Graz. Irgendwo stieg eine junge Frau zu. Sie trug einen großen Strohhut, hatte hellblondes Haar. Sie sah aus wie ein Engel oder wenigstens wie eine Märchenfee inmitten der auf Bündeln hockenden Flüchtlinge. Ich starrte sie unentwegt an.

Plötzlich fragte sie mich, wohin wir fahren und ob ich Hunger hätte. Ich schluckte tapfer und nickte. „Paß auf", sagte sie. „Wir kommen jetzt gleich nach Leoben, dort mache ich am Bahnhof Rotkreuzdienst. Hast du ein Kochgeschirr?" „Nein, nur einen Löffel!" Ein Kriegsgefangener lachte glücklich: „Nimm meins, Kind. Ich bin bald daheim, ich brauch's nimmer." Die Frau klärte uns auf, wo wir Hilfe erwarten könnten und eventuell Fahrkarten bekommen könnten.

So suchte ich an jedem größeren Bahnhof die Gulaschkanonen der Caritas, Bahnhofsmission oder des Roten Kreuzes. Es mußte blitzschnell gehen, damit der Zug nicht ohne mich abfuhr. War wieder mal eine Fahrkarte fällig, oder wir wurden beim Schwarzfahren erwischt, zog ich stets meinen zerknitterten blauen Brief hervor. Wenn Omami noch dazu weinte, hatten wir meist Glück. Es ging wieder ein Stück weiter.

Unser nächstes Ziel: Hallein bei Salzburg. Wir hatten die Adresse eines Grenzführers. Dem gaben wir praktisch unsere letzte Habe. Er deutete mit dem Finger nach dem Halleiner Hausberg. „Zwischen den beiden schroffen Felsen müßt ihr durch, auf der anderen Seite ist Deutschland!"

„Das gibt meinen Kreuzweg", sagte Omami, die noch nie auf einem Berg war. Sie sollte recht behalten. Es war heiß und schwül. Sie hatte ihre Röcke hochgebunden, und an Steilstellen zog ich sie mit einem Stock hoch. Unser Führer verlor einige Male die Geduld. Halbtot erreichten wir den Gipfel. Oma lag auf einem Felsbrocken und wollte sterben. Ich weinte vor mich hin.

Der Führer verabschiedete sich: „Jez machts hait, daß ihr de Buckl abi kummts, do unt is Schellenberg, un Berchtesgaden is e a nimmer weit."

Tatsächlich ging's bergab auch viel leichter. In Fetzen hingen uns die geflochtenen Schuhsohlen um die Füße. Doch weiter ging's; wir waren ja ganz nahe am Ziel. Wir marschierten ungeniert auf der Hauptstraße. Wir waren in Deutschland und in Sicherheit! Da fuhr plötzlich ein amerikanischer Militärjeep vor und bedeutete uns einzusteigen.

Omami machte erschrocken das Kreuzzeichen. Es waren die ersten Neger, die sie zu Gesicht bekam. Jetzt kommen die Wilden!

Das Autofahren machte mir tollen Spaß, und die „Wilden" fütterten mich mit Erdnüssen. Im Gerichtsgefängnis Berchtesgaden war wieder einmal Endstation. Unsere Rucksäcke wurden uns abgenommen, wir wurden fotografiert. Fingerabdrücke wurden gemacht. Dann bekamen wir Kaffee und Brot und ein stockhohes Bett angewiesen. Das erste richtige Bett seit langem. Ich quatschte munter drauflos, bis Oma böse wurde. Ich sollte endlich mein Maul halten. Es wäre eine große Schande, daß wir hier wären. Das wiederum konnte ich nicht verstehen.

Ich hatte keine Probleme mit der Schande. Jedenfalls wurde dieser viertägige Gefängnisaufenthalt hochinteressant für mich. Bei einer nächtlichen Razzia in Animierlokalen las die Militärpolizei sechs Frauen auf, die in unsere Zelle kamen. Sie stritten und rauften, machten sich gegenseitig Vorwürfe wegen Schwarzhandel, Zigaretten und natürlich ihren Kunden. Ich verstand ihren Dialekt nicht ganz. Auch war ich noch nicht richtig aufgeklärt, doch meine Phantasie arbeitete lebhaft. Auf meinem stockhohen Bett konnte mir auch gar nichts entgehen. Oma betete wie immer Rosenkranz, wenn es brenzlich wurde. Sie hielt mich auch ganz fest bei der Hand, bei unseren täglichen Spaziergängen im Gefängnishof. Donnerstagmorgen wurden wir im geschlossenen Wagen zum Militärgericht gefahren. Anklage: Illegaler Grenzübertritt! Dann ging alles sehr schnell. Omami zeigte den blauen Brief, sagte, sie wolle nur das Kind abliefern. Dann möchte sie sowieso sterben. So wurden wir ein Fall fürs Rote Kreuz, bekamen eine Fahrkarte bis Zumhaus bei Ansbach (Vaters Adresse). Dann fuhren wir nach München.

Der Münchner Hauptbahnhof war ein Irrenhaus für uns. Die Menschen stürmten in die Züge, saßen auf Treppen und dem Dach. Oma konnte da nicht mithalten, und ich mußte wieder aussteigen. Dann suchte sie nach einer neuen Verbindung und fragte viele Leute, wo denn der Zug nach Bayern fährt? Die Leute lachten alle, und ich habe mich schrecklich geschämt.

Plötzlich fiel Oma einem jungen Mann um den Hals. Sie weinte vor Freude. Es war Fath Philip aus unserem Dorf. Er erklärte uns, Tati lebe inzwischen in Neckarbischofsheim. Dort wären auch noch viele Landsleute. Er wohnte in der Nähe, und wir fuhren mit ihm.

So fanden wir noch am gleichen Abend meinen Vater beim Bauern Albert Piot. Er wußte nichts von unserem Verbleib noch von unserem Kommen. Wir waren überglücklich!

Er trug mich in der Scheune hin und her, und ich wußte: Jetzt konnte mir eigentlich nichts mehr passieren!

Heimweh

Nur langsam verheilten die Wunden dieses grausamen Zweiten Weltkriegs. Es wurde hochgerechnet und Bilanz gezogen. Mehr als 50 Millionen Kriegstote, die größte Völkerwanderung und Vertreibung aller Zeiten. Trümmer, Scherben allerorten, Wohnungsnot, Hunger, Kälte. Tiefe Wunden in den Seelen der Menschen.
    Der Friede – immer noch in weite Ferne gerückt. Unsere Siegermächte, die das geschlagene Deutschland brüderlich unter sich aufgeteilt haben, waren zerstritten und kämpften im voll entfachten Kalten Krieg um die Weltherrschaft. Europa zerfiel in zwei Teile: den Ost- und den Westblock – durch den sogenannten Eisernen Vorhang geteilt, später noch durch Stacheldrahtzäune, Minen und Mauern – durch unser Land, durch unsere Hauptstadt.
    Die Westmächte schalteten um und gaben ihren Plan, aus Deutschland einen Hirten- und Bauernstaat zu machen, auf. Milliarden amerikanischer Dollar (Marshallplan) flossen nach Europa. Unser Westdeutschland wurde als Puffer- und Vorzeigestaat zur demokratischen Bundesrepublik und – wiederaufgerüstet – in das westliche Verteidigungsbündnis aufgenommen.
    Österreich, wo viele unserer Lagerflüchtlinge verblieben sind, bekam nach Stalins Tod seine mit vielen Auflagen versehene Souveränität wieder.
    Jetzt galt es, die Ärmel hochzukrempeln und nach vorne zu schauen. Es wurde eine gute, eine hoffnungsvolle Zeit.
    Die Sorge um die verstreuten Angehörigen blieb, auch die Sehnsucht nach ihnen. Vaters Schwester mit Kindern sowie die Cousins lebten in Österreich, Mutters Brüder mit Familien in Bácsalmás in Ungarn.
    Mit Sondergenehmigung (Rufbrief und Visum) war es Mitte der 50er Jahre erlaubt, die nächsten Angehörigen zu besuchen.
    Meine Eltern fieberten der Reise entgegen, sparten für Reisekosten und Geschenke. Nicht fest eingeplant, doch im stillen sehnlichst erhofft war ein Kurzbesuch in Hodschag – ihr Wunschtraum.
    Omami und ich waren skeptisch. Es würde eine riesige Enttäuschung für sie werden; sie hatten die Heimat noch in ihrer Blütezeit in Erinnerung. Jetzt herrschte dort dieses feindselige Klima, der Haß auf alles Deutsch-Schwäbische. Es würde ihnen nur wehtun. Nur noch wenige deutsche Fami-

lien lebten im Dorf und auch ihnen zeigte man deutlich, daß man sie loswerden möchte.

Nun, an Demütigungen und Schwierigkeiten aller Art gewöhnt, fuhren meine Eltern voller Zuversicht zu ihren Lieben – und heimwärts.

Nach Abstechern in Linz, Wien und Budapest erholten sie sich ein paar Tage bei den Brüdern in Bácsalmás. Ein Wiedersehen nach 15 Jahren, Glück und Schmerz zugleich! Mit dem Kurzvisum nach Hodschag klappte es dann auch noch.

Müde, traurig und verschlossen kehrten sie zurück. Über das Wiedersehen in der Heimat schwiegen sie sich aus. „Ja, da war der Friedhof, die Gräber der Kinder, Angehörige, die Kirche, unser neuerbautes Haus, das jetzt das Bezirksforstamt beherbergt. Man hat uns hineingelassen, war freundlich." Tati fügte noch hinzu: "Das mit Odschag ist jetzt vorbei. Wir werden uns einen Bauplatz kaufen und hier seßhaft werden!"

Es dauerte ziemlich lange, bis er mir mit Tränen in den Augen vom Besuch in Mamis Elternhaus berichtete (Zieglergasse). Von der alten, freundlichen Babuschka, die sie durch das Haus führte, in dem jetzt drei Familien wohnten. Es war alles verwahrlost, der Putz fiel von den Wänden. Sonst ist vieles unverändert geblieben, auch die Wohnungseinrichtung. In Omas Bauernstube machte Mutter dann eine große Entdeckung: „Hier ist noch alles gleich, bis auf die beiden großen Hochzeitsbilder meiner Eltern", sagte sie zu der alten Baba und zeigte auf den Platz über dem Paradibett. Die Alte stotterte etwas, drehte die beiden Blumenbilder um und übergab meiner glücklichen Mutter die beiden Fotos von 1903. Heute blicken meine Großeltern stolz und zufrieden auf die Besucher der großen Heimatstube in Moosburg.

Baba führte meine Eltern auch durch die Ställe, den Schopf, zum hinteren Gartentürchen hinaus. Und da stand er noch in voller Pracht: der Ahnen- und Familienbaum der Pollachers, ihr Tientilibám! Sieben Generationen hegten und pflegten ihn. Zwei Stämme waren eng umschlungen zu einer einzigen riesigen Krone verwachsen. Mit goldgelben, duftenden Sternblütchen läutete er Jahr für Jahr den Frühling ein, um im Sommer mit seinen kirschroten Früchten zu protzen. Es war eine Wildpflaumenart, leider sehr sauer. Trotz höchster Lobpreisungen blieb meine Omami jedes Jahr auf ihren Tientili sitzen, die körbeweise auf dem Boden lagen.

Tief aufgewühlt und erschüttert umschlang meine Mutter ihren geliebten Ahnenbaum, um ihm endgültig und für immer Lebewohl zu sagen.

Verschlossen und in den hintersten Winkel des Herzens verdrängt wurden viele Erinnerungen damals, damit man weiterleben und neu beginnen konnte.

Dabei war es doch nur ein Baum – ein Tientilibaum!

Mir phackes widdr

Wenn ich sou zruckdenk, weit iwwr 30 Joahr zruck, an di Zeit, wu meini Eltre ihre Haus baut hen. Un an die Vränderung mit ne noch dem Inserat in dr „Donauschwäbische Rundschau": „Baugrundstück für 56 Nebenerwerbssiedlungen zu verkaufen!"

„Des wär vielleicht was far uns", hot selmoul dr Tati gsagt: „Geh mr's moul aaschawe!"

Es hot ne glei gfalle, meine Leit, un sie hen dr Vrtrag undrschriewe. Sou ewe un sou woarm isch's dart wie drhaam. A richtichr Gottesgoarte zwischr Rhein, Neckar un dr Bergstroß.

Vun dem Tag ane sin sie sou uffrecht gloffe, meini Leit, un d' Großmuedre un ich hen uns a aastecke glost. „Bal hemmr unsr eigenes Dach iwwrem Kopf!"

Leidr hot mei anti Oma des Glick nimmi vrlewe derfe. Kurz bevor sich dr Tati in Ladeburg Arwet gsuecht un sei Bindl packt hot, isch d' Omami ganz plötzlich un friedlich eigschloufe.

Jetz isch noch dr Pollachr Hans aus Ungarn zu uns kumme, und Herbst Resbäsl (Ziegldeckers) aus em norddeutsche Delmenhorst.

In Ladeburg hen sich di donauschwäbische Heislisbaure mitnand a Barackn baut, un noch Feierouwet un am Wocheend hen sie ihre Häusr nuffzouge. Ans nochm andre. 54 Heisr, zwaa Strouße: d' Banater und d' Donauschwowestrouß.

Wühlmeis hen die Ladeburgr Leit die Schwowemännr ghaße. Erschtens weil sie allweil gwuhlt hen, un zweitens sin sie alli in dr Kellr zouge, bis 's Haus fertich woar.

Jedes Haus hot a grouße Goarte ghat un a Kleintierstall. Richtichi Schwowegärte woare des mit Paprich, Kirbse, Paschkrnat, Kochkukruz un Pesereisich.

Un schun um halwr finfi in dr Früh hen in jedm Haus a 40-50 Kullre kräht un a zwa drei Seili prillt, as mr nimmi hot schloufe kenne. Awwr sie woare widdr drhaam – mit Leib un Seel drhaam!

Iwwerhaupt unsri alde Leit! Sie woare jetz undr ihresgleiche un sin nimmi uffgfalle. Tagsiwwr, wenn die Junge Geld vrdiene woare, hen die Alde d' Siedlung regiert.

Dou hot mr nimmi schlambich geh brauche, die Kopftiechli un d' Reck sin gstärkt woare un hen graschlt, un d' Resbäsl hot widdr aagfange Umhängtiechle heckle. „A Kränzli schennr wie 's andr!" Un mei Omami hot gsagt: „Mir kende uns jetz far alli Zeit ausm Kopf schlage, daß sie nochamoul a Kabat aaziege odr a i Hietli uffsetze solle!"

Bänkli sin iwwral gstande, un wie sie noch drei Joahr ihre Johanneskirchli kriegt hen, nou woare sie seelich. Ka Vespr un ka Mess hen sie vrsamt.

Un wenn sie sou durch d' Strouß gschwänzlt sin, d' Omami un d' Resbäsl vun Odschag, d' Marjanne un d' Rosibas vun Karpoke un Kernei, un es Pesl Kati un 's Pesl Cilli vun Rudolfsgnad. Dr Rosekranz um d' Hand gwicklt un 's Betbiechli in dr Hand. Des hot mr jetz nimmi im Täschli vrstecke mieße. Un wenn's moul gschwind gregnt hot, hot mr a noch d' Reck iwwr dr Kopf hänge derfe, unni daß d' Sittepolizei kumme isch.

Grad noch zwaa Bauplätz woare frei in dr Siedlung. Dr ant bei uns iwwr d' Strouß niwwr. „Wemmr nar dou a noch guedi Nochpre kriege!" woar dr Großmuedre ihre Sarg.

Uff amoul woar's sou weit. A Motorrad mit Hängr hot var em Haus ghalde, un a äldre un a jungr Mann hen agfange ausgrawe. Fleißich hen sie gschafft un nit riwwr un nit niwwr schat. D' Resbäsl un d' Omma hen ka Rueh meh gfunde hindrem Voarhängli: „Wemmr nar wißt, wemmr nar wißt!"

Uff amoul sagt d' Resbäsl: „Jetz gehen sie fruhstucke!" „Sie packe schun aus: Speck, Brout un – grienr Knoufl!" „Res, wenn des sou isch, nou gehmr nar glei!" hot mei Omami gsagt.

Un 's hot nit lang dauert, nou sin sie widdr kumme, die zwaa, froh un zfriede – sie hen widdr Freind gfunde.

„Guedi Freind fars Lewe!"

Ferdinand Heim
Kischoda – Bad Waldsee

*Ferdinand Christoph Heim (Pseudonym: „**Kischodaer Franzl**") wurde am 27. April 1932 in Kischoda (Chişoda) bei Temeswar (Banat/Rumänien) geboren. Erstes Volksschuljahr 1939/40 in Temeswar. Damals erblindete der Vater. Auf Anraten der Ärzte wurde er nach Deutschland gebracht. Die Familie zog nach. Ferdinand besuchte in Georgensmünd, Frauenaurach, Nürnberg, Ilsenburg/Harz, Laband und Gleiwitz/Oberschlesien die Volksschule. Nebenbei erlernte er den Beruf des Schildermalers. 1947 kehrte die Familie nach Temeswar zurück, wo Heim als Schildermaler tätig war und seine Deutschkenntnisse autodidaktisch ausbaute. 1951 wurde er nach Perietz in der Baragansteppe verschleppt, wo er bis 1956 in der Landwirtschaft die Buchführung versah. Dann kehrte er nach Temeswar zurück. Dort hatte er bis 1971 als Schildermaler sein Auskommen. Aus Gesundheitsgründen mußte er später seinen Beruf aufgeben und wurde Verwalter eines Warenlagers. 1957-62 Kurse des Temeswarer Zirkels für bildende Kunst. Bald beteiligte er sich mit eigenen Arbeiten an Ausstellungen in Temeswar, Braila, Bacau und Bukarest und veröffentlichte Karikaturen in den Temeswarer Tageszeitungen „Neue Banater Zeitung" und „Drapelul Rosu". Erste Gedichte entstanden während der Schulzeit, erste Veröffentlichungen erfolgten 1972, es waren Mundartgedichte in der NBZ-Pipatsch unter Pseudonym. Erzählungen, Geschichten und Märchen erschienen in der Kronstädter Wochenschrift „Karpatenrundschau" und im „Neuen Weg" sowie in zwei Anthologien. Hauptsächlich befaßte sich Heim mit Epigrammen, die ab 1972 dreißig Jahre lang in der NBZ-Pipatsch erschienen. 1985 wollte er im Bukarester Kriterion Verlag seine „Stachl-Gsätzle" herausbringen, erfolglos, weil es eine Verfügung gab, daß einem Debütanten erst dann eine eigenständige Publikation zustand, wenn er in zwei Kollektivbänden vertreten war. Heim lebt mit Frau und zwei Töchtern seit 1990 in Deutschland. Nach Gedichten, Epigrammen und Fabeln in banatschwäbischer Mundart wie auch auf hochdeutsch hat er sich nun auf Aphorismen und Sprüchen verlegt.*

Herbscht

Die Schwalme sin schun alli fort,
die Sterch sin retteriert –
zu End geht aach de Footballsport,
wu uns oft enerviert.

De Himmel is verzerrt un groo,
die Wolke schwer wie Blei –
im Stall e Hingl gackert, froh,
gar rar leet's noch e Ai.

Die Blätter sin so wie verroscht,
de Wind tut se verstrein –
im Keller jetz mer schun verkoscht
e Glasl neiche Wein.

Ufm Hottar fescht geackert get,
de Dunscht steit aus der Erd,
zwaa Hase laafe um die Wett,
e Traktor hat se gsteert.

Oh, die Natur is abgewetzt,
die Farwe sin verblaßt –
aach's Klaad, ihr scheenes, is verfetzt
un leit halb im Morast.

So geht des halt uf dere Welt,
aach's Neichi geht mol alt,
veränre tut sich Wald un Feld,
un aach die Wärm get kalt.

Mir sin for des awer net bees,
ke Mensch uf des net brummt,
weil noh der Kält get's wiedrum heeß,
de Friehling wiedrum kummt.

Wann ich ...

Wann ich ins Konzert
Musich horche geh,
loss ich mei Hut
un mei Mundwerk
bei der Garderobe.

Wann ich in die Fabrik
uf die Arweit geh,
loss ich mei Auto
un mei Gemietlichkeit
ufm Parkplatz.

Wann ich hem
in mei Kammer geh,
loss ich mei Stiewle
un mei Sorche
uf der Tiereschwell.

Winterlied

Hinerm Haus – mit Jammer –
heilt de kalte Wind.
In der warmi Kammer
spielt e kleenes Kind.

Frohe Stimme klinge
in der Winternacht,
's Feier tut mitsinge –
knischpert laut un kracht.

Hoch vum Himml falle
Flocke, frische Schnee,
am Waldrand heert mer knalle,
falle tut e Reh.

Ich sin froh ...

Ich sin froh,
weil ich mei Tisch
un mei Bett han.
Ich sin froh,
weil sich aach in meiner Kammer
hie un do e Sunnestrahl
verirre tut.
Ich sin froh,
weil ich aach mit wenich
zufriede kann sin.
Ich sin froh,
wann anre
ohni Sorche lewe.
Ich sin froh,
wann anre
mit Gsang un Klang
dorch die Welt tanze.
Ich sin froh,
weil ich mit allem
FROH sin.

Dunnerwetter

Schwarzi Wolke kreische,
de Himml krummlt.
Vernewelte Sturm tobt
iwer die struwlichi Erd.

E Feierstrahl,
e Kracher ...
Un e unglickliche Maulbierebaam
muß, ohni zu muckse,
verkohle.

Mei Freind

Er is nie im Lewe noh unverdienti
Sache gerennt
un hat nie im Gedräng – beim Anstehn –
die Ellbooe verwend.

Er hat nie im Lewe uf Klatsch
oder uf Schwindl gebaut
un hat nie uf die scheensti Äpl,
die wu ganz owe hänge, gschaut.

Er hat nie im Lewe um Geld oder
um Reichtum gerung
un is nie eem hochi Ross uf de
ufgschnallti Sattl gsprung.

Er hat sich nie im Lewe uf e
Paradikutsch gedruckt –
wor nor ufm Leeterwaan ganz hine
im Schragl ghuckt.

Erntezeit

Die reifi Frucht –
wie e borschtiche Teppich
gschmickt
mit roti Pipatsche.

E Mähdrescher arweit ...
Halme falle verschrock
un rutsche gegwetscht
dorch die Trumml.
Die goldgeeli Kerner
verlosse ihre Nescht
un sterze

iwer Hals un Kopp
in de tiefe Bunker.
Des ausgewiesni Stroh –
verstummlt –
leet sich sacht
uf der Erd ihre Stopplbart
un traamt
vun eem neiche Lewe.

's is schad

Net loßt de Maibaam
in de Dunklheit verschwine,
net tut eier Schwowetracht
an de Galje bine –
's is schad.

Net loßt eier Brauchtum
im Eiskaschte verstracke.
Net tut vum Lewesgarte
de Frohsinn raushacke.
's is schad.

Net loßt de alte Liederschatz
im Keller verroschte.
Net loßt die schlichti Feldblume
im Staab verdorschte.
's is schad.

Net tut am Kerweihhut
de Putz vergesse.
Net loßt eier Schwowesproch
vun Mikrowe fresse.
's is schad.

Net sperrt des Alti in die Kist.
Net traat des Alti uf de Mist.
's is schad.

Kerweih

Wann alt un jung tanzt um die Wett,
wann aach de Strauß versteigert get
un alles kummt bal aus der Reih,
no is Kerweih!

Wann Heef un Gasse sin gekehrt,
wann mer drei Täch die Musich heert
un jede Schwob sich fiehlt wie nei,
no is Kerweih!

Wann mer de beschti Faßwein trinkt,
wann mer mit Luscht em Madl winkt
un niemand hat vor nix e Schei,
no is Kerweih!

Wann mer viel Kuche backe tut,
wann mer mit Stolz ufputzt de Hut
un alles singt un juxt derbei,
no is Kerweih!

Vier Stachle hat e Epigramm –
se hale gnau wie Brieder zamm:
Die erschti drei, die kratze dich,
de vierti get de ... Vepsestich.

Ehepaar

Seit ihr Bund nimmi is fescht,
laafe se vun Tir zu Tir:
Es sucht sich e warmes Nescht,
Er wiedrum sucht ... kaltes Bier.

Hinerlistrich

Er kann ke dicki Feischt vertraan,
er is halt so gebore,
doch hat er es – wie soll ich saan –
faustdick ... hiner die Ohre.

Im Park

Die Latte an de Bank sin schlecht
un han e Abstand vun ... finf Zoll.
Des is gemacht, denk ich mit Recht,
daß mer net lang dort hucke soll.

Kokosch-Problem

Die Summerzeit steht vorm Tor
un zeigt uns ihre Plan ...
Die Uhr stell ich e Stund nor vor,
awer wie stell ich de ... Hahn?

Mit „Antrieb"

Sei Kopp is leer – er is Versager –
aach sei Wortschatz is nor mager.
Doch kummt er ausm Wertshaus – „voll",
no kann er rede arich „gschwoll".

Große Bu

„Tät ich nor wisse", saat er gekränkt,
„wie mei Maad iwer mich denkt."
„Dann heirat's doch – sei net zu mild!
Un in acht Täch bischt schun im Bild."

Untermietung

„Ich gin des Zimmer do net geere
an alleenstehende Herre ..."
„O, Frau Wirtin – ke Maleer!
Oweds bring ich Weiwer her."

G'hupst wie gsprung

Bei Grippe hol fescht in Arznei,
un in zwei Wuche is se vorbei.
Wannscht nix inholscht – uf solche Wech –
kannscht gsund were in ... verzehn Täch.

Simulant

In seim Kopp tut's ständich summe,
weil er hat's arich getrieb –
Er hat gschpielt gar oft de Dumme,
un is jetz aach ... so geblieb.

Beim Zahnarzt

De Doktor saat: „Mach uf dei Maul!
Genuch mit dem Geschwätz ..."
Uf des de kleene Matz – net faul:
„Es is doch Sprechstund jetz!"

Bei der Wohrsagerin

„Die Karte do, die zeije heit
e Heirat mit eem blonde Mann."
„Na des is gut – du liewe Zeit!
Was fang ich mit meim Matz no an!?"

Im Restaurant

Zwei kecki Gäscht beklaae sich:
„Des Fleisch is alt – es hat e Stich."
Uf des de Kellner – mit Gebrumm:
„For was seid Der net frieher kumm!?"

Die Prob

Wie er gelaaf wor um die Wett,
hat de Trainer gsaat: „Horch her!
Bischt jo e gute Leichtathlet,
nor beweje tuscht dich schwer."

Hochnasich

Ständich er sei Nas verzieht,
stecht se nin, wu er net soll ...
Un wann er eeni uf se kriet,
no hat er ... die Nas voll.

Witzmacher

Sei schlechti Witz, wu er tut mache,
die bringe niemande zum Lache.
Wer doch druf lacht, de lacht gewiß,
weil nix an dem zum Lache is.

Faulkrank

Sie leit de ganze Tach im Haus –
Kummt vun de Feddre gar net raus.
Doch wann mer saat: „Du faules Meische!"
no kummt se ... ausm Heische.

„Helden"

Manche rauben
schlagen
morden
mit Lust
und tragen
hohe Orden
mit Stolz
auf ihrer Brust.

Die Mauer

Die Mauer ist nicht mehr zu sehn –
Jetzt können wir uns rühren,
doch werden wir noch lange Zeit
sie im Gemüte spüren.

Wahrer Frieden

Einen wahren Frieden
kann man nur
durch Freundschaft
schmieden –
er läßt sich nicht
zusammensetzen
aus Papieren
und Gesetzen.

Mein Vater

Als vor Jahren
der Krieg ausbrach,
stand mein Vater
in Reih' und Glied.

Als dann wieder
Friede wurde,
war er invalid.

Sprichwort

Wer den Frieden
nicht ehrt,
ist die Freiheit
nicht wert.

Die Lieb' ist wie das Sternenlicht:
Es kann gar lang bestehen.
Und wenn der Stern auch sterbend bricht,
schon längst verscholln in ob'rer Schicht,
sein Licht kann man noch sehen.

Was der Arzt nicht kann mit Titel,
kann allein die Liebe nur,
denn sie ist ein Allheilmittel,
das geschöpft aus der Natur.

Liebe kann man nicht vergessen,
Liebe sitzt tief im Sinn;
drum verbleibt sie unermessen,
wenn sie auch schon lang dahin.

Wer viel Lieb' haben mag,
muß auch geben – Tag für Tag.

Bosheit hat nie Glück gebracht;
Liebe bringt es über Nacht.

Frauen schätzen zarte Männer
sowie auch den Muskelheld;
doch zumeist geschätzt sind solche,
die berühmt und mit viel Geld.

Die Lieb' versüßt das Leben
des Mannes und der Frau;
drum soll man nach ihr streben –
auch wenn man alt und grau.

Ist arm dein Liebchen oder reich,
auf das brauchst nicht zu schauen;
bei beiden ist die Liebe gleich,
man muß ihr nur vertrauen.

Früchte benöt'gen Felder,
um üppig zu gedeihn;
Verliebte brauchen Gelder,
um hochbeglückt zu sein.

Liebe macht uns glücklich,
wenn die Herzen heiß –
und man voneinander
nur ganz wenig weiß.

Man liebt kein Frauenzimmer,
man liebt die Frau im Zimmer.

Wenn die Frau die „Hose" trägt,
stetig an der Liebe sägt
und der Mann in ständ'gem Rausch,
kommt es leicht zum Schlagabtausch.

Die Liebe wandelt durch die Welt
und macht dort Halt, wo's ihr gefällt.

Die Liebe ist das beste Gut
und auch der beste Glaube;
sie bringt dich in des Herzens Glut
sowie unter die Haube.

Auf des Menschen Lebenswege
liegt so mancher Stolperstein;
doch es gibt auch Liebesstege,
wo dich führt ein „Engelein".

Der Erde Zittern
kann man nicht wittern.
Der Liebe Bahnen
kann man nicht ahnen.

Die Liebe ist des Himmels Gabe.
Und daß ein jeder Anteil habe,
kriegt jeder Mensch davon ein Stück;
klein oder groß – hängt ab vom Glück.

Wenn der Vollmond helle scheint,
sieht die Liebe ihn als Freund.

Liebe stets in jeder Lage,
küsse und genieß das Glück!
Wenn du alt, dann kommt die Plage,
kommen lange trübe Tage,
doch die Lieb' kommt nicht zurück.

'ne alte Lieb' ein jeder kennt:
Sie ist wie Glut, die innen brennt –
sie flackert nicht mehr grell –
doch wenn man ihr ein Rütteln gönnt,
so brennt sie wieder hell.

Hat dich auch dein Schatz verlassen,
sei deshalb nicht gleich betrübt;
von den Frauen aller Klassen
wirst du bald eine erfassen,
die dich viel getreuer liebt.

Wenn dein Leben mies und trübe
und dein Eheglück entzwei,
sei nicht traurig, denn die Liebe
ist noch lange nicht vorbei.

Lenaus Wunsch

Widmung zum 200. Geburtstag des Dichters

Möchte wieder in die Heimat,
wo einst meine Wiege stand,
wo ich auf der braunen Heide
meine Allerliebste fand.

Immer würd' ich dort verbleiben,
wo ich einst so glücklich war,
wo ich meine Auserwählte
freudvoll führte zum Altar.

Wenn ich fern bin von Zuhause,
möcht' ich gern wieder zurück,
wo ich lebte, wo ich träumte,
stets umschwärmt von lauter Glück.

O wie schön war's in der Heimat,
wo der Himmel blau und klar,
wo ich wie im Traum verbrachte
meiner Jugend schönstes Jahr.

Die Zauberpeitsche

Vor vielen, vielen Jahren, als es auf der Welt noch keine Ratten gab, lebte in einem kleinen Dorf ein Bauer, der seines Geizes wegen weit und breit bekannt war. Alles, was er sah, wollte er haben, alles sollte nur ihm gehören. Deswegen nannten ihn die Leute auch nicht anders als „Nimmersatt".

Als Nimmersatt eines Tages einen Spaziergang durch das schöne Wiesental machte, sah er im Gras eine funkelnde Peitsche liegen. „Ei", sagte er voller Freude, „die kann ich schon gebrauchen", und hob sie auf. Lange stand er da und bewunderte sie. Nein, so eine Pracht von Peitsche hatte er noch nie gesehen! „Schön ist sie, das muß man schon sagen", dachte er sich, „aber jetzt muß ich sehen, ob sie auch knallt." Er holte einmal weit aus, und als es einen heftigen Knaller gab, stand zugleich eine prächtige braunscheckige Kuh vor ihm.

Die Kuh schaute den Bauern mit großen Augen an, als wollte sie sagen: „Was willst du von mir?" „Aha", dachte sich Nimmersatt, „das ist gewiß eine Zauberpeitsche." Er knallte gleich noch einmal, und eine zweite Kuh kam zum Vorschein. Als er das sah, schlug er mit der sonderbaren Peitsche freudig weiter, und bei jedem Knaller erschien, wie aus der Erde gewachsen, eine Kuh.

Als er schon das zehnte Mal mit der Peitsche geschlagen hatte und zehn Kühe, eine schöner als die andere, vor ihm standen, da blitzte es plötzlich auf, und ein kleines, altes Männlein mit einem langen, weißen Bart ließ sich vor ihm nieder. „Genug!" rief das Männlein böse Nimmersatt zu. „Wenn du nur noch ein einziges Mal mit der Peitsche knallst, dann sollst du die Peitsche und alle Kühe verlieren, denn habgierige Leute hasse ich bis auf den Tod."

Nimmersatt jedoch lachte darüber. „Was willst du alter Bettelmann? Über die Peitsche bin ich jetzt der Herr und knalle damit, so oft ich will!" „So?" sagte das Männlein, überrascht von Nimmersatts Frechheit, „das werden wir ja noch sehen!" und verschwand.

Nimmersatt, berauscht vom so leicht erworbenen Reichtum, achtete nicht auf die Worte des alten Männleins und schlug wie besessen weiter. Als es Abend wurde, hatte er eine Herde Kühe, die so groß war, daß sie das ganze Tal einnahm. „So", sagte er, die Herde wohlgefällig betrachtend, „für heute habe ich genug, denn schon mit dieser Herde bin ich der bei weitem reichste Bauer der ganzen Gegend. Wenn ich aber jeden Tag so eine Herde hervorknalle, dann werde ich bestimmt der reichste Mensch der Welt sein."

Der Weg bis zum Bauernhof war ziemlich weit, über eine Stunde hatte Nimmersatt mit seinen Kühen zu gehen. Als aber die erste Kuh das Tor durchschritt, blitzte und donnerte es vom wolkenlosen Himmel, und alle Kühe verwandelten sich plötzlich in Ratten. Wie versteinert stand der Bauer nun da und wußte nicht, ob er wache oder träume, denn statt der prachtvollen Kühe wuselten nun unzählige kleine, graue Vierfüßler mit langen Schwänzen umher. Sein Lebtag lang hatte er noch nicht solch ein Ungeziefer gesehen. Auch die Peitsche, die gute Zauberpeitsche war nicht mehr da ... Sie hatte sich in einen trockenen Grashalm verwandelt.

Wie er nun so dastand und nachdachte, wie sich dies alles abgespielt hatte, blitzte es wieder hell auf, und das kleine Männlein stand kichernd vor ihm und sagte: „Na, was sagst du jetzt dazu, armer Bettelmann? Habe ich Recht behalten oder nicht?" Nimmersatt sah böse zu Boden und konnte in seiner Aufregung kein Wort herausbringen. „Das gebührt einem, der nie satt werden kann", fügte das Männlein hinzu und verschwand.

Nimmersatts Freude war von dieser Zeit an für immer verflogen, er blieb zurück unter seinen Ratten, die sich rasend schnell ausbreiteten, aber sich nie wieder in Kühe zurückverwandeln wollten.

Franz Heinz
Perjamosch – Ratingen

Foto: Walter Konschitzky

Franz Heinz wurde am 21. November 1929 in Perjamosch (Banat/Rumänien) geboren. Er besuchte die Grund- und Mittelschule in seiner Heimatgemeinde und in Temeswar und studierte Geschichte und Erdkunde in Bukarest. 1944 flüchtete die Familie nach Österreich. Heimkehr ins Banat im Juni 1945. Drei Jahre Arbeitsdienst auf verschiedenen Großbaustellen, als Bäcker und Landarbeiter. 1957 literarisches Debüt mit dem Einakter „Wetterleuchten" im deutschen Programm des Temeswarer Rundfunks. 1960-74 zunächst als Redakteur, dann als Kulturredakteur der deutschsprachigen Tageszeitung „Neuer Weg" in Bukarest tätig. In dieser Zeit absolvierte er nicht nur das Gymnasium und belegte im Fernstudium die Fächer Geographie, Geschichte und Pädagogik, sondern veröffentlichte auch in den deutschen Abteilungen der Bukarester Verlage sieben eigene Bücher, vor allem kurze Prosa, die sich noch an den ästhetischen Vorgaben des „sozialistischen Realismus" orientierten, sowie fünf Bände aus dem literarischen Nachlaß deutscher Autoren im Banat. 1974 Ausreiseantrag nach Deutschland und Berufsverbot. Seit 1976 in Ratingen, Nordrhein-Westfalen, ansässig. 1977-90 Kulturredakteur der „Kulturpolitischen Korrespondenz" und Chefredakteur der Vierteljahresschrift „Der gemeinsame Weg" in Bonn. Seit 1990 Chefredaktion des im Auftrag des Bundesinnenministeriums herausgegebenen „Kulturspiegels"; arbeitet auch für den Rundfunk. Seit er in Deutschland lebt, stehen Integrationsprobleme von Immigranten aus dem Osten im Mittelpunkt seines literarischen Schaffens. Heinz ist auch mit Theaterstücken und Hörspielen, als Journalist, Herausgeber und Verfasser von kunstkritischen und -historischen Beiträgen hervorgetreten. Für seine literarische Tätigkeit erhielt Franz Heinz 1972 den Prosapreis für deutschsprachige Literatur des Rumänischen Schriftstellerverbandes, 1993 die Ehrengabe des Andreas-Gryphius-Preises der Künstlergilde Esslingen und 1994 die Ehrengabe des Donauschwäbischen Kulturpreises.

Ein Traum von Pferden

An einem Wintertag gegen sechs Uhr früh war eine feindliche Reitergruppe in das Dorf eingedrungen und hatte eine Bäuerin gehenkt. Ein gutes halb Dutzend Männer kann es gewesen sein, wie die Leute sich nachher zu erinnern glaubten, Soldaten mit kurzen Bärten auf der Oberlippe, schöne Soldaten mit Säbeln und Sporen und blitzenden Köpfen an den Mänteln. Der Tag war noch nicht angebrochen, als das geschah. Die meisten der Bauern hatten nur die Hunde lärmen hören und im besten Fall noch ein Hufgetrappel. Erst als es hell geworden war, sah man die Frau in ihrem Tor hängen, aufgeknüpft in den großen Bogen mit holzgeschnitzten Blumen und aufgehenden Sonnen. Sie war vollständig angekleidet, bis auf das Kopftuch, das man ihr offensichtlich vor der Hinrichtung abgebunden hatte und das nebenan auf dem Zaun hing. Niemand war Zeuge des Vorfalls gewesen. Nur das etwa siebenjährige Mädchen der Bäuerin berichtete – man hörte es weinen und fand es in eines der Zimmer eingeschlossen –, daß fremde, sehr große Soldaten in das Haus gekommen wären und daß ihre Mutter mit ihnen gesprochen hätte. Nun war die Frau eine einfache Bäuerin, der nichts nachzureden war, die sich, nach der Mobilmachung allein geblieben, bemühte, ihre Wirtschaft über Wasser zu halten, und die den Krieg sonst hinnahm in einer anerzogenen Demut, bereit, ihn zu ertragen wie die Seuche, gegen die sich nichts tun läßt als beten. So blieb es unerklärlich, was den Zorn der Reiter herausgefordert haben könnte. Aber es war Krieg, und es konnte schon zuviel sei, daß man sein Gesicht zeigte, wenn feindliche Soldaten in der Nähe waren. So geschah es auch, daß niemand es wagte, den Leichnam abzunehmen. Erst in der kommenden Nacht fanden sich ein paar nahe Verwandte dazu bereit, die Tote zu bergen und in aller Eile und Verschwiegenheit zu bestatten.

Dies geschah im Dezember 1916 in einem Dorf, nennen wir es Tudoreni, bei Alexandria. Das Dorf liegt in einer Niederung und ist, wenn man sich ihm von Westen her nähert, vollständig zu überblicken. Besonders im Winter, wenn die niedrigen Häuser weniger von den Bäumen verdeckt sind und die Dächer wie umgestülpte Boote wirken, graue Rücken mit kantiger Wirbelsäule, um die weiße, zweitürmige Kirche versammelt wie eine Herde durstiger Elefanten. Der Wind schmeckt nach Rauch, und an der Straße, die sich unten über eine zu schmale Brücke durchzwängt und dann nach links steil ins Dorf einfällt, stehen ein paar struppige Bäume, Akazien, und vor dem Wasser Weiden mit zurückgestutzten Kronen und dicken Köpfen. Es ist kein besonderes Dorf, eher etwas ärmlicher als die anderen Ortschaften der Umgebung, mit weniger Neubauten und weniger blauer Farbe auf den hölzernen Vorbauten. Das Haus, in dem sich der erwähnte Vorfall zutrug, wurde in der Zwischenzeit umgebaut, aber aus dem Garten, der das Haus von vier Seiten umgibt, kann man auch heute noch die Straße sehen, auf der 1916 die Reiter in das Dorf gekommen sind. Zuweilen sprechen die Leute noch davon. Nicht nur deshalb, weil sich seither in Tudoreni etwas ähnlich Schreckliches nicht mehr zugetragen hätte. Die Geschichte hatte ein Nachspiel, das dreißig Jahre später das Dorf noch einmal in Aufregung versetzen sollte.

Die Waise von damals war unter der Aufsicht ihrer Verwandten herangewachsen, hatte das Anwesen ihrer Mutter übernommen, geheiratet und ein Mädchen geboren, das in jenem Herbst, von dem ich im folgenden berichten will, neun Jahre alt geworden war. Bis dahin hatte niemand das junge Weib beunruhigt gesehen. Sie war nicht heiterer als die anderen Bäuerinnen in Tudoreni, aber sie ging gelassen ihrer täglichen Arbeit nach und sorgte auf ihr Kind, so gut, wie sie es verstand. Ihr Mann merkte als erster die Verwandlung, die mit ihr vorging. Nacheinander an zwei Nachmittagen hatte er sie im Garten gesehen, steif an einen Baum gelehnt und den Blick unverwandt auf die Straße gerichtet, die, wie bereits gesagt, von hier ein gutes Stück weit zu übersehen ist. Am zweiten Tag hatte er sie angerufen, halb verwundert, halb verstimmt, ein leises Unbehagen in der Stimme. „Mann", hatte sie geantwortet, „mir wird etwas zustoßen." Er versuchte, ihre Besorgnis wegzulachen, aber sie ging nicht darauf ein.

„Es werden Reiter kommen", sagte sie. „Einmal gegen Abend werden sie die Straße herunter in unser Dorf kommen."

Ihrem Mann war die Begebenheit von 1916 bekannt. Aber auch der zweite Krieg war vorbei. Die Männer, die ihn überlebt hatten, waren heimgekehrt nach Tudoreni. Seit mehr als zwei Jahren war kein Militär durch die Gemeinde gekommen. Merkwürdigerweise hatte die Frau während der Kriegsjahre nie unter ähnlichen Angstzuständen gelitten, obgleich damals nicht selten fremde Soldaten durchzogen und in der Schule sogar einmal eine Zeitlang im Quartier gelegen waren. Er lachte, wie gesagt, und ließ sie stehen.

So verging die Woche, ohne daß sich etwas Weiteres ereignet hätte. Am Samstag aber kamen vier Reiter mit geschmückten Pferden den Hang heruntergeritten. Burschen aus der Nachbargemeinde, die zwei Familien aus Tudoreni zur Hochzeit laden sollten. Die Pferde waren mit Troddeln und gestickten Tüchern geschmückt, die Burschen aber hatten Bänder und Blumen auf den Lammfellmützen, und ihre hölzernen, bemalten Flaschen hüllten sie in eine süße Wolke beharrlichen Zuikageruchs. Die Frau wartete, bis sie an ihrem Haus vorbeigekommen waren. Ihr Mann versuchte, ihre Besorgnis in eine scherzhafte Beziehung zu den Hochzeitbittern zu bringen, doch sie ließ sich diesmal auf keine Antwort ein. Sie ging ins Haus, schnürte die Habseligkeiten ihres Mädchens in ein Bündel, nahm das Kind an der Hand und ging mit ihm zu einer Muhme, die ihr besonders zugetan war und der sie nahelegte, sich des Kindes anzunehmen, sollte ihr etwas zustoßen. Am Abend schleppte sie dann noch einen Scheffel Maismehl zur Nachbarin, von der sie vor einiger Zeit, als die Mühle stand, ein Viertel für den Hausbedarf geborgt hatte. Ihr sonderbares Verhalten sowie ihr verstocktes Schweigen erbitterten den Mann schließlich, so daß er sich den Mantel umwarf und die Schnapsbrennerei am Dorfende aufsuchte, wo er eine lustige Gesellschaft antraf, die erst nach Mitternacht aufbrach, als das Dorf in tiefem Schlafe lag. Erst spät am anderen Morgen erwachend, fand er sein Weib kalt und mit aufgedunsenem Leib im Bett liegen. Der eilig herbeigeholte Arzt konnte nur noch den Tod bestätigen, der, seinem Befund nach, durch eine innere Blutung verursacht worden war.

Niemand im Dorf sah sich veranlaßt, dem Arzt zu widersprechen. Die Verbindungen aber, die mit dem Erscheinen der Reiter angestellt wurden, hinterließen bei den meisten Bauern eine Verwirrung, die sich in einem zwar unerklärlichen, aber ebenso unabwendbaren Familienverhängnis eine Auslegung suchte, von dem man auch das Kind der Verstorbenen nicht ausschloß, allerlei düstere Befürchtungen äußernd, die nicht davor scheuten, dem Kind gleichfalls ein unheilvolles Ende vorauszusagen.

Die Muhme, um das ihr anvertraute Kind besorgt und selbst nicht ganz frei von den erwähnten Befürchtungen, beschloß, das Dorf zu verlassen und das Mädchen dadurch möglicherweise einem Verhängnis zu entziehen, das sich nun bereits zum zweiten Male zu wiederholen drohte. Sie fand mit dem Kind ein billiges Unterkommen bei einer entfernten Verwandten in Alexandria, zu der sie eines Tages in aller Stille zog, sämtliche Beziehungen zu ihrem Dorf abbrechend, in das sie dem Kinde zulieb nie mehr wiederzukehren dachte.

So vergingen neun Jahre, das Mädchen war inzwischen fast erwachsen und ihrer verstorbenen Mutter so ähnlich, daß die Muhme darüber zuweilen erschrecken konnte. Wie anzunehmen ist, ohne allen Grund, denn das Mädchen war gesund und von keinerlei schlimmen Befürchtungen geplagt. Sie arbeitete in einem Warenhaus, schaffte sich einige Dinge für ihren Haushalt an und schien auch bereits in einem ernsteren Verhältnis zu einem Schofför zu stehen, der eben seinen Militärdienst versah und aus Lippa recht häufig Briefe schrieb. Sogar zu häufig, wie die Muhme fand, für einen, mit dem schließlich noch nichts ausgemacht war.

Nun trug es sich aber zu, daß das Mädchen einen Traum hatte, den sie am Morgen, ohne an etwas zu denken, der Alten erzählte. Sie wäre auf einem Schimmel über eine weite Heide geritten. Der Schimmel hätte eine wundervolle blaue Mähne gehabt, und seine Hufe hätten Feuer aus der Erde geschlagen, rote Sterne, die nach allen Seiten auseinanderprasselten, und die Heide war leicht gewölbt, wie eine große Kugel, und sie stürzte dem Schimmel entgegen, und es wäre sonst kein Laut um sie gewesen, merkwürdigerweise noch nicht einmal ein Windhauch, wenngleich Erde und Schimmel mit einer unfaßbaren und berauschenden Geschwindigkeit aufeinander zurasten. Das Mädchen fügte hinzu, daß der Traum wohl auf die Zirkusvorstellung zurückzuführen sei, die sie am Vorabend besucht habe und auf der ein Schimmel durch einen brennenden Reifen gesprungen wäre.

War das Mädchen daraufhin unbeschwert wie sonst zur Arbeitsstelle gegangen, so ließ es die Alte auffallend beunruhigt zurück. Sie fand sich an diesem Tag im eigenen Haus nicht zurecht, war einsilbig gegen alle und ging am Abend sehr spät ins Bett. Umso überraschter war das Mädchen, als es die

Alte am nächsten Morgen gesammelt sah, allerdings sehr ernst, fast streng in ihren Reden und Gesten. Sie sagte, daß sie einige Dinge in ihrem Dorf zu erledigen habe, die sehr wichtig und vor allem unaufschiebbar seien, und daß sie wohl ein paar Tage lang wegbleiben werde. Es war zum ersten Mal seit neun Jahren, daß die Muhme angab, außerhalb der Stadt etwas besorgen zu müssen. Das Mädchen war darüber zwar verwundert, wagte aber nicht, nach Einzelheiten zu fragen, nahm bereitwillig einige Anweisungen der Alten entgegen und konnte nicht ahnen, daß diese Vorkehrungen von ihrem sonderbaren Traum ausgelöst worden waren.

Ihre Bestürzung war dementsprechend, als sie drei Tage später das tragische Ende der Muhme erfuhr. Man hatte sie in einer Weide vor der Brücke in Tudoreni erhenkt gefunden. Da man sich in der Ortschaft noch an sie erinnerte und ihre Identität somit außer Zweifel stand, hätte man sie auf dem Dorffriedhof in aller Bescheidenheit beigesetzt. Nur der Pope wußte zusätzlich zu berichten, daß sie ihn am Vorabend aufgesucht habe, um ihn zu fragen, ob es möglich wäre, daß man für einen anderen sterben könne. Er hätte der Alten geraten, im Gebet ihren Frieden zu suchen und sich sonst vertrauensvoll in den Willen des Allmächtigen zu fügen. Er hätte nicht angenommen, daß sie so ganz ohne Trost gewesen wäre. Sie hätte übrigens nicht den Eindruck einer verzweifelten Person erweckt. Sie berief sich, so erzählte der Pope, in ihren Reden auf einen Traum mit Pferden.

Das Brot

Die Erde war hart. Konrad stieß den Spaten hinein wie in einen Haufen Gips, spuckte in die Hände, brach noch ein paar trockene Klumpen heraus und fand das Loch dann groß genug für den kleinen Zigeuner aus Craiova, der seit etwa zehn Minuten tot war, auf dem Rücken dalag und in den unerbittlichen russischen Himmel stierte. Als er sich die Kugel in den Kopf jagte, hatten sie verwundert aufgehorcht. Seit Tagen war kein Schuß gefallen. Sie sind auf ihren Wagen gehockt und gefahren, und nachts haben sie unter ihren Decken zu schlafen versucht. Ein Häuflein grüner Soldaten ohne Offizier und ohne Befehl. Die Pferde noch, die zuweilen schnaubten und mit den Schweifen schlugen und tagsüber die Wagen durch ein Land zogen, das immer größer wurde. Und der Hunger noch, der in den Gedärmen wühlte und die Augen der Männer aufflackern ließ wie die gehetzter Tiere.

Konrad faßte den Toten unter den Schultern und schleppte ihn ins Loch. Der Brotbeutel des Zigeuners pendelte an einer langen Leine und schlug Konrad ans Bein. Mag er ihn behalten, dachte er. Aber da schlug es wieder hart an seinen Schuh und ließ etwas in ihm heraufdämmern und mächtig werden. Er warf den Toten hin und riß den Brotbeutel unter ihm weg, tastete hinein und sah sich vorsichtig um. Die anderen standen gut dreißig Schritt weit weg, und der Korporal redete auf einen alten Russen ein, der mit verängsteten Händen herumgestikulierte. Konrad hob etwas aus dem Tuch, hob es an die Nase. Der Zigeuner lag da mit verdrehten Beinen. Konrad sah hin. Hatte der Dreckskerl da noch ein halbes Brot! Er bohrte den Daumen hinein, riß eine Kante ab und steckte sie zwischen die Zähne. Biß den Speichel hinein. Dann steckte er das Brot behutsam in den Beutel zurück, streifte ihn dem Zigeuner von der Schulter. Er legte ihm die Mütze aufs Gesicht und warf die Erde darüber.

Es fiel nicht auf, daß er einen Brotbeutel umhängen hatte, als er zurückkam und ihn in die Futterkiste unterm Sitzbrett steckte. Eine halbe Stunde später brachen sie auf. Der Korporal saß neben ihm und fragte: „Ist sein Gewehr da?" Konrad zeigte mit dem Daumen über die Schulter, wo der Karabiner im Wagen lag. Der Korporal nickte und schwieg. Die Pferde gingen, bis es Nacht wurde. Das geschah irgendwo auf der Straße, wo es genau so aussah wie am Abend vorher. Sie werden später nicht viel zu erzählen haben über Rußland, wenn sie einer danach fragt. Es war groß, und es war jeden Abend das gleiche. Nachts standen Sterne darüber, und es war kalt. Der Korporal hatte eine kleine Blechschachtel in der Tasche, aus der er jeden Abend zwei Schnitzel Speckschwarte nahm. Für sich und für Konrad. Sie waren aus demselben Dorf im Banat und lagen abends nebeneinander. Und ihre Frauen daheim saßen sonntags nebeneinander in der Kirche, und wenn eine Post bekam, ging sie zur anderen und sagte: „Sie sind gesund." Es war anders, wenn einer da war, von dem man das wußte. Der Zigeuner lag jeden Abend woanders, als er noch schlafen mußte. Keiner war aus Craiova, und keiner verstand, wie das ist, wenn einer Sehnsucht nach Craiova hat.

Die Schwarte war salzig und fett und machte die Kiefer müde. Konrad dachte an das Brot unter dem Sitzbrett. Er wird es dem Korporal sagen. Aber vielleicht schlief der Korporal schon. Es wäre einfacher, wenn er schlafen würde, dachte Konrad. Und bis zum nächsten Morgen ist es lang.

„Abends sang der Zigeuner immer", sagte der Korporal.

„Er wimmerte", sagte Konrad.

„Er sang", beharrte der Korporal.

„Er war nicht mehr ganz beisammen, der Arme."

„Doch. Die singen, wenn sie hungrig sind."

Konrad fror. Er warf sich noch eine Decke über. Sie hatten genug freie Decken. Er sagte: „Er hatte noch ein halbes Brot."

Der Korporal drehte den Kopf herüber. Konrad lag auf dem Rücken und redete in die Luft. „Beinahe hätt' ich's mit begraben."

„Hast es aufgefressen?"
„Nein", sagte Konrad in die Luft.
„Mensch, Konrad!"
„Nein."
„Wo ist das Brot?"
„Wir heben es auf", bestimmte Konrad. Und dann genauer: „Ich heb es auf."
„Du hast es zu melden." Der Korporal war hier der Ranghöchste, seit sie den Leutnant begraben hatten. An einem der Vormittage, die so plötzlich aus der Dämmerung hervorbrachen, daß es die Männer jedesmal verwirrte.
„Wenn es ganz dreckig werden sollte, so haben wir noch ein halbes Brot. Wir zwei."
„Du hast es im Tornister", lauerte der Korporal.
„Wenn du drangehst, bring ich dich um."
Sie schwiegen, und es war entsetzlich still. Es wäre leichter gewesen, wenn ein Hund gebellt hätte. Nicht einmal Hunde haben sie in diesem Land, dachte Konrad.
„Toll", sagte der Korporal. „Hat noch ein halbes Brot und jagt sich eine Kugel durch den Kopf."
„Er war nicht mehr ganz beisammen", sagte Konrad.
Es waren Sterne am Himmel, und die Decken rochen nach Staub. Stunden später wurde Konrad mitten im Schlaf von einer wilden Angst angefallen, die ihn hart hinüberpacken ließ in die Decken nebenan. „Teufel!" stammelte der aufgeschreckte Korporal. Konrad nahm seine Hände zurück. „Schon gut", sagte er und warf sich hin.
Am andern Tag saßen sie nebeneinander auf dem Wagen und sahen zu, wie die Straße unter ihnen weglief. Ein gelber Streifen, der irgendwo von einer großen Spule gehaspelt wurde und in den acht Pferdehufe hineintrampelten.
„Vielleicht kommen wir heute bis Bjelinsk", sagte der Korporal. „Und was gibt es in Bjelinsk?" fragte Konrad. Es ärgert den Korporal. Was wird's schon geben?
„Vielleicht sind die Russen dort", meinte Konrad. „Hoffentlich", sagte der Korporal. „So schnell wie unsereins können die ja auch fahren."
Sie hielten mittags nicht an. Gegen vier Uhr fiel das Land von vier Richtungen ein. Die Straße lief, ohne sich darum zu kümmern, weiter und an etwa zwanzig verlassenen Häusern vorbei, die wie eine Schar heruntergekommener Gänse vor einer faulen Kaule standen. Die Soldaten kletterten vom Bock und sahen sich an.
„Sind wir in Bjelinsk?"
Sie ließen die Gäule frei, die ins Wasser wateten und mit steifen Beinen darin stehen blieben, so daß die Männer sie mit Steinwürfen wieder heraus und ins Geschirr treiben mußten. Zwei warfen eine Leine mit einer Feldflasche daran in einen Brunnenschacht. Der Korporal kam vorbei und schrie sie an: „Wollt ihr unbedingt an Thyphus krepieren!" Sie sahen ihm nach und

zogen die Flasche hoch. Tranken und spuckten aus. Und tranken wieder. Der Korporal ging in eines der Häuser. Konrad kümmerte sich um die Pferde und sah hin, als der Korporal wieder heraustrat, und wußte, daß es zwecklos gewesen ist. Auch die anderen waren nicht erfolgreicher. Einer brachte eine schwarze Bratpfanne mit und warf sie in den Wagen. Mehr war nicht zu holen in Bjelinsk.

Sie treiben die Pferde an. Dann war wieder nichts da als die Straße, die flach hinauslief in dieses zu große Land, in das sich nicht einmal ein Baum hinaustraute. Der Korporal dachte an Bjelinsk, von dem er nicht wußte, ob es Bjelinsk war, und in dem nichts zu holen war als eine schwarzgebrannte Pfanne. Als es Abend wurde, sagte er: „Tudose hat noch eine Konserve. Vielleicht tauscht er die Hälfte davon für die Hälfte von unserem Brot." Aber Konrad ging nicht darauf ein.

Etwa zwei Stunden später lagen sie wieder nebeneinander unter ihren Decken. Am Himmel waren Sterne, und es war kalt. „Ein Glück, daß wir die Pferde haben", sagte Konrad. Sonst fanden sie kein Gespräch, bis sich der Korporal herumwarf und hervorstieß, daß er seinen Teil haben wolle von dem Brot. „Meine Hälfte!" Er beugte sich über Konrad und sprach ihm ins Gesicht. „Ich halt's nicht aus, wenn ich weiß, daß ich ein Brot hab."

Konrad hob den Kopf, so daß sich ihre Gesichter fast berührten. „Wenn du es anrührst, bring ich dich um." – „Schwein", fluchte der Korporal. Konrad schwieg und sah in den Himmel. „Wir haben zu Hause einen Kirschbaum", erzählte der Korporal. „Du weißt, niemand im Dorf hat so schöne Kirschen wie ich. Mein Vater brachte vor Jahren den Baum aus Săvîrşin herunter. Er hatte dort einen Kriegskameraden." Der Korporal sah zu Konrad hinüber. „Ich habe ein Bäumchen nachgezogen. Ein einziges. Wenn wir wieder daheim sind, ist es dein."

Konrad schwieg, und die Nacht war lang. Und keiner schlief.

Am Tag darauf, gegen Mittag, tauchte ein Baumstreifen vor ihnen auf, quoll zwischen Himmel und Erde hervor. Zunächst wie ein struppiger Pudel, der riesengroß und einsam auf der Steppe lag, dann aber nach und nach nicht anders, als wie eben ein paar Bäume im offenen Lande stehen. Die Straße lief auf sie zu und brachte sie näher. Den Männern schien es, als wäre das Land kleiner geworden und geordneter. Sie sagten, „da, vor den Bäumen", und alles hatte auf einmal einen Sinn. Einer meinte: „Vielleicht ist dort ein Fluß." Es waren aber nur ein paar schüttere Baumreihen, symmetrisch auf der Windseite der Straße angepflanzt, verstaubt und mit trockenen Aststümpfen, die an amputierte Arme erinnerten. „Rasten wir nicht?" schrie einer und hielt von der Straße ab und ließ die Pferde die flache Böschung hinunter und in den Schatten der Bäume hineintrappeln. Und war plötzlich nicht mehr zu sehen. Nichts war mehr da als eine gelbe Staubwolke und ein ohrenzerreißendes Bersten.

Minen!

Es knisterte in den Wipfeln, die Sonne sog den Staub auf. Vor den Bäumen lagen die blutigen Fleischklumpen der Pferde. Auf der Böschung klebte ein Fetzen grüne Uniform, den Rücken zum Himmel. Ein Schuh hing in den Ästen.

„Wir müssen ihn begraben."

Die Soldaten blieben auf ihren Wagen. Was war da noch viel zu begraben? Verrückt mußte man sein, hier mit dem Spaten herumbuddeln zu wollen. Genug mit einem, der in den Bäumen hing.

Konrad stieg ab. „Ich tu's." – „Drüben", der Korporal machte eine müde Bewegung mit dem Kopf. „Nur die Waldseite ist vermint."

Es kamen noch zwei mit. Sie rafften den Toten in eine Decke und schleppten ihn über die Straße. Konrad musterte den Boden, prüfte die zweifelhaften Stellen. Dann schaufelten sie das Grab. Einer sagte: „'s muß nicht sehr groß sein." Konrad schaufelte und dachte an das Brot. Warf die Erde aus dem Loch und dachte: Gibst ihm seine Hälfte, dem Korporal. Weiß man, ob er's morgen noch braucht? Soll seine Hälfte haben. Wird ja damit auf die Seite gehen und es auffressen, wo ihn keiner sieht. Unter die Decke kriechen dann und neben mir liegen und satt rülpsen. Aber morgen wird es ihn plagen, weil ich noch meine Brothälfte habe, und er wird mich hassen. Er wird es mir nie verzeihen, wenn ich morgen noch meine Hälfte haben werde.

Sie ließen das Bündel ins Loch und warfen Erde darüber. „Machen wir ihm ein Kreuz." Sie brachen zwei Äste zurecht und nagelten sie übereinander. Konrad griff es auf und trat damit an den Grabhügel und wurde verlegen, weil er nicht wußte, wo das Kopfende war. Stieß dann das Kreuz hinunter, wo er stand. „Wird's ja nicht mehr so genau nehmen, der da unten."

Sie säuberten die Spaten und gingen zurück. Der Korporal lag im Wagen und schnarchte. Fällt dem was ein, wunderte sich Konrad. Er sah ihm ins Gesicht, das von der Mütze in die Schultern gedrückt schien und einer großen Gelassenheit um die Mundwinkel Platz ließ. ‚Sieht aus wie einer, der von allem genug hat', dachte Konrad. Es ekelte ihn an und zwang ihn doch wieder hinzusehen auf den Leib, den der Atem hob und senkte und zwei Hände mithob, die mit gespreizten Fingern über dem geöffneten Koppel lagen. Etwas hing im grünen Wollstoff der Uniformbluse. Leicht und krümlig. Etwas, das einen ungeheuren Verdacht in Konrad aufbrach, ihn mit einem Satz auf den Wagen springen ließ und das Sitzbrett zurückwerfen, unter dem der Brotbeutel des Zigeuners schlaff dalag und nichts entgegenzuhalten hatte, als Konrad hineingriff.

‚Das Schwein.' Konrad stieg über den Sitz hinweg, wog den Spaten in der Faust. ‚Das Schwein.' Er stieß den Schlafenden mit dem Fuß an. Der schlug die Augen auf, sah einen über sich, hatte aber immer noch die Gelassenheit um die Mundwinkel, bis er den Spaten in Konrads Faust schwingen sah. „Mensch, Konrad." – „Hast es allein aufgefressen." – „Ich wollte nicht." – Der Spaten schwang in Konrads Faust. „Hast meine Hälfte mitgefressen." – „Ich konnte nicht aufhören, ich konnte nicht." Der Korporal stammelte, sah ins Gesicht des andern, in eine Fratze mit harten senkrechten Strichen, wollte den Leib aufstemmen mit untergeschobenen Ellbogen. Aber Konrads Schuh stieß ihn vor die Schulter, brachte ihn wieder nieder. „Wenn du dich rührst!" Der Spaten hatte aufgehört zu pendeln. „Ich bring dich vors Kriegsgericht!" schrie der Korporal. Da lachte Konrad und drückte dem Korporal das kalte Spatenblatt unters Kinn. „Konrad! Landsmann!" Ja, Landsmann. „Hilfe!" Ja, gleich. Konrad holte weit aus, zielte hinter die entsetzt vorgehaltenen Hände. – Ein Dutzend Fäuste rissen ihn rücklings nieder. Er tobte, schlug, trat, biß, spuckte in das Knäuel grüner Gestalten, die sich über ihn warfen, ihm hart die Knie aufsetzten, den Kopf, die Arme und Beine niederpreßten, so daß er nichts konnte als brüllen wie ein Tier. Heiser und schrill und erstickt. Und sie ließen ihn nicht eher los, als bis er still und erschöpft dalag, mit dem Gesicht zur Erde, Zorn, Haß, Ohnmacht aus sich herausweinte, daß es ihn schüttelte und hilflos machte wie ein Weib. Der Korporal stand zwischen seinen Leuten. „Wenn wir nach Hause kommen –" versuchte er. Machte ein paar flatternde Bewegungen mit den Händen.

„Der Kirschbaum –"

Sie setzten sich in einiger Entfernung nieder und warteten. Bis Konrad dalag wie ein Toter. Und dann bis er aufstand und das Geschirr auf den Pferden zurechtrückte. „Komm", sagte er. Der Korporal zögerte. Sah seine Leute an. Die gingen zu ihren Wagen. Da stieg er zu Konrad hinauf und setzte sich neben ihn, das Gewehr zwischen den Knien. Konrad trieb die Pferde an.

Das Erbe des Seibert-Bauern

Zwei Jungen hatte der Seibert-Bauer, hochgewachsen und geradlinig im Denken. Sie und sein Hof und noch die vier Pferde im Stall waren sein ganzer Stolz. Die Söhne waren 1918 unversehrt aus dem Krieg heimgekehrt, und so durfte der Seibert-Bauer seinen Hof auf hundert Jahre hinaus mit Gottes Hilfe abgesichert glauben. Zwar sprach sich damals herum, daß die Rumänen das Land haben wollten, doch nahm niemand das Gerede ernst. Man gehörte zu Ungarn und darüber hinaus zur Donaumonarchie der Habsburger. So und nicht anders war die Welt zu sehen. Zwei Jahre später aber fiel das Banat tatsächlich an Rumänien, auch wenn sich mancher schwäbische Bauer nur schwer damit abfinden mochte.

Die zwei Seibert-Jungen gehörten zu denen, die im Anschluß an Rumänien nur eine vorübergehende Willkür sahen. Sie gingen ihrer Arbeit auf dem Hof nach und kümmerten sich nicht mehr als nötig um die politischen Ereignisse. Das Leben hätte eigentlich so weitergehen können, wären nicht eines Tages zwei Stellungsbefehle zum rumänischen Heer ins Haus geflattert. Die neue Armee aber hatte nicht nur einen schlechten Ruf, sie wurde auch als Okkupant empfunden, den man zwar zu ertragen hatte, aber dem zu dienen unzumutbar schien.

In ihrer Gewissensnot fiel den Brüdern nichts Besseres ein, als bei Nacht und Nebel über die neue Grenze nach Restungarn zu fliehen, das sie auch als Staatsbürger anerkannte und aufnahm. Dadurch hatten sie sich dem rumänischen Zugriff zwar entzogen, als Fahnenflüchtige war ihnen jedoch jede Rückkehr ins Banat und somit auf den elterlichen Hof verwehrt. Da sie eine baldige Wiederherstellung des ungarischen Königreichs in den alten Grenzen erhofften, machte ihnen diese Aussperrung zunächst nicht viel aus. Aber die Jahre vergingen und zehrten die Hoffnung auf. Dem alternden Vater daheim fiel die Bewirtschaftung des Hofes immer schwerer, seine Söhne aber waren in Ungarn mittellose Hilfsarbeiter ohne jeden Besitz. Sie wohnten in einem Budapester Vorort, heirateten schließlich unter ihrem Stand und schrieben verlegene Briefe nach Hause.

Der Zweite Weltkrieg brach aus, und wieder verschoben sich die Grenzen, aber das Banat fiel nicht wieder an Ungarn zurück. So hatten die Seibert-Söhne ihr Dorf seit zwanzig Jahren nicht mehr gesehen, als sie zum zweiten Mal an die Ostfront befohlen wurden. Sie kehrten auch diesmal nicht siegreich heim, aber mit vierzig hängt man seine Träume ohnehin nicht mehr an die Fahne. Man ist schon froh, wenn alles vorüber und das Gröbste einigermaßen überstanden ist.

Aber das Schlimmste erwartete die Brüder bei ihrer Rückkehr nach Budapest, wo man sie als Deutsche kurzerhand des Landes verwies. Vergeblich beriefen sie sich auf ihre nachweisbare Treue zu Ungarn und auf die dafür gebrachten Opfer. Kein Bitten und kein Fluchen half, und die beiden Brüder fühlten sich zum ersten Mal im Leben hilflos und kamen sich betrogen vor.

Rund eintausend Kilometer weiter westlich fanden sie in Württemberg zunächst notdürftig Unterkunft. Durch Fleiß und Sparsamkeit brachten sie es mit den Jahren zu einigem Wohlstand, aber das Banat war nun endgültig verloren. Die sozialistische Revolution hatte den schwäbischen Bauern nicht nur ihr Eigentum, sondern auch ihren Stolz geraubt und die Grenzen noch undurchlässiger gemacht. Nur der alter Seibert wollte das nicht einsehen. Entrechtet und verarmt wartete er, ins einstige Gesindestübchen verdrängt, auf die Wiederkehr der alten Herrlichkeit. Aber er wurde achtzig, und eine Veränderung der Verhältnisse war nicht in Sicht.

Da wünschte er sich noch eins: seine Söhne wiederzusehen. Sie kamen im Mai, die Akazien blühten, die Luft war durchtränkt vom Summen der Bienen. Sie fanden einen gebrechlichen Mann im Gesindestübchen vor, der nichts mehr zu vergeben hatte, nicht einmal einen Rat. Ein bräunliches Foto hing an der Wand; es zeigte ihn mit seinen achtzehnjährigen Buben auf dem

Leiterwagen, die Zügel straff in der Faust. „Es wäre schön gewesen, damals zu sterben", meinte der Alte, „die Jahre danach verdarben nur den Geschmack am Leben."

Das brachte die Söhne auf einen Einfall. Sie trieben einen Leiterwagen und zwei Pferde auf, setzten den Alten auf den Kutschbock und fuhren drei Tage nacheinander das Dorf hinauf und hinunter und auch auf die Felder hinaus. Dorthin, wo einst der Weingarten des Seibert-Hofes und die fetten Getreideäcker lagen. Es hätte sehr schön sein können, wenn der Alte nicht darauf aus gewesen wäre, noch einmal mit eigenen Füßen auf eigener Scholle zu stehen. Es war aber nach all den Jahren und Veränderungen nicht mehr möglich herauszufinden, wo genau die frühere Gemarkung verlief. Nicht nur die alten Flursteine hatte man inzwischen weggeräumt, auch andere Orientierungspunkte wie Bäume oder Feldhütten waren längst verschwunden oder an anderer Stelle durch neue Baumreihen und Bauten ersetzt worden, sogar die alten Feldwege waren unter den Pflug gekommen und nicht mehr auffindbar. „Meine Pferde", erinnerte sich der Alte, „fanden die Äcker auch bei Nacht." Aber das alles war schon sehr lange her, und die eigenen Pferde gab es nur noch auf dem Foto im Gesindestübchen. Selbst der Stall roch nicht mehr nach Pferden.

Er stieg vom Wagen und setzte den Fuß in die Furche, wagte ein paar Schritte nach links und nach rechts und fühlte sich fremd. „Es ist, wie ich sagte", meinte er, „ich habe einfach zu lange gelebt."

Als die Brüder eine Woche später ins Württembergische zurückfuhren, nahmen sie als einziges Erbstück das bräunliche Foto aus dem Stübchen ihres Vaters mit. Denn alles, was er hinterließ, war nur eine Legende.

Klotz am Bein oder Die Zerstörung von Hopsenitz

Es war am 12. Juli, freitags um 13.42 Uhr, als die Erde bebte. Niemand wußte so recht, was eigentlich geschah. Josefine Tasch stand am Herd und meinte, einen Schwindelanfall zu haben, eine jener Unpäßlichkeiten, die Frauen in ihrem Alter ertragen müssen. Sie verlor den Halt unter den Füßen und krallte sich an der Herdstange fest, wobei ihr das Küchenmesser entfiel. Doch auch der Herd gab nach, riß das Ofenrohr aus dem Rauchschacht und warf glühende Asche auf die Dielenbretter. Gott, das Essen! Josefine Tasch hatte eben Speck, Ei und Kartoffeln in die Pfanne gelegt, mäßig gewürzt. Auf dem Hackbrett eine fein geschnittene rote Zwiebel und etwas Grünzeug, mit dem

Kartoffeln und Ei überstreut werden sollten. Eine Rußwolke fiel in Pfanne und Waschschüssel, auf die Handtücher und den blaugenähten Wandspruch „Eigner Herd ist Goldes wert". – Das ist doch alles gar nicht möglich, dachte Josefine Tasch, stürzte und riß den Herd mit. Die Wand brach entzwei und neigte sich nach innen, der Hof war dahinter zu sehn, Gras und Blümchen und der Sonnenschein darauf, der Hund jaulte. Das ganze Haus erlitt einen Knick, schob das Dach von zwei Seiten über die Bruchstelle, seufzte, splitterte und gab nach, schaute fassungslos aus den Dachluken in den schrägen Himmel. Staub wirbelte hoch, Lehm, Kalk, Sand und Spreu brachen aus Wänden und Decken, verklumpten mit dem fetten Herddunst zu einem schweren, gelben Nebel. Josefine Tasch spürte einen heftigen Schlag auf das rechte Bein und dann den wilden Schmerz im ganzen Leib. Schrie, schrie und wurde bewußtlos.

Dabei hatte der Tag so friedlich angefangen. Halb sechs hatte sie ihrem Mann das Frühstück angerichtet und die Brotstulle für den Tag in Zeitungspapier gewickelt, zwei Tomaten dazugelegt und den Salzstreuer aus transparentem Kunststoff nicht vergessen. Volle zwölf Stunden dauerte es immerhin, bis er wieder zurück war aus Banlok, wo er sein Brot verdiente, und wenn er abends wiederkam, gab's noch im Haus zu tun. Manchmal freilich tranken sie auch ein Glas Wein miteinander, oder ein Nachbar war da, um Abschied zu nehmen vor seiner Ausreise nach Deutschland. Es trug sich nichts Aufregendes zu in Hopsenitz, man merkte kaum, wie die Zeit verging. – Mußt diese Woche zum Friseur, hatte sie ihm heute früh nachgerufen, und er hatte mit den Fingern im Nacken nachgefühlt, wo sich das Haar widerwillig über dem Hemdkragen aufrollte. Es war ihm einfach zu viel, nach der Arbeit noch zum Friseur zu radeln, die Reihe abzuwarten und über's Auswandern zu reden. Darüber wurde auch in der Mittagspause gesprochen und sonntags beim Kartenspielen. Es ist wie die Pest, hieß es, kannst nichts dagegen tun und bist irgendwann selber dran.

Zweiunddreißig Deutsche lebten noch in Hopsenitz, sie hatten sich aufs langsame Aussterben in ihrem Dorf eingerichtet, in das Rumänen, Serben und Zigeuner nachrückten, die Ureinwohner des Landes, wenn man so will, und doch Fremde, denen alles ohne Arbeit zufiel. Genau genommen sind wir gar nicht mehr da, pflegte Peter Tasch zu sagen, worauf seine Frau beharrlich schwieg, denn für sie hatte sich das Dorf nicht grundsätzlich verändert. Alles, was tatsächlich die Welt zusammenhält – das Haus, die Kirche, der Friedhof – war da. Sie kochte wie immer für zwei, begoß die Blumen und hielt das Haus in Ordnung. Es war ihr Elternhaus, und das war nicht aufzuwiegen mit einem Paß nach Deutschland. Jedesmal vor Ostern, wenn sie die Straßenseite weißelte, überkam sie ein Glücksgefühl. Sie wischte den Winterstaub von den Fenstersimsen und rieb die Schimmelflecken am Sockel weg, putzte das Haus heraus und sprach mit ihm. Hörte ihren Großvater sagen: Des muß so sin un net annerscht.

Das Haus ist ein Klotz am Bein, nörgelte Peter Tasch gelegentlich. Und das war jedesmal, wenn einer auswanderte oder auch nur in die Stadt umzog, wo die Arbeit besser bezahlt wurde und die deutsche Gemeinde größer war. Ich müßte es anzünden, dachte er manchmal im Zorn, und als er es einmal laut von sich gab, sonntags und nach der dritten Flasche Silascher Rotwein, hatte die Kartenrunde dazu gelacht: Schimmel brennt nicht. – Man müßte das Haus ausreißen können wie einen faulen Zahn. Aber es gibt Leute, so urteilte Peter Tasch, die meinen, es bewegt sich nichts, wenn man sich nur selbst nicht rührt.

Als um 13.42 Uhr die Erde bebte, hätte das ein schlagender Beweis für seine These sein können, daß nichts unerschütterlich ist. Auch die Erde, du lieber Himmel, selbst sie verspürte den Drang zur Veränderung, nicht nur äußerlich im Wandel der Jahreszeiten, sondern auch dort, wo es keiner ahnte, gingen Verwerfungen und Brüche vor sich, unabhängig von Wind und Wetter und häufiger, als wir's uns vorstellen können. Selbst der liebe Gott, lästerte Peter Tasch, weiß es nur nachträglich.

Auch in Banlok stürzten an jenem Freitag die Häuser ein. In der Schule – sie war im ehemaligen königlichen Landhaus untergebracht – klaffte ein Loch im Dach. Als hätte jemand mit einer gewaltigen Axt zugeschlagen, so scharfkantig war das Mittelstück durchbrochen, während in der vormals herrschaftlichen Kapelle Turm und Decke weggeborsten waren, ausgerechnet jetzt, nachdem den Atheisten von gestern der Atem ausging. Vor zwanzig Jahren hatten sie die Kapelle in eine Bar umgewandelt, in der gezecht und gejohlt wurde. Nun hatte die herabgestürzte Decke einen Mann erschlagen, beim Schachspielen, wie man hörte.

Die umliegenden Dörfer, hieß es, wären noch schwerer betroffen. Niemand aber wußte Genaueres, auch die Leitungen waren unterbrochen. Die Menschen hasteten durch die Straßen und Höfe, in den Ställen brüllten die Rinder, und in der Luft lag ein seltsames Knistern, als würde es Sand regnen. Man müßte Einsatzgruppen bilden, ging es ihm durch den Kopf. Obwohl ihn das Wort unangenehm an den Krieg erinnerte, oder auch gerade deswegen, schien es ihm zur Situation zu passen. Was fehlte, war organisierte und konzentrierte Aktivität. In diesem erbarmungswürdigen Land aber geschah weder etwas organisiert noch konzentriert. Es geschah überhaupt nichts, und hätte nicht das Erdbeben die Dörfer zerstört, wären sie auch nicht zu retten gewesen. An den Häusern bröckelte nicht nur der Putz, sie waren ausgezehrt, nicht nur verschlafen, sondern bereits tot. Wie eine Ansammlung von Grüften kamen Peter Tasch die Dörfer vor, und er fand es mitunter gespenstisch, wenn sich irgendwo ein Tor oder ein Fensterflügel bewegte.

Das Sterben der Dörfer war auch draußen auf den Feldern zu spüren. Wenn Peter Tasch mit seinem Rad von Banlok nach Hopsenitz unterwegs war, konnte er sehen, wie die Wildnis zunahm, die Straße von beiden Seiten einschnürte, Bäume wegbrach und Löcher in die Schotterdecke riß. Manchmal, wenn er anhielt und ein Zigarette anrauchte, glaubte er das Wasser zu hören, das aus den alten Sümpfen wiederkam. Nach jeder Schneeschmelze sogen sich die Äcker und Wiesen voll, unter jedem Tümpel hing eine schwere Wasserblase. Der Sommer dörrte nur eine dünne, rissige Lehmkruste obendrüber aus, unter der bei jedem Schritt das Wasser gluckste. Je schwächer die Dörfer wurden, desto ungehemmter kam es, sickerte in die Keller und Gräber, setzte Schimmelblüten in die feuchten Hauswände, schickte seine Späher aus, kroch unter den Mörtel, warf Rost in die Schlösser, verzog die Türstöcke, unterbrach den Stromkreis.

Peter Tasch wußte, wie hilflos die Dörfer gegen die schleichende Zudringlichkeit des Wassers waren, und die alten Sümpfe erkannten schnell die Müdigkeit der Bauern. Das Wasser war schon immer der große Feind der Dörfer; daß sie nun ein Erdbeben zerstörte, war nicht zu fassen. Nichts hätte verwirrender sein können als das Einstürzen der Erde. Er fuhr zwischen Maispflanzungen und Stoppelfeldern hin, wich Schlaglöchern aus und deckte die Hand dämpfend über die beharrlich rasselnde Schelle. Wem Gott die Pest schickt, schimpfte er, dem schickt er auch die Cholera. Kriegst die Not hier nicht in den Griff, kannst nur zusehn, wie sie dir den Atem abschnürt.

Ein roter Traktor stand verlassen im Acker, die Vorderräder verdreht, seitlich ausgebrochen wie scheuende Pferde. Kein Fahrer war zu sehen, und es kam Peter Tasch vor, als liefe quer zu den Furchen ein Riß durch den Acker. War die Erde geborsten? – Er hielt an, lauschte. Hörte den Sumpf unter den Füßen kochen, konnte spüren, wie er sich unsichtbar auf das Dorf zu bewegte.

Einer seiner Nachbarn hatte fünf Jahre in russischer Kriegsgefangenschaft zugebracht. Wenn der Schnee wegschmolz, erzählte er, hatten wir das Gefühl zu versinken. Die Baracken kippten zur Seite, die Bäume versanken im Schlamm, und die Mäuse lernten schwimmen oder ersoffen. Schimmel im Brot, in den Decken, im Haar. Damals sehnte ich mich nach nichts so sehr wie nach dem Staub in Hopsenitz, erzählte er. Ich träumte von dem Staub, den die Kuhherden im Sommer aufwirbeln, der warm und mehlig in den Dorfgassen liegt und um die nackten Fußsohlen spielt wie die Hände einer Mutter.

Peter Tasch spürte, als er sich Hopsenitz näherte, überall den Staub. Auf den Lippen, zwischen den Fingern, in den Schweißflecken seines Hemdes. Er kannte diesen muffigen Staub, den die gestampften Wände der Bauernhäuser beim Einreißen ausstießen. Rauch und Mäusedreck beigemischt, in hundert Jahren eingesickert in die Wühllöcher des Ungeziefers, gegen das die Bauern einen ebenso unbarmherzigen wie aussichtslosen Krieg führten. Nun hatten wohl beide verloren, aber sie würden wiederkommen, die grauen Nager, und selbst den Hunden bleibt dann nichts weiter übrig als die Flucht.

Das Haus ist fest, redete er sich zu. Doch er wußte, wie brüchig alles war. Vor zwei Jahren wollte er den Giebel einreißen und durch ein Walmdach ersetzen, aber seine Frau winkte ab: Es nimmt dem Haus das Gesicht, eiferte sie sich. Sie wohnte gewissermaßen in ihren Gefühlen und setzte sich gegen jeden Eingriff in die Welt ihrer Einbildung zur Wehr. Alle zwei Jahre mußte Peter Tasch den Giebel tünchen, mit der langstieligen Bürste die Kalkbrühe auftragen, die Leiter schräg aufgestützt und das Gesicht zur Wand, in der die Kalkschichten vieler Jahre einander überlagerten, ausbrachen und Narben hinterließen. Eines Tages wird uns das Haus erschlagen, prophezeite er und verschaffte sich damit ein wenig Luft gegen den Starrsinn seiner Frau. Ihr war die frische Tünche wichtiger als das, was die Welt bewegte oder doch vorgab, sie zu bewegen. Die können manches wegreden, meinte sie, aber nicht den Dreck vor dem Fenster.

Nachdem die ersten Leute in den Westen ausgewandert waren, hatte im Dorf das große Umziehen angefangen. Ehemalige Kleinhäusler kauften größere Höfe, Familien vom Dorfrand zogen in die Hauptgasse um, sogar aus den benachbarten Ortschaften kamen rumänische Familien und setzten sich in Hopsenitz fest. Sie wechselten, als immer mehr Schwaben auswanderten und die Preise verfielen, mehrmals die Höfe oder nahmen noch einen zweiten dazu. – Es liegt kein Segen darauf, pflegte Josefine Tasch zu sagen, wenn ihr Mann darüber ungehalten wurde, daß sie selbst in ihrem alten Haus sitzen blieben, indessen andere ihr Glück machten. Im Grunde haben wir alles, was wir brauchen, beschwichtigte sie seine Unruhe, und dazu ein gutes Gewissen.

Bedachte man's recht, so waren die Ausgewanderten die eigentlichen Gewinner. In Deutschland ist alles zu haben, und das meiste kannst du dir auch leisten. Taschs Nachbar war nun schon seit vier Jahren drüben, irgendwo bei Göppingen, und du kennst ihn nicht mehr, wenn du ihn triffst: Nickelbrille auf der Nase und alle Sorgenfalten weggebügelt vom deutschen Wohlstand. Ihr hängt an Dingen, die nichts mehr wert sind, hatte er ihnen vorgeworfen. Josefine Tasch aber konterte: Woher willst schon wissen, was mir etwas wert ist?

Der Staub wurde dichter im Dorf, und die Akazien standen, so schien es, schiefer als sonst vor den Häusern. Das Wimmern einer Glocke lag in der Luft. Es ist die Angst, sagte sich Peter Tasch, die alles verändert. Und sah dann die ersten Trümmer, das eingestürzte Kirchendach, die vom Sockel gebrochenen Gedenksteine für die Opfer beider Weltkriege. Wie konnte Gott das alles zulassen?

Fahr schneller! hörte er einen rufen, dein Weib ist verschüttet. Als er ankam, hatten die Nachbarn sie bereits geborgen. Sie waren, als sie die Schreie hörten und endlich festgestellt hatten, woher sie kamen, hinübergeeilt. So schnell es eben ging. Es waren viele Schreie zu hören von Menschen und Tieren, und auch die Häuser schrien. Sie konnten ihr dann doch helfen, nur das rechte Bein war zertrümmert. Sie lag auf einer ausgehängten Tür und wimmerte. In der Hand hielt sie das Küchenmesser und ließ es nicht los, bis Peter Tasch kam und ihr zuredete. Wir hatten Glück, sagte er, Glück im Unglück. Was ist passiert, wollte sie wissen. Es war ein Erdbeben, sagte er. Das Haus ist hin, aber wir hatten Glück ... Was ist mit meinem Bein? Es ist nicht schlimm. – Ich kann mich nicht rühren. – Es ist nicht schlimm.

Sie legte den Kopf zur Seite, suchte mit einem angstvollen Blick das Haus ab: „Steht die Sommerküche noch?" „Ja", log er, „kein Riß ist dran, der Herd steht, und sogar alle Scheiben sind ganz." Hörte einen sagen, daß die gesamte Straße unbewohnbar geworden sei und Hopsenitz wohl aufgelassen werden müsse. Na, wenn schon, dachte Peter Tasch. Betrachtete Frau und Haus und die Welt dahinter. Sommerküche und Gemüsegarten, die Bank vor dem Haus, die Weinfässer im Keller, der Friedhof und diese ganze gottverdammte Sentimentalität hatten aufgehört, ihn zu beschäftigen. Dinge, die nichts mehr wert sind, hatte der ausgewanderte Nachbar dazu gesagt. Ob die in Deutschland auch für ein erdbebenzerstörtes Haus Lastenausgleich bezahlen? Hätt ich's angezündet, dachte er, wär's fast ein Jux gewesen.

Wir müssen die Umschläge erneuern, sagte eine Nachbarin und schlug den Mantel zurück, mit dem Josefine bis zu den Hüften zugedeckt war. Peter Tasch ging ein paar Schritte zur Seite und wußte plötzlich nicht wohin im eigenen Hof. Er zündete eine Zigarette an, und während er den Rauch einsog, gierig, fast genüßlich, sah er, daß das Tor offenstand. Grasbüschel schoben sich unauffällig in den Hof, über den ein fremder Hund streunte.

Hopsenitz im Banat wurde am 12. Juli 1991 durch ein Erdbeben zerstört, das die Stärke 5,5 auf der Richter-Skala erreichte. Es folgten nahezu 150 Nachbeben. Das Epizentrum lag in 20 Kilometer Tiefe. Zeitungsmeldungen zufolge wurden von insgesamt 191 Häusern 160 unbewohnbar. Neben den rumänischen Bewohnern lebten im Dorf 32 Deutsche. Der Erzählung liegen Presseberichte zugrunde. Handlung und Namen sind frei erfunden.

Feldmohn und Eulen

Feldmohn

Pipatsch – so nannten die Bauern in unserer Ebene den Feldmohn. Wie Sommersprossen war er dem Korn ins Gesicht gestreut, dort wo der Boden am kargsten war. Er brauchte nicht viel, um zu blühen. So hatte er ein leichtes Leben auf unserer Heide.

Es muß ein Kind gewesen sein, dem dieser Name einfiel für ein knallrot blühendes Unkraut, das sonst nichts will als an der Sonne stehn und mit dem Kopf im Winde nicken, ohne auszuruhn. Niemand kannte diese Ebene besser als die Bauern, aber sie hatten nie über die Pipatsch nachgedacht. Sie waren beschäftigt, und wenn sie schon redeten, so trieben sie die Gäule an, eine Ackerlänge hin und wieder zurück. Das war eine ganze Welt.

Wenn sie heute den Feldmohn in einer Gärtnerei am Rhein oder am Neckar sehen, kommt ein Heimweh auf nach jener Ackerlänge Erde. Wer weiß schon, wie das ist, wenn Bauern Heimweh haben, die landlos (oder weltlos) geworden sind. Vielleicht denken sie an ein Pferd im Sommer, oder es fällt ihnen ein Zuruf ein in einer halbvergessenen Mundart. Vielleicht auch stimmt sie nichts so ohne Zuversicht wie der gezüchtete (oder gezüchtigte?) Feldmohn. Ich habe nie einen die Pipatsch kaufen sehen.

Silberdistel

Sie bietet sich nicht dümmlich zum Pflücken an. Man könnte von einem Charakter der Distel sprechen und zeitweilig auch von ihrer Verklärung. Aber wir wissen wenig über sie und wir behandeln sie falsch. In unserer Nützlichkeitsrechnung kommt sie nicht vor. Nur die Künstler unter uns haben ein Auge für ihre Ästhetik. Nur die Einsamen nehmen sich Zeit für sie, im Winter, wenn sie gebräunt im Schnee steht, wehrhaft noch im Tod.

Sie hat gottlob ihren Eigensinn, und sie ist nicht krank vor Sehnsucht nach unseren Blumenvasen. Unsere Bewunderung ist ihr entbehrlich. Sie umlagert Gehöfte und Städte wie eine Warnung der Wildnis, denn unsere Schlafstellen und Äcker sind nur abgetrotzt auf Zeit. Die Distel neben der Startbahn der Flughäfen läßt ahnen, um wieviel zäher als unser Fleiß ihre Ausdauer ist.

Die Freiheit der Pferde

Es gibt ihn nicht mehr, den Ackergaul. Geschunden und geschändet in ruhmlosen Feldzügen, verkrüppelt und durchgepeitscht vor schweren Pflügen, verkümmert unter dem Rotstift der Wirtschaftsplaner durchlitt er die Schlachthöfe als letzte Station. Geopfert dem Fortschritt nach Jahrtausenden schmerzhafter Gemeinsamkeit, an der die Reiterstandbilder unserer Paradeplätze vorbeilügen. Ein mißverstandener Freund, unfähig zur Rebellion – so schritten die Gäule namenlos durch unsere Geschichte und starben an ihr.

Und sind frei auferstanden im Abendland – nicht nur auf den Koppeln der Gestüte oder in der Hohen Schule der Lipizzaner. Ohne Siele und Halfter stehen sie uns am Wiesenrand gegenüber, traben neben dem Übermut der Füllen einher, wälzen sich auf den Rücken und werfen vor Lust die Hufe in den Himmel, stampfen Löcher in die fließenden Wolken. Legen die Köpfe aneinander und kommen ohne Erinnerung aus. Wir sehen: Die Freiheit der Pferde ist denkbar.

Die Gedanken sind frei

Sie sind die Falken unserer Sehnsucht, geboren aus versäumten Aufständen und unverwundenen Niederlagen. Ihr Urgrund ist das Laster der Welt oder auch nur eine ungewisse Berufung auf Gott. Frevel und Recht tragen sie unter den Flügeln, und zweigesichtig schwirren sie über das Eis, frech und gehetzt. Aber noch nie sprang ihr Kopf in den Korb.

Die Gedanken sind frei, aber sie befreien nicht. Die Krallen der Falken hinterlassen Narben auf unserer Schulter. Mit dem Spott der Sieger im Ohr läßt sich schlecht denken, ihre Großmut jedoch wäre noch lästiger. Und sind nicht die Feinde von gestern heute mit uns verbündet?

Unsere Gedanken proben nur den Flug der Falken; sie jagen nicht und behalten auch im Flug die Kappe über dem Kopf. Ihr Schrei verkümmert im Mai, denn auch Freiheit macht stumm. Und es gibt viele Gedanken, die gar keine sind. Oft sind sie nur die Spatzen unserer Träume – geschäftig und geschwätzig zwischen Dachrinne und Gosse. Mag sein, daß das ausreicht für einen gewöhnlicheren Alltag. Die Spatzen jedenfalls sterben nicht aus.

Eulenmutter

Alles vergeht und kehrt wieder, alles ist einmalig und ewig. Das Blatt am Baum und der unbeständige Mond, das Glück von gestern und die Furche im Weinberg. Der Sand im Stundenglas rinnt nur aus einer Schale in die andere, und wenn eine Sternschnuppe fällt, springt sie nicht aus dem All. Wir haben unsere Äcker verspielt im pannonischen Tiefland, unsere Wehrtürme bewachen nicht mehr die transsilvanischen Pässe, und die ukrainische Steppe begrub unsere Namen im Löß. Nach Mitternacht aber gehen die Bauern versunkener Dörfer durch unseren Traum. Eulen hocken unterm Dach, setzen große Brillen auf und proben die Weisheit. Sie altern ohne Gram und üben keinen fremden Ruf. Wozu auch? Noch nie fiel eine Nacht aus, und immer wieder wird der Mond rund.

Verwandlung

Fassungslos sehen wir den Verwandlungskünsten der Schmetterlinge zu. Wie sie zielstrebig Form und Sinne verändern, mit der Zeit so gut hinkommen und nicht einmal ein Summen verursachen, wenn sie die Flügel wie prunkvolle Gewänder entfalten. Welch herrliche Verschwendung an Farben und Formen für einen einzigen Sommer und für eine einzige Wiese! Nichts ist zerbrechlicher als die Schönheit des Falters, nichts ist vergänglicher als sein Ausflug. Und doch wirft er ewig schon seine Eier in eiszeitliche Moränen, und die Raupen verpuppen sich mit gleichbleibender Zuversicht in Panzern und Erdmulden für den kommenden Sommer. Was sie erhält, meint man, ist die Erfahrung vieler Jahrtausende und ihre Fähigkeit zur vollendeten Verwandlung.

   Wir Menschen nach Gottes Ebenbild verpuppen uns in steinernen Städten und schnüren uns jahreszeitlich ab. Wir dürfen nicht mit Verwandlungen rechnen im Diesseits, und wer weiß schon, ob die Seele beflügelt ist. Unsere Begabung erschöpft sich in der Verstellung. So mauern wir weiter am Panzer unserer Städte und betten unsere Erdenschwere in Polster und Samt. Und wenn es uns paßt, schütten wir eine Betondecke auf die Wiese des Falters. Wir herrschen, aber wir sterben selten zufrieden. Wir, die Kinder Gottes, erfanden uns mangels Glück ein Himmelreich.

Es war ein Land

Es war ein Land, es war ein Traum.
Wie sag ich's dir, mein Kind?
Das Bündel leicht, wir merken's kaum
   - es war ein Traum -
und ostwärts kam der Wind.

Weiß unser Haus, weit unser Feld
und unsre Hoffnung knapp.
Wir kamen siebenmal zur Welt
   - weit unser Feld -
und siebenmal ins Grab.

Ach Gott, du weißt, das Brot war rund
und hoch die Frucht im Schnitt.
Wir ackerten die Erde wund
   - das Brot war rund -
und unsre Seelen mit.

Es war ein Land, es war ein Traum
wie eben Träume sind.
Das Bündel leicht, wir merken's kaum
   - es war ein Traum.
Wie sag ich's dir, mein Kind.

Graue Stunde

Der Tag verlischt mit alternden Gefühlen
in seiner Wiege aus Beton und Gras,
indes wir ihn verlängern und auf Stühlen
den Sinn zersitzen oder sonst etwas
uns sagen, was doch nicht zu sagen ist.
           Nur wer vergißt,
was so zu sein hat, wie es ist,
wird seine Stirn ins Kissen wühlen,
sich Fallen stellen und den Leib befragen,
indes der Tag sich wegstiehlt zu den andren Tagen.

Berghütte mit Mond

An langen Seilen will der Mond verschweben,
und auf der schiefen Sichel schaukelst du
und läßt dich höher in den Himmel heben.
Der alte Kirchturm steht vergrämt daneben
und deckt sich mit der Zwiebelhaube zu.

Dahin der Tag, dahin auch die Moral.
Den heißen Rhythmus stampft die Sohle mit.
Es singen viele Schnäpse im Choral
und jeder auch für sich. Und überall
wogt eine Hüfte und versucht den Schritt

zu finden in ein Selbstvergessen, das sich lohnt
in einer ungezähmten langen Nacht.
Es klirrt das Eis unter dem Horizont,
du aber sitzt auf deinem schiefen Mond,
der dünner wird und noch im Sinken lacht.

Vom großen Glück

Es liegt ein großer Haufen Glück
wohl unterm Sonnenschein,
und jeder will ein großes Stück
    für sich allein
vom großen Glück.
Denn nur wer Schweine hat, hat Schwein.

Wer lange hofft, wird schneller toll,
die Hoffnung bringt in Wut.
Die Hoffnung, die niemand voll,
    so schön sie tut,
sie macht dich toll.
Denn nur wer besser lebt, lebt gut.

Seht nur den Spatz, er ist so froh,
weil er so schnell vergißt.
Er tschilpt und mistet so und so,
    und was er frißt,
das macht ihn froh.
Denn nur wer mistig sieht, sieht Mist.

Drum lernt und bleibt nicht ewig dumm:
Die Welt ist groß und klein
und obenrüber ist sie krumm.
    Das muß so sein.
Drum seid nicht dumm –
was klein hier ist, das bleibt auch klein.

Stefan Heinz
Kleinsanktpeter – Bielefeld

Stefan Heinz (Pseudonyme: „Hans Kehrer", „Vetter Matz vun Hopsenitz") wurde am 28. Februar 1913 in Kleinsanktpeter (Banat/Rumänien) geboren. Das Realgymnasium in Temeswar besuchte er 1924-28, absolvierte die Katholisch-Deutsche Lehrerbildungsanstalt in der „Banatia", legte 1932 seine Lehramtsprüfung ab und wurde von 1932-34 Lehrer in Lenauheim, wo er einen Singkreis gründete, dort auch erste literarische Versuche. 1934-35 Militärdienst in Arad; danach zunächst Lehrer und Kantor, dann auch Schulleiter in Traunau (Kreis Arad). 1941-43 Fronteinsatz in Südrußland bei der rumänischen Armee als Sergeant; 1943-44 Schulinspektor. Half bei der Evakuierung der deutschen Bevölkerung des rum. Banats in Hatzfeld. Nach Werschetz abkommandiert, mußte er, nach Einnahme dieser Stadt durch sowjet. Truppen, gegen seine eigene Absicht bis Kriegsende untertauchen; 1945 abenteuerliche Rückkehr mit Familie aus dem Böhmerwald. Nach dem Krieg zunächst landwirtschaftlicher Arbeiter, Privatlehrer und Leineweber im Geburtsort, ab 1947 wieder im Lehramt in Baratzhausen. 1950 Wiederaufnahme der literarischen Arbeit. 1951 Übersiedlung nach Temeswar, 1953 Wechsel vom Schuldienst zum neugegründeten Deutschen Staatstheater in Temeswar als Schauspieler, bis 1973. Als „Vetter Matz vun Hopsenitz" wurde er landesweit bekannt. Vom Schauspieler entwickelte sich Heinz zum Dramatiker, fünf seiner Stücke wurden vom Deutschen Staatstheater Temeswar uraufgeführt. Für seinen Einakter „Der Kerweihhut" erhielt er 1958 den ersten Preis des vom „Neuen Weg" ausgeschriebenen Wettbewerbs, für den Zweiakter „Braut mit Auto" 1970 den dritten Preis im Landeswettbewerb „Vasile Alecsandri", 1967 wurde ihm ein Staatsorden zuerkannt, 1974 bekam er den Jahrespreis des Schriftstellerverbandes in Dramatik für „Narrenbrot", schließlich 2002 das Bundesverdienstkreuz I. Klasse. Seit September 1980 lebt Stefan Heinz in Bielefeld. Der alten Heimat hat er mehrere Besuche abgestattet, die, wie alle seine künstlerischen Bemühungen, letztlich dazu dienten, die Identität seines Volksstammes zu erhalten.

Heilige Nacht 1947

Ich war wieder Lehrer. An der kleinsten deutschen Schule weit und breit. Sieben Klassen mit zweiundvierzig Kindern!

Das Dorf lag in einem breiten Tal, am Übergang der Heide zur Hecke. Zwei Bäche flossen daran vorbei, vereinigten sich westwärts und schlossen es ein: Baratzhausen.

Die Kirche war klein, sie gehörte einst einer Familie armenischer Abstammung, die hier Güter besessen hatte. Der Pfarrer wohnte im größeren Nachbarort, nur zu Begräbnissen kam er herüber und zum Kirchweihfest.

Die alteingesessenen Rumänen waren in der Mehrzahl. Sie hatten einen Popen, zwei Lehrer, stellten den Dorfrichter – aber die Geschäfte führten der Notär mit seinem Schreiber.

Die „Kolonisten" waren Fremdkörper, sowohl für die Deutschen, in deren Häusern sie „mitwohnten", als auch für die einheimischen Rumänen, mit denen sie sich nicht vertrugen. Sie stammten aus Mazedonien und hielten an ihren balkanisch-patriarchalischen Lebensgewohnheiten fest.

Seit drei Monaten war ich nun Lehrer in diesem Dorf. Ich war der erste Lehrer nach dem Krieg – drei Jahre hatte es für die deutschen Kinder keine eigene Schule gegeben. Ein volles Jahr hatten sie überhaupt keine Schule besucht.

Ich mußte ganz von vorne beginnen. Es waren brave Kinder, aber als „Schüler" waren sie verwahrlost und erschreckend weit zurückgeblieben.

Ich erkannte bald: In diesem Dorf mußte ich für meine bedrückten und mit Kummer beladenen Landsleute alles in einem sein: Lehrer und Pfarrer, Organist, Brief- und Adressenschreiber, Verfasser von Gesuchen an die Behörden. Und Ratgeber mußte ich auch sein. Der Unterricht in der Schule war wohl die Hauptsache – aber alles andere war in dieser Zeit genauso wichtig.

Sonntags war Gottesdienst. Die Ministranten traten ohne Pfarrer an den Altar. Ich spielte das Harmonium, las die Epistel und das Evangelium, der alte Kirchenchor sang die alten Lieder. An großen Feiertagen trat ich vor den Altar und hielt die Predigt, versuchte, die gequälten Herzen aufzurichten, spendete Trost und Hoffnung, so gut ich es vermochte. Zur Wandlung läutete die Glocke, zur Kommunion schellten die Ministranten – aber kein Priester teilte die Hostie aus.

Aber die Leute gingen erleichtert und ermutigt nach Hause. Sie hatten gemeinsam gebetet und ihren Schmerz und Kummer vor Gott ausgebreitet. Der Krieg war seit zweieinhalb Jahren zu Ende. Von den Überlebenden waren einige heimgekehrt, viele waren in Österreich und Deutschland geblieben, andere noch in Gefangenschaft oder verschollen.

Aber die größten Wunden hatte die Verschleppung nach Rußland geschlagen!

Mütter und Väter der Schüler lebten in einem fernen, fremden und unfreundlichen Land als Gefangene. Sie schufteten in den Kohlebergwerken der Ukraine, und was sie erlitten durch schwerste Arbeit, durch Krankheit und Hunger, war längst kein Geheimnis mehr. Die wenigen, die schon im November 1945 heimgeschickt worden waren, weil der Tod sie gezeichnet hatte, hatten Schreckliches berichtet. Und der und jener war inzwischen auch gestorben.

Die Adventszeit brach an, und in der Schule hing der grüne Kranz mit den vier Kerzen und verbreitete einen Hauch von Weihnacht in dem nüchternen Raum.

Ich zermarterte mein Gehirn. Ich fragte mich, wie ich den bescheidenen weihnachtlichen Glanz aus der Schulstube zu den kummervollen Großeltern dieser Kinder und in das Dorf hinaustragen könnte.

Ein Krippenspiel? Freilich, dies war der rettende Gedanke! Aber meine Freude wurde unterdrückt: Woher ein Krippenspiel in dieser Zeit?!

Ich durchsuchte die beiden Schulschränke. Da waren nur alte Klassenbücher, Kataloge und verstaubte Aktenbündel, sonst nichts.

Aber ich gab den Gedanken an ein Krippenspiel nicht auf, wollte eines auftreiben, und müßte ich es aus dem Boden stampfen!

Aus dem Boden? Ja – warum nicht – aus dem eigenen Kopf? Meine Gedanken eilten um zwei Jahrzehnte zurück ... „Hast du nicht", sagte ich mir, „in der ‚Banatia' in drei Krippenspielen mitgespielt, warst du nicht einmal sogar der heilige Josef – du mußt doch das alles noch im Kopf haben!? Strenge dich an!"

Zaghaft griff ich zu Papier und Stift. Wie war doch der Anfang? Der gereimte Text begann langsam zu strömen, ein Reimpaar zog das andere nach sich – und wenn es einmal eine Lücke gab, wagte ich sie mit eigenen Reimen zu überbrücken. Aber – dann stellte sich der alte Text wieder ein, die Finger jagten über die Blätter, und die passenden Lieder fügten sich gehorsam an ihren Platz.

Zwei Tage später begannen die Proben, und nach weiteren drei Tagen konnte jedes Kind seinen Text ohne Fehler auswendig, und ich konnte mich mit dem richtigen Ausdruck beschäftigen.

Die Freude der Kinder steckte die Erwachsenen an. In Briefen an die verbannten Mütter und Väter wurde das Ereignis weit über alle Grenzen getragen und ließ in den Lagern ein kleines Licht aufflammen, weckte Hoffnung und Sehnsucht nach daheim, wo wenigstens die Kinder eine richtige Weihnacht feierten ...

Heiliger Abend. Aus dem entlegensten Winkel des Dorfes strömten die Menschen in den Saal. Atemlos lauschten sie der Botschaft und den Weihnachtsliedern aus hellen Kinderkehlen, die man lange nicht gehört hatte. Und alle spürten es: Unsichtbar und stumm, aber mit leuchtenden Augen standen all jene im Raum, die irgendwo in der Welt festgehalten wurden und für die es noch keine Rückkehr gab. Aber sie waren heimgekehrt, für diese Heilige Nacht!

Beim Beglerbeg vun Temeschwar

Ich les geere in alte un neije Bicher iwer unser Vergangenheit. Wer meecht net geere wisse, wies frejer wor, wies do ausgschaut hat, was alles passiert is un wie unser Alte gelebt han. Un eemol han ich e Buch iwer Alt-Temeschwar in der Hand ghat. Un weil mir vun dem viele Lese de Kopp gebrummt hat, un weil ich oweds statt eener glei drei Krautknedle geß han – un mei Bäsl Kathi macht doch so e gutes gfilltes Kraut – han ich in der Nacht sogar geträmt!

Un des wor mei Traam: Ich geh in meim schwowische Gwand dorch Temeschwar, awer alles wor mir so fremd. Die Gasse krumm un schmal, net geplaschtert, net gekehrt – un ke Mensch un ke Seel zu gsiehn! Uf eemol springe zwaa bärtiche Kerle uf mich zu un schreie etwas. Ich han ke Wort verstan. Ufm Kopp han se e roti Kapp getraa, runderum e weiße Fetze. Breete Gattcher han se anghat, dort wäre drei Männer ningang. Die schwarzi Aue han nor so gfunklt. Wie se awer mit dene krumme Säwle in der Luft rumgfuchtlt han, hats bei mir geblitzt!

„Jessmarandjosef, Matz, die Tirke! Matz, du bischt in tirkischer Gfangenschaft! Liewes Kathi, adje, such der e anre, mich gsiehscht du nimmi!"

Die zwaa han mich in e großes Haus gschleppt, vor e große, dicke un starke Mann, was in laudr Seid angezoo wor. Der hat noch breeteri Gattcher getraa un e noch greeßere Bart ghat. Des wor de Beglerbeg, so e Art Kummedant. De Beglerbeg hat mich streng angschaut un hat gfroot: „Wer bischt du?" Ich han mei siewe Quetsche zammgerafft un han gstottert: „Ich sin de Matz ben Matz ben Pheder ben Kaschper ben Hans ben Stefan ibn Balthasar al Josef!" De Beglerbeg hat große Aue gemach un hat gschrie: „Al Jussuf?" „Jo", han ich gsaat. De Beglerbeg hat die zwaa Gattchermänner nausgejaat, hat mich um de Hals ghol, verbusslt, un hat gsaat: „Mir sin jo Freinde, mei Urkukandl wor aa e Jussuf!"

Glei hat er Esse un Trinke bringe geloß, ich han mich uf e Teppich sitze misse un han – grad so wie er – die Fieß iwernaner gschlaa un han mirs schmecke geloß. Wie er mir hegschtperseenlich de Wein ingschenkt hat, hatr gement: „Unser Prophet, de gottseelig Mohammed, hat jo de Alkohol verbot – wahrscheinlich hat er zu viel Magnseire ghat un net trinke derfe –, awer", derbei hat er geblinzlt, „mir holle des net so genau!"

Wie mir satt wore, hat er gsaat: „Liwer Freind Matz, jetz zeig ich dirs Schenschti, was ich han!"

Do wor ich awer neigierich! Er fiehrt mich dorch e lange Gang, rechts um de Eck, bis vor e Gittertor. E Postn hat dervor gstan – mit me lange Spieß. Ich han glei Ängschtre kriet, ich han gement, jetz kumm ich ins Gfängnis! De Postn macht uf, mir trete in e großes Zimmer – un so e Dutzend hibsche junge Weiwer stehn momentan vun dene Diwane uf un hewe de Schlaier vors Gsicht!

„Runer mitm Schlaier", hat de Beglerbeg befohl, „des is mei Freind Matz ben Matz, der soll eich gsiehn!"

Leit, was soll ich eich saan, een Weib schener wies aner, die Haut wie Sammet – weiße Weiwer, braune – un zwaa waren sogar schwarz!

„Saat mol, Herr Beglerbeg", han ich gstottert, „is des Eier Ballett?"

„Jo!" hat de Beglerbeg gelacht un hat geruf: „Tanze!"

In dem Moment hat e Musich gspielt, die zwellef Weiwer han ihre Seidekleider falle geloß – naja, des wor schun bal so wie des Strippdiß heitzutach, nor owe un une han se noch e bisje anghat! Un wie die Trutschle getanzt han! Schun bal meh mitm Phanz wie mit de Fieß!

No re Weil hat de Beglerbeg in die Händ geplätscht un hat gsaat: „Genuch!" No hat er mir ins Ohr gepischpert: „Des is mei Harem!"

„Dei – was?"

De Beglerbeg hat mich groß angschaut un hat gfrot: „Na, saa mer mol, du Matz ben Matz, wieviel Weiwer hascht du dann?"

„Ich? Nor ens! Mei Bäsl Kathi. Un die is mer schun manichsmol zu viel!"

„Du armer Mann", ruft de Beglerbeg verwunert, „nor een Weib? Do schau, die zwellef do, des sin alli mei Weiwer! Un drauß vor der Stadt, in meiner Summervillagoria, han ich noch e halwes Dutzend!"

Mir is de Schweeß ausgebroch! „Achtzen Weiwer? Un die han dich noch net verruckt gemach?"

De Beglerbeg hat gelacht, hat uf eemol e Peitsch aus seiner Bauchbindn gezoo: „Die selle sich mol riehre!"

Ich sin aus eener Verwunerung in die aner ningfall. „Na, gut, gut", han ich gsaat, „wann du achtzehn Weiwer hascht, wieviel Kinder hascht du dann?"

De Beglerbeg hat e Weil gstudiert, no hat er gsaat: „Genau weeß ich des net, es misse so an die 40-50 sin. Drei Omar, finef Ibrahim, nein Mohammed – die Mädle interessiere mich net, aus dene kann mer ke Soldate mache!"

Ich han Maul un Nas un Ohre ufgsperrt! Un ganz pletzlich hat de Beglerbeg gschmunzlt un hat mir was ins Ohr gepischpert. Mir hats de Ochtem verschlaa un ich han gstottert: „Nee, nee, des geht net, dankscheen for die Ehr, des kann ich net anholle, ich sin jo verheirat, un ..."

„Wannscht mers abschlaascht, is es die greescht Beleidichung", saat zornich de Beglerbeg, „un dann kummscht glei ins Gfängnis!"

Mir han die Knie gschlottert, de Schweeß is mer de Buckl runergelaaf – awer Befehl is Befehl!

Un de Beglerbeg hat schun so eem hibsche Ding gewunk, un schun wors do un hat freindlich gelacht!

„Vorwärts – hol ne mit", saat de Beglerbeg, „marsch in de blooe Salon, un guti Unterhaltung!"

Die jungi Frau hat noch freindlicher gelacht, hat mich an der Hand ghol und hat gsaat: „Kumm, mei Liebling!"

Was macht de Mensch net for sei bisje Lewe un Freiheit – ich han die zwaa erschte Schritte gemach – for mitgehn!

Im nämliche Moment stuppt mir mei Bäsl Kathi de Ellboe in die Rippe un saat: „Matz, steh uf, de Kiehhalter hat geblos, loß die Kuh naus!"

Der Schirmflicker-Naz und die Wassermüllerin

Man schreibt das Jahr 1904. Auf der staubigen Landstraße, die von Segedin, am Südufer der Marosch entlang durch ungarische, schwäbische, serbische, rumänische und gemischtsprachige Marktflecken und Dörfer nach Arad führt, wandert der Schirmflicker-Naz langsam, aber unverdrossen dahin.

Es geht auf Mittag zu, und die Augustsonne am wolkenlosen Himmel macht dem Wanderer arg zu schaffen. Von Zeit zu Zeit bleibt er im Schatten eines alten Maulbeerbaumes stehen, nimmt den zerfransten, fleckigen Hut vom Kopf und wischt sich mit einem karierten Taschentuch den Schweiß von Stirn und Nacken. Aber er setzt sich keinen Augenblick hin, er will noch vor Mittag am Ziele sein.

Der Naz hat fünfundsechzig Jahre auf dem Buckel, ein verwelktes Gesicht, eine etwas knollige Nase und wache, helle Augen, denen nichts entgeht. Seine dunkle, zerknüllte Hose, mit andersfarbigen Flicken besetzt, sein alter Rock, ebenfalls dunkel, aber fadenscheinig, haben vor langer Zeit bessere Tage gesehen: Ein gütiger Pfarrer in einem entlegenen Dorf, dem er zwei Schirme und eine Taschenuhr reparierte, hat ihm den ausgedienten Anzug geschenkt. Ja, der Naz kann auch Uhren reparieren, wenn er gerade Spielfedern bei sich hat, denn die sind meist gerissen. Weil er aber mehr Schirme instandsetzt als Uhren, kennt man ihn weit und breit als Schirmflicker-Naz.

Auf seinem Rücken hängt ein Packen alter Schirme verschiedener Größe. Von diesen Schirmen holt er notfalls, was er braucht, und baut es in den maroden Schirm ein, wenn halt die Maße stimmen. Mit der Linken trägt der Naz seine uralte, faltige Ledertasche mit seinem geringen Werkzeug, und in der Rechten hat er einen starken Knotenstock. Den braucht er, um Hofhunde abzuwehren, die, wenn sie die fremdartige, ungewohnte Erscheinung wahrnehmen, meist wütend losheulen.

Der Naz hat in der Tscharda von Deutschsanktpeter, im Stall, bei den Fratschlern, übernachtet und ist mit etwas Verspätung aufgebrochen, weil die Wirtsfrau noch einen Regenschirm brachte. Für die Reparatur gab es dann ein ganz ordentliches Frühstück mit Malzkaffee, Brot und Speck. Unverdrossen geht er seinen Weg, und einen Bauernwagen, der in die gleiche Richtung fährt und ihn überholt, würdigt er keines Blickes. Er sieht schon das Vordach der Tscharda von Neubodrog. Auch die ist ihm diesmal gleichgültig, aber an diesem Straßenwirtshaus biegt ein guter Feldweg nach links ab. Und am Ende dieses Weges, der zur Marosch abfällt, weiß er sein Ziel, das kleine Müllerdorf. Zwölf Wassermüller, allesamt Schwaben, haben hier ihre Schiffsmühlen am hohen Ufer des Flusses, wo die Strömung am stärksten und das Wasser am tiefsten ist, und mahlen und schroten für die Bauern der Umgebung. Für die Bulgaren aus Vinga, die Ungarn aus Mailat, die Schwaben aus Dreispitz, selbst aus Orzydorf kommen beladene Wagen auf staubigen Feldwegen herüber.

Der Naz marschiert etwas schneller, ein Blick zur Sonne verrät ihm, daß vom nahen Saderlach die Mittagsglocke bald anschlagen wird. Der Naz sieht aus, wie er aussieht, aber deswegen gehört er noch lange nicht zu den versoffenen, zerlumpten Landstreichern, die auch „Regenschirm zu reparier'n" schreien, aber nichts davon verstehen. Die Reste von Regenschirmen auf dem Rücken sind nur ein Vorwand zum Betteln. Der Weg macht noch eine kleine Biegung, die Schleife der „alten", der toten Marosch entlang, dann tauchen links die ersten Pflaumenbäume auf und hinter diesen die rohrgedeckten Häuser der zwölf Wassermüller. Und nur zweihundert Schritte nach rechts liegt das alte orthodoxe Kloster Bodrog halbversteckt hinter Pappeln und Obstbäumen. Nur der Glockenturm überragt die Kronen der Bäume.

In Saderlach hängt jetzt der Meßner am Strick der Mittagsglocke, ihr heller Klang ist deutlich zu hören.

Und hinter dem ersten Haus sieht der Naz das Schindeldach der ersten Schiffsmühle. Sie gehört dem Anton Mark. Dann kommt der Fernbacher, der Klos, der Steingasser und so weiter. Die Schiffsmühlen wiegen sich leicht auf dem Wasser, die Häuser der Besitzer stehen dreißig Schritte vom Ufer entfernt gegenüber. Von jedem Haus führt ein schnurgerader Fußweg zum schmalen Brettersteg vom Ufer in die Mühle.

Es ist ein ruhiger Tag heute, ganz wenige Bauern liegen im Schatten der Bäume, machen ein Nickerchen und warten auf ihr Mehl. Sie haben ihre Pferde ausgespannt, an den Wagen gebunden und ihnen ein Bündel Grünfutter vorgeworfen.

Der Naz nimmt den Weg zum Steingasser. Der hat heute keine Kundschaft, und deswegen repariert er etwas. Der Naz hört ihn klopfen und betritt das Wohnhaus. Dann ruft er: Grüß Gott, Wawi, ich bins halt!

Der Naz redet nicht schwäbisch, obgleich er schwäbische Eltern hat. Er hat in Wien sein Militär gemacht. Und wie die Leute dort reden, das hat ihm so imponiert, daß er von da ab auch so sprechen wollte wie die besseren Leute! Und außerdem macht es großen Eindruck bei den Bauern, wenn er wie die Herrischen redet. Einer, der so redet, muß auch etwas verstehen – dem kann man seine Schirme und Uhren ruhig anvertrauen!

Die Steingasserin, eine etwas verhärmte Fünfzigerin mit dunklen Augen, tritt unter das Vordach. Zu einem weiten dunkelblauen Rock mit vielen Falten trägt sie eine helle Bluse mit blauen Tupfen. Das Haar ist vom dunklen Kopftuch verdeckt. An den Füßen hat sie wollgestrickte Patschen mit Ledersohlen.

Du bischts, Naz, sagt sie, worscht schun lang nimmi do.

Hab dich aber nit vergessen, erwidert der Naz, und seine Nase schnuppert den Duft aus der Küche. Unwillkürlich wandern seine Augen in die gleiche Richtung.

Krumbieresupp un Pfannekuche han mer, du schlauer Fuchs, sagt trocken die Steingasserin.

Dem Naz ist es nicht recht, daß sie ihn durchschaut. Na, na, das ist reiner Zufall, daß es grad Mittag ist.

Hascht vleicht ke Hunger? gibt sie schnippisch zurück.

Der Naz windet sich und meint kleinlaut: Von Deutschsanktpeter bis daher – das ist ein schönes Stückl.

Sie lächelt wohlwollend, sie kennt ihn schon viel zu lange: Kriescht die Supp un zwaa Phannekuche. Un noh machscht dich an die Arweit. Ich han e Schirm un e Sackuhr.

Freilich, freilich, nickt der Naz erleichtert und setzt sich auf einen Schemel. Dann fügt er dankbar hinzu: Bist a gute Seel, Wawi, ich dank dir auch!

Sie ruft nach ihrem Mann, mit Mehlstaub auf Kleidern und Haar. Am Schüttelwerk ist ihm etwas zerbrochen und er kommt mit der Reparatur nicht recht voran. Kurz begrüßt er den Naz und sie setzen sich schweigend an den Mittagstisch.

Der graue Müller verzichtet, trotz der großen Hitze, auf sein gewohntes Nickerchen. Er muß seine Reparatur noch heute zu Ende bringen, wenn die morgige Kundschaft nicht bei den Nachbarn abladen soll. Keiner will den beschwerlichen und sandigen Weg vom Maroschufer auf die Landstraße hinauf zweimal machen. Darum warten sie lieber einige Stunden auf ihr Mehl, die Bauern. Die Wege sind zu weit, an einem Tage muß alles erledigt werden: Am frühen Vormittag bringen sie den Weizen, am Abend wollen sie mit Mehl, Gries und Kleie zu Hause sein.

Der Naz nimmt sich als erstes die Uhr vor. Die Steingasserin hat inzwischen ihr Geschirr gespült. Sie holt sich eine Arbeitshose ihres Mannes, um sie zu flicken, setzt sich auf einen Schemel und zieht den Faden durch das Nadelöhr.

Der Naz ist ihr immer willkommen. Er bringt Neuigkeiten aus der weiten Welt, und gut erzählen kann er auch. Aber nie fängt er von selber an, er wartet „bis jemand den Perpendikel anstößt". Er will sich keinem aufdrängen, er läßt sich bitten.

Das weiß auch die Steingasserin und darum sagt sie nach einer Weile: Na, Naz, du kommscht jo viel rum. Was gets dann Neies in der Welt? Ich wor schun drei Wuche nimmi in Saderlach, un e Zeitung han mir net!

Der Naz lacht: Na ja, da werd halt ich die Zeitung sein! Er denkt eine Weile nach, seine Hände arbeiten an der Uhr. Dann legt er sie vorsichtig aus der Hand und sagt: Nach der Welt fragst? Ja, wie soll ich dir das sagen? Die Welt ist wie eine Uhr und doch wieder nit wie eine Uhr! Das habe ich schon oft denkn müssn. Eine Uhr, die geht und geht, Tag und Nacht geht sie – aber sie bleibt eine Uhr! Verstehst mich? Und wenns nimmer gehen will und auch der Schirmflicker-Naz nix mehr dran richten kann, fliegts halt aufn Mist.

Er hält inne. Dann spinnt er den Faden weiter: Aber die Welt? Die Welt, die geht auch, Tag und Nacht geht sie ihren Gang und – wird immer anders dabei! Immer anders wirds und bleibt niemals stehen! Ganz anders ist sie heut, wies vor fünfzig, zwanzig oder zehn Jahren gewesen ist! Und morgen wird sie anders sein als heut! Verstehts mich? Nur – auf eine Sach bin ich noch nicht draufkommen! Ob einer da sein wird, der sie nimmt und aufn Mist wirft, die Welt, wenns nimmer richtig geht und sie so geworden ist, daß man nimmer sagen kann, sie ist schön! Denn eins ist gewiß: So schön wie früher ist sie nicht! Hast mich verstanden, Wawi?

Kannscht recht han, meint die Müllersfrau. Die guti alti Zeit is gstorb un kommt nimmi zruck. Awer – ich will net klae. Es fehlt uns an nix. Awer, wanns schlimm sellt were: vleicht hat aa unser Herrgott so e Schirmflicker-Naz for die Welt, weeßt, so eene, was se wieder in de richtige Gang bringe kann.

Der Naz ist ganz verwundert über diese Antwort. Das wär halt so eine Art Kollege von mir, was? Dann schüttelt er ungläubig den Kopf und sagt: Erleben möchte ich den! Er betrachtet die Uhr, dann schüttelt er den Kopf: Tut mir leid, Wawi, die Spiraln ist hin. Und ich hab keine mehr bei mir. Entweder bleibt die Uhr so liegen, oder ich nehms mit mir nach Neuarad und bring sie in einer Woche wieder.

Der Steingasserin ists recht: Hol se nor mit. Awer, loß mich net so lang warte druf! Mei Mann brauch se. Ohni Uhr fahrt er uf ke Kerweih!

Schon gut, schon gut, nickt der Naz, packt die Uhr sorgfältig ein und steckt sie in seine faltenreiche Ledertasche. Dann greift er nach dem Schirm. Da geht ihm die Arbeit schon flotter von der Hand. Kein Wort fällt, jeder ist mit seiner Arbeit und mit seinen Gedanken beschäftigt. Doch dann legt der Naz den Schirm zur Seite und sagt: Vor einer Woche war ich in Segedin. Was meinst, was ich dort gesehen hab? Es geht auch dich an! Euch alle, da unten, am Fluß!

Verwundert hebt die Steingasserin den Kopf. Was kann des schun sin? Was geht mich des an, was du in Segedin gsiehn hascht?

Gedankenvoll nickt der Naz: Und wies dich was angeht! Und euch alle – wie ich gsagt hab!

Ägerlich brummt die Frau: Na, dann zieh net lang rum un saas!

Der Naz beginnt langsam: Am Stadtrand von Segedin, wos früher den Mist abgeladen haben, bauen sie jetzt ein großes Haus. Vier Stock hoch wirds. Ein hoher, mächtiger Rauchfang steht auch dabei. Grad ist er fertig worn.

Sie were halt e nei Fabrik baue, die Geldleit in der Stadt, sagt vorsichtig die Müllersfrau.

Eifrig fuchtelt der Naz mit der Rechten und sagt: Ja, so ist es! Hast recht! Aber – eine besondere Fabrik wird das, eine ganz besondere!

Im Gesicht der Steingasserin malt sich Verständnislosigkeit. Dann meint sie: Awer was hat die Fabrik mit uns zu tun? Wo is Segedin – un wo sin mir? Ich kann dich net verstehn!

Der Naz legt eine große Kunstpause ein, dann sagt er: Gleich wirst mich besser verstehn!

Er zögert, er weiß um das Gewicht dessen, was er zu sagen hat. Darf er es überhaupt sagen?

Er zögert noch immer.

Unruhig fordert die Frau: Na, was is? Saa doch endlich die großi Neiichkeit!

Der Alte gibt sich einen Ruck, schluckt nochmals, und seine hellen Augen blicken gespannt auf die Müllerin: Eine Mehlfabrik bauens halt!

Aber die Steingasserin lacht ihn aus! E Mehlfabrik? höhnt sie, du willscht mich zum Narre hale! Schäm dich, alter Naz!

Der Naz ärgert sich, weil seine wichtige Botschaft noch immer nicht verstanden wird. Und – fast schreit er: Was fallt dir ein, Wawi? Mir ist nit nach Narrheiten zumut! Eine große, große Mühle bauen sie!

Aber die Müllerin begreift noch immer nicht. E Wassermiehl? Vleicht uf der Theiß?

Unwillig wird der Naz und ruft: Aber, aber, zu einer Wassermühle brauchts doch keinen Schornstein und keine vier Stockwerke! Eine Dampfmühl bauns! Ein großer Kessel kommt hinein mit einem Schwungrad so hoch wie dein Haus! Und dieses Rad wird die Mühle treiben. Und mahlen wird die Mühl an einem Tag, hat der Inschenier gsagt, an einem Tag soviel wie alle Wassermühlen zwischen Arad und Segedin zusammen!

Ganz ruhig sagt die Steingasserin: For des brauchst net schreie! Und fügt hinzu: Des muß freilich e großi Miehl sin. Awer – sie soll nor mahle – wann se was zu mahle hat! Desweje sin mir doch zufriede mit unsrem kleen Werkl.

Jetzt murmelt der Naz verzweifelt vor sich hin: Sie will und kann noch immer nit verstehn! Und laut sagt er: Ich hab halt sagen wollen, daß solche Dampfmühlen jetzt Modi werden!

Verstehst mich? Weil du halt gfragt hast, nach der Welt.

Aber die Müllersfrau ist nicht zu erschüttern. Sie sagt: Man hat schun oft gheert, daß die, was e nei Modi ufgebrung han, sel selwer wieder abgschafft han!

Der Naz will es schon aufgeben, aber dann sagt er doch noch: Und dann hab ich noch gehört, daß die nämlichen Geldleut, die in Segedin die große Mühle bauen, auch in Arad eine bauen werden und eine in Temeswar – und so fort.

Unverwandt blickt die Steingasserin dem Naz in die Augen. Ihr Blick erstarrt. Lange steht sie so, dann flüstert sie, der Naz kann es kaum verstehen: Ja – awer – wann die Dampfmiehle so vill mahle kenne, dann – dann – wer werd dann noch bei uns mahle losse? Müde sinkt sie auf ihren Schemel zurück, die alte Hose ihres Mannes fällt zu Boden, und die Augen der plötzlich um Jahre gealterten Frau wandern auf den Fluß hinaus. Von der Mühle her hört sie das Klopfen ihres Mannes. Tonlos sagt sie: Der hat bal ausgekloppt!

Der Naz ist erschüttert. Was hat er da nur angerichtet? Er legt ihr die Hand auf die Schulter und sagt tröstend: Ich geb euch noch zehn Jahre, nein, etwas mehr! Weißt, die großen Mühlen in Arad und Segedin, die tun euch noch nichts. Die bringen sich mit der Eisenbahn die Frucht aus dem ganzen Land und mahlen für die großen Bäckereien in der Stadt, für das Militär und für den Export.

Export? Wer is des? will die Steingasserin wissen. Is des aa e Geldmann, was ihne des Mehl abkaaft?

Nana! Lacht der Naz, Export heißts, wenn man etwas ins Ausland verkauft. In andere Länder halt. Dorthin, wo wenig Frucht wachst, und die Leut auch Brot essen wollen.

Die Müllerin hat begriffen. Dann denkt sie einen Augenblick nach und sagt leise: Du, Naz, es is besser, wann du meim Mann nix verzählst vun dere groß Miehl, was se jetzt baue, weil –

Der Naz fällt ihr ins Wort: Nein, nein, gar nix werd ich ihm sagen!

Weescht, sagt die Frau, er regt sich nor uf, wann er so Sache heert. Un – wanns wohr is, was du verzählt hascht, dann kummts sowieso, un er heerts noch frieh genuch!

Hast recht, pflichtet er ihr bei, hast ganz recht! Und fügt hinzu: Weißt, zehn bis fufzehn Jahr geb ich euch noch. Schlimm wirds erst, wenn sie die großen Dampfmühlen auch in den großen Dörfern bauen werden. Nicht so groß wie in Arad und Segedin, aber doch Dampfmühlen. Also in Deutschsanktpeter, in Vinga, in Orzydorf, in Neuarad. Dann kommt niemand mehr den weiten und schweren Weg zu euch. Dann mahlen sie im eigenen Dorf oder in der Nachbarschaft, wo sie auf der Schotterstraße fahren, im Sommer und im Winter, und nit auf dem Bodroger Maroschsand. Dann könnt ihr hier zusperren. Einer nach dem anderen ... Sagen wir, so um 1920. Das sind noch 16 Jahre. Ja, diese Rechnung könnt stimmen.

E traurich Rechnung, sagt die Frau. In Neiarad sin noch 60 Wassermiehle, bei uns zwellef, in Deutschsanktpeter bei 20 und in Perjamosch zwaa Dutzend!

Der Naz setzt hinzu: Traurig – aber wahr! Und es ist so, wie ich dir gesagt hab, wie du mich nach der Welt gefragt hast: Sie geht und geht – un wird immer anders! Ob sie auch besser wird? Wer kann das wissen?

Der Naz hat inzwischen den Schirm repariert. Kriegt noch ein Stück Brot mit Speck auf den Weg und will gehen.

Wann kummscht wieder? fragt die Müllerin.

In acht Tagen bring ich dir die Uhr zurück, wie ich gsagt hab. Und von da gehts gleich weiter. Weißt, ich hab halt eine große Werkstatt. Sie reicht von Arad bis Orschowa, von dort bis Belgrad und von Belgrad bis Segedin. Da weißt nie, wie lange du von einer Ecke in die andere brauchst.

Der Naz ist noch einige Jahre in seiner „großen Werkstatt" hin- und hergezogen. Und als er, am Abend eines kühlen Herbsttages, sich ins Stroh legte, es war irgendwo bei Werschetz, wars sein letzter und längster Schlaf. Und dann haben sie den »Landstreicher«, wie es in den Akten steht, kurzerhand auf Gemeindekosten begraben, in der hintersten Ecke des Friedhofs.

Die Voraussage des Naz hat sich erfüllt. Im Jahre 1921 habe ich das kleine Müllerdorf bei Bodrog noch gesehen. Die Schwester meiner Großmutter und ihr Mann hatten dort noch ihre Mühle. Von der stolzen Reihe der Schiffsmühlen gab es noch einige, deren Wasserräder sich drehten und rauschten. Die Müller waren verarmt, und einer nach dem anderen gab auf. Ihre Söhne suchten und fanden Arbeit in den Dampfmühlen, und manch einer brachte es, mit Wagemut und Fleiß, zum Eigentümer einer solchen.

Anton Mark war der letzte Müller von Neu-Bodrog. Er hatte sich aufs Maisschroten umgestellt und hielt sich bis 1936. Ich habe ihn einmal besucht – und er erzählte mir vom Glanz vergangener Zeiten.

Zwei Schwestern. Eine schwäbische Passion
Ein Schauspiel (Auszug)

VII.

Resi: *(langsam)* Ich han de Hans geere ghat. Geere. Hätt ich ne net geere ghat – ich hätt ne net ghol. *(lächelt wehmütig)* O, wann ich an unser Hochzeit zruckdenk! Dreihunert Gäscht! Un alli luschtich – bis de anre Morjet.
Juli: Des wor im Sechsundreißicher, in der Fasching. Do hat noch niemand geahnt, was die nägschte Johre bringe werre.
Resi: Awer – er wor mir zu schnell inverschtan –. Er wor mir zu schnell inverschtan, wie ich ihm gsaat han, daß mir mitm erschte Kind noch warte selle. Wie ichs vun dir gelernt han –
Juli: Heer doch eemol uf!
Resi: Un weils doch selmols gheescht hat, die Weiwer selle meh Kiner krien, daß mir net aussterwe, mir Schwowe! Wann ich so zruckdenk: Der wor aa schun inschtruiert vun jemand. Vun dir vleicht?
Juli: *(verärgert)* Ich weeß net! Kannscht net schun mol ufheere mit der Sach!?
Resi: Heer mich nor an! Du weescht jo gar net, was ich eigentlich saan will! – Naja – mir han jo im Summer angfang, des Haus do rumzubaue – un unser erschtes Kind hätt also schun im neie Haus uf die Welt kumme selle. Gut, awer – als jungverheirati Leit han mir doch aa net wie die Heiliche lewe kenne. Awer – doch mit Mooß, tät ich meine –
Juli: *(schroff)* Was willscht jetz mit dem?
Resi: *(hart)* Er hot ke Ricksicht ghol. Nie. Er hat misse seins han. Was ich do fiehl oder gspiehr – des hat ne net interessiert.
Juli: Iwer so was red mer net!
Resi: Schlecht genuch! Vorher mißt mer rede – net hinenoh! Mir sin so dumm in die Eh gang – wie – wie e Stick Holz! Niemand hat uns was gsaat. Un die Motter am wenichschte. Mir Mädle han nor des gwißt, was ens m anre zugepischpert hat – un wahrscheinlich hat des aa net gstimmt. Des wor alles – un so gut wie gar nix! – Glick in der Eh, also e gereglstes sexuelles Lewe, wie sie heit saan – des han ich net gekennt. – Ich han nie begreife kenne, daß a Mann sich weger eem Weib oder a Weib sich weger eem Mann umbringe kann – weil er ohne sie oder sie ohne ihne net lewe kann. Nee, des han ich net begriff – weil ich in meiner Eh nix erlebt han. Ich han so Leit ender for verruckt angschaut, for schwache, armseelche Figure! Un weil ich nix gewißt han un aa nix erlebt han – is mir de Hans gleichgiltich gen. Nor die Arweit, die Wertschaft, die Hoffnung uf a Kind oder zwaa hat uns zammghal. Dann isr gfall. Im Dreiunverzicher. Im Finfunverzicher sin ich uf die Zwangsarweit uf Rußland. Un han dort –
Juli: *(unterbricht spöttisch)* Aha!

Resi: Was – aha?!
Juli: Red nor weiter! Es mir grad recht, daß du die Red do druf bringscht!
Resi: Uf was?
Juli: Uf des – dort! Ich han jo, wie alles rum wor un die Leit hemkumm sin, allerhand heere misse. Iwer dich!
Resi: Ich han doch ke Geheimnis draus gemach!
Juli: Nor weiter! Daß ich aa mol klor gsiehn!
Resi: Ich red ernscht mit dir, Juli! Ich will dir saan – daß ich – for e korzi Zeit im Lewe – *(bricht ab, besinnt sich)* – Er wor ausm Nochberschdorf. Wann d' was gheert hascht, werscht jo aa wisse, wers wor.
Juli: *(nickt)*
Resi: Verheirat wor er, sei Weib un die Kiner derhem. Un – im Sibnunverzicher, wies uns schun besser gang is, weil die Hungerzeit rum wor un mir besser ernährt wore – dann is in uns etwas lewenzich gin, was johrelang gschloof hat.
Juli: *(abschätzig)* Na ja!
Resi: *(ungehalten)* Wie? Soll ich iwer des net rede derfe? Wor des net aa unser Lewe, dort! Selle mers schamhaft zudecke un so tun, als wärs net wohr?!
Juli: Die eigni Schand deckt mer zu!
Resi: Schand? For was dann? For was uns dann selwer belieje un betrieje?
Juli: Es is besser, mer vergeßts!
Resi: Vergesse? Ich net! Nie im Lewe! – *(Pause)* Er wor de zwett Mann in meim Lewe. Un ich han ne geere kriet – un – ja ich han! Un noh han ich erscht verstan, for was manche Weiwer ihre Männer stehn losse un mit me anre in die Welt gehn! – In meim greeschte Elend han ich for korzi Zeit s greeschte Glick gfun! Un des soll ich vergesse? Ich kann net un will aa net, mei Lewe wär ärmer, wann die Erinnerung net wär! An de Mann! – Vier Monat hats nor gedauert, wie schnell is die Zeit vergang! – noh han se ne in e anrs Lager versetzt. E Kind hätt ich anghol. Vun dem Mann – dort in der Fremd – wann ens kumm wär! E Kind! *(Sie blickt verträumt vor sich hin)* Dreißich Johr sin seit selmols vergang, dreißich Johr, daß mer hemkumm sin – im Nainunverzicher. Ich han de Mann nor meh seltn gsiehn, nie meh e Wort geredt mitm – er is bei seiner Familie, is aa alt, schun Großvater. Awer – wann mer uns gsiehn, vor fremde Leit kenne mir uns net. Awer mei Herz kloppt schneller, un ich sin sicher, daß mei alte Aue aa e bisje heller schaue ...
Juli: Die Erinnerung macht alles scheener, wies wirklich wohr!
Resi: Kannscht du net begreife, daß mir, in eem fremde Land, wo mer nie gewißt hat, was de nägschte Taach bringt – daß mir net so han lewe kenne wie drhem!? Daß dort net gegilt hat, was derhem, in gewehnliche Zeite, for „brav" un „anstänich" angschaut gen is? Wer mol a Haufe tote Leit wie a Holzstoß leije gsiehn hot, weil mer se net hat begrawe kenne, weil die Erd zugfror war – der denkt anersch wie die derhem in der warm Stub! Un wer for e Stick Brot sei Lewe reschkiert, ausm Lager schleicht in der Nacht, der

lacht dich aus, wann du ihne an des siweti Gebot erinnre willscht! – *(entschieden)* Der was net dort wor, hat ke Recht for de erschte Steen werfe! Der derf iwerhaupt net werfe! Dort sin anre Gsetze!

(Kurze Pause)

VIII.

Juli: Anre Gsetze? Vleicht hascht recht. Un ich tät saan, in so wilde Zeite gilt iwerhaupt vieles nimmi, was vorher gegilt hat.
Resi: Daß du des mol ingsiehscht!
Juli: For was net?
Resi: Bisje spoot gsiehscht du des in!
Juli: Was soll des jetz?
Resi: Des hättscht du friejer ingsiehn misse! Dann hättscht du net uf die Tratschmeiler ghorcht, was sich groß ufgspielt han, wie mer wieder derhem wore.
Juli: Mein Gott, die Leit han halt geredt! Un net nor iwer dich!
Resi: Awer du hättscht jo net glei instimme misse: „Mei Schwester hat mich entteischt!" Un: „Des hätt ich mir nie vorgstellt."
Juli: Awer, awer!
Resi: Des hat mir weh getun. Hättscht jo aa mich froe kenne.
Juli: Iwer sowas red ich net! Vun mir aus net. Hättscht du mir des, was du mir heit gsaat hascht, vor dreißich Johr gsaat!
Resi: Schun gut. Mir rede jo nor.
Juli: *(scharf)* Un wann mir schun rede, dann han ich dir aa was zu saan, aus dere Zeit mit de „anre" Gsetze! – Was hascht du dich ausgedrickt bei der Motter, wie du vun ihr s erschti Mol gheert hascht, im 50er wors, daß ich nochmol heirate will!?
Resi: So? Was han ich dann gsaat?
Juli: Weeschts nimmi? Un du saascht doch immer, wann du alte Sache ufruttle tuscht, ich wär vergeßlich!
Resi: Na, was han ich schun gsaat?! Daß de Pheder erscht zwaa Johr tot is – un mir des so vorkummt, daß du dich mitm Heirate bisje iwereile tuscht?
Juli: *(scharf)* Iwereile? Mit 36 Johr? Un mit drei Kiner? Iwereile, wo ich froh wor, daß iwerhaupt eener kumm is – bei dene paar Männer nohm Kriech! – For mich gille ke anre Gsetze – in so Zeite?
Resi: Ich han der jo des sechsjährich Gerda wille abhole. Hascht mers gin? Nee! Ich hätts vleicht aa adoptiert!
Juli: Mei Kiner han ich ufzieje wille – uns Gerda erscht recht. Sunscht hätts jo ausgschaut, daß ichs nohträglich verstoße tun, weil ichs doch net han han wille. Des alles han ich dir selmols gsaat. Awer ich han net de Zauner Michl

ghol, weil ich unbedingt e Mann han misse han – ich han ne ghol, weil die Kiner e Vatter gebreicht han! E feschti Hand. Un mitm Horst un mitm Hilde han ich oft gstriet, bis sie des ingsiehn han. Drum hats mer arich weh getun, daß du so geredt haschst.
Resi: Dei Wille han ich awer reschpektiert! Han ich dich oder de Michl je gspiere geloß, daß ich ne net han will, in der Freindschaft? Niemols! Er wor dir gut genuch – un mir schun lang. Es wor ja nix zu saan geger ne.
Juli: Ja! Die Kiner han sich schnell an de neie Vatter gewehnt. Un mer hat vun eem Tach uf de anre gsiehn, wies nufzus gang is. 's erscht han ich mers Haus in Ordnung gebrung. De Michl un de Horst han ufm Staatsgut gearweit – des wor doch schun etwas anres wie uf der Bahnlinie de Schotter kloppe. Baurearweit – wie mir se gewehnt sin. Na – un de Michl wor doch e Pherdsnarr. Mit dem hat mer gar nimmi rede kenne, wie se ne zum Fuhrmann ernennt han. – *(Pause)* Es wor doch wieder e Hoffnung im Lewe ... un de Horst wor schun ingschrieb for de Traktoristekurs. Des wor doch e Aussicht – no dene erschte schwere Johre nom Kriech. Mer hat direkt ufgschnauft. Un hat sich in die Arweit gesterzt! Gsterzt, saan ich! Un jeder, was iwerlebt hat, hat gspiert: Es Lewe geht vun vore an! Anerscht wie bis jetz – awer s geht an!
Resi: Ja! Es Lewe is angang. Viel is gsung gen in seler Zeit. Mer hat wieder die alte Lieder gheert. Un viel gheirat is gen. *(wehmütig)* Un – un vill Kiner sin uf die Welt kumm. Stimmt. Stimmt alles! Awer –
Juli: *(abwehrend, schnell)* Ich weeß schun, was d' saan willscht! Heer uf!
Resi: – no hascht de dicke Hammer uf de Kopp kriet. Weil dei zweter Mann, wie tausend anri, aa beim deitsche Militär gedient hat, hat er im Enunfuchzicher in de Bărăgan misse!
Juli: *(schreit)* Heer uf! Ich will net dran denke! Ich mecht alles vergesse! – Un – wann die Kiner net geween wäre – ich hätt nom Strick gegriff! No so viel Hoffnung uf e neies Lewe – so e harte Schlaach! *(Sie sinkt zusammen, schreit:)* Es is wie e Fluch. Bărăgan!

Vorhang

Banater Friedhof 1990

Vereinsamte Gräber, zusammengerückt,
die Kreuze im Sinken: geneigt und gebückt.
Weißglänzender Marmor, doch grau der Beton:
Hier kniee ich, Mutter, dein gealterter Sohn.

Ich bin, lieber Vater, noch einmal gekommen,
zum Abschied, zum letzten! Mein Herz ist beklommen.
Es fallen die Tränen, befeuchten den Stein,
ach, wenn sie doch netzten euer bleiches Gebein!

Bald werden euch Gräser und Unkraut bedecken
und näher schon rücken die dornigen Hecken;
ihre Ranken werden den Grabstein umschlingen,
vielleicht wird ein Vöglein ein Liedchen euch singen ...

Ihr fragt nach den Enkeln? Sie haben es gut!
Sie fanden in Deutschland eine sichere Hut!
Doch fragt nicht mich selber, fragt nicht nach mir!
Ich habe ein Heim dort – doch die Heimat ist hier!

Letzter Besuch

Alle Pfade, alle Wege,
die wir Hand in Hand gegangen,
sind von Wildnis eingefangen.

Sind dies noch die Lerchenfluren,
wo wir einst, nach Krieg und Not,
geerntet unser letztes Brot?

Alle Türen, alle Tore,
offen einst, uns zu empfangen –
sind versperrt mit Brett und Stangen.

Alle Bäume in den Gärten,
die mit Früchten nie gegeizt –
sind längst gefällt, zersägt, verheizt!

Alle Glocken, die uns riefen,
längst erstarrt nach letztem Schwingen –
keine Hand bringt sie zum Klingen ...

Auf den Gräbern, die wir pflegten,
wo der Schmerz verliert das Wort –
die letzte Blume ist verdorrt.

So laßt uns noch zum Himmel schauen,
sein Goldblau greifen mit der Hand!
Ach, grau ist er, wie dieses Land!

Bitte

Komm, laß uns an die Sonne ziehn,
der eis'ge Wind frißt mein Gebein.
Komm, leg dein Herz auf meines hin,
und selig schlafen wir dann ein.

Doch nach dem letzten Atemzug,
ganz schnell verweht vom schweren Wind,
erheben wir uns zu dem Flug
dorthin, wo wir nicht einsam sind.

Die Sphären rauschen im Gesang.
Doch Gottes Atem hält uns warm;
und lang, wie tausend Leben lang,
wiegt er uns sanft in seinem Arm.

Mei Vaterschhaus

Ich wor noch lang net uf der Welt
un gsiehn doch, wie die Männer stampe,
des Haus aus Erd un Sprau un bisje Wasser.

Sie stampe, stampe, mit arweitssteife Fingre,
ich heer die Stamper fluppe
un die Männer keiche.
Ich gsiehn de Schweeß
die Backe nunerlaafe.
Sie stampe Hoffnung in die dicke Maure
un baue dann aus Rohr e festes Dach.

E bloer Summerhimmel
lacht schun dorch die Finstre,
e Uhr tickt fleißich Tach und Nacht
un schmeißt de Perpendikel hin un her.
Bal schreit e Kind in seiner Wie,
e zwetes kummt, e drittes –
vum ganze Dutzend bleibt
grad nor die Hälft!
Die anre sin bal gstorb:
an Scharlach, Diphterie,
vom Pherd getret,
un eener is versoff
beim Bade in der Kaul.

Un doch: Wie hat des Haus gelebt!
Ackre, Schnitt un Weinles
wor unser ABC dorchs Johr!
Wie han mir gsung
beim Kukruzlische
unerm dicke Maulbierebaam!
Un wore stumm,
wann de Großvatter hat verzählt
vun Raawre, Welf un Iwerschwemmung,
als wie vun fremde Gwalte,
was Teel han wille han
an unserm Hab un Gut!

Die Johre steie uf un ab,
die Alte sin schun lang im Grab,
aus Junge were Alte,
neie Kiner kumme –
des is de Laaf in Ewichkeit!

Die Ewichkeit is rum!
Zwaa große Krieche han se abgekerzt.
E kalter Wind tobt dorch des Haus,
im Winter wie im Summer.
Alt un lechrig is es Dach,
es schitzt uns net vor Sturm un Reen.
Mir han die Motter nausgetraa –
dem Haus sei Seel.
Mir han de Vatter nausgetraa –
dem Haus sei Herz.
Leer is des Haus,
stumm wie e Grab!
Die gstampte Maure sind geblieb:
Ke Bild hängt dran,
es tickt ke Uhr,
es schreit ke Kind,
mer heert ke Schritt.
Sogar die Schwalme unerm Dach
sin fortgezoo!

Leer is des Haus!
For immer tot!

Loßt mich alleenich
Mit meim Schmerz!

Was is geblieb?

Was is geblieb
Vum bloe schwowische Himml?
Die rundi Kuppl hat Riß
vun eem End ans aner – un ke Meister is do
fors Gwelb nochmol stitze!

Was is geblieb
vum schwowische Bauer seim Stolz?
Vun seiner Wertschaft, seim Feld un seim Viech?
E leere Stall, e verfallne Hambar,
e alte Pluch
„Marke Eberhard – Deitschland"!
Er is Knecht ufm eigene Acker,
im gemeinsame Stall,
uner Kieh mit hungriche Aue!

Was is geblieb
vun unsre Lust an der Arweit, am Lewe,
an Hochzeit, Kerweih un Sautanz?
Die Reih an der Kerweih is korz,
die Musikante vun auswärts sin faul,
un die Alte, mit runzliche Gsichter,
verzähle, wies frieher mol wor.
Die Gäst eile zum Zug,
keener bleibt iwer Nacht.
Was han mir falsch gemach,
daß mir so gschlaa sin,
so mied, so gebroch?
Was han anre mit uns getrieb,
daß mir ke Wille meh han,
daß nix meh geht noh unsrem Kopp,
noh unsrem Sinn?

Nor immer noh dene,
was alles besser wisse
un doch falsch mache,
wanns druf ankummt!

Was is geblieb? Was?
Was gheert uns noch – un wie lang noch?
Mit wenich sin mer kumm,
selmols!
Mit nix gehn mer fort!
Mit Träne in de Aue
un e bisje Hoffnung im Herz!

Mir Schwowe

Mir han alli e Zaiche
im Gsicht, uf der Stern, in de Aue!
Mer kennt uns vun weidm.
Mir sin gebrennt
un gephännt
un verschennt.
Mir Schwowe!

Gebrennt vum Kriech,
vum Lager, vun Flucht un vun Not.
Gebrennt vun Braun un Rot,
vun Scham un Tod!

Mir sin gephännt:
S Feld is verlor,
s Viech ausm Tor:
un tot sin die Pheer,
die Scheier is leer.
Noh allem han se gegriff,
gement, des macht reich.
Nor net nohm Fleiß –
der macht em so mied – un so heiß!
Noh allem han se gschrie
„im Namen des Volkes" –
un sin arm, wie noch nie!

Mir sin verschennt,
mir Schwowe:
vun Rechts un vun Links.
Weil mir in ke Schublad net passe!
Dem Rechtse zu links,
dem Linkse zu rechts!
In der Freiheit
selle mir net sin,
was mer sin!

Mir wisse Bescheid:
Mir sin gebrennt, gephännt un verschennt!
Rechts wor de Tod
un links wor die Not!

Macht eich ke Sorche um uns!
Mit finne de Weech!
Un sin, was mer sin!
Hinner uns die Frem;
in Deitschland derhem!

Ufm Domplatz 1993

Heilicher Sebastian,
dei große Schmerz in dir,
de traa ich aa in mir;
weil ich so seltn kumm.
Die Zeit bei dir is rum.
Wer bleibt bei dir noch stehn?
Drum bischt du oft alleen.

Borromäus, liewer Karl,
du schauscht zum Himml nuf,
do fallts ter gar net uf,
daß um dich, runderum,
des Platz is leer un stumm.
Un gsiescht aa net, o meiner Seel,
daß ich schun lang do fehl.

Liewer Rochus, dogeblieb,
hascht Cholera un Pest vertrieb,
vergeß is lang for dich de Dank!
Die Leit sin an der Seel jetz krank.
Die Zeide wore net dernoh,
drum sin gar vill-vill fortgezoo!
Un mancher is noh stark verschrock:
Er heert net meh vum Dom die Glock!

Adje, ihr drei, mei Bsuch is rum,
nor Gott weeß, ob ich wieder kumm!
Doch mei Erinnerung kummt her –
Dann is vleicht 's Sterwe net so schwer!

Karl Hell †
Karlsdorf – Ried

*Karl Hell (Pseudonym: „**Germanicus**") wurde am 29. Januar 1875 im damals zu Ungarn gehörenden Karlsdorf im Südbanat (später Banatski Karlowatz/Jugoslawien) geboren. Er konnte das Gymnasium in Weißkirchen mit Hilfe eines von der Kaiserin Maria Theresia gestifteten Stipendiums beenden. Danach widmete er sich der Verwaltungslaufbahn und war in einigen Gemeinden als Notär und Vizenotär angestellt. In dieser Zeit beginnen schon schriftstellerische Arbeiten und finden in Fach- und Tagesblättern Anklang. 1905 wurde er Sekretär im Südungarischen Bauernverein, zuerst in Temeswar, dann in Großbetschkerek, übernahm hier auch die Leitung eines Wochenblattes. Wegen seines unbeugsamen Kampfes gegen die Korruption in der Komitatspolitik und seines unerschrockenen Eintretens für die Rechte seiner Landsleute in Wort und Schrift wurde er mehrfach zu Staatsgefängnis verurteilt. 1914 sollte er die Redakteursstelle des „Neuen politischen Volksblattes" in Budapest übernehmen, doch der Erste Weltkrieg unterbrach seine weitere Laufbahn. Ab 1918 war Karl Hell Prokurist der Raiffeisenzentrale in Temeswar, wechselte 1928 wieder in den Journalismus und übernahm die Leitung der „Arader Zeitung". 1933 rief ihn die „Banater Deutsche Zeitung" in ihre Redaktion. Nach dem Bündnis Rumäniens mit Hitler nahm seine Schreibtätigkeit ein vorläufiges Ende. Nach 1944 setzte er sich wieder für seine Donauschwaben in Rumänien ein, floh aber enttäuscht mit nur einem Handkoffer und seinen Schriften nach Wien, wo er die Geschichte seines Volkes neu schreiben wollte, um dessen Schuldlosigkeit nachzuweisen. Seine letzten Lebensjahre verbrachte der „Kämpfer für Recht und Gerechtigkeit" arm, krank und einsam im Altersheim für Volksdeutsche in Ried bei Linz, schrieb seine Erinnerungen nieder, die nur zu einem geringen Teil als „K. u. k. Geschichten" erschienen sind. Sie spiegeln wie seine „Kleine Geschichte in kleinen Geschichten" die volksgeschichtliche Entwicklung der Donauschwaben, die manchen Aufschluß geben über politische und administrative Vorgänge in der ehemaligen Monarchie. Karl Hell starb am 15. September 1953.*

Schwabengeschichten

Vetter Christian war in Kegelwischhausen und Umgebung in seinem Fach als Meister bekannt. Die Häuser, die er baute, zeigten ein gefälliges Äußeres und schienen für die Ewigkeit gebaut zu sein. Vetter Christian war eben ein echter Schwabe: fleißig und gründlich. Leider erwies er sich aber auch in der Rechtschreibung als würdiger Vertreter seines Stammes. Diese Eigenschaft äußerte sich bei der Ausstellung von Rechungen ziemlich auffällig. Doch waren die Empfänger der Schriftlichkeiten ebenso wie Meister Christian auch nur Schwaben, die ab und zu höchstens an den Zahlen, nicht aber an den Wörtern des Textes einiges auszusetzen hatten. War jedoch eine Schriftlichkeit Vetter Christians 'mal der öffentlichen Kritik ausgesetzt, da mußte er gar manche Kränkung hinnehmen. Dies geschah besonders dann, wenn der Besitzer eines neu erbauten Hauses den Haussegen oder seinen Namen anbringen lassen wollte. Wieder einmal hatte Vetter Christian ein schönes Bauernhaus blitzblank fertiggestellt. Nur der Name des Besitzers sollte noch am Giebel verewigt werden. So steht denn der Meister auf dem Gerüst und bemüht sich, Buchstabe für Buchstabe mit Mörtel aufzutragen. Da geschah es, daß der Lehrer des Weges kam, einen Blick auf die mörtelne Inschrift wirft und ausruft: „Vetter Christian! Peter schreibt man mit hartem P."

Vetter Christian dreht dem gestrengen Mahner das Haupt zu und antwortet ärgerlich: „Herr Lehrer, seit net so ungetuldich. 's wert schun hart were, pis es trucke is."

*

Ort der Handlung Großbetschkerek, Sitz des Komitates Torontal im Banat. Die Zeit: drei Jahre vor dem ersten Weltkrieg.

Der Arzt Dr. Heinermann stürmt in die Redaktion herein und trägt folgenden schnurrigen Fall vor: „Mein Obstgarten mündet ins Freie und war häufig dem Besuch unerwünschter Nachtgäste ausgesetzt. Um die Gäste fernzuhalten, schaffte ich mir einen großen Hund an. Der Wächter erfüllt seine Pflicht: er bellt. Leider stört sein Gebell meinen Nachbar, den Schulinspektor Wèrteschi, im Schlaf, da sein Schlafzimmer auf meinen Garten mündet. Das Gebell stört Herrn Wèrteschi sogar zweifach, da er auch Dichter ist, den die Inspiration oft nachts anfällt. Der zwiefach Gestörte verklagte mich als Hundebesitzer wegen nächtlicher Ruhestörung bei der Polizei und diese verurteilte mich zu zehn Kronen Geldstrafe, weiter zum Abschaffen des Hundes. Schreiben Sie mir gefälligst eine Berufung gegen das polizeiliche Urteil im Stil der ‚Unerschöpflichen Rubrik'. Die Folgen trage ich gerne."

Dem Arzt ward geholfen. Nach kurzer Begründung, warum er sich einen Hund anschaffte, hatte die Berufung folgenden Wortlaut: „Da es mir fern liegt, daß der Hund meinen sehr geehrten Nachbar, als Schulinspektor tagsüber mit Arbeit überhäuft, in der Nacht am Schlafen und als Dichter am Dichten störe, mache ich ihm den Vorschlag, daß er den Hund in seiner Eigenschaft als Schulmann in die Lehre nehmen und ihm eine neue, minder störende Lautsprache beibringen möge. Dadurch wäre dem Herrn Wèrteschi als Schulinspektor ebenso auch als Dichter geholfen, da die dem Hunde beigebrachten Laute ihn nicht stören würden. Mir wäre auch geholfen, da der Hund seiner Pflicht der Diebsverscheuchung entsprechen würde, und auch dem Hunde wäre geholfen, denn das polizeiliche Vernichtungsurteil müßte nicht vollstreckt werden."

Im übrigen verlangte Heinermann von der Komitatsleitung, als vorgesetzter Behörde der Polizei, die Aufhebung des Urteils. Und da sein Hund – nicht aber er die nächtliche Ruhestörung beging, möge die löbliche Polizei diesen, nicht ihn zur Verantwortung ziehen.

Wèrteschi erfuhr alsbald den Inhalt der Berufung und forderte Heinermann. Die Zeugen vereinbarten Zweikampf mit Säbeln bis zur Kampfunfähigkeit. Auf das Kommando „Los!" fuhr der Arzt so blitzschnell aus, daß der leitende Sekundant, zu spät zurückgesprungen, im Augenblick eine tüchtige Prim sitzen hatte. Nachdem der kampfunfähig gewordene Sekundant vernäht war, mußte auch Wèrteschi vernäht werden.

Die Berufung hatte den weiteren Erfolg, daß die Komitatsbehörde das allzu lächerliche Urteil aufhob. Der Hund durfte in der gewohnten Sprache Laute geben. Der Schulinspektor und Dichter aber räumte das Feld und bezog ein anderes Heim.

(Heinermann nahm ein tragisches Ende. Er wurde mit Tausenden Schicksalsgenossen im Jahre 1944 nach Abzug der deutschen Truppen von serbischen Partisanen erschossen.)

In der Rolle des Judas

Der Kaplan Müller hatte es zustande gebracht, daß in der Gemeinde Karlsdorf das Leiden Christi aufgeführt wurde. Da der Aufführung die große Mehrheit der Dorfbewohner beiwohnen wollte und der Saal nicht geräumig genug war, mußte die Vorstellung oftmals wiederholt werden.

Die Darsteller spielten ziemlich gut, doch hatte der Kaplan schwere Arbeit, bis den Schwaben die richtige Aussprache des hochdeutschen Textes beigebracht war. Einer nur, der anstatt eines kurz vor der Erstaufführung erkrankten Darstellers einsprang, war ein hoffnungsloser Fall. Der Schwab schlug ihm mächtig ins Genick. Und so reizte er denn jene wenigen Zuhörer, die außer der „Mottrschproch" auch der deutschen Schriftsprache mächtig waren, jedesmal zum Lachen, wenn er ausrief: „To kummt Jutas!" und etwas später: „Jutas, Jutas, was hast du's gedan?"

Die Mehrheit der Zuhörer nahm keinerlei Anstoß an dieser typischen Schwäbelei. Umso größeren Anstoß nahmen besonders alte Weiber und Kinder an „Jutas". Kaum erschien er auf der Bühne, schollen ihm auch schon die Schmähungen entgegen: „Pfui, Jutas, hascht te Herrgott verkaaft" usw.

Judas war eine phlegmatische Natur. Die Zurufe ließen ihn kalt. Er leierte seine Rolle her und verschwand.

Eines Abends war es wieder so weit, daß die Juden die Auslieferung Christi erzwungen hatten. Pilatus wusch sich die Hände, um sich dann von der Bühne des Geschehens, auf der er eine Pilatus-Rolle gespielt hatte, zurückzuziehen. Einen Augenblick herrschte Stille auf der Bühne. Nur aus der Ferne scholl das abflauende Geschrei der gegen Golgatha ziehenden Juden. Nun kam hinter der rechtsseitigen Kulisse der schwäbelnde Darsteller hervor, der mit Judas Zwiesprache führen sollte.

Mit der Rechten gegen die linke Kulisse weisend, sollte das gewohnte: „To kummt Jutas!" erschallen. Anstatt zu rufen, verbiß er aber mühsam das Lachen und starrte zur Kulisse hinüber, wo Judas, nur für ihn sichtbar, doch für die in den vordern Reihen sitzenden Zuschauer hörbar, so fest schnarchend schlief, als wäre sein Gewissen nicht durch den Verrat an seinem Herrn belastet. Auf das Schnarchen des Verräters kamen Darsteller herbeigeeilt und rüttelten ihn recht unsanft, so daß er endlich nach dem gewissen Ausruf auf die Bühne geschlichen kam. Wie ihn bisher die schmähenden Zurufe kalt ließen, blieb der Phlegmatiker auch jetzt kalt, als die Zuhörer ihn mit einem kräftigen: „Gut Morje, Jutas! Ausgschlof?" empfingen, leierte seine Rolle ab, doch schwankte der Verräter diesmal, als wäre er betrunken. Er war tatsächlich betrunken.

Das diensttreue Gewissen

Vetter Hans war als Stationsdiener des Eisenbahnknotenpunktes Torontal-Szécsányi alt geworden. Seine Hauptaufgabe bestand darin, zeitweilig mit einer Schelle Zeichen zu geben, sodann mit erhobener Stimme Abfahrt und Richtung der Züge auszurufen. Mit der Zeit war das Zeichengeben mit der

Schelle zur Ursache und das Ausrufen zur Wirkung: zur automatischen Handlung des Unterbewußtseins geworden.

Es geschah nun, daß Vetter Hans in der Christnacht zur Mette ging. Müde und dienstverbraucht übermannte den Alten der Schlaf. Plötzlich ertönte die Schelle: das Zeichen zur Wandlung. Der Automat tritt in Funktion und schnarrt im rostigen Dienstton: „Gegen Szárcsa, Lázárfeld, Großbetschkerek, Pantschowa einsteigen. Drittes Geleise!"

Die zur Abfahrt aufgeforderten Gläubigen brachen in Gelächter aus. Vetter Hans erwacht, zwängt sich, glühend vor Scham, ins Freie. Die Kirche sah ihn niemals wieder.

Die Hauptsache ist: das Prinzip!

Das Land stand wieder einmal vor den Abgeordnetenwahlen, und Vetter Niklos – einer der Hauptkortesche (Wahlmacher) des Wahlbezirkes H. – hatte die Kortesche zu sich eingeladen, um über die Vorbereitungen zu beraten. Es mußte in Bälde mit der Agitation für die Wiederwahl des bisherigen Abgeordneten begonnen werden, der ein altes Mitglied der Regierungspartei war, denn, wie verlautete, wollte die 48er Partei einen Gegenkandidaten aufstellen.

„Alsdann Männer", leitete Vetter Niklos die Beratung ein, „wir misse te aldi Nixmacher wieder wähle, weil er e Regierungsmann is. Mir Schwowe halle immer mit ter Regierung, weil sie unserm Kaiser und Kenich Franz Joseph drei is."

„Sel is klor, Niklos", pflichtete der Jung Peter bei, „wähle misse mir te aldi Luftigus, awr a gräßeri Brämie misset er zahle. Zehn Grone sin zu wennich. Wenischtens zwanzich Grone mißte gezahlt were. Es is zwor a Schant, taß in unserm ungrische Vaterland die Petschowitsche (Regierungsparteiler) vor ter Wahl mit Fresse und Saufe traktiert were un noch ter Abschtimmung bezahlt were wie e H..., awr wenn's schun emol so is, solle tie Herre mehr zahle."

Eine weitere Beratung war überflüssig, denn jeder war mit Jung Peter einer Ansicht. Vetter Niklos bestimmte bloß den Wagner Christoph und den Jung Peter dazu, tags darauf mit ihm nach Temesvar zu fahren und dem Herrn Abgeordneten im Namen seiner Kortesche kundzugeben, daß sie für seine Wiederwahl alles aufzubieten bereit sind, doch nur dann, wenn das gewisse Handgeld verdoppelt wird.

Gar freundlich empfing der Herr Elemér von P. die „Debutation" und nahm es mit Freuden zur Kenntnis, daß die „hazafias svábok", die patriotischen Schwaben, ihm auch weiter das Vertrauen schenken wollen. Was jedoch die Erhöhung der „verfassungsmäßigen Spesen" betrifft, sei er der Ansicht, daß diese unverändert bleiben sollten. „Mert uraim fö az elv" (Denn, meine Herren, die Hauptsache ist das Prinzip).

Der Herr Abgeordnete hatte als Stockungar ungarisch gesprochen. Die Schwaben waren aber des Ungarischen bloß mangelhaft mächtig und verstanden recht wenig von der Rede. Das Wort „elv" hatten sie mißverstanden und alle drei brachen in den Protestausruf aus: „Nix elf: zwanzich!"

Das mißverstandene Wort mußte im schwäbisch verstandenen Sinn zu Recht bestehen. Dafür wurde der Herr Abgeordnete aber auch mit „Begeisterung" wiedergewählt.

Von den Neuwahlen

Die Neuwahlen waren ausgeschrieben, und der Herr Kandidat, bisher schon dreimal gewählt, bereiste seinen Bezirk, um den Wählern wieder zu versprechen, was er ihnen schon so oft versprach, ohne die Versprechungen zu halten, und um dem „Stimmvieh" dasselbe Wortheu vorzustreuen.

So stand denn der Herr Kandidat vor den Wählern der Schwabengemeinde G. und sprach zu ihnen. Leer und hohl, leerer und hohler noch als die Biertonnen, auf denen die Tribüne ruhte, von der herab der Wortschwall auf die Zuhörer plätscherte.

Im Halbkreis umstand den Redner eine dünne Schar von Wählern, die der Hauptkortesch und sonstige Zutreiber herbeischleppen konnten. Mit müder Aufmerksamkeit ließen sie das Gerede über sich ergehen. Nur als der Herr Kandidat wie bisher jedes Mal das Verhältnis zwischen Ungarn und Österreich mit einer Kuh verglich, die mit dem Fressmaul in Ungarn, mit dem milchenden und mistenden Teil aber in Österreich steht, prasselte lungenschwacher Beifall.

Der Herr Kandidat hatte geendet. Er hatte genug. Die Wähler nicht minder, doch mußten sie noch die Lobrede des Hauptkortesch auf die Regierung und auf den Herrn Kandidaten anhören.

Indessen war der Herr Kandidat vom Olymp der leeren Biertonnen zur Erde herabgestiegen und mischte sich unter die Wähler, um etlichen mit der behandschuhten Rechten die Hand zu drücken. Nun stand er vor einem grauhaarigen Schwaben, der ihm aufgefallen war, weil er während der langen Rede ihm die Worte vom Mund abzulesen schien. Ein solcher Ausbund von Aufmerksamkeit war dem Herrn Kandidaten noch niemals untergekommen. Darum reicht er dem Alten die Hand und fragt: „Wollen Sie mir sagen, Herr Fetter, warum Sie habens mit so großen Aufmerksamkeit mir in Gesicht schaut?"

Vetter Michl lüftet mit der Linken den Hut, nimmt mit der Rechten die Pfeife aus dem Mund, spuckt kräftig aus und antwortet: „Herr Ablegat, ich hann Eich tarum immer uffs Maul kschaut, weil Ihr so lang grett hat un nedemol emol schpauze hat misse."

Karneval in Weißkirchen

In jeder Schwabengemeinde ging es zu Letztfasching lustig zu. Drei Tage hindurch wurde mit Unermüdlichkeit und Hingebung getanzt, wie sie zum Gemeingut der Banater Schwaben gehörten. Und gegessen und getrunken wurde sehr oft übers Maß. Manchenorts zogen auch Maskierte im Dorf umher. Einen regelrecht organisierten Karneval hat es jedoch nur in der Stadt Weißkirchen gegeben. Es war eine Tradition, die die Ahnen aus der Rheinpfalz mitgebracht hatten. Die Vorbereitungen begannen bereits nach Beendigung der Herbstarbeiten. Da wurden genau nach Vorlagen neue Trachten angefertigt, alte umgeändert, neue Darbietungen ersonnen usw. Zeit, Geduld und beträchtliches Geld kosteten die Karnevalsdarbietungen. An Geduld fehlte es ihnen auch nicht, denn sie waren Schwaben. Und das erforderliche Geld legten sie zusammen, trotzdem sie Schwaben waren. Kein Intellektueller stand in den Reihen der Karnevalsgesellschaft. Höchstens daß man einen der schriftsprachenkundigen Herren in Anspruch nahm, um den Text satirischer, häufig überraschend geistreicher Anprangerungen der städtischen Behörde oder Geißelung verschiedener Verschrobenheiten im öffentlichen Leben vor allzu krassen Schwäbeleien zu bewahren.

Der einzige Lohn der Arbeitsgemeinschaft war, daß sie mit ihren Darbietungen nicht nur die Mitbürger ergötzte, sondern daß alljährlich Tausende Gäste angefahren kamen, um den Weißkirchner Karneval zu erleben. Der Karnevals-Ausnahmezustand begann am Samstagnachmittag mit dem feierlichen Einzug Prinz Karnevals samt Gefolge. Am Bahnhof vom Bürgermeister und Stadtrat feierlich begrüßt, übernahm der Faschingsprinz auf drei Tage die Herrschaft über die Stadt. Am Samstag und Sonntag gestattete der Herrscher bloß Tanzunterhaltungen.

Der eigentliche Karneval begann am Montag mit Massenaufzügen streng stilisierter Masken. Da wimmelte es von Vertretern sämtlicher Rassen der Erde. Was dem Karneval jedoch das besondere Gepräge gab, waren die alljährlich abwechselnden Aufzüge. Da fuhr, von Eseln gezogen, ein Segelschiff, mit allerlei Narrenvolk bemannt, durch die belebteren Gassen. An jeder Kreuzung haltend, lud ein Narr zum Mitfahren nach Schlaraffien ein. Nächstes Jahr kehrte das Schiff heim und brachte alles mit, was unter Schlaraffiaden zu verstehen ist. Nicht einmal die Maschine fehlte, die in wenigen Augenblicken Altweiber in Jungfrauen ummodelt.

Ein anderer Faschingszug stellte die Einwanderung der Ahnen dar, wie sie einst aus der Pfalz gezogen kamen: mit vielen Kindern und wenig Gepäck. Das Edelholz, das Vater Noah in die Arche mitzunehmen nicht unterlassen hatte, hatten die Ahnen ins Banat mitzubringen nicht vergessen.

Das nächste Jahr brachte den Einzug kaiserlicher Truppen, die gefangene Türken und befreite Christensklaven mit sich führten. In sämtlichen Kaffee- und Gasthäusern fidelte und trompetete es. Jedes deutsche Haus war ein Gästehaus, Narrenfreiheit herrschte, doch niemals kam es zu Schlägereien oder Ausschreitungen. In keinem Jahr fehlte die Geißelung öffentlicher Zustände und das Verulken einzelner, die sich irgendwie gegen das Allgemeininteresse vergangen hatten.

Wieder einmal war der Stadtrat die Zielscheibe. Die Mehrheit der Stadträtlichkeiten hatte die Gasbeleuchtung abgelehnt. Der zur Hälfte aus Serben bestehende Rat war mit der Glühwürmchen-Helle blinzelnder Petroleumlampen zufrieden. Diesmal verulkte Prinz Karneval den Stadtrat durch unpersönlichen Spott. Da kam am Ende des langen Karnevalszuges ein Geißbock, von zwei Narren am Seil geführt, einhergeschritten. Am Schwanz des Bockes baumelte eine brennende Laterne und an den Hörnern befestigt trug das Tier ein Brettchen mit der Aufschrift:

„Die Weißkirchner Gas-Beleuchtung."

Der Scheintote

In Sefkerin war ein wohlhabender Bauer gestorben. Die untröstliche Witwe mietete zwei Klageweiber, die an ihrer Statt weinten und wehklagten, bestellte das Leichenbegängnis und veranstaltete ein so reiches Totenmahl, daß die

Leichenträger, als sie mit dem Toten zum Tor hinauswankten, mit der Bahre an einen niedrig hängenden Ast des vor dem Hause stehenden Maulbeerbaumes stießen. Der Sarg glitt zu Boden, der Deckel öffnete sich, und der Tote erwachte.

Nach Jahresfrist starb der Mann zum zweiten Mal. Wieder bestellte die untröstliche Witwe zwei Klageweiber. Wieder veranstaltete sie ein reichliches Totenmahl. Wieder schwankten die vom Schnaps allzu benommenen Träger mit dem Sarg zum Tor hinaus. Hinter dem Sarg aber schwankte zwischen den Klageweibern die untröstliche Witwe und sang:

„Samo pazite grane / Da ne bude ko lane." (Gebt nur auf den Ast gut acht, daß ihr's nicht wie im Vorjahr macht.)

Ungarisches allzu ungarisch

Für die Bezeichnung des Begriffs Oberst hatte der Ungar das Wort „ezredes" geprägt, desse Stammwort ezer = tausend ist, weil ein Oberst – zumindest in früheren Zeiten – ungefähr tausend Mann befehligte.

Dies sei vorausgeschickt, um die Pointe der nachfolgenden Begebenheit zu verstehen.

Der Oberst des 7. k. u. k. Husarenregiments war ein Österreicher und verstand fast kein Wort Ungarisch. Die Mannschaft des Husarenregiments hinwieder bestand fast ausschließlich aus Ungarn, die kein Wort Deutsch verstanden.

Es geschah nun, daß am 1. Oktober – wie es das Reglement vorschrieb – die Rekruten einrückten, und da wollte der Oberst das „Menschenmaterial" mustern. Laut Regimentskommandobefehl standen darum am 3. Oktober die Rekruten in Reih und Glied auf dem Kasernenhof, durchaus Söhne des „magyar alföld" (der ungarischen Tiefebene) und warteten auf den Regimentsgewaltigen.

Auf die Minute pünktlich, für welche die Musterung angesagt war, kam der Oberst, gefolgt von etlichen Offizieren, herangeschritten und richtete, nachdem die bereits eingedrillte Ehrenbezeigung geleistet worden war, die Frage an den Flügelmann, ob er Deutsch könne.

„Nix Daitsch", war die Antwort.

So ging es fort, bis der achte eine „positive" Antwort erteilte. Sie lautete: „Jawohl, Herr Tausender, ich bin kann."

Der Oberst und seine Gesellschaft brachen in ein Gelächter aus, und die Fragerei hatte ein Ende.

In einer Gesellschaft von Deutschen und Ungarn kam man auch auf das Thema, wie schwer es falle, eine Fremdsprache zu erlernen. Die Deutschen führten als Beweis an, daß die ungarische Sprache mit keiner europäischen verwandt sei. Auch bereite die Aussprache jedem Nichtungarn große Schwierigkeiten.

Die Ungarn wieder waren einstimmig der Ansicht, daß die deutsche Sprache – besonders wegen dem verfluchten „der, die, das" – die schwerste Sprache sei.

Als Beweis für die Schwierigkeiten bei der Anwendung des „der, die, das" führte einer der Ungarn zwei Sätze vor: „Die Macht der Gewohnheit" und „Das macht die Gewohnheit".

Die Deutschen schmunzelten, und die Debatte hatte mit dem Sieg der Ungarn ein Ende. „Daitsche Sprock, verfluchte Sprock."

Politik bei Joca Prodanov

In der gemischtsprachigen Gemeinde Denta tätig, weilte ich häufig in Gesellschaft von Serben. Unter Serben aufgewachsen, fühlte ich mich wohl unter ihnen. Ihr heiteres Wesen und ihre schönen Lieder hatten es mir angetan. Na – und die schönen Serbinnen nicht weniger. Ihre Überheblichkeit, ihr ruhmwürdiger Ausspruch: „Srbin je prvi narod na svetu" (Der Serbe ist das erste Volk der Welt) reizten mich zum Lachen, und das oft gehörte Wort: „Ich hasse den Schwaba" nahm ich in jener untragischen Zeit nicht tragisch.

Eine Zeit her war die Stimmung unter meinen serbischen Freunden gedrückt. Sie bangten um das heilige Rußland, denn die Berichte über die Kriegsgeschehnisse im Fernen Osten lauteten unbefriedigend. Die „Zastava" (in Neusatz erscheinende Tageszeitung) wußte zwar stets über russische Siege zu berichten, doch die Serben warteten vergeblich auf die Nachricht, daß die Japaner auf ihre Insel zurückgejagt wurden.

Allabendlich saßen etliche Neugierige im Gasthause des Joca Prodanov und hörten, die Schnapsflasche vor sich, dem Gastwirt zu, der die Kriegsberichte vorlas. Ansonsten in zwei Parteien, in Radikale und Demokraten – oder in *Kradikali* und *Demokradi* gespalten, wie sie sich gegenseitig spotteten (beide Spottnamen beinhalten den Begriff „krasti" = stehlen) – saßen sie jetzt einträchtig beieinander. Der gemeinsame Schmerz über die schwere Lage Rußlands ließ sie auf den kleinlichen Hader vergessen.

Als dann sogar die „Zastava" die Nachricht brachte, daß Rußland Frieden mit Japan schloß, schwiegen sie vor Schmerz und Scham. Da brach der Gastwirt das Schweigen und sagte: „Tröstet euch, Brüder. Dafür wird der Zar gar bald seine Kosaken zu uns schicken und alle Serben vereinigen. Du hast nichts zu befürchten", sagte er zu mir gewandt, „denn du bist naš čovek (unser Mann)!"

Wer hätte sich's zu jener Zeit gedacht, daß dieser Traum, wenn auch nicht mit Hilfe des Zaren, in Erfüllung gehen wird?

Brüderlich geteilt

Die Brüder Mischa und Velimir Tubity gehörten zu den reichsten Bauern der großen gemischtsprachigen Gemeinde Temesch-Kubin. Solange ihr Vater lebte, bearbeiteten die Brüder die Wirtschaft im Ausmaß von rund 120 Joch gemeinsam. Kaum war der Alte tot, schritten sie zur Teilung. Ein Geometer teilte jedes Grundstück genau in zwei Teile. In Kenntnis der Kleinlichkeit und Habsucht seiner Söhne hatte der Vater jedem ein schönes Wohnhaus, Stallungen und sonstige Wirtschaftsgebäude genau im selben Ausmaß auf gleich großem Platz und in entsprechendem Abstand bauen lassen, daher war bloß ein Zaun als Kennzeichen der Teilung zu ziehen. Pferde, Ochsen und Kühe waren ebenfalls leicht zu teilen, da der Alte dafür gesorgt hatte, daß alle Tiergattungen in gerader Zahl und gleicher Güte vorhanden seien. Dieselbe Fürsorge äußerte sich auch bei den landwirtschaftlichen Maschinen und Geräten. Zum Schluß blieben nur die Winterpelze (Bunda) und die größeren Kessel zu teilen übrig, was jedoch schwierig war, da es je drei Stück dieser Nützlichkeiten gab.

So saßen denn die zwei Brüder im Paradezimmer des Mischa, durch den Tisch getrennt, vereint durch die auf dem Tische stehende Schnapsflasche, einander gegenüber und grübelten schweigend über das schwierige Problem der Teilung. Endlich bricht Mischa das Schweigen und sagt: „Also Bruder, wie stellst du dir die Teilung vor?"

„Du hast als der Ältere zuerst zu reden!"

„Gut. Also: Wir Tubitye sind genaue Menschen", meint Mischa nach kurzem Schweigen, indessen beide Brüder der Flasche zugesprochen hatten. „Man nennt uns sogar geizig, weil wir niemandem etwas zu schenken pfle-

gen. Das gilt selbstverständlich auch für uns Brüder untereinander. Ich bin überzeugt davon, daß du mir die strittige Hälfte des Unpaar-Bundas und des Unpaar-Kessels nicht schenken würdest."
„So ist's, weil auch du, Bruder Mischa, mir nichts schenken würdest."
„Was soll aber doch geschehen?" fragte Mischa.
„Vielleicht verkaufen wir den dritten Bunda und Kessel?"
„Wo denkst du hin? Die reichen Tubitye sollen sich auf den Marktplatz stellen, um einen Bunda und Kessel feilzubieten?"
„Was sollen wir schließlich doch tun?" fragt Velimir.
„Ich denke, es wäre am besten, wir schneiden den Bunda der Länge nach in zwei Teile, und jeder bekommt eine Hälfte. Es hätte zwar keiner einen Nutzen von dieser Teilung, doch es wäre auch keiner übervorteilt."
„Gut! Doch was soll mit dem Unpaar-Kessel geschehen?"
„Den schlagen wir in Stücke. Das wäre zwar keine Teilung, doch wäre dadurch jedem Streit vorgebeugt."
„Wenn es nicht anders möglich ist, soll es so geschehen."
Viel verspottet wurden die zwei Tubity wegen dieser allzubrüderlichen Teilung. Wo sie sich auch zeigten, waren sie höhnischen Bemerkungen ausgesetzt, und es kam wiederholt zu Tätlichkeiten. Nur der alte deutsche Lehrer Stuiber beurteilte die absonderliche Teilung kühl und sagte am Stammtisch: „Was ist dabei? Bei Teilung von Einheiten gibt's Brüche."

Aus verklungenen Zeiten

Der Rechtsanwalt Samuel Visontai, der vor dem ersten Weltkrieg als streitbares Mitglied der 48er Partei im parlamentarischen Leben Ungarns eine lautstarke und starklaute Rolle spielte, war durch seine sarkastischen Ausfälle und Einfälle sowie durch seinen trockenen Humor bekannt.

Als das Land wieder einmal vor der Parlamentswahl stand, brachte Visontai ein Kortesch (Wahlmanager) als Nachricht zu, daß in seinem Wahlkreis ein gewisser Kovács János ihm feindlich gesinnt sei und die Wähler für einen anderen Kandidaten zu gewinnen trachte.

Wortlos hatte Visontai die unangenehme Nachricht vernommen, suchte dann einen Katalog hervor, in welchem die Namen aller jener verzeichnet waren, denen er handgreiflich Gutes erwiesen hatte. Nach längerem Blättern meinte er kopfschüttelnd: „Es ist mir unerklärlich, warum dieser Kovács János mir feindlich gesinnt ist, da ich ihm noch niemals etwas Gutes erwiesen habe."

*

Der Agrarsozialismus war in Ungarn um die Jahrhundertwende bereits zu einer starken Bewegung herangewachsen. Anfangs des Jahres 1912 suchte den im Békéschen Komitat begüterten Grafen Almássy eine Abordnung von Agrarsozialisten auf und forderte von ihm die Übergabe seines gesamten Grundbesitzes.

Der Graf nahm die Forderung nicht ernst, da er vor der gewaltsamen Enteignung durch die Bajonette der Gendarmen geschützt war und freiwillig keine Furche seines Besitzes abgeben wollte. Er behandelte die Boden Fordernden darum mit ironisch-herablassender Freundlichkeit und stellte die Frage, ihrer wie viele mit Boden beteilt sein wollen und wie viel Boden jeder beanspruche.

Der Führer der Abordnung schätzte die Anzahl der Bodensucher auf rund 5 000 und sagte, daß jeder 12 Joch beanspruche. Hierauf entgegnete der Graf lächelnd, daß durch Aufteilung seines Gutes nicht einmal der Bodenhunger von 2 000 Sozialisten gestillt werden könnte, da er rund 20 000 Joch Bodens besitze. So würden ihrer mehr als 3 000 leer ausgehen und wären unzufrieden.

„Es tut nichts", sagte der Wortführer. „Schließlich können nicht alle Bodenbesitzer sein (ès muszáj hogy maradjon szocialista is), und es müssen auch Sozialisten bleiben."

K. u. k. Geschichten

Oberstleutnant Csoban hatte wie manch anderer Kamerad während der Garnisonszeit Vorliebe für Weißkirchen gefaßt und blieb nach der Pensionierung in dem lieben Nest „picken". Es hausten aber da auch zu viele sonnige Menschenkinder, angeglüht von der flüssigen Sonnenenergie, die aus Vater Noahs Edelholz quillt. Er vermochte nicht, sich von dem Kreis vorwiegend militärischer Gwesenheiten loszureißen, um als Rumäne unter Rumänen seine letzten Tage in seiner Vaterstadt Karansebesch zu verbringen.

Keine Säufer, nur andächtige Weinbeißer, Genießer waren sie, die fast allabendlich beisammensaßen, bis die Grenze der Bettschwere erreicht war. Die

Zukunft hinter sich, lebten die Angehörigen der Tafelrunde, ausschließlich Junggesellen, ein passives Gegenwartsleben und zehrten an den Erinnerungen der Vergangenheit.

Tagsüber war Oberstleutnant Csoban dann ein anderer. Da suchte er sich durch Zusammensein mit aktiven Kameraden auf dem Aktivstand zu halten. Besonders auf jüngst nach Weißkirchen versetzte Kameraden hatte er es abgesehen. Wo immer ein neuer auftauchte, entging er dem Schicksal nicht – wenn nicht anders –, auf der Gasse von einem in gräuliches Zivil gekleideten alten Herrn mit einem „Pardon, Oberstleutnant Csoban" angeredet und in ein längeres Gespräch verwickelt zu werden.

Eines Nachmittags geschah es nun, daß der Oberstleutnant, gewohnheitsgemäß den Bahnhof vor Abfahrt des Zuges „inspizierend", im Wartesaal einen unbekannten Hauptmann antraf. Daß der Unbekannte angeredet werden mußte, war unausbleiblich, doch mußte man die zur Manie gediehene Vorstellungssucht zügeln, denn wie sollte der Hauptmann angeredet werden, sintemalen die Duz-Zulässigkeitsgrenze für Oberstleutnant Csoban beim Hauptmann I. Klasse endete? Dem Hauptmann II. Klasse gebührte bloß das diensthöflich-frostige Sie. Du oder Sie, das war die schwer zu lösende Frage, denn ein äußerliches Zeichen des Unterschiedes zwischen dem erstklassigen und zweitklassigen Hauptmann gab es nicht.

Doch Oberstleutnant Csoban war Draufgänger, keine Hamlet-Natur. Etliche Augenblicke des Überlegens genügten, und schon hatte er die taktische Frage diplomatisch gelöst, trat an den seiner Grußproblem-Rolle unbewußten Hauptmann mit dem üblichen „Pardon, Oberstleutnant Csoban" heran und stellte die Frage: „Bist du Hauptmann erster Klasse oder sind Sie Hauptmann zweiter Klasse?"

*

Major Milorad Stankowitsch und Hauptmann Pera Kupuszarowitsch waren in den wohlverdienten Ruhestand getreten. Beide waren im Grenzerdienst alt geworden und hatten sich als vorletztes Quartier, ehe sie ins große Hauptquartier befohlen würden, die alte Grenzerstadt Pantschowa gewählt. Täglich beisammen. Täglich tiefsinnige Gespräche – über militärische Dinge natürlich. Zwischendurch tiefsinniges Schweigen.

Wieder einmal schlendern die zwei Kameraden, etwas knickebeinig, den gewohnten Spaziergang dahin. Langes Schweigen.

„Milorade, Bruder", sagt da plötzlich Hauptmann Kupuszarowitsch, „schon lange wollte ich dich über eine Zivilsache etwas fragen."

„Laß hören!"

„Also sag mir einmal, was bedeutet das ‚Per Nachnahme'?" (Betonung auf der zweiten Silbe.)

„Per Nachnahme, Pero, das ist einfach. Also nehmen wir an, du bestellst dir eine Kappe aus Wien."

„Lieber Milorad, ich brauche keine Kappe. Meine Kappe ist noch gut genug."

„Aber hör doch Mensch, es soll ja nur ein Beispiel sein."

„Auch zum Beispiel nicht. Du kennst meine Alte. Der sollte ich mit solchen Extrasachen kommen. Ist's nicht genug, daß sie täglich wegen der Wirtshausgeherei aufbegehrt? Du weißt ja, Bruder, wir alten Weinbeißer sind unverbesserlich. Da heißt's sich anderswo einschränken. Mit 63 Gulden 47 1/2 Kreuzer Pension kann man keine Sprünge machen ... Darum nichts mehr von Kappenbestellung!"

„Pero, Bruder, du bist ein Narr ... So laß dir doch sagen!"

„Narr hin, Narr her. Ich sehe nur eins, daß unsereiner sich nicht in Zivilsachen mengen soll. Gleich kostet's Geld. Gehen wir lieber zum ,Pelikan' auf eine Fischsuppe. Der Wirt hat ein Faß Roten angezapft. Izvanredno! (Außerordentlich!) Das ist mehr wert als alle Zivilweisheit." (...)

*

„Nach Tunlichkeit zu entsprechen!" So lautete der Befehl der Intendanz Temesvar auf dem Dienstzettel einer Armeegruppe in Wolhynien. Inhalt des Dienstzettels: Anforderung von Heu. Bedarf dringend. Die Pferde hungern.

Überreicher des Dienstzettels, Offizial Havlitschek oder Havranek, macht ein bekümmertes Gesicht. „Arme Rösser, haben's nix zum Fressen. Muß ich dringend Hai haben", meint er zum Referenten der Rauhfutter-Abteilung.

„Bedauern, wird nicht gehen, Herr Offizial."

„Wird nicht gähen? Warum nicht?"

„Weil wir den eigenen Sektor, die Kampftruppen an der italienischen Front, selbst nur notdürftig beliefern können. Die Heuernte war heuer im Banat wegen der abnormalen Dürre sehr schwach."

„Was soll ich da anfangen? Kumm ich mit leere Händ, reißt mir Oberintendant Kopf ab!"

„Wie uns Kameraden erzählten, weideten die Pferde in Wolhynien heuer bis zum Bauch im fetten Gras. Warum habt ihr die lungernden Formationen nicht zum Mähen angestellt?"

Entrüstet-erstaunt schreit der Offizial: „Menschenskind, ja hab' ich denn Weisung gehabt?"

Das Verpflegsmagazin Temesvar wartete auf keine Weisung, sondern wandte sich im Wege der Intendanz mit dem Ansuchen an das Kriegsministerium, etliche frontdienstuntaugliche Kompanien zum Heumähen in das wegen der Dürre trocken liegende Sumpfgebiet entlang der Theiß zu kommandieren. Dank dieser Aktion wurden nahezu 8 000 Waggonladungen zu je zehn Tonnen Heu gewonnen. Mag das Heu auch minderer Güte gewesen sein, war es immerhin dazu gut genug, um Tausende ärarische Rösser vor dem Zusammenbrechen zu bewahren.

Der heusuchende Offizial konnte es aber nicht verstehen, daß man etwas aus eigenem Antrieb ohne Weisung beantragen oder gar unternehmen könne. Abschlägig beschieden, ging er in einer Haltung von dannen, als hätte er schon jetzt den Kopf verloren, wodurch der gestrenge Oberintendant in Wolhynien vor einem Justizmord bewahrt gewesen wäre.

*

Im Auftrag des vorübergehend in Temesvar operierenden Hauptquartiers der deutschen Balkanarmee hatte ein Rittmeister mit dem Chef zu verhandeln. Es war nahe 10 Uhr Vormittag, und da der „Alte" von seinem Rundgang durch die verschiedenen Betriebe und die weitläufigen Depots der Militärverpflegsmagazine vor 11 Uhr nicht zu erwarten war, hätte sich der Beauftragte der verbündeten Armee langweilen müssen. Um dieser Unschicklichkeit auszuweichen, geleitete ihn Offizial Erdös, der Adjutant des Chefs, zu mir. Ich sollte ihm Gesellschaft leisten.

Mit dringender Arbeit überhäuft, empfing ich den Rittmeister trotzdem nicht mit der Diensthöflichkeit des Rangniederen dem Ranghöheren gegenüber, sondern mit der herzlichen Höflichkeit, mit der wir Banater Schwaben den Gast, besonders wenn er aus dem Mutterland kommt, zu empfangen gewohnt sind.

Das Angesicht des also Empfangenen widerspiegelte aber die gewisse Reserviertheit des Ranghöheren dem Rangniederen gegenüber. Es äußerte sich in seinen Zügen jedoch auch jene herablassende Art, die deutsche Offiziere den k. u. k. Kameraden gegenüber zu bekunden pflegten.

Da erinnerte ich mich an den gewissen Satz Bismarcks: „Der Deutsche lügt, wenn er höflich ist", unterdrückte meinen Ärger und log, da ich unverändert höflich blieb. Lud den Bismarck-Deutschen mit freundlicher Geste zum Platznehmen ein und bot ihm eine Zigarre besserer Sorte an. Indessen wir die ersten Züge schweigend genossen, flehte ich um einen Einfall zu Gott, wie ich den „steinernen Gast" unterhalten sollte.

Da half er mir durch die Äußerung aus der Verlegenheit: „Herr Kamerad, ich staune, welch schöne Pferde es im Banat und in Ungarn überhaupt gibt."

Das sollte wohl eine Anerkennung sein. Ich aber empfand dieses Urteil als Unterschätzung, vergaß darauf, daß der konventionelle Lugzwang mich dazu verpflichtete, die gutgemeinte Kritik dankend zu quittieren, und entgegnete:

„Ja, sehen Sie, Herr Rittmeister, auch wir staunen darüber, daß es in Berlin Berliner Blau, in Erfurt Farben und Blumen, in Emden Gänse, in Westfalen Schinken, in Essen Krupp-Kanonen gibt."

„Na und, was wollen Sie mit der Anführung dieser Allbekanntheiten sagen, Herr Kamerad?" knarrte mich der Rittmeister etwas erregt an.

„Verzeihen Sie, Herr Rittmeister, ich wollte durch diese negative Erwiderung nur mein Befremden darüber ausdrücken, daß Ihnen als Kavallerist die weltbekannte Tatsache nicht bekannt ist, daß Ungarn in der Pferdezucht an vorderster Stelle steht.

Als Schwabe erachte ich es anschließend als Pflicht, auf die Ihnen höchstwahrscheinlich ebenfalls unbekannte Tatsache hinzuweisen, daß meine Stammesgenossen in der Pferdezucht sowie in allen anderen Zweigen der Landwirtschaft doch auch in fast sämtlichen Berufen an erster Stelle stehen. Sie werden es mir hoffentlich nicht verübeln, Herr Rittmeister, wenn ich als guter Staatsbürger die Bedeutung Ungarns in der Pferdezucht und aus Liebe zu meinem Stamm die hervorragende Rolle der Schwaben darstelle."

„Kein Wort der Entschuldigung, Herr Kamerad, ich habe die Belehrung verdient, denn ich hörte ganz Unbekanntes über die Pferdezucht Ungarns. Noch weniger war mir das bekannt, was Sie mir über die Rolle der Schwaben mitteilen."

Der anfangs so preußenhaft-steif tuende Rittmeister war sichtlich aufgetaut und er hätte gerne noch Näheres über uns ungarländische Deutsche gehört, doch bereitete Offizial Erdös der weiteren Unterhaltung durch die Einladung ein Ende: „Herr Rittmeister, der Herr Oberverwalter läßt bitten."

Es geschah aus aufrichtigem Herzen, nicht nur aus konventioneller Pflicht, wenn der Rittmeister mir die Hand aufs freundschaftlichste schüttelte und sagte: „Es hat mich aufrichtig gefreut, Herr Kamerad, und ich danke Ihnen für die Belehrung."

Ich hatte mich damals über die Ignoranz des deutschen Offiziers aufgehalten. Später war es mir klar geworden, daß seine Unkenntnis ein Symptom – kein Einzelfall sei. (...)

Vom K. M. als Kontrollor zur Futtermittel-Zentrale kommandiert.

Dem, was man bekämpft hatte, auch noch dienen müssen. Die Tätigkeit: Kreuz- und Querfahrten durch agonisierendes Land. Kontrollieren, wo es kaum noch etwas zu kontrollieren gab ... Die übernommenen militärischen Organisationen lieferten, so lange die Vorräte andauerten, beachtliche Mengen. Von Woche zu Woche weniger. Die Kommissionäre, die die Tätigkeit der militärischen Sammelstellen ersetzen sollten, waren außerstande, Mengen an Rauhfutter aufzubringen, da die Produzenten, wie vorauszusehen war, ohne Zwangsmaßnahmen nicht lieferten. Die Tätigkeit der Futtermittel-Zentrale war ein Leerlauf.

Auf meinen Amtsreisen durfte ich mir, in Zivil gekleidet, den Luxus erlauben, anstatt der für Offiziere und Militärbeamten verpflichtenden zweiten – die dritte Wagenklasse zu benützen, um nach altem Brauch mit der Landbevölkerung Unterhaltung zu pflegen.

Zu meinem Bedauern war ich bei der Abfahrt aus Debreczin der einzige Fahrgast im Waggon. Erst in der zweiten Station stiegen fünf junge Männer ein. Als sie im harten Hackmesserton der Balkanserben zu reden begannen, war mir klar, daß es kriegsgefangene Serben sind. Gebe mich im Vertrauen auf meine einwandfreie Aussprache als Banater Serbe aus. Daraufhin freudiges Händeschütteln. Sie wurden, wie sie erzählten, vom Kommando des Gefangenenlagers einem ungarischen Gutsbesitzer, der Gemüsegärtner suchte, als Vorarbeiter zugewiesen.

Auf die Frage, wie es ihnen ergehe, antworteten sie im Chor: „Bolje nego kodkuće!" (Besser als zu Hause). Dabei öffneten sie die Rucksäcke und packten weißes Brot, unheimliche Stücke Speck und Wurst aus.

„Der Grundbesitzer muß herschaffen, anders arbeiten wir nicht", sagten sie lachend.

„Gledajte, gledajte!" (Seht, seht), rief der eine, während des Kauens zum Fenster hinausblickend. „Da seht ihr die dummen Ungarn, wie sie auf Maulbeerbäume klettern, um Nachtmahl zu essen."

„Ja, unsere tschechischen Brüder haben ganze Arbeit geleistet", meinte ein anderer.

Er hatte es mir vom Gesicht abgelesen, daß ich ihn nicht verstehe und schilderte mir, daß man tschechische Militärformationen, die an den Fronten entweder meutern oder zum „Freund" übergehen – um sie irgendwie zu beschäftigen – im Hinterland zum Requirieren von Lebensmitteln verwendet. Selbstverständlich in Gegenden mit vorwiegend deutscher oder ungarischer Bevölkerung. Die Tschechen belassen der Bevölkerung Rationen, die kaum zur Sättigung Halbwüchsiger, geschweige denn Erwachsener hinreichen.

„Die dummen Schwaba und Ungarn hungern an den Fronten, ihre Angehörigen darben im Hinterland, indessen wir Kriegsgefangenen uns mästen."

Es war genug der Unterhaltung! Ich trete auf die Plattform des Waggons hinaus. Da überkommt mich plötzlich die Erinnerung: Heute haben wir den 28. Juni 1918! Vor vier Jahren fiel Franz Ferdinand unter den Schüssen der Attentäter. Mit ihm zerfiel der Plan der Gesamtmonarchie. Und heute steht die ganze Monarchie vor dem Zerfall.

Sitzen beim Mittagessen im Restaurant Hoffmann zu Temesch-Kubin. Plötzlich stürmen Soldaten herein, reißen den Offizieren die Sterne vom Kragen und die Auszeichnungen von der Brust. Ununterbrochen brüllend: „Es gibt keinen Kaiser mehr! Es lebe der Soldatenrat!"

Die Revolution war ausgebrochen. Alles war zu Ende.

Der Zerfall

Das große Werk, der erste entscheidende Schritt auf dem Wege zum Zerfall Europas, war getan: Die Monarchie war gegen Ende 1918 zusammengebrochen. Noch fehlte zwar die Sanktion von seiten der Mächte, die den Zusammenbruch verursacht hatten, doch, dieser sicher, waren Tschechen, Rumänen und Serben über Ungarn hergefallen.

Abgesehen davon, daß diese Korrektur an der Landkarte mich ebenso wie den weitüberwiegenden Teil der Bewohner des Banates in tiefste Traurigkeit versetzt hatte, erlitt ich auch persönlich schwerstes Leid. Hatte noch lange vor dem Kriege in einer Reihe von Aufsätzen die monarchiefeindlichen Umtriebe von ungarländischen Serben enthüllt und durfte an die Rückkehr nach

Großbetschkerek nicht denken. Sogar in Temeswar, in jenem Zeitpunkt von serbischem Militär besetzt, verhaftete mich am ersten Weihnachtstag 1918 ein Detektiv und überstellte mich dem Militärstationskommando. Zu meinem Glück war der Adjutant des Kommandanten Banater Serbe, der als k. u. k. Oberleutnant zur serbischen Armee übergetreten war und dem ich einst einen großen Dienst erwiesen hatte. Nun vergalt er mir Großes mit weit Größerem. Er ließ mich in Anwesenheit des Kommandanten auf eigene Verantwortung frei. Er hatte mir das Leben gerettet, denn man hätte mich nach Großbetschkerek gebracht, wo einige jener Serben in leitende Stellen aufgerückt waren, gegen die ich seinerzeit Anklage erhoben hatte. Obgleich ich die Wahrheit geschrieben hatte und die davon betroffenen Männer es jetzt der Enthüllung ihrer hochverräterischen Rolle zu verdanken hatten, daß sie unter dem jugoslawischen Regime zu Amt und Würden gelangten, wäre mir der Lynchtod gewiß gewesen.

Freigelassen benützte ich den Nachtzug und flüchtete nach Budapest.

Die erste und letzte Nationalversammlung der Deutschen in Ungarn
In Budapest hatte ich ein Erlebnis – wenn auch nicht von bleibender, immerhin von geschichtlicher Bedeutung:

Die Staatsführung hatte es den Deutschen anheimgestellt, einen Deutschen zum Minister der „Nationalitäten" vorzuschlagen, und ernannte den von einem Ausschuß kandidierten Richter an der königlichen Tafel in Szegedin, Dr. Hans *Junker* – einen Schwaben aus der Banater Gemeinde Marienfeld – zum Minister. Da die Serben und Rumänen sich von der Bewegung fernhielten und die Slowaken sich bloß durch etliche passive Beobachter vertreten ließen, war Junker eigentlich nur Minister der Deutschen. Etliche Tage nach seiner Ernennung fand Ende Jänner 1919 im kleinen Prunksaal der Ofner Hofburg die deutsche Nationalversammlung statt.

Es war ein unvergeßliches Erlebnis für jeden der Teilnehmer. Alle Stände und Schichten waren vertreten. Staatsbeamte sämtlicher Ränge, vom Minister angefangen bis zum kleinsten Beamten, geistliche Würdenträger, Offiziere sämtlicher Chargengrade, Bürger, etliche Führer und Hunderte Mitglieder der Sozialdemokratischen Partei, Bauern aus den umliegenden Schwabengemeinden, Abordnungen aus der Zips, Westungarn, aus der Batschka, aus dem Banat und Siebenbürgen.

Kurz begrüßt, entfaltete Minister Junker ein umfangreiches Regierungsprogramm und trug den Entwurf zu einem Gesetz vor, welches allen Völkern Ungarns die weitestgehende politische und kulturelle Freiheit zusicherte. Wiederholt durch stürmische Beifallsrufe unterbrochen, wurde das Regierungsprogramm mit Begeisterung aufgenommen. In bewegten Worten hob sodann ein Redner die Bedeutung dieses Augenblicks hervor, die zum ersten Mal in der Geschichte der Deutschen Ungarns durch offenes Bekenntnis als ein einzig Volk von Brüdern vereinte.

Nach mehreren Ansprachen schloß Minister Junker mit einem zu Herzen gehenden Appell die Versammlung.

Es war die erste und zugleich auch die letzte deutsche Nationalversammlung. Der Ministerrat stimmte dem Gestzentwurf Doktor Junkers zu und er wurde als Gesetzartikel 6 vom Jahre 1919 dem Archiv einverleibt. Um den Buchstaben des Gesetzes in die Tat umzusetzen, hätte Ungarn unversehrt bleiben müssen, so aber drangen serbische und französische Truppen vom Süden, Rumänen vom Südosten und Tschechen vom Norden her ins Land. Der Gürtel der Demarkationslinie verengte sich von Tag zu Tag. Dem auf ein Drittel verringerten Land drohte zudem die bolschewistische Gefahr.

Minister Junker war laut Ausspruch des Ministerpräsidenten Berinkey der „Verstand des Kabinetts", der im Verein mit den sozialdemokratischen Ministern für die Politik der starken Hand gegen die Bolschewisten eintrat. Die Sozialdemokraten hatten sich als das Gegenteil von „Hazátlan Bitangok" („Vaterlandslose Vagabunden") erwiesen, als die sie einst Ministerpräsident Graf Stephan Tisza bezeichnet hatte. Die „Vaterlandslosen Vagabunden" hielten die Bolschewisten im Zaum, und in den von Außenfeinden nicht besetzten Gebieten Ungarns herrschten Ruhe und Sicherheit.

Die Hoffnung auf Unversehrtheit Ungarns bloß ein Wunschtraum
Eine Abordnung von Schwaben aus der Batschka und dem Banat, die wegen Verwirklichung des kulturellen Programms beim Ministerpräsidenten Berinkey vorsprach, erfuhr dann, daß diese Hoffnung Selbsttäuschung war. Der Ministerpräsident erteilte den Mitgliedern der Abordnung den Rat, in ihre Heimat zu fahren, die bereits als Ausland zu betrachten sei, da die Demarkationslinie als zukünftige Grenze Ungarns gelte. „Die Hoffnung auf Unversehrtheit Ungarns war nur ein schöner Traum", erklärte der Ministerpräsident. Zur Begründung der Aufteilung Ungarns wurden nebst einigen unwesentlichen Anklagen folgende drei Punkte angeführt: als erster das Apponyische Schulgesetz, als zweiter das während des Krieges erbrachte Gesetz, wonach auf einem 20 Kilometer breiten Gebietsstreifen rings um die Landesgrenze in allen Volksschulen die Unterrichtssprache ausschließlich die ungarische sein darf. Den dritten Anklagepunkt bildete das ebenfalls während des Krieges erbrachte Gesetz über die Bodenreform, daß nur Frontkämpfer magyarischer Volkszugehörigkeit mit Grund und Boden beteilt werden sollen.

Zur nachträglichen Begründung der längst beschlossenen Aufteilung Ungarns seien diese drei Gesetze leider hinreichend, setzte der Ministerpräsident hinzu, seiner Überzeugung nach wäre aber Ungarn für alle Fälle aufgeteilt worden, da die Entente die Aufteilung längst beschlossen hatte, um die Serben und Rumänen zu befriedigen; doch sei es ganz sicher, daß die Mehrheit beider Völker gegen Zusicherung vollkommen freier kultureller Entfaltung im Falle eines unbeeinflußten Volksentscheides für die Unversehrtheit Ungarn stimmen würde. Eben weil man sich in Belgrad und Bukarest vollkommen im klaren darüber war, daß die Mehrheit der ungarländischen Brüder nicht vom Balkan befreit sein will, durfte die Wilsonsche Theorie vom Selbstbestimmungsrecht der Völker nicht in die Praxis umgesetzt werden. Man wagte es nicht einmal, die Brüder durch das Wort: „Und bist du nicht willig, so brauch' ich Gewalt" vereinigungswillig zu machen. Serbien und Rumänien nahmen mit Gewalt Besitz von einem Gebiet, das von niemand verteidigt wurde. Hingegen hat eine Volksbefragung über die staatliche Zugehörigkeit der Slowaken stattgefunden. Diese Befragung war jedoch die zynische Verhöhnung des Selbstbestimmungsrechtes der Völker, denn nicht die Massen des slowakischen Volkes, sondern etliche aus der Slowakei nach den USA abgewanderte Slowaken, in der Mehrzahl amerikanische Staatsbürger, beschlossen in Pittsburgh die Lostrennung ihrer ehemaligen Heimat von Ungarn und die Vereinigung mit den Tschechen.

Ministerpräsident Berinkey hatte geendet. Der Traum von der Unversehrtheit Ungarns war ausgeträumt. Die meisten der in Budapest auf eigene Faust politisierenden Batschkaer und Banater Schwaben fuhren in die zum Ausland gewordene Heimat ab. Etliche bloß blieben als Beobachter zurück. (...)

Ob Simonyi zum Abgeben einer solchen Erklärung berechtigt war, konnte die Abordnung nicht auf die Stichhältigkeit prüfen. Die Umstände des Zurücktretens Károlyis und das Salto – leider nicht mortale – der Bolschewisten von den Barrikaden in den Kerker und aus dem Kerker an die höchste Machtstelle war jedenfalls der Beweis, daß Károlyi ein horizontloser Politikaster, kein Staatsmann sei. Vom Wellenschlag der Dynamik „Zufall" in die Höhe getragen, mißbrauchte er die ihm verliehene Macht dadurch, daß er sie einer destruktiven Minderheit übertrug.

Károlyi war kein Fürst Krapotkin, kein Anarchist oder Bolschewist, wie ihn seine Standesgenossen schalten, weil er seinen Grundbesitz im Ausmaß von ungefähr 34 000 Katastraljoch der ungarischen Nation schenkte.

Er hatte eine beispielgebende Tat vollbracht, ohne daß auch nur einer seiner Standesgenossen sein Beispiel befolgt haben würde. Diese Tat gab ihm jedoch kein Anrecht, noch weniger eine Befähigung dazu, in die Staatspolitik seines Landes als Führer einzugreifen.

Károlyi war voll Haß gegen den Német (Österreicher) erfüllt und suchte im Namen der 48er-Partei mit Frankreich die alte Verbindung herzustellen. Es gelang ihm auch, anfangs des Jahres 1914 vom französischen Staatspräsidenten empfangen zu werden, und er verhandelte in Petersburg auch mit leitenden russischen Staatsmännern. Gemäß Károlyis und seiner Gesinnungsgenossen Plan hätte Ungarn sich an dem damals bereits unausbleiblich bevorstehenden Krieg nicht beteiligen oder sich sogar der Entente anschließen sollen. Die Ereignisse bewiesen es dann, daß Károlyi ein Außenseiter in der Politik war. Als Staatspräsident zeigte es sich, daß er derselbe blieb. Sein Außenminister Dr. A g o s t o n, früher Professor an der Rechtsakademie in Großwardein, erwies sich ebenfalls als haarsträubender Phantast. Man konnte nicht genug darüber staunen, daß ein Banater Schwabenabkömmling (er stammte aus der Hatzfelder Bauernfamilie Augustin) sich gänzlich von der Wirklichkeit lossagte und daran glaubte, daß die Schweiz und England für die Unversehrtheit des St. Stephansreiches eintreten werden. Vergebens ließ Károlyi durch Unterhändler auf seine und seiner Gesinnungsgenossen entente-treue Haltung hinweisen, um die Siegermächte zum Einlenken zu bewegen. In Paris und London galt nur die Haltung des ungarischen Volkes während des Krieges, nicht die Haltung Károlyis und etlicher führender Mitglieder der 48er-Partei als maßgebend. Die wehrpflichtigen Magyaren, im Frieden zum großen Teil Anhänger der österreich-feindlichen 48er-Partei, folgten bei Ausbruch des Krieges restlos dem Rufe des „Császár" (des Kaisers) und kämpften mit ungarischer Tapferkeit bis zum Ende.

Die Geführten bewiesen dadurch – im Gegensatz zu den Führern – politische Reife. Die Massen der Ungarn fühlten es instinktiv, daß in Stunden der Gefahr ihr Platz an der Seite des „Német" sei. Es war ihnen bewußt, daß das Häuflein Magyaren, unterliegt der Német, im slawischen Meer untergehen würde. Doch hätte das ungarische Volk den 48er-Führern auch Gefolgschaft geleistet und die Gelegenheit benützt, sich von Österreich zu trennen, wäre dadurch die Unversehrtheit Ungarns nicht gesichert gewesen, denn die Führer der inländischen Serben und Rumänen hätten trotzdem die Lostrennung der Randgebiete Ungarns gefordert und hätten dieses Ziel, da das ungarische Volk ohne Freund unter den Entente-Großmächten dastand, auch ganz sicherlich erreicht.

Was in Trianon angeblich wegen der habsburgtreuen Haltung des ungarischen Volkes verloren ging, wäre auch verloren gegangen, wenn die Ungarn die Treue gebrochen und sich der Entente angeschlossen haben würden. So hatte das ungarische Volk sehr viel – nur die Ehre nicht verloren.

Károlyi und sein Stab hatten es durch ihre Politik bewiesen, daß sie blinde Führer – nicht aber, wie sie es vermeinten, Blindenführer seien. Károlyi hatte gelegentlich seiner verräterischen Besuche in Paris und Petersburg falsche Illusionen erweckt, nährte trotzdem die falsche Illusion, daß die Siegermächte zum Lohn für seinen „guten Willen" an den „Vae victis" (Wehe den Besiegten)-Bedingungen etwas ändern werden.

Nicht allein im Fehlen diplomatischer Fähigkeiten – auch im Mangel an Ausharrungsvermögen auf seinem schicksalhaften Posten liegt das tragische Verschulden Károlyis, denn, als er sich in seinen utopistischen außenpolitischen Hoffnungen getäuscht sah, ließ er auch in der Innenpolitik die Hoffnung fahren und rief – da er die Götter nicht zu bewegen vermochte – die Unterwelt zu Hilfe. Der Bolschewismus war durch Staatsstreich des Staatsoberhauptes zur Macht gelangt.

Barbara Herdt
Futog – Salzburg

Foto: Fred Rieder, Salzburg

Barbara Herdt wurde am 13. Dezember 1919 als Tochter eines wohlhabenden Kaufmannes in Futog bei Neusatz (Batschka/Jugoslawien) geboren, dessen Gemischtwarenhandlung als das größte Geschäft der südlichen Batschka galt. Nach der Volksschule in Neufutog besuchte sie als eines der ersten schwäbischen Mädchen das serbische Gymnasium von Neusatz, danach die deutsche Lehrerbildungsanstalt in Werbaß. Sie zeigte in ihrer Jugend große künstlerische Begabung und trat mehrfach als Pianistin auf. Nach kurzer beruflicher Tätigkeit als Lehrerin heiratete sie ihren einstigen Professor der Lehrerbildungsanstalt, Adalbert Karl Gauß, und brachte 1942 und 1944 ihre ersten beiden Söhne zur Welt. Die Vertreibung führte sie auf langen Wegen an den Mondsee bei Salzburg. Später übersiedelte die Familie in die Stadt Salzburg, wo Barbara Herdt vier Söhne großzog, in der von ihrem Mann geleiteten Zeitung „Neuland" Glossen und satirische Gedichte veröffentlichte (ein Sammelband erschien unter dem Titel „Nur wer die Schwaben kennt" 1968) und seit den späten sechziger Jahren Sprachkurse für jugoslawische Gastarbeiter abhielt. Sie lebt in Salzburg, wo sie an ihren Erinnerungen an Kindheit und Jugend in der Wojwodina schreibt.

Als Fahnen und Stiefel in Neusatz regierten und wir Schwaben recht wacker marschierten

In Neusatz, der alten Donaustadt,
es früher viel Schwaben gegeben hat;
die lebten dort friedlich, jahrein – jahraus,
betrieben ihr Handwerk, bauten ihr Haus,
machten Geschäfte, wie andere auch,
ehrten der Nachbarn Sitte und Brauch
und liebten das Land, dessen Bürger sie waren,
wie Serben, Juden und Magyaren.
Unter ihnen, begütert, fast reich,
lebten drei Schwestern namens Aich,
die schlicht und einfach Deutsche sich nannten,
doch sonst von Politik nichts kannten,
geruhsam nur ihr Geschäft betrieben,
in Ehren ergrauten und einsam blieben.
Doch als die heldische Zeit begann
und alles anders wurde sodann,
nur Fahnen und Stiefel in Neusatz regierten
und wir Schwaben recht wacker marschierten,
als hüben und drüben der Haß erwachte,
der alte Nachbarn zu Feinden machte,
betrübte das jene Frauen sehr,
doch kümmerte es sie weiter nicht mehr.
Was nachher geschah, begriffen sie kaum,
es schien ihnen wie ein schrecklicher Traum.
Angst, Enteignung und Lagerleben
trugen sie still und Gott ergeben
und legten ihr Leben in seine Hände
und hofften auf ein gnädiges Ende.
Doch war noch nicht erfüllt die Zeit,
der Weg, der begann, war traurig und weit.
Denn als man ihnen die Freiheit gab
– so krank und schwach und ohne Hab
und alt, weit über sechzig Jahr –,
dies eine bittere Freiheit war.
Wo sie gelebt von Jugend an
und niemandem je etwas Böses getan,
hausten sie nun in tiefster Not,
oftmals ohne ein Stückchen Brot.
Freunde und Nachbarn aus guten Jahren,
Serben, Juden und Magyaren,

die selbst die Geißel des Krieges gespürt,
wurden von ihrem Elend gerührt.
Gemeinsam sorgten sie für die Alten
und mit Almosen am Leben sie halten,
die heut die Achtzig schon überschritten
und immer noch nicht genug gelitten.
Wer fragt im Westen nach d i e s e n Schwaben,
die auch alles verloren haben
und bis heute ohne Entgelt
hinvegetieren in „fremder" Welt?
Welche Lastenausgleichs-Novelle
gilt für diese vergessenen Fälle?

Hinab stieg er in den tiefen Keller, wo er gelagert den Muskateller

Vom Weinverkauf läßt sich's gut leben –
macht man noch Politik daneben,
wird das Dasein angenehmer,
denkt sich Doktor Adam Krämer.
In der Landsmannschaftspolitik
zieht er an einem wichtigen Strick,
und bei dem Tauziehen hin und her
gar zu gern er der Stärkste wär.
Boshafte Zungen behaupten zwar,
daß seine Weine besser, fürwahr,
als das, was er als Diplomat
in der Politik geleistet hat.
Doch der Adam ist sich im klaren,
daß daran schuld seine Gegner waren!
Darum quält ihn die Frage so sehr
und läßt ihm keine Ruhe nicht mehr,
wie er den Geist, der im Weine soll leben,
an die Landsmannschaft weiter könnt geben;
solang es dieser daran gebricht,
erkennt sie seine Bedeutung nicht.
Er grübelte lang, er grübelte tief,

die schwäbischen Nothelfer er sogar rief.
Und wie Doktor Faustus einst studierte
und manches Tränklein ausprobierte,
so tat es auch Doktor Adamus
mit Jakob Wolf, seinem Famulus.
Hinab stieg er in den finsteren Keller,
wo er gelagert den Muskateller,
den Flohhaxn sowie den Rhein-Riesling.
Dort er zu mischen und rühren anfing,
bis er gebraut den rechten Extrakt,
sehr konzentriert und ziemlich kompakt,
der dies Quentchen an Geist enthält,
das der Landsmannschaft noch hat gefehlt.
Mit diesem Elixier in der Hand
wird er dann ziehen durchs deutsche Land;
vor jeder Sitzung, ob groß oder klein,
flößt er jedem sein Tränklein ein:
Streit und Hader verschwinden im Nu,
Friede zieht ein und Eintracht dazu,
jeder dem anderen die Führung gönnt
und ihn den gscheitesten Schwaben nennt.
Der Adam die Einheitsfahne schwingt,
von ehemaligen Gegnern umringt,
dieweil das Kriegsbeil liegt im Keller
neben dem Faß mit Muskateller.

Munter verteilen wir kiloweise Orden, Medaillen und Ehrenpreise

Der Schwabe ließ sich nie unterkriegen,
mußt' viele Mal sein Schicksal besiegen,
hat immer mit Fleiß und Tüchtigkeit
sich durchgesetzt in schwerster Zeit.
Nun sind die mageren Jahre vorbei
mit Not, Entbehrung und Plagerei,
doch nur ein ganz großer Optimist
hofft, daß der Schwab jetzt zufrieden ist.

Manchem genügt nicht ein stattliches Haus,
die wohlgefüllte Garage drauß',
und auch sein Konto auf der Bank
freut ihn heutzutag gar nicht lang.
Düster bleibt sein Gemüt und bedrückt,
solang sein Busen noch ungeschmückt
und der schönste Wohlstand nicht zählt,
wenn der entsprechende Orden fehlt.
Die Landsmannschaft hat es da wirklich schwer,
denn wo nimmt sie soviel Medaillen her,
die jetzt immer nötiger werden
für der Schwaben Glück auf Erden?
Um sie damit nicht länger zu plagen,
hat ein Schlauer jetzt vorgeschlagen,
zu gründen für uns alle insgesamt
ein T i t e l - und O r d e n - V e r l e i h u n g s a m t.
Wie gut wird's den Donauschwaben dann gehen,
sollte dies Amt in Bälde erstehen!
Die sehnlichsten Wünsche wird es erfüllen,
zum Beispiel für jeden ein Denkmal enthüllen;
ein jeder – der will – kriegt eine Medaille
und wird nachher, nach einer Weile,
Obmann, Direktor, Generalsekretär,
Präsident, Hofrat und noch viel mehr;
's gibt Auszeichnungen am seidenen Band
in Silber, Gold oder Diamant.
Und den Führern, die alles schon haben,
wird ein „Gatjeband-Orden der Schwaben"
mit Kukuruzlaub besetzt – verliehen
für ihr segensreiches Bemühen.
Um unser Schicksal braucht keiner zu bangen,
Die glorreiche Ära hat angefangen!

Mancher sich gerne und mit Gefühl
widmet dem edlen Plechmusich-Spiel

Festspiele gibt es heut überall
und allerorten in großer Zahl.
Trotzdem man bisher als Mangel empfand,
daß sich nichts Donauschwäbisches fand
unter diesen Kunstgenüssen.
Alle Musikverehrer ja wissen,
daß man bei uns auch auf diesem Gebiet,
wenn schon nichts hört, so manches doch sieht.
Jetzt scheint es endlich aber so weit,
daß uns erblüht eine Festspielzeit,
denn eine schwowisch-glassische Weise,
die man jetzt hört, mal laut, mal leise,
und die unsrem Geblüt ist entsprungen,
hat's bis zur „Hit-Parade" gebrungen.
Auch vor Salzburg, der Musikstadt,
diese Weise nicht haltgemacht hat
und sogar Mozart erschrocken war
vor dieser Konkurrenz, das ist klar.
„Rosen der Liebe" es schlicht sich nennt,
dieses Kunstwerk, das jeder kennt.
„Rosen der Liebe" blühn überall,
im Ost und West, am Berg und im Tal;
hinter dem Eisernen Vorhang sogar
diese Rosen blühn Jahr für Jahr
und sie genügen auf jeden Fall
für unser „Plechmusich-Festival".
Bedeutende Künstler aus nah und fern
mitwirken würden da gar zu gern,
doch fremde Kräfte brauchen wir n i e,
wir machen alles in eigener Regie.
Unsere „Original-Donauschwaben"
Künstler in doppelter Ausführung haben,
und wenn die ausrücken, Mann für Mann,
fängt eine s o l c h e Bloserei an,
daß sie die stärkste Akustik sprengen,
ohne sich allzusehr anzustrengen.
Der erste Takt schon, der schwungvoll erklingt,
das Blut aller Schwaben in Wallung bringt.
Setzt dann erst ein in hohem Falsett
die heimatlich trillernde Klarinett,

dazu die leise wimmernde Flöte,
mitsamt der etwas schrillen Trompete,
diskret umrahmt vom grunzenden Baß,
wird auch das trockenste Auge naß.
Doch wenn im zartesten Tremolo,
hingehaucht vom Hörner-Duo,
der „Rosen-der-Liebe-Walzer" erklingt
und tief durch Mark und Gebeiner dringt,
fühlt es mit uns die ganze Welt,
daß auch ein Schwob von der Kunst etwas hält.

So mancher dann immer wieder vergaß beim Bauen und Säen das rechte Maß

Als nach dem Kriege da und dort
noch herrschte große Wohnungsnot,
die Donauschwaben nicht lamentierten
und lange Trauerreden führten.
Um 'rauszukommen aus der Baracke,
packten sie Schaufel, Hammer und Hacke;
von früh morgens bis abends spät
plagten sich redlich um die Wett'
Großvater, Sohn und Enkel sogar,
bis das eigene Haus fertig war.
Solches Tun war des Lobes wert
und den Kolonistensinn ehrt.
Der Einheimische zu jener Zeit
bewunderte sehr unsre Tüchtigkeit
und bestaunte uns ziemlich lang,
doch allmählich wurde ihm bang.
Er kaufte zwar dem fleißigen Schwab
immer wieder die Häuser ab,
doch als das Bauen kein Ende nahm,
langsam er sich zu wundern begann,
weil allzu große Tüchtigkeit
den Andersdenkenden gar nicht freut.
Schon recht bald, nach ein, zwei Jahr

war es dem zähen Schwaben klar,
daß ihm ein e i n z i g e s Haus nichts nützt,
wenn auch sein Nachbar so eins besitzt!
Denn der war daheim nur ein Knecht
und hat somit auch nicht das Recht,
das gleiche Haus wie sein Herr zu haben
– getreu dem Kodex der Donauschwaben.
Die Häuserbau-Manie ihn befiel,
und je mehr Häuser – sein Lebensziel.
Obwohl schon mancher hat an die sieben,
baut er doch weiter mit seinen Lieben.
Das fertige Haus verkauft er sodann
und fängt gleich mit dem neuen an,
so daß man ihn, der unentwegt baut,
mit mißtrauischen Blicken anschaut.
Während er einst von Ungarn und Serben
ein Joch ums andere tat erwerben,
von früh bis spät hat im Feld gerackert
und schier im Himmel noch weitergeackert,
so baut er jetzt Häuser, der arme Mann,
und damit nie mehr aufhören kann.

Eh es die biederen Schwaben begriffen, um ihre Ohren die Kugeln schon pfiffen

Ihr lieben Landsleute, höret her,
vernehmet eine donauschwäbische Mär
vom Stefanvettr, der ein Held sein sollt,
obwohl er es gar nicht hat gewollt.
In Filipowa, im Batschkaer Land,
da lebt' er bescheiden und unbekannt,
er plagte sich – wie's bei uns halt so war –
und schuftete redlich Jahr um Jahr.
Das wär beschaulich so weitergegangen,
hätt unsre „Führung" nicht angefangen
sich selbst und dem Deutschen Reich zur Ehr –,
Soldaten zu werben fürs verlorene Heer.

Eh es die biederen Schwaben begriffen,
um ihre Ohren die Kugeln schon pfiffen,
in Rußland fand mancher ein frühes Grab,
und für viele es keine Heimkehr mehr gab!
Doch wie ist es dem Landsmann ergangen,
von dem ich oben hab angefangen?
Verloren hat er Heimat und Haus,
die Kriegsbilanz sah so für ihn aus:
Sein Weib litt in Gakovo bittere Not,
der Sohn starb in Rußland den Heldentod,
die Tochter – verschleppt für lange Jahr,
er selber schwer verwundet war.
Doch nach dem Krieg – noch siech und arm –
der Schwob gleich mit der Arbeit begann,
an Unterstützung dachte er nit,
half tüchtig beim Wiederaufbau mit.
Und als er hörte, daß Weib und Kind
nach Österreich geflüchtet sind,
zu ihnen zog es ihn nun mal,
drum kam er aus Deutschland i l l e g a l.
Hat ganz vergessen auf ein „Termin",
damit war sein Lastenausgleich dahin!
Er kam – wie's bei den Schwaben oft geht –
zu jedem „Stichtag" ein bißchen zu spät.
Jetzt ist er alt, der gute Mann,
der immer schön brav seine Pflicht getan,
und nun denkt jeder, wie sich's geziemt,
daß er eine Rente sich redlich verdient.
Doch den Ämtern genügte es nicht,
daß er n u r hat erfüllt seine Pflicht,
er muß auch j e d e Verlautbarung kennen,
will er eine Rente sein eigen nennen.
Hätt' Amerika sich nicht erbarmt
Und ein paar „Daler" ihm zuerkannt,
es wäre traurig um ihn bestellt
in dieser Wirtschaftswunderwelt.

Mittendrin – ganz unverhofft – riß der Film dann ziemlich oft

Ist es manchem heute oft fad
vor seinem Fernsehapparat,
denkt er mit Wehmut an frühere Zeit,
als er sich noch im „Mozi" zerstreut;
tagelang freute sich alt und jung
auf die spannende Vorführung,
und die erregte Menschenmasse
staute sich vor der „Mozi-Kasse",
wo sie auf pannonische Weise
konnte entrichten die Eintrittspreise.
Entweder Geld oder Eier und Butter,
a Büschl Heu als Pferdefutter,
auch a Hinglche oder a Hahn
gerne man dort entgegennahm.
Der „Mozi-Mann" dann vom Podium aus
sprach zum vollbesetzten Haus:
„Ihr hochgeschötzte Weiwr und Herrn,
des wo wir bräsentieren wern,
is der Kinschtler Harry Biel,
der heint owed kämpfen muß viel
mit die Banditen und Mordgesellen,
die was ihn umbringen wellen."
Ein Zischen, dann ein dezenter Knall,
es roch nach Karbid, doch auf jeden Fall
die Leinwand trübe zu zittern begann
und die ergreifende Handlung hub an:
Die Heldin tragisch die Augen rollte
und mit dem stummen Mündchen grollte;
der Held aber tat sich greulich plagen
und die Gauner der Reihe nach schlagen,
dieweil das Publikum, je nach Bedarf,
mit Pfeilen, Johlen und Stampfen mithalf.
Mittendrin – ganz unverhofft –
riß der Film dann plötzlich oft,
pro Viertelstund, so ungefähr,
passierte immer das gleiche Malär.
Solches das Publikum aber nicht störte,
weil das auch zum Vergnügen gehörte.
Gewürzt von kräftigen Kommentaren,
die manchmal derb, doch treffend waren,

wurden die Pausen überbrückt,
bis der Film dann wieder gepickt.
Und wenn endlich das Happy-End kam,
man ein befreiendes Zischen vernahm
gleichermaßen von Jung und Alt,
was als passend und vornehm galt.
War das „Mozistückl" dann aus,
ging ein jeder beglückt nach Haus,
und wer nie noch ein „Mozi" gesehen,
weiß auch nicht, was wirklich scheen.

Heute heißen sie Ähnn und Dschohn,
und das verpflichtet zu manchem schon

Nach dem Kriege viele Schwaben
das müde Europa verlassen haben,
in ferne Länder zog sie hin
ihr alter Kolonistensinn.
Auch der brave Vettr Jani
Und sein Weib, die Bäsl Nanni,
fanden keine Ruh mehr da
Und fuhren nach Amerika.
Die erste Zeit war bitter und schwer,
das Heimweh quälte und plagte sie sehr,
doch haben sie keine Arbeit gescheut,
gerackert wie richtige Schwabenleut
und es durch Fleiß mit eigener Kraft
wieder zu schönem Wohlstand gebracht.
Als es endlich dann war soweit,
schien für sie gekommen die Zeit,
zu besuchen die Freunde, die lieben,
die damals in Europa geblieben.
Ihre Verwandten freuten sich sehr,
doch bald staunten sie mehr und mehr,
weil sich verändert ganz kolossal
die Nanni und der Jani von dazumal.
Erstens heißen sie Ähnn und Dschon,

und das verpflichtet zu manchem schon.
So etwas Schönes wie ihre „Kar"
in dieser Gegend höchst selten war;
breit und glitzernd und ungefähr
so groß wie a hiesige Garçonniär.
Und wer die jetzige Missis Ähnn
auf ameriganisch kriegt zu sehn –
den Blümchenhut in die Stirn gerückt,
mit Schwalben und Federn dezent geschmückt –
und Janis Krawattl aus Hawaii
mit Palmen und Hula-Mädchen dabei,
der wird im ersten Moment erfassen,
daß sie verstanden sich anzupassen.
Zweitens wäre auch zu erwähnen,
daß sie kaum deutsch mehr sprechen können
und man darum den Dschon und die Ähnn
nur noch halwr kann verstehn,
wenn sie zum Vrzählen anfangen,
wie's ihnen in Newijork ergangen:
Sein Dschab als Dschenitor is ogäi,
a schönes Abardmen is mit dabei,
dazu die Ajsbax und Delewischn,
der Livingruum mit Ärkondischn –
Luftausbloser man's hochdeutsch nennt,
was hierzulande niemand nicht kennt.
Auch sonst ist alles wöll und olrajt
bei den driwrichen Schwoweleit.
Erst wenn man länger so dischkuriert
und heimatliche Bratwürscht serviert,
fällt ab die Tünche, Stück für Stück,
sie finden wieder zu uns zurück
und werden so, wie sie früher waren,
ehe sie über das Meer gefahren;
denn wirkt auch manches leicht übertrieben,
im Herzen sind sie doch Schwaben geblieben.

Mit schnellem Wirbeln lockte er raus
die Alten und Jungen aus Hof und Haus

Das pannonische Nachrichtenwesen
ist früher schon hoch entwickelt gewesen;
für Neuigkeiten und ihre Verbreitung
brauchte man weder Rundfunk noch Zeitung,
und auch das Telefon sogar
dazumal gänzlich unnötig war.
Die dörfliche Nachrichtenagentur
bestand aus e i n e m Reporter nur;
der Kleerichtr, alias Trummler genannt,
– unumstritten als Fachmann bekannt –
alle im Dorf genau informierte,
was in der Welt und sonstwo passierte.
Mit Käppl und Uniform ausstaffiert,
auf dem Bizikl, wie sich's gebührt,
die unentbehrlichen Requisiten
angeschnallt um Achsel und Mitten,
sah man ihn rauf- und runterrasen
auf den staubig-pannonischen Straßen.
An jeder Ecke hub er sodann
laut und energisch zu trommeln an.
Beim ersten mahnenden Trommelton
verließen die Leut ihre Arbeit schon
und eilten neugierig auf die Gassen,
um seinen Auftritt nicht zu verpassen.
Mit schnellem Wirbeln lockte er raus
die Alten und Jungen aus Hof und Haus,
und während die Schlegel er tanzen ließ,
die Amtsmiene wichtige Dinge verhieß.
Zum Schluß noch einmal kurz gewirbelt
und rasch den Schnurrbart aufgezwirbelt,
dann – ein letzter erregender Schlag,
und Spannung atemlos ringsum lag.
Während die Dreschmaschin mußte halten,
fing er an, seines Amtes zu walten:
„De heirich Majalus wird abgehald
am iwrnächscht Sunndag im Agaziwald;
die Jägr und Feierwehr, die dann marschiere,
söllen die Gwehr und die Spritz poliere.
Kummt an dem Dach awr Gewittr und Rege,
mißt mr die Kumedi e Woch vorverlege. – –

Demjenich sei Roß, was dr Wawigod
ihr schenschtes Hingili vrzwutschkajt hot
und alleweil in fremdi Krautgärte laaft,
werd mit drei Täg Arrescht bestraft. – –
Em Hund sei Loch alli zunagle misse
Am Gasseterl,
weil eenr hot de Richtr gebisse
ins Hoserehrl;
die was die Hund draus rumlaafe losse,
were uff dr Schtell vum Schindr vrschosse."
Noch eine Weile ging es so weiter
die abwechslungsreiche Nachrichtenleiter,
und nachdem schon der Trummler enteilte,
mancher Schwob noch gebannt verweilte
und die erregenden Neuigkeiten
lange beriet mit den Nachbarsleuten.

Der Maschinist war zu jener Zeit der meistbewunderte Mann weit und breit

Wenn emsig die lärmende Vogelschar
im Stoppelfeld noch beim Aufräumen war,
der Kukuruz sich zum Endspurt reckte
und schon schal die Melone schmeckte,
's Hanfwasser spürbar zu riechen begann,
dann fing man im Dorf mit dem Dreschen an.
Eines Morgens kam, wuchtig und schwer,
fauchend die Dreschmaschine daher,
und manches Roß, das sonst immer zahm,
schnell im Galopp gleich Reißaus nahm.
Der Maschinist war zu jener Zeit
der meistbewunderte Mann weit und breit!
Linksrum und rechtsrum den Korman er drehte
Und gar streng dabei um sich spähte,
denn so ein Dröhnen und soviel Krach
machte ihm nicht so bald jemand nach.
Mußte er unterwegs Dampf ablassen,

erbebte Mensch und Getier in den Gassen,
und wenn er schrill und durchdringend pfiff,
die Hingle und Katsche Panik ergriff.
Riesige Spuren im Staube er schnitt,
nahm ab und zu auch ein Mauerstück mit,
eh er beim reichsten Bauer sodann
keuchend im Hinterhof Aufstellung nahm.
Und das Ungetüm mußte sich wenden
unter seinen kraftvollen Händen,
bis die Teile wunschgemäß standen,
wo sie ihre Bestimmung fanden.
Pausenlos, mit monotonem Gebrumm,
drehten die Räder und Riemen sich um
und den Dreschkasten schüttelten,
Garben und Ähren durchrüttelten,
bis der blanke Körnerstrom floß
und in die Säcke breit sich ergoß.
Spreu, vom Weizen getrennt geschwind,
weithin zerstob im schwülen Wind,
doch auch sie wurde eingefangen,
denn nichts ist verlorengegangen.
Und das Stroh, das kahl nun und leer,
nahm gleich der Elevator sich her
und trug es in endlosem Lauf
hoch und höher zur Triste hinauf.
Manchmal machten die Drescher auch Pause
bei einer nahrhaft-handfesten Jause,
munter umrahmt von kräftigen Späßen,
die erst richtig würzten das Essen,
und die Flasche ging in der Runde
unermüdlich von Mund zu Munde.
Wenn das Gelächter der Drescher verstummt
und die Maschine auch ausgebrummt,
über die Stoppeln der Nachtwind blies
und den Altweibersommer verhieß,
nur der Bauer dann sinnend noch stand,
rieseln ließ Korn und Korn durch die Hand,
die schon morgen den Pflug wird spüren
und wieder durch neue Furchen wird führen.

Sie waren nämlich, wie's dazumal hieß, alle behaftet mit geli Fieß

Die Filipower waren im ganzen Land
als iwraus fromme Leit bekannt,
und die meisten Nunne und Pharre
früher aus Filipowa ware.
Eines nur drückte die Filipower sehr
und daran trugen sie arich schwer,
daß sie nämlich, wie's allgemein hieß,
waren behaftet mit geli Fieß.
Zu diesem tragischen Malär
es auch nie nicht gekommen wär,
wenn sie's mit ihrer Gutherzigkeit
nicht getrieben zu weit.
Selmols, wie die Geschichte bassierte,
noch der gute Kaiser regierte,
der ihnen – weil sie als brave Leut
treu ihm gedient und der Obrigkeit –
dafür ein Hanfwasser hat versprochen,
da ihr altes schon arich gerochen.
Und weil grad in dem nämliche Jahr
drowe in Wien eine Hungersnot war,
schien es Zeit für die Filipower nun,
ihrerseits was für den Kaiser zu tun,
weshalb man auch nicht gezögert hat,
sondern gleich schritt zur geschichtlichen Tat.
Daß so ein Kaiser gern Ajerspeis ißt,
hat man zum Glück in der Batschka gewißt,
und weil selmols die Filipower Hingl
fleißig gackerten aus jedem Wingl,
schien es allen so ziemlich klar,
daß jetzt a Eierfuhr fällig war.
In dem Gemeinde-Paradiwagen
etliche tausend Schtuck bald lagen
und doch kamen noch immer daher
Bäsle und Vettre, beladen schwer.
Da war guter Rat wirklich tajer,
denn wohin mit die iwriche Ajer?
Auch der Richter als gscheitester Mann
sah sich die Sache kopfschüttelnd an
und sprach ernst und ohne Faxen
– ganz der kritischen Lage gewaxen –:

„Leit, mehr Ajer phacke mr net.
wenn awr epr sie einschtambe tät,
brächte mr gwiß a diejeniche rein,
die wo noch in die Packsimple sein!"
Daß es nach seinen Worten geschah,
gleich darauf ziemlich deutlich man sah.
Drauricherweise seit jenem Jahr
„Gelfießler" nur noch ihr Name war,
und erst seit die Filipower Leut
in der ganzen Welt sind verstreut,
das an den Füßen, wie man so heert,
jetzt im Ausland noch schwächer werd
und bei den Nachkommen soweit vererbt,
daß nur der linkse Fuß gel sich färbt.

Weil mans Bauchweh aber öfter spürt als den Schmerz, der vom Seelischen rührt

Die anerkannten Respektspersonen
waren einst in den schwäbischen Zonen
der Doktr und der Geischtliche Herr,
was dadurch zu erklären wär,
daß sie als Spezialisten galten
fürs Leib- und Seel-Zusammenhalten.
Weil mans Bauchweh aber öfter spürt
als den Schmerz, der vom Seelischen rührt,
und den Schwob die Gall und der Magen
meistens schon im Diesseits plagen,
wurde der Doktr mehr strapaziert
und darum überall auch eschtimiert:
Im Jäger-, Schützen- und Gsangsverein
nahm er die owrschten Posten ein,
sprach bei Versammlungen da und dort
stets ein gescheites, gewichtiges Wort
und wurde selbstverständlich ernannt
zum höchsten Feuerwehrkommandant.
Noch mehr Respekt verschaffte ihm immer

sein gefürchtetes Doktorzimmer,
wo er diverse Weh-Wehs kurierte
und energisch die Spritze führte
– intravenös und extrapopös –
garantiert schmerzlos und nicht nervös;
je nach Bedarf bestrahlte, massierte
und zuweilen dann operierte
schadhafte Ohren oder auch Nasen,
die nicht mehr richtig hören und blasen.
Auch dann zögerte er nicht lange,
wenn er hohle Zähn mit der Zange
aus der geschwollenen Backe riß
und dafür goldene machen ließ.
Danach er Tropfen und Pillen verschrieb
und nach Wunsch mit ihnen vertrieb
's Reißen, Beißen, Zwicken und Drücken
in Lumbl, Lewr, Bruscht und Rücken.
Und weil ein jeder, ob Weib oder Mann,
im Laufe der Zeit schon irgendwann
unter des Doktrs Händen gebangt,
hat diese Tatsache meistens gelangt,
daß gesichert sein Ansehen war
– wie auch sein Einkommen Jahr für Jahr.
Erst wenn seine Kunst mal versagte
und der Sensenmann näher sich wagte,
kam dann dran der Spezialist,
der für den Himmel zuständig ist.
Da ja niemand nix Sicheres weiß,
ob's in der Hölle wirklich so heiß,
der Schwob auch schwach zu werden anfing,
wenn es ernstlich ans Sterben ging
und den Pharre schnell kommen hieß
und alles Weitere ihm überließ.

Die Sonne, der Regen und wir

Die Donauschwaben liebten den Sommer und nahmen die ununterbrochene Kette von heißen Sonnentagen als eine willkommene Selbstverständlichkeit, denn viel Sonne bedeutete gutes Wachsen und Reifen aller Früchte, die sie zum Leben brauchten und die ihre Existenz gewährleisteten. Das Korn, die vielen Getreidearten, der Kukuruz, Kartoffeln und Kraut wurden nicht nur in ganz Jugoslawien geschätzt und viel gekauft, sie galten auch als wichtige und wertvolle Handels- und Exportartikel für Jugoslawien. Nicht ohne Grund nannte man Batschka und Banat „die Kornkammer Europas". Auch die vielen Gemüse- und Obstsorten, die bei uns in Hülle und Fülle gediehen, reiften nur bei viel Sonne zu ihrem einmaligen Geschmack. Nirgendwo gab es so aromatische Paradeiser, so zarte grüne Erbsen, so saftige Pfirsiche und so süße Aprikosen wie in der Batschka, und ihre Vorzüge verdankten sie der lieben Sonne.

Doch manchmal übertrieb sie auch, wenn sie – im Juli und August – nach wochenlangem Dauereinsatz, von keinem Wölkchen getrübt, ihre heißen, sengenden Strahlen erbarmungslos auf Pannoniens weite Ebene herunterbrennen ließ. Das Laub auf den Bäumen, weißgepudert vom heißen Staub, welkte schlaff und vergilbt dahin, die von tiefen Rissen durchfurchte, ausgetrocknete Erde bekam nicht mal mehr den Morgentau zu spüren, das Vieh, das täglich auf die Weide getrieben wurde, fand keinen grünen Grashalm mehr und lag matt und durstig im kargen Schatten des dürren, dürftigen Gebüsches, sogar die widerstandsfähige Distel lag ausgedörrt auf nach Regen dürstenden steinharten Schollen, und die Gefahr der Selbstentzündung trockenen Heus und Strohs wurde von Tag zu Tag größer.

In höchster Not griffen fromme „Christenleute" zur Gegeninitiative, davon überzeugt, daß nur eines helfen konnte: die bewährte Bittprozession. Am späten Abend versammelten sich vor der Kirche Frauen, Männer und Kinder, die, brennende Kerzen in den Händen, betend und singend durchs Dorf zogen und den Himmel anflehten, es endlich regnen zu lassen. Inbrünstig schallte es durch die dunklen, verstaubten Straßen: „Komm mit deinem Se-e-gen, bring uns Tau und Re-e-gen", unterbrochen vom monotonen Singsang der Litaneien des Vorbeters und dem gemurmelten „Maria, bitt' für uns" der Bittgänger. Manche wieder erhofften sich mehr Hilfe von den *Dodele* und vertrauten deren geheimnisvollen magischen Kräften. Die Dodele waren junge Zigeunermädchen, die sich bei langandauernder Dürre vom Kopf bis zu den Zehen mit grünen Hollerzweigen bekränzten und, von einer staunenden und bewundernden Kinderschar begleitet, tänzelnd daherkamen und in einer uns unverständlichen Sprache geheimnisvolle Gebete murmelten. Vor jedem Haus machten sie Halt und warteten darauf, mit Wasser begossen zu werden. Viele glaubten fest daran, durch das Begießen einer mit Grün bedeckten Gestalt den Regen beschwören und die Regenwolken herbeizaubern zu können. Jedenfalls: Irgendwann regnete es doch wieder, und niemand wußte genau, ob es den frommen Prozessionsteilnehmern oder den tanzenden Dodole zu verdanken war.

Die Zigeuner und wir

In den warmen Jahreszeiten bekamen wir immer wieder Besuch von den Zigeunern, die im Sozialgefüge auf der untersten Stufe standen und die verachtet, verlacht, gemieden und ein wenig gefürchtet waren. Aus den von ausgemergelten Rössern gezogenen Planwagen, die wie kleine Zelte aussahen, blickten mehrere braunhäutige, schwarzhaarige Kinder heraus, daneben Frauen mit großen Ohrringen, langen, schwarzen Zöpfen, in bunte, fetzige Kittel gehüllt und mit unzähligen Ketten behängt. Wenn sie in Sicht waren, hieß es: „Zusperre, die Zigeuner sin do." Sie standen jedenfalls im Rufe, alles zu stehlen, was ihnen unter die Finger kam. Ich weiß nicht, ob es stimmte, aber daß sie aus purer Not etwas mitgehen ließen, wäre verständlich gewesen. Daß die Zigeunermänner, trotz gegenteiliger Behauptungen, auch gelegentlich arbeiteten, bewiesen die von ihnen hergestellten und von den Schwaben unumgänglich gebrauchten und viel gekauften *Klumpen* und *Mulder*, die nur von den Zigeunern geliefert wurden.

Die sogenannten Klumpen waren Holzschuhe, die, geschickt aus einem Holzstück geschnitzt, die Form der holländischen Holzpantoffel hatten. Sie wurden zur Tracht getragen. Die Bauern brauchten sie im Winter, wenn sie, mit ihren warmen Loden-Hauspatschen in die mit Stroh ausgestopften Klumpen geschlüpft, trockenen Fußes durch den tiefen Schnee oder Schneematsch zu ihren Ställen gelangen wollten. Die Mulder war aus einem halben Baumstamm, meist aus Pappelholz, kunstvoll geschnitzt, innen und außen so glatt geschliffen, daß sich niemand einen Schiefer einziehen konnte, und gehörten zum Inventar jeden Haushalts. Vom Aussehen vage ähnlich einer mittelgroßen Badewanne, brauchte sie jede Hausfrau zum Wäschewaschen, denn sie war sehr leicht zu tragen und trotzdem stabil und standfest, zum Stapeln der Bügelwäsche, zum Baden der größeren Kinder und – in der Schweineschlacht-Zeit – zum Abbrühen der borstigen Schweine. Als Bezahlung nahmen die Zigeuner auch gerne Hafer und Kukuruz für ihre Pferde, und manchmal bekamen sie auch dazu ein altes *Hingl* (Huhn), das keine Eier mehr legen konnte, oder einen ausgedienten *Kokosch* (Hahn), der sogar zum Krähen zu alt war.

Die Zigeunerinnen betätigten sich mit wenig Erfolg als Handleserinnen oder Kartenlegerinnen, die schwäbischen Frauen hielten wenig davon. Weit mehr Erfolge – zumindest finanzielle – erzielten sie mit dem Verkauf von selbst hergestellten Wässerchen, die helfen sollten bei Hautausschlägen, Warzen, Muttermalen, Hexenschuß und sogar beim Bleichen der verhaßten und verspotteten *Kuckucksschecken* (Sommersprossen). Wer „Liebestropfen" bekommen wollte, mußte tief in die Geldtasche greifen. Die Meinungen über Erfolge und Mißerfolge der diversen Anwendungen waren geteilt, jedenfalls war kein Todesfall zu verzeichnen. Wir Kinder hatten Angst vor den Zigeunern, denn man hatte uns in einer unverständlichen und unverzeihlichen Weise eingebleut, daß alle Zigeuner böse und gefährliche Menschen seien, die kleine Kinder stahlen, ihnen die Arme und Beine brachen, sogar die Augen ausstachen und sie dann betteln schickten. Man erzählte uns auch, daß am Rande des Dorfes, auf der *Hod* (der Heide) einige Zigeunerhütten stehen sollten und man warnte uns eindringlich davor, uns in die Nähe zu begeben, denn es käme keiner mehr zurück. Obwohl uns die Neugierde plagte – auch als wir schon größer und in der Volksschule waren –, traute sich niemand Ausschau zu halten, ob das alles überhaupt stimmte.

Ich kann mich an eine Begebenheit aus meiner frühen Kindheit erinnern, die mich lange Zeit in meinen Alpträumen verfolgte. Als ich mich einmal mit meinem Vater im Geschäft aufhielt – ich war im Sommer immer braungebrannt und hatte dazu noch dunkle Locken – kam ein Bekannter herein und fragte gutgelaunt: „Wo habt ihr denn die kleine Zigeunerin her?" Das löste bei mir einen lautstarken Schreck und Schreianfall aus, und mein Vater hatte größte Mühe, mich zu beruhigen und mich zu überzeugen, daß ich wirklich keine kleine Zigeunerin sei.

Im Ansehen eine Kategorie höher standen die musizierenden Zigeuner, die schon seßhaft waren, die alle ungarisch sprachen und sich als Ungarn ausgaben. Sie waren ausgezeichnete Musiker, die Geiger und die Cimbalspieler richtige Künstler. In den exklusivsten Hotels und Restaurants, z. B. im Parkhotel „Kraljica Marija" (Königin Maria) in Novi Sad und im „Greifenstein" in Neuwerbaß, das bekannteste Hotel der Batschka, spielten Zigeunerkapellen. Trotz ihres großen Könnens behielten sie ihr unterwürfiges, fast demütiges Benehmen, das sie mit vielen Bücklingen, mit immer wiederkehrendem „Küß die Hand, gnädige Frau" und „Meine Verehrung, Herr Doktor" – jeder Gast wurde mit Herr Doktor tituliert – bekräftigten. Ich fand es demütigend, wenn ein großspuriger Gast dem Geigerprimas, der eigentlich ein Künstler war, einen halben Geldschein auf die Stirn drückte, den dieser mit einem untertänigen Lächeln und Verbeugungen quittierte, und ihm die zweite Hälfte des Geldscheines erst nach zufriedenstellender Leistung reichte. Einmal gewann bei einem Ausscheidungskonzert der besten Nachwuchsgeiger Jugoslawiens ein 18jähriger Zigeunerbub den ersten Preis. Er wurde viel gefeiert und umjubelt, Manager holten ihn nach Amerika, und er machte eine Weltkarriere. Die Vergangenheit zeigt, daß ähnliche Erfolge das Ansehen der Zigeuner nicht wesentlich verbesserten, noch heute sind sie kein gleichberechtigter Volksstamm, obwohl sie jetzt Roma und Sinti heißen und sie niemand mehr verächtlich „Zigeuner" nennen darf.

Wie die Zigeuner verachtet und verspottet war der *Federjud*, der auch in den Sommermonaten durch unsere Dörfer zog, um Bettfedern zu kaufen, die die Bäuerinnen ihren Gänsen und Enten gerupft hatten. Er handelte auch mit Fetzen und wurde mancherorts deswegen verächtlich *Fetzenjud* genannt. Wenn er im Dorf mit seinem Pferdewagen erschien, angetan mit einem speckigen, abgeschabten schwarzen Anzug, einen schwarzen Hut auf dem Kopf, folgte ihm eine johlende Kinderschar, die spottend schrie: „Jidele, Jidele, meck, meck, meck, das Schweinefleisch ist fett, fett, fett." Dabei waren die Bäuerinnen froh, ihre Bettfedern ohne viel Umstände an Ort und Stelle verkaufen zu können, was ihnen einen ansehnlichen Zuschuß zu ihrem Wirtschaftsgeld verschaffte.

In meiner Kindheit kamen auch noch hausierende Slowaken, bepackt mit Kasten und Bündel, in unser Dorf. Wenn der Ruf *Reindlibindli* erscholl, wußten die Hausfrauen, daß der Reindlbinder wieder da war, sie trugen ihr schadhaftes Kochgeschirr zusammen und ließen es von ihm flicken, während der *Drotoschtót* ihre löchrigen Tontöpfe mit Draht ausbesserte. War eine Uhr stehengeblieben, die nicht mehr ticken wollte, mußte man warten, bis der wandernde Uhrmacher, der *Uhrereparirio*, mit Kasten und Werkzeug, klingelnd und rufend im Dorf erschien und die schadhaften Uhren zu aller Zufriedenheit wieder in Gang brachte. Solche Gestalten gehörten zum Dorfbild jener Zeit und brachten den Kindern und Hausfrauen willkommene Abwechslung in den Alltag. Als ich später in den Sommerferien wieder zu Hause war, inzwischen siebzehn, achtzehn Jahre alt, erschienen sie zu meinem Bedauern nicht mehr und waren für immer verschwunden.

Johann Herold †
Ismin – Máza

Johann Herold wurde als Sohn einer evangelischen Handwerkerfamilie am 19. September 1921 in Ismin(g)/Izmény (Ungarn/Komitat Tolnau/Schwäbische Türkei) geboren. Nach sechs Volksschulklassen machte er eine Maurerlehre, wurde 1942 Soldat und kam nach einem halben Jahr an der Front für vier Jahre in Kriegsgefangenschaft. Nach seiner Entlassung folgten entbehrungsreiche Jahre. Ab 1962 lebte er mit seiner Familie in Máza im eigenen Hause. 1981 ging er in Rente. Schon als Jugendlicher erlernte Herold autodidaktisch das Zitherspiel. Seine ersten prägenden Begegnungen mit der Literatur hatte er in seiner Schulzeit: Goethe, Schiller, Heine, Petöfi und Vörösmarty. Seine ersten Schreibversuche reichen in sein 18. Lebensjahr zurück, die damals entstandenen Gedichte sind allerdings im Krieg verlorengegangen. Neue schriftstellerische Impulse erhielt er durch den Aufruf „Greift zur Feder" der „Neuen Zeitung" 1973. Er schrieb Gedichte und Erzählungen in Mundart und Hochdeutsch, die in ungarndeutschen Anthologien („Tiefe Wurzeln", „Bekenntnisse – Erkenntnisse") und Zeitschriften („Neue Zeitung", „Deutscher Volkskalender") erschienen. Seine Themen bezog er aus dem Alltag der Ungarndeutschen. Bei zahlreichen schwäbischen Kirchweihfesten trat Herold als Volksmusiker (Zither, Akkordeon) und Volksliedsänger auf. Auch in den deutschen Sendungen von Studio Fünfkirchen hatte er manche Auftritte. Der um seine Landsleute verdiente, treue und bescheidene Volkspoet starb im Alter von 76 Jahren. Er wurde am 3. September 1998 auf dem Friedhof von Máza unter großer Anteilnahme beigesetzt.

Dank an die Mutter

Und wenn ihr auch jeden Morgen
entgegenlacht der Sonnenschein,
macht sich Arbeit, macht sich Sorgen,
um uns die Mutter. Sie allein.

Als ich noch in der Wiege lag
Unbeholfen, winzig klein,
in der Nacht und auch bei Tag
machten mich ihre Hände rein.

Als ich gewagt die ersten Schritte,
hat sie mich an der Hand gefaßt,
immer war sie in unsrer Mitte,
niemals fielen wir ihr zur Last.

Schirmend wachte ihre Hand,
wenn sie mich nahm auf ihren Schoß
und führte mich durchs Märchenland,
durch Hütten und ins Zauberschloß.

Und als ich dann zur Schule ging,
hat sie mich auf dem Weg begleit',
wenn manchmal schwer das Leben ging,
war sie zu helfen stets bereit.

Ich zog als Mann dann in die Welt.
Sie war's, die mir den Rat gegeben:
Kind, auch wenn's dir an nichts mehr fehlt,
Mutter und Heimat vergiß nie im Leben.

Was sie spät abends, früh am Morgen
Für mich getan mein Leben lang,
für Liebe, Müh' und all die Sorgen,
sag ich, Mutter, als Kind nun Dank.

1977

Winterausklang

Verschmolzen ist der Schnee
im Tal und auf der Höh.
Weht auch der Wind noch kalt,
Schneeblümlein blühn im Wald.
Wenn Kälte und auch Frost
uns kurze Zeit noch trotzt,
stellt sich doch der Frühling ein
mit Blumen, mildem Sonnenschein!

Bald laue Lüfte wehen
über Täler weit und Höhen,
und es küsset jedes Kind
leise dann der Frühlingswind.
Schwalben, Störche kehren ein
Wieder in ihr Nestelein,
Wald und Wiese färbt sich grün,
und die Herden weidend ziehn.

Hoch fliegt auch die Lerche wieder
und singt ihre alten Lieder,
und du siehst auf Feld und Flur
das Erwachen der Natur.
Vöglein zwitschern in dem Strauch,
der Strom, der singt sein Liedlein auch,
am Ufer frohe Kindesschar.
Frühling! O wie wunderbar!

(Mázaszászvár 1976)

Spätherbst

Kühler Wind weht durch die Felder,
Wildgänse ziehn dem Norden zu.
Verlassen sind nun Flur und Wälder,
Kein Zwitschern in dem Busch hörst du!

Der Hirtenknab zieht aus dem Tal,
Es brauset Wind und Regen,
Die Blumen sind schon alle fahl,
Nur die Herbstzeitlosen leben.

Die Blätter fallen müd' vom Baum,
Wald und Wiese grünt nicht mehr,
Alles ist so wie ein Traum
Vom schönen Scheiden, das fällt schwer.

So wie der schöne Sommer flieht,
An Gaben reich der Herbst verschwindt,
Der Mensch auch so durchs Leben zieht,
Und ist nur wie ein Blatt im Wind.

Kronert Hans

I.

Die Kirchturmuhr schlug fünf, und das Kronert-Wesje kam schon mit dem Melkkübel aus dem Stall zurück. Sie ist so weit fertig mit dem Melken und Viehfüttern, nun muß sie ihren Sohn aufwecken, denn er schläft noch. Ins Zimmer tretend ruft sie: „Hans, steig uf, es ist schon glei halb sechse, un um sechse misse mir bei Bastls sei, mir hun doch versproche, in Taglohn zu geh."

Der Hans gab keine Antwort. Er war ansonsten ein anständiger Kerl, achtzehn Jahre alt, nur er stotterte ein bißchen, und den Lutrischen Schwartemagen aß er für sein Leben gern.

Die Mutter rief ihm noch mal zu: „Na heb dich doch schu mol, es ist hechsti Zeit, daß mir fortkomme, von unsrem bißje Feld un Weingart kene mer net lewe, danebe misse mir noch in Tagloh geh."

„Na-na Mo-Mo-Mottr, ich kom schun", antwortete der Hans und krabbelte aus dem Bett. Als er sich fertig angezogen hat, sagte er zur Mutter: „Mo-Mo-Mottr, des in Tagloh geh wär schun mol genug, nix wie Brot und Käs esse mir. Konnt a unsren Schwartemage v-v-veschneiden."

„Der Schwartemage wird noch net ogschnitte", fuhr ihn die Mutter an.

„Ja wa-wa-warum dann net?" schaute er die Mutter fragend an.

„So lang werscht's noch aushale kenne, bis der Schnitt kumt. Des taurt hechstns noch drei-vier Woche. Mer sieht scho, daß die Wintergerste zeitig wird", sagte die Mutter.

„M-M-Mer ist recht, Mottr, gsat hun ich's eich, awr wann die Ka-Ka-Katze trogehn un's fresse, noch kenne mir dorch die Fi-Fi-Fingr gucke", meinte der Hans ganz ernst. Seine Gedanken hingen auch weiterhin nur am Schwartenmagen. Wie wäre es fertigzubringen, den Schwartenmagen zu essen und es so anzustellen, als wenn es wirklich die Katzen getan hätten?

Er wartete nur auf die Gelegenheit, wo er allein daheim war. Diese Gelegenheit bot sich bald, denn die Mutter ging oft zur Nachbarin zu einem Plauderstündchen hinüber. Da nützte der Hans die Gelegenheit. In aller Ruhe nahm er dazu ein Messer und eine Gabel, kratzte damit ein solches Loch in den Schwartemagen, als wenn es wirklich eine Katze getan hätte. Bis zur Ernte hatte er den ganzen Schwartemagen verzehrt.

Die Ernte war schon in vollem Gange. Die Mutter hatte es nicht vergessen, daß jetzt die Zeit für den Schwartemagen da war, denn fast in jedem Haus war es üblich, zu dieser Zeit ihn zu verzehren. Eines Tages ging sie in die Speisekammer. Als sie eintrat, richtete sie den ersten Blick auf den Saumagen.

„Jesses Maria!" schrie sie auf und schlug die Hände zusammen. „Jetz hun richtig die Katze den Schwartemage gfresse!"

Auf den Schrei kam der Hans herbei, stellte sich hinter die Mutter und fragte ganz gelassen: „Mo-Mo-Mottr, was is tann los, weil ihr so on Krawall macht?"

„Do, guck mol her, jetz hun'n richtig die Katze gfresse!"

„I-I-Ich huns eich jo gsat, owr ihr wo-wo-wollt mirsch net glawe", antwortete der Hans, schmunzelte und ging zur Tür hinaus. Nachher gingen beide in den Stall, wo Hans ein anderes Thema begann.

„Mo-Mo-Mottr, bis den anern Montach, heint acht Tag, is der Bonnharder Markt, do sollt mr die Kuh verkafe un uns o anri kafe, die was mehr Milich gibt."

„Mir is recht, Hans", sagte die Mutter.

Der Montag kam. Hans und die Mutter führten die Kuh auf den Markt. Sie waren kaum eine viertel Stunde dort, und schon kamen die Käufer herbei. Nach einer Stunde war die Kuh verkauft und zwar für 450 Kronen. (Die Geschichte spielt nämlich in der Kronerzeit, in den zwanziger Jahren, kurz nach dem ersten Weltkrieg.)

Hans und die Mutter waren froh, daß sie so ein gutes Geschäft gemacht hatten. Sie gingen nun durch den ganzen Viehmarkt, um eine andere Kuh zum Kaufen zu suchen. Nachdem sie mehrere betrachtet hatten, fanden sie eine, die ihnen gefiel. Der Hans gab sich bekannt: „I-I-Ich sen der Kronert-Hans von Ismi."

„Und ich der Eck-Schäfer und zweite Richter von Hidasch", antwortete der Verkäufer.

Hans und die Mutter musterten die Kuh und verheimlichten nicht, daß sie ihnen gefiel. Eines paßte dem Hans aber nicht. Die Kuh schien zu geduldig, zu zahm zu sein.

„Was verlangt'r f-f-fer die Kuh?"

„450 Krone."

„Do mi-mi-mist's awr noch nochlosse, wann ihr a der zweite Richtr seid."

„Was versprecht'r mir?" fragte der Verkäufer.

„Vi-Vi-Vierhundertzwanzig geb ich euch", sagte der Hans. Das Handeln ging noch einige Minuten, bis sie sich auf 430 Kronen einigten. Hans zählte dem Mann das Geld in die Hand und sagte:

„So, un d'Aldemarsch mißt ihr zahle!"

Hans besichtigte und betastete noch mal die Kuh und stellte nun fest, daß da etwas nicht stimmte. Das Tier rührte sich kaum. Er riß ihr das Maul auf und da hatte er es. Es war zu jener Zeit allgemein bekannt, wenn jemand auf den Jahrmärkten eine Kuh schlau verkaufen wollte, hat er ihr Schnaps gegeben. Auch hier war das der Fall. Hans bereute es schon, daß er sie gekauft hatte und trachtete nun danach, den Handel irgendwie ungültig zu machen. Bald hatte er seinen Plan fertig.

„Ho-Horchst mol her, Herr zweite Richtr! Schlät die Kuh net?"

„No, iwerhaupt net, do braucht ihr ko Angst zu hon, die is gare zahm."

„Des seh ich", sagte der Hans. „Sicherheitsha-ha-halwer wer ich wos moche, un dann schlät sie secher net. Tes Geld, wo die Kuh kost hat, brauch ich drzu, das tun mir dreimol um den Leib der Kuh rum, un ich sog an' Spruch."

Hans stellte das ganze Verfahren so ein, daß das Geld zuletzt in seine Hand kam. Inzwischen murmelte er leise den Spruch:

> „Hex, Hex, leg dich,
> Hex, Hex, streck dich!
> Überm Kreitz nach'm Eck,
> Hex, Hex, verreck!"

Er nahm das Geld, steckte es in die Tasche und sagte: „Mich schlät diese Kuh nimi."

Im Nu war er mit seiner Mutter im Marktgetümmel verschwunden.

II.

Allmählich zog der Herbst ins Land, und die Herbstarbeit begann, auch In-Taglohn-gehen fing jetzt erst richtig wieder an. Arbeit war bei den Bauern genug, und wo man hin in Taglohn ging, bei diesem Bauern war man auch Kreutz-Schnitter ums Zehnt und bekam auch Kukeruz-Feld ums Dritt zu bearbeiten. Die ganzen Fuhren, die der Bauer machte für den Taglöhner, mußten abgearbeitet werden; bis das Jahr um war, bekam der Taglöhner in Geld sehr wenig.

Das war's, was dem Hans auch nicht gefiel. Vergebens hatten sie den Weingarten und noch ein Stückchen Feld, das reichte nicht, und arme Leute waren in jedem Dorfe. Das Brot konnte man sich schon verdienen, aber weiter nichts. Es wurde mit der Zeit immer schlechter, es gab von Jahr zu Jahr und von Tag zu Tag weniger Arbeit, von Arbeitslosigkeit war die Rede auf der ganzen Welt. Wie das sich ändern sollte, wußte keiner.

Gar viele wanderten aus, um ihr Glück zu suchen, nach Amerika, nach Deutschland, Frankreich, Belgien oder sonstwohin. Auch Hans hatte dieses Fieber ergriffen.

An Abenden, wo die Jugend zusammenkam, auf der Gasse oder auf der Bank vorm Haus, war das Gespräch nur das: Diese oder jene Familie, dieser oder jener Familienvater ist nach Amerika oder sonstwohin ausgewandert, besonders Hans sein Nachbar, der Bandl's Karl, redete mit ihm oft davon, er war auch noch ledig. Eines Abends, als sie wieder vorm Haus auf der Bank saßen, fing der Nachbar Károly wieder an:

„Ich mon halt, Hans, mer selt es a pravern, sich wuhin schaffe, wo mr Feld vrdient, wann schun net ins Ausland, war wenichtens uf Pest, ich hun ghert, das mr in dr Csepel Weiß-Manfred-Fabrik gut vrdiene kann, und do kann mr a alle Woch homkomme. Wann schun net alle Woch, awr alle Monet mol sichr."

„Wannst mo-monst, Károly, mer ke-kenes pravern, awr des muß ich a meiner Mo-Mo-Mottr sa."

„Is gut, Hans, bered dich mit deinr Mottr und marje Ovet sägst mrsch. S is schun recht spät, mer gehen schlofe, Guti Nacht, Hans!"

„Guti Nacht, Károly!"

Sie verabschiedeten sich. Hans ging auch nach Haus. Als er ins Zimmer trat, empfing ihn die Mutter etwas zornig.

„Wu warscht wiedr die halb Nacht, alle Ovet so lang auspleiwe breicht mr awr net!"

„Mo-Mottr, seid nor net so bes, ich hun beim Nochprsch Károly uf'm Bänkl gsotze un mer hate die Red, mer selte uns a wuhin schaffe, wu mr Geld vrdiene kennt."

„Na des kannst dr aus'm Sinn schla, willst a in die Welt naus?"

„No-No, Mottr, dr Károly hot gsat, in Pest wer o Fa-Fabrik, dert kent mr recht Geld vrdiene und ka-ka-kann a alle Monet mol homka-kamme."

„Vun mer aus kannst geh', awr zum Kreitz-Schnitt mußt homkamme, das mr doch unsr Johrbrot vrdiene."

„I-I-Is schun gut, Mottr, so mach mrsch a, i-ich wersch marje 'm Károly a sa, not wern uns berede, wann mr fahrn."

Am nächsten Tag beredeten sie sich, und in zwei Tagen sind sie nach Budapest gefahren, bekamen auch gleich Arbeit in der Fabrik. Leider waren sie solche Arbeit nicht gewöhnt.

Sie mußten alle Tage schwer heben, Waggone verschieben. Und der Aufseher war immer hinter ihnen her. Da Hans und Károly im Ungarischen auf schwachen Füßen standen, gab es sehr viele Mißverständnisse, fast täglich. Und dieser Aufseher ohrfeigte sie sogar. Nach dem Abendessen fing Hans in der Arbeiterunterkunft auf der Pritsche liegend jeden Abend an:

„Do bleiw i-i-ich net, Ká-Károly! Watsche aushale, Wa-Waggone vrschuwe! So wie mr die erscht Zahlung krie, fahr i-ich hom."

„Host recht, Hans, des is a niks fer uns."

Es dauerte einige Tage, bis sie die Zahlung bekamen. Sie rechneten ab, bekamen ihre Papiere und fuhren auch gleich nach Hause. Sie waren nur drei Wochen dort, in der Csepel-Fabrik.

Samstag gut nach Mitternacht sind sie zu Hause angekommen, sie verabschiedeten sich vorm Tor, und mit einem Seufzer sagte Hans:

„Gott sei Dank, da-da-das mr doch wiedr drhom sein", und ging eilenden Schrittes hinein, klopfte am Fenster.

Als ihn die Mutter hereinließ, empfing sie ihn etwas spöttisch:

„Na, dei Johr war awr schnell aus, ich hun drsch awr gsat, bleib drhom."

„Des ho-ho-hot mr net aushale kenne, Mo-Mottr, so schweri Arwet war un Wa-Wa-Watsche aushale, Waggone vrschuwe ..."

„Ich hun drsch domols schun gsat, awr die junge Leit mone, sie sein gscheitr wie die Alte."

„Is schun gut, Mo-Mottr, 's is schun vorbei, un i-i-ich sein so schläfrich, ich geh schlofe. Ma-Marje is Suntog, do hun mr Zeit vun allem rede. Do hun ich noch 20 Krone, des anr hun ich gebraucht fer Ko-Ko-Kost un Quarter.

Hans begab sich zur Ruhe; da er sehr müde war, schlief er auch gleich ein.

III.

Es war wieder Sonntag. Zwei Wochen sind seitdem vergangen, daß Hans und Károly von Budapest nach Haus gekommen sind.

Mutter und Hans saßen am Mittagstisch und plauderten noch über die vergangenen drei Wochen. Inzwischen kam auch Károly, der es im Sinn hatte, ins Wirtshaus zu gehn, und zum Hans sagte:

„Ich hun gemont, Hans, mer kennte mol was trinke geh' ins Wertshaus."

Entschuldige Ká-Károly, im Mo-Mo-Moment zieh ich mich um."

Dem Hans brauchte man das nicht zweimal zu sagen. Sie gingen auch schon.

Als sie das Wirtshaus betraten, wurden sie gleich mit Fragen überfallen, besonders vom Bastls Toni, zu dem Hans und Mutter in Taglohn gingen.

„Ja, Hans, was is los in Pest? Er hot gemont, dert fliege eich die gebrotene Tauwe ins Maul."

„Tä-Täst du des a, To-Toni, Watsche aushale un Waggone verschuwe? Mer sate mol, mer gehen hom."

„So werts dene all geh', die was in die Welt naus sei."

„Du ka-kannst recht hun, To-Toni, awr wann mr solang re-rede, treklt uns die Ke-Ke-Kehl aus. Károly, was tri-trinke mr?"

„Bstell on Litr Wei, Hans!"

Sie ließen sich an einem Tisch nieder, der Wirt brachte den Wein und Trinkgläser auf den Tisch, und Hans schenkte ein.

„Zum Wohl, Károly, daß mr wiedr drhom sein."

Als sie getrunken hatten, kamen der März Schuster und der Bernhard dahergelaufen, baten um Platz am Tisch, setzten sich, und Károly ließ noch zwei Trinkgläser holen und schenkte auch ihnen ein. Im Nu war der Liter Wein weg. Bernhard ließ den zweiten Liter holen, unterdessen frug der März Schuster Hans und Károly:

„Na, Buwe, wie hot's eich in Pest gange?"

„Ach geht, seid ruhich mit Pest, Juri Vettr, des is niks fer uns, do ka-ka-kann mr net mol ruhich uf dr Stroß geh, der na-na-name am die Weiwr noch die Kapp vum Kop am hellichtiche Tag, mit der Elektrische sein mr auch gfahre, un iwrm Ausstei hun ich so oo-onr nowle Stadtfreile uf ern Fuß getrete, die hot gekrische wie o Spo-Spoferkl."

„Ja, so geht's denn", sagte Vetter Bernhard, „der was noch net in dr Stadt war, ich un dr Juri Vetter, mer kenne des, mer warn schun vorm Kriek in Deitschland, o Zeitlang war's a gut, un mr muß halt a Glick hun, awr heitzutag is nirkens niks los, dert drauß die Arwetslosigkeit und do mußt dr Reiche ehre Arwet mache umsunst, was mr nor noch onfange kennt, hekstans zu d' Zirkusspiel'r eisteh."

Sie tranken wieder.

„Na harchet mol", sagte der Károly, „des wer netemol so schlecht, die vrdiene sche un hun a immr Zuschaur, un der Bernhards Vetter is doch Musikant, kann Flieglharn blose, un dr Juri Vetter kann Blosbalg spiele, do brauch mr nor noch o Truml drzu, un schun is so o kloni Bandi Musik fertig."

„Werklich, mr kennt was mache", fuhr der März-Schuster fort. „O jedr kann etwas, dr Heini blest, un ich spiel Blosbalg, un eich Buwe kenne mer a gbrauche. Hans, du schläst die Truml drzu, dich wern mr schun eilerne, not mache mr o Teatr-Vorstellung im Nochbrschdarf."

„Ja, was mach ich?" frug der Károly.

„Du werst dr Kutscher. Ich verlang die Truml, die Kuläß und die Geil vun dr Gemo, schun marje Ovet kenne mr ofange zu prove, 's Teatrstück wer ich schun a zamstelle."

Sie tranken ihr letztes Gläschen Wein, und vorm Weggehen fing der März Schuster noch mal an:

„Na, was montr drzu, des Darf, wu mr higeh, hun ich mr a schun ausgedenkt: uf Meknitsch, wann's eich so recht is."

Alle stimmten zu. Am nächsten Abend kamen sie bei März Schusters zusammen und probten. Juri Vetter hatte die Trommel besorgt und was man sonst noch brauchte. Mit Bernhard und Juri Vetter ging es gleich, weil beide Musikanten waren, mit Hans klappte es nicht am besten. Sie übten einen Marsch ein. Hans fand sich noch nicht zurecht mit dem Takt, sie zeigten ihm mit Händen und Füßen, wie er den Takt schlagen soll.

„Harch's mol her", fing Bernhard Vetter an, „den Takt mußt so schlag: es tam, es tam, ramtamtam, un geb nor acht, daß mr wenichstens mitnanr a ufhern kenne, du kimmst immr on Takt hinenoch."

„Bernhards Vetter, des we-we-wird schun geh, me-mer misse halt f-f-fleißig iwe."

Sie probten viele Abende hindurch, bis die Musik und das Theaterstück eingeübt waren, dann wurde ein Zeitpunkt besprochen. Natürlich konnte nur Samstag oder Sonntag in Frage kommen.

Die Wahl fiel auf Samstagabend in der Gemeinde Meknitsch/Mekényes. Bei der letzten Probe wurde ausgesprochen, daß das Theaterstück und die Kundgebung „nobel" gesprochen werden, also schriftdeutsch. Sie besorgten alles, eine Kutsche, Pferde, und an dem bestimmten Samstag fuhren sie ab in die Gemeinde Mekényes. Károly war der Kutscher. Sie fuhren geradewegs zum Gastwirtshaus, auch beim Dorfrichter meldeten sie sich an mit ihrem Vorhaben. Ohne weiteres wurde es ihnen erlaubt, niemand fragte sie wegen Papieren oder Erlaubnissen, man war froh, daß die Schaulust der Dorfleute befriedigt werden sollte. Die Aufführenden wiederum freuten sich darüber, daß es so glatt ging, sie machten sich auf den Weg zu der Kundgebung. Einen flotten Marsch spielten sie, und der März Schuster fing die Kundgebung an. Natürlich nobel:

„Heute abend findet ein Theaterspiel statt im Gemeinde-Gasthaus, von Schauspielern der Hauptstadt Budapest. Eintrittskarten sind in einer Stunde erhältlich im Gemeinde-Gasthaus. Für Erwachsene 20 Kreutzer, für Kinder 10 Kreutzer."

Es wurde dabei Nacht. Die Kutsche stand fast auf dem Bürgersteig, vor dem Gasthausfenster, wo die Bühne war. Der Raum, das Tanzlokal, wo die Vorstellung stattfinden sollte, war voll besetzt.

Sie kassierten einen schönen Batzen Geld ein und freuten sich, daß alles so gut lief. Ein jeder wußte, was er zu tun und zu sagen hatte. Mit Károly, dem Kutscher, war es so verabredet, wer von der Bühne geht, kommt durchs Fenster hinaus zu ihm. Und so geschah es auch. Die Vorstellung begann, und der März Schuster trat als erster auf die Bühne mit einem komischen Gesicht, und er fing an:

„In einer kleinen Weile werdet ihr mich sehn und in einer kleinen Weile werdet ihr mich nicht sehn. Ich bleib nicht da. Ich fahre nach Amerika."

Er ging ab, zum Fenster hinaus.

Als zweiter kam Bernhard auf die Bühne:

„Wenn der nach Amerika fährt, bleib ich auch nicht da, ich fahre nach Afrika."

Er ging ab, zum Fenster hinaus. Unter dem Publikum hörte man leise von etlichen in der Dorfmundart solche Bemerkungen:

„Kenne de Leut sche Komedi mache."

Als letzter trat Hans auf die Bühne mit diesen Worten:

„Der Ju-Ju-Juri ist nach Amerika und der Heini nach A-A-Afrika, ich allein bleib auch nicht hier."

Hans machte sich auch davon zum Fenster hinaus.

„So, Ká-Károly, schla zwischich die Geil nei, mr misse schn-schn-schnell verschwine."

Großer Applaus vom Publikum, einige Sekunden lang dauert er an. Doch die Bühne stand leer. Als es stiller geworden war, rührte sich überhaupt nichts mehr, das Publikum wartete noch immer auf etwas, aber leider, es kam nichts mehr. Einige Männer wagten es, mal zu schauen, was hinter den Kulissen eigentlich los war. „Niemand ist hier", hieß es von allen Seiten. Dann sahen sie, daß sie betrogen worden waren.

Die Kutsche mit den „Schauspielern" war schon über Berg und Tal, unter dem Publikum entstand ein großes Durcheinander, man hörte zornige Stimmen: „Jakob, geh, spann die Geil ei, dene fahrn mr noch!"

„Kunrad, hol die Flent, mit dene Kerle wer mr abrechle!"

So wurde fast das ganze Dorf alarmiert, und man jagte den Flüchtlingen nach mit Pferden, Wagen und zu Fuß, einige mit Jagdgewehren. Keiner konnte sie aber mehr erreichen. Die vier Schauspieler aber hatten einen schönen Batzen Geld in der Tasche. Auch heute noch lachen und reden die Leute darüber, denn es ist in Wirklichkeit geschehen.

Kronert Hans in Karlsbad

Inzwischen waren zwei Jahre vergangen, Hans und Karl hatten das Alter erreicht, daß sie zur Musterung mußten. Man schrieb das Jahr 1926. Es war Anfang April. An einem Vormittag brachte der Postbote den Meldezettel. Als Hans den seinen unterschrieben und übernommen hatte, ging er mit dem Postboten hinüber zu Károly. Er fing gleich an, ihnen zu erklären, wo und wann sie sich melden mußten.

N, horcht mol her! Am 22te April pingtlich im 9 Uhr mistr eich in Bannhard Templom tér 3 melle, so viel kentr doch a Ungrisch lese. Wie ich was, seitr zum 5te mit 'm Richtr un Natari 7 Mann, sucht eich on Kutschr, b'zahle tuts die G'mo. So, jetzt hun ich alles gsat, ich hun net lang Zeit, ich muß weitr geh! Adje, Adje Heini Vettr!

Na Károly, was monst tann to trzu?

Mach tr niks traus, Hans! Mer wern warscheinlich net tauglich. Wast a warim? Mein Brudr hott mr schun etlichemol vrzält, daß Ungarn nor 100 000 Saldate sich tarfe halle, tes hun tie Antantmachte ausgesproche uf 'm Trianonr Friednsvertrag.

Ja, wer sein tie Antantmachte?

Tie was t Kriech g'wune hun, Amerika, Frankreich un England, un so wie mer do steh, prauche se uns net zu Saldate, ich sein warscheinlich zu klo, un du host doch a ten Fehlr an tr.

Du kannst recht hin Károly, na m-m-mer werns seh!

Tr alt Hubr hott doch gsat, mer solle uns on Kutschr suche, tes muß a-a-wr so onr sei, ter was on greßrn Wage hott, wu mr aalle siewe Platz hun.

Is gut Hans, heit is Freitag, bis Sunntag, wann mr owe naus ins Tarf geh', wern mr schun mit 'm Richtr un Natari un mit t Buwe alles berede. So geschah es auch.

Sie fanden einen Fuhrmann mit einem sehr guten Wagen. Mit dem wäre ja alles in Ordnung gewesen, nur dem Herrn Richter und dem Herrn Notär gefiel der Kutscher nicht, weil er so oft und gerne ins Trinkglas schaute. Er hieß Johann Karl. Sie wollten den Burschen nicht widersprechen, und so blieb es dann bei dem. An jenem Morgen war alles soweit bereitet. Dem Herrn Richter und dem Notär hatten sie einen Federsitz besorgt. Die Burschen bekamen Sitzbretter, auf die sie Pferdedecken legten. Das war ihr Federsitz.

Als der alte Karl, so nannte man ihn im ganzen Dorf, auf den Wagen stieg, war sein erstes Wort: Buwe, an Grosmanok draus kehrn mr in die Hase-Tscharda ei' un trinke on halwe Dezi Schnaps; gel Herr Richtr un Notär!?

Gut, aber keinen Tropfen mehr, nur einen halben!

Als sie die Tscharda erreicht hatten, ging der Alte voraus und bestellte den Schnaps. Der Richter und der Notär tranken mit, aber nur ein Stampelchen. Der Herr Richter bezahlte die Zeche, und schon fuhren sie weiter. In einer halben Stunde waren sie an Ort und Stelle. Sie mußten fast eine halbe Stunde warten, bis sie an die Reihe kamen, und wirklich, Karl hatte recht: Von den fünf Burschen wurden nur zwei für tauglich erklärt, nämlich Johann Amrein und Kaspar Pichler. Konrad Jung, Hans und Karl wurden für untauglich befunden.

Der Alte erwartete sie vor dem Tor. Vor Neugier fragte er sie, ob es wirklich so ist. Wie sie wieder alle beisammen waren, sagte der Alte: Ehr praucht gar ko Angst hun, wer waß, ab se eich gar eiberufe zum Militär, sie hun jo viel Freiwilliche, so Hadelump, tie niks arwete wolle. So, un jetz rede mr mol vun was anrm, Herr Richtr! Wu ge 'mr hie mittagesse? Amrein ließ ihn nicht weiterreden und sagte: S Mittagesse is noch net so dringnd, mer hun noch Zeit, erscht wern mer zwa ins Gschäft geh' un uns rot-weiß-grine Bändr kafe uf t Hut. Sie schmückten ihre Hüte mit den Bändern, Hans sagte zu Karl: G-G-Gug mol, wie schee te is, tes i-i-is o ewich O-Odenke!

Host recht Hans, war mer sein do trzu net g'wakse.

Dem Alten dauerte das alles zu lange und er fing wieder an: Na, wu geh' mr hie mittagesse, Herr Richtr?

Ja, wann tr all miteivrstanne seid, so geh mr zum Szartl-Wert. Ein jeder war damit einverstanden, und schon gingen sie. Im Gasthaus angekommen, blieb der Alte in der Tür stehen und rief dem Wirt zu: Fünf Litr Wei' uf den Tisch dart im Eck! Nana, Hans-Vettr, so gach gehen mr net dro, mer hun Zeit bis zum Esse!

Sie erkundigten sich, was für Menüs zu bekommen wären. Der Wirt empfahl ihnen Hühnersuppe und Wiener Schnitzel, bei dem blieben sie auch.

So wie immer, auch bei einem kleinen Festessen wird getrunken. Der Wein schmeckte ihnen so gut, daß sie nach dem Essen gleich ein Lied anstimmten, natürlich ein Soldatenlied. Der Herr Richter und Notär sangen das bekannte Lied mit.

    Rekrut bin ich seit erst vier Wochen,
    und länger halt ich's nimmer aus.
    Zum Teufel, was hab ich denn verbrochen,
    weil man mich nicht läßt nach Haus!
    Vom Morgen bis Abend exerzieren,
    bald heißt es rechts, bald heißt es links um,
    mit dem Gewehr auch präsentieren,
    das Ganze ist mir oft zu dumm!

    Refrain:
    Ich bin der Eltern Unglückssohn,
    was fang ich armer Rekrut an?
    O wie gern wär ich doch daheim
    bei der Kuh, beim Ochs und beim Schwein,
    ich muß dienen jetzt dem Staat
    drei volle Jahre als Soldat!

    Die Mutter schickt mir appetitlich
    Eier, Schinken, Wurst und Speck,
    doch die Alten ganz gemütlich,
    sie essen mir das Beste weg.
    Vom Ei bekomm ich kaum die Schale,
    vom Speck die Fälle dann und wann,
    und von der Wurst im strengsten Falle
    bekomm ich auch zu riechen dran.

    Refrain

> Die Mutter schreibt, die Bäume welken,
> und auch die Blätter fallen ab,
> der Ochs, der läßt sich nicht mehr melken,
> seitdem ich fort bin, welche Plag.
> Die Knechte liegen faul im Stalle,
> der Hahn legt keine Eier mehr,
> mit einem Wort, sie streiken alle,
> und ich kann nicht vom Militär.
>
> Refrain

Na, tes war ganz gut un schee, singe nur noch ous! Meinte der Notär, jetzt wern nur erst ous trinke, not kanns weitrgeh! Wie ein Befehl war das von dem Alten, und schon nahm er das Glas in die Hand und schenkte einem jeden ein. Als sie getrunken hatten, stimmten sie wieder ein Lied an. Der Richter sagte zu Hans: To seie ich mol neigerich, wie mer homkomme?! Und er schenkte sich schon wieder ein. Sie sangen noch eins, und ein jeder sah, daß es höchste Eisenbahn war zum Aufsteigen. Der Richter stand auf und sagte: So, jetzt wars lang g'nung, jetzt fahren wir ab, Hans-Vettr! Tr Hans-Vettr trank schnell noch ein Glas Wein. Jetzt is 's awr g'nung! – ging ihn der Notär zornig an. Los, uf te Wage.

Tas nur homkomme! Er ging hinaus, und sie ordneten und bezahlten die Zeche. Als sie zum Wagen hinauskamen, stand der Alte schwankend davor. Na, was is, Hans-Vettr, g'traurtr eich net u-u-uf t' Wage stei?

Sie halfen ihm hinauf und hatten sich kaum gesetzt, als der Alte die Zügel in die Hand nahm. Schon ging es los, einmal rüber, einmal nüber. Bis Nagymányok ging es so einigermaßen, da damals schon Makadam-Straße war, aber von Nagymányok bis Izmény über dem Feldweg waren sie zwei-dreimal dem Umkippen nahe.

Als sie den Izményer Hotter erreicht hatten, war dort ein breiter Graben und an der Hottergrenze ein Damm. Über den Graben führte eine schmale Brücke, ohne Geländer. Als sie die Brücke erreicht hatten, schlug Hans-Vettr auf die Pferde ein, die erschraken und auf der Brücke zur Seite sprangen. Plumps, waren sie alle im Graben. Der Wagen lag halb umgekippt am Grabenufer und auch das eine Pferd. Sie fragten sich gegenseitig: Is tr niks passert? Der Notär suchte seinen Zwicker, er fand ihn auch, aber zerbrochen. Hans hatte auch diesmal seinen Humor nicht verloren und sagte: Herr Notär, j-j-jetzt sein mer im Karlsbad!

O scheni B'scherung, meinte der Richter.

Es dauerte gute zwanzig Minuten, bis sie den Wagen und die Pferde aus dem Graben hatten. Sie waren alle naß bis auf die Haut. Der Richter knurrte vier-fünfmal vor sich hin: Ich huns jo g'ohut, daß's schiefgeht un daß uns was passert! Sie rappelten sich langsam zusammen, setzten sich auf den Wagen und fuhren langsam dem Dorfe zu. Als sie die ersten Häuser erreichten, riefen ihnen die Leute lachend zu: Ja, vun wu kommt tann ehr her? Ehr schaut jo aus wie tie nasse Katze, du großr Gott!

Mer warn im Karlsbad! antwortete Hans. Der Richter und der Notär ließen den Kopf hängen bis auf die Knie. Auf einmal hob der Richter seinen Kopf in die Höhe und befahl dem Kutscher als ehemaliger k. u. k.-Zugführer: Hans-Vettr, dreht eich um, mer fahren am hochstelle Weg her un am Aprer Berg nun, daß uns net soviel Leit sehn un daß mr im Karlsbad warn! Er schmunzelte sich eins unterm Bart und sagte: Tes Karlsbad war ich meinr Lebtag net v'rgesse!

I-I-I-Ich a net, Herr Richtr!

Kronert Hans. Die Kreistreibjagd

Mutters sehnlichster Wunsch war, daß Hans unter allen Umständen heiraten soll. Auch schon deshalb, weil man damals sehr jung heiratete: die Mädels mit sechzehn, die Burschen mit achtzehn Jahren oder noch früher.

Nichts ließ die Mutter unversucht, doch Hans sagte immer nur: „Nein, noch nicht." Da ersann sich die Mutter einen neuen Trick. Da Hans nur sehr selten zu Tanzunterhaltungen ging – er konnte nämlich nicht tanzen –, entschloß sie sich, ihm das Tanzen beizubringen.

Eines Abends, nach getaner Arbeit und dem Abendessen, wollte Hans ausgehen. Da meinte die Mutter:

„Jetzt pleibst drhaam. Heint wer ich tich mol s Tanze lerne. Alle Puwe kenne tanze, nur tu Tepp net, un trpei pist schon neinzehn Joar alt!"

„Ja, Mo-Mo-Mottr, uf was solle mr tanze? Mir hon doch ka Musik!"

„Ich wer schun singe owr peiwe un tr Takt trzu schlage!" sagte Mutter. Hans wollte nicht recht, aber die Mutter ließ nicht nach. Sie summte ein Walzerlied und zeigte ihm die Tanzschritte. Bald stellte es sich heraus, daß Hans gar nicht so ungeschickt war. Plötzlich ging die Tür auf, und Nachbars Karl trat ein.

„Kunowet! Ja, wos macht ihr to? Ich maan, ihr hätt ktanzt!"

„Recht hast, mir hon ktanzt. Komm nur kleich her, tich wer ich aa lerne, tu konnst ja a net", meinte die Mutter. „Tr Hans kann schun Walzer tanze, jetz fange mir mit tr Polka an."

Mutter ließ nicht locker, Hans und Karl mußten sich einander anfassen wie ein Tanzpaar, und schon stimmte die Mutter das Polka-Liedchen an:

"Zeppelpolka tanz ich gern
mit den schönen jungen Herrn,
mit den Alten mag ich nicht,
lieber tanz ich Zeppel nicht."

Anschließend erklärte sie, was das Wort Polka bedeutet. Polka sei ein slawisches Wort, meinte sie, und hieße soviel wie Halb, also dürfte man nur kleine, halbe Schritte machen beim Polkatanzen.
Wieder klopfte es an der Tür.
„Herein!"
Sie waren sehr erstaunt, als sie den Gemeinderichter erblickten.
„Kunowet, Herr Richtr! Wie kommt Ihr mol zu uns?" fragte die Mutter etwas besorgt.
„Ich will mit tr Puwe rede", sagte der Richter. „Morje mache mr a Kraasjocht, un a jedr Jägr prauch toch an Treiwr. Ich hon mr ktenkt, tr Hans un tr Karl kennte a trpei sei un a wenig Geld vrdiene. A jedr Treiwr kriet a Krone uf ten Tag. Frihstick un Mittagesse misse se mitpringe, Nachtesse gibt's im Gmoa-Wertshaus, un ta wird a tichtichr Aldemarsch abghalle. Na, wie mantr, Puwe?"
„Ja, z-z-zu welne Jägr w-w-wer mr eigetalt?" wollte Hans wissen.
„Zu ten kreßte Herrn, tie was vun Bonnhard kumme? Tu, Hans, kehst mitm Stuhlrichtr un tr Karl mitm Banktirektor."
„Is kut, Herr Richtr, tie Puwe kenne schon keh", meinte die Mutter, und sie ermahnte auch gleich Hans und Karl, sich anständig zu benehmen.
„Tr morjet um siewe Uhr is tie Vrsammlung vorm Gmoa-Wertshaus. Vun dort aus geh mr iwr tie Weinkarte pis zu dr Haustalr un tann weidr. Also tann, pis morje frieh. Kudi Nocht!" verabschiedete sich der Richter.
„Na, was maanst trzu, Hans?" fragte Karl.
„Ja, mia gehen, sichr. Vleicht kenne mr uns a an Hoos vrschaff", meinte Hans.
Mutter wollte gleich wieder mit dem Tanzen anfangen: „Los, mache mr nur weidr, weil tie Puwe, was net tanze kenne, wolle tie Mädrje net!"
Karl und Hans wollten aber nicht mehr; sie dachten nur an die Kreistreibjagd, die ja andern Tags sehr früh beginnen sollte. Karl verabschiedete sich auch sehr bald, und alle gingen zu Bett.
Karl kam in aller Herrgottsfrüh den Hans wecken, damit sie rechtzeitig am Treffpunkt erscheinen. Um sieben Uhr waren alle Schützen und Treiber vorm Gemeindewirtshaus versammelt. Langsamen Schrittes gingen sie hinaus aufs Feld.
Der erste Kreis brachte eine reiche Beute an Hasen und sonstigem Kleinwild. Als der zweite Kreis gemacht wurde, der an eine Wiese grenzte mit Gebüsch, Dickicht und Weiden, erblickte Hans plötzlich einen angeschossenen Hasen, der eben in einem Gebüsch verschwinden wollte. Hans konnte ihn leicht erwischen, schlug ihm eins in den Nacken und versteckte ihn im Ge-

büsch. Kaum war er fertig damit, da kam noch ein angeschossener Hase dahergetaumelt. Dem erging's natürlich auch nicht anders.

Hans richtete sich auf und schloß sich den abziehenden Schützen und Treibern an. Die Kreistreibjagd verlief gut, und wie versprochen, bekam ein jeder eine Krone, und alle Treiber durften auch am „Aldemarsch" teilnehmen und so viel essen und trinken, was sie vertragen konnten. Hans erzählte natürlich Karl sofort, daß es ihm gelang, zwei Hasen verschwinden zu lassen.

„Un tu kommst morje frieh mit, tie Hase hole", meinte Hans.

„Morje kann ich net, ich hon viel zu viel Arwet", sagte Karl.

„N-N-Noch muß ich halt alanich keh."

Da ihn die Mutter nicht geweckt hat, war es bereits neun Uhr, als Hans am nächsten Tag erwachte. Schnell zog er sich an, holte einen Sack und eilte hinaus auf die Wiese. Er fand auch bald das Gebüsch, wo er die Hasen versteckte. Er warf schnell die Hasen in den Sack und wollte schon gehen, als plötzlich jemand auf seine Schulter klopfte. Er drehte sich um und – Gott behüt! – vor ihm standen zwei Gendarmen.

„Ja, was machst du denn hier?!" schrie ihn der eine an, und zwar in ungarisch, was Hans kaum verstand.

Hans war so erschrocken, daß er noch mehr stotterte als sonst: „I-I-Ich ha-ha-habe zwei R-R-Raben gefangen."

„So, zwei Raben hast du gefangen", sagte der größere Gendarm. „Wolln mal sehen, was im Sack ist!"

Da kein Wunder geschah, fanden sie im Sack die Hasen.

„So!" befahlen sie ihm. „Und nun nimmst du den Sack auf die Schultern und gehst vor uns her bis zum Gemeindehaus. Dort werden wir dir erklären, was der Unterschied zwischen Raben und Hasen ist!"

Bereits im Dorf, trafen sie den Bernhard Heinrich-Vetter. Dem verschlug's auch die Sprache, als er Hans mit den zwei Gendarmen erblickte.

„Wu kommst tu tenn her, Hans?" fragte Heinrich-Vetter.

„Seht trsch net? Von tr Jocht", sagte Hans, weil er wußte, daß die Gendarmen kein Wort Deutsch verstehen.

„Un wu host tei Flinte?" fuhr Heinrich-Vetter im Witzton fort.

„Tie zwa prenge se toch hinr mir her!"

Die Gendarmen schrien Hans an und ermahnten auch Heinrich-Vetter, sein Maul zu halten und weiterzugehen, sonst ...

Im Gemeindehaus angekommen, wurde gleich der Richter herbeigerufen. Hans sollte eine hohe Geldstrafe bekommen, da aber der Richter Hans persönlich gut gekannt hat, ließ er die Gendarmen gehen, indem er sagte, er würde die Sache selber in die Hände nehmen.

„So, Hans", sagte der Richter, als die Gendarmen weg waren, „jetz will ich tir amol vrzeih, awer so was sollst niemols mache, host mich vrstane?!"

Hans brachte kein Wort heraus.

Dann meinte der Richter: „Ten oane Hoos konnst mit ham knehm, ten anre mußt awer to losse. Un jetz vrschwind!"

Hans wollte sich bedanken, fand aber kein passendes Wort, also warf er schnell den einen Hasen in den Sack, murmelte etwas vor sich hin und wollte gehen.

„Was murmelst, Hans?" fragte der Richter.

„I-I-Ich w-w-wollt nur sage: Regnets net, so treppelts toch."

Kronert Hans auf Freiersfüßen

Es war Mitternacht schon gut vorüber, als Hans vom Theaterspiel nach Hause kam. Die Mutter hatte die Tür nicht abgeschlossen. Als Hans das gewahr wurde, schlich er leise ins Zimmer und auch ins Bett. Die Mutter lag wach, sie meldete sich jedoch nicht, weil sie keinen Lärm machen wollte, und übrigens wird sich schon in der Früh herausstellen, wo er eigentlich wieder war. So war es auch.

Hans stand schon in aller Herrgottsfrühe auf, ging in den Stall und fütterte das Vieh. Als Mutter zum Melken kam, war Hans bereits fertig. In den Stall hineintetend, fuhr ihn die Mutter gleich ernst und zornig an.

„Wo warscht wied'r die halb Nacht. S muß ja schun fast zwa Uhr g'west sei', wiest hamkomme bist. Was du d'r ofängst, des is awr niks Schenes!"

„Seid nor net so b-b-bes, Mottr! Eich sa' ich's, wu ich war; ich w-w-war Theatr spiele."

„Ja, wu dann?"

„I-I-In Meknitsch."

"Ja, mit wem dann?"

„Des w-w-wer ich eich schun spätr sa'."

„Sa', Kumedi spiele gehst du, un dr Närrischkeit noch, wann dei' Vatr noch lewe tet, der tet'r schun gewe – Gott gew'n die ewich Ruh, bei Doberdo, wu 'r gfalle is im Sechzehnr!"

„I-I-Is schun gut, Mo-Mo-Mottr. Des hotr mer schun vielmols g'sat, do kenne m-m-mer niks me' ännern dro, mer m-m-misse seh, wie mr am leichste unsr Lewe fartbrenge!"

„Awr so was mächt doch ko' Bu' im Tarf wie du! Die Mädrche gehen schun in die Spennstub un die Buwe a, nor du mußt dr Närrischkeit nochrenne. Werscht schun bal zwanzich Johr alt, do sellt mr an was annrsch denke! Die meist Buwe in deinr Ält, die heiern schun!"

„Ah, do hu-hu-hun ich noch lang Zeit dr'zu!"

„Ich tet awr so mone, un ich hun dr a schun oni ausgsucht!"

„M-M-Mer breicht er koni suche, w-w-wanns mol soweit is, wer ich mir schun selbst oni suche!"

„Ich mon halt so, Hans, mer hun jetzt o wing gspart Geld, und die Leit son, daß 's Geld vrfällt un not hun mr garniks!"

„Ja, wen h-h-hot'r fer mich ausgsucht?"

„'M Greinersch Wilm sei Tochtr, die Kathi!"

„Awr Mo-Mo-Mottr, die 's doch scher ganz blin, i-i-i-is des eier Ernst, awr woll dr mich f-f-f-foppe?"

„Ja, ja! Sichr is' mei Ernst. Du host ja a den Fehler, so was muß mr sich halt 'nann'r iwerseh! Ehre Vatr, der monts immr so gut, er is doch Milichmajr im Milichvrein un gibt uns alle Tag zwa Emr Vollmolke umsunst! Mit m Greinersch Wesche hun ich a schun geredt. Bis annrn Sunntag geh mr hie freie, so daß 't dich a oständich b'nimmst!"

„Mo-Mo-Mottr, des Ganze g'fällt mr net, awr wann drsch hun wollt, not soll's halt sei."

„In seks Woche is Weihnachte, un do hät ich halt gern, wann dr eich noch ver 'm Adventssunntag tet eischreiwe losse! Is doch nor die onzich Tochtr un sie hun a schun soviel Feld, daß se net in Kreizschnitt breiche geh, un des erbt die Kathi mol alles!"

„V-V-Vum mer aus kann 's 's erwe un mer is se a gut gnung, nor zur F-F-Frau will ich se net!"

„Fich doch dich nei in den Heirat! So Fälle warn schun mehmols, not wie se gheiert hatte un beinannr warn, hots recht gut gto!"

„W-W-Wanns halt net annrsch is, muß ich folche un so mache, wie ersch hun wollt!"

„Werscht's net b'reie!"

Beide Mütter haben schon alles beredet und abgemacht, wie alles vor sich gehen soll. Der Sonntag kam immer näher, und Frau Greiner sagte ihrer Tochter auch, wie sie sich zu verhalten habe, weil sie wirklich fast ganz blind war. Die Mutter dachte sich eine raffinierte Schlauheit aus, nämlich: Auf die eine Tischdecke legte sie eine Nadel, und die Tochter mußte die Nadel aufheben, wenn die Freier dort sind. Sie übte es mit ihr solange, bis es klappte, und in wirklich ganz kurzer Zeit ging es tadellos.

Die beiden Mütter haben sich so verabredet, daß die Sache am Sonntagnachmittag geschehen soll, und so war es auch.

Nach dem Mittagessen zogen sich Hans und Mutter ganz feierlich an und machten sich auf den Weg. Greinersch warteten schon vor Ungeduld auf sie, als es endlich an der Tür klopfte. Die Mutter trat herein, und hinter ihr ging der Hans ganz scheu her.

Greinersch-Vetter bot ihnen gleich Sitzplatz an: „Bitte, setzt eich un sat ei-er Vorhaben!"

Da fing Hans seine Mutter an: „Ehr wißt jo schun, was mr welle. Mer hun jo schun drvo gredt, un 'm Hans es 's a recht!"

„Na, not is jo alles in Ardnung", fügte Greinersch-Weschen hinzu. „Geh, Wilm, un hol an Krug Wei!"

„Ja, ja, Alti! Ich huns a grad im Sinn, awr ich fin dr Ziehr net!"

„Ich mon, der muß im Kellr sei", sagte Frau Greiner flämisch, „du lißt doch alles lei, wu d' bist. Tracht nor schun un knewl net do rinn a Stun lang!"

Wilm-Vetter ging in den Keller, unterdessen machte die Kathi ihr eingeübtes Stück. Es war im Moment kein Thema zu einem Dischkurs, und ohne langes Zögern fing sie an: „Wie ich seh, Mottr, do am Tischdeck is a Nodl, wer hot dann die wiedr lei' g'losse?" Sie hob die Nadel auf und gab sie ihrer Mutter. Hans schaute finster drein, als wenn er glauben wollte und auch nicht.

Die Gesichter beider Mütter strahlten vor Freude, daß es so gut gelungen ist.

Inzwischen kam Wilm-Vetter zurück mit einem Krug Wein, Gläser waren schon serviert auf dem Tisch. Er schenkte ein und reichte das Glas einem jeden hin: „Also Gesundheit!"

„Gesundheit!" erwiderten auch Mutter und Hans, sie stießen an und leerten die Gläser.

„Na, Hans, wie schmeckt dr der Wei? Was säst dann drzu?"

„Der Wei is gut s-s-s-saur!"

Die Mutter stieß ihn mit der Hand in den Rücken, Hans jedoch achtete nicht darauf. Es waren einige Sekunden Mäuschenstille, da fing wieder Kathi an. Sie wollte die Freier ganz und gar überzeugen, daß es nicht wahr ist, was die Leute von ihr reden. Sie stellte sich nun selbst auf die Probe.

Kronerts und Greinersch-Weschen fingen an, sich ganz laut zu beraten, wann sie sich einschreiben lassen, und auch der Termin der Hochzeit wurde festgelegt. Da unterbrach Kathi plötzlich alles und sagte zu den Anwesenden: „Ah, do guckt mol her, der nikswertich Katr is jo uf 'm Tisch. Schizz, Schizz, runnr vum Tisch!" Sie fegte mit der Hand übern Tisch und schlug den Weinkrug herunter, der in tausend Scherben zerbrach.

Hans schaute nun die Mutter an und sagte: „Kammt, ge-ge-ge mr hom, mit eich geh ich ni-ni-nimmi freie!" Sie verließen die Stube und verschwanden in der Abenddämmerung.

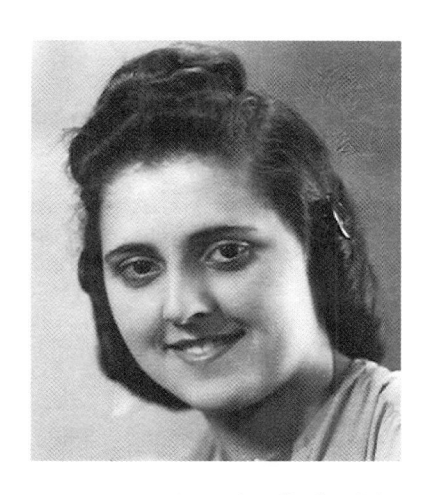

Anita Herr
Belgrad – Rastatt

Anita Herr wurde am 29. Oktober 1921 in Belgrad als Tochter des Stefan Marqueur und der Magda, geb. Germann, geboren. Als der akademisch ausgebildete Vater 1929 an den Folgen einer Verwundung aus dem Ersten Weltkrieg 53jährig starb, zog die Witwe mit Tochter Anita und Sohn Walter zu ihren Eltern nach Großbetschkerek. Dort absolvierte Anita Marqueur im Kloster eine deutsche Volksschule, die Realschule und bis 1941 die Handelsakademie, jeweils vier Jahre lang. Ihr Abitur legte sie privat bei Prof. Živa Kolarov und Direktor Galeb ab. Ohne den Bruder, der als Sanitäter im Partisanenkrieg im bosnischen Bihać 1942 gefallen war, flüchtete sie im Oktober 1944 mit der Mutter nach Österreich. Schon im November heiratete sie in Prägerten den Luftwaffenleutnant Dieter Eber aus Nürnberg. 1947 wurde ihnen in Deutschland eine Tochter geboren. Seit vier Jahrzehnten ist sie in zweiter Ehe mit Walter Herr verheiratet. Anita Herr war in verschiedenen Berufen tätig: vier Jahre lang auf dem Bürgermeisteramt in Großbetschkerek, eineinhalb Jahre auf dem Bürgermeisteramt in Pregarten in Oberösterreich, drei Jahre bei der französischen Militärregierung in Bad Herrenalb, zwei Jahre auf dem Finanzamt in Rastatt, elf Jahre bei der Dresdener Bank daselbst. 1979 legte sie das Staatliche Diplom als Dolmetscherin ab und arbeitet seither als vereidigte Gerichtsdolmetscherin in ganz Baden-Württemberg. Seit ihrer frühen Jugend hat Anita Herr Theater gespielt. Sie trat auf in Stücken ihrer als Malerin und Dramatikerin begabten Tante Käthe Hector-Germann, deren Schauspiele im deutschen Waisenhaus von Großbetschkerek erfolgreich aufgeführt wurden. Ihrem Beispiel eiferte später die Nichte nach, indem auch sie Stücke verfaßte, fünf Einakter, die sie selbst inszenierte, sich um Kulisse und Garderobe kümmerte und teilweise sogar als Schauspielerin einsprang. In Rastatt hat sie zu mehr als 20 landsmannschaftlichen Treffen die theatralische Unterhaltung beigesteuert und erfuhr von Landsleuten aus aller Welt begeisterte Anerkennung. Nun möchte die Bühnenautorin noch ihre wechselvolle Lebensgeschichte schreiben.

Großbetschkereker Markttratsch

Personen: 1. Marktfrau
2. Marktfrau
3. Marktfrau
4. Marisch, eine Marktbesucherin
5. Rosina, eine Marktbesucherin
6. Jil (Ilusch), eine ausgewanderte Betschkerekerin, die gerade aus Hawaii auf Besuch ist
7. Damjan, Jils Ehemann, ebenfalls ein Betschkereker, zusammen mit seiner Frau auf Besuchsreise in Betschkerek

Ein Marktplatz mit Ständen für Obst, Blumen, Gemüse und Milchprodukte. Drei Marktfrauen bieten lautstark ihre Waren an und rufen immer dazwischen, wenn eine Redepause entsteht. Damjan hat seinen kleinen Hund auf dem Arm.

1. Marktfrau: Frischer, kuder, sißer un saurer Rahm! *(Sie tunkt ihren Finger in einen Topf mit Rahm und streckt ihn Marisch entgegen, die an den Ständen entlanggeht.)* Wolln 'S mal kosten, wie fein mein Rahm is ...? *(Kundin schüttelt sich abwesend und geht weiter, während die Marktfrau weiterhin ihre Ware anpreist.)* Gaasmilch! ... Kuhmilch! ... frischer Brinza! ... Kwarglkäs! ... lauder frischi Sache! ... Direkt aus 'm Kuhstall auf tr Markt! *Nimmt ein Zimendl (Meßbecher), füllt es mit einem Schöpflöffel und offeriert gestikulierend ihre Ware.* A Zimendl voll zwei Dinar ... *(die herbeikommende Kundin fragend)* ... Ham 's ach a Täpfl trpei?
Marisch: *(geht auf die Rahmverkäuferin zu)* Kriegt mr ach a halbes Zimendl voll?
1. Marktfrau: Na, na, zitzlweis verkauf ich nix ... Szomszed neni.
2. Marktfrau: *(preist lautstark ihr Blumensortiment an)* Muschkateln! ... Tag- und Nachtschatten! ... Scheni Pipatschen! ... Salvia! ... Ziklamen! ... Levkojen! ... Viola! ... Hyazinthen! ... Osterglocken! ... alli scheni Blume sin vun dr Praschak-Gärtnerei an der Bega.
3. Marktfrau: *(bietet Obst und Gemüse an, ruft ebenfalls lautstark Kunden herbei und preist ihre Ware an)* Krumpiern! ... Umorken! ... Scheni Fisolen! ... Zuckererbsen! ... Paradeis! ... Kirbis zum Praden un fir Kirbisstrudel! ... Ich hab auch scheni Grinkochkirbis fir Zuschpeis! ... Feiner Kaper! ... Grienzeichwurzln! ... Paschkernat! ...Kommen 'S! Kommen 'S! Schaun 'S Ihne mei scheenes Obst an! Alles neihi Fexung! ... Direkt vun ti Bamer aufs Platz geprunge! ... Ribizel, Agrazel, Spanischi Weicksel! ... Zeidichi Zuckerbirn! ... Frischi Feign! ... Gasstuttel-Trauben! ... Peder-un-Paul-Äpfel! ... Grinkoch-

kukuruz! ... Patschkukuruz! *(Beißt in einen Apfel und schmeißt danach den Krutzen vor die Füße der Kundin)*
Marisch: Schmeißn 'S ihren Apfelkrutzen nit krat vor mei Fiß hin ... Manen 'S, ich kauf Ihren Bopfl!?
3. Marktfrau: Se schaun aber schun ganz schen kurich auf ten Bopfl ... ten mächten 'S kern potja kriegn! *(Bietet weiter schreiend ihre Ware feil)* Zuckermilone! ... Wassermilone! *(Dreht sich zur 2. Marktfrau, der Gärtnerin)* Tu, Liza, kib mir amol tei Ulaker ribber, taß ich ti Milone anschneidn kann. *(Eine zweite Hausfrau kommt auf den Markt, geht auf Marisch zu und begrüßt diese ganz aufgeregt.)*
Rosina: Serbus Marisch ... na, pist heit ach aufm Platz? ... Ich wart doch schun so auf tich, ti ganzi Wochn hab ich tich ksucht ... wu warst ten?
Marisch: Warum hast mich ten ksucht? Wast vielleicht was Neihes?
Rosina: Na freilich, tarum such ich tich ja schun ti ganzi Wochn ...
Marisch: Na, wast, mei Feri ... mei Goldamschel, ter hat ja ti Influenza h'apt un hat ti ganzi Paraputscha anksteckt ... mich ach!
Rosina: *(Dreht sich ein wenig zur Seite und meint verschmitzt)* Goldamschel sagt toch ti zu tem Falott ... zu tem Kredl Kokosch.
Marisch: Hast was ksagt?
Rosina: Ich hab mich nor a pißl verhuppaßt un hab laut gedenkt ... Aber wann tu ti Influenza hast, tan geh nor a pißl weider weg vun mir ... ten ich pin arich hacklich ...
Marisch: Taßt hacklich pist, hab ich schun ksegn, ten fir tes hast gestern am Korso ach tei neiher Bunda ankhabt ... taß ihn jeder ksiegt ... ta mußt toch kschwitzt ham pei tere Hitz ...
Rosina: Manst, ich geh wie tu im Grunjak undr ti Leit ... ich pin ja sowieso was Pesseres kweent ... ten mich ham ja mei Leit schulen lassn!
Marisch: *(spöttisch, nachäffend)* Schulen lassn ... na wu ten ... vielleicht in dr Baumschul? Un tort pist ach bucktiert ...
Rosina: Na, tu prauchst ja krat vum Bucktieren reden ... wut kleich zweimol in die ersti Klassn kangn pist ... ti ganzi Schulpänk hast mit Gummiarabikum verpickt ... un tan hast vum Lehrer mim Spanische Rohr immer Packa kriegt ... hähähä ...
Marisch: Tes klaubt toch kaner, was tes fir a Luganerin is ...!
Rosina: Na Watschen hast ach immer vum Lehrer kriegt, weil tei Budji immer verloren hast, un tei Kombinee hat ach immer raushängt ... na un tei Federpixl hast ach immer zaus vergessn ... Ich waas noch alles vun frieher ... ach, wiet am Kukuruz hast knien missn wegen teim Mischka-Bruder ... tes war noch so a Betjar.
Marisch: Ich sag tr's, laß mei Mischka-Bruder in Ruh, sonst kannst vun tem was erleben! Ter kann ganz arich widich werrn – un wild wie a Biko.
Rosina: Manst, ich hab Angst vum a Esel? *(neugierig fragend)* Hat dei Mischka noch sei Bratschka? ... mit tere er immer tem Lehrer ins Knack gschossn hat? ... ter Ruzaschandor ... ter Flenter!

Marisch: *(ganz schadenfroh und zugleich drohend)* Ja ... ja, ter hat sei Bratschka noch ... kriegst jetz Saresch? Ich pin ja ganz desperat, wie ti ti Leit ausrichten tut.
Rosina: Na, mit teiner Schwägerin kannst tich ach nicht pralln ... tes is toch a ganz hopatatschiches Weib ...
Marisch: Aso nit genuch, taß se an mir rumstalliert, jetz fangt se ach noch vun meiner Schwägerin an, tes is toch a elendi Biskurn, mit tere ta kann mr sich ja ti Lumpl rausärgern.
Rosina: Geht ten tes nit in tei Hirnkastl nein, taß tei Schwägerin a fauli Zulei is ... un tei Bruder schen vertummt ... ter muß ja Habtack steht, wann er hamkummt.
Marisch: Mei Bruder pracht nit Habtack stehn vor tr Borisch, ter hat tes kar nit nötich ... ter is nämlich a Kaufmannskomie.
Rosina: Ja ... ja, ich was schun ... so a Vizses Nyolzas ... ten kenne mr, na un ti Borisch, tes is toch so a Frajla ... sie schlaft auf tr Matratzn ... un tei Bruder aufm Lischenstrohsack, tes wissn ach schun alli Leit ... sie immer nach tr neiesti Mode un er is zammgstellt fir auf ti Vrbiza ... ter schemt sich ganz arich un geht noch auf ti Gassn, wann's tuschter wert.
(Auf den Markt kommt eine auffällig gekleidete Frau mit ihrem Mann am Arm, die Frau, ganz amerikanisch aufgemacht, trägt einen Sonnenschirm, der Mann hat einen Cowboyhut (Stetson) auf, außerdem trägt er einen kleinen Hund auf dem Arm. Beide tun eingebildet, hochnäsig und affektiert. Die beiden Tratschweiber werden auf die Amerikaner aufmerksam und tuscheln sogleich. Sie betrachten die beiden aus der Ferne und mustern sie neugierig.)
Marisch: *(zu Rosina)* Ta schau mol aner her ta ... tes is toch ti Krubblich Ilusch ... ich hab khert, taß ti in Gasterei kumme sin, aus Amerika.
Rosina: *(tut ganz gescheit)* Nix aus Amerika ti sin toch vun Hawaii kumme!
Marisch: Wu is ten tes Hawaii? ... hinder Aradaz oder Melenci?
Rosina: Pist tu so tumm oder machst tich so bled? *(fängt ganz wichtig an, Marisch zu erklären, wo Hawaii liegt)* Aso wast, Marisch ... tes Hawaii is ganz weit hinder Amerika!
Marisch: Na so was ... *(erstaunt)* Tes hät ich jetz nit klaubt ... *(fragend)* Na wie kumme tan ti zwei torthin?
Rosina: Na wast, so a Funzl kummt ja iberall rum ... wast ten nimmer, ti hat toch tamals ten Vizses Nyolzas kenneklernt, un mit tem is se tan fort auf Amerika ... na ausgwandert sin se halt.
Marisch: Was manst ten ta immer mit tem Vizses Nyolzas? ... was hast ten tes?
Rosina: Tu wast ach gar nix ... na so a Vizses Nyolzas is toch a Lehrbub in a Spezereikscheft ... Wast ten tes nimmer? ... Ti ham toch im Sommer in ter großi Gassn am Koso, so mit a Wasserkandl Achter auf tr Asphalt kspritzt, taß es nit so stabt.

(Die amerikanischen Hawaianer kommen untergehakt spazierend über den Marktplatz, die beiden Tratschweiber konzentrieren sich nun ganz auf sie.)
Marisch: Na schau mol aner her ta, ta kummt ja ti Krubblich Ilusch mit ihren Fitschfiritsch ... Jessus, ter hat ja a Girde-Hut auf ... un Schimmischuh mit Gamaschn ... un sei Pizzi hat er ach noch mitgepracht aus Amerika ...
Rosina: *(zu Marisch hämisch)* Sin ti zwei iberhaupt verheirat mitzamst?
Marisch: Na freilich, ti ham ja lang genug Buj-Buj Kecske mitanander kspielt, pis se sich endlich ham kopieren klassn ... na un tan sin se ja gleich ta hinder Aradaz auskwandert ...
Rosina: Aso ... tu verwekselst ja schun wider Aradaz mit Amerika ...
Marisch: Nna – naa ...
(Die zwei Tratschweiber betrachten ganz neidisch die beiden Amerikaner, die untergehakt auf dem Marktplatz hin und her spazieren.)
Jil: *(laut zu ihrem Mann)* Kamm Damjan, hier gibt es nichts für unsereins!
Rosina: *(zu Marisch)* Hast khert, wie ter jetz hast? ... *(spöttisch)* Tumjan ... na tes paßt ja kut zu tem, weil ti macht ja sowieso vun tem a Pojazl ... ter hat z'haus nor kusch Mukki zu machen, aso ich tät ja am liebsten mit ter Korbatschn neinschlagen!
Marisch: *(nähert sich scheinheilig, geht auf Jil zu)* Serbus Ilusch ... na, kennst mich ten nimmer? ... Ich pin toch ti Leptach Marisch vum Lemanntelep ... Mir zwei ham toch immer Schantaliza kspielt ...
Jil: *(überheblich, den Amerikaner mimend)* Mei Gad ... es ist ja schon verri long her ... aber ei denk das du bist evry days ein Leptach geblieben.
Rosina: *(Jil läßt versehentlich ihre Handtasche fallen, Rosina hebt sie scheinheilig auf und übergibt sie Jil)* Tei ... Your Ridikil ist runtergefullt ...
Marisch: Nahat ... jetz macht se sich ach noch, als ob se englisch kenne tät, ti kann englisch wie ti Kuh lateinisch ...
Rosina: *(geht auf Jil zu und tut nochmals ganz scheinheilig)* Serbus Ilusch ... na mir kenne uns toch ach noch! ... Mir sein toch Kschwister-Kinder oder Kschwister-Engel ... wast tes noch? ... Pist in Gasterei kumme ... ich hab khert, taßt vun ganz weit kumm bist ... aus Hawaii ... *(auf Marisch zeigend)* Na ti Marisch, ti was ja nimmol, wu tes is, ti mant immer, taß es hinder Aradaz is ... aber ich hab se aufgeklärt ... so was muß mr toch wissn, net war? ... Wenn mr a pißl kschult is wie ich. Na wie is ten tes tort in Hawaii, kipts tort ach Mangolizaschwein?
Jil: Ich sein ja ganz desperat, was sich hier in Betschkerek alles so abplayt seit ich nicht mehr living hier.
Damjan: *(etwas überheblich, auf englisch mimend, verbeugt sich in Richtung Marisch und Rosina)* Habe die Ehre ... Alasolgaja ... Jil, kam, diese tun uns nur molestieren *(läßt sein Hündchen vom Arm hinunter, das bellt)*
Rosina: Az Iskolajat ... was soll ten tes haßn? ... mir tun se molestieren ... mir ham uns toch so gfreit, taß mr eich noch amol ksegn ham ... *(sich zu Marisch wendend)* Der aldi Kizos, ti Ladennastangen, hat sogar sei Pizzi aus Amerika mitgepracht.

Marisch: Klaubst wannt im Floribus lebst, kannst tich ta pei uns in Betschkerek wichtig un groß machen? ... *(auf den Hund zeigend)* Mach taß tei Dozzi kurz halst, ich mecht nit gepissn werrn!
Damjan: Jil, kam wui goo hom ... du mußt dich doch noch ondolieren lassn fir ti Ball heute ivning, taßt schen pist.
Marisch: *(spöttisch zu Rosina)* Hast khert, ti gehn ach auf tr Ball ... na ta werrn se sich noch ärger vermaschkarieren wie jetz, ti vezanjejt noch tr ganzi Ball ... ti aldi Pecurka ... Pedig, ich will toch ach auf tr Ball gehn un a pißl kucksen, wer so alles ta is.
Rosina: Tu verzählst ja akkar was ... tu willst auf tr Ball gehn? *(lacht höhnisch)* ... hähähäh ... fortstrabanzen mechst gern, bleib lieber z'haus un trink a Brunnenwasser ausem Csupa, tan pleibst nichtern, ten auf tem Ball wert ja eh nor Spritzer getrunken, vun tem mr ganz schen psoffen wert. Kannst tr gleich mal genuch Soda-Bika-Bona krechteln.
Marisch: Tu bist ja a Poffa ... mechst mich gern vum Ball weghalten ... hehehe, aber ti Freit mach ich tr nit, ich geh hin un want aufpatscht. Un wenn ich vielleicht ach psoffen war, na tan laß ich mich halt mim Fijaker zausfahrn.
Rosina: Schemst tich ten nit, tu aldi Zujka ... ich glaub, taß tu nit ganz koscher pist ... auf tr Ball willst kehn? ... Kannst hägstens auf dr Federball gehn mit teim Karibaldi, mit tem Kalaus.
Marisch: Hast mei Feri kmant mit Karibaldi? ... Paß nor kut auf, wenn tes meim Feri zu Ohre kummt, ta kipts a Kruzikrich. Mei Feri hat mr neilich so a scheni Karperez ... aso wast, so a goldeni Brezletten kauft ... un ti zig ich ach an, wenn ich auf tr Ball kumm ... krat zum Trutz!
Rosina: Sag nor teim Feri, taß er tr ach genuch Ziggorie-Papier verschafft, taß tei Backn rot machen kannst, ten sunst schaust aus, als hättst ti Gallupierende ... na un tei krubblichi Haar, mit teni schaust aus, als hättst a Strohschober aufm Kopf, geh nor schnell z'haus un mach tr noch a paar Papilotten nein!
Marisch: Nix wie neidisch pist, mechst ach gern auf tr Ball gehn ... gell? ... aber pei eich, ta geht ja te Exekutor rein und raus. Ter hat eich schun palt eier ganzes Kramuri verlizitiert ...
Rosina: Na so was Unverschämtes hab ich noch nit ksegn ... Mei Mazi is a Ischpan ... un a reicher Kampl ... tu brauchst tr auf tei Kalaus nix einzubilden! Ich kann immer noch mit meim Mazi zum Penz in die Zuckrazda gehn un a Indianer essn ... ihr zwa kennt hägstens zum Ramis gehn un a Sladoled oder a Alewitschka essn ... *(Zwischendurch rufen die Weiber, ihre Ware anpreisend, lautstark.)* Neilich pin ich toch pei uns auf tr Parapetmauer ksitzt, un ta geht toch ganz gschwind so a Lehrmädel vun tr Kelemen-Schneiderin voriber un hat so a riesiges Tralarum vun a Klat getragn ... lauder Schapodeln un Kwasteln, un tie sin rumgepampelt ... Natierlich hab ich tere gleich nachkschaut, wu se hingeht ... tan hab ich mr gleich getenkt, taß tes tei Klat ist fir auf tr Ball gehn ... na so a kschmackloser Fetzn ... Vergeß

nor nit, taß tich peim Kremser oder peim Roknic ach abfotografieren laßt, taßt a ebiges Andenken hast.
Marisch: Meiner Seel, so was Neidisches hat ti Welt nit ksegn ... Mei Feri spielt toch pei dr Eisenbahner Musich am Ball ... un ta pin ich halt ach trpei.
Rosina: *(spöttisch)* Na was spielt er ten ... bestimmt ti Tschinellen!
Marisch: Tu tummi Gans ... ter spielt toch ti Baßgeign ... un tes arich kut.
Rosina: *(spöttisch)* Jojo ... ti Baßgeign ... na ti spielt er ach zaus, ich her toch immer, wann er ibn tut ... na soviel falschi Tön kennt ich ach noch zammgeign ... ter kann sich mit seiner Baßgeign hägstens heimgeign lassn!
Marisch: Jetz aber muß ich schnell z'haus gehn, ten ich muß mich toch fir auf tr Ball krechteln.
Rosina: Ich mecht toch gern wissn, was tu auf tem Ball zu suchen hast. Tu kannst toch nor Zeppelpolka tanzen ... un auf tem Ball, ta werren toch jetz ti ganz neihi Tänz kspielt ... na Charleston un Tango ... wast ten iberhaupt, was tes fir a Tänz sin?
Marisch: Na ... so was Neimodisches tanz ich nit ... ich tanz Zeppelpolka – un wann ti Fetzen zum Fenster nausfliegen. *(tänzelt vor Rosina, um sie zu ärgern, und singt dabei)* Zeppelpolka tanz ich gern ... mit ti scheni jungi Herrn, mit ti aldi will ich nit ... lieber tanz ich Zeppel nit.
Rosina: Na so verruckti, verstabberti Zujka ... *(geht fragend auf Marisch zu)* Geht am End auch noch tei Kodi un tei Keti mit auf dr Ball? Weil ti strabanzen ja ach iberall rum.
Marisch: Laß pitschen mei Kodi un mei Keti in Ruh, tes sin hochanständigi Leit ... aso nit genuch, jetzt kummt mei Kodi un mei Keti ach noch tran ... mit tere ta kann mr sich ja ti Lumpl rausärgern.
Rosina: Na ja ... hast schun Recht, ti sin schun hochanständichi Leit ... aber ihre Tochter, ti Liza, ti is toch ti letzti Wochn mit tem Lalo ... na mit tem Negergazja Jozo uskotschit ... un tei Keti is mit seim Bizzikl in tr ganzi Gradnulica un auf tr Dolja rumkfahrn sei Liza suchen ... hähähäh ... Ti ham tes ja vertuschen wollen ... aber ich hab es toch hintenrum rauskriegt ... Neilich hab ich ach tei Omama un tei Otata getroffn, ti zwa ham ja so lamentiert un kwant ... un nachert so trumrum kred un mich scheinbar ausfragen wollen, ob ich etwas was vun eierer Liza, ti mit tem Lalo uskotschit is ... Ich hab mich ganz schen toscho kmacht ...
Marisch: Ich muß z'haus gehn, sonst kumm ich noch zu spät auf tr Ball.
Rosina: Tes kann schun sein, taß tu zu spät kummst ... oder kar nit auf tr Ball gehn werst ... ten tei Feri, ter fahrt ja noch ganz gemietlich mit seim Sandolin ... Tschinakl auf tr Bega rum ... ter hats wahrscheinlich nit so eilich wie tu ... prauchst gar nit so rumtribulieren ...
Marisch: Laß mich in Ruh, ich muß z'haus gehn, ten ich muß ja noch mei Klad pegeln.
Rosina: Ti tribuliert ja umsonst ... tere ihre Feri was schun, warum er noch auf tr Bega mit seim Sandolin hin- un herfahrt, ten ter Feri hat toch tes Ballkleit mit teni Schapodeln un Kwasteln verschamuriert ... Wenn ti tes ja

wissn tät, taß ich jetz mit tem Klat auf tr Ball gehn wer ... weil mei Mazi hat tes vun ihrem Feri abkauft ... ter Feri hat kmant, wu er tes Klad ksegn hat, taß sei Marisch mit teni Kwastln un Schapodeln wie a Dodole ausschaun wert ... Mir aber wert tes bestimmt sehr kut stehn ... ich muß mr nor noch a neiher Zippzar neinnähen, weil wu ich tes anprobiert hab, is es aufgepatscht ... weil tes toch nor fir so a Krischpindel gnäht war ... ich aber zwäng mich nein akkar wie ... aber nein kumm ich!
(Die Marktweiber regen sich auf, weil die beiden nichts kaufen und nur tratschen.)
1. Marktfrau: Tes is toch allerhand, ti zwei Weiber machen a Gezeires un kaufn nix!
2. Marktfrau: Mir ham uns jetz lang genuch teni Verstabberti ihri Naupn anlosen missn.
3. Marktfrau: Jez wert tr Markt khoben ... aus is ... kani kriegt mehr was zu kaufen, un wann se jetz tr ganzi Stand abkaufen wollen, jetz is aus ... Huja ... huja is! *(Vorhang fällt)*

Der Wirt zum Goldenen Dukaten

Personen: Wirt: Vetter Adam
Wirtin: Bessl Amei
Nachbar: Kunrad
Nachbarin (Kunrads Frau): Wawi
Geliebte des Wirts: Sussi
Zigeunerin: Rosi

Der Wirt zum Goldenen Dukaten hat ein Techtelmechtel mit der Nachbarin Sussi, einer jungen Witwe. Im Dorf munkelt man, daß auch der Schwiegersohn des Wirts, der Lehrer Pörzel, mit Sussi ein Verhältnis hat. Außer der Zigeunerin Rosi weiß niemand so recht Bescheid. Die Zigeunerin nützt das Geheimnis aus, indem sie dem Wirt droht, alles zu verraten, was sie weiß und was sie ihm aus den Karten prophezeit hat. Vetter Adam ist in seinem Wirtshaus und wartet auf die ersten Gäste. Er steht am Schanktisch, spült Gläser und pfeift dabei. Langsam schleicht sich die Zigeunerin Rosi ins Wirtshaus und nähert sich dem Wirt.

Rosi: Na, Vadr Adam, is kischter Owed kut kang mit tem Sussi to triwe?
Wirt: *(ist nervös geworden, schaut sich um, ob jemand etwas gehört haben kann, und versucht, die Zigeunerin so schnell wie möglich loszuwerden)* Jojo ... Rosi, tu hascht schun Recht khat, tes Sussi is ja a Goldamschl, awr jetz mach nor, taßt gescht, ten mei Weib Amei kummt gleich, un tu wescht toch, taß ti vun tem allem kei Wind krie terf. Mach taßt jetz gescht, tu kriescht schun alles, was ich tir versproch han.
Rosi: *(geht auf das Drängen des Wirts langsam hinaus, dreht sich vor der Tür um)* Ich kumm wieder, ich will mei Sach han, wast ihr mir versproch hen: a Lab Brot un a Schunge – un a Flasch Raki krie ich ach noch trzu als Radasch.
(Kaum ist die Zigeunerin aus dem Wirtshaus verschwunden, schleicht sich Sussi herein.)
Wirt: *(verstört)* Was wilscht tan tu to?
Sussi: Adam, ich wollt tir toch nor san, taß uns tes Zigeiner-Rosi ksien hat gischter owed. Schau nor, taß tem tes Maul stopscht!
Wirt: Tes Rosi han ich fescht im Griff, awr geh nor kschwind, sunscht kummt noch mei Amei, un tes wolle mr ja net, taß tes uns to im Wertshaus beinandr ksieht.
Sussi: *(geht wieder und schaut verliebt zum Wirt)* Na pis heit owed, Adam, gell?
(Der Nachbar Vadr Kunrad kommt in den Schankraum, hängt seinen Hut auf und geht auf den Wirt zu.)
Kunrad: Kun Tach, Adam, na wie geht's tan so allweil?

Wirt: Kun Tach, Kunrad, na wie wert's tan schun gehn, wanns ganzi Wertshaus leer is.
Kunrad: Mach dr nor kei Sorche, Adam, heit owed wert tei Wertshaus schun voll were, wann ti Leit vum Feld hemmkumme und 's Vieh kfiedert is.
Wirt: Tu sollscht nor Recht han, Kunrad, tu sollscht nor Recht han.
Wirtin: *(kommt herein und räumt auf, indem sie frische Tischtücher bringt)* Kun Tach, Kunrad, na wie geht's tan so allweil?
Kunrad: Kun Tach, Amei, wie geht's tann tir?
Wirtin: Viel Arweit, viel Arweit, tu ksiescht toch, ich wer ja nimmer fertich.
Kunrad: Mit Arweit han ich nix im Sinn, ich steh in dr Fruh uff, tan mach ich mich kschwind fertich un geh ins Wertshaus, to han ich mei Ruh.
Wirtin: Jojo ... tu pischt awr a ausgschamtes Mannspild, so kann mr's ach mache.
Wirt: *(zu Kunrad)* Willscht etwas trinke?
Kunrad: Na freilich, ich mecht tei Rampasch verkoschte.
Wirt: To muscht awr a pißl warte, bis ich in dr Keller geh un dr Rampasch rufhol.
(Wawi kommt mit einem großen Reiserbesen ins Wirtshaus gestürmt, schaut ihren Mann böse an.)
Wawi: *(zum Wirt und der Wirtin)* Kun Tach! *(zu Kunrad)* Na tes han ich mr ja gleich getenkt, taß tu wieder im Wirtshaus pischt. Kumm kleich hem, unser Sau kriet jungi Guzzle (Ferkel) ... Schemscht tich tan net, tr ganzi Tach im Wertshaus sitze un saafe?!
Kunrad: Was hascht ksat: saafe? Na ksiescht tan net, taß ich nemmol a leeres Stampl vor mr stehn han? Ich wollt toch nor tem Vedr Adam un seim Amei Kun Tach san un froge, ob tr Rampasch schun palt kut is.
Wawi: Wie lang sacht tan schun Kun Tach, tr ganzi Morjet pischt schun fort vun them ... nemmol ti Roßpolle in unserem Hof hascht zammekihrt, tie leie alli noch im Hof rum!
Kunrad: Was hascht ten unser Rösser ach net so abkricht, taß se ihri Polle uf die Stroß un net in unser Hof falle losse! *(winkt abfällig ab)* Un loß mich jetz in Ruh, ich pin marod.
Wawi: *(hämisch)* Marod!? Du pischt tes ganzi Johr marod.
Wirt: *(will schlichten)* Aso wescht, Wawi, tu kennscht ja mit teim Kunrad a pißl schenner rede un net gleich so widich werre.
Wawi: *(geht böse auf den Wirt zu)* Vedr Adam, halt ihr eich nor to traus, sunscht kibts a Dunnerwetter!
Kunrad: *(zündet sich sein Pfeife an)* Un Blitz!
Wirtin: *(mischt sich ein und möchte gern schlichten)* Awr Wawi, kumm sitz tich toch a pißl to her zu uns an dr Tisch, mir hen toch vun tem Sussi verzehlt, ich men, taß tu tes toch ach gere wisse mechscht.
Wawi: *(stellt ihren Besen ab und setzt sich an den Tisch)* Na freilich, jojo ...
Kunrad: Neigierich is se schun, tes Weib!

Wirt: *(Als er hört, daß es um seine Geliebte Sussi geht, versucht er abzulenken.)* Was hät tan ihr vun tem Sussi zu verzähle? ...Tes Sussi is toch a ganz tichtiches Weib, tes hat ja sei Kinner alli schule gelloßt, ohni Mann, ganz allenich! –
Wirtin: *(äfft ihren Mann nach)* ... ohni Mann, ganz allenich! Was geht tan tich tes Sussi an? Ich mecht nor gere wisse, for was tu tes Sussi immer so schen hinstelle willscht? ... Ich han toch ksien, wie tes Sussi kischter owed, wu's tuschter gin is, sich mit tem Lehrer Pörzel verpusslt hat, na do hinne in seim Saletl. Un wu ter Lehrer Pörzel tem Sussi nochert for ihri Kinder ganz neichi Federpixl kin hat. Na un wann tes Sussi ten Lehrer Pörzel ksieht, to wert's ja ganz tippeltänzerisch ...
Wirt: *(greift in das Gespräch ein, zu seiner Frau)* Aso stalliere, tes kannscht ja ganz kut, mechscht tich liewer um ti Storze in unserem Garte kimmern un net ewich to niwwr zum Sussi ins Saletl schaue ... to wert paljascht ... un paljascht ... un im Ofe verprennt tr Kerwusstrudl!
(Nun sitzen alle am großen Wirtshaustisch, auch Wawi hat sich dazugesetzt. Unterdessen kommt noch eine Bauersfrau mit einer Milchkanne und setzt sich an einen anderen Tisch. Als alle so sitzen, schleicht sich die Zigeunerin Rosi ins Wirtshaus.)
Rosi: *(geht auf den Tisch zu)* Na to seit ihr ja alli peinannr! Soll ich eich ti Karte ufschlage, soll ich eich ti Wohrheit sage, sag ich eich großes Glick, kipt ihr mir a Lab Brot un a Schunge mit! *(zu Kunrad)* Ja was ksie ich tan to ... horch amol, Kunrad ... tei Wawi hat a Porscht (Burschen)!
Wawi: *(springt auf, geht auf die Zigeunerin los)* Tu liederliches Mensch, tu, tu liescht ja, wie kannscht tan sowas san?
Rosi: *(beschwichtigend)* Loß mich toch ausrede ... ich wollt toch nor san, tas tes Amei a Porscht ksien hat, wie ter vun eierem Garte iwer tr Zaun niwerkhupst is ins Saletl zum Sussi, ter hat sich so richzich niwerkschlich.
Wirtin: *(wird böse und schimpft die Zigeunerin zusammen)* Aso Rosi, vum Sussi prauchscht tu uns nix verzehle, tes wisse mr ja schun alli.
Rosi: *(heimlichtuerisch)* Nene ...neneee ... ihr wißt noch lang net alles ... un tich, Amei, geht's am meischte an ... na ter wu alli Ritt vun eierem Garte niwer zum Sussi ins Saletl schleicht, tes is net tr Lehrer Pörzel, nee ... neeee ... tes is net tr Lehrer Pörzel!
Wirtin: *(ahnt etwas, meint aber, daß es ihr Schwiegersohn, der Lehrer Pörzel, ist, der zu Sussi hinüberschleicht)* Marjoosepp ... marjoosepp ... Rosi, sei ruhig ... tes kann toch net wohr sin, wescht tes richzich oder nor halwertsich? Ich sa tir's, wenn tes unser Geherschwiger zu Ohre kummt, to kipt's a Kruzikrich.
Wawi: *(wird hellhörig und möchte jetzt gerne wissen, was die Zigeunerin weiß)* Wieder ... wieder, Rosi! Jetz mächte mir schun alles wisse.
Wirtin: *(zu Wawi)* Jojo, tu mechscht jetz natierlich alles wisse, tu naigierichi Kundschafterin, tu hascht toch kei Zeit khat, hol toch jetz tei Kunrad un geh

zu eierne Mangoliza-Sau, ti kriet toch angeblich jungi Guzzle ... na un ti Roßpolle in eierem Hof wollscht toch ach noch zammkihre!
(Zigeunerin raucht und spuckt im Wirtshaus herum.)
Wirt: *(aufgebracht)* Rosi, to in meim Wertshaus wert net kschpauzt!
Rosi: *(wird frech zum Wirt und versucht, ihm zu drohen)* Na wannt kei Spuckkastl hascht ... no sei ruhig ... sunscht!
Wirt: *(etwas verlegen und stotternd)* Was sunscht? ... Mir prauchscht net drohe, want tei Kosch net halscht, no mach ich tier langi Fiß, un to kipts kei Schunge un kei Lab Brot, basta!
Rosi: *(möchte sich des vom Wirt Versprochenen versichern und lenkt ein)* Awr Vedr Adam, loßt mich nor mache ... na vun eich wert ja nix verzehlt ... na ti to am Tisch, ti han ja alli nor Klangeld, awr vun eich, to erwart ich Dukate ... Dukate ...
Kunrad: Wert's jetz palt? ... Ret net so viel trumrum ... un fang emol an, uns alli ti Wohrheit zu san.
Rosi: *(zu Kunrad)* Ich sa tir's, Kunrad, tei Freind macht pangrott, tem verlitzzitiere se ja sei ganzes Kramuri ... tu wescht schun, wen ich men ... *(zu Wawi)* Na un tu, Wawi, muscht ufpasse, taß tr tei Rösser mitzamst teim Kunrad net auspixe! *(zur Wirtin)* Ja un for tich, Bessl Amei, to kummt etwas ganz Neihes in tei Lewe ... jojo ...ter Vedr Kunrad pringt's ins Haus ... jetz kanscht rode, was es is, tes klapscht net!
Sussi: *(kommt ganz hüpfich ins Wirtshaus. Der Wirt bedeutet ihr nervös, daß sie wieder gehen soll)* Nee ... neee ... ich geh net ... ich pleib schun to ... epsgepress bleib ich to, zum Trutz! *(Sie setzt sich an den Tisch zu der Bauersfrau, die mit der Milchkanne gekommen war.)*
Wirtin: *(schaut Sussi prüfend an)* Schau mol ener her to, was tes Sussi sich for Kocksle kmacht hat ... ich men, taß tes em kfalle will, awr ten wu ti sich ufzwicke will, loßt sich mit tem Mensch net kopliere.
Wirt: *(zu seiner Frau)* Was wescht tan tu schun, tu Pozeweib.
Wirtin: Was hascht ksat: Pozeweib? ... na tan pischt ja tu a Pozenickl ... herscht net kut, ksiehscht net kut un kannscht net tapfer laafe, awr ankinn wie a Kredlkokosch ... to kennt mr ja ufpatsche, wan mr sich tes alles so anlost.
Rosi: *(geht auf den Wirt zu und will die Wirtin beschwichtigen)* Horcht amol, Bessl Amei ... tr Vedr Adam hat ja so a scheni Puschtur *(der Wirt steht hierauf hocherhoben und stolz an seinem Schanktisch)*, na un was ihr do ksat hät, tes stimmt awr net, na ter Vedr Adam, ter ksieht jo noch ganz gut *(zur Seite sprechend)*, was er will ... Na un er hört ja auch ganz kut ... was er will ... na un mit tem Laafe, tes braucht jo dr Vedr Adam net, solang ti Leit zu ihm ins Wertshaus laafe.
Wirtin: *(wird böse, geht hinaus und holt den Muckenpatscher)* Jetz awr hol ich tr Muckepatscher un wer amol tes Gschmeiß to aus meim Wertshaus verjage ... zuallererscht kumscht tu tran, Rosi ...

Rosi: *(möchte jetzt gut Wetter bei der Wirtin machen)* Seit toch net so hacklich, Bessl Amei, tr Vedr Adam is toch kei Pitanger, tes is toch a reicher Kampl, an so em Mann soll mr net immer rumstalliere, ter kann toch ach net tr ganzi Tag Habtack stehe ...
Wirtin: *(wedelt mit dem Muckenpatscher auf die Gäste zu, alle rennen hinaus)* Naus ... naus mit eich aus meim Wertshaus, ihr Kumadjante-Gsindl, ich wer eich helfe, naus aus meim Wertshaus ... wert's palt ...
Rosi: *(wartet, bis alle draußen sind. Als auch die Wirtin mit hinaus geht, schleicht sie wieder herien und geht auf den Wirt zu)* Gell, Vedr Adam, ich han eich awr net verrode! Jetz krie ich awr alles, wast ihr mir versproch hen, a Lab Brot, a Schunge un a Flasch Raki. Ihr wißt tes toch noch, wast ihr mir versproch hen?
Wirt: Beihnoh hescht mich awr verrode, hol nor gschwind tei Sack un mach, taßt fortkummscht ...
(Der Wirt bringt einen Schinken, einen Laib Brot und eine Flasche Schnaps. Bevor die Zigeunerin alles in einen Sack steckt, macht sie die Rakiflasche auf und trinkt daraus. Singend verläßt sie das Wirtshaus und spielt auf der Mundharmonika.)
Rosi: Lustig ist das Zigeunerleben, faria faria ho *(wendet sich noch einmal dem Wirt zu und singt zur Melodie des Liedes „Lustig ist das Zigeunerleben ...":)* Hescht mr a pißl noch mehr kenne gewe, faria faria ho ...
Wirt: *(geht ihr nach und drängt sie aus dem Wirtshaus)* Un taßt tich nimmer to pei mir im Wertshaus blicke lascht, ich sa tir's, Rosi ... mach, taßt hemkummscht!

Möblierte Zimmer

Personen:
1. Zimmervermieterin: Maritzi Stanitzl
2. Zimmervermieterin: Katica Spennadelsaft
3. Zimmervermieterin: Anusch Koflzebn
4. Eine Werbedame: Fräulein Ledig, die ein möbliertes Zimmer sucht
5. Ein Gendarm

Die in diesem Einakter geschilderten Begebenheiten sind in der Mittelbanater Stadt Großbetschkerek tatsächlich passiert. Das Bühnenbild zeigt drei Eingangstüren nebeneinander, jede Tür mit einem Schild „Zimmer zu vermieten" versehen sowie mit den Namensschildern der Vermieterinnen. Jede Haustüre hat eine altmodische Ziehglocke. Zwischen den Haustüren kleine Gartenzäune, geschmückt mit verschiedenen Blumen, hinter den Zäunen eventuell auch Büsche und Bäumchen. An der ersten Haustüre bzw. bei der ersten Zimmervermieterin ist auf dem Gartenzaun ein altmodischer Nachttopf zum Trocknen aufgestülpt. Alle drei Türen sind zunächst geschlossen, langsam kommt eine Werbedame, Frl. Ledig, die Straße entlang mit einer altmodischen Hutschachtel in der einen Hand, in der anderen ein Werbepaket oder dergleichen. Sie klingelt an der ersten Haustüre bei Maritzi. Die beiden anderen Vermieterinnen hören das Klingeln und schauen neugierig durch ihren Türspalt, was sich bei der Nachbarin abspielt. Maritzi kommt heraus, mit einem altmodischen Morgenrock, die Haare voller Lockenwickler. Sie mustert die Werbedame.

Ledig: *(macht einen schüchternen Eindruck, er geht auf Maritzi zu)* Guten Tag ...
Maritzi: *(erwidert den Gruß nicht, sondern legt gleich wild gestikulierend los)* Was wolln's ten Sie schon in aller Herrgottsfruh? ... Unseranem tr Tach abstehln ... ja so a Hausiererksindl, hams ten nix anderes zu tun als ebig ti Leit busseriern?
Ledig: *(tritt erschrocken etwas zurück, geht zur zweiten Haustür zu Katica, klingelt dort)*
Katica: *(kommt heraus. Ohne Frl. Ledig zu Wort kommen zu lassen, legt auch sie gleich wild los.)* Wanzn! ... Leiss! ... Un Spagatschnir! ... na tes hat mr krat noch kfehlt! Was is ten tes ta fir a Lepptach ta trausn!? *(wendet sich ihrer Nachbarin Maritzi zu)* Mit tere ta *(zeigt auf Frl. Ledig)* ... ta machen mr ka Mischkulanz, ti wern mr kleich adjustieren. *(geht auf Frl. Ledig zu und mustert ihr Gepäck)*
Katica: Was hat se ten ta in ihrem Zecker zu verkaufn? ... Vielleicht a Ziggorie-Kaffee. Odr Strumpfpandlgummi? Gatjapandl? Schuhpertl? Odr vielleicht ach noch a schmeckichi Dafn? ... Ti mecht mit uns jetz a Rebbach ma-

chen ... nana, net mit uns, ta kann se mit kani Perzente rechne ... A Fitzl kann se kriegn ... ja a Fitzl kann se kriegn ...
Ledig: *(will ständig etwas sagen, aber die beiden lassen sie nicht zu Wort kommen. Geht schüchtern, fast stotternd auf die Frauen zu)* Aaaber ... aaber ... meine Damen ... ich möchte ja nur ...
Maritzi: *(Frl. Ledig ins Wort fallend und spöttisch nachäffend)* Aaber ... aber ... stottern's odr ham's tr Schnackl? Mit ihrem Pferdegfrieß kennen's am Tandlplatz gehn ... vun ihne will sowieso niemand a Pelzer.
Katica: *(geht auf Frl Ledig zu und fragt ganz unverschämt)* Ham's ten ach a Name? ... Wie haßn's ten?
Ledig: *(zögernd, aber laut)* Ledig!
Maritzi: *(die Arme in die Hüfte gestemmt, geht sie spöttisch lachend auf Frl. Ledig zu)* Acha! ... acha! ... aso ledig is se auch noch ... na kei Wundr ... ti is ja kuckuckscheckich un schenglt, sicher is se ach noch terisch. Abgsegn vun ti Naupn, ti so a ledichi Fratschlerin hat.
Ledig: *(etwas beleidigt, aber bestimmt)* Ledig ist doch mein Name ... *(stolz)* ich bin verlobt!
Katica: *(spöttisch)* Ti ebigi Braut ... bestimmt hat se sich a Tschirkefogo aufgezwickt.
Maritzi: *(nachdenklich hin und her gehend)* Ich studier ... un studier, wu ich ti Funzl ksegn hab? *(kleine Pause)* Mich trefft ja kleich tr Schlag, s is mr einkfalln, ich was jetz wu ... na ja, im Zirkus am Marktplatz ... freilich, im Zirkus ... na ta hat toch so a Pojatzl a Magaratz (Esel) trpeikhabt un ten hat er immer kfragt, wie alt ti Leit sein – un ter Magaratz hat nachert immer genauso oft mit seim Fuß hintn naus kschlagn, so alt wi ti Leit warn. – Zuerscht is jo so a klanes Mädl an ti Reih kumme, un ter Pojatzl hat sei Magaratz kfragt: „Wie alt is ten tes klani Freilein?" Ta hat toch ter Magaratz viermol mit seim Fiß hintn naus kschlagn ... un tes hat kschtimmt. Nachert is jo ti aldi Schachtl trankumme *(zeigt auf Frl. Ledig)* Un widr hat ter Pojatzl sei Magaratz kfragt: „Na ... wie alt is ten jetz tes krosi Freilein?" *(gestikuliert spöttisch)* Na, Katica, was manst ten, was ter Magaratz kmacht hat ...
Maritzi: Ja ter Magaratz war jo so kscheit ... zweimol hat ter mit seim Fuß hintn naus kschlagn ... un tan hat er sei Schwanz kstellt un a lauter fahrn lassn ... *(lachend)* Jetz hat toch in tem Zirkus a jeder kwußt, taß ti zweiundverzich is *(auf Frl. Ledig zeigend)* Na tes hest mal segn solln, wie ti aus tem Zirkus fortgebajt is.
Ledig: *(ganz verzweifelt, den Tränen nahe, nimmt ein Taschentuch, wischt sich die Tränen, geht langsam zur dritten Haustür und klingelt verschüchtert dort. Sogleich kommt Anusch, die dritte Zimmervermieterin, heraus.)*
Anusch: *(geht auf die Werbedame zu, ganz mitleidig)* Was ham's ten? ... Wem suchn's ten? ... Wo wolln's ten hin?
Ledig: *(erleichtert, da die dritte Vermieterin freundlich ist, geht auf diese zu)* Ich suche doch nur ein möbliertes Zimmer! –

Maritzi: *(hört dies, ist erschüttert und wütend zugleich, läuft aufgeregt hin und her)* Ich krieg ja gleich ti Pocklfraß ... warum hat ten ti tes nit kleich ksagt, taß se a Zimmer sucht? *(geht auf Frl. Ledig zu)*
Anusch: *(nimmt Frl. Ledig in den Arm und will sie zu sich ins Haus führen, um ihr das Zimmer zu zeigen)* Na ta sein's ja pei mir krat richtig, vun teni zwei Weibr prauchn's ihne nimmer sekkieren lassn.
Katica: *(vor sich hin)* Kann ti ach tr Hauszins zahln? *(geht auf Frl. Ledig zu, buhlt um sie)* Kommen's ... kommen's toch un schaun's sie sich mal mei Zimmer an ... Pei mir ta scheint ihne ja schon in der Fruh ti Sonne ins Bett!
Maritzi: *(geht ebenfalls auf Frl. Ledig zu, möchte diese als Mieterin für sich gewinnen, zeigt hämisch auf Katica)* Na pei tere ta, ja ta scheint ihne in der Fruh ti Sonne ins Bett ... aber pei tr Nacht ... ta tanzen ti Mäus ober und unter tem Bett Csardas ... Pei mir, ta kennen's im Schlafhemd – odr im Pondjola (Morgenrock) im Haus rumlaufn, ta stert sich niemand tran. Un a Scherbl ham's ach undr tem Bett *(holt den Nachttopf vom Zaun herunter, nimmt ein Tuch aus ihrer Hausmanteltasche und putzt damit den Nachttopf)*, taß sie nachts nit aufs Klosett missn. Aso schener kennen's es nirgendswo ham! *(zeigt auf Anusch)* Ti ta tribn plast sich ja auf, taß se palt aufpatscht – un rot is se vor Zorn wie a Paprikajantschi.
Katica: *(zeigt auf Maritzi)* Tere ta ihri Mäus, ti sin ja alli zu mir ribber kschpaziert. Na krat wie ich mit meim Pischti ins Mozzi hab gehn wolln, kummt toch ter Hundsschinder mit seim Pizzi, um ter Ungeziffer zu vermegajn ... ta hab ich ja z'haus pleibn missn, weil tes hab ich toch segn missn, was pei tere ta *(zeigt auf Maritzi)* tribn vorgeht. Ich glaub ter hat je tes ganzi Ungeziffer zu mir ribberkjaugt.
Maritzi: *(ganz aufgeregt)* Nachat ... nachat ... aso tes kann ich tere jetz nimmer verzeign ...! *(dreht sich etwas um und spricht vor sich hin)* Ich klaub, taß ich tere jetz ani in die Labrnja (Goschn) schlagn wer ... un wenn ich drfir ins Dutji (Gefängnis) muß. *(geht eine Weile umher, wendet sich dann schadenfroh in die andere Richtung ab)* Servus, Nazi ... wenn ti ja wisset, taß ich an tem Tach, wu ter Hundsschindr pei ihre war, tes Ungeziffer zu vertilgn, na krat an tem Tach pin ja ich mit ihrem Pischti ins Avala-Mozzi kangn ... na un dere ihre Pischti hat mir ach noch a Lillihipp (Lollibab) kauft, nor taß ich nach tem Mozzi (Kino) mit ihm mit tem Tschinackl (Kahn) iber ti Bega (Fluß durch Großbetschkerek) in Tschokliget (Kußpark) fahr ... ich klaub, ti mecht verpatschn ... *(schadenfroh)* Aber ich kann ja mei Koschn haltn ...!
Katica: *(geht wieder auf Frl. Ledig zu und wirbt erneut um sie)* Teschek ... Pittscheen ... kommen's zu mir a Jausn essn, ich hab ja krat Krammlpogatschel gepachn, ta kenne mr noch a kude Pampasch (süßer, schon vergorener Most) trzu trinken.
Anusch: *(geht auf die anderen beiden zu, um Frl. Ledig zu sich zu ziehen)* Na ta schaud mal einer her ta, wie ti zwei Weibspildr jetz tem Freilein Ledig aufzwickt, wenn ti so im Schlafhemd pei eich im Haus rumfugajt ... *(hä-*

misch) Es kennt jo tan noch passiern, taß zu eich ach noch tr Goja (Storch) kummt, un ihr mißt ti Hebammin rufn.

Katica: *(geht auf Anusch zu und ergreift Partei für Maritzi, da sie sieht, daß sich Frl. Ledig doch entschlossen hat, bei Anusch das Zimmer zu mieten)* Tu rodi Pipatschn, kannst ja krad ruhig sein ... *(neugierig)* Wo is ten tei Joschka-Poloschka ... der auskschamte Pitschpalatsch?

Maritzi: *(bläst in das gleiche Horn und geht auf Anusch zu)* Na ter Affigus ... ter Lebele ... ter wert toch wider im Wertshaus sitzn un a Fitjoka (Schnapsglas) nach tem andere trinken, pis er strack voll is, un nachert, ta kann ihm sei Anusch mit tem Talitschka (Schubkarren) hamfahrn.

Anusch: *(bestürzt)* Mei Joschka is a anständicher Mann, ter is in die Trafik kangn, um sich Zigarettl zu holln, na warts nor, wenn ter z'haus kommt un ich ihm tes sag, ter holt eich schon anständig in die Kordei – ter adjustiert eich.

Maritzi: Tu lugst ja – tu kuckuckscheckiches Atzlei, ter is ja gestern abend gar nit in die Trafik sich Zigarettl holn, ich hab ihm ja ksegn, ten ich pin ihm nachkschlichn, wie er aus eierem Haus rauskumm is, ten ter is mr ja kleich so verdächtig vorkumme mit seim Pingl, un a Schnepskappl hat er aufkhabt ... *(wendet sich zu Katica)* Was manst, Katica, wu ter hin is? ... In Bagljasch (ein Außenbezirk von Großbetschkerek) is er naus ... in dr Bikostall (Bullenstall), na zur Jultscha is er kangn ... un tort is er ach pickngepliebn. Ich hab ja zum Schlüsselloch neinkuckst ... was manst denn, Katica, ter hat sich ja schun ausgezogn – pis auf dr Duckser (Leib- und Seelenanzug) ... jetz hab ich klaubt, taß ich was segn kann, aber nana ... ham toch ti ti Petroleumlampn ausgeplasn, und tan pin ich halt wider z'haus kangn, ten ksegn hab ich eh nix mehr, un warten hab ich ach nit wolln pis ter wider rauskummt, ich hab toch ham missn.

Anusch: Ihr zwei rachkurichi Weibspildr, halts endlich eiri Koschn, ihr zwei Tratschkoschn! *(wendet sich Frl. Ledig zu und führt sie zu ihrer Haustüre)* Kommen's ... kommen's, Freiln Ledig, zu mir in Kost un Quartier, ich hab ja so a kudi Fisoln-Zuschpeis (Grüne Bohnen) un Faschirti (Fleischklöße) gekocht, un a Pischkoten (Bisquit) hab ich ach noch gepackn. Sie, Freiln Ledig, kriegn tes ersti Stick. Na un Hetschl-Leckwar (Hagebuttenmarmelade) hab ich heit ach noch eingekocht. Ja, pei mir, ta ham's ja alles, was's prauchn. Kommen's teni zwei Weibr ihri Naupn tun mr uns nimmer länger anlosen.

Maritzi: Jetz aber hab ich genuch ... ich wer ja zum Trutz zu meim Fischkal gehn un wer ja tere ihren Tachtropp-Pojatzl *(zeigt auf Anusch)*, ten Fuziga, ten muß ich jetz anzeign! ... ten ich hab jo vor ti Weihnachten ganz genau ksegn, wie ter tem Schager (ein Kaufmann in Großbetschkerek) sei Pockl (Truthahn) kstohl hat, un tem ane magere, grupfte, ten er nit hat mitnehmen wollen, a Zettel um tr Hals gepundn hat, wo traufkstandn is: „Gud Moregen, Herr Schager, ta steh ich plakich un mager, ich pring eich tr Todensschein, taß mei Kameraden geprodn sein."

Anusch: *(geht auf die beiden los)* Aber jetz kusch ... geht's z'haus ... dje ... dje ... macht's, taßt's fortkummt's, sonst muß ich die Schandaren holen, ti werren eich mal vermegajn, krekttlt (richtet) eich nor.
Katica: *(geht zu Maritzi, nimmt sie in den Arm)* Es wert ja immer schenner, jetz wo ti uns tes Weib auskspannt hat, jetz solln mr gehn ... Kumm, Maritzi, kemmr, ich muß ach noch mei Enklskindr vun tr Owoda (Kindergarten) anholn gehn. Mei Pitschi is noch zum Balwierer sei Haar stutzn lassn.
Maritzi: Un ich muß ja ach noch schnell mei Budjelar (Geldbörse) z'haus holn gehn, ten ich muß ja noch in die Fleischpank gehn Motschungn (Rinderwade) un Salfaladi (Lyoner) kaufn. Peim Fleischacker, ta kipt's ja immer a Zubach (Zuwaage). *(zeigt auf die gegenüberliegende Seite)* Schau mol, Katica, tort tribn am artesische Brunne, ta spielen ja tei Enkelskinder Schlapatz-Papatz (Suchspiel) und Fogo (Fangen), ti werren ja ganz patschnaß und kriegn tr Strauchen (Schnupfen).
Katica: Tes macht jo nix – ta ham se halt a Rotznasn ... *(zu Maritzi)* Hast ti frechi Funzn ksegn, ti mant, mir kriegn Angst vun ihrem Pandur *(auf Anusch gemünzt)*, ti fadi Zwebn.
Gendarm: *(kommt ganz langsam die Bühne entlang mit einem Gummiknüppel in der Hand, schaut umher, kommt aber nicht ganz in die Mitte der Bühne. Er nickt zu Anusch und Frl. Ledig hinüber.)*
Maritzi: *(stupft Katica und zeigt auf den Gendarmen, spricht ängstlich verstohlen)* Schau mol, schau mol tort fuscht toch tere Knoflzebn Anusch ihr Pandur drher – tes is toch tere ihre Hofierer – ti hat toch mit tem a Techtlmechtl, ich kennt trauf schwörn, taß tie mit tem was hat. Mach, taß mr hamkumme, mit tem ta kann mr ka Witze machen, ter hat ja immer a Bitschkamesser (Schnappmesser) im Hosensack. Ter verhuzmegt uns, holt uns am End ach noch hopp. – Mach mr, taß mr ken ... kemmr ... kemmr ...

Maritzi und Katica verschwinden schnell hinter ihren Haustüren, schauen aber noch neugierig, was nun geschieht. Frl. Ledig und Anusch sehen den beiden triumphierend nach und wenden sich mit freundlichem Nicken dem Gendarmen zu, der ganz langsam die Haustüren entlanggeht und den Gummiknüppel schwingt. Vorhang fällt.

Christ N. Herr †
Blumenthal – Elgin

Christian Nikolaus Herr wurde am 30. Mai 1923 in Blumenthal (Banat/Rumänien) geboren. Seine Eltern waren Michael und Katharina, geb. Wolf. Die Volksschule besuchte er in seinem Heimatort, die Handels- und Gewerbeschule in Lippa, darüber hinaus verschiedene Kurse an der Hermann-von-Salza-Schule in Hermannstadt. 1942 trat er in die Banater Landwache in Kikinda ein, wurde Unteroffizier und später, nach der Evakuierung, Obertruppführer beim Reichsarbeitsdienst in Budweis. Die letzten Tage des Krieges mußte er noch zum Fronteinsatz im Sudetengau. Danach amerikanische Kriegsgefangenschaft und Entlassung nach Österreich. Es folgten: Flüchtlingslager in Linz, Chemiefacharbeiter in den Österr. Stickstoffwerken, Heirat mit Rosa Unden aus Südmähren, Geburt zweier Kinder noch in der Lagerzeit, und 1950 die Auswanderung in die Vereinigten Staaten, nach Chicago. Fand Arbeit im Versicherungswesen, privat engagierte er sich leidenschaftlich für seine Landsleute. 1953 trat er bald nach ihrer Gründung der Vereinigung der Donauschwaben Chicagos bei, rief die erste donauschwäbische Jugendgruppe ins Leben, wurde 1955 erster Vizepräsident und Direktor der „Organisierten Amerikaner deutscher Herkunft", dann Präsident für die Städtegruppe Chicago, er initiierte die Gründung von Wochenendschulen, den Aufbau der Städtegruppen im ganzen Lande, war 1957 Mitbegründer des Verbandes der Donauschwaben von Amerika und von 1960 dessen Präsident. Mitbegründer, erster Vizepräsident und Geschäftsführender Vorsitzender des Deutsch-Amerikanischen Nationalkongresses. Herr unterhielt regen Kontakt zu Landsleuten in Deutschland und Österreich, Besuche 1963 und 1965 mit einer größeren Vertretung des US-Verbandes. 1966 Wiederwahl zum Landespräsidenten der US-Donauschwaben aus persönlichen Gründen abgelehnt. Ehrenpräsident auf Lebenszeit. Zahlreiche Auszeichnungen aus landsmannschaftlichen Kreisen, Anerkennungsurkunde des Staates Illinois. Berichte und poetische Versuche; keine eigenständige Veröffentlichung. Christ N. Herr starb am 23. Januar 1984 in Elgin bei Chicago.

Heimaterinnerungen

Ein Bild, unsagbar schön und farbenreich,
blieb aus ferner Kindheit mir erhalten;
nichts kommt diesem Bild der Heimat gleich,
das im Geist' und Herzen ich behalten:

Die Fluren, breit und grün in Frühjahrstagen,
umkränzen meiner Kindheit kleine Welt;
ein Silberschimmer, der vom Wind getragen,
zieht darüber, sanft umhüllend Dorf und Feld.

Hell und warm liegt auf dem Land die Sonne,
wenn im Sommer weite Ährenmeere reifen,
die schwarz befleckt des Baumes Laubeskrone,
wenn ihre dunkelkühlen Schatten drüberschweifen.

Reifes Obst, im buntgefärbten, schütt'ren Laube,
fällt herab zur Erde – so auch Blatt um Blatt.
Am sand'gen Rebenhange reift die gold'ne Traube,
wenn der Herbst die sterbend' Welt erobert hat.

Schön war auch das Land im tiefen Schnee,
der marmorweiß die kleine Welt verhüllte.
Mir wird's – denk ich zurück – ums Herz so weh
und mein Sinnen zieht dahin, zu dem lieb' Gefilde.

Begegnungen unterm Lindenbaum

Es war ein früher, warmer Frühling, der die Blütenknospen verhältnismäßig bald öffnete und das Dorf eher als gewöhnlich mit neuem Grün schmückte. Besonders im Park, vor der Kirche, schien sich der lange, sonnige Frühling ausgebreitet zu haben. Die „Kerzen" der Wildkastanien waren zahlreich und voll mit kleinen, weißen Sternblüten; das Gras war saftiggrün, die frühen Blumen blühten überall, und die alte Linde zeigte auch schon ein paar Blüten, die honigsüß dufteten. Und wie schon so oft in diesem Frühling, lagen mein Freund und ich wieder am späten Abend unter der Linde im Gras.

Wir waren jung, mein Freund Bastian und ich; er war kaum 20 und ich noch nicht ganz 19 Jahre alt. Abends trafen wir uns an irgendeiner Ecke, mitten im Dorf, wo sich eben gerade die Kameraden zufällig oder absichtlich zusammenfanden. Man trieb Spaß, erzählte und später, vor dem Nachhausegehen, sang man auch noch einige Lieder, für deren Auswahl und harmonischen Klang die in der Nähe wohnenden Dorfleute besonders dankbar waren. Sie hörten bei geöffneten Fenstern vor dem Schlafengehen zu. Als sie dann ihre Petroleumlichter nach und nach auslöschten, gingen auch die Kameraden nach Hause, um zu ruhen.

Bastian und ich blieben meistens zurück. Wir hatten unseren Weg, den wir fast jeden Abend gingen: zur Linde vor der Kirche.

Dort standen wir eine Weile, dann legten wir uns ins taunasse Gras. War das Gras zu feucht, kletterten wir den Stamm der Linde hinauf und setzten uns auf einen dicken, langen Ast. Die Füße standen auf einem anderen Ast unterhalb unseres Sitzplatzes, und mit dem Rücken lehnten wir uns an einen dünneren Ast oberhalb unseres Sitzes. So saßen wir recht bequem und oft lange da und erzählten, oder wir sangen ganz leise ein paar Lieder. Der Sitzplatz auf dem Lindenbaum blieb unser Geheimnis. Wir sahen nie andere dort sitzen und wir hörten nie jemanden davon sprechen, daß auch er diese „Bank" auf dem Baum gefunden hätte.

Und wenn wir so im Gras dalagen, mit den Sternen über uns, sprachen wir eben von den Dingen, die das Herz eines Jugendlichen erfüllen und seinen Geist beschäftigen. Jeder von uns war verliebt und wir hatten außerdem auch Zukunftspläne, die wir im Gespräch unterm blühenden Lindenbaum in allen Einzelheiten ausmalten. Wir sahen hoffnungsvoll und zuversichtlich in eine gute, schöne Zukunft, nur störte es uns etwas, daß in der Welt Krieg war.

Die Tage und Wochen vergingen, und der Krieg griff mehr und mehr um sich. Viele junge Männer aus dem Dorf kämpften bereits an den Fronten. Auch mein Freund erhielt seine Einberufung zum Militär. In einer Woche sollte er sich stellen. Unsere abendlichen Gespräche hatten dadurch eine Wendung bekommen: von da an waren sie mit Krieg, Leben, Tod, Sieg oder Niederlage ausgefüllt.

Nur noch ein paar Tage blieben dem Freunde bis zum Abschied. Wir lagen wieder im Gras unter der Linde, aber diesmal jagten dunkle Wolken in der Höhe über uns her, und in der Ferne sah man das Wetterleuchten. Wir sprachen nur wenig. Als wir schon ans Heimgehen dachten, sagte mein Freund: „Es wird nicht mehr lange dauern, bis auch ich mitten im Kriege stehen werde und kämpfen muß; wer weiß, vielleicht komme ich nicht mehr zurück und bleibe als sogenannter Held auf dem Schlachtfeld." Ich wollte mit ein paar heiteren Worten dem Freund in die Rede fallen und das Gespräch auf andere Dinge umlenken, doch er sprach unbeirrt und sehr ernst weiter: „Sollte ich im Kriege bleiben, als Soldat sterben, dann komme ich auf diese Stelle zurück, zu dir; warte dann auf mich hier unterm Lindenbaum!" Und ohne weiter zu erklären, umarmte mich der Freund und ging. Ich habe ihn nie mehr wiedergesehen. Einige Monate darauf fiel er an der Ostfront durch einen Kopfschuß. Er war der dritte Kriegstote aus unserem Dorf.

Bastian war allen gut bekannt und einer der beliebtesten jungen Männer im Ort. Darum kamen auch fast alle Leute des Dorfes zur Kirche, als der Pfarrer eine Totenmesse für ihn las. Während der Predigt weinten die Dorfleute um Bastian und in Angst um ihre eigenen Angehörigen im Felde. Es blieb kein Auge trocken. Seine Verlobte weinte herzzerreißend. Ich ging ein Stück Wegs mit ihr. Niemand konnte sie trösten.

Ich weinte immer noch um den Freund, als ich dann spät nachts unterm Lindenbaum im Gras lag. Der Schmerz schnürte mir die Kehle zu und ich hielt in Gedanken Zwiegespräche mit dem gefallenen Kameraden. Dabei dachte ich auch an seine letzten Worte, die er zum Abschied zu mir gesprochen hatte. Plötzlich hörte ich ein leises Krachen oben im Baum. Ich erschrak und rief unwillkürlich den Namen des Freundes. Daraufhin folgte ein gewaltiger Krach, so als stürze ein Baumriese, und der starke, lange Ast der Linde, auf dem wir so oft saßen, brach los, fiel und schlug ganz in meiner Nähe auf den Boden. Ich war wie gelähmt. Es war eine warme, windstille Spätsommernacht. Der Schweiß trat aus meinen Poren und ich rang um Luft. Ich langte hinüber und legte meine Hand auf den schweren Ast.

Mein Freund hat Wort gehalten: er hat sich „gemeldet", er kam zurück zur Linde und zu mir.

Mein älterer Bruder, der Tischler war und nach einer schweren Verwundung aus dem Krieg zurückkam, half mir am Morgen den Ast heimtragen. Ich sagte ihm, daß ich den Ast vom Lindenbaum zufällig in der Naht auf dem Boden liegend fand. Den Bruder bat ich, mir aus dem Lindenholz eine kleine Bank zu machen.

Es wurde ein schönes Bänkchen, welches ich unter die Linde stellte und dort befestigte.

Die Bank hat lange Zeit dort gestanden, und manche Dorfbewohner ruhten darauf aus, ohne zu wissen, warum die Bank dort steht und wie sie dorthin gekommen ist.

Nach so langer Zeit entschloß ich mich doch noch, darüber zu schreiben, weil ich glaube, den Dorfleuten eine Erklärung schuldig zu sein.

Ohne Heimat

In der Fremde einsam, irrt er herum,
der Mensch ohne Glück und Heimat.
Die frohen Tage für ihn sind um,
deren er sich daheim erfreut hat.

Vom Sturme entwurzelt und vertrieben,
zieht er von Land zu Land müde umher.
Nur die Erinnerungen sind ihm geblieben,
sonst besitzt er weiter nichts mehr.

Sein Herz ist leer – und doch so voll:
Es ist voller Sehnsucht und Heimweh;
in langen Nächten schlägt es oft toll,
wenn Träume ihn bringen in Heimatnäh':

Er sieht seine ferne Heimat im Tal
und hofft, daß nie ende sein Traum.
Durchs traute Dorf er schreitet nochmal,
hinweg, bis zum reifenden Flurensaum.

Er schaut, wie sie schneiden das Korn,
und hört den Schnitt der Sense im Halm.
Am Rain trinkt er Wasser vom kühlen Born;
es könnt' nicht köstlicher sein auf der Alm.

Er kennt die werkenden, müden Schnitter
und ruft ihnen fröhliche Grüße zu.
Dann wird ihm warm in der Sonne Geflitter;
im Schatten der Bäume findet er Ruh'.

Im Traume er träumt von der Ferne –
und schreit auf vor Schrecken und Not:
Die schwingende Sense, die er sah so gerne,
schwang vor seinem wachen Auge – der Tod!

Die Lausbubenjahre unserer Väter

Früher, als man noch jünger war, dachte man kaum daran, daß auch unsere Väter kleine Buben und junge Männer gewesen waren und als solche auch ihre „Buwestickl" trieben, so wie wir es taten und so wie es die männlichen Generationen auch vor und nach uns getan haben. Viel später dann, als unsere eigenen Söhne ihre Lausbubenjahre recht und schlecht durchlebten, erinnerten wir uns wieder an die Streiche und „Stickle", die unsere Väter als Kind und auch später noch „verübten" und von denen sie uns erzählten.

Von dem, was mein Vater mir in meiner Knabenzeit – meistens an den Winterabenden – an Geschichten über seine früheren Jahre mitteilte, will ich nun hier zum Teil weitererzählen:

Mein Vater, Michael, hatte zwei Brüder, Christian und Josef. Von den Kameraden und Dorfleuten wurden sie wie üblich „Michl", „Krischtjan" und „Seppi" gerufen. Und die drei Brüder hatten eine um vieles ältere Cousine, die in der Stadt bedienstet war. Die Cousine „Zusi" kam öfter an Sonn- und Feiertagen auf Besuch nach Hause und brachte den drei Buben kleine Geschenke mit, meist Bonbons oder Schokolade, einfach „Zucker" genannt. Und die drei Brüder gingen dann schön miteinander in das nahe Haus von Onkel und Tante, um ihren „Zucker" von der Zusi in Empfang zu nehmen.

Es war zu Ostern. Die Cousine Zusi war wieder nach Hause gekommen, und schon ein paar Stunden später standen der Michl, Krischtjan und Seppi dort in der Küche, wo die Cousine ihrer Mutter bei den Vorbereitungen ihrer Festkleider und beim Kochen half. Es saßen noch einige Nachbarsleute da, die sich für das Stadtleben der Zusi lebhaft interessierten. Die Buben mußten warten. Weil sie aber wußten, daß Zusi meistens auch neuzeitlichere Dinge für den Haushalt der Eltern aus der Stadt mitbrachte, schauten sie in der Küche herum, um eventuell solche zu entdecken. Und fast zur gleichen Zeit sahen sie es: Da stand auf dem gemauerten Backofen ein neues, silberglitzerndes Kohlebügeleisen, so schön und spiegelblank, wie sie ein solches nie gesehen hatten. Michl schlich sich näher an den Backofen heran, besichtigte das Bügeleisen von allen Seiten und konnte nicht widerstehen, mit den Fingern der rechten Hand darüber zu fahren. Plötzlich verzog er das Gesicht, als wollte er weinen, und rannte zur offenen Tür hinaus. Er lief den kurzen Weg bis nach Hause und tauchte ganz schnell seine rechte Hand in das kühle Wasser, das in einem großen Schaff hinter dem Brunnen stand. Kaum daß er das getan hatte, kam auch schon Krischtjan sehr eilig durch die Gassentür gelaufen und steckte auch seine Hand, die rechte, in das Wasserschaff, derweil er mit der linken Hand ein paar Tränen aus dem Gesicht wischte. Und schon hörten sie das Geschrei und laute Weinen des jüngeren Bruders Seppi, der gerannt kam und gleichfalls seine Hand ins Wasser des Schaffs am Brunnen steckte.

Sie kühlten im Wasser ihre verbrannten Finger. In dem spiegelblanken silberglitzernden Chrombügeleisen waren nämlich glühende Kohlen, die das Eisen sehr erhitzt hatten.

Es war im August an der Kirchweih. Michl, Krischtjan und Seppi spielten mit ihrem Kameraden Peter aus dem Nachbarhaus im hinteren Hof. Peter hatte einen neuen, blauen Anzug mit seiner ersten langen Hose an. Es war Nachmittag, und niemand von den Erwachsenen war zu Hause. Die Tür – somit auch der Weg zum Essen – war versperrt. Die Buben aber hatten bald Hunger und überlegten, wie sie zu etwas Eßbarem kommen könnten. Seppi, der jüngere, meinte, daß er nach dem Mittagessen im Garten Weißpflaumen gegessen habe, die zuckersüß und besonders schmackhaft waren. Und schon liefen sie in den Garten unter die Weißpflaumen-Bäume, wo aber auf dem Boden kaum mehr etwas zu finden war, weil ja doch Seppi die Pflaumen von der Erde schon aufgerafft hatte. Man müßte also auf den Baum hinauf und schütteln. Seppi war der erste. Weil er aber schon vorher eine Menge von den zuckersüßen, schmackhaften Weißpflaumen verzehrt hatte, spürte er ein komisches Weh im Leib und er ahnte, daß er es bis zum „stillen Örtchen" nicht mehr schaffen würde. Darum zog er seine Hosen herunter und setzte sich zwischen zwei Äste (in eine „Zwack") nahe dem Stamm. Dem Peter, der schon mitten auf dem Baumstamm hing, rief er laut zu, schnell zurückzugehen, weil er „mal dringend müsse". Peter aber begriff nicht sogleich, was der Seppi da oben auf dem Baum meinte, und er blieb ruhig weiter am Stamm hängen. Dann aber kam das „Unglück" von oben und traf Peters neuen blauen Anzug an mehreren Stellen. Der fiel erschrocken vom Stamm und schrie laut. Die Brüder waren auch sehr erschrocken und wußten nicht, wie sie ihrem Freund Peter helfen könnten. Krischtjan aber hatte eine Idee. Und bald danach standen sie alle um das Wasserschaff am Brunnen – Peter in seiner Unterhose – und wuschen den Anzug des Kameraden. In der Sonne trockneten sie ihn, doch sah er kaum mehr einem Anzug ähnlich. – Am Abend gab es in den zwei Nachbarhäusern tüchtige Schläge.

Ungefähr drei Kilometer vom Dorf entfernt, in der Nähe des Bahnhofs, floß der Bergsaugraben (Berges-Au-Graben). Umgeben von üppiggrünen Wiesen, die sich bis hinunter in die Bergsau hinzogen. Und in den Wiesen gab es Sauerampfer, Vogelnester, Brombeeren etc.; und im Wasser des Bergsaugrabens, in dessen Nähe die Züge vorbeirollten, gab es kleine Fische. Es war darum kein Wunder, daß sich die drei Brüder Michl, Krischtjan und Seppi mit ihrem Spielkameraden Peter oft, aber fast immer an Sonntagen dort aufhielten. Manchmal übersprangen sie den Bergsaugraben, der stellenweise recht breit war.
Und eines Sonntags dann versuchten sie es an einer solchen breiten Stelle. Der Sprung glückte nur dreien von den vier Buben, und Seppi, der jüngere, getraute sich nicht über das reißende Flüßchen zu springen. Alles Zureden

half nichts. Da meinte der Peter, er wolle dem Kleinen zeigen, wie es gemacht wird. Peter hatte wieder seinen halbwegs in Ordnung gebrachten blauen Anzug an. Er sprang hinüber und rief dem Seppi zu: „Schau jetzt genau, so wird das gemacht!" Und er sprang ... mitten in den Graben, ins Wasser, und stand kniehoch im Dreck. Es gelang den anderen nur mit Mühe, den Peter aus dem reißenden Wasser zu ziehen. – Seinen blauen Anzug ließen sie aber diesmal ungewaschen.

Als mein Vater mit der Schule fertig war und das Lehrbubenalter erreicht hatte, brachte ihn Großvater in das Städtchen Lippa zu einem Bau- und Möbeltischler in die Lehre. Trotzdem Lippa nur 25 Kilometer entfernt war, plagte ihn das Heimweh anfangs sehr. Darum fuhr er an Wochenenden und Feiertagen fast immer nach Hause, und wenn auch nur für ein paar Stunden.

Weil aber nach Feierabend der Zug meistens schon weg war, borgte er sich öfter von seinem Kameraden dessen altes Fahrrad aus, um damit die verhältnismäßig kurze Strecke bis nach Hause zurückzulegen. So tat er es auch einmal an einem Herbsttag, spät am Nachmittag. Der Himmel war bewölkt, und es sah nach Regen aus. Er hatte kaum den halben Weg hinter sich, als es zu regnen anfing. Zuerst war es ein leichter Regen, der aber dann schwerer wurde und die Gegend in einen stockdunklen Abend hüllte. Vater fuhr trotzdem weiter, bis an den steilen Berg vor seinem Heimatort. Wegen der vom Regen aufgeweichten Straße konnte er den Berg nicht hinauffahren. Er stieg darum ab, hob das Fahrrad auf seine Schultern und schritt auf dem Rasen am Straßenrand eiligst weiter. Da, auf einmal hörte er die Glocken (die Schelle) des Fahrrades auf seinem Rücken läuten (klingeln). Er erschrak sehr und blieb für einen Moment stehen. Zurückschauen traute er sich nicht, denn er hatte Angst und er spürte auch, daß das Fahrrad auf seinen Schultern schwerer geworden war. Dann fing er an zu laufen, dem nahen Heimatort zu. Aber wieder und wieder läutete die Fahrradglocke auf seinem Rücken.

Angsterfüllt und schwer atmend kam er dann doch endlich an seinem Vaterhaus an. Das Fahrrad, das wieder leichter geworden war, stellte er in den offenen Gang und ging hinein in die Stube, wo ihn Eltern und Geschwister herzlich begrüßten. Von seinem Abenteuer sagte er aber nichts.

Früh am Morgen des anderen Tages stand Vater auf, zog sich an und schlich sich zum Hause hinaus, um nachzusehen, was es war, das sich im Dunkel des verregneten Abends auf seinem Rücken gesetzt und fortwährend die Fahrradglocke geläutet hatte. Als er an der Stelle ankam, erkannte er des Rätsels Lösung: Am Wegrand, dort wo er gegangen war, standen mehrere alte Trauerweiden; große Bäume, die er ganz und gar vergessen hatte, und deren tief herabhängende Ruten an die Fahrradglocke schlugen, als er daherschritt.

Und darum läutete die Glocke am Rad, was ihm so große Angst eingejagt hatte.

Der Weg zurück

Oft wand're ich, ohne mich fortzubewegen,
zurück in das Land meiner Jugend!
Ich tu's in Gedanken, wenn Wehen mich regen
heimwärts zu gehen,
um nachzusehen.

Das Bild der Heimat, prächtig in Farben,
entsteht dann vor meinen Augen:
Ich sehe Fluren, Wälder und gold'ne Garben,
die in Kreuzen stehen,
vor denen Menschen gehen.

Ich hab' sie alle erkannt, die Lieben am Kreuz:
die Mutter, den Vater, den Bruder.
Ein ewiges Bild, voller Schönheit und Reiz
im Geiste ich trage,
bis zum letzten Tage.

Bitt' Euch, zerstört dieses Bild der Heimat nicht
und nicht die Hoffnung auf ein Wiederseh'n!
Ansonsten mir das Herz im Leibe bricht;
ich sterben müßte,
ohne daß ich sie grüßte!

Schwarzes Gras
Ein Donauschwaben-Schicksal von Tausenden
Im Gedenken an meinen lieben Bruder

Es war in einem deutschen Dorf, in irgendeinem Dorf inmitten des Banater Siedlungsgebietes, aus dem wir die trennende Grenze hinwegdenken wollen.

Es war in der Zeit vor dem zweiten großen Kriege, bald nach dem Einbringen der Ernte.

Das Dorf lag in einem breiten, fruchtbaren Tale. Auf den Hängen im Umkreis streckten sich reichtragende Felder, Reben und saftiggrüne Wiesen weithin. Marmorweiß leuchteten die Wände der ziegelgedeckten Häuser im Sonnenschein, und in den großen Hausgärten blühten herrlich die Blumen, wuchs das Gemüse und reifte das Obst. Die Haustiere ruhten sattgefüttert in den Ställen; das Geflügel scharrte oder nestelte im Staub, oder es schnatterte und quakte unter den Maulbeerbäumen mit überreifen, fallenden Beeren.

Es war Sonntag, und es war Kirchweih. Marschmusik drang bis zum letzten Haus, und die Dorfleute eilten im Sonntagsstaat dem Klang der frohen Musik entgegen. Auf der Straße mitten im Dorf, vor der Kirche, Schule, dem Pfarrhaus, Gemeindehaus und Kriegerdenkmal, sah man den langen Zug der Kirchweihpaare vorbeimarschieren. Die Mädchen waren in herrliche, kostbare Trachtengewänder gekleidet, die Buben hatten geschmückte Hüte auf und trugen große, buntbebänderte Rosmarinsträuße, die sie im Takt mit der Musik auf- und abschwenkten. Den Zuschauern entlang der Straße bot sich ein altbekanntes, herrliches Bild dar, das man immer wieder bei diesem größten Jahresfest bewunderte: das schönste Bild der Heimat.

Der Festzug kam vom Hause des Vortänzers und war auf dem Wege zur Vortänzerin, um auch diese abzuholen und in die Kirche zu bringen. Bald kehrte Musik und Kirchweihzug zurück, voran das Vortänzerpaar. Aus dem Zug drangen den Zuschauern frohe Jauchzer entgegen, die die Bewunderer mit Jubel beantworteten. Es war eine Zeit der Freude, ein Fest des Vergnügens, welches drei Tage lang anhielt.

Vortänzerin war Susan Mahler, Tochter des Dorfrichters, und Vortänzer war Stefan Weber, Sohn des Direktor-Lehrers. Stefi und Susi waren schon seit frühester Jugend ein Liebespaar. Sie ging auf eine höhere Kloster-Mädchenschule in der nahen Bezirksstadt, er war ein Medizinstudent auf einer der wenigen Universitäten im Lande.

An Fest- und Feiertagen und in den Ferien kamen sie in den Heimatort, wo sie sehr beliebt waren und sich auch etwas der Jugend annahmen. Sie machten fast immer und überall mit der Dorfjugend mit, so wie bei der Kirchweih, am Trachten-, Faschings- und Großbubenball, beim Erntedankfest und bei den Dilettantenveranstaltungen, bei denen sie auch öfter Regie führten; sie beteiligten sich außerdem an den größeren Volksfesten in den Städten und Nachbargemeinden, von wo sie schon oft Trachtenpreise nach Hause brachten. Man nahm allgemein an, daß sie bald heiraten würden. Diesmal führten sie bei der Kirchweih den Festzug an, in dem auch Stefis jüngerer Bruder, Rolf, nur ein paar Schritte hinter ihnen mit seinem Kirchweihmädchen marschierte. Der Altersunterschied zwischen den Brüdern Stefi und Rolf Weber war nicht groß und sie waren einander von Kindheit an sehr nahe.

Die Kirche war übervoll, so auch das Dorfwirtshaus. Es waren viele Gäste von auswärts gekommen, Verwandte und Freunde der Dorfleute. Und während die Jugend an den drei ersten Wochentagen nachmittags und abends tanzte, wobei ihnen die Mütter, Großmütter und Tanten zusahen, saßen die Männer des Dorfes in großen Zelten, die der Wirt im geräumigen Hofe für sie aufgerichtet hatte. Sie tranken gekühltes Bier oder gespritzten Wein, spielten Karten, kegelten um den Kirchweihbock und sprachen über die eingebrachte gute Ernte. Es waren wohlhabende Bauern, unter denen sich ein paar sogar über eine eventuelle Kur in einem Badeort unterhielten. Sie konnten es sich leisten. Am meisten aber besprachen und planten sie ihre und ihrer Kinder Zukunft. Es sollte eine schöne Zukunft werden.

Es war Krieg, schon seit ein paar Jahren. Die ganze Welt schien durcheinander gekommen zu sein, und an mehreren Stellen auf dem Globus tobten erbitterte Kämpfe. Man brauchte Soldaten. Auch Stefi Weber wurde einberufen, ausgebildet und tat Frontdienst. Er und Susi Mahler heirateten in aller Eile und waren nur einige Wochen in Susis Elternhaus als Eheleute beisammen. Dann mußte er fort. Den Bruder Rolf bat er, auf seine junge Frau zu achten und sie zu schützen. Der Dorfrichter Mahler ging immer noch seiner Arbeit nach, im Gemeindehaus und – wie alle anderen auch – in Haus und Feld. Die Bauern streuten nochmals die Saaten im Frühjahr aus, geerntet haben sie aber nicht mehr.

Stefi war nur einmal kurz in Urlaub. Dann konnte er nicht mehr nach Hause kommen: sein Heimatgebiet wurde vom Feind überrannt und gehalten. Man hat ihn nach dem Osten versetzt, wo er in Gefangenschaft geriet. Und zur selben Zeit, als der Gefangenenzug mit ihm und vielen Kameraden hinaus in den unendlichen Osten rollte, fuhren auch seine Landsleute von zu Hause in vielen langen Lastzügen in gleicher Richtung, dem weiten Osten zu. Darunter waren auch seine junge Frau Susi und Rolf, sein Bruder. Man hatte die jüngere Generation überall ausgehoben und zur Zwangsarbeit mitgenommen.

Einer Prozession gleich zogen sie aus dem Dorfe zum Bahnhof unter dem Jammern und Weinen der Angehörigen und Dorfälteren und dem Lachen und Peitschengeknall der sie begleitenden Wachsoldaten. Am Dorfende, über dem Hügel drüben, wartete der Pfarrer beim alten Steinkreuz. Er betete und segnete die Ausziehenden, die anhielten, sich bekreuzigten und sangen: „Großer Gott. Wir loben dich ...!" Rolf berührte schnell noch einmal das Kreuz.

Es war in einem großen Lager für weithergebrachte deutsche Zwangsarbeiter. Die Holzbauten waren überfüllt, von einem hohen Drahtzaun umgeben und an einer Seite von niederen Bergen, an der anderen von Grassteppe umringt. Über diese scheinbar unendliche Steppe schaute Rolf ins Weite; er stand am Drahtzaun unter einem Wachturm und suchte mit den Augen die Zugstrecke, die in der Ferne drüben die Steppe durchschnitt und auf der manchmal ein Zug fauchte und pfiff. Weit hinter der Strecke ein anderes Lager, in dem Kriegsgefangene untergebracht waren. Sie fällten Bäume im nahen, großen Waldungen. Rolf war einmal dort: man hatte junge, kräftige Männer zum Holzschlagen für ein paar Wochen hinübergeschickt, als sich die Zahl der Gefangenen drüben durch Krankheit und Tod sehr verringert hatte.

Und dort fand Rolf zufällig seinen Bruder Stefi bei der schweren Waldarbeit. In den Arbeitspausen saßen sie beisammen, schauten einander mit feuchten Augen an und hielten sich an der Hand, so wie sie es als Kinder einst taten. Rolf erzählte, wie es war, als der Feind in die Heimat kam, wie man ihnen alles wegnahm, wie man sie aus dem Dorf hierher und die anderen ins Ungewisse vertrieb, und wie Susi stets für ihn, ihren geliebten Mann, betete, um ihn weinte und auf ihn wartete. Stefi wußte, es war sehr gewagt, aber er wollte trotzdem herüberkommen und sein Weib zu sich holen. Darauf wartete Rolf nun Tag um Tag, so auch Susi, die krank war, von der schweren Arbeit niedergedrückt. Die Frauen holten Kohle aus den nahen Bergen herauf.

Und wie so oft vorher wunderte sich Rolf jetzt wieder einmal über die schwarzen Punkte und dunklen Flecken im hohen Steppengras; die Stellen sahen aus wie mastiges, dunkelgrünes – wie schwarzes Gras. Niemand wollte ihm darüber Auskunft geben. Wenn er die früh Gekommenen danach fragte, schauten diese ihn erschrocken an und hasteten davon. –

Stefi kam dann eines Tages über die fast undurchdringliche Steppe nach zwei Tagen Fußmarsch. Mit List und Rolfs Hilfe gelangte er ins Innere des Lagers und in den Raum, in dem Susi krank darniederlag. Sie hielten sich lange Zeit umschlungen, ohne etwas zu sagen, und sie schluchzten bitterlich. Dann gab er ihr einen kleinen Rosenstock in einem Blumentopf, den er von Einheimischen erbettelt hatte und seit dem Frühjahr hegte. Der Strauch hatte eine große, weiße Blüte. – Bevor sie gingen, wollte Rolf, daß ein befreundeter Wachsoldat eine Aufnahme von ihnen machte, von Susi, Stefi und Rolf.

Für Stefi war es selbstverständlich, daß er sein wiedergefundenes, krankes Weib mit sich in sein Lager nahm. Sie gelangten durch den Zaun in die Steppe und liefen. Rolf schaute ihnen nach. Plötzlich krachten zwei Schüsse vom Turm, und Rolf sah die Lieben nicht mehr.

Es war Winter. Rolfs Geist war umnachtet. Man schickte ihn nach Hause. Beim alten Steinkreuz, am Dorfende, fanden ihn die fremden, neuen Dorfbewohner. Er lag an den bröckelnden Sockel gelehnt, tot, erfroren. In seiner alten, zerschlissenen Kleidung fanden sie nur ein Photo, das eine junge Frau zwischen zwei Männern zeigte. Die Männer glichen sich wie Brüder. Die Frau hielt einen Blumentopf mit einer weißblühenden Rose im Arm. Sie beerdigten den Toten vom Kreuz in einer Ecke des verwahrlosten Friedhofs, dort wo man Fremde einscharrte und wo früher die Selbstmörder begraben wurden.

Im darauffolgenden Jahr konnte man in der weiten Steppe irgendwo im Osten, dort, wo deutsche Menschen gewaltsam in Arbeitslagern gehalten wurden, wieder einen großen, dunklen Fleck mehr sehen, der aus der Ferne aussah wie mastiges, schwarzes Gras.

Wie's friehr war

Denkt mr noh an friehri Zeite,
no krampft sich zamm es Herz;
die Junge, die kenne uns beneide,
was wisse die vun Freid un Schmerz!

Domols war's ganz anerscht noch:
Die Welt war jung – un so aa mir;
die Luft war sauwr un hat gut geroch,
un gsund war alles, Mensch un Tier.

Sogar dr Himmel war scheenr bloo,
die Sunn wärmr, die Sterne heller;
die Leit han nit so viel geloo,
un voll war Haus un Hof un Keller.

Mir ware ausgeloss un han getobt,
die Welt war scheen un friedlich;
uns Jungi hat mr nare so gelobt,
mir ware fleißig, brav un niedlich.

Musich hat gschpielt, mir han gsung,
han getanzt un ware arich luschtich;
mir han im Mai de Boom vars Haus gebrung
un getraa de Kerweihschtrauß, de duftich.

Unser Eltre ham 'r arich eschtemiert
Un reschpektiert die anre alte Leit;
Mir han uns wie sich's g'hert ufgfiehrt,
un darum war's so scheen in sellr Zeit!

Freudlose Welt

Ich zog hinaus, mit Kind und Weib,
hinweg von jenen Unheilsstätten,
wo freudlos wir erlebten schwere Kriegeszeit,
weit hinweg, um die Zukunft uns zu retten.

Es nahm uns auf ein fremdes Land,
das überm Meer liegt, in der Ferne.
Man bot uns an die helfend' Freundeshand,
und viel heller schienen uns die Sterne.

Die Zeit verrann, die Jahre flogen,
kaum daß man sich zurechtgefunden.
Das freudlos' Herz ist nicht recht mitgezogen,
es war der Heimat immer noch verbunden.

Vom glänzend' schein, vom Truge mitgerissen,
schwand die Wirklichkeit vor dem Gesicht.
Und das Herz begann die Heimat zu vermissen,
denn es fand auch hier die Freude nicht.
Spät sind wir erwacht vom trügend' Traum
Und vom schimmernd weißen Roß gefallen,
als wir tiefer drangen durch den Saum
des Landes ohne Freud' und Nachtigallen.

Wo Fluren ungepflegt und Wälder ungehegt,
wo der Nachbar nicht den Nachbarn kennt;
wo man im freudlos' Herzen seinen Kummer trägt
und allein des Geldes wegen tot sich rennt;

wo es keine Märchen gibt und keine Sagen,
wo Glaube und Ideale mehr und mehr verschwinden,
und wo im Gesträuche keine Nachtigallen schlagen –
kann man nie und niemehr Freude finden!

In der Zeit unserer Urgroßeltern

Es hat den Anschein, als hätten wir uns auch von unseren Großeltern, Urgroßeltern und Ahnen weiter entfernt, als wir ihre Häuser und Dörfer zurückließen und aus ihrer Heimat fortzogen. Wir sprechen hier draußen weniger von ihnen und ihrer Zeit und vergessen manches, was uns mit ihnen heute immer noch verbindet. Wir sind durcheinandergeraten und leben nicht mehr in der alten, früheren Dorfgemeinschaft, worin örtliche Überlieferungen jedem bekannt waren, besprochen und am Leben erhalten wurden. Dort hatten auch ganze Sippen der jüngeren Generation die gleichen Urgroßeltern, über deren Leben und Zeiten uns die Großeltern und auch noch die Eltern viel berichten konnten. Die Großeltern unserer außerhalb der Heimat geborenen Kinder leben nur noch ganz selten, und wir vernachlässigen es, den Kindern und deren Kindern von unseren Großeltern zu erzählen. Uns scheint es, als würde so etwas heute nicht mehr in die Zeit und in die Gegend passen, in der wir nunmehr, seit unserer Vertreibung und Flucht, leben müssen. Besonders in Übersee werden das Verhalten und die Zeiten unserer Urgroßeltern nicht mehr von den Kindern unserer Kinder verstanden; es fehlt uns auch oft die Sprache, die notwendig wäre, um der jüngeren Generation alles das aus vergangenen Generationen und Zeiten zu übermitteln, was wir überliefert bekamen und aus der alten Heimat heraustrugen. Wir können uns darüber kaum mehr mit jemandem unterhalten.

Wie jede Generation „schöne, gute, alte Zeiten" in der Heimat erfahren durfte, so haben auch unsere Urgroßeltern ihre „Zeiten" durchlebt, die bestimmt noch schöner und besser als die unseren gewesen sind und die sich wie Sagen und Märchen anhören. Jedes Dorf hatte seine eigenen Geschichten aus der „guten alten Zeit", und es wäre sicher keine schlechte Idee, wenn man all diese „Geschichten" von überallher zusammentragen und in einem Buch festhalten würde. Vielleicht hätten unsere Kinder doch Lust, so ein Buch zu lesen und ihren Kindern davon zu erzählen. Versuchen wir es nun einmal in unserem beliebten Kalender, den auch die Jüngeren unter uns recht gerne durchblättern. Vielleicht möchten sie doch auch einmal etwas über ihre Ur-Urgroßeltern hören.

Besonders die Tanten unserer Eltern und die Großmütter wußten Vieles und Interessantes über unsere Urgroßeltern zu berichten. Und sie erzählen auch recht gerne darüber, wie es war, sie selbst noch Kinder und junge Menschen gewesen sind. Es schien uns, als würde eine Ewigkeit zwischen der Zeit der Kindheit unserer Urgroßeltern und unserer eigenen Jugendzeit liegen. Und es war so ganz anders damals, als der Urgroßvater noch „großer Buu" gewesen ist und oft mit dem „Fertich" (Fürtuch) angetan ausging, zum Tanz und sogar in die Kirche; als noch „Hexen" im Orte lebten, die Menschen und Tiere verhexten und nachts auf der Hudweide (Dorfwiese) im Kreise tanzten, so lange, bis das Gras abgetreten und zu Staub geworden war! „Hexenweiber" waren damals mehrere im Ort. Man hat einige davon sogar gekannt, die man zu Hilfe rief, wenn ein Mensch in der Familie oder ein Haustier „verhext" war.

Druden gab es auch im Dorf, doch sie blieben versteckt und geheimnisvoll und verrichteten ihre „Dinge" unbemerkt, zumal sie den „Drudenfuß" fürchteten, der gegen sie und alle bösen Geister schützte. Die „Trutte" übten ihre Betätigungen zumeist in der Nacht des ersten Mai aus, wogegen aber in jedem Haus „Hollerzweige" verwendet und an die Türen und Fenster gesteckt wurden. Dem Hollunder gingen die Druden aus unerforschbaren Gründen weit aus dem Wege. Mit den Hexen war es schon schwerer, denn gegen sie war kaum ein Kraut gewachsen. Und es war manchmal schlimm, was die Hexen einem antun konnten: Die Kühe, wenn „verhext", gaben „dicke" Milch, oder die Milch war rot; schwere Schweine legten sich oft nachts auf den Rücken der Leute, wenn sie an einer gewissen Stelle im Dorf vorbeigingen; das Innere der Hühnereier war blutrot, oder steinhart; Mastschweine fraßen einander auf, oder Zuchtschweine töteten ihre Jungen; der Wein wurde milchig und sauer, das Brunnenwasser gerüchig und ungenießbar usw. usf. Wurde die Kuhmilch „lebrich" und dick, dann war es nicht gar zu kompliziert, die Hexe, die das verursacht hatte, ausfindig zu machen: Man brauchte nur die Milch auf ein Hackbrett zu schütten und sie mit einem scharfen Schlachtmesser zu zerschneiden, und bald kam dann die Hexe zur Türe herein mit verschnittenem, blutigem Gesicht. Und die Milch wurde wieder flüssig.

In unseren Kinder- und Jugendjahren haben die Großtanten und Großmütter immer noch sehr an Hexen und „Trutten" geglaubt und vor diesen gewarnt mit ihren furchteinjagenden Erzählungen. Uns schoß dabei der Schreck in die Glieder und das Blut in den Kopf und wir saßen oft mit geröteten Augen da, den Alten schwörend, daß auch wir an Hexen, Druden und alle bösen Geister glauben wollten. Und dann erst erzählten sie über andere, weniger furchterweckende Dinge aus dem Leben der Vorfahren, die für uns nicht weniger interessant waren.

In einem Bauernhaus war der junge, ledige Urgroßvater nicht sehr viel besser als Sohn aufgenommen denn als ein guter, vertrauenswürdiger Knecht in unserer Zeit. Er schlief meistens im Stall oder in der Scheune, hatte nicht mehr als ein bis zwei schwarze Tuchanzüge, ein paar Arbeitsgewänder aus hausgewobenem, rauhem weißen Leinen angefertigt, während des ganzen Jahres Schafwollstrümpfe oder Fußlappen, hohe Schnürschuhe oder Stiefel, ein paar Hemden für sonntags und einige Hüte, darunter ein breitrandiger Strohhut für den Sommer. Der Kopf des Großvaters war immer mit einem Hut im Sommer und einer Pelzkappe im Winter bedeckt, sehr oft sogar während dem Tanz und bei Unterhaltungen. Er verstand und liebte den Spaß. Am Hochzeitstag, wenn der Urgroßmutter das Kopftuch angebunden wurde, band man dem Urgroßvater eine Halbschürze vor, das „Fertich", ohne das er fast nie aus dem Hause ging. Trotz größter Disziplin und Folgsamkeit, die ihm sein Vater auch öfter mit dem „eingeweichten Strick" beibringen mußte, schlug sich der Urgroßvater oft mit Brüdern, Freunden und anderen Dorfbuben; es war mehr ein Kräftemessen und weniger aus Zorn, wobei der Stärkere, den man besonders respektierte und achtete, ermittelt wurde.

War der Urgroßvater krank, dann rieb ihn seine Mutter mit Gänsefett ein, aus dem sie auch Salben für jedes Leiden bereitete. Das Gänsefett hatte freilich keinen medizinischen Wert, aber es war eben ein „edleres" Fett als das Schweineschmalz. Ein paar seiner Brüder und Freunde starben an „Bauchweh" (Blinddarmentzündung) oder „Halsweh" (Diphterie), oder an anderen Kinderkrankheiten, die man damals noch nicht kannte und darum auch noch nicht zu heilen imstande war.

Als Geschenk zu besonderen Zeiten erhielt der Urgroßvater unter anderem auch oft eine „Schnautzbinde", die zur Pflege des Schnurrbartes unentbehrlich war. Auf seinen „Schnautzbart" war der Urgroßvater besonders stolz und pflegte diesen mit Geduld und Sorgfalt.

Die Urgroßmutter suchte ihm meistens seine Eltern. Er und sie wurden „zamgebrung", gleich nach ein paar Schuljahren, wobei die Eltern beiderseits besonders darauf bedacht waren, was der andere Teil in die Ehe an Gut und Vermögen mitbringen würde. Bis zur Hochzeit hatten sich die jungen Menschen aneinander gewöhnt; sie fügten sich der Bestimmung der Eltern, weil es so Brauch war. In der Ehe jedoch liebten sie sich und blieben einander treu. Die Urgroßeltern hatten viele Kinder, von denen aber nicht alle groß wurden. Sie starben, wie schon erwähnt, an den unbekannten, unheilbaren Kinderkrankheiten. Und oft starb auch die Mutter der Urgroßeltern im Kindbett, wonach der Vater nochmals oder mehrmals wieder heiratete, und oft waren dann Kinder aus mehreren Ehen da. So kam es dann, daß später oft die ganze Bevölkerung eines Ortes miteinander verwandt war.

Trotz ihrem Aberglauben waren die Urgroßeltern doch sehr gottesfürchtig und stark in ihrem Glauben. Sie waren auch deutsch, eher „schwowisch", und fühlten sich mit ihren Ahnen und deren Herkunftsgebieten sehr verbunden. Über die Einwanderung und Urheimat der Ahnen wußten sie mehr als wir, zumal sie diesen zeitlich näher standen als wir. Und sie übernahmen und übertrugen der Ahnen Sitten und Gebräuche, die auch uns noch bekannt und lieb sind, so auch die althergebrachten Volkslieder, die auch wir noch singen. Es waren schöne Sitten und Bräuche, und es waren schöne Lieder, die sie immer noch mitsummen im Jenseits, wenn wir – leider nur selten und wenige – daheim oder in Gesellschaft zu singen beginnen.

Aus der Ferne gesehen

In friedlicher Stille
liegt das Dorf vor mir,
unter schneeschimmernder Hülle,
inmitten der winterlichen Zier.

Es steigt der Rauch
von weißbedeckten Dächern,
den, wie dunkler Geisterhauch,
die Lüfte aufwärts fächern.

Festgefroren ist der Teich,
auf dem Flocken wie Linnen liegen;
glänzenden Zuckerhüten gleich
sieht man Baumkronen wiegen.

Wie große Lilienkelche
Sehen sich Tal und Mulden an;
Nur der Reisigbau der Störche
Erhebt sich aus des Winters Bann.

Leise fällt der Schnee,
der den letzten dunklen Fleck bedeckt.
Und meine Brust erfüllt ein Weh,
von der Sehnsucht nach meinem Dorf geweckt.

Rosmarin

Daheim, in unserem Garten,
wuchs duftender Rosmarin,
inmitten von vielen Saaten
und Sträußen von Immergrün.

Einen Zweig hab' ich gebrochen,
als ich aus der Heimat schied.
Ich habe immer daran gerochen,
wenn es mich weiter, ferner trieb.

Das war vor vielen, vielen Jahren,
als ich jung und glücklich war.
Habe derweil so vieles erfahren
Und wurde älter, Jahr um Jahr.

In der Fremde, in meinem Garten,
wächst jetzt wieder Rosmarin,
inmitten von vielen Saaten
und Sträußen von Immergrün.

Mein Haus erfüllt sein Duft,
in Zeiten von Leid und Freude,
und es ist, als wäre es Heimatluft,
die ich atme und rieche noch heute.

Vertrocknet, in einem alten Buche
Aber liegt der Zweig von daheim.
Und wann immer ich die Heimat suche,
schau' ich in dieses Buch hinein.

Weil ich a Schwob bin

Ich waas nit, was des bedeite soll,
war mei Bruscht is derart voll,
so daß se bal vrschpringe tut,
un mei Blut, des jahd un gar nit ruht.

Is's die Freid, die wu ich han,
weil ich jetz widdr homgehn kann,
odr is's die warmi Sunn, de Wind?
Ich Leit, ich gfrei mich wie a Kind!

Ich kennt singe var großem Iwrmut
Un waas nit, was des is im Blut,
was mir es Lewe froher, freier macht;
pletzlich war des do, so iwr Nacht.

Ich studier un plog mich, zu erinnre,
kann war die Antwart gar nit finne,
warum ich so fiehl un anerscht bin,
un warum so arich heitr is mei Sinn.

Ich moon, ich han's, was mich so gfreit,
was mr heint in de Bruscht drinn leit;
es is darum, far was ich war uns in:
weil ich a echtr, rechtr Schwob noch bin!

Roswitha Heuer
Gröbenzell – Gröbenzell

Foto: Simone Heuer

Roswitha Heuer wurde am 7. Januar 1959 in Gröbenzell geboren, 1978 machte sie das Abitur in München, studierte Germanistik, Geschichte und Latein an der Ludwig-Maximilian-Universität in München, erstes und zweites Staatsexamen in Germanistik und Geschichte, seit dreizehn Jahren ist sie in der Erwachsenenbildung tätig, achteinhalb Jahre an der Bundeswehrfachschule in München, seit fünf Jahren Dozentin für Literatur- und Medienpädagogik an der Münchner Fachakademie für Sozialpädagogik in der Hiltenspergerstraße. Mehrere Jahre leistete sie freiberufliche Tätigkeit für den Münchner Merkur, darunter drei landkreisbezogene (Fürstenfeldbruck) Serien: Gründerväter, Traditionsfirmen (Verknüpfung von Wirtschaft und Geschichte), Zeitzeugen erinnern sich. Zwei Reportagen („Behindert, na und!", „Vergessen und vergeben?" Film mit Max Mannheimer im KZ Dachau) zusammen mit Peter Weißflog gedreht. „Der Geisterhof" ist ihr erstes veröffentlichtes Buch. Die Arbeit daran hatte sie vor rund acht Jahren begonnen. Viele Jahre „ruhte" das Manuskript und wurde dann vor einem Jahr abgeschlossen. Nicht nur die Freude am Schreiben hat sie motiviert, sondern auch die Frage nach Heimat und Zuhausesein. Durch ihre Jugendbücher möchte sie wichtige Botschaften an ihre Kinder ohne erhobenen Zeigefinger vermitteln. Ihre Mutter stammt aus Szederkény, ihr Vater aus Surgetin. Beide ungarischen Ortschaften sind heute zu einer verschmolzen und heißen Szederkény, gelegen zwischen Mohacs und Pécs. Die Mutter flüchtete am Ende des Zweiten Weltkrieges, die Flucht wird im Buch weitgehend wahrheitsgetreu wiedergegeben, der Vater flüchtete 1946 nach Österreich und von dort nach Niederbayern, seine Mutter und die drei Geschwister wurden bald darauf vertrieben. Sie kamen in die Ostzone und flüchteten von dort ebenfalls nach Niederbayern. Roswitha Heuer ist seit 1979 verheiratet und hat zwei Töchter im Alter von 18 und 22 Jahren. Derzeit arbeitet sie an einem Roman über Mobbing, in dem sie eigene Erlebnisse aufarbeitet.

Der Geisterhof

1. Retenthann

Wie eine Schlange wand sich die schmale Straße hinauf zum Scheitel des Hügels. Dicke Flocken wirbelten vom Himmel und tauchten die tiefverschneite Landschaft in ein düsteres Grau.

Unheimlich und scheinbar aus dem Nichts wuchsen riesige und merkwürdig schiefe Stangen in endlosen Reihen aus dem Schnee, die Spitzen wie Schiffsmasten durch dicke Taue miteinander verbunden.

Der schwere Wagen mit der grauen Plane wurde immer langsamer. Die wuchtigen Räder gruben sich bei jeder Umdrehung mit einem häßlichen Knirschen tiefer in den Schnee.

Ina schnippte eine Schneeflocke von der Nase. „Was sind das für Stangen?" fragte sie die Mutter.

„Weiß nicht, vielleicht ein Klettergerüst für Bohnen?"

„Bohnen?" Josef zog seine Mütze tiefer ins Gesicht, so daß nur noch ein paar blonde Locken zu sehen waren, und schnalzte mit dem Zügel. „Dafür sind die doch viel zu lang und zu dick."

„Oder die Stangen schlagen im Frühling aus und tragen Früchte?" dachte Ina laut.

„Blödsinn!" brummte Josef und seine blauen Augen wurden zu schmalen Schlitzen.

Im selben Moment blitzte hinter dem Hügel eine Kirchturmspitze hervor. Das muß Retenthann sein! dachte Ina. Sie schloß für einen kurzen Augenblick die Augen und atmete tief durch. „Gerettet, endlich gerettet!" jubelte sie. Noch dieser Berg, und dann war es geschafft! Sie hatten ihr Ziel erreicht.

Der Wagen kam fast zum Stillstand. „Nur nicht steckenbleiben!" seufzte die Mutter. „Wir können doch jetzt nicht unsere Sachen abladen! Bestimmt warten oben schon alle auf uns."

Schnell kletterten Ina und die Mutter vom Planwagen herunter und schoben von hinten an. Josef versuchte die Pferde durch ein ungeduldiges „Hüa!" anzutreiben und schnalzte wieder mit dem Zügel. Die beiden Pferde warfen sich nach vorne, Dampfwolken traten aus ihren Nüstern, aber der schwere Wagen bewegte sich auf der steilen Straße kaum mehr weiter. Ina und die Mutter stemmten sich mit aller Kraft gegen die Holzpritsche. Hatten sie auf der Flucht nicht bei weitem schwierigere Hindernisse überwunden als diesen lächerlichen Hügel! Ina biß die Zähne zusammen. Nur dieses eine Stück noch, dann war es geschafft!

Auf halber Strecke kam ihnen ein älterer Mann entgegengelaufen. „Braucht's Hilfe?" rief er ihnen schon von weitem zu.

„Das wäre wirklich sehr nett!", keuchte die Mutter völlig außer Atem.

Der Alte reihte sich zwischen Ina und die Mutter ein. Tatsächlich ging es nun etwas schneller. Wo der Mann nur die Kraft hernahm, wunderte sich Ina, so alt und abgerissen, wie der aussah: Seine Jacke war schmutzig und an mehreren Stellen mit Flicken ausgebessert, und die viel zu weite Hose schlotterte erbärmlich um den hageren Körper.

Meter für Meter arbeitete sich das Gespann nach oben. Auf dem letzten und steilsten Stück drehten sich die wuchtigen Räder mit den schweren Eisenbändern immer langsamer und drohten schließlich im Schnee steckenzubleiben.

Ina ergriff Panik. Wenn die Pferde jetzt nicht mehr weiter konnten oder der Wagen gar nach hinten wegrutschte und den Hang hinuntergerissen wurde!

„Treib die Pferde an!" rief die Mutter nach vorne. Josef schnalzte in seiner Verzweiflung mit der Peitsche in die Luft. Die erschrockenen Pferde zogen mit einem Ruck den Wagen ein ganzes Stück weiter. Einen Meter – Ina schob mit aller Kraft – noch einen Meter. Wieder schien es so, als ob die Räder im Schnee steckenbleiben würden. Da war plötzlich irgendwo in der Ferne ein mächtiger Knall zu hören. Laut wiehernd und von Panik ergriffen warfen sich die Pferde ins Geschirr und zogen den Wagen hinauf zum Scheitel des Hügels. Endlich hatten sie es geschafft, das letzte steile Stück war überwunden!

Da stand auch schon der Treckführer und hielt nach ihnen Ausschau. Er hieß Schmidt und hatte einen Bauch wie eine hochschwangere Frau. Breitbeinig und die Hände in die Hüften gestemmt, brüllte er ihnen von weitem zu: „Seid ihr den Berg denn so ohne weiteres hochgekommen?"

„Der Knecht da hat uns freundlicherweise geholfen", rief die Mutter zurück und strich sich eine schwarze Strähne aus dem hochroten Gesicht. „Vielen Dank", sagte sie freundlich zu dem Alten. Seltsam, wunderte sich Ina, warum machte der Mann nur so ein verdutztes Gesicht?

Da waren sie jetzt also endlich in Retenthann angekommen. Mitten auf dem Dorfplatz standen acht Planwagen und dazwischen Mütter mit ihren Kindern und alte Leute. Vor dem Treck hatte sich eine kleine Gruppe Einheimischer aufgebaut, die mit großen Augen die Neuankömmlinge bestaunten. Ina schaute sich auf dem Dorfplatz um. Auf der einen Seite stand die Kirche mit einem hohen, grünen Zwiebelturm, er sah fast so aus wie der zu Hause. Gegenüber befand sich das Gemeindehaus. Der Putz war an mehreren Stellen abgebröckelt und die Farbe verblaßt. Über dem Eingang tanzten auf einem überdimensionalen Bild zwei Burschen mit zwei Mädchen, dem einen Burschen fehlte der Kopf, dem anderen ein Arm und den beiden Mädchen jeweils ein Bein.

Neben dem Gemeindehaus stand ein grellgelber, dreistöckiger Gasthof mit gemaltem Laub über den Fenstern. Etwas abseits entdeckte Ina ein ziemlich neues und sehr schönes Haus mit einem kunstvoll geschnitzten Holzbalkon und Blumenkästen, in denen anstelle der sommerlichen Blütenpracht hohe Schneehauben gewachsen waren.

Aus der Gruppe der Einheimischen trat der Flüchtlingskommissar heraus. Er war ein großer, kräftiger Mann mit buschigen, schwarzen Augenbrauen. Über der Oberlippe trug er einen riesigen Bart, der an den Enden hochgezwirbelt war wie beim alten Kaiser Wilhelm, den Ina einmal auf einer uralten, vergilbten Postkarte gesehen hatte.

Energisch bahnte sich der Flüchtlingskommissar den Weg zur Kirche, stieg die Treppen hoch und legte beide Hände wie ein Sprachrohr an den Mund. „Jetzt kommt einmal alle her, und dann sagt euch der Bürgermeister Obermayer, wo ihr hin müßt!" rief er in jenem seltsamen Dialekt, den die Menschen hier sprachen.

Im selben Augenblick trat der Bürgermeister vor die versammelte Menge hin.

Ina hielt erschrocken die Luft an: Das war der Bürgermeister! Nicht zu fassen! Es war eben jener Mann, der ihnen beim Schieben des Wagens geholfen hatte und den sie für einen Knecht gehalten hatten. Ratlos schaute Ina zur Mutter. Die machte, wie nicht anders zu erwarten, ein ziemlich entsetztes Gesicht.

Der Bürgermeister hielt eine Liste mit den Namen der Flüchtlinge in der Hand. Eine Familie nach der anderen wurde nun von ihm eingewiesen. Die alte Anna und die Lena mit den vier Kindern hatten es schön, die durften im Gasthof wohnen. Die Lena war ja auch die Frau des Notars, vornehme Leute, sie hatten daheim im schönsten und größten Haus Szederkénys gewohnt.

Der dicke Schmidt kam zu einem Bauern gleich um die Ecke. Sellmaier hieß der oder so ähnlich. Ohne sich noch weiter um seine Schützlinge zu kümmern, kletterte der Treckführer auf den Kutschbock und gab seinen Pferden die Zügel.

Ein Wagen nach dem anderen verließ den Dorfplatz.

Wenn sie doch nur schon endlich an der Reihe wären, wünschte sich Ina. Sie konnte es fast nicht mehr erwarten. War denn in diesem kleinen für so viele Leute Ort überhaupt Platz?

Nun wurden die alten Guths von zwei mindestens genauso alten Bauersleuten abgeholt. Der Mann zeigte in die Richtung, in die sie fahren mußten und erklärte irgendetwas dazu. Als die alten Guths aber ganz ratlose Gesichter machten, trotteten die Bauersleute dem schaukelnden Planwagen einfach ein Stück voraus.

Nur noch zwei Wagen standen auf dem Dorfplatz. Ina wurde immer ungeduldiger. Und wenn sie als einzige in einen Nachbarort mußten?

„Wittenbart", las der Bürgermeister. „Das sind die letzten." Prüfend musterte der Bürgermeister Ina und Josef. „Eine Frau und zwei Kinder, jawohl, das paßt!", murmelte er kaum vernehmbar vor sich hin.

Verwirrt schaute Ina den Mann an. Warum paßte das? Was meinte er damit? Und wie er das gesagt hatte!

„Niedermeier heißt euer Bauer", sagte er, und dann beschrieb er der Mutter wild gestikulierend den Weg. Ina verstand nur etwas, das wie „dohi, aufi" und „obi" klang, aber was diese Worte bedeuteten, wußte sie nicht. Auch die Mutter machte ein völlig entgeistertes Gesicht. Ob sie diese Leute wohl jemals verstehen würden, fragte sich Ina. Oder mußten sie vielleicht gar ein zweites Deutsch lernen?!

Etwas langsamer und verständlicher folgte eine weitere Wegbeschreibung. Schließlich hatten sie begriffen, wo sie hinfahren mußten. Sie kamen als einzige zu einem Bauern, der außerhalb der Ortschaft wohnte. Nicht auch das noch, entsetzte sich Ina. Wie weit sie wohl noch fahren mußten? Ob das die Strafe für den Knecht war?

Dunkle Schneewolken zogen auf und tauchten den Dorfplatz in ein düsteres Licht. Mit einem mühsamen Ächzen setzte sich der Planwagen der Wittenbarts in Bewegung. Sie fuhren einen breiten, leicht ansteigenden Weg zu einem ausgedehnten Waldstück hinauf, durchquerten es und dann sahen sie schon von oben einen kleinen Bauernhof direkt am Fuße des Hügels. Ina atmete erleichtert auf, sonderlich weit war es nicht mehr.

Die Straße war so abschüssig, daß die Mutter vorsichtshalber den Hemmschuh an der Vorderachse des Planwagens einhängte. Während Josef auf dem Kutschbock saß, führten Ina und die Mutter die Pferde am Halfter.

Wo sie jetzt wohl hinkamen? überlegte Ina. Ob die Bauersleute nett waren? Vielleicht hatten sie Kinder in ihrem Alter. Vielleicht hatte der Bürgermeister deshalb gemeint, daß sie zu den Leuten passen würden. Was sollte diese Bemerkung schließlich sonst bedeuten? Und wie viele Räume sie wohl bekamen?

Auf halber Strecke brachen plötzlich die Wolken auf. Die Strahlen der Sonne tauchten die tiefverschneite Landschaft in ein prachtvolles Glitzern und Funkeln. Überrascht blieben die drei stehen und bestaunten die herrliche Pracht. Wie in einem Zaubergarten, dachte Ina. Als ob die ganze Natur mit Edelsteinen bestreut wäre. Selbst der Hof unten erstrahlte im Licht der Sonne. Auf seinem Dach blitzte eine mächtige Schneehaube, und eine kleine Rauchfahne stieg gemächlich aus dem Kamin nach oben. Was für ein idyllischer, friedlicher Anblick, freute sich Ina und hatte in diesem Moment fast vergessen, daß Krieg war.

Jetzt mußten sie nur noch den kleinen, holprigen Weg zurücklegen und dann hatten sie es endlich geschafft: Sie waren an ihrem Bestimmungsort angekommen, einem kleinen, uralten Bauernhof am Ortsrand von Retenthann.

Inas Aufmerksamkeit wurde sofort auf zwei riesige Eichen gelenkt. Solche Bäume hatte sie in ihrem ganzen Leben noch nicht gesehen. Die Stämme waren so dick, daß Ina, Josef und die Mutter sie vielleicht gerade noch mit ausgebreiteten Armen umfassen konnten. In die Kronen paßte leicht das Bauernhaus mitsamt der Scheune. Die beiden Eichen mußten uralt sein und bestimmt waren sie schon viele Jahrhunderte vor dem Hof da gewesen. Hoch oben auf einem Ast entdeckte Ina eine fette Krähe, neugierig und aus sicherer Entfernung beobachtete sie die Neuankömmlinge.

Im nächsten Augenblick sprang die Tür auf, und ein Mann und eine Frau traten aus dem Haus heraus. Aufgeregt schreiend flatterte der schwarze Vogel in die Höhe. Das mußten die Bauersleute sein, die beiden waren mindestens eineinhalb Köpfe größer als die Mutter und genauso hager wie der Bürgermeister, aber bei weitem besser gekleidet.

„Da seid's ja endlich!" rief die Frau aus, nicht unfreundlich, ja, es schien fast so, als hätte sie schon ungeduldig auf ihre Flüchtlinge gewartet.

„Ich heiße Maria Wittenbart, und das sind meine Tochter Ina und mein Sohn Josef."

„Und wir heißen Niedermeier", wiederholte der Mann mindestens dreimal.

Die Mutter schmunzelte, und kleine Grübchen wurden links und rechts in den Wangen sichtbar. „Wir sprechen daheim genauso deutsch wie Sie."

„Das hab' ich ihm auch schon ein paar Mal gesagt, aber er meint, weil Sie aus Ungarn sind, können Sie so gut wie kein Deutsch", brummte die Bäuerin und bedachte ihren Mann mit einem vorwurfsvollen Blick.

Was für merkwürdige Schneidezähne die Frau hatte, dachte Ina, vorstehend, breit und lang.

Die Mutter hüstelte, das machte sie immer, wenn sie verlegen war oder nicht wußte, was sie sagen sollte, und ihre kleinen Lippen wurden ganz schmal.

Die Bäuerin vergrub die Hände in den Taschen ihrer grauen Schürze. „Na ja", sagte sie schließlich, „dann zeig' ich euch halt mal, wo ihr jetzt dann wohnt." Schnurstracks steuerte sie auf den Stall zu.

Erschrocken hielt Ina die Luft an. Sie mußten doch nicht etwa im Stall wohnen? Vielleicht bei den Kühen und Schweinen! Da entdeckte Ina einen kleinen Anbau. Schief und bucklig, so als ob er nur noch mit Mühe sein eigenes Gewicht tragen könnte, lehnte er sich an den alten Stall.

Früher hatten darin die Eltern des Bauern gewohnt und bis vor kurzem zwei Knechte, aber die waren jetzt im Krieg. Nachdem die Räume schon seit mehreren Monaten leerstanden, hatte der Flüchtlingskommissar bestimmt, daß auch hier Flüchtlinge einquartiert wurden.

Ob das der Bäuerin wohl recht gewesen war? überlegte Ina. Sonderlich glücklich schien sie darüber nicht zu sein. Vermutlich hatte sie aber gar keine andere Wahl gehabt. Der Flüchtlingskommissar mit dem Kaiser-Wilhelm-Bart sah nicht so aus, als ob man mit ihm verhandeln konnte.

Mit einem häßlichen Quietschen öffnete sich die Türe. Inas Blick fiel sofort auf den rostigen Herd. Und wie schmutzig die Wände waren! An einigen Stellen entdeckte Ina sogar Schimmel. Und dann noch diese riesigen Spinnweben über dem Sofa! Ina verzog angewidert das Gesicht.

Neben der Küche war ein Zimmer, gerade so groß, daß drei Betten und zwei wuchtige Schränke darin Platz hatten.

„Sie haben es gut getroffen", behauptete die Bäuerin und machte dabei ein Gesicht, als ob sie es tatsächlich ernst meinte. „Die Familie mit den vielen Kindern ist im Tanzsaal vom Wirt untergebracht. Und bei den großen Bauern teilen sich die Flüchtlinge zu viert und zu fünft ein einziges Zimmer. Sie sind nur zu dritt und haben ein ganzes Haus für sich allein."
 Die Mutter nickte. „Ich hoffe, wir machen nicht zu viele Umstände!"
 „Es gibt Schlimmeres!"
 Ina stutzte. Sie waren für diese Frau also etwas Schlimmes. Und was verstand sie unter dem Schlimmeren – die Russen, die Amerikaner oder den Tod?
 Als sie über den Hof zum Wagen gingen, verschwand die Sonne gerade hinter den Wolken. Dunkle Schneewolken zogen auf und verdichteten sich.
 Was für ein gespenstisches und unheimliches Licht! dachte Ina. Und diese beiden Eichen! Wie zwei riesige Ungeheuer streckten sie ihre schneebedeckten, scheinbar endlosen Zweige in die Höhe. Hatte die Oma nicht immer gesagt, daß es an solchen Orten nicht geheuer war? Magische Kräfte gingen von ihnen aus, und manchmal spukte es sogar.
 Auf den Ästen hockte mittlerweile eine Schar fetter Krähen und schaute neugierig nach unten. Als Josef und die Mutter die Pferde ausspannten und in den Stall führten, stoben sie mit einem durchdringenden, häßlichen Geschrei auseinander.
 Ina schauderte – diese Krähen! Unheilsboten hatte die Oma sie immer genannt. Schnell rannte Ina der Mutter und dem Bruder hinterher.

Noch bevor es dunkel wurde, hatten die drei ihre kleine Wohnung auf Vordermann gebracht. Zuletzt schleppten sie einen Großteil der Lebensmittel, das Bettzeug, die Jutesäcke mit der Kleidung und die Truhe mit dem Hausrat nach drinnen. Schließlich konnte man ja nicht wissen, ob die Leute hier ehrlich waren. Und es reichte schon, daß auf der Flucht der Jutesack mit Inas Kleidern gestohlen worden war!
 Jetzt hatten sie die beiden Räume restlos vollgestellt. Die weniger wertvollen Sachen und die Fässer mit dem gepökelten Fleisch mußten über Nacht draußen im Planwagen bleiben.
 Spätabends legte die Mutter Brot und Speck auf den wuchtigen Küchentisch mit der dicken Eichenplatte. Richtige Löcher hatte jemand mit dem Messer hineingebohrt. Ob das wohl die Knechte gewesen waren?
 Ina war so todmüde, daß sie fast nichts hinunterbekam. Mit glasigen Augen starrte sie auf die häßlichen Löcher in der Holzplatte. Nach ein paar Bissen war sie satt. Auch Josef erging es nicht viel besser. Im fahlen Kerzenlicht sah sein Gesicht noch blasser und schmaler aus als sonst. Überhaupt war Josef für seine dreizehn Jahre ziemlich klein und zierlich, aber vielleicht war das in solchen Zeiten auch gar nicht von Nachteil, zumindest hatte das die Mutter in den letzten Wochen immer wieder behauptet.

Während die Mutter die Reste des Abendessens in einem großen Geschirrschrank neben der Eingangstüre verstaute, mußten die Kinder Holz holen. Eine eisig kalte Luft schlug ihnen beim Öffnen der Türe entgegen. Vom Wohnhaus fiel etwas Licht auf den Hof. Ein langer, gelber Keil breitete sich über den schneebedeckten Boden. Das Wohnhaus selbst war in ein diffuses Licht gehüllt. Die obere Hälfte des Dachs wurde von der Dunkelheit fast völlig verschluckt, ebenso die Kronen der riesigen Eichen.

Sahen die langen, geschwungenen Äste nicht wie Tentakeln gigantischer Kraken aus? Die lauerten am Meeresgrund oder in tiefen Felsenschluchten verborgen auf ihre Opfer ...! Ina erschauderte. Ein leichter Wind ließ die Äste auf- und abschwingen. Und bewegten sich da oben in den Zweigen nicht Schatten? Ob das wohl die Krähen waren? Ina klammerte sich an Josef. „Du, ich habe Angst, hier ist es irgendwie unheimlich."

„Red keinen Quatsch! Das ist nur, weil alles so neu ist."

Mit einem dumpfen Schrei stürzte sich eine Krähe in die Tiefe und flog direkt über ihre Köpfe hinweg.

Ina blieb vor Schreck fast das Herz stehen. „Und wenn es hier spukt?" fragte sie mit zitternder Stimme, als sie sich wieder etwas beruhigt hatte.

„Blödsinn!" flüsterte Josef so leise, als befürchtete er, noch eine Krähe aufzuscheuchen. Auch ihm war es hier auf dem Hof offensichtlich nicht ganz geheuer. Aber das hätte er auf gar keinen Fall zugegeben.

Hinter der Scheune, wo das Holz in langen Reihen gestapelt war, sah Ina kaum die eigene Hand vor den Augen. Mehr tastend schlichtete sie gemeinsam mit Josef die Holzscheite in den Korb. Dann rannten die beiden, so schnell sie konnten, zurück in die Wohnung. Laut polternd ließ Josef den Korb auf den Boden krachen. Verwundert schaute die Mutter ihn an, sagte aber nichts. Dann schürte sie noch einmal richtig den Ofen ein, bis das Holz laut knisternd brannte, und stellte einen riesigen Topf mit Wasser auf die Herdplatte. Eine angenehme Wärme durchflutete die ganze Wohnung.

Es ging schon auf Mitternacht zu, als sie endlich zu Bett gehen konnten. Ina und Josef kuschelten sich in ihre frisch bezogenen Daunendecken. Seit drei Wochen wieder ein richtiges Bett! War das schön, freute sich Ina und atmete tief durch.

Die Mutter setzte sich neben Ina auf die Bettkante und strich über ihre langen, schwarzen Locken. „Ihr seid sehr tapfer gewesen. Ohne euch hätte ich das nie geschafft."

„Jetzt ist es vorbei, nicht wahr! Jetzt sind wir gerettet, hier sind wir doch sicher", murmelte Ina leise und die Augen fielen ihr vor Müdigkeit zu.

Die Mutter nickte. „Ja, hier sind wir in Sicherheit!"

Erleichtert zog Ina die Decke bis zum Kinn hoch und war schon im nächsten Augenblick eingeschlafen.

Eine Puppe mit steifen Gliedern und eckigen Bewegungen führt das Pferd am Halfter. Dummer Hansi, er scheut bei jedem lauten Geräusch! Der lange, geflochtene Zopf der Puppe baumelt unter dem blaugeblümten Kopftuch müde hin und her, unendlich langsam schiebt sie einen Fuß vor den anderen. Die Ärmste ist schon so weit gelaufen, unendlich weit, von Szederkény bis zum Plattensee.

Eine Rakete steigt nach oben, explodiert und zerfällt in tausend sprühende Funken: Rote, grüne, gelbe, blaue Pünktchen tanzen vor Inas Augen auf und ab. Was für ein phantastisches Feuerwerk! Hier eine Blume, dort ein Fächer – hier ein Pfeifen und dort das Zischeln einer grün-gelb-gescheckten Schlange. Ein lauter Knall und ein glühender Feuerball saust direkt über Ina hinweg. Zu Tode erschrocken zieht sie den Kopf ein. Das war knapp! „Ätsch, nicht getroffen – Schnaps gesoffen!" schreit sie dem Geschoß voller Hohn hinterher und dreht ihm eine lange Nase.

Die Puppe bleibt stehen. Ihre runden, schwarzen Schuhe, die wie kleine Badewannen aus Lackleder aussehen, verschmelzen mit dem schmierigen Asphalt. Entsetzt starren ihre dunkelblauen, glänzenden Knopfaugen nach oben in den schwarzen Himmel. Silbern glitzernde Fischleiber zischen durch das wabernde Wolkenmeer direkt auf den Treck zu.

„Fliegerangriff!" schreit es von vorne. Regungslos starrt die Puppe in den Himmel.

Nichts wie runter vom Wagen und in Deckung! Ina verkrümelt sich hinter den Mauerresten eines ausgebombten Hauses. Sie macht sich klein wie eine Maus.

Kugeln hageln auf den Asphalt, eine Bombe explodiert. Treffer! Es regnet Geschirr und Kleidung. Ein Blick nach vorne: zum Glück nicht der eigene Wagen! Dort steht immer noch die Puppe. Drohend schleudert sie die dicken, plumpen Armwürste nach oben, ihr schwarzer Zopf hüpft wütend auf und ab. Der rot gestickte Mund ist viereckig vor lauter Zorn und Haß!

In der Luft hängt der Geruch von Feuer, Pulver und Tod. Ja, Ina kann den Tod förmlich riechen. Zum ersten Mal in ihrem Leben weiß sie, wie der Tod riecht...

2. Daheim und hier

Sonnenstrahlen stahlen sich durch die kleinen Ritzen des Fensterladens und ließen feine Staubfäden in der Luft auf- und abtanzen. In dem kleinen Zimmer war es so bitter kalt, daß Ina ihren Atem sehen konnte. Die Tür zur Küche war einen Spalt geöffnet. Dort hatte die Mutter schon den Herd eingeschürt, und das Holz knisterte und knackte. Ina lauschte eine ganze Weile auf das beruhigende, angenehme Geräusch. Dann stieß sie ihren Atem wie eine Dampflokomotive in kleinen Stößen aus. Dieses Zischen und Keuchen war ihr in der vergangenen Woche auf der Zugfahrt von Solenau nach Mainburg in Fleisch und Blut übergegangen:

zuerst beim Anfahren dieses kurze hechelnde Schnauben, dann das regelmäßige Pusten und Keuchen bei freier Fahrt und zuletzt ein langgezogener, zischelnder Seufzer, wenn die Lok zum Stehen kam. Dann das endlose Warten und all die bangen Fragen. Gab es etwa wieder einen Fliegerangriff? Wurden sie von einem Militärtransport überholt? War eine Brücke, die sie überqueren mußten, zerstört? Kamen sie tatsächlich irgendwann einmal in diesem Mainburg an? Und wann würde dieses ‚Irgendwann' sein?

Da erinnerte sich Ina an ihren Traum. „Es ist vorbei", murmelte sie leise. „Endlich vorbei!" Und sie schüttelte sich, als ob sie auf diese Weise ihre Erinnerung an all die schrecklichen Erlebnisse der vergangenen Wochen einfach abschütteln könnte.

Ina schaute aus dem Fenster und biß ein Stück von ihrem Speckbrot ab. Ihr Blick fiel geradewegs auf die Eiche vor dem Küchenfenster. Jetzt, wo die Sonnenstrahlen auf die schneebehangenen Äste fielen und sie zum Glitzern und Funkeln brachten, sahen die Bäume nicht mehr unheimlich aus, ganz im Gegenteil, richtig majestätisch streckten sie ihre mächtigen Äste in die Höhe.
 Eine fette, schwarze Krähe flatterte auf den Boden und pickte nach einem ausgedorrten Blatt.
 Ina schnitt eine Grimasse, schluckte den zerkauten Brei hinunter und spülte mit einem großen Schluck Pfefferminztee nach.
 Die Krähe flog hinüber zum Bauernhaus und setzte sich auf das Fensterbrett vor der Küche. Die grünen Fensterläden links und rechts daneben hingen ein wenig schief, und die Farbe war an einigen Stellen abgeblättert. Auf dem grauen Putz krochen riesige dunkle Flecken hinauf zum Dach, das sich unter der schweren Schneelast duckte.
 Ina dachte an ihr Haus, daheim in Szederkény. Dort waren die Mauern weiß getüncht und die Fensterläden rot gestrichen. Im Rosengarten vor dem Haus wuchsen rote, rosarote, orange, gelbe und weiße Rosen um die Wette, und die Blüten waren so groß wie Honigmelonen.

„Der Bauer kauft die beiden Pferde und den Wagen", unterbrach die Mutter Inas Erinnerungen, während sie ihre langen schwarzen Haare zu einem dicken Zopf flocht. „Er gibt uns ein schönes Geld dafür."

„Sehr gut!" freute sich Josef. „Dann können wir sie zumindest sooft sehen, wie wir wollen."

„Und ich soll auf dem Hof mitarbeiten, viel allerdings wird mir die Bäuerin nicht bezahlen. Dafür bekommen wir Milch, Brot, Butter, Eier, ein wenig Fleisch und Holz."

„Ich kann doch auch schon mitarbeiten", bot Josef an.

„Ja, in den Ferien!"

„Ich will nicht mehr in die Schule gehen."

„Daheim hättest du auch noch zwei Jahre zur Schule gehen müssen."

„Aber nicht in die Elementarschule!" brummte Josef.

„Die Bürgerschule können wir uns hier im Moment nicht leisten. Aber wenn euer Vater aus dem Krieg zurückkommt, sollt ihr beide eine ordentliche Schulausbildung bekommen. Das verspreche ich euch!"

„Wenn der Krieg vorbei ist, gehen wir doch wieder nach Hause", sagte Josef und schaute die Mutter erwartungsvoll an.

„Nein, Josef", widersprach die Mutter. „Für uns gibt es kein Zurück! Was die Russen einmal haben, das geben sie nicht mehr her. Und ich will frei sein und ich will, daß ihr in einem freien Land aufwachst, und wirklich frei werden wir nur hier im Westen sein."

„Aber du wolltest doch gar nicht weg von zu Hause!" wunderte sich Josef.

„Ja, das stimmt, ohne euch hätte ich nicht den Mut dazu aufgebracht. Aber jetzt weiß ich, daß meine oder besser gesagt eure Entscheidung richtig war."

Schade, das schöne Haus! dachte Ina voller Wehmut.

In Gedanken spazierte sie durch die einzelnen Räume. Da stand ihr kunstvoll gedrechseltes Bett mit den duftigen Bezügen und gegenüber der alte Schrank mit den kostbaren Schnitzereien. Vor den Fenstern hingen die hübschen Rüschenvorhänge und auf dem Nachtkästchen stand eine alte, kostbare Messinglampe. Das alles sollte verloren sein! Selbst im Winter hatte es in der guten Stube mit den eleganten dunkelgrünen Polstermöbeln so ausgesehen, als ob die Sonne schien. Die Wände leuchteten in einem warmen Okker, und die Räume waren so hell, daß in allen Zimmern Pflanzen wuchsen. Der Vater hatte manchmal so zum Scherz gemeint, sie würden in einem Botanischen Garten leben, und die Freunde beneideten die Mutter um ihre, wie sie es nannten, grüne Hand.

Andererseits, wenn sie nach dem Krieg nach Szederkény zurückkehrten, würde bestimmt nichts mehr so sein wie früher. Da nützten auch das schöne Haus und der herrliche Garten nichts! Als die Mutter und Josef auf der Flucht bei einem ungarischen Wagner das gebrochene Rad ihres Planwagens richten lassen wollten, beschimpfte er sie als „stinkige Schwaben". Ina konnte sich nicht vorstellen, in einem Land zu leben, in dem man sie nicht mehr haben wollte und so verächtlich behandelte.

Die Mutter hatte Recht, es gab für sie kein Zurück mehr. Sie würden sich in diesem Deutschland, so gut es ging, einrichten müssen, auch wenn ihnen das bestimmt nicht leicht fiel.

Schon bald stellte Ina fest, daß hier alles anders als daheim war. Auf dem Hof herrschte eine seltsame Atmosphäre: Das alte Bauernhaus war dunkel und düster, selbst wenn draußen die Sonne schien. Vielleicht lag das ja an den schweren, dunklen Möbeln und den dicken Perserteppichen, die teilweise Fliesen und Holzböden bedeckten. Grausige Jagdszenen waren darauf abgebildet oder verworrene Ornamente mit geheimnisvollen Zeichen auf weinrotem und dunkelblauem Hintergrund. In denselben Farben hingen schwere Samtvorhänge neben den Fenstern.

Selbst die wenigen Bilder im Haus zeigten grau in grau gemalte Landschaften, schaurige Moore oder grimmig dreinschauende alte Männer und Frauen. Und die Wände waren bestimmt schon seit Jahren nicht mehr gestrichen worden. Die Stufen der Treppe, die in das niedrige Obergeschoß führten, knarzten, als ob neben oder hinter Ina jemand herlief, den sie nicht sehen konnte.

Im Parterre standen am Ende des langen, schmalen Gangs zwei riesige geschnitzte Truhen aus dunklem Eichenholz. Zwischen sonderbaren Schnörkeln und Girlanden streckten kleine Hirsche mit vielen Geweihspitzen die Köpfe hervor. In der Mitte der linken Truhe stand ein ganzer geschnitzter Mann mit Ziegenbockbeinen, kleinen Hörnern an der Stirn und einem wilden Bart, der ihm fast bis zu den Knien reichte. Als Ina ihn zum ersten Mal voller Staunen betrachtete, kam es ihr vor, als ob er plötzlich den Mund öffnete und für einen winzigen Moment seine kleinen, spitzen Zähne fletschte.

Zwischen den beiden Truhen hing ein etwa zwei Meter hoher und ein Meter breiter Spiegel, der von einem kostbaren goldenen Rahmen eingefaßt war. Seit mehr als drei Wochen sah sich Ina wieder zum ersten Mal in einem Spiegel. Wie mager und blaß sie aussah, die Flucht hatte auch bei ihr Spuren hinterlassen! Plötzlich verschwand der gesamte Hintergrund, und nur noch sie selbst war im Spiegel zu sehen. Das heißt, nicht mehr sie selbst! Ina stand einem Mädchen gegenüber, das sie mit seinen großen blauen Augen voller Erstaunen anschaute. Es war größer als sie, sein Gesicht schmäler und die Nase schlanker. Außerdem hatte es keine langen Zöpfe mehr, sondern die schwarzen, lockigen Haare reichten nur noch bis zum Kinn. Es trug ein Kleid mit einem halblangen, weit ausgestellten Rock, der von einem ganz merkwürdigen Unterrock wie eine Blüte nach oben gedrückt wurde. Das Oberteil war tief ausgeschnitten und hatte schmale Träger. Erst jetzt fielen Ina die kleinen Brüste ihres Gegenübers auf.

Wer war dieses Mädchen? Es sah ihr eindeutig ähnlich, und doch war sie es nicht! Sollte sie vielleicht irgendwann einmal in ein paar Jahren so aussehen wie dieses Spiegelbild? Gewährte ihr dieser Spiegel unter Umständen einen Blick in die Zukunft? Unsinn! Verärgert schüttelte Ina den Kopf, als ob sie auf diese Weise die seltsame Erscheinung im Spiegel verscheuchen wollte. Tatsächlich verblaßte jene andere, und Ina sah wieder ihr eigenes Spiegelbild.

Abrupt drehte sich Ina auf dem Absatz um und rannte in die Küche. Dort rollte die Mutter gerade Hefeteig auf dem Tisch aus und formte daraus Kipferl. „Da kommt ja endlich meine Hilfe!" rief sie fröhlich aus.

Nun blieb Ina wohl nichts anderes übrig, als sich nützlich zu machen. Also bestreute sie den fertig geformten Teig mit Salz und verschiedenen Kräutern. Daheim hatten sie die Kipferl immer mit Sesam, Kümmel oder Mohn verfeinert, aber diese Gewürze gab es hier auf dem Land schon seit einiger Zeit nicht mehr. Sie belegten drei Bleche mit dem salzigen Gebäck, eines davon mit gedrehten Stangen und Brezeln.

Die Bäuerin saß mit einer Strickarbeit dabei und schaute den beiden beim Backen zu.

Immer wieder musterte Ina verstohlen die Frau. Diese seltsamen Zähne und dazu das knochige, breite Gesicht mit dem nach vorne geschobenen, schmallippigen Mund. Auch die gerade, etwas spitze Nase und die leicht hervorquellenden blauen Augen sahen irgendwie komisch aus.

Ob die Bäuerin jemals schön gewesen war? In der guten Stube stand in einer Glasvitrine eine alte Photographie von einer jungen Frau, die sah eigentlich ganz hübsch aus. Ob das die Bäuerin in ihrer Jugend gewesen war? Aber Ina traute sich nicht fragen. Irgendwie war ihr diese Frau unheimlich.

Und warum sie nur immer so seltsam schaute! Manchmal hatte Ina das Gefühl, als ob die Bäuerin durch sie hindurchschauen wollte wie ein Röntgenapparat. Dabei hatten doch weder sie selbst noch die Mutter irgendetwas zu verbergen. Sie waren ehrliche, ordentliche und anständige Leute.

Aber stricken konnte die Bäuerin! Kaum hatte sie eine Reihe angefangen, war sie auch schon wieder zu Ende. Bestimmt wurde der Janker für ihren Enkel recht hübsch.

Die Bäuerin erzählte, daß man jetzt nicht mehr nach München fahren könne, weil die Amerikaner und Engländer dort alles kurz und klein bombten. Darum lebe die Schwester des Schwiegersohnes mit ihren drei Kindern seit einem Monat auf dem Hof der Tochter. „Die Wohnung ist ausgebrannt! Nur die Kinder und ein Bündel Kleider hat sie noch."

„Dann besitzt sie ja weniger als wir", stellte Ina nicht ohne Genugtuung fest.

Die Bäuerin nickte.

„Und ihr Mann?" fragte die Mutter.

„Gefallen, bei Stalingrad."

„Mein Gott, das ist ja entsetzlich, die arme Frau."

Die Bäuerin seufzte und schob wieder ihre Hände in die Schürzentasche. „Ganz Deutschland ist voll mit armen Frauen und armen Kindern und armen Männern. Aber am Endsieg darf man nicht zweifeln. Sonst wird man aufgehängt!" flüsterte sie, als ob sie Angst hätte, jemand würde an der Tür oder am Fenster lauschen.

Die Mutter starrte die Bäuerin entsetzt an. „Das ist doch nicht Ihr Ernst!"

„Freilich!"

„Aber wir haben doch gesehen, wie weit die Russen sind. Es ist eine Frage der Zeit, bis sie in Österreich und von dort aus in Deutschland einmarschieren. Die Deutschen werden den Krieg nie gewinnen!"

„Das dürfen Sie aber nicht laut sagen. Sonst werden Sie aufgehängt! Wehrkraftzersetzung nennt man das hier bei uns, und ein solches Vergehen wird mit dem Tod bestraft. Deutschland gewinnt den Krieg, ob Sie das nun glauben oder nicht!"

Die Mutter schluckte und nickte. Sie hatte verstanden. „Ich werde es auch noch einmal meinem Josef sagen."

Ina war empört. Da hätten sie ja eigentlich auch gleich in Ungarn bleiben können. Frei waren sie hier offensichtlich genauso wenig wie dort. Aber vielleicht änderte sich das ja, wenn der Krieg vorbei war, und lange konnte es wirklich nicht mehr dauern.

Ina erinnerte sich an jene Flugzettel.

Seltsam, wirklich seltsam war das damals gewesen: Sie hatten gerade mit ihrem Planwagen die ungarisch-österreichische Grenze passiert und waren auf dem Weg nach Solenau. Dort sollte der Treck auf Eisenbahnwaggons verladen werden. Da näherten sich plötzlich Flugzeuge. Sofort flüchteten alle von der Straße auf das freie Feld und warfen sich auf den Boden. Sie dachten, der Treck würde wieder beschossen werden, aber stattdessen regnete aus den Flugzeugen ein Meer von weißem Papier und bedeckte den Boden. Kaum waren die Flugzeuge außer Sicht- und Hörweite, stürmten die Leute auf die Straße und hoben die Flugblätter auf. In deutscher Sprache stand darauf, daß die Amerikaner bald kommen und sie befreien würden.

Ina hatte damals gar nicht verstanden, was das bedeuten sollte. Aber jetzt war ihr klar, daß die Amerikaner sie von diesem Hitler und seinen Nazis befreien wollten.

Ob die Russen oder die Amerikaner nach Retenthann kamen? Wenn die Russen eher hier waren, dann wäre die ganze Flucht für die Katz gewesen. Da hätten sie gleich zu Hause bleiben können. Und wenn die Amerikaner kamen – ob die sie auch wirklich befreiten? Was dann wohl mit diesem Hitler passierte?

Ina hatte das letzte Kipferl mit Salz bestreut. Noch bevor ihr die Mutter eine neue Arbeit anschaffen konnte, schlüpfte sie aus der Küche. Ina wollte unbedingt noch einmal in den Spiegel schauen. Vielleicht zeigte er ihr ja noch etwas anderes Wichtiges, das schon in Bälde geschah. Erwartungsvoll baute sich Ina vor dem Spiegel auf und schaute hinein. Aber nichts passierte, das Mädchen, das sie darin sah, war eindeutig sie selbst, im Gegensatz zu vorhin hatte sich auf der blauen Schürze lediglich eine dünne Schicht Mehl zwischen den Taschen festgesetzt.

Und der geschnitzte Mann mit den Ziegenbockbeinen hatte die Lippen fest geschlossen und schaute mit seinem starren Blick fast ein wenig trotzig in Inas Richtung.

Da war Ina ratlos. Sollte sie sich das vorhin alles nur eingebildet haben?

Foto: J. K. Feichtinger, Graz

Ingeborg Hiel
Graz – Eggersdorf

Ingeborg Hiel wurde am 15. Juni 1939 in Graz geboren. Dort wuchs sie auf, besuchte die Volks-, Mittel-, Haupt- und Berufsschule und arbeitet als Innenarchitektin, Autorin und Herausgeberin. Zusätzlich als immerwährende, lebensendliche Haus-, Garten-, Ehe- und Kinderfrau. Als Ein-Verkäuferin, Sekretärin, Mannequin (Model), Kulturrezensentin der SO-Tagespost/Graz, Sonntagsschwester (karitativ ein Jahr lang) u. a. gearbeitet. Sie studierte zwei Semester Musikwissenschaft an der Universität Graz. Bei Bedarf Aushilfe als Ordinationshilfe. Schreibwerkstätten für Kinder geleitet. Kolumnistin der Kronen-Zeitung/Steiermark. Grete Scheuer, eine schon verstorbene Journalistin und Schriftstellerin, bezeichnete sie einmal als „nächstenliebende, zurückhaltende Abenteurerin". Ingeborg Hiel schrieb Dramen, Lyrik, Novellen, Hörspiele, Kinderbücher, auch zwei Romandokumentationen, darunter eine über die Donauschwaben, mit denen sie durch Heirat in Kontakt kam. Sie hat festgestellt, daß alle Donauschwaben gute, geduldige Erzähler sind und ein schreibender Mensch angesichts der herrschenden Unkenntnis gar nicht anders kann, als ein Buch über das von dieser Volksgruppe durchgemachte Leid zu verfassen. Als Echo auf ihr Buch hat Ingeborg Hiel viele Donauschwaben kennengelernt, manche freilich nur auf postalischem Weg. Sie hat zahlreiche Lesungen im In- und Ausland abgehalten, beteiligte sich am Steirischen Kurzprosawettbewerb 1973, erhielt den Hartberger Kunstpreis für Lyrik 1976 und den Literaturpreis für Kinder- und Jugendbücher der Steiermärkischen Landesregierung. 1982 bekam sie ein Stipendium vom Österreichischen Kulturinstitut in Rom. 1992 wurde ihr in Japan der Haiku-Preis von Kunihiko Murakami zuerkannt. Seit 1994 ist sie Mitglied der Humboldt-Gesellschaft in Deutschland. Auch als bildnerische Künstlerin ist Ingeborg Hiel hervorgetreten. Seit 1980 betreibt sie in ihrem Haus in Eggersdorf bei Graz eine eigene Galerie, in der Künstler aus dem In- und Ausland mit einem Begleitprogramm aus Musik, Lesungen und Modenschauen kostenlos ausstellen können.

Morgen: Hoffnung. Ein Donauschwaben-Roman

(...) Sparsam sind wir Schwaben, sinnierte Franz H. weiter, bodenständig, familientreu und von großer handwerklicher Betriebsamkeit. Nicht nur Gärten und Äcker werden vorbildlich geführt, wodurch bereits während des Ersten Weltkriegs die Hungersnot in der Österreichisch-Ungarischen Monarchie gemildert werden konnte, sondern auch das Gewerbe der Donaumüller, nach 1900 modernisiert, ist ein wichtiger Berufszweig geworden. International anerkannt auch der Hanfanbau und die Verarbeitung des Batschkaer Hanfes. Dessen hohe Reißfestigkeit und Widerstandskraft gegen Fäulnis sowie seine grüne bis silbergraue Farbe sich äußerster Beliebtheit erfreut. Ein friedliches Nebeneinander von verschiedenen Menschen in einem Land, das fast vollständig der Landwirtschaft zugetan ist, gefolgt von Handwerkern und einer spärlichen Industrie. Ein grünes, blühendes, üppiges Land, das erst von deutschen Menschen kultiviert wurde. Von solchen wie meinem Vater und dessen Vater und wiederum dessen Vater, der vom Kaiser von Wien, von Wien aus donauabwärts in dieses Land gezogen war als vom Kaiser begünstigter Familienvater, in der Hofkammer registriert und mit einem Büchlein versehen worden war, in dem alle Begünstigungen eingetragen waren. Der solange, bis er sich und seine Familie selber ernähren konnte, vom Kaiser monateweise seine lebensnotwendige Ration bekommen hatte. Nachdem das selbsterbaute Kolonialstil-Haus fertiggestellt war, hatte er noch eine Kuh bekommen, die er gegen 18 Gulden bar hätte tauschen können, dazu eine Bettstatt mit Strohsack, eine Mistgabel, ein Spinnrad, ein Mehlsieb, sechs Säcke, einen Backtrog, eine Axt, eine Breithaue, ein Brotbrett, einen Wasserzuber, einen Melkkübel, ein Butterfaß, vier Pferde, Wagen, Geschirr, Pflug, Schleife, Sense, Gabel und eine Session Land, davon einen Teil mit Saaten angebaut. Dieses Büchlein und einige dazugehörige Dokumente waren mit einer Familienchronik noch heute im Besitz seines Vaters, gut verwahrt in einer Metallschatulle im Haus. Würde sich der Schatten der Angst verdinglichen und sich, alles erdrückend, über dieses friedliche Land senken?
„O Herr", flehte Franz H., „laß dies nie geschehen!"
Voller Unruhe waren von nun an seine Tage, er hörte aufmerksam jedem Gespräch zu, beobachtete die reichen Leute genau, fragte hin und wieder Gesellen und Lehrbuben, ob sie von den Freischärlern etwas gehört hätten. Aufmerksam las er von nun an die Tageszeitung, kein Wort auslassend. Die Hoffnung blieb, aber der Instinkt gegen eine wachsende, drohende Gefahr blieb wachsam, lebhaft, angstvoll. (...)

Zum Jahreswechsel war auch der Reiter-Doktor wieder bei seiner Familie. Freunde und gute Bekannte wurden zur Sylvesterfeier geladen. Auch den Kindern wurde ein Fest gerichtet und sie durften ihre Freunde einladen. Eine Zigeunerkapelle spielte die ganze Nacht durch bis in den frühen Morgen.

Reichlicher als sonst waren die Gaben für die Armen. Selbst der Doktor, erzählte am folgenden Tag eines der Dienstmädchen, der sonst keinen Tropfen Alkohol anrührte, hatte diese Nacht einen Schwips.

Eine Woche lang hatte der Doktor Fronturlaub bekommen. In dieser Zeit verarztete er, wie eh und je auf seinem Rad fahrend, die ihn rufenden Patienten in engerer und weiterer Umgebung. Anschließend kehrte er wieder zu seiner Abteilung zurück. Die Erde von Palanka betrat er nie mehr.

Anfang Februar verließen seine Frau Marie, die Kinder und das treue Kindermädchen, mit einer riesigen Menge von Gepäckstücken beladen, mit einem Militärzug Palanka und die Batschka. Marie hatte sich von niemandem verabschiedet und niemandem eine Botschaft hinterlassen. Schon am nächsten Tag zogen Serben in das verlassene Haus ein mit der Begründung, sie hätten es Marie Reiter abgekauft. Es waren Serben, die zu Weihnachten noch niemals jemanden mit „Christus ist geboren" und zu Ostern niemanden mit „Der Heiland ist erstanden" begrüßt hatten, sondern es waren solche, die in der Nacht die meisten Besuche empfingen. Verschwiegen und ungesehen.

Es war ein alarmierendes Zeichen der Zeit. Viele deuteten es richtig und zogen die richtigen Konsequenzen, indem sie mit ihrem Hab und Gut die Heimat verließen. Manchen blieb diese Zeichendeutung verschlossen, und einige trotzten ihr. (...)

Am 136. Tag dieses Jahres, am 16. Mai, spazierte Eva durch die kleine Gasse hinüber zum Donaudamm bis zum Ortsende, dem sogenannten „Lisl-Loch", einem morastigen, menschenleeren Gebiet. Wie immer fuhren schwerbeladenen Lastkähne auf der zur Zeit Hochwasser führenden, wild strömenden Donau. Auch einen Dampfer erblickte sie stromabwärts fahrend. Waren es privat Reisende oder Soldaten, die zum Einsatz gefahren wurden? Flotte Lärmmusik drang bis ans Ufer. Der kurze Blick, der ihr durch Weiden und Gestrüpp verdeckt wurde, ließ sie die Menschen auf Deck nicht erkennen.

Obwohl Dienstag und ein ganz gewöhnlicher Arbeitstag war, nahm sich die gewissenhafte Eva die Zeit für diesen musischen Gang. Meistens nahm sie bei ihren Donauspaziergängen ihre Kinder mit, aber heute wollte sie allein sein. Heute, am Tag des heiligen Nepomuk, des Schutzheiligen aller Donaumüller. Donaumüller war auch ihr Vater gewesen; sein ganzes Leben lang, schon als kleiner Bub war er im Müllerdienst gestanden. War schon als junger Bursche mit schwerbeladenen Müllerzillen über die Donau und stromauf und -abwärts gefahren, um die würzig duftenden Weizenkörner in seine Mühle zu fahren. Nur mit äußerster Geschicklichkeit gelang es ihm und den anderen Zillenfahrern, in die richtige Wasserrinne zu kommen, ohne Schaden an der Fracht oder am eigenen Leben zu erleiden. Seine Arbeit in der Mühle dauerte oft Tag und Nacht. Dann hatte er weder für sich noch für die Kümmernisse und Fabulierfreude seiner kleinen Eva Zeit, die sich dann, mit Nadel, Schere und Stoffresten versorgt, neben oder in der Mühle in eine versteckte Ecke setzte und Puppenkleider nähte. Zwischen dem Hauptschiff und dem kleineren

Mühlenrad wurde das große Mühlenrad ununterbrochen vom fließenden Wasser gedreht. Es klapperte friedlich Tag und Nacht. Evas Vater war einer der glücklichen Mühlenbesitzer, der sich niemals der schweren und langwierigen Arbeit des Mühlenumbindens unterziehen mußte, wie es sein Vater noch zeitweise handhaben hatte müssen, da er stets den für einen normalen Arbeitsgang richtigen Wasserstand hatte. Er erzählte oft von den eisigen Wintern seiner Kinderzeit, in denen sein Vater und mit ihm die ganze Familie die Mühle in den Winterstand bringen hatte müssen, indem sie diese in einen Donauarm versetzt anbanden. Erst wenn die Eisschollen zerborsten, zergangen waren, wurde die Mühle wieder an den Donaustrom zurückversetzt.

Wobei im Jahre 1899, in Apatin, wo ihre Familie ansässig war, an der oberen Inselspitze achtzehn Mühlen durch einen jähen Wetterumschwung, der Hochwasser verursachte, zerdrückt wurden. Selbst die damals für die Flußregulierung eingesetzten Schiffe wurden vernichtet. Nach 1900 wurden sämtliche Donaumühlen modernisiert. Trotzdem blieb der Beruf eines Donaumüllers weiterhin voller Mühen und angestrengter Arbeit, ohne Unterbrechungen jahraus, jahrein. Nur am 136. Tag jeden Jahres, am Tage des heiligen Nepomuk, des Schutzpatrons der Donaumüller, standen sämtliche Mühlräder still. Der Nachmittag dieses Tages wurde zu einem Volksfest, dann wurde getanzt, gesungen, festlich gespeist und über den Durst getrunken. Unter den Klängen von Musikkapellen wurden in der Dämmerung auf eigens dafür hergerichteten Brettern brennende Kerzen aufgesetzt und donauabwärts schwimmen gelassen. Bis spät in die Nacht hinein feierten die Müller und mit ihnen oft das ganze Dorf. Und auch die Kinder durften länger aufbleiben als sonst, oft mit Rappilli und Schnudili und Zuckerzeug beruhigt. Doch gleich am nächsten Tag begann wieder die schwere, gefährliche, monotone Arbeit. Oft wurden Gehilfen eingestellt, die dem reißenden, Opfer fordernden Fluß nicht gewachsen waren, und manche mußten ihr Leben lassen oder waren durch ihre Ungeschicklichkeit schuld am Tode anderer. Auch Evas Vater fand bei einem Donau-Übersetzungs-Manöver mit einer bis zum Rand gefüllten Zille den Tod. Weil der ihn mit einem Seil strömungsgegenleitende Gehilfe einen Hinweis falsch ausgeführt hatte. Daher kippte die Zille um, und das Gewicht und der Sog der Weizenkörner drückte und zog den Müller in die Tiefe. Außerdem war Evas Vater Nichtschwimmer wie die meisten Müller, Fischer und an der Donau lebenden Menschen. Kein Mensch fand jemals seine Leiche. Seither war Eva an jedem Nepomuktag am Flußufer und setzte, noch ehe am Nachmittag das Volksfest begann, ihr Brett mit brennenden Kerzen aufs Wasser. Nepomuk zu Ehren und in liebendem Gedenken an ihren Vater. (...)

Großvater H. litt in diesem Jahr besonders arg an seinem Bronchialasthma. Nächtelang saß er, von drei großen, dicken Daunenpolstern gestützt, schlaflos im Bett, und das schnaufende, rasselnde Atmen ließ Großmutter aus akustischen Gründen nicht schlafen, während es Großvater gleich aus mehreren

Gründen nicht konnte. Erstens weil ihn sein eigenes Keuchen daran hinderte, zweitens weil die daraus resultierende Brustenge und Atemknappheit sich von Zeit zu Zeit in Sterbensängste steigerte, und drittens weil der Kriegsfortschritt auch in ihrem kleinen Land, zwischen Donau und Theiß, unselige Ausmaße annahm.

Fort, fort, die Kinder müssen fort, sagte sein Verstand, aber sein Herz tat ihm weh dabei.

Eines Nachts stand er mühselig auf und holte aus seinem Kleiderschrank aus dem hintersten Fach einen alten „Radelstecher". Dabei überkam ihn ein starker Hustenanfall, und Großmutter mußte Franz zur Hilfe holen. Eine doppelte Dosis des üblichen Medikamentes brachte baldige Erleichterung. Franz jedoch tauschte für diese Nacht mit seiner Mutter den Bettplatz und verblieb wachend an der Seite seines Vaters.

Erschöpft eingeschlafen, war Großvater nach kurzer Zeit wieder hellwach, und sofort begann er, von schnaufenden Atemgeräuschen unterbrochen, mit Franz zu sprechen.

„Schau", sagte er und deutete auf den an der Kastentür lehnenden, knapp einen Meter langen Stock, an dessen Ende ein metallener Abschluß messerähnlich befestigt war, „mit diesem Radelstecher hatten meine Eltern Wiesen und Beete urbar und fruchtbar gemacht, indem sie sie von den unnützen Disteln und dem wildwuchernden Rettich säuberten.

Gerade zu so einer Nachtzeit wie heute bin ich als Bub neben meinen kranken Vater gelegen und er hat mir dabei für den nächsten Tag das Radel (Rettich) -stechen aufgetragen. Und ich hab's getan, just auch am Nachmittag desselben Tages, an dem mein Vater, dein dir unbekannter Großvater, gestorben ist. Darum habe ich mir diesen Stock wohl bewahrt. Damals in der Nacht vor über siebzig Jahren sprach Vater in seinen Erinnerungen von den Revolutionsjahren 1848/49, die er als blutjunger Mensch miterlebt hatte. Von den Jahren, von denen die einfältigen Bauern meinten, daß es gut war, sich bei jeder Partei friedlich verhalten zu haben, obwohl sie Fässer mit Schmalz, Speck und Wertgegenständen vergruben, Raubgesindel sich breit machte und eine Partei die andere durch Intrigen, Mord, Raub und Brand zu vernichten versuchte. Eine schreckliche Zeit, in der sinnlose Gerichte wahllos Feinde zum Tode durch Erhängen verurteilten und Vergewaltigungen zu den kleineren Übeln zählten. Damals erzählte Vater mir kleinem Buben von vielen greulichen Taten und wollte mir wahrscheinlich seinen Rat, seine Überlegungen dazu mitteilen, aber ich schlief währenddessen ein, und am Morgen dachte weder Vater noch ich an eine Fortsetzung des Gespräches. Das Radelstechen war vorherrschend. Und heute, vorhin, zwischen meinen mich fast schier erstickenden Hustenanfällen fiel mir alles wieder ein. Und es ist wieder eine solche Zeit. Franz, nimm deine Frau und die Kinder und geht fort, bringt euch in Sicherheit. Unser stetes friedliches Verhalten, von Generationen vererbt, nützt uns nichts."

„Vater, wenn du und Mutter mitgeht, können wir morgen darüber reden, sonst werden wir es auch so schaffen."

„Morgen kann ich gestorben sein, genau wie mein Vater, damals, nach dieser Nacht."

„Vater, wir sprechen morgen weiter, du stirbst noch lange nicht."

Tage später war Großvater wieder soweit genesen, daß er seinen Alltag wie eh und je bewältigen konnte. Bald darauf begannen die ersten geschlossenen Flüchtlingstrecks norwärts zu ziehen, die Partisanen bekamen Überhand und massakrierten ganze Familien, vereinzelte Bomben fielen auf die Dörfer und ihre Bewohner, die gerade dabei waren, die Ernte einzubringen, über mysteriöse Todesfälle wurde nur geflüstert, die Angst ging straßauf, straßab und logierte in fast allen Häusern.

Intellektuelle und verkrachte Existenzen wurden zu Konspiratoren wider alle Kollaborateure. Niemandem war zu trauen, selbst enge Familienangehörige wurden zu verfeindeten Parteien, zu Feiglingen und Denunzianten, um ihre eigene Haut zu retten.

Die Internierungslager begannen sich zu füllen. Juden und Zigeuner lud man in Kastenwagen, um sie angeblich zum Bahnhof zu bringen, damit Platz gemacht würde für andere, zum Beispiel für die angeblich streitsüchtigen, kriegshetzenden Schwaben. Doch der Bahnhof war eine vorbereitete Grube am Stadtrand, in der sie als mit Abgasen vergiftete Leichen landeten. Während ihre gesammelte Habe an die Volksdeutschen als großzügige Spende der NS-Wohlfahrt verteilt wurde. Der Irrsinn wurde perfektioniert. Der Wahnsinn eine Erlösung. Und die Leiden zu einem potenzierten Kreuzweg, dessen letzte Station Chaos hieß.

Bevor die russische Armee Palanka besetzte, Schulhaus und Kloster okkupierte, schwängerte Franz seine Eva, damit sie, wenn „es sein sollte", keinen Russenbalg zur Welt bringen mußte. Eva trug nun ihr viertes Kind unter dem Herzen und wünschte sich, daß es ein Mädchen würde. Ein ebenso heiteres, unbeschwertes Wesen, wie es Schwesti war, die unbekümmert, alle drohenden Vorkommnisse nicht achtend, stets voll heiterem Übermut und fröhlichem Geplapper durch Haus, Hof und Werkstatt huschte. Darum ging es im Hause H., aus Rücksicht auf die Kinder, öfters lustiger zu, als es der wahre Gemütszustand der Erwachsenen sonst gezeigt hätte. Daher gewann die Angst niemals die Oberhand, denn die kindliche Unbekümmertheit wurde zu einem zwar kurzlebigen, aber stark abwehrenden Schild gegen die Trübsal und die Greulichkeiten, von denen alle deutschsprachigen Menschen der Batschka heimgesucht wurden.

Im September mußten innerhalb dreier Tage alle Männer bis zum 52. Lebensjahr einrücken. Wie es Franz H. gelang, sich diesem Befehl zu entziehen, blieb ein Geheimnis.

Im Oktober 1944 besetzten jugoslawische Partisanengruppen die donauschwäbischen Siedlungsgebiete der Batschka, des Banats, der Baranja, Syrmiens und Slawoniens. Der weltweit grassierende brutale Vernichtungsrausch hatte damit seinen Höhepunkt noch nicht erreicht. Grauenvolles wurde steigerungsfähig.

Seit dem Zusammenbruch der Österreichisch-Ungarischen Monarchie im Jahre 1918, durch den 650 000 deutschsprachige Menschen an den neugeschaffenen Staat Jugoslawien fielen, die ein naives, christliches Bauernvolk waren und blieben, das sich widerstandslos nach den neuen Gesetzen der neuen Machthaber richtete, begann nun im Spätherbst 1944 ein sinnloses Morden und Hinsterben von 200 000 Volksdeutschen vom Baby bis zum Greis.

Der jugoslawische Außenminister Edvard Kardelj bezeichnete sie später als kriminelle Minorität, und der jugoslawische Gesandte in den USA, Sawa Kassanowitsch, behauptete von ihnen: *Keinem Schwaben ist auch nur das Geringste zugestoßen.*

Durch den Balkanfeldzug 1941 hineingezogen in die Wirren des Krieges, wurden die Donauschwaben numerierte Verschleißgegenstände, deren Wünsche und Gefühle für lange Zeit einem qualvollen Marionettenspiel zu gleichen hatten.

Das Batschkaer Flüchtlingsschicksal, das heute bereits Historie ist, sozusagen ein abgeschlossenes Kapitel bewältigter Zeitgeschichte in chronologischer Zusammenfassung, gleicht leider einem immer wiederkehrenden Virus, der ständig irgendwo auf unserem blauen Planeten sein Unwesen treibt. In der Thematik dreier gleicher Methoden: 1. Massenliquidierung; 2. Massendeportierung; 3. Massenausrottung durch Hunger und Zwangsarbeit in den Konzentrations- und Zwangsarbeiterlagern.

Aber alle lebendigen Erinnerungen und Eindrücke, und seien diese noch so grausig, geraten im Laufe der Zeit in Vergessenheit, werden zuerst zur bruchstückhaften Erinnerung, zum Teil bereits glorifiziert, später voll von Unklarheiten, und dann zur heroischen Ahnenverehrung oder auch zu einer mit Achselzucken abgetanen Sache. Recht und Moral sind nicht identisch, ebenso wenig wie Vernunft und Gefühl.

Das abgefallene Laub der Platanen auf der Straße vor dem Haus war wie jedes Jahr ein herrlicher Zeitvertreib für die Kinder. Aufgetürmt zu großen Haufen, wurden sie zu Spring-, Turn- und Phantasieübungen verwendet. Die Kinder ließen sich vom Zaun herunter hineinfallen, landeten wie ungeschickte Käfer, mit Armen und Beinen wirbelnd und strampelnd im Laubhaufen auf dem Rücken und jauchzten dabei vor Begeisterung. Die Walnüsse waren geerntet und in großen Jutesäcken gesammelt auf dem luftigen Dachboden gelagert. Großmutter und eine Magd begannen bereits, die Gänse zu schoppen. Hunderte von gefüllten Gläsern füllten die Regale der Speisekammer, und die Jungschweine begannen programmgemäß Speck anzusetzen. Das Erntejahr war reichlich, ein gesegnetes.

Mitte Oktober begannen die sogenannten ersten Vergeltungsschläge. Unmenschlich, menschenunwürdig waren die Handlungen der in sinnlosem Haßwüten vorgehenden Personen. Wobei Partisaninnen kaum von ihren männlichen Genossen übertroffen werden konnten. Bestialisch, bestialischer, am bestialischesten waren stets die weiblichen „Machthaberinnen" in ihren Ausführungen.

Partisaninnen waren es auch, die in die Häuser gingen, die geängstigten Menschen aufforderten, ihre Jungen ab dem 15. Lebensjahr in die Bürgerschule zu schicken. Wenn nicht sofort Bereitwilligkeit ersichtlich war, wurde mit dem Erschießen ganzer Familien gedroht. Zwischendurch wurden kleine Vergeltungsmaßnahmen demonstriert, die darin bestanden, gefüllte Marmeladegläser an die Wände zu schleudern, den Frauen Halsketten, Broschen oder Ohrringe vom Gewand oder Leib zu reißen oder eine auf der Bank stehende, mit Tabak gefüllte Schachtel in das in Töpfen am Herd stehende Essen zu schütten.

Also sammelten sich in kürzester Zeit 70 deutsche Jungen in der Bürgerschule. Die sie zum Teil begleitenden Eltern wurden unter Flüchen und Drohungen und in die Luft geknallten Gewehrschüssen nach Hause geschickt.

Der bereits fünfzehnjährige Anton H. entging durch seine Zartheit, die Eva durch noch kindlichere Kleidung unterstrich, einem grausamen Schicksal.

Die in der Bürgerschule versammelten Jugendlichen wurden gefesselt und anschließend in den nördlich der Gemeinde liegenden Akazienwald getrieben. Hier wurde ihnen befohlen, eine Grube zu schaufeln. Nach getaner Arbeit wurden sie reihenweise erschossen und in das selbst geschaufelte Grab geworfen. Der Fluß der Tränen begann zu schwellen, das Salz des Meeres kommt niemals zum Versiegen.

Das Ausrottungssystem artete zu einem wüsten Plündern und Morden aus, wurde sozusagen perfekt.

Die von der Ausrottung bedrohten Menschen wurden noch stiller, Tür und Tor blieben verriegelt, und ihre Gebete glichen endlosen Litaneien, bis wieder irgendeiner mit harten Schlägen Einlaß begehrte.

Was im September für Franz und seine Familie ein Glücksfall zu sein schien, wurde Ende Oktober zur Tragödie.

Eines Morgens kamen uniformierte, hart blickende Männer, vor denen sich bereits die verbliebenen Hunde stumm verkrochen, denn waren sie tapfer, bellten abwehrend oder winselten auch nur, wurden sie augenblicklich erschossen; diese Männer kamen, um Franz H. zu holen.

Es hieß einfach: „Mitkommen!"

Aus, fertig.

Eva H., die das Eckzimmer des Hauses bis jetzt mit ihrem Manne geteilt hatte, konnte ihm von einem der drei Fenster aus nachschauen, bis er am Ende der Straße ihren Augen für immer entschwand. Wohin? Diese Frage war nur durch Vermutungen zu beantworten. Im November 1944 betraten selbstsicher und aggressiv zwei stramme Partisaninnen das Haus der Familie H., bezeichneten diese als Landesverräter und Volksfeinde und erklärten, daß sie innerhalb einer Viertelstunde das Haus zu räumen hätten, vor dem Haus Aufstellung zu nehmen und Bewilligung hätten, das Notwendigste mitzunehmen.

Das Notwendigste! Was ist das, wenn man sein Haus, Hab und Gut verlassen muß?

Innerhalb dieser Viertelstundenfrist packten sie geschockt, gedemütigt und ungläubig das für sie lebenswichtig Erscheinende zu Bündeln, Paketen und in Koffer. Mit übereinander angezogenen Kleidungsstücken stellten sie sich, wie viele andere Bewohner der Gemeinde, vor das eigene Haus auf die Straße. Gaben willenlos den Schlüssel in die fordernden Hände und warteten zitternd, jeder um das Wohl des anderen besorgt, was nun geschehen würde. Die Gleichstellung Mensch mit Tier begann. Die Bezeichnung Krone der Schöpfung wurde zur Phrase. Und würde es bleiben und bleibt es, solange es Unterdrückte und Unterdrücker geben wird und gibt.

Die staatsrechtliche Gegebenheit, nach der alle Donauschwaben Jugoslawiens als Landesverräter und Volksfeinde bezeichnet wurden, hatte ihre Begründung darinnen, daß in den Jahren 1941 bis 1944 viele Donauschwaben zur Deutschen Wehrmacht einrückten, obwohl sie in Jugoslawien eingegliedert waren. Keiner der maßgeblichen Politiker und Kriegsmacher dachte jemals daran, das Land zwischen Donau und Theiß, das Ende des 17. Jahrhunderts von den Habsburgern mit Deutschen besiedelt, stets zwischen Deutsch-Ungarn und Jugoslawien hin- und hergeschüttelt worden war, trotzdem eine deutsche Insel blieb, schützend zu zernieren. Dafür konnte Tito seine entlassenen Soldaten, Partisanen, mit einem Vermögen belohnen, billig für ihn und kostbar für die Beschenkten, wie es bis dahin noch keinem Feldherrn gelungen war. Die Antifašističko Veće Narodnog Oslobodjenja Jugoslavije, kurz A.V.N.O.J. genannt, sanktionierte und bestätigte die Ausschreitungen gegen die deutschsprachige Minderheit, die in vollem Einsatz am 21. November 1944 zum Tragen kam und etwas später von der jugoslawischen Nationalversammlung als Gesetz offiziell in Kraft gesetzt wurde.

Darinnen heiß es:
1. Alle in Jugoslawien lebenden Personen deutscher Abstammung verlieren automatisch die jugoslawische Staatsbürgerschaft und alle bürgerlichen und staatsbürgerlichen Rechte.
2. Der gesamte Besitz aller Personen deutscher Abstammung – sowohl der bewegliche als auch der unbewegliche – hat als vom Staate beschlagnahmt zu gelten und geht automatisch in dessen Eigentum über.
3. Personen deutscher Abstammung können weder irgendwelche bürgerlichen oder staatsbürgerlichen Rechte beanspruchen noch ausüben noch Ge-

richte oder staatliche Institutionen zu ihrem persönlichen oder rechtlichen Schutz anrufen.

Innerhalb der Grenze Jugoslawiens wurde die deutsche Bevölkerung somit aus der Wirtschaft des Staates eliminiert. Während der Mensch als solcher und seine Arbeitskraft vom Staate an Private verpachtet werden konnte. Ein lukrativer Sklavenhandel begann. Die Donauschwaben wurden hiermit zu Dingen. Tendenz: restlose Vernichtung.

Von den beiden fanatischen Parteigängerinnen flankiert, wurde die Familie H. zum Hauptplatz zur Schule geleitet und gepufft. Unterwegs begegneten sie anderen Palankaern, gleich bepackt, gleich begleitet, gleich entsetzt, gleich gefügig. Eva erkannte den Brell-Schneider mit seiner großen Familie, die Frau mit dem Jüngsten, noch ein Säugling, auf dem Arm. Daneben schritten die beiden alten Lechner. Zwei alleinstehende Menschen, die am Ende der Hauptgasse in einem kleinen Häuschen wohnten, mit nur zwei Ziegen im Stall, etwas Kleinvieh und dem schönsten Blumengarten von ganz Alt-Palanka. Bei den großen Kirchenfesten, bei Taufen und Hochzeiten war es die Lechner-Neni, die die Blumen zur Ausschmückung des Gotteshauses zur Verfügung stellte und sie auch recht ansehnlich arrangierte.

Auch den schlohweißen Rupert Lofer erblickte Eva sofort, der, von seinen beiden Enkelinnen Rosa und Gabriele behutsam und liebevoll gestützt, im Menschenstrome mitgeführt wurde. Großmutter und Großvater sahen nichts, ihr Kummer war qualvoll, gleich Traumwandlern setzten sie Schritt vor Schritt.

Vor der Gemeindeschule am Hauptplatz drängten sich schon Menschenmassen mit ihrem Gepäck, fast alle schwarz bemantelt oder in schwarze Umhangtücher gehüllt, schwarze Hüte auf den Männerköpfen und schwarze Tücher auf denen der Frauen. Alle fast stumm, sprachlos vor passivem Haß, zogen sie in die Klassenzimmer ein, nur hin und wieder von Kindergegreine unterbrochen oder von den harten, lautstarken Befehlen der sie bewachenden Einweiser. Mit vierzig zum Teil gänzlich unbekannten Menschen teilten sie nun vier Tage lang ein Schulzimmer miteinander, ebenso ihre Sorgen und Nöte. Kaum einer, der einen hoffnungsvollen Satz sprach.

Nach vier Tagen hieß es wieder: „Sammeln!"

Und Alt und Jung wurde wie eine Herde nordwärts getrieben, nach Pasicevo, nach Alt-Ker. Hirtenhunde waren Menschen mit Gewehren und Herzen aus Stein. Zu Fuß und ohne Ausruhmöglichkeiten marschierten Kinder, Alte und Gehbehinderte mit den Rüstigen. Zusätzliche Rast wurde höhnisch abgelehnt. Die, die sich ermüdet hinzusetzen versuchten, wurden sofort unter Androhung des Erschießens weitergetrieben. Bald wurden die ersten Bündel behindernden Ballastes am Straßenrand liegengelassen, später kamen zu den Bündeln und gefüllten Koffern auch die ersten Menschen. Objekt oder Subjekt, kaum einer, der sich darum kümmerte.

In den Kleidern schlafend, ohne sich waschen zu können, ohne jede körperliche Pflege, ging es fort. Nach einigen Tagen voller Ungewißheit, Unrast und großem Durcheinander hieß es wieder: „Sammeln!" Jetzt ging die Marschroute westwärts, nach Petrovac. Hier wurden sie von den Slowaken haßerfüllt empfangen und wie bereits in anderen Durchzugsdörfern mit Steinen beworfen, bespuckt und beschimpft. Die Propaganda der fanatischesten Ausrottungskampagne dieser Zeit und das Schüren primitivster Haßgefühle entfaltete sich zu wahren Orgien. Aber keine negative Handlung ohne eine positive als Gegenpol. Es gab auf ihren stundenlangen Wanderungen auch immer wieder Menschen, auch Slowenen, Slowaken oder Ruthenen, die unter eigener Lebensgefahr Brot, Obst oder eine gefüllte Flasche mit frischer Milch oder Alkohol den ausgetriebenen Vorbeiziehenden zusteckten.

Petrovac, eine kleine Gemeinde, wo genauso wie aus Palanka, Cib, Temerin, Apatin oder sonstwo sämtliche deutschsprachigen Bürger ausgetrieben worden waren. Wohin diese Menschen getrieben worden oder gezogen waren, das interessierte keinen der müden Ankömmlinge. Jeder war mit seinen eigenen Sorgen überladen.

Würde man überleben? Würde genug zu essen da sein? Was würde weiterhin geschehen? Würde genug zum Heizen da sein? Wann würde der Krieg zu Ende sein? Würde kein Feind plündern und morden?

Alle alten Leute waren ins Lager Jarak transportiert worden. Auch die Großeltern. Eva und die Kinder wurden mit zwei anderen Frauen in einem Zimmer eines leerstehenden Hauses einquartiert. Nur kahle Wände, kein Tisch, kein Bett, kein Kasten.

Ein alter Melkschemel, zwei wackelige Stühle ohne Lehne und ein wurmstichiges Kastel, das vergessen am Dachboden stehend gefunden wurde, waren ihr einziges Mobiliar. Betten wurden durch ein Strohlager ersetzt, Bettzeug durch Mäntel und andere Kleidungsstücke. Die Requirierung hatte ganze Arbeit geleistet. Nicht nur in dem Haus, in dem Eva, die Kinder und die anderen Frauen untergebracht waren, war sämtliches Inventar entfernt. Auch in den anderen geräumten Häusern gab es allerhöchstens noch auf den Dachböden abgelegte zweitrangige Gebrauchsgegenstände. Zirka 40 000 Deportierte waren unterwegs oder in Lagern. Nach dem Jänner 1945 gab es als Geschenk für das Nachlassen der Massenliquidierungen eine große Anzahl von Internierungslagern. Hier herrschten der Hungertyphus und die Wassersucht, die Rote Ruhr und die Krätze.

Es war eine Hochzeit der Flöhe, Läuse und Wanzen. Und die Hochzeit der Primitiven, die dem Machtrausch verfallen waren. Einer der Chefs dieser primitiven Machtgierigen hieß Rankovics, seines Zeichens Oberbefehlshaber der OZNA, der das Ausrottungsprogramm für die deutsche Bevölkerung ersonnen hatte.

Eva wie die anderen Flüchtlinge konnten sich in Petrovac fast ungestört in ihren Zimmern und in den Gärten hinter den Häusern aufhalten. An jedem Straßenende patrouillierten Tag und Nacht Wachen. Das Lageressen bestand vorwiegend aus Rollgerstensuppe und altem Brot. Wollte man etwas Besseres zu essen haben, mußte man stehlen oder mit Geld, Wertgegenständen oder Kleidung bezahlen.

Eva wurde Köchin bei einer durch den Krieg reich gewordenen Slowakenfamilie. Dafür mußte diese an den Staat 80 Dinar am Tag bezahlen. Für Eva war es eine unbezahlte, aber lebenserhaltende Stellung. Selten gelang es ihr, bewacht durch das gehässige Küchenpersonal, für die Kinder Eßbares mit nach Hause zu schmuggeln. An seltenen Tagen wurde es ihr jedoch gestattet, altes Brot im Schmalzrest zu rösten, um es für die Kinder mitzunehmen. Das waren die wenigen Tage, an denen alle satt schlafen gehen konnten. Auch die Kinder mußten arbeiten. Die noch verbliebenen Früchte auf den Feldern abernten. Kornhalme sammeln und dergleichen mehr.

Eine der beliebtesten Arbeiten war es, den Hühnern in der Hühnerfarm Futter zu streuen. Denn hin und wieder hatte eines der Kinder das Glück, unbemerkt von den Bewachern geschickt und flink einige der Eier zu erlangen. Falls nun auch noch eine geschickte Mutter, Tante oder Schwester zur Hand war, ließ sich damit auf einer selbstgezimmerten Feuerstelle in irgendeinem alten blechernen Topf Eierkuchen zubereiten. Und manches Mal gelang es, durch eine unerkannte, fremde, gütige Hand ein Glas Marmelade zu erhalten. Das waren dann die Festtage im Lager, schöner und begehrter als jedes Fest es zu Hause einmal gewesen war. Die Hühnerfarm wurde leider in einem rasanten Tempo dezimiert. Denn die aus der ganzen Umgebung von Petrovac zusammengefaßten Hühner wurden nach der Austreibung der Deutschen in einem gut umzäunten Grundstück gesammelt und dienten von nun an den Soldaten und der jugoslawischen Bevölkerung als steter Fleischlieferant. Hatte ein Soldat oder die ganze Sippschaft eines höheren Beamten oder eine der pseudoreicheleganten Damen der neuen Gesellschaft Appetit auf Hühnerbraten, mußte jemand von den Internierten augenblicklich das Huhn oder eine Reihe von Hühnern schlachten, und die gemieteten Köchinnen mußten sie sofort zubereiten. Daß eine Hühnerfarm kein Perpetuum mobile ist, wurde ihnen allen erst bewußt, als die Vorräte, die die deutschen Hausfrauen gewissenhaft besorgt hatten, schrumpften. Genauso wie die Anzahl der Hühner.

Der heilige Abend ging festlos vorüber. Eva erhielt weder die erhoffte Nachricht von ihrem Mann noch von den Schwiegereltern. Ungewißheit und Angst hielten sich stets die Waage.

Am Christtag gegen Morgen bewegte sich das Ungeborene zum ersten Mal. Und zum ersten Mal seit ihrer Vertreibung konnte Eva weinen. Laut und schier endlos flossen die Tränen. Rannen links und rechts über die Schläfen und Wangen auf das Tuch, das den Kopfpolster ersetzte, in das abgelegene Stroh. Angst, Haß, Mutlosigkeit, Selbstmitleid und das absolute Wissen um ihre Wehrlosigkeit, alle diese Gefühle zusammen bestürmten die junge

Frau, die sich vor die Aufgabe gestellt sah, sich und ihre Kinder zu retten. Ohne jede Hilfe von außen, ohne einen Groschen Geld. Und dazu noch schwanger. Und ständig auf der Hut sein.

Bei den vielen Tricks, die die Partisanen ersannen, um den Halbverhungerten und schon oft Gefilzten das Letzte auch noch abzunehmen, wurde Eva gewitzt. So verstand sie es vortrefflich, keine oder nur Scheinbündel mitzunehmen, wenn es wieder einmal „Sammeln!" hieß. Oder die Sachen in Windeseile unter den Rock auf den Leib zu binden, wenn es ihrem Gefühl nach wirklich wieder ein Umziehen hätte geben können. Dann konnte es beim Befehl „Abtreten!" und „Bündel liegen lassen!" nicht geschehen, daß sämtliches Hab und Gut in die Hände der Bewacher fiel. Die mit diesem Trick ein kleines Vermögen gewannen und durch ihre Gier viele Menschen zum Tode trieben.

An einem kalten Januarabend, als Eva von ihrer Arbeitsstätte heimkehrte, stürzte sie, entweder aus Schwäche oder auf Grund des Glatteises, so unglücklich, daß sie sich einige Tage lang nicht von ihrem Lager erheben konnte. Einen Arzt für die Volksverräter gab es nicht. Hungrig, frierend und von körperlichen Schmerzen gepeinigt, schöpfte sie betend die Kraft, um für ihre Kinder zu überleben.
 Joschi, obwohl jünger als Toni, begann sich in die Rolle des Familienoberhauptes hineinzuleben. Er saß am Strohlager seiner Mutter und versuchte, sie zu trösten und zu beruhigen. Er war es, der Heizmaterial beschaffte, indem er die Balken des im hinteren Garten gelegenen Stalles abmontierte, genau wie die Holzlatten des Zaunes. Zwischendurch gelang es ihm immer wieder, einige Stückchen Brot oder Maisfladen mehr zu erhalten. Die Härte des Brotes und das damit verbundene langwierige Kauen verminderten nur scheinbar das stete Hungergefühl.
 Am vierten Tag nach dem Sturz trat Eva wieder ihren Dienst an. Bleich wie eine getünchte Wand tat sie ihre Arbeit mechanisch. Sogar das sie stets beschimpfende Hausmädchen vermied es an diesem Tag, seine bösen Wünsche und Drohungen anzubringen.
 Die Nacht davor hatte Eva ihr viertes Kind ins Stroh verblutet. In dem erschöpften Halbschlaf bis zum Aufstehen war ihr Franz im Traum erschienen und hatte ihr stumm und ernst zugenickt. Um sich dann, stets kleiner werdend, von ihr zu entfernen, ohne auf ihr Zurufen zu reagieren.
 Beim schreckhaften Aufwachen wußte sie es: Ihr Mann, der Vater ihrer Kinder, ihre Liebe, war tot.

Im März waren zum Teil noch Zuckerrüben in den Äckern, die die Kinder ausgruben und nach Hause brachten. Stundenlang wurde nun aus den gewaschenen und geschnetzelten Rüben Sirup gekocht. Das Osterfest im April wurde dadurch zu einem wahren Fest. Es gab Sirup auf das Brot! Auch hatte

Eva mit dem Mute der Verzweiflung und mit der erlernten List, die zu haben als Lagerinsassin lebensnotwendig war, einige Schnitten feines weißes Milchbrot mitgebracht, da sie für ihren Arbeitgeber und dessen Freunde hatte bakken müssen. Zusätzlich gelang es ihr auch, eine Scheibe gut durchwachsenen Specks, in den Ärmel ihres Kleides versteckt, als Ostergabe heimzubringen. Ebenso heimlich, wie sie die Kostbarkeiten heimgebracht hatte, wurden sie auch verzehrt, denn die beiden Mitbewohnerinnen waren zänkische und habgierige Frauen.

Obwohl in den von deutschsprachigen Bewohnern verlassenen Ort jugoslawische Bevölkerung aus dem Süden angesiedelt wurde, wurden im Frühjahr keine Felder bestellt. Hin und wieder nur kärgliche kleine Hausgärten angelegt und das meistens mit Hilfe der internierten Frauen und Kinder. Die Bosnier, Slowaken und zum Teil auch Slowenen verstanden es nicht besser, hatten es nicht anders gelernt. Außerdem waren, als sie ankamen, so viele Vorräte vorhanden, vom weißen, wohlschmeckenden Schmalz angefangen über die eingemachten Säfte, Obst und Gemüse bis zu den Fässern voll mit Eingepökeltem und dem geselchten Fleisch und den gewürzten Würsten in den Speisekammern der Häuser, daß sie in ihrer Dummheit und Faulheit gar nicht daran dachten, daß dieses Schlaraffenland von begrenzter Dauer sein könnte. Zusätzlich und zu ihrer Überraschung lag kiloweise die frische, selbst hergestellte Kernseife rund um das Gebälk der von deutschen Bürgern bewohnt gewesenen Häuser. Alles war da, nur zum Nehmen. Nur die, die es durch persönlichen Einsatz und Fleiß hergestellt hatten, waren fort. Und mit ihnen auch der Wohlstand des Landes. Langsam setzte der Verfall ein. Unbemerkt von den Nehmenden.

Ende April waren die letzten Hühner aus der Hühnerfarm abgeschlachtet. Die meisten Vorräte aufgebraucht, das Mehl in den Mühlen ging zur Neige, ebenso das Geld, das die Batschka-Frauen für dringende, lebensnotwendige Bedürfnisse, für die einfachsten, alltäglichen Dinge geben mußten. Auffallend oft wurden die mit 80 Dinar pro Tag gemieteten „Sklavinnen" zurückgestellt. Die Damen der neuen Gesellschaft mußten sich wieder mit dem gewöhnlichen Dienstpersonal begnügen, das weniger Tageslohn kostete. Dem man den kärglichen Lohn auch schuldig bleiben konnte, nicht jedoch dem Staat. So kam es, daß das wieder einmal gerufene „Sammeln!" zum Ernst wurde und alle in Petrovac internierten Frauen und Kinder zurück nach Pasicevo gehen mußten.

Obwohl es Frühling war und die Luft mild, die Temperaturen den Menschen wohlgefällig und die Belastung durch Gepäckstücke weitaus geringer als im November beim Marsch nach Petrovac, war ihnen diesmal der Fußmarsch weitaus beschwerlicher. Abgemagert, geschwächt und geängstigt kamen sie in Pasicevo an.

Die Frauen wurden in ein Lager eingewiesen, und die Kinder mußten weiterwandern in das einige Kilometer südostwärts gelegene Bački Jarak. In dem, wie Eva inzwischen in Erfahrung gebracht hatte, auch die Großeltern untergebracht und noch am Leben waren. Die Mütter und Kinder konnten sich kaum voneinander verabschieden, grobe Arme, bestialische Stimmen und unmißverständliche Gewehrkolben schafften die sogenannte Ordnung. Herzzerreißendes Schreien und Weinen wurde laut, aber es gab niemanden, dessen Herz zu erweichen gewesen wäre.

Bački Jarak, ein gefürchtetes Lager, in dem die meisten Menschen starben. Es war allemal noch schäbiger als in Pasicevo, das wußte Eva mittlerweile auch. Sie konnte nichts tun, nur beten und hoffen, wie so viele ihrer Leidensgenossen und Leidensgenossinnen es auch taten. Bald darauf wurde sie von einem Fleischhauermeister ausgewählt, der sie um die üblichen 80 Dinar pro Tag als Beiköchin in seinem Hause anstellte.

Die Enteignungen, Verschleppungen und Vertreibungen der Batschkaer haben die fruchtbaren Ergebnisse dieser jahrhundertelangen Aufbauarbeit in dem gesamten Raum in Frage gestellt, wenn nicht gar vernichtet. Besonders schmerzlich von den alten Leuten wahrgenommen, deren innige Verbundenheit mit dem Land, trotz der ihnen zuteil gewordenen Grausamkeiten, nicht ohne weiteres abzutöten war. Nun regierten keine beherzten Einwanderer, die mutvoll aus einer öden Gegend wertvolles Kulturland zu schaffen vermochten. Jetzt regierten der Haß, die Gleichgültigkeit und die Habgier. Aufgehetzte, auf ihre ganz speziellen Vorteile bedachte engstirnige Proletarier, kurzfristig und einsatzlos zu Wohlstand gekommen, verwirtschafteten in kürzester Zeit Land und Güter. Es gab Verschleppte, Verstorbene, Ermordete. Und eine beträchtliche Zahl ehemals im eigenen Land Internierter, die zum Teil resignierten. Doch die in über drei Kontinente zerstreut Lebenden begannen erinnerungsträchtig, heimwehbeladen, tüchtig, emsig und wie immer gewissenhaft eine neue Schwabenheimat aufzubauen. Und viele Schwaben in den Lagern, ob mit Krätze übersät, bis auf die Knochen abgezehrt, mit großen, glänzenden Hungeraugen in einem verrunzelten Gesicht, waren von dem drängenden Wunsch erfüllt, über die Grenze ins Mutterland kommen zu können. Über die Grenze!

Ein Wunsch, so vielversprechend sehnsüchtig erklingend wie das erträumte Gefühl im Paradies zu sein. Das Volk der Schwaben war und blieb ein friedliches, so wie es der Spruch von Stefan Augsburger auf einer Tafel an einem Kirchturm in der Batschka verkündet:

Nicht mit dem Schwert,
Mit der Pflugschar erobert,
Kinder des Friedens,
Helden der Arbeit.

Jetzt kamen neue Kolonisten in die Batschka. Aus Mazedonien, Serbien und Kroatien. Diese wurden in die verschiedenen Arbeiten von den restlichen Schwaben, die mit Genehmigung der Partisanenregierung, der Orts- und Lagerverwaltung in ihren Dörfern verbleiben durften, eingeführt. Im Herbst 1945 gab es schon einige tausend neue Familien nicht Deutschsprechender in diesem Gebiet.

Verwirrt, verängstigt und, was noch viel schrecklicher war, halb verhungert kamen die Geschwister mit der übrigen Schar nachts in Bački Jarak an. In der Nähe des Bahnhofs wurden sie vorerst in einem Schuppen untergebracht. Ohne Möglichkeit, sich woandershin als auf die Erde zu betten. Ohne das kleinste Stückchen Brot. Ohne einen Tropfen Wasser.

Am nächsten Morgen wußten die Alten im Lager bereits vom Ankommen der Kinder, und hilfreich nahmen sie sich ihrer an. Lisl, Anton und Joschi wurden von einer resoluten Frau, die sich ihnen als Tante Katharina vorstellte, abgeholt und zu den Großeltern gebracht. Diese hausten mit Katharina und ihrem Mann sowie zwei gebrechlichen Greisen in einem der zur Verfügung gestellten Zimmer eines requirierten, geplünderten Hauses. Bei Ankunft der Kinder fragte Großvater den Lagerleiter, ob er sich mit seiner Frau und den Enkelkindern im Stall hinter dem Hause einquartieren dürfe. Denn ihm schien der Stallraum für sie allein wesentlich angenehmer als mit den vielen Menschen zusammen in dem kleinen Zimmer.

Großmutter und Tante Katharina säuberten das Stallinnere, so gut sie es vermochten, streuten Stroh in eine Ecke und versuchten, aus dem Dürftigsten, das ihnen zur Verfügung stand, eine halbwegs menschliche Unterkunft zu bereiten. Großmutter und Großvater waren auch abgemagert. Großvater hatte unnatürlich dicke, aufgeschwollene Beine, einen ebensolchen Bauch, und sein pfeifender, rasselnder Atem ließ die empfindsame Lisl zuerst nächtelang keinen Schlaf finden. Großmutter betete mit Tante Katharina einige Male am Tag den Rosenkranz. Was Adam Wilmos, dem Mann Katharinas, zu fortgesetzter Nörgelei Anlaß gab. Toni und Joschi waren stets auf der Suche nach Eßbarem. Selbst die abgenagten, weggeworfenen und bereits einige Male ausgekochten Knochenabfälle wurden von ihnen aufgehoben und nochmals sehnsüchtig abgelutscht. Selbst Gemüsestrünke, die bei ihnen zu Hause nicht einmal den Schweinen vorgeworfen worden waren, galten ihnen als delikat gegenüber der immer gleichen bläulich-grauen Gerstensuppe und den harten Maisfladen, die offiziell ihre einzige Nahrung darstellten.

Eines Tages erschien der Lagerleiter und kommandierte sie alle wieder in das kleine Zimmer ins Haus zurück. Wenig später wurden sie in die neue Schule des Ortes getrieben, die nun als Lager für alle Arbeitsunfähigen und für die Kinder diente. Greise, Krüppel und die Kinder drängten nebeneinander und versuchten, sich ein schönes Strohlager zu bereiten. Tante Katharina und ihr gehbehinderter Mann kamen natürlich auch mit. Das greise Ehepaar schien diese kleine Umsiedlung nicht mehr verkraftet zu haben. Die Frau brach auf der Straße tot zusammen, und der alte Mann, den man mit Gewalt von seiner toten Gefährtin wegzerren mußte, schien darüber den Verstand verloren zu haben. Obwohl sich viele der Lagerinsassen um ihn kümmerten, schien er nichts mehr um sich herum wahrzunehmen. Er blieb in der ihm zugewiesenen Ecke, in die man ihn gesetzt hatte, steif und aufrecht sitzen und sang zwei Tage und Nächte ununterbrochen das Lied von Prinz Eugen:

Prinz Eugenius, der edle Ritter,
Wollt' dem Kaiser wiedrum kriegen
Stadt und Festung Belgerad.
Er ließ schlagen einen Brucken,
Daß man kunnt hinüberrucken
Mit der Armee wohl für die Stadt.

Als der Brucken war geschlagen,
Daß man kunnt mit Stuck und Wagen
Frei passieren den Donaufluß:
Bei Semlin schlug man das Lager,
Alle Türken zu verjagen,
Ihn' zum Spott und zum Verdruß.

Am einundzwanzigsten August soeben
Kam ein Spion bei Sturm und Regen,
Schwur's dem Prinzen und zeigt's ihm an,
Daß die Türken futtragieren,
Soviel als man kunnt verspüren,
An die dreimalhunderttausend Mann.

Als Prinz Eugenius dies vernommen,
Ließ er gleich zusammenkommen
Seine General' und Feldmarschall;
Er tät sie recht instruieren,
Wie man sollt die Truppen führen
Und den Feind recht greifen an.

Bei der Parole tät er befehlen,
Daß man sollt die Zwölfe zählen
Bei der Uhr um Mitternacht.
Da sollt all's zu Pferd aufsitzen,
Mit dem Feinde zu scharmützen,
Was zum Streit nur hätte Kraft.

Alles saß auch gleich zu Pferde,
Jeder griff nach seinem Schwerte,
Ganz still rückt' man aus der Schanz.

Die Musketier' wie auch die Reiter
Täten alle tapfer streiten,
Es war fürwahr ein schöner Tanz.

Ihr Konstabler auf der Schanzen
Spielet auf zu diesem Tanzen
Mit Kartaunen groß und klein.
Mit den großen, mit den kleinen,
Und die Türken, auf die Heiden,
Daß sie laufen all' davon!

Prinz Eugenius wohl auf der Rechten
Tät als wie ein Löwe fechten
Als General und Feldmarschall.
Prinz Ludwig ritt auf und nieder:
„Halt' euch brav, ihr deutschen Brüder,
Greift den Feind nur herzhaft an!"

Strophe für Strophe, vom Anfang bis zum Ende wiederholend. Erst am zweiten Tag begann er mit heiserer Stimme, die stellenweise versagte, die Reihenfolge der Wörter durcheinander zu bringen. Und ganz plötzlich war es dann still. Aufrecht und steif blieb er sitzen, seine Augenlider hatte er selbst geschlossen. Niemand trauerte um ihn. Jedes einzelnen eigenes Leid war größer.

Der Sommer mit seiner ganzen Glut lag über dem Ort und dem Lager. Glasig waren die Tage vor lauter Hitze, schwül und stickig die Nächte. Der Staub der Straßen hatte die Farbe eines falben Fohlens. In diesen Tagen eines Nachts erstickte Großvater am Wasser, das seinen Leib entstellt und gepeinigt hatte.

Schon viele Tage vorher konnte man an Druckstellen an seinen Armen und Beinen nach dem Berühren das Wasser, das seinen Körper und vor allem sein Herz belastete, erkennen. Seine Kurzatmigkeit wurde zu einem Röcheln, zu einem Kampf um ein bißchen Luft. Wenige Tage nach Großvaters Tod folgte ihm auch die Großmutter. Sie starb, wie so viele in den Lagern dieser Zeit, den Hungertod.

Tante Katharina mußte ihr am Sterbelager noch schwören, auf die Kinder zu achten, als wären es ihre eigenen. Hart von Natur und durch das Lager noch härter geworden, versprach sie dies hoch und heilig beim Bildnis der heiligen Jungfrau Maria und hielt dieses Versprechen auch in ihrer Art. Sie herrschte über sie. Wie sie es in ihrem bisherigen Leben mit allen sie umgebenden Mitmenschen getan hatte. Zarte Gefühle und feine Empfindungen waren ihr ebenso fremd wie eine mitfühlende mütterliche Geste.

Ein gefülltes Marmeladeglas voll goldgelber Marillenmarmelade, das eine gütige Seele Elisabeth heimlich zugesteckt hatte, wurde nicht den Kindern belassen, sondern zur Hälfte für sie und ihren Mann in Anspruch genommen. Aber die Kinder lernten schnell, sich zu behaupten, sich selber zu schützen, um ihr klägliches Dasein zu erhalten. Von nun an hüteten sie jedes noch so kleine und harte Stückchen Brot oder ein irgendwo erstohlenes Obst oder mitleidig zugesteckte Eßware unter ihrem Strohlager oder in ihren Kleidern versteckt. Denn Tante Katharina teilte nichts mit den Kindern, weder vom kärglichen Lageressen noch von zusätzlich erkauften oder eingetauschten Lebensmitteln. Aber sie verlangte gewissenhafte und dankesschuldige Teilung von den Kindern.

In den Sommerwochen blieb den Kindern nichts von den menschlichen Unzulänglichkeiten verborgen. Güte und Gier, Geduld und Wahnsinn, die elementare Durchschlagskraft von Müttern und die zynischen Betrügereien und Neidereien untereinander. Auch die körperlichen Unzulänglichkeiten und die Häßlichkeit des alten menschlichen Körpers, der qualvoll abgemagert und unfreiwillig ohne Pflege sich bei den alle vierzehn Tage stattfindenden gemeinsamen Waschungen den Kindern darbot. An diesen besonderen Tagen wurden sie alle in die Waschküche getrieben. In einem davor liegenden Raum mußten sie allesamt ihre Kleidungsstücke ablegen. Und nackt, Männlein und Weiblein, Kinder und Greise, stellten sie sich dann auf Befehl dichtgedrängt unter eine breitgefächerte Brause. Am Anfang dieser Aktionen hatten die Menschen noch Seife zur Verfügung, später ließen sie nur mehr das meist kalte Wasser über sich rinnen, ohne auch nur den Versuch einer Reinigung auf sich zu nehmen.

Was nützte es auch, sich in zwei Wochen einmal zu duschen, wenn auf dem Kopf und Körperhaar und in den Kleidern die Nissen und Läuse hafteten. Und im Stroh und an den Wänden und Fußböden die Wanzenheere sich stetig vermehrten und frische Leibwäsche den gleichen Luxusgrad erreichte wie ein Wurstzipfel.

Nach einem solchen Waschtag bekam Joschi hohes Fieber, und in den darauffolgenden Tagen war sein ganzer Körper, von den Fußspitzen bis unter die Haarwurzeln von eitriger und sich ständig vergrößernder Krätze übersät. Tante Katharina nahm es gelassen zur Kenntnis. Und da sich Joschis Zustand in den nächsten Tagen nicht besserte, erklärte sie ihm sachlich, daß auch er nun sterben müsse. Lisl weinte sich darob die Augen rot, und Toni, der zarte Bub, verfiel einem stundenlang anhaltenden Schüttelfrost. Joschi, geschwächt vom monatelangen Fasten, dem Fieber und der unablässig juckenden, eitrigen Räude, bäumte sich gegen das Vernommene auf, wehrte sich mit der ganzen Kraft seiner geschundenen Jugend gegen die Krankheit. Und als er von einer Nachbarin vernahm, daß vielleicht der eigene Urin, auf die kranke Haut verteilt, heilend wirken könnte, tat er dies. Matt schleppte er sich nach draußen. Versteckt im Gras, mit der Kraft der Verzweiflung urinierte er in einen Blechtopf und begann, sich mehrmals am Tage damit einzureiben. Auch am nächsten und übernächsten Tag empfahl er sich dieser Kur und nochmals und wieder. Und es half. Langsam, aber unübersehbar trocknete ein Geschwür nach dem anderen ab. Schorfübersät, aber glücklich geheilt begann er wieder aufzuleben.

Noch ein Glücksfall ereignete sich in dieser Zeit. Anton-Onkel, ein Bruder von Eva, wurde mit seiner Familie aus dem Lager von Neusatz, in das man sie eingewiesen hatte, entlassen. Da die neuen Ansiedler entweder zu dumm oder zu faul waren, den Zugverkehr im Palankaer Bahnhof zufriedenstellend zu versehen, mußten wieder die verpönten Ausgewiesenen zurückgeholt werden. Anton, der jahrelang seinen Dienst als Bahnbeamter gewissenhaft versehen hatte, wurde mit seiner Frau repatriiert. Nun konnten sie, allerdings auf Umwegen, vieles dazu beisteuern, daß die Kinder nicht am Hunger zugrunde gehen mußten.

So kam es, daß der genesende Joschi sowie seine Geschwister wieder ordentlich zu essen hatten. Wenigstens eine Zeitlang. Denn dieser glückliche Umstand dauerte nicht allzu lange. Neider und Intriganten verhinderten auch hier Gutes. Denn als die Lagerleitung von den Lebensmittelpaketen erfuhr, wurden sie den vermittelnden Lieferanten auch schon abgenommen. Bis Onkel davon erfuhr, hatte er viele Köstlichkeiten statt an Freund gegeben an Feind vergeudet.

Eines Tages konnte Tante Katharina nicht mehr aufstehen. Ausgezehrt, matt und fiebrig lag sie da. Wieder eine Lebenskerze, die verlöscht wurde. Zeitweise jammerte sie mit schriller Stimme lautstark durch das Zimmer. Grausig zum Anhören. Tagelang dauerte ihr Todeskampf. Adam, ihr Mann, der stets von ihr mehr oder weniger Geduldete, immerzu Beherrschte, wich nicht von ihrer Seite. Solange ihr Todeskampf dauerte, rührte er seine kärglichen Speisen nicht an. Als man sie begrub, weinte er wie ein Kind. Mit ihrem Rosenkranz saß er dann stundenlang, Tag für Tag im Zimmer und betete endlose Litaneien. Innig und fromm, obwohl das stete Beten Katharinas und der anderen Frauen früher dauernd zu Spötteleien Anlaß gegeben hatte. Was mit ihm weiterhin geschah, erfuhren die Kinder nicht mehr. Denn eines Tages, im Spätsommer, gelang es Eva, wenigstens eines ihrer Kinder zu sich zu bekommen. Da dem Fleischermeister und seiner Frau die bescheidene und sorgfältige Art der Batschkaerin Eva sehr gefiel und sie selber trotz aller Aufhetzungen und Kriegswirren ihre Menschlichkeit nicht eingebüßt hatten, erlaubten sie Eva, ihre Tochter zu sich zu holen. Der Lagerverwaltung versprachen sie, für das Mädchen 20 Dinar pro Tag zu zahlen. Dafür würde Lisl ihrer Mutter in der Küche helfen. Als Lisl in Pasicevo ankam und das Fleischerehepaar ihrer ansichtig wurde, stiegen auch ihnen die Tränen in die Augen. Groß- und hohläugig starrte sie ihnen ängstlich entgegen. Glücklich und gleichzeitig angstvoll klammerte sie sich an ihre Mutter. Die dünnen Arme und Beine mit Wanzenbissen tätowiert. Und unter dem kurz gewordenen, nicht sehr sauberen Kleid wölbte sich ein aufgedunsener Wasserbauch als Wappen des Hungers. Der Fleischer, ein besonnener Mann, warnte Eva und das Kind, nicht sofort mit großen Eßportionen zu beginnen. Jeden Tag gab er Eva eine Aufbauration, wie er es nannte, für Lisl mit, bestehend aus Speck und Weißbrot. Zusätzlich zur normalen Hausmannskost. Langsam entwickelte sich das häßliche Entlein wieder zu einem lieblichen Schwan, sprich Mädchen, wie es einer Elfjährigen anstand. (...)

Anton-Onkel erreichte durch gezielte Bestechung der Milizen und Lagerverwaltung, daß die gesamte Familie ins Lager nach Sombor kam, denn nur von hier aus führte eine intakte Bahnlinie über Subotica direkt nach Ungarn. In Sombor hatte sich wohl das entsetzlichste Gefängnis, das Gefängnis der Zupanija, befunden. In dem in den letzten Jahren ständige Vernehmungen der Häftlinge stattfanden, die zu Denunzianten geprügelt und gefoltert ununterbrochen befragt wurden, bis die erwünschte Antwort erzwungen war. Nur wenige haben damals wieder das Tageslicht erblickt. Die meisten davon starben in dieser Folterkammer unter furchtbaren Qualen, die wenigen Überlebenden waren für ihr weiteres Leben davon gezeichnet. Nun aber war man dieses Verschleißgeschäfts mit Menschen müde geworden. Was zu plündern gewesen war, hatten sie genommen. So hatte auch der ‚weise' Spruch des Analphabeten und Lagerleiters aus Bosnien keine Bedeutung mehr, den er bei den regelmäßigen Plünderungen von internierten Schwaben tragikomisch von sich gegeben hatte: „Heute rupfen wir sie wie die Gänse, und morgen sind ihnen die Federn wieder nachgewachsen!"
  Nutzlos für die Beherrscher waren die halbverhungerten und kaum arbeitsfähigen Schwaben geworden. Und die Regierung drückte bei den Flüchtenden aus den Lagern die Augen zu, und bei guter Bezahlung förderte sie die Flucht sogar.
  Außerdem war es mittlerweile auch international bekannt geworden, was in Jugoslawien mit den entrechteten Deutschen, die nicht rechtzeitig geflüchtet waren, geschehen war. Man wollte alles zudecken, aus der Welt schaffen, ungeschehen machen. Die Flucht über die Grenze wurde geduldet. Unter den Lagerinsassen bildeten sich eigene Hilfsgruppen, die die Menschen über die Grenze lotsten. Es entstanden sogenannte „weiße" und „schwarze" Führungen. Weiß für bezahlte und sichere Flucht, schwarz für die Flucht auf eigene Faust, die oft abgefangen wurde und wobei die Flüchtlinge wieder ins Lager zurück mußten. Einige wenige blieben, als Bergwerksarbeiter, um ihre Heimat nicht verlassen zu müssen. (...)

Noch immer oder schon wieder führen sie ein Inseldasein, die nach allen Seiten der Windrose verwehten Donauschwaben.
  Demütigend, blindwütig und haßerfüllt wurden sie entwurzelt, und obwohl zum Beispiel als Banater in Frankreich, als Batschkaer in Deutschland, Österreich und den USA integriert, können die Älteren sich nicht von ihrem Schwabentum lostrennen.

Offenbar devot und absolut pazifistisch, sind die Schwaben dennoch meist die Überlegenen, gleich den scheinbar dummen Bauern, die in den Volkssagen vieler Völker dieser Erde noch immer den allgewaltigen Teufel überlisten oder die größten Erdäpfel ernten.

Still, bescheiden und tief wie ihr Gefühlsleben versuchen sie ihre gesellschaftspolitische Pflicht zu erfüllen. Doch keiner von ihnen, darauf angesprochen, möchte wieder in sein Heimatland zurück, um dort zu leben. Auch dann nicht, wenn alles so sein würde wie früher. Oft starr festhaltend an ihren kirchlichen und weltlichen Festen und verschiedenen Bräuchen und Traditionen, genießen sie doch die Freiheit urbanen Denkens und dessen vielschichtige Handlungsmöglichkeiten. (...)

Seit dem Jahre 1949 besteht die Dachorganisation der donauschwäbischen Landsmannschaften in Österreich. Seither gab es lastenausgleichähnliche Regelungen für alle zur Zeit in Österreich lebenden Donauschwaben, das sind etwa 120 000. Es gibt die DAG, die Donauschwäbische Arbeitsgemeinschaft, sowie die Danube Swabian Association of the USA und die Siedlungsgemeinschaft von Entre Rios in Brasilien mit fünf Dörfern und rund 2 500 Siedlern.

Ich schrieb diese Erzählung als Mensch, subjektiv und manchesmal vielleicht für Schwaben lieblos. Ohne metahistorischen und endzeitlichen Sinn, weil solche erlittene Not und entsetzliche Drangsale noch nicht beendet sind, sondern tagtäglich irgendwo stattfinden, einfach im Lebensrhythmus einbezogen, als Ich in der Gegenwart die Vergangenheit erlebend. Denn Sinninterpretationen kann nur die Geschichtsphilosophie finden, da es immer noch nationale und völkisch-kulturelle Wertmaßstäbe zu geben scheint.

Ich mag die Ruhe und Beschaulichkeit und Sanftmut, die noch bei den alten Frauen aus der Batschka anzutreffen sind. Wenn sie irgendwo in einer sauberen Stube oder mitten im duftenden Blumengarten, auf einem Stuhle sitzend, die Finger ineinander verschlungen mit leiser Stimme von Daheim erzählen. Dabei die Gesichter, durch unter dem Kinn verknotete schwarze Tücher halb verborgen, weil das Tuch gleich einem Vordach weit über die Stirne herausragt, heitermienig dem Besucher zugewandt. Oder wenn sie mit ihren weiten Kitteln vor dem Nudelbrett in der Küche stehen und noch immer trotz der Supermärkte ihre Suppennudeln selber herstellen, geschickt, appetitlich und gelbstrotzend von Eiern. Und ich bewundere auch die Männer, die oft mit unendlicher Mühe und ausdauerndem Fleiß Geld und Gut erwerben, horten und exakt pflegen.

Von Kapstadt bis in den hohen Norden Kanadas sind sie nun „verstreut". Die tatkräftigen, familienverbundenen, unbestechlichen, pazifistischen Heimatvertriebenen, deren Enkelkinder den jeweiligen Lebensformen ihrer Länder angepaßt, dem Unrecht, das ihren Vorfahren widerfahren ist, nur mehr mental betrachtend, neutral empfindend gegenüberstehen. (...)

Joseph Hieß †
Wolfstal – Offenhausen

Joseph Hieß wurde am 3. April 1904 in Wolfstal/Niederöst. geboren. Seit 1923 war er in der österreichischen NSDAP aktiv, nach deren Verbot wurde er wegen illegaler politischer Aktivitäten angezeigt und bestraft. 1934 flüchtete er nach Deutschland und trat dort abermals der NSDAP bei. In der Folge war Hieß „Propagandaredner" und „Abteilungsleiter für volkspolitische Aufklärung und Erziehung" beim Volksbund für das Deutschtum im Ausland (VDA) in Berlin. 1940 stieg er zum „Gaugeschäftsführer" des „Grenzlandamtes" der NSDAP in Linz auf. Während dieser Zeit unternahm er auch Reisen zu den deutschen Volksgruppen und warb unermüdlich um Unterstützung für die volksdeutschen Siedlungen in aller Welt, was ihm den Ehrennamen eines „Grenzlandapostels" eintrug. Nach der militärischen Zerschlagung des Dritten Reiches war er in Glasenbach inhaftiert, einem von den Alliierten errichteten Lager für Nationalsozialisten und Kriegsverbrecher. Nach seiner Freilassung war Hieß Gemeinderat in Offenhausen, Dietwart des Österreichischen Turnerbundes (ÖTB) und langjähriger Schriftleiter der Bundesturnzeitung des ÖTB. Dank seiner Bemühungen wurde der Offenhausener Dichterstein als „Wahrzeichen volksnaher Dichtung" errichtet. Hieß diente sein Leben lang „nur dem Gedanken der Volkstumspflege und des Volkstumsschutzes", kennzeichnend für seine Gesinnung war die „geistige Hilfe für die Vertriebenen in den ersten Nachkriegsjahren", die sich unter anderem in der Stiftung einer Gedenktafel für Adam Müller-Guttenbrunn zu dessen 100. Geburtstag im Jahre 1952 in Linz sowie in einer Festschrift für den Erzschwaben bekundet. In donauschwäbischen Kreisen wurde Hieß als „aufrechter Freund" und „Kämpfer der Vertriebenen" geschätzt. Seine großangelegte Autobiographie umfaßt fünf in sich geschlossene Bände. Obwohl Hieß als Träger der nationalsozialistischen Ideologie mit Vorsicht zu genießen ist, soll hier der Zeugniswert seiner außergewöhnlichen Erfahrungen mit Donauschwaben nicht unterschlagen werden. Joseph Hieß starb am 11. Juni 1973 in Offenhausen in Oberösterreich.

Geburt im Nebel

(...) Die Leitung der Ortsgruppe des Schulvereines hatte es durchgesetzt, daß bedürftige schulpflichtige Kinder nach Ungarn gebracht wurden. Im Einvernehmen mit der Jugendfürsorge, dem Roten Kreuz und einiger staatlichen Stellen wurden Kinderschiffe nach dem Südosten geschickt.

Selbstverständlich meldete ich mich und wurde auch dazu ausersehen. Bedürftig genug war ich, das konnte niemand leugnen, wenn er mich ewig hungrigen, knochendürren und gelblichblassen Jungen ansah.

Wir sollten nach der Batschka gebracht werden, in die Schwabendörfer an der Donau und in die sogenannte „Schwäbische Türkei". Das war mir und meinen Kameraden natürlich kein bestimmter Begriff. Wir hatten keine Vorstellung von Land und Leuten „da unten". Aber die fremdartigen Namen, vor allem das Lockwort Türkei genügte unserem romantischen Bedürfnis vollauf.

In der „Grenzwacht" stand zu lesen, daß man die niederösterreichischen Kinder nicht zu Madjaren zu bringen gedächte, sondern zu den Deutschen in Ungarn.

Es sollte im Banat und in der Batschka Hunderte Dörfer geben, die deutsch waren, obschon sie zu den Ländern der ungarischen Krone zählten. Gemeinden, in denen so gesprochen wurde wie bei uns: deutsch nämlich. Wie bei uns ...

Weiß Gott, woher es mich so jählings anfiel, daß ich tagelang nimmer davon loskam. Aber auf einmal sprang der Funke über und trieb mich zu quälerischem Grübeln.

„Deutsch, wie bei uns." Richtig, wir sprachen deutsch, wie die Leute im Banat, in der Batschka, wie die Verbündeten im Reich. Deutsch! ...

Und mir fielen die Redereien des Donaurussen ein, was er von den Deutschen in Rußland sagte. Gustlonkel hatte es bestätigt.

Es schimmerte mir eine Ahnung, was die Worte bedeuten sollten, die von der Saalwand des Gasthofes „Zur goldenen Krone" schnörkselnd mahnten: „Reicht die Hände euch, Germanen, an der Donau und am Rhein." Das war der Wahlspruch der Turner gewesen, die vor dem Kriege dort übten.

Also Deutsche im Reich – Deutsche in Österreich? D e u t s c h e !

Ich kann den Aufruhr nicht schildern, den diese plötzliche Erkenntnis in mir hervorrief. Es war wie ein Blitzschlag, der Mauern wirft und unerwartet eine ganz weite Schau freigibt in ein blendend helles Land. (...)

Ein Stern steigt auf
Eine Adam-Müller-Guttenbrunn-Erzählung

Das helle Licht, das schräg durch hohe Fenster fiel, wanderte weiter durch den behaglichen Raum. Über den Teppich, eine rüschenumrieselte Bettstatt, hin zu einem kleinen Biedermeiertischchen, an dem eine Frauengestalt still und unbeweglich saß. Wie goldenes Spitzenwerk legte sich der warme Schein über das schwarze Seidenkleid des Weibes, welches versonnen vor sich hin sah und ab und zu in schmalen Heften blätterte, die vor ihr auf dem Tischchen lagen. Schließlich landete der schiefe Strahl, der über die jenseitigen Giebel herüberschielte, geradewegs auf einem Brief, den die Sinnende vor sich liegen hatte. Die dunkle Tinte des Poststückes hub förmlich zu leuchten an und ließ die Anschrift ganz klar hervortreten: „An die hochwohlgeborene Frau Thekla Westphal in Linz, Klammstarße 6."

Ja, das war sie, Frau Thekla Westphal, und der junge Mann, der ihr den Brief gesandt, das war der Telegraphenassistent II. Klasse Adam Müller aus Guttenbrunn. Ein idealer schmaler Brausekopf, der mit seinen dreiundzwanzig Jahren weit hinaus wollte in die laute Welt, hoch hinauf in den Erfolgslärm und der wohl auch bei der kaiserlichen Post in Ischl nicht allzu lange verweilen würde. Dorthin hatte ihn vor kurzer Zeit ein Versetzungsdekret berufen.

Ach, der arme Müller, was war das doch ein eigenwilliger junger Mensch. Sie hatte ihm den Aufenthalt in der Klammstraße so angenehm als möglich gemacht, war ihm eine gute Hauswirtin gewesen, aber manchmal hatte sie doch die Empfindung gehabt, der blasse Träumer bemerke das alles nicht. Er lebte nicht in der derb-gesunden Linzer Hausmannsluft des Jahres 1875, er war entweder weit zurück oder um Jahrhunderte voraus. Er war ein Dichter, ein Poet, ein Künstler.

Wie hatte sich der junge Feuergeist Nacht um Nacht gequält, wie hatte er mit seinen Gestalten und Gesichten gerungen, bis seine brennenden Bilder Formen annahmen, bis sie wuchsen aus der Phantasie in eine blutvolle Lebendigkeit. Förmlich krank hatte ihn sein Schaffen gemacht und sein trauriger Zwiespalt. Freilich, wer die Nächte hindurch bunten Träumen nachlief und darüber Essen und Trinken und Schlafen und Sonne, Mond und Sterne vergaß, der konnte unmöglich tagsüber an den grauen Pflichtdrähten eines kaiserlichen Telegraphenamtes und seinen endlosen Paragraphenspiralen Vergnügen finden. Der mußte elend werden. Nun, sie hatte ihm so viel als möglich den Weg leichter gemacht. Frau Thekla wußte, mit Künstlern mußte man noch viel behutsamer umgehen wie mit Liebenden.

Schließlich hatte ihr der junge Himmelsstürmer die gütevolle Betreuung seines Leibes und der Seele mit der Anrede „Mein liebes Mutterl" gedankt, eine ehrliche Anerkennung, auf die sie sich viel zugute hielt. Denn ihr Schützling war stolz, stolz trotz seiner Armut, die verschämt da und dort aus seinem Leben schimmerte. Nicht immer konnte sie helfen; manchmal war sein Gemüt zackig und schroff wie der Traunstein und härter wie das Gestein der obderennsischen Alpen. Unwillkürlich las sie wieder in dem aufgeschlagenen Heft vor sich jene Stelle, wo geschrieben stand: „Heute ist Silvesterabend, überall, in der letzten Hütte ist ein Fest – und ich esse trockenes Brot und trinke dreiviertel Liter Bier; dasselbe hatte ich am Heiligen Abend. Niemand, keine Seele ahnt es, und das ist das Beste."

Ja, das war er, der Adam Müller, der Banater Trotzkopf, der Einzelgänger. Er hungerte für sich allein, er war zu stolz, um sich selbst ihr zu offenbaren. Hätte er ihr nicht vor seiner Abreise nach Ischl seine Aufzeichnungen übergeben, sie hätte nie davon Kenntnis erlangt. Er machte sich das Leben sehr schwer, er war keiner von den Leichtlingen und Seichtlingen, und er schenkte sich nichts. Wieder las die nachdenkliche Frau eine Stelle im Tagebüchlein: „Man muß die Welt zwingen, dem Schönen zu huldigen!" –

Du lieber Himmel, entsetzte sich Frau Thekla, die Welt wollte er zwingen, der Adam, das uneheliche, arme Schwabenbüble aus dem Ungarland. Die Welt wollte er zwingen, der traumverlorene Banater, der sich aus dem Nichts emporgehungert und durch den Hunger hindurchgesehnt hatte bis zu seiner derzeitigen Beamtenstellung. O, der Tor, der Parzival! Wieviel würde er noch Lehrgeld an den großen Lehrmeister Leben zahlen müssen?

Aber er war so, er konnte nicht anders. Da stand es ja: „Gestern bat mich ein Schauspieler um 20 Gulden auf einige Tage. Er machte ein so verzweifeltes Gesicht, daß ich nicht nein sagen konnte. 20 Gulden, in meinen Verhältnissen! Aber er gab mir sein Ehrenwort, und das Ehrenwort eines Mannes ist mir heilig. Meine Kollegen lachten zwar, aber das tut nichts. Ich hoffe!"

Die stille Frau nickte in das Blätterraschen hinein. Da war ja einige Wochen später auch die Antwort für den gläubigen und vertrauensseligen Parzival: „Die 20 Gulden sind wahrscheinlich verloren. Es ist ein elender Mensch ohne einen Funken Ehre. Jeden Menschen pumpt er an, aber keiner ging so tief hinein wie ich."

So geht es auf dieser Welt, Adam Müller aus Guttenbrunn! Frau Thekla hätte es ihrem Schützling laut zurufen mögen, heute wie damals. Aber er hätte es nicht gehört, so wie er es seinerzeit nicht beachtete.

Unbewußt blätterten die Finger in den armseligen Papierseiten, die so viel von dem inneren Ringen eines lieben Menschen verrieten, die seine heißesten Wünsche und schmerzlichsten Enttäuschungen bargen. Und als der Blick vom dämmerschweren Abendtor der Unendlichkeit zurückfand in das ruhige Zimmer der Klammstraße, da blieb er an einer Eintragung haften, die voll der Entscheidung war, die die Wende bedeutete, das unumstößliche „Jetzt oder nie!" – „Als ich noch in völliger Nacht tappte, in der allerersten Zeit meines Wiener Aufenthalts im Sommer 1870, fiel mir Spielhagens Roman ‚Problematische Naturen' in die Hände. Das rüttelte mich auf, brachte mich erst zum Bewußtsein meiner selbst. Ich fing dann allerlei zu lernen an, guckte den Zeitungen die Orthographie ab, lernte französisch, wollte zum Militär, ging dann zur Handelsschule und im Herbst 1872 schon in den Telegraphenkurs auf der Handelsakademie. Um studieren zu können, ging ich täglich, was ich früher selten gewagt, auf die Universitätsbibliothek. Da fiel mir der Briefwechsel zwischen Schiller und Körner in die Hände. Herrgott, war das eine Begeisterung. Es hob mich über mich selbst hinweg, ich kannte mich nicht mehr. Ich kaufte nun Schiller und begann ein Drama ‚Amalia'! Die Studien für den Telegraphen kamen ernstlich ins Wanken. Das Buch hatte mir erst die schreckliche Armut meines Geistes, meines Wissens zum vollen Bewußtsein gebracht. ‚Jetzt oder nie!' Ich muß nach Wien, um dort, was ich immer gewollt, deutsche Literatur, Philosophie und Geschichte an der Universität zu hören. Mein Entschluß steht fest – ich gehe! Ich traue mir die Kraft zu, mich aus jeder Lage zu befreien, die mir drückend ist, meinem Willen kann nichts mehr widerstehen, was für einen Menschen zu überwinden ist."

Lange saß Frau Thekla unbeweglich, nachdem sie diese Eintragung überflogen hatte. Betäubend duftete der Nelkenstrauß von der Kommode herüber.

Die Sonne war nun fast zur Gänze verschwunden, weil inzwischen auf scheuen Sohlen der Abend hereingeschlichen war. Soviel aber konnte der letzte Lichtstrahl noch erspähen, daß der grübelnden Frau die Augen voller Wasser standen. Frau Thekla dachte an „ihren Jungen", fand in die trübe Zeit zurück, da er mit Typhus krank in Linz daniederlag und sie ihn gesundpflegen durfte. Und sie dachte auch daran, woran der junge Draufgänger nur mit heimlichem Grauen sich erinnern wollte, daß zum Freiwerden von der lästigen Fessel des Telegraphendienstes noch mehr gehörte als der gute Vorsatz und die innere Entschlossenheit: die vorgeschriebene Kaution.

Also mußte er im Käfig bleiben; das hieß zugrundegehen.

Das aber mußte um jeden Preis verhindert werden. Was bedeutete vor der Sendung dieses Begnadeten ihr eigenes Leben? Gewann ihr liebearmes Dasein nicht durch ein persönliches Opfer?

Sie glaubte ja an ihn, mehr als eine eigene Mutter glaubte sie an ihn und seine Berufung. Ihr Leben war gelebt, seines begann!

Und so kam es, daß sich die einsame Frau erhob und in dieser Stunde über sich selbst hinauswuchs. Sie nahm aus dem Perlmutterkästchen das abgegriffene blaue Sparbüchlein, fest entschlossen, die ganze Summe am nächsten Tage als pflichtgemäße Kaution „ihrem Jungen" nach Ischl zu übersenden. Ein frohgemutes Lächeln überflog ihr Antlitz und machte es reich und schön.

Zärtlich strichen die Hände über den Deckel hin. Ihre Lippen formten die Worte, die waren wie ein guter Wunsch, wie ein starkes Gebet: „Flieg, mein Junge! Flieg!"

Das Fenster war nun ganz von der blauschwarzen Kühle der Nacht ausgefüllt. Über die niederen Dächer stieg ein einziger Stern auf. Der wuchs hell und steil empor, bis er ganz groß und strahlend in der Bläue oben hing.

Wir kamen aus Glasenbach

(...) Das Arbeitsamt hat zugestimmt, daß ich als Ziegeleiarbeiter tätig sein darf. Wir brauchen ja den Arbeitsnachweis, um Lebensmittelkarten zu bekommen. So bin ich also wieder mitten in einer Runde einfacher Handarbeiter und kann bunte Schicksale kennenlernen. Meist sind es Heimatvertriebene aus dem Südosten, Donauschwaben, Banater, Männer aus der Batschka, aber auch ein Siebenbürger ist dabei und einer von den deutschen Dörfern der Schüttinsel. Alle sind sie gute Arbeitskameraden und kommen mir mit wohltuender Rücksicht entgegen, obwohl ich der jeweiligen Arbeitspartei klarerweise den Akkord zerhaue.

Oft hocke ich während einer Pause mit einigen von ihnen beisammen und wundere mich, daß ich nun unversehens zu ihrer Schar gespült wurde. Die meisten tragen knallrote Tücher über das Haar gebunden, hinten verknotet. Das gibt ihnen einen verwegenen Anstrich. Wie venezolanische Seeräuber nach einer gelungenen Kaperfahrt sehen sie aus oder dalmatinische Fischer. Dann muß ich meinen drängenden Gedanken freien Lauf lassen.

Es weckt merkwürdige Empfindungen in mir, wenn ich an die siebenhundertsiebzig Tage meiner Gefangenschaft zurückdenke. Mit jähem Ruck war das Ringelspiel des Lebens plötzlich stehen geblieben. Die vorüberhuschenden Bilder von Haß, Not, Liebe, Bitternis, Tod und Trieb drehten sich im Leerlauf noch einige Male um mich, das Kreischen und Lärmen des Alltags gellte mir noch in den Ohren, dann wurde es still und starr um mich. Erst wußte ich mit dieser erzwungenen Stille nichts anzufangen. Die tatenlose Ruhe nach all dem erregenden Trubel flößte mir Furcht ein. Ich fühlte mich leer und zerbrochen. Dann belauerte ich mich argwöhnisch und hielt mich wie ein böses Tier an der Kette. Erst nach vielen Monaten tastete ich mich hinter dem Stacheldraht wieder bewußt dem Leben zu.

Es ist sonderbar, wie sich alles wandelt. Nun ist mir zumute, als habe ich lange und böse geträumt. –

Abends, nach Schluß der Arbeitszeit, nehmen mich die Ziegler manchmal zu ihren Familien mit. Dann sitze ich mitten in der Schar flachsköpfiger Mädchen und Buben und lasse mir das ungarische Knoblauchbrot oder echtes Paprikajantschi munden, zu dem sie mich luden. Es wird dann viel erzählt, wie es daheim war auf ihren fernen Volksinseln. Wie mühsam sie sich ihr Volkstum und Brauchtum bewahren mußten, weil sowohl Serben als auch Magyaren an ihrer Entdeutschung arbeiteten. Sie tragen rein deutsche Namen, diese Allgeiers, Hahn, Hofmann, Kuhn, Berger, Pfeiffer, Schreckeis, Kleiber, Ringhoff, oder wie sie sonst heißen mögen. Doch ihre Kinder können kaum eine Zeile in deutscher Sprache lesen. Selbst die Älteren plagen sich, wenn sie deutsch schreiben sollen.

Wie könnte man dies von den Bedauernswerten verlangen, nachdem man ihnen die deutschen Schulen nahm? Unsere satten, sicheren Bauern spötteln über die „volksdeutschen Kittelweiber" und ihre manchmal gebrochene Aussprache. Sie sollten den Hut ziehen vor den tapferen Vertretern der deutschen Vorposten im fremden Land, die sich ihre religiöse Überzeugung, ihr angestammtes Volkstum und ihre Vätersitten inmitten einer feindseligen Umwelt meist treuer bewahrten als hierzulande, wo man sich sogleich vom amerikanischen Zivilisationsscharlach anstecken ließ.

Ach, wie kurzsichtig ist das Verhalten unserer neuen Behörden in der Frage der Heimatvertriebenen. Die geflohenen Serben, Slowenen, Magyaren, Rumänen und Bulgaren werden gehätschelt und als *Displaced Persons* bevorzugt behandelt, während man die tüchtigsten Vertreter ehemals außendeutscher Bauernvölker Sonderzug um Sonderzug nach dem Ausland verfrachtet. Nach Frankreich, nach Kanada, nach Schweden und anderen überseeischen Ländern schiebt man wertvolle Volkskraft ab. Zu Zehntausenden verlassen die aus ihrer donauschwäbischen Heimat vertriebenen Alt-Österreicher die zweite Republik. Presse, Politiker und Verwaltungsbeamte geben in einander würdiger Eintracht ihrer Genugtuung darüber Ausdruck, daß man dieses Problem tatkräftig löst. Dabei kann jedes Kind die bedauerlichen Folgen schon jetzt mit Händen greifen. Denn diejenigen, die man jubelnd und aufatmend ziehen läßt, zählen im Grunde ihres Wesens zum kerngesunden Bauerntum. Sie waren bis zum Zusammenbruch der Monarchie genauso österreichische Staatsbürger wie wir andern alle. Wenn in einigen Jahren die Landflucht immer ärgere Formen annimmt, wird man die mangelnde Weitsicht und die geübte Engherzigkeit bitter bedauern. Das steht fest. Dann aber wird es zu spät sein. –

Zum Adamvettern gehe ich besonders gern. Sein Tisch hat es mir angetan. Das ist noch ein richtiger Tisch, so einer mit fester Eichenplatte, wie man ihn nur ganz selten in alten Bauernhäusern trifft. Die Seitenteile sind aus dem gleichen Holz, geschmackvoll geschweift und voll ausgefüllt. Da sie aus einem Stück geschnitten wurden, kann man sich eine Vorstellung von der Mächtigkeit jenes Baumes machen, aus dem man solche Bretter fertigte. Die Gediegenheit des einfachen und doch so formschönen Möbelstückes erregt jedesmal neu meine Begeisterung.

Dieser Tisch des Adamvetters ist gut und gerne seine zweihundertfünfzig Jahre alt. Generationen mögen an ihm ihr Brot gefunden haben. Er ist sicherlich auf einer Ulmer Schachtel aus dem schönen Schwabenland damals die Donau mit hinuntergeschwommen, als Kaiserin Maria Theresia die deutschen Siedler nach der Schwäbischen Türkei rief, damit deren fleißige Bauernfäuste die Sümpfe und Moräste des von den Janitscharen befreiten Landes in wogende Ackerbreiten umwandelten. Generationen großer und kleiner Adams haben ohne Zweifel schon vor der abenteuerlichen Fahrt nach dem fernen, wilden, fremden Südosten an ihm gesessen – sonst hätte man diesen ehrwürdigen Tisch nicht mitgenommen. Viele, viele Geschlechterfolgen haben zugleich mit dem alten Tisch die guten erprobten Sitten treu behalten. Er war für sie ein kraftspendender Mittelpunkt, ein Altar der Häuslichkeit, Anfang und Ende des Familienzusammenhaltes.

Der Adamvater hat von seiner Flucht aus dem Donau-Theiß-Winkel nichts anderes mitgebracht als diesen ehrlichen Tisch, dessen glattes Holz fast silbern schimmert, wie das Haupt eines ergrauten Mannes. All sein Hab und Gut ging während des großen Wagenzuges verloren. Nur diesen alten Tisch konnte er retten beim großen Treck zurück. Der breite gutmütige Mann mit dem rotbraunen Schwabengesicht weiß auch recht wohl, welchen Freund und Hort er an dem ererbten Möbel hat. Wenn er die Brotkrumen von seiner Platte streift, dann liegt eine Art verstohlener Zärtlichkeit in dieser Bewegung. Wär's nicht ein Ziegelarbeiter, ein Barraber, ich möchte sagen, daß es wie ein scheues Streicheln aussieht.

Wenn die Kinder in den Notbetten verstaut waren, dann brachte der Adamvetter meist die bauchige Flasche mit dem wasserhellen Slibowitz. Ein paar Nachbarn waren jedesmal zur Stelle, und dann fingen die Schilderungen an. Heiliger Himmel, was hatten die armen Leute mitgemacht, als die deutsche Wehrmacht aus ihren Gemeinden abrückte. Tod und Grauen in tausendfacher Gestalt, Elend, Jammer, Not und Entsetzen mit einem Leidgewicht, das mit Millionen Doppelzentnern nicht aufzuwiegen war.

„In Mitrowitz haben die Partisanen in der dortigen Seidenfabrik ein Lager errichtet, das war bestimmt eines der grausamsten solcher Einrichtungen", erzählt der Dickvetter mit harten Augen. „Im Dezember 1945 waren darin über zweitausend Personen, im April 1946 lebten nur mehr vierhundertfünfzig davon. Fast jeden Tag sind an die zwanzig Leute von uns verhungert. Viele mußten an den Mißhandlungen sterben oder wurden nach qualvollen Schlägen, halb ohnmächtig, aber noch lebend, in die Save gestoßen, wo sie ertrunken sind."

„Ja", sagt der Adamvetter, „das stimmt! Aber erzählt das vom Doktor Ehrlich."

„Was ist da viel zu erzählen! Ihr wißt es so wie ich. Der Arzt Doktor Franz Ehrlich ist samt der Krankenschwester Juli von der Lagerleitung buchstäblich geschlachtet worden. Im Beisein des Lagerkommandanten. Er hatte als Lagerarzt die Aufgabe, jenes Buch zu führen, in welchem die Namen der in der Seidenfabrik erkrankten Personen, ihre Leiden und die Todesursache einzutragen waren. Das hat er alles wahrheitsgetreu getan und angegeben, wer verhungert ist, an den Folgen von Folterungen zugrunde gegangen oder von den Partisanen erschlagen worden ist.

Das erfuhr die Lagerleitung und bedrohte ihn schwer. Man forderte, daß er irgendwelche anderen Krankheiten erfinden und als Todesursache angeben möge. Doch der Doktor blieb bei der Wahrheit. Darauf ließ der Kommandant die Gehilfin des Arztes, die aus Ruma stammende neunzehnjährige Schwester Juli in den Bunker bringen. Sie war ein schönes Mädchen. In der Nacht wurde sie vom Lagerkommandanten in rohester Weise mißbraucht. Doktor Ehrlich hat seine Krankenschwester über deren Wunsch tags darauf untersucht und das an ihr begangene Verbrechen in einem ärztlichen Protokoll niedergelegt. Als dies bekannt wurde, ließ ihn der serbische Kommandant rufen und forderte die sofortige Änderung des Gutachtens. Doktor Ehrlich tat es nicht, er blieb bei der Wahrheit.

Darum wurde er mit der Krankenschwester Juli noch in der Nacht aus dem Lager geführt. Die beiden wurden zum Ufer der Save geschleppt und im Beisein serbischer Zivilpersonen auf grauenvollste Weise gefoltert. Man soll das Schreien der Gemarterten weit in der Umgebung gehört haben. Die Partisanen vergnügten sich an den zwei unglücklichen Deutschen bei Schnaps und Ziehharmonikamusik bis zum Morgen und ersannen immer neue Scheußlichkeiten. Im Morgengrauen wurden sie schließlich mit Fleischermessern geschlachtet. Die Leichen warf man in die Save. Sie schwammen jedoch nicht fort, sondern blieben im seichten Uferwasser liegen, so daß man sehen konnte, daß ihnen die Köpfe abgeschnitten worden waren."

Der Adamvetter sieht mich an, nur einen Augenblick, aber jetzt glimmt hinter seinen Pupillen ein böses Funkeln. Hernach wendet er sich zu einem schmächtigen, verhärmten Mann: „Schwager, und was hat man bei euch d'rham mit 'm Parr geto?"

Der Angesprochene, sichtlich krank, zuckt zusammen wie ein schlecht vorbereiteter Schüler, dem unvermutet vom Schulmeister eine knifflige Frage gestellt wird. Er schluckt einige Male vor Aufregung, dann antwortet er: „Unseren Ortsgeistlichen in Belmonoschtor, den Pfarrer Theodor Klein, haben die Partisanen nackt ausgezogen, mit Stricken gebunden, dann schnitten sie ihm große Stücke Fleisch vom lebenden Leib ab und salzten die Wunden mit grobem Salz ein. Sie ließen ihn einen ganzen Tag wimmernd im Hof liegen, niemand durfte sich ihm nähern. So ließen sie den Pfarrer leiden, bis er unter schrecklichen Schmerzen in der Nacht starb."

Abermals schaut mich der Adamvetter kurz an. Dann sagt er: „Im Bezirksort Kovin haben einst fünftausend Schwaben gelebt, jetzt nach drei Jahren gibt es dort keine Deutschen mehr. Am 13. Oktober 1944 kamen die Partisanen und holten sich zuerst die Intelligenz und die wohlhabendsten Leute des Ortes, den Tierarzt Doktor Georg Engler, den Rechtsanwalt Doktor Philipp Köhl, den Sodafabrikanten Josef Fitschelka, den Großgrundbesitzer Franz Schneider, kurz und gut, die deutsche Oberschicht. Diese ersten Opfer wurden auf grausamste Weise zu Tode gefoltert. Die vielen hundert anderen wurden später nur erschossen, erstochen oder erschlagen. Aber diese ersten hat man im Hofe des Gutsbesitzers Schneider zusammengetrieben, wo sich alle entkleiden mußten, auch die Frauen und die Kinder. Darauf wurden alle fürchterlich mißhandelt. Der Sodawasserfabrikant Fitschelka wurde als erstes Opfer mit Draht an einen Tisch gefesselt, einige Partisanen hielten ihn nieder, und dann durchsägten sie mit einer großen Zugsäge seinen Körper von der rechten Brustkorbseite nach links über Lunge und Bauch. Er hat entsetzlich gejammert. Nach ihm kamen alle andren dran, die der Hinrichtung zusehen mußten; alle reichen Leute wurden auf diese Weise umgebracht."

„Hör doch auf, Adam", sagt erregt seine kleine rundliche Frau, „ich mag das nit hören. Was hat's denn für Sinn?"

„Hast recht, Barbara", schnauft der Adamvetter, „ ich hör schon auf. Hat ja keinen Wert. Nur eins will ich noch sagen: Der Massenmord an den Deutschen im Südosten war kein plötzlich ausgebrochener Racheakt. Wozu auch? Wir haben Jahrhunderte mit unseren serbischen, kroatischen, magyarischen, rumänischen Nachbarn in bestem Einvernehmen gelebt. Wir haben die Serben während der Besetzungszeit durch die deutsche Wehrmacht oft und oft in Schutz genommen und ihnen geholfen. Die Ausrottung der Schwaben ist planmäßig geschehen und war genauso gewollt wie die Massenverschickungen durch die Sowjetrussen.

Es gibt ein Gesetz, welches der Antifaschistische Rat der nationalen Befreiung Südslawiens, *Antifašističko Veče Narodnog Oslobodjenja Jugoslavije*, 1944 beschlossen hat, und das von der später eingesetzten südslawischen Nationalversammlung bestätigt und in Kraft gesetzt wurde. Die drei Bestimmungen dieses Gesetzes sind wahrscheinlich das gräßlichste Dokument dieses Jahrhunderts, denn daß der nackte Mord an einer Volksgruppe einem ganzen Volk befohlen wurde, das ist noch nicht dagewesen. Dies in Jahren, wo man von Menschlichkeit des Morgens zu reden beginnt und mit dem Wort Humanität schlafen geht."

„Wißt Ihr, Adamvetter", mengte ich mich ein, „was dieses Gesetz bestimmte?"

Es ist still in der Stube. Die Männer sitzen wie hölzerne Kirchenfiguren. Im brodelnden Wasser des Teetopfes singen leise die Armen Seelen des Fegefeuers.

Der Adamvetter lacht kurz auf und sagt: „Das will ich meinen. Ich kann's auswendig, und man sollt's alle Leute in der Freiheit auswendig lernen lassen. Es heißt:

1. Alle in Südslawien lebenden Personen deutscher Abstammung verlieren automatisch die südslawische Staatsbürgerschaft und alle staatsbürgerlichen Rechte.
2. Der gesamte Besitz aller Personen deutscher Abstammung – sowohl der bewegliche als auch der unbewegliche – hat als vom Staat beschlagnahmt zu gelten und geht automatisch in dessen Eigentum über.
3. Personen deutscher Abstammung können weder irgendwelche bürgerlichen oder staatsbürgerlichen Rechte beanspruchen noch Gerichte oder staatliche Einrichtungen zu ihrem persönlichen oder rechtlichen Schutz anrufen.

So lautet dieses Mordgesetz. Alles wurde uns genommen, nichts war mehr unser Eigentum. Auch die auf unserem Leib befindlichen Kleidungsstücke gehörten dem Staat. Hunderttausende Deutsche in Südslawien waren zu einer rechtlosen Sache geworden; sie hatten kein Recht auf das Zusammenleben mit ihren Familien, kein Recht auf die Kinder – man nahm ihnen ja in zehntausenden Fällen tatsächlich die Kinder weg –, kein Recht, etwas zu tun oder nicht zu tun, kein Recht, hier zu bleiben oder dorthin zu gehen. Keine Behörde stellte ihnen Dokumente aus, auch nicht Taufscheine, alle Ausweise wurden ihnen abgenommen und vernichtet. Die Deutschen waren zu einer rechtlosen Sache geworden, über welche der Staat und die Partisanen zu jeder Stunde des Tages und der Nacht wie über Nutzvieh verfügen konnten. Was wißt denn ihr davon, ihr in der Sicherheit?"

Jählings hatte er es herausgeschrien, der sonst so ruhige und besonnene Mann. Man sah, wie es in ihm arbeitete, wie ihn die Entrüstung, die Trauer, die Erinnerung an das namenlose Grauen durchwühlten, denen seine Volksbrüder im Staate Titos auch gegenwärtig ausgeliefert waren.

„Laßt es gut sein, Adamvetter", sage ich leise und schiebe meine Hand über den alten Tisch hinüber, „es gibt schon noch welche, die um euer Schicksal wissen. Es leben zu viele Zeugen solcher Schrecknisse, die das nicht vergessen werden. So wie Ihr, der die unmenschlichen Greuel ja auch nicht auslöschen kann aus seinen Gedanken. Einmal wird der Tag kommen, an dem auch euch Gerechtigkeit zuteil wird."

Der Adamvetter drückt meine Hand, ganz fest, und dennoch spüre ich, daß er dabei zittert. Wieder sinkt die Stille über die ärmliche Stube. Nichts ist zu hören wie das keuchende Atmen der Flüchtlinge und das leise Pfauchgeräusch, mit dem die Maiskörner zerplatzen auf der großen Pfanne, wo die Adammutter süßen Kukuruz brät ... (...)

Ich ließ das Zeitungsblatt sinken und sah versonnen durch das Fenster. Noch immer rieselte draußen das silberne Mehl der Himmelsmühlen.

„Nun, was sagen Sie dazu?"

„Erste Schwalben sind das, nicht mehr. Denn alles Böse ist freigelassen durch Haß und Kurzsichtigkeit, das Böse ist mächtiger Herrscher geworden auf unserem Unglücksplaneten. Aber es ist schon viel, daß man sich zu solcher Erkenntnis durchringt."

„Das ist auch meine Meinung", sagte mein Lagerkamerad, „niemand ist frei von Furcht und Zwang, am wenigsten wir Ausgestoßenen und Verfemten."

„Gestatten Sie, daß ich mich in Ihr Gespräch einmenge", mischte sich unversehens der Banknachbar des Glasenbachers in unsere Unterhaltung. Wir schauten beide fragend zu ihm.

„Es stimmt, daß die Angst alle Welt beherrscht – oh, ob sie das tut", und er lächelte bitter. „Aber Sie müssen zugeben, daß ebensosehr die Lüge regiert, die große Täuschung, der Schwindel."

Zustimmend sah er uns an. An seiner Aussprache merkte man den heimatvertriebenen Donauschwaben. Da wir nicht antworteten, sprach er mit ruhiger Selbstverständlichkeit weiter.

„Wir sind zwischen zwei feindlichen Mühlsteinen eingeklemmt, die sich nur in einem einig sind, im Willen zur Vernichtung der deutschen Wesenheit. Das kennzeichnet den Geist von New York ebenso wie den Geist von Moskau. Kismet!

Sie locken mit allen Mitteln, mit einer bis in das Kleinste abgestimmten und für alles und jedes berechneten Propaganda, sie arbeiten mit plumpen Methoden ebenso wie mit haarfeiner, kaum erkennbarer Reklame, aber beide haben nur ein Endziel: die Verbreiung, die Vermassung, das Kollektiv. Tag und Nacht zersetzen sie, Tag und Nacht nivellieren sie.

Und wir Deutschen sind zwischen den Mühlsteinen und müssen unaufhörlich in Angst leben, zerrieben zu werden. Nur die Echtesten, die Härtesten, die Bedingungslosesten, die Treuesten können sich vor der Vermassung retten. Sie müssen allezeit um ihre Seele zittern, springen und hüpfen, damit sie ihr Eigenleben zwischen den kreisenden Riesenblöcken bewahren. Der Sog ist furchtbar, der Sog nach unten. Sturzbäche von Lügen, Täuschungen und Lockungen spülen stündlich über sie hinweg. Nur das Beste wird bleiben und nur aus dem Besten kann sich ein neues gesundes Volk formen, davon bin ich überzeugt!"

„Waren Sie im Lager?" fragte der Glasenbacher unvermittelt und in einem Tonfall, als wäre das eine Art Gradmesser für die richtige Einstellung zur Beurteilung der veränderten Welt.

„Ich bin noch im Lager", antwortete der Flüchtling seelenruhig. „Zwar nicht in Glasenbach, aber im berüchtigten Sammellager Melk."

„Sie sind aus der Hungermühle?" Ich konnte mein Erstaunen nicht unterdrücken. Der Glasenbacher kannte kennzeichnenderweise die furchtbare Bedeutung dieses Spottnamens nicht. Er guckte seinen Banknachbarn verwundert an.

„Gewiß, und ich weiß genau, warum ich die Menschheit von Angst und Lüge beherrscht glaube. Eben weil ich die Tragödie der Vertreibung aller Volksdeutschen am eigenen Leibe erleben muß. Unser Sammellager ist ein Musterbeispiel für die Dummheit derer, die eine neue Ordnung der Welt schaffen wollen; es ist gleichzeitig ein Exempel für die Dummheit derer, die sich diese entwürdigenden Zustände gefallen lassen."

Als habe man eine eingerostete Schleusentüre hochgezogen, so sprudelte es nun aus dem Mann. Alle Bitternis, alle Anklage und Verzweiflung wurde offenbar.

„Ich brauche Ihnen nicht lange zu erklären, daß die verjagten Volksdeutschen durch die grausame Vertreibung und die Nachkriegseinwirkungen körperlich und seelisch vollkommen gebrochen in Melk eintrafen. Was sie dort erwartete, ist für die zuständigen Stellen bestimmt keine Auszeichnung. Schließlich sind wir alle ja im Grunde genommen alte Österreicher, die lediglich der Umstände halber in unser angestammtes Vaterland zurückkehrten. Was ist schon ein Paß gegen das Blut? Ein bedrucktes Stückchen Papier gegen ein Lebensgesetz.

Aber auch im Lager war alles wie verhext durch die allgemeine deutschfeindliche Propaganda. Sogar bei der österreichischen Lagerleitung gibt es zynische Peiniger, welche in unfaßbarer Beschränktheit alle Schuld den Heimatvertriebenen anlasten. Verleumdungen und Intrigen sind geradezu ein

Bestandteil der Lagergesetze. Je nach Laune wird man als Faschist, wertloses Subjekt oder als Kommunist bezeichnet und behandelt. Die geringste Zivilcourage, der bescheidenste Einspruch wird sofort auf den Begleitscheinen der Behörde vermerkt. Wir sind wie gejagte Hunde. Menschlichkeit ist für uns Heimatvertriebene außer Kurs gesetzt, und die Menschenwürde wird täglich auf das tiefste verletzt."

Der Erregte mußte tief Atem holen. An ihm vorbeiblickend, sah ich das helle Namensschild „Pöchlarn" im Schneetreiben vorübergleiten. Der Glasenbacher entrüstete sich:

„Na, hören Sie, schließlich muß doch etwas vom Geist der UNO in ihrem Sammellager zu spüren sein, zumindest ein Hauch von ganz gewöhnlicher Nächstenliebe."

„Täuschen Sie sich nicht! Die Nächstenliebe der sogenannten ‚freien Welt' ist in Eiseskälte gehüllt, die gilt eher für den letzten Botokuden, niemals für Menschen rein deutscher Abstammung. Wir sind Freiwild in dieser Zeit totalen Unrechtes. Und der österreichische Anteil an diesem Unrecht ist nicht gering, denn die Bruderhand bleibt tief in den Hosentaschen geballt. Die Gleichgültigkeit feiert Triumphe. Kein österreichischer Minister alarmiert die Welt – für die gibt es nur die DPs, Slowenen, Serben, Rumänen, Zigeuner und Juden –, die vier Besatzungsmächte werden als willkommener Vorwand benützt, um uns unsere Rechtlosigkeit eingehend zu demonstrieren. In dieser Zeit ohne Gnade zerbricht manches volksdeutsche Leben unter Blut und Tränen, denn das ist unsere neue Welt. Liebe ist unserem Herzen fremd geworden, dafür haben seelische Wunden für immer ihre Narben hinterlassen."

„Lieber Mann", sagte der Glasenbacher, „da haben es ja wir im Camp trotz Hunger und Stacheldraht besser gehabt. Da müßte doch eure Lagerverwaltung dreinfahren."

„Schön wär's, aber die österreichische Lagerverwaltung läßt nur krankhaftem Egoismus Raum, dem jedes menschliche Fühlen ferne steht. Nackte Gewalt mißachtet die Sauberkeit schuldloser Menschen, die im Sammellager ein Sklavendasein fristen. Erniedrigung und Gemeinheit füllen den bitteren Kelch der Rechtlosigkeit, und Lüge ist der Stempel, der alles besiegelt."

„Der Lagerleitung fehlt wohl die Fähigkeit, entwurzelte Menschen zu behüten", fügte ich ein. „Ich glaube daran, daß sich Menschen zum Guten leiten lassen; man kann aber auch Haß erwecken, wo Gedankenträgheit und Unverstand zur Herrschaft gelangen."

„Stimmt", nickte der Donauschwabe, „stimmt genau! Leider waren wir Vertriebenen die Opfer und sind es geblieben, da unser Schicksal mit anderen Maßen gemessen wurde als das der DPs, KZler oder Juden. Möge doch endlich die ‚freie Welt' unseren Notschrei hören, damit unser Hoffen auf Recht und Gerechtigkeit nicht länger enttäuscht wird und wir Volksdeutschen und Altösterreicher endlich in ein menschenwürdiges Leben zurückfinden können."

„Ach was, ihr ehemaligen Außendeutschen seid viel zu geduldig, ihr hofft und wartet und betet in einem fort. Radikal müßt ihr sein", ereiferte sich der Glasenbacher, „radikal euer Recht fordern, sonst hören euch die Lackfritzen an den grünen Tischen nicht."

„Recht muß Recht bleiben, ob man daran glaubt, ob man dafür kämpft oder ob man darum betet", sagte der Heimatvertriebene mit ergreifender Festigkeit.

„Mag schon sein, aber in Fragen des Rechtes kann man ebenso wie in Fragen des kämpfenden Volkstums nicht radikal genug sein! Das ist meine Meinung." Damit schloß der Glasenbacher ab und wollte sich eben an mich wenden. Im gleichen Augenblick sprang der Donauschwabe auf, stülpte sich eine schwarze Lammfellmütze über den Kopf, ergriff eine armselige Pappschachtel und verabschiedete sich.

„Bhüt enk Gott, meine Herre! Jetzt heißt es wieder zur Hungermühle schleiche! Wird scho wieder all's recht werde, wenn ihr uns nit vergesse tut! Die richtige Schwowe gehen nit unter! Gelt's Gott für den guete Schwatz!"

Draußen war er, Hans Namenlos, Kolonist, Heimatvertriebener, verschwunden im weißen Flockenmeer. Weiter poltert der Zug dem Osten zu.

„Das sind wohl die ärmsten Teufel", nahm der Mann aus dem Zweiercompound das Gespräch wieder auf. „Die haben zu all dem anderen auch noch die Heimat verloren, gehören nicht hierhin, gehören nicht dorthin, werden umhergestoßen wie das liebe Vieh, niemand will sie haben, weil es Deutsche sind – und werden zugutlerletzt auch noch verspottet und ausgelacht. Verstehen Sie, daß mich helle Wut packte, als am vergangenen Sonntag so ein schmalziger Bundesschwätzer oder Frageonkel im Rundfunk ausgerechnet über die Heimatvertriebenen witzelte? Irgend so ein präpotenter Maxi, Rudi, Harry oder Jimmi erklärte seinem wiehernden Publikum: ‚Wenn ich einen Regenwurm sehe, muß ich immer an die verlorene Heimat denken!' Die gekaufte Witzkanaille imitierte zu dieser traurigen Bemerkung ein herzzerreißendes Schluchzen, und der Vergnügungspöbel brüllte vor Lachen." (...)

Glaubensspruch der Heimatvertriebenen

Wir glauben daran, daß ein Volk nie vergeht,
solange der Bruder zum Bruder steht!
Solange wir einig der Arbeit bereit,
ist u n s e r das Leben, ist u n s e r die Zeit!

Herbstglaube

Der Herbst lacht blau. Die Welt wird kühl;
ein grobgewoben Bauernpfühl,
auf das die Blätter fallen.
Gefüllt sind Scheunen, Stall und Haus,
die letzten Trauben reifen aus,
und Winzerschüsse knallen.

Ein früher Winter rauscht heran.
Ich halte fromm den Atem an
bei meinem trunknen Schauen,
und weiß: es kommt trotz Sommerzier
dereinst der Herbst zu mir, zu mir ...
Ich will auf Gott vertrauen!

Fritz Hild †
Franzfeld – Miraverde

*Friedrich Hild (Pseudonym: „**Doktrs-Vettr**") wurde am 27. April 1909 in Franzfeld (Banat/Jugoslawien) geboren. Zur Zeit seiner Geburt hatte sein Heimatort noch zu Ungarn gehört. Fünf Klassen Volksschule in Franzfeld, Gymnasium in Hatzfeld und, nachdem Hatzfeld an Rumänien fiel, in Werschetz, dann Serbisches Gymnasium in Pantschowa, weil das Werschetzer Gymnasium unter Minister Pribičević zu Ostern 1925 geschlossen wurde. Medizinstudium in Graz und Wien, Promotion am 15. Mai 1934. Im Anschluß Ausbildung als Zahnarzt, Praxis an verschiedenen Kliniken, danach Arzt und Zahnarzt in Franzfeld, wo er 1941 zum Gemeindearzt gewählt wurde. Schon vorher war er bei den Franzfeldern nur noch der Doktrs-Vettr, seine Frau Elisabeth, die er 1939 heiratete, die Doktrs-Bas. Als volksbewußter Donauschwabe war Fritz Hild vorübergehend auch Obmann des vereinigten Schwäbisch-Deutschen Kulturbundes, später dessen Kulturreferent. Im April 1942 wurde er zur SS-Division Prinz Eugen eingezogen, wo er im Sanitätsdienst, zuletzt als Oberarzt, die ganze Härte des Partisanenkrieges miterlebte. 1945 geriet er in jugoslawische Kriegsgefangenschaft und war bis 1948 als Lagerarzt in Pozarevac für die Gefangenen, aber auch für die serbische Zivilbevölkerung tätig. Dieser Umstand kam ihm zugute, als er im September 1949 zusammen mit anderen deutschen Offizieren aufgrund erpreßter Geständnisse zum Tode verurteilt, dann aber zu lebenslanger Zwangsarbeit „begnadigt" und zu Weihnachten 1951 schließlich zur Familie nach Österreich entlassen wurde. 1952 ließ er sich in Reutlingen-Sondelfingen als Zahnarzt nieder. Nebenher begann er bald, sich für Franzfeld und die Franzfelder zu engagieren. Er publizierte Aufsätze, Geschichten sowie eine Sammlung von typischen Franzfelder Wörtern, wurde Mitarbeiter bei der Franzfelder Kulturellen Interessengemeinschaft, gab das Franzfelder Heimatbuch mit heraus und verschrieb sich dem Auftrag, die Erinnerung an den Herkunftsort festzuhalten, um sie den Nachkommen und zu erhalten. Fritz Hild starb am 31. Januar 1997 in seinem Ferienhaus in Miraverde auf Teneriffa.*

D' Gretlbas

Sie hieß Margareta Brunn und war die letzte ihres Namens. Mit ihr ist der Name in Franzfeld ausgestorben.
Was war sie von Berufe, d' Gretlbas? Sie war eine „Leichtsägerin".
Diese gab es nicht in allen donauschwäbischen Gemeinden. Ich muß wohl daher den Beruf der „Leichtsägerin" näher erläutern.
Franzfeld war in vier Viertel gegliedert. Im Dorf gab es zwei „Leichtsägerinnen", jede hatte demnach zwei Viertel zu betreuen. Sie hatten ihre Gebiete abgegrenzt, kamen aber oft miteinander in Streit, wenn eine das Tätigkeitsfeld der anderen betrat.
Die Leichtsägerin ging am Vortag des Begräbnisses von Haus zu Haus und meldete etwa folgendes:
„Marge nummitag um zwai Uhr werd die gottseelich Ruppethal Krischtna v'rgrawe. Sie isch a geboreni Krawatzi, sie wohne in dr Riedgaß. Sie war lang krank, hat viel leide misse. Ihr Mann war aw'r imm'r gut zu 're, hat viel Geduld mit 're g'hat. Wersch sie jo wahrscheinlich kenne, sie isch a Jahr ält'r wie du. Jetzt isch sie endlich erleest. Gott geb' 're die ewich Ruh."
Auf diese Art wußte jedermann, wer gestorben war. Wenn am nächsten Tage die Glocken zum Begräbnis läuteten, wußte man, wer zu Grabe getragen wurde.
Starb jemand ausgangs der Woche, so trachtete man, das Begräbnis auf Sonntagnachmittag zu verlegen, weil es dann eine „große Leicht" gab. Unsere Pfarrer waren mit der Bevölkerung innig verbunden, sie fühlten mit dem Volke wie auch mit jedem einzelnen. Begräbnisse fanden auch am Samstag und Sonntag jeweils nachmittags statt.
Fand ein Begräbnis im „Schnitt" oder im „Eifihre" statt, das heißt an einem Werktag in der Zeit wichtiger und großer Feldarbeiten, so beteiligten sich daran nur die näheren Verwandten. Zu einem Begräbnis am Sonntagnachmittag gingen hingegen alle Verwandten, Bekannten und Schulfreunde.
Die „Leichtsägerin" trug im Arm einen großen Henkelkorb, in welchem sich ein weißes Leinensäckchen und eine Schmalzdose befanden. Für ihre Dienste bekam sie eine Schale (Tasse) voll Mehl, das sie in das Leinensäckchen tat, einen Löffel voll Schmalz, das in die Schmalzdose kam, und ein Ei, das ebenfalls in den Henkelkorb wanderte. Des öfteren bekam sie auch einen halben Dinar, den sie in ein kleines Säckchen im Henkelkorb oder in die Tasche ihres weiten Rockes steckte.
Starb eine ältere weibliche Person, so wurde nach sechs Wochen „'s Sach v'rtailt". Die Erben waren die Töchter der Verstorbenen. Verteilt wurden die Möbel, die Kleidung, die Leib- und Bettwäsche. Die Möbel waren solide von einem Schreiner angefertigt, oft aus Maulbeer- oder Kirschbaumholz gearbeitet. Sie unterlagen keiner Mode, sie wurden daher über mehrere Generationen vererbt. Ein Bett konnte man gut für den heranwachsenden Sohn oder

die heranwachsende Tochter gebrauchen, ebenso einen Schrank, Tisch und Stühle. Dem Vater ließ man ein Bett, einen hohen Kasten, manchmal auch einen Schubladkasten, Tisch, Stühle und den Diwan.

Starb dann der Vater, so wurden wieder die restlichen Möbel, Leib- und Bettwäsche verteilt.

Das Verteilen nahmen die Töchter vor, wobei sie ihren Brüdern nur wenig zukommen ließen. Dies betrachteten sie als ausgleichende Gerechtigkeit, weil die Söhne mehr Feld bekamen als die Töchter.

Wenn also die Sachen einer älteren Person verteilt wurden, so fanden sich pünktlich auch die beiden Leichtsägerinnen ein. Jede bekam einen Ober- oder Unterrock, eine Schürze, eine Bluse, ein „Tschurtschili" (Frauenwams), ein Kopftuch, ein Umhängetuch und ein paar Strümpfe.

Die Leichtsägerin im ersten und dritten Viertel war d' Brunnlis Gretlbas. Man hielt sie für etwas beschränkt. Angeblich war sie als Kind an Typhus erkrankt, wovon ihr das Haar ausging und ihr Gedächtnis Schaden nahm.

War jemand sehr begriffsstutzig, so pflegte man zu sagen: „Du bisch jo so dumm wie d' Brunnli Gretl!" Man vermied es, einem Mädchen bei der Taufe den Namen Margarete zu geben, denn es hieß dann gleich „dumme Gretl". Aus diesem Grunde gab es diesen Mädchennamen sehr selten in Franzfeld.

Der Direktor-Lehrer Lemle pflegte zu sagen: „Die Gretlbas hält man im allgemeinen für dumm. Sie ist uns aber in manchen Dingen überlegen. Man kommt oft mit jemandem zusammen und möchte mit demselben reden, man findet jedoch nicht den nötigen Anknüpfungspunkt oder den passenden Gesprächsstoff und ist dann lieber still. Die Leute halten einem dann ungerechterweise für hochnäsig oder eingebildet. Die Gretlbas ist nie verlegen, sie findet immer Kontakt zu den Menschen. Wenn ihr nichts anderes einfällt, so sagt sie ‚am Sunntag warsch awr net in dr Kirch', oder ‚hätsch am Dunnerschtag aa zu dr Leicht geh kenne, dei Mutter un dere ihre Mutter ware doch Gschwischdrkindskinder'."

Die Gretlbas kannte jeden im Dorf und auch die verwandschaftlichen Beziehungen der Dorfbewohner untereinander. Sie ging zu jedem Begräbnis.

In Franzfeld, wie auch in anderen donauschwäbischen Gemeinden, gab es keine Aussegnungshalle. Der Tote wurde im großen Zimmer aufgebahrt. Der Pfarrer, der Religionslehrer, welcher gleichzeitig Organist war, und sechs Konfirmanden kamen in das Trauerhaus. Der Tote wurde herausgetragen, der Pfarrer sprach ein kurzes Gebet, der Organist sang mit den Konfirmanden ein Lied, und dann setzte sich der Leichenzug in Bewegung. Zwei Konfirmanden trugen abwechselnd das Kreuz aus Holz.

Bis zum Friedhof sang der Organist mit den Konfirmanden das Lied „Wohl auf, wohl auf, zum letzten Gang, kurz ist der Weg, die Ruh ist lang".

Sobald man das Trauerhaus verlassen hatte, begann sich die Gretlbas nach vorne zu schaffen. Sie hielt ein großes weißes Taschentuch vor das Gesicht und weinte überlaut. Sie blinzelte aber unter ihrem Taschentuch seitlich heraus und schaute alle Leute genau an. Die Frauen stupften sich und sagten zueinander: „Schaa numma, wie d' Gretlbas widr ‚minkala' macht, die heilt jo gar net!"

War der Leichenzug am Friedhof angekommen, so stand die Gretlbas schon am Tore und schaute nochmals jeden genau an. Sie hatte ein unwahrscheinliches Personengedächtnis. Noch am nächsten Tag wußte sie, wer beim Begräbnis war. Sie wußte auch genau, wieviele Personen am Begräbnis teilgenommen hatten, denn die Trauergäste gingen immer paarweise. Auf diese Weise hatte sie es mit dem Zählen nicht schwer.

Am offenen Grabe segnete der Pfarrer den Leichnam ein und hielt eine kurze Andacht. Anschließend ging es zurück ins Dorf und in die Kirche. Für alle Verstorbenen, die bereits konfirmiert waren, wurde in der Kirche eine „Leichenpredigt" gehalten. Danach ging alles nach Hause. Einen Leichenschmaus gab es nicht!

Blieben längere Zeit Sterbefälle aus, so besuchte die Gretlbas um die Mittagszeit größere Bauernhäuser. Beim Betreten des Hauses sagte sie:

„I bin mol schaawa kumme, ob dr noch gsund sind un noch lewet."

Zumeist lud man sie zum Mittagessen ein. Sie war aber schlau und fragte daher vorsichtshalber die Haustochter: „Was hasch denn Gut's kocht, mei Maag?" Wollte man sie aus irgendeinem Grunde nicht haben, so mußte man nur sagen: „Gelruwa, Gretlbas, guti Gelruwa!" „Nai, i kann net bleiwe, mei Maag, i muß noch wu naa var 'm Esse, vielleicht a an'rs mol." Und weg war sie.

Am Samstagnachmittag wurde in jedem Haus der ganze Hof und die Gasse gekehrt. Kam die Gretlbas vorbei, so brauchte man nur zu sagen: „Gretlbas, tätet ihr m'r net helfe, daß i schnell'r fertig wer?" Vom Arbeiten wollte sie nichts wissen, weswegen sie prompt zur Antwort gab: „Nai, hab' kai Zeit, mach du dir dei Dreck selwer!"

Im Winter, zur Zeit des Schweineschlachtens, war sie ständig unterwegs.

Sie hatte Taktgefühl und ging deshalb nicht in arme Häuser, wo nur ein Schwein geschlachtet wurde. Sie ging ausschließlich in größere Bauernhäuser, wo man fünf bis sechs Schweine schlachtete. Zur Essenszeit, so gegen elf Uhr, war sie da.

Beim Schweineschlachten gab es in jedem Haus als Mittagessen Paprikasch und Kesselfleisch, mit frischem, selbstgebackenem Weißbrot und eingesäuerten Gurken und Paprika. Solch ein gutes Paprikasch wie beim Schlachten habe ich in meinem Leben nie und nirgends gegessen!

Die Hausfrau ging zum Hausschlächter und ließ sich für das Paprikasch die besten Fleischstücke, ein Stück vom Herz, ein Stück Leber und eine Niere geben. Mit viel Zwiebeln, den verschiedenen Fleischsorten und reichlich Paprika konnte die Hausfrau schon etwas anfangen. Das Kesselfleisch, aus welchem nach dem Mittagessen Würste gemacht wurden, war inzwischen auch schon gekocht. Man konnte sich natürlich die besten Stücke aussuchen, je nach Geschmack: mageres, fettes oder durchwachsenes Fleisch. Mit frischem („neibackenem"), weichem Weißbrot und eingesäuerten Gurken und Paprika schmeckte alles ausgezeichnet! Auch der Gretlbas schmeckte alles hervorragend. Natürlich gehörte zu diesem Essen auch ein guter Wein. Jeder größere Bauer hatte ja einen eigenen Weingarten, da war diese Frage leicht gelöst. Man trachtete beim Schlachten immer ein neues Faß anzuzapfen. Es konnte auch ein größeres Faß sein. Geschlachtet wurde zumeist vor Weihnachten. Vor den Feiertagen kamen immer die „Zrepajer Raaze un die Neiderfer Walache" und holten sich beim „Komschija Schwaba" den Wein für die Festtage, denn die Weinreben gediehen nicht auf ihren Hottern (Gemarkungen).

Der Gretlbas schmeckte also das Essen und auch der Wein. Natürlich ermunterte man sie immer wieder zum Trinken: „Gretlbas, ihr mißt aa trinka, sunscht wird mr krank von dem fetti Esse!"

Sie ließ sich das nicht zweimal sagen, sie trank und aß und aß und trank. Das Essen nahm schließlich ein Ende, obwohl sie immer bei gutem Appetit war. War der Magen jedoch ganz voll, dann ging nichts mehr hinein. Wenn man sie aufforderte, trank sie aber noch einige Gläser Wein.

Das Bestreben des jungen Hausherrn war, d' Gretlbas zum Singen zu bringen und sie zu bewegen, all ihre Kopftücher abzulegen. Man behauptete nämlich, daß sie ganz kurzgeschorenes Haar hatte. Manche wollten wissen, daß dies vom Typhus herkäme, den sie in der Kindheit überstanden hatte. Andere hingegen behaupteten, daß dies wegen der Läuse notwendig war. Sie wohnte bei ihrer Schwester. Die beiden führten einen gemeinsamen Haushalt. Die Gretlbas wäre nicht imstande gewesen, einen eigenen Haushalt zu führen. Lebensmittel und Geld brachte sie zwar vom „Leichtsaga" nach Hause, aber die Schwester sorgte dafür, daß die Gretlbas immer sauber und ordentlich angezogen war und daß sie nicht verlauste. Mit kurzem Haar ging dies natürlich leichter.

Der Hausherr fing an: „Ach, mir isch's so warm, des kummt vom Kessel, wo's Kesselflaisch kocht werd! Gut gesse un trunke hem m'r aa, do isch's jo kai Wund'r, daß 's aim haiß werd!" Er zog zunächst seinen Janker aus. „Gretlbas, isch's eich net aa warm, nemmet numma eier dick's Tiechl run'r!" Sie tat dies. Das erste Tuch war – wie bei uns üblich – vorne unter dem Kinn geknotet.

Nun war es bald soweit, daß man sie zum Singen brachte. „Gretlbas, jetzt sin mr so scheen un gmitlich beinanr, mechtet 'r uns net e scheens Lied singe?" Tat sie es nicht gleich, so geschah dies nach dem nächsten Glase. Mit geschlossenen Augen und zurückgelehntem Kopf sang sie ihre „Petischte Lieder" von der Christusliebe, von Jesus und der Auferstehung und vom ewigen Leben im Himmel. War der Wein gut und schmeckte er der Gretlbas, so legte sie auch das zweite Kopftuch ab. Es kam dann das „Schopftiechl" zum Vorschein, geknotet rückwärts im Genick, unterhalb des Zipfels.

Nicht immer und nicht jedem gelang es, die Gretlbas so weit zu bringen.

Inzwischen legte der Hausherr auch seine Weste ab. Er hatte ja immerhin noch ein dickes Barchentunterhemd und ein Oberhemd an. Das „Unterhemd" aus Barchent trug man merkwürdigerweise über dem üblichen Oberhemd.

„Gretlbas, nemmet numma eier Tichl run'r, sunscht v'rkihlet ihr eich, wann d'r haam gehnt", sagte der Hausherr.

Tat sie es, dann sang sie „zitrich", das heißt mit überlauter und vibrierender Stimme, welche durch die ganze Küche schmetterte. Der Hausherr knöpfte inzwischen die oberen Knöpfe seines Unterhemdes auf.

„Gretlbas, nemmet numma eier Tichl run'r, sunscht wer'et ihr noch krank! V'rkihle kann mr sich leicht bei dem kalti Wett'r draus." So lautete die nächste „besorgte" Aufforderung des Hausherren. Manchmal nahm sie auch das dritte Tuch, das „Schopftuch" ab. Es kam aber nochmals ein viertes Tuch, wieder ein „Schopftuch" zum Vorschein, geknotet im Genick, über dem Zipfel. Jetzt war Vorsicht am Platze! Selten gelang es, die Gretlbas zu bewegen, auch das vierte Kopftuch abzulegen.

Es war jetzt die Zeit gekommen, daß der junge Hausherr die Schnapsflasche aus dem Schrank holte.

„Noch so eme fette Esse kann a Stampili Schnaps net schade!" Der Hausherr kippte ein Stamperl Schnaps und schenkte der Gretlbas auch einen ein.

„Gretlbas, trinket numme aa a Gläsli, das helft v'rdaue!" Sie trank eines, manchmal auch ein zweites.

Einmal habe ich es erlebt, daß sie auch das vierte Kopftuch ablegte, es kam dann die „Patschhaub" zum Vorschein. Manche behaupteten, daß sie die Gretlbas so weit brachten, daß sie auch die „Patschhaube" ablegte. Ich bezweifle es aber.

Drang man weiter in sie ein – ich habe es miterlebt –, so kam sie plötzlich zur Besinnung, stand ruckartig auf, band ihre vier abgelegten Kopftücher wieder um und verließ mit einem „Adjes" verärgert das Haus.

Bei solchen Gelegenheiten kam die Gretlbas zu einem guten Essen, zu einem guten Wein und der jeweilige junge Hausherr zu seinem Spaß.

An Neujahr ging sie wünschen. Zu diesem Zweck zog sie ihr Sonntagsgewand an, sie trug aber keinen Henkelkorb bei sich, denn man mußte ihr – das war allgemein bekannt – eine Dinar- oder Zweidinarmünze geben. An diesem Tage wollte sie keinen Hefekuchen essen, wie man ihn in der Regel an Samstagen gebacken hat. Sie begehrte einen „feinen Kuchen" und ein Glas Wein. Ein Gläschen Schnaps lehnte sie auch nicht ab.

Kaum hatte sie die Türe geöffnet, so fing sie auch schon an:

„Ich wünsch eich aus Herzensgrund
ein neies Jahr in dieser Stund,
a neies Jahr in Glick und Freid,
bis an die ewige Seligkeit!
Gott laß eich viele Jahre leben
un einst nach dem Himmel streben.
Dies ist der Wunsch und der da war,
des winsch ich eich zum neien Jahr!"

Hatte sie ein Geldstück, einen Kuchen und ein Glas Wein erhalten, so zog sie weiter.

Sie wußte genau, in welche Häuser sie zu gehen hatte. Sie ging nur in jene Häuser, in denen es etwas gab und wo man sie gerne sah. Wie beim Schlachten mied sie die Häuser von Nazarenern, wo es keinen Wein gab. Ob sie begriff, daß man sie hänselte, oder ob sie dies in Kauf nahm, wird wohl nie geklärt werden. Die Hauptsache war, daß sie immer auf ihre Rechnung kam.

Zu den Namenstagen, die man in Franzfeld eigentlich nicht besonders feierte, fand sie sich auch immer ein. Sie trat in die Stube, machte die Türe hinter sich zu und sagte folgendes Gedicht auf:

„Heit nacht bin ich vom Schlaf erwacht,
da hat m'r a Engel a Botschaft gebracht.
Ich dachte hin und dachte her,
was das für a Botschaft wär?
Da endlich fällt m'r ei,
daß heit eier Namenstag kennt sei!"

Sie wartete natürlich, daß man sie zum Essen einlud. Hatte sie gut gegessen und getrunken, so überreichte sie einen kleinen Blumenstrauß, welchen sie zu Hause im Garten gepflückt hatte, mit den Worten:

„Ist das Herz und Mund beladen,
soll die Nase auch was haben."

Um sie los zu werden, mußte man ihr ein Geldstück geben. Sobald sie es hatte, ging sie.

Die Gretlbas hatte auch eine Schwester in Amerika. Schon mehrere Jahre hatte sie keine Nachricht von ihr erhalten. Plötzlich kam ein Brief aus Amerika an, der an die Gretlbas und ihre Schwester adressiert war. Sie erzählte dies allen Leuten. Die Schwester schrieb, wie es ihr in Amerika ginge, sie erkundigte sich auch nach dem Gesundheitszustand der beiden Schwestern und lud beide ein, sie doch in Amerika zu besuchen.

„Ja Gretlbas, wollet ihr wirklich uf Amerika fahre?" fragte jeder, dem sie die frohe Botschaft erzählte. „Ha ja, Du Dummhait, natierlich will i fahre, wu i doch mei Schweschtr so lang net gseja hab. Tätsch du vielleicht net fahre wolle? I geh glei marge uf d'Station un frog, was a Fahrkart koscht uf Amerika!"

Sie hatte natürlich keine Ahnung, wo Amerika liegt und daß eine Fahrt nach Amerika für sie nicht in Frage kam.

Am nächsten Tag ging sie aber prompt zum Bahnhof und fragte den Stationschef: „Was koscht a Kart uf Amerika?"

Der Stationschef war ein Serbe, er war aber schon lange in Franzfeld und sprach ziemlich gut deutsch. Er kannte die Gretlbas gut und wußte, was er von ihr zu halten hatte. Für einen kleinen Spaß oder Schabernack war er immer zu haben. „Wer will fahren uf Amerika und warum?" fragte er sie. „Ich will fahre zu mein'r Schweschtr, weil i sie schun so lang net gseja hab!" gab sie ihm zur Antwort.

Er blätterte umständlich in einigen Büchern, nahm einen Zettel, schrieb Zahlen darauf, strich sie wieder durch, schrieb neue Zahlen darauf, addierte dieselben und strich am Ende wieder alles durch.

„Für so liebe Frau, wie ist Gretlbas, wo schon so lange nicht gesehen hat seine Schwester, kostet Fahrkarte nix, kann fahren umsonst! Soll ich schreiben Karte?"

Die Gretlbas schaute den Stationschef fassungslos und verwundert an.

Sie konnte es nicht glauben, daß ihr im Alter eine solch große Freude widerfahren sollte, sie konnte vor Freude kaum sprechen:

„Ja, sind so gut und schreiwet mir a Kart!"

„Name?"

„Margareta Brunn", antwortete sie laut und deutlich.

„Wohin will fahren?"

„Uf Amerika!"

Der Stationschef schrieb: „Mit das kann fahren Margareta Brunn uf Amerika!"

Er gab noch den Stempel darauf, faltete das Papier behutsam zusammen und übergab es ihr feierlich mit den Worten: „Obacht geben, ist teure Karte!"

Voller Glückseligkeit schwenkte sie ihre Karte in die Höhe und kehrte gleich beim gegenüberliegenden Holzhändler Obmann ein.

Der Obmanns-Vetter, ein ruhiger und ernster Mann, schaute die „Fahrkarte" an, schüttelte bedächtig den Kopf und gab sie ihr wieder mit den Worten zurück: „Isch recht, Gretlbas!"

Sie hat an diesem Tag vielen Menschen ihre Fahrkarte gezeigt und allen erzählt, wie der Stationschef ein netter Mann sei und ihr eine Fahrkarte umsonst nach Amerika gegeben hat.

Es entstand nun ein schwieriges Problem: Wie sollte man ihr diese Fahrt ausreden? Man wollte ihr erklären, daß die Fahrkarte keine Gültigkeit habe. Mit dieser Wahrheit konnte man ihr aber nicht beikommen, denn sie antwortete entrüstet:

„Ja, du wit wid'r alles besser wisse, du willsch natierlich d'r Gscheitschti sei! Die Kart isch echt, do steht mei Name d'ruf und abgstempflt isch sie aa. Mit der Kart kann i fahre, des hat d'r Stationschef selw'r gsagt!"

Man versuchte es auf mancherlei Art, doch alles schien vergebens zu sein.

Da erzählte man ihr, daß Amerika sehr weit sei, daß man mit einem großen Schiff fahren müsse, daß die Fahrt acht Wochen dauere, daß man die Seekrankheit bekäme und die ganze Fahrt erbrechen müsse. Das leuchtete ihr schließlich ein.

Wenn man sie später fragte: „Gretlbas, wann fahret dr uf Amerika?" so bekam man die Antwort: „I fahr iwr'hapt net, des isch arich weit, do muß m'r acht Woche mit d'm Schiff fahre, do werd m'r krank und muß die ganze Zeit kotze!"

Hiermit war sie endlich von ihrem Wahn, eine Amerikareise zu unternehmen, kuriert.

Als die deutschen Truppen das Banat besetzten, hat sich die Gretlbas schnell den neuen Verhältnissen angepaßt. Ältere Leute grüßten sie wie bisher am Vormittag mit „Gut Marga", am Nachmittag mit „Helf Gott" (der Gegengruß lautete: „Vergelt's Gott") und am Abend mit „Gut Nowet".

Begegnete sie jedoch jüngeren Menschen, von denen sie wußte, daß diese für die Ideen Hitlers was übrig hatten, so hob sie schon von weitem die rechte Hand und rief schallend: „Heil Hitl'rrr, drei Lit'rrr!" wobei sie bei Hitler und Liter das „e" verschluckte und das „r" stark betonte und in die Länge zog, so daß es sich reimte. Fragte man sie: „Ja Gretlbas, wisset ihr aa, wer d'r Hitler isch?" so antwortete sie prompt: „Hitler ist unser Führer! Heil!" Mit ihrem Gruß: „Heil Hitl'rr, drei Lit'rr" wurde sie von niemand belangt. Man wußte ja, mit wem man es zu tun hatte.

Wollte man die Gretlbas besonders ärgern und in „Raasch" bringen, so mußte man nur fragen: „Isch's wahr, Gretlbas, daß – wann ihr a mol sterbe tätet – eier Trugl vum Buschmann-Flaischhack'r seini Hund uf d'r Schinderwasa zoge were muß?" Ihr Gesicht lief dann vor Zorn rot an und sie begann zu schreien, daß der Speichel spritzte: „Des isch gar net wahr, des hawi mein'r Schwescht'r schun hin'rlasse, mit d'm Kaschub sei Leichewage und zwei Rappe misse sie mich rausführe, daß d's woisch!"

Wie alle alten Leute kam auch die Gretlbas nach Rudolfsgnad ins Lager.

Auch für sie begannen traurige Zeiten. Sie konnte nicht mehr „Leichtsage", nicht mehr Neujahr wünschen, auch zu keinem Schlachtfest oder Namenstag mehr gehen. Es gab kein Mehl, kein Schmalz, kein Ei und auch keinen Dinar mehr. Auch sie ist dort – wie Tausende von deutschen Menschen – verhungert und elend gestorben. Ihren letzten Wunsch, mit dem Kaschub-Tischlers Leichenwagen und zwei Rappen zum Friedhof gefahren zu werden, konnte man ihr auch nicht mehr erfüllen.

Wie alle Toten des Lagers wurde auch sie völlig nackt und zum Skelett abgemagert zusammen mit fünf bis sechs anderen Leichen pietätlos auf einen langen Leiterwagen geworfen, am Dorfende in eine Grube versenkt und verscharrt.

Kein einziges Grabkreuz zeigt an, daß dort Tausende unserer Menschen verscharrt liegen, deren einziges Verschulden es war, „Deutsche" zu sein. Über diesen Gruben ist längst Gras gewachsen. Die Schafe und Ziegen der Neukolonisten weiden darauf.

Wir, die Übriggebliebenen, können uns nur trösten mit den Worten:

„Überall ist Gottes Erde."

Der Gretlbas als Nachruf und in ihrem Sinne sage ich: „Gott gebe ihr die ewige Ruh!"

Das Seifenkochen

Das „Saif-Koche" ist bei der jüngeren Generation fast ganz in Vergessenheit geraten. Aus diesem Grunde soll hier beschrieben werden, wie das daheim vor sich gegangen ist.

In der alten Heimat kannte man noch kein Waschpulver, es gab auch keine Waschmaschinen im heutigen Sinne.

Zum Wäschewaschen verwendete man ausschließlich Regenwasser. Das Regenwasser wurde von der Hofseite des Hauses, an welcher eine Dachrinne angebracht war, in den Regenbrunnen, das heißt in eine betonierte Zisterne geleitet. Aus diesem Regenbrunnen wurde das Wasser mit einem Eimer, der an einem Strick befestigt war, herausgeschöpft.

Das Regenwasser enthielt keinerlei Mineralstoffe, es galt als „weiches Wasser", im Gegensatz zum „harten" Brunnenwasser.

Der Kopf (das Haar) wurde nur mit Regenwasser gewaschen. Man kannte zu jener Zeit noch kein Schampoon. Wer lichtblondes Haar hatte, kochte im Regenwasser Haferstroh und wusch sich damit die Haare. Zum „Kopfwaschen" verwendete man „Haussaif". Mit Regenwasser und Haussaif konnte man einen viel schöneren Schaum erzielen als mit normalem Brunnenwasser und „Schmecksaif" (Toilettenseife).

Von der Herstellung der selbstgemachten „Haussaif" soll nun nachfolgend die Rede sein.

Das Seifenkochen war eine heikle Angelegenheit. Junge Bäuerinnen trauten sich nicht an diese Arbeit. Sie riefen zu einem solchen Vorhaben gerne die Mutter, Großmutter, eine Tante oder eine ältere Frau aus der Nachbarschaft um Hilfe.

Die Seife wurde möglichst im Sommer in der Waschküche gekocht. Die Kinder wurden an einem solchen Tag weggeschickt, denn es hatten sich schon ganz schlimme Verbrühungen ereignet, wenn ein Kind in die heiße Seife hineinfiel.

Zum Seifenkochen verwendete man das Darmschmalz, das Wurstschmalz, ranzigen Speck, verdorbenen Schinken und die übriggebliebenen Grammeln (Grieben).

Aus solcherlei fettigen Abfällen und „Seifensoda" wurde die Seife gekocht. Zu fünf bis sechs Kilogramm Grundmasse (je nachdem, wie diese „fett" war) kam ein Kilogramm Steinsoda.

Während des Kochens – man kochte die Seife in einem großen Kessel – mußte man die Masse mit einem Holzlöffel, dessen Stiel etwa einen Meter lang war, ständig umrühren. Den Holzlöffel fertigte der Hausherr in der Regel selbst an.

Inzwischen stellte man im Hof die „Form" her, in welche die fertiggekochte Seife hineingeschüttet wurde. Für die langen Seiten der Form verwendete man je ein „Ufstellbrett" und für die kurzen Seiten je vier Mauerziegel, von welchen jeweils zwei übereinandergestellt wurden. Das so geformte Rechteck wurde schließlich mit groben Leintüchern ausgekleidet.

Hatte die Masse schon längere Zeit gekocht, so probierte die Seifenköchin des öfteren, ob die Seife schon „gar" war. Jeder erfahrenen Seifenköchin waren die altbewährten Tricks bekannt: Den großen, etwa zwei Liter fassenden Eisenlöffel, mit welchem die Seife später herausgeschöpft wurde, hob sie verkehrt in die Höhe. Bildeten sich am unteren Löffelrand Blasen, so war die Seifenmasse bald „gar". Mit einem Blechlöffel und einem Blechteller probierte sie dann weiter. Die Seifenköchin wollte vor allem feststellen, ob die Masse beim Erkalten bereits geneigt war, eine Form anzunehmen.

Wenn die Seifenköchin feststellen konnte, daß die Masse „gar" und formbar war, so wurde dieselbe mit dem großen Seifenlöffel in Eimer geschöpft und sodann in Holzzuber zum Abkühlen gegossen.

Sobald die Seifenmasse genügend abgekühlt war, goß man sie in die bereits vorgefertigte Form. Die Lauge floß dabei durch die großen Leintücher ab. Am Abend konnte man die Aufstellbretter und Mauerziegel der Form schon entfernen. Die fertige Seife wurde nun in Blöcke von etwa 50 Zentimeter Länge und etwa 12 bis 15 Zentimeter Breite und Höhe geschnitten. Diese noch weichen Blöcke trug man auf Brettchen in den luftigen Hambar (Maisspeicher). Dort setzte man die Seifenblöcke zum Trocknen in einer gewissen Höhe auf lange Bretter. Waren die Seifenblöcke halbwegs trocken (man mußte sie aber noch schneiden können), schnitt man sie in Würfel von etwa 12 bis 15 Zentimeter Kantenlänge und ließ sie vollends trocknen. Nur in völlig trockenem Zustand wurde dann die fertige „Haussaif" in einer Seifenkiste zum späteren Gebrauch aufbewahrt.

Die Seife reichte für das ganze Jahr, oft konnte man davon auch noch etwas verkaufen. In der Stadt kaufte man gerne diese selbstgekochte „Haussaif".

In Ermangelung eines Einweichpulvers wurde die Hausseife in das Wasser geschabt, in das die Wäsche am Vorabend des Waschtages eingelegt wurde. Die selbstgekochte Hausseife war im heutigen Sinne eine gute Kernseife.

Manche Hausfrauen verstanden auch „Schmecksaif" (Toilettenseife) herzustellen. Man nannte dieselbe auch „gleiterte Saif". Wie die fabrikmäßig hergestellte Toilettenseife war sie natürlich nicht. Zur Herstellung einer solchen Seife wurden nur die besseren Fettsorten verwendet. Ich erinnere mich noch, daß ich als Kind für meine Mutter vom Fleischhacker Rindergalle und vom Apotheker Rosen- oder Nelkenöl für diesen Zweck holen mußte.

Diese Zeilen wollten darlegen, wie donauschwäbische Frauen mit allerlei Problemen fertig wurden und wie sie sich zu helfen wußten.

D'r Merkle Maurer und seine Kinder

D'r Merkle Maurer und seine Frau hatten neun Kinder. Dies war dem Umstande zuzuschreiben, daß seine Frau „gläubig" war. So nannten sich jene, welche der Sekte der Nazarener angehörten. Diese unternahmen nämlich nichts, was die Frage der Geburtenregelung anbelangte. Sie standen auf dem Standpunkt: „Kinder sind ein Segen Gottes, man hat sie zu nehmen, wie sie kommen."

In der Batschka hatte sich das „Ein-Kind-System" schon durchgesetzt gehabt. Oft heirateten zwei reiche Einzelkinder, wodurch das Vermögen immer größer wurde, aber die Bevölkerungszahl nahm stetig ab!

Der Kinderreichtum in Franzfeld war vorwiegend den Nazarenern zu verdanken. Hatte eine Familie viele Kinder, so wuchs zwar die Bevölkerungszahl an, aber das Vermögen mußte auf viele Teile verteilt werden. Der Wohlstand der einzelnen Familien wurde daher immer geringer, der Kaufpreis für die Felder jedoch immer höher.

Die Franzfelder wußten sich jedoch zu helfen. Viele verkauften ihre Felder in Franzfeld und kauften für den Erlös ein Mehrfaches an Jochfläche in den neugegründeten Tochtersiedlungen. So entstanden die Tochtersiedlungen Franzjosefsfeld, Jarkowatz, Kenderesch, Orzi, Laudon, Sajan, Birda und noch einige andere Ortschaften.

Diese Erkenntnis gewann ich erst später, als ich begann, mich mit völkischen Fragen zu befassen.

Nun aber zurück zum Merkle Maurer. Er war ein biederer, rechtschaffener und fleißiger Maurermeister. Wenn sich Gelegenheit bot, übernahm er einen ganzen Bau „im Akkord", das heißt zu einem festgesetzten Preis. In diesem Falle galt er als „Unternehmer" und mußte sowohl Maurer als auch Taglöhner anwerben. War die Bautätigkeit gering, dann arbeitete er selbst im „Taglohn". Oft war er auch bei uns beschäftigt, das heißt im Haus meiner Eltern.

Ich war damals ein „halbgewachsener Bub" (es soll wohl halb-erwachsen heißen) von etwa zehn Jahren. Meine älteren Brüder stifteten mich an, den „Maurersvettr" zu fragen, warum er so viele Kinder habe. Vermutlich versprachen sie, mir etwas dafür zu geben, wahrscheinlich „ein goldenes Nixli, ein zuckernes Trixli und ein langes Wart-e-weil". Sie (meine Brüder) hatten wohl von irgendjemandem gehört, daß der Maurer eine treffende Antwort parat hätte, auf welche sie sehr neugierig waren und sie gerne hören wollten.

Ich war, wie gesagt, ein unschuldiges Kind und erklärte mich dazu bereit. Meine Brüder nahmen in allernächster Nähe eine Scheinarbeit auf, damit ihnen ja nichts entging und sie die Antwort gut zu hören bekämen.

Ich ging „kuraschiert" (couragiert) und unbefangen zu ihm hin und fragte: „Saget emol, Maurersvetter, worum hent ihr so viel Kinder?"

Scheinbar wurde ihm diese Frage öfter gestellt, denn er schien darauf vorbereitet zu sein. In aller Ruhe erklärte er mir: „Waijsch, Knechtli, des isch so:

Wann mr verheirat isch, no kriegt m'r Kindr. So war's aa bei mir, des haißt bei mir und meim Weib. Wie's zugange isch, i waiß 's selwr net, aw'r immer sin mei Kindr schenr ware. Schaa emol mei Jakobli aa, des isch dr Jingschti un aa dr Schenschti. Wenn sie immr schenr were, doo kann mr doch net ufhere! Do wär i joo dr Dimmschti! Drum also, weil sie immr schenr ware sin, sin's halt neini ware!

So, so isch's un so war's. So, jetzt waisch alles un kannsch's aa deni verzähle, die di angstift hen, daß d' mi froge sollsch!"

Muttr, d' Glocke leita!

Für gewöhnlich läuteten die Glocken wie folgt: Werktags im Sommer um 4 Uhr, im Winter um 5 Uhr; da läutete nur eine Glocke. Dies bedeutete für die Bauern gewissermaßen: „Aufstehen!"

Für in die „Margekirich" (Morgenkirche, Frühgottesdienst) läutete es werktags um 7 Uhr „das Erste". Um ½8 Uhr läutete es mit zwei Glocken „das Zweite". Sodann begann der Frühgottesdienst, „die Margekirich". Kurz danach läutete es das „Vaterunser". Anschließend gab es noch den Segen, und die „Margekirich" war nach einer guten Viertelstunde beendet. In die „Margekirich" gingen Schüler und Schülerinnen der 5. und 6. Klasse. Dies zählte gewissermaßen zur Konfirmationsvorbereitung. Des weiteren waren noch einige alte Frauen und manchmal auch einige alte Männer anwesend.

Nach der „Margekirich" fanden manchmal Taufen statt, besonders Nottaufen, wenn man befürchtete, daß das Kind die nächsten Tage nicht überleben würde. Hatte manche Familie schon 5 bis 6 Kinder, so wollte dieselbe mit der „großen Taufe" nach dem Sonntagsgottesdienst und dem anschließenden Festessen kein Aufsehen erregen. Daher wurden in solchen Fällen die Kinder „nach der Margekirich" getauft.

Frauen, die ein Kind geboren hatten und in einem „christlichen Haushalt" lebten, führte der erste Weg „uf d' Gaß" (auf die Straße) in die Kirche. Man nannte dies „Ausgehn". Nach Beendigung des Gottesdienstes begab sich die Frau nach vorn zum Altar und stellte sich neben den Taufstein. Der Pfarrer kam vom Altar die Stufen herab und fragte, ob das Kind am Leben oder tot sei. Dementsprechend erbat er Gottes Hilfe und den Segen für das Neugeborene, in anderen Fällen spendete er der Frau Trost.

Heiratete ein Witmann oder eine Witfrau, so fand keine „große Hochzich" statt. Solche Ehepaare ließen sich in aller Stille nach der „Margekirich" trauen. Das Vorhaben wurde niemandem bekanntgegeben, man versuchte es geheimzuhalten, denn man schämte sich gewissermaßen. Der Mann und die Frau gingen getrennt auf verschiedenen Wegen zur Kirche. Erst dort traf man sich. Wenn aber ein solches Ereignis doch „durchsickerte" und die „großi Buwa" davon „Wind bekamen", dann schossen sie hinter einigen Gassentoren, an welchen die beiden vorbeikamen, „Ehrensalven" ab. Dies geschah mit Jagdgewehren, Pistolen oder gar mit Böllern.

Der Böller war ein alter Amboß, der ein eingebohrtes Loch haben mußte. In das Loch wurde Schießpulver getan und die Öffnung sodann mit Zeitungspapier verschlossen. Gezündet wurde der Böller mit einem brennenden Span, den man vorher an einer langen Latte befestigt hatte. Wer den Böller betätigte, der mußte vorsichtshalber hinter einer Hausecke in Deckung gehen. Der Böller wurde daher „um die Ecke" gezündet. War das Papier nämlich zu fest hineingestopft, so konnte es passieren, daß der ganze Böller in die Luft ging und die herumfliegenden Eisenteile böse Verletzungen verursachten wie im Kriege.

Die „Schießerei" bereitete den Brautleuten durchaus keine Freude, denn sie empfanden diese „Ehrensalven" nicht als Ehrenbezeugung. Sie ärgerten sich darüber und fühlten sich „gefrotzelt" oder „gefoppt".

Mittags um 12 Uhr läutete es „Mittag". Da hatten alle Leute aber schon gegessen, und das Eßgeschirr war abgewaschen. Weniger bekannt dürfte die Tatsache sein, daß das Mittagläuten nach dem Sieg der Christen über die Türken bei Belgrad im Jahre 1456 im christlichen Abendland eingeführt wurde.

Wenn es Nacht wurde, im Winter früher, im Sommer später, da läutete es „Bettlock" (Gebetglocke). Da ließ jedes Kind das interessanteste Spiel stehen und ging schnurstracks nach Hause. Mir sind noch Fälle bekannt, wo die Kinder alles liegen und stehen ließen, auf die Erde niederknieten und beteten. Nach dem „Bettlockläuten" konnten auch Trauungen vorgenommen werden. Diese Gelegenheit benutzten Witwer und Witwen sowie solche Brautleute, die ihre Heirat nicht bekanntgeben wollten.

Abends um 9 Uhr läutete es nochmals. Falls sich jemand „am Hutter" (in der Gemarkung) verirrt hatte, sollte ihm das Läuten die Richtung weisen, um nach Hause zu finden.

Wenn man im Winter „uf dr Visit" (auf Besuch) war und das „Neinileite" vernommen wurde, so empfand jeder dies als Zeit für den Aufbruch. „Ach Gott, 's leit jo schu neini, jetz isch awr hechschti Zeit, daß mr ham gehn", hieß es dann.

Dies waren die Tageszeiten, an welchen werktags geläutet wurde. Am Samstag wurde keine „Margekirich" abgehalten, es läutete daher um diese Zeit auch nicht.

Zum Sonntagsgottesdienst läutete es um 9 Uhr mit der kleinen Glocke „das Erste", um ½10 Uhr mit zwei Glocken „das Zweite" und um zehn Uhr mit allen drei Glocken „zamme" (zusammen). Kurz vor elf Uhr läutete es das „Vaterunser".

Ältere Leute gingen jeden Sonntag zum Gottesdienst. In großen Bauernhäusern gingen die Großeltern stets zur Kirche, von der jüngeren Familie ging wenigstens eine Person, und zwar der Hausherr, die Hausfrau, der Sohn, die Tochter oder die Magd. Wenn der Sohn, die Tochter oder die Magd zur Kirche ging, dann fragte die Hausfrau vor dem Mittagessen den betreffenden Kirchgänger, welches Evangelium verlesen wurde und welchen Inhalt die Predigt hatte.

Am Sonntagnachmittag läutete es ebenso wie am Sonntagvormittag, nämlich um 1 Uhr, ½2 Uhr und um 2 Uhr. Bei diesem Nachmittagsgottesdienst wurde gegen 3 Uhr das „Vaterunser" geläutet. Ab Ostern bis Schulschluß fand an Stelle des Sonntagnachmittagsgottesdienstes die „Kinderlehr" (Christenlehre, Kindergottesdienst) statt. Die Teilnahme an diesem Gottesdienst war freiwillig, die Konfirmanden mußten ihm aber beiwohnen.

Nach dem kurzen Gottesdienst begab sich der Pfarrer in den Mittelgang zwischen die Kirchbankreihen. Auf einer Seite saßen die Knaben, auf der anderen die Mädchen. Bis zur vierten Klasse mußte man jeweils einen Gesangbuchvers auswendig lernen, die fünfte und sechste Klasse lernte das Evangelium. Man wurde der Reihe nach vom Pfarrer „ausgefragt". Jedes Kind sagte einen Teil des Gesangbuchverses oder des Evangeliums auf. So ging es fortlaufend weiter. Damit es kein Durcheinander gab, saßen die kleineren Kinder, die den Gesangbuchvers aufsagten, vorne und die größeren, die das Evangelium hersagten, hinten. Nach der Konfirmation sollten die Konfirmanden noch drei Jahre die „Kinderlehr" besuchen. Im ersten Jahr taten sie es fast immer, im zweiten nur hie und da und im dritten fast gar nicht mehr.

Wurde außer den bisher genannten Zeiten geläutet, so kam oft ein Kind angerannt mit dem Ruf: „Muttr, d' Glocke leita!" Die Mutter dachte in solchen Fällen dann nach, weswegen wohl die Glocken läuten: zu einer Hochzeit oder zu einem Begräbnis? Hochzeiten fanden gewöhnlich vormittags statt, Begräbnisse hingegen nachmittags. Wenn die Glocken ein Begräbnis ankündigten, dann hatte dies jedes Haus ja schon am Vortag von der „Leichtsägerin" erfahren.

Zum Begräbnis läutete es um 1 Uhr „das Erste", um ½2 Uhr mit zwei Glocken „das Zweite" und um 2 Uhr mit allen drei Glocken „hinaus". Nach kurzer Andacht auf dem Friedhof und nach dem Hinablassen des Sarges läutete es „herein". Dies jedoch nur, wenn der Verstorbene schon konfirmiert war. Für den Toten fand anschließend in der Kirche die „Leichtepredig" (Gedächtnisgottesdienst) statt. Nach der „Leichtepredig" läutete es noch das „Vaterunser", der Pfarrer spendete danach den Segen, und damit war auch diese Feierstunde beendet.

Anschließend ging alles nach Hause, einen Leichenschmaus kannte man nicht. Waren auswärtige Verwandte zum Begräbnis gekommen, so wurden diese bei der Verwandschaft untergebracht und bewirtet. Somit mußten sie sich nicht „mit leerem Magen" auf die Heimreise begeben.

Am Sonntagnachmittag fand auch stets die „Leichtepredig" für einen im Kriege gefallenen Soldaten statt.

Bei Hochzeiten läutete es auch „das Erste" mit einer Glocke, „das Zweite" mit zwei Glocken und „in die Kirich" mit drei Glocken. Nach der vollzogenen Trauung läutete es noch das „Vaterunser".

Ganz furchtbar war es, wenn es „Sturm" läutete. Dieses Läuten geschah mit der ganz großen Glocke, wenn irgendwo Feuer ausgebrochen war. Um die Richtung des entstandenen Feuers näher zu bezeichnen, wurde geschossen oder mit dem Horn geblasen, und zwar für das erste Viertel einmal, für das zweite zweimal, für das dritte dreimal und für das vierte Viertel viermal. Die Glocke läutete in diesem Falle nicht Schlag auf Schlag, sondern Glockenschlag – Pause – Glockenschlag. Besonders nachts hörte sich dies ganz schauerlich an.

Auf solches Sturmläuten rannten die Leute im Eiltempo zur Feuerstelle. Die Männer trugen eine Gabel in der Hand, mit welcher sie das Stroh und das Heu zu retten versuchten, die Frauen und Mädchen aber Blecheimer. Letztere bildeten an der Feuerstelle eine Kette und reichten die mit Wasser gefüllten Eimer von Hand zu Hand, von den benachbarten Brunnen bis zur Feuerwehrspritze weiter. Oft waren die Hofbrunnen und Regenwasserbrunnen der ganzen Nachbarschaft ausgeschöpft und leer. Das Wasser wurde auch mit Fässern herbeigeführt.

Gaffer und Zuschauer sah man nicht gerne an der Brandstelle. Daß man in solchen Notfällen Hilfe leistete, fand jeder als selbstverständlich. Mit den Nachbarsleuten lebte man stets im guten Einvernehmen. Die Nachbarsleute von links und rechts wurden zur „Metzelsupp", zur Hochzeit und zur Taufe geladen. Es hieß: „Wenn's brennt, so isch dr Nochbr der erschti, welcher das Feuer bemerkt und löschen kommt."

Für Nazarener läuteten die Glocken nicht, weder zur Hochzeit (sie ließen sich nur standesamtlich trauen) noch zum Begräbnis. Sie wünschten dies nicht!

Die Glocken von Franzfeld läuten nicht mehr! Sie läuten nur noch in unseren Gedanken und Erinnerungen.

Den Kirchtum hat man abgetragen. Wohin die Glocken wohl gekommen sind? Darüber wird man uns kaum Auskunft geben. Für ein „christliches Geläute" werden sie höchstwahrscheinlich nicht mehr verwendet. Die Kirche wurde lange Zeit als Kohlelager benützt und ist jetzt ein Kino!

26.09.1949 Gerichtsverhandlung

Das Gericht setzte sich wie ein Zivilgericht zusammen, nur waren die Richterstellen mit Offizieren besetzt. Mancher von uns hat wohl eine Gerichtsverhandlung selbst erlebt oder hat eine im Fernsehen gesehen.

Es gab einen Vorsitzenden, zwei Beisitzer, einen Staatsanwalt und einen Pflichtverteidiger. Der Pflichtverteidiger war ein blonder, hübscher, junger Leutnant. An der Haut- und Haarfarbe wie auch am Klang seiner Aussprache kam ich auf die Vermutung, daß er aus unserem Siedlungsgebiete stammen könnte. Ich sprach ihn darauf an.

„Ja, ich bin aus Weißkirchen, bin Reserveoffizier, Jurist, bin zur zweimonatigen ‚Waffenübung' eingezogen, bin hier dem Gerichte zugeteilt."

„Dann kennen Sie doch sicher auch die Gebrüder Schab, diese stammen doch auch aus Weißkirchen, sie dürften in ihrem Alter sein!"

Die drei Brüder Schab kannte ich vom Studium her, wir waren Bundesbrüder. „Natürlich kenne ich diese. Es waren meine Schulkameraden, auch privat waren wir richtige Freunde. Wir waren wie Brüder zueinander. Es freut mich außerordentlich, von ihnen zu hören, es freut mich auch, daß es ihnen gut geht. Wenn Sie mit Ihnen mal wieder Verbindung bekommen, teilen Sie Ihnen mit, daß ich sie recht schön grüßen lasse."

Der Kontakt war geschlossen. Ab nun bestand zwischen uns ein inniges Verhältnis.

Der Gerichtspräsident bat um die Verlesung des aufgenommenen Protokolles. Das von mir unterzeichnete Protokoll wurde verlesen.

Der Vorsitzende: „Wie stehen sie zu diesem Protokoll?"

„Habe nichts Wesentliches zuzufügen, habe es ja unterschrieben."

Mein Verteidiger bat um einige Minuten Unterbrechung, er habe mit mir was klarzustellen.

Die Unterbrechung wurde gewährt.

„Sie haben mir doch gesagt, daß alles unter Strafandrohung erpreßt wurde. Ich schenke Ihnen vollkommenes Vertrauen. Ich kann Ihr ganzes Geständnis, alles, was Sie im Protokoll angegeben und unterschrieben haben, widerrufen. Das Recht dafür steht mir zu. Ich werde sagen, daß die Geständnisse erpreßt und daß sie unter Strafandrohung gemacht wurden. Soll ich es tun?"

„Nein, denn ich weiß, was mir anschließend blüht: Ich komme in den Kristallpalast, dort werde ich derart mißhandelt, daß ich mehr gestehe als ich schon unterschrieben habe. Plädieren Sie auf ein mildes Urteil!"

Die Verhandlung nahm ihre Fortsetzung. Der Vorsitzende lenkte bewußt von dem Protokoll ab. Er schämte sich anscheinend selbst, daß man von einem Arzt soviel erpressen konnte.

„Schildern Sie mir Ihre militärische Laufbahn in Jugoslawien und beim deutschen Militär!"

„Meine aktive Dienstzeit in Jugoslawien verbrachte ich im Militärlazarett in Laibach. Habe den militärischen Eid auf König Alexander geleistet, nach dessen Ermordung auf den jungen König Peter II. Die Offiziersprüfung habe ich nicht bestanden. Habe also 14 Monate gedient. Anschließend machte ich noch meine Ausbildung in verschiedenen Kliniken. Ich ließ mich dann später als Privatarzt in meiner Heimatgemeinde nieder. Im Jahre 1942 wurde ich zum deutschen Militär eingezogen. Nach der Grundausbildung kam ich zu einer Sanitätskompanie, wo ich – der Dienstzeit entsprechend – systematisch befördert wurde. Bei dieser Sanitätskompanie bin ich bis zur Kapitulation geblieben, zuletzt war ich Oberarzt, im Dienstgrad eines Oberleutnants."

Der Vorsitzende nahm dies zur Kenntnis.

„Wissen Sie auch, was Sie mit ihrem Verhalten begangen haben? Sie haben Hochverrat begangen!"

Ich machte auf diese Erklärung wahrscheinlich einen überraschten und verwunderten Eindruck.

„Ich werde es Ihnen erklären: Sie haben hier im Lande weißes Brot gegessen. Ihre Pflicht wäre es gewesen, bei erster Gelegenheit zu uns, zu den Partisanen überzulaufen. Was haben Sie getan? Sie haben gegen uns gekämpft! Was Sie gemacht haben, ist Hochverrat und wird mit dem Tode bestraft! Was haben Sie jetzt dazu zu sagen?"

„Unsere ganze deutsche Volksgruppe hat sich zum Wahlspruch gemacht: ‚Staatstreu und volkstreu'. Wir waren stets treue und ergebene Bürger unseres Staates. Mein Vater hat den Eid auf den österreichischen Kaiser Franz Joseph geschworen, hat volle vier Jahre den ganzen Weltkrieg mitgemacht, hatte an der Isonzo-Front in Italien gekämpft und ist dort verwundet worden. Mein ältester Bruder hat unter König Peter I. gedient, hat auf ihn den Eid geleistet. Ich selbst habe unter König Alexander und nach dessen Ermordung unter König Peter II. gedient und diesem den Waffeneid geschworen. Als mich die deutsche Wehrmacht gerufen hat, habe ich natürlich auch gehen müssen. Wer kann sich schon einer höheren Gewalt widersetzen? Tito hat mich nicht gerufen. Hätte er mich gerufen, wäre ich natürlich auch gegangen! Die deutsche Volksgruppe im Siedlungsgebiet der Wojwodina war stets treuer Diener des jeweiligen Staates."

„Da ist die einseitige Darstellung von Ihrer Seite, welche ich nicht akzeptieren kann! Abgesehen von den anderen Greueltaten, welche Sie noch begangen und unterschrieben haben, welche natürlich das Urteil noch verschärfen, haben Sie natürlich Hochverrat begangen."

Der Staatsanwalt plädierte auf Höchststrafe.

Mein Verteidiger hob hervor, daß ich nur jeweils meiner Pflicht nachgekommen sei, nur getan habe, was von mir verlangt wurde, denn jeder Soldat sei verpflichtet, gehorsam zu sein. Er plädierte auf die Mindeststrafe, welche ein Gericht aussprechen kann.

Das Gericht zog sich zurück. Nach kurzer Pause erschien es wieder. Der Gerichtspräsident: „Als Ihre Hauptschuld hat das Gericht Hochverrat festgestellt. Die anderen Missetaten, welche Sie begangen haben, kommen natürlich noch erschwerend hinzu. Das einstimmig gefaßte Urteil lautet: „Todesstrafe"!

Die Knie haben mir wohl gezittert. Ein Todesurteil hatte ich nie erwartet. Wie konnte so etwas möglich sein? Mit welchem Maße wurde hier gemessen? Vor nicht allzu langer Zeit hatte man mir angeboten, mich in die Freiheit zu entlassen, weil auch gar nichts Belastendes gegen mich vorlag. Jetzt das Todesurteil! Wo blieb da jedwede Logik? Mir wurde schwindelig, ich war fassungslos, hatte keinen inneren Halt mehr.

Blitzschnell überlegte ich: Wenn ich jetzt noch widerrufen möchte, wußte ich ganz genau, was auf mich warten wird. Ich beschloß daher, den anderen Weg einzuschlagen.

„Darf ich, gewissermaßen zu meiner Verteidigung, noch etwas sagen?"

„Ja, das dürfen Sie!"

„Ich weiß, daß ich viel Schlechtes getan und hiermit viel Schuld auf mich geladen habe. Ich habe jedoch versucht, von dieser Schuld etwas zu tilgen."

„Haben Sie vielleicht die Partisanen während des Krieges unterstützt? Haben Sie ihnen während des Krieges Medikamente geliefert?"

„Das nicht, denn ich hatte keine Gelegenheit dazu, da ich keinen Kontakt mit ihnen hatte. Während meiner Zeit als Lagerarzt habe ich mich jedoch selbstlos für die Zivilbevölkerung eingesetzt. Habe sehr viele behandelt, ohne ein Honorar dafür zu verlangen."

„Liegt etwas darüber im Verhandlungsprotokoll vor?"

„Es müßte vorliegen, eingereicht habe ich es."

Man blätterte nach und fand auch das betreffende Schriftstück. In Kostolac habe ich einmal das Kind eines Parteibonzen behandelt, dafür kein Honorar abgenommen. Auf mein Ersuchen stellte mir der Vater des Kindes eine Bescheinigung aus, daß ich sein Kind mit voller Hingabe und ohne Honorar behandelt habe. Ansonsten habe ich mich sehr der Zivilbevölkerung angenommen. Er konnte von mir nur das „Allerbeste" sagen.

Man beriet sich nochmals.

„In Anbetracht des mildernden Umstandes wird das Todesurteil in ‚Lebenslängliche Zwangsarbeit' umgewandelt."

Mein Leben war vorerst gerettet. Bei den zum Tode Verurteilten wurde das Urteil vollstreckt.

Mein Leben hing wirklich an einem Zwirnsfaden. Habe wirklich „dem Tode ins Auge gesehen".

Meine schönste Kindheitserinnerung

Als ich ein Kleinkind war, machte man in Bauernkreisen mit den Kleinkindern noch nicht so viel Firlefanz wie heute. Kleine Buben bekamen, solang sie noch „undicht" waren, ein Mädchenkleid angezogen. Dies war allgemein Sitte. Es hatte den Vorteil, daß sie „unter sich laufen lassen" konnten. Die Mutter sagte, gewissermaßen als Entschuldigung: „'s Michili laßt halt noch unner sich laafe." Das machte nicht viel aus. Kostbare Teppiche hatte niemand. Das Übel konnte mit dem „Uffwäschfetze" beseitigt werden. Die Bäuerin sagte höchstens: „Des mache doch alle kleine Kinder. Dr Uffwäschfetze liegt in dr Kuchl im Ecke."

Als kleine Kinder bekamen wir im Sommer ein langes Hemd angezogen, dasselbe reichte über die Waden, fast bis an die Knöchel. Alle Kinder gingen im Sommer „bloßfiessich", das heißt ohne jedwede Schuhbekleidung.

Wenn es im Sommer stark regnete, so war dies für uns Kinder ein wahres Fest. Vor jedem Haus befand sich ein Wassergraben. Das Wasser floß in die Ziegellöcher ab. Dies geschah jedoch sehr träge, so daß der Wassergraben immer voll war und sich auf etwa zwei bis drei Meter verbreiterte. So war es auch vor meinem Elternhaus: Der Graben begann an der Ecke vom Neubauer-Lehrer, zog sich bis zum Eder-Schmied, dann durch das enge Gäßle weiter in die Schwabengasse bis zum Jahraus am Eck und von dort in die Ziegellöcher.

Im Sommer, besonders bei einem „Platschregen", war der Graben nicht sehr tief, aber dafür sehr breit. Alle Kinder der Nachbarschaft fanden sich bei uns ein zum „Wasserlaafe".

Die größeren Buben krempelten sich die Hosen hinauf. Wir kleineren hatten ja nur ein langes Hemd an, wir nahmen das Hemd einfach in die Höhe. Ganz raffinierte Kinder zogen das Hemd zwischen den Füßen unten durch und ließen sich dasselbe am Rücken mit einer von der Mutter „entliehenen" Sicherheitsnadel feststecken. Mädchen lupften ihre Röcke hoch bis zu den Knien.

Das „Wasserlaafe" konnte nun beginnen. Man lief im Graben hin und her und wieder her und hin. Der Boden unter den Füßen war natürlich aufgeweicht und in einen schmierigen Schlamm („Dreck") umgewandelt. Dieser „Dreck" spritzte richtig zwischen den Zehen hoch. Dies war ein wunderbares Gefühl, welches man mit keinem anderen Gefühl oder Erlebnis vergleichen kann! Es war schöner als das Puppentheater oder der kleine Dorfzirkus, welcher manchmal „im Märkle-Adam seinem Wirtshaus" gastierte.

Das Regenwasser war warm, der schlüpfrige Schlamm ebenso, so daß eine wohlige Wärme meinen ganzen Körper durchlief. In der Herzgegend empfand ich eine besondere behagliche Wärme. Es kam mir vor, wie wenn ich mich erheben und fliegen würde.

Ich kann ruhig sagen, dies war das schönste Erlebnis meiner Kindheit.

Hans Wolfram Hockl †
Lenauheim – Linz

Foto: Jakob Bohn, Stuttgart

Hans Wolfram Hockl wurde am 10. Februar 1912 in Lenauheim (Banat/Rumänien) als Sohn einer Kaufmannsfamilie geboren. Er war Schüler des Deutschen Realgymnasiums in Temeswar, kam aus der schwäbischen Jugendbewegung und gehörte dem „Wandervogel" an. So wurde er mit dem rumänischen Volkstum vertraut und lernte es zu schätzen, was später auch sein Dichtertum befruchtete. Hockl studierte an der Bukarester Hochschule für Leibeserziehung, 1935 Staatsexamen. 1935-36 Erzieher im „Alberthaus", Turnpädagoge am „Bischof-Teutsch-Gymnasium" in Schäßburg. Bereiste in dieser Zeit als Leiter einer Spielschar mehrere Monate lang Deutschland. Sein Chorisches Festspiel „Nicht Herr noch Knecht!" erlebte 80 Aufführungen. 1936-42 Turnpädagoge an der Temeswarer „Banatia" bzw. „Prinz-Eugen-Schule"; unterbrochen 1938-40 durch seine Tätigkeit als Leiter des Amtes für Leibeserziehung in Schäßburg; 1942-45 Fronteinsatz, kam im Mai 1945 in amerikanische Gefangenschaft, erkrankte an Spinaler Kinderlähmung, was ihn für den Rest seines Lebens an den Rollstuhl fesselte. Nach dem Krieg zuerst in Gmunden und Bad Ischl, 1948-56 im Barackenlager Haid bei Linz. Ab 1956 lebte er in Hörsching/OÖ, ab 1991 in Traun im Altersheim. Hockl begann als Lyriker, schrieb Mundart und Hochdeutsch, fand bald zur Erzählung und zum Roman, auch mit zwei Bühnenstücken ist er hervorgetreten. Seine Dichtung ist geprägt von „reifem Humor" und „leidgeborener Weisheit". Er veröffentlichte über 50 Bücher. Sein Werk zeugt von einer unvergleichlich minutiösen Beschäftigung mit dem Banater Dorfleben, liebevolle Würdigung auch der Nachbarvölker. Seine die NS-Vergangenheit aufarbeitenden politischen Schriften haben heftige Diskussionen hervorgerufen. Zahlreiche Vorträge in Österreich, Deutschland, Rumänien und Nordamerika. 1990 begründete er mit seiner Frau die Nikolaus-Lenau-Stiftung, die jährlich unter dem Vorzeichen gesamtdonauschwäbischer Zusammengehörigkeit Kulturpreise vergibt. Der Dichter erhielt zahlreiche Preise und Ehrungen. Er starb am 12. September 1998 in Linz.

Der Regenbogen des Malermeisters Hennemann

Der Malermeister Hennemann war noch keine vierundzwanzig Stunden in Lenauheim, dem Heidedorf, in dem er von nun an mit Pinseln, Bürsten und Farben seine Kunst zu zeigen gedachte, als er auch schon den ersten Rausch nach Hause schleppte. Und keine zwei Wochen waren vergangen, da hatten die Stammgäste aller Wirtshäuser einen tüchtigen Kumpan in ihm gefunden, und alle Schulkinder wußten zu erzählen, daß der neue Bürger ein Nachkomme des Johann Jakob Hennemann sei, jenes berühmten Mannes, der die Weinbauernstadt Werschetz im Banat mit einem Häuflein tapferer Männer gegen die Türken verteidigt hatte.

Um jenen Stadthauptmann aus der Türkenzeit aber mochten die Lenauheimer Zechbrüder sich nicht kümmern. Ihnen war der gegenwärtige Hennemann lieber, und da er sich als tüchtig erwies, herzhaft trinken konnte und einen guten Spaß verstand, beschlossen sie, ihm die Feuertaufe zu geben und ihn damit zu einem vollwertigen Lenauheimer zu machen.

Der Stagel-Sepp, der Eck-Peter und der Brach-Hans saßen eines Abends im Wirtshaus, als der Maler eintrat und sich zu ihnen gesellte. Bald war die schönste Frotzelei im Gange. Der Maler war nicht auf den Mund gefallen und vergalt Stich mit Stich.

„Wenn du noch lang in Lenauheim bleibst", sagte der Eck-Peter, „wird bald ein ewiger Regenbogen über dem Dorf stehen!"

Der Maler stach zurück: „Damit du nachts besser heimfindest!"

„Wenn aber der Himmel trüb ist, mußt mit mir gehen, damit dein heller Kopf mir voranleuchtet!"

„Wenn du einen Rausch heimträgst, Eck-Peter, findest dein Haus auch am hellsten Tage nicht!"

„Wenn du blau bist, Maler, kann man den ganzen Himmel mit dir streichen!"

„Halt!" unterbrach der Stagel-Sepp den Streit. „Hennemann, du verstehst doch dein Handwerk? Kannst doch Farben mischen, net?"

„Jede Farbe, die du willst."

„Sag mir, Hennemann: rot und weiß und schwarz, was für eine Farbe gibt das?"

„Einen Katzendreck."

„Stimmt nicht, Hennemann! Rot und weiß und schwarz gibt blau. Willst wetten?"

„Gemacht, um zehn Liter! Und jetzt beweis es, Stagel-Sepp!"

„Piano, Hennemann, piano! Das kommt ganz von selbst."

„Was kommt von selbst?"

„Der Beweis. Wirst dich noch heut überzeugen können. Wirtshaus, Wein her!"

Nun wird es lustig. Der Stagel-Sepp erzählt Geschichten. Auch die Wirtin ist bald unter den Zuhörern und verläßt den Tisch nur, um die leere Flasche wieder zu füllen. Wie im Flug vergeht die Zeit. Auf einmal schaut der Stagel auf die Uhr. „Oho!" sagt er, „wir müssen gehen!" Und auf die verwunderte Frage des Malers, wieso denn und wohin, meint er trocken, ob der Maler denn nicht mitwolle, den Beweis zu finden?

Bevor sie gehen, läßt der Stagel-Sepp sich von der Wirtin etwas auf einen Zettel schreiben.

Was das sei, will der Maler wissen.

„Ah, nur die Rechnung hab ich mir unterschreiben lassen."

Mit einigem Verwundern läßt sich der Maler, nachdem sie durch die nächtlich stille Hauptgasse gegangen und in die noch stillere Postgasse eingebogen sind, in das wohlbekannte Wirtshaus der Kleinbauern führen, von wo er sich schon am ersten Tag seines Lenauheimer Daseins einen Rausch zum Einstand geholt hatte.

Kaum steht der erste Liter auf dem Tisch, beginnt der Stagel eine neue Geschichte. Sie brauchen nur zu horchen und zu trinken, der Malermeister Hennemann, der Eck-Peter und der Brach-Hans.

Wie Mohn im Weizenfeld brennen die Backen des Malers. Aber er bleibt fest. Er, Hennemann aus Werschetz, Nachkomme des Stadthauptmannes, der die Türken aufs Haupt schlug, soll sich von diesen protzigen Bauern unter den Tisch trinken lassen? Sie sollen ihn noch kennenlernen! Drei gegen einen – er wird es ihnen geben! Und er selber ruft den Wirt mit fester Stimme herbei und bestellt den dritten Liter.

„Aber jetzt sag mir endlich, Stagel-Sepp, wo bleibt dein Beweis?"

Piano, Hennemann, piano! Trink, und wenn die Flasche leer ist, gehen wir um ein Häusel weiter, dann wirst es sehen!"

Und sie trinken, während der Stagel-Sepp ein neues Stück zum Besten gibt. Rundum ist ihr Tisch von Gästen belagert, die es bereits gerochen haben, daß da wieder eine Eulenspiegelei im Gange ist.

Ganz glasige Augen hat der Maler beim letzten Glas bekommen, der Eck-Peter und der stille Brach-Hans haben schon Blei an den Füßen, als sie sich zum nächsten Gang aufmachen.

Jetzt geht's in die Wirtsgasse und diese hinunter bis ans Ende. Hennemann geht voran. Er kennt das Ziel, er braucht den Stagel, diesen Maulhelden, nicht zu fragen. Ab und zu ruft er in die Nacht hinaus:

„Larifari! Weiß und rot und schwarz! Schwarz und weiß und rot! Kannst vorne anfangen oder hinten, Stagel-Sepp, niemals gibt es rot!"

„Blau!" ruft der Stagel-Sepp ihm nach. „Blau hab ich behauptet!"

„Meinetwegen blau!"

Der Malermeister wartet, bis der erste ihn einholt.

„Du bist es, Stagel-Sepp? Wo sind die anderen?"

„Sie kommen dort unter den Bäumen, komm, gehen wir!"

„Unter den Bäumen? Wieviel sind es? Zwanzig, hundert? Ich bin der Johann Hennemann aus Werschetz – und wenn es tausend Türken sind, ich bleib!"

„Komm, Hennemann! Laß die Türken zum Teufel! Wir müssen den Beweis suchen."

„Den Beweis, Stagel-Sepp? Ich bin der Johann – ich bin der Malermeister Johann Hennemann aus Werschetz! Ich brauch keinen Beweis! Rot und weiß was hast noch gesagt?"

„Schwarz. Aber schwarz kommt erst!"

„Und wenn neunundneunzigmal schwarz dazukommt, wird es noch immer nicht grün. Ich bin ..."

„Blau! Rot und weiß und schwarz gibt blau – so war die Wette, Hennemann!"

„Wird nicht blau! Nicht blau und nicht grün und nicht braun! Laß dir im guten sagen, Stagel-Sepp, ich bin der Malermeister."

„Hallo, Malermeister!" ruft der Eck-Peter von hinten. „Wo ist dein Regenbogen? Laß ihn leuchten, blau, gelb, rot!"

„Bist noch immer unter den Bäumen, Eck-Peter?" schreit der Maler zurück. „Suchst du den Beweis?"

Unter der Lampe vor dem Wirtshaus sammeln sie sich.

„Hier ist's hell", sagt der Maler. „Das kommt von dir, Eck-Peter!"

„Ich seh schwarz!" sagt dieser und schaut auf das Wirtshausschild.

Der Stagel-Sepp gibt ihm eins in die Rippen.

Aus der Wirtsstube schlägt ihnen lauter Gesang entgegen. Ein paar Burschen sitzen beim Wein und mitten unter ihnen die saubere Änni, des Wirtes Töchterlein. Die Ankommenden werden mit Hallo begrüßt. Der Brach-Hans, der alte Kater! Heut wird er wieder um die Änni scharwenzeln. Und der Eck-Peter, der Ziegenbock, was hat der nur? Aha, der Stagel-Sepp – der heilige Dreibund – und wer schwellt denn da hinten die Brust? Ist das nicht der Malermeister mit dem berühmten Stammbaum?

Aber der Maler hat gleich alle auf seiner Seite. Mit schmetternder Stimme fällt er in den Gesang der Burschen ein:

„Das war ne rechte Freude, als mich der Herrgott schuf!"

Hier kommt der Stagel mit seinen Geschichten nicht mehr zu Wort.

„Der Beweis!" ruft der Maler. „Wo bleibt der Beweis?"

Und der Wein schmeckt, als wäre er auf dem Schloßberg in Werschetz gewachsen. Vier Liter sind hier noch zu trinken, und er leert ein Glas ums andere wie pures Wasser.

Beim zweiten Liter aber wird er auf einmal still. Der Brach-Hans läßt sich das Lied singen: „Leise tönt die Abendglocke, müde Krieger gehen zur Ruh". Die Burschen kennen ihn, das ist immer das letzte Lied beim Brach-Hans, mit der Glocke schläft er ein.

Der Stagel-Sepp drückt sich die Daumen in die Augen, dem Maler glüht der Kopf, wie Flammen ins Stroh schlägt es rot aus den Wangen in sein wuscheliges Blondhaar hinauf. Und auch ihm fallen beim letzten Liter die Augen zu.

Wie ein letzter Ritter sitzt der Eck-Peter und trinkt. Aber die Hand zittert, und sein Glas zerschellt auf dem Boden.

Sie fahren auf. Kerzengerade sitzt der Eck-Peter da und ruft: „Hennemann! Stadthauptmann! Der Türk ist vor den Toren!"

Aber der Hennemann ist nicht aufgefahren. Er liegt mit dem Kopf auf dem Tisch und schnarcht lauter, als der Pascha vor den Toren der Stadt Werschetz jemals schnarchte.

Mit vereinten Kräften brachten sie ihn nach Hause. Der Stagel hängte ihm, bevor sie ihn im Hausflur niederlegten, einen Zettel um den Hals. Darauf stand geschrieben:

$$3 \text{ Liter Wein à } 26.- \text{ Lei} = 78.- \text{ Lei}$$
$$\text{Roth Franz}$$
$$3 \text{ Liter Wein à } 26.- \text{ Lei} = 78.- \text{ Lei}$$
$$\text{Weiß Franz}$$
$$4 \text{ Liter Wein à } 26.- \text{ Lei} = 104.- \text{ Lei}$$
$$\text{Schwarz Franz}$$

Darunter hatte der Stagel-Sepp mit wackligen Buchstaben gemalt: Roth + Weiß + Schwarz = Blau!

„Blau" war ebenso wie die Namen der Wirte groß geschrieben, aber dreimal dick unterstrichen.

Scheuch das Leid hinweg mit Lachen:
Tauben werden aus den Drachen.

Juble kühn in Mannesworten
Mit dem Hammer vor den Pforten.

Eine Seele voller Feuer
Sei uns über alles teuer.

Kunst hat eine Schwester,
die heißt Not,
und sie führen lange Dialoge,
diese weinend, jene tröstend.

Ginge ich auch unbeschwert,
geh ich schwere Wege.
Steine trafen mich –
haben mich auch angetrieben.

Wahre Hilfe kommt aus Mitgefühl
mit dem Leide anderer,
wo der Mensch noch gilt
und die wahre Freundschaft.

Ein Orkan,
keine Spießerträgheit
oder Selbstgefälligkeit
spornt mich an zur Arbeit,
heulend führt er mir die Hand –
und sie schreibt vom Leben.

Lob der Arbeit

Wir Bauernvolk, heut ohne Land,
wir halten doch dem Sturme stand.
Was schiert, daß uns das Schicksal schlug:
In unserm Wappen steht der Pflug!
Wir bleiben ihm stets treu gesinnt,
bis unser Werktag neu beginnt.

Hört ihr das helle Arbeitslied:
An seinem Amboß steht der Schmied.
Die Funken stieben sternenrot,
das Feuer in der Esse loht.
Schaff weiter, Schmied! In deiner Hand
steht und wird stark das Vaterland!

Der forschende Gedankenflug
hat mit Geschaffnem nicht genug.
Der Mann, jenseits von Raum und Zeit,
sucht stets der Dinge Wesenheit.
So ist ihm seine Pflicht gestellt,
ins Licht zu heben unsre Welt.

Beherzigung

Laß in schwerer Zeit
nicht dein Herz verdunkeln!
Über deinem Leid
wird die Sonne funkeln,
und du gehst dann weiter
frohgemut und heiter.

Wie der Schmerz auch nagt,
daß er dich verderbe,
hüte unverzagt
deiner Ahnen Erbe!
Bleibe treu und schlicht:
Gott verläßt dich nicht.

Irdisch Gut vergeht,
wie der Wind sich dreht,
Wohlstand kann verwehen.
Wisse, daß die Kraft,
die das Neue schafft,
ewig bleibt bestehen!

An der Schwelle des Jahres 1956

Wir betreten allesamt
wieder eines Jahres Schwelle,
das vom gleichen Urgrund stammt,
das mit tausend Sternen flammt
aus der gleichen Helle.

Immer ist in dieser Nacht
unser flehend Herz erhoben,
ganz dem Schöpfer dargebracht,
der die Welten kreisen macht
dort im Lichte droben.

Alles fällt zu seiner Zeit
unerforscht aus der Verhüllung,
Sorge, Not und Herzensleid,
Herzensgüte, Innigkeit,
Segen und Erfüllung.

Möge jeder, der noch fehlt,
endlich zu den Seinen finden,
und dem Kranken, lang gequält,
nun, von Hoffnung neu beseelt,
Schmerz und Trauer schwinden!

Auf dem See

Es wiegt sich auf den Wellen
ein dunkles Boot.
Die goldnen Fische schnellen
ins Abendrot.
Das Schilf malt schwarze Striche
in sanftbewegter Bucht.
Der Mond, als ob er schliche,
schwimmt mit der Wogen scheuer Flucht.

Wie atmet in der Kühle
die stille Brust!
Die Nacht lebt im Gefühle
noch unbewußt
und webt doch schon Gestirne
in Kränze ohne Zahl,
bekränzt auch deine Stirne
mit ihrem ersten Silberstrahl.

Der See trägt Rosentriebe
auf grünem Grund.
So ist auch deine Liebe
in dieser Stund
erwacht zu ihrem Lose,
so wie das Rohr, das schlief,
so rein wie jene Rose
und wie das Wasser abgrundtief.

De Weinkenner

Ja der Wein do, honichgehl,
ei der wärmt emm Leib un Seel,
awwer net me jede Bsuff!
Schau, er fungglt e' meim Gläs'che
un so winzich kleene Bläs'che
steije vun ganz unne ruff.

Rich norr moll, gspiehrscht eehre Duft?
Wehscht, des is ke lääri Luft
was sich do zu Perle formt.
Des sen lauder liewe Geeschter,
lauder gude Seeletreschter,
wann dich moll was arich wormt.

Ja, mei Lewer ritscht mr heit
allweil uff die Sunneseit,
daß se wie e Kohle brennt.
Un noh gett se glei so trucke,
un ich menn, sie hat aa Lucke,
weil mei Dorscht, der fend ke End.

Deserteur Weißmüller

Die Ereignisse, die der folgenden Geschichte zugrunde liegen, sind so außergewöhnlich, wie die Zeit es war, in der sie sich zutrugen. Der geneigte Leser möge bedenken, daß wir über viele Geschehnisse jener Tage heute von Herzen lachen – damals lagen sie uns schwer auf dem Herzen. Meine Geschichte schlägt eines der heitersten Blätter jener düsteren Zeit auf. Etliche Namen habe ich geändert; die Tatsachen jedoch sind getreu wiedergegeben. Den Haftbefehl gegen Johnny Weißmüller, im landesüblichen Gebrauch damals noch Joan Weißmüller, hatte sich mein Freund Karl Fischer, Lehrer in Freidorf, vom umgänglichen Wachtmeister Turdeanu ausgeborgt und mir gebracht. Ich machte mir eine Abschrift und lernte diesen historischen Haftbefehl im Laufe der Zeit Wort für Wort auswendig, die köstlichen Anmerkungen des Wachtmeisters Turdeanu nicht ausgenommen.

*

An einem Morgen des unruhigen Frühjahrs 1938 herrschte auf dem Kasernenhof des 5. Jägerregiments in Temeschwar, der Hauptstadt des rumänischen Banats, ein außergewöhnlich reges Treiben. Mehrere Reservejahrgänge waren einberufen worden. Schon in der Nacht hatten sich viele Männer und Burschen eingefunden, und nun, am frühen Morgen, kamen ständig neue Gruppen hinzu. Kommandorufe, Flüche, Befehle, Pfiffe und Hornsignale peitschten erbarmungslos auf die verwirrten Haufen dieser armseligen, über Nacht ihres bürgerlichen Gleichgewichts beraubten Zivilisten ein. Aus einer Ecke des riesigen Kasernenhofes wurden sie in die andere gehetzt, kaum daß sich das hohe eiserne Tor zur Freiheit hinter ihnen geschlossen hatte.

Nur den schlauesten der Reservisten waren rechtzeitig die noch aus der aktiven Dienstzeit bekannten Verstecke hinter der Küche und hinter den Stallungen eingefallen. Dort fühlten sie sich irgendwie in Sicherheit, ließen die mitgebrachten Schnapsflaschen in verzweifelter Entschlossenheit umgehen, rauchten mit derselben Verzweiflung eine Zigarette an der anderen an und lachten befreit auf, wenn sich auf dem Hof irgendwo die Fistelstimme des Stabsfeldwebels Cricitoiu überschlug.

„Ihr Nichtswürdigen! Ihr Tagediebe! Ihr Banditen! Ich werde euch das Soldatenleben schon schmackhaft machen. Wo bleiben denn die anderen in ihrer ...?"

„Gemeinde Freidorf ist vollzählig angetreten, Herr Feldwebel!" rief ein Blondschopf aus dem dritten Glied, wo er sich eben unbemerkt eingeschlichen hatte.

„Wer ist dies kecke Hähnchen? Heraus mit dir in deine ..."

„Zu Befehl, Herr Feldwebel. Sie sollen leben! Ich bin es, der Gefreite Fischer Carol."

„Ehj, du bist es, mein Bübchen, mein Herzliebchen. Wo treibst du dich herum, während ich mir die Seele aus dem Leibe schreie?"

„Zu Befehl, Herr Feldwebel, Sie sollen leben! Ich hab mit dem Kleingärtner, mit dem Dix und mit dem Daum hinten im Hof strafexerziert."

Der Stabsfeldwebel schmunzelte. Strafexerzieren – das hieß ins Zivilistische übertragen soviel wie: Wir haben uns ein Schlückchen vergönnt; die Flasche für den Herrn Stabsfeldwebel steht im Fenster wie immer. Verkosten Sie diesen Freidorfer Seelentrost!

„Gut, mein Täubchen!" Er fingerte ein Papier aus einer Mappe und entfaltete es: „Gemeinde Freidorf!" rief er und blitzte seine Schutzbefohlenen drohend an.

„Aubermann Filip!" – „Hier!" – „Burghardt Laurentiu!" – „Prezent!" – "Bücher Viliam!" – „Prezent!" – Und dann der letzte Name: „Weißmüller Joan!"

Schweigen. Die Männer aus Freidorf sehen einander an.

„Wo in seine ..., wo ist der Weißmüller Joan?"

Schweigen. Einige zucken nach Zivilistenart ratlos die Schulter.

„Gefreiter Fischer! Wo ist der Weißmüller Joan?"

„Zu Befehl, Herr Feldwebel, Sie sollen leben! Aber der Weißmüller Joan ist ein alter Mann."

„Paß gut auf, mein Söhnchen, mein herzliebes! Willst du mich zum Narren halten?"

„Zu Befehl, Herr Feldwebel, Sie sollen leben! Aber der Weißmüller Joan ist genau siebenundachtzig Jahre alt."

Niemand wagt es noch, die Schulter zu heben.

Diese feste Antwort und das kaum wahrnehmbare, aber doch zustimmende Nicken der sechsunddreißig Köpfe machten den Gestrengen doch stutzig. Er steckte den Zettel ein und murmelte: „Den werde ich schon kriegen!"

Nach dem Appell begab er sich sofort auf die Schreibstube und faßte eine Meldung ab. Kurz und militärisch: „An das Ergänzungsbezirkskommando Timisoara. Der Gemeine Weißmüller Joan, geboren am 17. April 1908 in Freidorf, Sohn des Weißmüller Joan und der Tereza geborene Losert, hat der Einberufung nicht Folge geleistet."

Das Ergänzungsbezirkskommando arbeitete in diesen Tagen auf Hochdruck. In den Schreibstuben kratzten die Federn und klapperten die Maschinen, Schreiber und Hilfsschreiber durchwühlten die Akten und machten das gewohnte Durcheinander noch unentwirrbarer, Ordonnanzen mit dicken Ledertaschen flitzten davon oder lungerten in den langen Gängen herum.

In diesen Hexenkessel flatterte die Meldung des Stabsfeldwebels Cricitoiu. Nicht lange danach ging eine Order ab. Kurz und militärisch: „An den Gendarmerieposten der Gemeinde Freidorf. Der Gemeine Weißmüller Joan (und so weiter) hat unverzüglich dem Einberufungsbefehl No. 341/C, MStM,

Folge zu leisten, ansonsten er unter den § 28 b des Militärstrafgesetzbuches fällt."

Wachtmeister Turdeanu in Freidorf erhielt die Order bereits nach drei Tagen, obwohl es von Temeschwar bis Freidorf nahezu zwölf Kilometer sind. Schon am übernächsten Tag schickte er einen Gendarmen mit der strengen Weisung aus, den säumigen Reservisten aufzusuchen. Am späten Nachmittag kam der Gendarm mit der Meldung zurück, der Gesuchte sei nicht vorhanden. Wachtmeister Turdeanu setzte sich hin und schrieb auf die Order: „Das genannte Individuum ist in der Gemeinde Freidorf nicht aufzufinden. Dagegen ist in der Gemeinde Freidorf ein Individuum zuständig, das den gleichen Namen trägt, aber in Anbetracht seines Alters von siebenundachtzig Jahren mit dem Gesuchten nicht identisch sein kann."

Ein paar Tage später fiel dieselbe Order wieder auf seinen Schreibtisch, diesmal aber nicht unscheinbar und harmlos wie beim ersten Mal, sondern von dem wohlbekannten, gefürchteten, mit einem dicken roten Stift gekennzeichneten Haftbefehl begleitet.

„Der Gemeine Weißmüller Joan (und so weiter)! ist unverzüglich zu fahnden, zu verhaften und unter strengster Eskorte einzuliefern!"

Da haben wir es! Der Geschwänzte soll diesen Weißmüller holen! Wachtmeister Turdeanu eilt höchstpersönlich auf das Gemeindeamt. Der Gemeindeschreiber blättert in einem dicken Register: „Aha! Weißmüller Johann, geboren am 21. November 1851. Das ist der alte Vetter Hans. Einen Moment, meine Herren! Er hatte einen Sohn – hier ist er: Weißmüller János, geboren am 5. Juni 1875. Einen Moment, meine Herren! Der hatte auch einen Sohn. Hier, meine Herren, hier ist er: Weißmüller János, geboren am 17. April 1908. Herr Wachtmeister, hier ist Ihr Mann."

„Was hab ich davon, daß er in Ihrem neunmal verfluchten Register steht? Ich muß ihn lebendig haben. Hier – lesen Sie: Fahnden, verhaften und unter strengster Eskorte einliefern!"

Der Gemeindeschreiber dreht die Arme nach außen.

„Tut mir leid, Herr Wachtmeister, daß Sie ihn nicht verhaften können; er ist nämlich vor etwa fünfundzwanzig Jahren in die Vereinigten Staaten ausgewandert. Seither hat kein Mensch mehr von ihm ein Sterbenswörtchen gehört."

Wachtmeister Turdeanu ging ins Wirtshaus und brachte sein gestörtes körperliches und seelisches Gleichgewicht mit einem Gulasch und einem halben Liter Zilascher kostenfrei wieder in Ordnung. Dann verfügte er sich nach Hause, nahm noch einen Schluck aus der Flasche, die ihm der Wirt diskret in die Tasche versenkt hatte, und schrieb auf den Haftbefehl: „Genanntes Individuum ist im Jahre 1912 zur Auswanderung gebracht worden." Diese Idioten im Ergänzungsbezirkskommando. Jetzt werden sie ihn endlich streichen.

Doch mit der Gründlichkeit des Ergänzungsbezirkskommandos hatte er nicht gerechnet. „Weißmüller!" murmelten die Schreiber und Hilfsschreiber und wälzten die unmöglichsten Vermutungen in ihren Gehirnen. Diesen Namen hat man schon ein- oder zweimal gehört! „Weißmüller!" murmelte der Stabsschreiber Movila und klopfte beim Herrn Hauptmann an. „Weißmüller! Weißmüller!" Murmelte der Hauptmann und begab sich zum Herrn Oberst. „Weißmüller! Weißmüller!" schaute der Oberst von einigen Fotografien seiner neuen Schweinemästerei auf. Ein Fragebogen wurde nach Freidorf geschickt; darauf standen zwei Dutzend staatswichtiger Fragen, und hinter jeder Frage lauerte der amtlich leere Raum auf das Gewissen der Untertanen.

Dieser Akt fällt wie ein Stein vom Himmel auf den Tisch unseres seit zwei Wochen wieder in alter Beschaulichkeit regierenden Wachtmeisters Turdeanu in Freidorf.

„Neunundneunzigmal verflucht!" Er donnert in die Gemeindestube. Er spricht mit dem Notar. Sie sprechen mit dem Gemeindeschreiber. Dann füllen sie mit vereinten Kräften den Fragebogen aus: „Weißmüller Joan, geboren am 17. April 1908, ist ein weltberühmter Filmschauspieler!" Drei rote Ausrufezeichen dahinter. Dann taucht Wachtmeister Turdeanu die Feder wieder tief ein, macht einen Schnaufer, streicht sich über den Speckbauch und schreibt: „Genanntes Individuum ist identisch mit dem weltberühmten Filmschauspieler Johnny Weißmüller, genannt Tarzan, der in Amerikas Urwäldern lebt und sich wie ein Affe von Baum zu Baum schwingt!" Datum, Stempel, Unterschrift. So! Asá! Jetzt ist der Fall erledigt!

*

Im Herbst des gleichen Jahres lud der Lehrer Karl Fischer aus Freidorf die drei Hauptakteure dieser Geschichte zu einem Besuch des Capitol-Kinos ein. Überall in der Stadt schrie von den Plakaten der Name: „Johnny Weißmüller – als Tarzan!"

Als sie das Kino verließen, machte sich Stabsfeldwebel Cricitoiu mit schwacher Stimme bemerkbar: „Meine Herren! Was sagen Sie zu unserem Weißmüller?"

Wachtmeister Turdeanu konnte nur noch stöhnen.

„Unser Weißmüller! Meine Herren! Domnilor! Haben Sie gesehen, wie sein erster Schlag den Kopf der Riesenschlange, sein zweiter Schlag den Kopf des Krokodils, sein dritter Schlag den Kopf des Tigers zerschmettert hat? Und wie der Orang-Utan beim Anblick unseres Tarzans geflohen ist – unser Tarzan ihm nach – von Baum zu Baum – von Ast zu Ast – jetzt ist er dicht hinter ihm – jetzt hat er ihn – ein Schlag mit der Keule – zerschmettert sinkt der Orang-Utan vornüber! Und diesen unüberwindlichen Helden sollte ich fahnden, verhaften und unter strengster Eskorte ins Gefängnis einliefern. Dem Himmel sei Dank, daß er ihn rechtzeitig nach Amerika geführt hat! Ja, Gott sei gelobt und sein Name sei tausendmal gepriesen!"

Die Donauschwaben wollen Einigkeit

Das donauschwäbische Wickelkind, 1945 in großer Not aus der Taufe gehoben, ist heute ein ausgewachsener Mannskerl in den besten Jahren und nähert sich dem Alter, in dem die Schwaben gescheit werden. Dieser Donauschwabe aber – so meine ich – könnte es schon v o r dem Vierziger versuchen.

Auch die donauschwäbische Führung will die Einigkeit. Du liebe Zeit, gibt es denn diese Einigkeit nicht? Leider gerade dort am wenigsten, wo die Mehrheit unseres Stammes lebt, in der Bundesrepublik Deutschland. Überall sonst, in Österreich, in den Vereinigten Staaten, in Kanada, Brasilien, Argentinien haben wir einen Gesamtverband ohne viel Mittel. In der Bundesrepublik, wo öffentliche Mittel zur Verfügung stehen, um den Verband der Donauschwaben zu ermöglichen, um ihr kulturelles Erbe zu wahren und es im neuen Gemeinwesen zirkulieren zu lassen, herrscht Uneinigkeit, holpert der donauschwäbische Karren auf dreispurig und vierspurig zerschnittenen Straßen, statt wie eine Kalesche auf einspurigem Fahrdamm dahinzufliegen.

Äsop auf donauschwäbisch

Lebte Äsop noch, würde er uns eine Fabel auf donauschwäbisch erzählen: Zwaa Eesle ware zammgebun un sen hungrich uff die Wiß getaamlt. Der een hat e Haufe Hai gsiehn un hat noh links gezoo, der anner hat e Haufe Hai gsiehn un hat arich noh rechts gezoppt. So han se sich hin un her gezerrt, han gekeicht, die Zung is ne ausm Maul ghong, awwer sie sen net vum Fleck kumm. Uff mol saat der een: „Horch mol, Bruder, meer sen jo Esle! Meer sellte scheen stad piano mitnanner gehn, 's erscht zu dem Haihaufe dort un dernoht zu sellem dort!" So had'r gsaat, so han ses gemacht, un zeither sen se satt un friedlich.

Auch unser Patenland verlangt Einigung

Unser Patenland Baden-Württemberg, mit Ministerpräsident Kiesinger, der die Zersplitterung der Donauschwaben nach Herkunftsländern nicht akzeptierte, verlangt die Zusammenfassung in eine Körperschaft. Das ist eigentlich so selbstverständlich, daß einen die Weigerung dieser oder jener kleinen Gruppe nur wundern kann. Der Pate könnte seinen Abkömmling zweifellos besser pflegen, wenn er einen kräftigen Stamm vor sich hätte und nicht vier Stämmchen, von denen drei nur künstlich gehalten werden. Oder: Vier Zwergbauernhöfe nebeneinander sind unrentabel, gehören zusammengelegt in einer nüchternen, zukunftsbewußten Flurbereinigung.

Als erster Schritt sollte eine gesamtdonauschwäbische Kulturtagung abgehalten werden. Das Hauptkontingent der Teilnehmer wären die Kulturpreisträger und alle, auch die jüngsten, Kulturschaffenden. Politiker sollten dabei zuhören. Diese Tagung trüge gewiß mehr Früchte in Denkanstößen, Anregungen, in Zuspruch und auch in Widerspruch, als die Jahr für Jahr sich fruchtarm wiederholenden Kulturtagungen der Landsmannschaften der Banater etwa, die von Politikern nach ihren eigenen Worten „vorkonzipiert" werden. Mit dem dabei aufgewendeten Geld, das jedes Jahr in die tausende Mark geht, könnte ein gezieltes Anliegen aus dem donauschwäbischen Kulturerbe realisiert werden. Wir haben das Gerhardswerk als gutes Beispiel.

Müller-Guttenbrunns Testament
Weidling, im April 1922: „Heute ist das ungarische Deutschtum auf mehrere Staaten aufgeteilt. Ich sage aber, die Deutschen im Osten, wie ich sie in ihrer Gesamtheit nennen will, müssen gerade in dieser Zerstreuung eine Einheit werden, zu der man sie nie hat kommen lassen ... Ich hoffe, daß mein Ruf zur Einigung gehört und von meinem Volke beachtet werden wird, da er vielleicht das letzte größere Dokument ist, das ich von meinem Krankenbett aus in die Welt sende."

Und was tun wir in voller Freiheit? Die unnatürlichen, unseligen Grenzen von Trianon werden zementiert.

Ein Wort für die junge Generation
Was meine Banater Landsmannschaft anbelangt, möchte ich nur antippen, daß eine Verjüngung fällig wäre. Was geschieht, wenn der Bauer seinen Hof nicht übergeben will? Jede Wette gehe ich ein, daß kein Hoferbe mehr da sein wird, wenn die Alten mit achtzig geruhen werden, in ihren längst verdienten Vorbehalt zu gehen. Die Hofübergabe muß – auch schweren Herzens – rechtzeitig erfolgen. Ausreden, es sei niemand da, stimmen nicht. Jeder Hofbesitzer, auch der tüchtigste, kann, ja muß einmal ersetzt werden.

So wie auf der Bühne geistigen Schaffens junge Kräfte sich erproben und behaupten, so sollte analog auf der politischen Tribüne die junge Generation zu Wort gelangen.

Suche nach geistiger Weite
Auch die Einsicht sollte sich durchsetzen, daß Kultur nicht als Dienerin der Politik ausgelegt werden darf, wie bei der Kulturtagung der Landsmannschaft der Banater Schwaben in Sindelfingen am 27.12.1975 nach dem objektiven Referat von Dr. Hans Weresch über die geistig-kulturelle Situation der Banater Schwaben seit 1945. Das Wesentliche liegt in folgenden Tatsachen: Noch nie sind im Banat so viel Mittel für das kulturelle Leben aufgewendet worden wie heute, sagte Dr. Weresch, noch nie hatten unsere Menschen so viel Zeit für ihre geistigen Bedürfnisse (!) und berufliche Fortbildung, noch nie waren so viele Künstler und Wissenschaftler tätig, noch nie wurden so viele Bücher gedruckt und gelesen, alle schöpferisch tätigen Banater Schwaben suchen nach geistiger Weite (!), Theater, Laienbühnen, Volkshochschulen, Schulen, Kindergärten und Kirche erfüllen eine spracherhaltende Aufgabe. Dr. Weresch schloß mit den Worten: „Wir können stolz sein auf die deutschen Kulturschaffenden und Lehrer! Hut ab vor ihnen allen!"

Geistig souveräne und freie Menschen zeigen Zivilcourage zur Wahrheit unter allen Umständen.

Kultur läßt sich nicht kommandieren
Nicht einmal in die Nähe geistiger Weite kamen in der Diskussion die von Josef Schmidt mit Pathos ausgerufenen politisch simplizistischen Direktiven an die hiesigen Banater Kulturschaffenden: Wir müßten durch unsere Leistung die Gegensteuerung zum Geschehen im Banat übernehmen, die Korrektur in „unserem" Sinne, Kaspar Hügel wollte festgehalten wissen, daß vom „Neuen Weg" doch Direktiven für die Literatur ausgegeben wurden, Josef Komanschek forderte, die geistig Schöpferischen sollten sich mehr der Gemeinschaft zur Verfügung stellen und sich einordnen!

Ich frage: Welcher Gemeinschaft? 1. Der schöpferische Mensch hat eine geistige Gemeinschaft, die über den Horizont der offiziellen Vertretung hinausreichen muß. 2. Diese offizielle Vertretung ist nicht identisch mit der Gemeinschaft unseres Volksstammes. 3. Kultur läßt sich nicht kommandieren; sie gedeiht in geistiger Unabhängigkeit und Selbstverantwortung. 4. Wer den Kulturdirigismus dort bekämpft, darf ihn hier für sich nicht fordern; da macht er sich unglaubwürdig.

Schöpferische Menschen haben oft einen größeren Anteil am inneren, eigentlichen Leben der Gemeinschaft als offizielle Vertreter. Ihre Gemeinschaft umfaßt auch die schweigende Mehrheit, als deren Anwalt ich auf eigene Kosten zur Tagung gekommen war, und mit gutem Erfolg.

Für die Zukunft angelegt
Denn da wurde mir noch deutlicher, daß wir bei Betrachtung unserer Geschichte von nun an mehr das Präsens und das Futurum ins Auge zu fassen haben; das Perfektum wird manchmal schon zu perfekt gemacht. So durch und durch perfekt, so vollkommen und fehlerfrei war die Vergangenheit ja doch nicht. Die Lehre aus der Vergangenheit ziehen heißt: nüchterner in die Zukunft blicken. Der Wiener Kardinal Josef König nennt sein soeben erschienenes Buch: „Der Mensch ist für die Zukunft angelegt". Wer so zurückschaut wie das Weib des Lot, erstarrt. Orpheus, der Sänger und Saitenspieler, holte seine verstorbene Gattin Eurydike aus der Unterwelt; weil er sich aber nach ihr umschaute, mußte sie wieder zurück. Da hatte er sie für immer verloren.

Verlieren wir die Zukunft nicht, indem wir nur in die Vergangenheit zurückschauen. Wir sind keine Emigranten; die nämlich bleiben in der geistigen Situation ihrer Auswanderung stecken. Wir sind daheim.

Von distanzierter Warte aus
In der Gesamtschau von distanzierter Warte aus manifestiert sich deutlich, daß eingefahrene Vorstellungen unbrauchbar sind wie eine alte Brille, die, dem in vielen Jahren veränderten Sehvermögen des Auges nicht mehr ange-

paßt, eine schlechte Sicht vermittelt, ein falsches Bild. Dogmatische Denkweisen sind a priori dem freien Wettspiel des Denkens, Forschens, Urteilens und Schaffens feind. Die donauschwäbische Führung ist weltoffen. Nur gibt es auch in der Demokratie noch autoritär geführte Reservate, und je enger dieser Schutzbereich, desto ungestörter läßt sich darin wirtschaften. Kultur aber bedeutet heute mehr denn je geistige Weite.

Wir haben gelernt, unsere Welt aus der Distanz zu betrachten. Schon allein das Erlebnis eines Fluges über Ozeane und Kontinente hinweg verleiht uns eine bisher nicht erfahrene Weitung des Fühlens, der Bereitschaft, sich selbst und die Welt aus anderen Dimensionen zu begreifen. Die Romantik der vertrauten Jugendlandschaft reduziert sich an größeren Maßstäben auf eine Vorstellung, die der Wirklichkeit nur noch wenig entspricht. Sogar die Sprache, unser vornehmstes und stärkstes Mittel, Vorstellungen zu artikulieren, ist einem ständigen Wandel unterworfen, ist heute anders als vor fünfzig Jahren.

Also sei es wiederholt: Kultur bedeutet geistige Weite.

Schlußfolgerung
Gesehen aus den zwei etwas verschiedenen Standpunkten des Banaters und des Donauschwaben gibt es doch nur e i n e gute Lösung: Die Aufsplitterung des donauschwäbischen Stammes durch die unseligen Grenzen von Trianon sollte ein positives Ende finden in der Zusammenfassung zuerst auf geistiger Ebene, sodann auch in einer einheitlichen Organisation, der Landsmannschaft der Donauschwaben.

Ich schlage vor, daß noch in diesem Jahr erstmals eine gesamtdonauschwäbische Kulturtagung im Haus der Donauschwaben in Sindelfingen abgehalten werde. Den Politikern mit größerem Gewicht in der gesamtdonauschwäbischen Landsmannschaft bleibt mit der Aufgabe der Familienzusammenführung noch ein weites Betätigungsfeld.

Die Ampel zeigt 1976 Grün für den Zusammenschluß!

Banater Leed

Karpate, Donau, Marosch, Theiß
die tun's Banat umgrenze,
vun Arad nufzus noch e Kreis
tuts richtich scheen ergänze.
E Land en aller Herrlichkeit
un doch verriß em Velkerstreit.

Weil's geht e Grenz dorchs mitte Land,
wu niemols Grenze ware
zeit Römerzeit, Gepidezeit,
zeit Hunne un Aware.
Erscht jetz vor sticker fufzich Johr
hat's Land sei wohri Seel verlor.

Kummt mit, ich feehr eich eemol stad
an dere Grenz voriwer:
uf all zwaa Seide heerschts Banat
un weit, weit gsitt mr niwer.
Dort ware deitsche Derfer gween,
wu jetz noch unser Kerche stehn.

Schau niwer dort vun Albrechtsflor,
vun Tschene un vun Valcan:
die Leit vertrieb, vernicht, verlor
em allertiefschte Balkan.
De Mensch sucht oft sei Leed un fends.
Banater Leed, des war die Grenz.

Gertianosch, Uiwar – Ort um Ort,
do werds em bang un banger,
die Landsleit driwe sen jo fort,
vill Tausnd uf'm Anger.
Noch emmer fließt die Träneflut ...
Sie ware unser Fleisch un Blut.

Friede un Kriech

Weißkirchen – wers net besser weeß,
dem derf ich gleich verrode:
dort schmeckt de Wein zu Worscht un Käs,
de weiße un de rode.
Die Faschingszeit war wie am Rhein
mit Narreposse gropp un fein.

Un Werschetz, die Stadt merkt eich gut!
Phaar Deitsche un phaar Serwe
han dort vertrieb die Therkeflut
mit Gwehre, Trummle, Scherwe.
Am Schloßberg steht die alt Kapell;
nor Unkraut waxt bis vor die Schwell.

Großbetschkerek, e anri Stadt:
de Friede war alltäglich.
E stolzes Volk, wu Schule hat,
so mennt mr, wär verträglich.
Vill Deitsche sen dort elend gstorb,
verschlaa, verhungert un verdorb.

En Kikinda dieselwi Not:
die Serwe, Deitsche, Ungre
die han sich nanner nie bedroht,
hat keener misse hungre.
De Kriech hat Haß gebrung un Streit,
de Tod for unschuldichi Leit.

De Name Rudolfsgnad lebt fort,
weil dort en Gräwer leije
noh Lager, Hunger, Totschlaach, Mord
en lange, lange Reihe
vill Tausnd Mensche, alt un jung.
De Kriech hat uns de Tod gebrung.

Mitte uf de Heed

De Heeder Schwob tut gere witzle,
er knuppt un stuppt un phetzt un reißt,
er tut em grad am libschte kitzle
uf Plätzer, wus em gar net beißt.
Un wanns dich beißt, noh tun se als
dich bißl salze ohni Salz.

En Hatzfeld tun se gere jeixe,
vorab an Kerweih un aa sunscht.
Die Buwe raafe mit de Leixe,
die Alde halle meh vun Kunscht.
Un Stefan Jäger, Peter Jung,
die han uns alli Eehr gebrung.

En Lenauheim war unser Dichter
vun Gott beruf zu Leed un Phein
un doch e freie Mann un Richter.
Sei Denkmol steht em Sunneschein.
Nur Liebe hilf uns!, war sei Rot,
vun Christus is des uns gebot.

Perjamosch kenne meer verdangge
Karl Grünn, e Dichterherz voll Glut
mit lauder friedliche Gedangge,
zu alle Mensche seelegut.
De Spruch vun Warjasch: Erst de Tod
un dann die Not un dann erst Brot.

Die Arweit – na, ich mecht net pralle,
do steht die Heed noch owedran,
ke Heeder kann sich zuruckhalle,
er fangt allzeit vun vore an.
Un singe tun se: „Sunnereen,
mach schnell die alde Weiwer scheen!"

Unser Herz

Temeschwar, des muß ich nenne
unser Herz un unser Haapt,
Vatter, Mutter, mecht ich menne,
han des gradso schun geglaabt.
Was de Mensch an Schule gwinnt,
weeß e manches Schwowekind.

Prinz Eugenius hats erowwert
un de Therk is nimmi kumm,
unser Siddler han gerowwert,
vor de Pescht verschrock un stumm.
Endlich war die Not verjaat,
statts de Sumbe grien die Saat.

Hinner Tore, Wall un Grawe
war zuerscht net vill zu gsiehn,
awer unser feschte Glawe
hat uns gsaat: Des get Kleen-Wien!
Un e fufzich harte Johr
war die Stadt e Blummeflor.

Un en hunnert ganz en Gala!
Hinner Parks em runde Reef
die Fabrik un die Mehala,
Josefstadt un Meierheef,
un die Glocke wie en Rom
rufe uns en unser Dom.

Deitsch un schwowisch un rumänisch,
ungrisch, serwisch um die Wett,
manchsmol nor e bißl hehnisch,
meerschtns freindlich werd geredt.
Un ich menn, des bleibt, wies war:
Unser Herz is Temeschwar.

Treffpunkt auf dem Thronhügel

Als Kinder waren sie damals hinaufgestiegen an jenem wunderbaren Sommertag des Jahres 1978, kleine und große Kinder, neugierig nach oben guckend, mitten unter den Erwachsenen, Eltern und Großeltern, sogar Urgroßeltern waren dabeigewesen unter den vielen Leuten. Heute aber, zehn Jahre später, überschritten sie nicht so drängend und ungeduldig wie damals die Brückenstege über den Bach, der den Hügel als ein abtrennendes Band umgrenzte und nicht immer so geheimnisvoll rauschte und munkelte wie vor zehn Jahren.

Karin schwelgte in den schönsten Erinnerungen. Sie war zweiundzwanzig, sie hatte geheiratet, ihr Mann war ein pfiffiger Schwabe, eine Seele von Ehegatten, und so mußte sie sich kaum um ihren kleinen Klaus kümmern, der Vater trug ihn auf den Schultern und zeigte ihm alles, was dem lebhaften Buben auf seinem Hochsitz in die Augen sprang, die unübersehbare Menge der Köpfe, barhaupt, hutbedeckt, haarwildumflattert, ölig oder glatzeglänzend, stoppelborstig, hochgetürmt, gelockt oder pferdeschwänzig, geschneckelt oder straff, gescheitelt oder geknotet – er wurde nicht müde zu fragen, warum die Frau das Haar geschnitten habe und warum jener Mann es nicht geschnitten habe, warum das Haar dort so grau sei und jenes dort so rot. Auf jede Frage wußte der Vater eine treffende Antwort, während seine lebhafte Gemahlin allen voran die Hände in die Luft warf und ausrief, es dauere nicht mehr lang, dann werde sich das Wunder zeigen, das dritte Wunder! bekräftigte sie. Auch damals vor zehn Jahren hatte sie das Wort in der Kinderschar geführt, allen um eine Nasenlänge voraus beim Aufstieg, als erste hatte sie in der einfallenden Dunkelheit die Kuppe des Hügels gesehen und jene Worte gerufen, die der Jugend zehn Jahre lang in den Ohren klingelten: Ja seht ihr denn gar nichts? Dort oben! Dort ganz oben ist Regina, unsere Mutter! Und beim Abstieg in tiefer Nacht hatte sie allen eingeschärft: Hier treffen wir uns in zehn Jahren wieder!

Alle, die da heute zusammengekommen waren, alle hatten sich verändert, wie sich eben Kinder von zwölf, dreizehn, vierzehn in zehn Jahren verändern. Eine fröhliche Schar erwachsener Mädchen und junger Mütter, aus den Buben waren sportliche junge Männer geworden, und wenn auch die Kleidung sie je nach Ländern und Erdteilen voneinander unterschied, so waren sie doch unverkennbar Angehörige des gleichen Stammes, fühlten alle sich zusammen wie Blätter an den Ästen, Zweigen und Ruten eines Baumes, immer noch genährt in Geist und Gemüt aus den Wurzeln der längst entschwundenen Heimat ihrer Großeltern und Ahnen.

Aber ihre Gespräche kreisten nicht so wie damals um Prahlereien, als die Männer sich gegenseitig übertreffen wollten mit wirtschaftlichen Erfolgen, der eine mit seiner großen Schuhfabrik, der andere mit seinen Haziendas in der brasilianischen Steppe, der dritte – da waren handfeste Behauptungen und Gegenreden laut geworden, ob nicht unerreicht an Fundamentalökonomie, wie einer sich ausdrückte, die Sippe Schlarb im bayerischen Kolbermoor sei oder doch die Schankula-Ruppert im Moorland bei Toronto in Canada, die Schaus und Bohn und Stein am Wüstenrand bei Los Angeles, die zwei Brüder Steiner und ein Sohn in Berlin, Holstein und der Schweiz, oder doch die drei Brüder Kühlburger im Elsaß, oder die Schröder im australischen Busch mit ihren zweitausend Schafen – nein, die fortschrittliche Jugend redete heute eine andere Sprache, das hieß, von wichtigeren Dingen.

Heh! rief einer dem anderen zu, in welcher Kolonne bist du gewesen und wer war dein Chormeister? Am liebsten hätten sie alle gleich die alten Lieder gesungen, schon fingen die einen an: Horcht emol, teehr Schwowe, ich weeß e Spatzenescht, andere übertönten sie mit ihrem Lied: Dort drunne, dort drowe, dort tanze die Schwowe mit de kleen Gigglgei, mit de großi Rummrumm, die dritte Gruppe sang ein schwermütiges Lied von der sieghaften Liebe: Dort drunne en de Kleenheislergass – sieben schwäbische Lieder strudelten durcheinander und endeten schließlich mit einem Gelächter, aus dem die Namen der Chorleiter aufschossen und kurz in der warmen Luft schwammen. Damals hatten die sieben Chorleiter fünftausend auseinanderströmende Stimmen am Ende doch vereint zu einer nie gehörten Klangfülle und Harmonie – Josef Baber aus New York, Konrad Scheierling aus Crailsheim, Hans Walter aus Heidenheim, Nikolaus Franzen aus Sindelfingen, Ludwig Rintschenk aus Bretzfeld, Sepp Feimer aus Biblis und Robert Rohr aus München hatten die Donauschwaben aus der ganzen Welt vereint zur Hymne auf das Mutterland.

Ja, und dann geschah das erste Wunder. Der Hügel begann zu wachsen und wuchs und wuchs immer höher, als wollte er das Ereignis dieses Tages vor die Augen der Welt führen ... Ja, und hatten wir nicht gesungen, alle fünftausend: Seht ihr den Mond dort stehen? Er ist nur halb zu sehen und ist doch rund und schön. So sind wohl manche Sachen, die wir getrost belachen, *weil unsere Augen sie nicht sehn!* Der wachsende Hügel, wenn das kein Wunder war! Der Blick nach unten umfaßte zunächst drüben die Ruine Hohenstaufen, dann das gebuckelte Land bis an die Schwäbische Alb, bis an den Schwarzwald, bis an die Fränkische Alb, bis an den Odenwald, bis an den Pfälzer Wald, eine großartige Schau war es gewesen wie aus dem Flugzeug, aber so hoch war man doch gar nicht, der ganze Hügel war nicht höher als haargenau sechshundertdreiundachtzig und einen halben Meter.

Das zweite Wunder hatte bis in die sinkende Nacht auf sich warten lassen, als Karin den Thron aus mächtigen Steinquadern erkannte, wo Mutter Regina zum Fest ihres 100. Geburtstages die Donauschwaben aus aller Welt zur Gratulationscour erwartete.

He, Karin, rief es von allen Seiten, du hast die Wette schon verloren! Heut gibt es hier kein Wunder! Worauf Karin die Arme beschwörend gegen die Hügelkuppe erhob. Nur Geduld! Wie sagt mein Großvater so gern: Norr scheen staad piano! Da rief ein Mann ihr nach: Und meine Großmutter sagt so gern in einem solchen Fall: Jo, do hucke se un han Hietcher uff!

Die Sonne brannte herab auf all die lustig anzuschauenden Köpfe, auf nackte Schultern und rote Rücken, der Schweiß floß, aber niemand bedauerte die Mühe des Aufstiegs, und plötzlich kam ein frischer Windstoß von oben herab, unwillkürlich neigten sie den Kopf, und als sie aufblickten, stand hoch vor ihnen der steinerne Thron. Der Thron allein war natürlich noch kein Wunder, aber hinter ihm in ausschwingendem Bogen erhoben sich sieben Säulen, und auf jeder Säule stand eine Statue. Sie wußten sofort, was für Bildwerke das waren: die hatte Meister Konrad, ein Sohn der Bäuerin Regina, teils noch in Rumänien, teils in Österreich oder Deutschland geschnitzt, und er selber hatte sie als sein Lebenswerk bezeichnet.

Alle blieben stumm. Dann folgten sie Karin von einer Plastik zur anderen. Diese da, sagte Karin, erhielt von Meister Konrad den Namen *Der Lehrende*. Und wen stellt sie dar? Sogleich erhob sich ein Gemurmel: Den Schwaben, wen denn sonst? Norr scheen staad piano! Ob das nicht auch ein Rumäne sein konnte? Oder ein Pole? Leises Gelächter gluckerte ringsum. Die Meinungen waren schon geteilt.

Und das da, sagte Karin, das ist *Der Lernende*. Und wer soll es sein? Der Serbe? Der Ungar? Der Schwabe vielleicht? Das Gemurmel wurde zunehmend heftiger und widersprüchlicher. Ruhe! rief Karin. Wir sind noch lange nicht fertig. Diese weibliche Statue, das ist *Die Tanzende*. Wen stellt sie dar? Eine Jüdin? Eine Kroatin? Eine Griechin? Eine Zigeunerin? Gehen wir weiter! Diese Statue *Die Singende*. Wen stellt sie dar? Die Slowakin! sagte einer bestimmt. Na gut, sagte Karin, warten wir ab. Und diese da, die fünfte Statue, wieder ein Mann, wen stellt sie dar? *Der Schenkende*, hat Meister Konrad sie genannt. Auf dem Hütl trägt er einen Gamsbart, es müßte also der Österreicher sein. Oder der Slowene? Oder wieder der Schwabe? Und jetzt noch diese Statue mit der majestätischen und doch so liebevollen Gebärde: *Die Segnende*. Wer ist es? Da rief es wie aus einem einzigen Mund: Maria Theresia! Gut, sagte Karin, und sie führte die Gruppe um den weiten Halbkreis herum, da standen sie wieder vor dem ersten Bild, staunend, aufgeregt, denn es war ein anderes Bild. Karin, du Hexe! Du Schwindlerin! Willst du uns zum Narren halten? Du hast uns nur sechs Statuen gezeigt! Aber wer hat sie vertauscht? Das geht hier nicht mit rechten Dingen zu! Karin gebot Ruhe. Norr scheen staad piano! Alles verändert sich! Die sechste Figur steht auf der sechsten Säule, nur *ihr* habt sie nicht gesehen. Wie haben wir gesungen? Weil unsre Augen sie nicht sehn! Die sechste Statue ist *Die Empfangende*, eine Frau mit sieben Gesichtern. Aber bitte, hat nicht jede Statue sieben Gesichter? Hier *Der Lehrende:* Schwabe, Rumäne, Ungar, Serbe, Jude, Grieche, Kroate. Hier *Der Lernende:* Rumäne, Schwabe, Serbe, Jude, Pole, Slowake, Bulgare. Hier *Die Tanzende:* Griechin, Jüdin, Schwäbin, Türkin, Russin, Polin, Ungarin. *Die Singende:* Slowakin, Tirolerin, Kroatin, Schwäbin, Italienerin, Französin, Ruthenin. *Der Schenkende:* Grieche, Italiener, Spanier,

Deutscher, Böhme, Ungar, Österreicher. *Die Empfangende:* Da steht sie doch! Seht sie euch an! Trägt sie nicht alle Gesichter zugleich!?

Sie standen lange davor mit großem Staunen. Fragen reihten sich an Fragen, und erst vor der letzten Statue waren sie alle wieder sofort einig: Das ist unverkennbar die Kaiserin Maria Theresia, *Die Segnende*.

So! sagte Karin. Wir werden diesen Tag nicht vergessen. Daß wir uns vor keinem der sechs Bildwerke einig waren, liegt einzig und allein an diesem viel zu grellen Sonnenschein. In zehn Jahren treffen wir uns wieder hier auf dem Luginsland, dem Thronhügel der Donauschwaben. Dann werden wir ein diffuses Licht haben, ich meine, ein Licht unter eintönig bedecktem Himmel, dann täuscht uns nicht mehr dieses wechselnde Spiel von grellem Licht und schwarzem Schatten. Das diffuse Licht einigt sich auf den wesentlichen Punkt.

Es gab noch eine Überraschung. Als sie den Rundbogen verlassen hatten, sahen sie, daß jemand auf dem Thron der Mutter Regina saß und weinte. Es war der kleine Klaus; sein Vater hatte ihn hinaufgehoben und war verschwunden. Heh, Thomas! rief Karin, und da sprang er hinter dem Thron hervor und hob Klaus herunter. Du narrischer Thomas! sagte Karin, das war dein bisher tollster Streich. Und sie stiegen unter heiteren Gesprächen den Hügel hinab.

Herbscht

Die Luft is kloor, de Himml bloo,
die Schwalme sin schun fortgezoo.
Un schlooft e Kind do unnerm Baam,
noht greift de Bauer in de Zaam.

Voropp de letschte Appl fallt,
de Eiswind kummt mit seiner Gwalt,
muß vill noch unner Dach un Fach.
Wer mannhaft is, der halt sei Sach.

Schau her die Kolwe! Wie e Arm!
Do gitt emm 's Herz im Leib ganz warm.
Die Trauwe gar! So Sunneschein
noch verzenn Tääch: des gitt e Wein!

Die Heed em Wender

's is alles weiß em Freie drauß,
die Strooß, 's Feld, die Weed,
un dort am Weech des Halderhaus,
des schaut jetz wie e Hiwwl aus,
vum Schnee ganz zugeweht.

De Taach is hell, die Sicht is gut,
mr gsitt als dann un wann
do drauß em Flur, wu alles ruht,
ganz glitzrich wie e Zuckerhut
e Schuwwer en de Gwann.

De Himml is bis an de Saum
ganz bloo so wie Glasur.
De Wend spillt mit me braune Flaum
em Schnee, un fein, mr gsitt se kaum,
e leichti Hasegspur.

Des is e stille Feiertaach
do drauß em Feld for mich.
Vum Dorf e schlaierblooer Raach ...
Un vun meim Herz is Schlaach vor Schlaach
mei ganzes Leed gewich.

Helmfried Hockl
Lenauheim – Heidelberg

Foto: Jakob Bohn, Stuttgart

Helmfried Hockl wurde am 6. August 1942 in Lenauheim (Banat/Rumänien) geboren. Mit seinen Geschwistern wuchs er ohne Vater auf, weil die Ehe seiner Eltern durch die Ausbürgerung aller rumäniendeutschen Soldaten nach dem Frontwechsel Rumäniens im August 1944 und den bald darauf errichteten Eisernen Vorhang gewaltsam getrennt wurde. In seinem Heimatort besuchte Hockl die Deutsche Allgemeinschule, ab 1956 das Deutsche Gymnasium Temeswar. In Bukarest machte er zunächst eine Ausbildung zum Buchdrucker und studierte danach an der Philologischen Fakultät der Universität Temeswar Germanistik. Dort wurde er zum Fachlehrer für deutsche und rumänische Sprache ausgebildet. Seine berufliche Laufbahn begann er als Buchdrucker 1962 beim Polygraphischen Unternehmen „Banat" in Temeswar; nach Beendigung der Hochschule war er bis zu seiner Ausreise Deutschlehrer im Banat, nach seiner Umsiedlung Hilfslehrer in Baiersbronn, Landau, Landshut und Mannheim. 1982 zwischendurch Angestellter der Stadtbücherei Heidelberg und bei der Firma Academia-Press, Arbeitslosigkeit, 1993 Umschulung zum Organisationssekretär/Sozialreferent, 1996 Fortbildungskurs beim Berufsbildungswerk Heidelberg. Arbeit als Buchhändler, ab September 2000 EU-Rentner wegen Erkrankung der Wirbelsäule. Seinen Vater – den bekannten und seit den 80er Jahren vielfach wegen seiner Kritik an der Nazi-Vergangenheit der Volksgruppenführung der Rumäniendeutschen angefeindeten Dichter Hans Wolfram Hockl – lernte der Sohn erst 1977 nach seiner Aussiedlung kennen. In dessen Fußstapfen trat er mit dem Bekenntnis zur stammesmäßigen Zusammengehörigkeit aller Donauschwaben und dem Ziel, sie unter einem gemeinsamen Dachverband zu vereinigen. Helmfried Hockl war zunächst erfolgreich am kulturellen Leben der ostdeutschen Landsmannschaften und des BdV beteiligt, wurde dann aber, gleichsam sippenhaftbar für die mutige Tat seines Vaters, unterschwellig aus der landsmannschaftlichen Mitarbeit ausgegrenzt. Seine volkskundlichen und literarischen Beiträge erscheinen vor allem in heimatlichen Periodika.

Wettstreit der Kirchtürme

Hundertsiebzig Jahre lang gab es in meiner Heimatgemeinde nur eine einzige Kirche. Obwohl von bescheidenen Ausmaßen – sie war 1778 im Habsburger Barock erbaut worden –, reichte sie zur Entfaltung des religiösen Lebens vollkommen aus, denn die zweieinhalbtausend Einwohner waren fast alle katholisch, und wo die drei, vier Dutzend zugewanderten orthodoxen, evangelischen und jüdischen Gläubigen zu ihrem Gott beteten, darüber hatte sich wohl kaum jemand der Alteingesessenen jemals Gedanken gemacht.

Doch zwei Jahre nach Beendigung des Zweiten Weltkrieges hatte sich das Weichbild unserer Gemeinde verändert. Etwa dreihundert Meter von der katholischen Kirche entfernt, mitten im Ort, erhob sich nun ein zweiter Kirchturm. Sechseckig im Grundriß war er und einem ehemaligen Großbauernhaus aufgepfropft, dessen Bewohner von der Flucht nach Deutschland oder Österreich nicht mehr zurückgekehrt waren. Umgeben von schlichten barocken Bauernhäusern stand er nun da und mutete in dieser Umgebung sehr fremdartig an. Man könnte sich keinen größeren Unterschied vorstellen als den zwischen den zwei Türmen: behäbig, glockenförmig, mit runden, fließenden Formen und hell getüncht der alte, zierlich, spitztürmig, byzantinisch anmutend und ziegelrot der neue. Der Neuling spiegelte die Veränderung wider, die sich im Ort vollzogen hatte. Neusiedler hatten die gewaltigen Lücken ausgefüllt, die der Krieg in die Reihen der alteingesessenen deutschen Bevölkerung gerissen hatte. Und da die Neubürger allesamt Rumänen waren und diese ganz überwiegend orthodox sind, hießen die beiden Kirchen im Volksmund fortan nur noch „die deitsche Kerch" und „die rumänische Kerch", denn in gemischtsprachigen Regionen ist die Zugehörigkeit zu einer bestimmten Volksgruppe in den Augen des Volkes immer wichtiger als jede andere, etwa die religiöse oder staatliche.

Nun war also unser alter Kirchturm nicht mehr allein im Dorf, er hatte seine Alleinherrschaft für immer verloren. Eines jedoch war ihm geblieben: Er war immer noch der Größte. Er überragte seinen orthodoxen Bruder um acht Meter, und die Tatsache, daß er unter seiner silbernen Haube drei Glocken statt der einen des griechisch-orthodoxen Gotteshauses barg, ließ sein Geläut noch stolzer und volltönender klingen. Und wenn die Alteingesessenen das Läuten des kleinen, hell klingenden orthodoxen Glöckchens geringschätzig mit Gebimmel bezeichneten – es bimbelt, sagten sie in ihrer Mundart – dann versöhnte ihn das allmählich vollends. In den Dörfern ringsum hatte er auch keine anderen ernst zu nehmenden Konkurrenten, und man mußte schon ins nächste Städchen fahren, ehe man einen höheren Kirchturm fand. Dort gab es allerdings drei Kirchen, neben der „deutschen" und der „rumänischen" auch eine „ungarische", d. h. reformierte. Aber auch in diesem Städchen hatte die katholische Kirche den höchsten Turm.

Und wenn man in diesen oder jenen Ort zu Besuch fuhr, mal zu Verwandten, mal zu Freunden, denn im Banat besucht man sich gerne, da wurde beim Rundgang durch das Dorf irgendwann unweigerlich voller Stolz darauf hingewiesen, daß man im Ort und in der Umgebung den höchsten Turm habe. Daß einer der Nachbartürme vielleicht eine schönere Form, der andere eine hübschere Turmuhr, der dritte einen schöneren Anstrich oder die Kirche einen kunstvolleren Altar hatte, das zählte bei diesem lokalpatriotischen Wettstreit nicht. Sieger bleibt immer der Turm mit der höchsten Höhe.

Die Jahre der Kindheit vergingen, und ich kam ins Gymnasium in die Provinzhauptstadt Temeswar. Mit ihren damals zweihunderttausend Einwohnern, der barocken Altstadt, den breiten Boulevards im Jugendstil der Jahrhundertwende, den schmucklosen Bauten der Zwischenkriegszeit, den tristen Hochhäusern der Nachkriegszeit und den vielen Fabrikschloten bot sie das Bild einer modernen Großstadt. Dutzende von Kirchtürmen ragten himmelwärts und sie waren so verschieden im Aussehen wie die Einwohner in Religion, Nationalität und Sprache. Rundliche barocke, vieltürmige byzantinische, spitze neugotische, bizarre maurische, kuppelförmig klassizistische und verspielte Jugendstil-Türme standen, teils in unmittelbarer Nachbarschaft, meist jedoch in gebührendem Abstand zueinander, in den Straßen und auf den Plätzen und belebten mit ihrer architektonischen Vielfalt das ohnehin bunte Stadtbild. Aber trotz ihres so unterschiedlichen Aussehens hatten sie dennoch etwas gemeinsam: Sie waren alle höher als die Kirchtürme meiner ländlich geprägten Kindheit. Das gab meinem Lokalpatriotismus einen empfindlichen Stoß. Doch zu meiner Verwunderung schien die Stadtmenschen die Höhe ihrer Kirchtürme nicht im geringsten zu interessieren. Selten hörte ich jemand sich darüber äußern, wie dieser oder jener Kirchturm sei, und nie regte sich jemand darüber auf, daß die neue griechisch-orthodoxe Kathedrale zehn Meter höher war als der altehrwürdige katholische Dom in der Altstadt. Man gab sich großstädtisch und tolerant, und die auf dem Land üblichen nationalen Bezeichnungen der Kirchen fielen hier ganz weg, weil die Konfessionen und Nationalitäten nicht deckungsgleich waren. Die Gotteshäuser waren zwar entweder orthodox oder katholisch, evangelisch, jüdisch oder reformiert, doch der Gottesdienst fand, oft in derselben Kirche, in verschiedenen Sprachen statt.

Der jahrelange Aufenthalt in der Stadt, das Gymnasium und die Hochschule veränderten mich allmählich. Zwar blieben meine ländlichen Wurzeln erhalten, doch vieles in meinem Denken und Tun wurde städtisch, weltoffener. Wenn ich in späteren Jahren auf dem Land zufällig wieder einem Streitgespräch über den höchsten Kirchturm beiwohnte, belächelte ich das im stillen, denn ich fand es provinziell. Meine Kindheit liegt nun schon lange zurück, und auch die alte Heimat liegt in weiter Ferne. Doch wenn ich bei Stadtrundfahrten in Speyer, Worms, Mainz, Ulm, Köln, Wien, Budapest, Zürich oder Rom die architektonischen Schönheiten unseres alten Kontinents bewundere, werde ich oft an die Kinder- und Jugendzeit erinnert. Immer wieder höre ich von den fachlich gut ausgebildeten Reiseleitern den Hinweis, daß dieser Kirchturm jenen in der Nachbarschaft geringfügig überrage, weil die Erbauer des höheren Turms es sich in den Kopf gesetzt hatten, den älteren Rivalen – meist einer anderen Konfession angehörend – zu übertrumpfen, und sei es auch nur um einen einzigen Meter. Und wenn ich dann aus der Stimme des Reiseleiters leises Bedauern oder aber triumphierende Genugtuung heraushöre, dann kann ich mir ein Schmunzeln nicht verkneifen. Vielleicht ist der Wettstreit um den höchsten Turm doch nicht so provinziell ...

Attacke im Zwielicht

Eine Fahrt mit dem Zug im Südosten Europas ist immer ein Erlebnis besonderer Art. Nicht nur, weil die Züge weniger komfortabel sind und oft so ramponiert, daß sie nach westeuropäischen Vorstellungen längst auf das Abstellgleis oder auf den Schrotthaufen gehören. Auch nicht, weil sie mangels anderer billiger Verkehrsmittel immer chronisch überfüllt und Sitzplätze rar sind.
　Nein, es ist vielmehr die besondere Atmosphäre, die in diesen Zügen herrscht.
　Langeweile kommt dort nie auf, obwohl die Lebhaftigkeit und das Stimmengewirr doch nicht ganz die orientalische Intensität und Lautstärke erreichen. Auch der Landesfremde fühlt sich nie ganz ausgeschlossen, selbst wenn er kaum eine der um ihn herum gesprochenen Sprachen – meist sind es gleichzeitig vier oder fünf – versteht. Er beobachtet interessiert Mimik und Gestik der Fahrgäste und spürt ihre neugierigen Blicke. Denn sie haben ihn sofort als Fremden erkannt und warten auf eine günstige Gelegenheit, ihn trotz der zu erwartenden Sprachbarrieren in die Unterhaltung einzubeziehen. Schließlich möchte man gar zu gern wissen, woher er kommt und was ihn herführt. Der westeuropäische Reisende empfindet diese Neugier in der Regel nicht als aufdringlich. Im Gegenteil. Er betrachtet es als wohltuende Abwechslung, einmal frei von konventionellen Zwängen zu sein, seinen Mitreisenden nicht verkrampft und schweigend gegenübersitzen und Interesselosigkeit vortäuschen zu müssen.
　Entspricht der Drang nach neuem Wissen und neuen Erkenntnissen, auch auf den Alltag bezogen, nicht eher der Natur des Menschen als die ihm anerzogene sogenannte „vornehme" Distanz?

Und wenn der fremde Reisende Glück hat, wartet vielleicht ein besonders aufregendes Erlebnis auf ihn.

Es ist kurz nach fünf. Der Frühzug rattert in der morgendlichen Dämmerung dahin. Die vorbeihuschenden Schatten in der Landschaft sind nur schemenhaft als Bäume, Häuser, Strohhaufen oder Viehherden erkennbar. Einzelne Nebelschwaden, die sich in den Sträuchern verfangen haben, kündigen den nahen Herbst an.

Im Abteil und auf dem Flur herrscht drangvolle Enge.

Die meisten Fahrgäste sind Pendler auf dem Weg zu ihren Arbeitsplätzen in der großen Stadt. Sie haben die dunkelsten Sitzplätze in Beschlag genommen und versuchen, ihr ewiges Defizit an Schlaf bis zur Ankunft des Zuges schlecht und recht auszugleichen. Ihretwegen sind die Lichter im Abteil ausgeschaltet, und die Sicht ist auf das notwendige Minimum beschränkt. Niemand wagt es, dieses Sakrileg zu mißachten und das Licht anzuknipsen.

Schüler aller Altersgruppen, die meisten in dunkelblauen Schuluniformen, stehen in kleinen Gruppen umher und unterhalten sich mit gedämpften Stimmen. Dazwischen zahlreiche Landleute, die ihre landwirtschaftlichen Erzeugnisse in der Stadt an den Mann oder an die Hausfrau bringen wollen. In der hintersten Ecke des Abteils glimmt in kurzen Abständen, einem Leuchtkäfer gleich, eine Zigarre auf und erfüllt den Raum mit beißendem Qualm. Er überlagert den frisch-herben Geruch nach Paprika, Zwiebeln, Knoblauch, Gurken, Bohnenkraut, Petersilie, Tomaten und Basilikum, der aus den Körben der Bäuerinnen aufsteigt.

Der Zug hält.

Eine Dame zwängt sich ins Abteil und blickt sich suchend um. Ungefähr Mitte vierzig, schwarzer Mantel, roter Hut, hohe Stöckelschuhe. Etwas zu stark parfümiert und geschminkt. Ein junger Mann springt auf, hebt ihre Reisetasche ins Gepäcknetz und bietet ihr seinen Sitzplatz an.

Zufrieden lächelnd macht es sich die Dame bequem, lehnt sich zurück und betrachtet ihre Banknachbarn mit kaum verhüllter Neugier.

Links neben ihr, in die Ecke am Fenster gedrückt, ein Mann Mitte der Fünfziger. An seiner kunstvoll gestickten Lederweste ist er auf den ersten Blick als rumänischer Bauer erkennbar.

Zu ihrer Rechten zwei bulgarische Bäuerinnen. Sie sind mittleren Alters und tragen weiße, eigenartig gebundene Kopftücher. Die Köpfe dicht beieinander, unterhalten sie sich halblaut in ihrer Sprache. Gegenüber, am rechten Ende der Bank, ein älteres Ehepaar. Der etwas korpulente Mann versucht im spärlichen Schein des aus dem Flur einfallenden Lichts die Schlagzeilen einer ungarischsprachigen Zeitung zu entziffern.

Direkt vis-à-vis eine dunkelhaarige, hübsche junge Frau von gepflegtem Äußeren mit ihrem fünf- bis sechsjährigen Töchterchen, für die Fahrt in die Stadt mit Lackschuhen, weißen Strümpfen und einer großen roten Schleife im Haar fein herausgeputzt.

Die Dame blickt sie freundlich an, macht eine abfällige Bemerkung über die ständig überfüllten Züge in diesem Land, und bald ist zwischen den beiden Frauen eine lebhafte Unterhaltung im Gang. Man fragt nach dem Woher und Wohin, ärgert sich über das Wetter und schimpft auf die Raucher im Abteil, die auf die anderen Leute so gar keine Rücksicht nehmen.

Plötzlich zuckt die Dame mit einem kleinen, empörten Aufschrei zusammen, greift sich an die Wade, dreht sich blitzschnell zu ihrem Nachbarn um und fährt ihn an:

„Hören Sie, mein Herr, lassen Sie das! Tun Sie das bitte nicht noch einmal!"

„Was haben Sie denn, gnädige Frau?" wehrt sich dieser. „Ich habe Ihnen doch nichts getan. Ehrenwort!"

„Ach ja, leugnen wollen Sie auch noch? Sie sollten sich schämen!"

Sie atmet tief durch, sichtbar bemüht, ihren Ärger zu schlucken.

Nach einigen Sekunden hat sie ihre Verstimmung überwunden. Sie setzt erneut ein betont freundliches Lächeln auf und wendet sich wieder der jungen Frau zu, die erstaunt, doch ohne nach einer Erklärung zu fragen, den ganzen Vorgang beobachtet hat, ohne daraus klug zu werden.

Allmählich kommt die Unterhaltung wieder in Fluß.

Gerade als sie ihre neue Bekannte fragen möchte, ob ihre hübsche lederne Handtasche etwa ein Geschenk aus dem Ausland sei, hält die Dame mitten im Satz inne.

Das Blut steigt ihr zu Kopf, und während sie sich – diesmal betont langsam – ihrem Nachbarn zuwendet, spricht sie mit vor Zorn bebender Stimme:

„Mein lieber Herr", und die Ironie, mit der sie das Wort „lieber" betont, ist messerscharf und unüberhörbar, „ich sage Ihnen zum zweiten und letzten Mal: Lassen Sie diese plumpen Annäherungsversuche. Bei mir kommen Sie damit nicht an. Ich bin keine von denen, die sich durch einen Kniff ins Bein oder in den Hintern erotisch angesprochen fühlen. Ich nicht. Außerdem sollten Sie in Ihrem Alter, mit Ihren grauen Schläfen, schon längst über diese Dinge hinweg sein. Aber manche lernen es eben nie. Unverschämter Kerl!"

Der so rüde Angesprochene blickt die Dame offenbar verständnislos und ganz entgeistert an. Mit unschuldsvoller Miene, hilflos mit den Schultern zuckend, beteuert er:

„Ich glaube, Sie sind wohl übergeschnappt! Ich habe Sie überhaupt nicht angerührt, das schwöre ich Ihnen!"

Höhnisch entgegnet ihm die Dame:

„Ach so, feige sind Sie auch noch! Glauben Sie, ich habe Gespenster gespürt? Oder gar geträumt? Nein, ich bin hellwach."

Der Bauer wendet sich an die Mitreisenden, die gespannt das Geschehen verfolgen. Hilfesuchend blickt er in die Runde, ohne seinen Blick auf eine bestimmte Person zu richten. Aber keiner der Mitreisenden kommt ihm zu Hilfe. Alle verhalten sich abwartend, zurückhaltend. Obwohl niemand etwas gesehen oder gehört hat, was die Verdächtigungen der Dame bestätigen könnte, ergreifen sie doch nicht Partei für den Bauern. Offensichtlich ist auch hierzulande die Lebensweisheit bekannt: Vorsicht ist besser als Nachsicht.

Etwas ratlos und enttäuscht ob der mangelnden Hilfsbereitschaft nimmt der Bauer seine Verteidigung in die eigenen Hände.

„Sie muß wohl verrückt geworden sein, die Ärmste", sagt er und tippt sich dabei an den Kopf.

Und als auch diesmal keine Zustimmung von den Banknachbarn kommt, wendet er sich erneut an die Dame:

„Wenn Sie heute morgen mit dem linken Bein aufgestanden sind und nun Streit suchen, dann wählen Sie sich gefälligst ein anderes Opfer aus. Ich stehe Ihnen nicht länger zur Verfügung", sagt er im Ton gekränkter Unschuld und drückt sich beleidigt ganz tief in seine Ecke. Dort verkriecht er sich, ganz das Unschuldslamm spielend, in sein imaginäres Schneckenhaus und beschließt, die Dame und alle Mitreisenden zu ignorieren.

Doch die Dame läßt nicht locker.

„Sie unverschämter Mensch!" entgegnet sie. „Tun Sie nicht so scheinheilig. Sie wissen genau, was ich meine."

Es ist ganz still im Abteil.

Die Fahrgäste wissen nicht, was hier gespielt wird. Manche meinen, die Dame wolle sich nur aufspielen, um die Aufmerksamkeit auf sich zu lenken. Andere wiederum trauen dem Bauern durchaus einiges zu. Man weiß ja, hinter mancher Unschuldsmiene verbirgt sich oft ein ausgesprochenes Schlitzohr.

Flüsternd tauscht man seine Meinung aus. Wer hat wohl recht?

Nach und nach beruhigt sich die Lage. Die Gespräche werden fortgesetzt, die Schläfer sind erneut in Schlummer gesunken. Irgendwoher ist ein leises Schnarchen zu vernehmen. Doch die angeregte Unterhaltung der beiden Frauen ist ins Stocken geraten. Die Empörung hat der Älteren jegliche Lust zum Weiterreden vergällt. Die Jüngere, mit dem Kind, weiß nicht, wie sie sich verhalten soll. Irgendwie hat sie ihre Zweifel, ob die Beschuldigungen ihrer eleganten Gesprächspartnerin tatsächlich stimmen. Sie selbst hat nichts gesehen, obwohl sie den Bauern während der letzten Minuten heimlich beobachtet hat. Aber schließlich kann man wegen des Dämmerlichts nicht jede Bewegung genau verfolgen.

Im Abteil knistert es förmlich vor Spannung. Lauernd wartet jeder auf den nächsten prickelnden Zwischenfall. Er muß doch kommen! Aller guten Dinge, sagt man, sind drei!

Doch sieben, acht Minuten verstreichen, und alles bleibt ruhig. Die Erwartungen der Reisenden auf ein weiteres spannungsgeladenes Ereignis scheinen sich nicht zu erfüllen.

Ganz allmählich, langsamer als zuvor, weicht die allgemeine Beklemmung.

Draußen ist die Dämmerung dem Tag ein Stück näher gerückt. Das weite Land, immer noch in Schemenhaftigkeit getaucht, fliegt lautlos dahin. Auf den Telegrafenleitungen entlang der Straße sitzen reglos schwarze Vögel.

Mitten auf einer Wiese grast einsam eine Kuh. Scheinbar mühelos rast auf der Landstraße ein Auto dahin und überholt den Zug.

In etwa zwanzig Minuten wird man die Stadt erreichen. Eine allgemeine Müdigkeit hat sich über das Abteil gesenkt. Der Dicke und seine Frau sind eingenickt. Die Zeitung ist ihm aus der Hand geglitten. Den Kopf vornüber auf die Brust geneigt, gibt er ab und zu röchelnde Schnarchtöne von sich. Das kleine Mädchen schmiegt sich eng an seine Mutter. Mit leicht geöffnetem Mund gibt es sich dem Schlummer hin. Die Mutter sitzt ganz still, bemüht, das Kind nicht durch irgendeine Körperbewegung zu wecken. Gedankenverloren blickt sie auf die wechselnde Landschaftskulisse nach draußen. Auch die zwei Bulgarinnen sind verstummt und dösen vor sich hin.

Mitten in die schläfrige Stille hinein gellt plötzlich ein schriller Schrei. Unmittelbar darauf ein Klatschen, das unschwer als Ohrfeige auszumachen ist. Dann die entrüstete Stimme des Bauern:

„Sind Sie total übergeschnappt, Sie verrückte Person? Warum schlagen Sie mich?"

„Das fragen Sie noch?" erklingt die messerscharfe, vor Empörung zitternde Stimme der Dame. „Ich habe Sie gewarnt. Schon zweimal habe ich Sie gebeten, mich nicht mehr zu belästigen. Z w e i m a l ! Alle Leute hier können das bestätigen."

Angelockt von dem Tumult, steht plötzlich der Schaffner im Abteil. Er knipst das Licht an und läßt seine Blicke suchend durch den Raum gleiten. Es ist nicht schwierig festzustellen, aus welcher Richtung der Lärm kommt. Alle Anwesenden blicken gespannt in die Ecke, in der die beiden Streithähne sitzen. Kämpferisch und vor Wut bebend die Dame, die gekränkte Leberwurst spielend der Bauer.

Mit einer Mischung aus Autoritätsgehabe, Hilfsbereitschaft und unterdrückter Neugier schickt sich der Schaffner an, den Grund der allgemeinen Aufregung zu erforschen. Er läßt sich die Sachlage von den Streitenden erklären. Die beiden Widersacher fallen einander ins Wort, übertönen sich gegenseitig. Schließlich setzt sich die Dame durch:

„Der unverschämte Kerl da zwickt mich dauernd ins Bein. Denkt wohl, er hat so eine dumme Lenutza vom Land vor sich, die auf solche derben Annäherungsversuche eingeht. Der alte Lustmolch!"

„Ehrenwort, ich habe nichts getan!" entschuldigt sich unbeholfen und wenig überzeugend – denn Redegewandtheit ist nicht seine Stärke – der Bauer. „Ehrlich. Ich habe geschlafen."

„Wer war es denn sonst? Der Heilige Geist kann es ja wohl nicht gewesen sein, der mich gezwickt hat!" ruft die Dame und springt erregt auf.

„Da! Sehen Sie selbst, man kann die Stelle bestimmt erkennen, so fest wie der Kerl zugegriffen hat."

Sie hebt den Mantel etwas hoch und zeigt dem Schaffner und allen Anwesenden – längst ist der ganze Waggon wach, die Umstehenden drängeln sich um den Ort des Geschehens, die übrigen recken die Hälse – ihre linke Wade.

Ein Murmeln geht durch die Menge. Die Dame schreit erschrocken auf. Der Strumpf weist drei Löcher auf. An einer Stelle, fingernagelgroß, ist die Haut stark gerötet und aufgeritzt. Zwei winzige Blutstropfen kleben daran.

„Leugnen Sie immer noch, Sie Rohling?" schreit die Dame wütend und deutet auf ihr Bein. Sie ist dem Weinen nahe.

Alle starren den Bauern an. Der Täter ist entlarvt! Jetzt nützt keine Ausrede mehr.

„Dabei sieht er so anständig aus", meint die Frau des Ungarn kopfschüttelnd, und die bulgarischen Bäuerinnen nicken zustimmend.

Der Bauer macht ein betretenes Gesicht und zuckt hilflos mit den Schultern.

Da!

Gigaga!

Ein kurzes, lautes Schnattern. Und noch einmal: Gigaga!

Alle wenden die Köpfe und schauen hin. In einem Handkorb unter der sündigen Bank sitzt ein schöner weißer Gänserich. Unter großer Anstrengung zwängt er seinen langen Hals unter einem schwarzen Tuch hervor, das ihn wie eine Zwangsjacke gefangenhält. Ein weiteres Tuch, blau-weiß kariert, das anscheinend Korb und Tier bedeckt hatte, liegt neben dem Korb auf dem Boden. Offenbar war es dem Gänserich gelungen, das zweite Tuch, das ihm die Sicht geraubt hatte, mit seinem Schnabel zu entfernen.

Sofort ist allen Anwesenden die Sachlage klar. Mit seinen Bissen wollte sich der Vogel an seinem vermeintlichen Peiniger rächen.

Lautes Lachen erfüllt das Abteil. Die Spannung weicht, die Gemüter beruhigen sich. Langsam entfernen sich die Zuschauer.

Durch die Vermittlung des Schaffners kommen sich die Streitenden allmählich näher. Immer noch grollend, sagt die Dame vorwurfsvoll:

„Warum haben Sie dieses bösartige Tier unter die Bank gestellt?"

Der Bauer, befreit von der Last einer unberechtigten Anschuldigung, entwickelt eine bislang ungeahnte Schlagfertigkeit und kontert:

„Hätte ich es vielleicht in die Arme nehmen sollen wie ein kleines Kind? Dann hätte er Sie mit Sicherheit in die Nase gezwickt oder gar Ihre spitze Zunge abgebissen."

„Flegel!" murmelt die Dame und steckt, schon halb besänftigt, zwei blaue Geldscheine ein, die ihr der Bauer als Schmerzensgeld und Schadenersatz für die „teure französische" Strumpfhose zugesteckt hat.

Mittlerweile hat der Zug gehalten. Lachend und plaudernd strömen alle dem Ausgang zu.

Welch lustiges Erlebnis!

Der Tag hat gut begonnen.

Manchmal denke ich an Resi

Resi, alias Theresia Reiner, war ein ganz besonderer Mensch. Heutzutage würde man sagen, sie war ein Original. Und das blieb sie, bis der Herrgott sie heimholte, in sein Reich, in die Ewigkeit.

Im Dorf war sie allgemein bekannt als die *Reinersch Bäsel Resi*, und ihr Mann wurde *Reiner Vetter Matz* genannt. Mit „Bäsel" wurden bei uns alle älteren Frauen angesprochen, und mit „Vetter" alle älteren Männer, auch wenn man nicht verwandt war.

Ich sehe sie noch vor mir: Klein und zierlich war sie, und mit den Jahren wurde sie immer kleiner, und man wunderte sich, wieviel Kraft und Energie sich in einer so kleinen Person verbergen konnten. Die physische Kraft ließ mit der Zeit allmählich nach, der starke Wille aber blieb ihr bis zum letzten Tag erhalten.

Und noch eins blieb ihr bis zum Tod, etwas, das ihre Originalität unterstrich und zu ihrer Person dazugehörte wie das Amen in der Kirche: ihre Augen.

Blau waren sie, so blau, daß man mitten im Winter meinte, den Sommerhimmel leuchten zu sehen. Meist trug sie ein dunkles Kopftuch, das den besonderen Glanz ihrer Augen unterstrich. Bei Resi traf das Sprichwort zu: Die Augen sind der Spiegel der Seele. Und je nach ihrer Stimmung veränderten sie sich. War sie besonders gut gelaunt, dann glitzerten und funkelten sie, als wären tausend winzige Sterne darin verborgen. Beispielsweise als sie ihren ersten Urenkel im Arm hielt. Übers ganze Gesicht lachte und strahlte sie, als wollte sie sagen: Seht her, Leute, ich habe etwas, was kein anderer hat, etwas, was mehr wert ist als aller Reichtum dieser Welt.

Wenn ihr der Schalk im Nacken saß, verwandelten sich die tausend Sternchen in tausend winzige Teufelchen. Besonders, wenn sie ihren Matz aufziehen wollte.

„Was gibt's denn Gutes zu essen heute?" fragte er sie manchmal, und sie antwortete zuweilen: „Schneckenschwänze und Ameisenhörner", und die tausend Teufelchen in ihren Augen lächelten schelmisch.

War sie aber zornig, dann verwandelten sich die tausend Sternlein in tausend kleine Blitze, und es war nicht ratsam, sie noch mehr zu reizen.

Wenn sie traurig war, legte sich ein dunkler Schatten über ihre Augen, und es war, als ob der Sommerhimmel mit schwarzen Wolken überzogen wäre.

Doch wenn sie von Amerika erzählte, bekamen ihre Augen einen schwärmerischen Glanz.

Es war, als ob sie von einem wunderschönen Traum erzählte: Mit fünfzehn Jahren war sie mit einigen anderen jungen Mädchen nach Amerika ausgewandert, weil ihr die Feldarbeit daheim nicht mehr gefiel. Und dort, in Cincinnati, verbrachte sie die schönste Zeit ihres Lebens. Sie legte die bäuerliche Tracht ab und verwandelte sich in eine elegante junge Miss. Im Handumdrehen lernte sie Englisch, ohne Schule und ohne Bücher. In einem Krankenhaus fing sie als Putzfräulein zu schaffen an und arbeitete sich in drei, vier Jahren zur Pflegekraft hoch. Und als sie neunzehn war, lernte sie ihren Matz kennen, und bald danach heiratete sie ihn auch. Er war ebenfalls ein Landsmann aus dem Banat. Ein Amerikaner oder ein anderer Fremder, so erzählte sie uns, wäre überhaupt nicht in Frage gekommen. Und wenn sie auch hart arbeiten mußten und das Unglück sie manchmal traf – zwei ihrer vier Kinder starben im Säuglingsalter – genossen sie das Leben in Amerika doch. Jeden Sonntag trafen sich drei, vier junge Ehepaare mal da, mal dort, und feierten, tanzten und sangen miteinander, oder sie fuhren mal dahin oder mal dorthin und guckten sich alles an: die ersten Stummfilme, den Städtischen Tiergarten, die vielen schönen Parkanlagen, den Ohio-Fluß, die modernen Schlächtereien am Stadtrand und die neuen Hochhäuser. Und weil es ihnen recht gut gefiel in Amerika, wollten sie auch dort bleiben. Sie überredeten die Alten, Resis Eltern, nachzukommen. Die kamen dann auch, blieben aber nicht lange. Nach einem Jahr fuhren sie wieder zurück in die alte Heimat, weil sie sich an das moderne Leben in einer amerikanischen Großstadt nicht gewöhnen konnten.

Kaum waren sie daheim, bedrängten sie die Tochter mit unzähligen Briefen: Sie möge doch mit Mann und Kindern wieder „heimkommen", sie selbst wären alt und krank und hätten doch niemand außer ihr, Resi. Die Tochter war von diesem Vorschlag nicht begeistert und ihr Mann noch weniger. Fünf, sechs Jahre lang dauerte der Kampf, bis die Tochter endlich nachgab. 1921 fuhr sie mit den zwei Kindern zurück ins Banat. Nach einem halben Jahr folgte auch der Mann. Aber gern kamen sie nicht „heim", weil ihnen Amerika mittlerweile zur Heimat geworden war. Zwei große Kisten und fünf Koffer brachten sie mit aus der Neuen Welt: Spielzeug und Kinderkleidung, Bettwäsche, Eßbesteck, Porzellan und allerlei Hausrat, ein Grammophon mit amerikanischen Platten und Handarbeiten, die Resi in Amerika genäht, gestickt oder gehäkelt hatte. Ein Wandbehang mit blauem Kreuzstich bekam einen Ehrenplatz im Wohnzimmer, und der Spruch darauf verlor nie seine Gültigkeit: *Deutsches Haus im fremden Land schirme Gott mit starker Hand.*

Sobald sie sich entschlossen hatten zu bleiben, paßten sie sich an. Resi legte ihre eleganten Kleider und den schönen Hut ab und schlüpfte wieder in die einfache Bauerntracht. Niemand zwang sie dazu, aber sie wollte damit signalisieren: Ich passe mich an die Dorfgemeinschaft an, ich will nicht anders sein als die anderen.

Von dem ersparten Geld, einigen tausend Dollar, kauften sie zehn Joch Feld und wurden Bauern. Doch die Umstellung war nicht leicht. Ein Umstand erschwerte die Anpassung zusätzlich. Als sie ausgewandert waren, gehörte das Banat zu Österreich-Ungarn. Als sie zurückkamen, war das Land geteilt: zwei Drittel waren Rumänien zugeschlagen worden, ein Drittel war an Jugoslawien gefallen. Unser Dorf war jetzt rumänisch und lag nur wenige Kilometer von der Grenze entfernt.

Aber Rumänisch lernten Resi und Matz nie richtig. Mehr als ein paar Dutzend rumänische und ungarische Wörter konnten sie beide nicht. Man konnte sich ja überall auf deutsch durchschlagen. Sie redeten sich damit heraus, daß sie schon zu alt wären, um fremde Sprachen zu lernen. Mir scheint jedoch eher, daß ihnen der nötige Eifer gefehlt hat. Als nämlich ihr ältester Enkel heiratete und die Gäste aus Amerika eintrafen – der Eiserne Vorhang war eben gefallen – redete Resi Englisch mit ihnen, als ob sie nie aus der Neuen Welt ausgewandert wäre.

Bei allen Leuten war Resi aus mehreren Gründen sehr beliebt. Erstens, weil sie freigebig war. Immer handelte sie nach der Devise: „Ich hab nicht viel, aber der andere hat noch weniger." Im Kommunismus war die Not überall groß, es mangelte an allen Ecken und Enden, oft sogar am täglichen Brot. Und darum gab Resi immer gern etwas von dem ab, was sie gerade hatte: mal eine Schale Erdbeeren im Frühjahr, mal eine Schüssel Kartoffeln im Sommer, mal Trauben und Zwetschgen im Herbst, mal ein Säckchen Kukurutz im Winter.

Hilfsbereitschaft. Jeden Tag, mal größer, mal kleiner. Für ein Dankeschön oder noch weniger.

„Das kann ich nicht, das hab ich noch nie getan", gab's bei Resi nie.

An einem Sommertag, wir Kinder spielten gerade Fangen, während Resi Kartoffeln schälte, wurde die Hoftür aufgerissen, und die Nachbarin von rechts, Anna Mayer, rief und schrie ganz außer sich: „Bäsel Resi, Bäsel Resi, kommt mal rüber! Mein Jakob liegt im Bett und ist tot. Vor einer Stunde noch hab ich mit ihm gesprochen." Resi ließ alles liegen und rannte zu Katharina Nagel, der Nachbarin von links: „Bäsel Kathi, kommt helft mir mal! Der Mayer Jakob ist tot!"

Sie eilten beide hinüber zu Mayers ins Schlafzimmer, jagten uns Kinder weg und schlossen die Tür ab.

Wir aber lugten durchs Schlüsselloch und verfolgten mit weit aufgerissenen Augen, was sich drinnen abspielte. Resi und Kathi Nagel zogen dem Toten das Schlafhemd aus, bedeckten sein Geschlecht mit einem Handtuch und wuschen ihn von Kopf bis Fuß, während die Frau des Toten laut jammerte und vor lauter Aufregung zu nichts nütze war. Die beiden Frauen mußten sich mächtig plagen beim Heben und Umdrehen, denn Jakob Mayer war ein schwerer Mann, die Frauen jedoch klein und schwach und mit nahe an die Siebzig auch nicht mehr die Jüngsten.

Als er gewaschen war, zogen sie ihm ein weißes Hemd an und den schwarzen Sonntagsanzug. Dann bezogen sie das Bett frisch und ließen den Toten darin liegen, bis der Sarg kam. Sie räumten die Wohnung auf, zündeten Kerzen an und verhängten den Spiegel mit einem schwarzen Tuch.

Mittlerweile war die Nichte vom anderen Ortsende angehetzt gekommen, und die beiden Frauen konnten nach Hause gehen. Gute Nachbarschaft zählte bei uns viel und kostete nichts, weil sie selbstverständlich war.

Kinder waren Resi lieber als alles andere auf der Welt. Immer waren drei, vier, fünf um sie herum. Und oft verstieß sie gegen alle Erziehungsprinzipien und handelte so, wie ihr Herz es ihr diktierte. Manchmal war das eine heimliche Komplizenschaft gegen die Eltern. Harmlos, aber pädagogisch doch nicht ganz richtig. Wenn ich daran denke, muß ich schmunzeln.

Im Frühling, mit den ersten Sonnenstrahlen, kriegten einige von uns Kindern Sommersprossen. „Scheckatze" nannte man sie in unserer Mundart. Ziemlich groß waren sie und nicht nur auf der Nase, sondern übers ganze Gesicht verstreut. Es sah wirklich aus, als hätte man mit nassem Gesicht in einen Sack voller Kleien geblasen. Klar, daß manche unserer Klassenkameraden uns deswegen foppten. „Kleienfurzer", hänselten sie uns. Und weil die Fopperei kein Ende nahm und wir mächtig gekränkt waren, sagte Resi irgendwann: „So! Wenn die bösen Buben euch wieder mal ärgern, dann sagt ihr ihnen folgenden Spruch: 'Scheckatze sen Menscheflecke, wer sie net leide kann, soll mich am Arsch lecke!'" Dabei legte sie ihren Finger auf den Mund und flüsterte: „Pscht! Verpetzt mich aber nicht! Sonst kriege ich Ärger mit eurer Mutter! Ich weiß, daß ihr nicht so ordinär reden sollt."

Und aus ihren Augen lächelten tausend kleine Teufelchen schelmisch.

Und tatsächlich: Das Sprüchlein zeigte Wirkung, und die Spottvögel ließen uns ab dann in Ruhe.

Die Botschaft, die uns Resi auf diese Art vermittelte, lautete: „Laßt euch nicht alles gefallen! Wehrt euch! Nicht mit der Faust und nicht mit dem Knüppel, sondern mit Worten!"

Wenn ich an Resi denke, muß ich manchmal schmunzeln. Sie redete frisch von der Leber weg, echt und unverfälscht, so wie ihr der Schnabel gewachsen war. In ihrem Wortschatz gab es Wörter, die man sonst kaum zu Gehör bekam. „Du Bojazzl, du!" (aus dem italienischen *bajazzo* = Possenreißer) oder: „Du Kaschper, du verruckte (von Kaspar)", schimpfte sie manchmal gutmütig mit den Jungs, zu den Mädchen aber sagte sie: „Du Urschel, du närrisches!" (von Ursula). Wenn wir uns albern benahmen, hieß es: „Seid nur net so ungattich" oder „talkich".

„Ich habe keine Lust" hieß bei Resi: „Ich han ke Ambaschúr" (aus dem Französischen).

Die Waschschüssel war der *Lawór* (aus dem Franz.), die Zimmerdecke der *Plafón*, *alért* (aus dem Franz.) bedeutete munter oder lebhaft, und *Karnáli* nannte sie einen niederträchtigen Menschen (von Kanaille).

Heute hört man solche Wörter gar nicht mehr. Manchmal denke ich, Resi hat sie mit ins Grab genommen.

Wenn ich an Resis Kochkunst denke, läuft mir das Wasser im Mund zusammen. In ihrer Küche wurde gekocht, was sich an Rezepten aus der Urheimat, aus der Neuen Welt und aus dem Banat so angesammelt hatte. Anscheinend hielt sich Resi ein Leben lang an den Spruch auf dem Wandbehang in ihrer Küche: *Den Mann ans Heim* **so fesselt man, wenn viel und gut man kochen kann.**

Mut, Beherztheit, Unerschrockenheit! Einmal nachts, mitten im Sommer, wachte sie auf. Matz und die Kinder schliefen. Das Fenster war wegen der großen Hitze geöffnet, aber trotzdem war Resi ganz eigenartig zumute, so daß sie keinen Schlaf fand. Plötzlich hörte sie vom Stall her ein Rascheln. Zuerst dachte sie, es wäre das Vieh, doch dann hörte sie Männerstimmen. Sie stand ganz leise auf, griff nach dem Zimmerbesen, riß die Tür auf, fuchtelte mit dem Besen, schimpfte und schrie:

„Was ist denn los da drüben? Was sucht ihr in unserem Stall? Wollt ihr uns die Pferde stehlen? Schämt ihr euch nicht, den Leuten die Nachtruhe zu rauben? Macht, daß ihr weiterkommt, sonst komm ich rüber und schlage euch den Besen um die Ohren, ihr Gesindel, ihr dreckiges!"

In ihrem langen weißen Schlafhemd, mit den offenen, grauen, vom Schlaf zerzausten und im Wind flatternden Haaren, mit dem Besen in der drohenden Hand und der gellenden Stimme muß sie wohl wie eine grimmige Rachegöttin aus der Antike ausgesehen haben.

Und wirklich: Im gleichen Augenblick huschten zwei dunkle Gestalten aus dem Stall. Mit Riesenschritten rannten sie durch den Hof und verschwanden im Garten.

Als Matz, aufgeschreckt von dem Lärm, in den Hof trat, waren sie über alle Berge verschwunden.

Würde! Dieses hochdeutsche und vornehme Wort benutzte Resi nie, und wahrscheinlich hätte sie es auch nicht genau erklären können. Aber gelebt hat sie es Tag für Tag. Alle Schicksalsschläge trug sie mit Würde: den Tod ihrer zwei kleinen Kinder, den Abstieg von einem modernen Stadtmenschen in Cincinnati zur einfachen Bauersfrau im Banat, den unverhofften Tod ihres Matz, während er bei der Amerikanischen Botschaft in Bukarest das Rückwanderungsgesuch einreichen wollte.

Auch den allerhärtesten Schlag, die Enteignung durch die Kommunisten – sie hatte bittere Verarmung zur Folge – trug sie mit Würde. Alles, was sie und Matz sich erspart und erarbeitet hatten, Haus und Feld, Teile vom Hausrat und das Vieh, alles rissen sich die Kommunisten unter den Nagel. Die Enteignungskommission, 40 bis 60 Männer, meist Kolonisten aus Altrumänien, ging von Haus zu Haus und requirierte alles. Die meisten von ihnen schlossen sich nicht aus politischer Überzeugung diesen Razzien an, sondern aus reiner Habgier. Es waren regelrechte Raubzüge, die sich im Anfangsstadium ausschließlich gegen die deutschsprachige Bevölkerung richteten. Der eine hatte es auf Bettwäsche abgesehen, der andere auf ein Radio, dem dritten gefiel eine schön geschnitzte Wanduhr, der nächste wollte unbedingt zu einem Fahrrad kommen, ein fünfter wollte lieber ein Ferkel, der nächste gar ein Pferd. Vergeblich schimpfte Resi: „Ist so etwas menschenmöglich, daß man den Leuten ihr Hab und Gut wegnimmt? Wie kann unser Herrgott das dulden? Ihr Diebe! Ihr habt keinen Finger gerührt für unser Eigentum. Hergelaufenes Pack!"

Zum Glück verstanden die meisten Kommissionsmitglieder kein Deutsch, aber der Anführer wandte sich in scharfem Ton zum Dolmetscher: „Sag der Alten, sie soll ihr Maul halten! Aber sofort!"

Und an seinem drohenden Ton war zu erkennen, daß er auch vor Gewalttätigkeit nicht zurückschrecken würde.

Das Schimpfen half also nicht, und sich gerichtlich wehren konnte man auch nicht, weil das Recht und die Gerechtigkeit gestorben waren. Resi mußte sich wie alle anderen Leute ins Unabänderliche fügen. Aber tief drin in ihrem Herzen war sie überzeugt, daß Gott irgendwann doch noch für Recht und Gerechtigkeit sorgen würde und die Leute ihr Hab und Gut zurückbekämen. Doch sie erlebte es leider nicht mehr.

Wenn ich an Resi denke, kriege ich manchmal feuchte Augen: Der Hof ist schwarz von Menschen. Sogar auf der Straße vor dem Haus stehen viele Menschen. Man hört die Glocken läuten, und bald darauf tritt der Pfarrer mit den Ministranten in den Hof. Und als der Kirchenchor eines von den uralten Trauerliedern sang, meinte man, es ist Resi selbst, die sich von dieser Welt verabschiedet:

Liebe Freunde, schweigt, nicht weinet, stellet eure Klagen ein.
Einst kommt der Tag, der uns wieder vereinet. Gott wird euer Tröster sein!

Und während uns die Tränen über die Backen kullerten, hofften wir, daß es irgendwann ein Wiedersehen gäbe. Irgendwo, in einer anderen, besseren Welt.

Sie war meine Oma.

Straßen meiner Erinnerung
Bilder der pannonischen Landschaft

Viefältig wie das Antlitz der Erde sind die Straßen dieser Welt. Ein Spiegel der jeweiligen Landschaft, Zeit und Kultur. Da gibt es die mit Zypressen gezierten Prachtstraßen des Südens, die von hohen schlanken Pappeln gesäumten Landstraßen Mitteleuropas, die birkenbestandenen Landwege Weißrußlands und Skandinaviens, die Wasserwege des Spreewaldes, eingefaßt von Weiden und Erlen, und – im krassen Gegensatz dazu – die baumlosen grauen Asphaltbänder, die sich durch die Sandwüsten Afrikas schlängeln.

Welch ein Kontrast!

Es ist der Baum, der all diesen Straßen ihr unverwechselbares Gesicht verleiht.

Wo er fehlt, entsteht ein Bild der Eintönigkeit, der Trostlosigkeit, der bedrückenden Melancholie.

Die Straßen meiner Erinnerung sind weder von den saftig-grünen Laubbäumen des regnerischen Mitteleuropa noch von den Kiefer- und Birkenwäldern des Nordens geprägt. Nein, es sind zwei eher unscheinbare Bäume, die die Straßen meiner Erinnerung begleiten: Maulbeerbaum und Akazie.

Einem Vergleich mit der Eleganz der Zypresse, der Zartheit der Birke oder den gewaltigen Ausmaßen der Buche halten diese beiden nicht stand. Bescheidenheit und Anspruchslosigkeit sind ihre hervorragendsten Merkmale. Unbestritten sind hingegen ihre Vorzüge: der betäubende, herrliche Duft der Akazie und ihre wie von weißer Zuckerwatte überladenen Zweige zur Blütezeit; die süßen, unscheinbaren Früchte des Maulbeerbaums und nicht zuletzt ihr schnellwüchsiges, wetterfestes, hartes Holz.

Die Straßen der weiten pannonischen Ebenen im Südosten Europas sind ohne diese beiden Baumarten jedenfalls kaum denkbar. Dabei sind beide ursprünglich Fremdlinge und relativ neu in dieser Landschaft. Die Akazie, die eigentlich Robinie heißt, wurde im 17. Jahrhundert vom französischen Arzt Robin aus Nordamerika nach Europa gebracht. Die Urheimat des Maulbeerbaums hingegen liegt in Vorderasien, von wo er allmählich nach Griechenland und Italien vordrang. Aber erst die habsburgischen Kolonisatoren verhalfen beiden Bäumen zu ihrer heutigen Verbreitung in Südosteuropa, als sie im 18. Jahrhundert, nach der Vertreibung der Türken, diesen Landstrich neu besiedelten.

Als der wohl bedeutendste Kolonisator des Banats, Claudius Florimund Graf von Mercy, in der neuen Provinz die Seidenraupenzucht einführte, ließ er die dazu erforderlichen Maulbeerbäume als Setzlinge zu Hunderttausenden aus Sizilien einführen und entlang der Landstraßen anpflanzen. Die Todesstrafe wurde verhängt auf die mutwillige Zerstörung der Maulbeerkulturen!

Und in der Tat, er gedieh prächtig, der Seidenbau im Banat, dank der italienischen Ingenieure, die eigens dafür ins Land geholt wurden.

Heute spielt die Seidenraupenzucht in den ehemaligen Provinzen der k. u. k.-Monarchie nur eine unbedeutende Rolle. Wie viele andere Erwerbszweige, die die Habsburger erfolgreich eingeführt und weiterentwickelt hatten, wurde auch der Seidenbau zur Zeit der kommunistischen Diktatur dem Niedergang und dem Verfall anheimgegeben.

Aber die pannonische Landstraße mit ihren Maulbeer- und Akazienalleen, die gibt es noch, auch wenn sie auf lange Sicht ihr ursprüngliches Aussehen zu verlieren drohen. Die Hektik der Straßen Westeuropas mit ihrer Flut von motorisierten Fahrzeugen ist ihnen, trotz einer gewissen Betriebsamkeit, fremd. Immer noch prägen zahlreiche Pferdefuhrwerke das Straßenbild.

Viele Jahre lang habe ich diese südosteuropäischen Landstraßen kennengelernt, als Radfahrer meistens, aber auch als Reisender und Fahrer in Bus und Pkw.

Am unmittelbarsten habe ich sie zu Fuß erlebt, als Wanderer und stiller Betrachter.

*

Schnurgerade zieht sich die Landstraße hin. Die vielen kleinen und großen Schlaglöcher zeugen davon, daß es mit ihrer Wartung nicht gut bestellt ist. Da ich jedoch mit dem Fahrrad unterwegs bin, kann ich den Löchern mit einigem Geschick ausweichen.

Es ist Anfang Mai. Gerne lasse ich mich von der milden Luft und den frischen Farben ringsum ablenken. Alles strahlt in freundlichem Grün: sattgrün das wogende Weizenmeer, lindgrün das Sonnenblumenfeld, dunkelgrün der Mais, hellgrün mit goldenen Lichtreflexen die Maulbeerbäume am Straßenrand. Breit und ausladend stehen sie da. Nicht übermäßig hoch, eher untersetzt, aber bereit, jedem Sturm zu trotzen. Rissig und rauh ist ihre Rinde. Jeder einzelne Stamm trägt eine meterbreite weiße Schärpe um den Leib – ein Kalkstreifen zum Schutz vor Moosbefall und Insekten. Noch ist das Blattwerk nicht sehr dicht, so daß der hellblaue, mit luftigen Federwölkchen betupfte Himmel durchblicken kann.

Da und dort klafft eine Lücke in der langen Baumreihe, vom Blitz oder von Menschenhand geschlagen.

Ich habe das beklemmende Gefühl, daß diese Lücken, klaffende Wunden im Antlitz der Straße, nie wieder ausgefüllt werden und die Landstraße allmählich ihr ureigenes pannonisches Gesicht verliert.

Kurz vor dem Dorfrand höre ich Kinderstimmen. Zwei Jungen sitzen im Baum. Ein etwa zehnjähriges Mädchen versucht vom Boden aus, die unteren Zweige zu fassen. Emsig rupfen alle drei die herzförmigen, fein gezackten Blätter und stopfen sie in die mitgebrachten Stofftaschen. Es ist die Abgabequote, die sie einsammeln und die sie am nächsten Tag in der Schule abgeben müssen. Dort liegen in einem eigens zu diesem Zweck ausgeräumten Klassenraum, ausgebreitet auf weißem Papier, Tausende kleiner, gefräßiger Seidenraupen und warten auf ihre tägliche Nahrung. Gierig machen sie sich über die Blätter her. Mit ihren starken schaufelartigen Mäulern nagen sie jedes einzelne Blatt ratzekahl. Nur die Blattadern und die harten Stiele bleiben als Skelett zurück. Ihre Freßsucht scheint unstillbar, ihre Mäuler scheinen nie still zu stehen. Und die Mengen, die sie vertilgen, werden von Tag zu Tag größer. Die Kinder haben alle Hände voll zu tun, das tägliche Abgabequantum einzusammeln. Neben den üblichen Hausaufgaben nun auch noch diese! Und warum? Weil jede Schule auf dem flachen Land von der kommunistischen Regierung zur Seidenraupenzucht verpflichtet wird. Jedes Jahr im Frühjahr wird den Schulen ein bestimmtes Quantum Seidenraupeneier zugeteilt. Jede Schule hat dafür zu sorgen, daß in der etwa sechs Wochen dauernden Entwicklungsphase vom winzigen, mohnkorngroßen Ei bis zum cremefarbenen Kokon die Pflege und Versorgung der Raupen gewährleistet ist.

Die Seidenraupenzucht, einst durch bäuerliche Heimarbeit intensiv betrieben, wurde unter der kommunistischen Diktatur zur Zwangsarbeit für Schüler und Lehrer degradiert.

*

Es ist früher Nachmittag. Endlos dehnt sich die Straße vor mir aus. Die Stille ist fast beängstigend. Es scheint, als ob die Hitze Mensch und Tier in einen bleiernen Schlaf versetzt hätte.

Ich versuche, dem gleißenden Licht zu entfliehen. Aber die Straße ist viel zu breit, als daß die Bäume rechts und links ein schützendes Dach bilden könnten. So sind sie eben, diese Straßen der Ebene. Behäbig und flach liegen sie da, weder eingezwängt von endlosen Wäldern noch hoch über dem Abgrund verängstigt an eine Felswand geschmiegt.

Ich lenke mein Fahrrad an den Straßenrand. Er liegt voll spitzer, kantiger Schottersteine und bildet eigentlich eine Gefahr für meine Fahrradschläuche. Aber der spärliche Sonnenschutz, den die Bäume bieten, ist vorrangig.

Zu meiner Linken taucht das Weizenfeld auf. An seiner bräunlichen Färbung erkenne ich, daß es vollreif ist. Zwischen den dicken Baumstämmen, fern am blaßblauen Horizont, flimmert die Luft. Eine dicke Staubwolke deutet die Stelle an, wo sich die Mähdrescher wie riesige Dinosaurier über den Weizen hermachen.

Rechts von mir liegt das Sonnenblumenfeld in voller Blütenpracht. Die runden goldumrandeten Köpfe haben seit dem frühen Morgen, als ich in entgegengesetzter Richtung vorbeifuhr, eine Drehung mit dem Lauf der Sonne vollzogen. Immer wenden sie ihre freundlichen Gesichter dem Licht zu.

Plötzlich weht mir ein eigentümlicher, angenehmer Duft entgegen. Der Geruch ist so herb, daß er mitten in der sonnendurchglühten Umgebung ein Gefühl der Frische vermittelt. Hanf!

Wie schafft es diese zarte Pflanze in diesem trockenen, heißen Land, ihr dunkles Grün und ihre herbe Frische so lange zu bewahren?

Artenreich ist sie nicht, diese Landschaft mit ihrem Steppencharakter. Zweckmäßigkeit hat sie seit der Kolonisation im 18. Jahrhundert geprägt. Damals schon haben die österreichischen Ingenieure das Land weiträumig begradigt, und die fleißigen Siedler taten ein weiteres, die Natur mit ihren vielen lästigen, Seuchen verbreitenden Sümpfen, das Schilfrohr, das Buschwerk, die Sumpfvögel, die Großtrappe sowie Fuchs und Hase zu verdrängen. Und so wurde das Land zu dem, was es heute ist: ein fruchtbares, aber etwas herb und monoton wirkendes bäuerliches Kulturland. Nur ein schmaler Grasstreifen unterhalb der Baumreihen blieb von der Hand des Menschen unberührt. Einige bescheidene Farbtupfer bilden seinen einzigen Schmuck: die stolz zurückhaltende Königskerze mit ihren wollig behaarten, filzigen Blättern und dem hellgelben Blütenstand, einem Schwarm ruhender Zitronenfalter gleich, sowie die anspruchslose Wegwarte mit ihren zahlreichen Blüten – Augen, die die Farbe des Sonnenhimmels eingefangen haben. Da und dort, vom Feldrand abgedrängt, Klatschmohn: blutgetränkte offene Münder, wie aufgerissen, wie Laokoon um Erbarmen flehend.

Kurz vor dem Dorfrand, im Graben unter den Bäumen, treffe ich eine alte Frau, eine Kuh hütend. Die dicke Staubschicht, die jeden einzelnen Grashalm und jede Rispe silbrig schimmernd bedeckt, scheint das Tier nicht zu stören. Unentwegt und gierig zupft es am Gras, ohne sich eine Pause zu gönnen. Ohne diese zusätzliche kümmerliche Weide ist es unmöglich, eine Kuh zu halten in einem Land, in dem der Bauer seines Bodens beraubt und in die Zwangsjacke des kollektiven Eigentums gezwängt wurde.

Armes Tier! Arme Menschen unter der Knute!

*

Die Oktobersonne streut ihr mildes Licht auf die Baumkronen. Schon ist das Blätterdach leicht durchsichtig, und das Schattenspiel auf der Landstraße verliert von Tag zu Tag an Intensität.

Ein süßlicher, gärender Geruch steigt mir in die Nase. Unter den Bäumen, im niedergetrampelten Gras, liegen vereinzelte Maulbeeren, die dem scharfen Blick der Sammler entgangen sind. Dürre Äste und abgebrochene belaubte Zweige lassen den Schluß zu, daß die Beerensammler nicht zimperlich umgangen sind mit den sanften Riesen. Bewaffnet mit langen Stangen und Leitern, zogen sie vor acht Tagen scharenweise von Baum zu Baum, breiteten Zeltplanen darunter aus und rüttelten und schüttelten mit derber Kraft die Zweige und Äste, bis alle Früchte und unzählige Blätter abgefallen waren. In der Vorfreude auf den künftigen Rausch, den ihnen die weißen und blauschwarzen Früchte in Form eines milden, wohlschmeckenden Schnapses bescheren würden, lasen sie die Beeren auf und schütteten sie in die bereitstehenden Eimer und Fässer. Dann zogen sie laut lachend und rufend weiter.

Zerzaust und ausgedünnt blieben die geplünderten Bäume zurück.

Von ihren goldgelben Blättern strömt eine sanfte Melancholie aus.

Einige hundert Meter weiter merke ich: Der Herbst hat auch das Maisfeld gezeichnet.

Ab und zu fährt ein leichter Lufthauch durch das trockene, entfärbte und vom Sturm zerfetzte Laub und läßt es leise aufraschen.

Dann ist es wieder still, und ich hänge meinen Gedanken nach.

Plötzlich zucke ich zusammen. Dicht neben mir fliegt eine vielhundertköpfige Schar fetter, graubraun gesprenkelter Stare mit schrillem Protestgeschrei auf. Wie ein Bienenschwarm kleben sie aneinander. Unvermutet und blitzschnell ändern sie im Flug die Richtung.

Ehe ich mich besinnen kann, fallen sie einen Steinwurf feldeinwärts im Maislaub ein und verstummen augenblicklich.

Wieder ist es ganz still. Ich fühle, daß diese herbstliche Stille von jener Melancholie geprägt ist, die dieser Jahreszeit des Abschieds so eigen ist.

Allmählich gleitet das Jahr in jene Zeit über, die keine Schatten kennt ...

*

Bleierndes Grau lastet auf der Landschaft. Selbst der Schnee schimmert durch den dichten Nebel silbergrau. Himmel und Erde verschwimmen im Dunstschleier ineinander. Wie im Reich der Elfen komme ich mir vor.

Die Maulbeerbäume am Straßenrand sind nur schemenhaft zu erkennen. Starr und kahl stehen sie da und recken ihre knorrigen Äste wie geballte Fäuste in die klirrende Luft. Eine Trotzgebärde, die andeutet: Wir kommen wieder! Sobald wir aus unserer winterlichen Ohnmacht erwacht sind. Bald! Bald! Bald!

Oder war es nur das Krächzen der Krähen, das ich vernommen habe?

Die schwarzen Vögel scheinen in der erstarrten Natur ringsum die einzigen lebenden Wesen zu sein. Mit trägem, langsamen Flügelschlag, wie im Zeitlupentempo, bewegen sie sich durch die Luft. Ihre Nester aus grobem Reisig, schwarze Tupfer im silbrigen Filigranwerk der Zweige hoch über meinem Kopf, bilden einen seltsamen Kontrast zu der wie in Blei gegossenen Landschaft.

Ich eile dem Dorf zu. Ein Pferdefuhrwerk naht. Der Kutscher ist in einen dicken Pelzmantel gehüllt, so daß ich sein Gesicht nicht erkennen kann. Ein kurzer Gruß, durch ein Kopfnicken angedeutet, und schon sind Pferde, Kutscher und Wagen im Nebelmeer versunken.

Unweit vom Dorf mache ich eine unangenehme Entdeckung. An zwei benachbarten Bäumen mit ungewöhnlich dickem Stamm fehlen die unteren Äste. Abgesägt! Zweiflos dienen sie irgendeinem armen Teufel dazu, drei, vier Wochen lang die Stube zu heizen. Not macht nicht nur erfinderisch, sondern auch skrupellos.

Der Frevel muß wohl im Schutz der Dunkelheit geschehen sein, spätabends oder bei Nacht. Strafanzeige gegen Unbekannt? Fehlanzeige! Der Milizmann im Ort ist bekannt für seine Bestechlichkeit. Bei manchem krummen Ding soll er selbst die Hand im Spiel haben.

Gewiß, meine alten Freunde am Straßenrand werden diese brutale Amputation überleben.

Aber sie sind verstümmelt. Lebenslang bleiben sie Invaliden.

Ich schaudere. Die Kälte, das heisere Gekreisch der Krähen, die verstümmelten Bäume, der Nebel ...

Das Dorf ist nah. Doch unerreichbar fern scheint der nächste Frühling zu sein.

Die Weißbrot-Party

Pia meint, ich solle kein Weißbrot mehr essen. Das sei arm an Nährstoffen und enthalte zuviel Kohlenhydrate und zuwenig Mineralstoffe. Außerdem macht es dick. Ich will wissen, woher sie diese Weisheiten hat.
   Pia ist fassungslos über meine Unwissenheit.
   „Sag mal, lebst du auf dem Mond?" meint sie halb erstaunt, halb spöttisch. „Hast du noch keine von diesen interessanten und *höchst lehrreichen*" – sie betont diese beiden Worte mit spitzer Ironie – „Fernsehsendungen gesehen, in denen der *unwissende Laie* nützliche Hinweise über eine gesunde Ernährung bekommt? Hast du noch keine der Infobroschüren gelesen, die die Krankenkassen kostenlos an ihre Mitglieder verschicken? Da!"
   Sie rennt schnurstracks an ihren Schreibtisch und zerrt aus einem Stapel Zeitschriften eine heraus. Die trägt den hübschen Namen „Renate" und enthält, wie ich auf einen Blick feststelle, sämtliche Themen, die ein wißbegieriges Frauenherz von heute höher schlagen lassen: Mode, Kochen, Familie, Liebe und Ehe. Hastig blättert Pia darin herum, bis sie auf einen Artikel mit der Überschrift „Gesunde Ernährung: Brot" stößt. Sie hält ihn mir unter die Nase und meint bissig, indem sie ihre ganze Verachtung in ihre Worte legt: „Da lies, du Weißbrotfresser!" Ich zucke zusammen. Das Wort trifft wie ein Stich. Es klingt wie „Menschenfresser".
   Mißtrauisch überfliege ich den Artikel. Zwölf Seiten lang ist er und enthält außer dem Text sechs ausgezeichnete, das Auge ansprechende Aufnahmen von verschiedenen Brotsorten. Selbstverständlich lauter dunkle. Ich habe keine Lust, mir den Appetit auf mein geliebtes Weißbrot verderben zu lassen.
   Daher schiebe ich die Zeitschrift beiseite und schreite zum Gegenangriff. Angriff ist die beste Verteidigung, sagt der Volksmund.
   „Deine Ärzte und Ernährungswissenschaftler können mir gestohlen bleiben!" kontere ich. „Sie sind nämlich noch größere Ignoranten, wenn sie behaupten, Weißbrot sei ungesund. Was ißt man in Frankreich, einem Land, das sich rühmt, in Sachen Backkunst Weltspitze zu sein? Weißbrot! Was ißt man in den Ländern des Mittelmeerraums, die ja bekanntlich in Europa die höchstentwickelte Küche haben? Weißbrot! Womit ernährt sich der redlich schaffende, traditionsbewußte Türke – auch hierzulande? Mit weißem Fladenbrot! Hast du und haben deine ernährungsbewußten Freunde jemals gehört, daß man in all diesen Ländern eine zehn oder fünfzehn Jahre geringere Lebenserwartung hat als bei uns? Mit Sicherheit nicht! Im Gegenteil: Die Franzosen leben im Schnitt zwei Jahre länger als wir. Und daß die Südeuropäer unter dem deutschen Durchschnitt von 75 Jahren liegen, hat allein mit der weniger guten ärztlichen Betreuung zu tun. Hierzulande werden selbst Kranke, für die es keine Rettung mehr gibt, künstlich am Leben gehalten, auch wenn sie schon im Koma liegen. Denk doch mal an deinen Onkel Franz! In Süd- und Osteuropa, in der Türkei und in anderen Ländern läßt

man die Menschen sterben, wenn ihre Stunde geschlagen hat, so hart das auch klingen mag. C'est la vie! So ist das Leben! Und was das Dicksein betrifft: Wo gibt es denn die meisten dicken Menschen in Europa? In Dänemark, Holland und Deutschland, dort also, wo traditionsgemäß eher dunkles Brot gegessen und Bier getrunken wird! Willst du immer noch behaupten, Weißbrot ist gesund?"

Etwas verdutzt über meine langatmige und hitzige Verteidigungsrede, aber keineswegs überzeugt – Pia gibt nie schnell auf –, meint sie etwas stockend, sichtlich nach Argumenten suchend: „Es mag ja sein, daß Franzosen, Italiener, Spanier, Griechen und Türken ihr Leben lang Weißbrot essen. Aber sie ernähren sich, vom Brot abgesehen, insgesamt wahrscheinlich gesünder."

„Da kannst du Gift drauf nehmen!" sage ich. „Was nützt es, wenn der Deutsche sein angeblich so gesundes Schwarzbrot ißt, wenn er gleichzeitig, Tag für Tag, Wurst und Salami in rauhen Mengen verzehrt, Lebensmittel, die durch ihren hohen Fett- und Salzgehalt so ungesund wie nur möglich sind. Wo bleibt da das vielzitierte Ernährungsbewußtsein? Da halte ich es lieber mit den Italienern: Zum Abendbrot mag ich lieber einen Nudelsalat, eine Minestrone oder eine leichte Käseplatte – selbstverständlich mit Weißbrot!"

Pia gibt nicht auf: „Laß mal deinen gesunden Menschenverstand zu Wort kommen! Willst du behaupten, daß ein Korn, das seiner mineralhaltigen Schale, der Kleie, beraubt wird, denselben Nährwert hat wie ein ungeschältes Getreidekorn? Der Appell der Ernährungswissenschaftler hat doch wohl einen Grund! Logo oder nicht?" Ich widerspreche und sage, daß Ernährung, gesunde Lebenserwartung nicht immer etwas mit Logik zu tun hätten. „Im übrigen", füge ich hinzu, „hat die Anti-Weißbrot-Kampagne hierzulande Tradition. Sie geht auf die früher häufigen Mißernten gerade beim Getreide und auf die daraus entstehenden Hungersnöte zurück. Hier!"

Nun bin ich es, der ein gewichtiges Beweisstück vorlegt: die Kopie eines Erlasses des Großherzoglichen Ministeriums des Innern von Baden aus dem Jahre 1843. Er lautet: *In Anbetracht der gegenwärtigen Theuerung, und in Erwägung, daß das Weißbrod als frisch gebacken weder der Gesundheit zuträglich, noch bei Verbrauch ergiebig ist, wird hiermit verordnet, wie folgt: Die Bäcker dürfen das Weißbrod erst nach Ablauf von 24 Stunden, nachdem es den Ofen verlassen hat, abgeben. Zuwiderhandelnde werden mit Geldstrafen belegt.*

„Ja", koste ich vor der staunenden Pia meinen Triumph aus, „nun siehst du, warum und wie lange schon in deutschen Landen der Verzehr von Weißbrot bekämpft oder, um es milder auszudrücken, in Frage gestellt wird. Im ersten Weltkrieg war es noch schlimmer. Da wurde in den letzten zwei Kriegsjahren das Backen von Weißbrot von der Regierung gänzlich verboten. Aus Gründen der Sparsamkeit. Denn durch den Wegfall der Kleie ist Weißbrot etwa 30% weniger ergiebig. Auf diese Art und Weise hoffte man, der drohenden Hungerkatastrophe zu entgehen. Allerdings vergeblich."

Aber Pia gibt sich immer noch nicht geschlagen. „Diese Erlasse und Verbote von früher hatten wirtschaftliche Gründe. Was wußte man damals schon von gesunder Ernährung, von Vitaminen, Mineralien und Spurenelementen? Der moderne Mensch von heute weiß darüber Bescheid, und er sollte sich danach richten. Alle meine Freundinnen essen seit einigen Jahren grundsätzlich kein Weißbrot mehr. Zwei von ihnen, Anita und Helga, backen ihr Vollkornbrot selbst. Sogar das Getreide mahlen sie selbst!"

„Meinetwegen", erwidere ich, „das können sie auch nur, weil sie nicht berufstätig sind und keine Kinder haben. Im übrigen bin ich mir nicht so sicher, ob deine lieben Freundinnen nicht doch gelegentlich ungesundes Weißbrot essen."

„Nein, das tun sie bestimmt nicht!" meint Pia überzeugt.

„Wir können es ja mal darauf ankommen lassen", sage ich. „Wir könnten zum Beispiel eine Party geben. Eine Weißbrot-Party. Dazu laden wir deine und meine Freunde ein, und dann wird sich ja zeigen, wie konsequent sie in ihren Überzeugungen und Eßgewohnheiten sind. Was hältst du davon?"

Pia zögert einen Augenblick. Vielleicht hegt sie insgeheim doch Verdacht an der Standfestigkeit ihrer Freundinnen. Aber schließlich kann sie aus Gründen der Fairneß nicht nein sagen. Und außerdem ist da noch ihre Neugier. Wie ernst darf sie die Beteuerungen der Freundinnen nehmen? Also willigt sie ein.

Zunächst verschicken wir die Einladungen. Darin taucht das umstrittene Objekt unserer Auseinandersetzung in der von mir vorgeschlagenen Form auf: In eleganten, im Phyllis-Style geschriebenen Lettern steht da zu lesen: *Zu unserer am Samstag abend, den neunten Juni dieses Jahres, stattfindenden Weißbrot-Party laden wir Sie/Euch herzlichst ein. Lockere Atmosphäre und gute Stimmung sind angesagt.*

Nur Helga sagt ab. Sie empfindet diese Einladung als eine Beleidigung, „einen Affront", wie sie, aufs tiefste gekränkt, Pia am Telefon mitteilt, wo Pia doch genau wisse, daß sie, Helga und ihr Ehemann, für alle Zeiten dem Weißbrot abgeschworen hätten. Nein, danke!

Alle anderen aber kommen. Sechzehn Personen. Pias Freundinnen wohl zum Teil aus Neugier, die meisten aber aus Freude am Feiern sowie am Essen und Trinken.

Die Party wird ein voller Erfolg. Im Mittelpunkt der kulinarischen Köstlichkeiten, die dekorativ und appetitlich angerichtet griffbereit auf mehreren Tischen stehen, ist das Weißbrot: knusprige französische Baguettes; würziges, mit Olivenöl gebackenes italienisches; deutsches Bauernweißbrot, mit Buttermilch gebacken, so duftig locker, daß es auf der Zunge zergeht; original toskanisches, salzarm, eine besondere Spezialität; Kastenweißbrot, überaus weich und locker, besonders geeignet für Menschen mit empfindlichen oder dritten Zähnen; und schließlich türkisches Fladenbrot. Dazu die passenden Gerichte, deren ungeschmälerter Genuß ohne Weißbrot nicht möglich ist: verschiedene Salate, Käse von Kuh, Schaf und Ziege; Eier in unterschiedlichen Formen; Tarama, ein griechischer Fischrogensalat, und Oliven. Und natürlich Rotwein: dunkelroter, aus den Abruzzen, mit samtweichem köstlichen Aroma, französischer von der Rhône, schwer und herb, und für die Damen süßer Likörwein aus Spanien.

Da sich die Gäste gegenseitig nur zum Teil kennen, verläuft anfangs alles etwas steif und förmlich. Doch nach zwei, drei Gläschen Rotwein kommt man sich allmählich näher. Natürlich wird auch die Streitfrage erörtert, die für das Zustandekommen der Party verantwortlich ist. Es kommt, wie es kommen muß: Ein heftiges Für und Wider wogt hin und her, leidenschaftliche Plädoyers für und ebensolche dagegen. Aber Wein und Weißbrot tun das ihre: Schneller als vermutet weichen die beiden Fronten – auf der einen Seite Pias Freundinnen, auf der anderen Seite die Weißbrotfanatiker – auf.

Schließlich einigt man sich auf einen Kompromiß: keine Verteufelung des Brotes, weder des weißen noch des dunklen Brotes. Beide haben aufgrund jahrtausendealter Traditionen und Eßgewohnheiten ihre Berechtigung. Wahrscheinlich, meint man allgemein, ist der goldene Mittelweg auch hier empfehlenswert.

In einem Punkt sind sich alle Anwesenden widerspruchslos einig: Eine südländische Party ohne Weißbrot wäre nur ein halber Genuß, schlimmer noch: Sie wäre eine Todsünde.

Und so treffen Pia und ich uns am nächsten Morgen beim Frühstückstisch wieder.

Im Brotkorb liegen, hübsch angerichtet, dunkle und helle Brötchen einträchtig nebeneinander.

Susanne Hönig-Sorg
Betschmen – Furth

Foto: Studio Gartler, Krems

Susanne Hönig-Sorg wurde am 24. Juli 1939 in Betschmen, Kreis Semlin (Syrmien/Jugoslawien) geboren. Nach der Flucht im Oktober 1944 lebte sie mit den Eltern und fünf Geschwistern bis 1945 in Aigen-Schlägl in Oberösterreich. Bei dem Versuch, nach Jugoslawien zurückzukehren, wurde die Familie in Villány von ungarischen Partisanen gefangengenommen und an einen ungarischen Großgrundbesitzer verkauft. 1946 gelang es ihr, sich loszukaufen und illegal nach Österreich zurückzukehren. Zuerst lebte die Familie in Kapfenberg, dann viele Jahre im Flüchtlingslager „121" in Haid bei Linz, wo Susanne die Pflichtschule absolvierte und wo ihr Bruder Ernst zur Welt kam. 1954 Übersiedlung nach Deutschland. Seit 1969 ist die Autorin mit einem Österreicher verheiratet, lebt in Furth bei Göttweig. Zwei Kinder. Zwar hat sie nur acht Volksschulklassen durchlaufen, blieb aber lebenslänglich lernbereit. So machte sie einen Abschluß der Volkshochschule in Englisch, büffelte fünf Jahre lang Französisch und belegte verschiedene Fächer bei einem Fernlehrinstitut. Literarisch ist sie seit 1975 tätig, damals wurden erste Liedertexte veröffentlicht. 1983 brachte sie ihr erstes Lyrik-Bändchen „Heiteres und Besinnliches" heraus. Lesungen in Denkingen (BRD), in Traun, Badgastein und Krems bestärkten sie, 1988 einen Band mit Prosa und Gedichten folgen zu lassen.. Nach Veröffentlichungen in Anthologien, Zeitungen, Literaturzeitschriften und im Rundfunk folgten weitere Bücher. Neben Erinnerungen an die alte Heimat, als die Angehörigen verschiedener Nationalitäten in der Vorkriegszeit noch friedlich miteinander ausgekommen waren, schildert Susanne Hönig-Sorg in ihren Kurzgeschichten und Gedichten auch Flucht und Lagerzeit sowie Beobachtungen aus dem Alltag ihrer neuen Heimat. 1990 gründete sie das „Kremser Literaturforum", dessen Leitung sie bis 1996 als Obfrau übernahm. 1992 erhielt sie den Anerkennungspreis beim ersten österreichischen Haiku-Wettbewerb, 1994 eine ehrenvolle Erwähnung beim internationalen Haiku-Wettbewerb in Tokio.

Elsa

Ich sitze, halte mein jüngstes Kind Elsa auf dem Schoß, das sich ganz an mich drückt. Die feuchte Kälte dringt in die alten, schon lange nicht mehr gewaschenen Kleider. Die Haare sind schmutzig und verklebt.

Meine fünf übrigen Kinder sitzen dicht an mich gedrängt, um die schleichende Kälte in ihren dünnen, abgetragenen Kleidern besser zu ertragen. Zweihundert Flüchtlinge sind mit uns in einem sehr großen Raum untergebracht.

Die Partisanen, in deren Händen wir uns seit drei Wochen befinden, haben nur etwas Stroh auf den eiskalten Steinboden aufgebracht. Wir bekommen fast nichts zu essen, zuviel um zu sterben, genug zum Überleben. Es sind Heimatlose wie wir, Herausgerissene, Entwurzelte. In den Augen von jung und alt dumpfe Ergebenheit in das grausame Schicksal. Ich fürchte mich vor jeder Nacht.

Tagsüber haben wir Ruhe vor den Partisanen, doch abends, wenn sie betrunken sind, fallen sie über die jungen Mädchen her.

Gott sei Dank, daß meine Älteste, Elisabeth, mit ihren 14 Jahren, vom Hunger und den höllischen Strapazen gezeichnet, erst wie zehn Jahre aussieht, deshalb droht ihr keine Gefahr.

Mein Blick bleibt auf dem schönen Mädchen Mara, einer Serbin, hängen. Sie ist von dem österreichisch-deutschen Heer verschleppt worden und will nun zurück in ihre Heimat Jugoslawien.

Auch sie ist von den Partisanen gefangen worden. Sie hat große braune Augen, lange schwarze Haare. Sie blickt mich an und weint bitterlich. Es dämmert, und durch das einzige Fenster fällt fahles Licht in den großen Saal. Plötzlich schreit Mara: „Nein, ich will nicht mehr!" Sie streckt die Hände flehend aus. „Helft mir doch, sie werden mich wieder holen! Warum hilft mir keiner? Es sind Schweine, die jede Nacht über mich herfallen. Ich ertrage es nicht mehr!" Ihr ganzer Körper zittert.

„Mara, beruhige dich, du kannst es nicht ändern, irgendwann werden wir wieder frei sein. Der Mensch kann viel ertragen, wenn er muß. Auch für uns werden wieder bessere Tage kommen." Ich blicke sie beruhigend an, so daß ihr Weinen langsam abebbt. Lachen und Grölen dringt urplötzlich zu uns herein, Mara beginnt zu wimmern. Die Menschen, die nahe am Eingang liegen, drängen nun gegen die Wand. Da poltern sie schon herein. Allen voran der Kapitan mit dem Gewehr, auf dem ein Bajonett aufgepflanzt ist, seine Lebensgefährtin, eine rassige Frau von ungefähr 30 Jahren, mit langem roten Haar, wie immer die Karbatsche in ihrer Hand. Die Karbatsche ist ein Schlagwerkzeug, das aus vielen Lederriemen besteht, die im Griff vereinigt sind. Mit ihnen sieben weitere Partisanen, wild aussehend. Zwei von ihnen reißen Mara brutal in die Höhe, und der eine sagt: „Dir werd' ich heute zeigen, wie ein Partisan liebt, schrei nur, Täubchen! Ich habe es gern, wenn du schreist!" Er faßt ihr so grob an die Brust, daß sie gepeinigt aufstöhnt. Sie wird hinausgeschleift. Ich weiß, sie wird morgen früh hereingetragen werden, gehen wird sie nicht mehr können. Seelisch und körperlich gebrochen, sie muß es schon die ganze Zeit ertragen, kein Ende ist abzuseh'n.

Da werde ich aus meinen Gedanken gerissen, ich sehe auf, und da steht er, der Kapitän. Breitbeinig, höhnisch lachend sagt er: „Du da, dein kleinstes Kind werden wir jetzt abschlachten, für all die Partisanen, die von den Deutschen umgebracht wurden!" Er entreißt mir mein kleines, so schwaches unschuldiges Kind Elsa, gibt es einem Partisanen, der es halten muß. Ich kann mich nicht rühren, ich bringe keinen Ton heraus. Es ist, als wäre keine Kraft in mir. Verzweifelt reiße ich den Mund auf, ich kann nicht reden, es ist, als wäre ich gelähmt. Ich sehe mich am Tage von Elsas Geburt, spüre die Schmerzen, die mich fast überwältigt hatten. Wie glücklich das Gesicht meines Mannes war, als er Elsa zum ersten Mal sah, als wir im Garten unseres Hofes saßen, die Kinder in der Sonne spielten und die kleine Elsa an meiner Brust saugte.

„Da sagst nichts", schreit der Kapitan, holt aus und will zustechen. Da fällt ihm der Lagerleiter, ein Jugoslawe, in den Arm. Mein Kind hat eine kleine Wunde am Hals, aus der Blut quillt. Es schreit aus Leibeskräften, doch die Hände des Partisanen halten es umklammert. Noch zweimal stößt der Kapitan zu, aber so, daß mein Kind überlebt. Der Lagerleiter spricht lange auf den Kapitan ein, bis er von meinem Kind abläßt. Während er mit seinem Gefolge hinausgeht, schlägt seine Freundin mit der Karbatsche auf jeden ein, der in ihrer Reichweite ist. Ein Partisan reißt ein junges Mädchen in die Höhe, packt es und verläßt nun endlich den Raum. Da löst sich bei mir die Erstarrung.

Ich reiße ein Stück aus meinem Unterrock, der noch einigermaßen sauber ist, und drücke das Leinen an den Hals meines Kindes. Der Lagerleiter bringt Verbandszeug. Zum ersten Mal zeigt er Mitleid und hilft mir, mein Kind zu verbinden. Ich drückte das mir neu geschenkte Kind an mich, und plötzlich beginne ich zu zittern, zu weinen, ich bekomme einen Schüttelfrost. Ich weiß nur noch, daß meine beiden Schwägerinnen um mich sind, ich sehe ihre Gesichter nur verschwommen und dann nichts mehr.

Meine kleine Elsa war durch dieses Erlebnis fast zwei Jahre krank.

Nach diesem Geschehen mußten wir noch acht Tage die Qualen und Erniedrigungen durch die Partisanen ertragen, dann wurden wir an einen reichen ungarischen Gutsbesitzer verkauft.

Als ich Milch holen ging

Im Jahre 1944 mußten meine Eltern mit mir und meinen fünf Geschwistern unser Dorf Betschmen in Jugoslawien verlassen, da wir sonst von den Partisanen ermordet worden wären. Mit Pferd und Wagen, das Nötigste aufgeladen, hieß es Abschied nehmen von Hof und Haus. Ich war damals ein kleines Kind und konnte den Schmerz, die Bitterkeit und das Elend, die Heimat zu verlieren, nicht begreifen. Auf der Flucht hat man uns in Ungarn alles weggenommen, bis wir schließlich in Haid, Oberösterreich, nur mit abgetragenen Kleidern und Schuhen ankamen.

Die folgenden Jahre verlebten wir in bitterster Armut. Wir haben gehungert und mußten mitansehen, wie so mancher unserer Leidensgenossen dem Hungertode nahe war. Ich erzähle dies alles, um meine Weihnachtsgeschichte, die ich selbst erlebt habe, besser verständlich zu machen.

Es muß im Jahre 1949 gewesen sein, mein Vater hatte Arbeit gefunden, und wir konnten einigermaßen leben.

Jeden Tag nach der Schule mußte ich in das Nachbardorf gehen, um bei einem Bauern Milch und manchmal ein paar Eier zu kaufen. Es war ein reicher Bauer, das erkannte ich gleich, als ich das erste Mal dort Milch holte. Die Bäuerin grüßte freundlich, und ich verlangte zwei Liter Milch. Sie füllte sie in die von mir mitgebrachte Kanne und fragte mich, ob ich nicht Lust hätte, für sie die Eier einzusammeln. Sie führte mich in einen großen Stadel, der mit Stroh und Heu angehäuft war. Welch große Freude das für mich bedeutete, kann ich heute kaum beschreiben. Es war wie eine Entdeckungsreise. Immer wieder fand ich ein Nest mit Eiern. Einmal hoch oben, dann in einer Ecke versteckt. Es war unwahrscheinlich, wohin die Hühner ihre Eier gelegt hatten. Die Bäuerin bedankte sich und sagte, sie selbst habe noch nie so viele Eier gefunden. Als ich nach Hause kam, stellte ich die Milchkanne auf den Tisch und erzählte meiner Mutter von dem herrlichen Erlebnis. Sie war wegen meines langen Ausbleibens bekümmert.

„Susanne!" – „Ja Mutti!"

„Hast du von der Milch getrunken?"

„Nein Mutti! Ich habe wirklich nichts getrunken, unterwegs habe ich auch sehr achtgegeben, damit ich nichts verschütte." – „Ist ja schon gut", sagte sie.

Das ganze Jahr hindurch durfte ich, wenn ich Milch holen ging, die Eier suchen, aber niemals schenkte mir die Bäuerin irgendetwas. Mein Vater fand es nicht richtig von dieser Bäuerin, mich zum Eiersuchen heranzuziehen.

Ein paar Tage vor dem Weihnachtsfest machte ich mich wieder auf den Weg, um Milch zu holen. Ich hatte schon immer eine rege Phantasie, malte mir unterwegs aus, was wäre, wenn jetzt ein großes Auto stehenbliebe und eine Dame mich mit Geschenken überhäufen würde: einem warmen Mantel für meinen Vater, für meine Mutter und meine Geschwister warme Pullover, für meinen Bruder neue Hosen und für mich eine Geige. Ich liebte das Geigenspiel meines Lehrers, wünschte mir nichts sehnlicher als Geige spielen zu können. Au! Plötzlich hatte mich die Wirklichkeit wieder, denn ich war auf dem Schnee ausgerutscht und hingefallen. Es dunkelte bereits, und die Büsche sahen gespenstisch, drohend, unheilvoll aus. Die Angst kroch langsam in mir hoch und drohte mich zu übermannen.

Ich dachte an den Ausspruch meines Vaters, der jedem voll Stolz erzählte: Meine kleine Susanne ist das einzige meiner Kinder, das überall hingeht, wenn ich sie schicke. Die geht dem Teufel sogar vor die Tür. Wenn mein Vater eine so hohe Meinung von mir hat, dachte ich, so muß ich beweisen, daß ich tapfer bin. Ich begann laut zu singen und siehe da, ich hatte keine Angst mehr.

Endlich war ich am Ziel. In der Bauernstube roch es köstlich nach Bäckereien, ein Gefühl eines besonderen Tages war in mir. Die Bäuerin füllte meine Kanne diesmal randvoll und sagte: „Liebes Kind, ich war in der Kirche beichten, habe dem Pfarrer gesagt, daß ich dir jedesmal weniger Milch eingemessen habe, als du bezahlt hast, deshalb möchte ich es heute wiedergutmachen." Sie holte eine alte Tasche, ging in die Speis und kam mit sechs Paar Bratwürsten, die sie verpackte und in die Tasche legte, dann holte sie Gebäck und dreißig Eier, die sie ebenfalls hineintat. Mit großen verwunderten Augen schaute ich ihr zu, und ich konnte nur noch denken: Was für ein Weihnachtsfest werden wir mit all diesen Köstlichkeiten feiern können. Sie gab mir die Tasche, küßte mich auf die Stirn und sagte, wir sollten es uns gut schmecken lassen und sie werde mir in Hinkunft immer etwas geben, wenn ich ihr helfen würde.

Während ich heimwärts ging, wurde die Tasche immer schwerer. Die Kälte kroch langsam in mir hoch, die Hände waren eiskalt, denn ich hatte ja keine Handschuhe, und die Füße schmerzten in den Schuhen. Trotzdem war mir so warm ums Herz, so daß ich dieses schöne Gefühl auch heute noch verspüre, wenn ich daran zurückdenke.

Meine Eltern und Geschwister glaubten ihren Augen nicht zu trauen, als ich all die guten Sachen langsam auspackte, um die leuchtenden Augen und das Beglücktsein länger genießen zu können. Ich mußte alles erzählen, und ich tat es mit Freuden. Beim abendlichen Gebet schlossen wir diese Bäuerin mit ein und dankten Gott.

Wir feierten ein Weihnachtsfest so voller Besinnung, solch gutem Essen, wie wir es seit unserer Flucht nicht mehr genossen hatten.

Der Friede in Gefahr

Der Friede ist immer in Gefahr,
wenn Menschen verlernt haben zu vergeben.
Ich kenne keinen einzigen Menschen,
der immer nur die Wahrheit spricht,
aus Angst irgendetwas verschweigt,
aus Bequemlichkeit eine Notlüge gebraucht.
Ich kenne Menschen, die wollen sich profilieren,
die streichen diese Fehler heraus,
lassen sie nicht in Vergessenheit geraten.
Diese Menschen hören sich gerne reden,
sie wurden vom Volke gewählt,
sie werden übermäßig bezahlt.
Sie stellen die Partei über alles,
sie überarbeiten sie nicht.
Es werden Worte gesagt, deren Wirkung
erst in Jahren sichtbar wird.
So entsteht neuer Haß, der eines Tages
vielleicht explodiert.
Haben wir verlernt zu vergeben?
Haben wir verlernt, den Frieden zu bewahren?
Den Frieden mit uns selbst und den anderen?
Schütte ich Gräben zu, die gegraben wurden?
Oder gieße ich Öl ins Feuer,
bis es außer Kontrolle gerät.
Wir müssen lernen zu vergeben,
wir müssen lernen, den anderen zu lieben.
Wir müssen lernen, den Frieden zu leben.
Reichen wir uns die Hände,
beginnen wir von neuem.

Das kleine Dorf

Susannes Geburtsort Betschmen, Kreis Semlin in der Nähe Belgrads, war ein sauberes kleines Dorf, mitten im Wald gelegen, mit weißgetünchten Häusern, einer breiten Hauptstraße, die rechts und links ein Wiesenstreifen säumte.

Betschmen wurde von 800 Deutschen und etwa 300 Serben bewohnt, denen ihr Großvater von 1934 bis 1941 als Bürgermeister vorstand. Da schon ihr Großvater Bürgermeister gewesen war, nannte man die ganze Familie auch „Richters", wahrscheinlich deshalb, weil der Amtsvorstand auch das Amt des Richters ausübte.

In der privaten deutschen Schule wurden ausschließlich evangelische Kinder (nach Calvin und Zwingli) unterrichtet. Die reformierte Kirchengemeinde scheute keine finanziellen Mittel, um den Betrieb dieser Schule aufrechtzuerhalten. Dafür war der Pfarrer Vorsitzender des Schulausschusses, und die Kirchengemeinde sprach ein gewichtiges Wort bei der Wahl der Lehrpersonen mit. Die meisten Schüler waren gut erzogen und sauber gekleidet. Die Mädchen trugen Trachtenkleidung, die langen Zöpfe hatten sie einfach oder kranzförmig aufgesteckt. Bei Schlechtwetter kamen sie in Holzschuhen (Klumpen) zur Schule, die im Flur auf Regale gestellt wurden, das Klassenzimmer betraten sie mit lederbesohlten Wollstrümpfen. Die Kinder gingen sehr gerne in die Schule, denn zu Hause mußten sie auf dem elterlichen Hof kräftig zupacken. Für die Lehrpersonen war es sehr schwierig, etwas Wissen zu vermitteln, weil die Kinder Dialekt sprachen.

Außerdem mußten sie dichtgedrängt auf den Bänken sitzen, denn 75 Kinder waren in einem einzigen Klassenraum untergebracht.

Die Lehrkraft bekam eine Wohnung, die aus Zimmer, Küche und Speisekammer bestand. Die Schule war einklassig, die Lehrperson unterrichtete gleichzeitig von der ersten bis fünften Klasse.

75 Prozent der deutschen Einwohner Betschmens gehörten dem reformierten Helvetischen Glaubensbekenntnis an. Daneben gab es noch die staatliche Schule, die in einer serbischen und deutschen Abteilung geführt wurde und der ein Serbe als Schulleiter vorstand. In dem schlichten Bau, der zwei Klassenzimmer beherbergte, wurden die evangelischen Kinder (nach Luther) unterrichtet. Auch hier wurde die Schule einklassig geführt, von der ersten bis zur fünften Klasse.

Da die Lehrerin manchmal überfordert war, beauftragte sie eines der großen Kinder, sich um die Kleinsten zu kümmern. Diese Aushilfsarbeit ließ das Selbstbewußtsein und das Verantwortungsgefühl der Älteren den Kleineren und Schwächeren gegenüber wachsen. Wie in anderen Gemeinden, spielte die Religion eine große Rolle. Es bestand eine Kluft zwischen den Anhängern der beiden reformierten Kirchen. Der damaligen Lehrerin, Charlotte Walzer, die heute in Brasilien lebt, war es ein Bedürfnis, die Kinder beider Konfessionen einander näherzubringen. Zusammen mit der Kollegin der privaten Schule veranstaltete sie gemeinsame Schülertreffen im Wald, wo sich die Kinder bei Spiel und Gesang näherkamen und Freundschaften schlossen. Auch mit den Schulklassen der Nachbargemeinden wurden ähnliche Zusammenkünfte abgehalten. Der größte gemeinsame Ausflug wurde in die nahegelegene Hauptstadt unternommen. Die Mädchen beider Schulen sahen in ihrer Tracht und mit den aufgesteckten Haaren sauber und hübsch aus. Auch die Burschen in ihren weißen Hemden und langen dunklen Hosen zogen die Blicke auf sich. Sie wurden von den Belgradern bestaunt und oftmals gefragt, woher sie kämen. Nach dem Einmarsch der deutschen Truppen 1941 in Jugoslawien weigerte sich Susannes Großvater, dem deutschen Kulturbund beizutreten, weil er nichts mit den Machenschaften dieser Vereinigung zu tun haben wollte. Daraufhin wurde er als Bürgermeister entmachtet, verhaftet und eingesperrt, obwohl er jahrelang die Geschicke des Dorfes bestens geleitet hatte und der letzte vom Volk gewählte Bürgermeister war. Nach einigen Wochen Arrest wurde er auf freien Fuß gesetzt.

Die schulpflichtigen Kinder seiner Familie, auch Susannes ältere Geschwister, mußten ab dieser Zeit die serbische Schule besuchen.

Das ehemals friedliche Zusammenleben von Serben und Deutschen war gestört. Oft wurden die deutschen Bauern während der Feldarbeit überfallen, manche verschleppt oder ermordet. Auch ihre Großmutter wurde von Serben bestialisch umgebracht. Als Kind hatte sie sehr darunter gelitten und sich nach ihrer Oma gesehnt, denn jene war überall beliebt, jedem eine gute Nachbarin gewesen, die auch für arme Serben und Zigeuner strickte und sie oftmals mit Nahrungsmitteln bedachte.

Die Zeit des Hassens war gekommen, die 1944 in der Vertreibung gipfelte. Heute ist wieder die Zeit des Hasses im ehemaligen Jugoslawien. Bürger eines einst vereinten Volkes bekämpfen sich. Mord, Vergewaltigungen und ethnische Säuberungen sind an der Tagesordnung. Wunden werden geschlagen, die Narben in die Seele zeichnen. Sie werden wieder neuen Haß gebären, der erneut Blutvergießen fordern wird.

Schuld und Sühne – ein ewiger Kreislauf?

Auf kargem Boden

Susanne läuft schnell durch den Juniregen. Vor dem Linzer Hochhaus stehen alte Möbel und ausrangierte Gegenstände. Der Regen trommelt laut eine eintönige Melodie darauf, und die ausgetrocknete Erde dampft. Die meisten

Klingeln tragen keine Namensschilder, die Gänge sind beschmiert und beschmutzt. Menschen aus aller Herren Länder wohnen in dem Betonkasten, sie haben fremde Lebensgewohnheiten, und manche sehen sehr ungepflegt aus. Es ist eines von jenen Häusern, die für donauschwäbische Flüchtlinge gebaut wurden, die nach dem Zweiten Weltkrieg jahrelang in Linzer Lagern gelebt hatten.

Tante Barbara steht bei der geöffneten Tür, wartet schon auf ihre Nichte, die verheiratet ist, zwei erwachsene Kinder hat und in dem schönen Ort Furth bei Göttweig lebt. Sie führt sie in den Wohnschlafraum ihres sehr kleinen Appartements, das nur aus einer winzigen Kochnische, einer ebensolchen Diele, Bad, und dem schon genannten Wohnschlafraum besteht. Ihr Haar ist ergraut, in das einst schöne Gesicht haben die entbehrungs- und schmerzreichen Jahre Linien gezeichnet und den Körper niedergedrückt. Das Kreuz, die Hüfte und die Knie machen ihr ungeheure Beschwerden, so daß sie sich nur mühsam fortbewegen kann.

Sie nähert sich den Achtzigern, und es ergeht ihr wie vielen alten Autos. Je älter sie werden, desto mehr Wartung und Ersatzteile werden benötigt, bis sie schließlich beim Alteisen landen und irgendwann verschrottet werden.

Die alte Frau beginnt zu erzählen: „Das Fernsehen ist meine ganze Ablenkung, damit hole ich mir die Welt in mein Zimmer. Es verschönt den oft trüben Alltag und lenkt von den Gedanken ab, die sich mit dem Tod beschäftigen.

Aber in der letzten Zeit wird mir die Freude daran vergällt, denn es bringt nichts anderes als Mord und Totschlag. Besonders die Nachrichten über den Krieg in meiner ehemaligen Heimat Jugoslawien schocken mich immer wieder. Vor allem die Berichte über die Untaten, die in Bosnien begangen werden.

Du weißt ja von deiner Mutter, daß wir in einem kleinen Ort in Bosnien, in Dugopolje, geboren sind. Unser Dorf war zwischen Sava und Drina in einer Ebene gelegen und bestand nur aus zwei Häuserreihen, die von deutschen Siedlern bewohnt wurden.

Am Rande des Ortes hatten sich Serben niedergelassen, mit denen wir in gutnachbarlicher Art zusammenlebten. Auf den Feldern mit der gelben Erde wurden Korn, Weizen, Futterrüben, Kartoffeln und Mais angebaut. Branjewo war von vielen Deutschen bewohnt, Bijeljina und Janja waren die näheren Orte der Umgebung. Tuzla, im Krieg der Serben gegen die Moslems oft erwähnt, von der UNO zur Schutzzone erklärt, befand sich ganz in der Nähe.

In dem kleinen Ort Sepak, nur acht Kilometer von Dugopolje entfernt, wohnten damals Moslems in winzig kleinen Häusern, die nur aus einem Raum bestanden. Tagsüber lag das Stroh in den Ecken, und nachts breiteten sie es im Raum aus, legten Bettücher darüber und schliefen auf diesen unbequemen Lagern.

Sie hatten keine Reichtümer, denn sie arbeiteten nur so viel, wie sie zu diesem kargen Leben brauchten, während die deutschen Siedler schon in aller

Herrgottsfrühe auf den Feldern werkten und erst nach Hause gingen, wenn es bereits dunkelte. Das Leben war für uns mühsam, aber unsere Familie hielt fest zusammen. Wir liebten unseren Vater und unsere Mutter. Doch eines Tages zogen dunkle Wolken am Himmel auf, denn unsere liebevolle, zärtliche Mutter bekam eine Blutvergiftung und verstarb zweiundvierzigjährig. Neun Kinder wurden zu Waisen. Die Jüngste, Eva, war erst ein paar Monate alt, und der Älteste kam gerade zum Militär. Du kannst dir nicht vorstellen, was das geheißen hat. Die bäuerliche Wirtschaft mußte versorgt, die vielen Kinder betreut, Wäsche gewaschen, Haare geflochten und für alle gekocht werden. Unser Vater, ein herzensguter Mensch, war nach dem Tode unserer Mutter überfordert, deshalb sah er sich wieder nach einer Frau um. Er heiratete eine Witwe mit drei Kindern, und eines wurde noch in der Ehe geboren. Vaters zweite Frau war, wie alle Mütter, auf den Vorteil ihrer eigenen Kinder bedacht, und darunter litten wir. Für die Stiefmutter war es sicher auch nicht leicht, dreizehn Kinder zu betreuen.

Einmal saßen wir alle beim Frühstück. Wie immer schnitt sie jedem ein Stück Wurst oder manchmal ein Stück Käse ab, und wie jedesmal waren die Stücke ihrer Kinder groß und unsere wesentlich kleiner. Deine Tante, damals dreijährig, gab keine Ruhe.

„Ich will auch ein großes Stück. Wieso bekomme ich immer ein kleines? Ich will auch ein großes Stück. Auch so eines wie Dori!"

Wütend sagte die Stiefmutter: „Da hast du auch ein großes Stück." Sie holte aus und ließ den dicken Knauf des großes Messers, das sie gerade in der Hand hielt, mit voller Wucht auf den Kopf des Kindes niedersausen.

Eva fiel unter den Tisch und blieb darunter bewußtlos liegen.

Deine Mutter, sie war damals etwa 15 Jahre, lief hinaus in den Stall, wo unser Vater gerade die Pferde anschirrte und schrie in Panik: „Vater, die Mama hat die Eva erschlagen. Sie hat sie erschlagen. Die Eva ist tot. Sie hat sie erschlagen!" Angstvoll stürmte der Vater in das Zimmer, wo sein Kind noch immer ohne Besinnung lag. Der Vater hob sein schmächtiges, bleiches Mädchen auf, legte es auf das Bett und versuchte, es mit kalten Umschlägen wieder zum Leben zu erwecken, was ihm schließlich auch gelang. In den folgenden Tagen weinte Eva oft, denn sie hatte offensichtlich starke Schmerzen. Eine Woche nach dem Hieb auf den Kopf der Kleinen untersuchte die Stiefmutter die Verletzung, und was sie sah, ließ sie erschauern. Die Wunde hatte sich entzündet und war voller Würmer. Sie spitzte kleine Holzstäbchen an und fischte jeden einzelnen Wurm heraus, danach reinigte sie den Eiterherd mit Alkohol. Eva jammerte und schrie vor Schmerzen, doch sie mußte die schreckliche Prozedur über sich ergehen lassen. Langsam heilte die verletzte Stelle zu.

Wenn unser Vater die Mutter manchmal rügte, dann sprach sie vierzehn Tage nicht mit ihm. Oft saß er am Abend mit aufgestützten Armen am Tisch, die Hände schützend vor sein Gesicht haltend, über die Bibel gebeugt, damit man glauben sollte, er lese darin. Aber wir Kinder haben gesehen, wie die Tränen an den Innenseiten seiner Arme herunterliefen.

Meine Schwestern, Sofie, deine Mutter, Susanna und Magdalena mußten in die Stadt und als Dienstmädchen arbeiten. Am letzten des Monats kam die Stiefmutter und kassierte das ganze Geld. Nichts blieb den jungen Mädchen, kein einziger Dinar. Oft wurden sie von ihren Dienstgebern schlecht behandelt, mußten viel erdulden und hatten niemanden, bei dem sie sich ausweinen konnten.

Susanna, neunzehnjährig, verliebte sich in Heinrich, einen feschen, reichen Bauernsohn, der sie auch liebte und heiraten wollte. Ich habe immer die Liebesbriefe überbracht und diente als Kurier.

Doch das gönnte die Stiefmutter meiner Schwester nicht, sie intrigierte, und der junge Mann wurde von seinen Eltern gezwungen, eine andere zu ehelichen. Der Abschied der beiden Liebenden war sehr ergreifend. Sie spazierten mit einer Gruppe junger Leute durch den Ort. Plötzlich begann Heinrich mit leiser Stimme wehmutsvoll zu singen.

‚Die hohen, hohen Berge, das tiefe, tiefe Tal, da seh ich mein Schatzerl zum allerletzten Mal.'

Bald darauf heiratete er, und Susanna wurde in den Dienst nach Belgrad geschickt, wo sie später einen Serben heiratete und ihm einen Sohn gebar."

„Ja, ich erinnere mich gut an Onkel Radko. Er fuhr einen großen Weintanker. Damals, 1963, haben wir in Deutschland, in Wernau am Neckar, gewohnt. Eines Tages kam ein dunkelhäutiger, schnauzbärtiger, dicker Jugoslawe zu uns. Es war Tante Susannas Mann. Ich mochte ihn gut leiden, und der süffige Wein, den er uns mitgebracht hatte, mundete vorzüglich. Damals war ich ein junges Mädchen und habe kaum Wein getrunken. Heute, da ich schon jahrelang in der Nähe von Krems lebe, weiß ich einen guten Tropfen zu schätzen."

Bato, Onkel Radkos Sohn, verlor 1992, fünfzigjährig, seine Arbeit, weil er deutscher Abstammung ist und Deutschland für das Embargo gegen Serbien stimmte.

„Wird Zeit, daß endlich Frieden im ehemaligen Jugoslawien einzieht", sagte die Nichte.

„Laß dir jetzt die Geschichte weitererzählen", wurde sie von der Tante unterbrochen. „Einige Zeit später, nachdem sich meine Schwester Susanna und Heinrich für immer getrennt hatten, sind deine Mutter und ich – damals war sie neunzehn und ich fünfzehn Jahre alt – zu Verwandten nach Betschmen, die Bauernhöfe hatten, in den Dienst geschickt worden. Als ich bei meinem eigenen Cousin anklopfte, der mit seinem Vater am Tisch saß und sie mich in Augenschein genommen hatten, sagte sein Vater: ‚Schick sie nach Dugopolje zurück, die hat doch die Schwindsucht, die steckt noch deine eigenen Kinder an. Die kann doch nichts leisten, die ist so mager, die ist sicher lungenkrank!'

,Vater, wo soll denn die Barbara hin? Sie ist doch arm wie eine Kirchenmaus, sie wird sich schon erholen. Sie bleibt, und damit basta. Es ist mein Hof, und ich habe zu entscheiden.'

Den ganzen Tag mußte ich arbeiten, und am Abend strickte ich. Doch trotz der vielen Arbeit blühte ich in den folgenden Wochen auf, nahm zu, die Haut wurde rosig, die Haare glänzten. Wenn ich mit deiner Mutter Sonntagnachmittag, wenn wir beide frei hatten, durch Betschmen spazierte, dann zogen wir die Blicke der Burschen auf uns, denn wir waren hübsche Mädchen. Meistens gingen wir mit den jungen Leuten im Wald spazieren, dort waren wir nicht so den Blicken der Dorfbewohner ausgesetzt. Ein besonders beliebter Treffpunkt war der „Besdan", ein Ziehbrunnen, von dem die Einwohner das Trinkwasser holten, denn das Wasser der eigenen Brunnen war für Menschen ungenießbar. Dort wurde getratscht und geratscht, verliebte Blicke geworfen, angebandelt, Tagesthemen diskutiert und dergleichen mehr.

Im Herbst, wenn die Felder abgeerntet waren und weniger zu tun war, gingen die jungen Leute am späten Sonntagnachmittag in das Gasthaus tanzen.

In Betschmen herrschten strenge Sitten. Die Mütter der anwesenden Mädchen saßen ringsum im Tanzsaal auf Bänken und beobachteten ihre Töchter.

Diese standen, wenn sie nicht tanzten, eingehängt in einem Halbkreis. Es wurde als Schwäche, ja, sogar als Schande angesehen, wenn sich ein Mädchen im Laufe des Abends hinsetzte. Die meisten trugen die Betschmener Tracht, die aus gestärkten, frischgebügelten Faltenröcken und einer langärmeligen Miederbluse bestand, die geflochtenen langen Zöpfe hatten sie kranzförmig aufgesteckt.

Die Burschen des Ortes saßen in der „Saufstube", doch sobald die Musik einsetzte, stürmten sie in den Saal, um das schönste Mädchen zu ergattern.

Wenn ein „Mädche" einen Jungen besonders gerne hatte, ging sie ihm einige Schritte entgegen. Dann wußte die Mutter genau, für wen sich ihre Tochter interessierte. Deine Mutter und ich wurden immer zum Tanz geholt, die Burschen rissen sich um uns. Weil wir gute Stimmen hatten, haben wir oft mit der Musikkapelle gesungen, deshalb hatten wir unter den einheimischen Mädchen auch einige Neiderinnen.

Jakob, ein fescher zwanzigjähriger Bursche, der ein Jahr älter war als ich, holte mich oft zum Tanzen. Ich mochte ihn gut leiden.

Eines Tages stand ich im Gang des Bauernhofes und sah hinaus. Jakob stand vor der Gartentür und sah mich unverwandt an. Ab diesem Zeitpunkt war ich sehr verliebt in ihn und er in mich. Eine schöne Zeit der Heimlichkeiten, der ersten, zarten Liebe begann, bis er mich schließlich bat, seine Frau zu werden.

Seine Eltern hatten einen Bauernhof, aber sie waren nicht reich. Nach unserer Hochzeit haben wir in einem einzigen Zimmer gewohnt, doch wir waren unsagbar glücklich, denn wir liebten einander sehr.

Jeden Dinar haben wir gespart, bis wir uns ein Haus bauen konnten. Von meinem Vater bekam ich eine Kuh als Mitgift. Sie war trächtig und hat dann ein Kalb geworfen. Reich an irdischen Gütern waren wir nicht, aber sehr glücklich.

Deine Mutter hat, wie du ja weißt, den ältesten Sohn des Bürgermeisters geheiratet. Aber sie mußte hart arbeiten, und ihr Schwiegervater ließ sie spüren, daß sie außer ihrer Schönheit und Arbeitskraft nichts in die Ehe eingebracht hatte. Bei ihm zählten nicht die inneren Werte, sondern wieviel Joch Felder man sein Eigen nannte.

Am 5. Oktober 1944 wurden alle Deutschstämmigen von der deutschen Wehrmacht aus Betschmen evakuiert. Mit Pferd und Wagen, vollbeladen mit dem Nötigsten, begann die lange, entbehrungsreiche Flucht. Vier kleine Kinder hatte ich damals, die hungrig waren, und es gab fast nichts zu essen.

Doch der Herrgott hatte schützend die Hand über uns gehalten und wir gelangten – abgemagert und verschmutzt – schließlich nach Österreich, wo wir Aufnahme in einem Flüchtlingslager fanden. Langsam ging es aufwärts, mein Mann Jakob arbeitete im Linzer Hafen, und unsere Jüngste wurde geboren."

„Ich kann mich noch gut daran erinnern, wie Onkel Jakob 1955 im Linzer Hafen tödlich verunglückte. Wir waren damals entsetzt über den gräßlichen Unfall. Du warst mit deinen fünf Kindern allein, und das Ende einer großen Liebe war gekommen. Möchtest du darüber reden, Tante?"

Die alte Dame schüttelte nur den Kopf, und die Tränen liefen ihre Wangen hinab.

Es tröpfelte noch ein wenig, und die ersten Sonnenstrahlen suchten ihren Weg durch das Grau des Himmels, als Susanne das Haus verließ. Ein junges österreichisches Brautpaar war gerade dabei, die vielen Geschenke und Blumen aus dem Auto in das Haus zu tragen.

Der Frischling

Wenn jemand heitere Gedichte fabrizieren kann, ist er bei Geburtstags-, Muttertags-, Sport-, Hochzeits- und sonstigen Feiern ein gerngesehener Gast und Unterhalter. Der Qualität der Vorträge wird wenig Aufmerksamkeit geschenkt, da die meisten Gäste, schon angeheitert, nichts von höherer Dichtkunst verstehen und sie außerdem für pure Zeitverschwendung halten.

Man ist zuweilen gewillt, dem Verseschmied für seinen besonders erheiternden Vortrag ein Honorar in Form von Mineralwasser, Wein, Sekt oder Speisen zu spendieren. Geldzuwendungen werden nur fallweise und in niedrigem Ausmaß gegeben. Die gängigste Art des Dankes ist der feuchte, bazillenverseuchte Händedruck.

Wenn der Wortkundige seinen Verwandten, Bekannten und sich ins Fäustchen lachenden Freunden Glauben schenkt, welch großes Talent er doch sei, und daß die Verlage und der Rundfunk nur darauf warten, seine besonderen Werke einer großen Öffentlichkeit zu präsentieren. Man werde, dessen könne er gewiß sein, seine Geistesprodukte in Form eines Buches freudig kaufen. Wenn er allen diesen hintergründigen Beteuerungen anheimfällt, außerdem noch über genug Geltungsdrang, Mitteilungsbedürfnis verfügt und ein von seiner außergewöhnlichen Berufung Überzeugter ist, dann begibt er sich auf einen langen, dornigen Weg, der gepflastert ist mit Unverständnis, Enttäuschungen und Selbstmitleid.

Hat der Schreibfreudige keine höhere Schulbildung genossen, so ist ihm dringend eine Verbindung mit einem Deutschprofessor anzuraten. Sei es als Freund, Freundin oder Ehegespons. Er erspart sich viele Arbeitsstunden, Blamagen und einen teuren Lektor. Falls keine geeignete Person dieser Art vorhanden ist, kann in Schriftstellerseminaren Zuflucht gesucht werden, doch diese sind nicht so effizient.

Liest der so präparierte Wortmaler das erste Mal vor ein paar Autoren und größtenteils leeren Stühlen, klopft sein Herz zum Zerspringen.

Sein Darm redet laut mit, und die intensive Rötung seines Gesichtes deutet nicht etwa auf regen Alkoholkonsum hin.

Von der Einmaligkeit seiner Wortklaubereien überzeugt, hebt er erwartungsvoll den Blick und sinkt zerschmettert unter den kritischen Worten zusammen: „Nun, ja, damit werden Sie wohl keinen Erfolg haben. Über das Hobbydichten geht es nicht hinaus. Die Reime sind so gesucht. Wenn Sie schon das Reimen nicht lassen können, dann muß aber das Versmaß unbedingt stimmen. Wichtig wäre es schon, wenn Sie wüßten, was ein Versmaß ist. Außerdem haben Sie viel zu viele Allgemeinplätze in Ihren Texten. Das haben schon Tausende vor Ihnen geschrieben. Sie bringen nichts Neues. Wortakrobatik ist gefragt. Lassen Sie sich über Gewalt, schmutzigen Sex aus und experimentieren Sie. Ja, Experimente kommen immer an.

Wie die eines in Niederösterreich lebenden bildenden Künstlers, der darin ein wahrer Meister ist. Ihm ist es gelungen, seine Werke als Kunst zu verkaufen. Mit Entblößung und Blut schafft man spielend den großen Sprung an die Öffentlichkeit und gelangt zu Popularität. Da ist wahres Talent reine Verschwendung.

Natürlich ist das auch im Literaturbetrieb möglich. Gebrauchen Sie Worte wie „Babyficker" und dergleichen mehr. Warum schimpfen Sie nicht über ihr eigenes Land, oder bewerfen das Publikum mit unflätigen Bemerkungen?

Diskussionsteilnehmer, die Ihr Werk kritisieren wollen, bedenken Sie am besten mit Fäkalausdrücken und fordern sie auf, sich ihre Kritik sonstwohin zu stecken, dann werden sich die Medien gerne Ihrer annehmen. Sie werden danach auch jenen kein Unbekannter mehr sein, die bisher noch nie ein Buch gelesen haben. Wenn Sie sich derartig auffällig verhalten, Ihren Text verschlüsseln, bis Sie ihn selbst nicht mehr verstehen, werden Sie früher oder später mit einem Literaturpreis bedacht.

Selbstverständlich ist dafür eine gute Freundschaft mit mehreren Juroren Bedingung. Falls sich die Jury aus Personen zusammensetzt, die Ihnen kritisch gegenüberstehen, mit Ihnen zerstritten sind oder denen Ihre Nase nicht gefällt, werden Sie niemals preisgekrönt.

Außer, Sie beteiligen sich an einem anonym ausgeschriebenen Literaturwettbewerb.

Einen allerletzten Rat gebe ich Ihnen noch auf den Weg: Behelligen Sie nicht andere mit Ihren Ergüssen. Schreiben Sie, weil es Ihnen Vergnügen bereitet, weil Sie sich dabei alles von der Seele schreiben können, für die Schublade oder für den Papierkorb. Sie ersparen sich viele Kränkungen, graue Haare und einen Psychotherapeuten."

Läßt sich der Wortfindige auch durch derartige Reden nicht abschrecken, da er unbedingt seinen Wortsalat in Form eines eigenen Buches in Händen halten möchte, wird er selten ein sauberes, noch seltener ein fehlerfreies Manuskript verfassen und dieses an zumindest vierzig Verlage schicken, die ihm nach geraumer Zeit einen ablehnenden Bescheid zukommen lassen werden. Als letzte Möglichkeit, seine Werke veröffentlicht zu sehen, entwende er heimlich die Sparbücher seiner Kinder oder seines Partners und lasse sein Werk im Eigenverlag publizieren.

Zweihundert Exemplare sind durch besonderes kaufmännisches Geschick an den Mann/die Frau zu bringen, die restlichen dreihundert verbleiben ihm zum Ausrichten schief stehender Möbel.

Kann der Wortverbreiter sich eines Hochschulstudiums rühmen, ist die Aufnahme in die Literaturliga wesentlich vereinfacht, da Österreich das Land der Akademiker ist und wir gerne vor jenen buckeln. Selbst diesen besonders Bevorzugten bleibt es jedoch nicht erspart, ihre Geistesprodukte an verschiedene Literaturzeitschriften und Verlage zu senden.

Es sei allen Neulingen immense Geduld zu wünschen, denn sie werden viele Meinungen, Interpretationen, Kritiken und Ablehnungen über ihre Sprachschöpfungen in Kauf nehmen müssen.

Doch auch auf einen begnadeten, phantasiebegabten, mit subtilem Humor ausgestatteten, sprachgewandten, fleißigen Frischling wird man irgendwann aufmerksam werden – und sei es erst nach seinem Tod.

Im Lager Haid

Fährt man auf der Westautobahn (aus der Richtung Wien kommend, durch Oberösterreich nach Salzburg) an Linz vorbei, dann ist die nächste Ausfahrt Traun. Direkt neben der Autobahn befindet sich die Ortschaft Haid. Sie besteht aus drei Orten: Haid, Rappeswinkl und einem Teil des Dorfes Hasenufer. Im Norden wird Haid von der Traun, im Süden von der Autobahn, im Osten von der Krems und im Westen durch den Sipbach begrenzt.

Im Jahr 1941 wurde in Haid auf dem steinigen Boden ein großes Barackenlager errichtet, in dem etwa 6000 ausländische Arbeiter und Kriegsgefangene, zumeist Italiener und Franzosen, untergebracht waren, die am Autobahndamm arbeiteten.

Nach dem Zweiten Weltkrieg waren dort 8000 Angehörige der Waffen-SS inhaftiert, zumeist südostdeutsche junge Burschen und Männer, die zum Dienst in der Waffen-SS gezwungen worden waren und ihre Freiheit herbeisehnten. Nach deren Abtransport lebten 3000 Juden aus Polen und anderen Ostländern in diesen Notunterkünften.

Als diese im Jahr 1946 abzogen, quartierte man im Herbst des gleichen Jahres deutschstämmige Heimatvertriebene aus Jugoslawien, Rumänien, der Bukowina, Ungarn, der ČSSR und Rußland ein. Im Dezember des Jahres 1946 kam die Familie S. mit fünf Töchtern und einem Sohn bei minus 25 Grad in das Lager. Das älteste Kind der Familie war vierzehn Jahre und das jüngste etwa drei Jahre alt.

4600 Menschen – aus ihrer Heimat Vertriebene – bevölkerten diese Notunterkünfte. Die Baracken waren in einem fürchterlichen Zustand. Die meisten Fenster waren eingeschlagen, Teile der Fußböden herausgerissen, viele Mittelwände fehlten, und die Räume waren arg verschmutzt.

Familie S. bekam zwei Zimmer zugewiesen. Der Vater, der als Bauer hartes Arbeiten gewohnt war, holte aus leerstehenden Baracken intakte Fenster, hängte sie ein, besorgte Bretter und reparierte damit den Fußboden. Danach begann die große Reinigungsaktion, an der sich alle weiblichen Familienmitglieder beteiligten. Mit Bürsten und Seifenwasser wurde jeder Zentimeter des Bodens, der Wände und der Decke bearbeitet, bis sich endlich Sauberkeit breitmachte.

In diesem ersten Winter froren alle entsetzlich. Der eisige Wind pfiff durch die dünnen Bretterwände und machte das Leben zur Hölle. Als kein Brennholz mehr vorhanden war, zerkleinerten die Männer die meterhohen Masten des Stacheldrahtzaunes, der rund um das Lager angebracht war, und fütterten damit die kleinen eisernen Öfen. Als auch der letzte Mast gefallen war, rissen sie die leerstehenden Baracken nieder und schleppten das Holz in ihre Notunterkünfte. Um die Flüchtlinge nicht erfrieren zu lassen, bekamen sie von der Gemeinde Ansfelden geschlägertes Holz zugeteilt, das im Auwald lagerte.

Am schlimmsten erging es alleinstehenden Frauen und deren Kinder, die nicht nur den Tod ihrer Männer und Väter zu verkraften hatten, die Opfer dieses sinnlosen Krieges geworden waren. So wurden zwanzig Personen und mehr in einem großen Raum zusammengepfercht. Auf engstem Raum mußten sie in diesen menschenunwürdigen Verhältnissen leben. Mit aufgehängten Decken, Papier und Kartons versuchten sie, sich vor den Blicken der anderen zu schützen und sich auf diese Weise etwas Intimsphäre zu schaffen. Da in diesen Baracken auch Alte und Invalide wohnten, wurde dieses Areal das Jammertal genannt. Das ganze Lager war ein einziges Provisorium.

Das tägliche Brot erhielten sie von der Lagerküche. In der einen Hand die Lebensmittelkarte, in der anderen eine leere Konservendose, so wartete eine lange Elendsschlange in der eisigen Kälte, Kinder, Greise, dicht vermummt, nahmen dankend etwas Suppe oder Eintopf entgegen. Satt werden konnte man davon nicht, aber überleben.

Offiziell hieß das Lager Wohnsiedlung Haid 121. Es unterstand der Oberösterreichischen Landesregierung, die alles tat, um die Not der Heimatvertriebenen zu lindern. Obwohl das österreichische Volk auch hungerte und da alles bis auf das letzte Gramm rationiert war, teilte es das Wenige mit den Ärmsten.

Nach und nach wurden die Behausungen instand gesetzt: Mittelwände eingebaut, Fußböden repariert, die Räume mit Weichholzfaserplatten verkleidet, die Dächer abgedichtet und mit Teerpappe belegt.

Doch jedes Martyrium erfährt irgendwann eine Linderung. Als im Frühjahr die heißersehnten wärmenden Sonnenstrahlen die starr gefrorene Erde langsam auftaute, sich zartes Blättergrün zeigte, der Löwenzahn mit seinem strahlenden Gelb die Trostlosigkeit erhellte und gleichzeitig als Vitaminspender diente, atmeten die Menschen befreit auf. Hoffnung auf ein besseres Dasein keimte in ihnen.

Die meisten Kinder waren unterernährt und viele lungenkrank.

Auch bei Susanne und ihrer nur um zwei Jahre älteren Tante Margarete wurden in der Krankenstation Schatten auf der Lunge festgestellt. Daraufhin bekamen sie von den Amerikanern etwas Butter, Trockenmilch und Eipulver zugeteilt.

Susanne schluckte brav den schleimigen Tran des Walfisches, obwohl ihr davor graute, und wurde wieder gesund. Margaretes Zustand verschlechterte sich immer mehr, deshalb brachte man sie in die Lungenheilstätte Thalheim bei St. Georgen, wo man alle Tbc-Kranken aus dem Flüchtlingslager gesundpflegte. Nach mehr als drei Monaten kam das Mädchen geheilt in das Lager zurück und erzählte ihrer Kusine ausführlich, wie schrecklich die Behandlung gewesen sei. Man habe ihr mit einer langen und dicken Nadel in die Lunge gestochen. Je öfter sie die Geschichte erzählte, umso dicker und länger wurde die Nadel.

„Hör endlich auf, ich kann das nicht mehr hören!" schrie Susanne und rannte davon.

Karl S. und seine Frau Sofie begannen, die brachliegende Erde zwischen den Baracken umzugraben. Die Kinder klaubten Steine und trugen sie weg. Dann wurde der gutgehütete Samen der alten Heimat ausgesät.

Schon bald gediehen Karotten, Petersilie, riesige Tomatenstauden mit großen, fleischigen Früchten, Knoblauch und Kürbisse bereicherten den kargen Speisezettel ungemein. Aber auch Blumen blühten und wiegten sich im Wind. Sie boten einen herrlichen Anblick und verdrängten das Grau der Tage. Jedes unbebaute Fleckchen wurde von Susannes Mutter in Beschlag genommen, denn manche der Heimatlosen rissen sich nicht darum und ließen es brachliegen. Aber als sie die reiche Frucht sahen, wurde so mancher neidisch.

Die Lehrer Gustav Müller und Michael Leisch erhielten die Erlaubnis, im Lager eine Schule zu installieren und zu leiten. Eine leere Steinbaracke wartete auf 320 Schüler. Die Eltern der Lernwilligen zimmerten aus einfachen Brettern Tische und Bänke. Die Kinder suchten Holz, brachten es mit in die Schule, warfen es in die kleinen eisernen Öfen und konnten damit die Kälte auf ein erträgliches Maß reduzieren.

Im Herbst, als die Erntezeit nahte, versammelten sich auf der breiten Straße, die durch das Lager führte, zeitig in der Früh Arbeitswillige und warteten auf die Bauern, die mit ihren Traktoren und Anhängern in das Lager kamen, um nach Hilfskräften Ausschau zu halten. Sie bezahlten nicht viel für das Einsammeln der Kartoffeln, das Ernten und Aufladen der Futter- und Zuckerrüben.

Einmal, vor Tagesanbruch, lagen der Vater, die Mutter, Susanne, drei ihrer älteren Geschwister und ein paar Nachbarn wieder auf der Lauer, warteten auf die Landwirte, weil sie schon des öfteren zu spät gekommen waren. Doch an diesem Morgen waren sie die ersten.

Schon von weitem hörten sie das Tuckern eines Traktors, doch im Grau des nebligen Morgens wäre der Bauer fast an der wartenden Gruppe vorbeigefahren. Alle freuten sich unbändig, als er versicherte, er würde aller Kräfte bedürfen. Sie kauerten frierend auf dem Anhänger, der durch das dunkle, nebelverschleierte Land fuhr. Bis spät abends werkten sie fleißig auf dem Kartoffelacker. Susannes Rücken schmerzte, die Füße waren eiskalt in den durchlöcherten Schuhen, und ihre schmutzigen, bläulich verfärbten Hände konnte sie kaum noch bewegen. Nicht anders erging es den anderen.

Im Dunkeln erreichten sie die Siedlung, krochen müde, wie gerädert, vom Anhänger.

„Wann bekommen wir unser Geld?" fragte einer und streckte seine Hand dem Bauern entgegen.

„Heute bekommt ihr es noch nicht, weil ich euch morgen wieder brauchen werde. Ich hole euch am fünf Uhr in der Früh an der gleichen Stelle wieder ab", erwiderte er und startete sein Fuhrwerk. Enttäuscht, keinen Lohn erhalten zu haben, zerstreute sich die kleine Gruppe.

Mehrere Tage warteten sie jeden Morgen um fünf Uhr an der gleichen Stelle, aber der geizige Bauer ward nie wieder gesehen. Er hatte zwanzig arme

Mitbürger um ihren gerechten Lohn betrogen. Und da es an diesem denkwürdigen Tag sehr neblig gewesen war, konnte keiner den Hof des Ausbeuters ausfindig machen.

Die Geschichte des Betrugs machte im Lager schnell die Runde, woraufhin jeder nach getaner Arbeit sein Geld von dem Landwirt verlangte, bevor er in die Siedlung zurückgebracht wurde.

Als Herr S. Arbeit in einem großen Alteisenlager bekam, ging es langsam aufwärts. In den folgenden Jahren baute er Ställe, fütterte Hühner und Schweine. Auch die Mutter hatte eine Beschäftigung als Arbeiterin in einer Firma erhalten. Doch nach kurzer Zeit sagte der Vorarbeiter: „Frau S., ich bedauere es sehr, weil sie sehr fleißig und zuverlässig gearbeitet haben, aber ich habe die Weisung erhalten, Sie zu entlassen, weil eine Österreicherin diese Arbeit benötigt. Es tut mir aufrichtig leid, denn ich kenne Ihre Situation, weiß, daß Sie alles verloren haben. Aber ich muß meine Anweisungen befolgen."

Mit Tränen in den Augen verabschiedete sich die Staatenlose von ihren Kolleginnen und ging traurig nach Hause. Doch auch das tiefste Leid birgt in sich gewisse Lichtpunkte. Die Kinder mußten nicht mehr die Schweine füttern, waschen und kochen. Sie hatten nun etwas mehr Zeit für die Hausaufgaben und zum Herumtollen.

Wenn ein Schwein geschlachtet wurde, lief Tochter Susanne in das Schlafzimmer, kroch unter die Decke und hielt sich die Ohren zu. Später, nachdem die Todesschreie verklungen waren, wagte sie sich wieder heraus.

„Wo warst du? Komm, nimm ein Messer und schneide Fettwürfel, damit wir sie auslassen können!" Der Vater reichte ihr ein scharfes Schneidinstrument, und schon mußte sie kräftig mithelfen. Mit Paprika, Pfeffer und Knoblauch gewürzte Bratwürste wurden hergestellt. Die Leberwürste wurden in der Wurstsuppe gekocht, deren herrlicher Duft viele Nachbarn anlockte.

Sie kamen mit der Milchkanne, und Frau S. gab ihnen eine Kostprobe davon. Schinken und Speck wurden zu einem Bauern gebracht, der sie für ein Entgelt räucherte und sich immer eine Wurstprobe erbat. Er sagte, er habe noch nie so gut gewürzte, wunderbar schmeckende Leber- und Bratwürste gegessen, und auch der Schwartenmagen sei einsame Klasse. Wenn ein Nachbar ein Schlachtfest hatte, dann wurde Susanne um Wurstsuppe ausgeschickt. Auch das Milchholen oblag ihr.

Wenn die Felder abgeerntet waren, gingen die Kinder auf Ährensuche. Langsam, jedoch stetig, füllte sich ein großer Sack, denn alle waren mit Feuereifer darum bemüht, möglichst viele Ähren zu finden. In der nahen Mühle bekamen sie Mehl dafür, und die Mutter backte davon einen guten Kuchen.

Susanne und ihre Geschwister hoben alles auf, was ihnen irgendwie von Wert erschien. Sie sammelten Alteisen und brachten es zu einem Händler. Für das Geld kauften sie der Mutter zum Muttertag hölzerne Wäscheklammern, über die sie sich sehr freute. Wilder Knoblauch wurde ausgestochen und an die pharmazeutische Industrie verkauft, Himbeeren, Brombeeren und wilde Erdbeeren gepflückt und daraus herrliche Marmeladen gekocht.

Die Caritas richtete eine Nähstube ein. Frauen und Mädchen konnten unter Anleitung erfahrener Schneiderinnen nähen lernen.

Als die Nähstube von Schweden betreut wurde, gab es fast jeden Tag ein Fischgericht. Die Fischnockerln aß Susanne nur ungern.

Die Nächstenliebe hatten die Lagerbewohner hautnah erlebt, denn sie bekamen Care-Pakete, Lebensmittelspenden der UNICEF, gebrauchte Kleider und Schuhe.

Im Jahre 1947 brachten die Pfarrer Paul Wagner und Benedikt Helmlinger auf einem Handwagerl eine Lourdes-Muttergottesstatue und ein zwei Meter hohes Kreuz aus dem Pfarrhaus Ansfelden, wo aus der abgerissenen St. Peterskirche aus Linz kirchliche Utensilien eingestellt waren, und errichteten die erste Seelsorgestelle, die der Pfarrei Ansfelden angeschlossen war.

Schon im Jahre 1948 feierten die jungen Burschen und Mädchen das erste Kirchweihfest, das von einer Festmesse eingeleitet wurde. Volkstänze und Volkslieder erfreuten jung und alt.

Beim Bau des neuen Schulgebäudes im Jahre 1949 halfen amerikanische Studenten kostenlos. Sie verzichteten auf ihre Ferien und arbeiteten sehr fleißig. Susanne verbrachte viel Zeit mit ihnen.

Die jungen Amerikaner vermittelten ihr ihre ersten Englischkenntnisse, gaben ihr oft etwas zu essen, Kaugummi und Schokolade. Besonders angetan war die Kleine von Mary. Sie bewunderte ihr schönes, langes, schwarzgelocktes Haar, ihre wohlklingende Stimme und ihr liebes Lächeln. Als die Abreise nahte, war Susanne sehr traurig und weinte. Mary nahm sie tröstend in die Arme, liebkoste sie und versprach ihr zu schreiben und an sie zu denken.

Auch kulturelle Aktivitäten wurden gesetzt. Am 26. Mai 1949 fand der erste Dichter- und Konzertabend statt, der eine Reihe derartiger Veranstaltungen auslöste. Kirchenchöre, Laienspielgruppen wurden gebildet, sowohl in der katholischen Kirche als auch in der evangelischen. Ein Volksliederchor veranstaltete Singspiele.

Brücken zu österreichischen Künstlern wurden geschlagen. Hans Wolfram Hockl schrieb das Bühnenstück „Lagermenschen" und ein heiteres Mundartwerk. Sie wurden sowohl im Lager als auch in anderen Orten und sogar in Deutschland und Amerika aufgeführt.

Eines Tages kam das kleine Mädchen von der Schule nach Hause. Ihre Mutter empfing sie mit einem vielsagenden Lächeln und sagte: „Susanne, du hast heute ein Paket bekommen. Schau, hier steht dein Name!"

Begierig öffnete das Kind die Schachtel. Lauter gute Sachen kamen zum Vorschein: Dosenwurst, Kekse, Milchpulver und andere eßbare Dinge.

Die Geschwister umringten das Mädchen und bestaunten alles ausgiebig. Plötzlich schrie das Kind laut vor Freude. „Mama, Mama, schau wie schön, wie wunderschön!"

Ein zauberhaftes, rosarotes Kleid mit blauen Tupfen und einem Petticoat hielt Susanne in den Händen. Schnell zog sie ihr Kleid aus, behende schlüpfte sie in das phantastische Gewand, tanzte und hüpfte vor Freude in der Stube umher.

„Da ist ja noch etwas für dich!" Mama hielt ein paar ganz neue rote Lackschuhe in der Hand. Überglücklich, probierte das kleine Fräulein die Schuhe, und sie paßten wie angegossen.

„Mary denkt an mich, sie hat mich nicht vergessen." Singend tänzelte Susanne durch die zwei Zimmer, welche die Familie bewohnte, warf sich auf das Bett, das sie mit ihrer jüngeren Schwester Elsa teilte, und träumte mit offenen Augen.

In dieser Zeit wurde die Liebe zum amerikanischen Volk in ihr Herz gepflanzt, und nichts kann sie erschüttern.

An lauen Abenden saßen Susannes Eltern, Freunde, Nachbarn auf selbstgezimmerten Bänken vor den Baracken, die Kinder lagerten ihnen zu Füßen.

Wenn dann ein Lied angestimmt wurde, die schönen Stimmen ihrer Eltern erklangen, fielen die Geschwister freudig mit ein. Es wurden alte Balladen, Küchen-, Heimat-, Soldaten- und Kirchenlieder gesungen.

Noch heute kann Susanne viele dieser Texte auswendig und denkt gerne an diese Abende zurück. Auch an die Zeit, in der sie der Laienspielgruppe und dem Kinderchor der evangelischen Kirche angehörte, die eine Baracke mit der katholischen teilte. Zwei Konfessionen waren auf engstem Raum zusammen, und eine gute Zusammenarbeit war die Folge.

Am 14. Oktober 1950 sang Susannes Schulklasse dem Bundespräsidenten Dr. Karl Renner, der im Lager weilte, einige Lieder zu seinem 80. Geburtstag.

1952 verließen die ersten Flüchtlinge das Lager. Sie wanderten nach Deutschland, in die Schweiz, nach Argentinien, Australien, Frankreich und Amerika aus. Auch Susannes Großvater kehrte mit seinen Kindern dem Lager den Rücken und ließ sich in Amerika, im Staat New York, nieder, wo er lange Jahre eine große Farm bewirtschaftete.

Jene Lehrer hatten Susanne am liebsten, die sie nicht unterrichten mußten, denn ihr Temperament und ihr vorlautes Mundwerk brachten so manchen Schulmeister zur Verzweiflung. Die anderen meinten, sie wäre doch ein heiteres, liebes, kontaktfreudiges Mädchen, das man gernhaben müsse.

Der Wildfang genoß es, im warmen Sommerregen durch die tiefen Pfützen zu rennen, so daß das Wasser hoch aufspritzte. Das durchnäßte Kleid, die langen Haare, die am Kopf klebten, und die schmutzig gewordenen Füße störten sie nicht.

Wenn sich nach dem Regen ein bunter Bogen über das ganze Land spannte und es verzauberte, dann begann sie zu träumen: Ein schöner Regenbogenprinz würde sie in sein buntes Regenbogenland entführen, ihr schöne Kleider und eine Puppe schenken.

Josef Weinheber
Zum 100sten Geburtstag gewidmet

Ein Loblied deiner Dichtkunst will ich singen,
von Rhythmus, strenger Form, der schönen Reinheit,
ein wahres Ganzes, wunderbare Einheit.
Dein Werk, es bringt die Saiten zum Erklingen.

Ach, könnt' ich einen Teil davon erbringen,
ein Bruchstück nur, ich wär' dazu bereit.
Mein Herz, es sänge laut vor Fröhlichkeit.
Ach, würde mir nur weniges gelingen.

Die strenge Form, das Reimen, heut' indessen
ist „out". Man geht auf vielen neuen Wegen
und ist davon so ganz und gar besessen.

Du, großer Meister, bist mir unvergessen,
dein Werk, es lebt uns allen Trost und Segen.
Unsterblichkeit, die ist dir zugemessen.

Rudolf Hollinger †
Temeswar – Langenau

Foto: Jakob Bohn, Stuttgart

Rudolf Hollinger (Pseudonym: „**Johannes Lennert**") wurde am 13. August 1910 in Temeswar (Banat/Rumänien) geboren. Seine Eltern waren noch Kinder aus schwäbischen Dörfern, woraus für ihn eine dauernde seelische Beziehung erwuchs. Während der Vater seinen Sold in einer galizischen Feldbäckerei verdiente und an die Familie in Großkikinda schickte, besuchte Rudolf dort zwei Klassen der ungarischen Elementarschule. 1918 Rückkehr der Familie nach Temeswar. 1921-29 Besuch des Deutschen Realgymnasiums. 1929-30 Studium der Rechtswissenschaften in Klausenburg; 1930-34 Studium der Germanistik, Anglistik und des Altägyptischen in Wien. Schon 1934 mit einer Arbeit über „Das Eulenspiegelbuch von 1515" zum Dr. phil. promoviert, Doktorvater und Lebensvorbild: Dr. Josef Nadler. Gab 1941-42 die Zeitschrift „Volk und Schule" heraus. 1936-44 Deutschlehrer am Deutschen Realgymnasium Temeswar. Nach einer Unterbrechung durch den Krieg 1956-58 und dann 1962-71 Lehrer an der Universität Temeswar: Deutsche Sprache und Literatur, englische Grammatik. Während der Unterbrechung im Schuldienst entstanden einige dramatische Versuche, dann beanspruchten die Universitätsvorlesungen die schöpferischen Kräfte. Gedichte und kleinere literarische Arbeiten entstanden daneben. 1971 Pension; 1972 Umsiedlung in die BRD, nach Langenau bei Ulm. Hollinger hielt Vorlesungen, Literaturseminare, Textinterpretationen zur Neueren deutschen Literatur; Geschichte der englischen Sprache; vergleichenden Grammatik der germanischen Sprachen; Theorie der Lyrik. Ihm wurde als späte Anerkennung für seine Leistungen in Wissenschaft, Unterricht und Forschung anläßlich seines 50jährigen Promotionsjubiläums das Goldene Doktordiplom der Universität Wien überreicht. Als Lehrer und Erzieher, als Wissenschaftler und Hochschuldozent, als Schriftsteller und Dichter hat Hollinger ein Werk hinterlassen, das weitgehend noch nicht ediert wurde und der Aufarbeitung harrt. Manche Kenner stellen sein Werk in eine Reihe mit dem Nikolaus Lenaus und Adam Müller-Guttenbrunns. Hollinger starb am 7. Januar 1997 in Langenau.

Gedankensplitter aus dem Osten
Aus dem Tagebuch eines Südost-Europäers

Die Bücher, die man im Laufe seines Lebens um sich versammelt, sind gewiß die Werke eines mehr oder weniger verwandten Geistes, eines Geistes, der unabhängig von uns existiert hat. Aber diese Bücher sind voll geistiger Erinnerungen, die aufstehen, wenn wir sie mit dem Blick oder der Hand suchen oder umfangen. Darum kann man sich von ihnen nicht trennen.

*

Es gibt natürlich in unserer glaubenlosen, säkularisierten Zeit keine Heiligen mehr. Was aber die Heiligen ihrer Zeit bedeutet hatten, sind die Künstler heute – oder sie wollten es sein, etwa wie Rilke es war. Die meisten Künstler sind heute Geschäftsleute, tüchtig und enorm gewandt: sie arrangieren einen eleganten Schreibtisch, der Reporter erscheint, dreht einen Film, zu dem der Künstler die Programmrede hält, dann sieht es die Welt – der Mann ist populär. Der echte Künstler aber arbeitet mit wunden Händen an seiner in Frage gestellten Existenz und schreibt die Biographie seines notvollen Herzens.

*

Der Dichter erschafft aus dem Erleben der realen Welt eine dichterisch idealisierte, eine Illusion, die in gleicher Intensität existiert wie der Alltag. Aber aus ihr kommen Impulse, die auf unsere reale Welt zurückwirken und ihr Farbe und Zauber verleihen, die sie nicht hat für Menschen, die mit Dichtung keinen Umgang pflegen. Wir sind doch andauernd mit Erinnerungen aus der Welt der Dichtung umgeben und gesättigt und sehen die reale Welt mit den von der Dichtung gelenkten und auch geschärften Augen.

Warum geben uns die Künstler keinen rechten Aufschluß über ihr Schaffen und den schöpferischen Vorgang? Nur aus dem Grunde, weil das Schaffen in eben demselben Augenblick aussetzt und völlig aufhört, wenn ich dem schöpferischen Akt auflauern will – er vollzieht sich nicht aus heller Bewußtheit, sondern aus einer halbbewußten Getriebenheit: aus innerer, nicht ganz klarer Not.

*

Gerade die Politiker bringen die wenigste Kraft und nie den charakterlichen Mut auf, einen Fehler, der immer große Folgen hat, einzubekennen und ihr Amt niederzulegen, rechtzeitig, ohne daß Tausende von Menschen deswegen büßen müssen.

Dem Diktator kann seine „Idee" so sehr zu einer „fixen Idee" werden, daß er zu deren Gefangenem und schließlich zum Gefangenen seiner eigene Diktatur wird. Er denkt nur an sie, er spricht nur von ihr, alle seine Reden kreisen um diese Idee, und bald verlangt er, daß alle sie teilen. Jeder Einwand wird als Revolte und Aufruhr empfunden; und da jeder Bürger sein Leben liebt, schweigt er, um es zu erhalten. Schweigen scheint bald Zustimmung; und der Diktator wiegt sich in dem Glauben, daß er etwas Höheres sei und von allen Untertanen auch als etwas Höheres geglaubt und verehrt werden müsse.

*

Der Auszug aus dem Paradies ist die bildliche Darstellung jenes einmaligen Vorgangs, durch den aus dem Tier der Mensch wurde: so lange er Tier war, lebte er als ein Teil der Natur, doch daß er Gott erkannte, machte ihn sündig und zum Menschen.
 Die Menschwerdung ist Auszug aus dem Paradies.

*

Jedes Volk hat Vorzüge und Mängel, doch man sollte in sich immer nur die Vorzüge pflegen, die das eigene Volk auszeichnen. Ein solches Bemühen allein beweist echten Nationalismus.

*

Theisten wie Atheisten verstehen Christi Lehre falsch: er wollte keine Kirche, die „Gerechte" im Himmel belohnt und „Ungerechte" in die Hölle verdammt, sondern eine Gemeinschaft von Edlen, die einander in Liebe und Ehrfurcht begegnen und so eine gesellschaftliche Ordnung schaffen, wie sie als Wunsch die Menschen seit je erahnt, erwünscht und erkämpft haben.

*

China strebt einen idealen Kommunismus an. Theoretisch ist er möglich, wenn alle Individuen gleich und vom gleichen Willen beseelt sind, für die Gemeinschaft ihr Bestes zu leisten. Man kann die Faulen selbst zum Fleiß zwingen. Aber *Eines* kann man nicht: Begabte und Unbegabte, Fähige und Unfähige gleichsetzen. Denn Begabung verlangt nach Förderung und ist steigerungsfähig, sie überflügelt die Unbegabten, ohne Schule, als ein natürlicher Vorgang. Und die Dummen bleiben zurück. Schon tritt Differenzierung, der Feind des konsequenten Kommunismus, ein. Es heißt: Jeder auf seinen Platz. Doch diese Parole führt schon zu einer sozialen Hierarchie, erzeugt eine neue Aristokratie, was doch der Idee der kommunistischen Gesellschaft widerspricht.

Der Kommunismus will etwas, was widernatürlich ist, weil selbst ein Wald, dessen Bäume zur gleichen Zeit gepflanzt wurden, sich allmählich individualisiert.

*

Im Krieg sterben immer jene, die nicht sterben *dürfen* – unschuldige junge Menschen, die Lieblinge der Natur –, und es sterben nicht, die sterben sollten – jene politischen Falschmünzer, die den Krieg anzetteln.

*

Alles Unglück der Menschheit rührt daher, daß sie nicht mehr an ihrer Glaubenskraft festhält. Man muß an etwas glauben und diesem Größe andichten, auch wenn diese Größe ohne innere Wahrheit ist; dann geht es, dann hat man Kraft, Berge zu versetzen.
    Mich hält nur eines: der Drang zu schaffen; warum, das weiß ich nicht mehr. Denn es braucht doch niemand mein Werk. Mich aber erhält dieses Werk. Vielleicht ist auch dieses sein Sinn.

*

In diesen Augenblicken, da der Mensch nicht um die Sicherung seines animalischen Daseins kämpft, spielt er, d. h. er erschafft sich eine Welt des schönen Scheins, in der er sich frei bewegt als Mensch (und nur dann ist er Mensch, denn das Spiel macht seine menschliche Würde aus). In dieser Welt gibt es einen Gott, und alles, was sich in ihr begibt, ist durchleuchtet aus einem metaphysischen Hintergrund. Die Frucht des Spieltriebs des Menschen ist die Kultur. Eine besondere Begabung zum Spiel zeigt der Europäer, und so ist die abendländische Kultur eine einzigartige Erscheinung und Leistung der Menschheit. Der Amerikanismus unsd Bolschewismus sind Bestrebungen, dem Menschen das Spiel zu verleiden und den Trieb zum Spiel zu lähmen. Für sie ist das Leben eine Manifestation, und sie reduzieren die Handlungen des Menschen auf ein paar Funktionen, die lediglich der Erhaltung des animalischen Daseins dienen. Musik verdrängt die Verehrung Gottes und dient zur Erholung der geistigen Kräfte, die das Materielle meistern sollen.

*

Ich bin ein Optimist, ein tätiger, dem es zuvörderst auf das Gutmachen ankommt. Eine gute Tat ist von zäher Lebensdauer und ist wie ein still wirkendes Kapital. Die böse Tat jedoch trägt in sich das Gift, das den Mörder zum Selbstmörder verwandelt. In dieser Auffassung bestärkt mich eine reiche Erfahrung; allein, ich glaube, man ist auch so oder so geartet. Der zum Bösen veranlagte Mensch sieht gar nicht das Böse, das er anderen zufügt. Er bezahlt nur eines Tages die Rechnungen, die ihm ein geduldiger Wirt aufkreidet. Meinen Sie, daß dies Obskurantismus ist? Lesen Sie das Buch der Geschichte der Menschheit bis in die jüngsten Tage: darin steht es schwarz auf weiß.

*

Der religiöse Mensch ist ein Typus, ein unabwendbares Sosein und eine einzigartige Aufgeschlossenheit den Dingen der Welt gegenüber, ein Mensch, dessen Haltung durch Ehrfurcht gekennzeichnet ist. Auch wenn es keine Kirchen und Bekenntnisse gäbe, hat er Religion. Die Vorherrschaft der exakten Wissenschaften, für die nur das i galt, auf dem das Tüpfelchen saß, trieb jenen Menschen irgendwie von der Hauptstraße der breit dahinflutenden Massen ab und machte ihn vor allen irgendwie lächerlich und rückständig. Dann aber fanden sich solche Menschen, die aus der Ideologie ihrer Partei eine Religion machten. Auch gut, nur darf aus ihrem Bekenntnis nicht der Glaube an das Gute im dem Menschen fehlen. Sonst ist Religion nur Politik, wie bei den Mohammedanern. Daß wir gut zueinander und füreinander seien, gibt uns allein das Anrecht auf den Namen Mensch.

*

Es gibt keinen solchen Gott, der uns verdammt oder belohnt für das, was wir tun oder lassen. Wir sind es selbst, die uns Gesetze setzen. Wir sind jedoch erst dann groß, wenn wir die Gesetze, die wir gegen andere erbringen, gegen uns selbst anwenden.

*

Warum sollte mir vor deiner Würde bangen? Warum sollte mir überhaupt vor einem Menschen in hohem Amt und mit hohen Würden bangen? Diese werden ihm – und so sollte es wenigstens sein – verliehen, um Gutes zu tun und edle Werke zu stiften. Denn nur dann ist eine äußere Würde gerechtfertigt, wenn sie der inneren Würde dient. Andernfalls hätte es keinen Sinn, der Menschheit eine sich stets vervollkommnende Technik in die Hand zu geben und sie sich weiter verrohen zu lassen.

*

Reichtum macht arm, arm vor allem an Gefühlen für Menschlichkeit und Verbundenheit, die so notwendig sind, weil das Leben nur dann tief und reich ist, wenn wir es mit Güte erfüllen.

Es ist besser, wenn ein zu Großem veranlagter Mensch in kleinen Verhältnissen leben muß, als daß ein kleiner Geist zu großen Aufgaben bestellt wird. Dieser wird alles verderben.

*

Ehedem glaubte ich, daß das Gute auch das Starke ist, das endlich in der Welt siegen und eine dauernde Ordnung des Edelsten begründen werde. Nun aber muß ich diese meine liebste Anschauung einstürzen sehen – das Gute, das Edle ist immer einsam, das Brutale, das Gewaltsame, das Böse findet sich bald seinen unduldsamen und zerstörerischen Waffenverbündeten, um gegen das Gute zu Felde zu ziehen. Nie wird in dieser Welt habsüchtiger und neidischer Menschen das Gute siegen. Haben doch auch die alten Indogermanen den Sieg des guten Prinzips erst ans Ende aller Dinge gestellt. Aus solcher Not wandelte sich auch das ursprüngliche Gute des Christentums in die gierige Tyrannis der Kirche. Das Gute, das in der Vergangenheit genau so brutal niedergebrochen worden war, wird aber zum Schild, hinter den sich die ewige Brutalität stellt, um sich gegen unliebsame Verdächtigungen zu verwahren. Von einem ehrlichen, mannhaften, ritterlichen Kampfe träumten immer nur Dichter; die Wirklichkeit gab nicht und nie ihnen recht, sondern nur der bösen Gewalt, die nie eingekerkert, gemartert, bespien und gekreuzigt ward. Nur der böse Mensch hat Erfolg, der gute auf die Dauer nie!

Denn der Streit der Einzelkräfte ist die Form des Lebens. Das lehrte schon Heraklit. Und in diesem muß Masse und Brutalität über die vornehmen und idealen Naturen das Übergewicht haben. Die Seltenen, Guten in der Welt dulden eben, weil sie so sind. Die Barbaren unter uns zerreißen unsere besten Kräfte, ehe sie sich gebildet haben. Es ist gefährlich, eine ganze Seele, sei es in Liebe oder in Arbeit, der zerstörenden Wirklichkeit auszusetzen. Je reiner eine Seele ist, desto zarter, verletzbarer ist sie auch. Hieraus entspringt das aristokratische Bewußtsein solch verletzbarer Naturen.

*

Ein merkwürdiges Schauspiel begibt sich auf die Weltbühne: Unbekannte Schauspieler, die anonyme Menschheit, die sich – manchmal willig, oft unwillig – hat bisher leiten lassen, bestimmt die Regie und schreibt die Rollen gleichsam als Improvisation. Sie wehrt sich gegen unbedingte Doktrinen, sie will das Leben in natürlicher Unmittelbarkeit, keine Ismen, nur noch Mensch sein. Es ist die Zeit, da man die großen Religionen revidiert *und* das Recht des Menschen für heilig erachtet, sich den Raum seiner Freiheit selbst auszumessen: und diese soll so viele Quadratmeter haben wie die Erde ohne Konzentrationslager und Gefängnisse für politische Häftlinge. Die Menschheit will keiner Idee mehr opfern, sie haßt das Leiden, das geniale Phantasien über sie verhängt oder gebracht haben.

So wie die Werkzeuge und die Mittel, die Welt zu erkennen und täglich zu bewältigen, in der Urzeit primitiv waren, blieb auch die Ansicht des Menschen von der Welt einfach. Mit dem Fortschritt des materiellen Daseins vervollkommneten sich auch die philosophischen Deutungen (Ideologien). Was die Bibel einst über die Entstehung der Welt sagte, entsprach der Erkenntnis- und Aufnahmefähigkeit des Menschen. Er hätte in jener Zeit unsere wissenschaftlichen Feststellungen gar nicht begreifen können.

Der Fehler der Kirche, an jenen Mythen trotz besseren Einsichten festzuhalten, kann man der Kurzsichtigkeit mancher zeitgenössischer Politiker vergleichen, die im Zeitalter der Freiheit die geistige Sklaverei mit Waffengewalt und Kerker verewigen wollen. Sie sind hinter der Zeit zurückgeblieben wie einst die Kirche oder einzelne ihrer Vertreter.

*

Das Bewußtsein, auf eine stattliche Anzahl von bekannten Ahnen zurückblicken zu können, mag in einzelnen Vertretern jenes Gefühl steigern, das wir in wertendem Sinn als aristokratisch und edel bezeichnen, ein edles Hochgefühl, und kein Hochmut, aber dies ist Selbsterziehung zu seelischem Adel. Dies gleiche Gefühl entsteht auch in Individuen, die sich keines Adels rühmen dürfen, aber auf Grund einer hohen Weltauffassung sich zu adeliger, d. h. edler Gesinnung erziehen.

Nicht in der adeligen Abstammung liegt menschlicher Wert, sondern in dem zu seelischem Adel geläuterten Geist erblüht vornehme Gesinnung.

*

Daß die Menschheit weiterkomme, dazu bedarf es der Begeisterung, der Kraft und der Raschheit der Jugend. Denn es waren junge mutige Menschen, die einst die Höhlen ihrer Ahnen verließen und im Freien ihre eigenen Häuser bauten. Und den Mut, eine Brücke bis zum Mond zu schlagen, bewiesen junge Männer. Was aber an Weisheit notwendig ist, damit Begeisterung und Kraft die großen Taten vollbringen, kommt von den reifen Menschen, die Ruhe haben, die Erfahrungen in das Gold der Weisheit zu verwandeln.

*

Was mich an die Jugend glauben läßt, ist die Kraft, mit der sie sich wie die Schlange häutet, so daß alles von ihr, was nicht ihrer ist, abfällt und sie die reine Blüte des lebendigen Lebens ist: Spiel und Sport, Tanz und Liebe und konventionslose Leidenschaft für einen geahnten Sinn der Welt.

Noch zur rechten Zeit

Ein Fischer, der, ohne es zu wollen, seinen Blick vom Schwimmer genommen hatte, bemerkte, wie flußabwärts eine junge Frau sich an dem mit Steinen ausgelegten Ufer festklammerte und sich zu retten versuchte. Anscheinend konnte sie nicht schwimmen, und sie hätte wegen der schweren Kleidern untergehen müssen. Der Fischer warf den Stock hin und rannte zu der Frau. Mit Mühe gelang es ihm, ihr aus dem Wasser zu helfen. Zuerst hatte er gedacht, daß sie an der nahe gelegenen Treppe etwas hatte waschen wollen, aber ihr von Tränen überströmtes Gesicht belehrte ihn eines anderen. Er fragte: „Warum denn nur?" Aber sie sagte nichts, und jetzt sah er, daß sie noch sehr jung war, nicht mehr als zwanzig Jahre zählen konnte. Ohne etwas zu sagen, ging sie die Böschung hinauf, ihm aber verging alle Lust, weiter zu fischen. Er kümmerte sich nicht mehr um das Mädchen, wie dieses ja auch von der Welt nichts hatte wissen wollen.

Ich kam gerade in dem Augenblick zu dem Verkaufsstand „Aprozar", um Krautköpfe für den Winter einzukaufen, als dieses junge Mädchen in triefenden Kleidern von mehreren müßigen Frauen umringt war, die alle wissen wollten, warum dieses Mädchen in das Wasser gegangen war. Denn sie hatten schnell begriffen, daß da kein Zufall im Spiel war, sondern beabsichtigter Vorfall. Allzu sehr waren sie nicht bestürzt, denn in dieser Zeit ging so manches Mädchen des Lebens müde ins Wasser, wenn für sie kein weiterer Ausweg mehr möglich war. Keines dieser Weiber aber dachte daran, das Mädchen aufzufordern, mit nach Hause zu kommen, um sich abzureiben und trockene Kleider anzuziehen, wenn auch fremde und nicht recht auf den Körper passende. Denn es war November, ein grauer kalter Morgen und dazu angetan, auch bei kräftigerer Jugend sich eine Lungenentzündung zu holen.

Zeuge solchen Mangels an Bereitschaft, die doch Frauen einer anderen Frau hätten erweisen müssen, entschloß ich mich ganz plötzlich zu handeln. Und da ich bemerkt hatte, daß es sich um ein deutsches Mädchen handelte, unerfahren in Ränken der Stadt, riet ich ihr, mir zu folgen. Meine Frau und meine Mutter sollten sich daheim des Mädchens annehmen und ihm trockene Kleidung reichen. Uns aber folgte eine Nachbarin, die wohl sehr beredt anderen Hilfe anempfahl, aber selber keine leisten wollte. Sie folgte uns, es war Frau G., bis nach Hause und stand dann in der Küche untätig, dort, wo ich das Mädchen meiner Frau anvertraut hatte. Da man mich hier entbehren konnte, ging ich wieder zur „Aprozar", um den Weißkohl für den Winter zu erstehen.

Inzwischen war es meiner Fau gelungen, das junge Mädchen zum Sprechen zu bewegen. Es war ein deutsches Mädchen, mit seiner Familie kürzlich erst vom Lande in die Stadt Temeschburg gekommen, weil Schwaben in ihren Dörfern ja nichts mehr zu tun hatten und sich in der Stadt um eine wie immer geartete Beschäftigung umsehen mußten. So war dieses Mädchen Kellnerin in dem Restaurant des Intercontinental-Hotels geworden. Da sie eine Deutsche war, wurde sie unterbezahlt, schlecht behandelt und, vielleicht einmal aufsässig geworden, bedroht, entlassen zu werden. Wer weiß, welch andere Beleidigung oder schmähliche Behandlung sie sich hatte gefallen lassen müssen. Wohl deshalb hatte sie die Stelle verlassen und war in die unbekannte Fabrikstadt gekommen, um ihrem jungen und im Augenblick aussichtslosen Leben ein Ende zu bereiten. Gewiß eine Kurzschlußtat.

Es war gut, daß der Fischer statt einen erfolgreichen Fischfang zu tun, einen jungen Menschen ins Leben zurückholen konnte.

Inzwischen machte meine Frau die Mutter des Mädchens ausfindig. Die Familie wohnte vorübergehend in der Irlandgasse (Str. Irlandei). Es war leicht, die Mutter zu erreichen, weil in der Nähe ein Lebensmittelladen mit Telefon war. Bald auch kam die Mutter angstvoll, aber gefaßt und beherrscht, wie sich unsere Schwäbinnen zu beherrschen wissen. Sie sprach mit ihrer Tochter, dankte meiner Frau und führte die Unglückliche heim. Nach einigen Tagen brachte sie die Kleider zurück, die dem jungen Mädchen zur Verfügung gestellt worden waren. Noch einmal dankte die Mutter und sagte, daß es dem Mädchen gut gehe, daß es sich nicht erkältet habe und sich nun um eine andere Stelle bewerben werde. Wir erfuhren nichts mehr von der Familie und dem Mädchen. Gewiß hat die Familie das unternommen, was in jenen Jahren die einzige Möglichkeit war, sich einer so bedrückenden und beschämenden Lage zu entziehen, die Ausreise zu beantragen, um in der Bundesrepublik ein neues Leben in Ehren und durch Arbeit zu beginnen.

Tschinakel

Das ist ein guter, biederer Ausdruck der Temeswarer „Hochsprache" für den Kahn. Vielleicht auch, daß die Nähe des verwandten ungarischen csolnak, csonak das aus Wien mitgebrachte Wort unvergessen sein läßt. Und so sagt man Tschinakel, aber selten Kahn. Nur der mit der Hochsprache schon vertraute sagt „Kahn" und geht „Kahn fahren"; der joviale Bürger jedoch hält an seinem Tschinakel fest, und wenn auch Deutschlehrer beisammen sind und vielleicht in Erinnerung schwelgen, so sagen die Tschinakel.

Dem rückschauenden Blick eröffnet sich ein hell von der Sonne beleuchtetes Bild: rechts und links dichtes Schilf, in welches gelegentlich stille, beschattete Wege führen. Hier macht man gerne halt, um zu plaudern, vielleicht liegt der Kopf in dem Schoß einer lieben Vertrauten, und der Blick schwimmt selig in dem Blau eines unendlich tiefen Himmels. Das Wasser schlägt glucksend an den Bord des Kahnes, und dieser wiegt sich leicht, daß man es schier nicht verspürt. Ein anderes Boot zieht vorbei, man hört die Ruder in das Wasser klatschen, dann rauscht das Wasser auf, in Tropfen fällt es von den emporgerichteten Rudern, die dann wieder in den glatten Spiegel des sommerlich grünen Flusses tauchen. Ein Wort, ein Lachen, eine abgebrochene Melodie – und dann ist es wieder still. So still, daß man das Wasser rauschen hört unter dem Gesang des Schilfes, das sich kühl und graziös über uns wiegt.

Es geht dann weiter, flußaufwärts, und man begegnet Booten, die sich vom Wasser regungslos treiben lassen. Ihre Insassen sitzen verträumt oder plaudernd am Boden, und eine Hand hängt in das Wasser, welches die Finger weich und lockend umspielt. Es ist nicht leicht, flußaufwärts zu rudern. Vielleicht ist das Boot etwas ungefüge, ungeschlacht, seine Brust schneidet nicht den Wasserspiegel, sondern stemmt sich ihm entgegen. Die Ruder sind plump und ragen zu steil in das Wasser. Es ist dann gut, die Griffe anzufeuchten, damit sie keine Blasen in die Handflächen ziehen.

Eine leichte Krümmung des Flusses eröffnet einen neuen Ausblick. Dichte Schilfwände schwimmen uns entgegen, und dahinter ragen scharf gerandet hohe Pappeln in den dunklen Horizont, eine hinter der anderen, charakteristisch und unvergeßlich, die beiden Uferböschungen entlang, einsam und vielleicht von einem leichten Sommerwind zärtlich umwoben und bewegt. Sie sind dem Blicke vertraut, daß er sie kaum wahrnimmt; aber fehlen sie, so würde der Blick den schmalen Horizont mit Pappeln bepflanzen.

Das Boot gleitet dann an einem Landvorsprung vorbei, der als eine Insel zu erkennen ist, die dichte Schilfwälder bedecken. Im Volksmund heißt sie die „Insel der Liebe", weil hier gerne die Paare zu längerem Verweilen anhalten und im dichteren Schatten ruhen. Wählt sich die Liebe nun auch einen solchen Schauplatz, an dem Schilf und Sonne und Wasser in so glücklicher Einheit beteiligt sind, so seien jene gesegnet, die ihr Gefühl ihr anvertrauen und heiligen. Wir aber ziehen weiter, denn was wir auch sehen oder hören könnten, ist uns nicht unvertraut als Ausdruck wunschlosen Glückes. Ein Lachen klingt auf hinter uns, im Kielwasser kräuseln noch einige Blätter von einer einsamen Weide, die sich hier sehr wohl fühlt und die aus Liebe gedeiht. Wir rudern weiter und weiter, und schon erscheint ferne wie ein auf den Horizont gesticktes Muster die Brücke von Ghiroda, das Ziel unserer Ausfahrt.

Aber da schrecken wir aus unserer Träumerei auf. Ein Fischer steht an dem rechten Ufer und zieht verzweifelt an seinem Stock. Der Karpfen, ein mächtiges Ding, schnellt silbern in die Luft, daß selbst uns das Herz vor Erregung laut an die Brustwand schlägt, ach, dann knickt die Angelrute, bricht, und der Fisch plumpst in den Fluß samt Angel und Schnur auf Nimmerwiedersehen. Und der Fischer steht verzweifelt und lächerlich, weil er nicht lachen kann, an dem Ufer, flucht und hält noch immer den Stock.

Wir aber ziehen schon weiter, Schilf erhebt sich zwischen ihm und unserem Blick und wir lachen jetzt, wenn wir ihm gleich die glänzende Beute von Herzen gegönnt hätten. Wir folgen dem Gesetz des Lebens, das immer nach Neuem begehrt, nach geselligen Freunden, wie sie nur das Wasser bietet und so ein Kahn, aus ein paar Brettern gezimmert, und der im Sommer einen so erquickenden Geruch von Teer an sich hat. Hier in unserer Stadt heißt er Tschinakel. Und wenn ich heute das Wort höre, fällt mir alles wieder ein, was damals so traumhaft schön war.

Druschtag

Ein helles Singen schwebt hochauf und nieder
aus einem weiten Hof, staubumwolkt,
und Menschen, nicht mehr Herrn der Glieder,
sie tragen Last, von neuer Last gefolgt.

Ein runder Berg von gelb und goldnen Garben,
die Sorge seiner Eigner und ihr Stolz,
den sie mit hartem Mühn das Jahr umwarben,
ist süßer als das warme Winterholz.

Die Garben schreiben in der Luft den Bogen
von ihrem Berg bis in den wilden Schlund
der Dreschmaschine, die umflogen
von Spreu und Staub erfüllt das Hoferund.

Und Korn entströmet braun und reif und lauter
und füllt des Eigners weites Haus.
Dem Gott, der dies ihm gab, vertraut er
und betet rasch den Spruch in dem Gebraus.

Noch immer steht das Singen der Maschine
wie Kirchensang in der verbrannten Luft.
Nur fernes Licht verklärt die harte Miene,
und mich berührt die Kindheit wie ein Duft.

Volker singt

Nacht, sternhelle Nacht,
Ruhe und Schlaf,
aber das Unheil wacht,
und ich bin einsamer als der Baum,
den sein Rauschen bewacht.

Kein Blick in den Himmel,
kein schwarzes, kein lichtes Zeichen,
nur die Gedanken schweifen,
suchen und tasten
an allen Geräuschen
das Wort, den Laut,
der wie Licht das Schweigen zerhaut.

Ist Einsamkeit nicht schlimmer als Tod?
Müde hebt die Hand
noch einmal die grauende Stirn,
Nacht, aber Nacht,
die Schweigen und Unheil
bewacht.
Und jeder Stern,
dem das Herz so gern vertraut,
schwimmt leise
und blaßt ohne Laut.

Gelbe Nelken

Wann war's, daß eine Fürstin sie gehalten
zu ihrer schwarzen Robe, stolz auf Kühle,
und leichter Hand zerteilte das Gewühle,
daß keiner rühr' zu grob an ihre Falten?

In Märchen ist's geschehn, im Sang der Alten,
vielleicht die Königin vom Flammenbühle
hat solches Gelb bestimmt für die Gefühle,
damit sie nie – wie ihre Gunst – erkalten.

Ich fand sie heut' in kobaltblauer Vase
zu meinem Ruhme und zu meiner Trauer.
Das Schöne ist der Erden höchste Feier,

und sie begeh' ich gern mit der Emphase
des Liebenden; doch voll der hohen Schauer
beklag' ich ihren Tod mit weher Leier.

Banater Elegie

Einst kränzten deine Stirne großen Tage
Mit ihrer Taten unerhörtem Zeichen,
als du der Türken schrecklich Heer sahst weichen
vor eines edlen Mannes Heer und Sage.

Die Mauer stürzt' und mit ihr fiel die Plage
Des großen Reichs und seiner ehrnen Speichen,
das bis ans Herz der Welt wollt' reichen
und des Geschicks Gewichte sein und Waage.

Dann pflanzten wir den Traum auf schwankendem Grunde,
und Brot und Wein gedieh in süßer Fülle,
und stolzer liebte keiner deine Weiten;

bis dann wir flehen mit verstummtem Munde
zum Herrn, daß uns sein göttlich starker Wille
ins Land der Ahnen möge wieder leiten.

Ketzerstolz

Nur großen Geistern mag ich willig
neigen mein Haupt
und in aufschauender Demut,
daß ich treu als Schüler ihnen folge.

Den kleinen Mann jedoch,
der sich für größer achtet,
da sein Amt ihm Würden anzieht,
acht' ich nicht größer als mich selbst,
auch wenn ihm höchste Gewalt eignet.
Ich fürchte ihn nicht.
Was kann er drohen,
was mir nehmen?
Mein Leben?

Ich weiß es jetzt:
Dies hab' ich schon einmal hingegeben
als Ketzer in dem frühern Leben,
als man auf Torquemadas Spruch
den Leib aus unbeugsamem Sinn
mit Bann und Fluch verbrannte.

Was einmal schreckte,
kann nicht wieder schrecken.
Und so verehre ich nur die großen Geister,
die in Wahrheit groß sind,
wenn sie Menschen bleiben.

Schwäbischer Hymnus

Ich singe nun das Heldenlied dem Lande,
in dem dein Lachen hallte, als noch Spiel
vergessen ließ des Tages Pflicht und Bande,
du frei dich gabst der Lust, die dich befiel;

den ersten Vers du sprachst mit zagem Munde
vor einem Mann, der wie ein Gott dir sprach;
wo du auch warst, blüht' Märchen in der Runde:
im Parke, auf dem Anger und am Bach.

Die Sommer blieben unvergeßne Bücher,
in denen jetzt der reife Mann noch liest;
wie gestern scheint's, wir schwenken noch die Tücher
dem guten Blick des Ahnen, der uns grüßt.

Das Gold des Mittags liegt auf seinem Reiche,
in dem die Glut der reifen Ähren loht;
dann neigt sich gern der Sense klarem Streiche
der Reichtum, den die Arbeit raubt dem Tod.

Wie klingt mir noch im Ohr des Sommers Singen,
dies Festlied, das der Drusch dem Dorfe wob
vom Anger her, wo goldne Berge hingen,
der Ahn die Garben in die Trommel hob.

Dort war ein Steinwurf weit sein kleiner Garten,
die Reben blauten süß in Reihn gerafft,
und seine Äpfel schienen uns zu warten
mit ihrem kühlen Ruch und Schaum und Saft.

In stummer Fron sind alle hingegeben
der Fülle, die ein sanfter Gott gewährt,
das harte Werk ist Lust in ihrem Leben,
und Ruhe scheut ihr immerwacher Herd.

Im stillen Dorfe spielen nur die Kinder,
weil Pflicht des Tages auch die Jugend preßt,
die Greise stehn und lauschen, und ein Blinder
auf hartem Schemel träumt von seinem Fest.

Die großen Taten ihrer harten Hände,
sie sind den Ahnen schon verhängtes Los;
aus ihrem Willen formte sich die Wende:
die Heimat wurde durch die Arbeit groß.

Bald ründet auch den Pfirsich eine Sonne,
die diesem Land den hohen Schein verlieh;
und auf dem Hof, in Ställen wächst in Wonne,
vom Weideland kehrt heim das Vieh.

Wie öffnen sich das Herz und alle Tore
zur Zeit, da schon die Schwalben südwärts fliehn,
und Frösche in dem Teiche schrein im Chore.
Da duftet Rosmarein noch im Verblühn,

den Mädchen lächelnd für die Jungen tragen:
die Ernte feiern sie bei Wein und Tanz.
Die Alten nehmen wie in Vätertagen
das schwarze Kleid mit seinem ernsten Glanz.

Im Winter bangte keiner vor dem Schrecken,
der auf den breiten Straßen lange lag,
man wußte nicht, daß Zeiten Böses hecken
und daß oft ohne Sonne bleicht der Tag.

Das Leben war ein wechselvolles Kreisen
von schwerem Mühn und Feiern ohne Hast.
Sie liebten es, den reichen Hof zu preisen,
der Fluren Pracht und an dem Tisch die Rast.

Wo nun die Toten ruhen, waren Sümpfe,
doch jedes Grab ist hier ein Ehrenmal;
es leiht dem Tag die ungeschwächten Trümpfe,
und selbst wo Schatten sind, herrscht Sonnenstrahl.

Ich spreche gern von diesem schönen Lande
und danke seinen Menschen höchste Gunst:
denn was mich adelt, sind die starken Bande,
aus denen Kraft mir ward und ihre Kunst.

El Greco

Man braucht kein Künstler zu sein,
um zu bangen für das,
was sie dem Leibe Leids tun können,
diejenigen, von Macht berauscht,
die Könige,
die sich für Götter hielten
und Mörder waren,
die Cäsaren,
die Henker,
als sie die Ketzerei erfanden,
die blühende Kinder in den Krieg trieben,
in Lagern sie verbrannten und erschlugen,
weil statt zu beten
sie den Befehl zu morden nur geben konnten,
und die großen Selbstgerechten,
die noch heute befehlen,
daß andere töten,
aber sie morden.
Doch alle hatten sie ein Leben,
so süß wie das der alten
und der neuen Pharaonen,
und Herzen, Köpfe, Seelen,
einen Geist,
dem einst vielleicht ein Enkel
einen Funken hätt entrissen
für die Menschheit.
Alle zitterten sie,
auch wenn sie mutig schienen,
sie bebten in der Seele,
wie du,
El Greco,
als du zum Großinquisitor mußtest gehen,
daß du ihn malen solltest.

Heimgang

Wo sind die hellen Tage, als wir Kinder waren
und riefen nach dem Sperling, der da flog,
und jauchzten auf den Schlitten, und im Fahren
erfaßte Seligkeit uns, die nicht trog?

Durch vieles weiser sind wir nun geworden,
den Augen aber schwand der reine Glanz
von Tränen, die das Herz uns morden,
und unsern Rücken bog der Lebenstanz.

Es gilt, das Bündel für den Weg zu rüsten,
denn unsre Äcker stehen öd und kahl;
wie fern auch glänzen uns die neuen Küsten,
dem hellen Blick bleibt nicht der Himmel fahl.

Wohlan, ich will das letzte Wegstück schreiten,
Gott gab das Licht, ich geb es ihm zurück,
es öffnen sich vor mir die hehren Weiten,
und einwärts schauend öffnet sich der Blick.

Es fällt der Staub, die Lippen kühlt die Quelle
der guten Erde, die mich willig nimmt,
dem Bruder geb ich Brot, das helle
Kristall, das Salz, das in der Sonne flimmt,

es schmeckt so heimlich, wie zum guten Zeichen,
daß sich die Welt wie je verkehren mag.
Sieh, wie die Sterne dort am Himmel bleichen,
er kommt, er kommt, des Heimgangs Feiertag.

Goldregen

Es war ein später Mittag, auf dem eine glühende Julisonne lag. Wilhelm bog aus der lärmigen Hauptstraße in ein stilles Gäßchen, das zu dem kleinen Park führte, den er schon öfter besucht.

Daß er sich morgen zur Prüfung stellen sollte, versetzte ihn seit Tagen schon in eine gewisse Unruhe, deren er durch weitläufige Spaziergänge Herr zu werden suchte. Nach seinem kargen Mahl war er auch heute also gleich zu seinen gewohnten ziellosen Wanderungen aufgebrochen, wobei er ab und an vertieft seinen Blick in sein Heft warf, das er gleich einer Rolle in der Hand trug, wahrscheinlich, um Lücken des Gedächtnisses auszufüllen, die sein eifrig arbeitendes Gehirn trotz aller Vorbereitung immerfort aufdeckte.

Nicht viele Menschen weilten im Park. Zumeist waren es Kinder mit ihren Wärterinnen, alte Leute auch, die weiß Gott was herausgetrieben hatte. Vor einer Bank, die nicht einmal frei war, blieb Wilhelm plötzlich stehen. Vielleicht war es das Mädchen, dessen er in der Tiefe seiner Gedanken ansichtig geworden war.

„Ist ein Plätzchen frei?" fragte er befangen.

Eine flüchtige Bewegung der nähenden Hand wies ihm den Sitz neben dem Mädchen an.

Wilhelm tat vorerst nichts. Verloren tastete sein Blick den Weg und die Gebüsche vor ihm ab, ohne jedoch den Mut zu haben, nach dem Mädchen zu blicken. Dann blätterte er das Heft durch und hub an, irgendwo zu lesen. Einzelne Wörter waren es, die er flüchtig erfaßte, die in ihm bildlos nachklangen – eine Herausforderung zum Kampfe, ein Vater zückt verzweifelt, doch unter dem ehernen Zwang der Ehre des Kämpfers sein Schwert gegen den eigenen Sohn, furchtbarer Kampf ... Weiter las er nicht, welche Ansichten die Welt der berühmten Gelehrten über das Ende der prachtvollen germanischen Dichtung vertreten.

Er richtete seinen Blick voll auf das Mädchen, das an seiner rechten Seite saß. In der Sonne leuchtete sein blondes Haar stark golden auf, während am Gesicht die fraulich schön gewölbte Stirn am meisten auffiel. Nur ungern und um den gebotenen Anstand des Unbekanntseins miteinander nicht zu verletzen, wandte Wilhelm sein Auge von dem Mädchen.

Weckte nicht der Anblick dieses schönen Mädchens die Erinnerung an eine schmerzvolle Verpflichtung gegen die Freundin in der fernen Heimat? Was hatte er um jenes Mädchen gerungen und gelitten! Gleichviel, nun mußte er sehen, wie sie ihm entglitt, da sie seinen Weg nicht gehen konnte. Ist die Ferne nicht süßer als jede Teilnahme und das Versinken in das tränentiefe Meer der liebenden Herzen?

Völlig hilflos sah Wilhelm auf die beweglichen Hände, die jedoch allmählich die frühere Sicherheit verloren und bald wie eine Bitte auf der Arbeit liegen blieben. Nun kramten auch diese kleinen Finger ein Buch aus der Tasche, die zwischen den jungen Leuten lag, und das Schweigen der Stunde, die einem Traume gleich die beiden aus sich löste, war ein leuchtender Kristall, der bei leisester Berührung schon barst und klingend zersprang.

Das Porträt
Ein Drama (Fragment)

Erster Aufzug

Im Atelier des Malers Seemayer. Der ganze Hintergrund ist ein langes dreiteiliges Fenster, vor dem zwei Armstühle mit einem Rauchtischchen stehn. Durch das Fenster sieht man die Wipfel von Linden, in der Ferne die Silhouette der Stadt. Die Decke ist zum Teil abgeschrägt und enthält Oberlichtfenster. Beiderseits Türen: die linke Tür führt in den Schlafraum, die rechte ist Hauptausgang. Im linken Hintergrund steht die Staffelei, an der Seemayer arbeitet. Kleiner Tisch mit Malgeräten. In der Mitte des Raumes ein Podest mit Stuhl für das Modell. Im linken Vordergrund ein runder Tisch mit vier Stühlen. An den Wänden hängen viele Bilder; desgleichen stehn mehrere bespannte Rahmen an der Wand. Ein Büffet für Getränke in der rechten Ecke; oben ein Fach für Bücher. Später Nachmittag. Seemayer arbeitet vor der Staffelei, Susette Körner sitzt auf dem Podest.

Seemayer: Nun, liebes Fräulein Körner, für heute wollen wir es damit genug sein lassen! Wir waren beide sehr brav. Sie haben brav gesessen, das Bild ist bald fertig. Ich danke Ihnen. *(legt Palette und Pinsel auf das Maltischchen)*
Susette: *(tritt leicht von dem Podest)* Darf ich sehen?
Seemayer: Jetzt kann es Ihnen niemand mehr verwehren.
Susette: *(tritt vor die Staffelei, prüft lange ihr Bild)* Sehe ich tatsächlich so aus? Der Spiegel –
Seemayer: – der Spiegel zeigt Ihnen ein Bild, das Sie in manchen Stunden nicht für wahr haben wollen, wenn es Ihnen mitunter auch wieder gefällt. Denn immer ist es für Sie entstellt von der Stimmung, die Sie beherrscht. Ich aber sehe gleichsam Ihr inneres Bild, das, was aus Ihnen herausstrahlt, wenn Sie so ruhig und unbeschwert sitzen und nur ferne Gedanken den Ausdruck des Gesichtes streifen. Ich sehe Sie dann, wie Sie wirklich sind.
Susette: Eigentümlich, und daß Sie meinen, dies Bild sei ich wahrhaftig!
Seemayer: Ja, so sind Sie tatsächlich, Fräulein Körner, *(etwas verlegen)* aber so umständlich klingt mir diese Ansprache. Finden Sie nicht auch?

Susette: Ich bin daran gewöhnt.
Seemayer: Sie heißen doch Susanne. *(Er hält inne, dann stockend)* Wie wäre es, wenn ich Sie beim Vornamen nennte, oder lieber Susette? Dann gehört der Name nur mir. Nicht wahr?
Susette: *(etwas verwundert)* Warum?
Seemayer: Was weiß ich, es klingt mir so besser. Überhaupt habe ich die Untugend, gute Bekannte umzutaufen und ihnen Namen zu geben, die nur zwischen uns gelten. Ich taufe Sie Susette. Ist's Ihnen recht?
Susette: *(lächelnd)* Wenn Sie es wünschen, ja.
Seemayer: Nun, Susette, Ihr Bild wird schön. Wie mich das freut! Überhaupt arbeite ich mit so viel Freude an ihm, und dies bringt mich vorwärts.
Susette: Wieso bringt es Sie vorwärts? Entschuldigen Sie, daß ich so frage, aber ich verstehe nichts von der Malerei, noch weniger davon, was die Menschen treibt, Bilder von einander zu malen.
Seemayer: Nun, sehen Sie, einst vor vielen Tausenden von Jahren lebten die Menschen noch in Höhlen. Hier war es wärmer und sicherer. Denn das war es ja, was die Menschen zuerst brauchten, um überhaupt zu bestehen. Trotzdem lebten sie nicht dumpf und stumm wie die Tiere. Sie sprachen und dachten allerlei, was ihren Lebenskreis erfüllte. Und schon damals zeichneten sie Tiere, ja sogar Menschen, und zwar mit großem Geschick, was uns besagt, daß auch diesen Zeichnungen eine lange Übung vorausgegangen sein muß.
Susette: Sehr merkwürdig. Dies wußte ich nicht.
Seemayer: Wie könnten Sie es auch wissen, es sei denn, daß Sie zufällig Darstellungen solcher Zeichnungen gesehen und Erklärungen dazu gelesen hätten. In Nordspanien und im Süden Frankreichs, dort wo wahrscheinlich auch während der Eiszeit Menschen leben konnten, gibt es solche Höhlen. Sehr berühmt ist die Höhle von Altamira, die am Anfang unserer Kunstgeschichte steht. *(Er geht zum Büffet-Schrank und entnimmt ihm ein Buch.)* Sehn Sie sich diese Reproduktionen an, Susette.
Susette: Ach wie schön! Nur ein paar Striche und Farbe.
Seemayer: Und dennoch ist das Tier ganz in seiner charakteristischen Form.
Susette: *(ruft aus)* Tatsächlich.
Seemayer: Sehn Sie, das ist Kunst, das die Sprache einer wunderbaren Gnade. Ist man realistischer, so sagt man: Begabung. Im Wesen ist es dasselbe.
Susette: *(blättert in dem Buche)* Und was hat wohl jene Menschen bewogen, diese Zeichnungen zu machen?
Seemayer: Die Freude am Schmücken, wie sie ihre Tonkrüge verzierten, die Freude am Schönen.
Susette: Haben denn die Menschen gewußt, was das Schöne ist?
Seemayer: Gewußt? Kaum, aber gefühlt haben es schon einige unter ihnen, und die meisten werden ihre Freude daran gehabt haben.
Susette: Dann waren sie gar nicht so primitiv, wie man das oft hören kann.
Seemayer: Das waren sie keineswegs. Vielleicht aber war auch noch etwas Zauberhaftes dabei, welche Annahme uns in eine noch fernere Vergangenheit

zurückführt. Man zeichnete das Tier auf, das man erlegen wollte, und das soll geholfen haben. Übrigens gab es noch vor kurzem in Afrika Völker, die erst nach solchen Zauberzeichnungen auf die Jagd zogen. Die stürmische Eroberung der Welt durch die Technik hat heute solche Vorstellungen schon erschüttert und setzt an ihre Stelle das sichere Wissen.
Susette: Also war die Zeichnung zuerst notwendig zum Leben und dann wurde sie als schön empfunden.
Seemayer: Sie wurde also zur Kunst.
Susette: Also nicht mehr lebenswichtig.
Seemayer: Wenn Sie dies so übertreiben, haben Sie recht. Und trotzdem. Schon jene Höhlenmenschen fühlten, daß die Zeichnungen dort sein mußten. Sie gaben ihnen zwar nicht das erforderliche Fleisch, aber sie wollten sie wie eine angenehme Würze haben. Vielleicht versöhnte sie die Zeichnung mit ihrem harten und gefahrvollen Los und ließ sie es sogar vergessen. Glauben Sie nicht, daß dies sogar auf unsere Tage zutrifft, Susette?
Susette: Das wollte ich zuvor erfahren. Warum zeichnen und malen Sie, und warum bringt Sie dies Bild vorwärts?
Seemayer: Ich zeichne, weil ich zeichnen muß, etwas in mir treibt mich, die Welt durch das Bild zu erfahren und zu erobern. Derselbe Trieb, der auch den Dichter treibt, über Dinge zu schreiben, die andern oft von keiner Bedeutung scheinen. „Ich singe, wie der Vogel singt", ein Urtrieb wie der Hunger, die Liebe, die Sehnsucht.
Susette: Dies versteht nur ganz, wer selber wie Sie malt.
Seemayer: Nein, auch derjenige, dessen Hand ungeschickt ist, aber der eine Seele hat, die nach solchen Werken verlangt, um sie in sich nachzugestalten. Genau so wie in Altamira.
Susette: *(denkt lange nach)* Wenn ich so von Ihren Worten geführt darüber nachdenke, begreife ich es.
Seemayer: Es gibt Menschen, für welche die Kunst das Höchste ist.
Susette: Jetzt beginne ich auch zu begreifen, warum Sie von einem Bild, das Sie malen, vorwärtsgebracht werden.
Seemayer: Sagen Sie es, wenn Sie es begreifen.
Susette: *(verlegen)* Das kann ich nicht recht, mir fehlen die Wörter, es zu sagen. Sie können es besser.
Seemayer: Was nützt Ihnen das schon, Sie müssen es für sich selber erfahren.
Susette: Vielleicht werde ich es eines Tags können.
Seemayer: Gewiß. Fangen Sie so an. Der Säugling sieht zuerst seine Mutter und freut sich ihrer, weil sie ihm alles, was ihm gut tut, gibt. Und dann wird dem erwachenden, dem reifenden Menschen die Welt immer reicher und bunter, und eines Tages fühlt er, daß es Dinge gibt, die ihm sein Leben wertvoll machen, die es über die Bedürfnisse des Alltags hinausheben, die schön sind, ohne daß diese Schönheit verginge, die ihn trösten und kräftigen, wenn einst die grauen Weiber, wie sie im „Faust" heißen, ihn bedrängen. Und wenn er

dann zeichnet oder schreibt oder komponiert, so erfüllt ihn ein Glück sondergleichen, denn er schafft eine Welt aus sich, dauerhaft und echt, wie die ihn umgebende, entkeimt, was auch andere empfunden haben mochten, und macht die Menschen mündig, reich und reif, zu wahrhaften, zu guten Menschen.
Susette: *(begeistert)* So ist also die Kunst. Dann ist sie wirklich das Höchste auf Erden. Darf ich das Buch mitnehmen?
Seemayer: Natürlich, Sie wollen es. Und lesen Sie gründlich darin. Jeder Mensch hat einen Weg zur Kunst. Er muß ihn allerdings suchen. Hat er ihn gefunden, so geht er dahin, als ob ihn etwas zöge. Das ist seltsam.
Susette: *(hält das Buch in beiden Händen)* Wie werde ich, wenn die Kunst so glücklich macht, mich in meine Arbeit an dem Webstuhl schicken?
Seemayer: Die Kunst, das Glück durch das Schöne, verdirbt nicht für den Alltag. Das beweisen Ihnen wieder die Menschen von Altamira.
Susette: Ich werde immer an das denken, was Sie mir gesagt haben, und dann wird mich die Arbeit nicht bedrücken.
Seemayer: Die Kunst ist wie eine Hülle, wie ein Kleid, das den Menschen gegen Kälte und Verletzung schützt; sie gibt aber auch die Kraft, unsere Pflichten gegen die Welt mit Freude zu erfüllen, weil wir dies aus der Fülle unseres frohen Herzens tun. Die Kunst läßt uns das Leben lieb sein, weil uns jeder Tag neue Reichtümer beschert.
Susette: *(erregt das Buch hebend)* Wenn ich den Abendkurs beende, will ich Kunstgeschichte studieren. Das werde ich tun. Jetzt weiß ich es.
Seemayer: Es freut mich, daß Sie durch Ihr Porträt zu einem Beruf kommen, der Sie erfüllen und beglücken wird. Was die Menschen oft unglücklich bleiben läßt, ist der Widerspruch zwischen Beruf und Leben. Man soll seinen Beruf lieben, und man wird das Leben lieben!
Susette: *(legt das Buch auf den Tisch)* Ich liebe meinen jetzigen Beruf, ich bin eine gute Weberin und wurde öfter ausgezeichnet. Dies hat mich stets mit Genugtuung und Stolz erfüllt. Aber etwas drängt aus mir nach dem Schönen, wie Sie es mir entdeckt haben. Ich will weiter lernen, ich will Kunstgeschichte studieren! Dann werde ich all diese Dinge besser verstehen, und ich fühle, daß ich dies muß.
Seemayer: *(in Gedanken der Staffelei zugewandt)* Sehn Sie, wie die Kunst verwandelt? Sie entlaufen mir, bevor noch das Porträt fertig ist.
Susette: *(betroffen)* Habe ich so etwas verlauten lassen?
Seemayer: *(ihr zugewandt)* Es war ein kleiner Scherz, Susette.
Susette: *(sieht Seemayer fragend an)* Aber ich muß jetzt gehen. Sie werden auch arbeiten wollen, und ich halte Sie mit meinem Geschwätz auf.
Seemayer: Gar nicht, aber ich bekomme bald Gäste, ein paar liebe Freunde. Es soll so irgendeine Feier geben. Aufrichtig gestanden, Susette, ich hätte Sie gern auch dabei gesehen, aber –
Susette: Nein, Herr Seemayer, es geht nicht. *(Unruhig)* Es ist schon spät geworden. Auch muß ich noch lernen. *(nimmt das Buch vom Tisch)* Also

darf ich? *(Seemayer winkt lächelnd)* Es ist besser, ich gehe. Sie haben gewiß manches zu besprechen, und so würde ich nur stören.
Seemayer: Wie können Sie so etwas sagen, Susette?
Susette: Ich weiß schon. Auch fühle ich mich nicht sehr an Gesellschaft gewöhnt. Mit Ihnen ist es anders. Wir haben auch manches schon besprochen. Das geht leichter von der Zunge. Fremde Menschen aber –
Seemayer: Es sind Freunde.
Susette: Ihre Freunde, Herr Seemayer.
Seemayer: *(nach einigem Überlegen)* Fast meine ich, daß Sie recht haben. Überhaupt wissen die Freunde noch nichts von dem Porträt. Ich will dies Geheimnis so lange wie möglich für mich, das heißt für uns bewahren. Es ist auch noch gar nicht fertig. Wir müssen noch so manche Sitzungen halten.
Susette: Wann soll ich also wieder kommen?
Seemayer: Wann Sie frei sind und Lust haben.
Susette: Geht es am Montag, Herr Seemayer?
Seemayer: Sehr gut. Also nach drei Uhr, nachdem Sie aus der Arbeit gekommen sind und gegessen haben.
Susette: *(macht sich zum Gehen fertig)* Ich muß jetzt endlich gehen. *(sie wartet.)*
Seemayer: *(geht zu ihr und gibt ihr die Hand)* Leben Sie wohl, Susette. Ich freue mich schon auf die nächste Sitzung.
Susette: Auf Wiedersehen. Auf das Buch will ich recht achten.
Seemayer: *(macht eine nichtssagende Gebärde, sieht die geschlossene Tür längere Zeit an)* Auf Wiedersehen, Susette.
(Er wendet sich dann langsam um, geht ziellos umher, dann nimmt er das Bild von der Staffelei und stellt es an die Wand hinter andre Rahmen. Von diesen stellt er einen auf die Staffelei. Dann öffnet er das Fenster, sieht hinaus. Worauf er nach einigem Suchen zu einem Buch greift und sich in einen tiefen Armsessel setzt, um zu lesen. Allmählich beginnt es zu dämmern, Seemayer klappt das Buch zu und sieht mit fernem Blick in unbestimmte Richtung. Darauf hört man Schritte vor der Tür. Es klopft.)

Diese lyrische Exposition macht uns mit den Hauptgestalten des Dramas bekannt, der Geschichte einer verhaltenen Liebe zwischen dem Temeswarer Maler Seemayer und seiner jungen Bekannten Susette. Das spätere Zwischenspiel voller Intrige bemüht sich, das feine Gespinst zweier vornehmer Seelen zu zerstören, und zwar richtet sich die Intrige gegen Susette mit der Absicht, sie zu kompromittieren, wobei es sich aber später erweist, daß sie völlig unschuldig ist. Keinen Augenblick lang zweifelt der Künstler an der Unbescholtenheit des Mädchens, obgleich sie verstört nichts mehr von der Beziehung wissen will. Freunde helfen, die Lage zu klären und die Unschuld des Mädchens zu erweisen. Eine noch so große Gefährdung muß und kann meiner Ansicht nach einen guten Menschen nicht zerstören, sie macht ihn nur edler, und es ist sinnvoll, daß dies Drama mit den Klängen des 4. Klavierkonzerts von Ludwig van Beethoven endet.

Man mag dies Idealisierung nennen, aber es gibt Menschen, deren Sinn auch heute noch für Ideale offen ist.

Die Menschen dieses Stückes haben zu Beginn der sechziger Jahre in Temeswar noch „gelebt", denn noch waren die Deutschen in Temeswar zu jener Zeit eine in sich geschlossene Kulturgemeinschaft, die ihre inneren Werte gegen ideologische Bedrängnisse zu wahren wußten. Es war die Zeit noch vor dem großen Aufbruch, dessen Ursachen der spätere Angriff des Staates und der Partei auf intakt gebliebene Kulturgemeinschaften waren. Die Deutschen lebten in einer geistigen und kulturellen Diaspora, das Theater und die kulturellen Veranstaltungen der Schulen und auf dem Lande sicherten den angestammten Charakter.

Die Geschichte dieses Dramas ist angeregt worden durch einen Vorfall, der mir bekannt geworden mich zu seiner dramatischen Gestaltung veranlaßte. Anregungen verändern sich im Verfasser, indem er Fremdes und Eigenes miteinander verbindet und in einer höheren, in einer idealen Einheit verdichtet.

Seit meiner Jugend habe ich an das Gute im Menschen geglaubt, wenn auch so manche Erfahrung meinen Glauben zu erschüttern fähig war. Diesen Glauben verlieh ich auch den von mir erdichteten Menschen. Ich weiß, wie vieles heute gegen meine Auffassung vom Leben spricht.

Ich habe den Ausdruck „Drama" für mein Stück gewählt, es schien mir zu leichtfertig, es ein „Lustspiel" zu nennen, obgleich G. E. Lessing in seiner Minna von Barnhelm den deutlichen Beweis lieferte, daß ein Lustspiel bis an die Grenzen des Tragischen reichen kann. Ich hätte das Stück auch eine „Komödie" nennen können ganz im Sinne der großen Spanier: „Es comedia vida nuestro." Meine Geschichte ist viel zu bescheiden, als daß ich eine solche Bezeichnung wie „Komödie" hätte wagen dürfen, obgleich das Leben eines jeden Menschen auf der Waage des Lebens weder schwerer noch leichter ist.

Der alte Aprikosenbaum

Manch heiße Sommer wallten durch mein Blut,
nur ihre Winde kühlten mein Gesicht;
ich trank die Nacht und trank das Mittagslicht
und sparte in den Wurzeln seine Flut.

Ich hob mich übers Haus, in dessen Hut
mein Blütenfest verrauscht' und das Gesicht
in goldenen Schalen glänzt', von Süße dicht;
doch blieb mir immer Kraft zu neuer Glut.

Und da ich jahrelang schenkte süßen Seim,
den ich aus Sonne und aus Nacht gewann,
zersprang der Schaft mir und des Herzens Ringe.

Noch darf ich blühn und tragen jungen Keim,
wenn schon des Goldes Überschwang zerrann.
Doch süßer ist, was später Lust ich bringe.

Der Brunnen

Wer ihn zur Nacht besucht, hat sein Geflüster
wie jenes zeitenlose Wort im Ohr,
das von dem grauen Dome tönt der Küster
und reißt den Menschen sternenhoch empor.

Den stillen Markt umschweigen alte Bauten.
Vielleicht huscht noch ein muntrer Geist dahin
aus Väterzeit, genarrt durch Greif und Rauten,
noch seliger am Arm der Bürgerin.

Vielleicht auch flattert nächtelang ihr Weinen
aus wehem Herzen durch den Riesensaal
und ungestillt bewahrt von seinen Steinen,
als sie die Lider kühlt' am milden Strahl ...

Dem Tage nun die Menschen trauen dürfen,
auch wenn sie um das Brunnenwunder stehn
und Wasser mit bereiten Sinnen schlürfen,
die Krüge füllen und dann weitergehn

zum Werktisch, heimwärts, zu Geselligkeiten,
und wieder schlägt die Uhr, der Tag rückt sacht.
Das Rauschen aber wird sie noch begleiten,
wenn letztes Tor dem Tag ein Ende macht.

Temeswar, Domplatz – Artesischer Brunnen

Michael Holzinger †
Ostern – Augsburg

Foto: Luzian Geier

Michael Holzinger (Pseudonym: *„Schwarze Michl")* wurde am 20. September 1920 in Ostern (Banat/Rumänien) geboren. Er besuchte dort die Volksschule, 1930-32 in Temeswar die Banatia, danach bis 1934 die Ackerbauschule in Wojtek und war dann in der väterlichen Landwirtschaft tätig. 1941-45 diente er beim rumänischen Militär, nach dem Krieg trat er in das landwirtschaftliche Kollektiv seines Heimatortes ein. Der gelernte Landwirt verfaßte in den 50er Jahren zunächst Kirchweihsprüche, bevor er den Mangel an spielbaren Theaterstücken für Laiengruppen durch Eigenproduktion von neun heiteren Schauspielen behob, die alle zur Aufführung kamen. 1973 schrieb er sein erstes Erfolgsstück „Abwexlung". Durchweg spielen seine Stücke im Dorfmilieu von Ostern. Der Autor griff nicht nur die Mundart des Ortes mit ihren typischen Redensarten, Sprichwörtern, Vergleichen und aussterbenden Wörtern auf, sondern gab mit seinen Figuren treffsicher das wieder, was die Leute dachten. Zu den Dorfbewohnern hielt er auch dadurch engsten Kontakt, daß er schon beim Schreiben die geeigneten Darsteller ins Auge faßte, selber Regie führte und die Reaktion des Publikums genau beobachtete. Das Publikum tatsächlich zu erreichen, war das wichtigste Ziel seiner Autorschaft, denn Holzinger wollte mit seinen Stücken neben ihrem Unterhaltungswert auch moralisch wirken. Trotz der ortsgebundenen Hintergründe wurden sie im ganzen Banat, in Sathmar und ins Sächsische übersetzt selbst in Siebenbürgen auf die Bühne gebracht, meist von jugendlichen Laienspielgruppen. Zur Verbreitung der Stücke trug wesentlich bei, daß fast alle in der Bukarester Zeitschrift „Volk und Kultur" zwischen 1976 und 1979 veröffentlicht wurden. Beim ersten Landesfestival „Cîntarea României" erhielt Holzinger einen Preis. 1987 konnte der bescheidene Bauerndichter und Mundartautor aus Rumänien ausreisen und lebte seither in seiner neuen Heimat Augsburg. Bis in seine letzten Lebenstage arbeitete er an einem Wörterbuch der Mundart von Ostern. Er verstarb am 8. April 1996 in Augsburg und wurde auf dem Friedhof des Ortsteils Haunstetten beigesetzt.

Unsr Hansi
Laienspiel in drei Bildern

Personen: Hansi   Omi
                 Mutti   Phatt
                 Vati   Gabi

I. Bild

Wohnstube
Oma: *(strickt)*
Hansi: *(lernt, d. h. liest verstohlen in einem Roman)*
Oma: Wann du alli Bicher, wu du hascht, uf amol in die Schul sellscht bringe, do mißt mr, man ich, de Schubkarre hole.
Hansi: Vun mir aus kann de Teiwl se schun ball alli hole.
Oma: Ei, ihr mißt jo schun ball in die Schul gehn, bis dr heirat –. Des war in meinr Zeit alles net. Mir han uns siewe Klasse gemacht un mit verzehn Johr ham'r schun mitghal an dr Kerwei.
Hansi: Do hätt'r jo noch mit die Phuppe gspielt?!
Oma: Des schun grad net. Nor unr de 6-7Klässer Madle ware als schun „Entwicklti".
Hansi: Loß mich jetz lerne.
Oma: Du hascht for heit schun gnuch glernt. Du gischt mr jo noch ganz koppnärrisch mit deine Lernerei. Her nor amol uf!
Hansi: Ich han noch die Geschichte zu lerne.
Oma: Des vum Kriech?
Hansi: Jo.
Oma: Ich mecht nor wisse, for was ihr eich die Kepp so unnetichvrbreche mißt mit solchi Sache, wu eich doch vun Haut un Hoor nix angehn? For was ruttle se des widrem uf? Wann ich was vum Kriech heer, tram ich so grusliches Zeich zamm in dr Nacht, no fercht ich mich immr so. Odr hascht du vleicht mol im Sinn for uf Frankreich fahre?
Hansi: Was soll ich dort mache?
Oma: Na, gsiehscht! For was muscht du dr no de Kopp mit dem Franzesischlerne verbreche? – Oh, wann ich do was zu san hätt, ich tät viel Unnetiches abbringe. Glab mr.
Hansi: Bravo Omi, ich red mit meini Kulegre, un mir wähle dich for Schulinspektor!
Oma: Oh, du Galgestrick! Willscht mich jetz so kleeweis zum Beschte hale?
Hansi: Des net, awr ufrichtich, du wärscht unsr Mann.

Oma: Mir tuts nor lad um dich. Ei, du hascht jo netemol Zeit for die Jugend austowe mit deinr Lernerei. Awr bittschen, wann dei Mottr mit allr Gwalt a Herr mecht mache aus dir, quäl dich ab. Mei Großmottr hat immr gsat: Steife Kraa, / leere Maa – / Lange Frack, / nix im Sack!
Hansi: Du waascht viel zu gut, daß ich net studiere will.
Mutti: *(hört letzte Worte)* Servus!
Oma: Na, kumbscht du schun! S'is doch noch net ...
Mutti: Ich han anfach abgsperrt. Wer de ganze Tach ka Zeit hat ghat for inkafe kumme, soll ewe morje kumme. Ich han jo drham aach mei Arweit. Ich kann net warte, bis es jedem gebrot is. *(legt ab, auch eine große Tasche)* Un du, Hansi, dir saa ich ans: „Wer net will, der muß." Hascht mich gut vrstan? Aus dir mach ich a Herr! Un sogar a große!
Oma: Gehts schun widrem an? Des Kind quält sich schun de ganze Nomittach ab. Der muß jo schun a Kopp han wie a Viertl, un s'is jo doch alles for die Katz!
Mutti: Anri kenne, nor er net?
Oma: Im Lerne is ewe an Kind vor am anre, do kam'r nix mache. For lerne brauch mr a uffene Kopp un Sitzledr.
Hansi: For was muß ich mich for ufs Lizeum vorbereite, un anri terfe in die Fachschul gehn?
Mutti: Die lerne schwer, odr kenne se sich's net leischte.
Hansi: Ich lern vleicht leicht?
Mutti: Du kannscht, wannscht willscht, nor du willscht net, weilscht anri Dummheite im Kopp hascht.
Oma *(kramt in der Tasche)*: Was willscht dann mit deni vieli Aier?
Mutti: Wann die Leit se bringe! Ich maan, um finfunsibzich Bani kam'r se doch hole. Uf am Wuchemark sin se anerthalwe Lei. Wannscht se net alli brauchscht, gib am Mariann se mit in die Stadt. Awr um a Lei zwanzich!
Oma: Mach nor, bis anr dr drufkummt!
Mutti: Wer soll mr dann drufkumme? *(schmeichelt Hansi)* Ja, mei Sieße, horch uf die Mutti, die maant dr's nor gut! Spätr werscht mr mol dankbar sin. A anres Kind wär froh, wann sei Eltr die Mittle hätte for ne studiere losse. Mir kenne uns des leischte. Jesses, wann ich an mei eigni Kindheit zruckdenk. Ei, mir han jo oftmols netemol truckeni Brot iwer Nacht ghat!
Oma: Do horch mol dem zu!
Mutti: Ises vleicht net wohr?
Oma: Ei, du gischt jo des grad so, wie wann ich an dem Schuld wer gwen! Es war glei no am Kriech. Wer hat dann selmols was ghat?
Mutti: Schun gut ...
Oma: Wann ich selmols die Schlißle vun dr Alimentare im Sack ghat hätt, so wie du heit, hätte mr aach ghat!
Mutti: Reg dich net uf! Ich han nor am Hansi wille a Beischpiel saan, wies selmols war un wies heit is. Mir brauche uns am Maul nix abspare. Des war un bleibt: Wer sich zu schicke waaß, der hat. *(kramt in den Taschen)* Escht ka Tschokoladi, mei Sießer?

Hansi: Dankschen, ich eß net.
Mutti: Guti Milchtschokoladi! Eß!
Hansi: Ich will net.
Mutti: Anri Kinnr täte sich raafe drum, un der ...!
Oma: In seiner Schupplad leit doch noch iwriche. Er schaut kane an. Ich waß ach net, for was d' ne noch hambringscht?
Mutti: Ei, daß mir han!
Hansi: Ich waaß awr ach net, Mutti, for was du noch Geld ausgibscht for Tschokoladi?
Mutti: Ich gib Geld aus for Tschokoladi? Der koscht mich doch nix! Den hol ich mr anfach un fertich.
Hansi: Du muscht doch ach mol abrechle!?
Mutti: Abrechle? Ich gsieh, du bischt jo doch noch a klane Dummkopp!
Hansi: Gut, Mutti, awr wie ...?
Mutti: Loß des dr Mutti ihre Sorche sin, mei Sieße. Die Mutti waaß schun, was se macht un wie se's macht, des macht se alles for dich! Du sollscht a schenri Kindheit han, wie meini war.
Hansi: Awr, ich vrsteh des net, Mutti ...
Mutti: Was?
Hansi: Wie is des? Du redscht vun dem Tschokoladi hole so, wie wann des was Selbstverständliches wär.
Mutti: Na un?
Hansi: Un vun dr anr Seit hascht a Eslsspektakl gmacht, wie ich mit die Buwe Kersche stehle war. Des war doch nor a Buwestickl.
Mutti: Eh, des is jo was anres! Was ganz anres!
Hansi: Ich maan awr net, Mutti!
Oma: Was soll die Omi dr dann richte for zunacht esse?
Hansi: Nix.
Oma: Awr du muscht doch was esse, mei Liewe.
Hansi: Ich will nix esse.
Oma: Die Omi werd dr dei Leibspeis mache! A gute Vaniliepudding, no werscht schun esse.
Hansi: Awr mit Schlagowrscht!
Oma: No muscht awr zu deiner Bäsl Anna a Halblittr hole gehn.
Hansi: Ich?
Mutti: Wer soll dann gehn?
Hansi: Ich sin mied.
Mutti: Awr mei Sieße! Du hascht doch noch bessri Fieß wie die Omi.
Hansi: Soll ich lerne odr soll ich rumlaafe?
Mutti: Willscht jetz des alti Weib im Dunkle rumlaafe mache? Geh nor schen, mei Sieße.
Hansi: Joo! Immr ich!
Oma: Loß nor sin, ich wer schun gehn.
Mutti: Gsiehtr, so tut dr ne verderwe.

Oma: Ich?
Mutti: Na, wer dann?
Oma: Wann nor kanr ne mehr vrderbt, wie ich ...! Wu is dann schun wiedrem's Battrielicht?
Mutti: Wart, ich hans draus in dr Speis, ich brings. *(ab)*
Oma: Bis ich alles zamgsucht han, drweil wärscht du schun zrukgwen.
Hansi: Du hascht doch nix anres zu tun.
Vati: Grieß eich! *(Hansi versteckt den Roman.)*
Mutti: E! De Vati is schun kuum? Do is es Battrielicht. *(Oma ab)*
Vati: Was mir a fleißiche Student han. Was lernscht dann?
Hansi: Geschichte.
Vati: Na scheen. Un wie gehts noch in dr Schul?
Hansi: Soo –
Vati: Was haaßt so?
Mutti: Ich han dr jo noch gar net gsaat, daß'r gischtr a Achtr un a Neinr hamgebrung hat.
Vati: Na scheen!
Mutti: Ane vun Anatomie un ane vun Fisik. Wann'r vun Anatomie aus am Neinr a Zehnr mache kann, kennt'r Doktr lerne.
Vati: Du tramscht so wie die Gäns vum Kukrutz.
Mutti: For was net? Ich heer immr, vun Anatomie brauch mr a Zehner.
Vati: Geh, loß mich in Friede! Des is die Spore.
Mutti: Zeich mol am Vati die Notebichl.
Hansi: Ich waß net, wu ...! Du hascht doch schun unrschrieb.
Mutti: No suchs! – Er kann jo lerne, wann'r will! Na, schaust, Vati, was saascht?
Vati: De Neiner steht so großlanich, der hat ka Kumrade.
Mutti: Heerscht, was de Vati saat?
Hansi: – –
Mutti: *(zu Vati):* Stell dr mol vor: Kummt do jo heit des dick Nutl Amei ins Gschäft un froot unr anrem, so scheinheilich, wies am Hansi in dr Schul gfallt un was forchi Note daß'r hat.
Vati: Was hat des sich um dem sei Note zu kimmre?
Mutti: Ewe, ewe! Ich ham'r glei was gspannt un am gforschlt, bis es mit dr Farb rausgruckt is. Ei, weil die Leit saan, er lernt so schwer un hat erscht neilich a Vierer un a Dreier griet!
Vati: Na un?
Mutti: Dere han ich gsaat, was es noch net gheert hat. Sie soll sich selwr an dr Nas hole un um ihre Ungezoene kimmre! Des kenne mir alles net. Gel?
Vati: Jedr hat sei Kreiz, merk dr des – Klani Kinnr, klani Sorche, großi Kinnr, großi Sorche!
Mutti: So a unverschämtes, vorwitziches Ding! Die Leit sin uns nor neidich, weil unsr Hansi ins Lizeum gehn soll. Awr die Leit kenne mich gere han!
Vati: Sie han dich jo – wann sie dich net gsiehn.

Mutti: So, un jetz gehm'r noch gschwind zwei Säck Kukrutz vum Bode runetran. Dr Mottr fallts schun schwer for ne ambrweis runnertraan. Hansi, und du lern, hascht mich vrstan? Wann anr kummt, sascht, mir sin net drham! *(zu Vati)* Kumm, gehm'r! *(ab)*
Hansi: Wann aner kummt, saascht, mir sin net drham – so soll ich saan, un sie sin doch faktisch drham. Is des richtich? Nor drvor han ich Glick ghat. Mehr Glick wie Vrstand. Weil, wann se gnauer gschaut hätte, hätte se mich vrwischt. No hätts gfluppt vum Vati! For des verhiete, han ich aus dem Dreier a scheene Achter gmacht, un aus am Vierer a Neinr, der loßt sich gsiehn! – Wie hat die Mutti zu dr Omi gsat? „Wer sich zu schicke was ..." Hm? Un des is doch nor a Buwestickl!
Oma: Na, do sin ich schun. Die han jo die Gasselichtr noch immr net angmacht, anersmol brenne se am Tach! Do muß mr jo owachtgin, daß mr sich net's Knack brecht. Wu is dann die Mutti?
Hansi: De Vati is kumme, sie hole noch Kukrutz rune.
Oma: Die wu frieger so glernt han wie du, die han in dr Eslsbank gsitzt. Jetz sitz dich hin un lern! Du waascht gut, wann die Leit rinkumme un du lernscht net, gits widrem Krawal, un wann ich so was heer, mecht ich am liebschte in die Welt gehn!
Hansi: Lerne soll ich? Was soll ich's erscht lerne? – Eh! Den muß ich noch auslese! *(Roman)*
Oma: Mach nor, mach, bis dei Vati kummt, du waascht, er is drham!
Hansi: Schau mol, ich lee ne unrs Buch, un wann'r rinkummt, schla ich's Buch uf, nix Anfachres wie des. *(zeigt)* Gel, des is so anfach wie Guntach!?
Oma: Jetz is awr grad genuch! Schau un tu den Roman weg!
Hansi: Ich tu ne net weg.
Oma: Tuscht ne weg! Stantipeed ne weg tun!
Hansi: Ich will net, du hascht mr nix zu schaffe!
Oma: Soo? Ich han dr nix zu schaffe? Gib ne mol her!
Hansi: Ich gib net! Ich han ne noch net ausglest un er ghert doch aach net mein.
Oma: Wann ich net mol alli Romane hol un ins Feier werf, no sa ich nix mehr.
Hansi: Des hascht schun oft gsaat, awr mache tuschts jo doch net. Weil du selwer gere ninguckse tuscht.
Oma: Ich han jo aach net zu lerne so wie du?! Un was do drinsteht, is aach net alles for dich. Merk dr des!
Hansi: Entschuldich mr Omi. War for dich is es aach nimmr.
Oma: Jetz gischt mr aach noch frech! For des tu ich dr alles mache? – Wart nor, wann die Mutti kummt, wer ich ihre mol alles san. Die soll dich mol regle.
Hansi: Motterschlee tut net weh.
Oma: Mer were jo gsiehn! Sie soll mache mit dr, was se will, ich lee Hand ab. For was soll ich mr's Lewe abfresse losse?
Hansi: Omi, gib mol die Hand her.
Oma: Loß mich in Ruh, ich sin bees iwr dich.
Hansi: Omi, nor a bißl!
Oma: Was willscht mit meinr Hand?!

Hansi: Gib sie her, du werscht schun gsiehn. *(Oma reicht ihm die Hand.)* Also, jetz wett ich mit dr, daß du dr Muttr nix saascht ...
Oma: Ei, vun wo waascht dann du des?
Hansi: Omi, ich kenn dich doch. Wann ich dich net kenne sellt?
Oma: Wie kennscht du ich?
Hansi: Omi, du saascht doch immr, ich sin dei Auapl. Un de Auapl tut mr doch net vrrätsche? Odr doch? Omi, schau mich mol an.
Oma: Aso, desmol vrzeih ich dr noch, war's letschti Mol, 's allerallerletschti Mol. Merk dr des!
Hansi: Ich han jo gwißt, daß ich a liewi, guti Omi han.
Oma: Bischt jo doch a Schmeichlkätzche!
Hansi: Jetz geh ich lerne.
Oma: Ich saa dr nochmol, loß die Romane uf dr Seit! Wann dei Vati dr amol drufkummt, flupts.
Hansi: Er werd sich doch schäme, for mit mr rafe. Er waaß doch, daß'r mich phackt?!
Oma: Lach nor jetz, des vergeht dr no. Huck dich net immr so bucklich do hien. Du limmlscht dich jo uf wie a Schofhaltr. Bruscht raus! Uf amol bischt wie a buckliche Katz. – Lernscht?
Hansi: Omi, wie soll ich lerne, wann du immr redscht!?
Oma: Du brauchscht jo net horche uf mich. Awr – ich sin jetz ruich.
Mutti: Schau mol, was mir a brave Bu han, der lernt fleißich.
Vati: Un a Meistrschitz is'r aach noch drzu. Zeich mr mol die Gummipuschka.
Hansi: Ich han se nimmr. Ich han se am Erwin um a Schnappmesser vrhandelt.
Vati: So a gutes Instrument hätt ich awr net hergin! Mit dere hascht doch bei dr Hoorich Hawi die doppelti Fenschtrscheiwe dorchgschoß un 's Blumewasl uf am Tisch getroff! Du hascht dich jo noch gar net geballt mit dem Meistrschuß. Des muß mr vun aner Leit here? Ei, du iwertreffscht jo de Wilhelm Tell.
Mutti: Wer waaß, obs wohr is.
Vati: Un jetz saascht uns aach glei, wieviel Tauwe du am Werner mit dere beriehmt Gummipuschka runnergeknallt hascht vum Dach? So ... phenk! *(zeigt)*
Hansi: – –
Vati: Ich maan, der hat sei Maul in dr Schupplad gloßt?!
Mutti: Do red doch, wann de Vati dich was froot. Wieviel wares?
Hansi: Ich waaß nimmr.
Vati: No denk mol no. Hascht awr gewißt, daß es Raßtauwe sin un wem se ghere?!
Hansi: ... Joo.
Vati: Un for was hascht se doch gschoß? Weil se so scheen uf am First gsitzt han?
Hansi: – –
Vati: Do kann mr saan, was mr will. Es vrgeht ka Tach, wu'r nix anstellt.
Oma: Er is halt in die Stulprjohre odr Flegeljohre, wie mr saat.
Mutti: Dem sei Tauwe han uns jo aach die Erbse abgephikt.
Vati: Jetz will ihr a Ausred suche! Willt'dr ne aach noch in Schutz hole?
Oma: Der soll sei Tauwe drham bhalte!

Mutti: Die Mottr hat schun recht.
Vati: Jetz horch mol deni Zwei do zu! Na, wu hatt'r se dann gschoß? Doch drham bei ihm uf am Dach. Waascht jetz schun, wieviel daß es ware?
Oma: Wu kann des Kind sich dann noch erinnre.
Vati: Ihr seid jetz ruich, jetz red ich! Aso, wieviel?
Hansi: – –
Vati: 3, 5, 7, 9?
Hansi: Sexi.
Vati: Also sexi! Un was hascht gmacht drmit?
Hansi: Sie sin alli zum Vettr Jakob in de Garte gfall.
Mutti: Die Katze were se jo gfreß han.
Vati: Terf mr jemand Schade mache?
Hansi: – –
Vati: Jo oder na?
Hansi: Na.
Oma: Ich waaß net, wie mr wegr Tauwe so a Geseires macht?
Vati: Jetz phakscht dich zamm un gehscht zum Werner.
Mutti: Was soll'r dann bei dem mache?
Vati: Sich entschuldiche un froon, was die Tauwe in Wert ware, daß mr de Schade gutmache.
Oma: Der soll sich annri ausfliehn losse un fertich.
Mutti: Wer waaß, was der uns abholt.
Vati: Des is alles ans. Anersmol soll'r bedenke was'r macht. Ich will vor kam die Aue niederschlaan im Dorf. Je, geh schun mol!
Hansi: Ich geh net, der schlaat mich.
Vati: Des schaad dr gar nix, wann'r dich an die Ohrwatschle holt.
Mutti: Er braucht net hingehn. Er muß jo lerne. Gel, du muscht lerne, mei Sieße?
Vati: Er geht!
Mutti: Na! Er bleibt do!
Vati: Ich man, ich wer doch aach noch was zu saan han!
Mutti: Er soll nor lerne, ich wer des schun morje alles erlediche.
Vati: Do geht doch aach schun mol alli zum Kukuk! S'is jo Sind un schad for jedes Wort.
Oma: Du tuscht des Kind verstawre, daß er gar nimmr lerne kann! Netmols, wann'r will.
Vati: Was hat'r dann de ganze Nomittach gmacht?
Oma: Was soll'r gmacht han? Glernt!
Vati: Net am Fernseh gsitzt? Du! Wann ich dich noch amol vrwisch, dascht an dem Fernseh sitzscht, bevor der Aufgabe gmach is, werf ich de Kaschte zum Fenschtr naus! Hascht mich vrstan?
Mutti: Schrei nor net!
Vati: Un iwerhaupt, zeich mr mol, was du do lernscht!
Hansi: Geschichte.

Vati: Geschichte! *(hebt ein Buch auf, der Roman fällt heraus)* Geschichte? Wirklich Geschichte! Do, schau mol, was dei Spreßling lernt.
Mutti: Isses net aach deine?
Vati: Aso, angloo hat'r uns jo wirklich net. Des muß mr am losse. Er lernt „Geschichten aus dem Pariser Nachtleben". Ei, ich han jo gar net gwißt, daß dr des aach schun im Lehrplan hätt?! Drum ewe hascht du soviel zu lerne? Na, un was saat dann jetz die Mutti drzu? – Ich maan, dere is jetz die Red stehngeblieb? Hm? Hascht noch so was? Des tät mich interessiere.
Hansi: Naa.
Vati: Do were mr mol noschaue. Fisik, Literatur, Geometrie. Eh! „Die blonde Marion sucht ihr Glück". Un ausgrechlt in deim Geometriebuch sucht die ihre Glick, hm? „Auf Sankt Pauli ist der Teufel los"! Bei dier is'r im Notebichl drin, de Teiwl, gel?
Mutti: Du redscht aach was zamm, hatt'r net aach a Achtr un a Neinr?
Vati: An Schwalm bringt noch ka Summer! – Do is jo noch ane: „Die fromme Lüge". *(schlägt Hansi den Roman auf den Kopf – Mutti springt zu)*
Mutti: Schämscht dich net, for mit dem Kind raafe?!
Vati: Lieje kann'r aach noch wie gedrückt? *(versucht noch mal zu schlagen, Mutti wehrt ab)* Was han ich dr schun x-mol gsaat? Du sollscht mr so was nimmr ins Haus bringe!
Mutti: Riehr mr des Kind nimmr an!
Oma: Mei Kinnr han kaa Schlee griet – na! Ich tät mich schäme, for mit dem arme Kind raafe!
Vati: Ihr kennt grad ruich sin, weil ihr helft am jo nor sei Lausbuwereie vertuckle. Hätt ihr ka Aue im Kopp? Gsieht ihr net, was der de ganze Tach treibt? *(Oma ab)*
Mutti: Ich mecht wisse, was schun drbei is, wann'r Romane lest? Er is doch schun a große Bu. Is des a Vrbreches?
Vati: Soo, uf aamol is'r a große Bu, zuvor war'r des armi Kind gwen! Wie's eich gut kummt, amol Bunde, amol Geprnik, gel?
Mutti: Was kimmrscht du dich uf amol, was der lernt?
Vati: Han ich vleicht net's Recht drzu?
Mutti: Die Kinnr erzieje, des is mei Sach.
Vati: Die Kinnr ver-zieje is die Sach!
Mutti: Ich vrzieh se?
Vati: Wer dann?
Mutti: Du.
Vati: Ich! Schämscht dich net for so was saan? Was han ich ...
Mutti: Hascht du am vleicht noch net die Stang ghal?
Vati: Wann'r im Recht is, for was net?
Phatt: *(bleibt an der Türe stehen, hört zu)*
Mutti: Mr brauch net glei ninhaue, des is ka Hund net.
Vati: Der geht net krumm for des.
Mutti: In Schenem erreicht mr viel mehr!

Vati: Na, dann mach nor weitr in „Schenem", du gsiehscht jo, wie weit dascht kumm bischt drmit. A Liegner is'r gin. Wer liet, der betriet, der hehlt un stehlt! Hascht mich vrstan!?
Mutti: Hat dann die Welt schun mol so was erlebt, daß anr sei eigenes Kind schlecht macht? Phui, schäm dich!
Phatt: Gutnowet.
Vati: Gutnowet.
Mutti: Gutnowet. Wie kummscht dann du so still do rin?
Phatt: Hansi, do hascht Geld, geh mr gschwind a Phak Zigarettle hole, Mărăschschti!
Hansi: Wann kani sin?
Phatt: No bringscht Karpatz! *(Hansi ab)* Was is dann do vorches Narrehaus bei eich?
Mutti: Stell dr mol vor: Er hat mit am Hansi graaft.
Vati: Jetz urteil mol du, Schwor, ich wer dr erkläre ...
Phatt: Horcht emol! Wann ich urteile soll, muß ich vorweg eich alli zwei vrurteile.
Mutti: Uns alli zwei?
Phatt: Jawohl, alli zwei.
Vati: For was alli zwei?
Phatt: For was? Weil Eltr net vor die Kinner streite. Merkt eich des! Ich han eich a bißl zughorcht un waaß, wu die Uhr zwelfi schlaat. Uf die Art un Weis, wie ihr des macht, git'r dem Kind a schlechtes Beispiel. A ganz schlechtes. Wann Kinnr merke, daß vun die Eltr ane Hott un de anre Har zieht, han se jo a leichtes Gspiel. No geht jede Kriml vun Autorität vrlor. Wie soll der vun eich Reschpekt han, wann ihr eich ananer vor em lächerlich un dumm macht? Mecht'r mr net saan? Sowas macht mr unr vier Aue aus. Awr niemols vor Kinnr!

Vorhang

II. Bild

Nach vier Jahren. Dasselbe Bühnenbild. Tonband spielt einen flotten Walzer.
Oma: Do huck dich uf a Ohrwatschl hin un lern! Du hascht doch nix anres zu tun wie lerne.
Hansi: Omi, du muscht doch mol vrstehn, daß ich net immr nor lerne kann. Omi, na, is des net scheen? Horch mol, was a scheene Walzer.
Oma: Er is schun scheen, awr wann die Mutti kummt, un die muß glei kumme, no ...
Hansi: Omi, du kennscht mich tanze lerne.
Oma: Jesmadjoseb, ich altes Weib soll dich tanze lerne? Do muscht'r a Madl hole.
Hansi: Ich brauch kans.

Oma: Hascht Ängschtre vor die Madle? Die sin jo net alli so bees wie's Brigitte. Des hat'r jo nor die Watsch gin, weilscht's an die Zepp gezoo hascht im Autobus. Net mehr wie recht!
Hansi: Ich brauch ka Madl, lern du mich. Du vrzählscht mr doch immr, du warscht die Owrtänzerin gwen.
Oma: O, des war emol, des is schun ball nimmr wohr.
Hansi: Wer hat dich glernt?
Oma: Wer mich glernt hat? Kaner, ich han vun allanich glernt. Mei Großvattr hat mr uf am Kampl Musich gemach, un ich han gsung un getanzt.
Hansi: Allanich?
Oma: Allanich net.
Hansi: Mit wem?
Oma: Wann ich dr jetz saa, no lachscht mich aus – mit am Bese.
Hansi: Mit am Bese?
Oma: Ja, ja, mit am Bese. *(beide lachen)*
Hansi: Un, un dei Großvattr hat Musich gmacht.
Oma: Uf am Lauskampl.
Hansi: Wie geht des?
Oma: Do hat'r so dinnes Papier drufgetun un hat gebloost. Dozemol ware noch ka Tonbänner, so wie heit. Hie un do hat aner a Radio odr a Gramafon ghat. Ihr hätt doch goldichi Zeite, nor wißt'r se net zu schätze.
Hansi: Un hat dei Großvattr scheen uf dem Lauskampl gspielt?
Oma: Was haaßt scheen? Wer gere tanzt, dem is leicht pheife! Des war un bleibt.
Hansi: Omi, je! Kumm, prowiere mr.
Oma: Awr jetz schau un fahr ab, des tät mr grad noch fehle. Schaumol, dort is de Zimmrbese.
Hansi: Ich waaß doch gar net, wie ich mich anstelle soll!
Oma: Des zeicht sich schun vun allanich.
Hansi: So?
Oma: Awr doch net so! Du hascht jo zwei linksi Fieß!
Hansi: Na wie?
Oma: De Bese halt mr so!
Hansi: Soo?
Oma: Awr, awr, de Bese is es Madl, der is es Madl!
Hansi: Zeich mr doch, wie!
Oma: Ich sin doch schun alt un tappich. Heer uf, heer uf! Ho! Ho! Doch net so, zeich mol her. *(Omi tanzt eine Weile.)* Hoppla hopp, jetz han ich jo aach noch mei Schlappe verlor.
Hansi: Da hascht ne.
Oma: Jetz machscht du weitr, ich grie ka Luft mehr. *(Hansi tanzt.)* So, so! Amol uf de rechtse Fuß, un no uf de linkse, so, so, immr uf de Takt.
Hansi: Is gut so?
Oma: Mehr aushale! Aushale uf am Fuß ...
Hansi: Uf wellem?

Oma: Uf wellem!? Amol uf dem un amol uf dem!
Hansi: Soo?
Oma: Des macht mr doch net so. Zeich mol her.
Phatt: *(steht an der Tür, macht Hansi Zeichen zu schweigen)*
Oma: Schau mol, so, so, gsiehscht, un jetz zeich ich dr, wie mr sich dreht. Schau mol, so – so, immr rechtsrum – rum un widrem! *(erblickt Phatt)* Jesamandjoseb, hascht du mich vrschrecke gmacht.
Phatt: Ihr breicht de Bese net wegwerfe wegr mir. S'is doch nix drbei.
Oma: Joo, wam'r nix drzutut. Du lachscht mich jetz aus.
Phatt: For was soll ich dich auslache? S'is doch immrhin schener; wie wannt'r mitnaner gstritt hätt, wie ich rinkumm sin?! Ihr kennt ruich weitrmache.
Oma: Netemol um Speck. Ich han mr gedenkt, wann nor kaner rinkummt – un puff! Er hat mr ka Ruh gloßt, ich soll ne tanze lerne.
Phatt: Na un? Jetz hätt'r ne tanze glernt. Ihr seid doch unr eich! Hat anr eich vleicht was zu schaffe?
Oma: Naa, awr ...
Phatt: Do is gar ka Awr. Eier Enklskinner sin doch eier alles uf dr Welt. Wie'r noch klan war, hätt'r mit ahm Esl im Mehlsack spielt un ahm vun Hansl un Gretl vrzählt, un jetz lernt ne ewe tanze. Die Zeite änre sich. Ihr erlebt nochamol die Jugend mit. Stimmt's?
Oma: Na joo ...
Phatt: Na gsieht'r!
Oma: Jetz muß ich a bißl an die frisch Luft gehn.
Hansi: Huck dich, Phatt!
Phatt: Ich hal mich net lang uf.
Hansi: A bißl doch, nor a bißl.
Phatt: Du muscht am End lerne, un ...
Hansi: Des hat Zeit.
Phatt: So saascht du. Die Mutti is awr ganz anrer Meinung. – Schmollscht ans?
Hansi: Was fallt'r dann in, Phatt?
Phatt: Ich tät'r aach kans gin, ich han dich nor wille abprowiere.
Hansi: Des han ich doch gewißt.
Phatt: Eh, du Schlaumeier, du bischt schun dei Geld wert. Awr Hand ufs Herz, hascht schun mol gracht? 's bleibt unr uns.
Hansi: Naa, des haaßt, jo. Amol han ich schun gezoo!
Phatt: Aso doch! Un wie war des?
Hansi: Ich sin amol drzu kumm, wie de Edgar un de Dietmar im Schulklosett gracht han, no han se gsaat, ich muß aach amol ziehn, daß ich se net vrrote kann.
Phatt: Un du hascht gezoo?
Hansi: Amol. Nor amol.
Phatt: Un?
Hansi: Ich han misse huschte. Die Träne sin mr kumm, un 's hat aach gekracht.

Phatt: Aso, do kannscht noch net uf die Bruscht ziehn? Brauchscht aach net lerne. Des Raache is a junge Stolz un a alti Gwohnheit, drum ewe gwehnt mr sich's am beschte gar net an.
Hansi: Phatt, du predichscht awr Wassr un trinkscht Wein. Du raachscht doch selwr, un mir rootscht ab.
Phatt: Jede gute Mischthaafe raacht. Awr dir, dir saa ich ans. Du raachscht am beschte dr Katz ihre Schwanz! Hascht mich vrstan? Des is gsindr un gscheider.
Mutti: Do sin jo Gäscht, Guntach!
Phatt: Guntach! Wu laafscht dann rum? Immr wann mr zu eich kummt, is es Nescht ausgfloo, ich maan, mei Schwestr is a richtiche Dorfbese gin!
Mutti: Mit dere Nähterin han ich mei Kreiz. Jetz fallts mr in, braucht ihr de Kultivator noch?
Phatt: Na, ich sin schun lang fertich.
Mutti: Aso, no bringt ne ham. Mir brauche ne. Schunscht grietr's nägschtimol die Katz. Die kummt lanich ham.
Phatt: Ich bring ne heit noch.
Mutti: Un du hascht glernt odr hascht widrem uf dem Tonband rumgleiert? Wann ich gwißt hätt, hättr kans net griet. Awr ich han ahm gsat: Wann'r de erschte Vierer hambringt, sperr ich's in da Schrank in.
Phatt: Geht's mit am Lerne?
Mutti: Es tät schun gehn. Nor dem schappiche Anatomieprofessr kumm ich net bei. Ich han am schun Buttr ufghob, un stell dr mol vor, hat jo der ne net ghol: Er holt nix vun unr dr Pult, des loßt'r sich net norede, hat'r gsat. Dere Zeit kann ich ne nimmr ausgstehn.
Phatt: Gut hatr's gmacht.
Mutti: Wann der mit seini Hatschichi dorch de Schnee geht, brauch mr nimmr kihre hineno, der macht sauwri Arweit, de Mul. Wann'r was wär, no wär ne doch net do zu uns kumm. Der soll sei Lehrgeld zruckverlange.
Phatt: Horchemol, Mari, do muß ich dich awr unerbreche. Ich tät mich vor am Kind net so abfällig eißre iwr sei Lehre! Absolut net. Weil vun dr anr Seit willscht han, er soll dei Kind erzieje! Wann du dich vor am Kind so gehnloscht, mit was forchi Aue schaut der no sei Lehre an? Kinner reagiere uf sowas. Wu bleibt no die Achtung odr der Reschpekt vor em Lehre? Denk mol no driwr, was du do anrichscht!
Mutti: Ich han Gscheidres zu tun, wie iwr so was nozudenke.
Phatt: No brauchscht dich awr net mol wunre.
Mutti: Ich wunr mich gar net. Na, do sin se jo! Wann des a Wolf wär gwen, hätt'r mich gfreß.
Hansi: Was hascht dann, Mutti?
Mutti: Die Knepp han ich gsucht un do lein se. Gehscht mit odr bleibscht noch do?
Phatt: Wuh'n?
Mutti: Die Knepp muß ich noch zu dr Nähterin tran.
Phatt: Des kann doch de Hansi mache.
Mutti: Unser Hansi soll lerne. Hascht ghert?
Hansi: –

Mutti: Obscht ghert hascht?
Hansi: Joo.
Mutti: Han ich dr immr gsat, ich bring ne ins Lizeum, un is'r drin?
Phatt: Awr bis in die Zwelft, des is noch a klani Ewichkeit!
Mutti: Is'r ninkumm, no kummt'r aach raus. For des sin jo ich do. Ums Geld kriet mr alles. Gehn mr?
Phatt: Ich han mei Bizikl, awr ich kann dich jo begleite.
Mutti: A Moment noch. Hansi, kennscht du am Renate sei Hund?
Hansi: Joo, for was?
Mutti: Wie schat'r dann aus?
Hansi: A weiße Phudl.
Mutti: Un was hat der dr dann in de Wech gleet, weilscht am a Reindl an de Schwanz gebun hascht?
Hansi: Ich war net allanich.
Mutti: Gott sei Dank, wer war noch?
Hansi: De Dietmar, de Eckhard, de Horsti un de Reinhard.
Mutti: Un die han gsaat, du warscht de Meistr. Gsiehscht! Wann anr im Dorf was anstellt, wer wars? Unsr Hansi! Alles schiewe se dem in die Schuh. Ich will es net rausstreiche, awr alles was gerecht is ... Na wart nor, eich stopp ich die Meiler.
Phatt: Wann mr ins Lizeum geht, kennt mr solchi Dummheite uf die Seit losse.
Mutti: Wann des deim Vati zu Ohre kummt, kannscht dich richte. Gehm'r jetz.
Phatt: Adje derweil.
Oma: Gehscht schun? Do hol des mit, for die Kinner.
Phatt: Was hätt'r dann schun wiedrum?
Oma: Hol's mit, die gfrein sich doch.
Phatt: Nochamol adje.
Oma: Adje.
Phatt: *(in der Tür)* Jetz kenntr weitrmache mit dr Tanzschul!
Oma: Gsiehscht, gsiehscht! Mir hätte misse abschperre.
Hansi: Omi, ich han dr noch gar net vrzählt, was mr ...
Oma: Ich will nix here, jetz lern nor.
Hansi: Omi, waascht, wie des scheen war, wie mr am Renate seim Phudl a Reindl an de Schwanz gebun han.
Oma: Na, do saa ich nix mehr. – Na, so was! Ihr seid doch richtichi Lauskerle!
Hansi: De Reinhard hat am no noch Terpineel gin ...
Oma: Um Heerewille, des aach noch?
Hansi: Omi, wannscht du den häscht gsiehn laafe! 's Reindl hat gschepprt un is am als uf de Bukl gschlaa, des war was. Wie'r no iwr de Zaun ghopst is, is es Reindl abgriss.
Oma: De arme Hund!
Hansi: No muß es Terpentin angfang han wirke. Omi, der is grutscht, grutscht, saa ich dr – bis zum Renate in de Gang. Dort hat'r paar Kehre gmacht un die Blumeständr rumgschmiß. Wie de Edi die Tier ufgmacht hat, for schaue, was do draus is, is'r dem dorch die Fieß ins Zimmr grutscht. Die han alli gschrie, un de alte Vettr

Lorenz is rausglof kumm un hat a Leffl in dr Hand ghat, sie misse grat beim Esse gwen sin. 's hat ach Gscherr grapplt.
Hansi: Er muß uners Bett odr uners Kanebett gschluppt sin, weil sie han s'erscht glockt, do Pizi, do, do, no han se angfang mit Besestuppe un han gschrie „Giescht naus! Giescht naus!"
Oma: Is dann so was menschemeglich? Wie hätt dann ihr des zugschaut?
Hansi: Ei, mir han beim Reinhard Dachziegle in die Heh ghob. Omi, mir han uns gwenzlt vun lache. No hat de Edi ne am Schwanz rausgezoo un in de Hof gschmiß. Omi, des häscht du misse gsiehn. Der hat gfuttert. Wann'r den vrwischt, wu am des angetun hat, dem schlat'r a Reweblock uf de Kopp.
Oma: No kennt'r eich awr gfaßt mache.
Hansi: Mir waiche em aus, bis'r 's vrgeßt hat.
Oma: Do kummt ka Tach an de Himml, wu du net mol was paxierscht. Sowas mache nor Lausbuwe. Wie kam'r nor a Tier so quäle? Awr jetz gschwind ans Lerne gehn! Un mit dem Tanze hascht mich aach drankriet, gel? Ei, ich sin jo drufkumm, dascht jo beim Lore uf dr Hochzeit schun gtanzt hascht! Na, wart nor, mich kriescht so gschwind nimmr dran! Jetz war's Ai gscheidr wie's Hingl! Ich geh naus, awr wann ich zrukkumm un du lernscht net, erlebscht was vun mir. *(ab)*
Hansi: Die Omi is mr drufkumm uf mei Kniff, macht nix.
Phatt: Do sin ich schun widrem. Un du lernscht noch immr?
Hansi: 's bleibt mr jo nix anres iwrich.
Phatt: Gel, wann mr ka Luscht un ka Lieb hat for lerne un trotzdem lerne muß, no ...
Hansi: Wenichschtens ans, wu mich vrsteht.
Phatt: Wanscht awr jetz schun im Lyzeum bischt, mach dei Möglichschtes. Noher wirds sich schun zeiche. Was Hänschen nicht lernt, lernt Hans nimmrmehr.
Hansi: Du hascht leicht rede.
Phatt: Vorleifich haaßts lerne, des kann nor immr nitzlich sin im Lewe. Was mr amol im Kopp hat, kann kaner am mehr weghole. Ich maan, mit zwelf Klasse kamm'r sich noch immr a Profession raussuche. Des is meiner Meinung noch immr schener, wie ewiche Student bleiwe. Was tätscht du zum Beispiel gere lerne?
Hansi: Schlengedruckr.
Phatt: Jetz rede mr ernscht.
Hansi: Aso, wanns no mir tät gehn, mecht ich am liebschte Mechanikr gin, so wie de Vati.
Phatt: War vorher die Fachschul!
Hansi: Vorher die Fachschul mache un no mit am Vati arweite gehn. Ich maan, ka beßre Lehrmeistr wie de Vati kennt ich mr doch gar net winsche.
Phatt: Bravo! Jetz hascht gred wie a Mann! So gfallscht mr. Ich vrsprech dr, daß ich mit deini Leit mol a ernschtes Wort iwr des red.
Hansi: Des is doch alles unnetich! Die Mutti ...
Phatt: Die hat sich des in de Kopp gsetzt for a „Herr" aus dir mache. Nor was sie unr „Herr" vrsteht, do gehn die Ansichte weit ausnanr, weit. Un dei Vati, so tichtich

wie'r in seim Fach is, s'is jo net schen, wann ich saa, awr drham is'r a Papelaptje.
Soo! Jetz will ich dich net weitr stere un geh aach schun.
Hansi: Sitz dich noch a bißl, Phatt, un vrzähl mr was, ich sin schun mied lerne.
Phatt: Was soll ich dr vrzähle? Vrzähl du mr was!
Hansi: Was?
Phatt: A Witz.
Hansi: Ich kann jetz kane.
Phatt: Awr jetz schau, du kannscht ka Witz?
Hansi: Es fallt mr grad kane in.
Phatt: So schun. – No vrzähl mr vun die Madle. Hascht aach schun a Mensch?
Hansi: Naa –
Phatt: Na, na! Du brauchscht jetz net rot im Gsicht gin wie Paprika. Wie alt bischt?
Hansi: Fuchzeni.
Phatt: Sapprlott, fuchzeni un noch ka Mensch? Wie ich so alt war wie du, han ich schun 's dritti ghat. *(Beide lachen.)*
Phatt: Loscht dich aach schun balwiere?
Hansi: Ich han doch noch ka Bart.
Phatt: No schau nur, dascht ne waxe machscht!
Hansi: Na, wie dann?
Phatt: Wie? Ich wird dr san. Also, du holscht Honich un Gluckedreck.
Hansi: Honich un ...
Phatt: Jawohl! Du holscht's erscht de Honich un schmierscht Leschpr un Backe drmit in, vun auswenzich natierlich. Weil Honich zieht. De Gluckedreck kummt inewendich nin, der treibt.
Mutti: *(steht in der Tür und hört zu)*
Phatt: Un du werscht dich wunnre, wie maschtich die Bart un Schnauzr waxe wird. *(beide lachen)*
Hansi: Saa Phatt, hascht dus aach so gmacht?
Phatt: Na freilich.
Hansi: Drum hascht aach so a scheene Schnauzr? *(beide lachen)*
Mutti: So redscht du mit deim Phatt? Gutnowet.
Phatt: Gutnowet.
Mutti: Ich tät mich a bißl schäme. Du net aach? Derf mr so frech sin?
Phatt: Mir zwei vrstehn uns doch. Ich han ne bißl lache gmacht.
Mutti: Er hat's Altr zu reschpektiere.
Hansi: Mutti, ich han doch nix Schlechtes gsaat!
Phatt: Wirklich, Mari, do muß ich am zustehn.
Mutti: Am Vettr Jakob hängt er aach immr die Gosch an, no kummt der sich immr beklaan, un sei Vati ...
Phatt: Oh, de Vettr Jakob?! Des is schun was anres. Der roppt un foppt an die Jungi rum, un wann'r no a schlagfertichi Antwort griet, wu am net paßt, fiehlt er sich beleidicht un pocht uf sei Altr. Des will'r no reschpektiert han.
Mutti: Un hat'r net recht?
Phatt: Er hat net recht.

Hansi: *(ab)*
Mutti: Wohin jetz?
Hansi: Ich kumm glei.
Phatt: Un wann de Vettr Jakob sich widrum beklaan kummt, tät ich saan: Wer sich unr die Kleie mischt, den fresse die Schwein. No soll'r sich's Beschti raushole.
Vati: *(kommt)* Daß du dich mol gsiehn loscht bei uns? Gutnowet!
Phatt: Gutnowet. Mir steche in dr Arweit bis iwr die Ohre. Mir hätte netmol Zeit for sterwe.
Vati: Wu is dann unsr Hansi?
Mutti: Grad nausgang.
Phatt: Weil vum Hansi grad die Red is – was hätt ihr eigentlich im Sinn mit dem? Er is doch net for studiere.
Mutti: Er muß.
Phatt: Er muß? Muß is awr a harti Nuß? Wann'r awr net will, was no?
Mutti: Der git doch gar net gfroot, ob'r will odr net.
Phatt: Schautemol, ich will mich do net ninmische, awr ich vrsteh des net, wie mr a Kind zwinge kann, for etwas lerne, was absolut ka Luscht un aach ka Lieb net hat drzu?
Mutti: For des sin mir do.
Phatt: Er kummt vun am zum anermol nor mit Ach un Krach dorch. Des is doch unsinnich, was ihr macht. Ihr mißt doch mol selwr ingsiehn.
Mutti: Des is unsr Sach un geht dich a Dreck an.
Phatt: Schwor! Do red doch du aach mol a vrninftiches Wort, bischt doch de Vattr.
Vati: Do muscht schun mit deinr Schwestr rede.
Phatt: Na, hat de Vattr nix zu saan?
Vati: Vattr hin, Vattr her, awr ...
Mutti: Er hat doch ka Zeit for sich mit am Kind abgin. Er is doch bal nie drham. Des waascht du so gut wie ich.
Vati: Eigentlich hat's jo recht in dere Hinsicht, ich sin tatsächlich wenich drham. Nor, wann ich als was ninrede will, was unsr Hansi betrefft, saat's: „Loß nor die Fingre weg, des is mei Sach."
Mutti: 's is aach. Mei Kind derf sich net hinefinne losse!
Phatt: Schwor! Ich sin drham aach nur am Schlappe. Ich streich mich net raus. Awr so net, na, soo net.
Vati: Maanscht, ich gsieh net, daß es dem Kerl die Zäm zu lang hänge loßt? Der hat alle Wille un git vrhätschlt un vrwehnt. Awr soll ich unr dere korzi Zeit, wu ich immr drham sin, noch raafe mit am? Soll ich immr de Pelzebock sin? Wann'r als e Gosch anhängt, fluppts als – awr no sollscht mol gsiehn, wie mei Weib un mei Schwiermottr iwr mich herfalle.
Mutti: Mit Kinnr raaft mr ach net. Un jetz spart eier Ochtem un iwrloßt alles mir. Ich wer schun mache. Mei Kind tu ich erzieje!
Phatt: Du mechscht san verzieje! Hascht dich bloß vrred, des kummt vor.
Mutti: Ihr kennt saan, was dr willt, aus unsrem Hansi mach ich a Herr. Ich wer eich zeiche.

Phatt: Is vleicht die Niklos ka Herr?
Mutti: Wann die Herre so ausschaun ...
Phatt: Is'r ane odr net?
Vati: Awr a klane.
Phatt: Du bischt Brigadier in dr SMA, a tichtiche Fachmann un vun jedem Mensch geehrt un gschätzt. Is er no ka Herr?
Vati: Dem vrzählscht du unnetich. Des is soviel wie wann'r am Teerische Gutnowet saat. Weil, dem kummscht doch net vor.
Phatt: Ich mecht mol gsiehn, ob mr dem net beikumme kann?
Vati: Wißt'r was? Ihr zwei kennt weitr barjasche, ich kumm glei.
Phatt: *(für sich)* Der macht sich aus'm Staab. Saa? Die Niklos vrdient doch scheen?!
Mutti: Des schun. 's vorichi Monat hat'r mit am Vorschuß 2 500 un etliche Lei hamgebrung. For was froscht?
Phatt: For was loscht no de Hansi net Mechaniker lerne?
Mutti: Ich han mit am Eliche genuch. Kimmr dich doch um dich.
Phatt: Ich maan awr, des Geld, wu de „Dreckiche" hambringt, is ehrlich erworbenes. Un wann's wohr is, was die Leit saan, kamm'r des vun dem Geld, wu du hambringscht, net mehr so mit Sicherheit behaupte. Hm?
Mutti: Was saan die Leit?
Phatt: Die saan, wann du so weitrmachscht, kamm'r schun bal ka Kinnr un alti Leit mehr zu dr ins Gschäft schicke for inkaafe.
Mutti: Mit Reschpekt gsaat, ich pheif uf die Leit!
Phatt: So? Du pheifscht uf die Leit? Derfscht awr net vrgesse, daß du deni Leit, wu du was pheifscht, ihre Angestellti bischt. Un net umgekehrt! Sie sin nämlich die Eigntimr, un du ihre Verkeiferin!
Mutti: Wer hat dir des ingin?
Phatt: Ewedrum brauche die Leit dir aach net de Pojazl abgin odr deine Laune abwische.
Mutti: Ich mecht mol gsiehn, wann du in meim Platz wärscht, ob dir die Nerve net ach als dorchgehn täte? Alli Leit kann mr net recht mache.
Phatt: Des waaß ich, do hascht recht. Gspassichi Leit gits iwerall.
Mutti: Na gsiehscht. Do sin jo so Rachgurichi un Unverschämti drtrunnert, die wille jede Rescht, un wanns nor Banie sin, zruck han.
Phatt: Un was wunnert dich? 's is doch ihr gutes Recht.
Mutti: War uf 5, 10 odr 15 Bani tät ich net anstehn.
Phatt: Wie hat unsr Großmottr immr gsaat? Wer de Bani net ehrt, is de Lei net wert!
Mutti: Oh, die mit ihre Sprichwertr!
Phatt: Sprichwertr sin smerscht Wohrwertr. Saa, wann bei dir im Gschäft etwas 1 Lei zu zehn Bani koscht, tuscht du des abrunde un nor an Lei abhole?
Mutti: Ei, wu tät ich dann do hinkumme? Ich han jo mei „Gestiune"!

Phatt: Do hascht du die „Gestiune"? Jedr hat sei „Gestiune"! Wannscht awr der Meinung bischt, daß die Kundschafte Melkkieh sin, was mr auszugle kann, bischt awr gwaltich im Ertum. Vrgeß net, was ich dr gsat han!
Mutti: Du brauchscht dich net um mich kimmre, aus dir red nor de pure Neid.
Phatt: Ich will dich nor ufmerksam mache. Weil du flatscherscht jo!
Mutti: Ich han aach mit was!
Phatt: Dir is de Wohlstand in de Kopp gschtie! Du maanscht, wie so vieli: Wam'r Geld hat, no is mr aach gscheit. Gel? Un nochamol, bedenk, wascht mit am Hansi machscht!
Mutti: Do is nix zu bedenke. Unsr Hansi git a Herr!

Vorhang

III. Bild

Nach weiteren vier Jahren. Dasselbe Bühnenbild
Hansi: Meei, Mutti! Wu soll ich mit meim Gascht hingehn?
Mutti: Na! Hascht du mich vrschrecke gmacht! – Geh mit am hin, wuscht willscht – nor wann dr in de Salon geht, owachtgin un net uf de Perserteppich trete!
Hansi: Meei! No were mr halt uf am Kopp gehn.
Mutti: Nor net glei owedraus sin.
Hansi: Meei! Was des forche Teppich is, wann mr net drufgehn derf. Nagl ne doch an de Plafon an! Meei!
Mutti: Ich maan, mr kann jo a bißl owachtgin! Du waascht, ich han 12 000 Lei hingleht drfor.
Hansi: Meei, Mutti! Gsiehscht, wie du bischt? For solchi Dummheite hascht Geld, for a Auto kaafe net?
Mutti: Fangscht mr schun widrem an mit dem Auto? Han ich net anri Sorche gnuch?
Hansi: Meei! Du willscht mr doch net vormache, daß ka Geld do is for ans kaafe?
Mutti: 's is net die Red vum Geld.
Hansi: Vun was dann?
Mutti: Du waascht, dei Vati will nix wisse vun Auto kaafe.
Hansi: Du machscht mich awr lache, meei! Jetz uf amol muscht du de Vati fron? – Ich maan, des glabscht'r selwer net, meei!
Mutti: Mir terfes net zu arich treiwe im Dorf. Die Leit sin uns neidich un falsch. Net, daß mr net hätte.
Hansi: Meei, was gehn mich die Leit an?
Mutti: Jonny, schau mol! Du sitzscht jetz schun zwei volli Johr drham, for dich uf die Fakultät vorbereite.
Hansi: Na, un? Willscht mr des jetz ufs Brot schmiere?

Mutti: Ich will dr gar nix ufs Brot schmiere. Ich will dr nor saan, wer sich des noch leischte kann? Du lebscht wie de Vogl im Hanfsome.
Hansi: Meei, Mutti! Du kannscht mr do ka Vorwurf mache, du hascht's jo so gwillt. Odr net?
Mutti: Hascht die zwelf Klasse? – Wie se gemacht hascht, hascht se gmacht. Hauptsach 's is rum. – Un ich wer jo aach noch ane finne, dem wu ich a schenes Schippl Geld in die Rippe stupse kann, dascht endlich amol uf dere Fakultät ufkummscht.
Hansi: Meei! Des hascht mr schun voriches Johr versproch.
Mutti: Han ich mr net bal die Fieß abglof un han kane gfun?! Ich maan, ich han mei Meglichschtes gmacht.
Hansi: Ich aach.
Mutti: Wann du die Meglichschtes gmacht hätscht, wärscht ufkumm!
Hansi: Na, schun gut. – Wie bleibts jetz mit am Auto?
Mutti: Ich bitt dich, loß amol in Ruh mit dem Auto. Han ich net Koppweh gnuch?
Hansi: Was regscht dich dann uf amol so uf? Was hascht dann?
Mutti: Nix han ich, nix!
Oma: Grad han ich die Hingle widrem aus am Garte getrieb. Wann kaner de Zaun macht, ich sin a altes Weib, ich kann ne net mache. Wannt'r Salat esse willt, macht was. Odr ... *(ab)*
Mutti: Du kennscht awr aach a bißl was mache im Haus. Gsiehscht, de Vati kummt net rum.
Hansi: Ich? Meei, ich sin Student, entweder lern ich odr arweit ich. Ans vun zwei.
Mutti: No lern! Awr lern!
Hansi: Lern ich net, meei?
Mutti: Do sitz dich hin, ich will dich gsiehn lerne! Mit dir muß ich anerscht anfange!
Hansi: Was bischt dann schun drei Tächr wie die Krott uf dr Hechl? Kumme se Inventar mache?
Mutti: Des is mei Sach. Wu soll die Omi jetz richte for dei Gascht?
Hansi: Meei, Mutti! So a nowli Dame is des aach grad net. Mir bleiwe do im Zimmr bei dr Omi.
Mutti: Wie, a Dame kummt! A Dame?
Hansi: For was net? Derf ka Madl zu mir kumme?
Mutti: Wer is des zu dir? Vun wu kennscht du des? Was ...?
Hansi: Meei, Mutti, soll ich dr jetz a Langes und Brates vrzähle? Ich kenn's, un fertich.
Mutti: Du kennscht's, un fertich! Mit dem is jo net gnuch!
Hansi: Meei! Du willscht awr ach grad alles wisse. Aso: Es is a a Schulkulegerin vun mir. Bischt jetz zufriede?
Mutti: Ich maan, ob's a anständiches Madl is?
Hansi: Ich kimmr mich doch net, was des treibt. Des is doch sei Privatanglegnheit.
Mutti: Najo, schun. Awr so grad in dr Ordnung is des schun net – wann a Madl zum a Bu in die Wohnung geht.

Hansi: Meei! Was is dann do schun drbei?
Mutti: Wam'r nix drzutut, gar nix. Nor ich mecht net han, dascht dich mit am inloscht wu ...
Hansi: Ich wer jo wisse, was ich mach.
Oma: *(kommt herein)* Du muscht die Schuh zum Schustr tran. Ich han se grad geputzt.
Mutti: De Hansi griet heit nomittach a Gascht.
Oma: He?
Mutti: Ich saa, unsr Hansi kriet a Gascht heit.
Oma: A Gascht?
Mutti: Jo. Mach bißl Ordnung do herin.
Oma: He?
Mutti: Na, ich saa! Saa doch „bitte", odr wie, net immr „he"!
Oma: Des is doch alles ans.
Hansi: Des is net alles ans. „He", des is so wischt.
Oma: Du saascht jo aach bei jedem zweite Wort „meei", des is noch wischter.
?: ...fremdi Leit.
Oma: Mit mir braucht ihr eich net schäme. Wann nor ich mich net mit eich mol ...
Mutti: Jetz horch mol dere zu. Horchemol! Ich muß jetz noch gschwind ins Dorf gehn.
Hansi: Wuhin?
Mutti: Irgendwuhin! Ich bleib net lang.
Hansi: *(sucht Zigaretten)*
Oma: Was suchscht dann?
Hansi: –
Oma: Do ram die Bichr bißl zamm uf am Tisch!
Hansi: –
Oma: Ich han dich schun mol gfrot, was d' suchscht?
Hansi: Hascht ka Zigarettle gsiehn, meei? So langi ... *(zeigt)*
Oma: Zigarettle? Wart mol, wu han ich dann die gsiehn. Eh! Dort owe uf am Schrank. Racht dei Gascht?
Hansi: Meei, der racht wie a Tirk.
Oma: Hat'r ach a Schnauzr so wie du?
Hansi: *(lacht)* Meei, was fallt'r dann in? Des wär was!?
Oma: Wann ich a Madl wär. Dir tät ich ka Bussl gin – na. Des muß jo kratze. Wie mr sich nor so vrschändle kann im Gsicht.
Hansi: Meei, Omi! Des is doch scheen, des kratzt net, des kitzlt.
Oma: Wann des scheen is? Na dankscheen! In anr Menascherie han ich mol solche gsiehn. Awr die ware im Käfich gsitzt.
Hansi: Bischt jetz fertich mit deinr Liternei?
Oma: He?
Hansi: Obscht fertich bischt?
Oma: Jo.

Hansi: Na, dann horch, was ich dr saa! Machscht uns a Schwarze un noher bringscht Likeer.
Oma: Des waaß ich schun. Des waaß ich, aso for nomittach.
Hansi: Jo. War, wann's meglich, ohne „He"!
Oma: He?
Hansi: Nix.
Oma: Du hascht doch was gsat.
Hansi: Na, ich han nix gsat. *(für sich)* 's is jo doch unnetich. *(Oma ab)* Ich mecht nor wisse, wer dem Gaby mei Adress gin hat! Was will des do? *(Gaby, ultramodern. Klopft an)*
Hansi: Nor rin.
Gaby: Seus Jonny!
Hansi: Seus. Meei, wie hascht du doher gfun?
Gaby: Ich kann mich doch deskurkiere. Ach wann du dich in die abgrunderscht Hell nin verschluppscht, ich fin dich doch. Okee, Jonnyboy?!
Hansi: Meei, du hascht mich do in a peinlich Lage gebrung, awr ich han gsat, du bischt a Schulfreindin.
Gaby: Prima! Des is a glabwirdichi Ausred. Bravo! Ich han doch gwißt, daß mr dich net in Verlegenheit bringe kann. Na gut, awr sitze derf ich mich doch?!
Hansi: Bittscheen, sitz dich un vrzähl mr, was die „Gaschka" noch macht.
Gaby: Die Gaschka hat mich delegiert, for schaue, was du noch machscht. Weilscht net mehr in die Stadt kummscht. Holscht ka „Privatstunde" mehr? *(lacht)*
Hansi: Meei, mei Alti han Wind kriet, was des forchi „Privatstunde" ware. Jetz muß ich bißl bremse.
Gaby: Jonny, du warscht doch immr so vrbußlt. Was is dann heit mit dir? So kenn ich dich jo gar net! *(versucht Jonny zu küssen)*
Hansi: Meei, was fallt dr dann in! Do kann doch jede Moment anr rinkumme! Mir sin doch net im Motel, meei!
Gaby: Jonnyboy, wann ich gwißt hätt, daß mr sich net mol bußle kann bei dir, wär ich gar net herkumm.
Hansi: Meei, du muscht mich vrstehn, des is net so ohne.
Gaby: Gut, wann du dorchaus net willscht. Awr a Schwarze kann mr doch bei dir grien?
Hansi: Bei mir kannscht du alles han.
Gaby: Nor ka Bußle net, gel?
Hansi: Meei, Gaby! Ich bitt dich um alles in dr Welt, bedenk doch, wu mr sin. Entschuldich mr a klane Moment, ich geh Schwarze ansaan! Tschüs!
Gaby: Tschüs! – Rache wird mr jo terfe do herin. Hoffentlich is des net aach vrbott?! – Schau mr mol, was de Jonny lernt. – Naja, des hätt ich mir jo denke kenne: Romane, Pralinehefte. – Der lebt wie de Herrgott in Frankreich. – Dem sei Alti misse Geld han wie Mischt. – A Brunne, wu mr net leerscheppe kann, des wär for mich. – Was a Unerschied! Meini bringe's net uf un bei, so wie ich's brauch.
Hansi: Was schnufflscht dann rum?
Gaby: Die zwei Romane do requirier ich mer.

Hansi: Hol se ruich mit, wann se dr gfalle, meei.
Gaby: Wie laafscht dann do rum? Zeich mol, daß ich dr die Kraa richt. *(küßt ihn stürmisch)*
Hansi: *(wehrt sich)* Vrsteh doch amol, Gaby!
Gaby: Ich vrsteh schun, Jonny – du bischt gut abgekiehlt! Was lernscht dann do?
Hansi: Anatomie.
Gaby: Aus dr Praline?
Hansi: For was net?
Gaby: Jonnyboy, du schmierscht nor deni alli die Aue zu mit deiner Lernerei. Stimmts?
Hansi: Horchemol!
Gaby: Du brauchscht dich vor mir net scheniere, ich machs doch grad so wie du.
Hansi: Meei, was forche Bär binnscht du deini Alti uf?
Gaby: Phe! Nix Leichtres wie des: Ich mach ihne vor, daß ich mr a Stell such in dr Stadt. Daß ich jetz schun seit zwei Johr noch immr ka passndi gfun han, des is widrem was anres. *(lachen)*
Hansi: Un die glawe dr des?
Gaby: For was net? Deine glawe dr jo aach!? *(lachen)*
Hansi: Meei, du gfallscht mr awr.
Gaby: Muß mr arweite? Mr kann doch aach lewe ohne g'arweit! Wie sat de Jimmy immr? „Die wu arweite, han ka Zeit for Geld vrdiene." *(lachen)*
Hansi: Meei? Bei uns is so a Alte, der saat immr: „Wam'r vum Arweite reich tät gin, wäre am Grof Tschekonitsch sei Oxe alli Millionäre gwen!" *(lachen)*
Gaby: Des is a gute Witz, den muß ich mr merke un dr „Gaschka" zum Beschte gin.
Hansi: Vrzähl mr doch, was die „Gaschka" noch macht, was es noch Neies git bei eich!
Gaby: Was es noch Neies git? – 's Neischti is des, daß's Mimi gschnappt han.
Hansi: 's Mimi? Des is doch raffiniert gnuch?
Gaby: Raffiniert hin, raffiniert her, sie han's gschnappt. Die vun dr Miliz han Aue wie die Stoßvegle. Sei Enrico war do, der mit dem blooe Mercedes.
Hansi: Un?
Gaby: Un? Sie han sich jo getrennti Zimmre ghol ghat, awr in dr Nacht is es no niwr zu ihm gschluppt. Hat's jetz kalt ghat un hat sich nor bißle wille kuschle, odr hat's sich allanich im Zimmr gferchti, des waaß ich net. Korz un gut, sie han's gschnappt.
Hansi: Meei, die misse ihre Nas awr aach iweralich ninsteche. – Hat's sich net ausrede kenne?
Gaby: Do wor nix mehr zu leigle. Jonny, ich gsieh schwarz. Iwerhaupt jetz noch, mit dem neie Gsetz.
Hansi: Meei, nor ka Ängschtre han. Die Supp git nie so heiß geß, wie se gekocht wird.
Gaby: Des saascht du, awr die gehn uns uf die Kapp un kenne ka Gspaß net. – Was hascht du im Sinn? Ich maan, du kannscht dich doch net ewich uf die Universität vorbereite?

Hansi: Meei, vorleifich gets mr gut genuch. Was geht mr ab?
Gaby: Do denkscht du gar net an arweite gehn?
Hansi: Meei, vor was han ich die zwelf Klasse misse mache? Jetz soll ich arweite gehn, daß die anri sich no luschtich mache iwr mich? – Na, so scheen spielt die Musich net.
Gaby: Un was saan die Alti drzu?
Hansi: Meei, mei Alti? Mei Mutti gsieht mich schun for Doktr. Herr Doktr!
Gaby: Geh, mach mich net lache.
Hansi: Des is ihre Wunschtraam, un ich loß se uf dem Glaawe. Glaawe macht seelich!
Gaby: Un dei Alte?
Hansi: Mei Alte? Vor dem han ich Reschpeckt. Die Mutti schreit rum, des geht zu am Ohr nin un zum anre naus. Awr vor meim Vati han ich Reschepeckt. Ich han immr des Gfiehl, so wie wann'r mich dorchschaue tät. Awr er saat nix – un des is mr als so peinlich. Manchesmol schenier ich mich direkt vor am.
Gaby: Jede Mensch hat Sorche, maanscht du, ich han kani? – Bei mir is des wie a gmachtes Gspiel. Ausgrechlt jetz sin ich in anr Geldkrise un drum han ich an dich gedenkt.
Hansi: An mich, meei?
Gaby: An dich. Nor du kannscht mr helfe.
Hansi: Ich?
Gaby: Du bischt doch mei Freind?
Hansi: Du hascht doch viel Freind, ausgrechlt mich hascht du rausgsucht?
Gaby: Mechscht mr net amol helfe? Wann widrem bessri Zeite kumme, griescht dei Geld zruck, Ehrenwort.
Hansi: Wann ich Geld hätt, tät ich dr's schenke, weil vum Zrückgrien is doch bei dir ka Red mehr.
Gaby: Jonny, wie oft hascht du mr gsaat: „Gaby, ich han dich gere." Hascht des alles schun vergeßt?
Hansi: Meei, des han ich schun zu viele gsaat.
Gaby: Du brachscht dich do net groß ufspiele. Wann du in Gutem net willscht, ich kann aach a anri Seit ufziehn. Was maanscht du, wie oft schun die Miliz mich no deim Name un no deinr Adress gfroot han? – Gell, do horchscht, Jonnyboy?! – Du waascht's jo bessr wie ich, daß die aach a Au uf dich han. Weil du bischt ja aach ka unbeschriewenes Blatt. Ich brauch nor's Maul ufmache, un ...
Hansi: Du werscht mr doch des net antun?
Gaby: Wie du mir, so ich dir. Ich maan, du schwitscht? 's is doch net heiß herin? Schau mol, ich sin net unvrschämt. Ich begnieg mich mit ... mit 3-4000 Lei.
Hansi: Vun wu soll ich dann 3-4000 Lei herholle?
Gaby: Des is dei Sach, do misch ich mich net nin.
Hansi: Gaby, des is jo Erpressung. Glatti Erpressung!
Gaby: Nenns, wie du willscht, mir is des egal. Nor ich brauch Monni. Okee? Monni!
Hansi: Ich han immr zu dir ghal, ich han dich immr gere ghat, awr ...

Gaby: Geh, Jonnyboy, un wer mr net noch zum Schluß sentimental.
Hansi: Ich tät mich wirklich net wunnre, wann du jetz aus deinr Handtasch a Revolver rausholle mechscht un mir ne uf die Bruscht halle tätscht. So wie im Krimi.
Gaby: Ich han jo anri Waffn gegr dich. – Hascht du gmaant, 's Gaby kamm'r so mir nix dir nix abschittle? Himml un Hell hascht mr vrsproch, bevor ich dr des Gschäft mit dem Pavlici vrmittlt han! Noher hat sich mei Jonnyboy ganz anfach aus am Stab gmacht un is sang- und klanglos verduft. – Gel? Awr ich brauch jo aach mei Tal! Mei Liewr, jedem seins, no bleibt am Teiwl nix.
Hansi: Ich han doch ka Adress net ghat vun dir.
Gaby: Des is Larifari! Hascht dr jetz schun de Kopp vrbroch, vun wu du Geld herholscht?
Hansi: Wie kannscht mich dann so quäle? Ich han dich doch noch immr gere!
Gaby: So Wertr ziehn bei mir nimmr. Mir war vun Anfang an klar, daß ich dir nor Mittl zum Zweck war. Also, wie is es jetz? Is dr schun was ingfall?
Hansi: Ich han doch ka Geld net, ich wer ...
Gaby: Gut, gut, du werscht mr noch uf die Knie norutsche wille un mers gin. Nor, wann mr mol blackich gscheert un in dem gstraafte Anzuch geht, no is schun zu spoot!
Hansi: Gaby, ich bitt dich ...
Gaby: Ich mach's korz. Ich zähl bis zehni: 1, 2, 3, 4, 5, 6, 7, 8, 9 ...
Vati: Ei, mir han jo Gäscht! Guntach!
Gaby: Kiß die Hand.
Hansi: Vati, do, do stell ich dr mei Schulfreindin vor.
Vati: Gfreit mich, gfreit mich.
Gaby: Ebenfalls.
Vati: Loßt eich nor net stere, ich heer, ihr zählt grad was, ihr hätt bestimmt Wichtiches zu bespreche!
Gaby: Mir rede von die Schuljahre, wo mir mitnanr verbracht han.
Vati: Do will ich eich net stere, red nor weitr.
Hansi: Vati, sitz dich doch a bißl un hal uns Gsellschaft.
Vati: Wer waaß, was ihr zu dischkuriere hätt.
Hansi: Sitz dich nor doher, Vati!
Vati: A bißl kann ich mich jo grod sitze. *(setzt sich)*
Gaby: Wo macht'r Dienst?
Vati: Ich sin Maschineschlosser.
Hansi: Mei Vati is Brigadier bei dr SMA.
Gaby: Jonny, du kannscht jo stolz sin uf die Vati.
Vati: Ihr kennt ganz ruich schwowisch rede mit mir, nor net scheniere. Ihr kennt doch?
Gaby: O joo.
Vati: Na, gsieht'r, ich han jo des glei bemerkt!
Gaby: Glei?
Vati: Entschuldicht mr, de Schwob schlat eich ins Gnack, un schwowisch rede is doch ka Schand net? Des is natierlich mei Meinung, jedr kann jo rede, wie'r will.

Gaby: Mir rede ja drham aach schwowisch.
Vati: Hansi, du kennscht awr aach was uftraan!
Hansi: Ich geh schun, die Omi macht Schwarze. *(ab)*
Vati: Un wu wart'r dann mitnanr in dr Schul mit unsrem Hansi?
Gaby: Ihr saat Hansi. Bei uns is'r de Jonny.
Vati: Sei Mutti saat aach Jonny, ich kann mich an des net gwehne. Bei mir bleibt'r de Hansi. Jetz han ich mich vrheet. Wu ihr mitnanr ...
Gaby: Aso, mir ware, mir ware mitnanr im Lizeum, im Lizeum ware mr mitnanr.
Vati: Do mißt ich eich awr kenne, weil unsr Hansi hat's Lizeum do bei uns gmacht. Ich kennt mich wirklich net erinnre, awr des macht jo nix.
Gaby: No ware mr wu anerscht mitnanr.
Vati: Des kennt schun endr meglich sin. Saat, seit ihr vleicht mit dem rote Dacia, der wu do in dr anr Gaß hinr am Ecke steht, odr bessr gsaat, gstan hat, kumm?
Gaby: Naa. Awr was is mit dem rote Dacia?
Vati: Do ware zwei so Bartichi, die han die Leit ausländischi Zigarettl un so Sach angetra, awr die gute Leit han Pech ghat. Unsr Milizmann hat ihne de Mark verdorb. Er hat se korzerhand ingfiehrt.
Gaby: Un wu sin se jetz?
Vati: Na, ich denk bei dr Miliz.
Hansi: *(kommt mit Kaffee)* Wer is bei dr Miliz?
Vati: Do ware zwei mit am rote Dacia.
Gaby: Wie is eier Milizmann?
Vati: Des is a prächtiche Mensch, des haaßt zu deni, wu nix am Kerbholz han. Wann'r awr so Beitlschneidr vrwischt, die tut'r beichte, bis se saan, wie ihre Urgugandl Zent griet hat.
Gaby: Entschuldicht mr, ich muß jetz gehn!
Hansi: So eilich uf amol?
Vati: s'is noch a Stund Zeit, bis de Autobus kummt.
Gaby: Ich muß awr gehn. Wiedersehn!
Vati: Adje!
Gaby: De Jonny kann mich jo noch a Stick Wegs begleite.
Hansi: Gaby, entschuldich mr, ich han zu lerne.
Gaby: Also, dann lern nor fleißich. Ich wer jo de richtiche Wech alanich finne.
Hansi: Ich hoff, Gaby, ich hoff!? Adjeee!
Vati: Was is dann mit dir?
Hansi: Nix!
Vati: Nix? Also dann saa mr mol, vun wu des Ding do kennscht?
Hansi: s'is a Schulfreindin.
Vati: Un in welli Schul seid ihr mitnanr gang? Vleicht in die Bamschul? He? Du brauchscht dich net bemiehe, un mr blooe Newl vormache, weil mich kannscht du nimmr hiner's Licht fiehre! Mich nimmr.
Hansi: Vati, ich han ...
Vati: Sei ruich, weil du liescht, wannscht's Maul ufmachscht.
Hansi: – – –

Vati: Mei Kopp vrwett ich, wann die zwei, wu ingfiehrt sin gin, net dem sei Baitasche sin. Un so was bringscht du mir ins Haus? So a Schand machscht du uns? Hat's dir an was gfehlt?
Hansi: – – –
Vati: Ich froo, ob's dr an was gfehlt hat?
Hansi: Naa.
Vati: Hascht du des notwendich ghat, for dich unr Tagdiebe mische?! A Lewe hascht gfiehrt wie im Schlaraffeland, buchstäblich am liewe Herrgott die Täch abgstohl! Wu hascht du dei Verstand? Un jetz saa mr mol ufrichtich un ehrlich: Hascht du dich iwrhaupt vorbereit for uf die Universität? Odr bischt in dr Stadt rumvagabundiert?
Hansi: Joo.
Vati: Herrgott, mach Nacht! Na wie, wie stellscht du dr dann vor? Wie willscht du ufkumme ohne glernt?
Hansi: Die Mutti hat doch vrsproch, sie aranschiert alles.
Vati: Die Mutti hat vrsproch? Un uf des hascht du dich verloß? Jetz bleibt mr awr die Red stehn! Na, hascht du dr nie Gedanke gmach um dei Zukunft? Nee – net! Schunscht hättscht doch des Geld, wu mir dir gin han, for dich vorbereite, net mit solchem Gsindl verputzt? Wu hascht dann du des kenneglernt?
Hansi: In dr Nachtbar.
Vati: In dr Nachtbar? Un vun wu hascht du Geld herghatt, for in die Nachtbar gehn?
Hansi: Vun dr Mutti.
Vati: Also vun dr Mutti. Mit dere rede mr aach noch a Wort!
Hansi: Vati, ich han selwr ingsiehn, daß des net gut war, was ich gmacht han bis jetz. Ich ...
Vati: Aha! Jetz, weil ich dr drufkumm sin, willscht du de Reimdiche spiele. Des glickt'r net!
Hansi: Was ich dr jetz saa, des hätt ich dr sowieso heit owed gsaat.
Vati: Sowieso hättscht du mir des gsaat? Interessant!
Hansi: Ich han selwr ingsiehn, in was forchi Banda daß ich ningrot sin. Heit sin mr die Aue ufgang ...
Vati: Reichlich spoot! – Nor – wann du des selwr ingsiehn hascht, des is a gutes Zaiche! – Des wär jo no de erschte Schritt uf'm beßre Wech. Ich hoff wenichschtens!?
Hansi: Ich sin an- for allimol kuriert. – Un morje, morje fruh, morje fruh schun geh ich mit dir in die SMA.
Vati: Was willscht du dann dort mache?
Hansi: Ich loß mich angaschiere.
Vati: Du loscht dich ...?
Hansi: Angaschiere, for uf am Arweitsplatz ausbilde.
Vati: Is des dei volle Ernscht? Odr spielscht Dilitantn?
Hansi: Ich han mich fescht entschloß.
Vati: Awer net mer no morje kumme un ...

(Phatt und Mutti treten ein)
Mutti: Nadann! Jetz ham'r uns getummlt un sin doch zu spoot kumm. De Gascht is schun fort.
Phatt: Ich han gsaat: „Gehm'r!" Awr nix, es hat sich aach misse hinstelle un gaffe.
Vati: Was war dann do zu gaffe?
Mutti: De Milizmann hat a Weibsbild vrwischt, wie's Pakete aus am rote Dacia rausgramt hat odr rausrame hat wille.
Phatt: Mr kann nix Gnaues here, da ane saat so un de anre so.
Mutti: Des hat sich net wille legetimiere losse. Awr des hat sei Mann gfun.
Phatt: A Gosch hat des ghat, wie a Schereschleifr. Sowas han ich noch net ghert.
Mutti: Des muß a Dorchgetriewenes sin! Drin solle angeblich noch drei Männer sin.
Phatt: Zwei.
Mutti: Gut, solles zwei sin. Aso un des Weibsbild.
Phatt: A vermolltes.
Mutti: Soll angeblich aach zu deni ghere.
Vati: Des war de Gascht.
Mutti: Was war des?
Vati: Unserem Hansi sei Gascht! Gel jetz sperrscht Maul un Ohre uf!?
Mutti: Des kann doch net meglich sin?
Phatt: Die wille uns doch nor rede mache!
Vati: Hansi, saa du ihne! War's de Gascht odr net?
Hansi: Joo.
Mutti: Mit solchi verkerscht du? Wie bischt dann unr solches Bagaschi groot?
Vati: Ich waaß net, for was du noch frooscht? Du warscht doch drbei sei Helfershelfer gwen!? Jetz wunnerscht dich aach noch?
Mutti: Ei for was hascht dann du dich net um ne gekimmrt? Alles, was er heit is, des kann'r nor mir vrdanke. Nor mir allanich.
Vati: Do gib ich dr ganz recht. Des stimmt! Alles was'r heit is, kann'r nor dir vrdanke, brawo!!!
Mutti: Er kann aach!
Vati: Un was is'r dann heit?
Phatt: *(macht Hansi Zeiche zu komme. Phatt und Hansi ab)*
Mutti: Er hat sei zwelf Klasse.
Vati: Un hascht du gsiehn, wie mr mit zwelf Klasse unr die Vagabunde groote kann?! Waascht du iwerhaupt, wu der sei Privatstunde ghol hat? In dr Nachtbar, wumeglich noch im Separee!!
Mutti: Des is vleicht nor so Leitgreds, uf des kam'r nix gin.
Vati: Des is gar ka Leitgreds. Er hat mr nämlich alles ingstan. Un die Mutti hat des alles finanziert!
Mutti: Ich han am Geld gin. Ich maan, wann'r in die Stadt fahrt, brauch mr Geld ...
Vati: s'is nix so fein gspunn, alles kummt an die Sunn! – Ich han jo nix zu saan ghat, ich war soviel wie's finfti Rad am Waa. For Geld hambringe war ich gut. Gel? Wann ich was han wille san, „nix, des is mei Sach"! Is es aach dei Sach? Gel, jetz is

es unsr Sach? Schun zwei volli Johr ham'r ne do drham sitze wie a Vorbhaltr. Hat der a Fingr krumm gmacht in dere Zeit?
Mutti: Er hat doch gelernt!
Vati: Was hat'r glernt? Romane glest bis in die halwi Nacht nin!
Mutti: Reg dich net uf, ich wer schun alles aranschiere.
Vati: Du hascht schun grad genuch aranschiert! Jetz sin ich a mol an de Reih for aranschiere! Morje fruh geht unsr Hansi mit mer in die SMA.
Mutti: Was soll der in der SMA mache?
Vati: For sich angaschiere.
Mutti: For sich ...
Vati: Angaschiere.
Mutti: Ich maan, do wär ich jo aach noch a Wort ninzurede han.
Vati: Desmolrum net, weil du hascht schun zu viel Wertr ningred, viel zu viel.
(Phatt kommt)
Mutti: Awr ich sin net inverstan.
Vati: Ich war jo aach mit vielem net inverstan un sin gar net gfroot gin.
Mutti: Och, des geht mr net in de Kopp, des is zuviel uf amol.
Vati: Mir han ihne studiere gloßt, jetz loßt er uns studiere.
Mutti: Ich han am doch alles gmacht, alles.
Vati: Un jetz griescht ewe de Lohn un de Dank drvor.
Mutti: Is des mei Lohn un Dank? Des han ich verdient?
Vati: Vleicht.
Phatt: Umesunscht tut ihr eich jetz beschuldiche un Vorwirf mache. Studiert liewr drdriwert no, wie's weitr gehn werd. *(Hansi kommt)*
Vati: Do gibt's nix zu studiere – das wisse mir schun!
Mutti: So? Un was wisse mir?
Hansi: Vun morje an geh ich in die Arweit. Mit'm Vatti!
Mutti: Awer – ich han doch wille a Herr aus dir mache!
Hansi: Ich will ka Herr sin! Ich will sin – wie alli Leit!

Vorhang

ENDE

Josef Hornyatschek
Darowa – Würzburg

*Josef Hornyatschek (auch: Hornyacsek; Pseudonym: „**Josef Bergmann**") wurde am 4. April 1928 in Darowa (Banat/Rumänien) geboren. In seiner Heimatgemeinde besuchte er die Volksschule, in Lugosch das Untergymnasium und in Temeswar die Deutsche Lehrerbildungsanstalt, bis er seine Ausbildung kriegsbedingt abbrechen mußte. 1945 wurde er zur Zwangsarbeit nach Rußland verschleppt. Nach seiner Heimkehr 1951 studierte er als Privatschüler am Pädagogischen Lyzeum in Schäßburg und erwarb 1952 das Lehrerdiplom. 1962-66 absolvierte er ein Fernstudium der Philologie an der Universität Temeswar, erwarb 1968 die Lehramtsstufe zwei und 1970 Stufe eins. 1952 heiratete er Marianne Grimm; die Tochter Hildegard, Ärztin, ist 37jährig verstorben; Enkel Armin, Physiker. 1951-68 war Hornyatschek Deutsch- und Rumänischlehrer in Darowa, 1968-84 Sprachheillehrer am Logopädischen Zentrum in Lugosch. 1984 wurde er wegen Erwerbsunfähigkeit pensioniert und übersiedelte nach Temeswar, 1987 Aussiedlung in die Bundesrepublik Deutschland; Wohnsitz zunächst in Duisburg, seit 1998 in Würzburg. Seit mehr als drei Jahrzehnten betätigt er sich in der kulturellen Massenarbeit und schrieb als Mitarbeiter von Presse und Rundfunk Berichte, Reportagen, Artikel zu kulturellen Fragen, über Jugend- und Spracherziehung, auch Fachstudien. Auf literarischem Gebiet schrieb Hornyatschek Gedichte, Kurzgeschichten, Fabeln Liedtexte (viele davon vertont), Rätsel, Aphorismen, Stücke für Schul- und Laienbühne, Hörspiele, zeitkritische Essays und übersetzte rumänische Dichter. Bis zu seiner Aussiedlung war er Mitglied des Temeswarer Literaturkreises „Adam Müller-Guttenbrunn"; heute gehört er dem Freien Deutschen Autorenverband und dem Kulturverband der Banater Deutschen an. 1962 wurde er mit dem Preis des rumänischen Unterrichtsministeriums und des Schulbuchverlags ausgezeichnet; 1998 erhielt er den Ehrenbrief der Landsmannschaft der Banater Schwaben und 2002 die Verdienstmedaille der Landsmannschaft der Banater Schwaben in Silber.*

E Mittl geje die Sitzungskrankheit

Zwoi Schwowe sitze so beisamm'n un dischkutiere iwer des eeni, iwer des anri.
Uf eemol soot de eeni: „Ich weeß net, die Doktorkunscht is doch heitzutoch so groß, mr hat allerlei erfun, for die Mensche zu heele, kennt mr net ooch was geje die so weitverbreiteti Sitzungskrankheit, geje des Sitzungsfiewer fine?"
Do soot de anri druf: „Neilich han ich vun eem guti Mittl, mit dem wu mr die Krankheit kuriere kennt, gheert. Ich wird dr alles so vrzähle, wie mr mir es vrzählt hat.
In eem großi Sool wor Sitzung gwen. Koom, daß die Leit richtich gsitzt han, do hat sich uf eemol e kleener, winziche Floh rangschlich un alli ohni Ausnohm – vum Preschedinte bis zu dem Mann uf de letschti Bank – gbiss. Die Leit hats gjuckt, die han sich gkratzt, die han sich riwergedreht, die han sich niwergedreht. Umsunscht, s hat se nix genutzt. Niemand wor im Sool, was vun de Quol vrschont gebliebb is.
Des wor e Hetz! Dem Floh hat die Sach Spaß gmacht: der hat gezwickt un hat gezwickt un sich mit Blut ordentlich vollgsoff.
Deni arme Leit wor des ka Vrgniege. De Sitzungsleiter, der wor uf Droht un hat glei e Auswech gsucht un ooch gfun. Un der wor gut! Finf Punkte, die was vorher noch so wichtich wore, hat er for null un nix erklärt. Eemol is noch abgstimmt wor. Un no wor die `langi` Sitzung aus, de Floh is schnell beim Schlisselloch naus."
De erschti kloppt dem zweiti uf die Schuldr un ment:

„Oh, wie wär mr alli froh,
hät mr ooch e Sitzungsfloh!"

„Herrgottstränen"

Es wor eemol e Schwob, der is uf Italien gfoor. Do is er ooch in eem Wertshaus ingekehrt.
Er hat sich's so richtich schmecke gloßt un hat ooch de Wein net vrschmeet.
Nodem er getrunk hat, froot er de Wert: „Tir, soot mr mol, was is des for e Wein?"

De Wert, der längscht gmerkt hat, daß er es mit eem eenfeltiche Mensch zu tun hat, soot: „Das – sind Herrgottstränen!"
Unser Schwob wird sehr ernscht, falt die Händ un soot ondachtsvoll: „Oh, liewer Herrgott, worum hascht net ooch bei uns driwe so gekrisch?"

Immer wieder

Traktor ziehe
Plich un Eche,
die Erd wird gstriegelt
un gekambelt.
Un ufs Johr
im Summer
traat se goldgehli Ächer
un in de Hoor
Pipatsche un Kornblume.

Kiner un Eltre

In dem Aueblick,
wu die Kiner anfange
uf ihre Eltre
vun owe
nuner
schaue,
steie se aach
schun selwer
die Leeter
abwerts.

De Kranfiehrer

Hoch owe
sitzt er
in dem engi Heisel
un schreibt
mit sichrer Hand
ganze Heiserreihe
in de Zeit
ihre Grundbuch.
Hoch owe
thront er,
streckt de eiserni Arm
wie e Feldherr aus
un diktiert Werter:
jedes Wort –
e Wand,
jede Satz –
e Haus.

Dorchs Lewe gehn

Mir gehn dorchs Lewe
wie Mensche, wu wisse,
daß alles
e Anfang hat un e End,
nor die Zeit net,
die was ufm Wech
ihre Mautheiser
ufgstellt hat,
vor deni mir alli
stehnbleiwe,
uns ausweise
un Tribut zahle
for e jedi verloreni Minut.

Glick

Ich weeß,
daß es Glick net
vun alleenich kummt,
daß es net
de Reen bringt
un net
die zeitiche Trauwe
im Herbscht.
Awer manchsmol brauch ich
nor im Freie stehn,
de Duft vum frischi Hai schmecke,
die Säft vun de Erd spiere,
de Veegel ihre Lieder heere
un fiehle,
wie des alles dorch
mich laaft
wies kiehli Quellwasser
dorch die heißi Gurgel,
sich in mir sammelt,
sich balle tut
zu Kraft un Schwung –
noh weeß ich,
was es is
es Glick.

Iwer Moral

Er verleimd dich,
un du klaascht ne net an.

Er gibt dir e Watsch,
un du schlaascht net zruck.

Er spauzt dir ins Gsicht,
un du loscht es dir gfalle.

Er stoßt dich in de Abgrund,
un du zerrscht ne net mit.

Er glaabt dich zu treffe,
trefft awer sich!

De Friede

Net wie de Wind
kummt er iwer uns
un net wie de Reen
fallt er vum Himmel,
de Friede uf Erden.

Net entflamme tut er sich
pletzlich wie e Blitz
un net wie e Johrszeit
stellt er sich in,
de Friede uf Erden.

Net wie e weißi Taub
werd er runersteije
un net ufbliehe
aus eem Blumebukett,
de Friede uf Erden.

Dorch unser Wille nor
kenne mir de Welt ne gin
un unser Kiner un Kinskiner
als Erbstick hinerlosse,
de Friede uf Erden.

Aus unsrem Herz muß er
sprudle wie es Blut

un aus unsrem Gemiet
wachse un tiefe Worzle schlaan,
de Friede uf Erden.

Aus unsrem gemeinsame Kampf
werd er langsam gebor
un aus unsrem täglichi Bemiehe
um Freindschaft un Verständigung,
de Friede uf Erden.

Der Delphin

Ein Fischdampfer trieb seit einigen Tagen in den Gewässern der Nordsee. Sturmböen fegten über die See und erschwerten den Fischern das Auswerfen und Einholen der Netze. Es bestand kein Zweifel: Neptun wollte ihnen ein Schnippchen schlagen, und Fortuna schien ihm dabei Schützenhilfe zu leisten. Alle waren daher froh, als sich der Sturm legte und die Sonne ihnen zulächelte.

„Ein Delphin!" rief plötzlich ein Fischer, der sich gerade anschickte, das Netz einzuholen. „Was machen wir?"

Mit vereinter Kraft befreiten sie den Delphin aus dem Netz und ließen ihn zurück ins Wasser.

Der Delphin hatte es anscheinend nicht eilig. Er schwamm eine Zeitlang vor dem Bug des Schiffes. Dann begann er den Trawler zu umkreisen und dicht vor ihm aus dem Wasser zu springen. Dem Steuermann, der die Bewegungen des Delphins aufmerksam verfolgt hatte, kam der Gedanke, das Echolot einzuschalten. Und siehe da, das Gerät zeigte einen großen Fischschwarm an!

„Alle Wetter!" staunte der Kapitän, nachdem sie den Fang ins Trockene gebracht hatten.

Der Delphin stellte sich jeden Tag ein, führte den Trawler zu den größeren Schwärmen, so daß die Mannschaft ihr Soll auf dieser Fahrt um das Dreifache überbot.

Einen Monat später kamen die Fischer in dieselbe Gegend zurück. Ein schwarzer, glänzender Rücken tauchte aus den Wellen auf und schwamm auf das Schiff zu.

„Unser Delphin!" schrien die Fischer und liefen an die Reling. Und wieder lotste der Delphin das Fahrzeug zu den Fischbänken. Das ging so vier Fahrten hindurch. Bei der fünften Ausfahrt verspätete sich der Delphin um einen Tag. Er schwamm viel langsamer als sonst, und bald entdeckten die Fischer, daß eine tiefe Wunde in seiner rechten Seite klaffte. Sollte sie ihm ein Haifisch zugefügt haben? Dennoch führte der Delphin den Trawler auch diesmal zu den Fischschwärmen. Dann verschwand er in den Fluten, und die Fischer sahen ihn nie wieder.

So hat sich der Delphin seinen Rettern bis an sein Lebensende dankbar erwiesen.

Stille Größe

Da ragt doch aus dem Wasser
ein Felsblock glatt heraus,
sagt sich die müde Wildgans
und ruht sich darauf aus.

Nichts tut sich eine Weile,
dann regt sich der Koloß:
Das Flußpferd taucht sacht unter,
die Wildgans schnattert los:

„Entschuldigung, ein Irrtum ..."
„Es liegt doch auf der Hand",
meint das Pferd. „Stille Größe
wird von der Welt verkannt."

Vom Schein der Selbstlosigkeit

Schaf und Ziege hatten sich
um ein Bündel Heu gestritten.
Da es keinen Sieger gab,
wollten sie den Haushund bitten,
ihren Streit gerecht zu schlichten.
Dieser hörte sich die beiden an.
„Meinen Dienst will ich verrichten
und Recht sprechen so gut, wie ich kann",
sprach der Hund. „Gebt mir das Streitobjekt!"
Er beroch das Heu, warf es ins Feuer.
Und die beiden schrieen tief erschreckt:
„Ei, warum tust du das, du Ungeheuer?"
„Tja, lange Rede, kurzer Sinn:
Weil ich Karnivore bin."

Gegen die eigene Natur

Die Kunde von einer neuen politischen Orientierung erreichte einen Bienenstock. Begeistert von den freiheitlichen Ideen schwärmten die Bienen aus und trennten sich dann voneinander, um einzeln die Vorteile der neuen Ordnung besser wahrnehmen und auch genießen zu können.

Und die Bienen summten und summten den ganzen Sommer durch. Bedacht nur auf das eigene Wohl, schwirrten sie sorglos umher und vernachlässigten aufs sträflichste die Anschaffung des gemeinschaftlichen Vorrats.

Einige wenige Einsichtige versuchten, die Artgenossinnen von der Nutzlosigkeit und Auswirkung eines solchen Treibens zu überzeugen. Vergeblich: Die Mahnung verhallte an der starren Wand ihrer Engstirnigkeit.

Die Bienen kosteten ihre individuelle Freiheit aus und fanden sich ab und an zu Tagungen ein, um in langwierigen Diskussionen den Grundstein zu einer neuen Verfassung zu legen. Zum Leitmotiv hatten sie den Satz erhoben: „Vom Wohl des einzelnen zum Wohl des Staates."

Vor Wintereinbruch kehrten die Bienen zu ihrem Stock zurück; die leeren Speisekammern gähnten ihnen vorwurfsvoll entgegen. Zum Proviantsammeln war es nun zu spät. Schon bald breitete sich die Not aus und ebnete den Weg für Aggressionen. In blinder Wut fielen die Bienen übereinander her und töteten sich gegenseitig. Die Überlebenden wurden vom Hunger dahingerafft.

Das Herzklopfen hören

Walter, ein sonst friedfertiger und geduldiger Mensch, wurde mit einem Mal sehr nervös.

Wegen seines veränderten Verhaltens von Udo, einem Nachbarn, zur Rede gestellt, sagte er: „Von Hektik und Lärm umgarnt, zappeln wir wie die Fliegen im Netz – und da soll ich nicht aufschreien? In einem fort läutet das Telefon, das Radio dudelt ohrenbetäubende Urwaldmusik, der Fernseher blitzt mit giftigen Augen, die Autos rasen einem über den Weg, der Flugzeuglärm bombardiert das Trommelfell. Könnte ich, ich würde das Äthermeer austrocknen, den Antennenwald abholzen, die Stahlrosse abschlachten und die Silbervögel abknallen."

„Ganz schön radikal", entgegnete Udo. „Ich teile aber deinen Unmut. Ein Aufschrei ist längst überfällig, denn die Menschen haben vergessen, wie die Nachtigall singt und die Biene summt, wie das Heu duftet und die Quellen flüstern."

„Wir haben verlernt", fügte Walter hinzu, „unser eigenes Herzklopfen zu hören."

Der taktlose Taktstock

Ein Taktstock fühlte sich dazu berufen, an der Spitze eines guten Orchesters zu stehen.

Von Anbeginn hatte er sich vorgenommen, mit der Tradition zu brechen und eigene Wege zu gehen. Als erstes verbannte er jede Form von *piano* oder *pianissimo, moderato* oder *diminuendo*. Jede Melodie mußte mit *allegro* oder *con brio* beginnen und dann an Tonstärke und Tempo zunehmen.

Und sollte der Taktstock eine ruhige Phase ankündigen, dann schmetterte er wie zum Trotz ein *molto allegro* oder ein *fortissimo* in den Saal und gleich darauf ein *molto furioso*, gekoppelt mit einem *sforzando*. Und bei diesen Akzenten sprangen die Fidelbögen krächzend über die Saiten, die Hörner und die Posaunen wurden heiser, die Klappen spielten verrückt, es verbogen sich die Tschinellen ... Und in solchem Donnerlärm platzte das Trommelfell.

Statt eines voll ausklingenden, feinen *brillante* kam es zu einem Finale *tremolando* und *molto lamentoso*, einem Finale mit zitternden, krähenden und wehklagenden Stimmen.

Nach diesem unrühmlichen Schluß gab es statt Beifall nur mißbilligende Pfiffe. Ein bereits ausgedienter Taktstock sagte zu dem enttäuschten jungen Kollegen: „Du kannst wohl mit *allegro* beginnen, dich aber nicht darauf versteifen. Erst eine ausgewogene Mischung aus verschiedener Tonstärke und unterschiedlichem Tempo ergibt wahre Kunst. Ja, ein Taktstock muß viel Takt beweisen."

Blabla

In der Diskussionsrunde ging es um ein lebenswichtiges Thema: die Zukunft der Energieversorgung. Die anwesenden Gäste und die Fernsehzuschauer sollten darüber aufgeklärt und ihnen die Zukunftsängste genommen werden.

Die Hauptfrage der Reporter war klar formuliert: Was muß getan werden, um die Energieversorgung sicherzustellen und die Menschen gleichzeitig vor den Gefahren zu schützen, die von den derzeitigen Formen der Stromerzeugung ausgehen?

Die Experten begannen ihre Antworten gleichlautend mit der bekannten Diplomatenformel: „Ich würde sagen ..."

Sie gaben sich Mühe, aus leerem Stroh Sand zu dreschen, den sie den Menschen in die Augen streuten, so daß die Betroffenen nur noch völlig verschwommene Bilder wahrnahmen, die ihre Sinne verwirrten. Am Ende wußte wohl keiner mehr, worum es ging, geschweige denn, mit welchen Erkenntnissen man der Zukunft begegnen müsse.

Der Dummheit Höhenflug

Die Dummheit setzte sich aufs hohe Roß
Und ritt erhobnen Hauptes durch die Gegend.
Vom Sattel schaute sie herab zum Troß
Und fand die Menge fade, haßerregend.

Dem Himmel wähnte sie sich näher als
Der Erde, die gespickt mit Nichtigkeiten,
ihr Geistes-Höhenflug galt jedenfalls
dem All mit seinen grenzenlosen Weiten.

Der rasche Ritt, er klang beklemmend hohl,
sie aber saß so herrisch auf dem Pferde ...
In ihrer Einfalt übersah sie wohl,
wie sehr sie doch verhaftet Mutter Erde.

Nach oben blickend, stieß sie an das Wehr,
das Menschen hier als Flutenschutz errichtet.
Sie plumpste von dem Pferd und stöhnte schwer,
lag auf dem Boden, übel zugerichtet.

Das geblümte Kleid

Die Blätter der Kastanienbäume hatten sich bunt gefärbt. Leise spielte der Wind mit den Zweigen, die sich raunend wiegten. In den Wildgänsen regte sich die Wanderlust: Sie reckten ihre Hälse und schrien lauter als sonst. Die Starenfamilien scharten sich zusammen und strichen schwirrend über die Wiese.

Um diese Zeit, da sich die Zugvögel zu ihrer großen Reise rüsteten und die Menschen dem scheidenden Sommer nachtrauerten, bahnte sich auch ein Wandel in Maries Leben an. Die Familie zog an einen anderen Ort, und Marie kam auf eine andere Schule.

Seither waren einige Wochen verstrichen. Das neunjährige Mädchen hatte bald Anschluß an ihre Klassenkameraden gefunden, und alle mochten sie. Von ihrem gefälligen Äußeren war auch Heinrich angetan; in ihrer Nähe fühlte er stets ein eigenartiges Kribbeln, das er nicht zu deuten verstand. Er versuchte die aufkommenden Sympathiegefühle zu unterdrücken und sich gelassen zu geben.

Der Zufall wollte es, daß es zu einer unerwarteten Begegnung der beiden kam.

Ein heftiger Windstoß hatte den angelehnten Torflügel von Heinrichs Haus aufgerissen. Als der Junge das Tor schließen wollte, stand das Mädchen vor ihm. Über das plötzliche Zusammentreffen waren beide überrascht. Heinrich wohl am meisten, ihm stieg das Blut zu Kopf.

Marie rettete die Situation. „Hallo, Heinrich!" grüßte sie freundlich.

„Hallo, Marie!" antwortete er mechanisch.

Eine Weile herrschte Funkstille. Dann sagte der Junge: „Bitte!" Mit einer Geste deutete er dem Mädchen an, einzutreten. „Vielleicht möchtest du sehen, wo ich wohne." Die Einladung war ihm einfach entschlüpft, und er ärgerte sich darüber.

Erst als sie das Tageszimmer betraten, bemerkte er, daß sie ein herrlich geblümtes Herbstkleid trug. Der gelbliche Grundton paßt zu ihrem goldgelben Haar und den tiefblauen Augen, dachte er. Das werde er ihr aber keinesfalls sagen, auch wenn es ihr sicherlich gefiele. Denn er war felsenfest davon überzeugt, sie hätte sich vor seinem Haus doch nur herumgetrieben, um ihm das neue Kleid zu zeigen. Nein, den Dienst werde er ihr nicht erweisen! Wie sagte Vater nur: „Schmeicheleien finde ich widerlich. Sag frei heraus, was du denkst. Und kannst du das nicht, so schweige!"

Trotzdem blieb Heinrich höflich, wie es sich für einen Gastgeber geziemt. „Nimm bitte Platz!" Und beide setzten sich, etwas steif, auf die Stühle.

Er versuchte sich krampfhaft daran zu erinnern, was seine Eltern taten, wie sie sich verhielten, wenn sie Gäste hatten. Marie sah in Heinrichs angespanntes, ernstes Gesicht und war nahe daran, in helles Lachen auszubrechen. Doch der Junge warf ihr einen strengen Blick zu, und das Lachen blieb ihr im Halse stecken. Sie beherrschte sich nun, um nicht den Verdacht zu erwecken, sie mache sich lustig über ihn. Und irgendwie war der Junge ihr gar nicht gleichgültig. Sie fragte sich nur, warum ist er, warum ist sie, warum sind beide jetzt ganz anders als in der Schule, wo sie wegen jeder Kleinigkeit lachten, wo sie spielten und scherzten und sich manchmal auch in die Haare kriegten.

Das Grübeln der beiden wurde unterbrochen, als Heinrichs ältere Schwester hereintrat und einen Teller Kuchen auf den Tisch stellte.

„Bedient euch!" sagte sie und ging wieder ihrer Arbeit nach.

Schweigend aßen sie von dem Kuchen, darauf bedacht, beim Kauen nicht zu schmatzen.

Die Stille wurde schier unerträglich. Das leuchtete auch Heinrich ein, und er suchte nach einem seriösen, angemessenen Gesprächsstoff.

„Weißt du", begann er, „ich hab daran gedacht, mir ein schönes Flugmodell zu basteln.

„Ja?" meinte Marie.
„Aber leider hab ich darin noch wenig Erfahrung."
„Na ja", vermerkte gelangweilt das Mädchen.
„Auch fehlt mir das nötige Material."
Marie zog verärgert die Augenbrauen hoch.
Danach verebbte das Gespräch. Das Mädchen rückte auf dem Stuhl hin und her, zupfte ein um das andere Mal an ihrem Kleid. Die will mich auf ihr Kleid aufmerksam machen, fürchtete Heinrich und starrte zur Decke. Das Mädchen seufzte aber leise, erhob sich und sagte: „Danke für den Kuchen. Ich geh. Ich muß jetzt gehen ..."
Enttäuscht stand auch der Junge auf. Im letzten Augenblick kam ihm ein Gedanke, der ihn mit Stolz erfüllte: „Ich begleite dich. Wenn du mir erlaubst ..."
„Natürlich darfst du das!" Die Züge des Mädchens hellten sich auf. Und die beiden gingen nebeneinander her, sprachen ab und an ein Wort. Doch alles hörte sich so seltsam an, als wären sie zwei Wesen, die sich zum ersten Mal begegnet waren und nichts füreinander empfänden. Das Mädchen fand das Getue recht ulkig.
Und wie zum Schweigen verurteilt, schritten sie weiter; sie hörten ihre dumpfen Tritte und sannen darüber nach, wie kompliziert das Leben doch sein kann, daß man das Richtige vom Falschen kaum zu unterscheiden vermag. Daß man oft tut, was man eigentlich unterlassen müßte, und anderes unterläßt, was man tun sollte.
So in Gedanken versunken, wurden sie von einem Dackel überrascht, der unerwartet aus einem Hauseingang sprang und Marie mit fletschenden Zähnen bedrohte. Heinrich stellte sich sofort vor Marie und gab ihr ein Zeichen, sich ruhig zu verhalten. Die Gefährlichkeit dieses Dackels war längst kein Geheimnis mehr. Der Hund besaß einen ausgesprochen üblen Charakter. Er teilte die Welt ein: in große und starke Geschöpfe, die man am besten nicht beachten sollte, weil sie unnütz waren, bis auf Herrchen natürlich, mit dem man auf die Jagd gehen durfte; in kleine und schwache Wesen, die man stets im Auge behalten müsse, weil sie zum Würgen geschaffen wären. Und was weder zu der einen noch zu der anderen Kategorie gehöre, werde eben angebellt.
„Danke", sagte das Mädchen, nachdem sich der Köter beruhigt und zurückgezogen hatte.
„Keine Ursache", meinte der Junge.
An der nächsten Ecke blieb er stehen und sagte: „So, nun kannst du allein weitergehen." Er wandte ihr den Rücken zu.
„Hast du dich geärgert?" fragte Marie mit bebender Stimme.
„Nein."
„Doch, ich merke es dir an."
Heinrich zuckte mit den Achseln und machte einige Schritte.

„Du gehst?" sagte das Mädchen sichtlich enttäuscht. „Sagtest du nicht, du würdest mich begleiten?"

„Hab zu tun", konterte er, ohne auf seine innere Stimme zu hören. Als er jedoch eine Träne in Maries linkem Augenwinkel entdeckte, lenkte er blitzartig ein: „War doch nicht ernst gemeint! Natürlich bringe ich dich nach Hause. Versprochen ist versprochen!"

Das Mädchen wischte sich die Träne aus dem Gesicht und lächelte.

„Gehen wir!" sagte der Junge. „Sieh mal einer an, was für ein herrliches Kleid du hast! ... Wie dumm von mir, das nicht gleich bemerkt zu haben. Es steht dir wunderbar!"

Und sichtlich bewegt faßt er nach ihrer Hand.

Verzicht

Verzicht verlangt
oft mehr
Mut und Tapferkeit
als die gewaltsamsten
Eroberungen.

Tiefe

Sein Denken
war so tief,
daß es keinem
der Gedanken gelang,
an die Oberfläche
zu kommen.

Kirschen

Mit ihm
ist schlecht
Kirschen essen.
Er verschluckt
sich immer
am Kern der Sache.

Die Wahrheit

Die Wahrheit ist
Wie das Licht:
Sie verteilt sich,
ohne sich zu teilen.

Spätherbst

Ein kahler Ast
auf dem ein Rabe
Schildwache schiebt.

Vor dem Bildschirm

Im Sessel sitzt
es sich bequem,
die Mattscheibe flimmert.
Ich find' es schön.

Ja, schön und angenehm,
wenn man erkennt:
daß man seit Jahr und Tag
ein fester Konsument.

Ein Konsument von Schrecken,
Banalem und Gewalt,
von hochpoliertem Schwachsinn,
der schallt und gleich verhallt.

Viel Scheibenkleister, re-
sümier' ich voll Verdruß,
bleib' aber dennoch sitzen
und warte auf den Schluß.

An dich
(1986)

Darowa, mein Heimatdorf
mit den sanften Hügeln,
umweltfreundlich, grünbekränzt,
meiner Augen Licht,
meines Herzens Brand:
Zu dir führt mich am Himmel der
Große Wagen, und die
Sonne, nachts, führt zu dir,
um dir zu begegnen am
Kreuzweg der Erinnerungen.
Haben mich erschöpft des

Lebens Wellenschläge,
suche ich Linderung bei dir,
und in deinen Armen
schöpf' ich Hoffnung
für den morgigen Tag.
Schäumt mein Herz vor
Freude über
und erblüht ein Lied mir
auf den Lippen,
finde ich zurück,
um zu atmen
mit dir
das gleiche Glück.

Darowa, Schoß meines ersten Schreis,
Ort der Zuflucht und
inneren Einkehr,
Startrampe neuer Gedanken –
preisen will ich das
Lächeln deiner Blumen
und die Güte deiner Ähren
und die Würze deiner Reben;
jeden Stein im Mauergefüge
preise ich,
jeden milden Menschenblick,
jede offene Tür.
Singen will ich deinen Namen
und die Namen aller
deiner Söhne und Töchter.

Darowa, mein Sehnen
und Verlangen,
keine schwarze Wolke
trübe dein Gesicht,
kein zerstörerischer Geist
schände dir die Brust.
Wachse und erstrahle
in stets neuem Glanz,
und sei gnädig uns.
Schenke allen, die
auf uns folgen,
Schutz und Geborgenheit.
Lebe fort in Frieden!

An das Vaterland

Ich bin ein Zweig an deinem Stamme,
verdanke dir mein lichtes Leben;
zu meinem Wachsen und Gedeihen
hast du mir Mut und Kraft gegeben.

Als Sturm und Wetter mich bedrohten,
da standest du mir fest zur Seite,
bis Sonne drang durch Wolkenwände
und Blüten prangten in die Weite.

Ich laß mich niemals von dir reißen,
in fremde, kalte Erde pflanzen.
Hier will ich meine Früchte tragen.
Ich bin ein Teil von deinem Ganzen!

Heimat

Dort schickt mich kein Fremder
durch fremde Straßen.
Dort klopfen die Gedanken
nicht wie hungrige Vögel
ans Fenster.
Dort deckst du mir
mit deinen Worten
den Tisch.
Dort begleitet mich
dein Lächeln
in den kommenden Morgen.

Motterseelalleenich

Vor em Fenschter sitzt die Motter,
strickt e Kleid fors Enkelskind.
Sicher wird es sich druf gfreie!
An de Dachrinn zoppt de Wind.

Johre is se schun alleenich,
triewe Nächt, noch triewre Täch ...
Weiter, weiter rickt de Zeiger,
geht sei vorgschriewene Wech.

Geere meecht se mol was heere
vun de Kiner in de Stadt,
doch de Postmann geht voriwer,
hat aach heit for sie nix ghat.

Morje, morje kummt er wieder,
denkt die Motter sich un strickt.
Kalter Reen platscht laut ufs Plaschter,
und die Wanduhr tickt un tickt ...

Maria Horwath-Tenz
Weißkirchen – München

Maria Horwath-Tenz wurde am 16. Januar 1932 in Weißkirchen (Banat/Jugoslawien) geboren. Sie besuchte dort die Deutsche Volksschule und wechselte 1943 auf eine weiterführende Schule bis zum Zusammenbruch. Am 1. Oktober 1944 flüchtete sie zusammen mit den sich zurückziehenden deutschen Soldaten, wurde aber gefangengenommen und kam Mitte April 1945 ins Internierungslager Apfeldorf, im November Abtransport nach Rudolfsgnad, wo sie bis zum 28. Februar 1948 festgesetzt war, bis sie nach Slawonien verlegt wurde und dort drei Jahre lang staatliche Zwangsarbeit verrichten mußte. Im Mai 1948 gelang ihr die Flucht nach Weißkirchen, aber schon im September wurde sie nach Belje in Slawonien zurückgebracht, im Dezember abermals nach Weißkirchen zurückversetzt. Erst im September 1952 durfte sie nach Deutschland ausreisen. Hier kam sie zunächst nach Geiselhöring und übersiedelte ein Jahr später nach Geislingen an der Steige, wo sie 1954 heiratete. Zwei Söhne sind aus der Ehe hervorgegangen. 1974, mit 43 Jahren, begann sie eine Ausbildung als Altenpflegerin und schloß mit Staatsexamen ab. 1977 Umzug nach Heilbronn. Scheidung der Ehe 1984. Seit 1986 in Rente. 1991 zog sie nach München zum jüngeren Sohn und ihren zwei Enkeln. Ihr hartes Schicksal in den Lagern und die Demütigungen durch die ablehnende Haltung vieler Deutscher gegenüber Flüchtlingen haben es mit sich gebracht, daß sie unter schweren Depressionen litt, suizidgefährdet war und häufig in Kliniken und Sanatorien Heilung suchen mußte. Nach der Niederschrift ihrer Lager-Erinnerungen erlitt sie einen Zusammenbruch und mußte psychiatrisch behandelt werden. Dennoch war es gerade die Erinnerungsarbeit, die ihr eine gewisse Distanz zu ihren grausamen Erlebnissen verschaffte, so daß sie heute ohne psychische Belastung darüber sprechen kann. Nachdem „Vier Jahre meines Lebens" 1987 (1991 auch ins Englische übersetzt in Amerika) erschien, kam 2004 ein zweiter Erinnerungsband heraus, der weit ausführlicher und abgeklärter erzählt ist.

Vier Jahre meines Lebens

Einleitung

Die Erlebnisse von meinem dreizehnten bis siebzehnten Lebensjahr möchte ich nun niederschreiben, weil ich meine, daß es auf Dauer nicht gut ist, sie stets zu verleugnen, bis sie in Vergessenheit geraten. Kriege gab es immer, und es wird immer welche geben. Sie bringen immer nur Grausamkeiten, Not und Elend. In jedem Krieg werden Feindbilder geschaffen, wird Haß geschürt. Was aber blinder Haß bedeutet und wozu er führt, soll mein Leben deutlich machen.

Mein Schicksal war nur eines von vielen. Tausende haben das Gleiche und noch Schlimmeres durchgemacht. Es war die Tragödie der Donauschwaben aus Jugoslawien im und nach dem Zweiten Weltkrieg. Bitten möchte ich aber, daß niemand, der meine Erlebnisse liest, diese mißversteht. Niemand soll durch meine Schilderungen angeklagt werden. Ich habe allen, auch meinen Peinigern, verziehen. Ich bin der Meinung, daß jeder, was immer er auch tut oder getan hat, vor Gott und seinem Gewissen selbst verantwortlich ist.

Nur wenige haben dieses Inferno überlebt. Ich kann nur eines sagen: Es wäre viel besser gewesen, ich wäre gestorben und hätte es nicht überlebt. Denn ich bin für den Rest meines Lebens in jeder Hinsicht gezeichnet. Ich komme nie mehr davon los, auch wenn ich mir noch so viel Mühe gebe. In den ersten Jahren danach fand ich sehr schwer ins normale Leben zurück, denn von den meisten Menschen werde ich nur von oben herab behandelt, weil ich keine Allgemeinbildung habe. Ich konnte aber nichts dafür, daß ich – anstatt in die Schule zu gehen und etwas zu lernen – meine Jugendzeit so verbringen mußte. Die Folge war, daß ich nie viel Selbstbewußtsein hatte. Im Gegenteil, Minderwertigkeitskomplexe beherrschten mich: Wenn ich mit jemandem reden sollte, fing ich an zu stottern und zu weinen. Am schlimmsten war es, wenn ich einen Polizisten oder Soldaten sah, sofort bekam ich Angst. Das aber durfte ich niemandem sagen, denn gleich hieß es: Hast halt ein schlechtes Gewissen. Am wenigsten Verständnis fand ich bei meinen nächsten Angehörigen. Dies verschlimmerte meine Lage. Dabei hätte ich so dringend Hilfe und Verständnis gebraucht.

Mit der Zeit habe ich gelernt, daß man von Menschen, die nichts Ähnliches durchgemacht haben, kein Verständnis erwarten kann. Ich empfinde bei Nachrichten von Not, Leid und Elend in der Welt ganz anders als jene Menschen, die dies nur vom Hörensagen kennen. Das bewegt mich so stark, weil dann immer die Bilder aus meiner eigenen Jugend auftauchen.

Heute habe ich das meiste einigermaßen überwunden. Eines jedoch werde ich nie vergessen: meine Mutter, meine Großeltern und die vielen, vielen tausend Menschen, die starben und wie Tiere verscharrt worden sind! Man konnte und durfte damals nichts für sie tun, nicht einmal ein Grabmal oder sonst ein Zeichen setzen, daß dort Menschen begraben worden sind.

Meine Kindheit

Ich kann nicht behaupten, daß ich eine schöne Kindheit hatte. Meine Eltern wurden geschieden, als ich vier Jahre alt war. Von da an lebte ich mit meiner Mutter bei ihren Eltern. Meine Mutter war sehr krank, und ich mußte schon sehr früh mit ihr die Rolle tauschen. Sie mußte von mir versorgt werden, schon damals, als ich noch nicht einmal zur Schule ging. Ich mußte sie anziehen, waschen und ihr das Essen reichen, weil sie so krank und hilflos war. Das aber war es nicht, was mir das Leben so schwer machte. Daran hatte ich mich gewöhnt und tat es auch gern, weil ich meine Mutter sehr mochte, vielleicht aber nur deshalb, weil sie mich brauchte.

Viel mehr hatte ich darunter zu leiden, daß mich meine Onkel, die Brüder meiner Mutter, sehr streng behandelten. Auch mein Großvater war sehr streng zu mir. Oft bekam ich Prügel, auch für das, was ich mal anstellen könnte, als Warnung, damit ich ja nicht so wie mein Vater werden würde. Nur mein Onkel Hans war gut zu mir. Meine Kindheit war also nicht rosig. Das soll keine Klage sein, sondern ich wollte nur zeigen, daß sie sogar noch schön war im Vergleich mit dem, was ich danach durchzustehen hatte. (...)

Das Lagerleben in Apfeldorf

Nun möchte ich schildern, wie wir in diesem Lager gehaust haben. Wir waren 14 Personen in einem Zimmer. Am Boden hatten wir Stroh ausgebreitet, legten eine Decke darüber, und mit einer zweiten deckten wir uns zu. Wir lagen nebeneinander wie Heringe. In der Mitte des Zimmers war nur ein schmaler Weg. Möbel gab es keine. Draußen im Hof haben wir Ziegel aufgeschichtet, darüber ein Brett gelegt und darauf dann gesessen. Das Essen bekamen wir aus einer Lagerküche und zwar zweimal täglich. Es gab nur Suppe: einmal Einbrennsuppe und dann Kartoffel-, Bohnen oder Erbsensuppe, was man meistens nur am Geruch feststellen konnte. Für den Abend gab es ein Stück Brot. Mit diesem waren wir oft unzufrieden, weil wir an ein solches Brot nicht gewöhnt waren. Daß dieses Brot noch gut war, merkten wir einige Monate später. Dabei möchte ich hervorheben, daß es uns im Verhältnis zu den anderen Lagerbewohnern noch gut ging, denn wir bekamen täglich einen Laib Brot zusätzlich, nachdem die Schwiegermutter der jungen Bäckersleute mit Esther in unserem Haus wohnte. Wir konnten uns sattessen und merkten kaum, daß im ganzen Lager Hunger herrschte und viele daran starben.

Unsere Wäsche und Kleider, die wir noch hatten, konnten wir nur mit klarem Wasser in einer kleinen Schüssel waschen und spülen. Die Wäsche sah dementsprechend aus.

Einmal gingen Esther und ich über die Straße, als ein Pferdefuhrwerk auf uns zugefahren kam. Wir glaubten, daß wir uns nicht zu fürchten brauchten und blieben stehen. Das Fuhrwerk hielt vor uns, und der Mann fragte, ob wir nicht mit ihm fahren möchten. Warum nicht, dachten wir und stiegen auf den Wagen. Nun machte er kehrt und fuhr in Richtung Lagertor. Sobald wir dies merkten, wollten wir vom Wagen herunter, doch schrie uns der Mann an: „Ihr bleibt sitzen und rührt euch nicht vom Fleck."

Dazu sagte er, daß er von der Lagerleitung die Erlaubnis erhalten hatte, einige Kinder mitzunehmen, die ihm helfen sollten, seine Kirschen zu pflücken. Beim Auftauchen eines Wachpostens wagte ich nicht mehr aufzumukken, sondern drehte mich mit dem Rücken zu ihm, damit er mich nicht als die Gänsediebin erkennen sollte.

Unser Bauer hatte inzwischen noch ein Mädchen und zwei Jungen von der Straße weg eingesammelt, und nun fuhren wir sehr lange. Wir bekamen langsam Angst, weil wir nicht wußten, wohin er uns führen wollte. Wir kamen erst spät am Nachmittag bei ihm an und sollten nun Kirschen pflücken. Es gab viele Bäume, und uns wurde klar, daß wir heute nicht fertig werden würden, und wollten heim, weil unsere Angehörigen nicht wußten, wo wir waren. Als der Mann uns sagte, daß wir erst dann nach Hause durften, wenn alle Kirschen gepflückt waren, wurden wir unruhig und störrisch.

Wir lehnten alles ab, wollten nicht essen und verließen nicht einmal den Baum. Er und seine Frau versuchten vergeblich, uns herunterzulocken. Erst versuchte er es im Guten, und als das nichts half, begann er, Schauergeschichten zu erzählen; z. B. daß alle unsere Leute im Lager erschossen worden seien, nachdem er uns rausgeholt hatte. Nun fingen wir alle zu weinen an, und das tat ihm dann leid. Dann erzählte er uns eine andere Geschichte, um uns zu zwingen, ihm zu gehorchen. Wir weinten noch mehr und wollten nun erst recht heim. Als alles nichts nützte, holte er ein Gewehr und drohte, uns damit zu erschießen. Das war uns gleichgültig. Keiner rührte sich oder machte Anstalten zu folgen. Jetzt war er so verzweifelt, daß auch er beinahe zu weinen anfing. Das ging so bis lange nach Mitternacht. Wir hatten mittlerweile Hunger.

Die beiden hatten aufgegeben und waren ins Haus gegangen. Wir waren müde geworden und merkten, daß unsere Kräfte nachließen, und wenn wir nicht bald vom Baum hinunterkämen, würden wir hinunterfallen. Als wir dann doch nachgaben und ins Haus kamen, freuten sich die Serben und gaben uns ein Schmalzbrot. Ach, das schmeckte aber! In einem echten Bett durften wir sogar schlafen, allerdings war es nicht bequem, weil wir Mädels zu dritt in einem lagen und die Jungs zu zweit in einem anderen.

So ging es noch einmal gut aus, auf jeden Fall besser, als wir es vorhatten, nämlich auf dem Baum zu schlafen. Zwei Tage mußten wir noch bleiben, bis alle Kirschen gepflückt waren. Auch an diesen beiden Tagen war noch manches geschehen. Ich glaube, der Mann hat es mit uns nicht leicht gehabt. Er war gar nicht böse, vielmehr hilflos gegen eine solche Rasselbande. Manchmal war er tatsächlich dem Weinen nah, so ärgerten wir ihn. Nur deswegen, weil er uns einfach von der Straße weg mitgenommen hatte und wir unseren Angehörigen nicht sagen konnten, wo wir waren. Einmal sagte er in seiner Verzweiflung:

„Wartet nur, wir werden euch alle dahin tun, wo ihr alle umkommen werdet."

Damals sahen wir das nur als eine Drohung an, später aber, als dies eintrat, mußte ich öfter daran denken.

Als wir später wieder daheim waren, hörten wir von den Sorgen, die alle durchgemacht hatten, denn sie konnten sich nicht erklären, wo wir waren, ob wir überhaupt noch lebten. Besonders Esthers Mutter verzweifelte beinahe.

Über Langeweile konnten wir nun nicht mehr klagen. Es gab für uns immer viel zu helfen. Tagsüber waren nur Alte und Gebrechliche im Lager. Sie konnten sich nicht einmal die Suppe mehr holen. Auch das Trinkwasser mußte man aus einem Tiefbrunnen holen. Es gab nur einen im ganzen Lager, denn das Wasser aus dem eigenen Brunnen war nicht trinkbar. So waren wir meistens damit beschäftigt, den Leuten Wasser und die Suppe zu holen. Wir machten es gern, denn wir waren noch die Gesündesten und Kräftigsten im Hause, dies aber nur deswegen, weil wir täglich etwas mehr als die anderen zu essen hatten.

So kamen wir öfter am Tag zum Tiefbrunnen. Einmal, als wir hinkamen, stand dort ein Wagen mit einem großen Holzfaß darauf. Vom Brunnen her pumpten zwei Männer Wasser in das Faß, zwei andere standen mit einem Wachposten daneben. Esther und ich waren geschockt, als wir diese Männer sahen, denn sie waren bis auf die Knochen abgemagert, ganz grau im Gesicht, die Augen waren groß und so müde und traurig. Wir erfuhren, daß sie Gefangene waren, aber keine Deutschen, sondern Kroaten, die auf der Seite der Deutschen gegen die Partisanen gekämpft hatten.

Dieser Anblick schnürte mir den Hals zu, am liebsten wäre ich davongelaufen, aber zur gleichen Zeit faßte ich einen Entschluß; es schien, daß sich auch Esther mit dem gleichen Gedanken trug. Wir näherten uns dem Wachposten und verwickelten ihn in ein Gespräch. Dabei erfuhren wir, daß sie jeden Tag kamen, um Wasser zu holen. Da wir stets warten mußten, bis diese Kriegsgefangenen ihr Faß gefüllt hatten, konnten wir unseren Plan ausführen.

Täglich durften wir helfen, das Brot abzuladen, weil wir dann immer gleich auch den Laib, der für uns bestimmt war, heimlich und geschickt verschwinden lassen mußten. Von da an ließen wir, mit Einverständnis des Fahrers, jedesmal zwei Brote verschwinden. Diese schnitten wir gleich in Stücke und legten sie in unsere Wasserkanne, die zum Glück einen Deckel besaß.

Stand der Wagen beim Brunnen, dann gingen wir auch hin, um Wasser zu holen. Ich eignete mich besser für die Unterhaltung mit dem Wachposten, denn mein Serbisch klang so komisch, daß er sich immer dabei amüsierte, wenn ich sprach. In dieser Zeit konnte Esther den Ärmsten das Brot überreichen, die es vorzüglich verstanden, das Brot zu verstecken. Das gelang uns oft. Nie haben sie uns dabei erwischt; manchmal glaubte ich, daß es die Wachmannschaften doch bemerkten, aber nicht sehen wollten. Auch unter ihnen gab es Menschen, sonst wären noch mehr umgekommen. Diese Tätigkeit machte uns viel Freude. Esther erzählte jedesmal, wie es war, wenn sie den Männern das Brot gab: Ihre Augen waren voll Tränen, wenn sie das Brot sahen, und leuchteten, wenn sie es bekamen. Wenn wir diesen Menschen etwas geben konnten, waren wir abends sehr zufrieden und sangen viel vor Freude. Den Hausleuten gefiel dies sehr, und wenn es Abend wurde, sagten sie öfter:

„Heute singt ihr wieder."

Esther sang die erste Stimme und ich die zweite. Das klang nicht mal schlecht. Einmal kam ein Wachposten vorbei, blieb stehen, hörte eine Weile zu, dann sagte er:

„Wartet nur, euch wird das Singen schon vergehen. Wir wissen schon, was wir mit euch machen müssen. Wir werden den Müttern die Kinder wegnehmen und sie getrennt einsperren."

Das hatten sie schon öfter angedroht, teilweise schon angefangen, denn in unserem Lager waren schon viele ältere Leute, Großeltern mit ihren Enkeln aus dem Nachbardorf. Die Mütter der Kinder waren ganz woanders in einem Arbeitslager untergebracht. Es gab aber auch Kinder, die keine Großeltern mehr hatten und von Verwandten oder Bekannten versorgt wurden.

Eines Tages brach Diphterie aus, die hauptsächlich Kleinkinder befiel. Christels Großmutter hatte Mitleid mit den Kindern und wollte sie retten. Sie meinte, daß dies gehen würde, wenn sie den Kindern den Hals mit Petroleum auspinselte. Wir Mädels mußten ihr dabei immer helfen. Wir hielten die armen Hascherl fest, dabei schrieen sie entsetzlich. Wir fühlten uns dabei nicht mehr wohl, wir konnten nicht mehr singen und litten nachts unter Alpträumen. Noch viele Jahre später sah ich diese Kinder und hörte sie schreien. Ich machte nur mit, weil ich damals glaubte, ihnen helfen zu können, doch keines der behandelten Kinder überlebte diese Krankheit. Es war schrecklich. Mir tat es so leid, daß wir die Kinder noch so geplagt hatten, ehe sie starben. Es gab ja keine Medikamente.

Einmal wurden alle Lagerbewohner gegen Typhus geimpft, dabei wurden wir alle krank, denn wir wurden mit einer Kanüle gespritzt, bis diese brach oder steckenblieb. Die Impfung hat dennoch geholfen; seither herrschte diese Krankheit nicht mehr so stark.

Eines Tages kamen die Gefangenen nicht mehr, um Wasser zu holen. Es hieß, sie seien umgekommen, vom Typhus weggerafft. Von den anderen gefangenen Kroaten überlebten nur sehr, sehr wenige, die dann in ein anderes Lager kamen. In Apfeldorf hatten sie in Baracken gehaust, die fürchterlich ausgesehen haben mußten: Alles war voll mit Läusen, Wanzen und Flöhen.

Später erfuhr ich, daß die Arbeitsfähigen aus dem Lager Apfeldorf in diese Behausungen einquartiert worden waren, während die Arbeitsunfähigen nach Rudolfsgnad mußten. Ein halbes Jahr waren wir schon in diesem Lager, und ich sehnte mich immer mehr danach, erlöst zu werden, heimzukommen oder wenigstens meine Lieben zu sehen, die ich bereits ein Jahr nicht mehr gesehen und gesprochen hatte. Dabei gehörte ich zu jenen Glücklichen, die nicht so sehr Hunger litten.

Mit dem Güterzug nach Rudolfsgnad

Eines Sonntags mußten alle Lagerleute morgens auf einem Platz antreten und dann an einer Kommission vorbeigehen, die an einem großen Tisch saß, um sortiert zu werden. Die Arbeitsfähigen kamen auf die eine Seite, die Alten, Gebrechlichen und die Kinder auf die andere. Dabei sagten sie zu uns spöttisch:
„Ihr kommt jetzt alle in Erholung."
Natürlich wußten wir nicht, was sie damit meinten. Wir ahnten nur, daß sie nun das machen wollten, was sie uns schon öfter angedroht hatten. Was sie aber wirklich mit uns vorhatten, sollten wir bald mitbekommen. Als die Aussortierung fertig war, wurden wir wieder in unser Quartier zurückgeschickt. Nur die Arbeitsfähigen wurden extra eingesperrt. Darunter auch meine Tante, Esthers Mutter und alle jungen Frauen aus unserem Hause. Doch kamen alle in derselben Nacht wieder zu uns. Wie sie das gemacht hatten, blieb ein Geheimnis. Später stellte sich heraus, daß es nur wenige waren, die heimlich entkommen konnten.
Am nächsten Morgen hieß es, daß wir alles, was wir hatten, mitnehmen und draußen antreten sollten. Da war nicht viel, denn alles, was wir hatten, konnten wir unter den Arm nehmen. Natürlich nahm ich auch meine Papierpuppe mit, und insgeheim hoffte ich, mit ihr noch öfter spielen zu können. Wir versammelten uns am Sammelplatz, die Wachmannschaften durchsuchten nochmals alle Häuser und trieben alle Menschen zusammen. Viele konnten nicht mehr gehen, doch das half nicht, alle mußten mit.
Dann gingen wir nach Franzfeld, wo ein Bahnhof war. Auf diesem wenige Kilometer langen Weg ist viel passiert. Jene, die nicht gehen konnten, wurden zusammengeschlagen und blieben auf der Straße liegen. Wir wurden ständig angetrieben. Die Wachmannschaften fluchten, schrieen und schlugen zu, wenn wir nicht schnell genug vorwärts kamen. Am Bahnhof mußten wir in offene Schotterwagen klettern. Jene, die nicht hinaufkamen, mußten von den Kräftigeren hinaufgezogen oder geschoben werden. In jeden Wagen mußten so viele rein wie nebeneinander stehen konnten. Wir standen so dicht beieinander, daß sich niemand bewegen konnte. Wenn jemand mal mußte, konnte er seinen Platz nicht verlassen. Das Weitere kann man sich denken. Unsere Bündel wurden uns abgenommen und in einem Waggon gesammelt.

Wir wurden am Nachmittag eingeladen und fuhren im Schneckentempo. Für eine Strecke, die normalerweise in einer Stunde zurückgelegt werden konnte, brauchten wir bis zum nächsten Vormittag. Dann waren wir in Rudolfsgnad, das für mich zur Hölle wurde.

Ich weiß nicht, wie ich es anders nennen soll. Weit über 20 000 Menschen, alte, kranke, hilflose Menschen, darunter viele Kinder, brachte man nur mit dem einen Ziel dahin: alle elend zugrunde gehen zu lassen. Was in über zwei Jahren im Vernichtungslager Rudolfsgnad wie in allen anderen Lagern gelitten wurde, ist unbeschreiblich. Ich glaube, mit Recht sagen zu dürfen, daß es viel besser gewesen wäre, wenn man uns erschossen hätte. Es tut mit leid, wenn ich eben etwas sagte, was niemand hören will. Doch glaubt mir, bis heute verstehe ich nicht, warum wir unschuldige Menschen, vor allem Kinder und Greise, die einen, die erst am Anfang ihres Lebens standen, und die anderen, die ihr Leben in Ehren verbracht hatten und treusorgende Eltern waren, so Schweres durchmachen mußten. Warum konnte ich damals nicht auch sterben? Diese Frage blieb mir noch viele Jahre unbeantwortet. Auch nach der Entlassung war für mich, die ich diese Hölle überlebte, das Leiden keineswegs vorbei, denn viel zu tief und zu schwer waren die Wunden.

Am 1. November 1948 gegen Mittag kamen wir in Rudolfsgnad an. Der Zug blieb auf freier Strecke neben dem Dorf auf einem hohen Damm stehen. Dieser Damm war als Schutzdamm gegen das Frühjahrshochwasser von den Donauschwaben des Ortes gebaut worden. Daher ging es steil zum Ufer der Theiß hinunter. Die meisten alten Menschen, die einen so steilen Hang nicht hinuntergehen konnten, sind hinuntergerutscht oder -gepurzelt. Die Wachmannschaften warfen uns unsere Bündel nach, und jeder mußte sehen, wie er seine Sachen wiederfand.

Mein Bündel war aufgerissen, das meiste herausgefallen. Lange suchen durfte ich nicht, weil wir sofort brutal weitergetrieben wurden. So torkelten wir durch das ganze lange Dorf. Diesmal wurden die Entkräfteten nicht gleich zusammengeschlagen, sondern man sagte ihnen, daß sie unbedingt bis zum letzten Viertel kommen müßten. Gruppenweise wurden wir dann in die Häuser eingewiesen, aber so viele in einen Raum, daß wir nicht wußten, wie wir da unterkommen sollten.

Im Zimmer machte ich mein Bündel, die Decke, auf und fand darin ein paar Papierkleider der Puppe. Gottseidank hatte ich meinen Mantel an, denn der Winter stand uns bevor. Sofort wollte ich zurücklaufen, um meine Sachen zu suchen, doch sagte meine Tante, das wäre zwecklos und ich sollte ihr lieber helfen, Stroh für unser Lager zu suchen, denn inzwischen war es später Nachmittag geworden. Wir fanden kaum mehr Stroh, weil Tausende von Menschen schon vor uns dagewesen waren, und wir, die hier zuletzt angekommen waren, fanden nur mehr soviel, daß wir nicht am nackten Boden liegen mußten. Wir lagen so dicht nebeneinander, daß wir uns kaum umdrehen konnten, ohne den anderen aufzuwecken. Das Schlimmste war, daß wir von allen Bekannten getrennt worden waren und nun mit ganz fremden Menschen zusammenlebten.

Dabei muß ich eins betonen: Trotz der vielen Menschen, die wir waren, gab es selten einen Streit, denn jeder fügte sich, so gut es ging. Ich habe nur einmal einen Streit zwischen zwei Frauen erlebt, weil die eine von der anderen etwas Eßbares entwenden wollte. Was kann man aber dazu sagen? Hunger tut halt weh!

Das Wiedersehen mit der Mutter und den Großeltern

Schon am nächsten Morgen ging ich los, um meine Sachen zu suchen. Das schien aussichtslos, aber ich war so verzweifelt, weil ich nichts mehr hatte. Sogar die Decke, in die ich meine Sachen gepackt hatte, war zerschnitten, und die Schuhe, die ich auf dem Marsch angehabt hatte, waren mir bereits zu klein geworden. So ging ich den gleichen Weg zurück, den wir am Vortag hatten gehen müssen. Zuerst fand ich ein Puppenkleid, dann sogar meine Puppe, ich freute mich sehr und lief immer weiter.

Plötzlich hörte ich jemanden meinen Namen rufen, und als ich aufschaute, erkannte ich die Schwester meiner Großmutter. Mein erster Gedanke war: ,Wo sie ist, muß auch meine Mutter sein.' Mit klopfendem Herzen fragte ich:
„Wo ist meine Mutter?"
Sie drehte sich um, zeigte in Richtung Bahnhof und sagte:
„Schau mal, wer da kommt."
Es war meine Großmutter. Mit einigen Sätzen war ich bei ihr. Sie blieb erschrocken stehen und sagte immerfort:
„Wo kommst du her?"
Ich konnte kaum reden, denn meine Oma sah sehr verändert aus. Früher war sie korpulent gewesen, nun aber abgemagert. Es war mir klar, daß auch sie in einem Internierungslager gewesen sein mußte. Daß sie alleine vor mir stand, ließ mich Schlimmes ahnen, denn meine Mutter und mein Opa waren sicherlich nicht mehr am Leben. Mein Hals schnürte sich zu, als ich sie fragte, wo die Mutter und der Großvater seien. Sie sagte nur:
„Lauf ein Stückchen vor, dort sind sie."
In der Tat waren sie schon viel weiter voraus. Opa zog ein kleines Wägelchen, auf dem die Mutter saß. Auch das Gepäck, das sie noch besaßen, war darauf verstaut. So schnell ich konnte, rannte ich zu ihnen. Als ich sie sah, erschrak ich fürchterlich. Sie waren ganz abgemagert, nur noch Haut und Knochen. Wie die Soldaten am Brunnen sahen sie aus. Keiner von uns konnte gleich etwas sagen. Die Mutter weinte sehr. Als sich der Opa gefaßt hatte, sagte er nur immer wieder:
„Mein Kind, wo kommst du her? Wir glaubten doch, du wärest in Sicherheit."

Ich war aber in diesem Augenblick fest davon überzeugt, es sei besser, daß mir die Flucht nicht gelungen war, denn sie, die Meinen, brauchten mich doch so sehr.

Plötzlich durchlief mich ein Schauer. Denn ich erkannte nun meine Lage. Auf die bohrende Frage, warum meine Flucht nicht geglückt sei, gab ich zur Antwort:

„Gott wollte nicht, daß ich in Sicherheit lebe, während meine Mutter und die alten Großeltern um ihr Leben kämpfen. Er will, daß ich mich jetzt um die Meinen kümmere, so gut ich kann."

Das nahm ich mir auch vor. Ich wollte alles tun, damit sie genug zu essen hatten, um zu Kräften zu kommen.

Trotz der Not erlebte ich in diesem Moment eine innere Hochstimmung, denn ich wußte, was mein Auftrag war. Sofort forderte ich sie auf, weiterzugehen, denn ich kannte schon aus Erfahrung: Wenn man nicht zu den ersten gehört, die einen Raum zugeteilt bekommen, dann bleiben nur die steinernen Böden der Küche oder eine kleine Kammer, manchmal auch nur noch der Stall zum Wohnen übrig.

So war es auch. Wir bekamen noch Platz in einem Zimmer mit einem Bretterboden. Was das bedeutete, wußte jeder, der in einem solchen Zwangslager lebte. Die Menschen, die auf einem Steinboden ohne Stroh liegen mußten, starben eher als jene, die auf Holzböden lagen. Zuerst wurden auch die Ställe benützt. Später, als viele gestorben waren, wurden die Stallbewohner in die leergewordenen Plätze umquartiert.

Opa und ich gingen Stroh suchen, nachdem die Mutter und Oma ihre Schlafstellen belegt hatten. Wir fanden auch welches, aber leider nicht genug. Viele Menschen blieben ohne Stroh, weil es keines mehr gab und niemand sich darum kümmerte, welches herbeizuschaffen. So blieben kranke und alte Menschen oft ohne Stroh, denn sie hatten niemand, der sich ihrer annahm.

Nach und nach erfuhr ich den Leidensweg meiner Lieben: Kurz nachdem die Russen unsere Heimatstadt, die direkt an der Grenze zu Rumänien lag, besetzt hatten, wurden meine Lieben und alle Deutschen interniert. Sie kamen sofort in ein Vernichtungslager, wo schon nach kurzer Zeit das große Sterben anfing. Fast die Hälfte aller Internierten starb in den ersten Monaten in den vielen provisorischen Lagern, die irgendwo in einem deutschen Dorf nur zu dem Zweck eingerichtet worden waren, unschuldige Menschen schneller ins Jenseits zu befördern. Als ich meine Lieben traf, hatten sie schon ein Jahr Hunger, Not, Entbehrungen und Elend hinter sich. Sie hatten kaum noch Chancen durchzukommen, wenn sie nicht bald mehr zu essen bekommen würden. Daher stand für mich fest, daß ich ihnen helfen mußte.

Schon am nächsten Morgen ging ich los, um eine Gelegenheit zu suchen, wie ich aus dem Dorf herauskommen könnte. Das war nicht leicht, weil ganz Rudolfsgnad ein Vernichtungslager war. Nur selten gab es ein Haus, in dem Andersnationale lebten. Dahin konnte aber niemand kommen. Schnell erfuhr ich, daß tags zuvor einige aus dem Dorf herausgekommen waren. Im Nachbardorf waren sie betteln gegangen und hatten dort auch einiges bekommen. Auch ich wollte das tun und ging sofort zum Ortsausgang. Bald wurde ich von einem Wachposten aufgehalten, und er drohte, mich zu erschießen, wenn ich weiterginge. Was blieb mir übrig, als zurückzugehen? Verzweifelt rannte ich durch das Dorf in der Hoffnung, dort irgendetwas zu finden. Damals wußte ich noch nicht, daß überall Tausende von Menschen schon mehrere Wochen lebten und jeden Winkel nach Eßbarem durchsucht hatten.

Am Abend kam ich bitter enttäuscht zu meinen Lieben zurück. Dann zeigte mir Oma etwas, das Opa gefunden hatte. Sie erzählte, daß Opa und sein Bruder an diesem Tag aus dem Lager hinausgehen konnten. Sie hatten auf einem abgeernteten Acker einige Kartoffeln gefunden und waren darüber hocherfreut. Nur ich war nun total niedergeschlagen, weil ich nicht daheim geblieben und mit Opa und seinem Bruder gegangen war. Auch ich hätte helfen können, dann hätten wir sicher mehr als diese etwa fünf Kilogramm Kartoffeln finden können. Ich beruhigte mich erst, als ich mit Opa ausgemacht hatte, am nächsten Tag mit ihm wieder hinauszugehen. Der Großonkel fühlte sich noch zu geschwächt, um wieder mitzugehen.

Am nächsten Morgen war ich frohen Mutes; ich dachte, daß Gott mich doch mochte, denn er hatte uns einen Weg gezeigt, wie wir uns Essen beschaffen konnten. Seit unserem Hiersein war das der dritte Tag, und wir hatten noch nichts zu essen bekommen. Wahrscheinlich nur deswegen, weil die Organisation nicht klappte. Wie konnte sie auch? In einem Dorf, in dem bisher etwa 3 000 Deutsche gelebt hatten, waren in den gleichen Häusern über 20 000 Menschen zusammengepfercht worden.

Mühsam fanden Opa und ich etwa einen halben Sack Kartoffeln und waren überglücklich. Plötzlich stand ein Wachposten vor uns, der uns sicherlich schon länger aus einem Versteck beobachtet hatte. Er mußte gewartet haben, bis wir in seine Nähe kamen, dann riß er den Sack los, warf ihn zur Seite und schlug mit dem Gewehr auf meinen Opa ein. Opa brach zusammen und stöhnte laut. Ich fing an zu stottern und wollte dem Wachposten erklären, daß wir die Kartoffeln von einem abgeernteten Acker aufgesammelt hatten, als er mich mit dem Gewehrkolben gegen die Brust schlug. Ich fiel rückwärts hin, und nun trat er mit seinem Fuß gegen meine Hüfte, die mir danach acht Tage lang schmerzte. Dann befahl er uns zu verschwinden. Die Kartoffeln durften wir nicht mitnehmen.

Opa konnte kaum gehen, aber aus Angst, noch mehr abzubekommen, krochen wir ins Lager zurück. Opa war so zugerichtet, daß er sich einige Tage nicht einmal vom Platze erheben konnte, sondern nur stöhnte, wenn er sich bewegte. Oma war so geschockt, daß sie einige Tage nicht mehr reden konnte, sondern nur mit dem Kopf schüttelte.

Später erfuhr ich, daß mein Opa im Lager schon einmal so furchtbar geschlagen worden war, und zwar deswegen, weil er denselben Namen hatte wie einer, der sich während der deutschen Besatzungszeit etwas zuschulden hatte kommen lassen. Seit jener Zeit war mein Opa ein gebrochener Mann.

Auch diesmal war er von diesem Tag an nicht mehr derselbe. Er saß da, starrte vor sich hin und redete kaum mehr. Er tat mir sehr leid. Ich nahm mir deshalb vor, alles zu tun, auch auf Biegen und Brechen, um meinen Lieben etwas zu essen zu verschaffen.

Tagsüber blieb ich bei meiner Mutter und den Großeltern, nur nachts mußte ich zur Tante zurück, um dort zu schlafen. Denn bei meinen Lieben konnte ich nicht bleiben, weil sie so eng nebeneinander lagen, daß es keinen Platz mehr gab. Mit meiner Tante wollte ich über diesen Vorfall nicht reden, weil sich mein Hals zuschnürte und ich keine Luft mehr bekam; ich hätte nur noch geschrien.

Seit dem dritten Tage bekamen wir etwas zu essen. Meistens war es eine Erbsensuppe, in der mehr Käfer als Erbsen waren, manchmal erhielten wir eine Suppe mit Blaugersten aus der Lagerküche. Satt werden konnten wir nicht. Hier erst lernte ich kennen, was Hunger ist. Unsere Kartoffeln mußten wir einteilen. Deswegen aßen wir nur jeden zweiten oder dritten Tag davon. Opa belehrte uns, daß wir mit einem leeren Magen vorsichtig sein und wenig essen sollten. Er hatte es selber im Ersten Weltkrieg erlebt: Als sie drei Wochen lang eingekesselt waren und in dieser Zeit nur von ihren eisernen Rationen gelebt hatten, starben viele, die sich nicht beherrschen konnten und gleich danach viel aßen. Dasselbe geschah auch in diesem Lager. (...)

Das große Sterben

Ich wußte also nur zu gut, welcher Gefahr ich mich aussetzte, wenn ich wieder einmal versuchen wollte, aus dem Lager zu kommen. Aber Hunger tut sehr weh, richtiger Hunger ist, wenn man drei oder vier Tage nichts mehr gegessen hat. Dieser tut noch mehr weh. Besonders wenn meine kranke Mutter vor Hunger weinte, wenn mein Opa weinte und dabei sagte:

„Wenn ich schon sterben muß, so möchte ich mich noch einmal sattessen können."

All das trieb mich aus dem Haus. Nur fort, dachte ich mir, ich wollte etwas suchen und hoffte auch zu finden. Trotzdem traute ich mich nur am Tag, einen Versuch zu machen. Aus dem Dorf allein in der Nacht zu gehen, wagte ich nicht, denn ich hatte große Angst. Leider ist es mir nie möglich gewesen, tagsüber das Lager zu verlassen. Die Wachen standen zu dicht und paßten gut auf. Sie wollten nicht, daß wir mehr Essen hatten, als sie uns gaben, denn sie wollten nur eins: daß wir so schnell wie möglich verhungerten.

Jedesmal, wenn ich einen Versuch machte, hinauszukommen, wurde ich wieder zurückgetrieben. Dabei hatte ich noch großes Glück, daß immer ein Posten Wache hatte, der nicht gleich gezielt schoß. Klar, daß ich mich sofort zurückzog und es am gleichen Tag nicht mehr versuchte. Doch unsere Lage wurde immer unerträglicher. Anfang Dezember gab es für uns nichts mehr zu essen. Alle vier bis fünf Tage bekamen wir ein wenig Maisschrot, aber kein

Salz, was besonders schlimm zu ertragen war. Für alte Menschen und Kinder gab es außer diesem Schrot nichts mehr, denn der Kommandant hatte sich vorgenommen, uns alle in ganz kurzer Zeit verhungern zu lassen. Es waren nicht nur Wachen um das ganze Lager postiert, sondern ständig gingen Trupps mit Wachmännern durch das Lager, die alles durchsuchten. Wehe, wenn sie etwas Eßbares fanden. Sogar der Kommandant ging von Haus zu Haus und beteiligte sich am Durchsuchen. Fanden sie etwas, dann gab es für alle, die in diesem Haus wohnten, Schläge. Diejenigen Männer, die sich zu dieser Arbeit hergaben, waren herzlos und grausam.

Auch bei uns im Haus waren sie einige Male, fanden aber nichts, weil in unserem Haus ausschließlich alte und sehr schwache Menschen waren, die nicht mehr fähig waren, sich etwas zu beschaffen. Wenn man merkte, daß die Wächter kamen, hat man mich verschwinden lassen. Wie und wo ich versteckt wurde, sage ich später. Jetzt möchte ich nur über die schlimmste Zeit reden. Sie begann Anfang Dezember und dauerte bis Mitte März. In dieser Zeit gaben sie uns so wenig zu essen, daß ihr Plan, uns auszurotten, fast aufging. Ich schildere jetzt nur das, was in unserem Haus geschah und wie ich es selbst erlebt und mit eigenen Augen gesehen habe.

Nachdem wir mehrere Tage nichts zu essen bekommen hatten, starben so viele Menschen, daß es für die anderen viel Platz gab. In dreieinhalb Monaten sind von unserem Haus, in dem ursprünglich 38 Personen lebten, nur noch neun übriggeblieben. Davon sieben in unserem Zimmer, zwei in der Kammer, die aber bald danach auch starben. Ich glaube, daß es den meisten Menschen, die leben, schwerfällt, dies zu glauben. Doch war es nicht nur der Hunger, an dem die Menschen starben. Es herrschte Ruhr, Typhus, und, was am allerschlimmsten war, die Kopf- und Kleiderläuse hatten sich derart vermehrt, daß viele alte Leute buchstäblich von ihnen aufgefressen wurden, denn sie nahmen ihnen den letzten Tropfen Lebenssaft.

Was sich in dieser Zeit im Lager abgespielt hat, ist schwer zu glauben oder zu verstehen. Es herrschte dort der Hungertyphus. Menschen wurden blind oder wahnsinnig vor Hunger, oder sie legten sich auf ihr Lager, dösten einige Tage dahin, bis sie für immer einschliefen. Denen war Gott am gnädigsten. Am schlimmsten waren diejenigen dran, die vor Hunger wahnsinnig wurden. Sie schrien Tag und Nacht so furchtbar, daß man sie weithin hören konnte. Ich habe diese Schreie noch Jahre danach gehört. Viele irrten durchs Dorf, fanden nicht mehr heim und starben auf der Straße. Was Menschen alles essen, wenn sie Hunger haben, ist unvorstellbar. Vielleicht wäre es besser, wenn ich nicht darüber berichte. Nur einen Fall will ich kurz beschreiben:

Aus unserem Teillager waren zwei Männer beauftragt, das Essen zu holen. Sie gingen täglich mit einem zweirädrigen Wägelchen zur Küche. Noch bevor diese beiden Männer weggingen, standen die Menschen vor dem Haus, bis sie zurückkehrten. Jedesmal hofften sie auf Essen. Sie kamen aber einen Tag nach dem anderen, ohne etwas mitzubringen. Manchmal kamen sie drei, vier, fünf Tage nacheinander und sagten, daß sie nichts zu essen hatten. Manchmal brachten sie sogar sechs Tage lang nichts.

Einmal ging ich durch das Dorf, als die Männer mit ihrem leeren Wägelchen kamen. Da saß ein alter Mann an die Wand gelehnt vor dem Haus und sah mit aufgerissenem Mund und großen Augen auf die Männer. Er fragte:

„Habt ihr was?"

Die Männer verneinten, worauf der alte Mann sagte:

„Heute ist der sechste Tag, wo wir nichts zu essen bekommen haben."

Man merkte, wie der Mann zusammensackte. Er sagte kein Wort mehr. Nach etwa zwei Stunden ging ich wieder an ihm vorbei, da lag er zur Seite gekippt, wahrscheinlich tot.

Dieser Anblick versetzte mich in einen Schockzustand. Ich dachte an meine Großeltern und sagte mir: ‚So darf mein Opa nicht sterben, auch meine Mutter und meine Oma nicht.'

Deshalb nahm ich mir vor, alles zu tun, was in meiner Kraft stand, um ihnen das Leben zu retten. Schon zwei Wochen waren vorbei, seit wir so wenig zu essen bekamen, und ich konnte noch nichts Eßbares beschaffen. Das machte mich fast wahnsinnig. Ich rannte manchmal wie eine Irre durch das Dorf.

Einmal entdeckte ich einen Maistrockner, Hambar genannt, der neben einem Lagerhaus stand. Der Mais lag darinnen. Man sah die Kolben zwischen den Latten liegen. Ich dachte, da müßte man die kleineren Kolben doch herausziehen können. Schon am nächsten Tag stand mein Plan fest: Noch in der gleichen Nacht band ich mir ein Säckchen um, ging zum Hambar, kletterte die Mauer hoch und brachte einige Maiskolben heraus. Alles mußte ganz leise geschehen, denn wehe, wenn man mich erwischt hätte. Auch hatten sie einen Hund, der sofort bellte, wenn er etwas hörte. Ich brauchte sehr lange, bis ich fünf Kolben herausgenommen hatte. Dann bekam ich einen Krampf in den Beinen, und die Knie fingen an zu zittern. Darum mußte ich hinunter. Doch waren die fünf Maiskolben schon sehr viel, und die Hoffnung auf fünf weitere Maiskolben in der folgenden Nacht gab mir Kraft und Mut.

Wir rieben die Körner von den Kolben und kochten sie. Jeder im Zimmer bekam eine Handvoll Mais. Nun ging ich jede Nacht dahin, aber nicht jedesmal konnte ich etwas heimbringen, denn es war nicht leicht, nur kleine Maiskolben herauszuziehen. Oft schlug der Hund an, oder ich hörte Stimmen. Dann mußte ich sofort hinunter, versteckte mich, bis alles wieder ruhig war. In einer solchen Nacht gelang mir dann nichts mehr, denn meine Knie wurden so schwach, daß ich nicht mehr oben stehen konnte. Oft hatte ich einen so schlechten Halt, daß ich mich auf eine Hand stützen mußte. Dafür hatte ich in mancher Nacht etwas mehr Glück und brachte mehr Kolben heraus, so daß wir immer etwas als Reserve anlegen konnten.

Wir im Zimmer hatten dadurch wenigstens eine Handvoll Mais zu essen. Da dieses geheim bleiben mußte, konnte ich leider nicht für alle im Haus sorgen, was mir sehr leid tat. Unsere Reserve hatten wir stets versteckt.

Nun zu unserem Versteck. Es hat uns sehr geholfen. Mein Opa hat es für mich gemacht. Von der Kammer ging eine schöne, breite Treppe zum Dachboden. Im Laufe der Zeit hatten wir sie verheizt und mit der schönen Holztreppe gekocht. Diese Öffnung wurde dann mit Schilf, von dem es genug am Ufer der Theiß gab, abgedeckt. Außen im Hof war der Dachboden vorher nur mit Brettern zugemacht, die inzwischen auch schon verbrannt waren. Opa machte dazu eine Leiter aus Dachlatten und Brettern. Diese Leiter wurde nun mit einem Stock auf den Dachboden geschoben, und dann wurde eine Schnur so angebracht, daß man sie mit einem Haken wieder herunterziehen konnte. Wie das vor sich ging, wußten nur Opa und ich. Sobald wir merkten, daß wieder eine Razzia war – das hörten wir schon drei Häuser vor unserem –, verschwand ich und mit mir alle Sachen, welche uns gefährlich hätten werden können. Danach zog ich nur die Leiter empor, und niemand ahnte, daß auf dem Boden ein junges Mädchen mit ängstlich klopfendem Herzen bis zur Entwarnung ausharrte. So blieb ich von allen Vergewaltigungen verschont.

In dieser Zeit hörte ich nichts von Esther und von allen anderen Bekannten, denn alle hatten um ihr Leben zu kämpfen. Wir hatten für nichts mehr Zeit, als täglich nach Eßbarem zu suchen. Die andere Zeit brauchte ich, um meine Mutter und die Mitbewohner im Zimmer zu versorgen. Ich holte täglich das Wasser vom Tiefbrunnen, da unser Wasser im Hausbrunnen ungenießbar war. Einige Tage vor dem Tode ließen die meisten Menschen alles von sich, und ich hatte dann viel zu tun. Waren sie gestorben, mußten sie in Decken eingenäht werden. Auch das tat ich, weil ich noch die Stärkste war. Manchmal bekam ich von jenen Sachen, die der Tote noch hatte, außer dem, was er am Leibe trug. Das war nicht viel, meist auch nur Lumpen, trotzdem war ich froh und dankbar. Ich hatte ja schon so wenig, und auch das waren nur Lumpen. Meistens benützte ich die Wäsche und wickelte sie um meine Füße, denn ich hatte keine Strümpfe mehr, und meine Schuhe fielen mir schon längst von den Füßen. Einmal bekam ich von einer Frau, noch während sie lebte, ein Paar Schuhe. Wie glücklich war ich damals. Ja, ich kam mir reich vor. (...)

Das Kinderheim

Erst als ein Milizsoldat kam, um mich zu holen, kam ich zu mir. Denn ich wollte nicht in ein Kinderheim. Ich wurde nicht danach gefragt. Sobald Kinder ohne nächste Verwandte waren, wurden sie alle in ein Kinderheim gebracht. Zur Tante wollte ich nicht, in eine Arbeitsgruppe konnte ich noch nicht, weil ich zu klein und zu schwach war. So blieb nichts anderes übrig als das Kinderheim.

Viel mitzunehmen hatte ich nicht. So ging es recht schnell. Ehe ich mich versah, war ich dort. Der Wachposten brachte mich hin, jagte mich in einen großen Saal hinein und ging wieder fort. Das Kinderheim war in einem Gasthaus untergebracht. Dieses hatte einen großen Saal, und dort lebten die Kinder. Das war nun mein Zuhause. Es waren sehr viele Kinder da, ganz kleine und große bis zu meinem Alter. Ich war vierzehn Jahre alt, sah aber wie eine Zwölfjährige aus. Was ich hier im Raum sah und erlebte, war so furchtbar, daß ich jetzt, nach so vielen Jahrzehnten, wo ich meine Erlebnisse niederschreibe, wieder ganz zittrig werde, wenn ich daran denke. Öfter muß ich aufhören zu schreiben, denn alles taucht wieder auf, und die Vergangenheit wird zur Gegenwart.

Die Kleinen lagen, weinten oder wimmerten vor sich hin; einige taumelten im Raum umher und suchten was zu essen. Natürlich hatten sie Hunger, denn sie bekamen noch weniger zu essen als jene, die bei ihrer Mutter oder Oma im Dorf lebten. Einige lagen still: Entweder lagen sie im Sterben oder waren schon tot. Ich mußte nun oft an Franzl und seine zwei kleinen Schwestern denken. Waren sie hier umgekommen oder lebten sie noch? Dieser Gedanke erdrückte mich fast.

Zuerst lehnte ich mich an die Wand, da mich die Beine nicht mehr halten wollten, sank langsam in die Hocke und weinte fürchterlich. Mich quälte nur ein Gedanke: Warum kann ich nicht sterben? Ich haderte mit Gott, weil er mich nicht sterben ließ. So schlief ich dann ein, und erst am nächsten Morgen wachte ich auf, das heißt ich wurde geweckt. Zwei Frauen gingen durch den Saal, um die Toten, die während der Nacht gestorben waren, hinauszutragen. Zu mir sagte die eine:

„Was machst du hier? Warum hast du dir nicht einen Platz gesucht, wo du dich hinlegen kannst?"

„Nein, ich will nicht", sagte ich, „ich will hier raus oder ich will sterben."

Die Frau sah mich überrascht an, überlegte ein wenig, dann fragte sie:

„Bist du das Mädel von der ...? Du siehst deiner Tante ähnlich, die in Amerika ist, sie war meine Freundin."

Ja, das stimmte. Und so fragte sie noch einiges und forderte mich auf, mit ihr zu gehen. Sie führte mich durch eine kleine Tür in ein anderes Haus, von welchem sie einen Schlüssel hatte, denn alle Türen und Tore waren abgeschlossen.

Während wir zu ihrer Unterkunft gingen, erzählte sie mir, daß sie hier nach dem Rechten sehen müsse. Sie hatte eine Tochter, die sehr krank war und viel Pflege brauchte, daher hatte sie kaum Zeit, nach den armen Würmern zu sehen. Es sei furchtbar, wenn man diesen nicht helfen könne, weil man keine Medikamente hatte. Jetzt könne sie es bald nicht mehr, denn wochenlang hatte sie um ihre Stefanie gekämpft. Erst hatte Stefanie eine Angina, dann bekam sie eine starke Gelenkentzündung und dadurch einen Herzfehler. Da es kaum ärztliche Hilfe und auch keine Medikamente gab, konnte man nicht viel für ihr krankes Kind tun. Darum wollte sie nur eines: von hier weg, um sich nur noch um ihr eigenes Kind zu kümmern.

Ich erschrak sehr, als ich Stefanie sah. Sie war sehr schön, etwa zwölf Jahre alt, blaß und abgemagert, und man sah ihr an, daß sie sehr krank war. Wir beschlossen, dahin zu gehen, wo ich bisher gewohnt hatte, denn dort waren inzwischen wieder etliche weggestorben. Daher gab es genug Platz für uns drei. Tante Julie, wie ich sie von nun an nannte, wollte sich im Kinderheim als meine Tante ausgeben und von nun an für mich sorgen.

Ein neues Leben

Ich vergaß sofort meinen Kummer, und auch meine starken Schmerzen ließen nach, denn ich freute mich, daß es so gekommen war. Ich holte das Wägelchen aus dem Versteck. Bald merkte ich, daß ich kaum mehr gehen konnte, denn alles tat mir weh: Mein ganzer Brustkorb war wie voller Messer, und ich konnte kaum mehr atmen. Nur sehr langsam konnte ich mich bewegen. Trotzdem gelang es mir, das Wägelchen zu holen, und so brachten wir Stefanie mit allen ihren Sachen in meine alte Behausung. Dort freuten sich alle über diese Wende, am meisten ich.

Trotzdem mußte ich von nun an arbeiten und mit den anderen auf das Feld gehen. Das war sogar gut, denn dann fand ich manchmal Eßbares. Das war wichtig, denn ich mußte nun für Stefanie sorgen und ihr, was auch immer, zu essen bringen, damit sie wieder zu Kräften kam. Das war nicht ungefährlich. Draußen was zu finden, war nicht schwer, aber es ins Lager zu schmuggeln, oft sehr, weil wir abends gründlich durchsucht wurden. Wehe wenn man etwas fand, dann wurde dieses nicht nur weggenommen, sondern wir bekamen obendrein Prügel oder wurden in Arrest gesteckt.

Trotzdem brachte ich fast jeden Abend etwas heim und zwar so: Ich hatte mir einen Beutel genäht und band diesen an allen vier Enden mit einer Schnur ganz flach um den Leib. Nicht ein einziges Mal haben die Wächter es gefunden. Daheim hieß es nur, wenn ich etwas mitgebracht hatte:

„Hast du heute wieder einen Bruch?"

Nämlich einen Leistenbruch. Den hatte ich fast täglich: Ich brachte Weizen, Korn oder Mais heim. Dieses Getreide konnte man in einem steinernen Trog zerreiben und auf der Herdplatte backen. Das schmeckte damals so hervorragend, daß man sich nichts Besseres vorstellen konnte, denn durch diese zusätzliche Nahrung gehörten wir zu den Reichen im Lager, und das war auch für Stefanie wichtig.

Ich war nicht mehr schwermütig, auch wollte ich nicht mehr sterben. Jetzt hatte ich wieder eine Aufgabe. Einmal versuchte ich, mit Tante Julie frühzeitig aus dem Lager zu schleichen. Für Stefanie bekamen wir etwas Brot, Fett und Salz. Als wir am Abend frohgelaunt zurückkamen und gerade ins Lager schleichen wollten, wurden wir von zwei Wachposten überrascht. Ich erschrak so heftig, daß aus mir Winde wie aus einem Maschinengewehr entwichen. Da fingen die zwei an zu lachen und ließen uns laufen. Wie dankbar waren wir darüber, denn es war nicht auszudenken, was aus Stefanie geworden wäre, wenn ihrer Mutter etwas zugestoßen wäre.

Einmal saßen Stefanie und ich vor dem Hause und spielten mit den Papierpuppen, die ich noch übrig hatte. Unerwartet kam ein Wachposten vom Damm herunter zu uns. Im ersten Augenblick waren wir sehr erschrocken, denn wir wußten nicht, was er vorhatte. Er nahm Stefanie die Puppe aus der Hand, sah sie von beiden Seiten an und sagte dann etwas verlegen, daß er sie gerne haben wollte. Komisch klang das in unseren Ohren, denn er, der Wächter, brauchte so etwas nie zu fragen. Dieser Posten zeigte uns menschliche Züge, die wir schon vergessen hatten. Dabei erklärte er, daß das nun seine Braut wäre. Natürlich gaben wir sie ihm, aber wir verlangten von ihm Papier und Farbstifte, damit wir noch mehr machen konnten.

Er war überglücklich, freute sich wie ein kleines Kind und brachte uns tatsächlich am nächsten Tag nicht nur das Geforderte, sondern noch Trauben und Birnen. Nun waren wir überglücklich, und vor lauter Freude bastelten wir aus dem Papier ein kleines Poesiealbum in Herzform mit Deckeln aus Stoff. Das erfreute ihn noch mehr und er brachte uns noch viel mehr Papier, Papierdeckel und Farbstifte, denn wir mußten auch für seine Freunde Papierpuppen zeichnen und Poesiealben machen, natürlich mit Monogrammen. Dafür bekamen wir Obst und andere Lebensmittel. Wir durften in den Wald, um Holz zu sammeln. Er stand dann mit seinen Freunden Schmiere, damit uns nicht andere Wachposten erwischten.

Das klingt eigenartig, aber auch so etwas gab es in diesem Vernichtungslager, wo fast nur der Haß herrschte. Es gab auch noch Menschen unter diesen Wachposten, die uns bemitleideten und halfen, wo sie konnten. Dabei wurden sie weder unverschämt noch zudringlich. So ging es uns eine Weile gut. Der Herbst verging, und Weihnachten 1946 nahte.

Ich erinnerte mich, daß ich noch eine Freundin im Lager hatte, doch konnten wir nie zusammenkommen, weil wir keine Zeit hatten. Sie mußte ihre zwei kleineren Schwestern und ihre Oma versorgen, und ich hatte anfangs um das Leben meiner Lieben gekämpft. Jetzt hatten wir mehr Zeit und sahen uns öfter.

Bei einem solchen Treffen machten sie und ihre Mitbewohnerinnen folgenden Vorschlag: Wir sollten für die kleineren Kinder aus unserem Teillager verschiedene Spielsachen machen und sie ihnen zu Weihnachten als Überraschung schenken. Die größeren Mädchen machten aus Stoffresten, die wir von den Lagerleuten zusammengebettelt hatten, Puppen. Für die kleinen Mädchen und Knaben machten wir Kasperlpuppen. Für größere Kinder strickten wir aus aufgetrennter alter Wolle Schals und Mützen. Die ganz großen, das waren wir selber, erhielten aus kleinen Stoffresten verschiedene Sachen wie Pantöffelchen, Hufeisen und Kleeblätter zum Anstecken. Einen Tag vor Heiligabend brachten die großen Jungs einen Christbaum, den wir mit Papierschnitzeln schmückten. Das sah sogar sehr nett aus. Das Maismehl sparten wir schon einige Tage vor dem Fest von unseren Rationen ab, kochten daraus einen Brei, den wir in kleine Formen drückten, bis er kalt war. Dann stülpten wir diese Sternchen auf einen Pappdeckel. Auch das sah niedlich aus. Ausstecherles machten wir aus Blech. So erlebten wir Weihnachten 1946 im Vernichtungslager Rudolfsgnad.

Ich werde es nie vergessen, denn ich habe nie wieder solche glücklichen und strahlenden Kinderaugen wie dort im Lager gesehen. Diese strahlten mit den Lichtlein, die wir aus Öl, das wir erhalten hatten, gemacht hatten, um die Wette. Ja, sie gaben das Licht tausendfach wieder zurück. Die Erwachsenen weinten vor Freude. Es war rührend und traurig, feierlich und schön zugleich. Hier erst begriff ich, warum das Kindlein im Stalle, im Elend zur Welt gekommen war, denn nirgends war es den Menschen so nah wie im Lager.

Dieses Erlebnis gab mir wieder Kraft zum Weiterleben und neuen Mut. Nie wieder dachte ich ans Sterben oder andere törichte Sachen. Am Heiligen Abend fand ich zu mir zurück.

Im Winter gab es wenig Arbeit, und so mußte ich auch hinausgehen. Zweimal ging ich mit Tante Julie wegen ihrer Tochter Stefanie heimlich aus dem Lager. Es gelang uns auch, Lebensmittel zu erbetteln und sie wohlbehalten ins Zimmer zu bringen. Das war für Stefanie, denn sie war damals schon schwer krank. Sie hatte eine starke Herzerweiterung und konnte nur langsam gehen. Strengte sie sich nur ein wenig an, bekam sie Herzklopfen, und dann sah man sogar, wie ihr Herz schlug. Dennoch hatte sie sich etwas erholt.

In diesem Winter war unsere Verpflegung besser geworden, denn wir bekamen nun soviel zu essen, daß wir nicht verhungern mußten. Doch blieb das Essen stets das gleiche: Maisschrot und Blaugerste, selten Salz, nie Fett oder Fleisch. Im Vergleich zu 1945 war dies schon bedeutend besser. Vor allem konnten wir uns auch manches außerhalb des Lagers beschaffen. Das kam daher, daß die Kontrollen und die Strafen nicht mehr so streng waren. Außerdem waren wir nun besser auf unsere Wachen eingestellt und wußten genau, wann und wo wir sie hintergehen konnten. Wollte eine Gruppe nachts aus dem Lager, dann lenkten andere Frauen die Aufmerksamkeit der Wachposten auf sich, indem sie so taten, als wollten sie aus dem Lager schleichen. In dieser Zeit entwichen die anderen. Einmal berichtete eine Frau darüber, daß sie und noch drei Frauen weiße Tücher umgehängt hatten und so verkleidet nahe an einem Wächterhaus vorbeigezogen waren. Als das der Wachposten sah – er muß ein sehr einfältiger, abergläubischer Mann gewesen sein – schrie er: „Der Vampir kommt!" und lief davon. Natürlich hätte es auch anders ausgehen können, wenn dieser Posten geschossen hätte. Diese Verkleidung zeigte die Verzweiflung, in der sich unsere Frauen befanden. Sie nützten jede Gelegenheit aus, um für ihre Kinder Nahrung zu beschaffen. Sie scheuten keine Gefahr, um das zu erreichen.

Trotzdem starben an jedem Tag noch viele Menschen, denn die meisten waren schon so geschwächt, daß sie durch eine kleine Erkältung den Tod fanden. Der Hunger raffte noch immer die meisten Menschen dahin. Wessen Füße zu schwellen anfingen, der starb an der Wassersucht, wie wir es nannten. Bei diesem Massensterben gab es zuletzt keine Ehrfurcht vor den Toten mehr.

Am Anfang wurden die Toten noch im Friedhof beerdigt, meistens kamen fünf bis zehn Tote in ein Grab. Nachdem es bald keinen Platz mehr auf dem Friedhof gab, wurden außerhalb des Dorfes neben einer zerfallenen Ziegelei im Terrain der Teletschka Massengräber angelegt. Diese waren etwa fünfzig Meter lang, zwei Meter fünfzig tief und drei Meter breit. Die Toten wurden nur dürftig in eine Decke oder in ein Tuch eingenäht. Manchmal wurde dabei ein kleines Fläschchen mit dem Namen des Verstorbenen um einen Knöchel gebunden, dann legte man den Toten vor das Haus. Von dort wurde er von den Totengräbern mit einer Karre abgeholt, zur Grube gefahren und hineingekippt. Dann wurden die Toten geschichtet, Kopf und Fuß waren stets aneinandergereiht, bis die Reihe voll war. Dann wurde darüber Kalk gegossen. Darauf folgte die zweite, dritte und so viele Schichten, bis der Graben voll war. So wurden fünf Gräben gefüllt mit etwa 12 000 Menschen, darunter auch meine Mutter und meine Großeltern.

Ich kann mich deswegen so gut an die Massengräber erinnern, weil uns einmal ein Wachposten dahin führte und uns zeigen wollte, wo auch wir einmal hinkommen würden. Nachdem das Lager aufgelöst war, säte man darüber Weizen. Später ließ man diese Massengräber brachliegen. Heute wächst dort nur Unkraut, das die Untaten, aber auch Tragödien überwuchert.

Viel schlimmer ist es, wenn Menschen leiden müssen, solange sie noch leben. So ging es noch weiter in jedem Lager im Winter 1946/47. Mir ist nichts Schlimmes zugestoßen in dieser Zeit. Die meiste Zeit im Winter lag ich wie auch die anderen auf meinem Platz, denn wir mußten Brennmaterial sparen, das immer knapp war. Das überschüssige Holz verbargen wir auf dem Dachboden, im gleichen Versteck, in dem wir auch unsere Lebensmittel aufbewahrten. Kam eine Kontrolle, dann fanden sie im Zimmer nie etwas, denn das Versteck war ja oberhalb des Raumes, und dahin schauten die Wachen nie. Mit dem Essen mußten wir auskommen. Es war nicht viel, doch rettete es uns vor dem Sterben. Im Winter hatten wir ja keine Arbeit, das heißt wir fingen nur Flöhe und Läuse, davon wurden wir aber nicht müde.

Sobald es Frühjahr und das Wetter wieder besser wurde, gingen wir wieder jeden Tag zur Feldarbeit hinaus. Dabei fanden wir junge, nahrhafte Gräser, die unser Lageressen aufzubessern halfen. In diesem Jahr 1947 mußte ich täglich arbeiten. Das ging so vor sich: Sobald es anfing zu tagen, wurde eine Pflugschar mit einem Hammer geschlagen, dann traten alle vor der Lagerverwaltung in Viererreihen an. Wenn alle da waren, ging es los. Alle paar Meter ging rechts und links ein schwerbewaffneter Posten einher. So marschierten wir zur Arbeit, aber nicht im Gleichschritt – das wäre unmöglich gewesen, denn die meisten konnten sich wegen Unterernährung kaum auf den Beinen halten. Sie gingen dennoch mit, weil sie hofften, etwas Eßbares zu finden, auch wenn es nur Gräser waren, denn im Lager gab es keine mehr, dort war alles kahlgegessen.

Viele nützten die Gelegenheit aus, wenn sie auf dem Felde waren, um von dort gänzlich zu verschwinden. Sie warteten auf den Augenblick, wenn der Wachposten müde wurde und nicht mehr achtgab, dann schlichen sie sich fort und kehrten nie wieder zurück. Besonders jene Menschen, deren Angehörige ausgestorben waren, hatten kein Interesse, hier auch noch zu sterben. Sie suchten einen Weg, um über die Grenze in Sicherheit zu gelangen.

Ich selber hatte durch Stefanie wieder eine Aufgabe erhalten, denn ich liebte sie wie meine Schwester und ihre Mutter wie meine eigene. Ich konnte auch hoffen, im Sommer viel Essen zu beschaffen. Aber noch größer war die Hoffnung, einmal lebend das Todeslager verlassen zu dürfen.

Zunächst mußte ich Rohr und Schilf schneiden und zu Sammelplätzen tragen. Das war eine schwere Arbeit. Am Abend konnte ich vor Kreuzweh nicht mehr gerade gehen, eher krumm wie eine alte Frau. Das lag an der Arbeit, denn ich mußte den ganzen Tag gebückt das Rohr mit der Sichel knapp über dem Erdboden abschneiden und dann auf die Seite legen. Tat mir das Kreuz weh, dann durfte ich mich nicht gerade aufrichten, weil die Wachposten dann sofort mit ihrem Gewehrkolben ins Kreuz schlugen; das schmerzte noch mehr. Kam ich abends heim, machte ich sofort Turnübungen, und zwar immer wieder die Brücke, denn ich fand bald heraus, daß diese Übung half. Ich ließ davon nicht ab, auch dann nicht, wenn mich die Hausleute auslachten, denn ich spürte, daß diese Bewegung mir gut tat. Nur darauf kam es an. (...)

Es gab Wachposten, die sich gelegentlich Frauen oder Mädchen aus der Gruppe nahmen und in ein Gebüsch führten. Was dann geschah, kann man sich vorstellen. Auch mich wollte man so zwingen, doch wehrte ich mich dagegen. Ich bekam dafür Prügel mit dem Gewehrkolben, daß ich nicht mehr gehen konnte. Das war mir lieber als das andere.

Prügel und Mißhandlungen gehörten zur Tagesordnung. Nicht selten sah man am Wege oder in einem Graben Frauen liegen, die furchtbar zugerichtet waren, manchmal waren sie tot.

Um die Hoffnung nicht ganz aufgeben zu müssen, erfanden die Lagerleute Geschichten, zum Beispiel die folgende: Eine Frau erzählte, daß sie einen deutschen Soldaten gesehen habe, der mit einem Fallschirm aus dem Himmel gekommen sei. Dieser Soldat habe erzählt, daß noch viel mehr deutsche Soldaten kommen und uns alle befreien würden. Dann soll er mit dem Fallschirm, wie er gelandet war, wieder zum Himmel aufgestiegen sein. Solche Geschichten konnte man sehr oft hören, vom Anfang bis zum Ende der Lagerzeit.

Als jemand an Pfingsten 1947 erzählte, daß ein Pfarrer im Lager war, der uns alle befreien sollte, glaubte ich zunächst auch an eine solche Geschichte. Doch ich ging zu ihm hin und merkte, daß er doch im Lager war. Er legte mir die Hand auf den Kopf und sagte, daß es sehr wichtig für mich wäre, daß ich immer an Gott glaubte. Später erfuhr ich, daß das Pfarrer Wendelin Gruber war, der nachher das Buch *In den Fängen des roten Drachen* schrieb. Auch diese Hoffnung erfüllte sich nicht. (...)

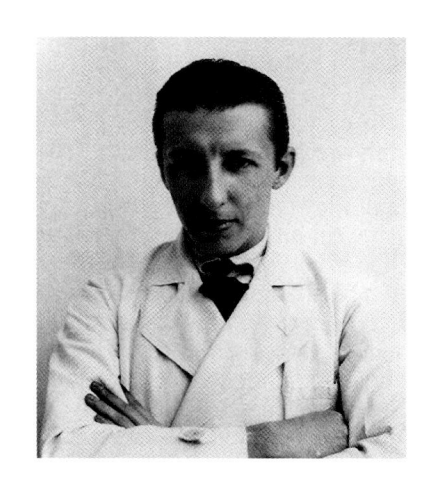

Heinrich Hruszek †
Neu-Siwatz – Gönningen

Heinrich Hruszek wurde am 29. September 1901 in Neu-Siwatz in der Batschka (damals Südungarn, seit 1920 Jugoslawien) von deutschen Eltern geboren. Bis zum 13. Lebensjahr besuchte er dort die Volksschule. Das Mittelschulstudium führte ihn nach Sombor, Werbaß und schließlich nach Kecskemét, wo er 1921 die Reifeprüfung ablegte. Medizin studierte er zunächst in Leipzig und dann an der Sorbonne, wo er im Jahr 1929 promovierte. Nach seinem Militärdienst suchte er um die Zulassung zur Praxis in Jugoslawien nach, scheiterte aber wegen seiner deutschen Abstammung und Einstellung. Hruszek war Mitglied des Schwäbisch-Deutschen Kulturbundes und der gleichnamigen Ärztesektion. Ab Herbst 1930 folgte die Spezialausbildung in Frauenkrankheiten, Geburtshilfe und Chirurgie und ab 1931 in Haut- und Geschlechtskrankheiten. Als Volontär- und Assistenzarzt war er an den Universitätskliniken in München, Wiesbaden, Berlin, Bern, Paris, Kiel, Tübingen und Elberfeld tätig. Seine wissenschaftlichen Forschungen fanden ihren Niederschlag in rund 80 medizinischen Veröffentlichungen, hauptsächlich über Pilze und ihr Wachstum, die er erstmals auf pflanzlichem Nährboden züchtete. 1935 heiratet er eine Reutlingerin; vier Töchter sind aus seiner Ehe hervorgegangen. Mit seiner Familie fuhr er in der Vorkriegszeit jedes Jahr nach Jugoslawien. Nach Aufenthalten in Köln und Leverkusen ließ er sich in Reutlingen nieder. Erst 1941 wurde er in Deutschland eingebürgert. Den Zweiten Weltkrieg erlebte er als freiwilliger Militärarzt in Belgien und Rußland, von wo er mit umfangreichen Kriegsaufzeichnungen und dokumentarisch wertvollen Fotos zurückkehrte. Nach dem Krieg betätigte sich Hruszek, der schon in der Heimat verschiedene Beiträge im „Deutschen Volksblatt" in Neusatz veröffentlicht hatte, auf literarischem Gebiet. Nur ein Bruchteil seiner Tagebücher und Aufsätze über Italienreisen, Ikonen und den russischen Menschen sind erschienen. Einige heimatkundliche Erzählungen und Erlebnisberichte wurden in donauschwäbischen Blättern veröffentlicht. Hruszek wurde 1969 pensioniert. Er starb am 20. Juli 1981 in Gönningen.

Glückliches altes Paar

„Ob es wohl in unserem Dorf noch ein so glückliches und zufriedenes Paar gibt wie meine Großeltern?" fragte sich der kleine Johann jedesmal, wenn er bei ihnen weilte. „Unmöglich", dachte er weiter. „Ich kenne viele alte Menschen im Ort, aber einander so zugetan, so rücksichtsvoll gegeneinander, so liebevoll im Umgang fand ich andere nicht."

Obgleich sie ihm schon uralt erschienen, hatten beide damals, vor dem ersten Weltkrieg, doch kaum die Mitte des fünften Lebensjahrzehnts erreicht. Johann wuchs überhaupt in der Überzeugung auf, daß es so ein glückliches, reiches und zufriedenes Dorf wie S. im weiten Raum zwischen Donau und Theiß nicht noch einmal gäbe. So oft als möglich hielt er sich dort bei den Großeltern auf.

Der Großvater war ein stattlicher Mann, breitschultrig, mit einem zur Fülle neigenden Leib und einem langen, immer sorgfältig gezwirbelten Schnurrbart, dessen Spitzen sich abwärts neigten. Er kleidete sich immer mit einer gewissen Sorgfalt, trug einen schwarzen Rock und enge lange Hosen, über die blendend weiße Socken gestülpt waren. Meistens trug er Pantoffeln, also Schlappen, von denen er mehrere Paare besaß.

Obgleich er Bauer war, ging er damals nicht mehr dieser Beschäftigung nach, sondern lebte schon als gutsituierter Rentner von den ersparten Groschen und dem Ertrag, den ihm sein Drittelbauer von den Feldern zukommen ließ. Ungemein schätzte er die Beschaulichkeit und das bequeme Leben, liebte aber auch Geselligkeit, war schmackhaften, stark gewürzten Speisen zugetan und hatte einen mäßigen Hang zum Alkohol, besonders zum Wein, den ihm sein in Ortsnähe gelegener Weingarten reichlich lieferte.

Gret, die Großmutter, glich in ihrem Wesen ihrem Mann. Sie besaß allerdings einen für eine Frau besonders ausgeprägten eigenen Willen, so daß bei oberflächlicher Betrachtung der Eindruck entstehen konnte, sie wäre von eigensinniger, herrischer Art. In Gestalt und Haltung glich sie ihrem Gatten, als ob sie leibhaftige Geschwister wären.

Johann erinnerte sich später immer gerne der Tage, die er bei den gutmütigen, ihn von Herzen liebenden und um sein körperliches und seelisches Wohl besorgten Großeltern verbringen konnte.

Er fuhr mit ihnen auf den Sallasch, schlenderte in ihrer Begleitung zum Weingarten am Hang der Teletschka oder hüpfte hinter dem Großvater her, wenn dieser mit der Blechkann zum Keller ging, um für einen oder für mehrere Tage Wein zu holen. Auch im großen Hof des langgestreckten Hauses und in der gemütlichen Stube hielt der Junge sich gerne auf. Hier schmeckte ihm das Essen köstlich. Er zog die Mahlzeiten bei den Großeltern vor, denn hier wurde er verwöhnt, hier bekam er die besten Stücke und gelegentlich auch ein kleines Gläschen Wein dazu.

Er hätte es sich niemals vorstellen können, daß es zwischen den Großeltern zu Meinungsverschiedenheiten kommen könnte. „Ja, Philipp, du hast recht", sagte die Großmutter meistens. Und er lobte in den höchsten Tönen immer wieder aufs neue Großmutters Kochkunst: „Nur du, Gret, kannst so schmackhaft kochen!" Oder: „Du bist die beste Frau und die beste Großmutter!"

Hier herrschte eine wohltuende Harmonie und eine stets wache Besorgtheit um des anderen Wohl. Wenn Großvater der Großmutter Wein eingoß und das Glas randvoll füllte, traf ihn oft ein vorwurfsvoller Blick aus ihren Augen. Dann lächelte er ihr beschwichtigend und aufmunternd zu wie ein großer Junge, der einen Streich vorhat und sich schon im vorhinein Vergebung sichern will ...

Johann war im übrigen recht stolz auf seinen Großvater, der einige Zeit hindurch auch Dorfrichter war. Oft hatte er das Gefühl, als ob etwas vom Glorienschein, der den Alten dank seines Amtes zu umgeben schien, auch an ihm haften bliebe. Aus diesem Grunde begleitete er den Großvater mit Vorliebe zu dem naheliegenden Platz, wo an jedem Donnerstag der große Wochenmarkt abgehalten wurde. Er, Johann, sonnte sich dann gleichsam in des Großvaters Popularität, weidete sich in den bewußt höflichen Anreden und war maßlos eingebildet darauf, daß ihnen von allen Seiten Grüße und Zurufe entgegenschallten. An solchen Donnerstagen wurde er natürlich auch mitgenommen, wenn der Alte in ein Gasthaus einkehrte und sich eine Flasche Bier gut schmecken ließ.

Oft wurden es auch zwei oder drei Flaschen. Wenn die beiden dann heimkehrten, pünktlich, wenn die Glocke der reformierten Kirche zur elften Stunde läutete, dann betrat der Großvater manchmal das Haus recht unsicheren Schrittes.

„Hast wieder Bier getrunken?" fragte die Großmutter, aber es klang beileibe kein Vorwurf aus ihrer Frage.

„Ja, Gret! Es ging eben nicht anders", erwiderte der Alte in solchen Fällen etwas betroffen, aber lächelnd und mit leicht geröteten Wangen. „Der X. Y. hat eine Kuh verkauft, und ich war als Zeuge geladen!" Er mimte Verlegenheit, griff dann aber mit vielsagendem Lächeln in seine Rocktasche und zog schließlich freudestrahlend eine Flasche Bier hervor. „Aber schau, Gret, ich hab auch auf dich nicht vergessen!"

Auch an den Enkel dachte er immer, wenn er allein ausging. Bei solchen Gelegenheiten brachte er manchmal eine besonders gute Wurst oder ein schönes Stück Fleisch mit, aus dem sich ein feines Schnitzel zubereiten ließ, oder er kramte aus seinen Taschen etwas zum Naschen, Bonbons, Feigen oder Orangen, hervor und freute sich kindlich darüber, die Frau und den Jungen damit überraschen zu können.

Bei solchen Anlässen erhöhte es seinen Spaß, wenn Johann nach dem Mitbringsel erst suchen mußte. Dann trieb er sich im Hof herum und deponierte die Geschenke an gewissen Verstecken, die Frau und Enkel mit der Zeit schon bekannt waren. Nicht selten heftete er Feigen und Orangen an die Zweige des alten Nußbaumes, der neben dem Säuleneingang mächtig emporwuchs. War er damit fertig, dann rief er den Jungen herbei, der eifrig hin und her ging, sich bückte und in alle Ecken und Enden spähte, um nach den Geschenken zu suchen. Wenn er sich gar zu weit vom Ziel entfernt hatte, lenkte der Großvater wohl manchmal seine Schritte in die bewußte Richtung, indem er ihm zurief: „Schau doch mal hier genau nach!" „Ach, Feigen", rief dann Johann. „Und hier noch eine Orange." Es sah aus, als ob der Nußbaum die köstlichen Früchte selbst hervorgebracht hätte. So schien es dem Jungen tatsächlich, als lebe er im Schlaraffenland, wo Bonbons, Feigen und Orangen an Sträuchern und Bäumen wachsen.

Das friedliche Zusammenleben der Großeltern und die in diesem Hause herrschende Atmosphäre der gegenseitigen Rücksichtnahme und des Verstehens wirkte sich bestimmend auf seine jugendliche Seele und seinen Charakter aus. Hier genoß er eine beglückende Nestwärme, die sein ganzes Wesen auch noch in späteren Jahren prägte. Bei den Großeltern war ihm praktisch vorgelebt worden, um wieviel beglückender es ist, zu geben als zu nehmen ...

Weingartenhüten

Außer unseren verschiedenen Äckern, Wiesen und dem Sallasch besaßen wir auch noch zwei Weingärten, deren Bewirtschaftung Vater mit besonderer Genauigkeit betrieb. Den einen nannten wir schlicht „Geldhügel".

Er lag in Ortsnähe am Hang eines Hügels von gelbem Grund und hätte gewiß eher den Namen „Gelbhügel" verdient. Der andere Rebengarten lag mindestens vier Kilometer dorfabseits und trug den Namen „Tal". Er lag tatsächlich in einem sich über mehrere Kilometer erstreckenden seichten Tal, dessen beiderseitige Abhänge von geringem Abstieg mit Reben bestellt waren.

Im Grunde der seichten Talmulde rieselte ein Bach, höchstens ein Meter breit, dessen Ufer von Weidenbüschen und sonstigem Gestrüpp bedeckt war.

Wie gerne saß ich am Ufer dieses friedlich dahinfließenden Baches! Es war ein wahrhaftiges Eldorado für Frösche, Blutegel, Käfer und Stechmücken, deren Gequake und Gesumme mich jedesmal in Entzücken versetzte, so oft ich dort weilte und meine nackten Beine von der niedrigen Brücke ins Wasser hängen ließ.

Einige Schritte vom Bach entfernt stand unsere Weingartenhütte, in der ich, sobald ich den Kleinkinderjahren entwachsen war, mit dem Vater oder irgendeinem Arbeiter oder dem stets schläfrigen Adam unvergeßliche Tage des „Weingartenhütens" vom Ansatz der Reife bis zur Weinlese verbringen durfte.

Es war ein richtiges Kampieren, ein ursprüngliches Dasein, wie wir dort Wochen verbrachten, fernab vom Dorf, auf uns allein gestellt.

Wir lebten wie die ersten Menschen und labten uns an den köstlichen Trauben verschiedener Art, die unter unseren Augen im Schein der gütigen Sonne heranreiften. Es war ein köstliches Dasein.

Dieses jeder Tätigkeit bare Leben gefiel unserem Adam besonders. Er lebte nur noch dem Schlafen und Essen, während ich tagsüber die Scharen von Staren, die durch die Reife der Frucht angelockt wurden, und die kecken Spatzen abhalten mußte.

Ich ging, mit einer Glocke einen Heidenlärm schlagend, die Wege entlang, stieg hügelan und hügelab, pfiff dazu und sang, kreischte und vollführte wilde Gesten, um die zudringlichen Vögel zu verscheuchen.

Idyllisch waren dann die Abende, wenn wir am Lagerfeuer saßen, über die Aussichten der Weinlese sprachen oder uns mit Dorfklatsch beschäftigten. Währenddessen schweiften meine Augen immer wieder zu den Sternen, die wie Millionen Lichter über mir leuchteten. Ich betrachtete auch gerne das Bild des Mondes, das mich allerdings etwas ängstlich stimmte. Adam machte sich überhaupt einen Spaß daraus, mich durch phantastische Erzählungen ins Bockshorn zu jagen.

So erzählte er zum Beispiel, daß da und dort eine Sternschnuppe gefallen sei, was bedeute, daß die Welt bald untergehen werde.

„Du verstehst mich jetzt vielleicht, Jakob", sagte er dann, um seine Faulheit und Gefräßigkeit zu motivieren, „warum ich mich bei der Arbeit nicht so anstrenge und es vorziehe, möglichst gut und reichlich zu essen."

Ich nickte, weil ich ihm nicht widersprechen wollte.

„Ich esse und schlafe gut h e u t e ...", fuhr er fort, „denn morgen kann die Welt vielleicht schon untergehen."

Jedenfalls genossen Adam und ich das idyllische Leben im „Tal" reichlich. Das Essen, das man uns für Tage mitgab und nach und nach immer wieder ergänzte, war ausreichend, wenn auch einfach, wie es in jener Zeit üblich war. In der Hauptsache ernährten wir uns von Speck, den wir zum Brot aßen oder aber am Spieß über unserem am ganzen Tag brennenden Lagerfeuer brieten. Daß es an Wein nicht fehlte, war Adam zu verdanken, der auch während des Hütens nicht darauf verzichten wollte.

Hie und da kam Vater, stellte den Fuchs in den Stall, blieb einige Tage und Nächte und kam wohl auch mit Nachbarn zusammen, um mit ihnen in der Umgebung auf die Hasenjagd zu gehen.

Solche Abende, wenn die Jäger mit uns ums Lagerfeuer saßen, waren mit den aufregendsten Erzählungen gewürzt.

Dieserart war das ländliche Leben außerordentlich abwechslungsreich. Der Tag war bis zum Abend mit Aufgaben erfüllt, die aber nicht im geringsten ermüdeten. Wenn ich nicht gerade die Stare und Spatzen durch mein lautes Schellen verjagte oder mit Vater und dessen eifrigen Jägerkameraden unterwegs war, saß ich gerne am Bachlauf, starrte versonnen zu dem träge dahinfließenden Naß, lauschte dem Gequake der Frösche und brachte es sogar so weit, den einen oder anderen mit einer selbstangefertigten Angel zu fangen. Dann musterte ich meine Beute mit wachsendem Interesse, beobachtete die Tätigkeit des Herzens, das Zucken der Muskeln und kämpfte mit mir, um der Versuchung zu widerstehen, das Tier nicht am lebendigen Leibe zu sezieren, um meinen Wissensdurst nach tieferem Einblick zu stillen.

Vielleicht waren diese Anzeichen ein Signal dafür, daß ich mich in Zukunft mit Macht zum ärztlichen Beruf hingezogen fühlte.

„Verflixt ernste Lage"

(...) Einer, der wie ich im letzten Krieg nur bei rein reichsdeutschen Divisionen Dienst und das noch dazu in besonderen Räumen tat, begegnete donauschwäbischen Landsleuten nur äußerst selten. So kam es, daß mein Zusammentreffen mit einem jungen verwundeten SS-Mann sich wie ein Ereignis von großer Bedeutung in mein Gedächtnis einprägte. In jenen Augenblicken tauchten in mir Bilder der Vergangenheit auf und es ergriff mich wieder maßlose Sehnsucht nach der fernen Heimat, die ich schon längere Zeit nicht mehr hatte sehen dürfen.

Es war am 31. August 1943, also dem Tag, an dem das vierte Kriegsjahr sich seinem Ende zuneigte, ohne aber das wirkliche Ende zu bedeuten, sondern eher die Fortsetzung des grausamen Mordens auf noch unbestimmte Zeit.

Obgleich ich während der Hast der täglichen Beschäftigung auch gelegentlich Zeit fand, in der etwas ruhigeren Abgeschiedenheit des Russenhauses, in dem ich Quartier bezogen hatte, Atem zu holen und mich auf mich selbst zu besinnen, hielt ich es doch dort stets nur für wenige Augenblicke aus. Bald eilte ich wieder ins Freie und verharrte in der sengenden Augustsonne.

Unter Leichtverwundete gemengt, die ihren Abtransport erwarteten, stand ich auf dem weiten Rasenplatz vor dem einstigen Gutshaus und starrte, wie alle anderen, zu den in kurzen Abständen zur nahegelegenen Front fliegenden Sturzkampfflugzeugen. Unterdes erfüllte ein ohrenbetäubendes Gedröhn die flimmernde Luft. Dieser massive und überstürzt anmutende Einsatz ließ uns nicht mehr den geringsten Zweifel darüber, wie kritisch plötzlich die Lage an der Front in diesem Raum geworden war und welchen zunehmenden Gefahren unsere Landser nun ausgesetzt waren.

Kaum einige Kilometer entfernt gingen – es war alles zum Greifen deutlich – die Bomber im Sturzflug nieder, luden ihre todbringende Last ab und wurden ihrerseits von einem Feuerhagel russischer Granaten empfangen, die unter allen Umständen die Bereitstellungen zu schützen bestrebt waren.

„Verflixt ernste Lage!" bemerkte mit düsterer Miene ein Feldwebel.

Inzwischen waren einige vollbeladene Sankas die von alten Bäumen gesäumte Allee heraufgefahren, hielten vor dem Eingang des Hauses und begannen ihre Verwundeten auszuschütten.

Ich eilte zu ihnen, um die Verteilung in die einzelnen Operations- und Verbandsräume zu überwachen. Aus den Gesprächen der Verwundeten hörte ich, ohne Fragen zu stellen, wie fatal die Lage an der Front beurteilt wurde.

„Die Russen stehen mit massiven Infanterieverbänden in, oder besser gesagt, schon westwärts von Jelnja", erklärte der eine, der im rechten Gesäß einen Steckschuß hatte und dazu noch einen Schußbruch des linken Unterschenkels.

Nun ging's wieder an die blutige Arbeit. Wir schufteten selbstvergessen und litten zugleich unter den auf uns pausenlos einbrechenden Nachrichten.

Plötzlich drängte sich ein Sanitäter jammernd zu meinem Verbandstisch. Seine linke Hand war mit einem mächtigen, staubigen und blutdurchtränkten Verband versehen. Während wir ihn verbanden, erkannte ihn mein Unteroffizier.

„Du bist doch von der 2. Sanitätskompanie", frug er den Verwundeten.

„Ja, das bin ich", antwortete der Sanitäter und ächzte vor Schmerz.

Wir erfuhren nun in kurzen Worten einiges über das aufregende Geschick der 2. Sanitätskompanie. Die Sowjets seien in wuchtigem, unvermutet einsetzendem Vorstoß in dem Ort aufgetaucht, wo sie gerade an der Betreuung der Verwundeten tätig waren, sich aber auch bereit machten, um abzurücken. Das Auftauchen russischer Panzer inmitten des Hauptverbandsplatzes habe zu großer Verwirrung, ja Panik geführt. Aus allen Rohren feuernd, rammten die Russen die vollbeladenen Sanitätswagen, stießen sie um und nahmen die Operationsräume, Sanitätswagen und die flüchtenden Verwundeten unter Beschuß.

„Die meisten unserer Geräte gingen drauf", erzählte der Verwundete weiter. „Es gab viele Tote unter unseren eben erst verbundenen leichtverwundeten Landsern und auch unter uns Sanitätern. In kopfloser Flucht setzte sich jeder auf eigene Faust ab. Es war eine unheimliche Flucht, ein Rennen ums nackte Leben", schloß der Sanitäter seinen Bericht ab.

In Jelnja sollen sich erschütternde Szenen abgespielt haben. Ich konnte mir das Ganze recht gut vorstellen, zumal ich die kleine Provinzstadt kannte und wußte, wie sie mit Versorgungseinheiten buchstäblich vollgestopft war. Auch einige dicht belegte Lazarette befanden sich, wie ich wußte, dort.

Vollbesetzte, abfahrbereite Lazarettzüge, Rot-Kreuz-Schwestern und ganze Stäbe fielen den Sowjets in die Hände", ergänzte ein anderer Verwundeter den Bericht. „Und alles geschah aus Unvorsichtigkeit und Mißachtung der gebotenen Wachsamkeit."

In den Operations- und Verbandsräumen herrschte indes ein Betrieb wie an Großkampftagen, die sich wie niederschmetternde Erinnerungen in das Gedächtnis einzuprägen pflegen. Überall war die Not spürbar. Gleich, ob man nun Chirurg war oder sich nur ungern mit diesem blutigen Handwerk beschäftigte, jeder verfügbare Arzt mußte herhalten. Kleinere und größere Chirurgie treiben und sich bis zur Grenze seiner Leistungsfähigkeit, ja darüber hinaus einsetzen.

Es gab nun keinen, der nicht über das Maß hinaus ausgelastet gewesen wäre. Auch mir blieb nichts anderes übrig, als mich als Chirurg zu betätigen. Ich wählte mir jedoch aus dem Gefühl der Verantwortung heraus nur „leichtere Fälle", versorgte im übrigen die schorfigen Wunden, gab erforderlichenfalls Injektionen, legte Verbände an und erkundigte mich nach allfälligen Beschwerden und persönlichen Sorgen. Außerdem beschäftigte mich hauptsächlich die „Aufnahme", da ich die Verteilung der Verwundeten zu regeln hatte und auch noch den Abtransport von jenen, die in rückwärtigere Gebiete verlegt werden mußten.

Auch im Laufe dieses Tages sah das ehemalige Gutshaus, in dem einst ein Stab Napoleons I. während dessen verhängnisvollen Rußlandfeldzuges seinen Sitz gehabt hatte, aus wie ein chaotisches, an allen Ecken und Enden blutendes und eiterndes Heerlager. Wie oft kam es vor, daß der eine oder andere schwerverwundete Landser verblutete oder einer Bauchfellentzündung erlag, da die ärztliche Versorgung an der geringen Zahl der Helfer unbedingt scheitern mußte.

Es war furchtbar, mitanzusehen, wie die Verwirrung um sich griff, wie trotz der sichtlichen Überfüllung und der faktischen Unmöglichkeit, die zunehmende Masse zu versorgen, immer neue vollbeladene Sankas anfuhren und ihre blutige Last abluden. Der weite Rasen vor dem Gutsgebäude, die breiten Gänge innerhalb des großen Holzhauses, die Operations- und Verbandsräume waren von Kranken und Verwundeten überfüllt. Es gab auch nicht das kleinste Winkelchen, in dem nicht Verwundete in größter Erschöpfung gekauert hätten.

Die abgekämpften Landser, ihre verschlissenen Uniformen, die eingefallenen Gesichter mit den irr dreinblickenden Augen und die blutverkrusteten Verbände waren teilweise fingerdick mit Staub bedeckt. Schwärme von Fliegen trieben ihr Unwesen. Die Ermüdung, die Schwäche waren meist so groß, daß die Soldaten sich buchstäblich auf den blanken Boden fallen ließen, um sofort in tiefen Schlaf zu versinken.

Meine Lage war unter den gegebenen Umständen keinesfalls beneidenswert, weil ich unentwegt um rasche, lebensrettende Hilfe angegangen wurde, ohne auch die Möglichkeit zu haben, wirkliche Hilfe bieten zu können. Ein

Kollege, ein wirklicher Chirurg, operierte in pausenloser Folge Kopf- und Bauchschüsse, und da solche Eingriffe zumeist außerordentlich zeitraubend sind und währenddessen immer wieder neue schwere Fälle kamen, mußte ich bald einsehen, daß es für die Eintreffenden rein zeitlich keine Hoffnung auf eine eventuell doch noch rettende Operation gab.

Hier mußte der menschliche Trost über das Unvermeidliche hinweghelfen. Wie erschütternd war der Anblick dieser Schwerverwundeten, die im Schmerz verkrampft dalagen, einen schon mit dem sonderlich verklärten Lächeln im fahlen Gesicht ansahen, das ein baldiges Ende ahnen ließ.

Später, als die Räume schon längst nicht mehr zur Versorgung ausreichten, verband ich leichtere Fälle unter freiem Himmel. Die Sanitäter trugen mir in Körben Verbandsstoffe, Instrumentarien und Medikamente nach. Es war ein wirklich primitives Helfen, ein ärztliches Arbeiten unter ungünstigsten Bedingungen. Dabei wurde ich immer wieder zu noch dringenderen Fällen abberufen, raste dann ins Gebäude, um kurz darauf wieder ins Freie zu stürzen und dort das Dringendste zu erledigen.

Es war ein pausenloses Hin und Her. Als dann in angestrengter Arbeit Stunden vergangen waren, ergriff mich unsägliche Müdigkeit. Es schien mir, als wäre ich seelisch und körperlich vollkommen ausgepumpt. Es war, als sei einem ein köstliches Geschenk zuteil geworden, wenn man sich für einige Augenblicke zu sammeln vermochte und im Stehen einen starken Kaffee trinken konnte, der wieder für einige Zeit aufputschte.

Mit jedem neuankommenden Sanka trafen mehr und mehr beunruhigende Nachrichten von der Front ein, dabei auch Gerüchte, die uns in Verzweiflung stürzten.

„Heute nacht wird die Desna-Stellung bezogen", sagte ein Sankafahrer.

„Und was ist mit Jelnja?" fragte ich.

Er winkte ab. „Das ist wohl futsch!" erwiderte er. „Es ist vollkommen eingeschlossen, und es herrscht dort eine Art Friedhofsstille."

„Und was gibt es sonst noch", drang ich weiter in ihn, ohne mich darum zu kümmern, daß mich weitere Hiobsbotschaften nur noch mehr in Sorge versetzen würden.

Der ältliche Mann mit einem einige Tage alten Bart machte eine wegwerfende Handbewegung. „Alles Essig!" Er spuckte in großem Bogen aus und verbiß weitere Kritik.

Darauf näherte sich ein Zahlmeister. Er war ungefähr vierzig Jahre alt, kräftig und schien n u r krank zu sein. Indem er mich zur Seite zog, flüsterte er mir ins Ohr:

„Wissen Sie schon das Neueste?" fragte er, um meine Neugierde aufzustacheln. Ich schüttelte den Kopf und lauschte nun umso gespannter.

Er fuhr dann fort: „Eine SS-Division ist momentan auf dem Marsch nach Baltutino."

Nun hob er den Finger und fuhr fort: „Sie können sicher sein, daß die SS dem Iwan gut zusetzen wird."

„So?" sagte ich, schwieg und dachte, daß das Eintreffen einer SS-Division eigentlich nichts anderes besagte, als zu bestätigen, daß die Frontlage recht kritisch geworden war. Ich zweifelte daran, daß selbst das Eingreifen der SS die Lage noch zu wandeln imstande wäre.

Einige Augenblicke später tauchte der Chefarzt in meiner Nähe auf. Sein Gesicht war fahler denn je, und er schien unter einer Riesenlast gebeugt. Nach einigem Zögern, wie es seine Art war, sagte er:

„Geben Sie's durch, Oberarzt, daß jeder ein Sturmgepäck zurechtmache und stets griffbereit halte!"

Während ich nickte, wandte sich der Chefarzt schon zum Gehen, obgleich ich ihn gerne nach der Lage gefragt hätte.

„Verdammt!" brummte ich. „Ein fataler Zustand. Sturmgepäck ... griffbereit halten?" Ich wußte, daß wir dergleichen keinesfalls zum Stürmen gegen die herannahenden Russen, sondern eher zum Türmen benötigen würden. Ich eilte ins Haus und gab den Befehl des Chefs weiter. (...)

Brief über die Grenze

Am 25. Mai jährte sich jener Tag zum zwanzigsten Male, lieber Milan R. Miljiković, als wir uns unter ebenso merkwürdigen wie für uns denkwürdigen Umständen begegneten. Wir standen mitten im Kriege, und Jugoslawien lag niedergewalzt, ohnmächtig und in tiefer Not am Boden.

An jenem Tag standen sich plötzlich zwei Männer in verschiedenen Uniformen gegenüber: Sie, der gebürtige Serbe, mit allen körperlichen Merkmalen ihres Volkes und dem trotzigen Stolz, als kriegsgefangener Major des Generalstabes. Ich, ein seit langem meiner donauschwäbischen Heimat entflohener Volksdeutscher, der schon seit Jahren in Deutschland wohnte, in deutscher Uniform, also zum augenblicklichen „Sieger" gehörend.

Falls Sie den Krieg überlebt haben, Milan R. Miljiković, entsinnen Sie sich gewiß noch jener Ereignisse unserer gemeinsamen „Geschichte", wie sie durch unser zufälliges Zusammentreffen geschrieben wurde.

Ich sehe alles noch so deutlich, wie wenn es erst gestern gewesen wäre. Nun ja, als an jenem recht kühlen Tag Hunderte von Offizieren der jugoslawischen Armee und eine imponierende Anzahl von Generalen auf einer Seitenrampe des Ulmer Güterbahnhofes ausstiegen, um verschiedenen hygienischen Prozeduren und impftechnischen Maßnahmen unterzogen zu werden, ahnte ich noch nicht, daß sich unter den vielen mut- und hoffnungslos erscheinenden gefangenen Offizieren Sie befänden, ein noch junger, seelisch ungebrochener, im nationalen Stolz und der Siegesgewißheit aufgehender unerschrockener Mann, der trotz aller mißlichen Umstände sein Gesicht bewahrte und dem ich zwanzig Jahre später diesen so hochoffiziell erscheinenden Brief schreiben würde. Sie wissen doch, daß ich Ihnen versprach, ein Photo zu schicken, als Sie mich darum baten?

Nun, lieber Milan R. Miljiković, was soll ich Ihnen schreiben? Doch wohl am besten darüber, wie unsere zufällige Begegnung damals verlief; etwas über den schnellen Wortwechsel, der sich zwischen uns entspann, nachdem ich Sie aus einiger Entfernung geknipst hatte; über Ihre Haltung, die mich in ihrem Stolz und der Zuversicht beeindruckte. Es war für mich erhebend, zu hören und zu sehen, wie Sie sich voller Zuversicht in Position warfen, obgleich die Niederlage Ihrer Heimat in jenen Tagen eine endgültige zu sein schien, und endlich mögen auch die wenigen Sätze aufgefrischt sein, in denen Sie vorausschauend „recht" behielten und in denen Sie etwas aussprachen, das sich auch mit meiner Überzeugung deckte, worüber ich aber damals noch schweigen mußte.

An jenem düsteren Mai-Nachmittag des Jahres 1941 stieß ich also mit dem Photoapparat in der Hand auf Sie. Als ich ihn schußbereit auf Sie richtete, stellten Sie sich in offenem Mantel mit in die Hüften gestemmten Fäusten und leicht zurückgeschobener Feldmütze vor mich hin. Im Hintergrund standen die dichten Reihen Ihrer Mitgefangenen vor der provisorischen Unterkunft und Entlausungsanstalt.

Klicks – und die Aufnahme war gemacht. Ich hätte mich wohl darauf wortlos von Ihnen entfernt, würden Sie nicht gerade ein so eigenartiges Lächeln aufs Gesicht gelegt haben. So trat ich auf Sie zu, denn ich empfand das Lächeln als Zeichen des Vertrauens mit einem unzweideutigen Hinweis auf ungebrochenen Stolz und Zuversicht.

Wir wechselten hierauf einige Worte, dann griffen Sie nach einem Stückchen Papier und schrieben darauf Ihren Namen und Ihre Heimatanschrift. „Gst.-Major Milan R. Miljiković, Kragujevac, Opštinska ul. 4 ...", las ich, nachdem Sie mir den Zettel überreicht hatten. Ich verwahrte ihn, indem ich Ihnen einen fragenden Blick zuwarf.

„Sie schicken mir doch ein Bild", sagten Sie auf serbisch. „Ich meine, nach dem Krieg."

Daß Ihre Worte nun zynisch klangen, reizte mich, und ich erwiderte: „Warum nicht? Auf alle Fälle werde ich es gerne tun, wenn es möglich ist!"

In den nächsten Augenblicken beobachtete ich Sie gespannt. Sie stützten wieder die Fäuste in die Hüften, lächelten geheimnisvoll vor sich hin und warfen mir wieder einen herausfordernden Blick zu. „Bestimmt ...", sagte ich daher nochmals.

„Nach dem Krieg werde ich S i e photographieren", erwiderten Sie.

Diese Bemerkung saß ganz genau und traf mich zutiefst, ließ mich blitzschnell über das mutmaßliche Ende des Kriegs nachdenken.

„Wie meinen Sie das, Major", fragte ich sichtlich betroffen, da ich den Sinn Ihrer Bemerkung nur allzu gut begriff.

„Sie verstehen schon ...", antworteten Sie ausweichend. Ihre Haltung, der ungebrochene Stolz, das überhebliche Lächeln gaben den fälligen Kommentar, der, in Worten ausgedrückt, hier fehl am Platz gewesen wäre.

„Ich verstehe Sie nur zu gut", sagte ich und begann wieder nachzudenken über das, was Sie mit „nach dem Krieg" gemeint hatten.

Eine Flut von Gedanken überkam mich. Ich staunte nicht wenig über Ihre Zuversicht und ich war verblüfft über Ihre Unbeugsamkeit, die trotz allem an den Sieg der Alliierten glaubte, obgleich die allgemeine militärische Lage damals – von einem gewöhnlichen Sterblichen beurteilt – eigentlich dagegen sprach.

Sie, lieber Milan R. Miljiković, entfernten sich dann sang- und klanglos, und ich blieb in Gedanken versunken zurück. Noch lange verharrte ich unbeweglich auf dem frischen Grün des Platzes und sann über Ihre Worte nach. Sie eröffneten Perspektiven, die sich nun kraß und deutlich vor meinem geistigen Auge entfalteten. Auch beeindruckte mich Ihr Mut, so unerschrocken und frei Ihre Meinung zu äußern. „Ja, er möchte mich nach dem Krieg ebenfalls photographieren ...", sinnierte ich, „also nimmt er mit Bestimmtheit an, daß sich die augenblicklichen ‚Sieger' über kurz oder lang in ‚Besiegte' verwandeln würden ..."

Aber, lieber Milan R. Miljiković! Was brachte Ihnen Ihr „Sieg"? Haben Sie das Ende des Krieges überhaupt erlebt?

Abschied für immer

Es liegt gewiß nichts näher, als am zwanzigsten Jahrestag der Vertreibung aus der angestammten Heimat ihr in Liebe und unverwüstlicher Anhänglichkeit zu gedenken. Jeder, der sie bewußt erlebt hat, wird sich ihrer jetzt auf seine persönliche Art erinnern.

In Zambrow, im östlichen Polen, unweit der Front, in einem Militärlazarett eingesetzt, bekam ich gegen Ende Juli 1944 ein Telegramm: „Vater gestorben. Komme sofort." Diese Nachricht kam so unerwartet und schien mir aus gewissen Erwägungen heraus unglaublich. Ich vermutete einen etwas weitgehenden Trick, glaubte ich doch, daß mein Vater das Unmögliche, ja das Unstatthafte versuchte, um mich, den Sohn, den er in zunehmender Gefahr wußte, in seine Nähe zu bekommen und dadurch vor dem Untergang zu retten. Einige Tage darauf bestätigten weitere Nachrichten, daß die Trauerbotschaft auf Wahrheit beruhte. Nach längerem Warten erhielt ich Sonderurlaub, fuhr im August über Wien und Budapest nach Siwatz, das ich 1939, einige Tage vor Kriegsausbruch, und letzlich im Herbst 1942, von der Ostfront aus, wiedergesehen hatte. Im Lauf der Fahrt durch Ungarn und die Batschka entgingen mir keineswegs die großen Veränderungen im Ablauf des täglichen Lebens als Folge des nun zum bittern Ende neigenden Krieges.

In Werbaß zu ungelegener Zeit angelangt, hatte ich keine Zugverbindung mehr zu meinem Heimatort. Ich trieb mich auf den Straßen herum auf der Suche nach einer sonstigen Fahrgelegenheit. So stieß ich auf Männer und halbwüchsige Burschen, die, vor Behelfsunterkünften stehend, ihre Einkleidung und den Abmarsch zum Militär abwarteten. Sie waren zuversichtlich, konnten mir aber keinen Rat geben, wie ich nach Siwatz käme. Endlich tauchte ein Taxi, von einem ältlichen Serben gefahren, auf, den ich für die Fahrt über 25 Kilometer gewann. Ich ließ mich im Rückteil des Autos nieder und erreichte kurz nach Mittag über Kula und Tscherwenka fahrend Siwatz. Unterwegs fand ich das sonst blühende Land öde, verlassen, wie von einem Unheil verkündenden Schleier bedeckt. Es kam mir vor, als führe ich irgendwo im Frontbereich in Polen herum.

In Siwatz bei meiner Mutter angelangt, blieb mir nichts mehr, als in ihrer Begleitung zum frischen Grab des Vaters zu gehen, dort still zu verweilen und die weinende Frau irgendwie zu trösten. Jetzt erkannte ich erst recht die traurige Wirklichkeit, sah die Aussichts- und Ziellosigkeit der vor mir liegenden Tage aufleuchten, sah und sprach noch einige Verwandte und Bekannte, um nach kurzer Frist mich wieder auf den Rückweg zu machen.

Als ich mich von der Mutter verabschiedete, wußte und ahnte ich, daß der unmittelbare Verlust der Heimat bevorstand. Es war vorauszusehen, daß es bloß Tage dauern würde, bis die Front auf diesen Abschnitt käme. Ich hatte kurz den Einfall, meine Mutter zu bitten, rasch das Wichtigste zu packen und mit mir zu kommen, unterdrückte aber die Aussage, weil ich die Gefühle der um ihren Mann und meinen Vater trauernden Frau nicht verletzen wollte. Überredung hätte sie im Augenblick nicht überzeugt; sie wich erst der Gefahr, als diese für jeden deutlich wurde. Dann erst konnte sie sich druchringen, die angestammte Heimat und das frische Grab des Vaters zu verlassen. Die Stunde der Trauer gebot mir Schweigen.

Mit dem Pferdefuhrwerk brachte man mich nach Tscherwenka. Dort bestieg ich den Zug und fuhr in die Nacht hinein über Subotitza nach Budapest mit dem Ziel: Ostfront. Ich entsinne mich noch recht gut der starken Beklemmung, die mich damals beherrschte. Ich war niedergeschlagen wie nach einem schweren, zermürbenden Abschied. Die böse Vorahnung glitt in mein Bewußtsein und ließ mich nicht mehr los. Immer deutlicher zeichneten sich in meinem Geiste die schweren, auf die Heimat sich herabstürzenden Tage ab, und ich war mir klar, daß ich zumindest für eine längere Frist Abschied nahm von der angestammten Heimat. Daß er ein endgültiger sein könnte, konnte ich trotz eines festsitzenden Pessimismus' nicht glauben, wollte es jedenfalls nicht wahrhaben. „Wenn der Krieg beendet sein wird ...", dachte ich und schuf mir Hoffnung in einer heillos verfahrenen Situation. Ich fuhr aber in dem Bewußtsein weiter, daß Vaters Tod, gerade zu diesem Zeitpunkt, mir das Leben rettete. Tatsächlich entging ich während dieser Fahrt dem Einschluß in einen gewaltigen Kessel und damit der Gefangenschaft und dem fast sicheren Tod. Inzwischen war der „Kessel" durch die Sowjets dicht gemacht, und ich kam im Westen zum Einsatz und geriet am Ende in französische Gefangenschaft.

Jetzt, zwanzig Jahre nach diesem letzten Wiedersehen, drängen zahllose Erinnerungen ins volle Bewußtsein, die Fahrt zum Grabe, der Abschied, der doch nicht endgültig sein sollte, Episoden aus der Kindheit und aus späteren Jahren. Ein Trost, daß die Hoffnung bleibt. Sie ist mit den Erinnerungen das einzige, was man von der einstigen Heimat über die Zeit gerettet hat. Gedanken und bunte Bilder, die, wenn auch bereits Jahrzehnte alt, noch so frisch sind, wie wenn sie erst vor kurzem entstanden wären ...

Bilanz einer Ferienfahrt durch Jugoslawien zwanzig Jahre nach der Vertreibung

(...) In der Umgebung von Potok hielten wir gegen halb zwölf auf einem Parkplatz an. Vor uns parkte ein Milizwagen mit blauem Lichtsignal. Neben dem Wagen stand ein Uniformierter, den ich flüchtig grüßte.

„Dobar dan", sagte er, kam einige Schritte näher und erkundigte sich, ob uns auf der Strecke Agram-Potok etwas aufgefallen sei, ob es vielleicht einen Unfall gegeben habe. Als ich erklärte, daß alles in Ordnung gewesen sei, bestieg er mit einem Kollegen ein Fahrzeug und brauste in Richtung Slawonisch-Brod davon.

„Komische Dienstauffassung", meinte Cläre, und ich mußte ihr beipflichten.

Nach dem Essen fuhren wir weiter. Ich muß gestehen, daß wir darauf gefaßt waren, in Jugoslawien auf schlecht bewirtschaftete oder brachliegende Felder zu stoßen. Das Gegenteil war der Fall. Rechts und links der Autostraße breiteten sich endlose Mais- und Sonnenblumenplantagen, sauber abgeerntete Korn- und Weizenfelder, endlose Laub- und Fichtenwälder, und alles offensichtlich bestens betreut.

An einer Raststätte nördlich von Slawonisch-Brod, die als „Service" gekennzeichnet war, hielten wir uns kurz auf. Außer der Zapfstelle für Treibstoff mit angeschlossener Reparaturwerkstätte gab es hier einen ausgedehnten Restaurantbetrieb, eine Café-Terrasse und sogar einen Campingplatz mit dem unvermeidlichen Menschengewimmel. Im großen und ganzen überwogen die Autos mit einheimischen Kennzeichen, deren Besitzer im Restaurant eine Mahlzeit zu sich nahmen oder bei Kaffee und Kuchen beisammensaßen.

Einem Mann gegenüber, den ich zunächst für einen Kroaten gehalten hatte, der sich aber als Volksdeutscher zu erkennen gab, äußerte ich meine Verwunderung über die Fülle der Wagen, unter denen es Opel-Kapitän, ja selbst Chrysler gab. Er blickte scheu um sich und flüsterte mir dann ins Ohr: „Alles Parteifunktionäre und ihr Anhang. Bonzen! Auf normalem Weg kommt einer der anderen Genossen kaum zu einem Fahrzeug ..."

Ich nickte zustimmend, und der ärmlich gekleidete, verhärmt aussehende Mann ging gebeugten Rückens seines Wegs.

Während wir uns an einem Eis gütlich taten, fuhren mehrere mit Urlaubern dicht besetzte Omnibusse aus Belgrad und Agram vor. Die Insassen stiegen aus, drängten sich an die Tische, aßen und tranken und fuhren dann singend und grölend weiter.

Erinnerungen werden wach

Als mein Blick Slawonisch-Brod streifte, das am südlichen Horizont sichtbar wurde, stiegen Erinnerungen aus meiner Schülerzeit in mir auf. Ich entsann mich des zweiten Jahres im ersten Weltkrieg, als ich mit meiner inzwischen in Deutschland verstorbenen Mutter während einer Nachtfahrt nach Slawonisch-Brod fuhr, um dort den Vater, der kurz an der bosnischen Front gestanden und erkrankt war, zu besuchen.

Im Morgengrauen fragten wir uns zum Lazarett durch, das, wenn meine Erinnerung nicht trügt, in einem düsteren Kloster untergebracht war. Jetzt war mir wieder alles gegenwärtig: die Ankunft, unsere Angst, die Hilflosigkeit und der widerliche Geruch von Karbol, der uns beim Durchschreiten der dunklen Flure entgegenschlug.

Wir hatten uns im Büro nach Vater erkundigt, man forschte auch in den Listen nach seinem Namen, sagte uns aber dann ziemlich ungerührt: „Der ist schon weg ...", worauf wir vor Leid fast zu Boden sanken. Aber wir gaben die Hoffnung trotzdem nicht auf, ihn noch zu finden, stellten uns in den Gang und riefen seinen Namen.

Wie groß war die Freude, als uns plötzlich vom anderen Ende des Ganges ein leises „Ja" herübertönte und uns eine kleine Gestalt entgegenwankte. Es war wirklich mein Vater! Weinend fielen wir uns in die Arme. Zutiefst beeindruckte mich, der ich damals ein Vierzehnjähriger war, das Aussehen meines zum Skelett abgemagerten bärtigen Vaters. Ich hatte bis dahin ganz andere Vorstellungen von einem „Kriegshelden" gehabt. Das war sozusagen mein erstes Kriegserlebnis. Seither sind fast fünf Jahrzehnte vergangen, und ich hätte nie gedacht, Brod wiederzusehen und zwar unter den so gänzlich veränderten politischen Verhältnissen.

Auf der Suche nach der „verlorenen Zeit"

Bei der Abfahrt von Slawonisch-Brod hatten wir bedauerlicherweise vergessen, uns mit Treibstoff zu versorgen, so daß wir auf der Weiterfahrt, auf der die Tankstellen nur dünn gesät waren, in einige Verlegenheit gerieten.

Die Fahrt war aber auch in anderer Hinsicht eine schwere seelische Belastung. Einstweilen konnte zwar noch nicht die Rede von einer Reise in die Vergangenheit sein, da ich diese Gegend von früher her kaum kannte. Aber die Abzweigungen nach Essegg, Vinkovci, Vukovar, Batschka Palanka usw. weckten Erinnerungen an vergangene Jahrzehnte.

Zwangsläufig mußte ich an das Essegg des Jahres 1935, an Vinkovci von 1925 bis 1929 denken, als ich, von Paris kommend, den Orient-Expreß verließ, um den Bummelzug nach Sombor zu besteigen. Eine andere Welt wurde wieder lebendig, und ich suchte gleich Marcel Proust nach der „verlorenen Zeit", nach einer Welt also, in der es wirklich noch gemütlicher zuging als in der heutigen.

Mittlerweile ging unser Benzin zur Neige und wir mußten befürchten, unterwegs hängenzubleiben. Da kamen wir plötzlich an die Abzweigung nach Ruma, wo wir ohnehin nach Norden einzuschwenken gedachten.

Ruma! Wenn ich diesen Ort von früher auch nicht kannte, so hatte ich doch das untrügliche Gefühl, daß hier an Stelle früherer Ordnung eine arge Mißwirtschaft Platz gegriffen hatte. Ausgefahrene Straßen, Schlaglöcher, Gänse-, Enten- und Hühnerscharen auf der Fahrbahn, Kühe und Schweine, die den Verkehr behinderten, wenige kleine Autos, klapprige Busse, Pferdefuhrwerke und zerlumpte Gestalten mit tristen Mienen, aus denen uns verächtliche, ja manchmal sogar haßerfüllte Blicke zugeworfen wurden.

Wir ließen den Tank füllen und setzten die Fahrt fort. Von Irig ging es über die Fruška Gora nach Kamenitza, wo wir anhielten, um am Wegrand einige Kilo Pfirsiche zu kaufen.

Eine alte Serbin wog die Früchte peinlich genau ab, während ein Lastwagen anhielt, dem zwei verdächtig aussehende Männer entstiegen, die über die Früchte herfielen, ohne auf den entrüsteten Schrei der alten Frau zu achten.

Erstaunt beobachteten wir die Szene und hörten, daß die Männer, die anfänglich serbisch gesprochen hatten, sich später in fehlerfreiem Ungarisch unterhielten. Waren es Ungarn? Kommunisten waren es jedenfalls.

Nun fieberten wir Neusatz entgegen, wo wir kampieren wollten. Außerdem wollte ich auch Peterwardein wiedersehen, wo ich 1929 in das Abc des königlich-jugoslawischen Kommisses eingeweiht wurde. Im Vorbeifahren glaubte ich, diesen oder jenen aus früherer Zeit bekannten Winkel zu erkennen: die Kasematten, die Kaserne und das Lazarett, in dem ich kurz auch ärztlichen Dienst geleistet hatte. (...)

Eine bedrückende Atmosphäre

Wir verlassen also Neusatz und fahren in mäßigem Tempo durch die Batschka. Wieder ringen Bilder der Erinnerung mit neuen Eindrücken. Aber schließlich stellte ich doch fest, daß sich am Landschaftsbild gegenüber 1944 kaum etwas verändert hat, wenn man davon absieht, daß die einstigen Bauernhöfe seltener geworden sind, daß dafür aber die Bauten der Kollektivwirtschaften und Staatsgüter der Gegend, die früher lichter und heiter war, ein etwas düsteres Gepräge geben.

Wir hatten bis dahin schon mehrere hundert Kilometer in Jugoslawien zurückgelegt, ohne den Eindruck gehabt zu haben, in einem anderen Land zu sein. Nun bedrückte uns eine Atmosphäre, die von einer uns nicht gut gesinnten neuen Bevölkerung der Batschka auszugehen schien. Nicht, daß man uns etwa angepöbelt hätte, aber aus Haltung und Mimik war etwas Feindseliges herauszulesen.

Die Straße fanden wir in einem für dortige Verhältnisse guten Zustand, sie wurde jedoch von Kraftfahrzeugen kaum befahren. Wir begegneten fast nur Pferdefuhrwerken, deren Insassen uns böse Blicke zuwarfen.

Auf der Fahrt von Neusatz nach Srbobran und darüber hinaus verfolgten wir mit einiger Spannung den Stand der Feldbestellung, weil in Kreisen der Vertriebenen vielfach die Meinung vorherrscht, daß in unserer ehemaligen Heimat nachlässig und rückständig gearbeitet wird. Aber ebenso wie in Slawonien fanden wir auch hier nichts zu beanstanden. An Stelle der früheren Klein- und Mittelzellenbewirtschaftung sind heute großflächige Anbaugebiete getreten, auf denen vor allem Mais und Sonnenblumen, aber auch sonstiges Getreide und Zuckerrüben gepflanzt werden.

Beim Durchfahren der Ortschaften wie Strig, Srbobran und selbst in Werbaß fiel uns dagegen ein merklicher Verfall von öffentlichen und privaten Gebäuden auf, der durch die Neuerrichtung moderner Wohnbauten nicht ausgeglichen werden kann. An Stelle der früheren Ordnung herrschen Schlendrian und Unsauberkeit, die durch ein zügelloses Benehmen der Bevölkerung – vor allem der Jugendlichen – auf den Straßen noch unterstrichen wird. Deutlich kam uns zum Bewußtsein, welche Werte durch den vergangenen Krieg hier verlorengingen. Aber die in Heimatvertriebenenkreisen vielfach geäußerte Ansicht, daß die Neu-Kolonisten die Landwirtschaft verkommen lassen und auf die Rückkehr der Vertriebenen warten, damit diese wieder Ordnung schaffen, habe ich nirgends bestätigt gefunden. Das Leben geht weiter, auch ohne die vertriebenen Schwaben, denen man für Besuchsfahrten die Einreise nicht verweigert, weil ihre harten DM beliebt sind.

Werbaß: bekannt und doch fremd

Mitten in Srbobran zweigten wir in Richtung Sombor ab, und nun begannen unsere Herzen lebhaft zu schlagen. Jetzt ist man tatsächlich schon fast zu Hause. Wehmut und Trauer beherrschte uns bei der Feststellung, daß Kirchen und Häuser immer noch ein Schein davon anhaftet, was einst unsere Dörfer ausmachte. Aber man sucht vergebens nach den Menschen, die einmal hier werkten und wirkten.

Zwischen Srbobran und Werbaß verschlechterten sich die Straßenverhältnisse zusehends. Obwohl sich das Straßenbild an vielen Stellen verändert hat, kommt uns doch manches Haus irgendwie bekannt vor. Beim Durchfahren von Werbaß streift der Blick die Apotheke, dann den freien Platz mit der reformierten und evangelischen Kirche, auf der rechten Seite erblicken wir für Sekunden das Gemeindehaus an der Ecke und dann die Quergasse, die zum Gymnasium führt, wo ich vor vielen Jahrzehnten die Schulbank gedrückt hatte.

Und nun die Hauptstraße! Bekannt und gleichzeitig bedrückend fremd. Häuser und Geschäfte waren mir einst ein fester Begriff, besonders Hotel Greifenstein. Es war einmal! Hier sah ich die erste Theatervorstellung meines Lebens, hier wohnte ich gelegentlich einem Ball bei, schüchtern und ängstlich, obwohl ich für mein Leben gern getanzt hätte. Pechan? Er war einst der Photograph des Ortes, der, wie wir wußten, auch künstlerische Neigung besaß. Die Buchhandlung Morowics? Ob sie noch existiert? Sicher enteignet und von anderen geleitet. Wie oft trug ich mein mühsam erspartes Geld dorthin, um irgendetwas zur Stillung meines unbändigen Lesehungers zu kaufen.

Immer weiter! Da und dort befand sich die Praxis der damaligen Modeärzte. Die Häuser stehen noch, aber sie sind verwahrlost. Wer mag heute hinter diesen Fassaden wohnen? Auch hier herrscht lebhaftes Treiben auf den Straßen, und auch hier fangen wir verwunderte und wohl auch verärgerte Blicke über das Auftauchen eines deutschen Wagens auf. (...)

Als wir unsere weiteren Reisepläne entwickelten – wir wollten schon am nächsten Morgen in meinen Geburtsort und danach nach Sombor weiterreisen –, bemächtigte sich unserer Gastgeber größte Bestürzung und sie baten uns flehentlich, von diesem Plan Abstand zu nehmen.

„Sie würden sich in größte Gefahr begeben", erklärte Herr K., „denn gerade ihr Heimatort ist mit den berüchtigtsten und gefährlichsten Partisanen besiedelt. Man würde Sie bestimmt erkennen und Ihnen, wie ich fürchte, Unannehmlichkeiten bereiten, auch wenn Sie, wie ich weiß, ohne ‚Schuld' sind. Der Haß ist noch nicht verebbt, und zwar besonders, weil zwischen T. und S. Ende 1955 Tausende von Juden und anderen Personen von SS-Leuten liquidiert wurden. Fahren Sie also nicht hin, ich bitte Sie. Wir wären untröstlich, wenn Ihnen etwas zustieße."

Obwohl uns gerade an diesem Teil unserer Reise viel gelegen war, versprachen wir unseren Gastgebern, wenn es uns auch schwerfiel, nicht hinzufahren. Nachdem wir noch einige Stunden mit gedämpften Stimmen geplaudert hatten (weil die Wände Ohren haben), suchten wir unseren Wohnwagen auf, um dann zu übernachten. Selten habe ich eine so schlaflose Nacht verbracht wie diese. Immer wieder erinnerte ich mich daran, was mir K. von den Morden der SS und dem daraus resultierenden Haß der Partisanen erzählt hatte (...)

Begegnung mit einem Landsmann

Aber wir hatten Glück, wir erreichten buchstäblich mit dem letzten Tropfen Benzin Smederevo, fragten uns zur Tankstelle durch und fuhren geradewegs dorthin. „Puno", rief ich dem Tankwart zu, der aber von mir keine Notiz nahm, sondern hinter einem Mann mit amtlicher Miene herlief, der in der rechten Hand einen Bleistift und in der linken ein Formular zückte.

„Wir müssen warten", erklärte mir ein Mann von etwa 50 Jahren, der inzwischen mit einem jüngeren Begleiter auf einem Moped hinzugekommen war. Bald stellte es sich zu meiner Freude heraus, daß ich es mit einem Landsmann aus dem Banat zu tun hatte. „Der Revisor ist da", erklärte er mir, „und jetzt werden die Ölbüchsen und sonst noch alles, was hier ist, gezählt! Bei uns muß man ja, wie auch schon früher, immer warten und warten!"

So kamen wir ins Gespräch. Der Mann war mit einem Donaufrachter unterwegs, der hier angelegt hatte, er benütze eine freie Stunde, um Benzin einzuholen. Sein Begleiter, unverkennbar sein Sohn, etwa 20 Jahre alt, hielt sich abseits. „Spricht er nicht deutsch?" fragte ich.

„Nein. Er will es nicht."

„Wieso?"

„Er ist ganz im kommunistischen Sinn erzogen worden und weigerte sich schon als Kind, deutsch zu sprechen. Das ist die Folge des Hasses, der ihm gegen alles Deutsche eingeimpft wurde."

Dieses Gespräch hatte mich sehr nachdenklich gestimmt. Inzwischen hatte sich auch der Tankwart herbeigelassen, uns zu bedienen. Das Benzin „Super" ist übrigens in Jugoslawien sehr preiswert. Es kostet etwa 50 Pfennig pro Liter.

Der Weg, den wir nun einschlagen mußten, um wieder den Autoput zu erreichen, war wieder unter aller Kritik. Für zwölf Kilometer brauchten wir mehr als eine halbe Stunde. Schließlich erreichten wir aber doch bei Mala Krsna ohne Panne den Autoput und mußten nun wieder in Richtung Belgrad fahren, um Cläre und den Wohnwagen abzuholen.

Wir fanden sie, die sich wegen unseres langen Ausbleibens schon Sorgen gemacht hatte, im Gespräch mit einem jungen Mann, der bei der Straßenbaustelle einen Überwachungsdienst versieht. Cläre hatte von ihm erfahren, daß er angehender Ingenieur sei und Verwandte in Kanada habe, wohin er nach Ableistung der Militärdienstpflicht auswandern wolle.

„Schlau und gerissen"

Ziemlich freimütig hatte er sich Cläre gegenüber über den Staatschef geäußert, „Tito ist ein schlechter Sozialist, er ist schlau und gerissen. Er beläßt den Bauernfamilien ihre Häuser und gibt ihnen zehn Hektar Feld zur eigenen Bewirtschaftung. Dafür bekommt er aber einen schlecht bezahlten Arbeiter auf der Kolchose. Macht einer nicht mit, so werden ihm seine zehn Hektar wieder abgenommen. Für das Geld, das die Leute aus eigener Produktion und als Entgelt vom Staat bekommen, können die Bauern zwar ihr Leben dürftig bestreiten, aber sie sind kaum in der Lage, die notwendigen Textilien und Bedarfsgüter zu kaufen." Das alles erzählte der redselige Jüngling, der recht gut deutsch sprach. (...)

Und schließlich: Bilanz?

Dem Titel dieses Erlebnisberichtes zufolge müßte sich nun eine Bilanz ergeben, die aufzeigen sollte, was für und gegen eine Ferienreise durch Jugoslawien spricht. Doch ich glaube, daß der Leser anhand der Ausführungen selbst zu einem Urteil gelangen kann. Wenn auch die skizzenhafte Darstellung nur Erlebnisse auf Teilstrecken einfangen konnte, so zeichnet sie alles in allem doch ein Bild, in dem das Negative gegenüber dem Positiven entschieden überwiegt. Dalmatien mag eine Reise wert sein, weniger dagegen das weite Gebiet von Kroatien und der Teil des alten Serbien, der südlich von Belgrad beginnt und sich bis an die griechische Grenze hinzieht. Die Entfernungen sind zu groß, das Landschaftsbild kaum von besonderem Reiz, die Nebenstraßen schlecht, die Städte mit Ausnahme von Neusatz und Belgrad und besonders die Dörfer zurückgeblieben. Kurz, die Strapazen, denen man sich aussetzt, sind zu groß und werden kaum aufgewogen durch Erlebnisse, die sich einzeln da und dort bieten.
   Und auch die „Reise in die Vergangenheit", von der unsere Menschen sich doch am meisten erwarten, wenn sie nach Jugoslawien reisen, lohnt sich bestimmt nicht, denn die einstige Heimat ist fast nicht mehr zu erkennen, sie wurde uns in den verflossenen zwanzig Jahren fremd. Eine Fahrt durch unsere ehemaligen Heimatgebiete hinterläßt nur ein Gefühl der Trauer um etwas unwiederbringlich Verlorenes. Und was die Gefühle der Jugoslawen gegenüber den Vertriebenen anbelangt, so traf ich nicht einen einzigen, der sich auch nur annähernd dahingehend geäußert hätte, daß unsere Rückkehr erwünscht sei. Im ganzen also eine negative, zur Resignation zwingende Bilanz, eine, die in uns den Wunsch abtötete, je wieder eine Reise nach Jugoslawien zu unternehmen. Nie mehr. Es sei denn ...

Adam Huber †
Franzfeld – Trieben

Adam Huber wurde am 28. Juli 1920 in Franzfeld (Banat/Jugoslawien) geboren. Schon in seinen Kinderjahren übersiedelte die Familie nach Pantschowa, wo er eine Lehre als Kaufmann absolvierte. Weil der Vater eine Mehlhandlung in Belgrad besaß, kam er früh in die Landeshauptstadt. Während des Krieges war Huber als Angehöriger der Prinz-Eugen-Division in Bosnien, nach dem Krieg drei Jahre lang in englischer Kriegsgefangenschaft, später verschlug das Schicksal den Bauernsohn als Arbeiter in die Magnesitwerke nach Trieben in der Steiermark. Dort heiratete er die Tochter des Besitzers eines kleinen Elektrizitätswerks. Die Ehe blieb kinderlos. Er und seine Frau schrieben damals sporadisch Beiträge für die Salzburger Vertriebenenzeitung „Neuland". 1955 erschien Adam Hubers einziges Buch „Halbmondschatten" in der Donauschwäbischen Verlagsgesellschaft in Salzburg, ein Band mit Erzählungen, die sich thematisch mit seiner alten Heimat auseinandersetzen. Die Leitung seines Betriebs hatte die Drucklegung des Bandes unterstützt, wohl in der Hoffnung, ein Nachwuchstalent aus der Taufe zu heben. Auch der Verfasser setzte große Hoffnungen in den Verkauf des Buches, die sich allerdings nicht erfüllten. In einer Rezension schrieb der damalige Chefredakteur der Zeitung „Neuland" A. K. Gauß: „Vielleicht waren es gerade die Gegensätze, die nun auf ihn zu wirken begannen, daß ihm die südöstliche Eigenart erst hier recht bewußt wurde. Und aus der Erinnerung stiegen ihm die verblassenden Bilder herauf, er begann sie zu gestalten und zu einem bunten Mosaik zusammenzufügen, ermutigt durch seine literarisch interessierte junge Frau, eine geborene Österreicherin. Es ist nichts Weltbewegendes, was die Gestalten Hubers denken, fühlen und sprechen. Und ob sie in ihrem Wesen edel sind oder levantinisch-verschlagen es sind echte Menschenkinder, die nur in einem Milieu gedeihen konnten, wo sich Rassen, Kulturen, Religionen und Völker überschneiden." In der Nacht des 3. Juni 1962 war Adam Huber zu Fuß auf der Bundesstraße in St. Lorenzen im Paltental unterwegs, als er tödlich von einem Wagen erfaßt wurde.

Wie die Franzfelder Hunde das Pantschewoer Stadtrecht erwarben

Jedermann, der in Pantschewo allwöchentlich samstags den Marktplatz besuchte, wird ohne Zweifel auf die guten Erzeugnisse der Franzfelder Bauern aufmerksam geworden sein. Daß dies auch zum Teil der Verdienst des Kleinbauern Franzvetter war, darf nicht übersehen werden.

An einem Samstag frühmorgens – es war in den zwanziger Jahren – fuhr der Franzvetter mit seiner Frau, der Res-Bas, in die Stadt, um dort auf dem Markt seine Produkte wie Butter, Rahm, Käse und Eier an den Mann zu bringen. Sie fuhren mit dem Einspänner, einer rotbraun lackierten „Taliga", in gemächlichem Trab durch den Sommermorgen. Ihr Hund namens Scheckl umsprang das Gefährt in munteren Sätzen, es manchmal überholend, dann wieder zurückbleibend. Es war auch heute, wie es seit eh und je beim Franzvetter und der Res-Bas samstags gewesen war. Doch es sollte anders werden.

Als sie auf die Höhe der Apfeldorfer Stärkefabrik kamen und vom rechten Feldweg in die Landstraße einbogen, kam ein Gendarm aus der Portierloge der Stärkefabrik auf die beiden zugelaufen und rief schon von weitem: „Stoi, Schwabo!" (Halt, Schwabe!)

Der Franzvetter, der nie in seinem Leben etwas mit Uniformierten zu tun gehabt hatte, erschrak heftig und hielt respektvoll den Wagen an. Der Gendarm war herangetreten und fragte barsch in gebrochenem Deutsch:

„Wem gehören der Hund?"

„Der Scheckl? Der Scheckl gehört mir", erwiderte der Franzvetter, erstaunt und im unklaren darüber, was ein Gendarm mit seinem Hund zu tun haben mochte.

Der Gendarm klärte ihn sofort auf: „Ja, du nichts wissen, daß in Stadt Pantschewo Hundekontumaz?"

„Was?" sperrte der Franzvetter den Mund auf, „Hund kontra Matz? Sowas gibt es in Pantschewo nicht."

Der Beamte erkannte, daß er nicht verstanden worden war und versuchte, sich dem Franzvetter verständlich zu machen:

„Du auch gar nichts verstehen. Du wissen, daß Hund nicht für Stadt und Feld, sondern Hund nur für Haus. Darum in Stadt Pantschewo Sperre Hunde. Jetzt Hund mitkommen, jetzt Strafe zahlen."

Hierauf griff der Gendarm in die obere Tasche seines Uniformrockes, entnahm dieser einen Notizblock und fragte den Franzvetter nach seinem Namen.

Der Franzvetter erwiderte betont mürrisch, aber pfiffig: „Peder Bindihnan."

Der Beamte schrieb den Namen auf und erklärte, daß der Bauer fünfzehn Dinar Strafe zu bezahlen habe.

Da schaltete sich auch die Res-Bas ein, indem sie drei Päckchen Butter ihrem Korbe entnahm und diese dem Gendarm anbot mit der Bemerkung, daß sie ja zuerst zur Stadt fahren, ihre Erzeugnisse dort verkaufen müßten, um so zu Geld zu gelangen. Doch der Herr Gendarm möge so freundlich sein und statt des Geldes die drei Stück Butter annehmen, die ja praktisch achtzehn Dinar wert seien, wogegen der Herr Gendarm ja nur fünfzehn zu bekommen habe.

Der Beamte wehrte nicht ohne beleidigte Miene ab. Doch die Res-Bas blieb, wie das die Art der Franzensfelder Frauen ist, hartnäckig. Sie explizierte weiter, während sie einem anderen Korb zwei Eier entnahm. Der Herr Gendarm wird doch zu Hause gewiß Frau und Kinder haben, werde gewiß nicht zu viel verdienen und könne die Eier bestimmt brauchen. Sie gebe daher noch zwei Eier zu den drei in Pergament gehüllten Butterstücken dazu, nur sollte doch der Herr Gendarm wegen des dummen Hundes keine weiteren Schwierigkeiten mehr machen. Sie beabsichtige, wenn sie nach Franzfeld zurückkomme, den Hund eigenhändig anzubinden, so daß er niemals wieder in die Stadt mitlaufen könne.

Der Beamte war ob dieses Angebotes noch mehr erzürnt. Er klappte das Notizbuch zu und wies die Bauern energisch zurecht:

„Nix da mit Butter und Eier! Die fünfzehn Dinar werden auf dem Amtswege kassiert."

Damit ließ er den Franzvetter und die Res-Bas stehen. Mit gemischten Gefühlen fuhren die Franzfelder davon. Der Hund, unbekümmert um die Ereignisse um ihn, umsprang nach wie vor in übermütiger Stimmung das Gespann seines Herrn.

Der Gendarm aber sollte heute nicht so schnell zur Ruhe kommen. Kaum wollte er sich der Portierloge zuwenden, da erblickte er in der Ferne ein zweites Gefährt, um das abermals ein Hund fröhlich herumtänzelte. Er ließ den Wagen herankommen, und es entwickelte sich ungefähr dasselbe Schauspiel wie mit dem Franzvetter und der Res-Bas. Schließlich fuhr auch diese Taliga, von dem sie begleitenden Hund umkreist, der Stadt zu. Nur der Name auf dem Dienstblock des Gendarmeriebeamten lautete diesmal auf „Peder Laufdavon".

Zwei Wochen später, die betreffenden Bauern hatten den Vorfall schon längst vergessen, langte im Franzfelder Gemeindeamt, vom Stuhlamt Pantschewo entsandt, ein Strafakt ein zum Zwecke der Eintreibung der Strafe in Höhe von je fünfzehn Dinar bei Peder Bindihnan und Peder Laufdavon, die nach Paragraph soundso straffällig geworden seien. Der zuständige Gemeindebeamte, selbst ein Franzfelder Schwabe, krümmte sich vor Lachen, als er dies las, versäumte auch nicht, beim Stammtisch im Bauernverein die Sache zu erzählen. Am nächsten Morgen ging der Akt nach Pantschewo mit der Begründung zurück, die beiden zur Rechenschaft zu ziehenden Bauern Peder Bindihnan und Peder Laufdavon seien in Franzfeld nicht gemeldet und solche Namen hier überhaupt nicht bekannt und ungebräuchlich.

Seitdem durften die Franzfelder Hunde ungestört den Crepeier Schlagbaum passieren, unbehelligt in der Stadt Pantschewo herumlaufen, just, als ob sie da zu Hause wären.
Sie hatten sich das Stadtrecht erworben.

Čika Perina politika

In einem serbischen Dorfe im Banat, man sollte es eigentlich nicht laut sagen, daß es Samosch war, ging es zu den Wahlagitationszeiten hoch her.
 Faule Eier, überreife Paradeiser, Gurken und sonstige, infolge ihrer allgemeinen Beschaffenheit zu weiterem oder kürzerem Wurfe geeignete Gemüsesorten feierten Hochsaison; mit ihnen die Gasthöfe. Die kleinen, sonst jeweils drei Jahre hindurch verkrochen gewesenen verkrachten Existenzen traten für kurze Zeit in den Vordergrund. Wer am meisten redete, versprach und zahlte, dem ward in großmütiger Zustimmung rechtgegeben. Am Wahltag jedoch verteilten sich die abgegebenen Stimmen, damit keiner der zahlenden Herren Kandidaten beleidigt und benachteiligt sei, prozentuell umgerechnet auf die in seinem Namen konsumierte Quote geistiger Getränke, als habe eine unsichtbare Rechenmaschine den zahlenden Herren Kandidaten nachgerechnet und das Ergebnis ihrer Arbeit den Wählern mitgeteilt.
 Acht Tage vor dem bevorstehenden Wahlgang kam auch der für den hiesigen Bezirk nominierte Kandidat und Angehörige einer mittelstarken Partei, der seit kurzem allen unter dem familiären Namen „Tschika Pera" näher bekannt geworden war, in Samosch an. Ihn störte der volkstümliche und ortsübliche Empfang, der Regen von faulen Eiern usw. wenig. Er lächelte aus dem Fenster seines Autos und nickte der Menge zustimmend zu. Tschika Pera war klug. Er dachte bei sich: Für einen dreijährigen Sitz in der Narodna Skupschtina in Belgrad, vis-à-vis dem jedem jugoslawischen Parlamentarier bekannten zweiten Treffpunkt der meisten dieser Herren, nämlich dem Kaffeehaus „Batal Dschamija", ist es ein niedriger Zoll, für wenige Stunden diesen Landsegen über sich ergehen zu lassen. Nach dem Rummel wohnte man ja doch wieder gemütlich in seiner Villa auf Dedinje und ging gemächlich seinen Nebengeschäften nach. Die wirkliche Arbeit im Parlament überließ Tschika Pera respektvoll seinen idealistischen Kollegen.
 Und nun entstieg eine Gruppe von Herren dem Auto, das vor einem großen Wirtshaus in der Hauptstraße stehengeblieben war. Tschika Pera schritt an der Spitze derselben in den von der Menschenmenge erfüllten Hof, ging ge-

nau wie die übrigen Herren, immer freundlich lächelnd und würdevoll, bis an dessen oberes Ende, wo eine schnell aufgezimmerte primitive Tribüne stand. Auf dieser nahm Tschika Pera mit seinem Gefolge Platz.

Die wahl- und trinklustigen Männer verteilten sich, auf Bänken sitzend oder stehend, im Hofe. Tschika Pera hatte zwei Vorredner. Sie predigten den Bauern, was viele andere vor ihnen tausendmal versprochen und die Bauern ebenso wieder geglaubt hatten, was aber niemals erfüllt wurde. Alle ihre Gegner seien Gauner, ihre Herkunft sei zweifelhaft, ihre Zukunft düster. Die Steuern, von diesen Gaunern diktiert, seien zu hoch, die Schweine- und Getreidepreise hingegen zu niedrig. Sie flehten das so weise Volk an, sich endlich helfen zu lassen, Tschika Pera zu wählen, der Sofortmaßnahmen ergreifen werde, um dieser wirtschaftlichen Misere ein Ende zu bereiten. Mit Stolz wiesen sie auf die bisherige Tätigkeit ihres Kandidaten hin.

Die Redner verstanden ihre Sache gut. Die Pelzkappen nickten ihnen befriedigt zu. Die ersten Rufe, wie „Ziveo!" (Hoch!) und „Tako je!" (So ist es!) wurden laut und lauter. Tschika Pera erhob sich ermutigt von seinem Sitzplatz und streckte beschwichtigend die Arme von sich, als wolle er beteuern: Ich verdiene eure Huldigung noch nicht; laßt mich erst Beweise liefern.

Als sich die Menge endlich beruhigte, kam Tschika Pera als Hauptredner zu Wort. Er war ein mittelgroßer, korpulenter Mann mit vollem Gesicht, darin ein buschiger grauer Schnurrbart saß. Er nahm sich hier auf der Bühne sehr imposant aus.

„Brüder, Freunde", vernahm man Tschika Peras salbungsvollen Baß, „wie ich sehe, bedarf es hier in der Gemeinde Samosch keiner weiteren Aufklärung mehr. Ihr seid auf dem gesündesten Wege, auf dem, den unser Parteiobmann uns allen, euch und mir, gewiesen hat. Es wird unserer Partei nicht schwer fallen, mit Männern hinter uns, mit wahren Männern, wie ihr es seid, euch zu helfen. Lassen wir alle üblichen Phrasen heute in dieser bedeutungsschwangeren Stunde beiseite und gehen wir objektiv zum Parteiprogramm über, das unser Parteiobmann vor einigen Wochen proklamierte.

Brüder, Freunde! Was sagte unser Parteiobmann? Nun, hört! Wir sind hier zu achtzig Prozent aus dem Bauernstand. Also hat sich unser Parlament zu achtzig Prozent aus Bauern zusammenzusetzen und nicht, wie bisher, nur aus Advokaten, Ärzten, Beamten, lauter Männern also, die mit euch, dem Bauernvolk, wenig Fühlung haben und euch daher nicht verstehen können.

Was sagte er zur Verwaltung unserer Finanzen? In das Arbeitszimmer des Finanzministers rechts die Staatskasse, links, Brüder, so sagte er, den Galgen! Fehlt mir während seiner Amtszeit nur ein einziger Dinar, nein, nur ein Para, so soll er sich selbst am Galgen erhängen, ehe mein Zorn und die Strafe über ihn kommen."

Das war ein glücklicher Start! Jetzt hieß es gut weiterarbeiten. Mit donnernder Stimme forderte Tschika Pera die Bauern auf, den verhaßten Exekutor, wenn dieser in der Gemeinde erscheine, energisch mit den Mistgabeln hinauszubefördern und dabei seiner, Tschika Peras, Unterstützung gewiß zu sein. Er versicherte, daß auch er beim besten Willen die hohen Steuern, wie auch die allzu niedrigen Schweine- und Getreidepreise nicht billigen könne, und zitierte hierzu abermals einen Punkt aus dem Parteiprogramm, aus dem ersichtlich war, daß diesbezüglich rascheste Abhilfe geschaffen werden könne und, so wahr seine Partei schon in acht Tagen das Staatsruder ergreifen werde, geschaffen wird!

Hier hielt der Redner für Sekunden inne. Ein verbindliches Lächeln umspielte seinen Mund. Er lehnte sich langsam, die rechte Hand in die Hüfte legend, zurück. Seine Stimme klang milder, als er fortfuhr:

„Es liegt sonst nicht in meiner Gewohnheit, Anerkennungen, die mir im Laufe meiner parlamentarischen Tätigkeit gezollt wurden, preiszugeben. Doch eine Anerkennung von so hoher Stelle zu verschweigen, wäre ein Verbrechen, eine Unterschlagung. Sie kam von allerhöchster Stelle, von Seiner Majestät, dem König! Denn unser geliebter König persönlich sandte mich in diesen Bezirk, Ordnung und Sauberkeit zu schaffen, wie ich es in meinem Heimatbezirk, in Koprivopolje in Serbien, getan habe. Ich glaube, Freunde, jedes weitere Wort ist überflüssig." Mit einem kräftigen „Ziveli" war Tschika Peras Rede beendet, worauf eine stürmische Ovation losbrach, wie sie die kleine Dorfgemeinde niemals zuvor erlebte.

Tschika Pera wurde an diesem Tage dermaßen gefeiert, daß er erst am späten Abend mit seinem Gefolge das Auto besteigen und das Dorf verlassen durfte.

Und die gutgläubigen Bauern wählten am darauffolgenden Sonntag ihren Tschika Pera, der vom König selbst zu ihnen gesandt worden war, um Ordnung und Sauberkeit zu schaffen, und harrten der guten Dinge, die da kommen sollten.

Ihre Hoffnung hielt noch bis zum Frühjahr des nächsten Jahres an. Als dieses aber keine Änderung brachte und alles beim alten blieb, der Exekutor weiter im Dorf umherging, die Steuern weiterhin hoch und die Schweinepreise unter dem Hund blieben, da sprach keiner mehr von Tschika Pera, und keiner der braven Bürger wollte es wahrhaben, daß Tschika Pera wirklich von ihnen selbst gewählt worden sei.

Noch einmal, nach drei Jahren, machte Tschika Pera auf Umwegen von sich reden. Einen Viehhändler aus Samosch führte der Weg hinüber in die Batschka, zufällig gerade zur Zeit der Wahlagitation, und siehe da, wen erblickte er auf der Tribüne des Gasthauses, in dem er abgestiegen war, um einen kleinen Imbiß einzunehmen: Tschika Pera! Und er redete genau so zum Volke wie vor drei Jahren im Heimatdorf des Viehhändlers. Ja, haargenau dasselbe! Vom weisen Volk, das keiner Aufklärung mehr bedürfe, bis zum bekannten Schluß, worauf ihm wieder helle Begeisterung entgegenbrandete.

Unser Samoscher war nahe daran, den gefeierten Redner als Lügner zu entlarven, doch da meldete sich die Schadenfreude und hieß ihn schweigen. Sind wir Banater reingefallen, so sollen es die Batschkaer nicht weniger, denn Čika Perina politika läßt nichts zu wünschen übrig!

Tschika Peras Methode blieb stets dieselbe. Er änderte nur vorsichtshalber jedesmal das Gebiet.

Nun, das königliche Jugoslawien verfügte ja immerhin über mehr als dreihundert Wahlbezirke, und es dürfte Tschika Pera trotz eifrigster Bemühungen kaum gelungen sein, sie alle zu seinen Lebzeiten zu beglücken.

Der Roßhandel

In Debeljatscha im südlichen Banat, einem ungarischen Dorf, fand jeden Montag jahraus jahrein ein Wochenmarkt statt.

Wenn die Spanier sagen, wer Sevilla nicht gesehen hat, der habe kein Wunder erlebt, so war es ganz richtig, wenn die Bewohner der umliegenden Ortschaften Debeljatscha behaupteten, wer den Debeljatschaer Wochenmarkt nicht kennt, kann unmöglich jemals betrogen worden sein. Bei Gott, es ist nicht die Schuld des schönen ungarischen Dorfes, solch zweifelhaften Ruf zu genießen, denn an diesen Markttagen bevölkern den geräumigen Marktplatz hauptsächlich die Bewohner der Nachbardörfer. Es war mit diesem, für Debeljatscha geltenden Ausspruch genau so bestellt wie mit jenem, den böse Zungen für das benachbarte serbische Dorf Zrepaja verlauten ließen. Man munkelte nämlich, daß in dem serbischen Dorf die Hausfrauen während der arbeitsreichen Sommermonate montags für die ganze Woche Bohnensuppe vorkochen, dieselbe dann allabendlich, nach Abspeisung der Hausgenossen, unter dem Bett in der Kammer aufbewahren. So sollen es die Zrepajaer von Ostern bis Allerheiligen halten, wenn man den boshaften Gerüchten Glauben schenken kann.

Niemand ist regelmäßiger auf dem Debeljatschaer Marktplatz, es kann gar nicht so heiß oder kalt sein, als Vladimir Punatz aus Zrepaja. Dicklich, ein wenig untersetzt, mit der spitzen, scheckigen Schafpelzmütze auf dem Haupt, die wahrscheinlich seinen kleinen Wuchs ausgleichen soll, steht er mit seinem halblangen, pelzgefütterten Mantel vor seinem Wagen, an den er drei Pferde angebunden hat: zwei braune Stuten und, was für diesen Markt ganz seltsam ist, einen halbbelgischen Rappen, den er zwei Tage zuvor, wie er selbst glaubte, sehr preiswert auf dem Pferdemarkt in Pantschewo erstanden hatte.

Vladimir Punatz ist kein Berufsroßhändler. Gott bewahre! Er ist ein ehrbarer Bauer. Es packt ihn nur manchmal die unwiderstehliche Sehnsucht, in den Bezirken herumzustreifen, und wie soll das geschehen, da er seiner Gattin, der in Zrepaja allseits hochgeschätzten Gospa Persa, über seine Reisen Rechenschaft schuldig ist, wenn nicht auf dem Wege des Roßhandels, bei dem er auch manchmal etwas verdiente.

Es geht dem Mittag entgegen. Für den Kauf des Halbbelgiers hat sich noch kein ernsthafter Bewerber gefunden. Wer dennoch im Vorbeigehen fragte, fand voll Spott immer etwas an dem Pferd auszusetzen. Das Marktgeschrei wurde Vladimir nach und nach lästig. Er schaute bereits sehnsüchtig nach dem Zelt, aus dem lautes Gespräch, vermischt mit noch lauterem Fluchen, zu vernehmen war, wo Faßbier in Überfülle in den Gläsern schäumte, und von wo der Duft von echtem Gulasch, wie es nur die Ungarinnen zuzubereiten verstehen, ihm in die Nase stieg. Und nicht zu vergessen wäre jenes Zelt, in dem serbische Sängerinnen, eine Auswahl schöner, koketter Frauen, mit tänzerisch-rhythmischen Bewegungen ihres Körpers und der Arme, von einer kleinen Tamburitzakapelle begleitet, ihre oft selbst erdichteten Schlagerliedchen nach volkstümlichen Melodien vortrugen. Und was für Lieder! Sie verjüngten Vladimir und peitschten auf, als seien seit seinem ersten Tanz, den er im Dorfwirtshaus erlebte, keine dreißig Jahre vergangen.

„Welcher der drei ist zu kaufen?" wurde Vladimir da von einer Stimme aus den Gedanken gerissen.

Er zeigte auf den Halbbelgier: „Dieser da. Die zwei anderen sind meine Ackerpferde."

„Wie teuer?"

„Zweitausendachthundert."

„Zweitausendachthundert? Den letzten Preis will ich wissen, Brüderchen."

„Es ist der letzte."

„Zweitausendzweihundert und zwei Liter Wein."

„Zweitausendachthundert und zwei Liter Wein."

So ging es ein Weilchen hin und her. Zuletzt schlug der Kaufanwärter mit seinem Spazierstock auf die Vorderbeine des Belgiers und sagte im Weggehen: „Die Vorderbeine laß austauschen, dann kann ich vielleicht zweitausendvierhundert geben."

„Kauf und tausch aus!" läßt Vladimir auch diesen Mann ziehen, ärgerlich darüber, daß jedem schon auf den ersten Blick die schlechten Beine seines Pferdes auffielen.

Die Zeit verging, das Gulasch duftete. Der Durst drückte. Vladimir zog den pelzgefütterten Tuchmantel aus, nahm die Pelzmütze in die Hand. Die Sonne brannte unbarmherzig. Er wollte soeben alle Hoffnung auf ein Geschäft aufgeben, da erblickte er den Zigeuner Milan. Er wäre ihm am liebsten ausgewichen.

Es war zu spät. Der Zigeuner Milan, ein bekannter Roßhändler aus Pantschewo, den man nach seinem Äußeren eher für einen Großgrundbesitzer halten konnte, als für das, was er wirklich war, ist derselbe, von dem Vladimir vor zwei Tagen den Halbbelgier gekauft hat. Vladimir machte gute Miene zum bösen Spiel.

„Na, geht er nicht weg?" fragte der Zigeuner, in eleganten Stiefeln an Vladimir herantretend. Die rechte Seite seines Brustkastens, wo er die Brieftasche trug, war gebläht, so daß jedermann, der ihn so sah, unwillkürlich an den Ausspruch: „Geld wie ein Roßhändler!" denken mußte.

Etwas verlegen, weil ihn der Zigeuner wegen seines Hereinfalls auch noch spottete, erwiderte Vladimir achselzuckend: „Ich kriege nicht die gewünschte Summe."

„Was willst du verdienen?"

„Zwei ... zwei."

„Zweihundert Dinar und zwei Liter Wein."

„Wenn du ihn zurückkaufen willst, so soll es mit zwei Liter Wein im Zelt da drüben genügen. Mehr will ich nicht verdienen."

Milan überlegte. Der muß es mit dem Verkauf sehr eilig haben. Dann knüpfte er ein bangloses Gespräch mit Vladimir an. Schließlich schritten sie zusammen durch die langen Reihen der vielen Landauer, Taligas, der kurzen und langen Leiterwagen, an denen überall Pferde angebunden waren, um die es wie in einem Bienenhaus summte und schwärmte. Sie gingen noch weiter, bis sie aus dem Bereich ihres Interessengebietes, des Roßmarktes, kamen. Sie streiften den Kuh- und Schweinemarkt ab und landeten zuletzt auf dem Geflügelmarkt. Die Bauersfrauen mit ihren Hühnern, Enten, den piepsenden Küken und goldgelben, kleinen Gänschen wunderten sich, was die zwei Männer auf diesem Teil des Marktes, den sonst nur Frauen aufsuchten, verloren hatten.

Und Milan, der Zigeuner, erwies Vladimir, mit dem er schon öfters ein Geschäft abgeschlossen, noch eine kleine Aufmerksamkeit. Er führte ihn in das Zelt der Sängerinnen, bestellte Gulasch und Bier, ließ von der Tamburitzakapelle Vladimirs Lieblingslied „In den Armen des Witwers" aufspielen, wobei der Zigeuner, wenn er ein Geschäft witterte, an alles dachte, nicht vergaß, Vladimirs Lieblingssängerin Ruscha zu bestimmen, daß sie das Lied singe.

Ruscha machte ihre Sache ausgezeichnet. Graziös, in der erhobenen Hand das leise klingende Zimbal, schritt sie zwischen den Tischreihen, an denen ausschließlich Männer saßen, einher, und kam an Vladimir heran. Sie verharrte nur wie zufällig neben ihm, denn sie wußte, daß er nicht der einzige Zrepajaer Bauer war, der sich augenblicklich im Zelt aufhielt. Trotzdem unterließ sie es nicht, ihm den Refrain des Liedchens wiederholend, das Zimbal sanft über den Kopf gleiten zu lassen. Dann zog sie sich wieder langsam nach dem improvisierten Podium zurück.

„Eh, hätte ich nur den Halbbelgier verkauft", seufzte Vladimir, die entschwindende Sängerin mit seinen Blicken verfolgend, und übersah dabei, wie sich Milan am Nachbartisch inzwischen mit zwei Männern besprochen hatte. Die beiden verließen darauf sofort das Zelt.

„Eh, hätte ich nur den Halbbelgier verkauft", seufzte Vladimir noch einmal, als Ruscha ihr Lied beendet hatte und auf dem Stuhl vor dem Podium saß. Er glaubte zu spüren, daß er für sie nun nicht mehr existierte.

„Kaufst du ihn zurück? Ich verzichte auf den Gewinn. Gulasch, Bier und das schöne Lied sollen genügen", unternahm Vladimir einen letzten Versuch.

„Ich kann nicht. Später vielleicht", wich der Zigeuner aus und bemerkte so nebenbei, daß er in der kommenden Woche einen großen Markt irgendwo in Serbien besuchen müsse.

„Ich habe Persa, meiner Frau, versprochen, daß ich ohne den Halbbelgier heimkommen werde. Sie wird mächtig schimpfen."

Der Zigeuner überhörte die wehklagende Stimme seines Geschäftsfreundes. Statt dessen hub er halb selbst klagend, halb belehrend an: „Sieh mal, Freund, es ist schwer mit einem Halbbelgier. Man braucht ihrer zwei, also ein Paar, will man in unserer Gegend leicht einen Käufer finden. Du mußt dazu nur einen Ziegelei- oder Mühlenbesitzer ausfindig machen."

„Du glaubst also, einen Halbbelgier allein werde ich kaum los?"

„Kaum."

„Wenn Persa, meine Frau, Verständnis dafür aufbrächte", seufzte Vladimir zum dritten Male innerhalb kürzester Zeit.

„Jede Frau brummt bloß vom Mittag bis zum Abend."

Sie hatten das Zelt verlassen und spazierten an der einreihigen Maulbeerbaumallee vorbei, da bemerkten sie zwei Männer, die laut um ein Roß feilschten. Diese Szene lenkte ihre Aufmerksamkeit auf sich. Milan ließ seinen Begleiter, den das gut paprizierte Gulasch, das hiezu genossene Bier und nicht zuletzt der Gesang Ruschas in gehobene Stimmung versetzt hatten, vorangehen. Das Pferd war, wie Vladimir auf den ersten Blick feststellte, auch ein Halbbelgier. Es war aber nicht vor einen Wagen gespannt, sondern lediglich an einem Baum angebunden.

Vladimir blieb stehen. Die beiden unbekannten Männer, es handelte sich augenscheinlich um den Besitzer des Pferdes und um den Käufer, überboten sich in lautem Geschrei, gestikulierten mit den Händen. Vladimir hörte oft die Worte Dinar und Liter heraus, worauf er schloß, daß es sich hier um Kaufleute seiner Sorte handelte. Er trat näher. Der Kauf stand, soviel er entnehmen konnte, unmittelbar vor dem Abschluß. Noch einmal will der Käufer das Geschäft liegen lassen. Doch er kam wieder zurück, um, wie der Besitzer ihm verhieß, den letzten und günstigsten Preis zu vernehmen.

„Glaubst du wirklich, daß man zwei Halbbelgier leichter los wird als einen allein?" fragte Vladimir den Zigeuner, seine Pelzmütze unschlüssig in den Händen drehend.

„Hab ich dich schon einmal angelogen? Du brauchst bloß einen zu nichts andrem als zur Arbeit, und ‚Schwabo, Schwabo tralala' singenden Schwaben finden. Stell dir vor, bis zum kommenden großen Jahrmarkt sind nur noch zwei Wochen."

Und für die nächste halbe Stunde verschwanden Gospa Persa und die Furcht vor ihr aus dem Gedächtnis ihres Mannes. Er vergaß das ihr gegebene Versprechen, daß er ganz bestimmt ohne den Halbbelgier in den Nachmittagsstunden heimkehren werde. Er vertraute auf den in Aussicht stehenden

Jahrmarkt. Sein Freund Milan, der, wie er selbst sagte, mit Pferdemilch großgezogen worden war, hatte vollkommen recht! So wechselte auch der zweite Halbbelgier in den Besitz Vladimirs über.

Gegen Abend, als sich die Menschen auf dem Marktplatze längst zerstreut hatten, saß der Zigeuner mit seinen beiden Kumpanen, die das Kauf-Verkauf-Spiel so mustergültig vor Vladimirs Augen abgewickelt hatten, in ausgelassener Gesellschaft Ruschas und ihrer Freundinnen in deren Zelt. Der Wein floß in Strömen. Die Sängerinnen gaben ungehemmt ihre Lieder zum besten und benahmen sich freizügig, wie den ganzen Tag zuvor nicht. Nur einmal unterbrachen sie für ein Weilchen die Feier in intimem Kreise und zwar zu dem Zeitpunkt, da mutmaßlich Gospa Persa ihren Heimkehrenden Gatten empfing.

Bosnisches

Gojko lag in der Scheune, in das neuste Heft der Volkslyrik vertieft, sich nicht bewußt, was draußen im Freien geschah, wie taub. Seine Augen saugten die kleinen Buchstaben aus dem Heftchen und seine angefachte Phantasie verarbeitete blitzschnell die Strophen. Nach kurzem Durchlesen murmelte er halb singend die Strophen vor sich hin.

„Mir scheint, da draußen ist etwas los, Feuer oder Wasser", ermahnte ihn der Freund, der neben ihm saß und, den Hals reckend, im Büchlein mitlas.

„Laß sein, was will. Unseres verbrennt und ersäuft nicht", erwiderte Gojko, ohne den Blick vom Buche zu heben.

Er ist gerade bei einem äußerst interessanten Liedchen angelangt. Wer mitgelesen hätte, würde ihm seine Interesselosigkeit an der Außenwelt kaum verübelt haben. Handelte es sich doch um das pikante Liedchen, nach welchem den Beg, der am Abend geheiratet, schon im Morgengrauen seine neuvermählte Frau verließ. Und Gojko empfand nach Betrachtung der Illustrationen hiezu eine unaussprechliche Schadenfreude darüber: Der Beg, mit tausendfach zerrunzeltem, bartüberwuchertem Gesicht, und sie ein frisches, junges Geschöpfchen, an Schönheit unvergleichlich, wie ein solches in und um Sarajevo schwer oder überhaupt nicht zu finden ist. Gojko lächelte vergnügt. Er wäre sofort bereit gewesen, die junge Frau ausfindig zu machen, sie in ihrer Enttäuschung zu trösten und so die Ehre der Männer bei ihr wiederherzustellen, sie die unheilvolle Nacht vergessen machend. Denn leben muß sie, sonst würde der Vorgang jener Nacht nicht auf Bildern wiedergegeben sein können, dachte Gojko. Man müßte der Sache nachgehen, sagte er sich nach langem Betrachten und kurzem Überlegen. Dann blätterte er weiter.

Draußen um die Scheune scheint inzwischen der jüngste Tag angebrochen zu sein. Stimmengewirr, schreiende Männer, kreischende Frauen sowie das Weinen von Kindern überschlugen sich. Wassergeplätscher, hastige Schritte mengen sich in den Lärm. Alles kommt unaufhaltsam näher an die Scheune heran, durch deren Fugen und Löcher Rauch eindringt. Es riecht nach verbranntem Holz.

„Ich glaube, es brennt doch. Sollten wir nicht löschen helfen?" wagte der Freund abermals einzuwenden.

„Ja, glaubst du, ich rieche nichts?" entgegnete Gojko unerschüttert. „Sie werden uns schon rufen, wenn sie uns brauchen. Laß gut sein."

„Kein Mensch weiß, daß wir hier sind."

„Umso besser. Lies mit und schweig."

Sie sind nun bei jenem Gedicht angelangt, in dem ein junges Liebespaar die aufbrechende Morgendämmerung wehklagend verdammt. Mit vorwurfsvoller Anklage wird der Tagesanbruch der Unkenntnis der Schönheit einer Liebesnacht bezichtigt, sonst, so sagt die letzte Strophe, gäbe es keine Morgendämmerung.

Welch ein Kontrast zu dem ersten Lied! Das sieht schon besser aus, dachte Gojko. Jedes Gedicht bildet für sich einen Begriff. Sie konnten in ihrem wertvollen natürlichen Inhalt nur in Bosnien entstanden sein. Gojko ist maßlos glücklich, in diesem Land das Licht der Welt erblickt zu haben. Den Gipfel seines Glückes aber bildete das Bewußtsein, daß er jung war. Jetzt würde er es vorziehen, allein zu sein. Deshalb legte er sich zurück, streckte die Beine auf dem Stroh aus, verschränkte die Arme unter dem Kopf und döste mit geschlossenen Lidern vor sich hin.

„Du", rüttelte ihn der Freund, „wenn du nicht verbrennen willst, steh auf! Das Feuer dringt bereits in die Scheune."

„Daß dir das Reden nicht zuviel ist", schüttelte Gojko verständnislos den Kopf, schob das kleine Büchlein in die Hosentasche und erhob sich zaudernd.

Das Feuer überschritt bereits seinen Höhepunkt, als mit lautem Getöse die motorisierte Feuerwehr mit zwei Spritzwagen aus Sarajevo in dem entlegenen Dorf eintraf. In diesem Augenblick trat Gojko mit seinem Freund durch die züngelnden Flammen und die erstickenden Rauchschwaden ins Freie. Der Feuerwehrkommandant wurde ihrer sogleich ansichtig. Seine Bewunderung für die beiden jungen Leute, von denen er meinte, sie hätten sich aus heldenmütiger Opferbereitschaft in diese Gefahr begeben, kannte keine Grenzen.

Eine Woche später erzählte man sich in Sarajevo, daß die beiden Burschen wegen ihrer Kaltblütigkeit bei der städtischen Feuerwehr angestellt worden seien, was speziell Gojko freute, weil ihm so die ihm aus der Volkslyrik vorschwebenden Idealgestalten in greifbare Nähe gerückt schienen.

Tozos billiger Einkauf

Tozo setzte seinen Fuß über die letzte Stufe der Treppe zum Kale-Megdan-Park hinweg und wanderte der Stadt zu. Nein, das Verweilen in der Parkanlage, so schön es auch sonst sein mochte, erregte heute keineswegs sein Wohlgefallen. Von der Save her pfiff ein lästiger Wind, der wahrscheinlich in eine wütende, bis ins Mark fressende Koschawa ausarten wird. Wie die kommende Geißel ankündigend, ist der Himmel von einer undurchdringlichen Wolkendecke verschlossen.

Tozo fuhr sich über das Gesicht. Die Stoppeln kratzten die Handfläche. Rasiert ist er auch nicht. Das wäre nicht das schlimmste, denkt Tozo. Etwas anderes, gütiger Himmel, der bloße Gedanke daran ist ihm Höllenpein. Wäre er doch zu Hause geblieben! Er hat keinen Mantel. Mitten im November und noch keinen Mantel! So schlimm war es um ihn noch nie bestellt gewesen, die ganzen vier Jahre her nicht, seitdem er in der Stadt wohnt.

Am liebsten würde Tozo die Menschen meiden. Aber, wenn er zur Stadtmitte gelangen will, kann er sie nicht umgehen. Die haben es leicht, denkt er, und fand dabei, welch schöne Mäntel es überhaupt schon gäbe. Es interessierten ihn mehr die Mäntel an den Menschen und wie sie jemand kleideten, als diejenigen, die aus den Schaufenstern lockten, mochten sie mit noch so billigen Preiszetteln versehen sein. Am besten wäre, es gäbe überhaupt keine Schaufenster, wehklagte sein Herz.

Natürlich, die Straßenpassanten halten ihn für schuldig an diesem Aussehen. Seht nur her, ihr Ahnungslosen: das Haar durchnäßt, wie die Fransen eines Fetzens kleben sie ihm an der Stirn, den aufgestülpten Kragen seines Sommerrockes hält er am Halse zusammen, Schultern und Knie sind ganz naß. Warum? Er sieht diese Frage nicht in die Gesichter der Vorüberschreitenden geschrieben. Von dort ist nur mit verachtendem Mitleid vermischte Kühle abzulesen. Aber gottlob, er weiß es! Es ist noch nicht so weit, daß man jedem gleich glauben muß, der sich dazu berufen fühlt, ihn, Tozo, zu belehren. Gäbe es keine so naheliegende Sorge wie die Beschaffung eines Wintermantels, er würde vor sie hintreten, und möge sie tausendmal in Samt und Seide liegen, sich in die besten Pelze hüllen, ja, er würde ihr ohne Umschweife die Wahrheit sagen und zu seinen berechtigten Forderungen übergehen.

Tozos Gedanken weilen bei Miladija, seiner mit einem Buchhalter durchgebrannten, jungen hübschen Frau, die sich jetzt kurz und zierlich „Milli" nannte. Seine Wut steigerte sich noch bei dem Gedanken daran, daß sie, während er jetzt im Regen durch die Straßen der Stadtmitte lief, höchstwahrscheinlich bei sich zu Hause auf dem Diwan lag und ihren alten Gecken erwartete, der sie mit Honig und Datteln fütterte. Das ärgerte ihn ungemein. Aber allmählich beruhigte er sich und versuchte, seine Gedanken in die Richtung zur Beschaffung eines Wintermantels zu lenken. Doch beim schnellen Denken war er immer schon ein wenig langsam. Erst ein Blick auf die neuen, tadellos wasserdichten Schuhe, die er trug, stellte ihm den ehebaldigsten Besitz eines Wintermantels in greifbare Nähe.

In einer Passage stehend, zählte er sein Geld in den Hosentaschen nach. Im nächsten Augenblick saß er in einem Gasthaus, und nachdem er fürsorglicherweise in Voraussicht einer längeren Pause zwei Gulasch gegessen, trank er einen halben Liter Zupaer Wein. Bei diesem Quantum blieb Tozo noch ganz nüchtern und dennoch wußte er es so klug einzurichten, daß er bereits eine Viertelstunde später, in Begleitung zweier Polizeibeamter in Zivil, im rückwärtigen Bau der Stadtverwaltung einquartiert wurde.

Tozo empfand sogleich, daß er bei den Seinen gelandet war. Der Raum war lang und schmal, die mit Stroh bedeckten Liegeplätze längs der Wand kannte er. Es war dunkel und roch nach Feuchtigkeit. Etwa dreißig Mann jeden Alters, von denen er ungefähr die Hälfte als Bekannte begrüßen konnte, scharten sich um ihn.

„Wieviel Tage?" fragte einer von ihnen.

„Wegen Raufhandels oder Diebstahls?" der Nächste.

„Raufhandel, diesmal. Aber welche Sorte ist gegenwärtig in der Behausung?"

Der Gefragte wußte Bescheid: „Zur Hälfte die Üblichen, zur anderen Hälfte Maurer."

„Maurer, aha. Kein Besserer?"

„Nein, die Stadtverwaltung plant gegenwärtig einen Kleinbau durchzuführen, so bemächtigten sich die Polizeiagenten eines jeden Maurers, der ohne Ausweis auf der Straße anzutreffen war oder arbeitslos ist. Weil es heute regnet, hat man sie nicht hinausgeführt."

Tozo will nicht schnell begreifen. Er fragte: „Maurer sagst du? Nur Maurer?"

„Ja, was hast du denn, beim heiligen Pantelius meiner Slawa! Es geht doch alles planmäßig vor sich. Ein Bau wird mit Maurern begonnen, dann kommen Zimmerleute, nachher die Anstreicher, schön der Reihe nach. In vierzehn Tagen wirst du sie alle durchkommen sehen. Unsere Polizei weiß, was sie tut. Verlaß dich drauf, daß die Stadtverwaltung auch diesmal ohne große Unkosten zu einem fertiggestellten Bau kommt."

„Wenigstens ein Besserer müßte da sein!" schloß Tozo etwas unzufrieden das Gespräch.

Er wartete geduldig. Alles geschah, wie ihm prophezeit worden war. Die Berufe begannen sich abzulösen. Tozo wurde langsam ungeduldig. Die Gesichter wechselten, aber kein Besserer ließ sich sehen. Frühmorgens, wenn einer der Wächter das Wasser in den Gefängnisraum brachte, ein anderer die Brotwecken jedem einzelnen an den Kopf warf, schlug ihm das Herz höher, denn vielleicht, so hoffte er, tritt hinterher, von Polizeibeamten begleitet, der ersehnte Gesellschafter ein. Nichts dergleichen geschah.

Da wurde Tozo am zehnten Tag aus seiner Verzweiflung gerissen. In zehn Minuten wußte er von dem feinen Herrn, der soeben eingeliefert worden war, alles. Er ist aus der Provinz, Fabrikbesitzer von Beruf, geschäftlich nach Belgrad gekommen, und weil er eben einmal in der Großstadt war, dachte er sich ein wenig auszuluftieren. In diesem Sinne besuchte er ein Nachtlokal und kam wegen eines Ehrenhandels mit einigen Gästen in Streit, der in Tätlichkeiten gipfelte. Die Herren von der Belgrader Polizei wollten seine Unschuld nicht einsehen. Man will ihn hier drei Tage behalten.

Ob der Herr Raucher sei, erkundigte sich Tozo.

„O ja, leidenschaftlich. Aber man hat mir die Zigaretten abgenommen."

Das sei nicht so schlimm, meinte Tozo, er konnte welche durchschmuggeln. Zwei ganze Packungen Zeta. Sie werden dem Herrn zwar kaum entsprechen, aber in der gegenwärtigen Lage erlaube er sich eine anzubieten.

Der Herr nahm dankend an. Tozo bot ihm Feuer und beobachtete mit Genugtuung, wie der Neuankömmling gierig die ersten Züge genoß. Sein Herz machte einen kleinen Sprung. Er mußte sich umdrehen, um nicht vor Freude aufzuschreien. Sie blieben den ganzen Tag über Freunde. Die Zigaretten bekamen dem Herrn sehr wohl, was für die Dauer der drei Tage, die sie zwangsläufig mitsammen hausen mußten, das Fundament zur festen Freundschaft hätte werden können, wenn nicht schon am nächsten Morgen die Freigebigkeit Tozos erschöpft gewesen wäre.

„Zwanzig Stück habe ich noch", sagte Tozo an diesem Morgen, „die können Sie haben, aber um den genannten Preis, um nichts billiger."

„Sie sind ein Erpresser!"

„Bedenken Sie, daß Sie noch zwei Tage auskommen müssen. Der Preis spielt für ihre Vermögensverhältnisse keine Rolle."

Der Herr wurde grün im Gesicht vor Wut. Seine Hand strich über seinen dunkelblauen Ulster. Er zögerte lange, bis er Tozo rechtgeben mußte. Mit zwei Bewegungen, er zog den Ulster aus und nahm die Zigaretten entgegen, war das Geschäft abgeschlossen. Für Tozo dasselbe Schauspiel wie vor sechs Wochen mit den wasserdichten Schuhen.

Als die Pfeiler stürzten

(...) Wir fuhren keine halbe Stunde mehr, da sahen wir zwanzig Partisanen aus einem Gasthaus treten. Bei ihrem Anblick gewann ich vollends den Eindruck, daß solche Menschen nicht annähernd einen ritterlichen Waffenstillstand bieten konnten. Wiewohl ich viele meiner Jugendjahre in der Stadt Belgrad verbracht hatte, zu der, wie zu jeder slawischen Großstadt, die Gestalten der Bezprizorniki genauso wie das berühmte slawische Ballett gehören, hier standen wir vor etwas Neuem. Ich mußte unwillkürlich an die Worte des großen serbischen Dichters Njegoš denken: „Usred podne čovek da ih sretne, sva bi mu se koža naježila." (Prüfte man tagsüber einen solchen Menschen, bekäm man Gänsehaut.) Diese zerlumpten und auf das Niveau mittelalterlicher Straßenräuber herabgesunkenen Gestalten sahen in ihrem Kampf sicher alles andere als ein politisches Ideal. Sie waren jedenfalls keine überzeugten Kommunisten, sie brachten keine geistig-revolutionären Vorbedingungen in ihren Kampf mit und sie hatten von Marx und Engels, Tolstoj und Dostojewskij sowie den übrigen für die soziale Gerechtigkeit bahnbrechenden Vorkämpfern niemals gehört, geschweige denn sie gelesen. Sie waren bei Ausbruch des Krieges einigen Gleichgesinnten Partisanenhäuptlingen gefolgt, in der Gewißheit, so ohne Arbeit und ohne die verhaßte Staatsordnung leben und sich auf Rechnung niedergemetzelter deutscher Soldaten bereichern zu können. Es waren jene Leute, die die Namen Gott, Christus, Mutter und Schwester zwar täglich Hunderte Male, jedoch nur im Zusammenhang mit abscheulichsten Flüchen gebrauchten. Sie waren ein williges Werkzeug Titos, der sich zu Beginn seiner Aktion ihrer bediente. Er ließ, ganz abseits von politischer und militärischer Notwendigkeit, deutsche Dienststellen und kleinere deutsche Einheiten von diesen zweifelhaften Scharen überfallen, sie töten und ausrauben, nur um die deutschen Besatzungsbehörden zu provozieren und sie zu den bekannten drastischen Repressalien an der Zivilbevölkerung zu zwingen. Dieser Dienst am eigenen Volk solcherart zeitigte auch alsbald seine Früchte. Es entstand ein Brudermorden auf dem ganzen Gebiet Südslawiens, das, so grotesk es klingen mag, oftmals nur durch das Einschreiten deutschen Militärs verhindert wurde.

Die vor uns auf der Straße aufgetauchten Partisanen ballten drohend die Fäuste, während sie uns mit zynischen Blicken verfolgten, uns Zeichen des Aufhängens und des Halsabschneidens machend. Das bewog uns, unsererseits ebenfalls eindeutig vorzugehen. Die schußbereiten Waffen legten sich wie von selbst auf unsere Knie. Der Oberleutnant ritt seitlich der Kolonnenmitte, und wir harrten seines Befehls, während wir die Bewegungen der Partisanen scharf beobachteten.

„Kein Deutscher schießt zuerst!" sprang seine klare Stimme über unsere Köpfe. „Nur, falls Feuer von den Partisanen, ist es zu erwidern." „Die wären auch schön dumm", meinte Wastl zu mir, „jetzt, da sie gesiegt haben, noch unüberlegt ins Gras zu beißen."

„Oder sie fühlen sich noch zu schwach, mit dem Massaker zu beginnen", deutete ich das Verhalten der Partisanen weniger humorvoll.

Streng genommen, hatten Wastl und ich nur bedingt recht. Die Partisanen hatten in ihrem ersten Siegestaumel lohnendere Ziele im Auge. Sie strömten aus ihren Wäldern in die nächsten Städte, um in der entstandenen Gesetzlosigkeit beim Plündern nicht zu kurz zu kommen. Es kam in jeder von ihnen besetzten Stadt, selbst unter der eigenen jugoslawischen Zivilbevölkerung, zu exemplarischen Ausschreitungen. Ein wahrer Wettbewerb rücksichtsloser Ausplünderung und Schlächterei in den deutschen Häusern, Geschäften und Bauernhöfen nahm seinen Anfang. Die Partisanenweiber rissen sich die Kleider vom Leibe, hängten sich den Männern um den Hals, praßten mit ihnen und feierten Orgien, bis sie umfielen. Zum besonderen Ergötzen wurden einzelne deutsche Soldaten aufgefangen, die noch Glück hatten, wenn sie ohne weitere Torturen nur als Zielscheibe der locker sitzenden Partisanenrevolver den Tod fanden. (...)

„Der Partisanenoffizier da vorne hat ja selbst gesagt: ‚Geht nur heim und helft uns, unsere schöne Heimat wiederaufbauen!' Was soll ich da noch warten?"

Ja, worauf sollte er da noch warten! Der Partisanenoffizier mußte ein guter Schwabenkenner sein, ging es mir durch den Kopf. Er hatte das alte Kolonistenblut angerufen, das aufbaubegierige, das sich so nur allzu leicht auf den Leim führen ließ. Es ging einfach über die Vorstellungswelt eines Schwaben, daß man zuerst Menschen gleichstellt, sie zur Mitarbeit aufruft und sich mittlerweile für die der neuen Obrigkeit Ergebenen einen grausamen Tod ausdenkt. So, besessen auf Heimat und Wiederaufbau, sind den Partisanen viele ins Garn gegangen. (...)

Verdutzt schauten wir im Lager umher. Die Zahl der Partisanen hatte sich, grob geschätzt, vervierfacht. Und welche Partisanen waren heute nacht hinzugekommen!

Es waren, von geringen Ausnahmen abgesehen, jene Gestalten, wie ich sie in den verflossenen dreieinhalb Jahren kennengelernt hatte: ungewaschen, bärtig, zerlumpt, bestenfalls in zusammengeflickten Uniformen. Sie kannten unter sich keine Würde, keine Ehrenbezeigung, sie brüllten aufeinander ein und wichen sich gleichzeitig aus. Wie ich später erfuhr, war das eine Brigade, die den Übergang vom weißen zum politischen Partisanentum bildete und deren sich Tito bedient hatte, als seine Anhängerschaft noch dünn gesät war, und die jetzt, da Tito salonfähig geworden, fürchtete, von ihrem einstigen Gönner abgeschrieben zu werden.

„Mi ćemo vas učiti redu" (Wir werden euch Ordnung lehren), sagte einer von ihnen, zu mir und dem Oberleutnant gewandt. „Zaklaćemo vas kao piliće!" (Abschlachten werden wir euch wie Hendel), fügte ein anderer hinzu, ehe sie ihre Absichten den anderen Gefangenen kundgaben. Es ließen sich noch mannigfache Drohungen wiedergeben, mit denen sie uns überschütteten. Es sollen aber nur diese beiden als Quintessenz von Schönstein niedergeschrieben werden. Sie musterten uns voll wollüstiger Mordgier, wie Menschen, die, vor nicht allzu langer Zeit selbst dem Strick und dem Galgen entronnen, nun durch eine unberechenbare Laune der Götter zu Scharfrichtern aufgestiegen waren. Wir begriffen nur zu gut, daß dieser Auswurf der menschlichen Gesellschaft in diesen Tagen mehr denn je die Morde an deutschen Soldaten brauchte, um seiner dunklen Vergangenheit das Mäntelchen politischer Legalität umzuhängen. Zu unserer Erleichterung erfuhren wir, daß sie nur zur Rast hier Station machten.

Wir blieben bis zum Abend in unseren Zelten, und als die neuen Partisanen abgezogen, atmeten wir erleichtert auf. Mit uns nicht minder jene verhältnismäßig zivilisierten Partisanen, die uns gefangengenommen und bisher bewacht hatten. Und wir machten zu unserem Erstaunen eine schier unglaubliche Entdeckung: die Entdeckung, wie sehr sie sich ihrer zügellosen Genossen vor uns schämten! (...)

„Es ist nicht leicht, aus dem Land zu flüchten, dem wir das Siegel des Reichtums aufgedrückt haben. Unsere Väter haben Sümpfe in üppige Kornfelder verwandelt, wir aber werden bald hungern müssen.

Unsere Väter haben Brunnen gebohrt und Weingärten angelegt, wir aber werden bald dürsten. Wenn wir jetzt flüchten, so waren alle Arbeiten und Kämpfe der großen Kaiserin, Josefs II., Prinz Eugens, des Grafen Mercy, Jakob Hennemanns und der tausend und abertausend Wörndels und Trauttmanns umsonst. Ist das nicht zum Weinen?"

„Wir haben keine Zeit dazu, Bruder! Du mußt gehen", mahnte ich, um keine Tränen aufkommen zu lassen. „Wohin?" fragte Schranz dennoch mehr weinend als sprechend.

„Zur Stiefmutter Germania zurück!

‚Woher kommst du, Fremder?' wird sie uns fragen. ‚Vom Stiefvater Jugoslavia, der seine Kinder schlachtet und frißt.'

‚Ha, das kenne ich schon', wird Mamachen antworten. ‚Hättet ihr dort unten tüchtig gearbeitet oder wäret ihr sonst was wert gewesen, ihr könntet auf alle Zeiten euren Hintern an der südöstlichen Sonne wärmen.

Es gibt ja keine besseren und gastfreundlicheren Menschen als die Balkanvölker. Behüt uns Gott vor Sturm und Wind und Deutschen, die im Ausland sind!'"

„Was soll das heißen?" fragte ich bestürzt. „Ich habe diesen Ausspruch noch nie gehört."

„Da bleibt dir die Spucke weg, was? Das glaub ich dir gern! Dreieinhalb Jahre Krieg, da war man bei den uns befreienden Brüdern mit solchen Sprüchlein vorsichtig. Aber am Kapitulationstag erhaschte ich ein Gespräch über die Beutegermanen. Bei der Gelegenheit auch diesen Segenswunsch."

„Dumme gibt es überall", tröstete ich meinen Freund. „Wir müßten erst preußisch abgehärtet werden." Ich erinnerte ihn, daß er endlich gehen müßte.

Ich saß wieder neben meinem Rucksack und dachte an Schranz. Seine tiefe innere Bewegtheit um die Heimat wird kaum Angst in ihm lassen.

Ich fühlte es an mir, daß ich nicht mehr erregt war, als wenn ich vor der Schulprüfung leichtes Lampenfieber hatte. Ich hatte Kaltblütigkeit vor ähnlichen Unternehmungen immer für Heldentum gehalten, jetzt sah ich, daß Kühle und Ruhe ganz von selber kamen.

Und doch war es ohne Maßen unterschiedlich von jenem Gefühl, das ich bei den zahlreichen Feindberührungen der vergangenen Kriegsjahre hatte. Hier war man von Wandlungen durchflutet, in denen gewöhnliche Regungen nur kraftlos durchsickerten.

Die normale Konzentration schien ausgeschaltet, wie bei einem unter einer Fixidee Leidenden, der sich mit der letzten Kraft des Bewußtseins loszureißen sucht, was ihm freilich niemals gelingt. Nichts mehr war von jener heißen Sehnsucht in mir, die ich von Kindesbeinen an oft als Deutscher in fremdem Lande empfunden hatte:

Einmal im Leben Stunden, Tage und wochenlang zu wandern, dabei nur deutschen Menschen zu begegnen, deutschen Lauten, deutschen Liedern und deutschen Inschriften.

Diese Sehnsucht war zerflattert, als sei sie nie dagewesen. Nur die Gewißheit der Unwiederbringlichkeit meiner angestammten Heimat in ihrer ganzen Größe und Eigenart erfaßte mein ganzes Denken. Es war der Beginn des großen Heimwehs, das ewig an uns nagen wird, möge uns die Fremde auch noch so manchen glücklichen Lebensabschnitt schenken.

Ich rauchte meine Zigarette zu Ende, und Schranz' Worte fielen mir ein: ‚Vom Stiefvater Jugoslavia zur Stiefmutter Germania'. Was sind wir doch für ein unglückliches Völklein, das weder Vater noch Mutter hat! (...)

Zugegeben, daß das, was in der übrigen Welt an Armut und Not zum brennenden Problem geworden, in unseren satten Dörfern oft Ausbeutungs- und heimliches Spottobjekt geblieben ist. Zugegeben, daß Franzfeld zu Recht das Städtchen der gefährdeten Dachrinnen genannt wurde, weil seine Bewohner die Nase so hoch trugen, so ist dies alles für die Partisanen noch lange kein Grund zu unserer Ausrottung.

Diese, nennen wir es Untugenden, sind weder als Böswilligkeit noch Gehässigkeit den Mitvölkern gegenüber zu sehen. Es war vielmehr die Unaufgeklärtheit, das unsichtbare Vorbeirauschen von zwei Jahrhunderten, weil unsere Menschen ausschließlich von Arbeit und wirtschaftlichem Aufstieg erfüllt waren.

Zudem stehen in der Geschichte zweihundert Jahre des Aufbaus zu dreieinhalb Jahren Kriegsteilnahme an der Seite Deutschlands in keinem Vergleich. Das wissen die Verantwortlichen in Belgrad ganz genau. Und ginge es ausschließlich darum, so hätten wir an die Partisanen einige Fragen zu richten:

Wieviele Serben haben beim Einmarsch der Ungarn in die Batschka ausgerechnet im deutsch besetzten Banat Schutz gesucht und erfahren? Wieviele von Tod und Hunger bedrohte Menschen aus der Lika, aus Bosnien, der Herzegowina und Montenegro haben in den deutschen Häusern des Banats Arbeit, Unterkunft und Lebensunterhalt gefunden?

War nicht in deinem wie in meinem Elternhaus solch ein beklagenswerter Mensch beschäftigt? Hatte jemals einer von ihnen sich in irgendwas zu beklagen?

Wir, die wir die längste Zeit dieses Krieges in Serbien verbracht hatten, können auf einen Ausspruch der serbischen Bevölkerung hinweisen, welcher ebenfalls kristallklar zu Gunsten der Deutschen spricht: „Wenn die Deutschen heute aus Serbien abziehen, so lebt in drei Monaten entweder kein Serbe oder kein Bulgare mehr."

Nein, um die Maßregelung der Volksdeutschen wegen der Teilnahme am Kriege ging es hier bestimmt nicht. Es ging schon deshalb nicht darum, weil es einer kommunistischen Regierung auf die Leiden ihres Volkes überhaupt nicht ankommt.

Ebenso vergeblich werden wir die Ursache in der Rache für unseren nationalen Ehrgeiz suchen. Den haben wir niemals gehabt. Unser Nationalismus war gesund und berechtigt und für den Bestand des jugoslawischen Staates ungefährlich. Er beschränkte sich lediglich auf die Pflege der Muttersprache, der Volkslieder und Volkstänze.

Der Nationalsozialismus war unserem Völkchen wesensfremd. Er wurde von einem Dutzend verkrachter Großbauernsöhne, die in Graz, Wien, Heidelberg und anderen deutschen Universitätszentren studierten, eingeschleppt und hier etlichen geltungsbedürftigen Leutchen eingeimpft.

Eine Volksgruppe, in der ein großer Prozentsatz der Frauen, als der Pfeiler eines Volkes, gar nicht wußte, ob Deutschland mit Italien gegen Frankreich oder Italien mit England gegen Frankreich im Kriege stand, kann man für die Politik und ihre Folgen keineswegs verantwortlich machen. Die Unwissenheit vieler ging trotz intensiver deutscher Propaganda so weit, daß manche sogar den Russen zu unseren Verbündeten zählten.

Die Behauptung, daß sich an den am jugoslawischen Volke begangenen Verbrechen besonders die Volksdeutschen hervorgetan hätten, stimmt ebenfalls nicht. Es genügt hier schon der Hinweis, daß kein Donauschwabe innerhalb der deutschen Wehrmacht einen solch hohen Posten bekleidete, um Strafexpeditionen oder gar Exekutionen anzuregen, geschweige denn anordnen zu können.

Dies war die Obliegenheit zumindest des jeweiligen höheren SS- und Polizeiführers, der bestimmt kein Volksdeutscher war. Wir wagen zu behaupten, daß nicht einmal die jugoslawisch-kommunistischen Annalen einen solchen aufzuweisen haben.

Trotzdem liegt der Grund zu dem leidenschaftlichen Haß und der Vernichtungswut gegen uns klar auf der Hand: Es ging ganz einfach um unser Vermögen!

„Wie Hitlers Nürnberger Gesetze und ihre Auswirkungen ausschließlich seinen Parteigängern zugute kamen, so mußte Tito mit den Jajcer AVNOJ-Beschlüssen den Landhunger seiner Anhängerschaft stillen."

So sprach Schranz, und wer ihm zuhörte und Diktaturen kannte, mußte ihm glauben. Wir befanden uns an diesem Nachmittag in der Scheune eines Dorfes nächst Bleiburg, als die Partisanen unserem Fluchtweg abermals einen Riegel vorschoben. (...)

Jakob Hübner †
Neusanktanna – Freiburg i. Br.

*Jakob Hübner (Pseudonym: „**Herbert Konrad**") wurde in Neusanktanna (Banat/Ungarn, später Rumänien) am 28. Mai 1915 geboren. Nach der Volksschule besuchte er das Gymnasium, danach die Katholische Deutsche Lehrerbildungsanstalt (Banatia) in Temeswar, wo er 1937 das Lehrer- und Kantordiplom für Kirchenmusik und Gesang erwarb. Er unterrichtete als Lehrer in Warjasch, Bogarosch und Neusanktanna bis zum Ausbruch des Zweiten Weltkrieges. 1941 mußte er als Soldat der rumänischen Armee an die Ostfront, wo er bei Charkow verwundet wurde. Nach dem Krieg durfte er sich fünf Jahre lang nicht als Lehrer betätigen. Er schlug sich mit seiner Frau, die Grundschullehrerin war, mit Privatunterricht und der Zucht von Seidenraupen durch. Anschließend ließ er sich in Temeswar nieder und erschloß sich ein neues Betätigungsfeld, indem er als Journalist für die Zeitungen „Freiheit", „Temesvarer Zeitung" und „Neuer Weg" sowie als Rundfunkredakteur arbeitete. Parallel dazu studierte er am „Konservatorium für Musik und dramatische Kunst" in Temeswar und wurde dort 1950 Musikprofessor an der Deutschen Pädagogischen Lehranstalt. Gleichzeitig unterrichtete er auch an der Musikschule in Temeswar Violine, Harmonielehre sowie Kontrapunkt und wirkte an mehreren Schulen erfolgreich als Chorleiter. Er beteiligte sich an musikalischen Wettbewerben, errang in Budapest zwei Preise für Komposition und schrieb das Singspiel „Die Werbung". Da der Sohn Herbert 1970 nach Deutschland floh, war die Familie Repressalien ausgesetzt, bis sie 1977 das Land legal verlassen und sich in Freiburg ansiedeln konnte. 1956 kam in Bukarest Jakob Hübners schwäbischer Bauernroman „Die Heilmanns" heraus, der die historischen Veränderungen innerhalb von drei Generationen in „Heidenfeld" verarbeitet. Abgesehen von der „Monographie der Großgemeinde Sanktanna" blieb dies Hübners einzige Buchveröffentlichung. Allerdings finden sich im Nachlaß Romane, Erzählungen und Novellen, die größtenteils in Freiburg entstanden sind, wo Jakob Hübner am 17. August 1985 starb.*

Das verbriefte Recht

Im Frühjahr 1950 entstiegen dem Temeschburger Frühzug am Warjascher Bahnhof hohe Gäste: Parteileute, Sekretäre, Aktivisten, Agitatoren, Journalisten. Selbstsicher und siegesbewußt schlenderten sie auf dem asphaltierten Fußweg dem raizischen Dorf entgegen, um ins deutsche Dorf, der einstigen Hochburg schwäbischen Wohlstandes und ausgeprägten Selbstbewußtseins, zu gelangen. Einige betraten erstmals Warjascher Boden. Aber die Agitatoren kannten schon jedes Winkelchen von Warjasch. Sie entzündeten ein Feuerchen, den Geist Lenins, und trugen es in die Häuser der „Neuen", der Herbeigetrommelten. Sie wachten eifersüchtig, schürten und schürten, bis der Klassenfeind ohnmächtig darniederlag. Es war kein Kinderspiel, die Halbanalpabeten von einer zweiten Verlockung zu überzeugen. Doch letztlich siegte die Agitation. Und schritt die Delegation so siegesbewußt voran.

Warjasch hatte seine Physiognomie seit 1944 nur wenig verändert; es strömte, zwar verhalten, noch etwas von seinem Stolz vergangener Zeiten aus. Wenn schon nicht mehr, so durften wenigstens die Warjascher Musikanten dieses Fest animieren helfen.

„Jacă, cîntă deja muzica!" rief einer emphatisch aus der formlosen Kolonne.

Wahrhaftig, die Warjascher Musikkapelle durfte, wenn auch nicht zur „Kerwei", so doch zur Gründung der LPG aufspielen.

Ja, nur noch die Musik war bodenständig, alles andere war an diesem Tag in Warjasch artfremd und feindselig. Inzwischen stießen die hohen Gäste auf die buntscheckige Kolonne der werdenden Kollektivbauern, vom hochglänzenden Bürgerstiefel des deblokierten Feldwebels bis zur Cotruța aus der Zigeunerkaul. Mit der schwäbischen Musik voran marschierten sie jauchzend und johlend, Schnaps- und Weinflaschen schwenkend ins große Wertshaus. Die Musik dröhnte im Saal wie einst bei der „Kerwei". Nur diese Lebensäußerung war den Schwaben noch gestattet, sonst nichts mehr. Auf ihren Feldern tummelten sich die „Neuen".

Auf der Bühne saß schon das Präsidium und wartete auf den Schlußakkord. Da erhob sich der Hauptdelegierte der Partei in der Eigenschaft eines Präsidenten und rief:

„Niemțzii să plece afară!" „Die Deutschen sollen rausgehen!"

Die Schwaben nahmen ihre für diesen Zweck frisch auf Hochglanz geputzten Musikinstrumente unter den Arm und verließen das ihnen einst so heimische „Großwertshaus". Sie brauchte man nicht mehr, nur noch ihre Musik. Wären aber Tamburaschi oder Zirai-Zirai-Zigeuner bei der Hand gewesen, hätte die Partei die Schwabenmusik entbehrt. Den Schwaben mutete ihre eigene Musik wie ein Schwanengesang an.

Wie stolz, fast überheblich möchte man sagen, war einst dieses Dorf. In Warjasch begann der Konkurrenzkampf zwischen Agraria und Zentralgenossenschaft und erfaßte das ganze Banat. Hier fand das erste atheistische Begräbnis im Banat statt, und hier zählte bei so manchem Warjascher die Brieftasche mehr als der Herrgott. Doch für gemeinnützige Dinge hatten die Warjascher viel übrig: Fünf Millionen Lei spendeten sie für ihr Deutsches Haus. Und kein Geringerer als Franz Ferch war von ihnen ausersehen, den Ahnenstolz der Warjascher zu verewigen.

So hing Ferchs Bild einige Jahre an der Stirnfront des großen Saals; ein Bild mit wahrhaft historischem Gespür und Titel mit gotischen Lettern: „Das verbriefte Recht!"

Beim Betrachten des Bildes überkam einem heiliger Ahnenschauer. Die erste Generation der Banater Schwaben: Ein Schwabe in Kniehose, mit dem Dreispitz auf dem Kopf, umfaßte mit kräftigen Fäusten die Sterzen des Holzpfluges, den ein Ackergaul mit gekrümmtem Rücken durch die jungfräuliche Erde zu ziehen sich abmühte.

*

An diesem Frühlingstag fand in Warjasch ein Fest statt, an dem die Warjascher keinen Anteil hatten. Gehörte eigentlich Warjasch noch ihnen? Die vorerst leutseligen Raizen waren nun die Herren. Zu ihnen gesellten sich die herbeigetrommelten „Colonisten", die „Neuen" nahmen das deutsche Dorf in Besitz und schlugen im ehemaligen Deutschen Haus ihr Lager auf.

Dort saß der raizische Präsident und schielte auf das Ferch-Bild. Es hing da wie eine vergessene Reliquie der Schwaben, und die „Neuen" wußten nicht, was sie damit anfangen sollten. Doch der „Preşedinte" hatte eine Idee. Er lächelte diabolisch vor sich hin.

„Ne trebuie un carton! Fraţilor, un carton, un carton ..." „Wir brauchen einen Karton! Brüder, einen Karton, einen Karton ..."

Und siehe da, die Rückseite des „Verbrieften Rechts" war gerade noch gut genug, um darauf zu schreiben:

– Gospodăria Colectivă „Vladimir Ilici Lenin" –

Nach dem Gründungsfestakt im Großwertshaus durfte die Schwabenkapelle am Nachmittag wieder aufspielen und die hohen Herrschaften in den neuen Sitz der LPG geleiten. Eines der prächtigsten Warjascher Bauernhäuser; braun gestrichener Staketenzaun, große Einfahrt, mit gelben Glanzziegeln gepflasterter Hof; eine trutzige Bauernburg mit den sich hoch auftürmenden Scheunen und Stallungen.

Das aufgestoßene Eingangstor bekrönte das mit Girlanden umwobene Emblem „LPG Vladimir Ilici Lenin", von recht ungeschickter Hand gefertigt.

Wer aber die Kehrseite betrachtete, erkannte mit Schrecken und Wehmut im Herzen „Das verbriefte Recht" von Franz Ferch.

Ein zufälliges Symbol an diesem Tage: das außer Kraft gesetzte „verbriefte Recht" der Schwaben einerseits und die aufkeimende rote Herrschaft andrerseits.

Der schweigsame Bote

Miklos Lager, der Chefredakteur und Inhaber der einzigen in deutscher Sprache in Temeswar seit 1944 noch erscheinenden Zeitung, wiegte sich in Selbstsicherheit. Er saß an seinem Schreibtisch, fuhr sich mit der Zunge zur Gewohnheit über die Oberlippe, schnalzte in Wohlbehagen, als er die neueste Nummer seiner Zeitung überflog. Er tippte mit dem Zeigefinger auf die einzelnen Titel, als wollte er ein zweites Gutachten einholen. Sein Techno-Redakteur Arpad Weil hatte gute Arbeit geleistet. Noch ertönte seine Fistelstimme nicht. Deshalb fingerte seine hübsche Sekretärin auch gelangweilt an den Hebeln ihrer Schreibmaschine herum.
„Also", begann er – wie ein aufkreischender Hahn – „die Zeitung ist gut, aber der Druck ist miserabel, miserabel, sag ich Ihnen, meine Herren, Entschuldigung: Genossen! Miserabel, miserabel ...", wiederholte er noch einige Male und tastete mit seinen Augen die Gesichter der im Halbkreis stehenden Reporter und Redakteure ab.
Der blonde Heinrich grinste schlitzäugig. „Die Partei wird ..."
Miklos Lager trat ihm wie einer Kröte auf den Mund. „Was, die Partei, die Partei hat keine anderen Sorgen, als uns eine neue Druckerei zu geben. Meine Herren, Entschuldigung: Genossen, die Partei hat schwere Aufgaben zu lösen. Das ZK bringt eine Resolution nach der anderen heraus!"
Mischa Pfäfflein grinste gezwungen. „Es wird demnächst noch mehr kommen ... die Partei arbeitet Tag und Nacht!"
„Na Mischa?" wandte sich Lager an Pfäfflein, „du warst doch in Bukarest, im Schulamt, darüber könntest du schreiben, über die Probleme des Schulwesens – die Erfolge der Schulreform!"
Mischa Pfäfflein nickte. Die Aufforderung kam ihm gelegen.
Es war eine Art Lagebesprechung, die der Chef wie ein Generalstäbler mit seinen Mitarbeitern hielt. Gleich eingangs fehlten natürlich nicht die Direktiven, die das Kreisparteikomitee herausgegeben hatte. Auf sie wartete Miklos Lager stets wie ein Kind aufs Zuckerbrot. Kein Wunder, in klaren Stunden empfand er leichtes Unbehagen ob seiner bürgerlichen Vergangenheit. Darum lernte er auch so fleißig den Marxismus-Leninismus auswendig. Damit brillierte er bei den Diskussionen der Parteikaderschulung absichtlich, auffällig. Der proletarische blonde Heinrich zehrte von seiner revolutionären Vergangenheit, Mischa Pfäfflein hatte sich über Nacht umgeschult, Fritz Hartlieb holte seine verwaschene rote Hose wieder hervor, um seine kurze braune Vergangenheit zu verdecken. Nur der Reporter Leopold Gruber hatte nichts zu verheimlichen. O doch! Er hat in der rumänischen Armee an drei Feldzügen teilgenommen. Ansonsten konnte er sich ruhig auf seine Proletenherkunft stützen, die schützte ihn vor unliebsamen Angriffen der Parteikader. Und das mit dem Krieg gegen die Sowjetunion? Ach, da waren doch andere auch dabei, viele, sehr viele. Die Partei wird das allmählich vergessen.

Miklos Lager hieß seine Mitarbeiter sich setzen. Er zog aus seiner Schreibtischschublade die neuesten Direktiven der Partei heraus. „Meine lieben Genossen! Die Partei hat großes Vertrauen in uns. Diese wunderbaren Aufträge da sind der Beweis des Vertrauens, das die Partei in uns setzt ..."

Ergriffener Ernst bedeckte die Gesichter der Lauschenden, wie bei einer Predigt. Miklos Lager sprach mit salbungsvollem Ton, voller Hochachtung, das Wort Partei aus und machte dabei eine kleine Pause der Ergriffenheit, wie der predigende Priester.

„Wir sind Aktivisten, Soldaten in vorderster Front, wachsame Genossen! Die Partei erfaßt das gesamte Leben. Unsere Aufgabe ist es, der Partei zu helfen ..." Nach einer kurzen Pause fragte er: „Wer hat einen Vorschlag? Ein Thema?"

Der blonde Heinrich wölbte seine Oberlippe, als käme nun ein spöttisches Wort aus seinem Mund hervor. Auf ihn hörten alle. Hinter seinem Rücken versteckte sich Miklos Lager mit seiner bürgerlichen Vergangenheit. „Den Klassenfeind angreifen, ununterbrochen angreifen ... die Themen liegen auf der Straße, ihr braucht sie nur aufzulesen ..."

Mischa Pfäfflein nickte. „In dieser Periode der Gründung der ersten Kollektivwirtschaften ist der Klassenfeind besonders aggressiv ..."

„Schön, meine lieben Genossen! Ist Ihnen nichts aufgefallen?" begann nun Miklos Lager mit einer Frage, begleitet von seinem lauernden Blick.

Die Genossen schwiegen.

„Sehen Sie, sehen Sie! Sie gehen wie blind durch unsere revolutionäre Zeit ... die ersten Heimkehrer sind angekommen."

„Heimkehrer?" fragte der blonde Heinrich.

„Ja, ja, Heimkehrer ... aus der Sowjetunion ..."

Nun wußten alle, wer die Heimkehrer waren. Die im Winter 1945 heimlich in die Sowjetunion verschleppten deutschen Männer und Frauen. Plötzlich wurden die Heimkehrer genannt. Sie hatten dort ihre Sünden abgebüßt und durften nach fünf Jahren Zwangsarbeit in sowjetischen Todeslagern wieder heimkehren. Die Partei hatte sie dorthin geschickt, quasi als Huldigung für den Kommunismus; sie waren eben noch gut genug, auf dem Altar des heißgeliebten sowjetischen Vaterlandes hingeopfert zu werden. Ach, solch hochtrabende Gedanken lagen Miklos Lager fern. Aber wenn schon, so geschah ihnen recht für ihr braunes Getue. Und er, der protzende Zeitungsmann, war er nicht ein Opfer des Faschismus? Er fühlte sich in der ausgebrochenen Freiheit der roten Demokratie sauwohl. Das nur so nach außen hin. In seinem Innersten sah es anders aus. Wie? Das wüßte er am besten. Vor der Partei hatte er vieles, sehr vieles zu verbergen. Es durfte nur einer kommen, der ihn nicht stubenrein proletarisch fand, und es würde ihm das Schicksal eines Kulaken zuteil. Er war auch herzlos, oberflächlich herzlos, flederwischig herzlos. Aber er mußte Farbe bekennen, doch er bekannte nur Tünche. Zum Schein hetzte er immer gegen alle, die die Partei aufs Korn genommen hatten. Gleich nach 1944 widmete er wöchentlich eine Seite dem Kampf gegen den Faschismus, mit der Überschrift „Galerie der Hitleristen". Eine gefürchtete Seite. Kein Geringerer als der blonde Heinrich verheizte hier seine Kohlen; es war ein großangelegtes Erpressungsmanöver. Wer nicht zahlte, kam in die Zeilen. Und die Herzogs zahlten und zahlten. In des blonden Heinrich Gesicht glätteten sich die Falten und Fältchen der Reihe nach. So folgte eine Agitation ziemlich lautstark, sogar mit Getöse, nach der anderen. Miklos Lager verstrickte sich in einen aussichtslosen Kampf. Seine bürgerlichen Freunde kehrten ihm den Rücken, die Großbourgeoisie schwor ihm Rache. Mischa Pfäfflein flüsterte ihm Mäßigkeit ins Ohr. Da kam ihm die Heimkehrerei wie gewünscht. Endlich menschlichere Töne in den Spalten seiner Zeitung. Er schlug sogar altruistische Töne an.

„Ja, Genossen, der Kampf ist hart! Wir dürfen aber das Leben, das nackte Leben, das die Partei hegt und pflegt, nicht vergessen. Sind die Heimkehrer nicht eine solche Erscheinung? Bedenken Sie doch, die Leute haben in der glorreichen Sowjetunion geschuftet und kommen jetzt richtig geläutert zurück ..."

Mischa Pfäfflein hob verwundert die Augenbrauen über Lagers demagogisches Gefasel. War denn seine eigene Demagogie eine bessere? Genosse Lager warf ihm einen verächtlichen Blick hin, der ihn an seine braune Vergangenheit erinnern sollte, an seine blendend konzipierten und mit heuchlerischer Überzeugungskraft hingeschmetterten Vorträge vor der Einsatzstaffel. Die Genossen Lager und Pfäfflein lagen sich deswegen des öftern in den Haaren. Genosse Pfäfflein war der Klügere. Er würgte die Kröte hinunter und blickte auf die andere Seite; seiner Büffelhaut konnte keiner mehr was anhaben.

Die Frage stand noch immer offen. Wer von den Genossen würde den Anfang machen? Der blonde Heinrich schupfte die Schulter. Für ihn war das kein Geschäft: einen kranken Heimkehrer zu interviewen! Nein, das war wirklich kein Geschäft ... Demaskieren, dem Klassenfeind die Maske vom Gesicht reißen, das war sein Metier. Und Fritz Hartlieb, so nannte er sich nun, versteckte sich hinter dem neuen Pseudonym. Auch er war ein Heimkehrer. Nein, nein, er wollte nicht an die schrecklichen Tage von Tschehabinsk erinnert werden, nur das nicht. Blitzartig flitzten die Bilder vor seinen Augen vorbei. Ha, damals, als die Russin faule Kartoffeln auf die Straße warf; wie er sich darauf stürzte, wie sie übereinander purzelten, einer einzigen faulen Kartoffel wegen. Wie sie nachts mit der Stockhacke den gefrorenen Boden aufrissen, um ihre Verhungerten zu begraben: im Birkenwäldchen. Und das Gedicht über den Birkenwald und die neunundneunzig anderen Gedichte, die er geschrieben hatte, auswendig lernte, um sie in seinem Bewußtsein eingemottet über die Sowjetgrenze zu schmuggeln. Nein, nein, er wollte keinen Heimkehrer sehen, wollte nicht an seinen eigenen dick aufgeschwollenen Kopf erinnert werden; an den Wasserkopf, und auch nicht an den Rosenkranz, den er täglich betete, sein einziger Hilferuf zu dem imaginären Gott, an den er nie geglaubt hatte, nun aber von ihm allein Hilfe erwartete. Nein, an nichts von damals wollte er mehr erinnert werden. Auch er war ein Neuer geworden und trug sein neues Aushängeschild „Hartlieb" mit proletarischem Bewußtsein. Er, der Sohn einer Wäscherin aus der Gerbergasse der Fabrik, sollte keine proletarische Abkunft haben? Doch Miklos Lagers Vorschlag ließ ihn kalt. Das war etwas für die anderen. Und wer waren die anderen? Ein einziger: der Jüngste. Auf ihn schossen alle Blicke. Aber auch Leopold Gruber war nicht ganz unbescholten. Er kannte die Sowjetunion vom Dnjester bis zur Wolga, er war sie durchmarschiert, hatte sich bis an die Wolga durch das Elendsland durchgekämpft. Und jetzt sollte er plötzlich anderer Meinung sein? Nein, keine andere Meinung! Nur die Meinung der Partei in sich einsaugen; sich vollsaugen, damit für die andere Meinung kein Platz mehr bleibe.

„Also dann, ich vertraue Genossen Gruber dieses schöne Thema an", sagte Miklos Lager lächelnd. „Ein schönes Thema, ein wunderbares Thema! Sie waren ja dort, Sie kennen die glorreiche Sowjetunion. Ich meine im Sinne der Partei. Stopfen wir endlich den Verleumdern die Goschen. Das Wort Paradies ist nicht übertrieben. Und wenn's noch kein Paradies ist, in unserer Zeitung ist die Sowjetunion das Paradies der Arbeiter und Bauern. Genosse Gruber, Sie haben einen hehren Auftrag, Parteiauftrag, zu erfüllen. Notieren Sie sich: Peter Seiler, Billed, Hausnummer 170, der erste Heimkehrer; ein Bote! Nun habe ich Ihnen genug suggeriert, lassen Sie Ihren Geist sprühen ..."

Ein Aufatmen ging durch die Runde. Immer wenn es um peinliche Aufträge ging, war das Zögern größer als das Zugreifen. Nun waren die Würfel gefallen. Der Betroffene konnte zusehen, wie er das Problem löste.

*

Ein grauer Frühlingsmorgen war angebrochen. Leopold Gruber pumpte sich in seinem Garten am Rande von Temeswar noch die Lungen voll, um hernach zum Bahnhof zu fahren. Es lag ihm aber ein schaler Geschmack auf der Zunge, das Thema, der Auftrag! Wie er das lösen würde! Er fuhr schon im Motorzug über die Banater Heide. Die schlief noch unter der schwarzen Decke der Natur; kaum vom eisgrauen Schnee befreit, döste sie vor sich hin. Die Knospen an den Bäumen und Sträuchern ließen ihre grünen Spitzen erblicken, hielten aber noch schamhaft mit ihrem Kommen hinter dem Berge. Die kalten Nächte zwangen ihnen eisiges Schweigen auf, wenn auch die lauen Winde sie noch so verlockend umspielten. Nur die grünenden Weizenfelder, denen die Natur endlich den Wintermantel entriß, erfreuten den wintersatten Blick. Im übrigen lag die Banater Heide grau in grau weit hingedehnt da, als wartete sie auf etwas. Sie wartete ja immer auf den Menschen, der sie hegte und pflegte. Nun, dieser Mensch kam nicht mehr; er schritt wehmütig an ihr vorbei. Seine Zeit war um. Eine andere, rauhere Hand hatte sich der deutschen Äcker bemächtigt, die zum Spott auf ihnen herumritzte, was sie pflügen nannten, die nach dem Samen hungernden Äcker verhungern ließ, die Erde unfruchtbar machte. So grau war die Seele der Banater Heide wie der

Morgen selbst. Die Wolken verhüllten dicht die freudebringende Sonne, nur Krähen regten sich im dürren Geäst. Wie die Banater Heide lag auch das schwäbische Volk brach darnieder. Der Krieg hatte seine Reihen zweimal gelichtet. Und nun trieb die Partei mit den Deportierten auch noch propagandistischen Spott und Hohn. Dazu mußte ihr an diesem Morgen Leopold Gruber verhelfen.

Am Billeder Bahnhof war spärlicher Verkehr. Kaum einer außer dem Journalisten stieg aus oder ein. Wo sollten die Schwaben auch hinfahren? Am liebsten saßen sie in ihren Häusern und warteten. Ihr fragender Blick bohrte sich in die graue, undurchsichtige Wand der Zukunft. Keiner gab ihnen eine Antwort. Man ließ sie am Rande liegen, eine Reserve für neue Missetaten der Partei. Der Klassenkampf war noch lange nicht zu Ende. Aber im Vaterhaus, denn so viel und nur so viel war ihnen belassen, fühlten sie noch den Pulsschlag der Ahnen, wähnten sie Geborgenheit. Und doch, alles war nur mehr täuschender Schein. Die Partei konnte auch ins Haus eindringen, sie war allmächtig, ließ keinen zur Ruhe kommen. Ihr Motor des Klassenkampfes bubberte ohrenbetäubend, zerriß die Geborgenheit. Und die Partei selbst war das Schreckgespenst dieser Tage; mit ihr konnte man jung und alt Angst und Schrecken einjagen. Und dennoch, die Partei versuchte freundlich zu lächeln, aber ihr Lächeln war ein verzerrtes, fratzenhaftes Grinsen. Alle trugen sie, die Neuen, das Gesicht der Partei, in tausend und abertausend Exemplaren. Und es war doch nur einunddieselbe scheinheilige Fratze, hinter der sie ihre teuflischen Absichten verbargen.

Auch Leopold Gruber trug in diesem Augenblick das Gesicht der Partei, als er in die Nebengasse einbog, am Rande von Billed. Der ausgetrocknete Wassergraben zog sich schlängelnd dahin, davor standen schützend die halbwüchsigen Akazienbäume, in Reih und Glied, von einem pedanten Auge ausgerichtet, der schmale Gehsteig, von ungeschickter Hand gepflastert, paßte zur schwäbischen Sparsamkeit. Von den Spitzgiebeln waren noch die Zeichen der wohltuenden Hand der schwäbischen Frau abzulesen. Zaun und Tor hüllten sich in ein alterndes Grau, sie wurden schon lange nicht mehr erneuert. Wozu auch schützende Zäune und Tore, die Partei bezwingt doch alle Hindernisse.

Leopold Grubers Augen lasen der Reihe nach die Hausnummern von den Giebeln ab. Schließlich stand er vor dem Haus Nummer 170. Ein Haus wie alle in dieser Reihe, in dem bestimmt ein Kleinhäusler wohnte. Er öffnete sachte das Gartentürchen. Ein offener Korridor, von roßbraunen Holzpfeilern gestützt, zog sich von einem Ende zum anderen entlang des Hauses hin, wie er vor einigen Generationen erbaut wurde. Der vor Leere gähnende Hof strahlte eine traurige Ruhe aus. Zwei gemauerte Ziegelstufen führten zur Küchentüre empor. Leopold Gruber stand schon vor der Türe, blickte durch die Scheibe, als eine verschüchterte Frau die Türe aufriß. Da stand sie im Türrahmen fragenden Blicks, fast erschrocken.

Leopold Gruber versuchte freundlich zu lächeln, die Frau aber blieb stumm und ernst.

„Was wollen Sie?" fragte sie sachlich, ohne die geringste gefühlsmäßige Regung in der Stimme.

„Ich suche den Genossen Peter Seiler ..." antwortete Gruber und versuchte wieder zu lächeln.

„Was wollen Sie von ihm?" klang es nun ängstlich aus der Frauenstimme. Sie befürchtete was Böses. Immer, wenn sie ihren Mann suchten, befiel ihn das Unheil. Und nun schon wieder?

Leopold Gruber erriet ihre Befürchtungen. „Haben Sie keine Angst, es wird nichts passieren. Ich möchte bloß mit ihm sprechen, so ein wenig dischkurieren ... Er ist doch kürzlich aus der Sowjetunion heimgekehrt ..."

„Ja, von Rußland ..." fügte Frau Seiler hinzu.

„Also darüber möchte ich mit ihm reden ..."

Die Frau öffnete die Kammertüre und rief: „Pheedr, do is e Mann, der mit dir rede will ..."

Leopold Gruber trat ein. Mit dem Rücken dem Hausaltar zugekehrt stand ein stattlicher Mann, etwas nach vorne gebeugt.

„Begrüße Sie, Genosse Seiler, wieder in der Heimat ..."

„Grüß Gott!" kam die resolute Grußantwort zurück.

„Wie geht's Ihnen?"

Das aschgraue Gesicht lächelte wehmütig, verlegen.

„Ich meine, Sie fühlen sich wohl in der alten Heimat ..."

Peter Seiler nickte. Sein Mißtrauen wuchs von Augenblick zu Augenblick. In ihm wurden nur noch traurige Erinnerungen wach, die jeder kannte, über die aber keiner sprach. Auch Leopold Gruber kannte sie; er war der Verschleppung entkommen. Aber er wollte nun alles aus Peter Seilers Mund erfahren.

„Sie waren also in der Sowjetunion ..."

Peter Seiler nickte. Vor seinem geistigen Auge tat sich der Vorhang der Vergangenheit weit auf. Die kalte Januarnacht 1945. Sie polterten am Tor, schrien, die Häscher, als wollten sie einen Verbrecher abholen. Sie sprangen über Türchen und Zäune, die Gendarmen und die mit Knüppeln bewaffneten Zigeuner aus der Kaul. Die Zigeuner aus der Kaul – von seinem Stubenfenster aus sah er sie täglich in der Kaul herumschleichen – waren nun die Mächtigen von Billed. Bis dahin hatten sie vom Wohlwollen und der Güte der Schwaben gelebt, und plötzlich spielten sie sich als Henkersknechte auf. Das Kommando des Gendarmen klang ihm wieder in den Ohren, und das abscheuliche, schadenfrohe Grinsen der Zigeuner flimmerte ihm vor den Augen.

„Gata de plecare!" – „Abmarschbereit!"

Und sie führten ihn aus seines Vaters Haus hinaus wie einen Verbrecher zum Schafott. Die Schule, das Heiligtum des schwäbischen Volkes, in dem deutscher Geist und deutsche Seele von Generation zu Generation wuchs und gedieh, war plötzlich ein Gefängnis. Da wurde auch er, der Kleinhäusler

Peter Seiler, hineingestoßen und von tyrannischen Zigeunern bewacht. Der traurige Zug zum Bahnhof erinnerte ihn an eine Prozession. Sie waren wie Schwerverbrecher beiderseits von Bajonetten flankiert, dazwischen die knüppelschwingenden Zigeuner mit ihrem boshaften Grinsen.

„Genosse Seiler, beginnen wir von vorne. Sie waren also in der Sowjetunion ... erzählen Sie, was haben Sie dort erlebt?"

Eine kalte Regung huschte über das aschfahle Gesicht des Heimkehrers. Sein Mund tat sich auf, aber kein Ton kam daraus hervor. In Seilers Ohren dröhnten die Räder des Viehwaggons, in dem sie zusammengepfercht waren, dösten die Tage und Nächte dahin, erklang wieder das Schluchzen und Stöhnen, verkrampfte sich der verbissene Zorn in der ausweglosen Stille. Plötzlich waren sie wie Transitware den Towarischti übergeben und verstanden kein Wort mehr; sie waren nur noch eine Fracht, die der Händler nahm und an den ihm beliebenden Ort führte. Er erschauerte im Geiste wieder, wie damals im Januar 45, vor dem eisigen Steppenwind der glorreichen Sowjetunion, wie damals fühlte er sich wieder ins Nichts getaucht; er war nur noch eine Nummer, eine Stückzahl, die der Towarischti streichen, auslöschen konnte. Einer weniger!

„Sie haben doch bestimmt auch schöne Augenblicke erlebt!"

Wehmütiges Lächeln zerbrach auf seinen Lippen.

„Erzäl doch, Pheedr, wie du krank gen bischt!" ermunterte ihn seine Frau.

„Krank gen?" fragte er, düster vor sich hin blickend. Und wieder öffnete die jüngste Vergangenheit den Vorhang. Die Ankunft, die sibirische Kälte. Die Towarischti trieben sie in eine fensterlose Halle. Tage und Nächte mußten sie darin verharren, bis die Zelte aufgebaut waren; ja, Zelte bei minus 25 Grad Kälte. Es gab keine Feuerstelle, keinen Ofen. Durch die Ritzen der amerikanischen Zelte pfiff der sibirische Wind. In einer Ecke kauerte er mit angezogenen Beinen, von beiden Armen umklammerten Knie, in sich selbst zusammengeschmolzen, eingerollt wie ein Igel, um dem eisigen Wind keine Angriffsfläche zu bieten. Aber die Kälte umschloß ihn wie einen schwimmenden Klotz im eiskalten Wasser. Alle saßen sie so, Freunde, Rücken an Rücken. Er hatte keinen Freund, war allein, allein mit sich und der Kälte. Die Raucher erwärmten ihre Finger an der Zigarettenglut; er war kein Raucher. Solange er noch Brot und Speck im Tornister hatte, rebellierte sein Magen nicht. Von der salzigen Gurkensuppe, die genormte Tagesration am Morgen, Mittag und Abend, dazu der harte Brocken sprödes Gerstenbrot, kostete er auch, aber sein Magen vertrug sie nicht. Als gäbe es in der Sowjetunion nichts als saure Gurken, Wasser und Salz. Mit Schaudern blickte er auf das immer weniger werdende Brot von daheim. Und dann kam der Tag, an dem er von diesem Brot Abschied nehmen mußte, im Februar 45 hatte er alles verzehrt. Von dieser Stunde an hing Sein oder Nichtsein vom Schöpflöffel der Russin ab. Wer Glück hatte oder wen sie favorisierte, bekam einen besseren, tief in den Kessel hinabgelassenen und aus dem Grund emporgezogenen vollen Polonik mit allerlei Spezialitäten darin; aufgedunsene Gerstenkörner purzelten mitunter ins Eßgeschirr. Aber den Grundton gab die latschige Gurke an, und das Salz, das viele Salz, das hernach nur Wasser und abermals Wasser verlangte ... Sie bekamen Wasserbäuche. Es wurde ihnen übel, zum Erbrechen übel ...

Vergebens wartete der Journalist auf eine vernünftige Antwort; Peter Seiler war ganz in sich gekehrt. Sein Geist rankte sich wie der wilde Weinstock an den Erinnerungen empor, wucherte und wucherte ein Bild nach dem anderen ab.

„Ich verstehe ..." begann nun Gruber. „Sie haben es nicht leicht gehabt; ein zerstörtes Land aufbauen helfen ist kein Kinderspiel; eine große Sache – eine heroische Tat!"

Des Zeitungsmannes hochtrabende Worte liefen seinem Elend zuwider.

„Sie haben etwas Großes geleistet, wie ein Held ausgestanden, gelitten ... und nun sind Sie wieder da, Genosse Seiler, daheim, in Ihrem Haus ... das ist doch schön, nach einer solchen Leistung ..."

Verächtlich wandte Seiler den Kopf weg. ‚Helden, Helden?' bohrte die Frage in seinem Gehirn. ‚Die waren an der Front gefallen ... aha, Helden der Arbeit! Aber der Natschalnik nannte uns nur faschistische Säue ... Svini ... ja, Helden gab's auch, ja sie gab es, die Genossen Stachanowisten! Wir gehörten nicht zu denen ...'

Gruber fiel ihm in seine Gedanken. „Wo waren Sie eigentlich?"

„In Kriwoi Rog – Kriwoi Rog ..." brachte Seiler mit Betonung hervor.

Gruber fiel ein Stein vom Herzen. Vielleicht, vielleicht war jetzt das Schweigen gebrochen, vielleicht beginnt der Redefluß. Doch er hatte sich getäuscht, sein Gegenüber hüllte sich wieder in Schweigen. Gruber las ihm seine Gedanken vom Gesicht ab: keine frohen Erinnerungen, nur düsteres Nachklingen unmenschlicher Tage. So gerne wollte er etwas über die große, von Ruhm bedeckte Stachanow-Bewegung aus dem berufenen Munde eines Mannes hören, der mittendrin war; der Normen schlug wie ein Soldat Siege an der Front. Dabei wußte Gruber, daß dieser Stachanow ein hundsgemeiner Antreiber war, der in der Grube nur einmal die Normen brach, um von der Partei mit dem Lorbeerkranz entlohnt zu werden. Er wußte auch, daß die Verschleppten schlecht ernährt wurden, ihre Normen daher nichts taugten. Sie mußten aber hinhalten, das letzte Tröpfchen Eiweiß aus ihrem Körper herausschinden, um zu siegen und hernach zu sterben. Er wußte auch, daß der Mann vor ihm ein eher zum Sterben als zum Leben Verurteilter war. Und der Mann schwieg und schwieg – er wurde mit seinem Elend nicht fertig. Je länger der Zeitungsmann vor ihm saß und wie ein Jäger vor dem Fuchsloch lauerte, um doch bald ein Wort, ein brauchbares Wort aus Seilers Mund zu vernehmen, umso mehr hüllte sich der Mann in den Mantel des Schweigens, umso unwirscher tauchten die gräßlichen Bilder vor seinem geistigen Auge auf.

‚Die denkwürdige Nacht! Ja, die Nacht damals, als die neue Lagerkommandantin sie auf die freie Strecke hinaustrieb, um die Kohlewaggons abzuladen. Es war die fürchterlichste Nacht; der Wind, der Wind heulte über die Steppe hinweg, zerrte ihre Leiber hin und her. Und wie lange es dauerte, bis sie die Waggons erreichten ... Und oben auf den offenen Waggons heulte der Wind noch ärger, verschlug ihnen den Atem; sie rangen nach Luft. Indes saß die neue Kommandantin mit dem Natschalnik im warmen Zimmer. Sie war blond, hellblond, strohblond, wie eine Russin, aber sie war keine Russin, eine von unseren, die mit uns noch weniger Mitleid hatte als der Natschalnik. Sie trieb auch die ärmsten von uns, die Kranken, mit der Peitsche in die Gruben. «Rabotschi, rabotschi!» geiferte sie. Wenn einer dann aus der Grube nicht mehr lebend zurückkehrte und wie ein lahmer Sack auf der Schulter ins Lager geschleppt wurde, grinste sie höhnisch, sie beträfe dabei keine Schuld. Sie war nicht übel, zwar klein von Wuchs, aber rundum rundlich, echt weiblich, begehrlich, ein guter Brocken für den Natschalnik. Sie aß auch nie von dem Gurkenmatsch des Lagers. Wieviele sie schon auf dem Gewissen hatte! Bald wäre auch er, der Peter Seiler von Billed, dieser Natschalnikhure – so wurde sie von den anderen Frauen genannt – zum Opfer gefallen. Aber das Schicksal meinte es besser mit ihm, er hielt durch. Einige Frauen und Mädchen waren schon hochschwanger, ob von unseren Männern oder den Russen, war nicht mehr festzustellen. Sie hofften auf baldige Heimfahrt.'

Der Journalist konnte seine Enttäuschung nicht verbergen.

„Sagen Sie doch, Genosse, bitte ein Wort ... Sie kommen in die Zeitung!"

„In die Zeitung", entfuhr es brüsk dem Manne. Nee, nee, loßt nor ab davun ..." Er winkte mit der Hand ab. Und wieder versank er in tiefes Schweigen.

„Sie sind doch die erste Schwalbe, die zurückgekehrt ist, ein Bote, ein Sendbote aus dem herrlichen Paradies der Arbeiter und Bauern ..."

Peter Seiler horchte auf. Als hörte er nicht gut: Sendbote aus dem Paradies der Arbeiter und Bauern? Er lachte verächtlich. ‚Paradies?' Und da brach es aus ihm hervor.

„Paradies?"

„Ja, Paradies!"

„Nee!"

„Also, man nennt es so ... man sagt so!"

„Nee, ke Paradies!" bekräftigte Seiler erneut.

„Also dann der erste sozialistische Staat, ein Sechstel der Erde ..."

Peter Seiler senkte den Blick. Er verfiel wieder in tiefes Nachsinnen. Wieder flatterte die blonde Kommandantin vor seinen Augen vorbei. Er hörte sogar das Fletschen ihrer Peitsche, wie sie an ihren pedant glänzenden Stiefelschaft schlug, ihre geifernde Stimme. Gleich damals wie jetzt, als neigte sie ihr verzerrtes Gesicht auf ihn herab, als er auf seinem Lager lag und zitterte; das Fieber trieb ihm die letzten Fünkchen Wärme aus dem Körper. Wie sich ihr Gesicht mit einem Male glättete, madonnenhaft, als wäre sie zu keiner Brutalität fähig. Und dennoch, sie war brutal ... Der Junge aus dem Nachbardorf wankte nur noch, wie eine Windschaukel, sie aber hatte mit ihm kein Erbarmen. «Simulant, Simulant, Towarischti Natschalnik, eta Simulant!»

Noch einer und noch einer, jeden Tag ein neuer dazu. 'Ab morgen geht ihr arbeiten! Hinab in die Grube mit euch, dort ist es warm, warm, warm ...' Seiler sog sein zerbrochenes Lächeln in sich hinein.

Der Journalist hoffte, doch noch etwas aus ihm herauszukriegen.

Peter Seiler hob den Kopf. Nicht um zu reden, um zu schweigen. Und er schwieg weiter. Wollte er all das Erlebte erzählen, müßte er tagelang reden. Jetzt drangen nur die scharf umrissenen Bilder auf ihn ein, das erschütternd Erlebte. Die kleinen Episoden, und es waren auch lustige darunter, an seinem Schmunzeln konnte es der Zeitungsmann erkennen, aber auch diese behielt der Heimkehrer für sich, er wollte in keiner Weise, weder im Guten noch im Bösen, als Held erscheinen. Nein, nein, bei Gott nicht. Und da schmunzelte er wieder. Ach, die Geschichte mit dem Kater! Die könnte er zwar zum besten geben, aber dafür war das Treffen mit dem Journalisten nicht geeignet. Seiner Frau würde er die Geschichte mit dem Kater erzählen. Man könnte wie bei einem Märchen beginnen: Es war einmal ein Kater ... der lebte in einem Lager. Ach, nicht schön, das Wort Lager, aber er lebte im Lager unter vielen Menschen, er, der einzige Kater, er mit seinem rotgestreiften Tigerfell fühlte sich recht wohl; wurde von allen verwöhnt, schnurrte er schön, hob den Schwanz und ringelte zu seinem eigenen Wohlgefallen das Schwanzende ganz sanft. Der Kater war wohlgenährt, er bezog seine Menüs direkt aus der Lagerküche, und das waren bessere Brocken, als in der Gurkenbrühe schwammen. Es gab aber im Lager auch Mäuse und Ratten; an denen hielt sich der Kater schadlos, davon glänzte sein Fell so schön.

Es war in den Wintermonaten des zweiten Jahres – oder gar dritten Jahres, im Lager hatte sich noch nichts gebessert, als der Kater auf einen Rasierer stieß. Der hatte Scheren und scharfe Messer. Mit Rasieren und Haareschneiden verdiente er sich so manche Brotkrume. Aber des Friseurs Magen knurrte und knurrte nachher wie zuvor. Die Bekanntschaft mit dem Friseur vertiefte sich beim Kater allmählich zur offenen Freundschaft. Er verstand des Friseurs Sprache am besten. ‚Komm her! Zeig dich mal! Wie fett du bist!' und ähnliche Schmeicheleien ließ der Barbier dem Kater angedeihen. Doch alle Mägen knurrten, nur der Kater schnurrte vor Wohlbehagen und Sattheit. Der Barbier musterte das Tier. Für ihn war es plötzlich kein Kater mehr; vier Beine wie ein Lämmchen, ja bei Gott ein Lämmchen, wahrhaftig ein Lämmchen. Damit war auch schon das Todesurteil über den Kater gefallen. Der Barbier nahm ihn in seine Hände, streichelte ihn wie einen Hasen. Ach, ein Hase könntest du auch sein. Sie waren zu dritt, als der Barbier dem Kater das Leben nahm, an einem kalten Winterabend. Sie zogen ihm das Fell ab, hängten es samt Kopf an den Stacheldrahtzaun. Sie kochten ihn, brieten ihn und verzehrten ihn. Hernach stolzierte der Barbier durchs Zeltlager und trug sein Gefühl der Sättigung zur Schau. Er schnalzte mit der Zunge und leckte sich die Lippen ab. ‚Wie das geschmeckt hat, wie das geschmeckt hat!' Seine Prahlerei reizte besonders die weibliche Neugierde. ‚Was hat geschmeckt, Palvierer, du verheimlichst uns etwas ...' ‚Der Kater hat geschmeckt!' ‚Pfui,

pfui, schrien sie. ‚Lieber verhungern!' Der Barbier lachte und blähte seinen vollen Bauch. Schon lange hatte er keinen solchen Bauch gehabt. Peter Seiler lächelte spontan.

„Sie lachen, Genosse? Worüber?" fragte Gruber ungeduldig.

Auch diesmal gab er sein Geheimnis nicht preis. Er lachte für sich. Und dieses Lachen konnte ihm niemand verwehren. Aber es paßte nicht in sein aschgraues Gesicht. Es nahm sich wie eine versuchte Fröhlichkeit aus, die rasch abflaute. So kam der Journalist sogar um den Genuß dieses Lachens. Nicht nur Worte verschmähte der Heimkehrer, auch das Lachen.

„Ich mache Ihnen, Genosse Seiler, einen Vorschlag", begann nun der Journalist sanft, um seine Auswegslosigkeit zu verbergen. „Ich komme nach drei Tagen wieder. Bis dann werden Sie sich gut überlegen, was Sie uns erzählen wollen. Gut?"

Peter Seiler nickte, sagte aber weder ja noch nein. Er blickte stur vor sich hin. Und abermals wurde sein Auge von einem inneren Bild gefesselt, so daß er die weiteren Worte des Journalisten überhörte. Gebannt blickte Leopold Gruber den gebrochenen Mann an. In Peter Seiler war etwas zerbrochen, die Stütze seiner Seele. Jahrelang nur noch eine Nummer sein, wie er es gewesen war, vertreibt das eigene Ich aus dem Menschen. ‚Ich war doch nicht mehr Ich!' Als Nummer, in der noch ein schwaches Lebenslämpchen glühte, war er wieder nach Billed zurückgekehrt, noch rechtzeitig, bevor das Lämpchen verlöschte. So mancher blies sich das Lebenslämpchen selber aus, oder es verlöschte auf dem Weg von Kriwoi Rog nach Billed. Da sah er auch wieder die Szene zwischen Vater und Sohn vor Augen. Der wie eine Windschaukel dahertorkelnde Sohn war am Ziel. Am Bahnhof von Kriwoi Rog nahmen die Waggons die Kranken und Arbeitsunfähigen in sich auf. Als blühende, kraftstrotzende Menschen waren sie gebracht worden, als halbe Leichen schickten sie die Towarischti zurück, wahre Prachtexemplare aus dem Paradies. Kaum, daß der Sohn sich anschickte, in den Viehwaggon zu klettern, war auch der Vater schon da und riß ihn wieder hinunter. Sie balgten sich auf dem Boden: ‚Wann i net hem derf, no gescht tu mir a net hem!' schrie der Vater. Dem kranken Sohn waren die letzten Kräfte alsogleich aus dem Leib gewichen. Der Vater würgte ihn. Des Sohnes Kopf fiel seitwärts, er war tot. Gefesselt führten sie den Vater ab. Der Zug setzte sich in Bewegung, am Boden lag noch immer der tote Sohn. Peter Seiler quollen die Augen vor Schreck hervor. Er hatte das grausige Bild, wie schon so oft, noch einmal gesehen.

Leopold Gruber erhob sich. Stunden waren verstrichen, sein Notizblock war leer geblieben.

„Ich komme bald wieder! Leben Sie wohl!" Er reichte Peter Seiler die Hand. Eine eisige Hand lag in der seinen. Grauen erfaßte ihn. Er war einer stummen Seele begegnet.

Vom Turm der Billeder Kirche erklang Glockengeläute: zwölf Uhr. Der Journalist trat auf die Straße. Sein Blick streifte über die Kaul, die Zigeunerkolonie. Aus den Hütten rauchte es nicht, die Zigeuner waren in die Häuser

der Schwaben umgezogen. Sie erhielten diese als Belohnung für ihr entschiedenes Auftreten gegen die Kriegsverbrecher. So wollte es die Partei; das war ihre Gerechtigkeit. Auch Peter Seiler war in seinem Haus nur noch geduldet. Wann immer einer kam, danach seine Hand ausstreckte, konnten sie den Kleinhäusler auf die Straße setzen. Das wußte auch Leopold Gruber, er gehörte ja auch zu den Verfolgten, dem zufällig ein besseres Glück beschieden war. Dafür mußte er täglich seinen Verstand auswringen, wie die Waschfrau die zusammengekochte Wäsche. Nun stand er wieder vor einer derartigen Aufgabe. Schon im Zug, als er nach Temeswar zurückfuhr, plagten die Gedanken seine Seele. Den Titel, eine dicke Schlagzeile, eine ins Auge springende, dachte er sich aus: ‚Der Sendbote! Aha! Sendbote ... aus dem Paradies der Arbeiter und Bauern ... Nein, die Genossen im Kreml nennen ihr Land nicht mehr das Paradies, seit Millionen ihre Sauwirtschaft gesehen hatten. Es könnte nur noch heißen: «Sendbote aus der glorreichen Sowjetunion!» Ja, so könnte es heißen. Schließlich haben sie ja den Krieg gewonnen ... glorreich ... ruhmvoll ...'
Tagelang trug Leopold Gruber das Ideengut mit sich herum; er starrte auf seinen leeren Notizblock, nagte an seinem Bleistift, dachte angestrengt darüber nach, suchte und suchte nach einer Lösung. Miklos Lager wollte den Artikel schon gerne sehen, aber Gruber hatte ihn noch nicht geschrieben.
„Geht's nicht, Genosse Gruber? Ist doch sehr einfach. Schreiben Sie doch das Gegenteil von dem, was er Ihnen erzählt hat, einfach, ganz einfach das Gegenteil. Ob der zweifelhaften Wahrheit machte sich sein Chef keine Gewissensbisse. Wahrhaftig, von ihm konnte man nur lernen. Wie er alle Brücken hinter sich niederriß und die Armee seiner bürgerlichen Feinde von Tag zu Tag immer mehr anschwoll. Was sie mit vorgehaltener Hand am Vorabend bei der Bridgepartie über Regime, Partei und Regierung flüsterten, stand am nächsten Tag in der Zeitung. Und dabei war Miklos Lager gar kein Schweinehund, bloß ein offenherziger Kämpfer für die Belange der Partei.
Leopold Gruber schrieb die Reportage; sie lag fertig vor ihm. Die sensationellsten Dinge legte er dem Kleinhäusler Peter Seiler von Billed in den Mund. Es soll ihm sogar leidgetan haben, als die Towarischti ihn nach Hause schickten. Fast wie in einer zweiten Heimat soll er sich in dem gelobten, siegreichen, glorreichen Land gefühlt haben. Alles einmalig, erlebnisreich, wunderbar ...
Der Chef las die Reportage, einmal, zweimal ... „Schön, gut, sehr gut!" rief er aus. „Die Partei wird es Ihnen belohnen. Sie haben das Zeug dazu – viel gute Phantasie ..." Er schlug ihm dabei sanft auf die Schulter.
Alle waren begeistert: „Ein Sendbote aus der glorreichen Sowjetunion". Die Zeitung trug die Sensation in die Häuser, auf die Dörfer. Die Schwaben lasen und lasen, schmunzelten und lachten. Manch einer warf die Zeitung gleich in den Sparherd. ‚Lüge, nichts als Lüge!'

Peter Seiler hielt das Blatt noch lange in der Hand. Das Geschriebene konnte ihn weder reizen noch erschüttern. In seiner Seele lagen die grausigen Bilder stapelweise übereinander, strebten nach oben, verdüsterten seinen Blick.
Er ließ die Zeitung achtlos fallen und schwieg.

Nikolaus Hübner
Deutsch-St.-Peter – Ispringen

Nikolaus Hübner wurde am 15. Juni 1922 in Deutsch-Sankt-Peter (Banat/Rumänien) geboren. Dort verbrachte er seine Kindheit und die sieben Volksschuljahre. Getreu der familiären Tradition erlernte er einen handwerklichen Beruf. In Neu-Arad wurde er zum Metzger ausgebildet. Danach arbeitete er als Geselle in Hermannstadt, noch zu Beginn des Zweiten Weltkrieges. Um dem rumänischen Wehrdienst zu entgehen, überschritt er die Grenze mit dem Ziel, der deutschen Wehrmacht beizutreten. Dort wurde er als Kurier eingesetzt und verlor bei einem serbischen Überfall seinen rechten Arm. Nach der Genesung im Lazarett in Graz und nach Ende des Krieges wurde er nach Königsbach in Baden zugewiesen. Mit seinem Arm verlor er auch die Möglichkeit, in seinem erlernten Beruf tätig zu sein. Als Briefträger begann er bei der Deutschen Bundespost, um sich dann dort weiter zu qualifizieren. Er bedauerte es immer, nicht die Möglichkeit für eine bessere Schulbildung gehabt zu haben. Entsprechend einer Losung der Zeit nach dem Krieg („Wissen ist Macht") erarbeitete er sich ein breites Allgemeinwissen als Autodidakt. Schreiben hatte ihm schon immer Freude bereitet. Briefen an Bekannte legte er eigene Gedichte bei. Sein Traumberuf wäre Verfasser von Schlagertexten gewesen. Er war Realist genug, diesen Traum nicht wirklich zu verfolgen. Vieles aus seiner ursprünglichen Heimat, seiner neuen Heimat bei Pforzheim in Baden-Württemberg und allgemeine Vorkommnisse im Leben eines Menschen verarbeitete er in kleinen und längeren Gedichten und Geschichten. „Der Donauschwabe", die „Pforzheimer Zeitung" und die „Ispringer Gemeindenachrichten" haben nach und nach fast alles veröffentlicht. Mit seiner Schriftstellerei, mit den Gedichten von Nikolaus Lenau und anderen deutschen Dichtern beschäftigte er sich oft und lang, bis die geistige Kraft im Alter nachließ. Geblieben ist ihm noch seine Vorstellungskraft, die Erinnerung an Zuhause und seine Gedichte.

Hemmwieh

Weit, su weit vun doo, ime leichte Dal,
dort iss mei enziges Drhemm,
des was ich, wie ich jingr wor,
nit liwe hann g'kennt,
unn jetz su heiß s Hemmwieh brennt.

Oweds, wann die letzte Wehn vum Hotar kumme,
dr Owedsstern noch leen am Himml stieht
uns Meedche uff sei Buu schunn wart,
doo mecht ich dorich die Gasse giehn –
wies heit dort iss mol siehn.

Siehn mecht ich, ob die Rawe noch in d Wald ninn flieje,
unn horche, ob die Grotte a noch schraije.
Mecht siehn, ob die Leit noch vor d Heisr hucke,
unn horche, was se sich vrziele –
a siehn mecht ich, was heit die Kinnr spille.

Übers Hiersein

Aus Unbekanntem
entspringt,
ins Unbekannte
versinkt
das Leben.
Dazwischen liegt
die Erdenzeit,
sehr reich gespickt
mit Freud' und Leid.
Doch echten Trost
kann nur der Glaube
geben.

Mein Elternhaus (1949)

Mein Elternhaus, wie stehst du da?
Du bist nicht so, wie ich dich sah
in, ach, so vielen Träumen –
Verkommen siehst du heute aus,
denn fremde Leut gehn ein und aus,
die bös gesinnt sind einem.

Du warst doch stets gepflegt und rein –
geordnet warn fast alle Stein',
die jetzt im Hofe liegen.
Kein Hälmchen Gras war doch zu sehn,
wo heut so viele Büschchen stehn
und lassen Samen fliegen.

Mein Elternhaus, siehst traurig aus –
Die Türen, Läden hob man aus
und nahm sie zum Verbrennen.
Die Fenster, die geblieben sind
und offen stehn, tut frecher Wind
fast von den Rahmen trennen.

Der Herd, wo einst die Mutter stand,
ist schmutzig heut und rotgebrannt;
er macht mein Herz nicht wärmer.
Mein Elternhaus, du bist entseelt –.
Mein sehnend Herz, das schon gequält,
ist nun um vieles ärmer.

Es gibt doch eine höchste Kraft,
die unaufhörlich Gutes schafft –
An sie werd' ich mich wenden:
Erhöre mich, Du lieber Gott,
und helfe mir aus dieser Not,
greif ein mit Deinen Händen!

Hasewunnr in Zammpedr
E wohr Gschicht

Die Parjamrschr Kerwei wor een vun de ierschte in unsr Geend. Weil mir dort Freind hann katt, sinn mr eftr hinngfahr. Vun dr Kerwei hann ich awr nitt vill gsiehn. Nor eemol weeß ich, daß mr uff 'm Fottballplatz wore. Dort hann ich 's ierschte Mol khiert, wie's kracht, wann eem 's Schienbeen abschlaa gett. Wie dr Fuß doo runnghong is – des Bild vrgeß ich nitt. Awr mistns sinn ich an su me Kerwietach kam uff die Gass kumm.

Weil die Gärdr nitt inng'zeint wore wie bei uns, sinn ich vill dort rummg'strolcht. Am liebste wor mr awr doch die Schbrauhitt bei dem eene Freind. Do hann se for e Dach Struh uff die Hitt gsetzt. Des wor for die Spatze wie for sie g'mach. In des alt Struh hann se sich e Loch g'mach unn schun hann se e warmes Nist katt. Doo wor balleh e Nistloch am anre. Wann's a noch su oft gheeß hat: „Awr uff Dei Anzuch uffpasse!", mei liebst's Zeitvrtreib wor 's Nistaushiewe. Doo is die Letr kholl wor, unn wann des Nist noch su huch wor, die Air sinn rauskoll wor. Des Schenne vun de Spatze hat mr gar nix ausg'mach.

Noch was hann unsr Freind katt, was mr drhemm gfehlt hat. Des wore Hase. Unn doo hann se arich vill drvun katt; doo wore weiße, schwarze, groe, scheckiche, rute, gruße, kleene, halt allrhandforiche. E Teel wor im Kuhstall unn sinn unr de Krippe unn unr de Kieh rumk'hopst, unn die anre wore ime Saustall. Daß ich an de Hase e Fraid hann katt, des hat mr vun weitm schun gsiehn. Su is noo a kumm, daß unsr Freind mir e Paar ang'boot hann. Jetz hann ich mei Vatr noch su weit bringe misse, daß 'r sei Joo drzu gett, unn des is mr a ball g'lung. Des Hasepaar hat in unsrem Ferklstall e neies Drhemm gfunn.

Weil's joo su vill Hase gett, muß ich a schreiwe, wie se ausgschaut hann: Die Zaub wor su groo wie e Feldhas; dr Ried wor hellgroo um de Hals rum, die Brust unn dr Bauch wor weiß. Alle zwaa wore se halbwixich. Sie hann gut gfress, sinn schien g'root unn wore a ball ausg'wax. Awr die Junge sinn ausg'blieb.

Ich sinn meim Vatr immr widr in de Uhre gelee weche junge Häschr. Awr er hat mr a nitt saan kenne, for was die ke Junge bringe. Uff eemol is meim Vatr mei Froerei doch zu vill wor unn er hat gsaat: „Mir holle em Badrsch Hanseveddr (des wor e Nochbr schreg iwr die Gass) sei Ried; der hat e gruße schwarze Ried." Des is a g'mach wor. Drvor hann mr awr unsr Ried in e Kist gschberrt, daß se nit mitnanr rafe kenne. Wie lang der fremd Ried schun bei uns wor, des weeß ich nimmi, awr mei Vatr hat mol am Tierche zwische de Brettr dorichg'schaut, hat gsiehn, daß der schwarz Ried seitlich uff em Bodm gelee is unn daß unsr'r aus seinr Kist ausg'broch wor. Mei Vatr hat gschennt, saat, „Die rafe joo!", is in de Stall ninn, hat unsr Ried gfang unn widr inngschberrt. Dem fremde Ried wor awr nix passiert; er ist uffgschtann unn hortich wietrkhopst.

No e paar Tach hann mr em Hanseveddr sei Ried widr hemmbrung unn hann g'wart, daß unsr Zaub Junge kriet.

No e paar Wuche sinn ich jiede Tach in de Stall gang unn hann gschaut, ob noch ke Junge doo sinn. Jetz wor jiedr Has in eenr Kist, daß nix passiere kann. Awr an eem Tach hann ich gruße Aue g'mach: Unsr Ried hat Junge katt. No wor's a kloor, for was ich su lang uff junge Häschr hann warte misse.

Des muß ich awr noch zu wisse tun: Unsr Zaub hat a Junge kriet.

Verabredeter Grenzübertritt

Mit einer Hacke auf der Schulter ging ich der rumänisch-serbischen Grenze zu. Der Schlagbaum war schon geöffnet, denn der Grenzposten wußte ja, daß ich kommen würde. Es war vereinbart, daß ich als Knecht eines Weingärtners, der jenseits der Grenze einen Weingarten hatte, diesen Weg unbehindert gehen konnte. Als ich den Posten passierte, grüßte ich freundlich „Buna ziua!" (Guten Tag!) Der Grenzer dankte mir etwas abwesend, denn er sicherte nach allen Seiten.

Nachdem ich die Grenze hinter mir hatte, legte ich die Hacke an einer ausgemachten Stelle ab und ging auf einem mir völlig fremden Feldweg in westlicher Richtung weiter. Dabei fiel mir ein Zweizeiler ein: „Soweit des Menschen Auge sieht, sich hier das Ackerland hinzieht." Es war weit und breit kein Mensch zu sehen.

Nach einiger Zeit gewahrte ich am Horizont auf der linken Seite meines Weges ein kleines Haus. Den Namen der Stadt, die mein Ziel war, wußte ich wohl, aber der Weg dorthin war mir nicht bekannt. Ich sagte mir: „In diesem Häuschen wird bestimmt jemand wohnen, von dem ich Auskunft über den Weg erhalten kann." Als ich in der Höhe des Häuschens war, bog ich in den etwa 50 Meter langen Weg ein, der zu ihm führte. Es war ein schmaler Fußweg, von Gras gesäumt. Kaum hatte ich einige Schritte auf dem eingeschlagenen Weg gemacht, da gab ein Hund Laut. Obwohl mir das Bellen sagte, daß dies kein großer Hund sein könne, wurde ich vorsichtig. Weil sich aber das Gebell nicht näherte, nahm ich an, daß der Vierbeiner angebunden sei. Aufpassend ging ich weiter.

Als ich vor das Haus trat, kam auch schon eine etwa 30jährige Frau mit einem Kind auf dem Arm heraus. Sie blieb unter der Türe stehen. Der mittelgroße Hund – es war ein Mischling – war mit einer Kette unweit der Haustür angebunden und tobte, als ob er gerne meine Hose „in die Arbeit" nehmen wollte. Die Frau sah mich finster an. Mißtrauen lag in ihrem fragenden Blick. Mir war sofort klar, daß die Frau keine Deutsche war, deshalb sprach ich sie auf rumänisch an. Ich war erstaunt, daß ich von ihr keine Antwort bekam, sondern nur ein trotziges Dreinblicken. Aber dabei wurde mir auch bewußt, daß ich mich nicht mehr in Rumänien befand, sondern schon in Serbien war, was ich wohl einen Moment lang vergessen hatte. Nun überlegte ich, wie ich mich dieser Serbin, die mir offensichtlich gar nicht gut gesonnen war, verständlich machen konnte. Ich wußte, daß die Bahnlinie, die zu meinem Zielort führte, nicht weit von hier sein konnte. Und das wollte ich erfahren. Ich zeichnete also mit dem Zeige- und Mittelfinger zwei gleichlaufende Linien in den Staub vor die Frau bzw. vor die armselige Behausung. Danach stellte ich mich aufrecht, machte eine Faust und bewegte einen Arm so, als ob ich ein Rad antreiben müßte. Dabei stieß ich zugleich – eine Lokomotive nachahmend – Luft durch die Zähne. Plötzlich merkte ich, daß die Frau mich verstand. Ja, ich gewahrte sogar einen Schimmer von Belustigung in ihren Augen. Dann zeigte sie mir die Richtung. Ich bedankte mich nickend, grüßte und ging den mir gezeigten Weg.

Die Tatsache, daß ich mich mit dem ersten Menschen, den ich in diesem Lande traf, durch die Sprache nicht verständigen konnte, stimmte mich nachdenklich. Ich dachte an die Felder, die ich durchschritt. Es wuchsen dieselben Pflanzen wie jenseits der Grenze: Mais, Rüben, Reben und manch anderes. Die Landschaft ist nur von einer unnatürlichen Grenze durchzogen – und doch verstand ich die Sprache dieser Frau nicht, wie sie die meine nicht verstand.

Es dauerte nicht mehr sehr lange, da erblickte ich in der Ferne Telefonmasten. Ein Zeichen, daß dort die Bahnlinie verlief. Meine Annahme stimmte; nach kurzer Zeit kam ein Personenzug daher und verschwand wieder in südlicher Richtung.

Schon erkannte ich mein Ziel in der Ferne, da kam mir jemand entgegen. Er ging – wie ich – der Bahnlinie entlang. Ich fragte mich, was für ein Mensch das wohl sei. Schließlich befand ich mich ja noch im Grenzgebiet. Und deshalb dachte ich auch an einen serbischen Grenzer. Wie war ich erfreut, als ich feststellen konnte, daß es sich hierbei um einen deutschen Offizier handelte. Ich malte mir die Begeisterung aus, mit der er mir begegnen würde, sobald ich ihm sagte, daß ich ins Reich zum deutschen Militär gehen wolle.

Nur mehr wenige Meter von ihm entfernt, bot ich ihm einen zackigen „deutschen Gruß". Er dankte mir ruhig mit dem Wehrmachtsgruß, d. h. er streckte seine Rechte kurz an den Schirm seiner Soldatenmütze. Wo blieb seine Begeisterung und seine Freude, nachdem ich ihm auf die erwartete Frage nach meinem Ziel geantwortet hatte? Keine Spur davon. Sein Gesicht bekam vielmehr einen eigenartigen Ausdruck. Genau das Gegenteil von dem, was ich erwartet hatte. Und auch sein Lächeln war gezwungen. Er bestätigte mir, daß ich auf dem richtigen Weg zur Stadt war. Dann nickte er und verabschiedete sich. Ich dankte für seine Auskunft und grüßte ebenfalls, aber nicht mehr so zackig wie vorhin. Einige Sekunden lang blickte ich dem Offizier nach, dann strebte ich meinem Ziel entgegen. Ich war enttäuscht und machte mir Gedanken über diesen Menschen, dem ich da begegnet war ...

Heute weiß ich, was mich im Gesichtsausdruck dieses Mannes so enttäuschte. Er sah mich Jugendlichen und wußte, was mir bevorstand. Er hatte Mitleid mit mir und bedauerte mich. Sagen konnte er es nicht. Wie recht hatte er ... Denn nach einem Jahr schon lag ich als schwerverwundeter deutscher Soldat in einem Lazarett. Den rechten Arm konnte ich zum „deutschen Gruß" nicht mehr erheben, denn er fehlte mir.

Zumbi – e gudr Kumrad

Ich wor fort unn sinn vun dr Stroß in de Hof vun meim Lehrmeistr kumm. Do wor m Haus langst e iwrdachtr Gang. Die zwaitletzt Tier wor dr Ingang zu meinr Stub. Do drvor is 'r gschtann: E grußr Hunn, balleh su gruß wie e Kalb; e männlichr Dogge. Er wor rehbraun. Die Uhre wore spitz zugschnied, daß se nimmi hann hänge kenne. Sei gruße braune Aue wore lebhaft unn hann alls uffgnumm, was do wor unn sich gwies hat. Jetz wor ich dr Mittlpunkt vun seinr Uffmerksamkeet.

Mei Lehrfrau is ungfähr in dr Mitt vum Hausgang gschtann unn hat mich lächelnd beobacht't.

Vorsichtshalwr sinn ich mit paar Metr Abstand im Hof schtiehn gblieb unn hann mich no dem Hunn 'rkundicht. Die Lehrfrau hat mr de Name gsaat unn daß 'r jetz uns kiehrt. Er tät awr nor ungrisch vrschtiehn, weil 'r vume Ungr schtammt.

Jetz sinn ich weitrgang, hann dem Hunn sei Name g'ruf. Der hat mitm Schwanz g'wädlt unn hat mich angschaut. Ich sinn bei 'ne gang unn hann m iwr de Kopp g'schtraichlt. 's Fremd wor vrschwunn – unn mir hann uns vrschtann.

Die letzt Tier uff dem Gang wor dr Ingang fors Schlachthaus unn for die Worschtkich. Daß der Hunn do nit ninn hat derfe, des wor klor, awr ich hann m was for Nasche koll.

Wann ich a nor e paar Brocke Ungrisch hann kenne, hann dr Zumbi unn ich uns gut vrschtann. Wu's meglich wor, hat 'r sich bei mir uffkall. Er wor uffmerksam, freindlich, mutich unn hilfsbreit.

E Landsmann, der Krummbiere in die Stadt g'brung hat, hat mr gsaat, daß ich mit ihm hemmfahre kann. Mir hann e Zeit ausg'mach, unn ich hann mich druff ing'schtellt. Weil der Hunn nit mit hat kenne, hat 'r an die Kett misse.

Mir wore schun su 5 odr 6 Kilometr untrwegs, do hann ich zufällich rumgschaut unn hann die Iwrraschung gsiehn: Dr Zumbi is uns noog'laaf. Weil 'r e schlechts Gwisse hat katt, hat 'r immr su 100 Metr Abstand kall. Weil ich g'wißt hann, daß sich der Hunn nimmi abweise loßt, hann ich mit meim Landsmann g'redt, unn mir sinn uns enich wor, daß mr ne mitholle.

Der Landsmann hat die Pherd ankall, unn ich hann dem Zumbi g'ruf. Der hat sich gfrait unn is in weite Schpring nächstr kumm. Der Schprung uff de Wahn ist em nit schwergfall. Ich hann mich uff die leere Krummbiereseck kuckt, unn der Hunn hat sich newr micht geleet; der wor fruh, daß 'r bei mr wor.

Mir hann unsr Fahrt fortg'setzt. Zierscht sinn mr dorich des Alemannedorf kumm. Do hat mr die Schwarzwälder Tracht siehn kenne. Jetz sinn noch zwaa kleene rumänische Derfr unn e grießr rumänische Ortschaft kumm. In dem Dorf hann a paar deitsche Familie g'wohnt. Des nächst Dorf wor mei Heimatdorf. Mir hann awr noch etliche Kilomedr vor uns katt.

Die Nächt wore schun ziemlich kühl. Wann dr Wind vun de Beriche kumm is, hat mr was Warmes anziehe misse. Mr hat ke Blimimeischr (Schmetterlinge) unn ke Horwischble (Wespen) mie gsiehn; ihr Zeit wor rumm. Die Singvichl wore a nimmi doo, awr die Rawe sinn deitlichr wor. Unn wann die Erd mol ihr weiße Wintrmantl hat angeleet katt, no sinn se in die Derfr an die Kukruzkerb kumm unn hann prowiert, ob se e paar Kerne vrwische kenne.

Dr Fahrwech wor trucke. Links unn rechts wor e flachr Grawe unn drhinr e Reih alte Maulbierebäm. Die Feldr wore leer unn die mieste g'ackrt. Nördlich hat mr im Hinrgrund e dunkle Wald gsiehn, awr in südlichr Richtung wore nor Feldr, su weit mr siehn hat kenne. Manichsmol hat mr a noch e Haufe Kukruzlaab gsiehn.

Der Zumbi ist unruhich wor; er is vore die Hieh gang unn hat ang'schträngt g'horicht.

Jetz hann ich's a kiehrt: Des wore Schiss. Der Landsmann saat: „Do is e Kresjacht."

Vor lautr Uffregung hat der Hunn als sei Maul zug'mach unn wor ganz g'schpannt.

Die Schießerei is immr deitlichr wor. Die Treiwr unn Jägr hat mr schun gsiehn.

Weil ich for de Zumbi Angst hann katt, sinn ich uff 'n kuckt, su wie wann ich 'n reite wollt, unn hann ne am Hals festkall. Wann e Has z' siehn wor, hat 'r am ganze Kerpr g'zuckt, su wie wann Strom dorich 'n gang wär. Wie mr schun ganz nächst bei dr Kresjacht wore, is vor unsrem Wahn e Has iwr die Stroß kopst. De Hunn hat's balleh vrriß. No ist e Jägr uff uns zukumm unn hat vrlangt, daß mr schtienbleiwe solle. Mei Landsmann hat die Pherd ankall.

Der Jägr hat gfroot, wem der Hunn kiehrt. Ich hann gsaat: „Mir." Der Jägr hat sich 'rkundicht, ob der Hunn de Has fange kennt. Ich hann no druff gsaat, dass 'r des mache tät. Der Jägr hat no gemeent, ich soll 'n doch nunrlosse. Ich hann gsaat: „Daß dir 'n zammeschießt." Wu ich no des Vrschpreche hann katt, daß nix passiert, sinn ich vun dem Wahn nunr unn hann de Zumbi g'ruf. Der hat sich vrhall, wie wann 'r all's vrschtann hätt, was do gered't is wor; er is iwr de Grawe gschprung, iwr de Grienschtreife, zwische de Bäm dorich unn is in weite Schpring dem angschossne Has nog'rennt. Eemol hat der Has e Hoke gschlaa unn is dem Hunn dorich die Been gschluppt, awr beim zwaite Vrsuch hat 'r ke Glick mi katt – der Hunn hat 'n gfang. Mei Landsmann, der Jäger unn ich sinn uff dr Stroß newr 'm Wahn gschtann unn hann dem Treiwe zugschaut. Der Zumbi hat de Has g'brung unn vor mich hingeleet.

Der Jäger wor fruh, daß 'r jetz e Has mie hat katt, der Hunn hat sich gfrait, daß 'r helfe hat kenne, unn ich, weil all's glatt gang is.

Mir sinn widr uff de Wahn. Der Landsmann is uff sei Sitz kuckt, dr Zumbi unn ich sinn uff de hinre Teel vum Wahn. Des Wertche „hoi" hat die Pherd widr zum Giehn g'brung.

Jetz wor mr vun unsrem Heimatdorf nimmi weit. Grad dort, wu links vun dr Stroß, newr dr Bahnlinje 's Bahnwärtrheische gschtann is, hat rechts nunr e Stroß ins Dorf gfiehrt. Doo is der Landsmann ninng'boo.

Wu mr im Dorf drin wore, hann ich mich b'dankt, sinn mit dem Zumbi vum Wahn nunr, unn der Landsmann is gradaus weitrg'fahr.

Der Hunn un ich sinn jetz dorich die Kleen Vorstadt in die Gruß Vorstadt, wu ich g'wohnt hann. Mir hann die Hauptgass iwrquert, sinn am Floriani langst gang, unn der Zumbi hat no Hunneart die Gegend kenneglernt unn hat doo unn dort sei Markierunge gsetzt.

Der Zumbi wor eigentlich e „Sehenswürdigkeet". Weil su e gruße Hunn hat's bei uns im Dorf nit genn.

Die Hunn in de Hof drin sinn 'm Zaun langstg'schprung unn hann g'billt. Der Zumbi is uff des gar nit ingang. Der hat g'wißt, daß 'r stark is unn hat's nit suu weise misse. Wann e anr'r Hunn frech is wor, hat 'r korze Prozeß g'mach, suu, daß der's e zwaits Mol nimmi prowiert hat.

Drhemm hann ich natierlich vriehlt, was 's heit uff 'm Hemmwech genn hat. Unn dr Zumbi ist doog'lee, hat's Maul uffkatt, die lang Zung rausghängt unn uns mit seine gruße braune Aue ang'schaut, su wie wann 'r all's vrschtien tät.

Wie dr „Hansjeriche Grawe" im Wald bei Zammpedr sei Name griet hat

Des wor schunn e traurich Sach, was sich domols, vor etliche Generazione, im Klustreck im Wald beim Zammpedr zug'traa hat. Ich weeß's vun meim Vatr, unn er hat's vun seinr Grußmottr vrziehlt griet.

In selre Zeit hat's in Zammpr e Flickschustr genn, iwr de mr Hansjerich gsaat hat (obr suu gheeß hat, des weeß ich nitt). Sei Nochbr, dr Sulelgi (der wor aus Warjasch), is als owds bei ne maije kumm. Unn weil mr domols die Holznechl noch mit dr Hand hat mache misse, hat 'r dem Schustr drbei kolf. Suu sinn die zwaa manche Owed unn sugar halwe Nacht beinannrkuckt unn hann sich abg'mieht. Doch 's Geld wor rar. Eftr wie eemol is der unn aa dr annr mit knurrichm Mache ins Bett gang.

Awr esse muß mr doch, wann mr de Lewenskampf b'stiehn will. Weil nitt weit vum Dorf e grußr Wald wor, is dem Schustr dr G'danke kumm, mol uff Wildseifang z' giehn. Die Mennr wore sich joo ball eenich. Die Weiwr hann aa nitt vill drgehnt saan kenne, weil se joo g'wißt hann, daß die Schpeis balleh leer is. Des Gschlachte wor gess, unn schlachte hat mr noch nitt kenne. Daß 's Wildseifange vrbot unn g'fehrlich wor, des hat mr g'wißt. Awr in dr Nuut muß mr was resgiere.

S is schunn gent Herbst gang. Die Aichle hann angfang z' falle. Wu's um die Zeit vill Wildsei gett, des hat dr Hansjerich g'wißt: Im Klustreck zwische de zwaa Grawe, dort hat's grad g'nuch vunn de Barstevichr. Dort kummt kam e Mensch hinn, drum fiehle die sich dort wie drhemm. In dem Waldstick hat's nitt selte Aichebeem, die 60 Metr huch sinn.

Des G'biet wor ihr Ziel ame truckene Owed. Natierlich hann se die Dunkelheet abwarte misse, daß se mit ihrem Sack, in dem e vrstärkts Fischnetz unn Beil drinn wor, nitt uffgfall sinn. Awr vor dr Mond uffgieht, wollte se im Wald sinn. Suu hat's aa g'klappt.

Dr Mond hat 'ne 's Fortkumme im Wald schunn leichtr g'mach. Eemol is ganz nächst e Rehn uffg'schprung unn in weite Schpring g'flicht. Dr Sulelgi hat no vume Rehbrote vrziehlt, de 'r friehr mol gess hat. Wann se unnr me Aichebaam gang sinn, hann se kiert, daß doo unn dort Aichle falle. Doo sinn die G'danke natierlich glei widr uff die Wildsei kumm. Sie hann halt widr driwr g'red, wie se des unn jen's mache wolle unn was se mache, wann se die Wildsau hann.

No eenr gut Stunn wore se an dem Platz, wu se iwr de Grawe hann misse. Wann's aa schunn e Zeitlang nimmi g'reent hat katt, des Gras am Grawe wor arich naß. Vor lautr Lische, Ruhr, Entefudr unn anrem Zeichs hat mr vum Wassr im Grawe nitt vill g'siehn, awr mr hat's kiert, wann mr e Steen ninng'schmiß hat. Der Grawe wor halt aa e Iwrbleibsl vum Sumpfentwässre.

Der Schustr hat sich dort gut ausg'kennt; er hat g'wißt, daß doo, schunn su lang er denke kann, e altr Aicheschtamm iwr de Grawe leit, uff dem mr niwr kann. Die Lische unn 's Ruhr hann ne zug'deckt katt, awr er hat ne g'sucht unn a g'funn. Die Nest vun dem Baam wore ball all abg'broch, weil se morsch unn faul wore. Doo unn dort is noch des hart Herz iwrichg'blieb. Do dran hat mr sich noch gut halle kenne, awr die Storze wore a g'fehrlich, weil in de ville Johre sinn se vum Wassr unn vum Weddr abg'nutzt unn scharf wor; manche solle schpitzich unn scharf g'wehn sein wie e Dolich. Natierlich wor die Rind vun dem Baam schunn lang abg'fall.

Der Hansjerich soll e kuraschiertr Mann g'wehn sinn. Ganz schtaat soll 'r domols gsaat hann: „Sepp, jetz giehn mr doo niwr." Kam wore die Wertr naus, soll 'r aa schunn mit seine nasse Schleichr uff de ritschiche Schtamm nuff sinn; er soll awr mie g'krawlt wie gang sinn. Nitt lang hat's g'daurt, bis sich die Lische unn des Ruhr hinr ihm widr iwr de nasse Baamschtamm geleet hann. Jetz hat der Sulelgi noch mie Angst griet, dem Sepp nooz'giehn. No hat 'r sich awr doch su weit zammeg'rafft katt, a niwrz'giehn, weil 'r joo de Schustr nitt leen losse hat wolle. Jetz hiert 'r was, wie wann e Nast abg'broch unn was Schwers ins Wassr gfall wär. Doo fahrt 'm die Angst noch erchr in die Knoche unn er gieht vun dem Schtamm nochmol zruck. No hat 'r kiert, wie der Hansjerich zwaamol noenannr g'ruf hat: „Sepp, helf mr! Hilfe! Sepp, helf mr!"

Der Sulelgi hat sich awr nimmi uff de Schtamm g'traut. Er is uffg'regt rummkopst unn hat g'schrait: „Hansjerich, was is? Hansjerich! Hansjerich! Hansjerich, was is!?" Vum Schustr hat 'r awr nix mie kiert.

Der Sulelgi is, su schnell 'r hat kenne, hemm gang. Wu 'r de Weiwr vrziehlt hat katt, was passiert is, wor's e groß Uffregung unn e Heilerei. Sie hann Nochbrsleit zammeg'ruf unn sinn no mit de Laterne an de Platz gang, wu sich des Unglick zug'traa hat.

Vun dem Hansjerich hann se nor noch an su me abg'wetzte Storze vun me Nast die Schnall vun seim Hoserieme g'funn.

Seit domols saat mr iwr de Grawe „de Hansjeriche Grawe".

Dr kitzlich Iesl – erlebt in Deitschzammpedr

Dr Michl, dr Seppi unn dr Hansi wore Nochbrskinnr unn Schul- unn Spillkummrade. Sie hann Rawrches, Buhnches, Freckches unn noch vill annres mitnannr gspillt. 's wor mol ame Summrtah, doo hann se graad nit g'wißt, was se mache solle. Noo hat dr een vun de drei gsaat: „Ich weeß, was mr mache kenne. Mir gieh bei d Scheefr. Ich wor heit morjet in dr Reidschulgass, unn dort uff dr Hutweed hann ich d Jogabatschi mit dr Schoofhalt gsiehn.

Die annre zwaa wore mit dem Vorgschlaane innvrstann unn noo hann se sich mitnannr uff d Wech g'mach. Wu s' die „Gruß Vorstadt" unn die „Kleen Vorstadt" hinnr sich hann katt, wore se schun an dr Reidschulgass unn a nimmi weit vun ihrm Ziel.

Dr Scheefr wor mit seinr Halt noch doo. Er hat sich aa gfrait, wu die Buwe zu 'm gsaat hann, daß se bei ihn kumm sinn. Dr Seppi hat aa ball gsaat: „Jogabatschi, ich such mol usr Scheef!" „Joo, des kannst mache, awr treib die Halt nitt suu ausnannr!" hat dr Scheefr g'meent. Dr Michl unn dr Hansi hann ihre Scheef natirlich aa suche wolle. Suu sinn noo dorich die Halt gang unn hann gschaut. Die Schoof hann g'weed unn sinn ausg'wich, wann mr ne zunechst kumm is. Die Buwe hann war 's Suche ball uffgenn, weil's wore doch vill Schoof; vill mit weiße unn vill mit schwarze Gsichtr. Awr was is ne doch uffgfall inn dr Halt: 's wor dr Iesl. Doo hat jetz dr Hansi 's Maul uff g'mach: „Mir froe d' Jogabatschi, ob 'r uns uff dem Iesl reide loßt." Sie wore sich alle drei eenich unn sinn dorich die Schoofhalt bei d Scheefr gang. Der hat sich mit seim Bunde unn seim schlappiche schwarze Hut uff de lange Hoke g'lümmlt. Suu hat 'r iwr die Schoofhalt g'schaut. Wuu die Buwe bei 'm wore, hat 'r de Hoke vunn seinm Gwicht b'freit unn hat 'n in die Hand gholl.

Dr Hansi hat gsaat, was s' gere mache mechte: „Jogabatschi, loßt uns uff Eirem Bandi reide!"

Der Scheefr saat awr: „Der Iesl loßt Eich nitt reide; der schmeißt Eich nunnr."

Die Buwe wore awr mit dem, was s ghiert hann, nitt z'fride. Sie saan – fast ime Chor –: „Mir hann Eich schunn reide gsiehn!"

Dr Jogabatschi meent doodruff: „Joo, Dir hant mich schunn gsiehn, awr Eich loßt 'r nitt reide!"

Der Hansi saat jetz: „Der Bandi det uns schunn reide losse, awr Dir nitt."

Des wor for de Scheefr g'nuch: "Wann Dir graad meent, Dir mißt, noo huck ich Eich mol druff!"

Dr Jogabatschi is mit de drei Buwe bei de Iesl gang, der nitt weit drvunn gstann is. Der Bandi hat sei Kopp henge g'loß unn hat vleicht druff g'wart, was do jetz kumme werd. Dr Scheefr hat ee Buu noo 'm annr uff de Iesl ghoob. Der Groo hat nor sei Kopp bißche ghobb unn sei Uhre g'dreht, suu wie wann 'r hett horche wolle, was doo noch kumme soll.

Wu der Iesl sei Last uff em Buckl hat katt, is der Scheefr paar Schritt weggang. Die Buwe hann g'wart, daß der Iesl giehn soll, awr der hat sich nitt g'riert. Er hat sei Kopp immr noch henge g'loss unn sei Uhre g'dreht. Mol hat der Seppi, mol hat der Hansi gsaat: „Hoi, Bandi! Hoi, Bandi!" Des hat dem Iesl awr nix ausg'mach. Mr hett meene kenne, er det schlecht hiere. Daß des nit suu wor, hann se joo ball gschbiert. Dr Jogabatschi hat nor eemol dorich die Zehn g'pfiff – unn schunn is Lewe in de Iesl kumm:

Er is a paar Schritt gang, noo is 'r kopst, hat hinenausg'schlaa, unn die drei

Kummrade sinn iwr dem Bandi sei lange Uhre uff die Hutweed g'fall. Die Buwe sinn, suu schnell wie's gang is, widr uffg'stann unn wore fruh, daß kem was passiert wor. Rede hann se joo glei nix mie kenne. Wu se noo dem Iesl gschaut hann, wor der widr doog'schtann, suu wie wann nix g'wehn wer. Weil alles gut rummgang is, hann se sich enannr angschaut unn hann g'lach.

Der Jogabatschi hat jetz unnr de schwärz-grooe Bartstopple 's Lache aa nimmi vrdricke kenne unn hat noch g'meent: „Ich hann Eich joo gsaat, der Iesl loßt Eich nitt reide — der is kitzlich!"

Der Hansi saat druff: „Kitzlich hat Dr awr nitt gsaat."

Der Scheefr: „Awr denkt hann ich's."

Jetz gett noch dr Michl sei G'werz drzu: „Mir sinn jetz a mol uff me Iesl geriet."

Sie hann noch 'm Scheefr die Zeit g'boot unn sinn frisch unn fruh widr hemmgang.

Der sparsam Balwiere in Deitschzammpedr

Bei uns im Dorf hat's vier odr gar finef Balwierer genn, die im ganze Dorf rumm sinn kumm; vun eenr Kunschaft bei die anr. Mit ihr Deschche in dr Hand odr unr'm Arm hat mr se hortich dorich die Gasse giehn gsiehn. Mestns hann die Männr jo schun g'wißt, wann dr Balwiere kummt. In jiedm Haus hat 'r a schun sei Platz katt, wu 'r sei Duch hat ausbreete unn sei Werkzeich hat auslee kenne. Su lang 'r Schaam gschlaa hat, bis der ganz zeh wor, hat 'r vrziehlt, was's im Dorf Neies gett. A beim Balwiere is 's Maul kam schtill gschtann. Wu 'r ganz fertich wor unn is uff die Gass gang, hat 'r sei Seefbixche an seim Fingr hänge katt. Kam wor 'r uff dr Gass paar Schritt gang, hat's „klapp, klapp, klapp" gemach, unn dr Schaam vum letzte Balwiere wor zwische de Beem gelee, die de Fußwech vum Grawe, no dem dr Fahrwech kumm is, g'trennt hann. Wann e Hund nitt weit wor unn des ghiert hat, wor des e Zeiche, daß 's do etwas zum Lecke gett.

Die Balwiere sinn im Johr g'zahlt wor; awr nit bloß mit Geld, a mit Fexung vum Feld. Wievill se griet hann, des weeß ich nit. Awr eens weeß ich ganz g'wiß, daß die kleene Buwe e Blottkopp griet hann, ohne daß se was hann zahle misse.

Eenr vun de Balwiere wor e ganz sparsam'r Mann. Die gruße Buwe unn die Knecht, die 'r iwr de Tach nit g'troff hat, die sinn als oweds bei ne ins

Haus kumm unn hann sich die Hoor schneide odr sich balwiere g'loss. Wu se widr fort wore, hat 'r sei Licht su weit wie meglich nunrg'dreht, daß 'r Pedrlem hat spare kenne. Wu 's no gheeß hat, daß mr sich Elektrisch kann infiehre losse, wor 'r glei drbei. Weil des Licht is hellr unn for ihn bessr.

Wu 'r de ierschte Owed 's elektrisch Licht hat inschalle kenne, hat 'r a glei ans Spare g'denkt. Er hat's am Schaltr kleen drehe wolle. Wu 'r g'meent hat, 's tet klappe, is dr Schaltr umgschnappt – unn 's Licht wor aus. Er hat's immr widr prowiert, war 's is 'm nie g'lung. Bis 'r no g'meent hat: „Die hann e Fehlr g'mach; des Licht kann mr jo gar nit nunrschrauwe!"

Bei allr Mieh, die sich der Balwiere g'mach hat, hat 'r sei Licht am Schaltr nit kleen drehe kenne. Domols hat's a keenr su innrichte kenne. Wie ich awr ghiert hann, hat 's deitsch Wertschaftswunnr des a schun fertichgriet.

Am Enn mecht ich noch zu wisse tun, daß der sparsam Balwiere heit nimmi spare muß unn er brauch a ke Licht mie, weil 'r schun lang ins letzte Haus inng'zoo is.

Sprüche

Ein Mindestmaß an Nächstenliebe: ein aufrichtiges Grüßen.

Wenn ein Gruß nicht erwartet wird, braucht man sich nicht zu wundern, wenn er ausbleibt.

Wer einen leichtfertig dumm nennt, der ist selbst nicht gescheit.

Egoismus: ein Zeichen der Engstirnigkeit.

Menschen, die mit Innigkeit am Geld hängen, sind arm, auch wenn sie Millionen besitzen.

Such nicht Reichtum, such nicht Geld, Liebe macht sie schön, die Welt.

Alles auf Erden muß langsam werden, wenn es von Dauer sein soll.

Nachtgebet für ein Kind

O lieber Heiland, sei bedacht,
daß mich ein Engelein bewacht,
und schenk mir einen ruhigen Schlaf,
erhalt mich lieb, gesund und brav!
Noch bitt ich Dich von Herzensgrund,
erhalt die Lieben mein gesund! Amen.

Das gefangene Wildentlein

Es war einmal ein Bub namens Hannes. Er hatte keine Freunde. Alle Kinder hielten sich von ihm fern, weil er grob und händelsüchtig war.

Hannes hatte eine junge Wildente, die ein schönes graubraunes Federkleid trug. Das Entlein fing er an einem See. Die Mutter des Wildentleins wehrte sich damals wohl; sie flog in die Höhe, sie schlug mit den Flügeln gegen den Buben und wollte ihn beißen, jedoch der Junge wehrte sich geschickt: mit der einen Hand schlug er nach der Entenmutter, und mit der anderen hielt er das graubraune Entlein so fest, daß ihm fast die Luft ausging. Es machte immerfort: „Piep, piep, piep". Die Mutter des Entleins tat ja, was sie konnte, doch der Bub war kräftig und ließ sich nichts gefallen. Schließlich sprang er über eine Wiese davon, er versteckte sich hinter den Bäumen, dann bog er in eine Straße ein und verschwand so aus dem Blickfeld der Entenmutter. Das Piepsen wurde immer leiser und schließlich verstummte es ganz. Die Entenmutter ging traurigen Herzens ins Wasser zurück und schwamm mit ihren anderen sechs Entenkinderlein, so rasch es ging, stromabwärts, damit sie so schnell als möglich von dieser Unglücksstelle fortkam.

Nun hatte Hannes das Entlein. Er hielt es in einer Kiste und gab ihm reichlich Futter und Wasser. Es gedieh prächtig. Hannes konnte seine Freude an ihm haben. Eines Tages fiel ihm ein, daß er es ja an den See führen könne und dort zusehen, wie es im Wasser unter- und auftauche. Das würde ihm Spaß machen.

Doch der Lausbub wußte, daß er das Entlein nicht so ohne weiteres an das Wasser bringen konnte. Es würde unter- und auftauchen und ihm davonschwimmen. Deshalb nahm Hannes eine einige Meter lange Schnur, befestigte sie an des Entleins Fuß und schlug den Weg zum See ein. Er ging auf dem Gehweg und trieb das arme Wildentlein mit einer Peitsche vor sich her. Das Schimpfen der Leute, die ihn sahen, störte ihn nicht: Er steuerte stur und trotzigen Sinnes seinem Ziele zu. Später kam er in den Kurpark. Dort ging er an den frischgrünen Zierrasenmatten, den tiefgrünen Sträuchern, Bäumen und bunten Blumen vorbei an den See.

Das Wildentlein wußte nicht, was nun kommen sollte. Es hatte nur eine ganz heiße Sehnsucht nach der Freiheit. Als der Bub es ins Wasser setzte, da meinte es schon, daß die so sehr ersehnte Freiheit nun da sei. Es tauchte unter und wieder auf und wollte so schnell als möglich davonschwimmen. Aber ach, was war das: Es zerrte und zog an seinem einen Bein, so daß es ihm ziemlich starke Schmerzen verursachte. Das Entlein mußte mit tiefem Bedauern feststellen, daß es immer noch gefangen war. Es merkte, daß das Zerren und Ziehen von der Schnur kam, die der an der Uferböschung stehende rohe Bengel in der Hand hielt. Des Entleins Bein schmerzte sehr. Deshalb gab es nach und begnügte sich mit der sehr eingeschränkten Freiheit, die ihm die Schnur zuließ. Es tauchte unter und wieder auf und schwamm da- und dorthinaus. Als es zum dritten Male ganz tief tauchte, traf es dort unten einen großen Hecht. Erst erschrak es vor diesem Raubfisch mit den scharfen Zähnen. Als es aber sah, daß er nichts Böses vorhatte, da blieb es in seiner Gesellschaft. Der Fisch umschwamm das gefangene Wildentlein und fragte dann: „Kleines Graufederlein, was hast Du an Deinem Bein?" Das betrübte Wildentlein seufzte so stark, daß einige Luftbläschen an die Wasseroberfläche stiegen und erzählte dem Hecht alles.

Der Hecht war schnell entschlossen und sagte zu dem Entlein: „Dem werden wir helfen! Wenn ich nun die Schnur durchbeiße und in meinem Maul halte, dann tauchst Du in das Schilfrohr am Ufer, versteckst Dich dort und bleibst ganz still und ruhig!"

Der Bub auf der Uferböschung wurde schon unruhig. Das Entlein blieb ihm zu lange untergetaucht. Er begann, die Schnur anzuziehen, aber der Gegenzug war ziemlich kräftig. Er konnte das Entlein nicht an die Oberfläche des Wassers ziehen. Nun wurde er wütend: er schrie nach dem Entlein; er zerrte und zog mit aller Kraft an der Schnur. Tatsächlich, die Schnur gab nach; er gewann immer mehr davon. Der Junge glaubte schon, den Kampf gewonnen zu haben, da erschien der Kopf des Hechtes an der Wasseroberfläche und gab die Schnur plötzlich frei. Der Bub verlor das Gleichgewicht, rutschte aus, stürzte auf die Böschung und rollte in das knietiefe Wasser am Ufer. Der Hecht war wie der Blitz bei der Stelle, biß den Buben in den Allerwertesten und verschwand wieder in das tiefere Wasser. Das ging alles in Sekundenschnelle. Als dann dem Jungen zu Bewußtsein kam, was geschehen war, fing er an zu heulen, machte, daß er aus dem Wasser kam und lief nach Hause. Er war triefend naß, und die eine Hand hielt er auf die Stelle, wo der Hecht seine Zähne hineingeschlagen hatte.

Sein ganzes Leben lang hat Hannes das Ereignis nicht vergessen; jede

Wildente erinnerte ihn daran, und dort gab es viele Wildenten.

Das Wildentlein war nun frei. Als der Bub fort war, kam es aus seinem Versteck hervor. Es tauchte in die Tiefe, bedankte sich bei dem Hecht, dann tauchte es wieder auf und schwamm flußabwärts. Nach einiger Zeit traf es seine Mutter und seine Geschwister. Sie waren alle froh, daß die Familie nun wieder vollzählig war.

Zammpedrisch – e schwer Schbrooch

Suu in dr Mitt vun de 30er Johre hat in uns'r Nochbrschaft e Familie aus me Nochbrdorf e Haus kaaft unn sinn aa inng'zoch. Sie hann drei Kinnr katt, zwaa Buwe unn ee Meedche. Dem Meedche is uffgfall, daß mr in Zammpedr doch anrscht rede tut wie in dem Dorf, wu sie g'wohnt hann katt.

An me Tach wore mol paar Nochbrskinnr vorm Haus. Es wore Meedchr unn Buwe, su zwische 10 unn 13 Johr. Drei odr vier sinn in dr Steech kutt unn die anre sinn drvor rummgschtann.

Es hat e arichs G'lächtr genn, weil e ungrischr Buu des Wort „Haseknettlche" nit saan hat kenne. Immr widdr hat 'r angfang, awr er hat's nit richtich rausg'brung. Der Ungr wor nit dumm unn nit ungschickt, awr for des Wort wor sei Zung zu steif.

De Zug'zoone is a noch manichmol die zammpedrisch Schbrooch schwergfall. 's hat doch vill Wertr genn, die doo anrscht gsaat sinn wor.

Des Meedche vun der zug'zoone Familie is noodenklich doogschtann. No fahrt se sich iwr de Kopp unn saat: „Ich hann e ganz faicht's Huur." Die anre Kinnr hann koricht. De wor des Wort „Huur" fremd. E Buu froot: „Was saast du?" Des Meedche: „E faichts Huur hann ich." Der Buu froot: „Hannt dir in dem Dorf, wu dir gewohnt hannt, iwr die Hoor Huur gsaat?" Des Meedche hat sich gschämt unn saat: „Ich hann gmeent, do saat mr iwr Hoor Huur. Dir saat doch iwr Ohre Uhre, iwr Brot Bruut, iwr Not Nut, unn wann mir so saan, no saat dir suu. No hann ich halt gmeent, daß dr iwr die Hoor Huur saant."

Jetz hat's widdr e G'lächtr genn, unn des Meedche hat nit gwißt, wie's sich drehe soll; am liebste wär's uff unn drvunn.

Der Buu hat noch gsaat: „Awr iwr die Hoor saan mr Hoor."

E Phiff – e Schtigglche drhemm

Bei uns drhemm hat's e Flickschustr genn, iwr de hat mr Gadina-Schteff gsaat. Ob der a neie Schuh g'mach hat, des weeß ich nit; awr was ich gsiehn hann, wore nor Schuh for Ausbessre.

Der Mann wor nit vrheirat; er hat leen g'lebt. Des hann ich als Kind nit vrschdien kenne, daß e Mann su lewe kann. Wann ich dort wor, hätt ich su gere mol in die Kich unn in die hinrscht Schtub ning'schaut, awr ich hann mich nit g'traut. Ich hätt doch arich gere gsiehn, ob's dort su is wie bei uns.

Meinr Grußmoddr sinn ich oft mit su Froe uff de Nerve g'lee. Sie hat mich halt, su gut's gang is, uffg'kliert.

Außr seim Schustrtisch, zwaa Hoggr, paar Schtiehl unn e Schtellasch for sei Leest hat der Schteff-Veddr rundum an de Wänd Vuchlheisr katt. Do wore Schwarzamsle, Schtichlitz, Meese, Grinling unn noch anre Vichl drin. Des hat uns Buwe ang'zoh. Drum wore mir a oft dort g'wehn. Mir hann all's Megliche unn Unmegliche g'froot, unn er hat uns gere vrziehlt. Mir hann meischestill zukorcht. Unr anrm hat 'r a gsaat, daß e Schwarzamsl sei Weckr wär. Jiede Morjet tät se pheife: „Schteffi, Schteffi! 's is schun Zeit for oppaschdien!"

Wie die Kinnr schun sinn, uff eemol hann mr's satt katt unn sinn widr fortgang. Unn aus lautr Dankbarkeet hann mr no de Schteff-Veddr – mit me Phiff, de jiedr hat kennt – g'ächrt. Kam wor mr uff dr Gass, hann mr angfang – grad wie ime Chor –: „Fiaggr, Fiaggr, Gadina-Schteff! Fiaggr, Fiaggr, Gadina-Schteff!" Unn wann mr kiert hann, daß e Dier gieht, sinn mr fortg'rennt. Awr paar Tach truff sinn mr widr bei ne gang, unn all's wor vrgess.

Der Schpottphiff is do in Deitschland unsr Familiphiff wor. Wann mr friehr uffm Schportplatz wore odr die Buwe wore uff dr Gass, hann ich g'phiff, unn die hann glei g'wißt, wivill Uhr daß is. Unn wann heit vun de Buwe eenr uff B'such kummt, no pheift 'r unne an dr Dier, unn mir wisse schun, wer do is.

Unn wann mei Enklkind mol pheife kann, no wer ich se a de Famili-Phiff lerne. Wann se spädr mol wisse will, was der Phiff heeßt, no wer ich em vum Gadina-Schteff, vun unsrem Drhemm unn unsr'r Heimat vrziehle.

Hans von Hunoltstein
Grassau – Kitzingen

*Hans von Hunoltstein (Pseudonym: „**Ivo Bunjevac**") wurde am 27. Oktober 1914 in Grassau/Chiemgau auf Schloß Niedernfels geboren, wuchs jedoch in Kroatien auf Schloß Jaškovo bei Karlstadt auf. Der Vater Theodor hatte in das damalige Österreich-Ungarn geheiratet. Hans kam nach Wien aufs Theresianum, nach St. Paul im Lavanttal, besuchte in Graz das Fürstbischöfliche Gymnasium, schließlich das kroatische Gymnasium in Karlovac, wo er nicht nur Fremdsprachen, sondern auch die literarischen Werke anderer Völker kennenlernte. Später unterrichtete er am Deutschen Realgymnasium in Essegg, dann in Ruma, Urfeld am Walchensee, Landsberg am Lech, im kanadischen Ottawa sowie in Murnau, Kitzingen, Würzburg und Bamberg. Als Pädagoge begeisterte er seine Schüler, etwa indem er mit ihnen Volkslieder, Arien und ganze Opern philologisch erarbeitete. Seine Kenntnisse in den germanischen, slawischen und romanischen Sprachen setzte er nicht nur im Unterricht ein, sondern stellte sie auch als Dolmetscher und Übersetzer zur Verfügung. Seine deutsche Muttersprache lehrte er u. a. in den siebziger Jahren an der Euro-Sprachenschule in Bamberg für auslandsdeutsche Umsiedler. Zu den Hobbies des vielseitig Begabten gehörte das Fotografieren. Anhand der Dias von seinen zahlreichen Reisen hielt er Vorträge an Schulen. Den Grundstein für sein dichterisches Talent legten die belesenen Eltern mit einer gut sortierten Bibliothek. Goethe, Heine, Lenau und Eichendorff waren seine großen Vorbilder, aber auch von der kroatischen und serbischen Dichterwelt wurde er nachhaltig beeinflußt, was so weit reichte, daß von Hunoltstein auch selbst in diesen und anderen Sprachen dichtete. Mit seinen eigenständigen Veröffentlichungen wollte er keine kommerziellen Erfolge erzielen. Die schmalen Auflagen verschenkte er meist persönlich. Er glaubte an die strenge Form in der Lyrik und daß die Mehrzahl der Menschen keinen Sinn für Poetisches habe. Neben Lyrik schrieb er Essays, Filmkritiken, Romane, Autobiographisches. Der hochbetagte, an Alzheimer leidende Dichter lebt in Kitzingen und wird aufopfernd von seiner Frau Kunigunde gepflegt.*

Frühling in Jaškovo

Der Krokus stand in tausend lila Bechern
Und gelbe Primelbüschchen ringsumher
Ums schöne Haus, das jetzt in jedem Lenze
So einsam liegt: verlassen, öd und leer.

Wie summten muntre Bienlein, die in Scharen
Um süße Säfte emsig sich bemühten;
Bald brummten sie melodisch vor dem Fenster
Um unsrer Linde duft'ge Honigblüten ...

Wo ist der Lenz der Kindheit hin entschwunden?
Wo seid ihr nun, ihr schwärmerischen Tage?
Ihr seid dahin! und nie erstirbt im Herzen
Nach eurer Schönheit meine Sehnsuchtsklage!

Künstlerdasein

Ihr habt gelebt wie Schmetterlinge leben:
Holdselig taumelnd zwischen Blüt und Blüt!
Ihr habt gebebt und heiß habt ihr geglüht,
Hat eine Knosp' euch Farb und Duft gegeben!

Ihr habt euch ganz dem holden Rausch ergeben
Mit sehnsuchtsvollem, gläubigem Gemüt –
Ihr habt euch nie um eitlen Ruhm bemüht
Und habt dem Schicksal manchen Schlag vergeben!

Für andere wart ihr Narren nur und Kinder,
Doch wart ihr selig, glücklich drum nicht minder:
Ihr wart ja Kinder eines Sonnenlandes!

Das süße Glück des zarten Liebesbandes,
Das tiefe Blau des frommen Hoffnungsstrandes
Ward euch ein Trost, ein hehrer und gelinder ...

Meiner Mutter

Weil zwischen Gut und Böse schwankt der Mensch
Und weil so manches Unrecht er verübt,
Sei nicht zu streng! Vergib mir jene Stund,
Da ich Dein schönes Mutterherz betrübt!

Ich weiß es ja, daß dieses liebe Herz
Voll Kummer stets um Deinen Sohn gebangt,
Daß manches Opfer, das Du mir gebracht,
Vielleicht ein Stück von Deinem Glück verlangt!

Ach, das Wort, es ist ein böses Werkzeug
In dem Mund der schwachen Menschenkinder,
Weil es – in Erregung – tief verwundet!

Oh, wie wollt' ich, daß mein künft'ges Leben
Dir die wahre Liebe, die ich hege,
Voll und ganz – auf Schritt und Tritt – bekundet!

Bächlein und Meer

Was kann das Bächlein hindern,
Daß es zum Strom begehrt?
Gar manche Klippe schroff und steil
Ihm seinen Weg verwehrt –

Doch stürzt es mutig sich hinab,
Bahnt sich den Weg zum Fluß:
Gott will es ja, daß jeder Bach
Das Meer erreichen muß!

Durch manchen Fluß eilt er dahin
Bis zu der ewgen Ruh.
Ich bin Dein Bächlein, Liebste mein,
Mein Meer, mein Ziel bist Du!

Herbstnebel

Kühle Nebel lagern draußen,
Und der Himmel ist so bleiern;
Früher Herbst webt seine Netze:
Will des Sommers Bild verschleiern.

In den Wäldern ist's so stille:
Vogelsang ist ganz erstarret –
Feuchter Kühle, grauem Herbste
Alles nun entgegenharret ...

Blumenaugen sind erblindet –
Traurig starren drein die Bäume,
Harrend traumlos (denn im Froste
Müssen sterben alle Träume!)

Doch, trotz dieser feuchten Kühle,
Lieb ich diese stillen Tage,
Weil auch ich in meinem Herzen
Längst schon Herbstesnebel trage.

An S. L.

Du schätzest mich um der Gedichte willen,
Bist stolz, mich deinen Freund zu nennen –
Doch ich – ich gräme mich im stillen,
Weil alle, alle immer mich verkennen!

Du ahnst ja nicht, wie ich nach Liebe hasche,
Wie sich mein Sein nach Menschengüte sehnet –
Umsonst! Bis endlich meines Herzens Asche
Im Grabe nichts von Trug und Tücke wähnet ...

An die Qual

Sei mir gegrüßt, Gefährtin meiner Tage,
Die mich begleitet stets, auf Schritt und Tritt!
Wohin ich mich auch zu begeben wage,
Gehst als Begleiterin du mit ...

War es ein zager Schritt ins Glück,
Ins holde Märchenland der Lieb,
Gewürzt durch Liebchens Liebesblick –
Dein Schatten mir erspart nicht blieb!
Du gibst mir Frist, im Glücke zu genießen
Manch holde Stund – und lassest mich ergießen
Mein sehnend Herz der Göttin meiner Träume ...

Doch bald zerstörst du all die Zauberschäume,
Entführst mich in Entsagens öde Räume –
Und läßt aus meinem Herzen Lieder fließen ...

Warnung

O spiele nie mit einem Dichterherzen:
Kann es im Glücke überschwenglich sein,
So ist es umso schmerzlicher betroffen,
Fühlt es sich bald verlassen und allein!

Und die Gedichte sind oft alte Narben
Von des Verlassens und Alleinseins Schwert:
Manch schönes Lied ist nur ein Kind der Qualen,
Die einst das arme Dichterherz beschwert ...

Du

Blumendüfte, Himmelsklänge
Läuten Frühling mir!
Frühlingsauen, Wiesenhänge
Sind heut mein Revier ...

Küssen möcht' ich heiß und innig
Unter Blumen Dich!
Ach, mein Herz ist heut so minnig,
Selig, wonniglich!

Denn Du kamst zum weißen Flieder,
In der Düfte Meer –
Und ich küßt' Dich immer wieder –
Lieb Dich allzusehr!

Fliederduft uns heimlich wiegte,
Wob der Liebe Bund –
Und Dein süßes Mündchen schmiegte
Sich an meinen Mund!

Reinheit

Ich nenne Dich Kind –
Du weißt, was dies ist:
Das Höchste im Leben –
Dein Herz es ermißt.

Kind-sein ist schönstes,
Heiligstes Ziel:
Dem Kind ist heilig
Das lauterste Spiel!

Im Volkston

Das Vöglein hat Flügel,
Kann fliegen so weit –
Und meine Gedanken
Sind sein Geleit ...

Sie fliegen, wie's Vöglein
Ins herrlichste Blau,
In dem ich Dein reines
Wesen erschau!

Am Ufer der Drau

Ich saß am Flusse und genoß die Schau:
Blickt' träumend auf in blassen Lenzeshimmel,
Ergötzte mich an seinem zarten Blau
Und an der Wolken bauschigem Gewimmel ...

Ein Boot zog ratternd durch die Flut dahin –
Ein buntes Fähnlein flatterte im Winde;
Blattregen fiel vom grünen Baldachin
Und streifte raschelnd manch zersprungne Rinde ...

Die Pappelblätter fächelten im Hauch
Des Frühlingslüftchens, das sie hold umkoste –
Ich saß am Ufer – sah auch fernen Rauch,
Wo rings im Lande Kriegsgeschrei nur toste ...

Ein kleines Buch

Ein kleines Buch, gekauft vor Jahren
Bei einem kleinen Antiquar,
Hat manchen Umzug schon erfahren,
Noch ehe es gelesen war.

Jetzt aber taucht es auf aus vielen
Und schlichten Schmökern, kommt ans Licht;
Es führt mein Sein zu neuen Zielen –
Umsonst ward es erstanden nicht!

Hast lang geruht, verstaubt, vergessen
In dem Regal, dem schnöde Hast
Dies Urteil sprach, doch ward indessen
Befreit ich von des Alltags Last.

Nun sprichst zu mir du, mild und weise,
Bist mir Berater, treu und klug
Und gibst für meine Weiterreise
Mir Trost und Weisheit, Zug um Zug.

Die vier Kardinaltugenden

Klugheit: die Werte zu erkennen,
Den Sinn des Lebens, Gottes Größe;
Nur für das Gute heiß entbrennen,
Dem Nächsten decken manche Blöße!

Gerechtigkeit stets walten lassen,
Auch gegen sich, mit strengem Tadel –
Nie einen Menschen teuflisch hassen:
Nur das verbürgt den Seelenadel!

Mut mußt du haben, vielgestaltig:
Im Kampf ums Dasein, im Ertragen,
Im Sündbekennen reugewaltig –
Darfst weder jammern noch verzagen!

Und Mäßigkeit regiere weise
Dein ganzes Sein, in Freud und Leiden!
Sollst jedes Glück genießen leise,
Gott dankbar sein und dich bescheiden!

Trennung

Nimmt man den Menschen, wie er ist,
Hat man sich schon von ihm entfernt,
Weil man so seine „Last" ermißt
Und ihn als Übel dulden lernt.

Wer wahrhaft rein und zärtlich liebt,
Dringt in des Partners Herzensschrein!
Ein liebend Herz doch stets vergibt,
Verstehend seines Liebsten Sein!

Die Herzenskälte tadelt nur
Und dringt nicht ein in „fremde" Brust,
Hat von Verständnis keine Spur
Und ist des Abstands sich bewußt.

Willst Du mich nehmen, „wie ich bin",
Steh ich allein – Du bleibst mir fern,
Und Deiner Worte kühler Sinn
Ist nur: Du hast mich nicht mehr gern.

Gefährdete Phantasie

Die Phantasie stirbt langsam aus,
In all dem technischen Gebraus!

Bewahr dir ja das Fünkchen Licht,
An dem der Welt es schon gebricht!

Sei Poesie und Märchenland
Stets Lockung dir zum blausten Strand!

Vergiß doch nie, daß diese Welt
Den Traum zur Heilung hat bestellt.

Und oft ist reinste Träumerei
Reeller als Verdienerei!

Bilanz

Ich wäre, bin und war auch niemals gar
Ein Speichellecker, leerer Einfaltspinsel,
Als wahrer Feind von jeglichem Gewinsel
Um Geld und Gut, das niemals Ziel mir war!

Seit Anbeginn war es mir sonnenklar,
Daß ich bewohnen werde eine Insel,
Verachtend jenes spärliche Gerinnsel
Der Umwelt, läppisch und so seicht, fürwahr!

Was mich umgibt, sind oft nur Truggestalten,
An denen müßt mein reiner Geist erkalten,
Wenn ich nicht hätte diese Himmelsmacht!

Ich bete an die ewge Daseinspracht,
Die nur des Dichters Seele so entfacht,
Daß er das Reine sieht für immer walten!

Goethe

Ihm offenbarte sich die Gott-Natur!
Mensch war er stets, und darum Gott so nah –
Und alles Schöne, das er liebend sah,
Fühlt' er zutiefst als holde Gottesspur.

Dem deutschen Volke schenkt' er mehr als Schwur:
Für deutsche Größe war und blieb er da –
Und was um ihn auch Kleinliches geschah,
Sein Streben galt dem höchsten Ziele nur!

Und ob sie Rike, Käthchen hieß, ob Lotte,
Die Liebe war ihm Dienst nur an dem Gotte,
Der ihm die Brust mit Lieblichkeit beseelt!

Wie hat ihn heiße Liebe oft gequält –
Sie hat ihn gegen Niedriges gestählt,
Besiegte der Philister rohe Rotte!

Lenau

Im goldnen Herbst durchstreifte ich den Wald
Und trug im Herzen Lenaus Schönheitsklänge:
Wie ist der Blätter Farbenteppich schön,
Auch wenn er singt die herbsten Grabgesänge!

Wie standen alle Bäume ringsumher
In tiefstes Träumen feierlich versunken –
Da hört ich Lenaus Stimme: „Und es schweigen
Im Laub die Vögel und im Teich die Unken".

Thema: Nikolaus Lenau

In einer Bamberger Gastwirtschaft setzte sich ein junger Mann an meinen Tisch. Als er sah, daß ich den „Donauschwaben" las, fragte er mich, wer die Donauschwaben eigentlich seien, von denen er schon öfter gehört hatte, ohne Genaueres über sie zu wissen. Er ist Vertreter einer Sektfirma, daher viel unterwegs. Ich erklärte ihm den Begriff des Donauschwaben und gab ihm die Zeitung zum Blättern. Da stieß er auf vier Schilflieder Nikolaus Lenaus. Als er sie gelesen hatte, sagte er: „Das ist Kitsch. Ein moderner Mensch kann doch so etwas nicht schön finden!" Ich erklärte ihm: „Ein Kunstwerk im Herzen nachvollziehen kann nur einer, der eine Antenne dafür hat, der musisch veranlagt ist." Seine Erwiderung: „Erstens habe ich den Namen Lenau noch nie gehört; nur Goethes Name ist mir bekannt, aber kein Begriff, und zweitens verstehe ich nicht, warum ein Mensch etwas in Reimen sagen sollte, was doch ganz normal und einfach ausgesagt werden könnte!"

„Nun", sagte ich, „darüber läßt sich nie streiten. Wie können Sie einem Musiker verbieten, zum Instrument zu greifen, um seine Gefühle auszudrücken? Wahre Poesie ist ohne die rhythmisch-musikalische Basis unmöglich! Der Zauber, den Lenaus Lyrik ausstrahlt, ist zutiefst musikalisch, aber auch inhaltlich bedeutsam: malerisch und philosophisch. Er hatte die Gabe, der Natur poetische Stimmungen zu entlocken, plastische Bilder und Vergleiche zu entwerfen und sie musikalisch zu untermalen. Ihr süßer Wohllaut und die tiefgekühlte Traurigkeit seiner Strophen haben auf viele Künstler magnetischen Zauber geübt. Gottfried Keller, der große Schweizer, war von Lenau nicht nur tief beeindruckt, sondern auch zu eigener Produktion angeregt, wie so mancher andere. Keller hat in sieben Strophen Lenaus Poesie und Einfluß gepriesen. Er bekennt im betreffenden Gedicht: „Wie es oftmals geht im Leben, / Das so seltsam webt und flicht: / Längst schon kannt' ich deinen Namen, / Aber deine Lieder nicht. / Und nun las ich sie; auf einmal / In so öder Winterszeit / Ging mir auf ein neuer, reicher / Lenz in seiner Herrlichkeit! – Damals wünscht ich, daß ich möchte / Ein begabter Sänger sein, / Um dir recht ein schön und lindernd, / Ein vergeltend Lied zu weihn!" –

„Also", sagte mein Gesprächspartner, „scheinen ein Mitleidenkönnen und die Empfindung der Schönheit der Darstellung von Gefühlen auf andere Menschen zu wirken. Ich selbst habe so eine Wirkung freilich noch nie verspürt! – Gibt es da eigentlich Unterschiede in der Reaktion auf Welt und Umwelt? Ich meine: haben alle Dichter alles gleichmäßig empfunden und auf ähnliche Weise ausgedrückt?" – „Keineswegs!" entgegnete ich. „Die deutsche Literatur ist reich an Lyrikern, die voneinander grundverschieden sind. Wenn man drei große deutsche, romantische Dichter vergleicht: Heine, Lenau und Eichendorff, fühlt man den großen Unterschied von Mensch zu Mensch." „Erklären Sie mir diese Verschiedenheit, bitte", sagte mein Gesprächspartner. „Wenn auch Heine und Lenau beide krank waren und am

Weltschmerz litten, sind sie doch grundverschieden in ihrer seelischen Grundhaltung. Heine gelingt es, trotz seines häufigen Tiefs, mit leichter Hand allgemein Menschliches zu Papier zu bringen, ungezwungen, schwungvoll, ironisch und sarkastisch. Er verspottet sich oft selber, wo Lenau sich todernst, qualvoll bemitleidet. Heine ist politisch und sozial, Lenau stets ichbezogen und passiv. Eichendorff ist hingegen romantisch-fromm, naturgläubig, posthorn- und mondscheinverzaubert, christlich duldsam und zuversichtlich, trotz des schmerzhaften Verlustes seines schlesischen Gutes. Er träumt und verführt uns zum Träumen. Eichendorffs Mondnächte sind Panoramen, die man nie vergißt, die uns beglücken und mit Sehnsucht erfüllen. Lenau aber bezaubert durch Schwermut, Geigen- und Cellomusik – durch herbe Töne. Ein Beispiel: „Und als ich mußte scheiden / Und Gutenacht dir bot, / Wünscht ich bekümmert beiden / Im Herzen uns den Tod." – Lenau hört den Bach klagen, die Blätter mitleidig flüstern und rauschen, und der auf das Dach fallende Regen erinnert ihn an Tränen, die auf einen Sarg tropfen. Der Busch wirft sich im Sturm wie ein fiebernder Kranker auf seinem Lager hin und her. Die Glocken der weidenden Kühe sind das Sterbegeläut für die Gräser. Die Lerche klettert an ihren bunten Liedern hoch in den blauen Äther hinauf: Solche Vergleiche und Bilder sind für Lenaus Dichtung typisch. Ihretwegen kann man ihn nicht in andere Sprachen übersetzen, ohne die Melodie seiner Strophen zu zerstören, denn solche Bilder müßte man oft umschreiben. Lenaus Einfluß war sehr groß. Sogar ein Orientalist, Hermann Weller, benützte Lenausche Eigenart bei der Übersetzung eines indischen Gedichtes aus dem Sanskrit. Die deutsche Übertragung des Textes von Amaru aus dem 5. oder 8. Jahrhundert unserer Zeitrechnung lautet: „In der stillen Mitternacht / Floß der Regen nieder, / Und die Wetterwolke sang / Grollend dumpfe Lieder. / Und es dacht ein Wandersmann / Seufzend unter Tränen / An die Liebste, die wohl fern / Fast verging vor Sehnen." Der Donauschwabe Nikolaus Lenau schwankte zwischen selbstquälerischer Grübelei und Träumerei hin und her, litt oft an starken Kopfschmerzen und starb schließlich in geistiger Umnachtung. Nur Jagdlust und Reisefieber entrissen ihn manchmal der depressiven Stimmung. Einem Freunde bekannte der Unstete: „Ich will mich selber ans Kreuz schlagen, wenn's nur ein gutes Gedicht gibt!" – Was auch dem modernen Literaturfreund bei Lenau gefallen wird, sind die lyrischen Gedichte und Balladen, aber auch der Briefwechsel wird interessieren, weil aus ihm die Persönlichkeit des Dichters hervortritt. Weniger interessant sind heute Lenaus große Versepen, weil die Form zu sehr gebunden ist, wodurch die streng gereimten Strophen eintönig und undramatisch wirken."
   Mein Tischnachbar fragte: „Warum muß es denn aber im Leben so traurig hergehen? Es gibt doch so viele Lichtblicke und Vorteile im Dasein! Ich fahre von Ort zu Ort und lerne viele Menschen kennen, spreche mit Kunden und Tischnachbarn, aber Sie sind der erste, der mir von Lyrik spricht und mir solche Kleinigkeiten näherbringen will. Der normale Durchschnittsmensch kümmert sich wahrhaftig nicht um Dichtung!" – Und dabei blieb es.

Nur im Traum noch

Blauer Himmel, Gartenzier,
Voll Blumen, blühend überall –
Der Vöglein buntes Lustrevier:
Dies alles ist nur Widerhall!

Es ist ein Bild im Herzen mein,
Es ist ein Klang, so lieb und traut!
Wo ist des Südens Sonnenschein?
Wo ist der Himmel, der so blaut?

Der Drosseln Nester überall,
Der muntren Bienlein Lustgesumm –
Wie misse ich den süßen Schall
Heut in der Fremde, ringsherum!

Des Winters weiße Majestät
Hier niemals weckt die Freuden mir,
Die ich genossen, früh und spät,
In jenem südlichen Revier!

Was kann dem Menschen heil'ger sein
Als früher Kindheit Paradies?
Der Traum gewährt oft Stelldichein
Der alten Zeit, die uns verließ!

Erinnerungen an Lujo Plein

Mit dem Ableben dieses letzten großen Esseggers entstand wieder eine Lücke in den Reihen der donauschwäbischen Originale. Die Gestalt Lujo Pleins prägte sich jedem sogleich als einmalig ein: Bohemien vom Scheitel bis zur Sohle, ging er in traditioneller idealistischer Mittellosigkeit, aber mit umso reicherem Herzen, durch seine Zeit. Er war Konzertsänger (seine Leidenschaft waren italienische Opern) und Sammler wertvoller Gemälde, vor allem der donaudeutschen Maler, aber er war auch lebhaft an der Weltliteratur interessiert. Wie in Wien, war es in Essegg üblich, daß sich die Kunstbeflissenen im Café trafen – so auch Lujo Plein. Seine Schwestern zeichneten sich durch Toleranz und Nächstenliebe aus und gewährten dem oft schwierigen Lujo ein geborgenes Zuhause.

Ich war im Jahre 1941 gerade mit meinem Studium der Germanistik und Slawistik an der Agramer Universität fertiggeworden und wußte nicht aus noch ein, denn schon im Königreich Jugoslawien mußten die Kroaten, Ungarn und Deutschen oft jahrelang auf eine Anstellung warten, und meistens bekamen sie dann ein Wirkungsfeld in Südmazedonien oder Serbien „angeboten", wo sie sich „entfalten" sollten. 1941 war alles im Werden, so auch das neue deutsche Schulwesen.

Professor Kühn, der spätere Ministerialrat für Unterricht an den deutschen Schulen, riet mir in Agram, nach Essegg zu ziehen, da das dortige deutsche Schulamt nach Lehrern suchte. Es war für Kroatien das schicksalsschwere Jahr 1941 angebrochen, und der deutschen Bevölkerung war endlich ein Spielraum der Entfaltung eingeräumt worden. Alle damaligen Studenten der Germanistik, ob Volksdeutsche, ob Juden oder Slawen, waren wirkliche Idealisten, denn in Kroatien hatte es seit den Tagen des SHS und des Königreichs Jugoslawien keine großen Chancen mehr gegeben, und davon waren die Volksgruppen der Deutschen, Ungarn, Albaner und Mazedonier betroffen. Gerade auf diesem Gebiet war Lujo Plein ein Vorbild: er konnte nie einen Unterschied machen zwischen In- und Ausländern, zwischen dem Anhänger dieser oder jener Religion. Zwar war er positiv deutsch, aber er hatte überall seine Freunde (und leider auch Feinde)! Idealisten haben es immer sehr schwer gehabt, hier und überall!

(Zum Unterschied von unseren donauschwäbischen Landsleuten, die in Slawonien, Syrmien und im Banat in geschlossenen deutschen Siedlungen lebten und den dortigen Gegenden den Stempel ihres Fleißes aufprägen konnten, befand ich mich völlig vereinzelt in der Umgebung von Karlstadt (Karlovac), wo es im Umkreis nur wenige deutsche Familien gab, wie die Goebels, die Haydns und Schlichts, mit denen uns natürlich herzlichste Freundschaft verband.)

Ich fuhr also 1941, im Spätsommer, nach Essegg, um mich im Schulamt der Deutschen Volksgruppe zu melden. Zufällig war der Amtsleiter Stefan Rettig dienstlich abwesend, und so hinterließ ich in seinem Büro meine Anschrift und mein neuestes Büchlein deutscher lyrischer Gedichte, das soeben in Agram im Druck erschienen war. Als ich dann gegen Mittag den Essegger Bahnhof betrat, um eine Rückfahrkarte nach Agram zu lösen, erblickte ich in der Schalterhalle einen hageren, hochgewachsenen Mann mit scharfgeschnittener langer Nase und hellblauen Augen, der in der einen Hand einen dicken Spazierstock trug, in der anderen mein blaues Gedichtbändchen hielt. Er musterte alle Passanten aufmerksam, und als er sah, daß ich auf das Büchlein in seiner Hand starrte, kam er auf mich zu und stellte sich vor: Er war der neue Amtsleiter für Kunst und Wissenschaft der neu konstituierten Deutschen Volksgruppe. Lujo Plein hatte im Schulamt meine Gedichte gesehen und war sogleich zum Bahnhof geeilt, um mich dort zu treffen. Er forderte mich auf, in sein Amt einzutreten und ihm bei der Einrichtung des neuen, von ihm gegründeten Deutschen Heimatmuseums zu helfen. Als typische Künstlernatur war er mir auf Anhieb sympathisch, und so nahm ich sein Angebot mit Freuden an. Bis zu meiner Lehrtätigkeit am neu eröffneten Deutschen Realgymnasium in Essegg blieb ich bei ihm, und wir wurden gute Freunde. Lujo Plein hat nicht nur das neue Heimatmuseum mit schönen und wertvollen Gemälden aus der eigenen Sammlung bereichert, er trieb auch viele alte Theaterzettel, Briefe, Zeitungsartikel und andere Dokumente auf, die zeigten, daß Essegg auf eine reiche deutsche Theatertradition zurückblicken konnte. Lujo Pleins Ehrgeiz war es, das deutschsprachige Theater in Essegg wieder aufleben zu lassen, und das gelang ihm hervorragend! Im Essegger städtischen Theater, das seit Jahrzehnten Schauspiele, Operetten und Opern in kroatischer Sprache aufgeführt hatte, wurden nun auch unsere deutschen Stücke gespielt, wie Anzengrubers „Gwissenswurm", Schillers „Don Carlos", Goethes „Laune des Verliebten" und anderes mehr. – Und diese großen Erfolge waren ebenfalls Lujo Pleins Verdienst, denn er hatte den Regisseur und Schauspieler Erich von Wallensperg und die Wiener Schauspielerin Lisa von Planer engagiert, die nun ihrerseits zahlreiche Schüler und Schülerinnen unseres Deutschen Realgymnasiums und der Deutschen Lehrerbildungsanstalt in Essegg zu Laienspielern ausbildeten.

Natürlich lag dem Konzertsänger Lujo Plein auch die Musik am Herzen, und so gründete er ein deutsches Kammerorchester, das nicht nur in den Räumen des geschmackvoll eingerichteten Heimatmuseums konzertierte, sondern auch nach Deutschland auf Tournee ging, mit klassischen Werken großer Meister; vor allem wurden Mozarts Werke gespielt und dessen Singspiele aufgeführt. Wir hatten auch unter unseren Schülerinnen eine begabte Sängerin, Eleonore Krischak, die heute in Wien lebt.

Lujo und ich waren oft mit dem Auto unterwegs, um deutsche Gemälde und Zeichnungen anzukaufen, deren es in Slawonien noch viele gab. So erwarb das Essegger Deutsche Heimatmuseum wertvolle Portraits von Mücke, Landschaften von Conrad von Hötzendorf und Waldmüller sowie zahlreiche Zeichnungen und Skizzen. Natürlich war auch der damals in Ruma lebende international bekannte Maler Oskar Sommerfeld vertreten. Unterwegs im Wagen unterhielten wir uns über Literatur und Kunst. Lujo Plein liebte besonders den großen irischen Dichter Oscar Wilde, dessen Werke er gut kannte. Auch sang er mir jedesmal italienische Opernarien vor, im Originaltext, den er fließend beherrschte. Puccini und Verdi waren seine Lieblingskomponisten, deren Arien er auf seinen Konzerttourneen immer wieder gesungen hatte. Wie manche Stunde habe ich mit ihm im Bilderrahmengeschäft Dreiseidel in der Essegger Dessatygasse zugebracht, wo wir die passenden Rahmen für die vielen wertvollen neu erworbenen Gemälde des Heimatmuseums aussuchten.

Vor der Gründung der Deutschen Volksgruppe in Kroatien 1941 hatte Lujo Plein sehr ärmlich gelebt, zwar als Essegger Original bekannt, denn zwischen 1929 und 1931 waren seine sehr beliebten vier Heftchen „Essekerische Sprechart, gesammelte Gespräche aus Gassen der Osijeker Peripherie" erschienen, die sogar von Roda Roda begeistert gelobt wurden. Leider erschienen in der kroatischen Zeitung ähnliche „Gespräche", nur in bösartiger und beleidigender Form, unter dem Serientitel „Belauschte Gassenplaudereien vom Vetter Franjo", die man fälschlich unserem Lujo Plein zuschrieb. Eines Abends wurde er, der Ahnungslose und völlig Unschuldige, auf offener Straße von Gegnern dieser kroatischen „Plaudereien" verbrecherisch grausam überfallen und mit Stockhieben beinahe zum Krüppel geschlagen. Darum mußte er später immer einen Spazierstock tragen. Ein Bein war ihm steifgeschlagen worden. Auch das Schicksal eines Idealisten: das Leben Lujo Pleins!

Glücklicherweise hat nach dem Kriege Josef Matl im Institut für Slawistik und Südostforschung an der Universität Graz 1963 mit diesem Essegger Original Lujo Plein Tonbandaufnahmen gemacht, um den Essegger deutschen Jargon lautlich festzuhalten.

Lujo Plein hat in der alten Heimat als Bohemien und Sonderling ärmlich gelebt, und vor einigen Jahren ist er in Österreich in bitterster Armut gestorben, aber nicht nur ich, sondern alle seine Bekannten und Freunde werden ihm stets ein dankbares Angedenken bewahren!

Andenken an Lujo Plein

Ideale haben immer
Ihn beflügelt und beglückt –
Schönes hat ihn grauem Alltag
Immer wieder hold entrückt.

Erinnerungen aus den Jahren 1944-1950

Als im November 1944 die deutsche Volksgruppe aus Essegg evakuiert wurde, da die Russen bereits in Belgrad waren, wurden ganze Lastzüge mit Deutschen, die mit ihrer wenigen beweglichen Habe in Viehwaggons auf Stroh lagen, durch Ungarn nach Österreich geführt. Unterwegs wurde oft haltgemacht, denn der Verkehr war durch Zerstörungen der Eisenbahnstrekken und Tieffliegerangriffe unterbrochen. Häufig gab es Fliegeralarm. Langsam, mit zahlreichen Umleitungen, rollten diese Rücksiedlerzüge der alten und dennoch neuen Heimat entgegen.

Unser Endziel war Kirchdorf an der Krems, ein hübsch gelegenes Städtchen in Oberösterreich, wo wir in einem großen Schulgebäude untergebracht wurden. Man schlief auf dem Boden und aß in Gaststätten. Mit Fassung und Geduld warteten unsere Landsleute auf bessere Zeiten ...

Da ich meine Mutter, zwei Schwestern und deren Kinder in Innsbruck wußte, ließ ich mir einen Passierschein ausstellen und fuhr zu ihnen. Meine Familie war nämlich bereits früher, ich glaube, es war 1943, aus dem Kreis Karlovac in Kroatien nach Litzmannstadt umgesiedelt worden. Dann mußten die drei Witwen zur Schwester meiner Mutter nach Innsbruck ziehen, der relativen Sicherheit halber.

Der Gatte meiner jüngeren Schwester war als Angehöriger der Deutschen Wehrmacht in Bosnien von den Partisanen gefangen und mit vielen anderen deutschen Soldaten auf bestialische Weise gekreuzigt und ermordet worden.

Da ich auf Schloß Niedernfels in Oberbayern geboren bin, gab man mir in Innsbruck die Erlaubnis, in meine ehemalige Geburtsgemeinde Grassau zu ziehen. Innsbruck war damals bereits in der Gefahrenzone, und die Behörden wollten keine Zuzügler aufnehmen.

So fuhr ich nach Grassau, in den Chiemgau, wo ich das Ende des Krieges erlebte. Einige Wochen zuvor war ich, mit mehreren anderen deutschen Lehrern aus Slawonien und dem Banat sowie vielen Rumäniendeutschen, nach Wien zur Musterung einberufen worden.

Im damals stark zerstörten und dauernd von Luftangriffen heimgesuchten Wien wurden manche von uns als wehruntauglich zurückgestellt, und so fuhr ich wieder nach Grassau. Die Lektüre der Werke von E. T. A. Hoffmann und Gottfried Keller trösteten mich über die ersten Monate nach dem Zusammenbruch hinweg, bis ich von der Banater Oberschule in Urfeld am Walchensee ein Angebot bekam, dort oben in den schönen bayerischen Bergen zu unterrichten. In den beiden großen Hotels „Fischer am See" und „Jäger am See" waren zwei Oberschulen provisorisch untergebracht, eine Berliner Mädchenoberrealschule mit eigenem Lehrpersonal, und im „Fischer" unsere Banater Jungen mit dem Schulleiter Professor Herf. Im „Jäger" wohnten die Banaterinnen mit den Berliner Mädchen.

Gern übernahm ich den Unterricht, der auf einer geräumigen Veranda, in Gästezimmern und oft auch im Freien stattfand. Als die Banater Schüler der Abschlußklasse in München ihr Abitur als Privatschüler abgelegt hatten und die ganze übrige Gruppe in bayerischen Heimen untergebracht worden war, bekam ich durch die Vermittlung einer deutschen Volksschullehrerin aus Slawonien eine Lehrstelle für Fremdsprachen bei der UNRRA in Landsberg am Lech, wo ich bis 1949 blieb.

Zwischen 1946 und 1949 hatte ich meine Zeit auch wissenschaftlich genutzt, indem ich an der Münchner Universität Philosophie und Psychologie (bei den Professoren Wenzl und Lersch), Romanistik (bei Rheinfelder, Rohlfs und Küchler), Germanistik (bei den Professoren von der Leyen, Borchert und Hartl), Anglistik (bei Professor Clemen), Theaterwissenschaft (bei Professor Kutscher und Dr. Braun) und Slawistik (bei Prof. Schmaus) studierte. Zwischendurch hörte ich Vorlesungen über die Malerei des 20. Jahrhunderts und ihre Vorläufer (bei Dr. Roh).

Leicht war es natürlich nicht, dies alles zu bewältigen: die ständigen Fahrten in überfüllten, ungeheizten Zügen und das frühe Aufstehen (in einem Winter wurden, den Russen zuliebe, die Uhren um zwei Stunden vorgestellt, so daß man bereits um halbvier Uhr früh aufstehen mußte, um den ersten Zug nach München zu erreichen)! Und erst die Verhältnisse an der wiedereröffneten Münchner Universität. Man konnte die übriggebliebenen Hörsäle an den Fingern abzählen, und auch da war (wegen der zerstörten Dampfheizung) alles unbeheizt, obwohl in den Hörsälen ungeheure Eisenöfen mit rostigen Abzugsrohren aufgestellt waren. Es gab eben kein Heizmaterial.

Die Studenten saßen in Mäntel gehüllt da, die Professoren dozierten in Winterkleidung, und dennoch waren fast alle Vorlesungen überfüllt. In der kurzen Mittagspause aßen die Studenten, die von auswärts kamen, irgendeine Salatplatte mit roten Beeten, ohne Öl, dafür aber mit brennend scharfem Essig – kurz, es war ein wahres Hungerleiden und ständiges Opferbringen, in einer Zeit, in der nur der Schwarzhandel blühte und alles dem Materialismus frönte. An Wochentagen, an denen ich keine Vorlesungen in München besuchte, unterrichtete ich in Landsberg von früh bis spät Sprachen, Literatur und sogar Mathematik, an Vorlesungstagen eben nur abends, wenn ich mit dem Zug zurückkam. Dann allerdings bis elf Uhr abends, denn in jenen Tagen war Englisch die große Mode, und alle Auswanderer wollten wenigstens in Kürze die Sprache ihrer künftigen Heimat, Kanada oder USA, erlernen.

Leider konnte ein Lehrer damals mit der noch immer vorhandenen und praktisch entwerteten Reichsmark nichts anfangen: Lebensmittelkarten zwangen zur Genügsamkeit, und alle Schaufenster waren leer. Wenigstens Bücher konnte ich ab und zu kaufen, aber auch diese wurden anfangs nur zum Tausch angeboten, häufig auch gegen Lebensmittel.

Als endlich ein käufliches Buch im Schaufenster erschien, war es eine koreanische Grammatik, und in wenigen Stunden waren die vorhandenen Exemplare ausverkauft! So groß war der Hunger nach käuflichen Gütern geworden, nach all den Jahren der Entbehrung auf allen Gebieten.

Inzwischen war meine Mutter in Innsbruck gestorben, und meine beiden Schwestern wanderten mit ihren kleinen Kindern nach Kanada aus.

Von drüben riefen sie mich, ich solle zu ihnen nach Ontario kommen.

Die Aussichten für mich, in den Lehrberuf zu gelangen, waren sehr gering, da es allzu viele Einheimische gab, die auf Stellen warteten. Die Universitätsprofessoren warnten wiederholt, die Studenten sollten lieber andere Berufe wählen.

Nach der Währungsreform änderte sich meine Lage schlagartig: Man zahlte für die Privatstunde kaum 1 DM, alles war teuer, und ich mußte mein Münchner Studium abbrechen.

So entschloß ich mich, nach Kanada zu gehen.

Im Mai 1950 betrat ich in Halifax kanadischen Boden. Der erste Eindruck, den ein Fremder in diesem Lande emfängt, ist dessen schier endlose Weite. Die Strecke von Küste zu Küste (Halifax-Vancouver) ist größer als die Entfernung von Halifax bis Bremerhaven, über den Atlantischen Ozean hin! Die Einwanderer, deren Bestimmungsort Vancouver ist, haben demnach noch 3500 Meilen zurückzulegen, was fünf Tage Eilzugfahrt bedeutet.

Der zweite Eindruck war der goldene Überfluß an Nahrungsmitteln und Kleidungsstücken aller Art. (Man darf nicht vergessen, daß damals in den meisten europäischen Ländern noch großer Mangel an allem herrschte!)

Mein Ziel war Kitchener, eine ehemals deutsche Siedlung, die ursprünglich den Namen Berlin getragen und ein Kaiser-Wilhelm-Denkmal hatte. Während des ersten Weltkrieges wurde Wilhelm durch Victoria ersetzt, und der Name des Städtchens (1950 etwa 37 000 Einwohner) wurde nach dem berühmten britischen Feldherrn Lord Kitchener umbenannt. Die dortigen Deutschen sprechen zum Teil das Pennsylvania-Deutsch. Das ist ein Gemisch von Englisch und schwäbischer Mundart, aber die Umgangssprache ist dort, wie in allen übrigen Provinzen, außer in Quebec, das kanadische Englisch. Quebec, mit den bekannten Städten Montreal und Quebec-City, ist mit seinen fünf Millionen Einwohnern durchaus französisch und katholisch. Ganz Kanada zählte 1950 kaum 15 Millionen Menschen, bei einem Flächenraum von rund 10 Millionen Quadratkilometern. Demnach ist Kanada 142mal so groß wie Bayern und größer als die Vereinigten Staaten.

Pennsylvanien (heute USA) war einst das ersehnte Ziel vieler deutscher Auswandererkolonnen. Damals mußten die Bleichgesichter noch mit den Rothäuten kämpfen, denn es war in den gefährlichen Tagen des Wilden Westens. Da das Wort „Deutsch" den amerikanischen Engländern holländisch vorkam (Dutch = niederländisch), nannten sie unsere Landsleute einfach „die pennsylvanischen Holländer".

Als die Überfälle der Indianer immer heftiger wurden und viele Menschenopfer forderten, flohen manche deutschen Familien auf das nördlichere Gebiet, das heute kanadisch ist. Daher nennt man in Kanada und den Vereinigten Staaten die Nachkommen jener deutschen Einwanderer eben Pennsylvania-Dutch.

Köstlich ist die sprachliche Mischung, die sich nach und nach herauskristallisierte. „I don't use it" wurde zu: „Ich tu des net jusche" (benütze, benötige es nicht); „I don't like it" = „Ich tu tes net gleiche" (ich mag das nicht). „Like" ist hier falsch angewandt worden: als Zeitwort heißt es „lieben, gern haben, wollen, gefallen"; als Eigenschaftswort und Umstandswort hingegen bedeutet es „gleich, ähnlich, wahrscheinlich, beinahe". So kam es, daß ein neues „deutsches" Zeitwort geprägt wurde: „gleichen" in der Bedeutung von

„lieben, gern haben". Wenn ein Deutschkanadier berichtet: „Ich habe *gefehlt* in Inglisch", will er sagen: „Ich habe die Englischprüfung nicht bestanden" (= failed!). – Dem Französischen erging es, durch die Berührung mit dem Angelsächsischen, ebenso: Es entstanden „neue" Wörter wie „stopper", „watcher", „le window", „le taperecorder".

Unseren Landsleuten in Nordamerika und den altansässigen Franzosen ist eines gemeinsam: die Einbildung, daß *ihre eigene* Ausdrucksweise die einzig richtige und seligmachende sei, ja sie versteigen sich sogar zu der Behauptung, daß das Deutsch in Deutschland und das Französisch in Frankreich gar nicht den „richtigen" Wortschatz hätten, denn „man könne Europäer aus jenen Ländern kaum verstehen", ebenso seien deutsche Filme für „pennsylvanische Deutsche" und französische Filme für nordamerikanische „Canucks" unverständlich, weil die betreffenden Schauspieler ihre Muttersprache nur „mangelhaft" beherrschten! Das Französische der Canucks ist eine alte Sprachform aus der Zeit Ludwigs XIV. Es wird ohne Nasale gesprochen und weist gewisse Unterschiede in der Aussprache gegenüber dem heutigen Französisch auf.

„Bonns sweier" heißt in Quebec „bon soir", „schanntee" wird für „chanter" gesprochen. Ein Canuck sagte mir: „Wissen Sie, für uns kanadische Franzosen war es nur von Vorteil, mit den Engländern in Berührung zu kommen, denn die Ordnung und Nüchternheit der Briten kommen uns nur zugute, bei unserem natürlichen Hang zur Lässigkeit und Oberflächlichkeit!" Reizvoll sind auch die Einflüsse der Nordamerikaner auf die französisch-kanadische Volksmusik: es gibt echte Cowboy-Lieder mit französischem Text (z. B. „Une guitarre chante", „Ile de rêve" usw.).

Interessant ist die Tatsache, daß sich die Canucks zwar bemühen, ein halbwegs annehmbares Englisch zu erlernen, die englischen Kanadier beherrschen aber kaum jemals die französische Umgangssprache. Es besteht eine dauernde Spannung zwischen diesen beiden Hauptvölkern Kanadas.

Gar oft hört man den Satz aus dem Munde eines anglikanischen Kanadiers: „I don't trust any French Canadian." Andererseits genießen die Franzosen in Kanada volle Autonomie, ja sie haben in ihrer Provinz Quebec andere Gesetze und ein anderes Schulwesen als die übrigen Provinzen des Landes, und in den Ministerien der Hauptstadt Ottawa arbeitet eine Unmenge französischer Kanadier. Ab und zu kommt es vor, daß eine französische Arbeiterin in Ottawa, also hart an der Grenze zum englischen Territorium, in der Fabrik nicht ohne Dolmetscher auskommt, und so komisch es klingt, sind es oft die Neueinwanderer aus Europa, die solche Übersetzerdienste leisten.

Als ich fast drei Jahre lang in der Hauptstadt Sprachkurse leitete, erlebte ich es immer wieder, daß französische Kanadier die Bildung eigener Gruppen forderten, denn sie wollten alles, ob Spanisch, ob Italienisch, Portugiesisch oder Deutsch, in französischer Umgangssprache serviert bekommen. Oft war es zeitlich schwierig, solche französischen Gruppenstunden zu ermöglichen, und jedesmal stellte es sich nachträglich heraus, daß alle Teilnehmer sehr gut englisch sprechen und schreiben konnten, und auf meine Frage erhielt ich dann zur Antwort: „Wir kanadischen Franzosen müssen bei jeder Gelegenheit beweisen, daß wir gleichberechtigt sind! Darum wollen wir unsere *eigenen* Kurse haben!"

Nun, außer diesen beiden Nationen gibt es in Kanada viel mehr. Es erscheinen Zeitungen in fast vierzig Sprachen! Für uns Südostdeutsche ist es bestimmt von Interesse, zu erfahren, daß drüben oft Wand an Wand serbische und kroatische Familien wohnen, daß jede Volksgruppe ihr Heim hat, in dem sich viele Nationalitäten treffen und gemeinsam feiern. Sie gehören allen möglichen Parteien und Sekten an, und es kommt vor, daß ein Titovac von einem Mačekovac zur Vorstandswahl im Heim herzlich beglückwünscht wird, oder daß ein königstreuer Serbe einen Ustaša zu Gast hat, und es wird gemeinsam getrunken und gesungen. Es kann sich ereignen, daß ein Kroate oder Pole in serbischen Opanken auf der Straße gesehen wird, weil ein serbischer Freund ihm dieses Schuhwerk angefertigt hat. (...)

Meine Wunden

Ich habe viel gelitten,
Doch niemand hat's gewußt:
Ich habe manche Wunde
Getragen in der Brust!
Der Kindheit heiße Wunden
Trag ich durchs Leben weh –
Sie bluten stets von neuem,
Wenn Menschentrug ich seh!

Vergeßt die Mundart nie!

Mundart süße, lieb und traut,
Dein blaues Aug ins Herz uns schaut!
Ob Lujo Plein, ob Hockl auch –
Sie wahren unsrer Väter Brauch!

Vergeßt die Mundart nimmermehr,
Sonst würdet ihr verarmen sehr!
Was Lotte Wilhelm uns beschert,
Ist unsren Dank wohl ehrlich wert!

Auch Petris Stimme Freud uns gibt!
Denn jeder seine Heimat liebt!
Die Mundart bringt das Herz auf Trab –
Drum liebt sie auch der Donauschwab!

Erinnerung

Es hatten die Kastanien
Die Kerzen angesteckt,
Und froher Lerchenjubel
Aus süßem Traum mich weckt' ...

Des Himmels klare Bläue,
Der Sonne goldner Schein –
Wie lacht' des Frühlings Zauber
Mir tief ins Herz hinein!

Die Schmetterlinge schwebten
Von Kelch zu Kelche froh –
Heut ist ein kühler Herbsttag –
Und ich bin anderswo.

Du mein geliebtes Land

Das Land ist groß, und mächtig spannt die Kuppel sich,
den Saum ringsum berührend. Da und dort
grünt dunkler Wald, und Farben blühen auf
von lichten Seen und silbner Flüsse Band,
drin Bergesschatten kühn sich spiegeln.

Ich geh die Wege, schreite durch die Straßen hin,
die glühn und mich berauschen wie der Wein.
Wie oft und oft träumt' von den Brunnen ich,
die nächtlich kühl und plätschernd stehn vorm Tor!
Nun lindern sie den Schmerz des Sehnens.

Ich ahnte längst den Zauber dieser blauen Nacht,
wenn Stern und Mond in Wolken oben thront.
Es schläft die Stadt, das Leben atmet kaum;
nur leichtes Raunen, Stimmen der Natur.
Es war die Nachtigall, die süße!

Die Sonne steigt, und bläuend hebt der Morgen sich
vom nächtgen Bett. Und Strahlen zucken auf,
und Wolken glühn. Ach, herrlich wird der Tag!
So frühlingsgrün ihr Haar die Birke trägt!
Und jubelnd steigt der Sang der Lerche!

Weit wird mein Herz! Die Fluren stehn in satter Pracht,
ich pflück die Blumen blau und rot und gelb,
trink deinen Atem, du mein liebes Land!
Dein Herz war wund, und dennoch durfte ich
in deinen Armen endlich ruhn.

Christl Hutterer †
Pantschowa – Feldafing

*Christl Hutterer (Pseudonym: „**Krischtingood**"), geb. Klein, wurde am 18. Februar 1906 in Pantschowa (Banat/Jugoslawien) geboren. Sie entstammte einer Gastwirtfamilie und heiratete den Pantschowaer Kaufmann Albert Hutterer. Ihr einziger Sohn ist im Krieg gefallen, ihr Mann geriet in Gefangenschaft. Nach Flucht und Vertreibung wurde sie interniert, in Bad Reichenhall verdiente sie dürftig mit dem Nähen von Ballettschuhen für Kinder ihren Lebensunterhalt, später fand sie mit ihrem Mann und ihren beiden Töchtern in Esslingen eine neue Heimat. Schon im Südbanat war manches Schauspiel von Christl Hutterer über die Bühne gegangen. „Die Menschen ihrer Stücke sind gradlinig und unkompliziert, ebenso die bewegenden Gedanken." Das Lustspiel „Evchens Hochzeit" muß um 1940 entstanden sein, entfaltete aber seine Wirkungsgeschichte erst in der Nachkriegszeit. 1949 gründete Matthias Merkle in Giengen eine Laienspielgruppe, mit der er „Evchens Hochzeit" aufführte und damit Gastspielreisen nach Frankreich, Österreich, Argentinien, Brasilien und in die USA unternahm. Selbst auf einer Donauinsel bei Neusatz (Novi Sad) wurde das Stück inszeniert. Das farbenreich mit schönen Trachten und Volkstänzen, klingenden Liedern, einem Brautzug und dem Schmücken der Braut mit rund 70 Mitwirkenden inszenierte Volksschauspiel erlebte über 100 Aufführungen, nach einer anderen Angabe sogar über 400. Besonders wegen des „naturfrischen Spieltalents" der sich ungekünstelt gebenden Laiendarsteller, die Tanz, Gesang und Brauchtum mit der dramatischen Handlung zu einer „Demonstration echtesten Volkstums" verschmelzen ließen, geriet das aus Donauschwaben, aber auch aus zahlreichen Einheimischen bestehende Publikum regelmäßig in Verzückung. Christl Hutterer traf das Bedürfnis ihrer durch die Kriegsereignisse schwer geprüften donauschwäbischen Landsleute nach unkomplizierter, heimatseliger Rührung, aufgelockert durch die befreiende Kraft des Lachens. „Evchens Hochzeit" ist das in der Nachkriegszeit meistgespielte donauschwäbische Schauspiel überhaupt. Christl Hutterer starb am 31. März 1982 in Feldafing.*

Evchens Hochzeit
Bauernstück in drei Aufzügen

Personen: Michel Becker, Bauer
Evchen, seine Tochter
Jakob Krautwurst, Großbauer
Lena, sein Weib
Jockl, beider Sohn
Sepp, Knecht bei Becker
Fritz, ein Handwerker
Gretchen, Freundin von Evchen
Bärbl
Susibas
Liesbas
Lenabas

Gretlbas
Franz
Joseph Becker (Rechtsanw.)
Lore, seine Frau
3 Brautführer
2 Brautmädchen
2 Buben
4 Trauzeugen
Kränzlerinnen
Kinder / Jugend
Musikkapelle
Hochzeitsgäste

1. AUFZUG
Ein Handwerkerball wird gefeiert. Ein Tanzsaal in einem schwäbischen Dorf. Links und rechts Bänke, auf denen ältere Frauen sitzen. Im Hintergrund eine Blaskapelle. Wenn der Vorhang aufgeht, tanzen einige Paare den Volkstanz „Mei Hut der hat drei Ecke ..."

1. Auftritt
Beim zweiten Vers von „Mei Hut ..." kommt Jockl auf die Bühne und versucht, sich ein Mädchen zum Tanzen unter den Paaren zu schnappen. Die Buben stoßen ihn aber zurück, so daß er keines erwischen kann. Nach dem Tanz lachen ihn alle aus und stellen sich im Halbkreis um Jockl auf.
Bärbl: Er ment, mer were unsere Buwe stehnlosse. Nix do, mer brauche de reich Krautwarscht net. *(allgemeines Gelächter)*
Fritz: Was willscht dann du do, Jockl?
Jockl: Ei tanze. *(Alle lachen)*
Fritz: Du bischt doch ke Handwerker.
Jockl: Mei Mottr hat gsat, ich, de reich Krautwarscht-Jockl, hat a des Recht far do zu tanze. *(Alle lachen)*
Einige: Er mecht tanze, der Jockl. *(Lachen)*
Bärbl: Du bischt jo viel zu bled, um zu tanze. *(Lachen)*
Jockl: Mei Mottr hat gsat, ich bin net bled, wescht! Nar a bißche zurückgeblieb, ja. *(Alle lachen)*
Bärbl: Na, dann bleib beim Tanze nar a zurick.
Sepp: Jockl, was far Handwerker bischt dann du, e Zimmermann, e Balwere, Schneider oder Maurer?

Jockl: E Maurer, e Maurer, ich han doch die Ziegel getra, wie mer far unsre alte Sau de Stall gebaut han. *(Alles lacht)*
Sepp: Bischt gar schun a Meischtr?
Jockl: Ija, des bin i a!
Fritz: Gut, du derfscht tanze, awer nar so, wann d' ama jede Bu e Litr Wein zahlscht.
Bärbl: Un uns, e jede Mäde, e Limonad!
Sepp: A, des macht doch dr Jockl net, des hat ihm jo sei Mottr net gsat, gell Jockele! *(klopft ihm auf die Schulter)*
Jockl: Des is a wohr, des hat mei Mottr a net gsat. *(Alle lachen)*
Fritz: Nix do, wann er net zahle will, muß er raus!
Jockl: Gut, ich will jo gere zahle, awer nar em Evche e Limonad oder wann's will a zwe.
Fritz: Do schau her, grad em Evche!
Jockl: Jo, grad em Evche!
Fritz: *(geht auf ihn zu)* Jetz is awer gnug, schau dascht nauskummscht!
Jockl: Ich will awer tanze!
Fritz: Nix do, raus! Raus! Buwe! *(Er deutet mit dem Kopf nach hinten, die Buben ergreifen Jockl, der sich wehrt, und tragen ihn hinaus, gefolgt von den Buben und Mädchen. Alles lacht)*

2. Auftritt
Die Frauen, die im Saal saßen und den Auftritt sehr aufmerksam verfolgten, bleiben zurück.
Susibas: Ja, was will dann der Jockl do? Der hat doch do nix zu suche, der is doch ke Handwerker.
Einige: Jo, jo, des is a wohr.
Liesbas: *(steht auf, geht bis in die Mitte der Bühne)* Kummen her, han ehr noch nix ghert?
Alle: Ne, ne.
Susibas: Hascht du was ghert? Was wescht dann?
Liesbas: Paß'n mol uf! Krautwarschte han vor zwe Woche ehre schensti Resser ingspannt un sin mit dr nei Kutsch weggfahre. Ich han's darchs Fenschtr gsiehn un bin dann glei niwr un han des Gretche gfrot, wu die Krautwarschte hingfahre sin. Die han doch sicher was vor, han ich gsat, wann sie nei Wage ingsann han?
Susibas: Na un, hat's was gsat? *(alle sehr neugierig)*
Liesbas: Ha, 's war net so leicht, vun dem Mäde was rauszukrien.
Susibas: Jo, jo, des glab ich – un?
Liesbas: Ehr wisse doch, daß es Gretche dene Peter gere sieht, un ich han dann was vum Peter verzählt, daß ich ne geschtr owed mit 'ma anre Mäde gsiehn han, ich han's awer in der Dunkelheit net gekennt. Ich han em Gretche gsat, wann's mer verrot, wu die Krautwarschte hingfahr sin, no paß ich uf sei

Peter uf. No uf des hin hat's Gretche e Wut kriet un im Rasch hat's mer alles gsat.
Susibas: Du bischt mer mol eni, so die Leit auszuhorche!
Lenabas: Jetz saa doch schun, wu die Leit hingfahre sin.
Liesbas: Also hern mol her! Em Jockl sei Mottr, die hat doch e Schweschtr in Werwas verheirat, un die hat dann mit 'm reich Fuchs, der die groß Mihl hat ausgmacht, daß sei gstudierts Mäde de Jockl heirate soll.
Lenabas: Hascht gsiehn, ke Mensch hat was ghert devun. Ah, die Krautwarschtin, des is e Iwergscheidi!
Susibas: Han die noch net gnug beinand, noch immr suche sie mehr.
Liesbas: Awer Schenscht is doch des, wie dem Fuchs sei Mäde dene Jockl gsiehn hat, war's aus. Do han die reich Krautwarschte umkehre kenne. *(Alle lachen)*
Lenabas: Dere vergunn ich's, hahaha ...
Susibas: Also dann is nix draus ware?
Liesbas: Ne, hascht doch ghert, daß des Mäde nix wisse wollt vum Jockl.
Lenabas: Un ke Mensch hat was ghert drvun. Du bischt mer mol eni, warum hascht uns des so lang verschwiege?
Liesbas: Ha, ich han doch ke Gelegenheit ghat, eich des zu san, des han ich mer far heit ufghob. Awer han ehr gsiehn, wie der Jockl es Evche heit far tanze hole wollt?
Lenabas: Ha jo, sogar e Limonad wollt er zahle.
Alle: Jo, jo ...
Liesbas: 's Gretche vun Krautwarschte hat mer nochmol was verrot, die Krautwarschtin red gar oft un viel vum Evche!
Alle: Aha!

3. Auftritt
Die Vorigen. Von außen hört man die Jugend zurückkehren.
Franz: Han ehr gsiehn, wie der Jockl nausgflog is? *(Alle lachen)*
Bärbl: Was er nar do hat wolle? Mer brauche doch de Jockl net.
Lissi: Er ment, mer were unser Buwe stehnlosse, weil er de reich Krautwarscht is.
Fritz: Buwe un Mäd, lossn de Jockl stehn, sing mr liewer e Lied.
Alle: Jo, jo, was singe mer?
Fritz: Eine Schwalbe macht kein Sommer ... *(Alle stellen sich im Halbkreis auf. Die Mädchen haken sich bei den Buben ein. Singen.)*
Lissi: Aha, jetz wes ich, warum mer des Abschiedslied gsung han, weil de Fritz iwermarja uf die Walz geht.
Bärbl: Ach jo, dr Franz, dr Jakob un dr Krischen gehn jo a mit, do kann mr en Johr warte, bis sie wiederkumme.
Franz: Jo, wann ehr eich bis darthin ke anre Mäde gfun han. *(Die Buben lachen, die Mädchen drehen sich um, sind böse und schlagen auf die Buben ein, die nach hinten flüchten.)*

Bärbl: Menscht, daß alle so sin?
Fritz: Ufhere mit dem Zeig, jetz werd nix vum Abschied gered, mer tanze liewer ens.
Alle: Was tanze mer?
Fritz: Trink mer noch e Treppche ...
Franz: Buwe und Mäd, ufstelle! Musik frisch auf! *(Die Jugend tanzt den Volkstanz „Trinken wir noch ein Tröpfchen ... ")*
Einige: *(nach dem Tanz)* Ah, war des schen!
Franz: Un jetz trinke mer aus 'm Henkelteppche!
Bärbl: Jo, jo gehn mer, ich bin e so tarschtich. *(Die Jugend geht gruppenweise ab.)*

4. Auftritt
Liesbas: *(zur Susibas)* Hascht gsiehn, wie dem Bärbl sei Rock zippich is? Na, wer des kriet, hat nix zu lache, des versteht jo nix vun der Arweit.
Susibas: Jo, des han ich gmerkt. Awer em Gretche sei Unerrock, der hat e halwer Meter rausgschaut. Un ich men gar, der war net mol frisch gstärkt un gepigelt, den hat's sicher noch vum letschte Mol on.
Lenabas: *(auf der anderen Seite der Bühne, zu Gretlbas und den anderen Frauen)* Hascht ghert, wie sich's Susi iwers Bärbl ufregt, wescht a warum?
Gretlbas: Ne, warum denn?
Lenabas: Hihihi, weil em Bärbl sei Mäde dr Sepp abwendisch gemacht hat. *(Lenabas und ihre Gruppe gehen laut lachend ab.)*
Susibas: Her mol, wie des Leni lacht, die han sicher wieder jemand in der Reih. Die loßt jo ke Mensch e Ruh, iwer alles hat's was zu tadle. Dere Sach muß ich nogehe. *(will abgehen)*
Liesbas: *(hält Susibas zurück)* Halt! Wann mer des schief Elpetritsch in de Mage kummt, no hat's nix zu lache! *(beide eilends ab)*

5. Auftritt
Fritz und Evchen kommen Hand in Hand auf die Bühne.
Fritz: Evche, ich han der so viel Liewes zu san, ich wes garnet, wu ich onfange soll.
Evchen: Fritz, mer geht's jo gradso, wann ich dron denk, daß 't fart gehscht un ich dich so lang net siehn soll, do werd's mer ganz bang.
Fritz: *(zieht sie an sich)* Nar net traurich sin, des Johr in der Fremd geht a voriwer, und dann ghere mer unser. *(Sie gehen zur Bank und setzen sich.)*
Evchen: Leicht is des gsat, wann ich wenigstens mei guti Mottr noch hätt, der kennt ich alles san, was mer am Herze leit. Awer so. Mei Vatr kimmert sich wenich um mich. Dem is die Hauptsach, je mener zammzukrien, es Herz is Newesach.
Fritz: Drum, Evche, geb ich dir mei Mottr, die hat dich gar gere, sie war jo net umsunscht deiner Mottr ehr beschti Kumrädin.

Evchen: Hasch recht, Fritz, dei Mottr war immer lieb zu mer, wann sie mich wu gsiehn hat.
Fritz: Jo, geh zu re, sie werd dich verstehe, un ich bin a beruhigt, do wes ich, daß d' ke Anre nemscht.
Evchen: Wie kannscht so was denke! *(springt von der Bank auf und geht in den Vordergrund, bleibt schmollend stehen)*
Fritz: *(bleibt sitzen und fängt an zu singen)* Mädle, ruck, ruck ...
Evchen: *(steht noch immer abgewendet, dreht sich allmählich um, schließlich setzt sie sich an das andere Ende der Bank, rückt dann immer näher)*
Fritz: *(Während des Gesangs umfaßt er sie, danach küßt er sie.)* Evche, ich glab jo, dascht mich gere hascht, awer des Johr in der Fremd is lang, un ich kenn a dei Vatr, der will a reicher Bauer far sei Tochter han.
Evchen: *(springt wieder von der Bank auf. Fritz erhebt sich ebenfalls.)* Ne, ne, Fritz, ich will nar dich, glaabscht mer's? *(küßt ihn)*
Fritz: Jo, un wann ich hemkumm, gebt's Hochzeit! Mäde, Hochzeit! Jo, kannscht du des glaawe?
Evchen: Jo, wann dann?
Fritz: *(singt)* Übers Johr, wenn mr Träuble schneid ... *(nach dem Singen)* Ich bin dr glicklichscht Mensch uf der Welt! *(halten sich umschlungen)*

6. Auftritt
Die Vorigen. Lies- und Susibas treten auf, sehen das umschlungene Paar. Fritz und Evchen erschrecken und treten dann zur Seite.
Liesbas: Aha, hascht gsiehn, des scheinheilich Evche?
Susibas: Jo, jo, des sin solche, wu mr ment, sie kenne ke drei zähle, des sin die Richtiche!
Liesbas: Na, sei Vatr werd e Freis han, wann er's here werd. Ich will nix gsiehn han.
Susibas: Ich a net, Gott behüt, wu wer ich etwas san.

7. Auftritt
Die Vorigen. Die Jugend kommt, gefolgt von den anderen Frauen, auf die Bühne.
Franz: *(zu Fritz und Evchen)* Wu stecken ehr denn?
Fritz: Mer wollte grad zu eich komme.
Franz: Fritz, singe mer noch e Abschiedslied, denn des Johr is lang, sie solle uns net so schnell vergesse.
Bärbl: Ne, ne, des tun mer net. Na, ehr denke was Schenes vun uns.
Fritz: Gut, mer singe, awer was?
Alle: Nun ade, du Heimatland. *(Alle singen)*
Bärbl: Ach, is des traurich, wenn mr vum Abschied singt.
Sepp: Jo, jo, net dron denke, tanz mr liewer ens!

Fritz: *(zur Musikkapelle)* Adam-Vettr, de Darchenander! Ufstelle! *(Die Jugend tanzt den Volkstanz „Durcheinander". Beim letzten Takt fällt der Vorhang.)*

2. AUFZUG

1. Auftritt
Eine Bauernstube, in der Mitte ein Tisch. Bärbl räumt die Stube auf. Sepp sieht ihr durch das Fenster zu.
Bärbl: *(singt)* Horch, was kommt von draußen rein ...
Sepp: *(steigt durchs Fenster, Hände in der Hosentasche, singt mit, gibt der Überraschten einen Kuß)*
Bärbl: *(entzieht sich Sepp und schlägt mit dem Staubtuch nach ihm)* Sepp, du Schlechter, gebscht net owacht, wie gschwind kummt der Bauer rein, un was werd der san!?
Sepp: Recht hat er. Ich han's a so gemacht, wie ich jung war. Des werd er san.
Bärbl: Awer Sepp! *(Während dieser Szene gehen sie um den Tisch herum, Sepp will sie erhaschen.)*
Sepp: *(bleibt stehen)* Gel? Wu warscht geschtr owed? Warum hascht mich net ningeloßt?
Bärbl: *(singt schelmisch)* Gel, ich han der gsat, kumm um halwer Acht, awer du bischt kumm um halwer Neine, do is dr Bauer zaus, un kannscht net eini! Hihi. *(streckt ihm die Zunge raus)*
Sepp: Ich wer's mer merke, andersmol wer ich pinktlich sein. *(Er versucht, sie zu erhaschen, sie laufen um den Tisch, er küßt sie.)*

2. Auftritt
Die Vorigen. Evchen kommt und sieht, wie Sepp Bärbl küßt. Bärbl läuft ab.
Evchen: Sepp, hascht du ke anre Arweit?
Sepp: Freilich han ich! Awer ich muß doch no em Bärwl schaue.
Evchen: So, nom Bärwl! Jetz schau, dascht nauskummscht, sunscht kummt de Vatr, der macht der lange Fiß.
Sepp: Awer Evche, ich kennt a so manches sage, ich bin liewer still, weil dr Fritz mei beschtr Kumrad is.
Evchen: Destweje brauchscht net so unverschämt were un so laut schreie, daß e jedr hert.

3. Auftritt
Die Vorigen. Der Bauer kommt auf die Bühne.
Bauer: Na, was gebt's, Sepp? Hascht die Arweit gschafft?

Sepp: *(verlegen)* Jo, ich wollt nar fron, ob mer marje dene anre Kukurutz setze solle.
Bauer: Freilich werd er gsetzt. Hascht de Hof sauwer gmacht? Mer krien heit Bsuch!
Sepp: Jo, Michl-Vettr! *(geht rasch ab)*

4. Auftritt
Die Vorigen
Bauer: Un du, Ev, hascht alles gricht? Is de Kuche geback un de Wein ausm Keller ghol?
Evchen: *(gibt keine Antwort und hat sich vom Bauer abgewendet)*
Bauer: Kannscht ke Antwort gewe? Du wescht doch, daß Krautwarschte kumme.
Evchen: Ich han zwar alles gricht, awer ich wes net far was.
Bauer: Du wescht doch, daß se freie kumme.
Evchen: Awer Vatr ...
Bauer: Nix do, des is mei Wunsch, un des muß a so bleiwe! Noch schener, ich wer mer doch nix vorschreiwe losse.
Evchen: Awer Vatr, ich han doch ...
Bauer: Ich wes schun, ich han schun ghert. Du willscht de Fritz han.
Evchen: *(nickt mit dem Kopf)* Jo, Vatr.
Bauer: Des gebt's net, des schla dir glei aus 'm Kopf.
Evchen: Vatr, ich han dem Fritz versproch, daß ich uf ne wart.
Bauer: Des a noch! Kreizmilljon Sakrament, jetz is awer gnug, zu mer in meim Haus kummt nar e Bauer als Schwiegersohn, des war un bleibt so, hascht ghert.
Evchen: Vatr, ich kann net.
Bauer: Was, du kannscht net? Himmel Herrgott noch mol nin. Du muscht! Hascht ghert?
Evchen: Awer Vatr, grad dene dumme Jockl han 'r mer ausgsucht.
Bauer: Nix do, dumm oder net dumm. Er is der Enzichst un de Reichscht im ganze Kres. Du kannscht dart wertschafte, wie 'd willscht, er werd der nix ninrede.
Evchen: Awer ich will ihn net!
Bauer: Was, du willscht ne net? Jetz is awer grad gnug. Mäde, wann du dene Krautwarschte e unfreindlichs Gsicht zeigscht, no kannscht mich kennelerne!
Evchen: Un ich heirat ne net!
Bauer: Jetz halscht awer die Gosch! Un schauscht, daß d' nauskummscht, un wann die Gäscht do sin, werd ufgetra, hascht ghert!?
Evchen: *(läuft weinend ab)*
Bauer: Ne, des loß ich mer net biete, des muß so gmacht were, wie ich's han will.

5. Auftritt
Der Vorige. Zuerst erscheint Krautwurst, nach ihm die Krautwurstin, nach ihr dann Jockl.
Krautwurst: Helfgott, Michl!
Bauer: Helfgott, Jakob! *(reichen sich die Hände)*
Krautwurstin: Helfgott, Michl! *(reicht ebenfalls dem Bauern die Hand, sieht, daß Jockl noch nicht hereingekommen ist, macht die Türe auf und führt Jockl herein)* Jockl, griß de Michl-Vettr un geb em die Hand!
Jockl: Guntach, Michl-Vettr! *(schüttelt dem Bauern fest die Hand)*
Bauer: Guntach, Jockl! *(zu den Krautwursters)* Jo, wolle ehr eich net setze?
Krautwurstin: Ei jo. *(setzen sich an den Tisch. Krautwurstin sieht sich in der Stube um)* Wu is dann 's Evche?
Bauer: Glei werd's kumme, es werd noch in de Kich sin.
Krautwurstin: Schens Wetter hamer heit.
Bauer: Jo, gottlob.
Krautwurst: Michl, hascht du schun die Kukurutz gsetzt?
Bauer: Ne, noch net aller, awer marje wolle mer dene uf de Hiwl setze.
Krautwurst: Mer han jo noch e paar Joch zu setze.
Krautwurstin: Hoffentlich werd's schen bleiwe, daß mer mit 'm Setze fertich were. Wann's no unsrem Jockl gang wär, no were mer schun längscht fertich. Gel Jockele!
Jockl: *(nickt)* Aha!

6. Auftritt
Die Vorigen. Bärbl bringt den Kuchen und stellt ihn auf den Tisch, so auch die mitgebrachte Weinflasche, sie holt Gläser von der Kommode, stellt sie ebenfalls auf den Tisch.
Bärbl: Helfgott!
Bauer: *(zu Bärbl)* Bärwl, sa em Evche, daß mer liewer Bsuch han.
Bärbl: Jo, Michl-Vettr, ich werd's ausrichte. *(geht ab)*
Bauer: *(schenkt Wein ein, bietet Kuchen an)* So, koschtn mol mei Wein un nehmen eich Kuche!
Krautwurstin: *(nimmt und ißt)* Ach, is der Kuche gut. Jockl, mei Bu, koscht ne mol.
Jockl: *(kaut mit vollen Backen)* Ach, der schmeckt awer arich gut.
Krautwurstin: Jo, jo, mei Bu, do hascht nomol ens.
Bauer: Na, schen, daß ner kumm sin.
Krautwurstin: Ja, was sat dann eier Ev derzu? Will's dann unser Jockl?
Bauer: Na, wie werd's net wolle.
Krautwurstin: E schens Haus, de enzich Sohn und Großbäuerin were, we werd do noch ne sen.
Krautwurst: Jo, jo, des is a wohr.
Krautwurstin: Mei Jockl is doch e guter Kerl! Gel, mei Jockele?

Jockl: *(nickt und kaut)* Ija, ich loß a es Evche wertschafte, wie's will, ich red em nix nin.
Bauer: Des schaut ihm jo ähnlich, daß er nix ninred.
Krautwurst: Also Michl, wie han mr's jetz, gebt's bal Hochzeit? Ich bin net far des langi Nausschiewe.
Bauer: So is recht, ich a net. Far mer kennt mr in drei Woche Hochzeit hale, bevor mr in die groß Arweit kumme.
Krautwurst: Jo. No bleibt's so, in drei Woche gebt's Hochzeit. *(reichen sich bekräftigend die Hände)*
Krautwurstin: Abgmacht, in drei Woche! *(schlägt auch in die Hand des Bauern)*
Jockl: Wie ich mich frei, hihi.
Bauer: Also, ich mecht eich san, mei Evche is mei enzich Kind un kriet heit oder morje mol alles, mei ganzes Sach.
Krautwurstin: Ach Michl! Wer mecht des jetz wisse. Mer wolle doch nar es Evche. Mer han doch selwer Sach gnug.
Bauer: Ne, ne, mer wolle reiner Tisch han.
Krautwurst: Jo, jo, des is a richtich so.
Krautwurstin: Awer Vatr, du machscht grad so, als wann mer neigierich wäre, un des sin mer jo net.
Bauer: Also, mei Ev kriet uf die Hand stickr 50 000, drno die ganz Inrichtung far die Wohnung. Wäsch, na un alles, was drzu ghert. Owe im Wald kriet's die 15 Joch un im Ried die 10 Joch Feld. Die 5 Joch Weingarte kriet's a drzu.
Krautwurst: *(neugierig)* Sin des die 15 Joch newe die meine?
Bauer: Jo, des sin se, no geht's imens, des Ackre. Mei Ev soll sei Sach han, des han ich meim gottseelich Weib versproch. Un des werd ghal.
Krautwurst: Ha, wenn d' net anerscht willscht, awer es muß jo net sin.
Krautwurstin: Ach Gott, mer han doch Sach gnug, Michl, wu denkscht hin.
Bauer: Wann du die Mäde verheirate mechscht, so tätscht der a nix norede losse. Ich mecht dann noch meim Ev 2 Kih, 3 Säu un e guti Zuchtsau mitgewe.
Krautwurst: Michl, gebscht amend eni vun die Simmenthaler Küh, die schecketi, denn uf die han ich schun lang gschpitzt.
Bauer: Freilich, wann d' sie han willscht, kann ich der eni gewe.
Krautwurst: Des is far mich die grescht Fred, alles anre is mer Newesach!
Bauer: *(schlägt Jakob auf die Schulter)* Jakob, wann unser Kin heirate, no sin mer jo die grescht Bauere weit und bret!
Krautwurst: Jo, des sin mer a!
Krautwurstin: Uf des kenne mer a stolz sin.
Jockl: Jo, ich bin a stolz, hihihi.
Bauer: Jetz trink mr mol uf unser Kiner ihr Glick. *(stoßen an)*
Krautwurstin: *(weint)* Ach, wenn dei gottseelich Weib noch lewe tät, die hätt sicher ihr Fred. *(wischt sich mit dem Taschentuch die Augen)*

Jockl: Hihihi, ich han a mei Fred.
Krautwurstin: Awer Jockl, mei Bu!

7. Auftritt
Die Vorigen. Evchen kommt herein.
Evchen: Helfgott!
Alle: Helfgott!
Bauer: *(deutet mit dem Kopf an, Evchen möge Kuchen anbieten)*
Evchen: *(nimmt den Teller und bietet Kuchen an)* Nehmen eich Kuche!
Krautwurstin: Mer han ihn schun gekoscht, hascht du ne selwer geback, Ev?
Evchen: Jo.
Krautwurstin: Ach, der schmeckt gar arich gut, gel, mei Jockele?
Jockl: Ija! *(kaut und nickt dazu)*
Krautwurstin: Evche, mei Mäde, dene werscht bei uns a efters backe misse. Wu hascht denn des gelernt?
Evchen: Wie ich in der Stadt bei meiner Basi war, do han ich halt vile dezugelernt. *(geht rasch ab)*

8. Auftritt
Ohne Evchen
Krautwurstin: *(etwas überrascht vom Abgang Evchens, beugt sich dann aber über den Tisch und flüstert)* Ich men, mer sollte die Junge e bißche alleen losse.
Krautwurst: Jo, des sollte mer.
Bauer: Gut, kummen, gehn mr. *(laut)* Wolle ehr net mei Wertschaft siehn? Ev! Ev! Kumm rin! *(Bauer und Krautwurst gehen ab.)*

9. Auftritt
Mutter und Sohn
Krautwurstin: *(ist bis zur Türe gegangen, kommt zurück)* Jockl, mei Bu, wann 's Evche rinkummt, sei recht zu ehm, brauchscht dich net schäme, es is jo bal dei Weib.
Jockl: Jo, jo, awer ...
Krautwurstin: *(ungeduldig)* Nix awer, du werscht doch ke Angscht net han!? In drei Woche gebt's Hochzeit, was gebt's do noch zu ferchte?
Jockl: Awer Mottr, ich han in der Ufregung alles vergesse, was ich san soll.
Krautwurstin: Ha, was vergess, e Wart ins anre gebt e Gspräch. *(klopft Jockl auf die Schulter)* Mach's gut, mei Bu! *(eilig ab)*

10. Auftritt
Jockl allein, später kommt Evchen, geht dann links vor, Jockl rechts
Jockl: Jo, jo, e Wart ins anre ... leicht is des gsat. Wann ich nar ke Angscht hätt. *(trinkt sich Mut an)* Mei Herz, des schlat wie a alter Wecker.

Evchen: *(kommt von links)* Wu is de Vatr?
Jockl: Mei Mottr hat gsat, mer solle e Weilche alleen bleiwe.
Evchen: E große Fred, mit dir alleen zu bleiwe.
Jockl: Gel ... *(näher tretend)* Evche, du brauchscht jo ke Angscht zu han, in drei Woche bischt jo mei Weib. Jo, jo, Evche.
Evchen: Was, in drei Woche schun? Des geht net so gschwind.
Jockl: Ach, du werscht schun siehn, wie die Zeit gschwind voriwergeht.
Evchen: Bei der, bei mer awer net.
Jockl: Jo, jo, in drei Woche is alles rum.
Evchen: Ne, des kann net sin.
Jockl: Jo, mei Mottr hat's doch gsat un die wes es doch gwiß.
Evchen: *(für sich)* Ach, is der dumm, wann der wisse tät, was far a Fred er mer macht, no mecht er net so rede.
Jockl: *(für sich)* Jo, was wollt ich nar san, drhem han ich mer alles so gut gmerkt, un jetz is alles vergess. *(zu Evchen)* Evche ... han ehr eire Krumbiere schun gsetzt?
Evchen: *(für sich)* Er red jetz vun de Krumbiere, na es is jo gscheiter, denn wann 'r wieder vum Heirate red un mer gar noch e Schmätzche gewe will, no kann er hechschtens e paar verwische. *(laut)* Jo, mer han se gsetzt.
Jockl: Evche, mer han a schun klene Hinglche, iwer 300 Stick, un Gäns han mer a viel. Wescht, mei Mottr hat gsat, wann mr heirate, brauch mr Fedre far unser Kin.
Evchen: Sowas. *(wendet sich von ihm ab)*
Jockl: Evche, e klenes Kälbche han mer a, des is jetz 14 Tag alt. 's is so schen scheckich.
Evchen: Na, do werscht doch dei Fred han.
Jockl: Ija, un was far eni. *(sieht sich um, für sich)* Wu nar mei Mottr so lang bleibt, ich wes nimmi, was ich san soll. *(Pause, laut)* Evche, unser alti Sau hat geschter 12 Junge gschitt. Lauter so goldiche Dingerche.
Evchen: Schen.
Jockl: Jetz wes ich werklich nimmr, was ich san soll, wu se nar so lang bleiwe. Ich men gar, die han die Hausnummer vergess.

11. Auftritt
Die Vorigen. Bauer und das Ehepaar Krautwurst kommen auf die Bühne.
Jockl: Endlich, Mottr! *(läuft ihr entgegen)*
Krautwurstin: Jockl, mei Bu! Na, was saschst zum Evche?
Jockl: Es gfällt mer arich gut.
Krautwurstin: Na, un du Evche? Ich men, mei Jockl hat dich gut unerhal?
Evchen: *(schweigt, geht rasch ab)*

12. Auftritt
Die Vorigen ohne Evchen. Krautwurstin ist konsterniert. Bauer fällt rasch ein.

Bauer: Wie werd er ihr net gfalle un unerhal han, dr Jockl is doch ein guter Kerl, gel Jockele. *(schlägt ihm mit der Hand auf die Schulter)*
Jockl: Ija, ich sin e guter Kerl.
Krautwurstin: Naja, er is doch dr Enzichscht un is weit und bret die bescht Partie.
Bauer: Kumme un setzen eich!
Krautwurstin: Ne, ne, mer misse jetz gehn, Vatr, ausgricht han mer alles.
Krautwurst: Jo, mer gehn. Wescht, Michl, mer misse noschaue, ob's Vieh a richtich gfitert werd. *(reicht Michl die Hand)* Also, no bleibt's dabei, in drei Woche gebt's Hochzeit.
Bauer: Jo, jo, 's bleibt dabei, in drei Woche!
Krautwurstin: Des muß awer a großi Hochzeit gewe, daß die Leit noch lang no de Hochzeit davun rede.
Bauer: So is es, mer mache nar emol Hochzeit, un die solle se net so gschwind vergesse. *(geleitet Krautwurster hinaus. Jockl bleibt zurück und ißt Kuchen)*
Krautwurstin: *(kommt zurück, nimmt Jockl bei der Hand)* Jockl, mei Bu, kumm doch!
Jockl: Jo, Mottr, ich kumm schun. *(beide ab)*

13. Auftritt
Evchen kommt herein und will den Tisch abräumen. Gretchen kommt auf die Bühne.
Gretchen: Evche, ich han dich iwerall gsucht.
Evchen: *(winkt ab, sehr ernst)* Loss nar. *(beginnt zu weinen)* Krautwarschte ware do freie.
Gretchen: *(erschrocken)* Jo, was sat dei Vatr, de Michl-Vettr, dezu?
Evchen: Er will's doch so han, ja er zwingt mich noch dezu. *(weint)*
Gretchen: *(ganz entrüstet)* Du sollscht dene Jockl heirate?
Evchen: Jo, un ich kann doch net.
Gretchen: Ne, des hätt ich vum Michl-Vettr net gedenkt. Du sollscht de Jockl heirate. Net emol e armes Mäde will ne han, un dene sollscht du jetz nehme? Wescht, Evche, ich han jo nix, awer de Jockl heirate – ne un nimmi!
Evchen: Jo, was soll ich mache? *(weint)* Wenn mei liewe Mottr noch lewe tät, no wär's anerscht. Ne, liewer sterwe!
Gretchen: An des werd zuletzscht gedenkt. Red doch nomol mit deim Vatr, vielleicht sieht er's in, un die Hochzeit geht zurick.
Evchen: Ne, do kennscht du mei Vatr schlecht, wann der sich mol was in de Kopp setzt, no is aus. Do helft a nix meh.
Gretchen: Wescht, ich han jo so e Wut uf die Krautwarschtin, ich kennt re grad de Krage umdrehe. Denn die is an allem schuld.
Evchen: Was helft mer des, ich muß jo doch de Jockl heirate.

14. Auftritt
Die Vorigen. Sepp kommt in die Stube, hört die letzten Sätze.
Sepp: Wer muß de Jockl heirate?
Gretchen: *(Die Mädchen drehen sich erschrocken um.)* Wie kannscht em so verschrecke! *(Stupft ihn)*
Sepp: Na, na, tu nar net so. *(zu Evchen)* Gel, was wollte die Krautwarschte mit ihrem Jockl do? Han die amend ...?
Evchen: *(weint erneut und nickt)*
Sepp: Un du nehmscht ne?
Gretchen: Was bleibt em anres iwrich, de Michl-Vettr will's jo so han. Na, un der Fritz, so e Leimsieder, loßt a nix vun sich here.
Sepp: Awas, nix here! Wer wes, warum er net schreiwe tut. *(zu Evchen)* Hat er werklich vun sich nix here geloßt?
Evchen: Wie er fart is, han mer so ausgmacht, daß er net schreibt wejer meim Vatr.
Sepp: *(zu Gretchen)* Na siehscht!
Gretchen: Des Johr is jo bal voriwer, no kummt er doch.
Evchen: Jo, glabscht du, daß mei Vatr dann inwilliche tät? Des macht er net.
Gretchen: *(zuckt mit den Achseln)* Ha, vielleicht?
Sepp: Ne, des glab ich net, do mißt ich de Michl-Vettr net kenne, un ich kenn ihn gut. Der loßt net no.

15. Auftritt
Die Vorigen. Herein kommen Lies- und Susibas.
Lies- und Susibas: Gutnovet!
Alle: Gutnovet!
Sepp: Acha, jetz kumme die Richtiche! *(will ab)*
Liesbas: Na, du brauchscht net fartlafe, mer tun der nix.
Susibas: *(mißt ihn mit wütenden Blicken)* Sicher hat er Angscht!
Sepp: Ich soll vun die Weier Angscht han?
Liesbas: Na, dann kannscht jo bleiwe!
Sepp: Ne, ne, des tu ich net, ich geh liewer! *(setzt seinen Hut zurecht, geht rasch ab)*

16. Auftritt
Die Vorigen
Susibas: Hascht ne gsiehn?
Liesbas: Loß ne lafe! *(zum fassungslosen Evchen)* Wescht Ev, ich han jo gar net rinkumme wolle, awer die Susibas hat ke Ruh geb, ich soll doch mitgehn.
Evchen: *(räumt den Tisch ab, stellt Flaschen, Kuchen auf die Kommode)* Awer des macht doch nix. Setzn eich! *(versucht, sich zu fassen)*
Susibas: Ach Evche, wu denkscht dann hin? Mer wollte jo nar siehn, warum du un 's Gretche heit mittag net beim Tanz waret.

Liesbas: Jo, mer han uns schun Sorje gmacht, ich han awer glei gsat, bei Beckers muß sicher was gwese sin, weil die Mäde net beim Tanz ware. Na, un jetz merk ich jo, daß Bsuch do war. *(weist auf die Gläser, Flaschen usw.)*
Evchen: Jo, mer han Bsuch ghat, un ich war net ufglet zum Tanze.
Liesbas: Aha, drum, drum, mr merkt's awer a on, daß d' ke Luscht ghat hascht.
Susibas: *(zu Gretchen)* Un dei Hans? Dene han ich a net gsiehn.
Gretchen: Ich han a ke Luscht ghat zum Tanze. Un der Hans, des wes ich net. Er is jo no net mein, awer was net is, kann noch were. *(rasch ab)*

17. Auftritt
Die Vorigen
Liesbas: Gel, Evche, ware vielleicht eir Verwandte aus der Stadt do?
Evchen: Ne, die sin schun lang net do gwese.
Susibas: No sin sicher dem Vatr sei Kriegskumrade vun Apfeldof do gwese?
Evchen: Ne, die sin a net do gwese.
Liesbas: No ware sicher a paar Händler do un han was kaft, du willscht's uns net sage. Naja, mer misse's jo net wisse. Wescht iwerhaupt, warum mer rinkumm sin? Beim Hemgehn is mer ingfall, ehr han doch die groß groe Hingl, die so gut un viel Eier lege. Kennscht mer net e paar Eier auslehne? Ich geb der anre defir.
Evchen: Jo, ich kann eich schun gewe. Wieviel Stick wolle ehr?
Liesbas: Ha, so sticker 19 oder 21, wescht, mei Gluck is ziemlich groß, die kann schun 21 bedecke. *(zur Susibas)* Willscht du ke Eier vum Ev?
Susibas: Ne, ich will keni, ich will ke groe Hingl.
Evchen: Awer setzn eich doch, bis ich die Eier bring. *(geht ab)*

18. Auftritt
Die Vorigen
Liesbas: Was sascht, do is doch ebes net in Ordnung!? Wann ich nar wißt, wer heit dogwese is.
Susibas: Wie hascht du awer des vum Gretche net rauskrien kenne, wu Krautwarschte hingang sin? Wann du des e bißche besser ongstellt häscht, no wißte mer mehr un mißte uns net de Kopp verbreche. Awer so is, du häscht mich mach losse solle, no wär sichr was anres rauskumm. Ja, dascht's wescht!
Liesbas: Na, du gfallscht mer, jetz machscht du mer noch Vorwirf?! Du häscht dei Lebtag nie was rauskriet! Gel, hascht du des vergess, was ich der schun alles gsat han, ha!

19. Auftritt
Die Vorigen. Michl kommt durch die Mitte.
Michl: Ach, do sin jo selteni Gäscht. Gutnovet!
Beide: *(drehen sich schlagartig um, sehr freundlich zu Michl)* Gutnoved!

Michl: Na, was bringe ehr uns Neies? Awer wolle ehr eich net setze?
Liesbas: Ne, setze wolle mer uns net, mer misse glei gehn. Un Neies han mer a nix, hechschtens du wescht was Neies.
Susibas: Loß nar, Lies, vun deni Männer herscht nie was Gscheids. *(alle lachen)*
Michl: Na, Susi, du hascht a scheni Meinung vun uns Männer.
Liesbas: Wescht, Michl, ich will vum Evche e paar Eier verlehne, damit ich a zu dere groß Hinglart kumm. Du hascht doch nix dageje?
Michl: Ne, gwiß net, des sin em Ev sei Sorje, do misch ich mich net nin.
Susibas: Mer hert jo, daß de Ev so tichtich wertschafte kann, do kannscht froh sin, daß d' sie hascht.
Michl: Jo, des stimmt, schaffe und wertschafte kann mei Ev.
Liesbas: Na, wer wes, wie lang sie bhale kannscht, do gebt's doch a sicher bald Hochzeit, net?
Michl: Jo, des kann gschwind kumme. *(lächelt)*
Susibas: Wie, is do schun bal was los?
Michl: Na, des were mr noch siehn. *(schmunzelt)*
Liesbas: Na, hascht endlich mol ingwillicht, daß dei Ev de Fritz heirat?
Michl: Was de Fritz? Der kummt in mei Haus net, ich han mer e ganz anre Tochtermann ausgsucht.
Lies- und Susibas: *(zugleich)* So, acha!
Michl: Jo, un des bal.
Liesbas: Du wescht doch, Michl, daß ich net neigierich bin, ich kimmr mich gwiß niemols um anre Leit Sach, awer bei deim Evche mecht ich's doch gar zu gere wisse.
Susibas: Ich a, ich a.
Michl: Na, ich kann's eich jo san, awer des muß net glei an die groß Glock hängt were. *(verschmitzt)*
Lies- und Susibas: Awer wu denkscht hin, wu were mer was san.
Michl: Krautwarschte ware heit ums Evche freie.
Liesbas: Also doch!
Susibas: Na siehscht!
Michl: Jo, mer han heit Handstreich ghal, un in drei Woche gebt's Hochzeit!
Liesbas: Ne so was! Jetz muß ich awer hem, gute Nacht, Michl! *(geht einige Schritte)*
Michl: Lies, ich han gment, du willscht Eier mitnehme!?
Liesbas: *(wendet sich rasch um)* Jetz kann ich ke Eier brauche un mitnehme, ich muß jetz gehn. Kumm, Susi, mer kenne ke Zeit verliere! *(nimmt Susi beim Arm und zieht sie fort)*
Susibas: Jo, jo, nar gschwind! Guti Nacht, Michl! *(beide rasch ab)*
Michl: Guti Nacht! *(sieht den beiden nach, schüttelt sein Haupt)* Na, in ener Stund wes es 's ganze Darf, un des is gut so, jetz gebt's ke Zurick meh. Die Leit solle wisse, daß mei Ev Großbäuerin werd. *(Vorhang fällt)*

3. AUFZUG
Vor dem Dorfgasthaus. Alle Hochzeitsgäste sind im Sonntagsstaat. Die Mädchen alle weiß gekleidet, mit Kranz und Band auf dem Haupt, auf der Brust ein Zweiglein Rosmarin, ebenfalls mit Bändchen geschmückt. Auch die Buben haben einen Kranz auf dem Hut, vom Hut wallen bunte Bänder. Die Braut in Weiß ohne Schürze, auf dem Haupt wiederum ein größerer Kranz mit weißer Schleife, die bis auf den Rücken hängt. Die beiden verehelichten Trauzeugen tragen in der Hand einen Apfel oder eine Zitrone, worin ein Rosmarinzweig mit Schleifchen steckt. Die Kellnerinnen und Kellner tragen weiße Schürzen, bunt mit kleinen Bändern geschmückt. Die Kellner haben eine große zusammengelegte Serviette um den Hals gehängt. – Der Hochzeitszug ist folgendermaßen aufgestellt: Vorn gehen die Kinder. Dann folgt die Braut, geleitet (untergehakt) von zwei Brautführern. Dann der Bräutigam, von zwei Mädchen geführt (ebenfalls untergehakt). Nun folgen die zwei Trauzeugen-Ehepaare, danach Hochzeitsgäste, am Ende des Zugs die Eltern von Braut und Bräutigam. – Ganz am Anfang des Hochzeitszuges geht der erste Brautführer, einen hölzernen Stock in der Hand, den ein Strauß Blumen und bunte Bänder zieren. – Die Blasmusikkapelle spielt so lange, bis alle Hochzeitsgäste einmal um die Bühne gegangen sind, einen Marsch, dann geht alles von der Bühne ab.

1. Auftritt
Wenn der Vorhang aufgeht, stehen die Kellner und Kellnerinnen im Kreis, sie tanzen im Takt der Musikkapelle auf der Bühne, bis der ganze Hochzeitszug abgegangen ist, dann, sich an den Händen haltend, Abgang.

2. Auftritt
Sepp tritt mit der verweinten Bärbl auf.
Sepp: Gel, Bärwl, du mechscht net greine wie 's Evche?
Bärbl: Jo, ich mecht schun a greine, wenn ich a anre heirate mißt.
Sepp: Des kann jo bei uns net vorkumme, weil ich nar dich heirat. *(zieht sie an sich)*
Bärbl: Un ich nar dich. *(schluchzt an seiner Brust)*
Sepp: *(hebt ihren Kopf)* Was hascht dann, mei Mäde?
Bärbl: 's Evche tut mer so led, des hat doch dene Fritz gere un muß jetz dene saudumme Jockl nehme.
Sepp: Wescht, ich han jo a Wut im Leib, ich kennt dene zammgleimte Jockl in Stickl verreiße!
Bärbl: Awer ich kann dene Fritz net verstehe, seit er fart is, loßt 'r nix vun sich here.
Sepp: Des war doch so ausgmacht, daß er iwers Johr hemkummt, un des muß jetz sin.
Bärbl: Ach, wann der die Täg hemkummt, is es Evche längscht verheirat. No is alles aus. *(schluchzt erneut)*

Sepp: Was hascht schun wieder? Bärwl, mei enzich Schätzle!
Bärbl: Sepp, ich han halt Sorje.
Sepp: *(nimmt Bärbl bei den Händen und singt)* Weg mit den Sorgen usw.
Bärbl: Leicht is des gsat, wann mr no net gnug beinander han.
Sepp: *(Hände in den Hosentaschen)* Na, was is? Gebt's ke Schmätzche?
Bärbl: *(verschämt)* Ach jo!
Sepp: *(schließt sie stürmisch in die Arme und schwenkt sie im Kreise, küßt sie, rasch ab.)* Juchu!

3. Auftritt
Aus dem Haus hört man das Jubeln der Kinder, sie kommen auf die Bühne.
Einige: Adam-Vettr, Adam-Vettr, spieln uns doch e Tanz!
Adam: Jo, ehr krien e Stickl.
Die Musikkapelle spielt einen Tanz, die Kinder tanzen. Einige Hochzeitsgäste, darunter Lies- und Susibas, kommen auf die Bühne und sehen den Kindern beim Tanz zu. Nach dem Tanz springen die Kinder ins Haus, die Hochzeitsgäste gehen ab. Auf der Bühne bleiben Lies- und Susibas.

4. Auftritt
Liesbas: *(zieht Susibas in den Vordergrund)* Susi, kumm! Na, so e Hochzeit han ich a no net gsiehn. De Hochzeitsvatr fahrt fart, kummt net bei. Die Braut greint und sat, wann de Vatr net beikummt, gebt's iwerhaupt ke Hochzeit.
Susibas: Ach, ach, ich sa jo.

5. Auftritt
Die Vorigen. Krautwurstin kommt rasch auf die Bühne.
Krautwurstin: Ich wes net, wu de Hochzeitsvatr so lang bleibt. Die Hochzeitsgäscht sin all do, jetz kennt mr in die Kerch gehe, 's hat jo schun Zweti glit.
Liesbas: Er hat halt sei enzich Bruder selwer vun de Bahn abhole wolle, des kann mr ehm jo net verdenke.
Susibas: 's is halt sei enzich Bruder, soll jo e großer Herr sin, Fischkal hat er glernt.
Liesbas: Do werd doch gwiß e schens Brautgschenk abfalle!?
Krautwurstin: Najo, des trescht mich jo noch. Awer er hätt a sei Knecht an die Bahn schicke kenne, ne, er muß selwer sei Gäscht vun de Bahn abhole. Ich muß jetz gehn, wann se kumme, rufen mich! *(hält ihre Hand über die Augen und sieht in das Publikum. Ab)*

6. Auftritt
Die Vorigen, ohne Krautwurstin
Liesbas: Hihi, hascht gsiehn, wie die sich ufret? Dere vergunn ich's, die immer owenaus will.

Susibas: Dere vergunn ich's Evche a net. E armes Mäde wär far ihren Jockl gar net gut gewenn.
Liesbas: Jo, wescht du iwerhaupt, wie die zum Ev kumm sin?
Susibas: Ne, du hascht mer's jo net gsat.
Liesbas: Paß mol uf, des war so. *(macht eine bezeichnende Bewegung mit der flachen Hand über ihren Mund, holt tief Atem)* Selmols, als Krautwarschte in Werwaß die enzich und reich Tochter vum Fuchs freie wollte un nix draus wore is, so hat de Mayer-Doktr zum Krautwarscht gsat: Herr Krautwurst, hat er gsat, merken Sie sich's, wenn ihr Jockl die Verwandte aus Werbaß heiratet, wird die ganze Familie degradiert!
Susibas: Was, deg ... deg ... ne sowas! *(schlägt die Hände zusammen)*
Liesbas: Jo, jo, ganz degradiert! Da doch dr Krautwarscht und die Krautwarschtin schun Gschwisterkiner sin, hat de Doktr weiter gsat: Herr Krautwurst, Sie müßten das Blut auffrischen, nicht immer in die Verwandtschaft heiraten, suchen Sie dem Jockl ein gesundes, frisches, frohes Bauernmädchen, und die Nachkommen werden gesund sein. Un uf des hin sin se ums Evche freie gang.
Susibas: Des arm Evche, ich men, wann sei Mottr noch lewe tät, wär's net soweit kumm. *(Beide wischen sich die Augen.)*
Liesbas: Horch mol! Mer scheint, sie kumme schun. Kumm, Susi, gehn mer, daß mer alles siehn un here. *(beide eilends ab)*

7. Auftritt
Der Bauer, sein Bruder und seine Schwägerin, die städtisch gekleidet sind, kommen lebhaft sprechend auf die Bühne. Die Schwägerin geht mit Fritz, der mit dem gleichen Zug in die Heimat zurückgekommen ist.
Dr. Becker: Bruder, du hascht am Fritz viel gutzumache, wann der net gwen wär, no wäre mer jetz nimi am Lewe.
Frau Becker: So ist es, der Fritz hat seine Tapferkeit gezeigt, als er uns im letzten Augenblick das Leben gerettet hat.
Michl: Awer Leit, ich kann net, ich han doch Krautwarschte mei Wart geb.
Dr. Becker: Bruder, sei net so hart, denk an dei gottseelich Weib!
Frau Becker: Wenn Eva noch leben würde, sie hätte niemals eingewilligt, daß diese Hochzeit zustande kommt. Mir tut ja das arme Mädchen so leid.
Michl: Ich kann net, 's war immer mei Wunsch. Un jetz, wu's soweit is, soll ich nolosse? Ne un nimi! Des kann ich net.
Dr. Becker: Michl, willscht du dei Kind ganz unglicklich mache? In die degenerierte Familie willscht du dei Kind gewe?
Frau Becker: Schwager, ist es für das Kind keine Strafe gewesen, ohne Mutterliebe aufzuwachsen?
Dr. Becker: Schau doch den nette Bursch an, er is doch aus gsunder Familie.
Michl: Awer er is ke Bauer, un ich muß a Bauer zum Tochtermann han. Un no mit Krautwarschte wäre mer die reichschte Baure im ganze Kreis.

Dr. Becker: Michl, du werscht doch net glawe, daß dr Fritz nix vun de Baurewertschaft versteht!? Der werd's der sicher danke, daß d' ehm es Evche geb hascht. *(redet weiter auf ihn ein)*
Fritz: *(zu Frau Becker)* Ne, des kann ich net glawe, daß es Evche mer des ontut.
Frau Becker: Sie will es doch nicht, sie wurde dazu gezwungen. Sie sind im letzten Augenblick noch zurecht gekommen.
Fritz: Awer de Michl-Vettr will jo net.
Frau Becker: Ach was, Sie sehen doch, daß mein Mann mit ihm spricht, er muß schließlich einsehen, daß der Jockl keine Partie für Evchen ist.
Fritz: Frau Becker, wenn des wohr wär! Ich wes gar net, was ich san soll.
Dr. Becker: Kumm, Bruder, du muscht dem Fritz e gutes Wart san, er hat unser Lewe grett. *(Er führt den Bauern einige Schritte zu Fritz.)*
Frau Becker: *(führt Fritz zum Bauern)* Sagen Sie ihm ein paar nette Worte.
Fritz: Michl-Vettr, ehr misse doch insiehn, daß es Evche mit 'm Jockl net glicklich were kann.
Dr. Becker: Sei net so hart un sa jo!
Michl: *(nach einigem Zögern)* Gut, no soll's so sin, die Hochzeit mit de Krautwarschte soll e Loch krien.
Die Beckers: *(zugleich)* Endlich!
Fritz: Michl-Vettr, ich dank eich! *(geht auf den Bauern zu)*
Michl: Jo, Fritz! *(reicht Fritz die Hand)* Du sollscht glei siehn. Ev, Ev, kumm mol raus!

8. Auftritt
Die Vorigen. Evchen kommt weinend heraus, hält ihr Taschentuch vors Gesicht. Fritz steht im Vordergrund.
Michl: Ev, do is dei Breitigam.
Evchen: *(sieht nicht auf)* Vatr, ich kann net. *(schluchzt)*
Frau Becker: *(geht zu Evchen, umschlingt sie, versucht, ihre Hände vom Gesicht zu nehmen)* Evchen, sieh doch, wer dort steht, wer da ist!
Evchen: *(sieht auf, erblickt Fritz und stürzt auf ihn zu)* Fritz!
Fritz: *(fängt sie auf)* Ev, mei Ev! *(liegen sich in den Armen, langsam ab)*

9. Auftritt
Die Vorigen, später alle Hochzeitsgäste
Michl: Na, dene zwe schaut des Glick aus de Aue, es is doch gut, daß ich nogeloßt han. *(geht in den Hintergrund)* Hochzeitsleit, Hochzeitsleit, kummen do raus!

10. Auftritt
Die Vorigen. Alle Hochzeitsgäste kommen heraus. Krautwurstin etwas später, ebenso Krautwurst. Lies- und Susibas stehen ganz vorne.

Michl: Hochzeitsleit, Hochzeitsleit, ich han eich was zu san. *(Alle geben durch Murmeln ihrer Neugierde Ausdruck.)* Also aus der Hochzeit mit Krautwarschte werd nix. *(große Bewegung)*
Krautwurstin: Was?
Michl: *(winkt ab)* Mei Ev hat dene Jockl nie gewollt. Un jetz, wu dr Fritz do is, will 's ne schun lang net.
Alle: De Fritz is do, de Fritz is do! Juhu!
Krautwurstin: So, weil dr Fritz do is, wann der net kumm wär, wäre mer gut gewen, un weil de Fritz do is, brauch mr uns net. Ne, des geht net!
Michl: Des is net wohr, 's Evche hat eier Jockl nie gewollt. 's hat em Fritz versproch, daß es uf ne wart.
Die Jugend: Jo, jo, des is wohr, de Fritz, de Fritz!
Krautwurstin: Des geht mich nix on, ich besteh uf die Hochzeit!
Liesbas: *(zur Susibas)* Hihi, schau, wie die sich ufret, der vergunn ich's.
Dr. Becker: Uns wär e groß Unglick zugstoß, wenn de Fritz net gwen wär.
Alle: Ach, ach ...
Michl: Wie mer so iwer die groß Bruck fahre, were die Roß schei, springe uf die Seit, stelle sich uf zwe Fiss, ich han gement, jetz is unser Lewe weg. Uf enmol springt jemand bei, reißt die Roß uf d' Seit – un im letzschte Augenblick sin mer uf de Bruck geblieb. War's so, Bruder?
Dr. Becker: Ja, so war's. Der Fritz hat uns darch sei Mut 's Lewe grett, sunscht leije mer jetz in dr Donau.

11. Auftritt
Die Vorigen. Fritz kommt von rechts.
Michl: Dr Fritz werd jetz mei Schwiegersohn, un jetz hale mer Hochzeit!
Jugend: Juhu, juhu! Hochzeit! *(jubeln laut)*
Krautwurstin: Was, des geht net, was versproch is, is versproch! Mer han Handstreich ghal, des muß mer a hale. Ich besteh uf die Hochzeit!
Fritz: Awer Großbaierin, reng eich net uf. 's Evche ghert mein, un des geb ich nimi!
Krautwurstin: *(überrascht, dreht sich um)* Do schau her, wie trauscht du dich, mit mer so zu rede? Was willscht du do? Du hascht do nix verlor!
Fritz: So, ich han do nix verlor? Warum han die reich Krautwarschte mit 'm Freie net gwart, bis ich zuruckkumm bin? Ha, des han sich die Krautwarschte net getraut.
Krautwurstin: Mit der red ich nix, mit der red ich nix ...
Fritz: Weil se gwißt han, daß se no umsunscht kumme. So, 's Evche ghert mein, un jetz redn noch was!
Krautwurstin: *(ganz entgeistert. Hilfesuchend sieht sie sich im Kreis um, erblickt ihren Mann, stürzt auf ihn zu, stößt ihn zurück.)* Du bischt schuld an allem. Die Schand!
Krautwurst: Ich? ... Warum grad ich?

Krautwurstin: Her nar uf, du mit deim Blutuffrische! Jetz is es grad genug ufgfrischt! Han mer's notwendich ghat, mer, die reich Krautwarschte? Awer ich han der glei gsat, kumm zu unser Leit uf Franzfeld. Ne, mer gehn ums Evche freie. Jetz hascht's!
Krautwurst: *(aufgeregt)* Was, so werd mit uns gred, des tut mr uns on? Uns, de reich Krautwarschte? Jo, mer were gehn, awer ehr were noch here vun uns. *(zur Gattin, nimmt sie am Arm)* Kumm, gehn mer! *(ab)*

12. Auftritt
Die Vorigen
Bauer: So, die solle nar gehn, jetz hale mer Hochzeit!
Alle: Hujujuju, Hochzeit! *(Alle gehen ab.)*

13. Auftritt
Sepp und Bärbl kommen umschlungen, sie haben den Vorfall nicht verfolgt.
Sepp: Na, Bärwl, was menscht, wann mer zwe recht spare, kenne mer ufs Johr heirate, menscht net a?
Bärbl: Jo, ich men schun a, Sepp.
Bauer: *(kommt suchend durch die Mitte, bemerkt das umschlungene Paar)* Jo, was is dann do los? *(Sepp und Bärbl fahren erschrocken auseinander.)*
Sepp: Michl-Vettr, ich ... mer han ...
Bärbl: Michl-Vettr, mer zwe, dr Sepp un ich, mer han uns gere un wolle iwers Johr, wann mr gnug beinaner han, heirate.
Bauer: Was, heirate!?
Sepp: Jo, Michl-Vettr, ich mecht 's Bärwl heirate.
Bauer: Was, iwers Johr? Ne, des leid ich net! – Awer in drei Woche han ich nix dageje.
Bärbl, Sepp: *(zugleich)* Michl-Vettr, mer han jo noch net gnug beinaner!
Bauer: Loßt nar, dafir werd ich schun sorje.
Bärbl: Ich dank eich recht schen, Michl-Vettr.
Sepp: Ich, ich a ...
Bauer: Schun gut, schun gut! Jetz schaun mer awer, daß mer in die Kerch kumme, es is die hechschte Zeit. *(geht ab)*

14. Auftritt
Sepp und Bärbl
Bärbl: Na, was is, Sepp? Gebt's nix?
Sepp: *(ganz entgeistert)* Jo, was denn, mei Mäde?
Bärbl: Ei, e Schmätzche. *(schelmisch)*
Sepp: Juhu, mei Bärwl! *(gibt ihr einen Kuß, schwingt sie in die Höhe. Laufen rasch ab)*

15. Auftritt
Buben schleifen den Jockl herein.

1. Bub: Zieh die Jankr aus!
Jockl: Ich will net.
2. Bub: Ausziehe! *(Beide ziehen Jockl die Jacke aus.)* Stillhale!
Jockl: Mottr, Mottr, die Buwe ziehe mer dr Jankr aus.
1. Bub: Kreisch net so, wärscht mit hemgang.
Jockl: Sie han mich jo net geruft.
2. Bub: Sei still, kriescht ne jo wieder.
1. Bub: Bleibscht halt do, bis mer aus der Kerch kumme.
Jockl: Mottr, Mottr! *(läuft ab)*

16. Auftritt
Die Vorigen ohne Jockl. Fritz kommt auf die Bühne gelaufen.
1. Bub: Gschwind, Fritz, zieh die Jack aus, mer misse in die Kerch!
Fritz: Ich han doch nix zum Onziehe.
2. Bub: Mer han dr schun a Jankr vrschafft.
Alle: *(helfen Fritz, den Rock von Jockl anzuziehen, gehen dann alle ab)*

17. Auftritt
Sämtliche Darsteller kommen auf die Bühne und stellen sich im Halbkreis auf. Links vorne die Kinder, daneben die Frauen, dann die Jugend. Rechts vorne die Männer. Wenn alle aufgestellt sind, fängt die Kapelle an, einen Marsch zu spielen. Die Jugend hüpft im Takt zur Musik. Ganz vorne links stellt sich der erste Brautführer auf. Die Musikkapelle hört auf zu spielen. –
Erster Brautführer: *(klopft mit seinem geschmückten Stab dreimal auf den Boden)* Ihr Gäste, schweigt ein wenig still und hört, was ich euch sagen will. Vor zwei, drei Wochen haben sich zweie die Ehe versprochen. Großer Schinkenspeck und dazu ein schönes Konfekt. Musik, frischauf! *(Die Musikkapelle spielt wieder einen Marsch, ca. 20 Takte lang, bricht dann ab. Die Jugend hüpft bei der Musik.)* Lumpl, Supp und Sauerkraut, schicket mir die Braut heraus! *(Durch die Mitte erscheint eine alte Frau, kommt vor.)* Das ist ja eine Alte, was solln wir mit der Alten machen? Da wird uns der Bräutigam schön auslachen. Heb dich weg von meinem Angesicht, sonst wirst du sehn, was mit dir geschieht. Musik, frischauf! *(Die Kapelle spielt wieder ca. 20 Takte, die Jugend hüpft dazu.)* Lumpl, Supp und Sauerkraut, schicket mir die Braut heraus! *(Von hinten erscheint eine stark hinkende Frau.)* Das ist ja eine Krumme, die hat das Nest voller Junge. Was solln wir mit der Krummen machen, da wird uns der Bräutigam schön auslachen. Musik, frischauf! *(Die alte Frau geht nach hinten ab. Die Musik spielt wieder 20 Takte. Jugend hüpft. Der Brautführer stößt mit dem Stab wieder dreimal auf.)* Lumpl, Supp und Sauerkraut, schicket mir die Braut heraus! *(Durch die Mitte erscheint ein Kind, kommt vor, macht einen Knix.)* Das ist ja ein Kind, jung von Jahren, die hat noch wenig erfahren. Die will nur immer müßiggehn oder vor dem Spiegel stehn. Heb dich weg von meinem Angesicht, oder du wirst sehn, was mit dir geschieht. Musik, frischauf! *(Das Kind läuft nach hinten*

ab. Die Musik wie vorher. Brautführer stößt wieder mit dem Stab auf.) Lumpl, Supp und Sauerkraut, schicket mir endlich die Braut heraus! *(Durch die Mitte erscheinen die Braut und der Bräutigam. Die Braut hält sich ihr Taschentuch vor die Augen.)* Haha, das wird die Rechte sein, die schaut gar traurig drein. Musik, spiel auf, wir ziehn ins Gotteshaus. *(Die Musikkapelle spielt das Volkslied „Schön ist die Jugend ...", währenddessen kommen zuerst die Frauen nacheinander zur Braut und schmücken sie mit bunten Bändern. Ganz zu Beginn die zwei Trauzeuginnen, sie stellen sich dann hinter die Braut, die anderen Frauen gehen sehr langsam auf ihre Plätze zurück. Das gleiche tun die jugendlichen Mädchen. Fritz geht mittlerweile von Mann zu Mann und reicht ihnen die Hand. Wenn die Frauen und Mädchen die Braut rings um Brust und Schultern mit bunten Bändern schmücken, umarmen sie diese und gehen dann feierlich zu ihren Plätzen zurück. Sobald die Schmückung beendet ist, hört die Musik auf zu spielen. Der Brautführer stößt abermals mit dem Stab auf.)* Musik, spiel auf, wir ziehen nun ins Gotteshaus. *(Die Musikkapelle beginnt einen Marsch zu spielen. Der Hochzeitszug formiert sich folgendermaßen: 1. Brautführer, 2. die Kinder paarweise, 3. die Braut, geleitet von zwei Brautführern, 4. der Bräutigam, geführt von zwei Brautmädchen, 5. die Trauzeugen, 6. Kränzlerinnen mit Buben, 7. Hochzeitsgäste, 8. die Eltern des Brautpaars. Der Hochzeitszug bewegt sich durch den Saal. Die Musikkapelle spielt solange, bis der Zug den Saal verlassen hat. Die Musik hört dann auf.*
Jockl: *(erscheint von hinten, läuft dem Hochzeitszug nach)* Mottr, Mottr, mei Jangl!

ENDE

Franz Hutterer †
Neufutok – München

Foto: Stefan Teppert

Franz Hutterer wurde am 11. April 1925 in Neufutok (Batschka/Jugoslawien) geboren. In Neusatz (Novi Sad) besuchte er das serbische Gymnasium, in Neuwerbaß die Deutsche Lehrerbildungsanstalt. Im September 1944 wurde er eingezogen von der deutschen Wehrmacht, bei Rückzugskämpfen in Polen verwundet. Im Mai 1945 von den Amerikanern entlassen, traf er seine Familie in Bayern, wo er sich niederließ. Nach Abschluß des Studiums in München (1949-51) trat er in den Schuldienst und versah von 1970 bis zu seiner Pensionierung 1988 auch die Stelle des Schulleiters an Münchner Schulen, zuletzt als Rektor der Grund- und Hauptschule Zorneding. Von 1950 an in Vereinen, Institutionen und Gremien (Südostdeutsches Kulturwerk, Künstlergilde Esslingen, Ostdeutscher Kulturrat) tätig, wurde er 1985 zum ersten Vorsitzenden des Südostdeutschen Kulturwerks gewählt. 1991 wurde er Mitherausgeber der Südostdeutschen Vierteljahresblätter. Mitte der fünfziger Jahre erregte Hutterer mit Erzählungen, in deren Mittelpunkt die Aufarbeitung seiner Kriegs- und Nachkriegserfahrung steht, Aufmerksamkeit, nicht nur im Kreise seiner ausgesiedelten Landsleute, sondern auch in der breiteren literarischen Öffentlichkeit. Sein erstes, erstmals 1957 erschienenes Kinderbuch „Treue findet ihren Lohn", dem er unmittelbar danach weitere folgen ließ, wurde in zahlreiche Sprachen übersetzt und in die Auswahlliste der deutschen Jugendpreise aufgenommen. Ende der fünfziger, Anfang der sechziger Jahre war Hutterer einer der erfolgreichsten deutschen Jugendbuchautoren. Für sein literarisches Werk, dessen Stoff er mit Vorliebe der Vielvölkerwelt seiner Herkunftsregion entnimmt und sie in einer an maßgeblichen Erzählern des 20. Jahrhunderts geschulten Sprache gestaltet, ist er u. a. mit dem Donauschwäbischen Kulturpreis ausgezeichnet worden. Vielseitig ist seine Mitarbeit an Lehrbüchern für den Geschichts- und Deutschunterricht. Nachdem er den Schuldienst quittiert hatte, wandte sich Hutterer erneut betonter seinem literarischen Schaffen zu. Zuletzt arbeitete er an einem Roman, den er nicht mehr vollenden konnte. Hutterer starb am 8. Mai 2002 in Ebersberg.

Sommermorgen in der Batschka

Im Sommer sind die Tage sehr lang. Sie beginnen früh und spannen ihren Bogen weit in den Abend hinein. Die Nacht ist fast unscheinbar kurz, nur wenige Stunden gehören ihr. Sie legt sich wie ein kühles Tuch über die Erde und nimmt ihr ein wenig von der Hitze des Tages. Die Fenster werden erst am Abend geöffnet, wenn auch der letzte Staub der Straße sich gelegt hat. Die Pferde stehen angebunden unter einem abhängenden Dach im Freien, und jede ihrer Bewegungen ist in der Stille hörbar. Die Hühner haben ihr nächtliches Lager längst schon in die Zweige der Bäume verlegt. Das Dorf liegt still und ruhig, und die Menschen sammeln in den wenigen Stunden, die ihnen die Nacht gönnt, Kraft für einen harten und strengen Tag. Im Sommer gibt es keine Zecher. Wer nachts nicht ruht, muß dies am Tage büßen. Denn die Sonne brennt erbarmungslos auf die gebeugten Körper, und auf den weiten, ebenen Feldern gibt es wenig Schatten. Nur hie und da ein Baum, eine Baumgruppe oder ein Akazienwäldchen.

Die Hitze reicht tief in die Nacht. Kühlung kommt erst in den Morgenstunden. Der Sommermorgen in der Batschka hat nichts von jenem großartigen Schauspiel, dem wir in den Bergen oder am Meer begegnen. Die Sonne spiegelt sich nicht, sie findet keine Wände, die ihren Schein zurückwerfen und ihre Farben brechen.

Die erste und zweite Stunde nach Mitternacht sind noch ausgefüllt von der tiefen Stille, die vor jedem Anbruch herrscht. Auch in mondlosen Nächten ist es nicht sehr dunkel. Etwas von der grellen Lichtfülle des Tages bleibt auch in den Nachtstunden erhalten und macht sie durchsichtig und klar. Die Gegenstände verschwinden nicht, sie treten nur ein wenig zurück und sehen aus, als seien sie von einem dunklen Schleier überdeckt. In manchen Nächten bleibt auch der leichte Wind aus, und dann stehen die Zweige der Bäume wie in gestockter Luft. Bald nach Mitternacht aber beginnt sich der neue Tag zu regen. Die Vorboten der Sonne lassen seinen schmalen Streifen im Osten hell werden, die Hühner plustern ihr Gefieder, die Pferde stampfen noch schlaftrunken, und vom Kuhstand her dringt das Geklirr der Ketten. Die Menschen aber drehen sich im Schlaf noch einmal um, ihr Körper spürt die Erfrischung und atmet sie ein. An den Fenstern bewegen sich die Vorhänge leicht und zeigen an, daß der Raum gefüllt wird von jener köstlich-kühlen Nachtluft, die die Kräfte erneuert und die Sinne stärkt. Draußen nehmen die Zeichen des werdenden Tages zu. Ein Hahn kräht, erhält Antwort, an den Ruf reiht sich ein anderer und ein vierter und ein fünfter. Der Hund streift im Hof umher, ein Pferd wiehert, scheu noch und schüchtern, aber auch schon wach, verlangt nach Futter und Trank. Noch hat die Sonne ihre Strahlen nicht erscheinen lassen, aber die Nacht nimmt schon ihre Schatten zurück, und die Dinge erhalten wieder die Farben des Tages. Und dann wird die erste Tür geöffnet, der Bauer kommt heraus, geht über den Hof und schaut nach dem Wetter. Er weckt den Knecht, man hört den Brunnenschwengel ächzen und das Knistern von trockenem Heu. Die Pferde werden gefüttert. In der Sommerküche hantiert die Bäuerin, sie richtet das Essen, die Felder liegen weit vom Dorfe entfernt, und Mittag wird draußen unter einem Baum oder auch nur im Schatten des Wagens gehalten. Langsam stellen die anderen Glieder der Familie sich ein, selbst die Großmutter hat noch ihren Teil an der Arbeit. Noch liegt die kühle Morgenluft über den Menschen und den Tieren. Aber sie wissen schon von der Hitze des Tages. Der Wagen steht bereit, die Pferde sind vorgespannt und die Geräte aufgeladen. Vom Kirchturm her schlagen die Glocken die Stunden an. Und oben, an der Spitze des Turmes, erscheint jetzt der erste Sonnenstrahl. Die Bauern aber sind schon unterwegs. Und die ersten Schweißtropfen mischen sich in die Kühle des sommerlichen Morgens.

Die Dorfschandaren

Es gab auch diese. In ihrer Uniform, mit dem ausgestreckten Bajonett, gingen sie ab und zu zu zweit oder zu viert durch die Straßen des Dorfes. Doch diese meine ich nicht.

Ich meine die anderen, die keine Uniform trugen und kein Gewehr. Ihre Waffe war ihre Zunge und auf den Zähnen hatten sie Haare.

Sie wußten nicht nur immer das Neueste von dem, was im Dorf geschehen war, sie wußten auch das, was sich ihrer Meinung nach ereignen mußte. Und in einem Dorf konnte sich viel ereignen. Da hat einer einen Rausch heimgetragen, dort trug die Bäckerstochter eine neumodische Frisur, die Blumbergerin brachte Vorhänge aus der Stadt, mit denen sie natürlich die Gassenfenster ihrer Nachbarin übertrumpfen wollte, der Oberhans Toni soll dem Herrn Notär eine halbe Sau versprochen haben, wenn sein Sohn nicht zum Militär muß, weil er angeblich schwache Augen hat; derselbe Sohn mit den angeblich schwachen Augen wird aber die Tochter des unteren Wirts heiraten, diese Tochter wiederum bekomme soundsoviel Leintücher und soundsoviel Überzüge und eine Kuh und drei Joch Ackerfeld und noch allerhand, was man gar nicht aufzählen kann.

Und was die gewöhnlichen Dorfbewohner nicht wußten, das war ihnen bis aufs i-Tüpfelchen bekannt. Sie standen, die Kopftücher festgebunden, die Hände unterm Schurz, unerschütterlich in ihren Ansichten, wortgewaltig wie der Herr Pfarrer, jede bereit, so viel und so laut zu reden, daß die anderen nicht zu Wort kommen konnten. Wehe, wenn einer gegen die überlieferte

Ordnung verstieß, wenn er aus der Reihe tanzte; er kam ins Gerede, und dies war schlimmer als eine Woche Brot und Wasser.

Sie waren Dorfschandaren, sie sorgten für Sauberkeit und Strenge.

Große Buben

Ich setze auch gleich den schwäbischen Ausdruck darunter: großi Buwe. Dann weiß man, was gemeint ist. Im Banat waren sie bekanntlich so „maschtich" wie die „Ruwe". Hier in Deutschland gibt es sie nicht. Hier gibt es nur die „jungen Herren". Und wenn es noch ganz junge Herren sind, die sich erst zweimal im Monat rasieren müssen, tragen sie manchmal Ringelsocken, Hochwasserhosen und Krawatten, auf denen unbekleidete Damen abgebildet sind. Das sind nicht die „großi Buwe", die ich meine, das sind höchstens die „Buwili".

Die richtigen großen Buben gehörten zu den Dörfern im Banat und in der Batschka. Dort waren sie daheim. Heute gehören sie wie diese Dörfer, wie der Tanz am Sonntagnachmittag, wie die Blechmusik und die Muttergottesmädchen den Erinnerungen an. Es ist gut, wenn man sich einmal an sie erinnert.

Ich weiß nicht, von welchem Lebensjahr an man ein großer „Bu" geworden ist. Ich weiß nur, wie lange man dies blieb. Die alten Frauen haben noch ein Gespür für diese Ordnung. Als ich vor einigen Monaten bei Bekannten auf Besuch war, redete die dortige Großmutter von mir immer nur als von dem „Bu". „Des is im Spengler sei Bu." „Geht der Bu a mit ins Wirtshaus?" Dabei bin ich bald in der Nähe der Dreißig. Aber ich bin noch nicht verheiratet. Also bin ich in den Augen der alten Frauen noch immer der „großi Bu". Denn wie kann man ein Mann sein, wenn man noch nicht geheiratet hat? Ledige Männer gibt es nicht. Es gibt nur ledige Buben. Es liegt eine große Wahrheit in dieser Ordnung, von der die alten Frauen noch wissen. Uns ist in den turbulenten Jahren der Sinn dafür allmählich verlorengegangen. Wir sind nicht mehr so richtig hineingewachsen.

Die großen Buben gehörten in die Ordnung des Dorfes. Dort hatten sie ihren Platz. Sie hatten ihren Platz in der Kirche (einen wirklichen Platz, auf dem sie stehen konnten), in der Reihe der Prozession, bei einem Begräbnis, bei der Hochzeit. Sie hatten ihren Platz, ihren Standort. Wir haben heute höchstens noch einen Standpunkt. Aber auf dem kann man nicht stehen, auf den kann man sich höchstens berufen, denn er ist unsichtbar geworden und auch nicht immer „in der Ordnung".

Wenn ein „großer Bu" seinen Soldatendienst abgeleistet hatte, war es höchste Zeit für ihn, eine Familie zu gründen. Tat er dies nicht, wurde er ein „Einschichtiger", einer, der nirgends hingehörte, der sich nirgends hinstellen konnte, nicht zu den jungen Männern und nicht zu den Buben. Er wußte das, und die anderen wußten das. Etwas an ihm war nicht in Ordnung. Er war in gewissem Sinne ein Rebell. Es zeugt für die gesunde Entwicklung in unsren Dörfern, daß es nicht viele solcher Rebellen gegeben hatte. Vielleicht waren es aber auch die jungen, hübschen Mädchen, die keine „Altgesellen" aufkommen ließen. Ja, ich glaube bestimmt, daß sie es waren.

Etwas bleibt übrig ...

In den bayerischen Dörfern ist die Schule Treffpunkt und Tummelplatz der heranwachsenden Jugend. Die wenigsten Kinder wohnen im eigentlichen Dorfkern; die größere Zahl kommt täglich angetrippelt von den Einödhöfen und von den kleineren Ortschaften, die sich mehr oder weniger nahe um die Kirche gebildet haben. Diese Schule hat heute ungewollt etwas Schmelztiegelartiges. Aus den jungen Sudetendeutschen, den jungen Schlesiern, den jungen Ostpreußen, den jungen Schwaben werden mit der Zeit junge Bayern. An der Sprache kennt man sie gewiß nicht mehr auseinander. Es sei denn, man kommt auf besondere Ausdrücke und Namen.

Und dies ist einer Lehrerin, einer Einheimischen, passiert. Sie erzählt in der zweiten Klasse den Siebenjährigen von der Zwetschge. Sie malt eine große blaue Zwetschge an die Tafel, die Rede geht her und hin, und jeder weiß etwas. Und so kommt man auch auf die Verwendungsmöglichkeit der Zwetschge zu sprechen. Die Lehrerin fragt: „Na, was kann man denn aus den Zwetschgen machen?" Da meldet sich der kleine Toni und sagt: „Bittscheen, Freilein, aus den Zwetschgen kann man Pekmes machen." – „Nanu, was ist das, Pekmes?" Die Kinder lachen, der Toni kriegt einen roten Kopf. Da kommt ihm der Jakob zu Hilfe. „Bittscheen, Freilein, das ist Schleckl." – „Pekmes, Schleckl?" Das Fräulein schüttelt den Kopf. Und auch der Jakob wird rot. Und wenn er rot wird, der Jakob, dann schaut er sich immer hilfesuchend nach dem Peter um, der hinter ihm sitzt und auch sein Landsmann ist, nur aus einem anderen Dorf. „Na, Peter", sagt die Lehrerin, „weißt du, was das ist?" Der Peter steht stolz auf, wo wird er das nicht wissen. „Das ist Latwerch, Freilein."

Da hat man's. Pekmes, Schleckl, Latwerch. Das Fräulein kommt aber schon drauf und fragt: „Ist das vielleicht Marmelade?" Die drei nicken heftig. „Aber Pekmes ist besser", sagt Toni beharrlich. Das ist auch wahr. Denn Marmelade, das ist das, was man beim Kaufmann bekommt; und Pekmes, das ist das, was die Mutter selbst kocht. Und Pekmes ist doch besser, bitte schön.

Ich glaube, so ganz richtige Bayern wird man aus unseren Schwabensöhnen nicht machen können. Etwas bleibt doch übrig. Und wenn's nur der Pekmes ist.

Sein erster Karpfen

Martin war acht Jahre alt und wußte, wie man mit einer Angel Fische fängt. Er kannte die drei Angeln von Onkel Nick, manchmal durfte er sie tragen, wenn der Onkel jemand dabei haben wollte, dem er, am Ufer sitzend, endlose Geschichten erzählen konnte. Manchmal aber war der Onkel verschlossen und sprach kein Wort, starrte nur das Wasser an, als erwarte er ein besonderes Ereignis. Dann war es besser, wenn Martin sich still verzog.

Heute wollte Martin allein fischen. Den Plan hatte er schon lange gefaßt, ein wenig fürchtete er sich davor, und doch mußte er ihn durchführen, mußte sehen, ob die Fische auch bei ihm anbissen. Alle seine Freunde hatten selbstgefertigte Angeln, und wenn sie handgroße Weißfische oder kleine Karpfen fingen, dann erzählten sie es stolz reihum.

Die drei Angeln lagen auf einem Wandbrett in der Scheune, Martin erwählte die kleinste, achtete darauf, daß er die Schnur mit dem Angelhaken nicht verwickelte. Durch den Garten ging er zum Ried, den Weg kannte er, die Weinreben am Hang verdeckten ihn, und niemand konnte ihn sehen.

Er hätte nach Würmern graben müssen, wie Onkel Nick es immer getan hat, Würmer in einer alten Blechbüchse mit etwas Erde darin. Doch er konnte nicht zusehen, wenn Onkel Nick einen Wurm auf den Haken zog, so kunstvoll, daß ein Ende lose herabhing, um die Fische anzulocken, und doch so fest, daß der Fisch sich in den Widerhaken verbiß und hängen blieb.

Nein, Martin wollte keine Würmer. Er hatte eine Handvoll Brot eingesteckt und zu einem weichen Klumpen geknetet. Er stapfte am Riedufer entlang, stieg über den Damm und ging den Pfad durchs Schilf, bis er zu dem Steg kam, den Onkel Nick gebaut hatte. Der Steg war das Zeichen: Hier ist mein Platz, hier fische ich.

Martin entwirrte die Schnur, zog sie durch die Hand, prüfte den Schwimmer, den Angelhaken, holte ein Klümpchen Brot aus der Hosentasche, befeuchtete es mit Speichel und drückte es an den Haken.

Es war ein stiller Winkel hier am Seitenarm der Donau, das Wasser bewegte sich kaum, warmer, schlammiger Grund, wie ihn die Karpfen lieben. Martin schwenkte die Rute, die Schnur klatschte leicht auf das Wasser, der Kork blieb oben, feines Wellengekräusel auf der Oberfläche, dann war wieder alles still, als gebe es den Jungen und die Angel nicht.

Nichts geschah. Der Kork bewegte sich nicht. Martin hielt die Rute mit beiden Händen. Ein Fischer muß Geduld haben, das hatte ihn Onkel Nick gelehrt, Geduld und Zeit und Phantasie.

Stell dir vor, da unten schwimmt ein Karpfen, sieht den Wurm, möchte ihn haben, schnuppert daran, doch irgendetwas warnt ihn, er dreht ab, kehrt nach einer Weile zurück, wieder hängt der Wurm vor seinen Augen, und dann beißt der Karpfen an. Du kannst es genau sehen.

So konnte Onkel Nick erzählen, wenn er gesprächig war, als durchschaue er das Wasser.

Nichts geschah. Martin hatte keine Würmer. Er zerrte die Schnur aus dem Wasser, das Brot klebte noch am Haken. Vielleicht beißen sie nur abends und morgens an, dachte er.

Im Grunde war es ihm gleich, ob er Erfolg hatte oder nicht. Er stand am Ufer wie ein Fischer, er fühlte wie ein Fischer, und in dieser Stunde war er auch ein Fischer, dem eine Angel gehörte.

Er warf die Schnur zurück und beobachtete, wie sie im Bogen durch die Luft schwirrte und leise zischend auf das Wasser setzte.

Geduld, dachte er. Die Augen sehen Schilf und Wasser und Weiden; die Ohren hören die feinen Geräusche im Schilf; und die Hände spüren das Gewicht der Angel.

Doch dann wurden seine Augen groß, der Kork verschwand, tauchte auf, und Martins Finger spürten den Zug am anderen Ende.

Wie oft hatte er das Spiel gesehen? Onkel Nick zog, der Fisch tauchte auf, zappelte, flog durch die Luft und landete in der Hand des Fischers.

Nun war er der Fischer, zog an, und wirklich tauchte ein Karpfen auf, hing zappelnd an der Angel, genau wie bei Onkel Nick.

Einen Augenblick war Martin unschlüssig, der Karpfen schlug mit den Schwanzflossen ins Wasser. Er wehrte sich, wollte zurück.

Vorsichtig zog Martin die Schnur ein. Doch er konnte den Fisch nicht anrühren, ließ ihn samt der Angelschnur ins Gras gleiten. Der Karpfen schnappte, überschlug sich, starrte mit seinen runden Augen den Jungen an. Martin empfand keine Freude, das Gefühl des Erfolgs blieb aus. Er sah nur, wie der Fisch sich abmühte, und nun überkam ihn Mitleid. Der Karpfen blutete am

Maul, die Kiemendeckel schlugen auf und zu, doch die Bewegungen wurden müder.

Martin bückte sich, faßte den Karpfen endlich an, drückte sein Maul auf und zog vorsichtig den Haken heraus. Schnell schritt er zum Wasser zurück und legte den Karpfen hinein. Er spürte, wie der Karpfen sich betäubt bewegte, wie die Flossen erst langsam, dann kräftiger schlugen, wie er seinen Händen entglitt und im Wasser verschwand.

Eine Weile starrte Martin der Spur nach, dann watete er heraus, nahm die Angel, wickelte die Schnur um die Rute und ging über den Damm am Ried entlang durch den Weingarten zurück ins Haus.

Die Angel legte er auf das Wandbrett in der Scheune, setzte sich dann in den Schatten des Maulbeerbaumes. In der Hosentasche spürte er den weichen Brotklumpen, kramte ihn heraus und verstreute die Krümel.

Er dachte an den Karpfen, den er gefangen hatte, der an der Schnur zappelte, und er wußte plötzlich, daß es ein Unterschied war, ob er Onkel Nick beim Fischen zuschaute, oder ob er selber die Angel hielt und einen Karpfen fing.

Der rote Stier

„Paßt auf den Neuen auf", sagte Pawlik, ehe er an diesem Nachmittag ins Dorf ging. Er und seine Söhne Kosta und Michael hüteten die Rinderherden. Heute hatte Wanjeks Kuh gekalbt, zwei Tage zu früh, und Pawlik hatte sich alle Mühe gegeben, das Kalb herauszubringen. Das mußte er Wanjek sagen, denn diese Arbeit war ein Trinkgeld wert.

Bei der Herde war aber ein neuer Stier, ein roter, vor einer Woche erst hatte Pawlik ihn vom Markt gebracht, und der Kampf zwischen Pontus, dem Neuen, und Alex stand noch bevor.

„Haltet die zwei auseinander", rief Pawlik den Jungen zu. „Pontus bleibt an der Tränke und Alex kommt an die Kreuzung! In einer Stunde bin ich zurück. Was habe ich gesagt, Kosta?"

„Pontus an die Tränke und ..."

„Du bleibst beim Neuen. Laß ihn nicht aus den Augen. Und Michael geht mit Alex zu den Akazien. Verstanden Michael?"

„Ja, ja", sagte Michael. „Um fünf treiben wir heim. Alex voran!"

„Bis fünf Uhr bin ich dreimal zurück!"

„Aja", sagte Michael. Er wußte, wenn der Vater Trinkgeld bekam, dann kehrte er nicht mehr zurück. Dann mußten sie die Herde allein ins Dorf treiben.

Es war Mittagszeit, sie hatten eben gegessen, und eine halbe Stunde im Schatten der Hütte hätte allen wohlgetan. Doch Pawlik wollte Bier trinken, darum ging er ins Dorf. „Lassen wir sie heute kämpfen", sagte Michael zu seinem Bruder, als ihr Vater sich auf den Weg gemacht hatte. „Ich wette, der Neue nimmt es mit Alex nicht auf."

„Geh zur Kreuzung", sagte Kosta. „Ich will heute Abend keine Schereien."

„Willst zur Anka?"

„Geht dich nichts an!"

„Wenn er Trinkgeld bekommt, gibt es so und so Schererein. Laß sie doch kämpfen."

Seit der Neue bei der Herde war, wartete Michael auf den Kampf. Es war für ihn wie ein Rausch, wenn er die Stiere mit aller Kraft aufeinander losgehen sah. Er wußte, daß sie ihre Kräfte messen wollten, wie er und Kosta, wenn sie nichts zu tun hatten und aus reiner Lust rauften.

Sollten sie doch kämpfen, man mußte sehen, wie der Neue sich anstellte. An der Tränke war Platz genug für die ganze Herde. Und hier konnte man sich in den Schatten der Hütte setzen, während bei der Kreuzung nur hohe Akazien und staubige Schlehbüsche standen.

„Hörst du ihn?" fragte Michael. Alex hatte Pontus gesehen und erhob ein wildes Gebrüll. „Der Alte sucht Streit. Er will sagen, daß er der Stärkere ist."

„Nimm den Hund und geh mit Alex zur Kreuzung!" sagte Kosta.

„Du hast Angst", rief Michael, und selber schon voller Erregung ging er zum Brunnen und holte mit der Peitsche zu einem Knall aus. Es war eine fünf Meter lange Rinderpeitsche aus bestem Hanf und mit eingeflochtenen dünnen Lederriemen.

„Ha", schrie Michael, „sollen sie nur kämpfen!"

Kosta stand vor der Hütte, unschlüssig. Sie hatten noch nie einen roten Stier bei der Herde gehabt, immer nur die großen weißen, langbeinigen Tiere. Pontus war kleiner als Alex, doch sah er aus, als sei er voll geballter Kraft, so spannte sich die Haut.

Der Rote hatte es nicht eilig, er trottete auf Alex zu, hielt an, senkte den Kopf, schnaufte und stampfte mit den Vorderhufen.

„Die knallen aufeinander!" rief Michael. Er preßte die Zähne zusammen, und die Augen verengten sich zu kleinen Schlitzen. Alex kam von der Tränke, musterte den Neuen, spritzte Schlamm auf und suchte einen festen Stand. Im gleichen Augenblick jagte der schwarze Hüterhund heran und fiel den Roten an.

„Kusch", rief Michael, lief hinzu und versetzte dem Hund einen wohlgezielten Hieb mit dem Peitschenende, daß er sich am Boden wälzte.

„Wenn etwas passiert, bist du schuld", sagte Kosta. Er war kühler und bedächtiger als sein Bruder, doch nun stieg auch ihm die Erregung ins Gesicht.

„Aja!" rief Michael. „Ich!"

Alex hatte den Tümpel verlassen, senkte den Kopf, hob den Schwanz hoch in die Luft und griff an. Michael schrie vor Aufregung. Kopf an Kopf krachten die Stiere zusammen. Pontus knickte in die Vorderbeine, einen Augenblick nur, dann richtete er sich auf, wie von einer Feder emporgeschnellt, wich zurück und stürmte auf Alex von der Seite los. So schnell konnte der größere Stier sich nicht herumwerfen, er wurde gerammt und Schritt für Schritt zurückgedrängt.

„Der Brunnen!" rief Kosta. Jetzt sah auch Michael die Gefahr. Die Stiere kamen auf den Brunnen zu. Der Brunnen war ein rundes Loch, einem offenen Schacht ähnlich, aus einer Tiefe von zehn Metern wurde das Wasser herausgeschöpft. Eine meterhohe Bretterwand rahmte den Schacht ein und schützte ihn, mußte aber viel zu schwach für kämpfende Stiere sein. Michael schlug mit der Peitsche zu. Das Gebrüll, der Schweißgeruch, das Blut und die aufklatschenden Peitschenhiebe bereiteten ihm ein eigenartiges Vergnügen. Er selber kämpfte mit.

Kosta war wütend auf Michael, er hätte auf ihn genauso losschlagen können wie auf die Stiere. Er sah aber die Gefahr und die Scherereien, die sich ergeben würden, wenn ein Tier in den Brunnen stürzte. Er mußte sie auseinanderbringen.

Neben der Hüttentür stand eine Gabel, mit der rannte er auf Pontus los und schlug sie ihm in die Hinterbacken. Dreck spritzte Kosta ins Gesicht, und die Gabel flog ihm aus der Hand. Pontus drehte sich um, rannte auf Kosta los, Kosta rutschte aus, erhob sich und suchte hinter der Hütte Schutz.

Der Rote prallte auf die Hütte, und es schien, als habe er einen neuen Gegner gefunden. Er stampfte und trampelte, der Lehmverputz fiel ab, die Tür krachte – und Pontus stand in der Hütte. Die Öffnung war ihm zu eng, ein Teil der Lehmwand fiel heraus, und innen zerdrückte der Stier Tisch und Bänke. Es war eine kleine Hütte, und er konnte sich nicht umdrehen. Rückwärts stieß er heraus, nahm Anlauf und rannte mit dem Kopf gegen die Rückwand. Kosta schlug zu, mit einem Prügel, einer Latte, der Peitsche, er sah den wütenden Stier und war selber wütend geworden. Pontus brach die Rückwand ein, verschmiert, blutend, schweißnaß trat er ins Freie und brüllte.

Unterdessen zog Michael mit Alex und einem Teil der Herde zu den Akazien an der Kreuzung, wie der Vater es befohlen hatte. Als er Pontus und die zerstörte Hütte sah, knallte er und freute sich. Denn er wußte, daß der heutige Kampf nur ein Auftakt war.

Rauch steigt auf

Kein Tag ist wie der andere. Als er sich, am Ende der Nacht, von seinem Lager erhob, der alte Nikola, brauchte er kein Licht, er kannte die Gegenstände im Zimmer, die Schritte waren genau abgemessen. Mit einem Griff öffnete er die Tür, Dämmerung lag im Hof, die Luft bewegte sich kaum, abgestandener Rauch, Nebel vom Ried, Feuchtigkeit, Geräusche aus dem Schilf, Bläßhühner und Enten. Reiher und Störche hatten das Ried schon verlassen, die Schwalben noch vor ihnen, Graugänse sind noch da, Marder, Iltis und Otter.
  Der Alte fuhr sich mit der Hand übers Gesicht, heute sollte er im Haus bleiben, die Glut im gemauerten Herd anfachen, Reisig nachlegen, knorrige Wurzeln und angeschwemmtes Holz. An diesem Morgen war es besser, die Türen zu schließen, den Riegel vorzuschieben, die Welt nicht wahrzunehmen. Doch früher als sonst trieb es ihn ins Ried. In dieser Nacht hatte er keinen Schlaf gefunden, er nicht und keiner im Dorf. Das Haus war ihm zu groß geworden, seit er allein darin lebte. Es lag am Ende der Donaugasse, der Hof grenzte ans Ried, den Kahn konnte man heraufziehen und am Maulbeerbaum festmachen. Die Donaugasse führte hinauf zum Dorf, kaum erkennbar die Anhöhe in einer schier endlosen Ebene. Und oben die Franzosengasse, breit und gerade, die Kreuzgasse streng abgewinkelt, die Häuser aneinandergereiht, in gleichen Abständen, den Giebel zur Straße, weißgekalkt, Akazien und Maulbeerbäume davor.
  Keiner hatte in dieser Nacht geschlafen, in der Franzosengasse nicht, in den Kreuzgassen nicht, und auch er, der alte Nikola in der Donaugasse nicht. Die Wagen standen in den Höfen, beladen, zur Abfahrt bereit, die Pferde wurden gefüttert, früher als sonst, unruhig, weil sie die Unruhe der Menschen spürten. Die Entscheidung ist noch nicht gefallen. Wer fährt? Wer bleibt? Am Abend sah es anders aus als um Mitternacht, am Morgen warteten sie auf den Augenblick, das Zeichen, von dem sie nicht wußten, woher es kommen sollte.
  Das Ried lag da, leichter Nebel über dem Wasser, der Morgenwind, von der Donau her, brachte Bewegung ans Ufer, Geflüster im Schilf. Die Alleebäume standen reglos am Damm, die Kronen bewegten sich kaum. Der alte Nikola zog sich an, hängte den Mantel über, setzte die leichte Lammfellmütze auf, stieg in den Kahn und stieß ab. Er fuhr seine Wege, keiner kannte das Ried wie er. Jeder Ruderschlag durchbrach die Stille, das Wasser hatte seine eigenen Geräusche, schlug unten am Kahn an. Er nahm die Bilder wahr, jeden Morgen die gleichen, und doch in den Farben und Bewegungen verschieden von einem Tag zum anderen. Das seichte Ufer, die sandige Bucht bei den Weiden, jene Stelle, an der im Sommer die Pferde gewaschen wurden, die Radspuren der Wagen führten ans Wasser heran. Die Weingärten begannen, das Land stieg an, kaum merkbar, hinauf zum Dorf, die Strohtris-

ten in den Hinterhöfen, die Giebel der Scheunen, die Tschardaken mit Mais, die Ställe. Das Dorf lag auf der Anhöhe, geschützt vor Überschwemmungen, wenn die Dämme hielten und das Wasser nicht zu hoch stieg. Er sah die Hütten in den Weingärten, mit Schilf gedeckt, weißgekalkt, den gemauerten Herd auf dem Vorplatz. Alles wie eh und je an diesem Morgen, und doch jeder Morgen neu, Bilder seiner Welt, die er täglich bestätigt haben wollte. Wildenten flogen vor ihm auf, eine Strecke weit, spreizten die Schwimmhäute, breiteten die Flügel aus, landeten, tauchten ein. Er kannte sie und ihre Brutstätten.

Oben im Dorf, auf der schotterigen Straße, fuhren die ersten Wagen an, reihten sich ein, hielten, kein Bild wie eh und je, keinem vertraut. Nein, bis zu ihm ins Ried drangen die Stimmen nicht, er hörte nichts, er wußte, was geschah. Er wich den Gedanken aus, sie aber setzten sich hartnäckig fest, raubten ihm den Schlaf, den ohnehin dünnen, trieben ihn hinaus in die Welt des Rieds. Die Pferde, dem ersten Wagen vorgespannt, trifft der Zuruf, die Zügel werden gespannt, kurz angezogen, der erste Wagen fährt an, der zweite folgt und so der Reihe nach die anderen. Daneben die Frauen, die Alten, die Kinder, gehen so lange sie gehen können, eine merkwürdige Ordnung ohne Aufschrei, kein Aufbegehren, kein Widerstand, Schritt für Schritt. Vielleicht kehren sie um? Vielleicht laufen sie zurück? Wohin gehen sie? Mit ihnen auch Martin, der Knabe, der zu ihm ins Haus am Ende der Donaugasse gekommen war, in den Kahn gestiegen, dem er das Ried zeigen konnte, die Zeichen, die Farben, das Licht, den Umgang mit Wasser und Erde und Schilf, mit Reihern und Wildenten, und der nun selber ein Reiher würde auf einem Flug ins Ungewisse. Gestern noch hatte er ihm eine Weidenflöte geschnitzt, vor Tagen die Schuhe besohlt. Der Mensch braucht festes Schuhwerk auf dem Weg, und er braucht Hoffnung, jenseits aller Wirklichkeit.

Das Ried lag in der kühlen, den Nebel durchbrechenden Morgensonne. Der alte Nikola fuhr einige Ruderschläge weiter, legte den Mantel ab, der ihm zu warm geworden war, schob die Mütze hoch. Rechts sah er die Häuser des Dorfes, deutlicher jetzt, die Dächer spitzer, schärfer gegen das Licht gezeichnet. Die Weinreben waren abgeerntet, Mais stand noch auf den Stengeln, graue Stangen eines Hopfengartens zeichneten ein Geviert von Linien und Punkten in den Morgenhimmel. Links grenzte der Damm das Ried ab, führte zur Tscherewitzer Fähre, von Schilf verdeckt, nur die hohen Pappeln zeigten seinen Weg an. Jenseits des Dammes die Seitenarme, die Sumpflöcher, die Inseln, und dann die Donau, die große, grau ihr Wasser dahinwälzend, vom Westen kommend, nach dem Morgen, dem Osten ziehend, gewaltig und ungerührt wie zu allen Zeiten.

Wie weit waren sie schon gekommen? Zogen die Pferde noch? Konnten die Kinder noch gehen und die Alten? Als wären alle Geräusche erloschen, selbst das Wasser unterm Kahn schlug nicht an. Reglos nahm der alte Nikola die Bilder auf, die sein Leben begleiteten, jeden Tag, den er im Ried verbrachte, den Übergang von der Nacht zum Morgen, die feinen Unterschiede. Kein Tag gleicht dem anderen.

Die Sonne stand hoch, als er umkehrte, Schlag für Schlag ruderte, das Ried hatte keine Strömung. Das Dorf, sollte es leer geworden sein? Er erhob sich im Kahn, ein alter Fischer steht fest auf dem Wasser, suchte die Dächer, vom Anfang bis zur Kirche und zum Schloß. Stieg dort nicht Rauch aus einem Schornstein auf, eine dünne Säule, ein Zeichen? Und aus einem zweiten und dritten? Er setzte sich, begann kräftiger zu rudern, zog den Kahn bis in den Hof, lief ins Haus, blies die Glut im Herd an, legte Reisig darauf, abgeribbelte Maiskolben und Holz, blies. Rauch sollte aufsteigen, dichter Rauch, zeigen, daß sie nicht allein waren an diesem Morgen, die ohne Hoffnung Zurückgebliebenen. Er, der alte Nikola, der Mann im Ried, war auch noch da.

Spuren im Schnee

„Die Frau wartet draußen", sagte Jankowitsch und schloß hinter sich die Tür. Er näherte sich vorsichtig dem Schreibtisch. Der Kommandant schrieb seinen Namen unter ein Aktenstück; in der linken Hand hielt er eine Zigarette. Der Rauch zog gemütlich nach oben.

Jankowitsch wartete. Vor dem Fenster fiel Schnee, große Flocken, die eine weiche weiße Matte über Felder, Dächer, Straßen und über die Pelzkappen der Menschen breiteten.

„Welche Frau?" fragte der Kommandant endlich und zerdrückte mit den Fingern den Rest der Zigarette. Die Kippe glimmte ein wenig nach, dann lag nur noch ein Häufchen Asche im Becher.

„Die mit dem schwarzen Kopftuch."

„Sie haben alle schwarze Kopftücher, man kennt sie nicht auseinander."

Jankowitsch stand vor dem Schreibtisch und wartete. Mollige Wärme lag im Raum und zog ihm durch die Kleider auf die Haut. Er hätte einschlafen können; leise die Spannung der Muskeln lockern, die Knie weich werden lassen, sich auf dem Boden zusammenkauern und schlafen. Jankowitsch hatte zwei Nächte nicht geschlafen.

„Sie wartet schon zwei Stunden", sagte er, während er mit Mühe die Augen offen hielt. Der Kommandant stand am Fenster. „Nun werden auch bei uns die Felder weiß werden. Du bist aus Bosnien, Jankowitsch."

„Aus Bosnien."

„Nun werden auch deine Felder weiß werden, Jankowitsch. Du hast mir noch gar nichts von dir erzählt."

Er wandte sich um, nahm vom Schreibtisch ein Päckchen und hielt es Jankowitsch hin. „Nimm dir eine. Du hast mir noch gar nichts von dir erzählt. Warum eigentlich?"

Jankowitsch suchte nach Zündhölzern, fand aber seine Taschen leer und mußte sich vom Kommandanten Feuer geben lassen.

„Nicht viel zu erzählen", sagte er mit einer Bewegung seiner großen Hände.

„Wieviele Felder hast du gehabt?"

„Drei. Drei Felder um das Haus. Aber das Haus ist leer."

„Leer?" fragte der Kommandant und schaute ihm forschend in die Augen.

„Ich weiß nichts von meiner Frau. Sie ist nicht mehr im Haus, und sonst ist sie auch nicht mehr zu finden."

Der Kommandant trat wieder ans Fenster.

„Ja", sagte er kurz, ohne sich umzudrehen, „vielleicht wartet sie auch irgendwo."

„Sie wird schon unterm Schnee liegen", sagte Jankowitsch. „Sie werden sie erschossen haben, weil sie Essen in den Wald getragen hat." Er betrachtete seine Schuhspitzen.

„Und die Kinder?" fragte der Kommandant.

Jankowitsch hob die Schultern und ließ sie wieder fallen. Er war müde, und im Raum war es warm.

„Als ich ein Bub war", sagte der Kommandant, „stand ich mit meinen Brüdern am Fenster, und wir drückten unsere Nasen an die Scheiben, wenn der erste Schnee fiel. Bis so viel auf der Erde lag, daß wir uns richtig balgen konnten." „Hm.", er lachte kurz auf, „nun sind sie alle zerstreut, die einen sind noch über dem Schnee, die andern unterm Schnee."

Der Kommandant drehte sich rasch um.

„Was will die Frau?"

„Ich weiß nicht, sie wartet."

„Frag sie."

Jankowitsch ging müde zur Tür. Der Kommandant setzte sich an den Schreibtisch und begann zu lesen. In der linken Hand hielt er eine Zigarette. Doch er konnte sich nicht richtig konzentrieren. Draußen fiel der erste Schnee. Sonderbar, dieses Gefühl dabei. Man kann richtig weich werden, man kann richtig fühlen, wie Ruhe über die Erde gebreitet wird. Aber es ist nur eine scheinbare Ruhe, es ist nur eine Ruhe, wenn man im warmen Zimmer sitzen und durchs Fenster den Krähen zusehen kann, wie sie auf kahlen Ästen hin und her flattern und heiser schreien. Es ist nur eine scheinbare Ruhe. Er schob sein begonnenes Schriftstück zur Seite und lehnte sich im Sessel zurück.

„Sie hat kein Geld", sagte Jankowitsch und schloß hinter sich die Tür, „sie kann aber die Goldzähne ihrer Mutter geben. Drei Goldzähne kann sie geben für sich und zwei Kinder."

„Bin ich ein Händler? Sie soll die Zähne verkaufen. Brauchst du Goldzähne, Jankowitsch? Ich nicht."

„Sie soll gehen." Er sagte dies lauter, als es notwendig gewesen wäre.

Jankowitsch ging hinaus, um die Frau fortzuschicken. An der Tür des Hauses, in welches die Frau ging, fehlte das Schloß. So stieß sie nur mit der rechten Schulter an, und die Tür fiel auf. Die Frau stampfte den Schnee von den Füßen, schüttelte die Schultern und nahm das Kopftuch ab. Auf den Steinen im Eingang bildeten sich Häufchen Schnee. Sie spürte erst jetzt, daß sie fror. Das Zimmer war nicht geheizt; einige Menschen lagen am Boden, in Stroh und in Decken gehüllt.

„Mami", sagte ein Mädchen und streckte der Frau die Arme entgegen.

„Schläft die Evi?"

„Ja, Mami, aber mir ist so kalt."

Die Frau zog die Schuhe aus, legte die nassen Strümpfe daneben und setzte sich auf den Boden. Ein alter Mann kam herein, hockte sich in eine Ecke und sagte etwas zu den Liegenden. Nach einiger Zeit ging er wieder und mit ihm gingen die drei, mit denen er gesprochen hatte. Sonst sagte selten jemand ein Wort. Durch das Fenster sah man Schneeflocken, große, weiche Schneeflocken zur Erde fallen.

„Schläfst du?" fragte jemand.

„Nein", sagte die Frau und drehte sich um.

„Was hat er gesagt?"

„Nichts, fortgeschickt hat er mich."

„Der alte Kaltenegger hat die Nachricht gebracht, daß es in einem Monat besser wird. Wir werden dann freigelassen und dürfen heimgehen."

„Das sagen sie immer schon."

„Auch ich habe kein Geld, ich kann auch nicht zahlen."

„Die Zähne nimmt er nicht."

„Die Goldzähne?"

„Wir sollen sie verkaufen, er nimmt sie nicht."

„Vielleicht der Raditsch, der nimmt alles, auch Kleider. Nur muß man allein gehen. Aber ich habe auch keine Kleider mehr."

„Der Raditsch?" fragte die Frau und richtete sich halb auf.

„Am unteren Ende. Er ist groß und schwarz, und ein Auge fehlt ihm."

„Nimmt er Goldzähne?"

„Er nimmt alles."

Die Frau legte sich wieder zurück. Wenn sie einen Fuß mit dem anderen berührte, fuhr sie zusammen. Sie hatte Hunger.

Ob er auch Zähne nimmt, dachte sie dann wieder. Sie sind etwas wert. Doch der Kommandant wollte sie nicht nehmen. Ob der Raditsch Goldzähne nimmt. Vielleicht sieht er mit einem Auge nicht, daß sie ausgebrochen sind.

Nun schlief auch das größere Mädchen; sie hörte ihre Atemzüge. Evi lag, ganz in Decken und Tücher gehüllt, im Stroh. Es mußte Nachmittag sein, sie hatten keine Uhr im Raum.

Die Frau erhob sich und tastete nach den Strümpfen. Sie waren naß, und die Frau wickelte sich Lappen um die Füße. Sie band die Lappen mit zwei Leinenstreifen fest. In der Ecke stand ihr Gepäck. Sie begann etwas zu suchen. Sie suchte eine gute Weile, hob die letzten Kleidungsstücke auseinander, wieder und wieder, wurde unruhig, durchwühlte den Haufen noch einmal und sagte: „Die Zähne sind weg." Sie sagte dies nicht laut. Sie hatte Hunger und spürte nun, wie ihr Magen aus Angst zusammenschrumpfte. „Die Zähne sind weg." Ihre Füße waren nicht mehr kalt, sie spürte ihre Füße nicht mehr. „Die Zähne sind weg." Jetzt schrie sie die Worte in den Raum. Die Zähne waren ihre letzte Hoffnung, sich und die Kinder loszukaufen. Und jetzt waren die Zähne weg.

Die Frau, mit der sie zuvor gesprochen hatte, hob den Kopf. Auch die anderen. Es waren zehn, zwölf Köpfe, die sich hoben und nach der Frau blickten. Sie sprachen miteinander, doch was sie sagten, hörte die Frau nicht. Sie kauerte in der Ecke zwischen den durchwühlten Kleidern und weinte leise vor sich hin. Sie hatte ihre kalten Füße und ihren leeren Magen vergessen, sie kauerte in der Ecke und gehörte zu dem Bündel, das durchwühlt und in Unordnung geraten war. Nur als das ältere Mädchen zu ihr kam und sie berührte, hob sie den Kopf.

„Mami", sagte das Mädchen und schaute sie aus großen Augen an.

„Der Omami ihre Zähne sind nicht mehr da", sagte die Frau.

„Der Omami ihre Zähne?" Nach einer Weile sagte das Mädchen: „Dann muß er uns so mitnehmen."

Schnee, nichts als Schnee ringsum. Der Winter kam in diesem Jahr früher, und überraschend setzte Schneefall ein. Die Grenze lag nicht weit vom Lager.

War es nun, daß der Schnee die Menschen überraschte, war es, daß sie sich einen günstigeren Weg versprachen, gleichwie, es fanden sich noch Gruppen, die den Grenzübertritt wagen wollten. Die einen hatten noch Geld und zahlten, die anderen gaben den letzten Mantel; manche gaben auch Goldzähne.

Als die Frau in die Scheune trat, war es schon dunkel. In der Mitte brannte eine Petroleumlampe. Die Lampe hing an einem Nagel. Draußen schneite es. Wenn das Tor geöffnet wurde, wehte der Wind Schnee in die Scheune.

„Es ist gut so, die Posten werden heute nicht besonders aufpassen."

„Aber der Weg? Wir können uns leicht verirren."

„Der Jaksch kennt den Weg."

„Kennst du den Weg?"

Ein alter Mann schob sich vom Rande in die Mitte des Lichtscheines. Er hatte die Pelzkappe bis tief über die Ohren gezogen.

„Als noch keine Grenze war, das war vor dem ersten Weltkrieg, da habe ich in Ungarn Pferde gekauft. Wir sind immer diesen Weg gegangen."
Die Frau legte das kleine Mädchen auf einen Ballen Stroh.
„Sie ist doch schwer."
Evi hatte die Augen offen. Sie weinte nicht. Sie schaute den Menschen zu, die um sie herumstanden und leise sprachen.
„Werden sie das Mädchen tragen können?"
„Es ist erst zwei Jahre alt", sagte die Frau. Maria hielt sich am Rock der Mutter fest. „Unser Vater ist in Österreich. Er wartet dort auf uns."
„Mein Mann ist noch in Rußland, aber meine Eltern sind in Salzburg."
Das Gespräch verstummte wieder. Der Mann, den sie Jaksch nannten, trat aus der Scheune und kam nach einer Weile zurück.
„Es wird nicht aufhören, wir müssen jetzt gehen."
Dann gingen sie.
An all dies konnte sich die Frau erinnern. Sie wußte, daß sie dem Raditsch das große, schwarze Umhangtuch gegeben hatte; sie wußte, daß sie Evi auf dem Rücken trug, wie die Chinesenfrauen ihre Kinder auf dem Rücken tragen; sie wußte auch, daß sie Maria an der Hand hielt und daß sie dem alten Jaksch folgten. An all dies konnte sie sich erinnern. Sie spürte ihre kalten Füße nicht. Sie spürte auch nicht, daß ihr Magen vor Hunger zusammenschrumpfte. Sie folgte den grauen Gestalten, die vor ihr gingen und Spuren in den Schnee traten. Manchmal blieb der Vordere stehen, und die Nachfolgenden drängten enger zusammen. Selten wurde ein Wort gesprochen. Sie gingen in einer schweigsamen Prozession.
Und dann standen plötzlich die Posten vor ihnen. Die Frau hörte nur Worte in der fremden Sprache und sah die Leute auseinanderlaufen. Schüsse fielen. Die Frau lief, fiel auf die Knie, richtete sich auf und tappte im Schnee weiter. Nun war es gut, daß die Flocken sie einhüllten. Sie sah und hörte nichts von den anderen, vom alten Jaksch nicht und auch nicht von der Frau, deren Eltern in Salzburg warteten. Sie tappte im Schnee weiter. Maria begann zu weinen. Evi lag in dem Bündel auf dem Rücken. Bei jedem Schritt wurden die Füße schwerer.
Dann blieb die Frau stehen. Ich könnte jetzt so stehenbleiben, dachte sie. Es ist gar nicht kalt, wenn ich stehenbleibe. Nein, es ist wirklich nicht kalt. Der Schnee ist wie eine weiche Steppdecke, wir hatten daheim blaue Steppdecken, himmelblaue Steppdecken, und die waren warm.
Sie stand und hörte in der Ferne erregte Stimmen. Kamen die Stimmen näher? Sie wußte es nicht. Maria hatte kalte Hände. Ist dir kalt, Maria? fragte sie und drückte das Kind enger an sich. Evi schwieg. Evi ist ein braves Kind.
Sie merkte, daß ihre Füße sich bewegten; sie setzte einen Fuß vor den anderen. Es konnten drei Stunden vergangen sein, es konnten aber genauso gut zehn Stunden gewesen sein. Vielleicht hört die Nacht nie mehr auf, dachte sie. Sie dachte dies zum ersten Mal und bekam Angst. Sie hatte sich bisher nicht gefürchtet, sie ging nur, ging mit schweren Schritten und führte ihre

Kinder mit. Nun aber ließen ihre Kräfte nach. Vielleicht hört die Nacht nie auf, vielleicht fällt der Schnee Tage und Tage und bedeckt, einer neuen Sintflut gleich, die Menschen und die Tiere, die Dörfer und die Städte und die Lager. Warum soll ich weitergehen, wenn die Stunden stehengeblieben sind, wenn die Sterne untergegangen sind und selbst Angst haben vor der Kälte und dem Hunger und vor den Menschen? Warum soll ich weitergehen?

Ihr Denken begann zu zerflattern, zusammenhanglos zu werden. Noch ging sie, noch zogen ihre Füße Spuren in den Schnee, große Spuren und kleine Spuren von weißen Kommunionsschuhen. Maria begann zu weinen, nicht laut. Die Frau nahm die Hand des Kindes und behauchte sie.

„Unser Vater wartet im nächsten Haus in der Küche, dort ist es warm, und er hat ein Abendessen gerichtet, Käse und Schinken und Brot. Dort in der Küche im nächsten Haus."

Sie fiel. Als sie sich aufrichtete, band sie das Tuch vom Rücken. Evi war ganz eingeschneit. Die Frau schob mit der Hand den Schnee weg und tastete mit offenem Mund das Gesicht des Kindes ab. Nun trug sie Evi an der Brust, wie man Säuglinge trägt. Sie setzte sich in den Schnee. Sie hielt Evi vor sich und behauchte das Gesichtchen. Maria lag, den Kopf auf ihrem Schoß, im Schnee. Die Nacht hörte nicht auf. Bleigewichte legten sich auf ihre Arme und Beine. In der Ferne fiel hin und wieder ein Schuß.

„Die Grenzpolizei stieß heute nacht wieder auf eine Gruppe", sagte Jankowitsch und schloß hinter sich die Tür.

„Und?" fragte der Kommandant. Er zerdrückte mit den Fingern den Rest der Zigarette. Die Kippe glimmte ein wenig nach, dann lag nur noch ein Häufchen Asche im Becher.

Das Haus

Martin saß am Küchentisch, er liebte es, am Abend am Küchentisch zu sitzen, die Brotbrösel vom Küchentisch noch nicht abgewischt, die Tischdecke etwas zerknüllt, nicht glattgestrichen und ohne die harten Bügelfalten, ein Glas Rotwein vor sich und langsam trinkend ohne Zweck dazusitzen, kein Ziel zu verfolgen, keinen Plan für den nächsten Tag aufzustellen, nichts zu tun, einfach zu sitzen und zu warten.

An solchen Abenden wünschte er sich jemanden, mit dem er hätte reden können halb in die Nacht hinein, bis Mitternacht oder darüber, ohne daran zu denken, daß am nächsten Tag die Arbeit von neuem begann, früh und nicht ohne Härte und mit der Müdigkeit, die ihn nachmittags überfiel und zu dem hartnäckigen Vorsatz führte, am Abend nichts anderes zu tun als zu schlafen, um schlafend neue Kraft für den nächsten Tag zu gewinnen.

„Ich verstehe dich nicht", sagte Martha, „du bist müde und gehst nicht ins Bett. Du sitzt da und tust nichts, und das alles hat keinen Sinn."

Er verstand es auch nicht, aber es kam die Zeit, da fühlte er sich wohl dabei und vergaß die Müdigkeit, und seine Gedanken verfingen sich an einem Punkt und begannen sich aufzurollen, als hätte er in einem Wollknäuel den Anfang gefunden, von dem aus der Faden aufgerollt werden konnte.

Vor ihm lag das Zeichenheft seines Sohnes. Norbert hatte eine Hausaufgabe und sollte sie herzeigen und hatte das Heft liegenlassen, daß der Vater den Fleiß und den Eifer begutachten möge.

Das Haus, sein Haus, mit Vorgarten, Zaun und Straße, sauber gezeichnet, daß man die Einzelheiten erkennen konnte, die Haustür und die Fenster, die Blumen davor, sogar die Maschen des Gartenzaunes. Das war die Aufgabe.

Schön, dachte Martin, das hat er schön gemacht. Man kann alles genau erkennen, und so sieht es auch aus. Der Zeichenstift lag daneben, und Martin war versucht, manches an der Zeichnung des Sohnes zu ergänzen oder zurechtzurücken. Aber nein, er tat es nicht.

Ein anderer Gedanke entstand in ihm, er spürte fast, wie der wuchs und ihn dazu drängte ausgeführt zu werden. Er nahm ein neues Blatt, überlegte einen Augenblick und begann zu zeichnen. Ungeschickt, er war kein geübter Zeichner. Seit seiner Schulzeit hatte er etwas Ähnliches nicht mehr gemacht. Doch plötzlich drängte es ihn dazu.

Er begann mit der Giebelseite. Zwei Fenster, daneben eine Tür. Ein spitzer Giebel darüber. Eine Mauer, dann ein Tor, eine Gartenmauer bis zum Nachbarn hin. Der Giebel hatte einfache barocke Formen, nur Andeutungen, die nicht auf pure Zweckmäßigkeit ausgerichtet waren, die den Ansatz von Schönheit in sich bargen.

Ein langes Dach zog sich bis weit in den Hof hin, am Ende stand eine Scheune, dann der breite, offene Gang, ganz hinten mit großen Glasfenstern abgeschlossen. Die Sommerküche. Vom Vordergarten führten drei Stufen in den Gang, oder waren es vier? Das vordere Zimmer. Schlafzimmer der Eltern, die Küche, die nie benutzt wurde, weil es am Ende des Ganges eine zweite gab, das Paradezimmer, die Werkstatt seines Vaters, die Kammer, von der aus die Treppe auf den Dachboden führte.

Plötzlich fand er Spaß an der Arbeit. Das Haus wuchs, Martin kannte sich darin aus, zeichnete den Vordergarten mit den Obstbäumen und den Blumen, den Hof mit dem Ziehbrunnen, den Stall ganz hinten in der rechten Ecke, den Holzzaun und den Anfang des Gartens, der weit nach hinten führte bis zum Nachbarn.

Er hörte die Zeit nicht, zeichnete und zeichnete und lebte plötzlich in einer Welt, die es für ihn in der Wirklichkeit nicht mehr gab. Die Weinstöcke trugen Trauben, an den Obstbäumen wuchsen Früchte, die Fenster erhielten Vorhänge, nur Menschen gab es keine.

Menschen konnte Martin nicht zeichnen.

Plötzlich stand Martha neben ihm, barfuß und verschlafen, sie war die Treppe heruntergekommen, um nach ihm zu sehen. Trank er heute zu viel? Wußte er nicht, daß am Morgen die Nacht vorüber war? Sie schüttelte den Kopf. Norbert hatte ein Haus zu zeichnen, dieses Haus, in dem sie lebten, eine Hausaufgabe, wie es sich für einen Schüler gehörte. Aber Martin?

Er wollte seine Zeichnung verbergen, er schämte sich ein wenig, er war kein geübter Zeichner, und Hausaufgabe hatte er auch keine.

„Das Haus", sagte er. „Unser Haus, daß heißt das Haus meiner Eltern. Ich wußte gar nicht, daß ich es noch so genau in Erinnerung habe."

Und er begann zu reden, nein, er erzählte nicht, er redete mit sich selber, ohne auf Antwort zu warten. Martha hatte ihn im Verdacht, daß er zu viel getrunken habe, aber es stand nur ein Glas auf dem Tisch, allerdings leer. Auf eine seltsame Weise war er vollkommen wach, nur die Gegenstände seiner Umgebung nahm er nicht wahr. Er stellte sich vor, er gehe durch die Haustür, die drei Stufen hinauf in den offenen Gang und merkte sofort, daß er etwas vergessen hatte, den Birnbaum, der unübersehbar war, wenn man im offenen Gang stand.

Ich müßte öfter zeichnen, dachte er. Dann legte er die Zeichnung zu der seines Sohnes. „Das Haus", sagte er und wußte nicht, welches er meinte, dieses hier, in dem er saß, oder jenes, von dem er nur selten noch träumte, mit offenen Augen, wenn er spät abends in der Küche saß, am Küchentisch, die Brotbrösel vom Abendessen noch nicht weggeräumt, aber mit einer seltenen Klarheit, als habe es die Jahre nicht gegeben, die dazwischen lagen, zwischen jenem und diesem Haus, zwischen seinem Sohn und ihm.

Anton-Joseph Ilk
Oberwischau – Alkoven

Anton-Joseph Ilk wurde am 8. Februar 1951 in Oberwischau/Vişeu de Sus (Zips/ Rumänien) geboren. Er ist ein Nachfahre jener Holzfäller, die Kaiserin Maria Theresia 1775 aus dem oberösterreichischen Salzkammergut in der Maramuresch ansiedelte. In Oberwischau gründeten sie „Ti Teitschi Reih" (neben der „Zipser Reih"), sprechen eine bairisch-oberösterreichisch geprägte Mundart und gehören, geographisch gesehen, zur Landsmannschaft der Sathmarer Schwaben. Vater Anton war Gastwirt und nach der Enteignung 1954 Grubenarbeiter. Mutter Elisabeth, geb. Zeppelzauer, war Weberin und eine begabte Erzählerin. 1958-1966 besuchte Ilk die deutschsprachige Allgemeinschule und das rumänische Lyzeum in Oberwischau, danach die Römisch-Katholische Kantorenschule in Karlsburg (Alba Julia), studierte dann Theologie und wurde 1977 zum Priester geweiht. Ab 1973 forderten die Sathmarschwaben eine deutschsprachige Seelsorge. Sie wurde ihnen kirchlicherseits verwehrt, bis 1976 die rumänische Regierung wohlwollend eingriff. Im Herbst 1977 wurde der Neupriester Ilk mit dieser Aufgabe betraut. Die unerwartet hohe Akzeptanz der deutschen Seelsorge verärgerte die madjarisch gesinnte Diözesanleitung dermaßen, daß sie Ilk 1984 nach Neustadt (Baia Mare) versetzte, wo kaum Deutsche lebten. Nach der politischen Wende 1989 unterrichtete Ilk, neben seiner seelsorgerischen Tätigkeit, Heilige Schrift am Theologischen Fernkurs in Sathmar und leitete die Caritas Maramuresch. Da er dem Druck der kirchlichen Obrigkeit, sich zum Madjarentum zu bekennen, nicht nachgab, wurde er immer mehr isoliert und ausgegrenzt. 1998 forderte ihn der Bischof auf, „aus dem Land zu verschwinden". Ilk kehrte daraufhin in das Herkunftsland seiner Ahnen zurück und fungiert seither als Priester der Diözese Linz. Seit 1975 publizierte er mehrere Bände und ca. 130 volkskundliche Studien und Aufsätze in verschiedenen Periodika in Rumänien, Österreich und Deutschland. Seit 1988 ist er Mitglied der Gesellschaft für Volkskunde, seit 1992 der Kommission für Ostjüdische Volkskunde und seit 1998 des Arbeitskreises karpatendeutscher Schriftsteller.

Wu tas Edlweiß am schenstn plieht

In modern einkrichtn Zimmer ter Oberwischauer Teitschprofessorin herrscht Lustbarkeit. Ti Gäst ßitznt dicht nebnanand, ßoll jeder Platz haben. Alaan ter Toni spaziert ungeduldig auf und ab und ziegt (zieht) kroßi Schluck vun seini Feifn. Ti Kamaradn vun ter Hauptstadt ßind in der Fruh ankumen. Af Mittag warnt auch ti Saxn ta. Was is aber mit ti Kollegn vun Banat kschegn? Af aamol glinglt ter Telefon. Ter Toni hebt ab und ßein Kßicht wird haater:

„Moring af ter Nacht (am Abend) ßind auch ti Schwabn ta!"

„Also Dunnerschtag in der Fruh kann mer abfahrn", maant ti Professorin. „Moring ßoll ßich jeder unser Städtl anschaun, waal ibermoring fahr mer in a anderi Welt – hinauf afn Wasser."

Dunnerschtag fruh ßex Uhr. Ter Himml halt mit uns. 's plast ja a scharfer Wind, aber ti Ssunnen zeigt ßich schunt vun hinter ti Perger. Af ter CFF-Stazion vun Wischo stehnt Mineern, Paumeistern und Jeegern. A klaani Gruppe in Ausflusgskwand is auch terpei. Ti meistn prubiernt ßich in Schlaf vun ti Augn zun treibn. Ti Ungeduld tauert nit lang, waal ti klaani Bahn laßt af sich nit wartn. Vorleifig steignt ti Leit in di Personenwagoner ein, waal ti Käldn will nit nachkebn. Ti abkhärtn Arbeitern ßuchnt ßich aber a kudi Platforma aus, wu ßie ßich nach alti Kwohnheit niedersitznt. Ti „Kaffeemiehl" feift und fahrt ab. Nebn uns sitzt Weiber mit Pucklkerb und mit Ampern. Ssie ßagnt uns, taß ter Jafinaßäson hat ankfangt, und kehnt Jafina klaubn, waal termit verdienent ßehr kut. A Arbeiter interessiert ßich, was uns taher pringt in tiesi Gegnd. Wie er heert, taß unser Ziel ka anderes is, atswie (als) a kuder Ausflug, nemmt er a Flaschn Schnaps vun ßein Ruckssack hinaus und tragt uns an:

„Tas is a kudi Medezin kegn ti Käldn", ßagt er.

Und richtig, a Schlunk vun der Flaschn macht kut. Ter Arbeiter freit ßich, taß hamer ihm nit abkßagt. Nach a Stickl Zeit pleibt ti Bahn stehn. Ssie muß Wasser ziegn. Sso hamer Zeit, vun der vermachti (geschlossenen) Wagon af ti Platforma zun ibersteign. Ter Nebl hebt ßich, und ti Landschaft wird ßo scheen, taß uns ti Käldn kar nit mehr einfallt.

„Mensch, wann ßollnt Heigabln und alti Weiber vun Himmel falln, auch tamlst keh ich nit hinein in di Wagon", maant aaner vun uns, und alli ßind terßelbi Meinung.

A älterer Mann mit warmi Kleidung und mit a Kuschma am Kopf nähert ßich uns. Ti Teitschprofessorin terkennt ihm ßofort:

„Kudn Moring, Wenzi-Vetter! Ssein 'S valleicht af Ausflug kummen?"

„Krad af Ausflug nit. Waal ich aber pald schunt siebzig Jahr am Puckl hab, mecht ich vorn Sterbn noch aamol ti Gegnd anschaun, wu ich vierzig Jahr mein Prot verdient hab. Vor kudi zehn Jahr hab ich mein Ssubin und ti Hackn hinunterklegt, aber tas Herz hat mich immer klokert (gelockt), wenigstens af a Tag noch herzunkummen."

„Wenzi-Vetter, Sse hamt's jetzt ßowießo ka anderi Ssorg. Mechn's uns awás vun Wasser terzähln? Unseri Gäst wäretnt auch froh trieber!"

„Wie nit, mein scheenes Kind! Zwischn Jungi spier ich mich auch jung. Nor pin ich neigierig, wie weit mein schwacher Verstand noch zurucktenkn kann. Also meini liebn Kamaradn, tas Leben in tiesi Perger is ßozußagn a Kampfplatz und nit a Spielplatz. Ich terf tas bestätign, waal mein Vater auch a Butschinar war. Kleich nach meini Geburt hat ihm a Holz terschlagn. Nach a Jahr is auch meini Mutter kstorbn, ßo taß ich pan ter Mama ihri Schwester aufkwaxn pin. Später wann awér mich kfragt hat, wem ßein Ssohn ich pin, hab ich kßagt, taß ich weder Vater noch Mutter hab, mich hat meini Tante vor Mitleid geborn."

Unseri Gäst strengnt ßich an, in Altn zun verstehn und palachnt ßich (lachen) inzwischn.

„Schunt mit treizehn Jahr war ich trobn in Holzschlag. Als Kind hab ich ja nit viel kinnen arbeitn. Aber als Keiman hamt mich anknummen. Wie ti Arbeitern in der Fruh vun der Kulibn weg ßind, hab ich missn alles in Ordnung legn, ständig afn Feier óbochkebn (aufpassen, acht geben), ßoll tas Essn fer ti Männer kochn, Holz hab ich pracht vun Wald, s'es zerspaltn, und aamol in di Wochn hab ich frischi Tschétina rund pan Feier klegt, waal trauf hamt kschlafn ti Arbeitern. Petter warnt tamlst kaani. Später hab ich auch Schobrig kmacht pan di Riesn. Weißt's Kinder, pan der Wasserriesn hat ßich tas Holz nit kinnen genau bezimmern, ßoll s'es hundertprozentig zammpaßn. Ti Ritzn, was sind zwischen ti Helzer pliebn, hat prauchn verstopfn mit Moos. Tiesi Arbeit hamt Kinder kmacht, und tas hat kheißn Schobrig. Schwer war. Schaut's mich an: Hätt ich nit schunt vun Klaanerheit ti mächtign Stämm pan Riesnpaun und pan Kaschitznmachn khobn und kschleppt, heint (heute) wäret ich nit ßo klaan und ßo zerprochn. Immer ßing ich noch vun meini schwern Jahrn fer ti Enklkinder tieses Ssangl, welches hamer vor langi Zeit in Holzschlag kßungen:

    Mir Holzknechtn muß mer fruh aufstehn,
    muß mer ßich a Hackn nemmen
    und arbeitn kehn.
    Tas is unser Leben.
    Uns hamer ka Zeit,
    ka Zeit fer di Freid –
    alliwaal!

    Mir Holzfällern muß mer ßich auch kochn,
    Brinsnkulesch und Ssuppn machen
    und nit lachn.
    Tas is tas Leben.

> Uns hamer ka Zeit,
> ka Zeit fer di Freid –
> alliwaal!
>
> Mir Holzfällern muß mer haben zwei Händ
> und a Herz, was nor aamol
> in Ssuntag prennt.
> Tas is tas Lebn.
> Uns hamer ka Zeit,
> ka Zeit fer di Freid –
> alliwaal!
>
> Mir Holzfällern terf mer nit wern alt,
> ßunst kann mer nit mehr
> kehn in Wald.
> Tas is tas Leben.
> Uns hamer ka Zeit,
> ka Zeit fer di Freid –
> alliwaal!

Tas war tas Schicksal vun di meistn Zipserpubn, waal vun weiterlernen war ka Red. Trotzten hab ich auch viel scheeni Erinnerung vun meini Jahrn als Pursch. Ti Zipsern ßind ßehr lustigi Leit. Und wann ßeimer (wenn wir ... sind) nach aans-zwei Arbeitswochn af Wischo hinunterkangen, is ßich tas jungi Zipservolk zun Tanz zammkummen. Auch ti Abndn af ter Klaka lebnt ßo frisch in mir, ßowie wäret tas erscht kestern kwesn. Krad fallt mir a Ssangl ein, welches hamer tamlst zammkstellt:

> Wann ich tran tenk af mein jungn Lebn,
> Wu ich iberall pin in di Heiser klegn:
> Pald am Heipodn, pald in Kuhstall,
> Weißt ter Teiwl noch wu iberall!

Ti Bahn schlänglt schunt zwischen neinzehn und zwanzigstn Kilometer. Ter Alti macht uns af a kaachi, spitzigi und hochi Felsn aufmerksam, welchi am trebrign Ufer zun ßegn is.

„Schaut's, meini Kamaradn", terzählt er weiter, „af tiesi Felsn hat ßich wás ßehr Interessantes zutragn. Unter Zweitn Weltkrieg war in tiesi Gegnd Front. Ti Wälder warnt voll mit Partisaner und mit Militär. Vun der ungarischi Armee hat prubiert aaner desentérn. 's is ihm aber nit klungen. Ssofort hamt ihm zun Tod verurtaalt. Zun Schluß hamt aber tas Todesurtaal verändert. Af tiesi spitzigi Felsn war a Feichtn kwaxn. Hamt auftragn fern Ssaldat, wann er ten Paam abputzt vun di Gránganer und vun di Rintn vun Spitz pis hinunter, wird er nit terschossn. Ter Ssaldat is einkangen und 's is ihm auch klungen, ten Paam gänzlich abzunputzn. Sso is er halt am Leben pliebn. Vor a zehn Jahr is ter abputzti Stamm noch kstantn. Lost's aber, meini teiern Kinder, ob tas wahr kann ßein, af ten kann ich mich nit verschweern. Waal zun Tod hat ja nor tas Kriegsgericht verurtaalt. Jednfalls, jeder Butschinar weißt tervan und ßo hamt tas vun Vater af Ssohn klassn.

Vun Wasser ßind ti Arbeitern nor jedi zwei Wochn zahauskangen. Manigi zun Fuß und anderi mitn Floß. Erscht in Jahr 1943 hamt tiesi Streckn paut. Pis hinauf zun der Endstazion Klaankoman fahrt ti Bahn jetzt nebn Pach. Ter Pach is beileifig 65 Kilometer lang. Sseini Quell is obn am Ignăteasa-Spitz in di Maramurescher Perger. Pan Abfluß rinnent Grabln hinzu vun Lostun-, vun Schulligulli-, vun Bottisol-, vun Mackerlau- und vun Nowetzgrabn. Awán im 18. Jahrhundert hamt vun tiesi mächtign Wälder ankfangt Holz auszuhackn und zun verschickn. Auch in Ausland hamt tieses Holz ßehr kßucht. In Jahre 1881 is nachtén ti erschti Forschtdirekzion entstandn, und ßo is auch tas Wirtschaftn in di Pergher pesser kangen. A kreßeri Holzverarbeitungsfabrik hamt aber erscht in Jahre 1924 aufpaut. Ti war in Fajnen. Sso hat ßich jährlich pan di fufzigtausnd Kubikmeter Holz kinnen zerschickn.

Unser Werkzeig war aanfach: Hackn, Ssäg, Ssubiner, Pohrern. Heintigstag is schunt tas anderscht. Traktorn, Buldosern und Drohsaalbahner spielnt ßich nor ßo mit ti mächtign Stämm, mit welchi in tere Zeit ßex-ßiebn Männer hamt ßich plagn missn. Wu hacknt aus a kresseres Stuck Wald, turt ßetznt auch kleich jungi Paamln (Bäumchen) ein. Ich klaub, jetzt is a Freid, ta obn zun arbeitn. Fer'n Mensch waxt tas Herz, wann er heert, taß ti Holzverarbeitungsfabrik vun Wischo jährlich hunderttausndi Kubikmeter Preeder (Bretter) liefert."

Ti Bahn feift. Fajnen. A klaani, herzigi Stazion.

„Ta steig ich ab", ßagt ter Wenzi-Vetter, „ich mecht kern ten scheenen Fischteich anschaun."

„Auch uns ßeimer neigierig trauf. Pan Zuruckkummen wemer (werden wir) ihm auch aufßuchn: Jetzt fahr mer pis Valea Babii. Turt wartnt uns Pakannti."

„Fahrt's nor weiter, meini Kamaradn! Ich will a paar stilli Stund in ten Wald verpringen. Ssowie mecht ich heern, taß mir jedi Feichtn und Tannan awás zun fischpln hat. Am glicklichstn wäret ich aber, wann mecht ich a Edlweiß fintn. Waal glaubt's mir, ta plieht tas Edlweiß am schenstn. Adjé!"

Inzwischn is ti Bahn abkfahrn. In Ssunnenlicht blißkeit tas Wasser, und vun Zeit zu Zeit springent ti Forelln nach Fliegn aber nach Muckn, welchi ßich zun Wasserspiegl näherrt. Nit weit af a klaani Lichtung stehnt Pinnensteck. Wann ti Malina und ti Brompiern fangent an zeitig zun weern, fahrnt ti Pinnenbesitzern mit ten fleißign Volk af 'n Wasser hinauf. Ta kibt's a feinen Henig. In Mackerlau ßig mer (sehen wir) noch a Stickl vun der alti Klaus, und ti Arbeitern ßagnt uns, taß vun ta fiehrt a Weg af Mirasch, wu ßich ter Fritof (Friedhof) mit ti kfallenen Ssaldatn vun Erschtn Weltkrieg pafuntn hat. Tas Wasser hat ihm zugrund kricht. Ibrig ßind noch a paar Rester. Ti jungi Generazion kennt tiesn Fritof nor vun Pilder her. Wunderscheeni Schnitzlereiarbeitn ßind ta aamol kstantn.

Ti nexti Stazion is Valea Babii. Vun weitn terkenn mer schunt ti Marischka und ihrn Mann, in Deschö. Ssie wohnent vun langi Jahrn ta obn, waal ter Mann Stazionschef is. Nebn ter Kanzlei hamt a klaani Wirtschaft. Ssie rufnt uns hinein, aber tas klari Pachwasser, ter stolzi Wald, ti reini Luft und ti warmi Ssunnen lockernt uns zuruck hinaus. Kleich prennt nebn Wasser a Feier. In di Koln werf mer hinein a kroßn Pachstaan und wie er glittig wird, prat mer trauf unser Keiblfleisch. A Schlunk Schnaps pamacht uns in Magn, aber tas frischi Borkutwasser, was nit weit vun der Stazion in a Prindl (Brünnlein) af uns wart, schmeckt pesser. Pald pamerk mer, taß tas auspackti Essn nit ausreicht. Schunt will aaner zun Ruckßack kehn, ßoll er a paar Konservn pringen, aber ti Marischka laßt tas nit zu:

„Vun tiesi Perger terft kaaner zahauskehn, pis er nit a richtign Brinsntockan eßt. Tas is toch tas echti Essn vun unseri Waldarbeitern. Wissen 'S, was in Wischo aamol passiert is?" fangt ßie an zun terzähln. „Pan meini Kfatterin, pan der Nintschuneeni, ta hat aamol aaner vun der Fruh pis af ter Nacht Holz khackt. Wie er fertig war, hat ihm ti Wirtin auszahlt und awás zun verpeißn kebn. ‚Tank ich tir scheen', ßagt ter Holzhacker, ‚tiesi Schaln kaldi Millich und ti warmen Kremsln kumment mir jetzt ßo kut. Kern hätt ich heint za Haus a Pétura kmacht, hätt ich nor khabt Brinsn, aber ich hab ja auch ka Mehl.' Naa, meini kudn Kinder, pan uns is tas nit ßo. Ta in di Perger is ständig Mehl, und frischi Brinsn pringent iber a wal vun der Alm. Ter Brinsnkulesch is unser alles. Tas Prot, welches ti Menschn vun untn pringent, wird nach a paar Teeg hart. Und täglich Konservn essn, tas is auch ka Wirtschaft. Schaun 'S Eng tiesi Brinsn an: weiß is ßie, wie a Schnee. Und ziegn tut ßie ßich, taß wann terwischt a Eck, kannst treimol rund laufn ti Barackn und ter Fadn zerreißt nit. Tas is ti echti Brinsn."

Ti jungi Gesellschaft lacht vun Herzn.

„Tieser kudi Humor vun di Perger lasst uns alli Ssorg vergessn", maant ti Banater Lehrerin. Ti Wirtin nemmt jetzt vun Spar a ßiebnlitrigi Rein und legt s'es af 'n Tisch. Terpei stehnt a paar Gläser mit kstockti Millich (Sauermilch). Schunt klengt ßie jedn a hilzernen Leffl und winscht kudn Apatit. Ti Schwabn und ti Saxn lassnt ßich a pißl zwingen.

„Greifen'S nor zu!" nukeit ti Wirtin. „Ssee weren 'S merscheint's ßo passiern wie ter Pär. Ten hamt auch aamol ti Ohrn auskrissn, pis hamt ihm zun fressn hinkrigt, nachtén hamt ihm nornit in Schwaaf missn ausreißn, waal's war unmeeglich, ihm vun der Rein wegzunkrign."

Und richtig, pald hamer pamerkt, taß ti ßiebnlitrigi Rein zu klaan war. Dankbar hat ßich jeder zun Schluß tas Maul abgschleckt:

„Moring mecht mer ßich auch a ßa Porzion wintschn!"

„Naa, naa! Tas keht toch nit", ßagt ti Hausfrau. „Fer Moring hamer frischi Schwammling (Pilze) und ternach wemer essn Malina."

Ter kudi Wirt hat pisher zufriedn zukschaut. Jetzt mecht er auch awás ßagn: „Meini kudn Gäst, ta in di Perger lebnt ti Leit wie in a Famili. Ich hätt a Bitte pan Eng: Nehmen 'S unser aanfaches Schlafzimmer als a Schlafplatz fer di Nacht an. Uns Hausign kann mer auch af ter Erd schlafn."

Ti Gänshaut is uns iber alli Glieder klofn. Nach a paar Augnblick maant ter Toni:

„Deschö-Vetter, nit ßei zornig, teini Kudheit macht uns, ßoll mer ßich schämen. Ti Kamaradn hamt aber untern kanzn Weg tervan kredt, taß mechnt ßehr kern a Nacht in Hei schlafn."

Schwer hat ter Stazionschef zukßagt. Er is ter Meinung:

„Fer a Gast muß mer jedn Wuntsch terfilln. Ich will Eng auch tas Pesti kebn vun ten, was ich hab. Also, mein Stallpodn is jetzt voll mit Hei. Nor passn 'S auf, ßoll er nit zammprechn!"

Sso ßind halt trei Teeg verkangen. Pan Hinunterfahrn warnt aber ti Kamaradiner nit ohni Ssorg: „Ta muß mer schunt widrum wenigstns a Wochn fastn, waal in tiesi Perger hamer a kudi paar Kilo zuknummen!" Fer di Hinunterfahrt hat ter Stazionschef a Dresina pastellt. Tas war widrum awás Besonderes.

Am Weg hamer noch a gemeinsamen Wuntsch khabt:

„Claus, schreib iber tiesi unvergeßlichn Stundn a paar Sseit in Engeri Zeitschrift!"

„Tas mach ich kern. Aber ich mecht ter Meinung ßein, ßoll mer tiesi Arbeit fer 'n Toni iberlassn. Ich mecht ti Feder in di Tintn eintunkn. Er aber tunkt s'es ßicher in ßein Herz. Klaubt's mir: A Herz, was fer ßein Volk schlagt, hat mehr zun ßagn atswie a Kopf, was mit Buckstabn vollkstoppt is."

Klaka

„Schandor Vetter, vor a zehn-zwanzig Jahr is in der Zipserei kaam a Abnd ohni Klaka voriberkangen. Tas heintigi jungi Volk weißt ja noch, was a Klaka is. Was ßich aber turt zutragn hat, wissnt schunt wenig. Ssagn'S mir toch awás trieber!"

„Mein kuder Kamarad, klaub mir, tas Leben war niemolst a Spaß. Trum ßoll ter Mensch nit in aanen lachn, wie ter Mut hat klacht vun ßein Mutter. Aber weißt, ich pin schunt als a witziger Mensch geborn, und tas war mein kroßes Glick, taß ich pan vieli Klakaner terpei war – waal wu Volk is, muß toch immer auch a Chretz terpei ßein. Und ti Leit hamt ternach tracht, ßoll af

781

ter Klaka Lustbarkeit ßein, waal ßo is ti Arbeit pesser kangen. Mit meini Tummheitn hab ich niemolst vun awém Spott triebn. Aber kßagt hab ich halt vieles. Und wann hamt ßich trieber palacht, hab ich kwußt, taß tiesi Leit hamt fer a paar Augnblick ihri Ssorg und ihr Laad vergessn. Sso ßind ti langn Stundn pan di Klakaner verkangen.

Ta pan uns hat tas Volk Verschiedenes karbeit. Aamaol hamt Fisoln kfieslt (geschält), a anderes Mol Malai. Manigi hamt Woll zupft, anderi hamt Lumpn trahd fer Lumpnkotzn. Vielmol hamt Feder kschlissn, und tas Spinnen war auch ka Sseltnheit. Tas war aber ka richtigi Klaka, nor a ßa Zammkunft, waal pan Spinnen hat jeder fer ßich karbeit und nit fer'n Nachper kholfn.

Nach'n Feierabnd ßind ßich Weiber und kresseri Marln pan derjenigi zammkummen, wu ti Klaka war. Ti Arbeit hat ankfangt. Später ßind auch ti Purschn hinkummen, vor alln tiesi, fer welchi warnt turt ti Gelibtiner. Sso is ti Lustbarkeit immer kresser worn. Ter aani hat a Kaßka terzählt, ter anderi Kschichtn mit Waldweibln, ter tritti hat a Ssangl ankstimmt. Ssehr kern hamt pan a ßa Klegnheit tas ‚Schneiderßangl' kßungen:

        Wie ti Schneidern pansammen warnt,
        Hamt khaltn aamol a kroßn Schmaus.

        Ta ßind kßessen ihri neine
        Aber neinmol neinhundert und neine
        Pan a auspradeni (gebratenen) Laus.

        Und wie ßie ßo kßessn hamt,
        Hamt krigt af aamol a kroßn Durscht.
        Ta hamt trunkn ihri neine
        Aber neinmol neinhundert und neine
        Vun a volln Fingerhut.

        Und wie ßie schunt trunkn hamt,
        Warnt schunt ßo voller Hitz.
        Ta hamt tanzt jetzt ihri neine
        Aber neinmol neinhundert und neine
        Af a Narlspitz.

        Und wie ßie sich austanzt hamt,
        Hamt sich wolln schlafn kehn.
        Ta hamt kschlafn ihri neine
        Aber neinmol neinhundert und neine
        Af a Heiml Stroh.

Und wie ße schunt kschlafn hamt,
Kummt ßo still a Maus.
Vor Schrockn flichtnt alli neine
Aber neinmol neinhundert und neine
Pan Schlisslloch hinaus.

Jetzt is tas Ssangl aus,
Jetzt is tas Ssangl aus.
Ees liebn Leit,
Kehts scheen zahaus!

Kegn der halbeti Nacht hamt ti Arbeit einkstellt. Aber hungrig kann ter Mensch toch nit zahauskehn. Ti Hauswirtin hat ihri Gäst immer mit awás antragn. Pan Malaifiesln zun Beispiel hamt abkocht a kroßn Topf Malaikern mit Zucker und tiesn Zuckermalai hamt auftischt. A anderes Mol warnt Zimetkipfln zun verpeißn. Meist hamt aber nach der Klaka Krumperpalatschintn pachn. Ter Krumperteig war schunt vorbereit, ti Sparplattn aufkhitzt, und ßo is tas Pachn schnell kangen. Tiesi Palatschintn hamt nemlich af ter Plattn pachn. Und wie aani fertig war, hat ti Hausfrau a Schmierfeder in Eel aber in zerlasseni Fettn eintunkt und termit tas Backl paschmiert. Af vieli Erter hamt statts Eel und Fettn Leckwar knutzt. Schnell hamt ßich ti Leit pakessn, waal aaner aber zwei Purschn hamt ti Maulmusik herfierknummen, und tas Spieln is ankangen. Nit nor tas Spieln, auch tas Tanzn. Unordnung war schunt ßowießo in Zimmer und ßo is tiesi Herumtrahderei fer ka Mensch zu Last kummen. Jednfalls a ßolchi Unterhaltung hat nit lang tauert, waal ti Hausfrau hat noch missn ten plibenen Haram wegramen. Wie ße pamerkt hat, taß vun Zahauskehn is ka Red, hat ße fer'n Mann zukrufn: ‚Kumm, leg mer ßich nieder, tie Gäst willnt ßich schunt kehn!' Verständnisvoll hamt sich ti Klakaleit verabschiedt. Termit war aber ter Abnd noch nit aus. Am Heimweg is ja noch vieles passiert. Ssingeti is ti klaani Gruppe nach ti Gassn kangen und wann hat kfelt ten Abnd a einkladenes Marl, hamt unter ihr Fenster extra a Ssangl aufkßungen.

Meist warnt aber nachtén ti Pubn af ter Reih. Aaner-zweie ßind immer unpamerkt vorkangen. Schunt vun za Haus hamt ßich per a weißes Leintuch mitpracht. Pan nextn Kreizweg ßind ter ßingeti Gruppe vorkstantn mit ti Leinticher am Kopf ßowie wann wäretnt Geister. Vor Schrockn is ßich ti kwitscheti Gesellschaft zerlofn und nor pan di eigenen Gassntiern ßind stehnpliebn. A anderes Mol hamt ti Pubn kßorgt, ßoll pan a Gassneck aaner mit a Todnkopf herfierkummen. Eigntlich war tas kar nit a Todnkopf, ßondern a auskholter Kirbes. In ten Kirbes hamt Zehnt (Zähne), Augn und Maul hineinkschnipflt und inwendig hat prennt a Kerzn. Sso ßind tiesi Abndn verkangen.

Was pan anderi a Eck hat padeit, war pan mir vielmol erscht ter Anfang. Stell tir vor, aamol hab ich a Stuck Abwaschfetzn zammkfressn. Nach a ßa

Zirkus mit Leinticher und Todnkepf hab ich noch meini Majd zahaus paglittn. Sso is schunt ßehr spat worn. Za Haus pin ich still in Zimmer hineinkangen. Hungrig war ich wie a Wolf. Ti Lampn hab ich mich nit traut anzintn. Aber am Eck Spar is kstantn a Rein. Hab ich mir tenkt, taß ti Mutter hat af ter Nacht Einprennßuppn kocht und mein Taal is ta pliebn. Hab ich ankfangt zun trinken vun der Rein, aber schunt nach'n erschtn Schlunk is awás Waaches hineinkrutscht in mein Maul. Schnell hab ich ti Rein hinunterklegt. 's war aber zu spat. Ter Fetzn war untn. Was tenkst, in ter Rein war Abwaschwasser – ter Schwein ihr Fruhstuck!

Mensch, warnt tas scheeni Zeitn! Ich pitt tich ßehr, schreib tas ab, wann hast Klegenheit. Ssoll auch ti heintigi Welt wissen, wie hamer unseri jungn Teeg verpracht!"

Purim

Heit' is Purim,
Moring is aus.
Kibt's mir a Kräpl
Und stoßt's mich hinaus!

Kudheit, Vertraun und Lieb hat langi Zeit tas Wischauer Zipservolk mit ti Judn verpuntn. Auch in der Zipserei hamt manigi jiddischi Familiner klebt und in ineri Kwelber ßowie in ineri Wirtsheiser hamt ßich Stickln abkspielt, welchi ter Mensch auch heintigtag immer noch heert. 's wäret schad, tiesi kudn Leit zun vergesssn, welchi vor a finfunddreißig Jahr ti Zipserei verlassn hamt. Namen, Essngattung, Praucher und Werter vun ihnen ßind in der Zipsersprach auch heint ka Sseltnheit. Und all tas erinnert af Kudheit, was ti Altn ßo auspringent: „Mit'n Jud pist tamlst pesser auskummen wie mit 'm eigenen Pruder."

„Wuhin kehst tich heint Nachmittag Rodli fahrn?" fragt in der Schul ter Kamarad. „Zun Tuli am Pergl", laut ti Antwort, und tieses Pergl pan Tuli is nix anderes atswie ter Kreizweg, wu ter jiddischi Kscheftsmann Tuli hat vor a finf-ßex Tuznd Jahrn a Wirtshaus khabt.

„Was kochst heint, Resi?" „Hat zun der Grinzeigßuppn wer ich a paar Kremsln mach'n", antwort ti Nachperin. Und Kremsl is a jiddisches Essn.

„Tu pist in di letztn Teeg ßo niederkschlagn, was fehlt tir?" „Laß mich toch, ich hab a ßa Zúres af mein Kopf, taß ich tervan kaam redn kann!" Und tas Wort Zúres stammt vun jiddischn Werterbuch. Also heintigstag wohnt ka jiddischi Famili mehr in der Zipserei, aber ineri Erinnerung lebt weiter in ten, was ßie uns iberlassn hamt.

„Unvergeßlich pleibt uns auch ter jiddischi Fasching, welchn ti Judn hamt kheißn Purim", terzählnt vieli. „In ten Tag hamt ti Judn nit nor ti Armen reichlich paschenkt, aber auch ti Nachpern und ineri Kundschaft. Kroßi Kschierer mit Kräpln, Kegln und Fludln hamt herumet tragn und hamt pitt, ßoll tas Volk ßich mit ihnen frein, waal heint feiert ten Tag, in welchn hamt ineri Vorgänger vor tausndi Jahrn schrecklichi Todfeind in Persien vernicht. Af ter Nacht ßind ßich mehreri Familiner zun Masknball und zun der Unterhaltung zammkummen. Tas war in iner Adar Monat, was is kfalln af Feber oder März."

„Mit tiesn Tag in Verbindung is in meini Famili awás Lustiges passiert", terzählt der alti Treuterberger. „In Tuli ßein Weib – a hochintelligenti Jiddin, welchi hat auch ßehr kut kredt ungarisch – is ankummen mit a Weidling Pacherei (Gebäck). Meini Ssehner hamt am Podn mit'm Hei karbeit. 's is mir einkfalln, taß vun vorign Tag in der Kuchl a Stuck Krumperkulesch liegt, was ka Mensch hat wolln zammessn. Vun tiesn hartn Kulesch hab ich langleti (längliche) Stickln kschniedn und ihm af ti Kräpln traufkleegt. Nachtén hab ich kschriern: „Pubn, kummt's hinunter, waal ti Nachperin hat Kräpln pracht!"

Wie ti Rabn hamt ßich ti hungrign Ssehner ti Schissl in Besitz knummen. Und wie ßie ßich tas Maul vollkstoppt hamt, hamt kmacht a ßaueri Goschn: ‚Vater, Ssee hamt's uns ja ankschmiert!' Sso is mit ti feinen Kräpln auch ter kaldi Krumpertockan verkangen. In tiesi Teeg ßoll auch tas Sprichwort entstantn ßein: Heit' is Purim, moring is aus. Kibt's mir a Kräpl und stoßt's mich hinaus!"

Vor a fufzehn Jahr is in Tuli ßein Zimmer am Kreizweg noch kstantn. Heint steht schunt statts 'n altn holzernen Pau a moderni Autoservire und auch a Wirtshaus. Wann ter Mensch nach ter Sperrstund ta verpeikeht, kummt vielmol vor, taß er per a Ankhaatertn pan der zukmachti Wirtshaustier schrein heert: „Mach toch auf tiesi Tier und kib mir noch a Dezi!" Und wann ti Tier pleibt auch weiterhin verschlossn, murrt ßich ter Grobjan aans vor: „Ja, mich hat mein Vater vielmol als Kind pan der Nacht um aan Uhr herkschickt und ter Jud hat mir ti Viertelliterflaschn auch um a ßa Zeit ankfillt. Und ta hat ti Turmuhr kaam elwe kschlagn und alli Tiern ßind schunt verrackert. Ssoll ter Mensch vor Durscht nit krepiern! Ibermoring wernt schunt zwei Teeg ßein, taß ich ka Tropfn trunkn hab!"

Ja, kern ßind ti Judn pan der Nacht aufkstantn und hamt auskfolgt, auch tamlst, wann ti Kundschaft ka Geld hat khabt. Pan ihnen hat ßich auch af „Porg" kinnen kaufn. Tas heißt: Ter Kscheftsmann und ti Kundschaft hamt per a Bichl khabt. Turthin hamt einkschriebn ti Ssumma und pan der Zahlung hamt ßich nachtén abkrechnt. In Jahre '31 is nachtén ti Konversion kummen. Ssicher hamt vieli Leit kroßi Schuldn khabt, was ßie nit hamt kinnen auszahln. Sso hamt ßich nachtén ausglichn, wie meeglich war: mit finfundzwanzig, mit fufzich aber mit finfundsiebzig Prozent.

Stolz erinnert ßich ti Pich Liesineeni trauf: „Auch ich war a Schenkerin pan Toivi." Schenkerin warnt Zipsermarln, fer welchi ter Wirtshausbesitzer jedn Freitag af ter Nacht Trunk und Zigarettln iberkebn hat, ßollnt nextn Tag verkaufn, waal in Samstag hat tas jiddischi Volk nit karbeit. Ssamstag af ter Nacht hat ti Schenkerin nachtén mit alln abkrechnt. Krosses Vertraun hamt tiesi Leit zun di Zipsern khabt.

Zun Toivi in Wirtshaus ßoll aamol ter Tscharabaatschi ankummen ßein. Ssagnt iber ihm, taß er am Wasser mit Ferd hat karbeit und stark war wie a Pär. Auch ti kochtn Haluschkn, welchi anderi hamt turch a Sseicher abkßichn, hat er turch ßeini Finger lassn abrinnen. Ssein Weib, ti Staßkuneeni, hat auch ßehr Ängstn khabt vun ßeini schwern Händ. Wie er aamol vun trobn hinunterkummen is, war ßein Weib nit za Haus. Hat er s'es halt kßucht pan Toivi, waal er kwußt hat, taß ßie unter ti erschtn war, wie ter Petrus hat austaalt in Kschmach (Geschmack) vun Schnaps. Pan Toivi aber war ßie nit zun fintn. Trum is er zun der Rifka in Wirtshaus kangen. Wie ti Staßkuneeni kßegn hat, taß er kummt, is ßie hintern Nown hineinkstiegn. Er hat aber kudi Augn khabt. Froh, taß er ßein Weib ßigt, hat er alli Grobheit af a Sseit klassn:

„Bist hi, Staßku?" fragt er. „Trenjst nee a kap Wein?"

„Gur nescht ka Wein, nor Brompfn", hat ßie ihm jiddisch antwort.

Mit zwei volli Glasln hamt ßich hinkßessn zun Tisch und hamt ankstimmt: „Hat a Jidd a Wabala, hat a Jidd a Poppala, hat a Jidd, a Jidd, a Jidd a Wabala!"

Wann a Wischauer Zipser iber ter Judn ineri Kudheit redt, gebiehrt ßich, ßoll er auch in Doktor Steingießer ermohnen. Vieli erinnernt ßich noch af ßeini Hilf. Wie hamt ankfangt in di vierziger Jahrn tas jiddischi Volk zun deportiern, hamt auch ihm, ßein Weib und ßeini Kinder knummen. Nach a paar Jahr is ihm klungen, af Wischo zuruckzukummen, aber ßein Weib und ßeini Kinder ßind in Kremator verprennt. Trotz ten kroßn Schmerz hat er aber auch weiterhin tas Zipservolk opfervoll kflegt und khaalt (geheilt), ohni ßeini Hilf zun verschließn. Trum will mer auch nach langi Jahrn fer ßeini Lieb dankbar ßein. Und niemolst will mer vergessn, taß „mit a Jud pist tamlst pesser auskummen wie mit'n eigenen Pruder!"

Ssag, pin ich ter Fehler?

Ter Hotzberger hat mit'm Grenzer Nachmittag a Plafon abkmaltert (die Decke mit Mörtel verputzt). Vun Tschubukk ßint ihnen ti Taschln ßo schwer worn, taß hamt missn am Pergl af ter Terassa abrastn. Ssehr mied sollnt aber ti Kfattersleit kwesn ßein, waal wie ti Wirtsheiserin ihnen kßagt hat, taß wäret Zeit zahauszukehn, war schunt stockfinster. Noch aamol hamt ßich ti Gurgln abkschwabt und ßind wegkangen. Khonkn hat ihnen ter Kopf wie fer a Schneegleckl und blintschkeit hamt wie a Haas untern Schober. Terpei ßind pald hintaamlt, pald herturklt, pald ßind hinspureit, pald hamt ßich aufgramotleit.

Pan Prickl ßind stehnpliebn. Turt hat af a Stangen a Piern prennt und war Licht. Wie a Winniger hat ter Hotzberger ankfangt zun ßuchn. Merscheint's is ihm einkfalln, taß er af Mittag in Kuchlschlissl mitknummen hat, waal ßein Weib war af ter Pódori und ti Kinder in der Schul. Und jetzt, wu is ter Schlissl? In der Schalopeethosn? Naa. In Reckltaschl? Nix. In Rucksssack? Aberwas! Turt war nor a Malterleffl, a Fandl und a Reibpreerl. Af ter Erd? Auch nit. Ter Kumnje taamlt nebn ihm hin und her:

„Wa-wa-was ßuchst tu-turt af ter Erd?"
„Wie wa-was ßuchst? In Schli-Schli-Schlissl!"
„Und warum ßu-ßuchst krad tu-turt pan der Sta-Stangen?"
„N-n-na ßigst nit, ta-ta is Li-Li-Licht. In Finstern wa-was find ich? Valleicht a-awásfer-a waa-waachn Haufn ..."

Jetzt war schunt ter Hotzberger gallig. „Kumnje, kib her ten Schlissl!"
„Pist va-varuckt, welchn Schli-Schlissl?"
„Keht tich nix an! Kib her ten Schlissl, tu-tu, ich ma-mach tir tas letzti End! Zer-zer-zerschlitzn tu ich tich, verstehst?"

Aber ter Schlissl war nirgends. Af aamol hat ter Hotzberger in Grenzer tergrabeit: A Rader, a Plitz, noch a Tunner, noch a Schuß und wer weiß noch was und wieviel, nor kstirzt ßind alli zwei wie ti Ssäck in finstern Grabl hinein – aber auch turt war ja ka Schlissl zun fintn.

In Hotzberger ßein Weib war schunt za Haus ungeduldig. Ssehr spat hat ßie af ter Stiegn awás tscharn khert. Wie a Kugl is ßie hinausklofn und rot war ßie wie a Pujkn:

„Vun wu Fondi kummst, tu scheeni Praut? Ssigst nit, heint is schunt kleich Moring? Noch immer ßaufst wie a Schwein, tu Mistviech tu aans! Taß mecht schunt aamol fer allimol tiesi Braha verprennen!"

„Tu-tu-tu, wann pist zo-zornig, gallst tich auch? Wa-wa-was schaust ßo treikrantig, tu-tu-tu ...?"

„Redst noch Niemand aaner! Was schrei ich? Schau tich an, wie vun Teiwl ßeini Gabl wärest jetzt desentért! Jaj, kroßer Himml, helf mir! A zerschuntener, a zerklopfter, a plutiger ... Wu hast tich krauft, tu nixwertiges Zeig?"

„Nor-nor nit schrei, ich wer tir schunt alles ßagn ... Alles-alles. Weißt, tas kanzi ha-hat ßo ankfangt, taß ter Kumnje hat zuruckplitzt. Ssag, pin ich ter Fehler? Und nachtén, und nachtén hätst kßegn: auch kebn hat er mir, aber auch krigt hab ich. Nachtén hab ich ihm terwischt und hab ihm aufkhobn und hab ihm hinplitzt ... Und nachtén noch aufkhobn und noch hinplitzt ... Und noch aamol aufkhobn und noch aamol ..."

„Ti Goschn ßollst tir haltn, waal kleich wer *ich* hinplitzn, taß wet tir rinnen ti rodi Ssuppn! Heerst, Libori, wu is pliebn ter Kumnje?"

„Jetzt wart, ßo-ßoll ich tir ßagn weiter ..."

„Nix will ich weiter vun teini Blasgánjeßn wissen, hast verstantn! Wu is pliebn ter Kumnje?"

„Wart, ßo-ßo-ßoll ich studiern ... Weißt, is kummen ti-ti Kfatterin und hat ihm zahaus kschleppt."

Weiter hat unser Maurer nit mehr kinnen redn. Tas Weib hat ihm auszogn, hat ihm mit schwerer Mieh pawaschn und hineinkstoppt unter ti Tuchet. Kfreit hat ßi ßich ja nit ßehr iber ihr Schneegleckl, aber beruhigt war ßie, taß nach a ßa schwern Tag war alles untern Tach. Tief hat ßie abkschnauft, aber vun schlafn kehn war ja ka Red. Vun Fogasch hat ßie in Ruckssack hinunterkhonkn, taß ßie fer 'n Mann af moring zun Essn einpackt. A Stuck Speck, a krosser Zwiewl und a Gogoschar war terpei. Ti Flaschn mit 'n Kaffee wet ßie ihm in der Fruh hineinlegn, hat ßie kmaant. Fer'n Vormittag is tas genug und af Mittag kummt er zahaus essn. Wer ich ihm kochn Farflßuppn und Leckwartaschkln. Inzwischen is ßie noch hinein in kroßn Zimmer, ßoll ßie ti Kinder zuteckn und in a Weg hat ßie auch fer'n Mann in Polster paricht. Terpei hat ßie noch tenkt: 's is ja wahr, ter Libori paßacklt ßich ja mehrmol, aber ßehr ßeltn keht tas af ter Zahlung ihrn Rowasch. Ti kibt er mir ja immer her. Und wann verßauft er per aamol in Tschubukk, holt ihm ter Fondi! Valleicht is er ja nit ter Fehler!

Auch in Herbst pliehdnt ti Rosn

Auskschlagn is ter Mensch, ßolang er warm is, hamt schunt ti altn Leit kßagt, und merscheint's is tas nit aamol a ßa kroßi Lugn. Wie tas aber mit 'm Dußzek Nandor war, kann ich nit genau ßagn, waal ter Alti hat schunt mit ßeini siebzig Jahr ankfangt auszukiehln, aber a auskschlagener war er, wie nix Kudes. Obern Grentji, nit weit vun Gotsch Gyurka ßeini Pódori hat ter Nandorbaatschi a scheenes Zimmer khabt, a kroßn Stall, zwei langi Pustátaner fer

Hei und a Obstgartn wie tas Paradies – valleicht mit ßoviel Unterschied, taß ter Alti hat in Mittn Gartn statts Äpflpaamer a tichtign Nußpaam khabt.

Vor zwei Jahr is ßein Weib, ti Nantschi, kstorbn. Vun tamlst an is ter Dußzek jedn Tag af 'n Fritof kangen und hat ßich pawaant, waal jetzt war er richtig alaan. Auch ti Kinder hamt ihm verlassn. Alli ßind in di Zipserei kangen wohnen aber in di Stadt in Block, und zun Altn ßind nor tamlst klofn, wann hamt Geld prauchn. Und waal krosses Licht nit nor ti Augn plendt, ßondern auch a kroßn Schattn werft, hamt schunt kaam kwart, taß ter Alti krepiern ßoll. Stellt's Eng vor, was hat er noch missn terlebn:

In a scheenen Tag is aanes vun ßeini Enkln zun ihm kummen:

„Otata, mach nor zu ti Augn!" pitt ihm ter Klaani.

„Wrum, mein teieres Goldpreckl?"

„Waal ter Tata hat fer der Mama kßagt, taß wann ter Otata wet ti Augn zumachn, wet pesser ßein. Und jetzt mecht ich wolln ßegn, wie is pesser?"

Ter Alti hat ßich schnell hinkßessn af a Stuhl, waal ti Fiß ßind ihm af aamol waach worn, und tas kanzi Zimmer hat ßich mit ihm trahd:

„Tas hab ich prauchn terlebn af meini altn Teeg! Zieg auf acht Kinder und plag ßolltnt haben zun fressn, plag ßolltnt haben wu zun wohnen, plag ßollt ihnen kut kehn, und ta schau her! A ßa Wirtschaft! Nit genug, taß ßuchnt mich kaam aamol in a Schaltjahr auf, aber auch in Tod winschnt mir schunt. Wie kann tieser liebi Erdpodn ßo geduldig ßein? Wrum verschlinkt er nit ßolchi Leit, welchi auch af ihrn armen Vater mit ti Fiß trettnt! War tas wára immer ßo af tieser scheeni Welt?"

Langi Zeit is ter Nandorbaatschi ßitzn pliebn und hat kschaut, kschaut – Gott weiß wuhin, waal kßegn hat er ja nix vor ßeini Augn. Ti auskloscheni Pipa hat er vun Maul hinausknummen, in Bagu hat er hineinpiegert in di linki Hand, mit ter rechti hat er ihm zammkneet und hineinkstoppt in Maul. Und widrum is ankangen:

„Wart's nor, wart's! Ich wer eng schunt zeign, taß enger Vater ka Spott is! Kummen ßeit's wie ti Rabn und was kaani Fiß hat khabt, ten hat's kebn und was nit hat kinnen kehn, hat's tragn – aber vun heint an zuki! Wer in vierzig Jahr nit ßoviel verdient hat, taß er noch vierzig Jahr leben kann, ter verdient kar nit, taß er weiterlebt!"

Tas Kehn is fer 'n Nandorbaatschi schwer ankummen. Jetzt hat er aber statts ter Reuma a ßa Kraft kspiwert in di Fiß, taß er ßich zammklaubt hat und is weg zun der Neilicht Jultschineeni. Ti Alti war schunt vun langi Jahrn a Witfin, aber ihri Kudherzigkeit is mit ihrn Mann af aamol nit kstorbn. Auch ihr Letztes hätt ßie fer a ankwiesenen Mensch hinkebn. Am Partasch hat ßie kwohnt. Nebn ihr Zimmer war a klaaner Gartn mit scheen auskjeeti Peetln (gejäteten Beeten), und rund pan Zaun warnt Fußfisoln kßetzt. In a Wingl ßind af zwei Drugarn a paar Pinnensteck kstantn. Wie ter Jultschineeni ihr Mann in ßeini Kräftn war, hamt ja a kanzi Sgraja Pinnen khabt, aber alaan hat ti Alti tiesi kroßi Arbeit nit mehr terzwungen. Vun tiesi paar Steck hat ßie toch noch jedes Jahr per a Badog Henig kschleidert und tas war ihr ja genug.

Ter Nandorbaatschi hat s'es mit 'n Rockn in der Hand kfuntn. Kspunnen hat ßie.

„Kudn Tag, Jultschi!"

„Kriß tich Gott, Nandor! Wie taß is tir schunt aamol einkfalln, auch mich zun pasuchen?"

„Weißt, Jultschi, in Mensch tragt vielmol ti Ssorg und tas Laad auch turthin, wuhin er nit mecht kehn."

„Wie redst, Nandor? Is tir passiert awás? Ssitz tich toch nieder."

Inzwischn hat ßich ter Alti in Zimmer umkschaut. Ti Einrichtung war altväterisch, aber noch immer scheen. Ter Zieglspar war mit grieni Eelfarb einkferbt, ti Sparplattn, ti Nowntierln und tas Pradertierl auskwixt. Obern Spar af a hilzerni Reiter is tas Kschier khonkn und untn weiter af a Nagl schneeweißi Kschierfetzen. Ti kheckltn Vierhangln (gehäkelten Vorhänge) af ti Fenstern und af ti Tiern warnt kstärkt und ti kanzi Kuchl war mit Lumpnkotzn abteckt. Glanzt hat alles wie a Gold. Ter Nandorbaatschi hat tief abkschnauft:

„Mein Gott, mein Gott, a ßa Ordnung war schunt lang nit in mein Zimmer!"

Ti kudi Witfin hat ihm zukschaut:

„Ssowie hättst tas Redn awú verlernt, Nandor."

„A was verlernt! Redn pin ich ja herkummen, Jultschi teieri, redn. Aber ich weiß kar nit, wie ich anfangen soll."

Awie hat ter Nandorbaatschi toch ankfangt. Mit Träner in di Augn hat er ihr terzählt, wie verlassn er lebt, wie muß er ßich plagn, wie gruslig kummt ihm alaan zun wohnen, wie schwer hat er mit ter Wirtschaft und zun kudn Eck machnt auch ßeini Kinder a kanzes Spott vun ihm.

Widrum hat er lang abkschnauft:

„Jultschi, mecht ich tich awás ßehr scheen pittn. Aber nit ßag mir ab! Ssei ßo kut! Prubier mich zun verstehn! Ssigst, in der heintigi Welt findst ßo wenig Verständnis pan di Leit. Ta paklatschnt in Mensch, turt schaunt ihm ab, ta paredńt ihm, turt lachnt ihm aus. Aber tu west mich verstehn, kelt, Jultschi teieri? Sso schwer kummt mir tas zum ßagn, aber trum pin ich ja kummen, trum pin ich ja ta, ßoll ich tich ... ßoll ich tich verlangen zun heiratn. Tu pist ja jinger wie ich, kannst noch kut tschuschln und nachtén mechntn ßich tiesi unpastudiertn Kinder nit ßo schnell wetzn ti Zehnt af ti Awera."

Ti Alti hat ankfangt zu waanen. Wie ßoll ßie noch heiratn? Ihr fehlt ja tas schunt nit. Was ßie zun Lebn praucht, tas hat ßie ja, und unnitzig a Plag af ihrn Kopf nemen? Praucht ßie tas? Aber in Nandorbaatschi hat ßie toch verstantn, und wie er ßich khobn hat wegzukehn, hat ihm ti Jultschineeni zukßagt.

Aanfach wie ti Hund hamt ßich aber nit wolln zammßitzn. Mehr wie alt ßind, schweern ßollnt toch kehn. Um ßo mehr, waal ohni gesetzlichi Heirat hätt ter Nandorbaatschi nix vun ßeini Wirtschaft ter Alti iberschreibn kinnen. In a scheenen Tag ßind zun Volksrat ankstoßn. Turt hamt s'es in a kroßn

Zimmer hineinkfiehrt und niederkßessn. Af aamol macht ßich auf ti Tier, und a strammer Herr is hineinkummen. Nach zwerks af ti Axln hat er khabt a Trikolor-Maschn (Schärpe in Landesfarben). Tas war ter Birgermeister. Ti Altn ßind aufkstantn und ßind hin zun Tisch. Ter Herr hat Pupierer hinausknummen, nachtén hat er ankfangt zun fragen:
„Wollen Sie aus freiem Entschluß und ungezwungen miteinander Ehe schließen?"
Ter Alti hat a ßaueri Goschn kmacht:
„Wie meinen 'S tas, Herr Birgermeister?"
„Ob Sie niemand zwang, die Ehe einzugehen?"
„Aber kuder, teierer Mann, wie kinnen 'S a ßa Unmeegliches fragen? Wer zwingt noch a ßa altn Trampl, wie ich aaner pin, zun heiratn? Ssowas macht toch ka kscheider Mensch und vun tummi Leit nemm ich mir nix auf."
„Hören Sie bitte einmal auf, sonst ..."
„Aber wartn 'S toch a pißl und pastudiern 'S Eng, wäret nit schunt pesser pan der Fabrik in der Tischlerei a Todntrugl zun pastelln, atswie noch aamol heiratn? Aber ich pin richtig kar nit ter Fehler, taß ich jetzt ta pin und nit ..."
„Ob Sie schuld daran sind oder nicht, ist mir ganz egal. Sie sind zur Trauung gekommen und gemäß gesetzlicher Vorschrift sind Sie verpflichtet, diese Fragen anständig zu beantworten!"
Ter Nandorbaatschi is a pißl terschrockn, ßollnt ihm nit verjagn, und hat tas Allermeeglichsti versprochn und paantwort. Sso hamt ti zwei altn Taubn scheen kschworn.
Ja, ja, meini liebn Leit, auch in Herbst pliehdnt vielmol ti Rosn. Niemols ßolln 'S aber vergessn, wann alti Schuraner fangt an zun prennen, mein Gott, tas Feier kann kroß wern! Sso war tas auch pan unseri kudn Altn. Ti Pódori und ti Wirtschaft is in aanen pliebn, aber ineri Herzn auch. Vielmol hamt ßich noch pakacheit und terpei hat ti Jultschineni immer tieses Werschl vorkßagt:

„Heerst, tu alter Talapatsch?
Wie tu jung warst, warst mein Schatz.
Jetzt pist tu a alter Pär,
Praucht tich auch ka Schinder mehr!"

Fer 'n Nandorbaatschi ßind vor Freind ti Träner kummen, aber fer ßein teiern Babkerl hat er auch nit wolln schuldig pleibn:
„'s is ja kut, Jultschi. Pis zun Tod wer ich noch aushaltn und nachtén ... nachtén wet schunt ßein awie ..."

791

Magdalena Janko †
Schowe – Córdoba

*Magdalena Janko (Pseudonym: „**Lene Hambacher**") wurde als jüngstes der vier Kinder des donauschwäbischen Tierarztes und Mundartdichters Johann Petri am 23. Juni 1914 in Neu-Schowe (Batschka) geboren. Schulbesuch im Heimatort und in Neusatz, Handelsschule in Wien, freiwilliger Arbeitsdienst in Ostpreußen, Kinder- und Jugendarbeit. 1936 heiratete sie den späteren Führer der Deutschen Volksgruppe in Jugoslawien Dr. Josef Janko. Sie war sozial engagiert, betätigte sich ehrenamtlich in der Volkstumsarbeit, war im Schwäbisch-Deutschen Kulturbund bzw. in der Deutschen Volksgruppe im Banat aktiv und begleitete hilfreich die Arbeit ihres Mannes. Im Oktober 1944 floh Familie Janko, zunächst nach Wien, dann in die Mittleren Tauern. Nach sieben Jahren zwangsweiser Trennung, harter Arbeit und Entsagung fanden sich die Eheleute in einer deutschen Siedlung bei Buenos Aires wieder. In Argentinien war Leni Janko Schriftleiterin des Donauschwäbischen Kalenders für Südamerika. In den evangelischen Kirchengemeinden Córdoba und Villa General Belgrano war sie 30 Jahre hindurch ehrenamtliche Schriftführerin sowie Redakteurin von deren montlich erscheinenden Mitteilungen, wofür sie mit einem Diplom ausgezeichnet wurde. Sie setzte sich auch für die Nachbarschaftshilfe ein und kämpfte für den Tierschutz. Stets achtete sie die Sitten und Kulturen der sie umgebenden Völker, liebte ihre neue Heimat Argentinien, blieb aber unbeirrt ihrem Deutschtum und ihrer Heimat verbunden. Das brachte ihr unter ihren südamerikanischen Freunden hohe Anerkennung und Sympathie ein. Leni Janko brachte um 1935 im Banat eine Sammlung überlieferter deutscher Kinderreime und -spiele heraus, die unersetzliche Bestandserfassung ist aber seit den Kriegswirren verschollen. Sie schrieb Kurzgeschichten, Erzählungen, Gedichte, Erlebnisberichte aus der Lageratmosphäre der Internierten und zuletzt von den Anpassungsproblemen in der neuen Heimat. Eine Reihe von nachgelassenen Tiergeschichten ist noch unveröffentlicht. Leni Janko starb am 20. September 1986 in Córdoba.*

Vom Kischkeerner Jächterverein

De Fillip steht emol oweds uf de Gass, so gut kumod in de bloe Hänfne un mit de Schlappe an de bloße Fieß, do kummt de Adam doher mit de Flint un hot a Has vum Buckl runnerbamble. Wie's schun is, a Red gebt die anner, un de Adam meent, wärum daß de Fillip net aa als mit uf die Jacht geht, far so a reicher Bauer tät sich des doch stehn. Jo, meent seller un kratzt sich hinnerm Ohrwaschl, er tät jo welle, awer sei Krischtin wär dege'e, ob er, de Adam, net mol mit 'm destwe'e rede tät.

„Ho, warum dann net!" meent der un kloppt an die Schalu, weil's Krischtin sich schun geneschtlt hot. „Krischtin!" ruft 'r freindlich, „Krischtin, bischt noch wackrich?"

Uf des hin kummedeert a messerscharfi Stimm: „Wer is do draus?" Die zwee unnerm Fenschter zucke a bißche zamme, de Adam faßt sich 's erscht un saat wieder gar freindlich: „Härche mol, Krischtin, du bischt doch so a verninftiches Weibsmensch, un ich wollt der saae, am Sunndag is Treibjacht, ob dei Fillip net aa ..."

„Was? Du kummscht mr graad gschlich! Nächtelang im Wertshaus sitze, Karte spiele un 's Geld vesaufe! Nee, nee, der wird mr net liddrich, do steh ich gut defor! Gut Nacht, mr sin schun fertich mitnanner!"

De zwee uf de Gass han sich geduckt, awer de schlitzohrich Adam hot sich bei de Weibsleit ausgekennt un net so gschwind noogeloß: „Jo, jo, Krischtin, weescht, es is jo net wegerm Fillip, awer wann er beim Jächterverein wär, no tätscht du beim Baal aa vare in de erschte Reih sitze derfe, un wann beim Haasepeffer getanzt wird, no häscht du 's Geriß. Ehr han doch 's Sach denoo, na, un du bischt doch aa die Fraa denoo!"

Jetzt hots hinnerm Fenschterlade gerischplt, un obwohl die Stimm ganz vun näkscht kumm is, is se em doch nimmi so in die Knoche gfahr: „Als wann's net annerscht is, vun mer aus, es soll net heeße, ich hätt mei Fillip unnerm Schlappe!"

Un richtich, am Sunndag gehn die zwee Mannsleit mitnanner naus uf de Hutter. De Adam muß de Fillip abrichte un saat: „Du bleibscht jetz do stehn, un ich treib de Has aus 'm Kukruzlaab raus. Wann de Has noo kummt un sitzt un freßt, noo halscht die Flint an de rechtse Backe, daß de Laaf grad uf de Has zickelt, ziehscht ab un – unser is 'r!"

De Adam geht un alsball kummt aus 'm Laab de Has rausghupst, schlenkert mit de Leffl, macht in aller Seeleruh sei Männche, putzt sich sei Schnauzer, wäscht sich un fahrt sich mit 'm Laaf iwer die Aue un loßt sich bei dem Gschäft viel Zeit. De Fillip macht alles genau wie's 'm ongschafft is, hot die ganz Zeit 's Gwehr vorschriftsmäßich am Backe, macht mit 'm Laaf jeder Hupser mit, was es Häsche macht, awer er drickt de Hohn net ab. De Adam steht derweil am annre Enn vum Stick, fuchsteiflswild, un deit mit Hän un Fieß, de Fillip, des Rindsvieh, soll doch mol um Himmels wille schieße! Der awer is schun halwer lohm vun de schwere Flint, awer er setzt net ab, gafft uf de Has un zieht net ab. Do dreht 'm de Has die weiß Blum zu, loßt paar Kiglcher falle un veschwind wieder im Laab. Do kreischt de Adam, giftich un feirichrot wie a Pockelehohn: „Herrschaft, Rhinoziroß, letzohriches, ja warum hoschte dann net gschoß?"

De Fillip, grad so a rotes Zarnnickl, schmeißt die Flint in die Stopple, fuchtlt mit de Ärm in de Luft rum un kreischt grad so giftich zurick: „Was willscht dann, meenscht ich han net owacht geb, was d' mr gsaat hoscht? Hoscht dann dem Has net zugschaut? Ho? Schieß, am Arm, wann 'r net freßt!"

Males Blaßl

Es kann schun hunnert Johr her sin, no hot in Schowe e Wert gelebt, der hot sich Lahm gschrieb. Weil er awer kleen gerot war, han die Altschowner Raze karzum „Mali", des bedeit Kleener, iwer ne gsaat, un vun dart on hot 'r halt nerre de Male gheeß.

Males han e junger Hund ghat, dene han se Blaßl geruf. Net Genung, daß er jung un tumm war, nee, er hot, wie seinesgleiche schun macht, allerhand Schlechtigkeite ongstellt, alle Tag annere.

An eem scheene Tag kummt e Gluck mit frisch ausgebriete Hinglcher ausm Roßstall in de Hof. De Blaßl sieht des, blinklt, wackelt mit de Ohrwaschle un will sich die Sach mol vun Nägschtem onschaun. Wie er noch so schnufflt, flatschert 'm die Gluck ins Gfrieß, daß er sich uff de Hinnere gesetzt hot, un no is es ongahn, daß die Federe un die Hoor gfloh sin. Es hot net lang gedauert, no hot de Blaßl gsiegt un die Gluck sich gstreckt ghat. Sie war maustot. Jetz hot se de Blaßl hinner de Mischthaufe gschleeft, sich de Panz vollgschlaa un is mit 'm unschulichschte Gsicht wieder vor in de Hof gelof. Awer de Male hot die Federe in Hund seim Schnauzer hänge gsiehn, un des is 'm verdächtich vorkumm. Er is a bal drufkumm, was far e Kriech sich do abgspielt hot, un de Blaßl hot sei ehrlich Teel Schlää kriet.

Awer net genug mit dem, am Nomittag hot er sich hinner die Hinglcher gemach und mit ne gspielt, wie de Teifl mit seine Großmotter. Net lang, no hotr se all unner sich gewertschaft ghat, alle siebzeh ware maustot. Awer em Male sei Krischtin hat's gleich gspannt, und e Weilche später hot de Blaßl schun mit em Strick um de Hals am Brunneschwengl gebamblt.

Am Owet hot de Wert die Gschicht seine Gäschts vezählt, wie sei Blaßl sich „gemacht" hot. Und zeit dem saan die Schowner heit noch, wann eener e Dummheit macht un die gleich Dummheit immer wieder macht: „Der macht sich wie Males Blaßl. Seller hot a marjets die Gluck gfreß un nomittags die Hinglcher."

Warum ich des vezähl? Asndann, daß ehr es wißt: Wann mer mol gstolpert is, brauch mer net aa noch zu falle. Wer awer doch mol gfall is, derf im Lehm net leije bleiwe! Verstann?!

Das Lebensbrünnlein im Sonderzug

Es war im Oktober 1944, und ein Zug eilte mit großer Verspätung durch die Nacht. Diese war nicht mehr nach Stunden zu zählen, sie betrug zwei volle Wochen. Wer den Zug, welcher Banater Kinder aus dem Partisanengebiet in Sicherheit bringen sollte, so lange zurückhielt, bis es fast zu spät war, wird uns, wie so vieles, was damals geschah, unerklärlich bleiben müssen. Jetzt brauste er mit unbeleuchteten Fenstern, vom südlichen Donaubecken heraufkommend, nordwärts durch die Nacht. Kaum daß er je einmal anhielt, und wenn es doch geschah, so nur auf freier Strecke oder des Nachts. Niemand unter den Reisenden wußte, wo man sich eben befand, nur, daß es Richtung Wien ging. Frauen und Kinder waren es zumeist, einige wenige von den Glücklichen, die sich über die Theiß herüberretten konnten, noch ehe ihre Ortschaft besetzt und die Flußbrücke gesprengt worden war. Kein Schaffner bewegte sich zwischen den dicht beisammen Kauernden, so konnten sie niemand fragen, ob es wahr sei, was man sich bange zuflüsterte: daß die Grenze den Flüchtlingen – ungebetene, armselige und hungrige Gäste, die sie waren – nicht geöffnet und sie zurückgeschickt würden. Manchen schien es auf der pausenlosen Fahrt, als hätte der Zug schon längst die Schienen verlassen und suchte nun selbst die Grenze entlang, ob irgendwo noch Einlaß sei am bedrohten Hofzaun des Reiches.

Gleichmäßig dröhnte das Getriebe und übertönte Atem und Seufzer der Schlafenden. Draußen am Flur murmelte irgendwer einem Jungen Trost zu, der vom Keuchhusten geschüttelt wurde. Im letzten Wagen weinte, wohl vom Hunger gequält, laut ein kleines Kind. Aber Hungernde waren sie alle, die Ruhelosen, die einen nach Nahrung, die anderen nach brüderlicher Liebe in dem noch unbekannten Lande, dem sie zustrebten.

Endlich graute der neblige Morgen. Eine junge Mutter betrachtete besorgt den erschöpften Schlaf ihres Kindes, das wohl nicht mehr als zehn Wochen zählte. Einmal, als der Zug hielt, war es ihr gelungen, von einem ungarischen Bauerngehöft eine Kanne frischer Milch zu holen, aber die Freude darüber war nur kurz. Schon anderntags war sie unbrauchbar und würde dem zarten Menschlein mehr geschadet als genützt haben. Aber ein zweites Mal konnte der Zug nicht mehr so lange stehenbleiben, die Schienen mußten für die ordentlichen Gegenzüge frei bleiben, sollte nicht das Leben aller gefährdet werden. Die junge Mutter war ratlos. Wie lange noch, und das Kind würde die Nahrung überhaupt nicht mehr aufnehmen können, selbst wenn es eine bekäme?! Was sollte sie nur tun, um ihm zu helfen!

Eine alte Frau, welche die Verzweiflung der Mutter beobachtet hatte, beugte sich vor: „Weiter vorn ist eine Bäuerin mit einem Kind an der Brust, eine stattliche Frau!" Glanz kam in die übernächtigten Augen der Mutter. Sogleich erhob sie sich, deckte fürsorglich ein Tuch über das Köpfchen des Kleinen und tastete sich behutsam über die schlingernde Plattform in den vorderen Wagen. Dort saß in der Fensterecke eine bäuerliche, nicht mehr ganz junge Frau mit einem farbigen Kissen auf dem Schoße, worauf sie eben ein zappelndes Mägdlein wickelte. Als sie damit fertig war, bereitete sie sich vor, der Kleinen zu trinken zu geben. Aber jetzt trat die junge Mutter heran, hob mit leicht bebenden Händen das Tuch von ihrem Kind und zeigte es dem Weibe, doch ihre Lippen zuckten und vermochten die Worte nicht auszusprechen, die Hilfe für das fast Verlöschende erbitten sollten. Schweigend schaute die Bäuerin darauf hernieder und sah den kleinen, sich jetzt bitterlich verziehenden Mund, der so blaß war wie eine zartrosa Apfelblüte. Sie sah deutlich, wie das blaue Geäder durch die viel zu weiße Haut schimmerte und wie ein lautloser, zitternder Seufzer die kleine Brust hob, daraus ein leises Wimmern wurde. Es war ein hoher, langgezogener Ton und er erinnerte das Weib an jenen Tag, an dem der Vater einen Hasen krankgeschossen und nachdenklich gesagt hatte: „Durch mich soll kein Geschöpf mehr leiden!" War denn dies hier nicht auch ein Laut der gequälten Kreatur, Klage und Anklage zugleich? „Was fehlt dem Kind?" fragte sie voll Erbarmen. „Ich habe keine Milch, es hungert. Es stirbt – wenn Ihr nicht helft!" Fast heftig brachen die letzten Worte hervor, voll Erbitterung gegen das Schicksal, das ihr viel zu früh den Mann genommen und nun auch noch das Kind zu entreißen drohte. Da erschrak das Weib, denn seit mehr als fünf Tagen aß es trocken Brot und salzigen Fisch. Es erschauerte zum ersten Mal bei dem Gedanken, der mütterliche Quell könnte versiegen. Noch war es nicht so weit, aber sollte ihr eigen Kind darben wegen eines fremden? Mußte sie denn nicht, wie es selbst das geringste Tier nicht anders tat, zuerst für das eigene Kind sorgen? Schlug nicht selbst die sanfteste Stute derb nach dem fremden Hungerleider aus, wenn er dem eigenen Füllen die Milch wegtrinken wollte?

Die Mutter sah das stumme Zögern der Bauersfrau, und angstvoll hob sie das Kleine noch näher zu ihr hin. Suchend warf hierauf das Hungernde sein

Köpfchen hin und her, als wittere es den Born, der sein entschwindendes Leben festhalten könne. Abwehrend schob das Weib nun das Kind von sich und sagte gequält: „Es reicht nicht für zwei, ich kann es nicht tun!" Ermattet lehnte sich nun die Mutter an das Fenster und verdunkelte mit ihrer hohen, schwarzgekleideten Gestalt das Tageslicht. Zwei Eheringe zugleich glänzten nebeneinander an ihrer Hand, als sie langsam, mit fast feierlicher Gebärde das Kind wieder bedeckte, so, als legte sie bereits das Bahrtuch auf ein totes. Dies alles begriff das Weib, das mehrfach Mutter war, und fragte: „Euer Mann, wo ist er?" Müde kam die Antwort, als die junge Frau sich schon zum Gehen wandte: „Gefallen. Das hier war seine Hoffnung ..." „So bleibt", sagte mehr bewegt als entschlossen die Bauersfrau, rückte zur Seite und legte das fremde zuerst an die eine, dann das eigene Kind an die andere Brust. Aber die Mutter setzte sich nicht auf den ihr angebotenen Platz, sie beugte sich ganz tief herunter, um zu sehen, wie gierig und in langen Zügen ihr verloren geglaubtes Kind die gute, warme Muttermilch trank. Ihre schmalen Knie berührten den Boden zu den Füßen der schlichten Bauersfrau.

Im Wagen war es still geworden wie in einer Kirche. Nur die herabströmenden Tränen der jungen Mutter vermischten sich in dieser stummen Andacht mit den versiegenden ihres Kindes. Draußen hatte inzwischen die Sonne die Wolken durchbrochen, und niemand bemerkte, daß der Zug eben eine Haltestelle passierte, die endlich eine deutsche Aufschrift trug. Wien war nicht mehr weit, und von fernher glänzte vertraut das breite Silberband der Donau ...

Das Märchen vom mutigen Schweinchen

Es war einmal vor langen, langen Jahren ein kleines schlitzohriges Schweinchen, das hatte mitten im Rüsterwald an der Donau sein Häuslein. Einmal im Winter, als es so kalt war, daß selbst der meilenbreite Donaufluß zufror, ist ein ganzes Rudel Wölfe aus dem Ried über das Eis herübergekommen, und einer von ihnen hatte so lange geschnüffelt, bis er richtig das Schweinchen gerochen hatte und schnurstracks vor dessen Häuschen lief. Er kratzte an der Tür und machte eine feine Stimme: „Säuche, ich bitt dich gar scheen, loß mich a bißche rinkumme maje, es is so freschterlich kalt, un mei Schwanz gefreert m'r schun bal ab!" – „Ei, wer bischte dann?" rief das Schweinchen, aber durch das Schlüsselloch hatte es schon längst gesehen, was für ein Bösewicht draußen stand. Da antwortete der Wolf: „Ach, ich sin e armer Hund, un weil ich viel zu gut sin un niemand beiße tu, hot mich mei Herr mit 'm Knipplstecke fartgejaa't." Da erlaubte ihm das gute Schweinchen, seinen Schwanz durch die Türritze zu stecken. Aber nach einer Weile begann der Wolf von neuem: „Herch emol, liewes Säuchele, weescht, ich kännt grad heile, so arich weh tun m'r mei Zewe vun dere wiediche Kält. Tätscht mich net mei arme, stracke Fieß aa rinhalle losse? Geh, du hoscht jo doch so e gutes Herzche!" Dabei lief ihm schon das Wasser im Maul zusammen, wenn er dachte, wie er das kugelrunde Schweinchen fressen würde. Aber das kluge Ferkel hatte seinen Plan. Es ließ den Wolf auch noch die Füße zum Türspalt hereinstrecken, dann stellte es einen großen Hafen Wasser auf den Herd, wo das Sauerkraut bereits kochte, leerte das Laub aus seinem Strohsack heraus und band ihn vor die Tür. Und richtig! Der Wolf machte jetzt eine ganz zitterige Stimme, schwor Stein und Bein, daß er dem Schweinchen nichts zuleide tun wolle, es solle ihm nur gestatten, seine Nase auch noch hereinzustrecken, denn vor lauter Weinen hänge ihm das Gesicht schon voller Eiszapfen. Da sprach das schlaue Schweinchen: „Is des aa wohr un werklich so?" Scheinheilig schwor da der böse Wolf: „Meiner Seel und Gott verschwor, was ich saa', is alles wohr!" Da sagte das Schweinchen: „Alsdann gut, no kum halt rinn!" Da funkelten die Augen des Wolfes, er bleckte grimmig die spitzen Zähne, machte einen gewaltigen Satz gegen das Schweinchen und sprang – mitten in den Sack hinein. Diesen band das Wuzchen schnell mit seinem Schürzenbändel fest zu, holte flugs den großen Hafen herbei und goß das kochend heiße Wasser auf den zappelnden Wolf. Der heulte, fluchte und sprang umher, aber es half ihm alles nichts und zur Strafe mußte er im Sack stecken bleiben.

Vergnügt holte jetzt das muntere Ferkelchen sein Ränzlein aus dem Schubladkasten und machte sich auf den Weg zum Fleischhacker, um sich ein Bratwürstchen zum Sauerkraut zu holen. Unterdessen hörten die übrigen Wölfe das Wehgeschrei des Abgebrühten, liefen herbei, rissen den Strohsack in Fetzen und fanden ihren Genossen zwar lebend, aber splitterfasernackt am ganzen Leib. Da heulte der größte Zottelwolf: „Wau, wau, wir werden das Schweinchen fangen und auffressen! Auf, auf!" Sie schlugen alle einen wütenden Lärm, so daß das Schweinchen sie schon von weitem hörte, und da sie rasch immer näher kamen, wußte es nicht, wie es ihnen entkommen sollte. Zum Glück stand da eine einzige hohe Fichte, deren Zweige und Zwacken bis auf die Erde herniederreichten. Es klemmte sein leckeres Bratwürstchen fest unter den Arm, und so rasch als es ihm seine nudeldicken Beinchen erlaubten, kletterte es am Baume hinauf. Aber noch hatte es nicht den höchsten Wipfel erreicht, da hatten sich unten schon die Raubwölfe knurrend zusammengeschart. Sie stellten sich übereinander, immer einer auf den Rücken des anderen, immer höher, wie eine lange Leiter, nun fehlte nur noch einer und sie hätten das arme kleine Schweinchen erwischt. Was jetzt? Da nahm es seinen Mut zusammen, schaute hinunter und bemerkte, daß zu allerunterst der Nacktfrosch, der Plotatsch, stand. Eben wollte sich schon der oberste

Wolf auf die Hinterbeine stellen und zupacken, da riß das Schweinchen seine Pelzkappe vom Kopf, schlug sie dem allernächsten so heftig um die Ohrwascheln, daß dem Hören und Sehen verging und schrie dabei aus Leibeskräften: „Heißes Wasser iwer de Plotatsch! Duck dich, Nackicher!" Der Abgebrühte das hören, zusammenfahren und unter der lebendigen Leiter heraus war eins! Er war so erschrocken, daß er den Schwanz einzog und lief und lief, Tag und Nacht, bis er tot umfiel. Das andere Wolfsgesindel hatte sich beim Herunterpurzeln Genick und Glieder gebrochen, der Rest machte kehrt und lief vor lauter Angst dahin, woher er gekommen war, über die Donau zurück zu den „Rundfüßlern". Das Schweinchen aber ging fröhlich heim in sein Häuschen, ließ sich Sauerkraut und Bratwürstchen schmecken, und wenn es nicht gestorben ist, lebt es noch heute. Das Märchen ist wahr, und wer's nicht glaubt, zahlt „a silwernes Nixlche oder a goldenes Wart – a – Weilche".

Der bucklige Schutzengel

Es war noch in jener Zeit, als alle Frauen unseres Dorfes die althergebrachte Tracht trugen, die ihnen das Aussehen froh beschwingter Geschäftigkeit und anmutiger Würde gab. Wenn ich daran zurückdenke, wie hell und freundlich die Augen über dem ernsthaften Gewande blickten, ist mir noch heute, als müßten sie alle von Grund aus gut und mütterlich gewesen sein.

Nur eine dieser vertrauten Frauengestalten schien anders, denn sie war eine „Gezeichnete". Auf einen rohen Knüppelstock gestützt, trug sie ihren krummen Buckel und ihr hohes Alter durch die vielen, langen Jahre und ließ sich täglich in einem anderen Hause ein warmes Essen in ihr blaues Milchkännchen schenken. Dies hatte der Richter so bestimmt, denn die Lickegot hatte wohl alle nahen Verwandten überlebt; sonst wäre sie kaum eines Tages in ihrer dunklen, eiskalten Kammer so einsam gestorben.

Nun, die Nächstenliebe konnte der Richter nicht befehlen und der Pfarrer nicht beschwören. Zudem hatte der Weltkrieg 1918, außer wenigen Witwen und Waisen, keinerlei Schrecken in seinem Gefolge, die die Menschen gelehrt hätten, die Not des anderen zu sehen. So begegneten die Erwachsenen also dem Weiblein mit gleichgültigem Abstand, aber die Kinder fürchteten sich vor ihm. Denn noch war der Hexenglaube in unserer Heimat nicht tot, und wenn ein kleines Kind die „Gichtern" bekam oder eine Kuh plötzlich rote

Milch gab, flüsterte mancher vielsagend und für alle Fälle: „Hexe, Hexe, Hinglsfuß ..."

Es mochte um Peter und Paul gewesen sein, als die meisten Leute draußen bei der Ernte waren und das Dorf ziemlich verlassen dalag. Die Mutter schickte mich in der Wolfsgasse etwas auszurichten, und barfüßig hüpfte ich trällernd die Straße hinab. Auf einmal sah ich, jedoch zu spät, daß die Lickegot desselben Wegs gerade auf mich zukam. Tief erschrocken blieb ich stehen, öffnete aber dann mit verzweifeltem Mut das allernächste Gassentürchen, um mich dahinter vor der Gefürchteten zu verbergen. Kaum war jedoch das Türchen hinter mir zugeflogen, sprang vom Tretplatz her ein zottetiger Hund heran, der mit wütendem Gebell eine Kette hinter sich herschleifte, die er gewiß vor Zorn über mein Eindringen abgerissen hatte. Welches Entsetzen! Indem ich mich verloren glaubte, schlug ich aufweinend die Hände vor das Gesicht und wartete zitternd auf den schrecklichen Augenblick, wo ich entweder eine Beute dieses Ungeheuers oder ein Opfer der Hexe werden mußte. – Aber nichts geschah!

Als das heisere Gebell einer auffallenden Stille gewichen und nur noch eine leise beschwörende Frauenstimme zu hören war, wagte ich mich allmählich und vorsichtig zu rühren. Was ich sah, war ebenso unheimlich als wunderbar, so daß ich beinahe den Atem verhielt. Die Hexe stand da mit seitlich ausgestreckten Armen, und es war mit einem Mal, als wäre um sie noch eine viel größere Helligkeit, als sie die ohnehin grelle Mittagssonne schon verbreitete. Die Seidenfransen ihres abgeschabten, samtenen Umhangtuches bewegten sich entlang der Arme wie schwarzglänzende Flaumenfedern eines großen Flügelpaares, das schützend zwischen mir und dem Hund ausgespannt war. Mit großen Augen staunte ich über das sichtbar gewordene Wunder und wäre nicht erstaunter gewesen, wenn selbst die goldene Himmelsleiter erschienen wäre, auf deren Sprossen ich sicher hätte entkommen können. Aber zu fest war der Hexenglaube noch in dem Kinderherzen darinnen und es zweifelte, ob dieses Wunder am Ende nicht doch nur ein Zauberwerk sei.

Jetzt beugte sich die alte Frau zum Hunde herab und er, der vorhin vor Wut wie von Sinnen war, ließ sich willig führen und am Brunnenstützen anbinden. Konnte das denn mit rechten Dingen zugehen? Offenbar war das Tier in ihren Bann geraten, und ich beschloß, auf jeden Fall vor dem gleichen Schicksal durch das offenstehende Gassentürchen zu fliehen. Aber merkwürdig, gerade als ich über die Schwelle wollte, wurde ich selber gebannt; nicht durch Zaubergemurmel, sondern durch das blaue Milchkännchen, das dort stand, leer, bis auf einen kärglichen Rest. Ich hob es auf und wußte nun sicher, ohne mich erst vergewissern zu müssen, warum der Hund so plötzlich verstummt war. Die Lickegot hatte ihre einzige warme Mahlzeit geopfert, nur damit einem Kinde, das vor ihr geflohen war, kein Leid geschehen sollte. Und ich hatte sie, die doch ein Engel war, für eine Hexe gehalten! Mit neu hervorbrechenden Tränen reichte ich ihr stumm das Kännchen hinauf, und sie schien zu verstehen. Sie lächelte freundlich und machte eine Bewegung, mit der alle

Schwabenfrauen mit ihrer großen Schürze die Spuren von Tränen und Angst aus einem verweinten Kindergesicht zu wischen pflegten. Vertrauensvoll zu ihr aufschauend, wartete ich darauf, sie aber schien sich ihrer Sonderstellung in der Dorfgemeinschaft zu entsinnen und sagte darum nur tröstend: „Nix zu danke, Kleenes, is schun gut!"

Vielleicht wäre diese Kindheitserinnerung heute, nach so vielen Jahren, schon längst vergessen, würde die alte Dankesschuld nicht manchmal mahnen. Dann möchte ich immer gerne wahrhaben, daß das alte verkannte Mütterchen doch noch die guten Auswirkungen jenes Geheimnisses zu spüren bekam, das ich damals am selben Tage allen Kindern, die es hören wollten – und das wollten sogar die Buben – erzählte: daß nämlich die Lickegot ganz gewiß keine Hexe und nicht einmal buckelig sei und – sie mögen es glauben oder nicht – daß sich unter der Wölbung des Umhängetuches in Wirklichkeit zusammengefaltete Engelsflügel befänden. Ich hätte es selber gesehen, wie sie geglänzt hätten, als sie mich beschützt hatte. Und weil ich von dieser Wahrheit selber überzeugt war, glaubten es alle.

Sidonia, die gute Mutter
Eine wahre Geschichte aus schwerer Zeit

Ich habe mich niemals erkundigt, was der Name Sidonia bedeutet, denn seit frühester Kindheit verstand ich darunter immer etwas wie „gute Mutter". Dieser unter den Schwäbinnen wenig gebräuchliche Name wurde in meinem Heimatdorf nur von Vertreterinnen einer einzigen Familie getragen, obwohl sie sich sonst in nichts von ihresgleichen unterschieden. Aber rückschauend will es mir heute scheinen, ohne vielleicht den anderen Abbruch zu tun, als seien sie unter all den vorbildlichen schwäbischen Hausmüttern dennoch die mütterlichsten des ganzen Ortes gewesen. Ein kleiner Ausschnitt aus ihrem Leben mag für die, die sie nicht gekannt haben, dafür sprechen.

Sidonia R. war eine stattliche, fleißige und willensstarke Frau. Das Hauswesen, dem sie vorstand, war in allem mustergültig, ganz gleich, ob es nun die Instandhaltung des großen Triangelhauses mitsamt dem prachtvollen Garten, die vorzügliche Küche, die Erziehung der Nachkommenschaft, die Sorge um das Gesinde, die Pflege guter, alter Sitten betraf. Sie lebte nur für ihre Familie und schaffte unermüdlich. Daß sie einmal für ihre Familie auch sterben sollte, hatte sie sich in besseren Tagen sicherlich nicht träumen lassen. Ihr tapferes Leben endete dort, wo das Leben der anderen Sidonia, ihrer gleichnamigen Schwiegertochter, anfing, in gleicher mütterlicher Überwindung und Hingabe über sich selbst hinauszuwachsen, nämlich in den Schreckenslagern jener blutig heimgesuchten Gebiete, die wir einst unsere Heimat nannten. Zusammen mit ihrem Mann hat sie in Rudolfsgnad unter den ersten Lagerinsassen den Tod gefunden. Beide hatten ihre mehr als knapp bemessenen Rationen Kukuruzschrot ihren Enkelkindern zu essen gegeben und sie auf diese Weise durch den eigenen Hungertod am Leben erhalten.

Und die andere Sidonia, kurz Sidi genannt? Sie war eine hochgewachsene, jedoch mehr zarte, fast mädchenhaft schlanke junge Frau. Sanft von Natur, ging sie stets still und anmutig durch das Haus. In dem feinen, ein wenig blassen Gesicht fiel jedem, der sie anblickte, das leuchtend-klare Augenpaar mit dem offenen, warmen Blick auf. Das Schönste an ihr war aber ihre Stimme. Sie war von seltenem Wohllaut, geschmeidig und dunkel wie Sammet und doch so volltönend, als schwinge ein ruhiger, tiefer Geigenton mit. Diese Stimme allein hätte verraten können, daß in dem zarten Körper eine reiche, starke Seele wohnte.

Sidi erlebte mit all den anderen Daheimgebliebenen den Zusammenbruch, die Vertreibung von Haus und Hof, sie erlitt die Qualen der Vernichtungslager, überlebte den Tod naher Verwandter, und es blieb ihr schließlich selbst die gewaltsame Trennung von ihren Kindern nicht erspart. Erst jetzt war das Maß ihres Leidens übervoll. Wie ein randvoller Tränenkrug keinen Tropfen mehr aufzunehmen vermag, so schien jetzt ihre Seele aus der Erstarrung tödlicher Schrecken plötzlich aufschäumend überzuquellen. Ihre Knaben in der Hand des Feindes, tot oder lebendig, verloren für immer! Und nirgends Hilfe, nur blinde Vernichtung. Verzweiflung und Haß, Furcht und wilde Entschlossenheit zerrissen ihr Mutterherz. Ihre Kinder zu suchen, sie zu finden, und wenn sie barfuß bis ans Ende der Welt laufen müßte, sie ihrem Vater wieder zuzuführen, der – so sagte ihr eine innere Stimme – irgendwo noch am Leben sein mußte, das war es, was ihr jetzt aufgetragen war.

Als nach mehr als zwei Jahren furchtbaren Massensterbens sich die Tore der Lager für die noch halbwegs Arbeitsfähigen endlich schmal und vorsichtig zu öffnen begannen, wurde auch die junge Sidi als Arbeiterin in das Dorf T. abgetreten. Hohlwangig und noch matt von den überstandenen Entbehrungen wankte sie in jene fragwürdige „Freiheit", die ihr nichts zu bieten hatte, der sie aber ihre Kinder abtrotzen mußte, kostete es, was es wollte. Weit über ihre Kraft hinaus schafften ihre Hände, um nicht wieder in das Lager geworfen zu werden. Ihre Gedanken aber kreisten ruhelos immer nur um den einen brennenden Punkt: „Was ist mit meinen Kindern? Werde ich sie finden?" Jedem Gespräch lauschte sie heimlich nach, fragte, wo sie es wagen durfte, aber es schien nicht die leiseste Spur nach den verlorenen Kindern zu deuten. Im ganzen Land waren ja Schwabenkinder verstreut, wen kümmerte es schon, wem diese früher gehört hatten. Und die es wußten, die schwiegen wohlweislich. Es war in kurzer Zeit so viel Furchtbares geschehen, was galt da der Kummer eines schwäbischen Weibes, das von dem aussichtslosen

Wunsch besessen war, seine Kinder wiederzufinden? Die Kinder gehörten nunmehr dem Staat, hatten ihre Muttersprache wohl schon vergessen, und nach den entsetzlichen Erlebnissen in den Vernichtungslagern war ihnen das Einleben bei lieblosen, aber friedlichen Fremden vielleicht gar nicht so schwer gefallen. Sie würden bald gute Janitscharen sein, mochten sie also bleiben, wo sie waren. So dachten die anderen, nicht aber die ihrer Kinder beraubte gute Mutter Sidonia.

Mitten in ihre Hoffnungslosigkeit fiel dennoch eines Tages ein winziger Lichtschimmer. Eine schwäbische Leidensgenossin, die in den umliegenden Ortschaften gearbeitet hatte, erzählte ihr, daß unter den nach S. verschleppten schwäbischen Kindern auch ein kleiner Krsta sei. Christian, so hieß ihr ältester Bub. Auch das Alter, das die Lagerfrau ungefähr anzugeben versuchte, hätte stimmen können. Aber wieviele kleine Krischans mag es früher in den Schwabendörfern gegeben haben? Es war wirklich kaum zu hoffen, daß gerade ihr Bub in S. wäre. Und doch klammerte sie sich wie eine Ertrinkende an diese schwache Hoffnung. Sie aß und schlief nicht mehr, und als endlich der Sonntag gekommen war, wollte sie sich nach S. begeben, um den kleinen Krsta zu besuchen. Es gab aber, wie so oft, dringende Arbeit für die Lagerleute. Und so verging Sonntag um Sonntag, bis sie endlich am sechsten Sonntag die Erlaubnis erhielt, nach S. zu gehen. Es war überdies gerade jener Sonntag im späten Herbst, an welchem in der Heimatgemeinde früher das Kirchweihfest gefeiert worden war. Sie erinnerte sich nur flüchtig daran, das lag ja alles so weit zurück ...

Erwartungsvoll trat sie mit freudig bewegtem Herzen in aller Herrgottsfrühe die Reise an. Als sie in dem serbischen Dorf ankam, war es noch neblig und sehr frisch, aber Sidi spürte keine Kälte, sie freute sich, das Kind noch im warmen Bettchen anzutreffen. Als sie in das Haus kam, in welchem der Bub untergebracht sein sollte, klopfte sie zuerst leise, um niemanden aus dem Schlaf zu schrecken. Es rührte sich nichts. Sie klopfte immer ungeduldiger, die Sehnsucht in ihrem Herzen kannte keine Grenzen mehr. Da kam ein junges Mädchen des Weges, das sagte unbefragt: „Es scheint, die Leute sind noch auf dem Sallasch." Sidi verstand nur das eine Wort „Sallasch" und konnte zur Antwort nur nicken und lächeln. Sie gebärdete Zeichen mit den Händen, um zu erfahren, wo der Sallasch sei. Das Mädchen wies auf den breiten, geraden Weg und zeigte mit den Fingern, daß es der dritte Sallasch sei. Die junge Mutter dankte und schlug eilig den gewiesenen Weg ein.

Unterwegs dachte sie bei sich, wie gut es sei, daß die Leute auch einen Sallasch hätten. Und sie dachte dabei an die spitzbübischen Streiche und die frohen Stunden, die ihr Mann auf dem Sallasch seiner Großeltern erlebt und wovon er ihr mit Vorliebe erzählt hatte. Auf den Sallaschen sind viele Kühe, es gibt Milch, Käse, Rahm und Butter genug, auch Geflügel und Eier. Ob sie auch Bienen haben, wie die Großmutter sie hatte? Und einen Wein- und Obstgarten, wie ihn einst der Großvater alljährlich im Herbst gehütet hatte? Ob das Kind, vielleicht ihr Kind, auf diesem Sallasch auch manche schöne

Stunde verbringen durfte? Und sie sah im Geiste ihr Kind groß und kräftig, frisch und fröhlich vor sich. Und sie malte sich zum hundertsten Male aus, wie sie es endlich in die Arme schließen würde.

Sidi merkte plötzlich, daß sie schon in die Nähe des bezeichneten Sallaschs gekommen war. Von weitem sah sie das Haus, aber, obwohl es schon Kochenszeit war, stieg kein Rauch aus dem Schornstein. Kein Vieh, kein Hund und auch kein Geflügel war zu sehen. Es war ja Sonntag, konnte sein, daß die Leute in der Nachbarschaft auf Besuch waren. Richtig, die Läden waren geschlossen, man konnte es jetzt gut erkennen. Nun müßte sie halt ein wenig warten, dachte Sidi müde. Sie würde sich inzwischen den Garten anschauen, und eine Hausbank würde auch da sein. Aber im Garten sah es trostlos aus. Offenbar war er im vergangenen Herbst noch umgegraben worden, das war aber auch alles. Jetzt wucherte üppiges Unkraut wild durcheinander. Eine bange Ahnung überlief Sidi, und die Knie wollten ihr schwach werden. Sie raffte sich mühsam zusammen, um sich noch einmal zu überzeugen, ob das Haus denn wirklich völlig unbewohnt sei. Sie lief von Tür zu Tür, von Fenster zu Fenster, alles war verschlossen. Etwas abseits stand ein schmales Bienenhaus, die Sonne schien gerade auf dessen Tür und – siehe! – dort schien sich etwas zu bewegen. Auf der Türschwelle saß eine kleine Gestalt, was sie tat, war noch nicht zu erkennen. Erst beim Nähertreten sah Sidi, daß in lumpigen Kleidern, barfuß und am ganzen Leibe zitternd, ein Kind saß und aus einem hölzernen Teller etwas löffelte. Es ist doch grausam von den Leuten, durchzuckte es Sidi, ein Bettelkind wie einen Hund auf der Türschwelle zu füttern. Wie seine Hände beim Löffeln zittern und die Knie, mit denen er den Teller gierig festhält. Du armer Kerl! Sie wollte, bevor sie weiterging, dem armen Kinde einige gute Worte geben, von den mitgebrachten Broten ein paar tüchtige Schnitten, für ihr Kind würde noch immer genügend bleiben, dachte sie – auch einige Kleidungsstücke und alte Schuhe wollte sie schnell aus ihrem Bündel packen. Der Winter stand ja vor der Tür. Sie beugte sich zu dem Kinde, sah in die in tiefen Höhlen liegenden stumpfen Augen, sah das magere, schmutzige Gesicht, den herben Mund. Und siehe: Die Kinderaugen leuchteten plötzlich auf, ein Ahnen, eine Hoffnung ... der herbe Mund wurde weich, das magere Gesichtchen bekam Farbe, die elenden, dürren Hände schlossen sich ineinander ... Die junge Mutter wurde bleich, sie sank fast in die Knie, doch riß sie sich wieder zusammen, wie schon so oft in den letzten schweren Jahren, als es mehr als zuviel geworden war. Erschüttert schrie sie seinen Namen: „Christian!" Das Kind sprang ihr an den Hals und stammelte: „Mamme!"

Sidi nahm das zitternde, eiskalte Kind in die Arme, wollte in das Haus stürzen, empört und verzweifelt – doch die Türen waren ja verschlossen. Als sie das Kind fragend ansah, sagte es: „Die sin schun lang uf Ungarn g'flicht!" – „Wer hot dir dann die Supp geb, mei Kind?" – „De Nochber, weil ich 'm die Säu hüt." Sidi verweilte nicht länger, sondern lief, das Kind fest an die Brust pressend, dem Dorfe zu, von wo sie gekommen war. Der Bub klammerte sich an der Mutter fest, als wollte er sie niemals wieder verlieren. Er spürte die wärmende Mutterliebe, die er so lange entbehrt hatte. „Ich han gewißt, daß du noch um mich kummscht!" sagte er zärtlich. Und dann: „Wohin führscht mich, Mami? In unser aldi Heimat, heem?" – „Nein, mein Kind", sagte Sidi jetzt schon mit fester Stimme, „dorthin können wir nicht mehr zurück, dort wohnen jetzt fremde Menschen. Ich führe dich", sagte sie fast zärtlich, „zu armen, aber guten deutschen Leuten, dort wirst du dich an Leib und Seele wieder kräftigen, dort hörst du wieder dei Mottersproch ..." und lachend setzte sie hinzu: „Du bischt mei kleener Schwoweschnawl gebliebb, und des freut mich am meischte. Mei gute Lehre ware net umsunscht!" „Des sin ich gebliebb", sagte Christian ernst, „awer ich han deswe viel leide müsse." – „Des han mer all müsse", tröstete ihn die Mutter. „Awer weil du gebliebb bischt, was du warscht, kann noch alles gut werre. Geb mol owacht, ich saa der jetzt was: Mer zwe, du un ich, mer müsse jetzt de Gerhard finne, und no", ganz leise sagte sie es, „no flüchte mer un suche die Tade. Was meenscht, wann meh all wieder beinanner sinn?!" Christian freute sich mächtig auf die Verwirklichung dieser Pläne. Er versprach zu schweigen und war stolz, das Geheimnis der Mutter teilen zu dürfen. Wieviel Leid und Not es vorher noch zu überwinden gab, ahnte sein Kinderherz freilich noch nicht.

Wenn ich nun auch noch den weiteren Hergang erzählen wollte, so würde noch eine, wahrscheinlich noch schmerzlichere Geschichte daraus. Genug für diesmal, daß es die tapfere, gute Mutter Sidi tatsächlich geschafft hat. Ihren jüngeren Sohn Gerhard hat sie nach langem Suchen auch ausgeforscht und geholt. Er mußte gegen seinen Willen, mit List von der ungarischen Familie, bei der er untergebracht worden war, entführt werden. Man hatte ihn, so klein er noch war, gelehrt, alles Deutsche zu verachten, selbst von der Mutter und dem Bruder wollte er nichts mehr wissen. Das hat der armen Sidi fast das Herz abgedrückt; es war der letzte und bitterste Kelch.

Heute lebt Sidi mit ihrem heimgekehrten Gatten und den Kindern vereint in Deutschland das einfache, bescheidene Leben aller Flüchtlingsmütter. Sie werkt und sorgt in ihrem Alltag, und es ist ihr sicher noch niemals der Gedanke gekommen, in dem, was sie für ihre Familie getan hat, etwas Besonderes zu sehen. Sie tat es mit der Selbstverständlichkeit, mit der Mütter eben alles, auch das Letzte, für ihre Kinder tun. Daß aber unsere schlichten schwäbischen Mütter den Schritt von der täglichen Pflicht zur wahrhaft heldischen Pflichterfüllung selber gar nicht merken, das ist das Große, das Ergreifende an ihnen. Denn Sidonia und Sidi sind ja nur Beispiele für all die unzähligen schwäbischen Mütter, die auf ähnliche Weise das gleiche getan haben oder gern getan hätten, wenn ihnen die Möglichkeit dazu gegeben gewesen wäre. Es gibt keine schwäbische Mutter, die nicht ein Liebes verloren hätte, und es gibt ihrer viele, die alles Glück, die ganze Hoffnung ihres Lebens, begraben mußten. Sie haben das Leid am tiefsten ausgeschöpft und tragen um ihrer Familien willen noch immer das schwerste Los. Aber der Segen ihrer nimmermüden Hände und die Kraft ihres mütterlichen Herzens baut uns neue Wege in eine noch dunkle Zukunft. Daß sie die gleichen, sich in steter Pflichterfüllung selbstlos verschwendenden, die guten Mütter geblieben sind; daß sie die harte Zeit nur härter im Ertragen, aber noch größer in ihrer Liebe gemacht hat, das ist unsere Hoffnung, auf die wir bauen dürfen. Wir danken sie unseren guten schwäbischen Müttern.

Es brennt ein Weh ...

Es war ihr erster Schultag heute in der vierten Klasse des Gymnasiums; und es war ihr etwas bang vor den lebhaften städtischen Mitschülerinnen, neben denen sie sich unbeholfen, ja fast einfältig vorkam. Die Klassenvorsteherin musterte die Kinder und fragte: „Wo ist denn die kleine Jugoslawin?" Die blonde Evi in der hintersten Bank errötete, so daß die Sommersprossen auf dem feinen, schmalen Näschen zu verblassen schienen, denn alle drehten sich nach ihr um. „Ich bin aus Jugoslawien", sagte sie sich erhebend. Dann wurden die Daten der neu Hinzugekommenen aufgeschrieben.

„Name der Eltern?"

„Christian Becker und Johanna, geborene Seemayer."

„Staatsbürgerschaft?"

„Keine."

„Aber, liebes Kind", erinnerte die Lehrerin, „du sagtest doch eben, du seiest Jugoslawin."

„Bitte, Frau Professor, ich bin wohl aus Jugoslawien, aber eine Deutsche. Die Staatsbürgerschaft ist uns Volksdeutschen aberkannt worden."

„Also hast du die deutsche Staatsbürgerschaft? – Auch nicht? – So jedenfalls aber deine Eltern?"

Die Klasse begann etwas unruhig zu werden, denn sie witterte einen Spaß mit der Neuen, aus der man so schwer etwas herauskriegen konnte. Geduldig setzt die Lehrerin ihr Fragen fort: „Sag mir mal zuerst, wo lebt denn dein Vater jetzt?"

„Er ist als Soldat vermißt."

Die Lehrerin räusperte sich und beschließt, behutsamer zu fragen, denn des Kindes Augen haben sich verdunkelt, es schaut ängstlich, fast abwehrend auf den Mund der Lehrerin, die nun doch die gefürchtete Frage stellt: „Aber deine Mutter und Geschwister? – Oder deine Großeltern?"

„Ich weiß noch nichts ...", haucht das Mädchen mit zuckendem Mund, und die vor Erregung feuchten Hände klammern sich haltsuchend um das zusammengerollte Heft. Kopfschüttelnd trägt die Lehrerin ein: „Staatsbürgerschaft ungeklärt, Muttersprache deutsch, Eltern vermißt." Und in der Klasse ist es heute ruhiger denn je.

Monate verstrichen, und das blonde Schwabenmädel wurde in die kameradschaftliche Gemeinschaft der Gleichaltrigen aufgenommen. Sie war als Schülerin gerade auf dem mittleren Weg, so daß sie ihrer Leistungen wegen weder verachtet noch beneidet wurde. Sie hatte wie die anderen den frischen Ton der Jugend in ihrer Stimme, nur wenn sie zur Tafel gerufen wurde und die Blicke aller auf ihr ruhten, überfiel sie eine leichte Befangenheit wie am ersten Tage. Umso mehr überraschte ihre freimütige Rede bei einer Prüfung aus Literaturgeschichte, bei der die Lehrerin auf den Einfall kam, die Kinder nach dem Lebenslauf ihres Lieblingsdichters zu fragen. „Einen, von dem wir gelernt haben, oder vom richtigen Lieblingsdichter?" fragte die Evi zurück. „Meinetwegen vom richtigen", ermunterte die Lehrerin. Die Ev' holte tief Atem und begann mit leicht erglühenden Wangen: „Nikolaus Lenau wurde in Tschatad im Banat geboren ..."

„Halt, unterbrach freundlich die Lehrerin, alle Ehre deinem Lokalpatriotismus, aber wir wollen hier nur u n s e r e Dichter besprechen." Darauf unsicher das Evi: „Ich dachte nur, weil wir den Schiller und den Uhland durchgenommen haben, die doch auch keine Österreicher, sondern Schwaben sind. Und Lenau hat doch lange Zeit –" „Ja, du hast recht", unterbrach die Lehrerin, „Lenau hat lange Zeit in Österreich gelebt. Aber du mißverstehst mich, mein liebes Kind. Dein Lenau ist jenseits der deutschen Sprachgrenze geboren, somit beanspruchen ihn die Ungarn mit Recht als den ihren." „Ich glaube, nicht mit Recht", entgegnete bescheiden, aber fest das Mädchen. „Mein Vater sagte einmal, bei uns wanderten die Grenzen so oft, daß zuletzt schon keiner wüßte, was er sei, denn die Namen der Orte und auch der Personen wechseln, und sprechen kann fast jeder zwei oder drei Sprachen. Darum dürften wir uns nur nach der Abstammung richten."

„Und die wäre bei Lenau?"

„Deutsch! Lenaus Vater stammte aus Schlesien und war geadelter österreichischer Offizier, seine Mutter hieß Therese Maygraber."

„Nach dem, was du vorhin sagtest, ist der deutsche Name noch kein Beweis seiner deutschen Abstammung. Konnte der Name nicht gekauft sein?"

„Nein. Deutsche Namen konnten gar nicht erworben werden, nur madjarische."

„Nun gut", wich die Lehrerin aus, „du gibst aber zu, daß er in Ungarn geboren wurde!"

„Gewiß! Er wurde von deutschen Eltern in einem schwäbischen Kolonistendorf geboren, das damals zu Ungarn, heute aber zu Rumänien gehört."

Die Klasse hielt den Atem an, und Evi fühlte, hier ging es nicht mehr um sie und um ihres Lieblingsdichters Volkszugehörigkeit allein. Es drängte sie, noch etwas zu sagen, das sie deutlich empfand, wozu sie aber vergeblich die Worte suchte. Blitzartig fiel ihr ein, wie sie, den Vater auf den Besitz begleitend, oft spielend in dessen Fußstapfen auf den schmalen Pfaden längs der Ackerfurche getreten war. Ihm folgen, dachte sie, so handeln, so sprechen, wie sie es von ihm gelernt hatte. Und jetzt galt es zu reden, das wußte sie.

„Ja", sagte sie tastend, „mein Vater sprach öfter über dergleichen Dinge. Er hatte in Budapest studiert und mußte es ja wissen. Er sagte, wenn er Lenaus Gedichte in ungarischer Sprache gelesen hätte, so hätte er es doch unbedingt herausgefühlt, daß diese nur einer der Unseren empfunden und geschrieben haben konnte. Der Vater zeigte mir auch einmal ein Bild, darauf war eine besonnte, hügelige Landschaft mit lichten Laubwäldern und Wiesen, wie ich sie zuhause nur um Werschetz gesehen hatte. Und dann nahm er ein Buch aus dem Bücherschrank und las mir Lenaus ‚Postillion' vor. Ich erinnere mich noch gut, ich habe es nicht vergessen." Evis Blick weilte auf dem Fenster, wo eine blühende Linde ein dahinter stehendes graues Riesengebäude verbarg. Noch einmal trumpfte die Lehrerin auf und rief sie aus ihren heimgeirrten Gedanken in die Gegenwart zurück: „Kennst du auch Lenaus schwermütige Schilflieder? Typisch ungarisch! Dasselbe wie die Rhapsodien des Deutschungarn Franz Liszt."

Jetzt raffte sich das vierzehnjährige Mädchen zusammen und sagte Worte, die es wohl früher einmal im Elternhause gehört und im Herzen behalten hatte. Vielleicht verstand es erst jetzt deren eigentlichen Sinn. „Ich glaube nicht, daß man das sagen darf. Unsere Landschaft hat, wie jede andere, ihre besondere, ihre eigentümliche Sprache. Sie formt auch den Menschen, aber in der Art, als der betreffende Mensch einem bestimmten Volke angehört, denn jeder spürt das Wesen seiner engeren Heimat auf seine eigene Weise. Darum wirkt sie auf jeden anders und löst andere Empfindungen aus. Die Ebene ist in meiner ehemaligen Heimat endlos, der Blick schweift ohne Hindernis bis zum Horizont. So grenzenlos kann wilde Freude, laute Trauer, so hemmungslos der Haß sein, wie sie in den Liedern unserer fremdblütigen Landsleute, der Madjaren und Slawen, zum Ausdruck kommen. Aber was wir Deutschen fühlten, war ganz etwas anderes. Es war verinnerlicht, war ein Rausch der Schönheit und Musik, war schmerzvolle Erkenntnis irdischer Begrenztheit im Grenzenlosen ... Und der Vater meinte, gerade der sonst steife Deutsche könne sich unbedacht und inbrünstig an Freude und Schmerz verschwenden wie kein anderer. Aber die Wehmut lindert, ja, so hatte der Vater gesagt, und die Liebe zu Schmerz und Tod ist ein Urerbteil deutschen Wesens." Bei den letzten Worten fielen dunkle Schatten über Evis Augen, ihr Glanz erlosch, und der Blick war versonnen nach innen gerichtet. Sie war ganz plötzlich verstummt.

Die Lehrerin lenkte ein: „Was du da sagtest, gehört nicht zum Thema. Lassen wir das, gelt Evi? Ich will dir Deinen Lenau auch gar nicht nehmen. Behalte du ihn so, wie du ihn siehst, dann ist es auf alle Fälle richtig."

Um dem derart in der Sackgasse verebbenden Gespräch eine heitere Wendung zu geben, fragte die Lehrerin ganz unvermittelt: „Und nun sag' uns noch schnell, was haben denn eure Schwaben am liebsten getanzt?"

„Walzer, Polka und Ländler."
„Und was für Lieder hat dein Vater aus dem Weltkrieg mitgebracht?"
„,Wo die Alpenrosen blühn', ,Edelweiß, bist ein schönes Blümerl' ..."
„Ja, hat dein Vater nicht bei den Honvéd gedient?"
„Er war bei den Kaiserjägern."
Es klingelte. Die Stunde war Gott sei Dank zu Ende.

Das Schuljahr ging dem Ende zu. Es ging eine Verlautbarung durch die Klassen, wonach alle Schüler den KZ-Film „Todesmühlen" zu besichtigen hatten und zwar ausnahmslos. Eine entfernte Verwandte Evis kam zufällig an diesem Tage zu Besuch und wollte dem Kinde in Vorausahnung des zu Bietenden die Vorführung ersparen. „Ausnahmslos", wiederholte die Heimleiterin, „das gilt auch für Ausländerinnen." Als die Aufführung beendet war, nahm die Verwandte das bleiche Kind am Kinoausgang in Empfang, und sie beschlossen, einen Gang ins Freie zu machen. Müde und abgespannt schlich das Evi einher, und erst auf dem Heimweg, in der hereinbrechenden Dämmerung, sagte es, als wollte es sein Schweigen rechtfertigen: „Ich habe im Kino die Augen zugemacht, Tante, weil die Bilder so schrecklich waren. Aber gehört habe ich doch alles. Dabei habe ich immer daran denken müssen, daß es in Rudolfsgnad noch viel schrecklicher gewesen ist und daß es so lange gedauert und so furchtbar weh getan hat, bis meine Leute endlich tot waren." – Armes kleines Evi! Diese Last war für deine junge, zarte Seele fast zu schwer.

Jetzt ist Evi Magd, denn für die Schule reicht das Geld nicht, und für eine Lehrstelle fehlt die Staatsbürgerschaft. Sie hat noch immer ihre eigenen Gedanken und bemüht sich zu verstehen, was selbst kluge Leute nicht begreifen: aus der Heimat vertrieben zu sein, vom Land der Väter aber als Ausländer abgelehnt zu werden! Zuhause sang sie noch mit heller Stimme gutgläubig das Schwabenlied, der Stätten unserer Auswanderung gedenkend: „Noch läuten uns der alten Heimat Glocken, die Glocken unserer Väter, treu und schlicht". Aber wie zeigt sich nun die Wirklichkeit? Noch dürften es die gleichen Glocken sein, die von Wien aus den letzten Gruß der Heimat nachriefen, als unsere Väter donauabwärts in die Fremde gefahren sind. Mancher Grenzer mag sich in der sumpfigen Öde an deren dumpfen Klang erinnert haben, wenn der Türke wieder einmal mit Mord und Brand gegen Wien anrücken wollte. Er wußte, was sein edler Ritter Prinz Eugen, seine große Kaiserin Maria Theresia und später der Barmherzige Kaiser, Joseph der Zweite, von ihm erwarteten. Und er hat mehr als seine Schuldigkeit getan. Dann, als der Türke endgültig zurückgeschlagen war und nur noch der Kampf gegen Sumpffieber und Pestseuche weiterging, begann man der Vorposten draußen vor des Reiches Hofzaun zu vergessen. Bis der Grenzer und Kolonist, dem neuerlichen Rufe des Kaisers folgend, in allen österreichischen und ungarischen Regimentern blutete, pflichttreu und der Obrigkeit gehorchend, wie es guten Bürgern geziemt – bis zuletzt! Nach dem zweiten verlorenen Kriege aber wurde der Kolonist selber zerschlagen, und was sich retten konnte, suchte Zuflucht im Vaterhaus. Hier steht er nun schon seit Jahren vor verschlossenen Toren, nicht wie ein Sohn, sondern wie ein Bettler behandelt. Aber die guten, die reinen Glocken schweigen. Wir hören nur den gellenden Mißton durcheinanderrasselnder Schellen und ahnen nur, wer es ist, der uns damit wieder auf die Straße jagen will. Wir haben uns allmählich zu einer neuen Deutung des Schwabenliedes entschließen müssen, gleichwohl wir dennoch „Österreich" meinen, wenn wir „Vaterland" sagen:

Es brennt ein Weh, wie Kindertränen brennen,
Wenn Elternherzen hart und stiefgesinnt.
O, daß vom Mutterland uns Welten trennen
Und wir dem Vaterland nur Fremde sind!

Trotz allem aber: Der Väterheimat, dem schweigend duldenden Lande zuliebe, um der seltenen, aber echten Brüderlichkeit willen, die uns von den Stillen im Volke manchmal zuteil wird, und durch eigene Anhänglichkeit getrieben, wir segnen es dennoch, dieses stiefgesinnte Vaterland! Sind nicht Ehre und Treue unser letztes Gut, das wir besitzen? Sollen w i r diese Treue brechen, weil a n d e r e uns verraten? Wir können nicht anders; wir, einst Volk an der wandernden Grenze, jetzt aber wanderndes Volk an den Grenzen. Und dennoch bekennen wir:

Was ist des Deutschen Vaterland?
So weit die deutsche Zunge klingt
Und Gott dem Vater Lieder singt,
Das soll es sein!
O Gott im Himmel, sieh darein
Und nimm uns trotzdem nicht den Mut,
Daß wir es lieben, treu und gut!

Weihnacht unterm Kreuz des Südens

Noch am späten Nachmittag lag die Sonne gleißend über dem hitzeglühenden Steinmeer von Mar del Plata. Feuchter Dunst des nahen Meeres legte sich den Menschen lähmend auf die Glieder, und es war gut, daß sie angesichts der bevorstehenden Feiertage – es war der 24. Dezember – länger als sonst Siesta halten und mit mehr Muße ihren Mate schlürfen konnten. Mochten die bunten Auslagen mit dem fast faschingsmäßigen Weihnachtsstand, den drolligen Weihnachtsmännern in moderner Aufmachung, mitsamt den papierenen Weihnachtsbäumchen auch die Kinder locken – die Bescherung gab es hierzulande ohnehin erst am Dreikönigstag. Man hatte also noch viel Zeit, hasta mañana!

Im spärlichen Schatten eines Zitronenbaumes werkte ein Neueinwanderer. Er versuchte, aus Kisten Möbelstücke zurechtzuzimmern, indessen seine Frau Silber- und Pergamentpapier hervorholte, aus dem sie die gleichen Sternchen mit den spitzen Zacken falten wollte, wie sie in den Schwabendörfern an der unteren Donau an den Christbäumen gehangen haben. Eine blaue Kerze sollte als Andenken von zuhause später, wenn das Wachs sich nicht mehr in der Hitze bog, am Wipfel der kleinen Fichte im Garten befestigt werden. Vorher wollten sie aber noch gemeinsam zum Meer hinunter, denn dort am Strand, wo der Blick ungehindert in die uferlose Weite schweifen konnte, war es leichter und glaubwürdiger zu denken: „Dort drüben, weit drüben auf der anderen Seite, ist die Heimat und alles, was wir lieben."

Das erste Papiersternchen war eben fertig geworden und lag weiß und leicht wie eine große, kristallene Schneeflocke in Hannes schlanker brauner Hand. Ein Lächeln, das in dem schmalen Gesicht beinahe neu und ungewohnt wirkte, umspielte ihren Mund. Denn sie freute sich über das geglückte Zierwerk aus Kindertagen. Aber schon wich es einem leichten Erschrecken, denn es pochte laut an der Gassentür. Das war etwas Ungwöhnliches. Hier verlangte es die Sitte, daß man durch Händeklatschen um Einlaß bat. Durch die Türritze war ein Mann mit Schirmmütze und blauer Uniform zu sehen. Und mit einem Mal hatte Hannes Gesicht wieder den Ausdruck gespannter Entschlossenheit, wie immer in den letzten Jahren, wenn sie suchenden Polizisten, abweisenden Behörden, mißtrauischen IRO-Angestellten oder plötzlich im Walde auftauchenden Grenzposten gegenüberstand. Sie war entschlossen, auch diese Gefahr abzuwehren und stemmte ihre schlanke Gestalt gegen die Tür. Ungeduldig klopfte es jetzt noch einmal, und stärker pochte das geängstigte Herz der Frau. Endlich entfernten sich die Schritte.

Wie überflüssig und doch auch wie begreiflich war Hannes Erschrecken, denn der Uniformierte war nur der Briefträger. Aber sie war ja erst aus einer Welt herübergekommen, in der man die Menschen am besten als Überlebende bezeichnet hätte, und diese Überlebenden nur aus Treibern und Getriebenen, aus Häschern und Gehetzten bestanden. Hierzulande hatte die Masse den Krieg niemals gespürt oder längst vergessen, aber manchem der Einwanderer klang noch das Halali der Treibjagd in den Ohren, nach deren Abschluß das gejagte Menschenwild noch in künstlichen Schlingen und Fallen der Gerichte zur Strecke gebracht wurde ...

Die Dämmerung brach wie immer rasch herein, doch mit ihr erhob sich heute ein kühler Wind, der die Wellen in gleichmäßigen Abständen über das flache Ufer spülte. Weithin erglänzte das silberne Meer und raunte sein altes Lied, aber Heinrich und Hanne empfanden in ihrer Einsamkeit nur die schier endlose Weite, die sich unüberbrückbar zwischen ihnen und der fernen Heimat breitete. So schön es hier auch war, so stießen Auge, Ohr und alle Sinne unentwegt auf Fremdes, Teilnahmsloses, ja selbst der Sternenhimmel war ein anderer und versöhnte nicht mit den ewig gleichen, tröstlichen Bildern der Kindheit. Stumm schritten sie nebeneinander über den festen Küstensand, und größer als die Stille um sie war das Schweigen zwischen ihnen.

Der Lärm der nahen Stadt war fast verstummt, als von fern leise Musik ertönte und langsam immer näher schwebte. Die Klänge erinnerten an ein liebes, altes Weihnachtslied – so, als wäre die Weise aus der offenen Tür einer verschneiten Kirche in deutschen Landen gedrungen und flöge nun weit über Land und Meer, um alle Verstreuten zu grüßen und aufzurichten. Selbst die Orgelklänge waren jetzt vernehmbar, und immer deutlicher formten sich die Töne zu dem Lied: „O, du fröhliche, o, du selige, gnadenbringende Weihnachtszeit!" Die beiden Menschen verhielten den Schritt, um zu lauschen. Was war das? Wurden in der Heiligen Nacht denn wirklich Kindermärchen wahr? In dieser Stadt, wo es kaum eine Handvoll Deutschsprechender gab, das Singen dieses Liedes auf offener Straße?

„Welt war verloren, Christ ist geboren", sang eine schöne helle Männerstimme jetzt in wunderbarer Klarheit und näher, und lauter und mit jubelnder Begeisterung frohlockte der nun alles übertönende Ruf: „Freue, freue dich, o Christenheit!"

Nein, eigentlich war es kein richtiges Weihnachtswunder, jetzt sahen sie es. Die Priester des Ortes hatten nur den zeitgemäßen Einfall gehabt, ein Auto mit Lautsprecher zu benützen, um die Leute zur Christmette einzuladen. Zwischendurch legten sie die Schallplatte auf und ließen das schöne deutsche Weihnachtslied spielen. Trotzdem war es für die beiden Vertriebenen die ersehnte Botschaft und eine Antwort auf manche Frage. So wurde in dieser Nacht dennoch eine Brücke über das Meer gebaut zu allen Lieben und den Freunden, mit denen sie verbunden waren.

Als schließlich um Mitternacht auf der kleinen Fichte im Garten die blaue Kerze angezündet wurde, leuchtete groß und still das Kreuz des Südens vom Himmel herab, beinahe so tröstlich wie die Sternbilder daheim. Und es schien, als wollte es den Menschenkindern die Gewißheit geben:

Gottes ist der Orient!
Gottes ist der Okzident!
Nord- und südliches Gelände
Ruht im Frieden seiner Hände.

Deutsche oder Donauschwaben

Manche unserer Leser werden sich die Frage stellen: Warum Donauschwaben? Sind wir denn nicht ohnehin Deutsche? Ist das nicht eine neue Spaltung unseres ohnehin zerrissenen und weltweit zerstreuten Volkes?

Wir sind der festen Überzeugung, daß die Volkszughörigkeit eines jeden Menschen eine gottgewollte ist. Deshalb achten wir jedes andere Volk in allen seinen Äußerungen, wie wir uns dem eigenen verbunden fühlen. Wir sind der Art und Abstammung nach Deutsche, und dieses unser Wesen läßt sich im Grunde ebenso wenig ändern wie das eines Baumes, der nach hier oder dort verpflanzt, immer derselbe bleiben und die gleichen Früchte tragen wird. Allerdings bildeten sich im Laufe von Generationen durch Landschaft, geschichtliche Entwicklung, berufliche Gemeinschaft und Schulwesen innerhalb der dem Mutterlande fernen Volksgruppen gewisse Unterschiede, die aber nicht trennend, sondern eher ergänzend auf die Vielgestaltigkeit des Volksganzen einwirken.

Wenn wir neuerdings die Bezeichnung „Donauschwaben" im engeren und „Südostdeutsche" im weiteren Sinne hervorheben, so hat das zwei Gründe.

1. Die in Deutschland, Österreich und überall in der Welt verstreuten Heimatvertriebenen haben sich nach Volksgruppen und Volksstämmen in eigene Landsmannschaften zusammengeschlossen. Dies nicht, um gemeinhin eine Geltung zu haben, denn sie sind ja die eigentlichen Leidtragenden dieses Krieges und wünschen nichts mehr, als in Frieden arbeiten und leben zu können, sondern um ihre Rechte zu wahren. Trotz jahrhundertelanger vorbildlicher Loyalität in ihren jeweiligen Staaten wurden sie Opfer der kommunistisch-panslawischen Politik im Osten Europas und verloren, soweit sie das Chaos überlebten, Heimat und Vermögen. Die berechtigten Ansprüche auf diese werden sie niemals aufgeben und ihren Anteil an „Menschenrechten" verlangen. Diese Forderungen haben aber nur dann Gewicht, wenn alle Deutschen und insbesondere alle Donauschwaben – auch wenn sie nicht zu den Geschädigten gehören, die jahrelang und unter Opfern Geld zum Feldkauf in die alte Heimat schickten – eine kulturelle Gemeinschaft verbindet.

Die Sprecher aller Volksgruppen der Vertriebenen bahnen bereits Verhandlungen zum Zwecke der Wiedergutmachung an (z. B. Lastenausgleich in Deutschland) und ihre Stimmen, getragen von der Masse ihrer jeweiligen Gruppe, die hinter ihnen steht, kann von der östlichen Welt nicht mehr übertönt und von der westlichen Welt nicht mehr überhört werden. Deshalb erachten wir es in erster Linie als begründet, uns als Donauschwaben bzw. Siebenbürger Sachsen, Wolga- oder Sudetendeutsche zu bezeichnen.

2. Nicht zuletzt tun wir dies, um zu verdeutlichen, daß wir keine Jugoslawen, Ungarn, Polen usw., sondern ebenfalls Deutsche sind. Wer unsere Stammeseigenheiten oder Bräuche als fremdartig oder undeutsch bezeichnet, übersieht, daß er ja nicht wissen kann, wie diese Sitten vor zweihundert Jah-

ren waren, als wir aus Deutschland auswanderten. Wir haben diese Bräuche rein bewahrt seit damals, und wenn manchmal Sitten verschiedener Gaue Deutschlands auch ineinanderflossen, blieben sie doch unserer Art gemäß. Nicht wir, sondern die in der Urheimat Verbliebenen änderten Sitten und Brauchtum. Wir haben sie in der ursprünglichen Form gepflegt und bewahrt, ebenso wie wir vielfach die etwas steifere Form des gesellschaftlichen Lebens beibehalten haben.

Wenn wir uns also innerhalb unseres Volkes Wolgadeutsche oder Donauschwaben nennen, so heißt dies: Dort und dorthin sind wir seinerzeit ausgewandert, von dort und dort kommen wir jetzt her. Und wir *gaben* Kultur an die dort lebenden Völker *ab*, so wie wir sie seinerzeit aus dem deutschen Mutterlande mitgebracht haben; dann waren wir abgeschnitten von ihm, und unsere Entwicklung unter den Voraussetzungen echten Kolonistentums war von da ab eine andere als im Mutterland. Eine langsamere, was die Geisteswissenschaft betraf, weil viele unserer Akademiker in anderen Völkern aufgingen. In landwirtschaftlicher Hinsicht nahmen wir es jedoch mit den ersten Ländern Europas auf. Daß wir unsere pfälzisch-schwäbische Mundart erhalten haben, ist unser Stolz. Daß wir das Hochdeutsche nicht fehlerlos, aber trotz nichtdeutscher Schulen (wir lernten lateinische, gotische und cyrillische Buchstaben schon in den ersten Klassen) lesen und verstehen können, ist ein Verdienst, den jeder anerkennen muß, der nur ein bißchen bessere Kenntnisse besitzt. Jeder denkende Mensch wird zudem folgern, daß die Schulbildung fast rein bäuerlicher Kinder in unserer Heimat, unter den genannten Umständen, nicht die gleiche Höhe haben konnte wie die der Jugend in Deutschland. Wir dürfen also eingedenk dessen ohne Minderwertigkeitsgefühle oder Hochmut und ohne Überempfindlichkeit in den Kreis jener treten, die unsere glücklicheren Brüder sind, die Gelegenheit hatten, im binnendeutschen Raum erzogen zu werden, wo jeder Stein die gemeinsame stolze Geschichte unseres jetzt so leidenden Volkes kündet. Hier zu wägen, ob der „Reichs-" oder „Volksdeutsche" der wertvollere von beiden ist, ist also töricht. Wer von ihnen freilich als *Mensch* der wertvollere ist, bleibt jenem zur Beurteilung überlassen, der dereinst nicht auf wohlgesetzte Worte hören, sondern auf das rechtschaffene und ehrliche Herz schauen wird.

Kopp hoch

Weeß de liewe Himml, wie's zugang is, es muß awer in de gude alde Zeit gewenn sin. Karz un gut, zwee Frosche, e kleener un e großer, sin mol unschullicherweis in de Rohmhawe gfall. Do han se halt gezawwlt un gewertschaft, wie mr schun macht, wann em 's Wasser bis an de Hals steht. Es war dunkli, raweschwarzi Nacht, weit un breet netemol e Strohhalm zu finne, wu se sich hätte onhalle kenne.

Wie se schun arich mied ware un ne de Ochtum ausgang is, saat de Groß mit letschter Kraft: „Bruder, es is alles umesunscht, ich kann nimmi!", hot e Seifzer gemach un sich pamble geloß, is unergang un vesoff.

Dem Kleene sin zwee dicke Träne in de Aue gstann, er hot awer gstramblt, niks wie gstramblt un net nogeloß. Es is immer schwerer, immer stader gang, er hot sich schun bal nimmi gepackt, sei Fieß ware schwer wie e Klotz. Stad un stad is's Tag war, un do sieht 'r, daß was Feschtes unnerm is, daß 'r nimmi unnergehn kann: Er hot in de lange Nacht de Rohm zu Butter gstramblt ghat, is munder rausghupst un is heemgang.

Mer soll jo Mensch un Tier net vegleiche, awer wann ich manchmol alles leedich sin, denk ich an mei Schweervatter, der wu mer die Gschicht vezählt hot, un an sei Spruch:
Loß net vezacht dei Keppche pamble,
tu immer nere weider stramble!

Matthias Johler †
Filipowa – Wien

Matthias Johler wurde am 22. Februar 1913 in Filipowa (Batschka) geboren. Studien in Sombor, Pozega, Travnik, Sarajevo und Zagreb. Das Erleben der mohammedanischen Umwelt während seiner Studienzeit hat ihn und seine Kollegen für die Probleme anderer Religionen und Kulturen hellhörig gemacht. Am 29. Juni 1937 wurde Johler in Subotica zum Priester geweiht. Er war dann Kaplan in Temerin, Palanka, Werbaß, Stanischitsch und Sentiwan. Am 15. März 1945 wurde er als Kaplan mit den deutschen Bewohnern von Prigrewitza Sentiwan ins Lager Filipowa getrieben. Dort erhielt er unter Hinweis auf die Religionsfreiheit die Erlaubnis, die Messe zu zelebrieren. 1945-46 war er Lagerkaplan im Vernichtungslager Gakowa. Man wird die Geschichte des Hungerlagers Gakowa nicht schreiben können, ohne die aufopfernde Rolle Johlers zu würdigen, der sich im priesterlichen Dienst bis zur Erschöpfung der Lagerinsassen annahm, unter widrigsten Umständen Eucharistiefeiern, Kindergottesdienste und Krankenpastoral zustande brachte, Seelsorgehelfer heranzog und unverdrossen die Kinder religiös und profan zu unterrichten versuchte. Sein Einsatz muß „zu den seelsorgerlichen Großtaten der donauschwäbischen Geschichte gerechnet werden" (Wildmann). Aus dieser Zeit hat Johler ein aufschlußreiches Tagebuch hinterlassen. Nach Österreich geflohen, kümmerte er sich 1947-55 um die Flüchtlingsseelsorge in verschiedenen Wiener Lagern: Kobenzl, Speckbacher Lager, Lager Auhof, Simmeringer Lager, Hundsturmlager. Beim Canisiuswerks, einem Hilfswerk zur Heranbildung katholischer Priester, war Johler im Seminar von Rosenburg am Kamp 1955 zunächst Spiritual, 1956-59 als Rektor, danach stand er bis zu seinem frühen Ableben im 57. Lebensjahr dem neu erbauten Canisiusheim in Horn als ein Rektor vor, der das Haus mit Geist und Leben erfüllte und von seinen Studenten allseits als Vorbild verehrt wurde. Msgr. Matthias Johler starb am 6. Oktober 1969 in Wien-Leopoldau und wurde im Geleit eines ungewöhnlich großen Trauerzuges auf dem Friedhof Wien-Kagran beigesetzt.

Lagertagebuch 1945-1947

3.11.1945 Der schöne Herbstabend neigte sich schon übers Dorf. Die letzten Arbeitsleute gehen noch müde und mit verschiedenem zusammengeklaubten Brennmaterial schwer beladen durch die Gassen. Irgendwo am Dorfrand liegt ein Schwerkranker, den man von irgendwo heute hergebracht hat. Ich will ihn noch besuchen, obwohl es schon etwas spät an der Zeit ist. – Eben biege ich in die letzte Gasse ein, da höre ich Gesang, Kinderstimmen. Am Dorfende spielten des Nachmittags die Kinder, und bevor sie nun auseinander, schlafen gehen, singen sie ihr Lieblingslied: „Die Vöglein im Walde, sie singen so wunder-, wunderschön: In der Heimat, in der Heimat, da gibt's ein Wiederseh'n ..." Der Posten mit Gewehr steht kaum dreißig Meter weit. Er stört sie nicht. Als ich vorbeikam, grüßte er freundlich. – Vielleicht hat auch ihn das Heimweh der Kinder gepackt. –

5.11.1945 Heute war St. H. hier. Er hat bis jetzt viel durchgemacht. Nun ist er entschlossen, eine Möglichkeit zur Fortsetzung seiner Studien als Priesterkandidat zu suchen, auch unter größter Gefahr. – Um einen Rosenkranz bat er mich und um Rauchzeug. Beides war vorhanden. Als ich ihm den soeben geweihten Rosenkranz reichte, küßte er diesen ganz ergreifend innig, steckte sich dann eine Zigarette an und rauchte und plauderte so ruhig, als ob das Überstandene und das Bevorstehende eine Kleinigkeit wäre. – So sind sie, unsere jungen Christen: bisher ungebrochen und haben noch Mut genug für die Zukunft!

9.11.1945 Schon von mehreren Seiten wurde festgestellt, daß die besondere Tragik unserer Lage darin bestehe, daß unser Lager in Gakovo untergebracht sei. Ich muß dies bestätigen. Denn es könnte viel Not gelindert werden, wenn es unter gleichen Umständen sonstwo untergebracht wäre.

Diese kinderlosen Gakovoer, die vielfach noch in ihren eigenen Häusern wohnen und verhältnismäßig reichlich versehen sind, zeigen den Lagerleuten geradezu eine kränkende Gefühllosigkeit, Rücksichtslosigkeit, Herzlosigkeit.

Dazu nur einiges: Über den Zaun höre ich im Vorübergehen bis heraus auf die Gasse eine kreischende Frauenstimme, die bedauert, keine Holzhacke zur Hand gehabt zu haben, um diejenigen – – – niederzuschlagen ... Ich trete ein und frage scherzend, wem es denn hier ums Leben gehe? – Da deutete die Hausfrau schimpfend auf die Lagerleute, die ihren Nußbaum im Garten herausgemacht und verfeuert haben. – Auf meinen Hinweis, daß es nun doch schon kalt sei, und auf meine ernste Frage, womit eigentlich die Leute Feuer machen sollten, um sich, den Alten, Kranken, Kindern usw. doch mal eine warme Suppe zu kochen, hatte sie nur eines: „Das geht mich nichts an!" –

Viel bemühte ich mich um einen alten, kränklichen Herrn, der dem Verhungern nahe war, allen in der Kirche aber gute Dienste leistete, indem er die Orgel führte. – Nun wollte ich ihm bei den immer noch gut versorgten Gakovoern wenigstens für manchmal einen guten Bissen verschaffen. Da ich jedoch meinen Bekanntenkreis unter den sogenannten „Frommen" (!) ohne nennenswerte Erfolge abgestreift hatte, wandte ich mich an einen der „Besseren" im Dorfe – der übrigens ein führendes Mitglied des Kirchenausschusses ist – mit der Bitte, er möge mir wenigstens einige Familiennamen nennen, an die ich mich in meinem Anliegen wenden könnte. – Erst nach langem und vielem Erklären, Zureden, Bitten und Anhalten erklärte er sich dazu bereit, allerdings mit dem bemerkenswerten Vorbehalt: „Ich will aber keinen Nachteil dadurch haben!" – Sollst auch keinen haben! – Der ausgehungerte Herr starb nach einigen Tagen!

In einer Selchküche, deren Türe nicht schließt und deren Sparherd ständig raucht, sind zwei Familien mit zwölf Kindern untergebracht. Die Väter sind verschleppt, die Mütter bringen nicht mal das Nötigste auf. Die Kinder hungern und frieren Tag und Nacht. Die Hausfrau und ihr Mann (denn sie sind kinderlos!) „bewohnen" drei Zimmer mit bequemen Möbeln! Habeant sibi! Dachte ich bei meinem Besuche. Aber dieses große, vornehme Haus wird doch noch einen anständigeren Raum als jene Selchküche für die Kinder haben! – Schon, schon, da finde ich ein ziemlich großes Zimmer mit Bretterfußboden und hellen Fenstern. „Aber", sagt mir die Hausfrau, „ich kann doch meine Badewanne nicht hinaus in die feuchte Selchkammer stellen, daß sie mir verrostet, bis ich sie aufmontieren lassen kann!" – Kinder aber können „verrosten".

Menschentum? Christentum? Nichts von beiden!!! (...)

19.11.1945 Heute beerdigte ich den 1945sten hier im Lager Verstorbenen. Die Zahl erinnert an die Jahreszahl unseres Heiles. Mögen auch alle Opfer des Lagerlebens den Verstorbenen und noch Lebenden zum Heile gereichen!

20.11.1945 Wieder eine Schreckensnacht für unsere Leute. Schon von Mitternacht an wurden die Häuser durchstöbert und die Arbeitsfähigen zusammengefangen. Bei dieser Kälte wurden sie von Haus zu Haus und von Gasse zu Gasse getrieben, bis man sie gegen Tag im Gemeindehaushof in Reih und Glied aufstellte. Ich hab sie gesehen, wie man sie endlich gegen sieben Uhr, zittern und erstarrt vor Kälte, auf die Arbeit hinaus in den Hotter trieb. – Ich glaube nicht, daß das Sklaventum des Altertums einen traurigeren Anblick geboten hätte. (...)

25.11.1945 Schon einige Tage ungesunde, naßkalte Witterung. Die Krankenzahl steigt von Tag zu Tag. Nach einer Schätzung des Arztes liegen nun so 2 000 Kranke und Gebrechliche, die der Pflege bedürfen. Es ist keine Seltenheit, daß man in Häuser kommt mit zehn bis zwölf Kranken in einem Zimmer. Dazu noch wütet Typhus unbarmherzig. Der Lager-Apotheker ist gestorben, und der Arzt liegt auch schwer krank. Mit etwas Arznei kann ich mancherorts doch die Not lindern.

Hilfsmittel und Hilfskräfte wären nun schon dringend notwendig. Die Not ist buchstäblich zu einem Meere geworden.

1.12.1945 Nun hat der Herr aus der Mitte meiner Angehörigen ein Lebensopfer angenommen: die Schwägerin ist tot. Heute soll sie beerdigt werden. In Gedanken versunken über das Leidensschicksal unserer Familie und über das Lebensschicksal der kleinen Waisen Evi und Eugen ging ich zum Friedhof, um zu sehen, ob das Grab schon fertig sei. Wie ich jedoch eintrete, sehe ich vor dem weitgeöffneten Tore der Totenkammer zwei Mädchen stehen, frierend, zitternd und bitterlich weinend. Ein gutes Wort, und ich erfahre, daß die Kinder ihre Mutter suchen. Eine Frage, und sie erzählen mir, daß ein Wagen beim Hause vorgefahren sei und die Mutter aufgeladen habe. Arme Kinder, ich weiß nun alles: es war der Totenwagen. „Jetzt sind wir ganz allein", klagte das ältere, elfjährige Mädchen, „nur noch ein Brüderchen mit vier Jahren liegt daheim krank." „Und wen trägst denn im Arm?" frage ich. „Das ist auch mein Brüderchen, zehn Monate alt", sagt sie und drückt es, in ein Tuch gehüllt, an die schluchzende, zitternde Brust; doch vergebens: das Kind war tot. „Erlkönig" von Goethe? Nein, ein Lagerkinderschicksal.

3.12.1945 Schon länger her ist es den Tischlern verboten, Särge für verstorbene Lagerleute zu zimmern. Nun dürfen auch keine Grabkreuze mehr verfertigt werden. – Wieviele Gebote und Verbote sind im Laufe der Geschichte schon gegen das christliche Kreuz erlassen worden, und –? „Stat crux, dum volvitur orbis!" – Bis jetzt steht doch noch auf jedem Grab ein Kreuz. Und die einfachen Lattenkreuze sind unter diesen Umständen wohl beredtere Zeugen der gläubigen Volksseele als die marmornen Monumente von früher.

Der Winter ist eingebrochen. Der erste Schnee bedeckt die Erde. Früher war er eine Kinderfreude, jetzt gleicht er einem weißen Leichentuch. Tatsächlich wird er das Elend ins Unsagbare und Unertragbare steigern. Kälte, Hunger und Krankheit werden uns zermürben.

6.12.1945 In Sachen der Friedhofarbeiter habe ich beim Intendant des Lagers interveniert. Um eine kleine Verbesserung der Kost habe ich angesucht. Als ich auf die täglich zunehmende Sterbeziffer hindeutete, bekam ich ein sarkastisches „Hvala Boga" (Gott sei Dank) zurück. (...)

9.12.1945 Gestern waren zehn Dekagramm Brot pro Person, heute gab es überhaupt kein Brot. Auch keine Suppe, nur einen Batzen Kukuruzschrot, ein wahres Schweinefutter. Dabei verbreitete sich Flecktyphus mit unheimlicher Schnelligkeit. – Die Benennung „Vernichtungslager" wird allem Anscheine nach realisiert. – Soeben erfahre ich, daß unser Arzt, Dr. Brandt, an Flecktyphus gestorben sei. Mir ist es auch bis jetzt noch nicht gelungen, eine Schutzimpfung zu bekommen.

13.12.1945 Drei Tage liege ich nun schon in hohem Fieber. Der neue Lagerarzt, Dr. Scherer, hat schleichenden Typhus heute festgestellt. Er meint, die Krankheit würde vielleicht nicht so gefährlich werden, da ich gegen Bauchtyphus geimpft bin, aber sie könnte langwierig werden.

Und draußen im Lager ist die Not aufs äußerste gestiegen. Schon der vierte Tag weder Brot noch Suppe für etwa 12 000 bis 13 000 Menschen. Kinder sind heute bis zu meinem Krankenbett gekommen, Brot zu betteln. Und ich habe selbst nichts, rein nichts zu geben. Wie bitter war es, die hungrigen Kinder leerer Hände zu entlassen.

Von einer Mutter erzählte man mir heute, die einen eigenartigen Einfall hatte. Als das Rufen der Kinder nach Brot allen im Zimmer schon zu lästig war, raffte sie ihre Kinder zusammen und führte sie heiterer Miene hinaus in den Hof zum Spiele. Mitten im Schnee wurde gespielt. Und zwar „Mittagessen" wurde gespielt. Das größte der Kinder ging die Suppe holen: Es füllte einen Topf mit Schnee und ließ ihn dann am gemeinsamen Hausherd in der Scheune verschmelzen. Das Schneewasser wurde als „Suppe" ausgelöffelt. Dann buk die Mutter den Kindern „Kuchen". Aus Schnee preßte sie jedem einen eckigen oder runden „Kuchen" zurecht, den die Kleinen dann zusammenkrachten. – Die Kinderphantasie war damit befriedigt, der Kindermagen aber nicht. Selbstverständlich erkrankte eines nach dem anderen. Aber so geht es, wenn eine verzweifelte Mutter ein Kinderspiel ersinnen muß!

5.2.1946 Eine Kommission von angeblich zwölf Mitgliedern besuchte heute unser Lager. Es ist dies die dritte, von der ich weiß. Die eine fand alles in Ordnung, die andere bemängelte alles. Was nun diese feststellen wird, weiß man noch nicht. Nur eines weiß man: daß sich trotz aller Kommissionen Behandlung und Verpflegung von Monat zu Monat verschlimmert haben. (...)

9.2.1946 Was man schon längere Zeit befürchtet, ist zur Wirklickeit geworden: Die Grabkreuze werden von den Gräbern gerissen und zum Brennholz geworfen; die Grabhügel aber werden der Erde gleichgemacht. Wie bei Verbrechern! Wohl hat noch nichts so tief unsere Leute erschüttert wie diese Verordnung.

12.2.1946 Der Lagerarzt Dr. Scherer hat seinen Rundgang beendet, bei dem er von Haus zu Haus sämtliche „spitalbedürftigen" Kranken zusammenschrieb. Ihre Zahl ist 1300! Nun wurde ein Teil des Dorfes evakuiert, und alle Kranken müssen dort untergebracht werden. – Heute war der Tag des großen Krankentransportes. Das war eine herzzerreißende Völkerwanderung durch die Dorfstraßen.

An meinem Fenster ziehen Unzählige vorbei, und ich bin gezwungen, dem Ganzen untätig zuzuschauen! Geführt und geschoben, gestoßen und getrieben werden sie, je nachdem. Manche mit Polstern, manche mit Decken, viele auch ohne irgendwas. Und dort im „Spital" wartet ihrer ein Strohlager, sonst nichts. – Welche Bilder bieten sich da dem Menschen nur im kleinen Blickfeld vom Fenster aus und in der kleinen Weile, wo ich die traurige Prozession betrachte! – Soeben wird ein alter, abgemagerter Mann auf dem Schubkarren vorbeigefahren. Rücklings sitzt er drauf, den Kopf über die Lehne, den Mund halb offen, die Füße schleifen auf der Erde, die Hände hängen beiderseits hinunter, nur wenn es zu sehr hoppelt, hebt er die eine, als bitte er, man möge Halt machen, aber man fährt weiter. Wahrscheinlich wird man schon morgen oder übermorgen wieder denselben Mann auf den Schubkarren laden und wieder fahren – nur eine andere Richtung: dem Friedhof zu!

Drüben an der Ecke ist eine alte Frau mit ihrem Polster zusammengebrochen. Sie liegt nicht, sie sitzt nicht, sie kauert dort nun schon eine Weile. Es geht an ihr hin und her, man sieht sie – und geht vorbei. Endlich bemüht sich ein kräftigerer Mann um sie. Auch eine Frau will helfen, die Kranke auf die Füße zu bringen. Es geht leider nicht. Die Frau geht rechts, der Mann links, die Kranke bleibt liegen. Wieder kommen und gehen andere an ihr vorbei; man sieht sie und läßt sie liegen. Sind wir auf dem Weg von Jerusalem nach Jericho? Endlich erbarmt sich der Kranken jemand und verhilft ihr auf die Füße. Sie schleppt sich eine Weile und setzt sich dann wieder auf eine Eingangstreppe.

Wie ich dies alles vom Fenster aus so betrachte, klopft jemand an der Türe. Lorenz, mein kleiner Ministrant, tritt verweinter Augen ein. Auch er wollte die Großmutter ins Spital führen. Um alles hatte er gesorgt: um einen guten Platz, um einen Schubkarren. Aber bevor er sie aufladen konnte, ist sie ihm gestorben. Nun hat der Kleine nur noch die Bitte, daß ich ihm verhelfe, die Großmutter auf den Friedhof zu bringen, statt ins Spital; und wenn bei mir Suppe mittags übrig bleibt, so möge ich sie lassen für seinen jüngeren, kranken Bruder Seppi, denn außer diesem hat er nun niemanden mehr auf dieser Welt.

14.2.1946 Not-leiden ist gewiß schwer. Nicht-helfen-können ist aber schwerer. Und Nicht-helfen-dürfen ist am schwersten. Das weiß ich jetzt, wo ich allem zusehen und zuhören muß, jedoch nichtmal den Sterbenden beistehen darf. Dabei muß man noch in ständiger Angst vor Verhaftung sein, wenn die armen Menschen hereinkommen, um ihre Not zu klagen oder sich mal hier auszuweinen. Aber abweisen mag ich sie nicht. (...)

13.3.1946 Schon über eine Woche halte ich mich nun in Filipovo auf. Doch mein Geburtsort ist mir zur Fremde geworden. Statt der verschleppten und vertriebenen Bewohner begegnen einem überall fremde und oft feindselige Gesichter. Unser Dorf ist nämlich auch, wie viele andere, von Bosniaken, Litschanern usw. besiedelt. Nur die Kirche, wo der Herr noch im Tabernakel thront, und der Friedhof, wo mein Vater ruht, sind mir in der Heimat noch ein Stückchen von der Heimat geblieben, und dies wer weiß nur wie lange noch!

15.3.1946 Heute ist es ein Jahr, seitdem wir in Prigrevica Sv. Ivan ins Lager getrieben wurden. Auch wir Priester, der H. Dechant Pintz mit Kaplan Moullion und mir, mußten den Bündel schnüren. Mit etwa 2 000 (zweitausend) Personen wurden wir in einer Schule eingepfercht. Kinder, Alte, Kranke und Krüppel lagen in den Schulzimmern aufeinander und übereinander. Ich sehe noch immer, wie hilflose Kranke durch das große Schultor förmlich in den Hof geworfen wurden, und höre noch immer, wie öfters ein Ruf durch die Schulgänge ertönt, Kaplan Johler möge eilends in dieses oder jenes Zimmer zu einem Sterbenden kommen. Ich sehe aber auch jetzt noch die glänzenden Augen der vielen, die sich der Tränen nicht erwehren konnten, als sie hörten, daß wir Priester bereit sind, mit unseren Gläubigen in die Verbannung zu gehen.

16.3.1946 Es jährt sich heute, daß wir als besitzlose, rechtlose, heimatlose Menschen von Prigrevica Sv. Ivan nach Filipovo getrieben wurden. Beim Ausgang des Dorfes haben die uns begleitenden Partisanen vor lauter Freude in die Luft geschossen, als hätten sie den größten Sieg errungen. Wir wurden arg getrieben. Der Weg war für die vielen Kinder, Kranken und Gebrechlichen zu schwer. Wie viele sind da auf der Straße liegen geblieben! Ich habe mehr als einen gesehen, die zu Tode geprügelt wurden, weil sie nicht mehr weiter konnten. (...)

27.3.1946 Wieder in Filipovo. Ich kann leider nicht sagen „daheim", denn unter fremden Menschen ist man nicht daheim. Und diese hier angesiedelten Gebirgler sind nicht nur mir fremd, sondern der Zivilisation überhaupt; ja, manche von ihnen scheinen hier zum ersten Male mit der Kultur überhaupt in Berührung gekommen zu sein. Die drolligsten Dinge tragen sich da zu. Mit dem Kochherd in der Küche wissen sie wenig anzufangen, denn in der Lika kochten sie im Kessel am offenen Herd. Daß dann so eine emsige Hausfrau in der Backröhre das Feuer anlegte, ist nichts Besonderes. Unsere Zimmer scheinen ihnen unpraktisch, da sich oben an der Decke keine Rauchöffnungen befinden. Den großen Kachelofen in der Stube hielt einer für ein faschistisches Denkmal! Mehrere führten ihre Kuh in das Wohnzimmer, und zwar einige Stufen am Gang hinauf. Bei einem dient die Wiege als Krippe und das Nudelbrett als Wandschoner. Viel wird auch von der „verhexten" Ziege erzählt, deren Eigentümer sie im Stall an die elektrische Leitung gekettet hat, so daß sie elektrisiert wurde und einen Teufelstanz aufführte. – In der Wirtschaft sind diese Leute ebenso unerfahren. Da fährt der eine mit einer Sämaschine den Acker entlang, ohne den Hebel hinunterzulassen. Der andere wieder sät zwölf Meterzentner Saatfrucht auf ein Joch, da er gehört hat, daß ein Joch ungefähr soviel tragen sollte. (...)

29.6.1946 Der erste Transport der elternlosen Kinder aus den Kinderheimen wurde heute in aller Eile per Lastauto abtransportiert. Nichts durften die Kinder mitnehmen, keine Kleider und keine Andenken an die Eltern. Angeblich werden sie zur Erholung nach Bajša gebracht. Im Laufe der Woche sollen auch die anderen „fortgeliefert" werden. Man muß schon so sagen, denn sie sind wie rechtlose Dinge. (...)

4.7.1946 Da wir die zweite Gruppe der Erstkommunionkinder, ihrer etwa 250 an der Zahl, am kommenden Sonntag zur Erstkommunion führen wollten, unterdessen uns aber jede priesterliche Tätigkeit verboten wurde, müssen wir es sonstwie machen.

Einige Tage hindurch halten wir nun Erstkommunionfeier vormittags und nachmittags ganz still und unauffällig hier im Pfarrhause. Es sammelt sich immer eine Gruppe von 20 bis 25 Kindern. Sie kommen einzeln, unauffällig durch die Gärten und Kukuruzfelder. Aber auffallend ist der Ernst und die Andacht dieser Kinder; Katakombengeist durchweht jede dieser Andachtsstunden. Das große Zimmer ist zur Kapelle umgestaltet. Verborgen wird das Allerheiligste aus der Kirche herübergebracht. Und während die Kleinen halblaut mit Kaplan Pfuhl ihre Gebete verrichten, hält unser kleiner elfjähriger Seppi Wagner aus Ruma als Ostiarius-Türhüter im Hofe Wache, damit niemand unberufen und unerwünscht eintrete, was auch sehr an die erste Christenzeit erinnert. Als ich heute an ihm wieder das Allerheiligste vorbeitrug und ihm dabei zuflüsterte, daß wohl der Heiland gerade ihm da draußen Seinen besonderen Segen verleihen wird, da standen dem Kleinen die Freudentränen in den Augen, und er bot sich zu neuen Diensten in Zukunft an.

Nach der Kommunionfeier werden die Kinder mit einem „Honigküchel" beschenkt, und Seppi läßt sie wieder einzeln oder zu 2-3 unauffällig an verschiedenen Toren und Türen hinaus. Heute ist mir nach der Bescherung aufgefallen, daß die meisten der Kinder die geschenkte Mehlspeise mit freudigem Eifer einwickeln und einstecken. Auf meine Frage, wem sie die „Kücheln" mitnehmen, sagte mir die Kleinste: „Meiner Mutter, sie liegt krank." Von den anderen nehmen die meisten sie mit für die kleineren Geschwister. Gut sein und Gutes tun. Bleibt so! (...)

18.7.1946 Schon gestern wurde es irgendwie bekannt, daß die Kinder aus den „Kinderheimen" – es handelt sich um etwa 700-800 Kinder – fortgeliefert würden. Heute morgen wurden tatsächlich circa 550 Kinder, so wie sie gehen und stehen, zur Bahnstation geführt. Auch etwa 20 Schwestern sind mitgegangen. Niemand weiß wohin. Unheimlich verschwiegen ging alles zu.

Die noch zurückgebliebenen Kinder werden demnächst fortgeführt. – Es ist auch schon bekannt, daß jene Kinder entrissen werden, die bis jetzt bei den Großeltern oder bei anderen Verwandten untergebracht waren. Davor fürchtet sich alles. Doch erbarmungslos geht die Maschine.

Diesen Nachmittag wurde tatsächlich bekanntgegeben, daß sämtliche Kinder, die bei Großeltern oder Verwandten untergebracht sind, im Kinderheim müssen abgegeben werden, „damit um eine bessere Zukunft für sie gesorgt werden könne". – Zum Schmerz der betroffenen Angehörigen wurde noch dieser Hohn und Spott dazugefügt! – Dabei wurde zugleich gedroht: „Wer die Kinder nicht bringt, wird erschossen!"

20.7.1946 Soeben ist der Kindertransport aus dem Lager von Kruševlje angekommen; in kurzer Zeit wird man sie wahrscheinlich mit dem hiesigen gemeinsam weitertransportieren. Es war herzzerreißend: Hunderte Kinder wie Sklaven mitten auf dem Fahrweg in Hitze und Staub ziehen einem verhängnisvollen Schicksal entgegen. Die Kleineren und Kleinsten waren auf einigen Ochsenwägen durcheinandergeworfen; von manchen schauten die Köpfe, von manchen die Füße über die Wagenleiter heraus. Nebenher gingen Soldaten mit Gewehr und vertrieben brutal die weinende Bevölkerung von den Gassen.

Da gestern verhältnismäßig nur wenige Großeltern und Verwandte die elternlosen Kinder anmeldeten, wurde heute nochmals durch die Trommel bekanntgegeben, daß sie öffentlich, „vor dem Volke", erschossen werden, wenn sie die Kinder nicht übergeben.

Kurz nach diesem „Trommeln" sehe ich ein elfjähriges Mädchen unter meinem Fenster bitter weinend vorbeigehen. Ich kenne das Kind gut; ich habe seine Mutter hier im Lager sterben gesehen, habe sie begraben, habe das Kind mit seinen drei Geschwistern einer guten Tante empfohlen. Bisher war das Kind immer froh, jetzt weint es; wohl weiß es, warum; es wird fortgerissen, verschleppt! (...)

27.7.1946 Unsere Hauptbeschäftigung ist auch weiterhin der Kinderunterricht. Mit 7-8 Hilfslehrkräften gelang es uns nun schon einige Monate hindurch, Hunderte Kinder regelmäßig zu unterrichten. Auch Rechnen und Naturkunde und Gesundheitslehre wird nun betrieben. (...)

11.8.1946 Schon fünf Wochen halten wir nun sonntags Anbetungsstunden mit Sakramentenempfang verborgen in verschiedenen Lagerhäusern. Jedesmal in einem anderen Quadrat in drei verschiedenen Richtungen. Die Zahl der Teilnehmer wächst. Kommunikanten sind durchschnittlich 150-200. Aber zum Herz und Mark unseres Volkes sind wir noch nicht gedrungen: die Arbeitsfähigen, sowohl Weibsleute wie Mannsleute, verhalten sich immer noch kalt. Eine gewisse Rohheit, Abgestumpftheit und Sinnlichkeit greift unter ihnen mit unheimlicher Gewalt um sich. Dieses Sklavenleben erstickt leicht jedwede edlere Anlage in den Menschen.

Heute ereignete sich aber ein kleiner Zwischenfall: Ein Miliz-Soldat kam zufällig in das Haus (ob zufällig?), wo wir die Andacht hielten. Zimmer, Gang und Hof waren überfüllt. Als die Leute aber den Soldaten im Hofe erblickten, erfaßte sie solch ein Schrecken und eine Panik, daß sie mit fürchterlichem Angstgeschrei förmlich über Hals und Kopf auseinanderrannten, so daß der Soldat selbst ob dieser schrecklichen Furcht bestürzt war und sich entschuldigte. Nachdem wir alle Leute wieder gesammelt und beruhigt hatten, sangen sie fest und feierlich wie Bekenner und Märtyrer: „Christus, mein König, Dir allein schwör ich die Liebe stark und rein, bis in den Tod die Treue!" – Ja, das sind unsere Leute: Hasenangst und Bekennermut tragen sie in einem Säckel!

Was in diesem Falle aber kennzeichnend ist, ist die Angst, welche noch vom Winter her in den Knochen unserer Leute steckt; damals hatte nämlich so mancher der Soldaten bei ähnlichen Anlässen wütend mit Riemen und Gewehrkolben dreingeschlagen.

Vormittag ging also die Sache glimpflich ab. Am Nachmittag sagten mir die Leute aber nach beendeter Andacht, ein Miliz-Soldat sei draußen auf der Gasse vor dem betreffenden Hause öfters hin- und hergegangen und habe gefragt, warum die Leute nicht in die Kirche gingen. Nachdem ihm von jemandem erklärt wurde, daß dies doch verboten sei, ging er fort, ohne zu stören. Kaum eine halbe Stunde nachher kam auch Kaplan Pfuhl von seiner Andachtsstunde heim und berichtete, noch während der Andacht sei ihm gesteckt worden, daß draußen ein Miliz mit dem Fahrrad vorgefahren sei und die Hausnummer sich aufnotiert habe. – Was nun an der Sache ist, wissen wir nicht. Allenfalls sind sie uns auf der Spur! (...)

3.9.1946 Wieder wurde eine Gruppe elternloser Kinder entführt. Um die Mittagsstunde hörte man durch die Gasse Kindergesang, serbisch: Ptice se sele na jug – tamo je lepše neg tu. Tamo nas čeka Staljin – tamo nas čeka Tito –" (Die Vögel fliegen gen Süden – dort ist es schöner als hier. Dort erwartet uns Stalin – dort erwartet uns Tito –). Dabei marschierten die Kinder. Der Lagerkommandant führte sie bis zu einem mächtig großen, geschlossenen Auto. Kein Fenster war dran, grau war es und unheimlich. Dort wurden die Kinder hineingepfercht. Der Gesang verstummte, und die Türe wurde geschlossen. Die beigelaufenen anderen Kinder wurden von einem Soldaten mit einem Stecken auseinandergetrieben. Das war der Abschied. Dann surrte der Motor, und 500 Kinder wurden südwärts transportiert – wohin? (...)

3.11.1946 Meine zwei jüngeren Schwestern Lentschi und Sophie wurden heute von Filipovo aus nach Kruševlje ins Lager geführt. Ich konnte ihnen nur durchs Fenster zum Abschied winken. Meine eigene Verhaftung fiel mir nicht so schwer wie dieses herzlose Auseinandergerissenwerden von den eigenen Kindern und Geschwistern, was oft rücksichtslos und systematisch durchgeführt wurde. (...)

20.11.1946 Seit drei Wochen sind wir im Lager, d. h. gehören wir zum Lager. Daß wir immer noch hier im Pfarrhause wohnen, ist wohl dem Umstand zu verdanken, daß der Lagerkommandant unterdessen dienstlich verreist ist.

Die Gerüchte über die Umsiedlung der Deutschen aus Jugoslawien halten sich hartnäckig. Ob was an der Sache ist, weiß man freilich nicht. Bemerkenswert dabei ist die Tatsache, daß die große Mehrheit diese Lösung als Erlösung betrachtet, ganz gleich, ob wir nach Österreich, Deutschland, Kanada, Argentinien oder sogar Australien kämen! Dies zeigt wohl am grellsten die Tragik unseres Schicksals: die Menschen wären froh, wenn sie mal endlich aus ihrer Heimat geworfen würden! (...)

30.10.1946 Pfuhl ist zurück. Das Verhör beim Lagerkommando war allerdings sehr kurz. Wir wurden bloß gefragt, was wir der Nationalität nach seien. Als wir erklärten, wir seien Deutsche, wurde uns der Haftbefehl von Seite des Izvršni Odbor – Novi Sad [Exekutivausschuß Neusatz] verlesen. Hiermit sind wir also ins Lager geworfen. Sofort wurde uns auch unser Personalausweis (legitimacija) abgenommen. Obwohl wir nicht unhöflich behandelt wurden, hinterließ diese Szene einen eisigen Eindruck, besonders noch durch das große Wahlplakat über dem Schreibtisch im Kommandozimmer, welches alles sagt, indem es die Worte trägt: „Ratni zločinci nemaju prava na milosrdje." (Die Kriegsverbrecher haben kein Recht auf Erbarmen.) – Wir sind also auch zu diesen gezählt. „Fiat!"

14.12.1946 Vierzehn Tage sind vorüber, seitdem das Auswanderungsfieber alle erfaßt hatte. Jetzt ist wieder alles beim alten; kein Bescheid, keine Aufklärung, keine Anweisung, rein gar nichts wurde derzeit den Leuten gegeben. Narrt man uns absichtlich so herum? Kein Wunder, daß viele schon Fassung und Geduld verloren haben und scharenweise über die Grenze flüchten. Die vergangenen Nächte sollen es ihrer einige hundert gewesen sein. Nichts schreckt sie, weder Nacht noch Winter noch fremdes Land noch ungewisse Zukunft; nichts ist ihnen so schrecklich wie das Lagerleben. (...)

23.12.1946 Während ich hier schreibe, wird in den Nebenzimmern geräumt, will sagen: ausgeräumt. – Gestern schon war der Kommandant mit einem fremden Offizier hier und ließ uns wissen, daß des verstorbenen Pfarrers Eigentum nun „Volkseigentum" sei. Da wir beide Geistlichen, Pfuhl und ich, rechtlose Lagerleute sind, konnten wir selbstverständlich weder etwas dafür noch dagegen haben, wir mußten es einfach zur Kenntnis nehmen. Bin nur neugierig, was das „Volk" davon haben wird, da sich der fremde Offizier gestern schon die schönsten Möbelstücke usw. herausgelesen hat und heute auch schon von einem Waggon für nach Valjevo spricht! – Wir beide schwebten in Gefahr, aus dem Haus zu fliegen; doch schließlich wurde uns das Kaplanzimmer als Wohnung zugesagt. Ob man uns auch Lebensmittel oder Heizmaterial belassen wird, wissen wir nicht. Pfarrer Schwerer ist am 7. XII. hinausgeworfen worden ohne das Allernötigste! (...)

28.12.1946 Heute war große Räumung im Pfarrhause. Den ganzen Tag hindurch sind Wagen vorgefahren und machten das Haus leer. Pfuhl schläft heute zum ersten Mal auf der Erde, da man ihm auch die Bettstatt genommen hat. Auch unser Brennmaterial hat man fortgeholt. Allerdings hat man uns dabei großmütig die Lagerration an Holz zugesagt. Damit wird es aber sein wie mit der Brot- und Lebensmittelration: zum Leben ist es zu wenig und zum Sterben zu viel.

31.12.1946, Silvesterabend 1946 Da man uns gerade vor zwei Monaten die Freiheit und heute noch den letzten Vorrat an Mehl genommen hat, steht die Jahresbilanz an Haben wirklich auf Null. Mit dem letzten Wecken Brot in der Kiste und mit tiefem Gottvertrauen im Herzen beginnen wir das Jahr 1947. (...)

12.1.1947 Vorgestern ist der erste und heute der zweite Transport mit Lagerleuten eingetroffen. Das Lager zählt um 14 000 Menschen. Kälte und Hunger quälen viele. Bei beiden Transporten waren erfrorene Kinder, da sie in offenen Viehwaggonen bei Nacht geliefert wurden. (...)

21.1.1947 Die Flucht nach Ungarn geht hunderteweise immer noch weiter. Es ist schon gar kein Geheimnis mehr, daß das Kommando damit einverstanden ist und Miliz-Soldaten die Flüchtlinge bis zur Grenze führen. Dazu kommen aber immer neue Transporte aus verschiedenen anderen Lagern. Angeblich dürfen endlich doch mal einzelne Familienangehörige zusammenkommen. (...)

30.1.1947 Zum ersten Male soll in den jugoslawischen Blättern über die Umsiedlung der Deutschen aus Jugoslawien geschrieben worden sein. Dies wäre ein Fortschritt in der Lösung unserer Frage.

Auffallend ist, daß einige Tage her die Flucht nach Ungarn eingestellt und wieder verboten ist. (...)

10.2.1947 Die letzte Zeit sind aus andren Lagern schon mehrere Mütter freiwillig oder zwangsweise hierher gekommen, deren Kinder mit den sogenannten elternlosen Kindern von hier verschleppt wurden. Diese verlangen freilich ihre Kinder zurück. Sie bekommen sie aber nicht, und zwar aus dem Grunde, weil die Kinder „frei" seien, während sie – die Eltern – Lagerleute sind; „Freie" und Lagerleute dürfen aber keine Verbindung miteinander haben. Wahrlich ein famoser Rechtszustand! (...)

12.2.1947 Eigenartig! Auf einmal dürfen nun auch wir Lagerleute Briefe schreiben und empfangen. Sogar mit dem Ausland ist der Briefverkehr gestattet. Bisher galt es als Schwerverbrechen, wenn bei jemandem Briefe vorgefunden wurden. Unzählige Menschen sind deshalb jämmerlich verprügelt worden. (...)

24.2.1947 Obwohl ich mich auf Umwegen sozusagen hinschleichen mußte, konnte ich meinen Namenstag im Kreise meiner Geschwister verbringen. Sie verstanden es, diesen Nachmittag inmitten aller Not zu einer trauten und heimlichen Familienfeier zu gestalten. Unter anderen vielen Aufmerksamkeiten waren als wertvolle Geschenke das Bild unserer lieben Mutter und ein Häuflein Heimaterde vom Grabe unseres guten Vaters. Bisher besitze ich nichts Wertvolleres als diese beiden Geschenke. (...)

28.2.1947 Sämtliche Handwerker sollen sich im Kommando melden. Es wurde ihnen zu wissen gegeben, daß man sie „befreien" wolle.

1.3.1947 Es ist ein öffentliches Geheimnis, daß man von heute an wieder nach Ungarn hinüber fliehen kann. Dazu sind gewisse Führer bestimmt, und wer gut zahlt, kann nachts „fliehen".

8.3.1947 Zum wiederholten Male kam es nun vor, daß „Flüchtlingstransporte" von der ungarischen Grenzbehörde zurückgeworfen wurden. Es hat den Anschein, als ob uns die jugoslawische Behörde gerne auf Schleichwegen loswerden möchte.

10.3.1947 Während der letzten Woche wurden durch das Lagerkommando etwa zehn Fuhren Lebensmittel abgewiesen, welche von der slawischen und ungarischen Bevölkerung der Umgebung zur Linderung der Not ins Lager geschickt wurden. Die Begründung beim Abweisen war: „Seinerzeit habt ihr den Partisanen in den Waldungen nichts geschickt, jetzt aber –" oder: „Faschisten brauchen nicht unterstützt werden –" oder: „Wer etwas erübrigen kann, gebe es den bedürftigen Neusiedlern, nicht aber diesen –"

13.3.1947 Die Brotrationen wurden von 30 auf 25 Deka herabgesetzt; dabei ist es oft fast ungenießbares hundertprozentiges Kukuruzbrot.

15.3.1947 Zum zweiten Male jährt es sich heute, daß wir von Prigrevica Sv. Ivan fort und ins Lager getrieben wurden. Viele Stationen dieses Leidensweges haben wir schon hinter uns, aber allem Anscheine nach sind wir noch nicht bei der vierzehnten angelangt. Nach zweijährigem Hoffen und Harren wissen wir über unser künftiges Schicksal so wenig wie am Anfang.

Die Aussichten auf eine Auslieferung oder Umsiedlung werden immer mehr dadurch getrübt, daß die in letzter Zeit zusammengezogenen Arbeiter allmählich von neuem hinaus in verschiedene Arbeitslager geschickt werden.

16.3.1947 Die bekannten Transportführer, welche mit Einvernehmen des Kommandos letzter Zeit „Flüchtlinge" aus den Lagern Gakovo-Kruševlje über die Grenze nach Ungarn beförderten, wurden spät abends unter Gewehr nach Sombor gebracht, dort in die Eisenbahn gesetzt und sind so ganz geheimnisvoll verschwunden. Niemand weiß, worum es eigentlich geht.

17.3.1947 Täglich werden Flüchtlinge zurückgebracht. So manchem gelingt die Flucht dennoch durch Bestechung der Lager- und Grenzwache.

20.3.1947 Schon gestern wurde durch die Trommel bekanntgegeben, daß heute 3 500 Arbeiter antreten müssen. Von diesen wurde dann eine gewisse Zahl herausgewählt, die morgen angeblich nach Sombor in die Arbeit müssen. – Wieder ein herzloses Auseinanderreißen, wobei oft Bitten und Tränen nichts halfen. – Bei dieser Gelegenheit hat sich der Kommandant in höchster Aufregung öffentlich dahin geäußert, daß die Schwaben wohl der Meinung seien, sie werden im Laufe dieses Jahres noch ausgeliefert, aber sie mögen sich dies aus dem Kopfe schlagen, denn hier seien auf dem Hotter 11 000 Joch zu bebauen, und er werde sie lernen arbeiten, auch bei Gerstelsuppe und Kukuruzschrot! Übrigens werde er ihnen das Über-die-Grenze-schauen verleiden.

22.3.1947 Diese Tage stieg ich mal selbst hinab und besichtigte den berüchtigten und gefürchteten Keller, der im vorigen Jahr Monate hindurch als Kerker diente. Diese Stätte des Schauders und Grauens ist kaum 20 Meter von unserer jetzigen Wohnung entfernt; der Kellerhals mündet in unserem Hof. Hunderte und Hunderte Menschen können nur mit Ekel und Entsetzen an diesem Keller vorbeigehen, denn was sie da drunten mitgemacht und ausgestanden haben, läßt sich schwer beschreiben. Oft waren es 60-80 Personen, die Tage und Nächte lang in dieser Schreckensgrube von etwa 10-12 Meter Länge, 5 Meter Breite und 3-4 Meter Tiefe schmachteten. – Zumeist waren es Frauen und Mütter, die das „Verbrechen" begangen haben, für ihre Kinder in die Umgebung betteln gegangen zu sein. – Dieser Keller könnte Schaudermärchen von Grausamkeiten, Schlägen, Unrat, Angst und Schrecken, sogar von Mord und Selbstmord mißhandelter und verzweifelter Menschen erzählen. Aber er könnte auch von Stunden und Nächten erzählen, welche die Dulder in Ergebenheit und einmütigem Rosenkranzgebet verbrachten.

25.3.1947 Heute war unsere Schwester, die Res, hier und hat für uns an der Bahnstation Pakete abgegeben. Ich ging auch hinaus, durfte ihr aber nichtmal die Hand reichen, viel weniger mit ihr sprechen. Der Posten schloß das Gitter und drohte ihr und mir. Stumm wendete ich mich ab und ging, d. h. mußte gehen, ohne nur einen Gruß für die Mutter mitgeschickt zu haben. Auf dem Heimweg war ich gekränkt und verstimmt, aber doch froh, dem Posten kein „molim" (bitte) gesagt zu haben. Nein, lieber verzichte ich auf alles, als diese Unmenschen um Menschlichkeit zu bitten. – Wie ich so heimwärts ging, hielt mich ein Straßenposten auf und wollte mich eigens legitimieren. Ich warf ihm nur einige Brocken hin, machte mir aus ihm nicht viel zu schaffen und ging meines Wegs weiter. Er wagte es doch nicht, mich ins Kommando zu geleiten. Ich muß ihm wohl als verdächtiges Element vorgekommen sein.

26.3.1947 Wieder ist eine Ärztekommission hier. Die Lagerkinder werden untersucht, und die Lungenkranken und Unterernährten werden aufgeschrieben. Man verspricht ihnen bessere Verpflegung. Untersucht, aufnotiert und versprochen wurde schon oft, ob mal auch geholfen wird werden?

27.3.1947 Pfuhl und ich wurden am Vormittag hinüber in die Kirche gerufen. Dort war der Kommandant, der Komm.-Stellvertreter, der Intendant und ein Arbeiter, welcher eben damit beschäftigt war, sämtliche elektrische Birnen vom Altar abzumontieren. Wir wurden nach den Kelchen und anderen Goldsachen gefragt und konnten dann gleich auch wieder gehen.

Allem Anscheine nach wird man die Kirche zum Lagerarrest machen. Denn die bisher dazu dienenden Räume sind schon überfüllt. Kein Wunder: Gestern z. B. waren 114 Personen eingesperrt, und die Zahl der Häftlinge wächst, da der Hunger immer mehr die Menschen zwingt, hinaus betteln zu gehen oder sogar die Flucht nach Ungarn zu ergreifen. Von diesen aber werden jetzt viele gefangen und zurückgebracht. (...)

26.4.1947 Die Nacht auf den Donnerstag ist Kaplan Wildinger geflohen, die darauffolgende Nacht Herr Raible. – Die „amtlichen" Transporte, d. h. jene, die mit Einvernehmen des Kommandos über die Grenze geführt wurden, sind wieder eingestellt; jetzt heißt es wieder „schwarz" fliehen. Zumeist schleichen sich die Leute in Gruppen von 15-20 Personen hinaus und gehen dann der Grenze entgegen. Es gehört schon zum regelmäßigen Lagerbetrieb, daß jede Nacht soundso viele Gruppen fliehen und von diesen täglich soundso viele Personen zurückgebracht und eingesperrt werden. Doch auch dieses Einsperren wird auch schon nicht mehr ernst genommen; man kann aus dem ganzen Verfahren nicht recht klug werden, ob die Lagerbehörde die Flucht eigentlich verbieten oder fördern will.

Unser Bruder Joschi hat sich die vergangene Nacht auch so einer Gruppe angeschlossen. Er will vorläufig drüben Kleider in Geld umwerten und so der Schwägerin mit den Kindern unter die Arme greifen und auch uns anderen Geschwistern Reisegeld sichern, falls wir die Flucht durch Ungarn nach Österreich antreten.

28.4.1947 Einige hundert Personen aus den Lagern des südlichen Banats sind angekommen; man erwartet jedoch noch 300. Es ist dies anscheinend ein berechnetes Manöver. Aus dem Inneren des Landes wirft man die Menschen nach Gakovo nahe zur Grenze, und hier zwingt man sie durch Not und Hunger, eher oder später die Flucht ins Ausland zu ergreifen, wohl um im Ausland keinen Verdacht zu erwecken. Es sei dem wie immer, kurz: in den letzten Wochen hat unser Lager um 3 000 Personen weniger. Dieser hat sich der Staat entledigt ohne einen Heller Auslage; ja, von den meisten hat er noch ihr letztes Geld durch die dazu bestimmten „Transportführer" herausgepreßt. – Wie man hört, fallen diese Flüchtlinge nun in Ungarn herum und sind somit aus einem Elend ins andere geraten. (...)

7.5.1947 Aus einer Zeitung, die uns zufällig in die Hände gelangte, vernehmen wir, daß unser Heimatdorf Filipovo auf Bački Gračac umgetauft wurde. Will man auch die letzten Spuren unserer Heimat verwischen? (...)

11.5.1947 Unsere Schwestern Marisch und Lentschi haben sich nachts hinausgestohlen, um die Mutter aus Filipovo (= B. Gračac) hierher zu bringen, damit wir sie bei uns haben, wenn wir in die Welt ziehen. Denn wo die Mutter sein wird, dort wird von nun an für uns elf Geschwister die Heimat sein. (...)

22.5.1947 Von den Arbeitern wird trotz dieser miserablen Kost immer mehr gefordert. Um fünf Uhr morgens müssen sie zur Arbeit antreten und kommen abends oft recht spät nach Hause, so wie heute z. B. die Feldarbeiter um halbneun. Fast die Hälfte hat nicht mehr die Abendsuppe abgeholt, sondern sich, matt und müde, hungrig aufs Schlaflager geworfen. So müssen die Menschen zusammenbrechen.

24.5.1947 Die vergangene Nacht sind Joschi, Kathi, Sophie und die kleine Evi „schwarz", d. h. ohne Abmachung mit der Grenzwache, nach Ungarn geflohen. Wir werden es vielleicht schon morgen „weiß" versuchen.

***25.5.1947**, Pfingstfest* Am Nachmittag muß das ganze Lager antreten; eine Neueinteilung der Arbeiter soll durchgeführt werden, auch soll eine gewisse Zahl hinaus in andere Arbeitslager geschickt werden. Dazu jedoch will sich niemand mehr hergeben, da sich alles mit Fluchtplänen beschäftigt.

Unsere Flucht ist für die kommende Nacht bestimmt. Ob es gelingt – und noch mehr, ob es alle aushalten werden?

26.5.1947 Nach außergewöhnlichen Anstrengungen haben wir gegen Morgen den ungarischen Boden erreicht. Im Grenzdorf Csátalja sind wir bei einem ungarischen Kolonisten gut untergebracht.

Die Flucht war ein großes Wagnis. Am Sammelplatz waren etwa 150-200 Personen, die bis zur Grenze in zwei „Transporten" geführt werden sollten. Alles tiefernst und mit Rucksäcken schwer beladen. Der Weg ist etwa 15-20 Kilometer und führt über Stock und Stein. Zu aller Sicherheit habe ich für unsere Familie zwei kräftige Burschen gedungen, einen Gepäckträger und einen Wegkundigen auf ungarischem Boden. Schon war alles marschbereit, und diese zwei fehlten noch immer. Der Kommandant hielt nämlich, wie wir hernach erfuhren, sämtliche jüngeren Arbeiter strafweise bis spät in die Nacht „angetreten"! Im letzten Augenblick kamen sie angerannt, und der Zug setzte sich in Bewegung, still und feierlich wie eine Prozession; wohl hat jeder dabei ans Leid- und Kreuztragen gedacht. In die Nähe der Grenze kamen wir gegen ein Uhr nach Mitternacht. Die Erschöpfung und Aufregung war derart groß, daß zwei alte Frauen etwa 100 Meter vor der Grenze zusammenbrachen, liegenblieben und erbärmlich jammerten. Da mußte rasch gehandelt werden, sonst könnte alles verraten sein. Mit meinem Wegführer sprang ich zurück, raffte sie auf, zerrte sie nach und reihte sie wieder in den Transport ein. Bei der Grenze mußte sich der ganze Transport auf lauter kleine Gruppen auflösen, und jede Gruppe ging nun ihren eigenen Weg, damit wenigstens die andren durchkommen, sollte eine gefangen werden. Zu welcher Gruppe jene zwei gebrechlichen Frauen gelangten, weiß ich nicht, nur als wir kaum die Grenze überschritten hatten – also eben in der ärgsten Gefahrenzone – hörten wir etwa 50 Meter von uns rechts klägliche Hilferufe. Wahrscheinlich war wieder jemand zusammengebrochen und hilflos liegengeblieben. Hier war nichts zu raten noch zu helfen, nur Gott zu empfehlen; es hieß: nur vorwärts, nur weiter aus der Gefahrenzone heraus!

27.5.1947 Joschi hat in Gara schon die Verständigung bekommen, daß die Mutter und wir alle glücklich angelangt sind, und ist nun herübergekommen mit dem Vorhaben, auch uns nordwärts nach Vaskút zu schaffen, wo Kathi und Sophie schon sind, da die Lage in diesen Grenzgebieten für uns Flüchtlinge unsicher ist. Zudem bekommt man hier im Orte nur schwer Brot. (...)

2.6.1947 Vormittag per Rad nach Vaskút. Vergebens um Arbeit oder Unterkunft für Flüchtlinge gesucht. Diese Menschen hier – besonders die noch wohlhabenden hiesigen Deutschen – scheinen für uns Flüchtlinge nicht das geringste Verständnis oder Mitgefühl aufzubringen. Sie kennen nur sich. Ehre den Ausnahmen. (...)

5.6.1947 Fronleichnam. Am Umgang haben viele Flüchtlinge teilgenommen. Gleich nachher ging die Trommel, daß sämtliche Flüchtlinge binnen drei Tagen den Ort verlassen müssen. Wohin ohne Geld und ohne Lebensmittel? Einige Gruppen sind aus den Nachbarsortschaften nach Jugoslawien zurückgeworfen worden. – Mittlerweile stellte es sich heraus, daß in Siklós nicht Sali, sondern ihre Schwester Lisi und Familie gefangen und ausgewiesen wurde. Doch wo mal einige vertrieben sind, schweben die andren auch schon in großer Gefahr. – Es ist herzzerreißend: Wie Wild und Diebe werden wir gehetzt und verfolgt.

6.6.1947 Früh morgens per Bahn nach Baja und von dort aus per Schiff nach Kalocsa, um mit dem hochw. Herrn Erzbischof unsere Lage zu besprechen und mir die nötigen Schriften zu verschaffen. – An der Bahnstation in Csátalja warteten schon etwa 100-120 Flüchtlinge mit Bündeln und Rucksäcken auf den Zug, sie nehmen die Richtung Österreich zu. Unterwegs sind sie in Gefahr, von der ungarischen Polizei aufgehalten und nach Jugoslawien zurückgeworfen zu werden; die ungarisch-österreichische Grenze müssen sie illegal überschreiten; und drüben sind sie wieder nur Fremdlinge und Flüchtlinge. Und doch geht man, weil man der Überzeugung ist, daß es nimmer schlimmer kommen kann, als es schon gewesen ist. – In Kalocsa bin ich bei Domherr Dr. Egerth abgestiegen, der zu mir noch immer gut, diesmal aber geradezu väterlich war. Er fühlt mit unserem Volke und bedauert unser Schicksal. (...)

10.6.1947 Über Gara mit Fahrrad nach Csátalja. In Gara habe ich erfahren, daß die 600-800 Flüchtlinge, mit denen ich auf meiner Rückreise von Kalocsa am Bahnhof von Baja die Nacht verbrachte, nun tatsächlich von der ungarischen Polizei gefangen und nach Jugoslawien zurückgeworfen wurden. Um ein Haar wäre ich auch darunter gewesen, hätte ich nicht den ersten Zug nach Bácsbokod benützt. An der Grenze haben die ungarischen und jugoslawischen Grenzposten aufeinander das Feuer eröffnet, weil diese die Flüchtlinge hinübertreiben, jene sie aber nicht hinüberlassen wollten.

In Csátalja bei Landsmann Adm. Thiel getroffen. Er ist auch diese Tage über die Grenze gekommen und will auch Österreich zu gehen. – Am Morgen trafen schon wieder im Dorfe manche von den zurückgeworfenen Flüchtlingen ein; teils sind sie von den Jugoslawen zurückgetrieben worden, teils haben sie sich auch wieder von allein auf den Weg über die Grenze gemacht.

Erschütternde Bilder bieten sich in diesen Grenzdörfern und diesen Landstraßen entlang: heimatlos, obdachlos und brotlos irren unsere Leute umher. Alles fragt sich: Wie soll das noch enden?

11.6.1947 In Vaskút will ich einiges von unseren noch zurückgebliebenen Bündeln verkaufen. Bettzeug und etwas Kleidersachen würde ich schon noch entbehren können, aber die Dorfbewohner wissen, daß wir Flüchtlinge gezwungen sind, unsere Habseligkeiten zu verkaufen, darum bieten sie nur einen Spottpreis dafür. Was soll man aber tun? Brot und Reisegeld muß man haben, sonst geht man zugrunde. Man verkauft und vertauscht ein Stück nach dem anderen, man entledigt sich nicht nur der wertvollsten und liebsten, sondern auch der notwendigsten Dinge, um am Ende bettelarm zu sein. – Ist dies der Weg, den uns die Vorsehung führt, damit unser Volk wieder die ewigen Schätze und Werte suchen und finden lerne, um dann arm an Erdengut, aber reich an Gnade zu werden? (...)

19.6.1947 In Máriaremete. Mit Mutter und Lentschi war ich heute draußen in Máriaremete, dem ungarischen „Maria-Einsiedeln", wo vor einigen Tagen Marisch, Kathi und Sophie Dienstplätze gefunden haben. Auch für die Mutter wollten wir hier draußen eine Wohnung suchen, vor allem weil es hier außerhalb der Großstadt billiger und leichter zu leben ist, dann aber auch deshalb, damit wir alle anderen wenigstens für eine kleine Weile zusammenkommen können; denn es ist und bleibt für uns wohl so: Wo die Mutter ist, dort haben wir noch ein Stückchen Heimat! Zu meinem großen Leid konnten wir gerade für die Mutter nichts Besseres finden als einen alten Ziegenstall, obwohl ringsumher lauter reiche Sommerwohnungen und Villen liegen. Aber was kümmert sich der Reichtum um die Armut! Auch besuchte ich den Pfarrer der Nachbargemeinde. Geradezu auffallend war es mir, wie dieser Herr erst dann gesprächig und unterhaltlich geworden ist, als er herausbekam, daß ich von ihm keine Unterstützung noch sonstwelche Hilfe erwarte, sondern bloß einen Höflichkeitsbesuch abstatte. – Am Abend wieder in Budapest, wo ich bei den P. P. Jesuiten freundliche Aufnahme für mehrere Tage fand. (...)

23.6.1947 Wie vor einigen Tagen für Mutter und Lorenz, so ist heute für Marisch, Kathi und Sophie polizeilich die Verweisung aus dem Lande zugestellt worden. Wir hoffen, wenigstens eine Zeitlang uns hier aufhalten zu können, um uns was zu verdienen und uns etwas zu erholen. Doch es scheint für uns keine Rast zu geben: wir werden weitergehetzt und -getrieben. (...)

28.6.1947 Máriaremete. Vormittags war ich in Szentföld. Hier konnte ich erfahren, daß so manche von unseren Landsleuten-Flüchtlingen noch im Internierungslager in Budapest seien. Es geht ihnen übel. (...)

4.6.1947 Pesthidegkút. Vor zehn Jahren war meine Primiz. Zur Zeit gleiche ich mehr einem verlorenen Schäflein als einem Hirten, denn meine Herde ist zerschlagen und zerstreut, ich aber selbst irre in der weiten Welt herum, heimatlos, obdachlos, brotlos. Lentschi beglückwünschte mich zu diesem Gnadentag im Namen der anderen Geschwister. Inmitten unserer Armut gelang es ihr, eine sinnreiche Kunstkarte herzuzaubern, die in moderner Ausführung Christus den Herrn darstellt, der schützend die Hand über einen Priester breitet. Die Rückseite trägt die Worte: „Gehst Du mit mir, dann darf ich's wagen frisch. Auf Dich gelehnt geh ich ins Weltgebraus. Auch dort bereitest Du mir einen Tisch. Da, wo Du bist, da bin auch ich zu Haus."

7.7.1947 Budapest. Mutter hat für zwei Tage als Wäscherin Arbeit bekommen. Ich mußte sie an Ort und Stelle bringen; wahrlich eine herzzerreißende Dienstleistung. Unsere Mutter hat bessere Tage verdient, und ich muß sie nun als Wäscherin aufführen.

8.7.1947 Pesthidegkút. Eigenartig! Diese Tage brachten die ungarischen Blätter die Nachricht, wie heimgekehrte Kriegsgefangene bei ihrem ersten Kirchenbesuch eine hl. Messe stifteten für ihre gewesenen anglo-amerikanischen Lagerposten, da dieselben mit ihnen äußerst milde und kameradschaftlich umgingen. Und wir wehrlose Zivilbevölkerung werden in Lagern zu Tode gequält. In Österreich werden, laut ungarischer Blätter, auch solche Lager geöffnet, in denen sich ausgesprochene Kriegsverbrecher befanden. Und wir friedliche Zivilisten, Mütter und Kinder werden noch immer wie Wild gehetzt und eingefangen. Gerade heute hörte ich von neuen Flüchtlingsfamilien aus unserem Heimatdorfe, die in Budapest bei schlechter Kost und Behandlung interniert sind. Übrigens bringen die ungarischen Blätter immer mehr Hetzartikel gegen uns Schwaben. Soll dies der Anfang einer neuen „Aktion" sein? So lebt man täglich und stündlich in Ungewißheit. (...)

24.7.1947 Allmählich werden die hier in Budapest internierten Flüchtlinge entlassen. Es waren ihrer einige hundert. Sie bekommen einen Ausweis, mit dem sie gegen die österreichische Grenze ziehen dürfen, doch müssen sie binnen 30 Tagen das Land verlassen. (...)

4.8.1947 In Szentföld fand heute eine Festlichkeit statt zu Ehren des Leiters der amerikanischen kath. Hilfsaktion, Msgr. Fox. Auch Kardinal Fürstprimas Mindszenty war zugegen. Tausende armer Kinder hierzulande werden durch diese Hilfsaktion unterstützt. – Unsere armen Lager- und Flüchtlingskinder sind leider noch in aller Windrichtung zu zerrissen und zerstreut, als daß man sie durch ähnliche Aktionen erfassen und unterstützen könnte. Freilich entbehren somit gerade jene der Hilfe, die sie am nötigsten hätten.

6.8.1947 Wohl schon zum zehnten Male war ich in Budapest wegen der Aufenthaltsbewilligung für unsere Familie. Endlich wurde sie für drei Monate zugesagt. – Mutter und die anderen Geschwister wollen also vorläufig in Ungarn bleiben, Lentschi und ich aber wollen anfangs nächster Woche Österreich zu gehen.

7.8.1947 In kürzester Zeit soll laut Zeitungsmeldungen die gewaltsame Umsiedlung der ungarländischen Deutschen fortgesetzt werden. Die Betroffenen sind umsomehr bestürzt, da sie laut amtlicher Verlautbarung in die russische Zone Deutschlands (oder Österreichs?) geschmissen werden.

8.8.1947 Allmählich bereiten wir uns, Lentschi und ich, vor zur Flucht nach Österreich. Am Montag abend (11. VIII.) wollen wir nach Südwestungarn fahren und bei Szentgotthárd die Grenze überschreiten.

11.8.1947 Ganz unerwartet bot sich uns gestern in Máriaremete (Budapest) ein Mann als Führer bis zur Grenze an. Wir sagten zu und sind statt heute schon gestern abends in Budapest weggefahren. Heute morgen in Szombathely angekommen. Ein Bekannter unseres Führers willigte ein und brachte uns noch am Vormittag mit Auto in das Grenzdorf Horvátlövő (?). Bald fanden wir jemanden, der in etwa um unsere Weiterbeförderung sorgte, obwohl der Hausherr, in dessen Hof wir abgeladen wurden und der die Grenzüberschreitung organisieren sollte, nicht daheim war. – Es neigt sich schon der Tag, und der Hausherr ist noch nicht zurückgekehrt. Wir warten in gespannter Aufregung.

Was wir bangend vermuteten, traf ein: Der Hausherr kehrte heim, wollte sich unser aber um keinen Preis annehmen. Dazu kam noch der inzwischen gedungene Kundschafter mit der Botschaft zurück, es sei unmöglich, über die Grenze zu kommen, da eben heute die Grenzposten ausgetauscht und die Wache wegen entdecktem Grenzschmuggel verstärkt wurde. Niemand im Dorfe wagte es, die Führung über die Grenze zu übernehmen. So standen wir nun wohl eine Stunde ziemlich spät abends ratlos. Was nun? Mit unserem Gepäck können wir nicht aus dem Dorfe, und hier hält uns niemand über Nacht auf. Da hilft nur eines: beten.

Auf einmal sauste wieder ein Auto daher und blieb vor unserem Hause stehen. Überrascht fragte ich den Chauffeur, woher er denn komme, denn es war derselbe, der uns am Vormittag hierher gebracht hatte. Ganz ruhig und trocken erwiderte er mir, er wisse schon alles. Und nach kurzem Hin und Her lud er uns samt Gepäck auf und sauste in ein anderes Grenzdorf, nach Alsócsata. Als er uns dort abgeladen und wir eintraten, fanden wir dort im Hause eine Familie, die schon einige Tage hier weilte mit der Absicht, über die Grenze zu fliehen, doch es wollte bis jetzt nicht gelingen. Für heute abend haben sie einen Führer (eigentlich eine Führerin) gedungen, und wir beide, Lentschi und ich, dürfen uns anschließen. – So warten wir nun hier, aufs äußerste gespannt. Es ist schon zehn Uhr abends, und die gedungene Person kommt nicht.

12.8.1947 Nein, die kam auch nicht. Aber statt ihrer traten auf einmal drei Mann in Uniform ein. Wir alle in der Stube waren wie versteinert einen Augenblick. Doch nach einem freundlichen „Guten Abend" in deutscher Sprache wußte ich schon, daß dies nicht die ungarischen, sondern österreichischen Grenzposten seien. Nach kurzer Begrüßung war die erste Starre gelöst, und nach einem guten Tropfen und geselligem Beisammensein war es so weit, daß wir in ihrer Begleitung mit hinüber durften. – Sie waren gestern abend zufällig herübergekommen, um sich bei dem mit ihnen gut bekannten Hausherrn durch einen guten Tropfen zu stärken. „Zufällig", sage ich; ob mit Recht? Denn dies alles ist mehr als Zufall.

Um Mitternacht haben wir die ungarisch-österreichische Grenze überschritten und sind gegen zwei Uhr nachts auf österreichischem Boden in Burg-Eisenberg angekommen. Von dort aus sind wir früh morgens per Bahn bis in den Bezirksort Oberwart gefahren. Dort meldeten wir uns auf Weisung der Grenzwache bei der Gendarmerie. Diese wußte jedoch mit uns nichts anzufangen und schickte uns zur Bezirkshauptmannschaft. Uns wurde jedoch das Hin und Her zu dumm, und ohne uns wo zu melden, bestiegen wir einen Autobus und fuhren Wien zu.

Um acht Uhr abends sind wir in Wien angekommen, und nachdem wir im Kloster (III., Apostelgasse 7) nicht aufgenommen wurden, übernachteten wir nun im unterirdischen „Bunker-Hotel" am Westbahnhof.

13.8.1947 Im Laufe des Vormittags habe ich mich beim Ordinariat gemeldet. Ich bleibe in der Flüchtlingsseelsorge. Vorläufig wohne ich im ungarischen Priesterinstitut „Pazmaneum". Lentschi ist untergebracht in der „Caritas socialis" (IX., Pramergasse 9). – Am Nachmittag verabschiedeten wir uns von den anderen Flüchtlingen am Westbahnhof und zogen in unser vorläufiges Quartier.

14.8.1947 Das Flüchtlingslager „Auhof" besucht. Kaplan Buschbacher ist hier seit etwa 10-14 Tagen als Seelsorger eingesetzt. „Auhof" mit etwa 1 500 Personen ist wohl das größte der sehr vielen Lager in und um Wien. – Selbst in unserer Seelsorgerzentrale weiß man noch nicht die genaue Zahl der Lager, da viele Unternehmungen sog. „Firmen-Lager" mit einigen hundert Personen aufrechterhalten, die von den wenigen Seelsorgern bisher noch nicht erfaßt werden konnten. Es wird dies die Aufgabe der nächsten Zukunft sein. – Die vielen Baracken des Lagers sind geräumig und rein. Auch steht ein großer und geschmückter Barackenraum für den Gottesdienst zur Verfügung. Der erste Eindruck ist sehr günstig. Die Verpflegung ist hinreichend und die Behandlung korrekt. – Das Lager Gakovo kann mit diesem nur insofern verglichen werden, als Unmenschlichkeit mit Menschlichkeit verglichen werden kann.

Franz Jünger
Temeswar – Baden-Baden

Franz Jünger (Pseudonyme: *„Vetter Jockl von Kleentermin", „O. K."*) wurde am 9. März 1958 in Temeswar (Banat/Rumänien) geboren. Er besuchte die Allgemeinschule in seiner Heimatstadt und absolvierte ebenda das Industrielyzeum Nr. 1 mit Fachgebiet Elektrotechnik. 1978 Studium am Temeswarer Polytechnikum. Erste Mundartveröffentlichung in banat-schwäbischer (Kleinterminer) Mundart 1976 in der Pipatsch-Beilage der Neuen Banater Zeitung. Erste hochsprachliche Versuche stammen aus dem Jahr 1970. Verschiedene Anthologien nahmen Texte von ihm auf, u. a. die „Fechsung". Zu den Randerscheinungen seiner Aktivitäten gehört die Aufnahme von Beiträgen auf der Schallplatte „Mir sin die Banater Schwowe" in Rumänien, verschiedene Auftritte im rumänischen Staatsfernsehen sowie die Teilnahme an etlichen Rundfunksendungen. Jünger ist Mitbegründer des Adam-Müller-Guttenbrunn-Literaturpreises in Temeswar. Er gab sieben Lyrikbändchen im Selbstverlag heraus, im Battert-Verlag erschien der Gedichtband „Tage der Liebe". Seine Texte möchte der Autor nicht als Gedichte im klassischen Sinn verstanden wissen, sondern als „erweiterte Gedankensplitter", die als solche eine vorurteilslose, aber doch sehr persönlich gefärbte Sichtweise widerspiegeln sollen. Es gelte, so schreibt er, „die Wirkung der pannonischen Energie als Ausgleich für Vergangenheit und Zukunft gefühlsmäßig zu untersuchen und als Denkanstoß weiterzugeben". 1981 verließ Jünger Rumänien und wohnt heute in Baden-Baden, wo er beim Südwestrundfunk als Sachbearbeiter tätig ist. Er ist Mitbegründer der „Deutsch-Rumänischen Akademie Baden-Baden e. V.", ein internationales Forum für Ethik, Wissenschaft, Kunst und europäische Freimaurer-Studien. Unter dem Kürzel „O. K." verfaßt Jünger im „Donautal-Magazin" auch journalistische Beiträge.

Banater Herbscht

So wie ich geh,
schickt mir de Baam
die lezschte Grieß.
Der Bauer im grooe Newelwaan
die spot Fechsung speichert.
Ke Stiglitz, Zeisig, Star mer singt
un de Altweiwersummer
mit grooem Spinnegflecht
is vergeß.

In de Ruhstund
wan de Offe summt
die Blume gwintert sin
un der Himmel is groo wie Sand
die Erd ruht in voller Ehr.
Bis mol wieder die Grill
alti Lieder ausem Leierkaschte
hervorholt.

Kunschtatierung

    die alte
        besser gsaat
    die gscheite
        besser gsaat
    die tote
    han uns jedsmol
    a some vun ihrer gscheitheit
    iwerloß
    der wu beim Zeitichwere
    sieß war
    oder sauer
    oder bitter

dankscheen

dir verdank ich alles
    mei erschte schrei
    mei erschtes wort
die großi reis
wuscht mit mir gemacht hascht
wu ich gement han
de wech is glatt wie glas
wu mer awer leicht stulpre kann
    un falle
du hascht mich dann gelernt
gleich ufstehn
un
    weiter

Ich kritisier nit

Ich kritisier nit
weil ich mich uf sowas
nit versteh.
Mir is die Welt rund genuch.
Verstruddlt
sin ich ach nit.
Iwerhaupt –
ich han mit niemand nix.
Awer ens
gfallt mer nit:
daß mei Hut
drei Ecke han muß ...

De erschte Radio

Es war vor viele Johre, in dere Zeit, wu die erschte Radios ufkumm sin. De Hans un de Niklos han de allererschte solche Apparat ins Dorf gebrung ghat, un an eem scheene Tach han se de Vetter Josep – der hat de scheenschte Schnauzer im Dorf ghat un war aach recht stolz uf des – aso den han die zwei geruft, for ach mol Radio horche.
 De Vetter Josep is hin, awer der Radio is un is nit gang.
 „Des is nor weger Eirem lange Schnauzer", hat de Hans gement, un de Niklos gleich druf: „Ja, ja, des is es! Wie daß mir nit gleich uf des drufkumm sin? Des hochmoderni Sach do, der Radio halt, der vertraat sich ewe mit Eirem altmodische Schnauzer nit!"
 Un – een Wort ins anri – bis zuletscht war em Vetter Josep sei Neigier dann doch a bißl greeßer als wie sei Stolz – außerdem hat er sich jo aach so a Radio anschaffe wille – un er is hergang un hat sich uf der Stell sei Schnauzer abbalwiere gelößt. Un – was ment eener – kaum war sei Schnauzer herune, is der Radio aach schun gang!
 Wie de Vetter Josep noh hemgang is un des vun dem Radio un vum seim Schnauzer verzählt hat, is er drufkumm, daß er jo eigentlich schun lang so a Radio, a eigene, im Haus hat ... Seit volli achtunddreißich Johr schun, seit dem daß er gheirat hat ... Der wu awer net nor dann geht, wann er sich sei wunnerscheene Schnauzer abbalwiere loßt ...

Traumbild

Das lange Haar
war wie Seide,
ihre Stimme war
wie Taubengurren.
Ihr Blick
glitzerte wie
ein Diamant.
Ich versuchte
sie zu fassen,
sie verschwand
beim ersten
Hahnenschrei.

Am Schreibtisch

Hinter der Tür,
da steht
mein Tisch.
Wer kann
es glauben?
Die Tür steht
weit offen.
Es dringt
der Klang von
späten Abendstunden
auf das
Blatt Papier.

Schichtantritt

Das Werktor
steht weit offen.
Das „Guten Morgen!"
klingt eisig –
und verraucht.

In der Halle
geht es
bald los,
in der Ölluft
und auf
fettigen Arbeitsstellen.

Der erste
Zigarettenrauch
steigt
zur Decke.
Schrill frißt sich
Metall in Metall.

Brüderlicher Zwist

Mein Vater
hat zwei Söhne,
der dritte –
bin ich.

Ich möchte mich
nicht einmischen
in den
brüderlichen Streit,
wo beide vergessen,
wer der
Weiße sein soll
und wer
der Schwarze,
der etwas
mehr verdient
oder der
etwas besser
leben kann.
Ich bin
der Dritte
im Bunde,
nicht unehelich,
sondern als
Beobachter der
internen Lage,
muß entscheiden,
was richtig ist.
Falsches scheint
nicht vorhanden
zu sein.

Ab und zu
hört man
laute Stimmen
und Gläserklirren.
Was der Grund
dieses Lärms ist,
weiß ich nicht.

Die Lage
ist zu intern.
Ich kann das
nicht verstehen.
Brüderliches ist eine
schwere Sache,
wo sogar
der Vater
sein Stimmrecht leicht
verlieren kann.

die schwerkraft
deiner schönheit
hat sich
in bildbände
verlagert
und
wartet
bis stipendiaten
das rätsel
deiner mutation
als
doktoranden
verstehen

meine fahrkarte
für den   zug
toter gleise
habe   ich
in die waschmaschine
geworfen
um die gültigkeit
zu verlängern

Lebensregeln

Deine Pflicht:
gesund bleiben,
kräftig essen,
tief atmen,
frische Luft,
die du
selbst verpestest,
mit Zigaretten
und Autoabgasen.
Ruhig schlafen,
früh aufstehn,
das ist
deine Pflicht
mir gegenüber,
weil ich
dich bezahle.

Klassentreffen

Mit einer
zerknüllten Krawatte
stehe ich
an der Rezeption.

Mit der
geballten Linken
unterdrücke ich
das Zittern
der Rechten,
die unterschreibt.

Ich habe Angst,
ich bin allein,
es sind
viele Jahre
schon her,
ich war
der Schwächste.

Sie werden
lachen und
sich rühmen
mit den
Titeln in
den Taschen.

Ich werde meine
Krawatte bügeln,
sie ist aus Baumwolle,
ein billiger Stoff.

Sie werden lachen,
und ich
werde wieder
einsam in einer
Ecke sitzen und
billige Anfragen
teuer beantworten.

Jahre sind
schon dahin,
und ich habe
graue Haare,
die jetzt wieder
Farbe haben,
um mir
nicht sagen
zu müssen,
ich hätte
etwas Schlechtes auf
dem Gewissen.

Der Straßenmusikant

Der Hut
liegt vor
meinen Füßen.
Ich singe
ein Lied.
Keiner hört
mir zu.
Ich weiß,
das Lied
liegt euch
in den Ohren.
Mehr Leidenschaft
packt mich.
Ihr geht
stolz an
mir vorbei.
Ich bin
ein Künstler,
wie in
alten Zeiten.
Auf der Straße
bei Sturm
und Sonnenschein.
Ihr schaut
mich mißtrauisch an.
Der Klang
des Groschens
klingt hell.
Er landet
mitten in
meinem Hut.
Ihr geht vorbei,
ich singe weiter.

Ich weiß,
ihr schämt euch.
Meine Seele
ist rein.
Ich bin
kein Versager.
Glaubt ihr nicht.

So fragt
meinen Vater.
Verstohlen werft
ihr mir
die Groschen
in den Hut.
Ich danke euch.
Es wäre schöner,
wenn ihr euch
um mich herum
im Kreise drehen
und tanzen würdet,
denn ich
habe euch
vieles zu sagen.
Euer Gehör
wäre mir lieber
als die
kleinen Groschen.

Klassenkampf

Datteln,
Apfelsinen,
Bananen
schmücken den Tisch.
Verrate uns doch,
wie du es
geschafft hast,
in einem
seidenen Bett
zu schlafen.
Steckt unsere
Arbeit auch
mit darin?

ihr
seid die
wir
sind die
alle
sind wir die
die nicht mehr
an die geborgenheit
der heimaterde glauben

Mein Leben ist ein Keim

Mein Leben
ist ein Keim,
der Keim
entsprang dem Keime.

Mein Leben
ist eine
ungereifte Frucht,
die Frucht
entsprang dem Keime,
der gekeimt hat
in einem Keim,
der entsprang
einer Frucht.

Die Frucht
gehört der Natur,
die Natur
gehört der Liebe,
die Liebe
gehört dem
großen Etwas,
das entsprang
einem Keime.

Jedes von
jedem entsprang,
entspringt einem Keime,
der sich
entwickelt zu einer
noblen Frucht.

Wer die Ernte
davonträgt,
steht in
den Sternen, die unser
Zuhause sind.

Die stillen Tiefen

Die stillen Tiefen
der weiten Meere
haben das Lied
der Weite
tief im Inneren.

Die stillen Tiefen
der weiten Meere
haben das Geheimnis
der Dunkelheit,
die sich verbirgt
vor der Macht
des Lichts.

Die stilllen Tiefen
der weiten Meere
haben die Tiefe,
die uns die
Gesetzlosigkeit lehren.

Die stillen Tiefen
der weiten Meere
haben die Herrlichkeit
des Ungewissen
tief in ihrem Leib.

Die schäumenden Wellen,
mit wuchtiger Gewalt,
verbergen im Lichte
die stillen Tiefen
der weiten Meere.

Irgendwo in Europa

Das Dorf,
in dem
ich meine
Kindheit verbrachte,
liegt irgendwo
in Europa,
im Banat.
An der
jugoslawischen Grenze
ist Stacheldraht gesponnen,
mit Schießanlagen.

Das Dorf,
in dem
ich mich
auf die Erde
der Straße freute,
weil ich den
Asphalt der Stadt
vergessen konnte,
hat auch Teiche,
wo ich meine
ersten Fische

geangelt habe.
In dem Dorf
gibt es
nur noch
wenige Einwohner.

Viele sind
über den
Stacheldraht geklettert,
und jedesmal
wird geweint,
und es heißt,
ein Haus,
mit Schweiß erbaut,
ist wieder
leer geworden.
Der Gedanke,
daß alle Häuser
leer werden könnten,
ist bitterer,
als man
denken kann,
weil jedesmal
ein Stück Europa
verlorengeht.

Was hindert dich
an den glanz
alter häuserfassaden
zu glauben
    wenn
es sie
längst
nicht mehr gibt

der ruf
      der könige
hat uns gebracht

der ruf
      der diktatoren
hat uns vertrieben

1974

Tausende Fenster
abertausend Augen
als Geburtshelfer
erhellen die engen Alleen der Hochhäuser

ich gehe durch diese Straßen
diese Straßen sind mein Zuhause
sie beten mich in Sicherheit

diese Straßen wie ein Tal

hochoben grüne Wälder
ich wollte darin spazieren

sie waren plötzlich nicht da

Ideen flatterten wie ein Schmetterling
ich wollte danach greifen

ich schlug mir selbst ins Gesicht

Freunde kamen mir strahlend entgegen
ich wollte mich freuen

ein Laternenpfahl stand mir im Weg

Feinde brachten Brot

als Krönung meiner Not

mit einem bitteren Beigeschmack stieg ich in den
überfüllten Bus

ich war noch da

1981

die Gefühle
stehen vor der Wahl
beteiligen sich am Ausverkauf
die schützende Aura wird im Gemenge
gedrängt
                      gesalbt
gedrängt
in der Ackerfurche legt sie sich zur Ruh

im Mondschein erwacht
kann ich die Farbe der Aura
nicht wiedererkennen
es ist der erste Schrei

mit dem Duft des Schicksals

hoch oben grüne Wälder
sie waren plötzlich da

ich bin darin spazieren gegangen

1988

am großen Markt der Erinnerungen
nur scheinbares Gedränge

Zweifel an der Glaubwürdigkeit der Ware
der Ware
       Erinnerungen

Opferbereitschaft als Wucherpreise
für das Kommende
das uns scheinbar in liebe umarmt
und wir nicht merken
von der liebe erdrückt zu werden

in meiner Not
hielt ich Ausschau nach

eine Vision war geplatzt

blaue Reiter auf grünen Rössern
galoppierten
auf der Suche nach Gedankensplittern
durch das Banater Wiegenland

bitterer Beigeschmack unumkehrbarer Zeit

1991

   große Ereignisse werden
   unvollendet weltweit angeboten

   eine Messe der Gefühle
   nenne ich mein

   zum Abschied ein Lagerfeuer

   unter der fahlen Asche
   schlummert die Glut

Wiedersehen

die träne
zwischen hier und dort

wer sind die hier
wer sind die dort

wer gab ihnen das Recht
zwischen hier und dort

die Träne
funkelnd wie ein Kristall
Kummer
       Leid
               und Freude
stürzt sich in den reisenden Fluß der Zeit

Urlaubsfahrt II

Urlaubsfahrt
mit unbestimmtem Ziel
sind Fahrten zwischen Tal und Berg

im Tal der Blick
auf die nächste Bergspitze

auf der Bergspitze
der Blick auf die nächste Bergspitze

welch
trügerisches Verdrängen
Die Talfahrt übersehen zu wollen.

graue Wolken
schmücken
den Alltag
die hüte
haben den anstandsknick vergessen
ich stricke
aus Schneeflocken
einen weißen Teppich

spuren nach links
spuren nach rechts
ziellos
gerade aus

meine Kindheit
Habe ich zwischen den grenzen verloren
am Rand
ist niemand zu Hause
und in dieser
noch immer von Geburtswehen
geplagten sinnsuche
glaube ich an landsuche

Peter Jung †
Hatzfeld – Hatzfeld

Peter Jung wurde am 1. April 1887 als erster Sohn des Kleinbauern Mathias Jung und dessen Ehefrau Katharina, geb. Reichhardt, in Hatzfeld (Banat/Ungarn) geboren. Die Mutter starb, als Peter fünf Jahre alt war. Er besuchte die Elementar- und Bürgerschule im Geburtsort. Der Vater wollte den begabten Jungen studieren lassen, da aber die Mittel fehlten, kam der Zwölfjährige als Hilfskraft in die Feinkostgroßhandlung seines Onkels nach Budapest, wo er abends eine dreijährige Handelsschule besuchte. 1906-14 wechselte er neunmal die Stellung und arbeitete in verschiedenen Betrieben der ungarischen Hauptstadt. Im Ersten Weltkrieg kam er als Infanterist an die Front in Galizien und Südtirol. Nach dem Krieg erlebte Jung in Budapest die Räterepublik und floh vor der Horthy-Diktatur ins Banat. An der Gründung des Schwäbisch-Deutschen Kulturbundes in Jugoslawien nahm er regen Anteil. 1920 heiratete er Theresia Weidner, die Ehe blieb kinderlos. Jung redigierte 1920-28 die „Hatzfelder Zeitung", die zum mutigsten Sprachrohr der deutschen Bewegung des Banats wurde. Jungs auf Gerechtigkeit pochende Leitartikel waren vielfach richtungsweisend für die Neugestaltung der politischen Verhältnisse. Er war innerer und äußerer Mitarbeiter verschiedener anderer Zeitungen im Banat und in Siebenbürgen, später auch in Bukarest, verdiente aber nie genug, um auch nur vorübergehend sorglos leben zu können. Die letzten Jahre vor seiner Pensionierung 1950-53 wurde er als Abteilungsleiter Beamter in der staatlichen Hatzfelder Ziegelfabrik „Ceramica". Sein poetisches Talent entdeckte Jung mit 17, er schrieb zunächst Gedichte in ungarischer, dann in deutscher Sprache. Der belesene Autodidakt nahm sich besonders Goethes Faust zum Vorbild. Nur Bruchstücke seiner heimatverbundenen, sozialkritischen und religiösen Gedichte und Lieder, seiner umfangreichen Spruchdichtung sind erschienen. Einige Gedichte sind vertont worden. Insgesamt hat der Dichter etwa 12 500 Gedichte in 92 400 Versen hinterlassen. Der Nachlaß befindet sich heute in der Bayerischen Staatsbibliothek. Peter Jung starb am 24. Juni 1966 in seiner geliebten Heimatgemeinde.

Wie das schwäbische Dorf entstand
Die Wandlung des Banater deutschen Hauses seit der Ansiedlung

Auf Grund der beiden Ansiedlungspatente aus den Jahren 1763 (theresianisches) und 1782 (josephinisches) kamen Tausende von Familien aus dem westlichen Gebieten Deutschlands in das versumpfte und verseuchte Gebiet zwischen Marosch, Theiß und Donau, um sich hier als Kolonisten eine neue Heimat zu schaffen. Die beiden Patente boten auswanderungswilligen und unternehmungslustigen Menschen so viele Vorteile und waren so verheißungsvoll, daß es weiter nicht wundernehmen darf, wenn die ewig gehetzten und der Fron sowohl als auch der unmenschlichen Grausamkeiten der Soldateska des französischen „Sonnenkönigs" müden Klein- und Zwergbauern und landwirtschaftlichen Arbeiter dieses Himmelsstrichs den Weg in das von den Türkengäulen zerstampfte Banat nahmen und den Einsatz wagten, den dieses Unternehmen von ihnen erforderte.

An ihrem Bestimmungsorte angelangt, wurde jeder Familie Haus und Hof zugewiesen. Ferner erhielt sie, ihrer Seelenzahl entsprechend, eine ganze, eine halbe oder eine viertel Session. Eine ganze Session bestand aus 24 Joch Acker, 6 Joch Wiese, 6 Joch Weide und einem Joch Hausgrund, zusammen also aus 37 Joch. Zu einer halben Session gehörten 12 Joch Acker, 4 Joch Wiese, 4 Joch Weide und gleichfalls ein Joch Hausgrund, was zusammen 21 Joch entspricht. Das Ausmaß einer viertel Session belief sich auf 13 Joch. Außerdem wurden die Kolonisten mit dem notwendigen Zugvieh, Futter und Getreide versehen und erhielten die notwendigen Ackergeräte oder bares Geld zu deren Anschaffung. Dieses Geld galt als Darlehen und mußte nach drei Jahren in kleinen Raten zurückgezahlt werden.

Wie sah nun so ein Siedlerdorf aus? Nehmen wir *Hatzfeld* als Beispiel.

Zu Beginn des Jahres 1766 betraute die Wiener Bankodeputation, die das Kolonisierungsgeschäft finanzierte, den Administrationsrat Johann Wilhelm von Hildebrand damit, auf den ärarischen Heuwiesen *Csombol*, *Rabi* und *Peterda* eine neue Kolonistengemeinde zu erbauen. Sie war für die 400 Aussiedlerfamilien bestimmt, die mit ihrem Pfarrer Sebastian Plenkner aus Sien in der badischen Pfalz auswanderten und am 11. Juni 1766 an ihrem Bestimmungsort eintrafen. Ursprünglich wollten sie ihrer neuen Gemeinde den Namen *„Landstreu"* geben; als sie aber in Wien ankamen, begaben sich diejenigen unter ihnen, die sich den Anordnungen Plenkners nicht fügen wollten, zum Hofkammerpräsidenten Karl Friedrich Anton *von Hatzfeld-Gleichen* und baten, ihnen zu erlauben, daß ihre neue Siedlung seinen Namen tragen dürfe. Es wurde ihnen erlaubt. Als sie dann an Ort und Stelle ankamen, ließen sich die, die zu Plenkner hielten, in der östlichen Hälfte des Ortes nieder und nannten sie „Landstreu", die anderen aber besetzten den westlichen Teil und gaben ihm den Namen „Hatzfeld". Als Pfarrer Plenkner zwei Jahre später, also 1768, wieder in die alte Heimat zurückkehrte, nahmen auch die

„Landstreicher" genannten „Landstreuer" den Namen Hatzfeld an. Und diesen Namen führt die Gemeinde auch heute noch, trotzdem er im Laufe der Jahre wiederholt geändert wurde.

Um das Ansiedlungswerk in Fluß zu bringen, ergingen am 1. März 1766 von der Temesvarer Landesadministration an alle Verwaltungs- und Forstämter, über die sie zu gebieten hatte, die Befehle, das für 400 Häuser notwendige Holz und 450 000 Buschen Deckrohr auf Robotfuhrwerken nach den hier bereits erwähnten Prädien Csombol, Rabi und Peterda zu schaffen, auch möglichst viele noch nicht angesiedelte Familien als Arbeiter in Taglohn (30 kg) dahin abzuschicken. Die Ingenieure Karl Alexander *Steinlein* und Johann Theodor *Kostka* hatten den Hotter vermessen, die Hausplätze ausgesteckt, und die Arbeit wäre nun rasch vorwärtsgegangen, wenn es nicht bis anfangs Juni fortwährend – geregnet hätte.

Die erste Enttäuschung
Am 11. Juni 1766 sahen die Ansiedler endlich ihren Ansiedlungsplatz – aber in welchem Zustand! In Wien wurde ihnen gesagt, ihre Häuser werden schon ziemlich fertig und ihre Felder angebaut sein, wenn sie an ihrem Bestimmungsort eintreffen. Nun aber waren die Häuser kaum begonnen und die ganze Ortslage voller Pfützen. Die Arbeiterfamilien hatten ihr ausgedehntes Lager an der Stelle der nördlichen Grenze der Siedlung aufgeschlagen, wo sich bis 1899 der sogenannte alte Friedhof befand. Er hatte das Ausmaß eines ganzen Häuserblocks und dehnte sich bis zu der 1852 in Bau genommenen Eisenbahnlinie aus. Die ersten Arbeiter waren im März hierher gekommen und jetzt, etwa *Mitte Juni, waren von ihnen schon 178 begraben*. Des *Grundwassers* wegen machte man nicht einmal Gruben für die Särge, sondern bedeckte sie bloß zwei Schuh hoch mit Erde oder Lehm. Die erste Ackerflur war mit Sommerfrucht bebaut, die man vor Unkraut kaum sehen konnte. Der Anbausamen sollte zurückerstattet werden, was in diesem Jahr aber unmöglich war.

Das Aufstampfen der Häuser ging nun rasch vorwärts, zumal auch viele Ansiedler sich daran beteiligten. Ein Übelstand lag darin, daß die zuständigen Stellen gar kein Rohr zugeschickt hatten. Hildebrand half sich durch einen Gewaltstreich aus der Not, indem er das nach *Mercydorf* und *Billed* schon angelieferte Rohr leihweise in Landstreu und Hatzfeld verwendete.

Hatzfeld wurde in Form eines quadratischen Rechtecks aufgeführt. Ursprünglich hatte es fünf – heute sechs – von Ost nach West verlaufende Haupt- und auch fünf von Nord nach Süd verlaufende Seitengassen. Es bestand aus 24 ganzen und 12 halben Häuserblöcken, weil an der nördlichen sowohl als auch an der südlichen Grenze der Siedlung kleine Häuser gebaut wurden. Diese befanden sich ausschließlich in den Hauptgassen und standen einander frontal gegenüber. In der östlichen Hälfte der neuen Kolonie umfaßte ein ganzer Block 2 x 8 = 16, ein halber aber 8, in der westlichen Hälfte 2 x 6 = 12 und 6. Die Gesamtzahl der Häuser betrug also 400. Heute sieht das freilich ganz anders aus; denn heute gehören nicht nur 12 und 16 Häuser zu einem Block, sondern in vielen Fällen 35 und sogar 40.

Zum Aufstampfen eines Kolonistenhäuschens wurden 15 Kubikklafter Grund verwendet, insgesamt also 6 000 Kubikklafter.

In der Mitte der Siedlung erhielten Kirche, Pfarrhaus, Schulhaus und Wirtshaus ihren Platz. Von diesen mußte *zu allererst das Wirtshaus* aufgeführt werden.

Seuchen rafften die Menschen dahin
Pfarrer Plenkner spornte den Administrationsrat Hildebrand gleich nach der Ankunft an, den Bau der *Kirche* in Angriff zu nehmen. Er wurde den Szegediner Maurermeistern Andreas *Tobisch* und Johann *Jäckel* übertragen. Am 7. Juli wurde das Fundament gelegt, am 9. Oktober das Dach errichtet. Aber das Sumpffieber war über die Leute hereingebrochen, wie vorher und gleichzeitig in Sackelhausen und Billed. *Die furchtbare Seuche raffte schon im Juni 7, im Juli 12, im August 62, im September sogar 65 Opfer dahin, und von den seit dem 11. Juni angekommenen deutschen Ansiedlern waren im letzten Dezember 1766 nicht weniger als 215 zur ewigen Ruhe in die Erde der neuen Heimat gebettet worden.*

In jeder Gasse wurden einige Brunnen gegraben und beiderseits vom Fahrweg für den Abfluß des Wassers Abzuggräben ausgehoben. Einen Gehsteig gab es damals noch nicht. Es gab ihn in Hatzfeld nicht einmal um die Wende vom neunzehnten zum zwanzigsten Jahrhundert vor jedem Hause. Man ersetzte das Pflaster auch dann immer noch durch *Stroh, Spreu oder Maislaub.* Freilich nur bei regnerischem Wetter. Und wer noch niemals über solches „Pflaster" gewandelt ist, wenn es tagaus tagein sudelte, der weiß auch nichts von den Annehmlichkeiten des ländlichen Lebens zu erzählen.

Um das Dorf herum befand sich die Hutweide, wohin das Vieh auf die Weide getrieben wurde.

An den Straßen, die aus der Gemeinde hinaus auf den Hotter oder in die Gemarkung und später – als Landstraßen – in die Nachbargemeinden führten, wurden schon bald nach der Ansiedlung die *sogenannten Flurkreuze* errichtet.

Bäume mußten gepflanzt werden
Auf der Gasse vor seinem Hause mußte jeder Kolonist zwanzig Pappel-, Weiden- oder Maulbeerbäume anpflanzen. Auf die Seidenraupenzucht und die damit verbundenen wirtschaftlichen Vorteile wurden die Siedler besonders aufmerksam gemacht, wurde doch *für ein Pfund Kokons oder Seideneier ein halber Gulden vergütet.*

Wenden wir uns nun einem Kolonistenhaus zu: Wie sah es aus? Wie war es eingeteilt? Was beherbergte es?

Ein Kolonistenhaus war vorschriftsmäßig 8 Klafter lang, 3 Klafter breit und 8 Schuh hoch, aus Erde gestampft, mit einer Stube, einer Küche, einer Kammer, einer Vorratskammer, einem Stall und einem Anhänger genannten Schuppen. Es war mit Rohr gedeckt und hatte wahrscheinlich einen Brettergiebel, kleine Fenster mit massiven Läden und auch solche Türen, die horizontal geteilt waren, so daß sie nach Belieben oben oder unten geöffnet werden konnten. Um sie von innen zu schließen, befand sich an jeder Türhälfte ein starker Riegel. Die Herstellung eines solchen Kolonistenhauses wurde mit 94 fl für die Handwerker und 106 fl für die Materialien, zusammen mit 200 fl berechnet. Es war also mehr als einfach, bot aber *Schutz gegen die Unbilden des Wetters*, und sein Dach war jedem Siedler umso lieber über seinem Haupte, als er es sein eigen nennen konnte.

Das Siedlerhaus erhob sich an der einen der beiden Ecken der Gassenfront des ein Joch (1600 Quadratklafter) großen Hausgrundes, und zwar mit seiner Giebelseite. Es stand sozusagen auf freier Flur, und der Kolonist mußte vor allem für seine Umzäunung Sorge tragen. Dann teilte er den Hausgrund in der Mitte der Breitseite in Hof und Hausgarten. Es ist anzunehmen, daß der Zaun an der Gassenfront des Hauses aus gestampftem Mauerwerk oder aus Kotziegeln, an allen anderen Stellen aber aus Mistmauern bestand. Der aus Brettern oder gebrannten Mauerziegeln aufgeführte Zaun gehörte erst einer viel späteren Zeit an.

Die Hälfte seines Hausgartens bepflanzte der Kolonist mit *Reben*, die andere überließ er seiner Bäuerin als Gemüsegarten. Er setzte selbstverständlich auch Obstbäume und überdies mindestens auch noch *zwölf Maulbeerbäume*, entsprechend den obrigkeitlichen Anordnungen. Sämereien und Reben brachten die meisten Siedler aus der alten Heimat mit in die neue.

Die Einrichtung der Wohnungen
Begeben wir uns nun durch das Gassentürlein oder durch das aus einfachen Latten gezimmerte Hoftor und sehen wir uns um im Innern eines solchen Kolonistenhäuschens. Was werden wir da finden?

Nichts anderes als den bescheidenen Hausrat, den die Siedlerfamilie aus der alten Heimat mit sich gebracht. Was das war, können wir uns auch ohne besondere Einbildungskraft leicht vorstellen. Es war nur das Allernotwendigste, das Unentbehrlichste, also nicht viel mehr als wenig, auch wenn man das noch hinzurechnet, was sie auf Grund des Kolonisierungserlasses von den amtlichen Stellen erhielten. Daß sie unter solchen Umständen das Heimweh zur Genüge kennenlernten? Sie rangen es tapfer nieder und sahen voll Vertrauen der rätseldunklen Zukunft entgegen. Sie wollten diese Zukunft meistern, wenn es sein mußte, auch um den Preis ihres Lebens, um ihren Kindern und Kindeskindern für immerwährende Zeiten eine Heimat zu schaffen.

Die Zeit ging unaufhaltsam weiter, und in den Kolonistenhäusern löste ein Geschlecht das andere ab. Von den ersten Ansiedlern waren keine mehr da. Auch ihre Kinder ruhten bereits auf dem Friedhof ihrer Heimatgemeinde. Die Enkel und Urenkel der einstigen Kolonisten säten und ernteten bereits. *Ihr Wohlstand* blühte. Aber auch Kinderlärm und Kinderlachen erfüllten die allmählich baufällig werdenden Siedlerhäuser. Was war da zu tun, um dem Übel abzuhelfen? Man mußte bauen.

Der Erkenntnis folgte die Tat. Sie bauten ihre neuen Häuser *spitzgiebelig* und *barockgiebelig*, die sie mit allerlei biblischen und astronomischen Ornamenten, Sinnbildern und kleinen Nischen versehen ließen. Auf den meisten Giebeln war auch der Name des Hauseigentümers und das Baujahr angegeben. Und dieses Bauernhaus, das im dritten und vierten Jahrzehnt des vergangenen Jahrhunderts entstand, konnte sich schon sehen lassen, wurden dazu in der Hauptsache auch nur Kotziegel verwendet. Als man aber – wieder einige Jahrzehnte später – dazu überging, beim Bau eines neuen Bauernhauses statt der bisherigen Kotziegel gebrannte Mauer- und auch Dachziegel zu verwenden – immerhin behaupteten einzelne Rohrdächer aus der Vergangenheit auch noch um die letzte Jahrhundertwende herum ihren Platz –, weil inzwischen das Ziegelbrennen erwerbsmäßig betrieben wurde und auf dem besten Wege war, sich zu einem Gewerbe mit ungeahnten Zukunftsmöglichkeiten zu entfalten, *da wurde das Bauernhaus ein moderner Bau, der aus dem Weichbild unserer Gemeinden einfach nicht mehr wegzudenken ist.*

Das moderne Bauernhaus
Das moderne Bauernhaus ist ziemlich hoch und der Länge nach – wie übrigens die meisten Häuser seit der Ansiedlung – in den Hof gebaut. Es macht einen sehr guten Eindruck und hat bequeme Räumlichkeiten. Von der Gasse aus gelangt man über einige Treppen durch die Gassentür in den breiten, buntbemalten Gang, der auf der Seite gegen den Hof mit einer meterhohen Bretterwand abgeschlossen ist und sich bis zum Kücheneingang hinzieht. Von der Küche ist ein gedecktes, nach allen Seiten offenes Vorhaus zu erreichen, worin ein großer Tisch, zwei Holzbänke und einige Stühle sind. Hier werden im Sommer die Mahlzeiten eingenommen.

Neben diesen heute ausschließlich spitzgiebeligen gibt es dann noch sogenannte *Zwerchhäuser*, die mit ihrer Breitseite die ganze Gassenfront des Baugrundes einnehmen und die auf den Beschauer mehr den Eindruck von Miniaturkasernen als den von Wohnhäusern machen. Insofern aber sind sie praktisch, als sie dem draußen Vorüberschreitenden nichts davon verraten, *was sich hinter ihren meist geschlossenen Toren befindet und ereignet.* Es sind die Häuser mit den sogenannten trockenen Einfahrten. Dann gibt es aber auch noch ganz moderne Zwerchbauten, die nur die Hälfte der Gassenfront einnehmen und das Innere des Hofes dem Auge preisgeben. Sie hinterlassen in ihrer schlichten Schönheit bei dem sie Betrachtenden den besten Eindruck, was man von den vorher erwähnten Zwerchhäusern keinesfalls behaupten kann.

Die Küche
In der Küche befindet sich auf der einen Seite ein nach vorn gekehrter Sparherd, auf der andern ein offener Herd und ein *offener Rauchfang*, der zum

Selchen und Aufbewahren des Schweinefleisches dient. Die Einrichtung besteht aus einem Tisch, einem nach unten geschlossenen und oben offenen Küchenkasten, dem sogenannten „Zapfenbrett" mit dem zum täglichen Gebrauch notwendigen Kochgeschirr, Schüsseln und Tellern. Hinter der Eingangstür ist die Wasserbank mit einem niedrigen Schaff und einer Wasserkanne.

Aus der Küche führt eine Tür in die der Straße zu gelegene Stube, die zugleich Empfangs- und Bewirtungszimmer für Gäste ist. Zu beiden Seiten der Stube stehen die mit großen weißen Überzügen und gefüllten Flaumpolstern aufgetürmten Betten. Vor diesen stehen entweder je eine lange Bank oder auf beiden Seiten zwei Holzstühle. An der Giebelwand, zwischen den beiden Gassenfenstern, steht der Schubladenkasten, mit einem selbstgeschlungenen schneeweißen Tuche überdeckt. In der Mitte der Stube steht ein einfacher, aus Hartholz angefertigter Tisch, worüber ein in Farbe und Muster den Bettdecken gleiches Tuch ausgebreitet ist. Rechts und links neben den Betten *je ein „Schiffonär"* genannter Kleiderschrank. Rechts vom Eingang steht die aus Weichholz erzeugte, buntbemalte, ein bis eineinhalb Meter lange „Kischt" (Kiste), die gewöhnlich Habseligkeiten des Hausvaters aus dessen Jugendzeit birgt. Sie bietet Sitzgelegenheit und stößt mit dem einen Ende an den Lehmofen, der von der Küche aus im Winter mit Stroh oder Maislaub geheizt wird. Hinterm Ofen, oben an der Wand, ist auch ein *Zapfenbrett* befestigt. Darauf befindet sich das bessere Eßgeschirr und die mit bunten Blumen bemalten Teller, manchmal auch in Vierecke geschnittene Hausseife. An den Fensterscheiben sind kleine weiße, selbstgestickte Vorhänge, und Vorhänge hängen auch von den Fensterrahmen bis zum Boden herab. Diese Einrichtung vervollständigen zwei Heiligenbilder, die über den beiden Betten angebracht sind.

Die Kammer befindet sich auf der anderen Seite der Küche, also der Stube gegenüber. Sie ist Wohn- und Schlafraum der Familie. An die Kammer schließt sich ein kleiner Raum an, worin verschiedene Vorräte aufbewahrt werden. Oft wird er aber auch als Schlafraum benutzt, überhaupt dann, wenn es mehrere Buben im Hause gibt. Daneben befindet sich der Stall für die Pferde und Kühe, wenn diese nicht in einem besonderen Stall untergebracht sind, und dann kommt der Wagen- und Geräteschuppen. Gewöhnlich ist auch ein Keller vorhanden.

Im vorderen Teil des Hofes finden wir ein mit einem niederen Lattenzaun *eingefaßtes Blumengärtchen.* Für das Gemüse ist der Hausgarten da. Zwischen Küche und Stall hat der Brunnen, der meistens ein Schwengelbrunnen ist, seinen Platz.

Jede Art von Getreide wird am Dachboden des Hauses aufgeschüttet. Eine Ausnahme bildet nur der Kolbenmais, der in den bekannten Hambaren (Lattengehäusen) aufbewahrt wird. Stroh, Heu und Maislaub werden in Schobern im Hofe aufgespeichert, die Spreu in eigens dazu hergerichteten Schuppen versorgt. In früheren Zeiten war der Hof auch zugleich der Tretplatz. Im übrigen aber ist jeder Hof von der Toreinfahrt bis zum Stall gepflastert.

Wer wohnte im Kleinhaus?
Nun sei noch das Kleinhaus erwähnt, das sich auf demselben Hausgrund dem Hauptgebäude gegenüber befindet und gewöhnlich nur aus Zimmer und Küche besteht. Daneben befinden sich die Ställe für das Geflügel und die Schweine. Übrigens glichen die Schweineställe seit dem Anfang der dreißiger Jahre schon mehr den Wohnräumlichkeiten als Ställen, waren sie doch auf das praktischste eingerichtet und auch mit elektrischer Beleuchtung versehen.

Die Wohnung im Kleinhaus war für den früheren Grundeigentümer bestimmt. Hatte der älteste Sohn des Bauern geheiratet und die Braut zur Abfertigung der übrigen Geschwister eine entsprechende Barschaft herausbezahlt, dann übergaben die Eltern dem jungen Paar Haus und Hof samt der ganzen Bauernwirtschaft und zogen sich mit einem im voraus vereinbarten Altenteil in das Kleinhaus zurück.

Schließlich sei auch nicht vergessen, daß zu jedem Bauernhaus auch eine *Waschküche* mit eingemauertem Kessel und ein Bassin zum Auffangen des Regenwassers gehört. Sie gehören ebenso dazu wie gleichfalls seit etwa den dreißiger Jahren Rundfunkgerät, Spritzlackmöbel, Parkettfußboden und, wenn erst auch nur in vereinzelten Fällen, auch Badezimmer dazugehören. *Von der alten Einrichtung des Bauernhauses ist also eigentlich gar nichts mehr oder doch nur noch ganz wenig vorhanden.* Der Fortschritt machte eben auch vor ihm nicht halt und führte, langsam zwar, aber mit sicherem Erfolg, sowohl eine innere wie auch äußere Umwandlung herbei.

Wild jagende Wolken

Wild jagende Wolken im nächtlichen Raum
Und dröhnender Donner und schaurige Blitze
Nach sonnendurchgluteten Tagen der Hitze,
Und Blätter und Blüten im Sturme wie Flaum.

Doch wie sich das Dunkel allmählich erhellt
Nach reichlichem Regen – da grüßen von ferne,
Es sprühen und strahlen die ewigen Sterne,
Behüten die Träume der schlafenden Welt.

Schwäbische Bauern

Sie schreiten durch die Welt wie Riesen,
Aus alten Sagen hergeweht,
Und Saaten leuchten auf und Wiesen,
Wo ihres Pfluges Furche geht.

Das Blut rollt schwer in ihren Adern
Und wetterhart ist ihr Gesicht,
Sie baun der Arbeit Dom aus Quadern
Und sind Apostel all der Pflicht.

Wo sie sich lautlos niederlassen,
Dort wendet sich der Segen hin,
Und Wege winden sich und Straßen,
Wo ruhig mag der Wandrer gehn.

Wo immer sie die Wildnis roden,
Den Fortschritt tragen in das Land,
Dort wachsen Städte aus dem Boden
Wie unter eines Zauberers Hand.

Und will dann einen mal bezwingen
Die Sehnsucht nach dem Vaterhaus:
Ihm wird vielleicht das Herz zerspringen,
Doch harrt er bis ans Ende aus.

Ihn schrecken Mühen nicht noch Sorgen,
Er fürchtet auch kein Hindernis,
Denn überall wird's Tag und Morgen,
Wo er durchdringt die Finsternis.

Ihn schmückt kein weltlich Ehrenzeichen,
Und was ihn ziert, sind Schwielen nur.
Die Erde trägt nicht seinesgleichen:
Er ist ein Priester der Kultur.

Der Maulbeerbaum

Oft klomm in deinen Wipfel
Als kleiner Knabe ich;
Es war der höchste Gipfel
In jener Zeit für mich.

Ich saß da manche Stunde
Zufrieden und beglückt,
Hielt Ausschau in die Runde,
Hab Beeren viel gepflückt.

In deinem kühlen Dome
War ich dem Himmel nah,
Zog hin auf seinem Strome
Und blieb doch immer da.

So wie das Licht der Sonne,
Das auf dich niederfloß,
So lauter war die Wonne,
Die ich bei dir genoß.

Dann fuhr im Sonntagskleide
Ich munter in die Welt,
Verließ die blühnde Heide
Und dein geliebtes Zelt.

Der Abschied galt für immer,
Der lang an mir gezehrt;
Denn ach! Dich fand ich nimmer,
Als ich zurückgekehrt.

Aufbruch der Namenlosen

Wir kommen aus der Tiefe Breiten,
Aus tausendjähriger Nacht und Not,
Um zu den Höhen kühn zu schreiten
Hinan ins ew'ge Morgenrot.

Wir sind das Heer der Namenlosen,
Der Unterdrückten bleiche Schar,
Wir darbten immer bei Almosen,
Weil Armut unsre Mutter war.

Wir haben unsern Schweiß vergossen
Für unsre Würger – ich und du,
Und oft ist unser Blot geflossen
Beim Fronen ohne Rast und Ruh.

Bis wir der Knechtschaft Joch zerschlugen,
Von ihrem Zwang uns freigemacht,
Da hat die Welt in ihren Fugen,
Im Grund und im Gebälk gekracht!

Und nun steht sie in Laub und Blüten,
Die uns gehört, uns ganz allein,
Und ihre Freiheit treu zu hüten,
Wird immer uns Verpflichtung sein.

Sie wird uns stets im Felde finden,
Wann immer es erheischt die Not,
Um jeden Feind zu überwinden,
Der mit Vernichtung uns bedroht.

Obstreife

Das ist die größte Lust für jeden Gaumen,
Es ist für jede Zunge ein Genuß,
Wenn ihre Hülle sprengt die erste Nuß,
Die späten Birnen uns zur Freude reifen,
Wir dankerfüllt nach einem Apfel greifen,
Der Pfirsich schmelzend uns im Mund zerfließt,
Der Saft der Trauben sich in uns ergießt,
Und süß wie Honig schmeckt das Fleisch der Pflaumen.

Es gibt ein kleines Wort,
Ein Wörtlein, das heißt: muß!
Das bringt an jedem Ort
Auch das, was starr, in Fluß.

*

Vom Blitz ist auch der Mensch gefährdet,
Der sich davor ganz klein gebärdet.

*

Du bist nicht das Ganze,
Bist ein Teilchen nur,
Nur ein Blatt im Kranze
Auf der Lebensflur.

*

Wie der Schreiber, so das Buch;
Wie der Weber, so das Tuch.

*

Wohl ist Armut eine Bürde;
Doch sie ist auch eine Würde,
Die dir immer wird behagen,
Weißt du würdig sie zu tragen.

*

Wem niemals tiefe Wunden es geschlagen,
Der höre übers Leben auf zu klagen.

*

Der schlechteste Berater,
Des meisten Übels Vater
Ist stets der Neid gewesen –
Davon mußt du genesen!

*

Auch auf einer breiten Bahn
Trifft man Hindernisse an.

Die Zeit allein hat Wert im Leben,
Denn in ihr kannst du wirken, streben,
Kannst dich vervollkommnen, vollenden
Und so dir sie zum Segen wenden.

*

Wirst du aus etwas nicht recht klug,
Dann wittre immer – Lug und Trug.

*

Vergleicht man seine Werke
Mit Werken der Natur,
Ist auch der größte Künstler
Ein armer Stümper nur.

*

Je stürmischer die Nacht,
Je mehr sei auf der Wacht!

*

Wer die Augen offenhält,
Um genau zu sehen
Wird die Schönheit dieser Welt
Überall erspähen.

*

Viel mehr als du selber weißt,
Wissen von dir – andre meist.

*

Befände eine Perle sich
In jeder Muschel Schoß,
Der Wert der Perlen, sicherlich,
Er wäre nicht so groß.

*

Oft bricht die Nacht am Morgen schon herein;
Oft ist der Abend noch voll Sonnenschein.

Bilderbogen

Leise hebt die Stille an zu klingen,
Wo ich schreite durch die Nacht dahin,
Oder hör ich die Gestirne singen,
Deren Welt ich fern, so ferne bin?
Bild auf Bild seh ich vorübergleiten,
Leuchtend, strahlend, keusch und unberührt ...
O, wie lange muß ich wohl noch schreiten
Bis zur Brücke, die zu ihnen führt?

Die Sphynx

Daß dein Geheimnis doch ein Mensch enthülle,
Um uns zu sagen, wer und was du bist,
Was an dir Wahrheit und was Fabel ist!
War diese Welt bevölkert einst mit Wesen,
Die ähnlich dir, die so wie du gewesen? –
Doch schweigt der Sand, und auch die Wüste schweigt;
Und wenn mein Ohr zu deinem Mund sich neigt,
So schweigst auch du ... Wer meinen Wunsch erfüllte!

Ikaros

Die Götter sind den Sterblichen nicht gnädig,
Wenn sie entfliehen ihrer dunklen Bahn,
Der Erde Fesseln, ihrer Bürde ledig,
In kühnem Flug sich schwingen himmelan.
In wildem Zorn erschüttern sie die Lüfte
Und stürzen sie aus ihrer Sehnsucht Port
Hohnlachend wieder in der Tiefe Klüfte.
Nichts Irdisches darf ein an ihren Ort.

Ödipus

O, daß ich könnte sterben, sterben, sterben!
Daß mich verschlänge jäh der Tartarus!
Will nie der Tod um meine Seele werben,
Die aller Bürden schwerste tragen muß? –
Mir ward zum Fluch der Kelch, den ich genossen,
Zum Fluch der Krone Gold auf meinem Haupt:
Ich habe meines Vaters Blut vergossen
Und meine Mutter ihres Sohns beraubt.

Thais

Auf ihren Wink ging eine Welt verloren,
Erlosch ihr Glanz im Grab der Nächte tief,
Als einmal sie vor Persepolis Toren
In ihrem Wahn nach roter Lohe rief ...
Ein schönes Weib, doch ohne Herz im Leibe,
Von edlem Wuchs und süßem Wohlgeruch,
Daß sie des Königs Grillenschwarm vertreibe,
War sie zugleich sein böser Geist und Fluch.

Die Zerstörung Jerusalems

In Schutt und Staub die stolze Königsstadt,
Der Tempel Gottes – eine Trümmerstätte,
Und Kinder, Greise, Mütter, Mägde matt
Und nirgend Brot, nur Kerker, Schmach und Kette!
Zerfetzte Leiber, Leichen überall;
Und Brand und Blut; und Henker und Hyänen ...
Zu Rom verklang des Sieges Widerhall,
Doch auf Sion versiegen nie die Tränen.

Geiserich

Dein großes Reich war nur von kurzer Dauer;
Es war auf Wellen und auf Sand errichtet,
Deshalb hat es der erste Sturm vernichtet,
Im Flug aus seinen Angeln es gehoben,
Der seine Kräfte wollte dann erproben ...
So wie ein Märchen, dem wir selig lauschen,
So wie ein Traum, woran wir uns berauschen –
Es zog vorüber wie ein Hagelschauer.

Scheherezade

Erzähle nur! – Ich will dir gerne lauschen,
Die zarten Perlen deiner Seele all
Zur Kette reihn ... Wie lind die Lüfte rauschen!
Wie herzbetörend singt die Nachtigall
Ihr süßes Lied von Geben und Gewähren
Im Mondesstrahl ... O, schweige, schweige jetzt,
Und komm zu mir! Ich will ein Wort dich lehren,
Das euch das schönste Märchen nicht ersetzt.

Die gotischen Dome

Wie eure Türme, die die Sterne streifen,
So hoch war auch der Menschen Sinn gerichtet,
Die eure Quader mühsam aufgeschichtet,
Daß Gott in ihren Säulenhallen wohne,
Am Hochaltar in eurer Mitte throne.
Sind ihre Leiber auch schon längst vermodert:
Die Himmelssehnsucht ihrer Herzen lodert,
Sie ist in euch mit Händen noch zu greifen.

Dante

Das tiefste Leid, das höchste Glück zu schauen:
Dir hat ein Gott den kühnen Wunsch gewährt.
Du sahst der Hölle Finsternis und Grauen,
Und sahst den Himmel – seligkeitsverklärt.
Durch Abgrundtiefen lenkte deine Schritte
Der unsichtbare Lenker des Geschicks
Hinan bis in des Weltalls Sonnenmitte;
Doch unerreichbar blieb dir – Beatrix.

Gutenberg

Der Seele, die in Sonnenhöhen kreist,
Ist vieles, was den andern bleibt verschlossen,
Ein offnes Buch ... Die lichten Wege weist
Nur sie der Welt, die zu den Sternen führen,
Zur Burg des Grals, die morgenglutumflossen
Als Ziel am Ende ihrer Sehnsucht steht ...
Du durftest ihre Pforte still berühren,
Und uns zum Segen ward, was du erspäht.

Die Seufzerbrücke

Du warst die Brücke der zum Tod Verdammten,
Die aus dem Haus der Dogen du geführt,
Von all den vielen Seufzern nicht gerührt
Der weltlichen und geistlichen Verbrecher,
In die Gehenna bleierner Gemächer,
Woraus lebendig nie ein Mensch entkam,
Weil hier die Zeit für ihn ein Ende nahm,
Wenn hoch am Himmel die Gestirne flammten.

Der Sturm auf die Bastille

Das Volk nur ist der Freiheit wert auf Erden,
Das sich nicht seinen Unterdrückern fügt,
Mit Gaukelbildern sich nicht selbst betrügt,
Die unerreichbar in der Ferne schimmern,
Wie abgrundtief die ewgen Sterne flimmern.
Nur wenn es kühn sich selbst die Rechte nimmt,
Die für es sind seit Ewigkeit bestimmt,
Kann Rettung ihm aus Fron und Knechtschaft werden.

Der Wujanahügel bei Zenta

Als die Schlacht bei Zenta war verloren
Und die Türken räumten schon das Feld,
Trat Mustapha in Wujanas Zelt,
Die er sich zur Lieblingsfrau erkoren:

„Eher soll dein Angesicht verblassen
Als die Sonne, die dort untergeht,
Ehe dich ihr übler Hauch umweht,
Diese Christenhunde dich erfassen!"

Und er achtete nicht ihrer Zähren,
Sah nicht auf ihr Elend, ihren Schmerz,
Stieß den Dolch ihr mitten in das Herz,
Ihr den Tod als Gnade zu gewähren.

Ihren Leichnam eilends zu begraben,
Warf das schwere Prunkzelt er darauf,
Dann schwang er sich auf sein Roß hinauf,
Um vorm Feind im Sturm davonzutraben.

Aber während ohne jedes Zeichen
Seiner Macht er floh durch Busch und Rohr,
Wuchs ein Hügel überm Grab empor,
Groß genug, zu bergen tausend Leichen.

Denn ein jeder von den Janitscharen
Warf ein wenig Erde drauf im Flug,
Als sie flüchteten in langem Zug
Vor den sie verfolgenden Husaren. –

So entstand durch Tausende von Händen
Dieses Zeichen, kündend weit und breit,
Daß ein Türkenweib vor langer Zeit
Hier in seinem Blute mußte enden.

Die Sieben von Hatzfeld

Den sieben antifaschistischen Hatzfelder Arbeitern Matthias Schmidt, Johann Lehoczky, Johann Farle, Johann Keller, Ferdinand Koch, Peter Höfler und Nikolaus Petri, die im September 1944, nach der Befreiung des Vaterlandes, von den fliehenden hitlerfaschistischen Truppen ermordet wurden.

Erst mußten selber sie das Grab sich graben,
An dessen Rand sie wurden hingestellt. –
Die Schüsse krachten im verschwiegnen Feld,
Bis alle rücklings in die Grube sanken,
Ihr warmes Blut die Schollen in sich tranken.
Weil an der Zeiten Wende sie geglaubt,
Hat Hitlers Troß des Lebens sie beraubt,
Wie Hunde sie verscharrt im Schindergraben.

Auf Erden ist für jeden Platz,
Für jeden hat sie einen Schatz;
Doch wer ihn finden will und heben,
Der muß für die – Gemeinschaft streben.

Der Winter

Der Winter ist ein rauher Gast.
Mit Reif behängt er jeden Ast,
Und wehe, wem kein Ofen raucht,
Wenn er ihm um die Ohren faucht.

Sein kalter Hauch friert in der Luft
Und fällt herab als weißer Duft:
Und weil er sich nichts Bessres weiß,
Hüllt er die Welt in Schnee und Eis.

Da klingt kein Lied in weiter Rund –
Verschlossen ist des Lebens Mund;
Es blüht kein Blümlein auf der Flur –
Eisblumen an den Fenstern nur.

Vor Hunger krächzt die Krähe laut;
Das Häslein äugt nach Kohl und Kraut,
Der Haubenlerche und dem Fink
Ist jetzt kein Körnchen zu gering.

Doch ist der Winter noch so schlimm:
Wir dulden gerne seinen Grimm,
Wenn streng er auch das Zepter schwingt,
Weil er zuletzt den Frühling bringt.

Grabspruch

Wer fände fern der Heimat Ruh?
Im Traume sah ich oft vor mir
Das Dorf, die Felder – fern von hier.
Da drückt mir sanft die Augen zu
Der Bruder Tod. – Wie dank' ich dir:
Jetzt darf ich ewig schauen
Der Heimat grüne Auen.

Rechenschaft

Nun stehe ich am Abend meines Lebens,
Und wenn ich frage: Was habe ich erreicht?
Was ist die Ernte meines langen Lebens?
So wird mir drauf die bittre Antwort leicht:

Ich sah im Lenz der Blüten viele prangen,
Die mich mit ihrem süßen Duft berückt;
Doch alle sind sie längst dahingegangen,
Die meine Träume einst so hold geschmückt.

Ich wanderte auf ungezählten Straßen,
Wie hoch die Wolke zieht von Land zu Land.
Doch blieb dabei ich innerlich verlassen,
Eh ich ein mir verwandtes Herze fand.

Daß nie das Glück gelang mir zu erjagen,
Das mutig zu verfolgen ich gewagt?
Ich wußte mein Geschick als Mann zu tragen
Und habe mich darüber nie beklagt.

Daß mir die Welt nicht war in Huld gewogen,
Der Himmel niemals voller Geigen hing?
Ich habe meiner Pflicht mich nie entzogen,
Auch wo es hart auf hart im Leben ging.

Doch bin ich arm und auch verkannt geblieben,
Ich liebte meine Heimat umso mehr,
Für die ich meine Kräfte aufgerieben,
Litt ich darunter noch so viel und schwer.

Und liebte Dich, Du friedlichste der Frauen,
Die schweigend Du mein herbes Los geteilt,
Verholfen mir zu hohem Selbstvertrauen,
Und gütig jede Wunde hast geheilt.

Deshalb will ich auch noch Dank Dir sagen,
Schließt mir der Tod die müden Augen zu;
Denn auch in meinen schicksalsschwersten Tagen
Fand ich bei Dir Erquickung, Trost und Ruh.

Der Flüchtling

Ach, ihm ist kein Platz beschieden
Unterm hohen Sternenzelt,
Wo er leben kann in Frieden,
Unbeachtet von der Welt.

Nach dem Stabe muß er greifen,
Wandern in die Ferne fort,
Wie die lauen Winde schweifen
Ruhelos von Ort zu Ort.

Sieht man ihn auch gerne kommen,
Sieht man ihn noch lieber gehn;
Kaum hat er den Berg erklommen,
Muß er schon im Tale stehn.

Von den Blumen muß er scheiden,
Die erglühn im Morgenstrahl,
Und die Vöglein muß er meiden,
Zeugen seiner Not und Qual.

Keine Stätte darf ihm winken,
Laden ihn zu süßer Rast,
Wenn die Schatten niedersinken
Nach des Tages Müh und Last.

Niemals darf er lange weilen,
Ruhen an des Freundes Brust:
Wie das Bächlein muß er eilen,
Ungewollt und unbewußt.

Alles, alles muß er fliehen,
Was sein Herz am Wege fand,
Wie die Wolken ewig ziehen
Über Fels und Meer und Land.

Ärmer ist er als die Raben,
Wenn verblaßten Laub und Flor,
Weil sie eine Heimat haben,
Die für immer er verlor.

Ärmer als der Hund der Straßen,
Der an einem Knochen nagt;
Denn der fühlt sich nicht verlassen,
Weil ihn nie das Heimweh plagt.

Aber er, er knickt zusammen
Unter seiner Bürde schwer;
Seiner Sehnsucht heiße Flammen
Löscht auch nicht das tiefste Meer.

Seiner Augen blanke Zähren
Trocknet nie der Liebe Kuß,
Weil er ihres Trosts entbehren,
Ihrem Glück entsagen muß.

Und so ist er nie geborgen
Während seiner Tage Lauf:
Seine Leiden, seine Sorgen
Hören erst im Grabe auf.

Siegende Heimat

Es hält mein Herz in Bann geschlagen
Ein nie gekannter Wandertrieb.
Und bald muß ich dir Abschied sagen,
O Heimaterde traut und lieb.

Bald grüßt mich deines Himmels Bläue,
Der Wiesen Grün zum letzten Mal.
Doch wahren will ich dir die Treue
Auch in der Ferne überall.

Ein and'rer Wind wird mich begleiten,
Und and're Quellen rauschen mir.
Doch immer wird mein Glück sich weiten,
Mein Herz sich sehnen stets nach dir.

Und harrte meiner in der Ferne
Auch eitel Glück und Freude nur,
Ich lieb ja doch nur deine Sterne,
Die schlichten Blumen deiner Flur.

Doch warum will ich von dir eilen,
Wenn ich dich nicht lassen kann? –
Warum das Los der Fremde teilen
Und fliehen deinem Zauberbann. –

Nein, nein, ich will nicht von dir weichen,
lockt mich die Ferne noch so sehr,
Bis meine Wangen nicht verbleichen,
Gibt's für mich keinen Abschied mehr!

Hans Matthias Just
Temeswar – Temeswar

Hans Matthias Just wurde am 4. Juli 1931 in Temeswar geboren, wo er auch die deutsche Volksschule besuchte und eine Tischler-Lehre machte. Das Lyzeum beendete er im Abend- und Fernstudium. An der Bukarester Universität studierte er zwei Semester Jura, bevor er zur Akademie für Politische und Wirtschaftswissenschaften wechselte. Er wirkte jahrelang als Lektor und Journalist bei den Zeitungen „Die Wahrheit" und „Neue Banater Zeitung" sowie als Banat-Korrespondent der „Karpaten-Rundschau", zuständig für die Kreise Temesch, Arad und Karasch-Severin. 1970 erhielt er von den rumänischen Behörden ein Veröffentlichungsverbot. Von da an bis zu seiner Pensionierung 1990 verdiente er seinen Lebensunterhalt als Techniker, Volkswirt und Fotograf. Bei der Banater Zweigstelle des Kunstfotografenverbandes gehörte er zu den Gründungsmitgliedern. Seine Bilder sind durch Fotoausstellungen, Lichtbildervorträge und Beigaben zu seinen Büchern bekannt geworden. Mit Beginn des Ruhestandes begann er eine rege Tätigkeit als Schriftsteller und Publizist. 1994 erschien eine Sammlung von „gepfefferten Geschichten" in schwäbischer Mundart unter dem Titel „Die Pollerpeitsch knallt wiedrum". Als intimer Kenner des Temeswarer Stadtmilieus hält er mit seinen entspannten und doch anspruchsvollen, in der lokalen Umgangssprache geschriebenen Plaudereien in dem Band „Von Las Vegas nach Las Begas" viel vom Ambiente dieser west-östlichen Stadt nach der Revolution von 1989 fest. Den Gedichtband „Flockenwirbel" seines Freundes Peter Barth hat Just in limitierter Auflage herausgebracht. Bis zur Einstellung des Blattes 2002 war er Korrespondent für das Banat bei der Zeitung „Der Donauschwabe". Hans Matthias Just lebt in Temeswar.

De Oschterhas kummt

Asso, Buwe, hat die Modr gsaat, wer brav war, der kann sich a Nescht mache, heut Nacht kummt de Oschterhas. De Hans, der täglich nor zweimal Hiwax (Prügel) kriet hat, hat sich glei getroff g'fühlt, daß vleicht er de Brave is, un is glei in de Garte g'loff Gras roppe for a Nescht mache. Es is jo wohr, de Matzi hat die Hose öfter ausg'staabt kriet wie sei ältre Bruder, awr schlimmer war er net wie der, nor ung'schickter.

De Hasn war de „glattiche", der hat scheen rede kenne un hat sich anghong wie a Abwäschfetze. Wann er was pariert hat, hat er die Gschicht solang gedreht, bis sei Bruder Matzi die „Jasko" kriet hat. Wann se zu zweit han müsse ins G'wölb gehen um 20 Kreizer Ziwewe kafe, do is de Hans ningang inkaafe, un de Matzi is draus geblieb. Drin hat no de Hans um zehn Kreizer for sei Leut kaaft, un um zehn Kreizer for die Großmodr. Die for die Großmoder hat er no uf'm Wech, wann de Matzi es net gsiehn hat, gess, un die anri hat no de Matzi haamtran müsse. Un weil die Modr, wann se selwer inkaaft hat, um 20 Kreizer viel meh kriet hat, war de Matzi glei verdächtig, un weil des schun so ingfiehrt war, hat 'r glei sei Portion kriet. De Matzi war üwerhaupt schlecht dran. Wann de Waan in de Hof kumm is un es Tor war net in Zeite uf'gmacht, hat de Matzi müsse herhale, weil die Roß so schwer ang'hob han. Un wann es getrummelt hat un niemand gheeert hat, was getrummelt is, do is de Matzi aach net „ohne" drvun kumm.

Üwer sei Bruder Hans hat er nix kumme g'loßt, weil schunscht hätt er noch separat vun dem gfaßt. De Matzi war schun abg'härt gegr die Schlää und es is am schun bal so gang wie dem Schusterlehrbu, der hat nämlich alli Tag die erschti schun vor'm Fruhstuck kriet, un wie se mol a Tag ausg'blieb sin, war er unruhich un traurich. Do hat de Meister ne gfroot, was am fehlt. „Ich bitt schön, Herr Meister", hat er gsaat, „ich han heut mei Portion noch net kriet." Un wie no de Meister seiner Pflicht mit am Knierieme nohkumm is, war de Schusterlehrbu nochmol ganz alert un froh. Er hat gewißt, jetz kann – vor'm Fruhstuck – nix mehr passiere.

Aso, die Buwe han ihre Neschter mit Gras gmacht, for daß de Oschterhas aach etwas zu fresse hätt, wann er kummt, un daß er Aier leen kann. Umedrum war a Kranz un in dr Mitt nor wenich Gras, grad so wie wann die Weiwer Taich anmache: newerum is es Mehl un in dr Mitt a Loch for die Aier ninschlaan. De schlaue Hans hat noch, bevor er schlofe gang is, a Stück Brotkerbs ins Nescht g'leet, daß de Oschterhas aach anbeiße un sich in seim Nescht wohlfühle soll. No hat er sei Schuh gwixt, wu er es ganzi Johr net g'macht hat, un hat a halwi Schachtel Wix drufg'schmiert, uf de Dreck druf, die Hauptsach: schwarz solle se sin.

Die Neschter ware g'macht, de Vatr is ins Kasino gang, un die Modr hat, weil doch Samschtachowed war – de Buwe Hals un Ohre g'wäscht. No han se noch alli zwei vor'm Schlofegehn aamol müsse nauslaafe un sin in die Ruh.

In dr Nacht hat de Hans unruhich g'schlof. Er hat g'traamt, de Oschterhas hat sei Nescht net g'fun, er is zwischer die Neschter rumg'hopst, mol in des aani, mol ins anri, grad in seins net. Er hat als g'ruft: „Dort, dort is noch a Nescht", awr de Oschterhas is net nin. Im Traam hat de Hans so hart g'red, daß die Modr wackrich gin is un mol nohg'schaut hat, ob de Bu net krank is un fiewert. Wie no de Hans aach ufg'wacht is, is er glei in die Kuchl schaue gang, wie des mit de Neschter steht. Awr es war erscht elf Uhr, die Neschter ware noch leer. Des hat ne no beruhicht. Wie er nochmol ing'schlof is, is de böse Traam vun vore angang. Alli Sünde sin am ing'fall: wie er die Ziwewe gess hat, wie er aus dr Modr ihrem Rockesack die Kreizer rausghol hat usw.

De Vatr war no dr Kasino noch ins Wertshaus gang, weil doch die Auferstehung un die Fascht schun rum ware, un hat g'berscht, so wie wann er die spanisch Krankheit ghat hätt. „Alkohol ...! Noch zwei Dezi vun dem Wassriche", hat er üwr die Wert g'ruft. Un wie de Vatr no – herrisch gsaat: gut ufg'leet – haamkumm is, is for die Modr de Oschterhas aach schwach ausg'fall. Do hat sie sich gedenkt, solle wenichschtens die Kiner ihre Freud han, un in der Fruh ware de Buwe ihre Neschter voll mit Nusse, Pumrantsche, Boxherrn un alles Meegliche.

Awr de schlaue Mitru, der schun drei Johr im Haus gedient hat, war a anrer Meinung. Uf den schlechte Hans hat er es schun lang abgsiehn ghat. Der hat am schun so manche Tschabernack g'spielt, un jetz war die Gelegnheit do, am es zruckzuzahle. In aller Herrgottsfruh, wie de Mitru es Brennsach in die Kuchl getraa hat, hat er die zwei Neschter g'schtupptevoll angetroff. In eins-zwei war de Plan fertich. Vum schönri Nescht hat er sich glei gedenkt, daß des am Hans seins is, do hat'r alles rausghol un hat's im Matzi seins getun. No is er schnell in de Stall g'loff un wie er in de Stall kummt, do hat die braun Stut grad ... do hat se grad gsorcht, daß ufs Johr aach was uf'm Feld wachse soll. Un de Mitru hat glei vun deni warmi ekologische Nusse sei Ferter voll g'macht un hat se im Hans sei Nescht getraa.

In dr Fruh is de Matzi es erscht wackrich gin. Er hat sei Bruder Hans g'weckt un rupps ware se drauß in dr Kuchl bei de Neschtr. Awr wie de Hans gsiehn hat, was los is, daß am Matzi sei Nescht bal üwerlaaft vun Sach un in seim die frischi geeli Nusse dampfe, do hat er ang'fangt, bitterlich zu kreische, un hat sich versproch, nie mehr die Ziwewe zu esse.

Rauschgift und Geldrausch

Gerade jetzt, da bei uns der kolumbianische Serienfilm „Heimliche Leidenschaft" (Pasiuni secrete) fast täglich über den Bildschirm flimmert, hat die hiesige Krimalpolizei die Mitglieder einer Rauschgiftschmugglerbande verhaftet. Rädelsführer soll angeblich der *Sava Alexandru Docmanov* sein, der seinen Wohnsitz in der Temeswarer Schwanengasse hat. Einige behaupten, daß man ihn am Bukarester Internationalen Flughafen verhaftet hat, andere wieder sagen, daß er bei uns am Korso geschnappt wurde. Wer kennt sich da noch aus? Interessant ist die Tatsache, daß jetzt auch unser Land zum Umschlagplatz für harte Drogen geworden ist. Zieht man in Betracht, daß der frühere Weg durch Ex-Jugoslawien infolge des Krieges lahmgelegt wurde, führt jetzt der Rauschgiftschmugglerweg aus der Türkei über Temeswar nach dem Westen oder umgekehrt von Belgien, Holland oder Südamerika über Rumänien nach Osten.

Auf dem sonntäglichen Josefstädter Hundemarkt kommt der Hansi vom Rudolfsplatz mit dem Jung Bela aus der Rosengasse zusammen und fragt diesen gleich: „Bela, hast gehört, daß sie den Alex Docmanov verhaftet haben?"

„Du beziehst dich auf die Rauschgiftstory, die habe ich schon längst vergessen", antwortete Jung Bela, „der Fall präsentiert kein Interesse mehr für mich, das ist doch schon lange in die Geschichte eingegangen. Den Hapschi haben sie samt seinen Komplizen schon 1993 in Bukarest oder bei uns – ich kann mich nicht mehr genau erinnern – verhaftet. Man sprach herum, man habe Sava Alexandru Docmanov und zwei kolumbianischen Rauschgiftschmugglern, die jetzt auch bei uns aufkreuzen wie seinerzeit die Pest, den *Luis Enrique Guerra* und den *Edgar Santos Panalozza* oder *Pantalonazo*, habe gerade einen Lipsus oder Lapsus, sowie weiteren zwölf Komplizen die Handschellen angelegt. Alle sind verurteilt und sitzen hinter schwedischen Gardinen. Warum kümmerst du dich um sie? Komm näher und kauf lieber einen Hund. Schau mal her, diesen Pinscher kannst du für 150 DM haben und zum Namenstag deinem Direktor schenken, der liebt solche wie andere zweibeinige Pinscher, oder möchtest einen Hund, der zu deiner Figur paßt? Na, schlag die Hand, hol den Riesenschnauzer oder diese Bulldogge. Ohne zu handeln mußt für einen jeden 900 DM hinblättern und bekommst von mir als Raadasch, nämlich von meiner Hundezüchterei, eine funkelnagelneue Anti-Flöhe-Schleife (Halsband) geschenkt!"

„Du glaubst, ich bin in einem Porsche angereist", sagt der Hansi, „ich fahre wie früher, als ich noch Schraz war, aber trotzdem anders, mit der bequemeren Straßenbahn, die unser Vizebürgermeister Vasile Olteanu aus Bremen und Karlsruhe als Partnerschaftsgeschenk herbeigeschafft hat. Als ich beim Bügermeisteramt am nächsten Tag ihn persönlich beglückwünschen wollte, ist bereits der erste Waggon bei der Maria entgleist. Schuld daran sind die alten Schienen, die seit über zwanzig Jahren nicht mehr erneuert worden sind. Warum soll ich mir einen Hund kaufen, wenn ich bereits den treuen Fritzi – den deutschen Schäferhund mit Pedigree – besitze?! Wie ich sehe, du sitzt ja auch nicht mit deinem formlosen Hintern auf zwei Stühlen! Aber was noch nicht ist, das kann ja noch werden!"

Dann antwortete der Jung Bela: „Wenn du schocher bist, keine Valuta-Pinka besitzt, kann ich dir einen Mischling verschachern, der ist nämlich auch so treu wie die anderen, so ein Straßenpotpourri. Schau mal, der kann sogar eine Zigarette in seiner Schnauze halten, pafft und bläst die Rauchringe durch die Nasenlöcher. Warum ich meine Ware nur für Valuta vermarkte, das ist meine Privatsache, aber ich kann es dir verraten. Warte aber, bis ich noch einen Hund an den Mann bringe, weil bei uns in der Rosengasse es jetzt zur Gewohnheit wurde, daß man die Männer unter den Hund bringt. Na, komm mal näher, die riechen, daß du ein Hundeliebhaber und -halter bist, auf das kannst du Gift nehmen. Wenn ich so ein intelligentes Tier in unserer Währung verkaufe, geht es nach höchstens drei Tagen von seinem Besitzer durch und kommt halb verhungert in die vertraute Rosengasse zurückgelaufen. Auch von Karansebesch, Reschitza und Herkulesbad sind meine gewesenen und jetzigen Vierbeiner ausgerissen, haben sich die Pfoten wundgelaufen und sind bei mir aufgekreuzt. Du sollst aber nichts weitererzählen, das gehört zu meinem Professionsgeheimnis. Ich kann dir sagen, sogar aus den verschiedensten Zeitungsannoncen erfährt man, daß für einen wiedergefundenen, verlaufenen Hund ein Finderlohn in Valuta bezahlt wird. Da kann ich meine Firma nicht blamieren!"

Inzwischen hat der Jung Bela weitere drei Rassehunde an den Mann gebracht und bereits 1 880 DM in die Tasche gescheffelt. Als eine Verschnaufpause eintrat, fragte der Hansi: „Erzähl mir lieber etwas über den Rauschgiftboß, kennst vielleicht Einzelheiten?"

„Wie denn nicht?!" sagt der Jung Bela, „der Alex war auch mein Kunde. Er hatte Vorliebe für Bulldoggen und Riesenschnauzer und war immer spendabel, er machte keine solchen Zitterpartien, wie du sie machst, wenn es um höhere Summen ging. Er ließ auch seine Hunde bei uns im Salon scheren und pediküren. Was kann ich dir noch weiteres sagen, daß er mir einmal einige venezolanische Statuen andrehen wollte, übrigens echte südamerikanische Kunstwerke, aber die waren zu groß für meine bescheidene Wohnung, und meine Frau duldet keine Antiquitäten um sich herum, es möchte auch meine Hundezüchterei stören. Als ich erfuhr, daß er das reine Kokain aus Kolumbien über Venezuela nach Bukarest einschmuggelte, wurde ich mißtrauisch. Ich telefonierte gleich zu meinem Wendelin-Onkel nach Bukarest, und dieser faxte zurück, daß die Docmanov-Bande das Rauschgift, in den hohlen Sockel der Statuen verstaut, zugeschickt bekam. War ich sauer! Schließlich und endlich waren es immerhin an die 100 Kilo reines Kokain im Wert von über 100 Millionen Dollar. Warum soll ich dann meine Zuchthunde sowie die ich in

Kommission habe, nicht auch in Valuta anbieten? Der Geldrausch hat sich auch bei uns verbreitet, wie der Computervirus und die Beitsching-Grippe!"

„Aber Belusch, das ist keine so große Menge", sagt der Hansi, „wenn die Zollbeamten in Holland an einem einzigen Tag 23,5 Tonnen Marihuana, das in einem Container versteckt war, aufspürten und beschlagnahmten, das angeblich auch aus Kolumbien kam, um nach Bulgarien zu gelangen, das übrigens laut einer frischen Reuter-Meldung, die ich mit meinen eigenen Ohren direkt am Radio gehört habe. Auch in Spanien, auf der Insel Menorca, wurden 1,5 Tonnen Marihuana im Wert von 24 Millionen Dollar sichergestellt. So langsam macht das kolumbianische Drogenkartell pleite, gerade jetzt, wo der Fernsehschinken „Heimliche Leidenschaft" ausgestrahlt wird.

Der Jung Bela meinte: „Auf das sollst du nicht traurig sein und dir keine unnötigen Sorgen machen, weil so rasch gehen die kolumbianischen Rauschgifthändler nicht pleite. Sie müssen nur auf einen winzigen Teil ihres Profits verzichten, ansonsten schachern sie noch mit Kaffee und Waffen und anderen Artikeln, mit denen man auch ein einträgliches Geschäft abwickeln kann. Na, Servus, komm am nächsten Sonntag wieder vorbei! Bring deinen alten Wolfshund gleich mit, vielleicht kann ich dir ihn umtauschen für einen kleineren, der weniger frißt und mehr Krawall macht!"

„Danke für die Einladung", sagt der Hansi vom Rudolfsplatz, „mir scheint es, du spielst den Neffen vom braven Soldaten Schweik, der in Prag, so wie du in Las Begas, in der Rosengasse, berühmt wurde durch seinen Schabernack, dem Hundefang und Hundeverkauf. Der Unterschied besteht nur darin, daß du hauptberuflich auch Hundezüchter bist, Schweik war es nicht! Na, bleib gesund, PX, und vergiß deine Sorgen bis morgen." Nachher eilte der Hansi zur Siebner-Tram und fuhr nach Hause, weil das Mittagessen stand wahrscheinlich schon auf dem Tisch. Aber was kann man schon tun? Einige schweben im Rauschgift, andere schwelgen im Geldrausch!

De erschte Mensch uf dr Welt

Drei Kunschtmoler hucke im Kaffeehaus un dischkuriere iwr ihre Arweit. Jeder kann natierlich es schenscht un es bescht mole, un so mole se sich nanr was vor.

„Ich han do neilich", saat de ene, „mit lichti un dunkli Farb a Marmorgrabstein gemolt, de war so echt, daß des Bild im Wasser wie a Steen unrgang is."

„Des is gar nix", saat de anre, „ich han unlängscht a Nordpollandschaft gemolt, die war so echt, daß wie ich de Thermometer an die Leinwand ghong han, de in ens-zwa uf 40 Grad unr Null gfall is, wie am Nordpol."

„Des is a bißl hart gered", saat de dritte, „awr mei Bilder sin so natierlich getreu, daß dir mit euri netmol in die Nochet kummt. Ich han mich do neilich selwer abgemolt un ... was ich euch saan ... jetz muß ich des Bild jede Tach balwiere, so rasch waxt em de Bart ..."

Iwrdem, wie die drei Kinschtler so sich nanr de Bär ufbine, kumme drei Kumrade an de Tisch; a Dokter, a Architekt un a Fischkal. Jetz wird iwrhaupt geneckt un gfoppt, wer eigentlich mehr zählt uf dr Welt un wem sei Profession notwendicher is. Jedr behaupt, sei Beruf is de wichtichschte.

„Wam'r es holt", saat de Dokter, „schun bei dr Erschaffung dr Welt war de Dokter am notwendichscht. Weil, netwohr, unser Herrgott hat doch aus'm Adam seiner Ripp die Eva gschaff, aso war des a regelrechti Operazion, was doch nor a Dokter vrsteht."

„Hohoo!" saat de Architekt, „grad so is es jo net, weil bevor noch de Adam un die Eva gschaff ware, was war uf dr Welt? De Chaos, de Dorchenanr, netwohr? Aso hat mr erscht aus dem Chaos die Ordnung mache misse, un wer kann des? Nor a Architekt!"

„Schun gut", saat druf de Fischkal, „awr mecht dir mr net saan, wer hat eigentlich schun vorher de Chaos gschaff? Na, gelt die Advokate!"

No han se enstimmich beschloß, de erschte Mensch uf dr Welt war a Fischkal, de was es erscht de Dorchenanr gmacht hat. No sin erscht die anri an die Reih kumm.

Gastarbeiter Beni Roch

Als ich das Buch „Rußland-Deportierte erinnern sich – Schicksale Volkdeutscher aus Rumänien" kaufte, dachte ich kaum, daß ich mich einmal wagen würde, über solche Greueltaten zu schreiben, über Menschen, die dort fünf Jahre ihrer Jugend ließen. Der tieflila gehaltene Buchdeckel, mit einer Zeichnung von Stacheldraht umzäunt und mit dem endlosen, verschneiten Leidensweg der Verschleppten symbolisiert treffend die Atrozitäten. Die Menschen, die sie nach Rußland verschleppten, waren nur um zwei oder drei Jahre älter als ich. Das Buch ist eine Chronik der schwärzesten Zeiten und gleichzeitig eine Zeit- und Regimekritik, und weil bei solch einem kühnen Unterfangen nicht alle Deportierten erwähnt wurden, müßte man diesbezüglich schon an eine erweiterte Ausgabe von den Ausmaßen eines Brockhaus denken. So fiel mir ein, daß ich auch etwas darüber schreiben könnte, natürlich als Zaungast und aus den Aussagen der Betroffenen.

Eines Tages begegnete ich auf dem Korridor des Adam-Müller-Guttenbrunn-Hauses dem immer eilenden Diplomingenieur Benedikt Georg Roch, ein alter Bekannter aus Fratelia, und fragte ihn: „Beni, kannst Dich noch erinnern, wie schön es auf der Hochzeit vom Eichler Jani seiner Tochter in der Csordas-Gasse (heute Drubeta-Turnu-Severin) war, wo Du Pate warst?"

„Wie denn nicht, so etwas kann man nicht vergessen. Übrigens, Du hast ja die Bilder geknipst! Aber Du warst auf Draht und hast nicht zu tief in die Cognac-Flasche geschielt, und wir konnten vernünftig parlieren!"

„Sag mal, Beni, hast noch Deine Feldpostkarten-Sammlung, die Du Deiner herzensguten Mutter und Deiner Schwester geschickt hast, als ‚Gastarbeiter', und wo nur erlaubt waren knappe 25 (fünfundzwanzig) Wörter auf eine Karte zu kritzeln?"

Baß erstaunt sagte Beni: „Woher weißt eigentlich von denen Feldpostkarten? Bist vielleicht unter die Hellseher gegangen?"

„Die Story mit Deinen Rußland-Erinnerungen hat damals bei Deinem Cousin Eichler Jani Furore gemacht!"

„Wie denn nicht, ich habe alles aufbewahrt, damit nichts in Vergessenheit gerate, für die Posterität."

Nachher habe ich Benedikt Georg Roch ersucht, der seine Jugendjahre in Rußland als ‚freiwilliger Gastarbeiter' verbrachte, nebenbei zwölf Berufe ausübte: Schlosser, Betonmischer, Maurer und Lehrer, er soll einmal seine seltenen Feldpostkarten mitbringen, damit wir sie auch anderen bekanntmachen können. Es verstrichen einige Wochen, und Beni Roch übergab mir Xerokopien davon, und weil er dauernd unter Zeitdruck steht, plauderten wir nur eine kurze Weile über die Rußland-Verschleppung.

Auf dem mit Disteln und Dornen besäten Weg nach Rußland, in Bou-Waggons (Viehwaggons) eingepfercht, mit anderen Banater Schwaben, kam die Garnitur am 1. Februar 1945 in Bolschewik (!) an. Halb erfroren und halb verhungert. Nachher schleppte man die ‚Gastarbeiter' von Bolschewik nach Frunse, Kaganowitsch, Schmakowo und schließlich landeten sie am 28. Juni 1948 im Lager Sozgorod. Nicht nur Hunger und Kälte, die ungewohnte Schwerarbeit verschärften die Not, dazu kam noch die ungerechte Behandlung – dies alles kaum zu ertragen auch für ein abgehärtetes Schwabenherz.

Am 10. Dezember 1947 schrieb Benedikt Georg Roch eine Feldpostkarte: „Liebe Eltern und Mausi. Wartemit Janiauf einlebenszeichen voneuch. Sindgesund. Wiegehtes Euchund denverwandten? Wiestehts mitder Schule? Bittebald Antwort! Grüsseund Küsse Euchund Fröhliche Weihnachten! Verwandten+Bekannten, Beni", die für Besorgnis und Aufregung sorgte. Seiner lieben Mutter kullerten Leidens- und Freudentränen über die faltigen Wangen und sie fragte verzweifelt ihre Tochter Mausi alias Käthe Roch, ob ihr Bruder vielleicht nicht alle Tassen im Schrank habe? Sie wußten kaum, daß die dortigen „Natschalniks" (Aufseher) jede Feldpostkarte filzten, und wenn mehr als fünfundzwanzig Wörter draufstanden, ging die sowieso schon spärliche Post nicht ab. Diese Feldpostkarte war ein traurig-fröhliches Lebenszeichen aus dem Lager Nr. 1431 aus Schmakowo. Diplomingenieur Benedikt Georg Roch „logierte" im achtfach stacheldrahtumsäumten Lager und schlief manchmal auf feuchtem Stroh, das während der Nacht zu einem undefinierbaren Betonklotz zusammenfror. Er kam trotzdem mit heiler Haut davon!

Am 7. Januar 1948 schrieb Beni eine weitere „verschlüsselte" Feldpostkarte an seine traurige Mutter, die in der ersten Gasse auf Nr. 13 in Fratelia mit ihrer hiergebliebenen Tochter Käthi Roch – bekannte Mathematik-Professorin in Temeswar – wohnte, mit folgenden Zeilen: „Liebe Eltern, bin gottlob gesundundauchjani hoffedasselbe voneuch. Sehrlange bekamichkeine Nachrichtenvon daheim: Bitteschreibt! Inhoffnungaufs Wiedersehengrüße ichundküsse Euchundmausi alseureuch innigliebender Beni." Hier schaffte es Beni Roch, seine Mitteilung in 19 Wortmonster zu fassen!

Als wir beide über die verflixte 25-Wörter-Karte sprachen, sagte Beni Roch: „Beim zweiten Lebenszeichen sind meine gutherzige Mutter sowie meine feinfühlige Schwester bald zusammengebrochen vor Schreck, Schmerz und Leid. Sie dachte, ich sei übergeschnappt. Keine Rede davon! In der Not frißt der Teufel Fliegen! Und so habe ich mir ein Schreib- und Nachrichtensystem ausgetüftelt, wie man eigentlich seiner Familie und den Verwandten mehr mitteilen könnte. Damals gab es noch keinen direkten Draht (außer Stacheldraht), na ja, eine Telefonverbindung mit Fratelia, so wie es sie heute gibt. Mit der Telepathie konnte ich damals noch nichts anfangen, um mit meiner Mutter und Schwester in Verbindung zu treten!"

Weil ich auch teilnahm an der Zusammenkunft des „Stafette"-Literaturkreises im Festsaal des Adam-Müller-Guttenbrunn-Hauses, die der Heraufbeschwörung eines der finstersten Abschnitte in der Geschichte der Banatdeutschen gewidmet war: der Rußland-Deportation, fühlte ich mich irgendwie verpflichtet, und es funkte in meinem Hirnkasten, über meinen Fratelia-Freund Benedikt Georg Roch diese Zeilen zu schreiben und sie womöglich einmal zu publizieren als Mahnung und Erinnerung.

Aus diesem Anlaß: Sechs Jahre seit der Gründung der Vereinigung der Rußlanddeportierten sprach einleitend Ignaz Bernhard Fischer, Landesvorsitzender der Vereinigung. Es las auch die ehemalige Rußlanddeportierte Frau Rose Condruț aus ihrem in Arbeit befindlichen Schicksalsroman einige Passagen, die sich literarisch und lebensphilosophisch mit der Verschleppung auseinandersetzte und einen großen Widerhall bei den Anwesenden fand. Auch Agnes Tarka las den „Mutti" betitelten Erinnerungsbericht von Horst Martin, Geschäftsführer des Verbandes für Internationale Kooperation „Banatia", über seine liebe Mutter, die ihre vier Kinder in Ketfel zurücklassen mußte und nach Rußland verschleppt wurde.

Ins Gespräch vertieft, meinte Benedikt Georg Roch: „Weißt, der Glaube an Gott und unser schwäbischer Mutterwitz haben uns am Leben erhalten. Wir haben dort auch einen Karten-Klub (Mariasch und Kanasta), weit von daheim, ins Leben gerufen, damit die Zeit rascher verstreicht, wo ich Ehrenpräsident war!"

Man kann getrost behaupten, daß dem Beni ein unverwüstlich-gesunder schwäbischer Humor in die Wiege gelegt wurde und er den Glauben an seine Kirche und an Gott nicht aufgab, die er heute in Ehrfurcht jeden Sonntag besucht und für seine verstorbene Mutter und Schwester betet. Und jeden Tag, ob bei Regen, Schnee oder Sonnenglut, die Gräber auf dem Friedhof an der Schager Straße aufsucht, eine Blume niederlegt und eine Kerze anzündet. Als Dank dafür, daß die beiden daheim in Gedanken immer bei ihm waren, damit er mit heiler Haut aus dem Inferno heimkehre.

Benedikt Georg Roch trat am 5. Oktober 1949 die Heimfahrt an. Nach fünftägiger Reise überquerte er die rumänische Landesgrenze. Die Übergabe der ‚freiwilligen Gastarbeiter' geschah bei Sighetul Marmației. Von dort fuhren sie über Baia Mare und Großwardein, und der Zug traf am 14. Oktober, pünktlich um 18.30 Uhr, im Temeswarer Hauptbahnhof ein. Diesmal, bei der Rückfahrt, waren es bloß 32 Waggons ...

Benedikt Georg Roch kann sich noch an einige ehemalige ‚Gastarbeiter' erinnern, darunter: Anni Kratochvill, Anna Baumann und Josef Müller, Mathilde Schön, mit 22 Jahren bei der Verschleppung eine der jüngsten, Anton Eppel, Hilde Bachmüller, Leni Kerner, Maria Schmidt, Maria Ehling, Anton Metz, Stefan Scherer ...

Als pensionierter Diplomchemiker wirkt Benedikt Georg Roch mit anderen freiwilligen (diesmal wirklichen!) Mithelfern aus dem Vorstand der Rußland-Deportierten, darunter: Wilhelmine Roth, Eufemia Gersanich, Elfriede Opelz und Agnes Tarka. Sie üben ihre ehrenamtliche Tätigkeit schon seit über sechs Jahren aus. Beni Roch ist aber der einzige unter ihnen, der das versteckte 25-Wörter-Feldpostkarten-Patent erfand und sein fein ausgeklügeltes System auch anwandte, auch wenn nicht allzu oft und auch wenn es manchmal nicht so richtig verstanden wurde.

Dossariade-Parade

Seit Jahrn plagt und quält sich ta Senator Constantin Ticu Dumitrescu, tie Aktn ta gwesanen Securitate (gefürchtete rumänische politische Polizei) fir tie Vafolgtn zugänglich machen. Imma wieda tun sie tem Senator, ter aa a politischa Häftling war, alle Dutjis in Rumänien durchwandart hat, Stolpastaane in ten dornign Weg legn.

Aba jetzat is ta Krach in tie Milonan eingschlagn, tie Parlamentaria-Gaschkas rupfn sich gegnseitig tie Feda raus. Ten Anstoß hat a klaana Fedafuxa (Journalist) aus ta Hauptstadt gebn, indem er in ta Zeitung „Ziua" (Der Tag) a Uragan, bessa gsagt a Organigramm ta Groß-Rumänien-Partei (!), vaöffentlicht und ihran Spitzldienst entlarvt hat. In a maschig (anderen) Zeitung ham sa wieda ten Krösus, ten Vorsitzenda (hintn will heite kaana mehr sitzn) ta obnerwähntn Partei, ten gutn Dichta aba schlechtn Politika C. W. oda W. C. Tudor sein Angaschamont fir tie Securitate abgedruckt, wo ta Hapschi sich vapflicht hat, fir tie gwesene Secu unta tem Deck- oda Drecknama „Wali" zu spitzln.

In a Telewischn-Sendung hat ta Tschawo alles abgleigt, er hat sogar geschworn af sei vastorbane Eltarn und af sei Klapetzn (Kinder), taß tes vaöffentlichte Material, quasi, a Fälschung is.

Gestarn ham sa aa ten bekanntn Dichta und Schriftstella Mircea Dinescu, ter a echta Dissident in ta ‚epoca de aur' (goldene Epoche) unta ta Ceauşescu-Diktatur war, beim Tembelisor (Verblödung durch die Flimmerkiste) sei Meinung gfragt in aana „Ediţie specială" (Spezialausgabe) iba ten Dossariade-Parade-Skandal, ter jetzat iba tie Bretta (Bühne) ta bei uns geht, wo sie a Haufn Politika afs Mistblech (Schippe) nehma. Ter, nit af sein Pappn gfalln, hat ihna tie Levitn glesn und hat drauf bestandn, taß tie Halbscheit von dene jetzign Parlamentarias, aso fifty-fifty, fir tie gwesene Securitate melosiert ham. Wenn tes aa a Melo (Arbeit) is! Tie ham gholfn mit noch andere 60 000 Spitzln kilometerlange Stellaschn mit geheimnistuerischn Aktn zu fabrizirn.

In ta Temeschburga rumänischsprachign Tageszeitung „Renaşterea bănăţe-ană" (Banater Wiedergeburt) ham sie a Stellungnahme von tem Politika Vasile Lupu (ta Wolf im Schafspelz), nit vawexln mit tem Schlawina Petrache Lupu aus Maglavit, Vizepräses ta Christlich-Demokratischn und Nationaln Bauernpartei, vaöffentlicht, ter aba aa a Secu-Einspucka war. Jetzat veteidigt er ten Terenc Baranyi, unsran Gesundheitsminista und noch dazu aa ten Senatorn Adrian Vilau (Vilălău), tie aa vawickelt sein im Secu-Aktn-Pingl-Skandal. Tie solln angeblich Vapflichtungn untafirkalt (unterschrieben) ham, wo sie fir tie gwesene Securitate rekrutiert sein worn; fir „tie Einheit unsara (!) Nazion zu bewahrn und tes Vataland zu vateidign". Tes war ibrigens a ta Slogan vom „plumbuiertn" (bleigespicktn) „Karpatengenius" Nicolae Ceauşescu, ten oxidiertn Slogan, ten sie jetzat wieda mit Sidol aufpoliern wolln. Bei uns is imma und ewig was los: mal tie Balkoniade, mal tie Mineriade, tann tie Kuponiade, jetzad tie Dossariade-Parade.

Ta Premier Radu Vasile hat valangt, taß ta Gesundheitsminista, ibrigens a koschara Haba, ter seit seina Einsetzung mehr gleist hat wie andere Ministra in vier Jahrn, soll sei Rücktritt einreichn. Ta Dokta Ferenc Baranyi hat zwar eingstandn, taß er vor vierzig Jahrn a Vapflichtung untaschriebn hat, aba niemand nix Schlechtes gmacht hat. Ihn ham sie damals strafvasetzt in a Nest neba ta jugoslawische Grenz, und tie vom damalign Geheimdienst ham a Revolva (Pistole) afn Tisch glegt und gedroht: „Ta im Sperrgebiet neba ta Donau wird efta gschossn; also gyorsan (rasch) untafirkalni (unterschreiben) tie Vapflichtung!" Und er als Anästhesie-Dokta zum Feldscha degradiert und strafvasetzt hat untaschriebn, aba niemand nix Schlechtes gmacht. Er is ta anzige, ter tie Anschuldigung nit zurückgwiesn hat und alles af seine Dokta-Schultarn tragn tut. Ich glaub, er will fort aus Bukarest, weit weg von dene „mitici" (Blödmänner), tie sich jetzat wie frieha ananda tie Augn auskratzn mechtn, wega ta parlamentarischn Immunität und dene viela Vorteile, die sie dortn ham.

Zeit acht Jahr plappern sie iba tie Freigabe ta gwesenan Securitate-Aktn, aba sie ham nix durchs Parlament boxn kennan. Ta Dokta Ferenc Baranyi war Boxa (Faustkämpfer) gwesn in seina jingere Jahrn, un tie was unkomod sein, wern halt jetzat mit dene Secu-Aktn schantaschiert. Ta kann ma nich tie Frage stelln: Wie is tem Ferenc Baranyi sei Sohn umkomman? War es Selbstmord oda ham tie Securistn ten „Selbstmord" inszeniert?

Tie Zigarettn-Affäre vom Militärflugplatz Otopeni in Bukarest is in Sonnafinstanis getrettn. Sie ham gsorgt, taß aus dene Tausende mautfrei (zollfreie), eingeschmuggelte Bax (engl. „bags") mit Assos-Zigarettn aus Griechnland von ta Firma Papastratos unta ten politischn Teppich gekehrt wern und alle Lieferungn zu Tschickn vapafft wern bis zum Freispruch ta Mafiotn.

Ta Dossariade-Parade-Rumml schlagt jetzat hohe Welln ta bei uns untn, aba es werd kaana von dene implizierte, infizierte Baldowas vasaufn, weil sie aa Schwimmwestn (hier gemeint: die besten Advokaten engagiert haben) importiert ham. Zu leidn hat tes gemeine Fußvolk, tes nit gwußt hat, wem sie gwählt ham. Tie raffinierte Drahtzieha sitzn aba af ihre schwere Gruschpln (hier Valuta gemeint) und lachn sich in tie Faust; solang tes Lachn noch zollfrei is. Sie tun weita „djoroschn" (ung. Schwerarbeit) an ihre schwarzn Gschäftn. Es is zu bewundarn, mit welcha Ausdaua tie tes alles arranschiern. Nit vagessn, tie warn aa vor ta Revolution von 1989 am Honigtopf gsitzt und ham gierig gschleckt, sie kenna sich tes Teiflskraut-Gschäft und tie Einspukkarei nit abgwehnan, nitamol im Dutji (Knast).

Katschka und Kokowana

Da unlängst zauberte der Hansi vom Rudolfsplatz tastend per Ferbedienung auf die Flimmerkiste eine sprudelnd-heitere, italienisch-spanische Komödie: *Zwei wie Pech und Schwefel*, die von SAT 1 ausgestrahlt wurde. In den Hauptrollen Bud Spencer und Terence Hill. Alles ging ziemlich hastig-lustig zu. Auf einmal fingen die beiden Schauspieler an, Katschka (Stockspiel) zu spielen. Der eine von ihnen schwang gewaltig den Schlagstock auf das niedliche, an beiden Enden zugespitzte Hölzlein und fetzte es auf ein mächtiges Firmenschild, so wuchtig, daß der L-Buchstabe nach unten kippte, der andere wieder feuerte den hölzernen Katschka auf denselben Buchstaben und brachte ihn wieder in seine richtige Stellung. Ein tolles Meisterstück. Beide lachten sich in die Fäuste, und es folgten weitere amüsante Sequenzen.

Auf einmal schrillte das Telefon, und der Waldet Seppi aus den Fabrikler Weingärten hing an der Strippe: „Wie gehts da noch, du Dudelsack? Ich vasteh ka Wort. Von wo pappelst eigentlich, nit vielleicht vom Hausdach? Is die Handy-Brandy nit störungsfrei? Ich heer nur lauta Parasitn, ham sie dich angezapft? Hast etwas Großartiges, wie soll ich dir nur ekschplizirn, etwas Einmaliges vapaßt! Schau und krappl runta von deina Satellitenantennen, fir daß ma so richtig quatschn kennan!"

„Seppi, heer schon auf, ich glaub, du bist schwello noch von gestan, hast bestimmt Blutegel auf die ondulierte Wadeln glegt und jetz frotzelst mich mit dem Anzapfn. Sollst wissen, du *Habakuk*, den kann man nit abhorchn. Ibrigens is des Anzapfn bei uns natierlich aus da Modi komman. Ausnahmen gibt's vielleicht. Laß da lieba die altmodischn Schrepfgläsa auf die schrumpelige Bucklhaut stilpn, die drehn die gschwollene Bleedheiten weg!"

„Nit reg dich auf! Ich hab gedenkt, du turnst auf da Regenwassarinna. Bist vielleicht unta die Zirkusleit gangen, du Meierheefler *toto rinna*? Na, jetz heer ich dich schon bessa. Hast nit gschaut, wie da Schamariegl unt da maschig (andere) Schamarolln Katschka im Tembelisor spielt ham?"

„Sicha, wie denn nit, ich hab aach ans Kabelnetz anschlißn lassn, und die strahln iba zweiunddreißig Programme aus. Wahnsinnig viel, kaum zum Aushaltn mehr vor da *Loewe-Kokskistn*. Es bleibt aanem nur noch die eigene Entscheidung: Entweda gehst melosiern oda huckst dich auf die faule Haut und glotzt dich satt und platt wie a ausgezogena Strudlteig!"

Sagt da Seppi: „A Schmarrn, ma muß die Zeit nur richtig einteiln. Wie ich aach noch am Rudolfsplatz gwohnt war, waren die *Katschka-Parties* so aane Art Nazionalsport in da Elisabethstadt. Da ham die Schrazn auf Loch und Kreis gspielt. Es war wirklich imma a Vagniegn zuzuschaun, wenn sie aanen nur lassn ham!"

„Mir sagst, ich war doch da Haus- und Hoflieferant, da Allaanherstella von die runde, fliegende Helzer im ganzen Kretzl. Mei armselige Großmutta hat efta gsagt, daß da Besmstiel imma kirza wird. Ich hab ihr antwaort: „Aba, heer auf, Omama, du wachst a jedn Tag um a ganze Zentimeta, darum scheint dir da Besmstiel imma kirza. Dann hat sie mir, als Dankscheen, a Watschn auf mei linke Backn gepollert, daß ich den Abendstern am hellichtn Tag glitzan und tanzn hab gsegn, irgendwo weit weg von mir in da Milchstraßn. Wie aba in da ganzn Nachbaschaft alle Besmstiela vaschwundn sein, dann is a wolknloses Gewitta aufgezogn!"

„Nit nur bei eich", sagt da Seppi, „sondan aach im Krawallhaus in ta Rudolfsgassn. Die Brieda *Leucsean* ham uns damals Konkurrenz machen wolln. Aba sie ham es nit gschafft, dafier aba harte Keiles vom Hausmasta kriegt."

„Wie ich bemerk, kennst dich aus in Katschka. Aba auch in Kokowana (Lochpollern)?" fragt da Hansi vom Rudolfsplatz.

„Sicha kenn ich mich aus, ich war doch efta albitru – na, wie sagt ma rasch, Schiedsrichta, wenn die Kretzlmeistaschaft ausgetragn worn is. Die stärkstn im Loch-Katschka warn die Hapschis aus da Friedhofgassn und die schnellstn im Kreis-Katschka die Schrazn vom Rudolfsplatz. Damals hat ma nix mischln-schummln brauchn, wer die Trofee wegtragt, so wie heit."

Ein schriller Knall donnerte auf die strahlende Fensterscheibe, es klirrte und klimperte Fensterscheibenmusik in das Speisezimmer.

„Was is bei eich los, ich heer a wunderbares Klirrn. Is vielleicht dei Aquarium umgfalln?"

„Na, du Trottelburga, hast nit gheert, Seppi, wie es gscheppert hat? Mir vazähln von Katschka, und grad jetz is so a gedrexlta, wirklich a echta, zugspitzta, runda Buchenholz-Katschka beim Fensta reingflogn. Ich glaub, die von da hiesign Sternwarte langweiln sich, weil ka Komet voriwafliegt, und treniern sich fir die kommende Herbstmeistaschaft. Ich mecht ta noch sagn, die Katschka is echt, was vor mir aufm Teppich liegt, die hat a Seltnheitswert fir Liebhaba, vielleicht kann ma sie beim Londona *Sotheby-Auktionshaus* vascherbln. Vamutlich, sicha bin ich grad nit, stammt der raketenartige Holzvogel noch von aaner gwesenen Katschka-Kreismeistaschaft. Jetz treniern alle, die aanen mit Katschka oda Hammawerfn, die andran mit Schimpfwerta schmeißn, nit vagess, mir befindn uns mittn in ta Wahlkampanj, und ta spendabel-spendierfreidige Absenda muß heechstwahrscheinlich gedoppelt, getrippelt ham, bevor daß er des Souvenir in mei Zimma gedonnert hat. Sag, mechst nit wieda als Schiedsrichta einspringen, wer kennt die Spielregln bessa wie du? Kennst sie aach die von da Kokowana lernen, weil Dreck, nit nur da eigene, is imma vorhandn auf unsa Gassn und rundum den scheenen Rudolfsplatz rum, vielleicht kennt ma ihm so gschwinda loswern! Weil die Gassnkiehra streikn seit gestan. Aba am allawichtigstn kennst die Habasn von da Sternwarte ibazeign, sie solln ka Gspett aus mir machen, und womeeglich die eingschlagene Fenstascheibn frisch einschneidn lassn, selbstvaständlich auf ihre eigene Regiekostn. Na, Seus. Ich muß leida ablegn, mei Spietsch untabrechn, die vieln Glasscherbn zammkehrn, aba mit was zum Draku (Teufel), unsa Besm is vaschwundn!"

Brennpunkte: Las Vegas und Las Begas

Seit zehn Jahren kämpft das Zocker-Eldorado gegen sein Schmuddel-Image. Doch in einer Welle neuer Filme wird der alte Mythos von Mafia, Mord und Unmoral wieder ausgegraben. Las Vegas wehrt sich! Die Glücksspielmetropole lockt jedes Jahr mehr als 30 Millionen Touristen an. Im Durchschnitt verzockt ein jeder 513 amerikanische Dollar! „Wovon träumen die Leute? Sex, Geld und Abenteuer – ich werde diesen Dingen ein Denkmal errichten", sagt Gangster Bugsy Siegel im Krimi „Bugsy" (1991). „Reden wir von einem Puff?" erwiderte sein Gegenüber. Antwort: „Nein, von Las Vegas. Dem Ort, an dem alles erlaubt ist!"

Ein Klischee, perfekt auf den Punkt geschneidert, perfekt für Hollywood. Hier liebt man Klischees. Doch die Realität sieht ganz anders aus. *Jan Laverty Jones*, Bürgermeisterin von Las Vegas, kann für 1995 einen deutlichen Rückgang der Kriminalität belegen. „Die Stadt ist heute nachweislich eine der sichersten der USA – und für Touristen eine der ungefährlichsten." Klar, daß die Dame auf Regisseur *Paul Verhoeven* nicht gut zu sprechen ist. Als der 1995 gefragt wurde, weshalb er seine skandalträchtigen „Showgirls" in Las Vegas tanzen ließ, meinte er gelassen: „Nur in dieser Stadt geht es ausschließlich um Sex, Geld und Macht!" Las Vegas als Sündenpfuhl, Endstation für Gestrandete, Eldorado für Glückspilze. Ein dankbares Kinothema. Jetzt wird es gleich in einer Reihe von Filmen variiert.

Am 9. Mai l. J. startete in Deutschland „Leaving in Las Vegas", eine düster-tragische Liebesgeschichte, in der sich Nicolas Cage als gefrusteter Drehbuchautor Ben systematisch zu Tode trinkt. Nicht einmal das ansehnliche Callgirl Sera (Elisabeth Shue) kann sein bitteres Ende in der Gosse der Glitzerstadt verhindern. Sozusagen ein Klassefilm: Cage bekam für seine Charakterstudie den „Golden Globe" und einen „Oscar"!

Auch „I Shot a Man in Las Vegas" läuft jetzt in den USA an. Die mysteriöse Story: Vier Freunde wollen einen netten Abend im sündigen Las Vegas verbringen – und am Ende wird ein Mann erschossen!

In den letzten Wochen machten schon zwei andere Las-Vegas-Filme Furore. Der eine, „Casino" von Martin Scorsese, beschreibt mit unglaublicher Brutalität die wilden 70er Jahre. Die Zeit, in der Gangster, Edelnutten und die Mafia das Bild von Las Vegas prägten. In Scorseses Drei-Stunden-Epos (in den Hauptrollen: Sharon Stone, Robert de Niro, Joe Pesci) erschlagen Killer einander mit Baseballschlägern, werden Falschspielern mit dem Hammer die Hände zertrümmert und Verrätern die Köpfe eingeschlagen.

In „Showgirls" geht es dagegen in erster Linie um heißen Sex. Die schwache Geschichte vom Provinzgirl Naomi (Elisabeth Berkley), das in den Nachtclubs von Las Vegas landet, dient lediglich dazu, möglichst viel nackte Haut zu zeigen.

Nackte Haut! Davon wird auch in „Striptease", der Film wird im August l. J. seine Premiere haben, eine Menge zu sehen sein. Für eine Gage von 12,5 Millionen US-Dollars legt Demi Moore alles ab und wird damit zur bestbezahlten Schauspielerin aller Zeiten. Die Story: Stripperin verliebt sich in Politiker – aber die Geschichte ist wohl auch hier nicht so wichtig.

Keine Frage, die Glitzerstadt liegt voll im Kinotrend: In „Smoke" wurde von ihr geträumt, auch „Get Shorty" machte hier Station. Las Vegas hat Seattle und Chicago als Schauplatz überflügelt, liegt jetzt hinter Los Angeles und New York an dritter Stelle der US-Kinohauptstädte.

Doch das sündige Bild, das Hollywood von der Zocker-Metropole zeichnet, stimmt längst nicht mehr. Statt schweren Jungs, leichten Mädchen und Mafiosi regieren heute in Las Vegas Banken und weltberühmte Konzerne. Sie investieren Milliarden, um aus der verrufenen Wüstenstadt in Nevada ein Paradies des Massentourismus zu machen. Familientauglichkeit heißt die Devise: Disneyland läßt grüßen! Allein 1996 sollen mit 8 000 Betten drei neue Hotels eröffnet werden. Zwei weitere gigantische Touristenburgen sind in Planung. Stückpreis: eine Milliarde Dollar!

So viel Aufwand scheint notwendig, will man den etablierten Hotels Konkurrenz machen. Das „Mirage" zum Besipiel lockt seine Gäste nicht nur mit einem tropischen Regenwald, sondern auch mit einem Vulkan, der alle 15 Minuten ausbricht und Funken in die Gegend spuckt. Und in der künstlichen Lagune des „Treasure Island" liefern sich eine britische Fregatte und ein Piratenschiff täglich mehrere Seeschlachten.

Spieltische gibt es natürlich auch noch. Aber sie stehen nicht mehr im Mittelpunkt. „Früher kam man nach Las Vegas, um zu spielen und nebenbei eine Show zu sehen. Heute ist es umgekehrt", sagen die Magier Siegfried und Roy – die beiden Deutschen mit ihren weißen Tigern gelten als Pioniere des neuen Las Vegas.

Auch für besondere Dienste an verwöhnten Touristen wurde gesorgt: In Kürze wird in Las Vegas das größte Luxus-Bordell der Welt seiner Bestimmung übergeben. Für umgerechnet 7 000 amerikanische Dollar können sich an jedem Wochenende die geldstarken Gäste der modernen Hotelkette „Wanaleiya" so viele Edelnutten auswählen, wie sie wollen, versichert die House-Man-Agement-Corporation. Es liefen bereits 400 Bewerberinnen-Anträge ein, aber es werden nur solche in Betracht genommen, die vor allem vier bis fünf Sprachen beherrschen und aus dem Stegreif einen Unterschied zwischen einem Rembrandt und einem Picasso oder Monet oder Kandinsky machen können. Die Edelnutten müssen übrigens alle Wünsche der verwöhnten Kundschaft befriedigen. Dafür erhalten sie einen fürstlichen Wochenlohn von 10 000 Dollar für eine Arbeitsnorm von zwölf Stunden täglich.

Das Las-Vegas-Image wird auch bei uns in Bukarest, Petroschen sowie in Las Begas (Temeswar) langsam etabliert, die versäumte Zeit wird nachgeholt: Überall wird gezockt, Risensummen werden gespielt und verspielt, eine genaue Statistik liegt nicht vor. Billardtische und Nutten zweifelhafter Herkunft werden mengenweise herbeigeschafft. Die Spieltische, Tackos, die Kugeln (!), die Automaten sowie die vielen Rouletts rollen aus den westlich gelegenen Ländern an, die Huren sind teilweise Einheimische, teils solche, die sich in der Türkei oder in Bulgarien nicht mehr zurechtfinden, andere wieder kommen aus den Ostblockstaaten angereist, in ein Eldorado der Illusionen. Hotels werden zur Zeit nur in Bukarest gebaut. In den Provinzstädten hat man nicht einmal die vor dem Umbruch aufgezogenen Wohnblocks den Leuten schlüsselfertig übergeben können, und dies bei einer akuten Wohnungsnot. Aber man spekuliert schon für ein gemischtes (!) Bordell aller Kategorien: Heterosexuelle, Schwule, Lesben und Transvestiten sollen Zugang haben. Das Mobiliar ist bereits vorhanden, natürlich immer austauschbar, weil eben bei uns in Las Begas sowie im Komplex Vegas von Petroschen sich genügend weibliche sowie männliche Abklatschanwärter tummeln, die in das lukrative, aidsgefährdete Geschäft einsteigen möchten, auch wenn sie sich ein tödliches Souvenir holen. Es fehlt momentan an einem geldstarken Sponsor, um die „Liebesbranche" zu finanzieren. Und es stellt sich die Frage: Sind Freudenhäuser bei uns notwendig? Oberbürgermeister-Kandidat für Bukarest, der namhafte Tennismann *Ilie Nastase* bejaht diese Frage und möchte das älteste Gewerbe der Welt legalisieren. Warum denn auch nicht, wenn man bedenkt, daß es allein in Las Begas bis Kriegsende eine große Anzahl offizieller Bordells gab, mit Rotlichtdamen, die die Kundschaft für lausige paar Lei nach Strich und Faden verwöhnten. Die ältere Generation erinnert sich noch an die Gisi-Tante und ihre Mädels, die ihr erstes Establishment unter ärztlicher Aufsicht in der Schwanengasse (heute Romulus) hatte, nachher in der Inneren Stadt, in der Rodnei-Gasse, und später in die verlassene Siebenbürger Kaserne umzog. Die Rotlichtdame Lenutza cur de fier (Eisenpopo) genannt, war bei ihr ein eingetragenes Markenzeichen. Man sieht sie heute noch auf Männerfang auf dem Korso abends stolzieren. Wenn kein Kundenandrang bei der Gisi-Tante war, so verkaufte sie ihren harten Körper den Soldaten der 7. Jägerkompanie, die einmal wöchentlich über sie rasten, während sie für gewöhnlich beim „Liebesspiel" die Tageszeitung in der Hand hielt und die Klatschnachrichten überflog.

In der Josefstadt, an der Bega-Zeile, lief ein weiteres Bordell, das der Schimmerling gepachtet hatte. Hier verkehrte die High-Life-Kundschaft. Ein gescheiterter Komponist verzapfte für die Edelnutten (für einen Film reichte das Geld nicht!) ein berauschendes Lied: „Beim Schimmerling ist Musik, beim Schimmerling ist Tanz, da greifen die Huren den Lackeln beim Sch ... immerling ist Musik ...", aber leider kann keiner mehr die richtige Melodie dazu singen oder pfeifen.

In der Bahnhofsgasse auf Nummer 18-20 (tizennyolc es husz) war ein weiteres Bordell für eilende Besucher, die noch vor Besteigen des Zuges etwas anderes besteigen wollten. Nach dem „Liebesakt" konnte der Mann sich in einem verbeulten Blechlavoir mit Hypermangal waschen. Das verflixte Desinfektionsmittel aber hinterließ lila Spuren auf den Unterhosen, was dann meistens zu einem Familiendrama ausartete. Noch heute hängt die rote Laterne über dem Toreingang, wo IJPIPS (METROPOL) im Geschwisterhaus jahrelang Gewürzersatz für den Hausgebrauch (Pfeffer) aus rotem Paprika und anderen Zutaten präparierte, wahrscheinlich um die „scharfe" Tradition zu wahren. Vielleicht könnte das alte Freudenhaus wieder seiner ursprünglichen Bestimmung übergeben werden. Die Ottomane, auch Diwan genannt, würde die nahegelegene Tischlerei-Tapeziererei „Dor de munca" (Arbeitslust) auf Ratenzahlung oder auch in natura für die Belegschaft liefern!

Die ertragreichste Kupplerei war aber auf der Paul-Chinezul-Straße, unweit der 7.-Infanterie-Kaserne, wo ein gewisser Silber das Szepter schwang. Bei Rekrutierungen sprang die bereits erwähnte Lenutza cur de fier ein, leistete Überstunden bei der Konkurrenz und sorgte für einen reibungslos-reibungsvollen Kundendienst, was ihr Einkommen wesentlich verbesserte.

Rotlichtdamen schlendern in Las Begas immer herum, meist in den Nobelhotels. Es gibt sogar einen Babystrich, der unweit der Bastei liegt. Die Liebesdienerinnen konversieren kaum in fünf Sprachen, können auch keinen Matisse von einem Monet unterscheiden. Aber wer von den Klienten möchte schon mit einer Nutte ins Museum gehen ...?

Immerhin, die Konkurrenz ist groß, aber die Verhältnisse zwischen Las Vegas und Las Begas liegen meilenweit voneinander entfernt, nicht nur der Distanz wegen, sondern die dortige Lebensqualität ist kaum erreichbar, trotz aller Bemühungen, das Beste hier zu tun. Man möchte das Versäumte aufholen. Vielleicht gelingt es im nächsten Jahrtausend. Wenn sich in Las Vegas die Banken und Konzerne breitmachen und der Bauboom floriert, um das Schmuddel-Image zu verwischen, so geht es bei uns in Las Begas erst schlecht zu, an jeder Ecke im Zentrum wird man angepöbelt: Mărci, Dolari, weniger Forinți und Dinar. Wenn man beim Bummeln (nicht Bumsen!) auf seine Siebensachen nicht aufpaßt, kann es einem leicht geschehen, daß man ohne Geldbörse im Hotel ankommt und die Affäre der Liebesdienerin nicht bezahlen kann. Aber auch beim Wechseln von Valuta soll man aufpassen, weil die Ganoven schieben den Leichtgläubigen einen „țun" (Kanone, im Untergrundjargon) in die Hand, das ist ein Bündel zurechtgeschnittenes Zeitungspapier zwischen zwei Karpatendollars, und eilen davon. Hast mich gesehen! Und Tschüß!

ANHANG

NACHWEIS DER TEXTAUSWAHL

HABERMANN, PAUL OTTO * 8.11.1901 Ziegelrode
† 13.9.1980 Seeon-Seebruck
*Ich suchte das Deutschtum in Südosteuropa. Erinnerungen
und Bekenntnisse eines „Reichsdeutschen"*
I. Teil: Zwischen Neusiedler See und Ofener Bergland   16
In: DS v. 1.5.1960, S. 5
II. Teil: In der Schwäbischen Türkei   19
In: DS v. 8.5.1960, S. 5
III. Teil: Was mir die Batschka erzählt   23
In: DS v. 15.5.1960, S. 5
IV. Teil: Deutsche Heimat im Banat   26
In: DS v. 22/29.5.1960, S. 5
X. Teil: In Syrmien/Slawonien zu Gast   33
In: DS v. 31.7./7.8.1960, S. 5/7

HAMMERSTIEL, ROBERT * 18.2.1933 Werschetz
*Die wunderbaren und die schrecklichen Straßen
der Kindheit*   42
In: Von Ikonen und Ratten. Eine Banater Kindheit 1939-1949. Mit 32 Zeichnungen von Robert Hammerstiel, Verlag Christian Brandstätter, Wien 1999, S. 10-32

HAUPT, HERBERT WERNER * 3.8.1938 Temeswar
Des billich Schwein un der teiri Kokosch   62
In: Der Vierunzwanzich-Schtune-Urlaub. Humoristischi Korzprosa un Lyrik in banatschwowischer Mundart, Ha-Ha-Ha Eigenverlag & Druck, Temeschburg und Leimen 1996, S. 7-13
Wette mer?!   65
a. a. O., S. 15-18
Briefwexl   66
a. a. O., S. 27-29
Navetiste oder: Vun der Demokrazie   68
a. a. O., S. 30-34
Reklamiere – mer?   70
a. a. O., S. 35-38
Die letschti finf Johr   72
a. a. O., S. 39-41
Wu is die Heed – 1988   73
a. a. O., S. 77-79
Na, sowas ...   75
a. a. O., S. 80-85

Sowas wie e Nohwort   77
a. a. O., S. 135-137
Kata-Strophen   79
In: Was auf uns zukommt. Buch der 107 Kata-Strophen;
und: Kata-Strophen kommen nie allein. Buch der nächsten 107,
Ha-Ha-Ha Eigenverlag & -Druck
Meckern und schleimen   81
In: Schwert und Harnisch. Die Zeit davor – die Zeit danach.
Nonkonformistische Schreiben aus zwei Jahrtausenden,
Ha-Ha-Ha Eigen-Druck und -Verlag, Leimen 2003, S. 83 f.

HAUPT, NIKOLAUS * 19.8.1903 Sackelhausen
† 18.9.1993 Temeswar
Was hundert Ahnen   84
Unveröffentlicht, 1949
Rebellen-Song   85
In: DS v. 15.9.1991, S. 5
Der Schatzsucher in den Katakomben   86
In: Der Schatzsucher in den Katakomben. Drei Geschichten aus dem
Temeswar von gestern, Facla Verlag, Temeswar 1981, S. 5-27
Iwer was die Leit rede   99
In: Wohres un Unwohres uf Schwowisch, Kriterion Verlag, Bukarest
1989, S. 46-48
Wann der Putzteiwel losgeloß is   100
a. a. O., S. 84-87
Mann, e Auto muß her!   101
a. a. O., S. 105-108
Der Narr mit der Schellenkappe   103
In: Herr Löffelstiel auf Reisen. Märchen, Kriterion Verlag, Bukarest
1976, S. 146-153

HAUSER, HEDI * 26.1.1931 Temeswar
Wie die Riesenfichte gerettet wurde   108
In: Waldgemeinschaft „Froher Mut" und andere Geschichten,
Jugendverlag, Bukarest 1958, S. 28-34
Der undankbare Kaktus   111
In: Der große Kamillenstreit und andere Geschichten, Ion Creangă
Verlag, Bukarest 1976, S. 49 f.
Himpelchen, Pimpelchen und die Pilzsucher   111
In: Himpelchen, Pimpelchen und die Riesen, Ion Creangă Verlag,
Bukarest 1983, S. 9-16

Wolfi und die Märchenwiese 116
In: Viele Fenster hat mein Haus, Jugendverlag, Bukarest 1965, S. 26 ff.
Das verschnupfte Bilderbuch 117
In: Das verschnupfte Bilderbuch, hora Verl., Hermannstadt 1999, 16 S.
Die Nischen der Nischengesellschaft 118
In: Sonderdruck aus: Siebenbürgische Semesterblätter 1996/1, S. 28-35

HECKER, RÓBERT * 10.12.1963 Budapest
Pensées. Tagebuch (15. Januar 2002 bis 23. Februar 2004) 126
Unveröffentlicht

HEGEL, ELISABETH * 5.12.1923 Marienfeld
Kostbare Erinnerung 148
In: Kostbare Erinnerung. Gedichte, Selbstverlag, Fürth [1999], S. 13 f.
Nie wieder Krieg! 149
a. a. O., S. 24
Hinter Stacheldraht blühen keine Blumen 150
In: Hinter Stacheldraht blühen keine Blumen, Selbstverlag, Fürth 1997,
S. 15 f.; 17; 20; 22; 24; 26; 27; 28; 33; 34 f.; 36 f.; 40 f.; 42 ff.; 44 f.;
56 f.; 60; 65; 68; 73 f.; 83 f.; 122 f.; 124 f.; 129; 136; 137 f.; 140 f.;
147; 148 f.; 150 f.

HEHN, ILSE * 15.05.1943 Lowrin
Banater Dorf mittags 166
In: Das Wort ist keine Münze. Gedichte, Kriterion Verlag,
Bukarest 1988, S. 35
Es riecht nach Korn 166
a. a. O., S. 36
Banater Landschaft 167
a. a. O., S. 37
August in Michelsberg 167
a. a. O., S. 38
Zu Max Ernst 168
a. a. O., S. 67
Für Salvador Dali 168
a. a. O., S. 65
Verwurzelt nirgends 169
a. a. O., S. 66
Zwischen zwei Ufern 169
a. a. O., S. 68

Schülerballade 170
In: Den Glanz abklopfen. Gedichte aus drei Jahrzehnten,
Gerhardt Hess Verlag, Weiler im Allgäu 1998, S. 77 ff.
Valentinstag 171
a. a. O., S. 104
Hier wird gewürfelt 172
a. a. O., S. 52
Wißt ihr 172
In: Das Wort ist keine Münze, S. 8
Nicht zu vergessen 173
In: Den Glanz abklopfen, S. 92
Jetztzeit 173
a. a. O., S. 99
Porträt 174
a. a. O., S. 116
Wenn keine Farben mehr 174
a. a. O., S. 117 f.
Aschermittwoch 175
a. a. O., S. 108
Trotzdem 176
a. a. O., S. 119
Im Netz 176
In: Lidlos. Gedichte, Holzer Verlag, Weil im Allgäu 2003, S. 4
Die Toten in unserer Haut 177
a. a. O., S. 1
Rast 177
a. a. O., S. 10
Winter 178
a. a. O., S. 8
Rost 178
a. a. O., S. 2
Reisen 178
a. a. O., S. 26
Rannoch Moor / Highland 179
a. a. O., S. 11
Atemgrau / Insel Sky 179
a. a. O., S. 15
Schraffuren 180
a. a. O., S. 13
Lakonische Zeilen / Bei Freunden in Israel 180
a. a. O., S. 19
Klicken Sie auf OK 181
a. a. O., S. 24

Zirkelschluß / Blindflugzeit 181
a. a. O., S. 21
Allerorten 182
a. a. O., S. 22
Ohne Irritation / Rumänische Landschaft 182
a. a. O., S. 23
Finistère 183
Unveröffentlicht, 2003
Hospital „Hôtel Dieu" / Beaune 184
Unveröffentlicht, 2003
Via Appia Nova abends 186
In: Lidlos, S. 25
Dieser Eindruck 186
a. a. O., S. 18

HEIDELBACHER, JOSEF * 8.8.1909 Bildegg
† 25.10.1995 Stuttgart
Groß war die Not und das Heimweh 188
In: DS v. Weihn. 1977, S. 2
Nicoara 191
In: SV 1978/4, S. 253-257
Michel singt das Ave Maria 197
In: DS v. Pfingsten 1974, S. 10
Sathmar, wir grüßen dich! 205
In: DS v. Pfingsten 1972, S. 5

HEILMANN-MÄRZWEILER, LENI * 24.11.1933 Hodschag
„Kirwi und Erntedank" 208
In: HH 2001/7, S. 3
Als dr Groußvattr d' Groußmuedr nahm 210
In: Verlorene Kindheit. Erlebnisse und Gedichte, Scherer-Verlag,
Freising 1994, S. 71
's Zuerichte 211
a. a. O., S. 72
A Odschager Baurehochzeit 212
a. a. O., S. 73 f.
Gakowo – die Hölle 214
a. a. O., S. 26 ff.
Nur ein kleiner Frühlingsspaziergang 216
a. a. O., S. 33 ff.
Heimweh 219
In: HH 2002/7, S. 17 f.

Mir phackes widdr 221
In: Verlorene Kindheit, S. 75 f.

HEIM, FERDINAND * 27.4.1932 Kischoda
Herbscht 224
In: NBZ-Pipatsch 1980-1990
Wann ich 225
a. a. O.
Winterlied 225
a. a. O., 11.1.1992, S. 4
Ich sin froh 226
a. a. O., 1980-1990
Dunnerwetter 226
a. a. O.
Mei Freind 227
a. a. O.
Erntezeit 227
a. a. O.
's is schad 228
a. a. O.
Kerweih 229
In: BP v. 5.9.1992, S. 7
Vier Stachle 229
In: Stachl-Gsätzle. Epigramme und Fabeln in banat-schwäbischer Mundart, Verlag Wilfried Eppe, Bergatreute 1994, S. 7
Ehepaar 229
a. a. O., S. 10
Hinerlistrich 230
a. a. O., S. 12
Im Park 230
a. a. O., S. 12
Kokosch-Problem 230
a. a. O., S. 13
Mit „Antrieb" 230
a. a. O., S. 18
Große Bu 230
a. a. O., S. 20
Untermietung 231
a. a. O., S. 21
G'hupst wie gsprung 231
a. a. O., S. 23
Simulant 231
a. a. O., S. 26

Beim Zahnarzt	231
a. a. O., S. 28	
Bei der Wohrsagerin	231
a. a. O., S. 42	
Im Restaurant	232
a. a. O., S. 46	
Die Prob	232
a. a. O., S. 51	
Hochnasich	232
a. a. O., S. 66	
Witzmacher	232
a. a. O., S. 87	
Faulkrank	232
a. a. O., S. 17	
„Helden"	233
In: Stimmen, die zum Himmel schreien, Verlag Rainer E. Wiechert, Wolfsburg 1994, S. 24	
Die Mauer	233
a. a. O., S. 26	
Wahrer Frieden	233
a. a. O., S. 71	
Mein Vater	234
a. a. O., S. 80	
Sprichwort	234
a. a. O., S. 122	
Die Lieb' ist ...	234
In: Sprüche der Liebe. Aphorismen, Frieling, Berlin 2002, S. 10	
Was der Arzt ...	234
a. a. O., S. 22	
Liebe kann man ...	235
a. a. O., S. 34	
Wer viel Lieb' ...	235
a. a. O., S. 40	
Bosheit hat nie ...	235
a. a. O., S. 55	
Frauen schätzen zarte ...	235
a. a. O., S. 56	
Die Lieb' versüßt ...	235
a. a. O., S. 59	
Ist arm dein ...	235
a. a. O., S. 61	
Früchte benöt'gen Felder ...	235
a. a. O., S. 63	

Liebe macht uns ...	236
a. a. O., S. 65	
Man liebt kein ...	236
a. a. O., S. 68	
Wenn die Frau ...	236
a. a. O., S. 72	
Die Liebe wandelt ...	236
a. a. O., S. 74	
Die Liebe ist das beste ...	236
a. a. O., S. 80	
Auf des Menschen ...	236
a. a. O., S. 82	
Der Erde Zittern ...	236
a. a. O., S. 83	
Die Liebe ist des Himmels ...	237
a. a. O., S. 83	
Wenn der Vollmond ...	237
a. a. O., S. 84	
Liebe stets in ...	237
a. a. O., S. 91	
'ne alte Lieb' ...	237
a. a. O., S. 92	
Hat dich auch ...	237
a. a. O., S. 93	
Wenn dein Leben ...	237
a. a. O., S. 94	
Lenaus Wunsch	238
Unveröffentlicht, 2002	
Die Zauberpeitsche	238
In: Märchen, Sagen und Schwänke, Kriterion Verlag, Bukarest 1979, S. 93	

HEINZ, FRANZ * 21.11.1929 Perjamosch

Ein Traum von Pferden	242
In: Erinnerung an Quitten. Kurzgeschichten, Kriterion Verlag, Bukarest 1971, S. 62-70	
Das Brot	245
In: Sorgen zwischen neun und elf. Kurze Prosa, Jugendverlag, Bukarest 1968, S. 109-120	
Das Erbe des Seibert-Bauern	250
In: KK Nr. 655 v. 15.6.1987	
Klotz am Bein oder Die Zerstörung von Hopsenitz	252
Unveröffentlicht, 1991	

Feldmohn und Eulen 257
In: Begegnung und Verwandlung, Künstlergilde, Esslingen 1985,
S. 24, 22, 28, 30, 6, 32
Es war ein Land 260
In: Unser Heimatbuch. Von Perjamoschern für Perjamoscher
geschrieben, Ingelheim 1998, S. 210
Graue Stunde 261
Unveröffentlicht, 1998
Berghütte mit Mond 261
Unveröffentlicht, 1998
Vom großen Glück 262
Unveröffentlicht, 1998

HEINZ, STEFAN * 28.2.1913 Kleinsanktpeter
Heilige Nacht 1947 264
In: Im Zangengriff der Zeiten. Ein langes Leben – in kurzen Geschichten,
ADZ-Verlag, Bukarest 2001, S. 263-66
Beim Beglerbeg vun Temeswar 266
In: NBZ Volkskalender 1980, S. 71 f.
Der Schirmflicker-Naz und die Wassermüllerin 268
In: SV 1989/4, S. 284-88
Zwei Schwestern. Eine schwäbische Passion 275
Schauspiel in zwei Teilen. Nicht gedruckt erschienen,
Manuskript Temeswar 1979, 44 Seiten;
43 Aufführungen 1980 am Deutschen Staatstheater Temeswar,
zweite Inszenierung 1990 mit etwa 30 Aufführungen, am Theater
Baden-Baden 10 Aufführungen 1992
Banater Friedhof 1990 279
In: Heimatbuch Kleinsanktpeter, 1992, S. 379
Letzter Besuch 279
In: TH 1999
Bitte 280
Unveröffentlicht
Mei Vaterschhaus 281
In: Kleinsanktpeter a. a. O., S. 49
Was is geblieb 283
a. a. O., S. 380 f.
Mir Schwowe 284
a. a. O., S. 382 f.
Ufm Domplatz 1993 286
Unveröffentlicht, 1993

HELL, KARL * 29.1.1875 Karlsdorf
† 15.9.1953 Ried
Schwabengeschichten	288
In: NL v. 7.5.1950, S. 4	
In der Rolle des Judas	289
In: NL v. 30.11.1952, S. 5	
Das diensttreue Gewissen	290
In: NL v. 7.12.1952, S. 6	
Die Hauptsache ist: das Prinzip!	291
In: NL v. 21.12.1952, S. 8	
Von den Neuwahlen	292
In: NL v. 11.1.1953, S. 6	
Karneval in Weißkirchen	293
In: NL v. 2.2.1953, S. 7	
Der Scheintote	294
In: NL v. 21.3.1953, S. 7	
Ungarisches allzu ungarisch	295
In: NL v. 21.2.1953, S. 7	
Politik bei Joca Prodanov	296
Ebd.	
Brüderlich geteilt	297
In: NL v. 28.5.1953, S. 7	
Aus verklungenen Zeiten	298
In: NL v. 26.8.1951, S. 4	
K. u. k. Geschichten	299
In: NL v. 4.4.1953, S. 8 / 23.5., S. 6 / 6.6.1953, S. 6 / 13.6.1953, S. 6 / 20.6., S. 6	

HERDT, BARBARA * 13.12.1919 Futog
Als Fahnen und Stiefel in Neusatz regierten ...	310
In: Nur wer die Schwaben kennt, weiß was ich meine ..., mit einem Vorwort von Johannes Weidenheim und sechs Zeichnungen von Helmut Bischof, Donauschwäbische Verlagsgesellschaft Salzburg/ Pannonia Verlag, Freilassing 1968, S. 14-15	
Hinab stieg er in den Keller ...	311
a. a. O., S. 18-19	
Munter verteilen wir kiloweise Orden ...	312
a. a. O., S. 22-23	
Mancher sich gerne und mit Gefühl ...	314
a. a. O., S. 32-33	
So mancher dann immer wieder vergaß ...	315
a. a. O., S. 36-37	

Eh es die biederen Schwaben begriffen ... 316
a. a. O., S. 46-47
Mittendrin – ganz unverhofft ... 318
a. a. O., S. 52-53
Heute heißen sie Ähnn und Dschohn ... 319
a. a. O., S. 54-55
Mit schnellem Wirbeln lockte er raus ... 321
a. a. O., S. 58-59
Der Maschinist war zu jener Zeit ... 322
a. a. O., S. 64-65
Sie waren nämlich, wie's dazumal hieß ... 324
a. a. O., S. 76-77
Weil mans Bauchweh aber öfter spürt ... 325
a. a. O., S. 78-79
Die Sonne, der Regen und wir 327
Unveröffentlicht
Die Zigeuner und wir 328
Unveröffentlicht

HEROLD, JOHANN * 19.9.1921 Ismin
† 3.9.1998 Máza
Dank an die Mutter 332
In: DK 1988, S. 243
Winterausklang 333
In: DK 1976, S. 257
Spätherbst 333
In: DK 1973, S. 190
Kronert Hans 334
In: Tie Sproch wiedergfune. Ungarndeutsche Mundartanthologie, Publikation des Demokratischen Verbandes der Ungarndeutschen, ausgew. u. zus.gest. v. Johann Schuth, Tankönyvkiadó, Budapest 1989, S. 69-80
Kronert Hans in Karlsbad 341
In: DK 1991, S. 268-271
Kronert Hans. Die Kreistreibjagd 345
In: DK 1983, S. 287-290
Kronert Hans auf Freiersfüßen 348
In: DK 1978, S. 309-311 (unter: „Kronert Hans")

HERR, ANITA * 29.10.1921 Belgrad
  Großbetschkereker Markttratsch ... 352
  Nicht erschienen, aber mehrfach aufgeführt
  Der Wirt zum Goldenen Dukaten ... 359
  Nicht erschienen, aber mehrfach aufgeführt
  Möblierte Zimmer ... 364
  Nicht erschienen, aber mehrfach aufgeführt

HERR, CHRIST N. * 30.5.1923 Blumenthal
  † 23.1.1984 Elgin
  Heimaterinnerungen ... 370
  Unveröffentlicht
  Begegnungen unterm Lindenbaum ... 370
  In: DSK 1981, S. 157 f.
  Ohne Heimat ... 373
  Unveröffentlicht
  Die Lausbubenjahre unserer Väter ... 374
  In: DSK 1985, S. 172 ff.
  Der Weg zurück ... 377
  Unveröffentlicht
  Schwarzes Gras ... 378
  In. DSK 1982, S. 115 ff.
  Wie's friehr war ... 381
  In: SB, Jg. 1991, S. 5
  Freudlose Welt ... 382
  a. a. O., S. 8
  In der Zeit unserer Urgroßeltern ... 383
  In: DSK 1979, S. 125 ff.
  Aus der Ferne gesehen ... 386
  Unveröffentlicht
  Rosmarin ... 387
  In: SB, Jg. 1991, S. 7
  Weil ich a Schwob bin ... 388
  In: DS v. 25.5.1986, S. 11

HEUER, ROSWITHA * 7.1.1959 Gröbenzell
  Der Geisterhof (1. Retenthann, 2. Daheim und hier) ... 390
  In: Der Geisterhof. Roman, Cornelia Goethe Literaturverlag,
  Frankfurt a. M. 2004, S. 9-30 (Nachdruck der ersten beiden Kapitel
  mit freundlicher Genehmigung des Verlags)

HIEL, INGEBORG * 15.6.1939 Graz
Morgen: Hoffnung. Ein Donauschwaben-Roman 406
In: Morgen: Hoffnung. Ein Donauschwaben-Roman, Scripta Verlag
Kurt Klöckl, Feldkirchen b. Graz 1996, S. 45-47; 53-54; 58-63;
65-100; 109-110; 129-130; 135-136 (leicht überarbeitete Fassung)

HIESS, JOSEPH * 3.4.1904 Wolfstal/Niederöst.
† 11.6.1973 Offenhausen/Oberöst.
Geburt im Nebel 428
In: Geburt im Nebel. Buch einer Kindheit, Verlag Welsermühl,
Wels 1954, S. 158 f.
Ein Stern steigt auf 429
In: NLV 1955, S. 92-94
Wir kamen aus Glasenbach 432
In: Wir kamen aus Glasenbach. Buch einer Heimkehr,
Verlag Welsermühl, Wels/München 1957,
S. 62-72/212-218
Glaubensspruch der Heimatvertriebenen 440
In: NL v. 12.2.1955, S. 4
Herbstglaube 441
In: DS v. 20.10.1971, S. 3

HILD, FRITZ * 27.4.1909 Franzfeld
† 31.1.1997 Miraverde/Teneriffa
D' Gretlbas 444
In: FH 1984, S. 37-46
Das Seifenkochen 452
a. a. O., 1985, S. 96 f.
D'r Merkle Maurer und seine Kinder 454
In: FR 1986, S. 97 f.
Muttr, d'Glocke leita! 455
In: FH 1985, S. 70-73
26.09.1949 Gerichtsverhandlung 459
In: Ich habe dem Tode ins Auge gesehen! Erlebnisbericht
in jugoslawischer Kriegsgefangenschaft von Dr. Fritz Hild,
Selbstverlag, Reutlingen 1992, S. 132-137
Meine schönste Kindheitserinnerung 462
In: FR 1984, S. 36 f.

HOCKL, HANS WOLFRAM * 10.2.1912 Lenauheim
† 12.9.1998 Linz

Der Regenbogen des Malermeisters Hennemann	464
In: NLV 1955, S. 46-50	
Scheuch das Leid hinweg ...	467
In: Steine für Mozart. Originelle Biographie, Edition L, Inge u. Theo Czernik BDW, Loßburg/Schwarzwald 1990, S. 44	
Kunst hat eine Schwester ...	467
a. a. O., S. 33	
Lob der Arbeit	468
In: Brunnen, tief und klar. Lyrik in Mundart und Hochdeutsch, Verlag des Südostdeutschen Kulturwerks, München 1956, S. 74	
Beherzigung	469
a. a. O., S. 75	
An der Schwelle des Jahres 1956	469
a. a. O., S. 91-92	
Auf dem See	470
a. a. O., S. 86	
De Weinkenner	471
In: Oweds am Brunne. Gsätzle vun domols un heit, Linz 1988, S. 31	
Deserteur Weißmüller	472
In: Schwabenstreiche. Von Spaßmachern, Spottvögeln und Spitzbuben, Verlag der Typographischen Anstalt, Wien 1964, S. 13-18	
Die Donauschwaben wollen Einigkeit	476
In: NL v. 21.2.1976, S. 1/5	
Banater Leed	480
In: Unser liewes Banat, hrsg. v. d. Landsmannschaft der Donauschwaben in Baden-Württemberg e. V., Stuttgart 1976, S. 21	
Friede un Kriech	481
a. a. O., S. 23	
Mitte uf de Heed	482
a. a. O., S. 29	
Unser Herz	483
a. a. O., S. 32	
Treffpunkt auf dem Thronhügel	484
In: DSK 1990, S. 156-158 (Sieben Jahre nach der Romantrilogie „Regina unsere Mutter, Blüte und Frucht eines deutschen Stammes")	
Herbscht	487
In: Warm scheint die Sunn. Rhein- und moselfränkische Klänge in Mundartgedichten aus donauschwäbischem Geist, Kaiserslautern [1973], S. 50	
Die Heed em Wender	488
a. a. O., S. 55	

HOCKL, HELMFRIED * 6.8.1942 Lenauheim
Wettstreit der Kirchtürme — 490
In: DSK 1999, S. 180-183 / KK v. 30.12.1996
Attacke im Zwielicht — 492
In: SV 1999/1, S. 21 ff. / DS v. 10.2.2002
Manchmal denke ich an Resi — 498
In: BP v. 20.4.2002, S. 8
Straßen meiner Erinnerung — 503
In: SV 1997/4, S. 322-325 / DSK 2001, S. 133-138
(unter dem Titel: „Straßen der Erinnerung")
Die Weißbrot-Party — 509
Unveröffentlicht

HÖNIG-SORG, SUSANNE * 24.7.1939 Betschmen
Elsa — 514
In: Meine Seele singt und weint, Selbstverlag, 1988, S. 17-20
Als ich Milch holen ging — 516
a. a. O., S. 21-23
Der Friede in Gefahr — 518
a. a. O., S. 72
Das kleine Dorf — 519
In: Auf kargem Boden, Verlag Niederösterreichisches Pressehaus,
St. Pölten/Wien 1994, S. 8-10
Auf kargem Boden — 520
a. a. O., S. 16-23
Der Frischling — 525
In: Flammende Röte, Verlag Niederösterreichisches Pressehaus,
St. Pölten/Wien 1997, S. 12-15
Im Lager Haid — 528
a. a. O., S. 116-125
Josef Weinheber — 534
a. a. O., S. 73

HOLLINGER, RUDOLF * 13.8.1910 Temeswar
† 7.1.1997 Langenau
Gedankensplitter aus dem Osten — 536
In: Gedankensplitter aus dem Osten. Aus dem Tagebuch eines
Südost-Europäers, Ausw. u. Einl. v. H. Dama, Vorw. v. E. Ringel, hrsg.
v. J. Pyerin, Verlag Klub Österr. Lit.freunde u. Aut., Wien 1985, S. 19,
24, 28, 42, 51, 53, 54, 55, 57, 58, 59, 60, 61, 62, 67, 72, 74, 75, 76 ff.
Noch zur rechten Zeit — 542
In: DSK 1996, S. 140 f.

Tschinakel 543
In: DS v. 9.5.1999, S. 20 (vgl. auch v. 12.7.1987, S. 5)
Druschtag 545
In: Gedichte, Nachwort von Hans Dama, Verlag des Südostdeutschen Kulturwerks, München 1986, S. 9
Volker singt 546
a. a. O., S. 35
Gelbe Nelken 547
a. a. O., S. 46
Banater Elegie 547
In: Deine Stunde Tod ist groß. Gedichte, posthum v. Hans Wolfram Hockl u. Hans Dama herausgegeben, Verlag Denkmayr, Linz 1997, S. 37
Ketzerstolz 548
a. a. O., S. 71
Schwäbischer Hymnus 549
a. a. O., S. 96 ff.
El Greco 551
a. a. O., S. 122
Heimgang 552
In: Deine Stunde Tod ist groß, hrsg. v. Hans Wolfram Hockl u. Hans Dama, Verlag Denkmayr, Linz 1997, S. 138
Goldregen 553
In: DS v. 1.8.1999, S. 15
Das Porträt 554
Das Fragment gebliebene, um 1960 verfaßte Drama „Das Porträt" ist, wie alle Dramen von Rudolf Hollinger, nicht gedruckt erschienen. Wie „Die Feuerkrone" sollte „Das Porträt" im Deutschen Staatstheater zu Temeswar aufgeführt werden, woraus aber in der Folgezeit nichts wurde, und in der Ceaușescu-Ära konnte das Stück wegen seines ungarischen Gehalts nicht mehr aufgeführt werden. Es wäre jedoch, so glaubte Hollinger, mit dem „Porträt" ein Erfolgsstück gerade auf der Temeswarer Bühne geworden.
Der alte Aprikosenbaum 559
In: Gedichte, S. 47
Der Brunnen 560
a. a. O., S. 17

HOLZINGER, MICHAEL * 20.9.1920 Ostern
† 8.4.1996 Augsburg
Unsr Hansi 562
In: VK 1977/5, S. 23-35

HORNYATSCHEK, JOSEF * 4.4.1928 Darowa
E Mittl geje die Sitzungskrankheit 592
In: Schwowisches Volksbuch. Prosa und Stücke in Banater
schwäbischer Mundart,
ausgew. u. eingel. v. Karl Streit u. Josef Zirenner,
Verlag „Neuer Weg", Temeswar o. J., S. 225
„Herrgottstränen" 592
a. a. O., S. 226
Immer wieder 593
In: Mei Friend, de Wind. Lyrische Texte in banatschwäbischem
Dialekt, Kriterion Verlag, Bukarest 1987, S. 10
Kiner un Eltre 593
a. a. O., S. 51
De Kranfiehrer 594
a. a. O., S. 26
Dorchs Lewe gehen 594
a. a. O., S. 39
Glick 595
a. a. O., S. 19
Iwer Moral 595
a. a. O., S. 69
De Friede 596
a. a. O., S. 62
Der Delphin 597
In: Das kleine große Herz. Von Kindern und Tieren. Gedichte und
Geschichten, R. G. Fischer Verlag, Frankfurt (Main) 1994, S. 80 f.
Stille Größe 598
Unveröffentlicht
Vom Schein der Selbstlosigkeit 599
Unveröffentlicht
Gegen die eigene Natur 599
Unveröffentlicht
Das Herzklopfen hören 600
Unveröffentlicht
Der taktlose Taktstock 600
Unveröffentlicht
Blabla 601
Unveröffentlicht
Der Dummheit Höhenflug 602
In: Der Dummheit Höhenflug. 120 Fabeln in Vers und Prosa,
R. G. Fischer Verlag, Frankfurt (Main), S. 86
Das geblümte Kleid 602
Unveröffentlicht

Verzicht 605
In: Am Kreuzweg der Erinnerungen. Lyrische Texte, Verlag Siegfried Bublies, Koblenz 1993, S. 108
Tiefe 605
a. a. O., S. 109
Kirschen 606
a. a. O., S. 110
Die Wahrheit 606
a. a. O., S. 117
Spätherbst 606
a. a. O., S. 100
Vor dem Bildschirm 607
a. a. O., S. 48
An dich 607
a. a. O., S. 91
An das Vaterland 609
a. a. O., S. 95
Heimat 609
a. a. O., S. 96
Motterseelalleenich 610
Unveröffentlicht, 1985

HORWATH-TENZ, MARIA * 16.1.1932 Weißkirchen
Vier Jahre meines Lebens/Einleitung 612
In: Vier Jahre meines Lebens. Als Mädchen im Hungerlager Rudolfsgnad, hrsg. v. Pfarrer Matthias Merkle, Heilbronn 1987, S. 4
Meine Kindheit 613
a. a. O., S. 5
Das Lagerleben in Apfeldorf 613
a. a. O., S. 15-18
Mit dem Güterzug nach Rudolfsgnad 617
a. a. O., S. 18 f.
Das Wiedersehen mit der Mutter und den Großeltern 619
a. a. O., S. 20-22
Das große Sterben 622
a. a. O., S. 26-28
Das Kinderheim 625
a. a. O., S. 51 f.
Ein neues Leben 627
a. a. O., S. 52-56

HRUSZEK, HEINRICH * 29.9.1901 Neu-Siwatz
† 20.7.1981 Gönningen
Glückliches altes Paar 634
In: NL v. 10.2.1962, S. 6
Weingartenhüten 636
In: NL v. 29.10.1960, S. 6
„Verflixt ernste Lage" 638
In: NL v. 23.9.1961, S. 6
Brief über die Grenze 642
In: NL v. 10.6.1961, S. 6
Abschied für immer 644
In: DS v. 26.7.1964, S. 3/4
Bilanz einer Ferienfahrt durch Jugoslawien 646
In: NL v. 24.10.1964 / 31.10. / 7.11. / 14.11., immer S. 6

HUBER, ADAM * 28.7.1920 Franzfeld
† 3.6.1962 Trieben
Wie die Franzfelder Hunde ... 654
In: Halbmondschatten, Donauschwäbische Verlagsgesellschaft m.b.H.,
Salzburg 1955, S. 17-22
Čika Perina politika 656
a. a. O., S. 61-68
Der Roßhandel 659
a. a. O., S. 74-84
Bosnisches 663
a. a. O., S. 84-88
Tozos billiger Einkauf 665
a. a. O., S. 88-95
Als die Pfeiler stürzten 667
In: NL v. 25.7.1959, S. 6 (2); 31.7., S. 6 (3); 10.10, S.7 (11); 28.11.,
S.6 (17); 12.12., S. 6 (19); 19.12., S. 8 (20)

HÜBNER, JAKOB * 28.5.1915 Neusanktanna
† 17.8.1985 Freiburg i. Br.
Das verbriefte Recht 674
Unveröffentlicht, ca. 1980
Der schweigsame Bote 676
Unveröffentlicht, 1980

HÜBNER, NIKOLAUS * 15.6.1922 Deutsch-Sankt-Peter
Hemmwieh 690
In: DSK 1969, S. 143
Übers Hiersein 690
In: DSK 1996, S. 69
Mein Elternhaus (1949) 691
In: DSK 1972, S. 132
Hasewunnr in Zammpedr 692
In: DSK 1978, S. 174
Verabredeter Grenzübertritt 693
In: DSK 1970, S. 116 f.
Zumbi – e gudr Kumrad 695
In: DSK 1990, S. 164 f.
Wie dr „Hansjeriche Grawe" im Wald bei Zammpedr sei Name griet hat 698
In: DSK 1979, S. 163 f.
De kitzlich Iesl – erlebt in Deitschzammpedr 699
In: DSK 1972, S. 172 f.
Der sparsam Balwiere in Deitschzammpedr 701
In: DSK 1977, S. 173
Sprüche 702
In: DS v. 21.9.1986, S. 10 / 17.9.1972, S. 8
Nachtgebet für ein Kind 703
In: DS v. 23.7.1972, S. 11
Das gefangene Wildentlein 703
In: DS v. Ostern 1972, S. 3
Zammpedrisch – e schwer Schbrooch 705
In: DS v. 23.6.1985, S. 11
E Phiff – e Stigglche drhemm 706
In: DS v. 1.4.1990, S. 8

HUNOLTSTEIN, HANS VON * 27.10.1914 Grassau
Frühling in Jaškovo 708
In: Was mir das Herz bewogen. Gedichte (1936-1970), Selbstverlag, Würzburg 1970, S. 27
Künstlerdasein 708
a. a. O., S. 45
Meiner Mutter 709
a. a. O., S. 7
Bächlein und Meer 709
a. a. O., S. 30
Herbstnebel 710
a. a. O., S. 11

An S. L. 710
a. a. O., S. 25
An die Qual 711
a. a. O., S. 16
Warnung 711
ebd.
Du 712
a. a. O., S. 20
Reinheit 712
a. a. O., S. 30
Im Volkston 713
ebd.
Am Ufer der Drau 713
a. a. O., S. 31
Ein kleines Buch 714
a. a. O., S. 33
Die vier Kardinaltugenden 714
a. a. O., S. 41
Trennung 715
a. a. O., S. 43
Gefährdete Phantasie 716
a. a. O., S. 51
Bilanz 716
a. a. O., S. 42
Goethe 717
a. a. O., S. 44
Lenau 717
ebd.
Thema: Nikolaus Lenau 718
In: DS v. 7.1.1979, S. 8
Nur im Traum noch 720
In: DS v. 17.6.1979, S. 2
Erinnerungen an Lujo Plein 720
In: DS v. 12.8.1979, S. 5
Erinnerungen aus den Jahren 1944-1950 723
In: NL v. 14.7.1962, S. 6 / 21.7.1962, S. 6
Meine Wunden 728
In: DS v. 20.2.1972, S. 4
Vergeßt die Mundart nie! 729
In: DS v. 26.9.1976, S. 3
Erinnerung 729
In: DS v. 23.7.1972, S. 11
Du mein geliebtes Land 730
In: DS v. 23.8.1987, S. 6

HUTTERER, CHRISTL * 18.2.1906 Pantschowa
† 31.3.1982 Feldafing
Evchens Hochzeit. Bauernstück in drei Aufzügen   732
Entstanden um 1940, im Krieg verlorengegangen, später rekonstruiert, nicht erschienen, jedoch über 100 Aufführungen nach 1945

HUTTERER, FRANZ * 11.4.1925 Neufutok
† 8.5.2002 Ebersberg b. München
Sommermorgen in der Batschka   756
In: NL v. 1.8.1953, S. 6
Die Dorfschandaren   757
In: NL v. 19.9.1953, S. 3
Große Buben   758
In: NL v. 13.6.1953, S. 3
Etwas bleibt übrig ...   759
In: NL v. 18.4.1953, S. 3
Sein erster Karpfen   760
In: Gesang über dem Wasser. Erzählungen, mit einem Nachwort v. S. Sienerth, Südostdeutsches Kulturwerk, München 1996, S. 114-117
Der rote Stier   762
a. a. O., S. 129-133
Rauch steigt auf   765
a. a. O., S. 164-168
Spuren im Schnee   767
a. a. O., S. 49-58
Das Haus   772
In: DSK 1988, S. 118 f.

ILK, ANTON-JOSEPH * 8.2.1951 Oberwischau
Wu tas Edlweiß am schenstn plieht   776
In: Ter Zipser mit ter Laater. Kschichtn, Kriterion Verlag, Bukarest 1984, S. 12-26
Klaka   781
a. a. O., S. 36-42
Purim   784
a. a. O., S. 43-49
Ssag, pin ich ter Fehler?   787
a. a. O., S. 72-76
Auch in Herbst plihdnt ti Rosn   788
a. a. O., S. 84-92

JANKO, MAGDALENA * 23.6.1914 Neu-Schowe
† 20.9.1986 Córdoba/Argentinien
   Vom Kischkeerner Jächterverein   794
    In: VDK 1951, S. 139 f.
   Males Blaßl   795
    In: NL v. 9.4.1950, S. 7
   Das Lebensbrünnlein im Sonderzug   796
    In: NL v. 1.10.1950, S. 4
   Das Märchen vom mutigen Schweinchen   798
    In: VDK 1951, S. 142 ff.
   Der bucklige Schutzengel   800
    In: DKS 1954, S. 51 ff.
   Sidonia, die gute Mutter   802
    In: DKS 1956, S. 78-83
   Es brennt ein Weh ...   807
    In: KH 1950, S. 49-54
   Weihnacht unterm Kreuz des Südens   811
    In: DKS 1955, S. 86-89
   Deutsche oder Donauschwaben   814
    In: DKS 1954, S, 110
   Kopp hoch   816
    In: Heimat im Herzen. Wir Donauschwaben, Salzburg 1950, S. 89

JOHLER, MATTHIAS * 22.2.1913 Filipowa
† 6.10.1969 Wien
   Lagertagebuch 1945-1947   818
    In: FIL Dez. 1964, Heft 4, S. 8 f. / Das Schicksal der Deutschen in
    Jugoslawien. Dokumentation der Vertreibung der Deutschen aus
    Ost-Mitteleuropa, Band V, hrsg. v. Bundesministerium für Vertriebene,
    Flüchtlinge und Kriegsgeschädigte, Deutscher Taschenbuch Verlag,
    München 1984, S. 442-485

JÜNGER, FRANZ * 9.3.1958 Temeswar
   Banater Herbscht   838
    In: Lehrbujahre, Selbstverlag, Baden-Baden 1983, S. 1
   Kunschtatierung   838
    a. a. O., S. 7
   dankscheen   839
    a. a. O., S. 10
   Ich kritisier nit   839
    a. a. O., S. 19

De erschte Radio	840
a. a. O., S. 21 f.	
Traumbild	840
In: Tage der Liebe. Gedichte, Battert Verlag, Baden-Baden, o. J., S. 16	
Am Schreibtisch	841
a. a. O., S. 47	
Schichtantritt	841
a. a. O., S. 79	
Brüderlicher Zwist	842
a. a. O., S. 52 f.	
die schwerkraft ...	843
In: Banat, mein wiegenland. gedichte, Selbstverlag, Baden-Baden 1986, S. 3	
meine fahrkarte ...	843
In: Banat, mein wiegenland, S. 7	
Lebensregeln	844
In: Tage der Liebe, S. 84	
Klassentreffen	844
In: Tage der Liebe, S. 92 f.	
Der Straßenmusikant	846
a. a. O., S. 94 f.	
Klassenkampf	847
a. a. O., S. 121	
ihr seid die ...	848
In: Banat, mein wiegenland, S. 10	
Mein Leben ist ein Keim	848
In: Tage der Liebe, S. 196 f.	
Die stillen Tiefen	849
a. a. O., S. 202 f.	
Irgendwo in Europa	850
a. a. O., S. 228 f.	
was hindert dich ...	851
In: Banat, mein wiegenland, S. 11	
der ruf ...	852
a. a. O., S. 13	
1974	852
Unveröffentlicht, Arbeitstitel „Jahrmarkt der Erinnerungen 2002"	
1981	853
a. a. O.	
1988	854
a. a. O.	
1991	854
a. a. O.	

Wiedersehen 855
a. a. O.
Urlaubsfahrt II 855
a. a. O.
graue Wolken ... 856
In: Anstandsknick, unveröffentlicht, Baden-Baden 2001, 13 S.
meine Kindheit ... 856
ebd.

JUNG, PETER * 3.4.1887 Hatzfeld
† 24.6.1966 Hatzfeld
Wie das schwäbische Dorf entstand 858
In: DS v. 13.9.1970, S. 2 / 20.9., S. 3
Wild jagende Wolken 864
In: Du meine Heimat, mein Banat!, hrsg. v. Simion Dănilă und
Nikolaus Horn, Marineasa Verlag, Temeswar 2001, S. 228
Schwäbische Bauern 865
In: BK 1/1928 / DS v. 19.3.1967, S. 7
Der Maulbeerbaum 866
In: Heidesymphonie. Verse aus vier Jahrzehnten, Literatur-Verlag,
Bukarest 1961, S. 122 f. (1948)
Aufbruch der Namenlosen 866
a. a. O., S. 139 f. (1957)
Obstreife 867
a. a. O., S. 126 (1950)
Sinnsprüche 868
In: Das Buch der Sprüche. Sinngedichte, hrsg. v. d. Kulturgesellschaft
Hatzfeld e. V., Nürnberg 1993, S. 62 / 78
Bilderbogen 870
In: NEL 2/1957, S. 57-59 / Das Land, wo meine Wiege stand, hrsg. v.
Franz Th. Schleich, Facla Verlag, Temeswar 1980, S. 73-77 /
Du meine Heimat, mein Banat, a. a. O., S. 160-172
Der Wujanahügel bei Zenta 874
In: Heidesymphonie, S. 127 f. (1952)
Die Sieben von Hatzfeld 875
a. a. O., S. 141 (1957)
Auf Erden ist ... 875
In: DSK 1970, S. 154
Der Winter 876
In: DS v. Weihn. 1968, S. 4
Grabspruch 876
In: Marksteine. Literaturschaffende des Banats,
hrsg. v. Heinz Stanescu, Facla Verlag, Timișoara 1974, S. 295

Rechenschaft 877
In: DS v. 13.11.1966, S. 3 / Heimatbuch des Heidestädtchens Hatzfeld
im Banat, hrsg v. d. Heimatortsgemeinschaft Hatzfeld,
Redaktion Dr. Anton Peter Petri, Marquartstein 1991, S. 513
Der Flüchtling 878
In: DS v. 1.7.2001, S. 8
Siegende Heimat 879
In: DS v. 4.8.1968, S. 8

JUST, HANS MATTHIAS * 4.7.1931 Temeswar
De Oschterhas kummt 882
In: Die Pollerpeitsch knallt wiedrum, zusammengest. u. eingel. v. Hans
Matthias Just, Mirton Verlag, Temeswar 1996, 1997², S. 41-44
Rauschgift und Geldrausch 884
In: Von Las Vegas nach Las Begas. Geschichten rund um den
Rudolfsplatz, Mirton Verlag, Temeswar 1996, S. 89-93
De erschte Mensch uf dr Welt 886
In: Die Pollerpeitsch knallt wiedrum, S. 166 f.
Gastarbeiter Beni Roch 887
In: Von Las Vegas nach Las Begas, S. 147-151
Dossariade-Parade 890
In: Temeswarer Geflüster, Mirton Verlag, Temeswar 1999, S. 65-68
Katschka und Kokowana 893
In: Von Las Vegas nach Las Begas, S. 52-55
Brennpunkte: Las Vegas und Las Begas 895
a. a. O., S. 191-196

BIBLIOGRAPHIE

Habermann, Paul Otto

Nichtselbständige Literatur: 1) Sekitsch in der Batschka, in: NL Weihn. 1951, S. 6; 2) Neusiwatz in der Batschka, in: NL v. 17.2.1952, S. 4; 3) Futok in der Batschka, in: NL v. 23.3.1952, S. 4 / DS v. 18.6.1961, S. 6; 4) Das Hanfzentrum Hodschag, in NL v. 27.4.1952, S. 4; 5) Lovrin im Banat, in: NL v. 18.5.1952, S. 5; 6) Lovrin im rumänischen Banat [Ergänzungen zur Darstellung von P. O. Habermann], in: NL v. 15.6.1952, S. 5; 7) Kernei in der Batschka, in: NL v. 27.7.1952, S. 4; 8) Donauschwaben rund um den Chiemsee, in: NL v. 7.9.1952, S. 4; 9) Kolut in der Batschka, in: NL v. 12.10.1952, S. 4; 10) Gyönk in der Schwäbischen Türkei, in: NL v. 7.12.1952, S. 4; 11) „Neu-Futok" in Oberbayern. Die neue Heimat unserer Landsleute. Batschkaer Randsiedlung in Garching, in: NL 1953, Nr. 1, S. 3; 12) Handwerker-Betriebsgenossenschaft „Traun". Bulgariendeutsche Handwerkerleistung in Traunreuth, in: NL v. 8.2.1953, S. 3; 13) Kinderwege durch Nacht zum Licht. Besuch bei jugoslawiendeutschen Heimkehrerkindern im katholischen Jugendheim zu Traunreuth, in: NL v. 28.2.1953, S. 3; 14) Das Trümmerfeld als Anzahlung [über das handwerkliche Können bulgariendeutscher Vertriebener in Traunreuth, Oberbayern], in: OWK April 1953, F. 2; 15) „Es gibt Brotwerscht und Metzelsupp ..." (in der Batschkaer Siedlung im oberbayerischen Garching), in: OWK Juni 1953, F. 1; 16) Schlarbhofen. Neue donauschwäbische Bauernheimat aus Sumpf und Moor, in: NL v. 18.1.1953, S. 3; 17) „Was mir die Schwäbische Türkei erzählte", in: UP v. 18.1.1953, S. 7; 18) Schicksale der Ujszentivaner Dorfgemeinschaft. Aus der ungarischen Tiefebene in die oberbayerische Berglandschaft, in: NL v. 23.5.1953, S. 6 / SOK v. 23.12.1953; 19) Alte Dorfgemeinschaft baut neue Heimat. Futoker siedeln in Oberbayern, in: TT v. 17./18.2.1954; 20) Indjija in Syrmien, in: NL v. 20.6.1953, S. 6; 21) Batschkaer Großsippe schafft neue Heimat im Chiemgaumoor (Schlarbsiedlung bei Kolbermoor, Oberbayern), in: SOK v. 27.6.1953; 22) Bardarski-Geran. Ehemalige deutsche Kolonistenheimat in Bulgarien, in: NL v. 10.10.1953, S. 6; 23) Slawoniendeutsche Kolonistenleistung [in der „Banater" Waldrandsiedlung in Kirchanschöring], in: SOK v. 13.10.1953; 24) Nach dem Beispiel ihrer Vorfahren. Banater Schwaben bauen eine Siedlung. Mit Mut und Zähigkeit ... bei Fridolfing im oberbayerischen Salzachgau, in: OWK Oktober 1953, F. 4; 25) Slawonische Neusiedler im Kreis Laufen, in: NL v. 19.12.1953, S. 4; 26) Erinnerungen an Sekitsch, [Tagebuchaufzeichnungen], in: VB v. 14.11.1953; 27) In Kirchanschöring siedeln Donauschwaben. Slawoniendeutsche im oberbayerischen Salzachgau, in: SAB v. 7.1.1954; 28) Unvergessenes Deutschtum [den ungarischen und jugoslawischen Deutschen zum Gedenken], in: DNZ v. 23.1.1954; 29) Von Jugoslawien ins Flüchtlingslager Traunstein [Slawoniendeutsche Großmütter erzählen ihre Lebensgeschichte], in: TWB v. 30.1.1954; 30) Was die Batschka erzählt. Verlorenes deutsches Bauernparadies im Südosten Europas, in: DNZ v. 29.3.1954, S. 5; 31) Hiob im Moor [Würdigung des gleichnamigen Hörspiels v. Horst Mönnich über die Urbarmachung des Kolbermoors in Bayern durch Donauschwaben], in: NL v. 31.7.1954, S. 7; 32) Erinnerungen [Ungarn-Bericht], in: NLV 1955, S. 81 f.; 33) A Baranyaer Schwowehochzeit. Tagebuchaufzeichnungen, in: NLV 1956, S. 95 f.; 34) Gedenken an Sekitsch 1786-1936-1956, in: NL v. 10.11.1956, S. 6; 35) Erinnerungen an Ungarn. Tagebuchaufzeichnungen aus dem Jahre 1926, in: NL v. 5.1.1957, S. 8 (Folge 2, S. 10) / Unsere Post v. 3.3.1957, S. 6 f.; 36) Alte Heimat Batschka, neue Heimat Kirchdorf a. I., in: NL v. 30.3.1957, S. 6; 37) Aus der Banater Heide nach Oberbayern, in: NL v. 19.5.1957, S. 6; 38) Aus Jugoslawien nach Oberbayern. Sieben „Batschka-Siedlungen" im oberbayerischen Kreis Altötting, in: VB 1957/3, S. 4; 39) Ich suchte das Deutschtum in Südosteuropa. Erinnerungen und Bekenntnisse eines „Reichsdeutschen", in: DS v. 1.5.1960, S. 5 bis 4.9.1960, S. 5 (Fotoporträt); 40) August Westen zum Gedenken, in: DS v. 17.7.1960, S. 5; 41) Leistungen des Südostdeutschtums von der Aussiedlung bis zur Vertreibung, in: DS v. 21.8.1960, S. 3; 42) Ungarische Erinnerungen. Aus Tagebuchaufzeichnungen, in: DS v. 13.11.1960, S. 4; 43) „Freie" Jugend ... zwischen Ostsee und Schwarzem Meer, in: DS v. 22.1.1961, S. 4; 44) ‚Banater' Waldrandsiedlung in Kirchanschöring. Donauschwaben siedeln im bayerischen Salzachgau, in: DS v. 12.3.1961, S. 6; 45) Sekitsch ... 13. März 1786 – 13. März 1961, in: DS v. 19.3.1961, S. 5; 46) Neusiwatz in der Batschka. Zum 175. „Geburtstag" am 1. Mai 1961, in: DS v. 7.5.1961, S. 4; 47) Donauschwäbische Neusiedlung in Oberkärnten, in: DS v. 14.5.1961, S. 8; 48) Johann Eimann zum Gedenken. Am 23. April wurde der erste Chronist der Batschka geboren, in: DS v. 21.5.1961, S. 6; 49) Verlorene Heimat in Freud und Schmerz. Unser Heimatforscher Paul Otto Habermann sprach in Traunreut, in: DS v. 9.7.1961, S. 4; 50) Lovrin in der Banater Heide, in: DS v. 9.7.1961, S. 6; 51) Triebswetter im rumänischen Banat. Zwei Männer, die das Gesicht ihres Heimatdorfes veränderten, in: DS v. 17.9.1961, S. 6; 52) Hodschag in der Batschka. Hanfmetropole Jugoslawiens, in: DS v. 8.10.1961, S. 5; 53) „Klaa-Kule" in Niederbayern. Ein Besuch bei den Kulaern in Kirchdorf/Inn, in: DS v. 22.10.1961, S. 6; 54) Kollut in der Batschka, in: DS v. 19.11.1961, S. 5; 55) Aus der Banater Heide nach Oberbayern, in: DS v. 10.12.1961, S. 7; 56) Urdeutsche Christnacht im slowenischen Karst, in: DS v. Weihn. 1961, S. 3; 57) Kleine Hodschager Chronik, in: DB 1961/12, S. 17 / DS v. 6.10.1963, S. 3; 58) Unvergessene Batschka, in: DSK 1962, S. 31-37; 59) India – eine deutsche Großgemeinde in Syrmien, in: DS v. 28.1.1962, S. 5; 60) Gyönk in der Schwäbischen Türkei, in: DS v. 11.2.1962, S. 5; 61) Franzfeld – deutsche Bauernheimat im Banat, in: DS v. 25.2.1962, S. 5; 62) Auf donauschwäbischen Spuren in Frankreich. Entdeckungsfahrten zu Landsleuten zwischen Rhein und Mittelmeer, in: DS v. 4.3.1962, S. 5 bis 17.2.1963, S. 5 (11); 63) Filipowa in der Batschka, in: DS v. 25.3.1962, S. 5 / 1.4.1962, S. 5; 64) Gedenken an Kernei, in: DS v. 15.7.1962, S. 5; 65) Gedenken an Sekitsch, in: DS v. 5.8.1962, S. 5; 66) Unvergessene Heimat ... im Heimatlied, in: DS v. 21.10.1962, S. 7; 67) Wo das Ahnenerbe erzählt ... Wo die alte Heimat weiterlebt. In Böchingen/Pfalz krönt Theodor Walter sein Lebenswerk, in: DS v. 11.11.1962, S. 4 u. Weihn. 1962, S. 7/12 u. 16.3.1963, S. 5 / Weihn. 1963, S. 11; 68) Kerweih in St. Stephan ... wie d'heem, in: DS v. 16.12.1962, S. 7; 69) Donauschwabensiedlung St. Stephan. Ein Abbild der alten Heimat, in: DS v. Ostern 1963, S. 7 / 14.4., S. 5; 70) Gedenken an St. Hubert, in: DS v. 11.8.1963, S. 4; 71) Positive „Österreich-Fall"-Entscheidung, in: DS v. 29.9.1963, S. 3; 72) Erinnerungen an Batsch-Palanka, in: DS v. 10.11.1963, S. 5; 73) Auf donauschwäbischen Spuren in Frankreich. III. Teil: Entdeckungsfahrten im Dreieck Rheintal-Burgund-Champagne, in: DS v. 19.1.1964, S. 3 (1) bis 3.5.1964, S. 3 (9); 74) Erdewik in Syrmien. Eine Siedlung mit gewerbefleißigem Deutschtum, in: DS v. 23.8.1964, S. 5; 75) Ihre Heimat hieß Neu-St. Iwan. Einer ehemals deutschen Dorfgemeinschaft im ungarischen Banat zum Gedenken, in: DS v. 6.9.1964, S. 7 / unter dem Titel: Neu-Sentiwan im ungarischen Banat, in: UP v. 16.8.1964, S. 10; 76) Erinnerungen an Altker/Batschka, in: DS v. 25.10.1964, S. 5; 77) Lazarfeld und Sigmundfeld. Werden und Vergehen der zwei Geschwistergemeinden im jugoslawischen Banat, in: DS v. 22.11.1964, S. 4 / 29.11., S. 4 f.; 78) Sarwasch in Slawonien. Die Heimat, wo der „Krummsepp" lebte, wirkte und starb, in: DS v. 10.1.1965, S. 8; 79) Die Hennemannstadt und Weinmetropole Werschetz/Banat, in: DS v. 14.3.1965, S. 4 (1) bis 28.3., S. 3 (3); 80) Junge Generation befolgt Aufruf zur Verantwortung. Generalversammlung der Landsmannschaft der Südostdeutschen in Rheinland-Pfalz, in: DS v. 18.4.1965, S. 12 / 15; 81) Gedenken an Deronje/Batschka, in: DS v. 16.5.1965, S. 7 / 23.5., S. 3; 82) Es war einmal – in Futog. Eine kleine Futoger Chronik, in: DS v. 13.6.1965, S. 7; 83) Es geht wieder auf große Fahrt. Diesmal: Auf donauschwäbischen und uralten deutschen Spuren (in Italien), in: DS v. 11.7.1965, S. 4 bis 13.3.1966, S. 3 (12); 84) Batsch in der Batschka. Einer uralten Bischofsstadt und liebenswerten Donauschwaben-Heimat zum Gedenken, in: DS v. 29.8.1965, S. 4 / 5.9., S. 3; 85) Annie Schmidt-Endres und ihr Werk oder „Singe, wem Gesang gegeben ...", in: DS v. 14.11.1965, S. 4; 86) Es bleibt für immer unvergessen. Erinnerungen an das Grauen in der alten Heimat, nach Originalaufzeichnungen von Franz Pertschy aus Filipowa, in: DS v. 20.3.1966, S. 4; 87) Kindermord und Janitscharen-Experiment. So geschehen im Machtbereich des Marschalls Broz-Tito, in: DS v. 8.5.1966, S. 4 bis 29.5., S. 3 (4); 88) Schajkasch-Sentiwan in der Batschka, in: DS v. 24.7.1966, S. 3; 89) Wie wir nach Deutschland kamen. Zwei Stanischitzer erlebten eine Reise mit Hindernissen, in: DS v. 14.8.1966, S. 9; 90) Bulkes in der Batschka, in: DS v. 16.10.1966, S. 5 / 23.10, S. 5; 91) Erlebnisreigen wie im Märchenland. Es war einmal in Ungarn, in: DS v. 26.2.1967, S. 3 / 5.3., S. 4; 92) Die k. u. k.-Militär-Ergänzungs-Kommandos im Banat und Arader Gau. Nach Aufzeichnungen von Lm. Nikolaus Jost, in: DS v. 30.4.1967, S. 5 bis 14.5., S. 5 (3); 93) Gedenken an Katsch. Einer kleinen deutschen Gruppe war es einst Heimat, in: DS v. 8.10.1967, S. 6; 94) Bei Landsleuten in Südwestungarn. Tagebuchblätter erzählen, in: DS v. 5.11.1967, S. 5 / 12.11., S. 3; 95) Weprowatz in der Batschka. Ein Gedenken, in: DS v. 10.12.1967, S. 7 / 17.12., S. 3; 96) Gedenken an Kleinker. Ein Batschkadorf als ein Stück Klein-Deutschland, in: DS v. Weihn. 1967, S. 7 / 7.1.1968, S. 8; 97) Kleine Chronik von Neu-Siwatz. Ein Gedenkbeitrag über das „Eimann-Dorf" in der Batschka, in: DS v. 28.1.1968, S. 4 / 11.2., S. 3 / 18.2., S. 3; 98) Eine kleine k. u. k.-Soldatenchronik, in: DS v. 10.3.1968, S. 3; 99) Es war einmal ... in Apatin. Der 90jährige Korbmachermeister Franz Fischer erzählt, in: DS v. 17.3.1968, S. 7; 100) „Mer ware in Batsch-Brestowatz drhaam", in: DS v. 31.3.1968, S. 3 / 7.4., S. 3 / Ostern, S. 3; 101) Meuchelmord von Dresden. Auch das darf nie vergessen werden, in: DS v. 31.3.1968, S. 6; 102) „Verlorene Heimat in Freud und Leid", in: DS v. 7.7.1968, S. 3; 103) Erinnerungen an Ernsthausen, in: DS v. 10.11.1968, S. 3; 104) Akazieblädder. Unter diesem Titel schenkt uns Annie Schmidt-Endres ein neues Werk mit mundartlichen Kostbarkeiten aus der alten Heimat, in: DS v. 17.11.1968, S. 5; 105) Annie Schmidt-Endres. Zur Vollendung ihres 65. Lebensjahres, in: DS v. Weihn. 1968, S. 7; 106) Du mein liebes Sekitsch. Einst blühte hier alles, in: DS v. 16.2.1969, S. 3; 107) Erinnerungen an Gajdobra/Batschka, in: DS v. 6.12.1970, S. 3; 108) Schwowe in der Batschka. Ein freundliches Gedenken an eine deutsche Dorfgemeinschaft, in: DS v. 3.1.1971, S. 5; 109) Werden und Vergehen von Bukin. Ein dankbares Gedenken an das deutsche Batschkadorf, in: DS v. 7.3.1971, S. 3 / 14.3., S. 3; 110) Das war einmal ... in Apatin. Erinnerungen an eine batschkadeutsche Großgemeinde, in: DS v. Ostern 1971, S. 5 bis 27.6.1971, S. 3 (7); 111) Erinnerungen an Novo Selo. Erste private deutsche Ansiedlung der Batschka, in: DS v. 12.9.1971, S. 5; 112) „Karpoka war unser Heimatort ..." Gedenkbeitrag an ein großes deutsches Batschkadorf, in: DS v. 21.11.1971, S. 3 bis 16.1.1972, S. 4 (6); 113) St. Hubert, Soltur und Charleville. Gedenken an drei „Franzosendörfer" im jugoslawischen Banat, in: DS v. 19.3.1972, S. 3 / 26.3., S. 3; 114) Das war Rudolfsgnad. Fanal einer donauschwäbischen Tragödie, in: DS v. 9.7.1972, S. 5 bis 10.9., S. 3 (9); 115) Mir ware in Humlitz dhaam. Alte deutsche Heimat südöstlich von Pantschowa, in: DS v. 25.2.1973, S. 3 bis 8.4., S. 6 (7); 116) In memoriam Dr. Ludwig Leber. Ein „Deitschländer" gedenkt eines mutigen Streiters für Volkstumsbelange und Heimatrecht, in: DS v. 3.2.1974, S. 5; 117) Erinnerung – Bekenntnis – Verpflichtung. Dem Südostdeutschtum dreißig Jahre nach dem Heimatraub gewidmet, in: DS v. 3.11.1974, S. 3; 118) Einer großen edlen Frau nachträglich gewidmet. Annie Schmidt-Endres zur 71. Wiederkehr ihres Geburtstages, in: DS v. 12.1.1975, S. 5; 119) Werden und Vergehen von Sekitsch, in: DS v. 14.3.1976, S. 3 / 21.3., S. 7; 120) In memoriam. Unserer verehrten Heimatdichterin und Schriftstellerin Annie Schmidt-Endres ein Jahr nach ihrem Tode, in: DS v. 11.6.1978, S. 5

Über Paul Otto Habermann: 1) Ein dreifaches Jubiläum. Otto Habermann steht seit 35 Jahren im Dienste des Südostdeutschtums (Fotoporträt), in: DS v. 12.11.1961, S. 6; 2) Ehrenvolle Berufung (Fotoporträt), in: DS v. 14.10.1962, S. 5; 3) Annie Schmidt-Endres: Paul Otto Habermann feiert 65. Geburtstag. 40 Jahre im Dienste der Heimatkunde des Südostdeutschtums (Fotoporträt), in: DS v. 6.11.1966, S. 3; 4) „Verlorene Heimat in Freud und Schmerz ..." Paul Otto Habermann an Südtiroler Volkshochschulen auf Vortragstournee über die alte Heimat in Wort und Bild, in: DS v. 19.3.1967, S. 4; 5) Ein wahrhaft abenteuerliches Leben oder: Wanderer zwischen zwei Welten, in: DS v. 23.7.1967, S. 3 / 30.7., S. 3 / 20.8., S. 4; 6) Rückblick und Gedenken. Bekenntnis des 70jährigen Paul Otto Habermann, in: DS v. 5.12.1971, S. 4; 7) Paul Otto Habermann ist unvergessen. Sein ganzes Leben lang setzte er sich mit Feder und Kamera für uns Donauschwaben ein, in: DS v. 8.11.1981, S. 4

Hammerstiel, Robert

Selbständige Literatur: Von Ikonen und Ratten. Eine Banater Kindheit 1939-1949. Mit 32 Zeichnungen von R. Hammerstiel, Verlag Christian Brandstätter, Wien 1999, 334 S.

Literatur zum Werk des bildenden Künstlers: 1) Karl Schaedel/Robert Hammerstiel: Holzschnitte zu den Evangelien, Luther Verlag, Bielefeld 1978, 72 S., 31 Abb.; 2) Das Zeichen Kains. Holzschnitte zum Alten Testament, eingel. u. komm. v. Karl Schaedel, Luther-Verlag, Bielefeld, und Aussaat- und Schriftenmissions-Verlag, Gladbeck 1981, 72 S., 37 Abb.; 3) Alois Stöger/Hammerstiel: Die Bergpredigt, Verlag katholisches Bibelwerk, Klosterneuburg/Stuttgart 1982, 125 S., 12 Abb.; 4) Meutzner/Hammerstiel: Hahia – Maria, Ev. Behindertenwerk, Essen 1982, 12 S., 7 Abb.; 5) Marie Bodo: Gedichte einer Analphabetin. Holzschnitte von Robert Hammerstiel, Verlag Niederösterreichisches Pressehaus, St. Pölten/Wien 1984, 47 S.; 6) Niederösterreichischer Totentanz, Kirchzarten 1983, o. S.; 7) Der Baum des Lebens. 12 Meditationen zu Bibeltexten von Josef Schultes mit Holzschnitten von Robert Hammerstiel, Herold-Verlag, Wien/München 1983, 107 S.; 8) Traute Foresti: Tod, Du wirst meine letzte Liebe sein, Herder Verlag, Freiburg/Wien/Basel 1985 (Umschlag u. Gespräch mit Foresti); 9) Erich Fitzbauer/Hammerstiel: Täglich ist Allerseelen, Edition graphischer Zirkel, Wien 1986; 10) Jürgen Kluge/Hammerstiel: Bilder des Evangeliums, av-edition, München/Offenbach 1986, 53 S., 28 Abb.; 11) Erich Fitzbauer/Robert Hammerstiel: Santorin, Edition Graphischer Zirkel, Wien 1986, 116 S.; 12) Traute Foresti: Tagträume und Grenzgänge. Chronik meiner Jahre, Gespräche über den Tod, mit 9 Holzschnitten von Robert Hammerstiel, Herder Verlag, Freiburg/Wien/Basel o. J., 176 S. (R. H.: Über den Tod); 13) Meine Winterreise, Verlag Galerie im unteren Tor, Bietigheim-Bissingen, 1990; 14) Galiläa und Jerusalem. Skizzen und Holzschnitte (70 Skizzen und 19 vom Stock gedruckte Holzschnitte von Robert Hammerstiel). Texte: Dieter Petri und Jörg Thierfelder, Verlag Galerie im unteren Tor, Bietigheim-Bissingen 1990, 99 S.; 15) Monographie, Verlag VMM, ¹1997, 124 S.; 16) Holzschnitte. Katalog mit 33 Holzschnitten u. 8 Farbholzschnitten aus den Jahren 1980 bis 1991, Einf. Texte v. Traude Hansen u. a., Galerie im unteren Tor, Bietigheim-Bissingen 1992, 61 S., zahlr. Abb.; 17) Holzschnitte, Verlag Galerie im unteren Tor, Bietigheim-Bissingen 1992, 64 S., 48 Abb.; 18) Robert Hammerstiel/Detlef Willand: Holzschnitte zur Bibel, Verlag Galerie im unteren Tor, Bietigheim-Bissingen 1992, 63 S.; 19) Mappenwerk: Zwiesprache eines Kriegsknechts mit dem toten Jesus, Text: Karl Klusmeier, Druck: und

Gestaltung: Westfalia Druckerei, Bad Oeynhausen 1993; 20) Robert Hammerstiel/Karl Klusmeier: Der Soldat und das Kind, 8 Schlüsselerlebnisse 1941-1947, Selbstverlag, Bad Oeynhausen 1995, 66 S., 31 Abb.; 21) Österreichische Schriftsteller, Lyriker, Erzähler, Text: Erich Fitzbauer, Edition Graphischer Zirkel, Wien 1995; 22) Dia- und Posterreihe: Aus dem Zyklus „Lübecker Kreuzweg", Jugendkreuzweg, Text: Rupert Eickelmann, Jugendhaus Düsseldorf e. V. und Schriftenmissionsverlag Neukirchen – Heinz R. Paul/Ezb. Evang. Zentralbildkammer Bielefeld; 23) Malerei und Holzschnitt – Katalog, Text: Angelika Bäumler, Rainer Zimmermann; Hermann Hesse: Ode an Hölderlin, Graphik R. Hammerstiel, Edition Graphischer Zirkel, Wien 1995; 24) An Franz Schubert (Mappe), Verlag Galerie im unteren Tor, Bietigheim-Bissingen 1996, 63 S., reich beb.; 25) Franz Schubert. Winterreise. Wanderlieder und Gedichte aus den hinterlassenen Papieren eines reisenden Waldhornisten von Wilhelm Müller. Mit 25 Reproduktionen nach Originalzeichnungen. Vorwort von Hans Hotter. Textbeiträge von Gitta Deutsch und Robert Hammerstiel, Verlag Christian Brandstätter, Wien ¹1997, o. S.; 26) Schlagzeilen: Aus dem Holzschnittzyklus „Lübecker Kreuzweg", Jugendhaus Düsseldorf e. V. und Schriftenmissionsverlag Neukirchen – Vluyn, D.; 27) Robert Hammerstiel: Monographie, Verlag VMM, Ternitz 1997, 124 S.; 28) Galerie der Dichter – 32 Holzschnittportraits, Edition Graphischer Zirkel, Wien 1997; 29) Die Franz-Schubert-Mappe (An Franz Schubert), Verlag Galerie am unteren Tor, Bietigheim-Bissingen 1997; 30) Galerie der Maler. 35 Holzschnittportraits, Edition Graphischer Zirkel, Wien 1998; 31) Galerie der Maler – 35 Holzschnitte, Edition Graphischer Zirkel, Wien 1998; 32) Galerie Komponisten. 38 Holzschnittportraits, Edition Graphischer Zirkel, Wien 1999; 33) Robert Hammerstiel: Sein Werk, hrsg. v. Alfred Lüthy, Textautor Univ.-Prof. Dr. Wilhelm Kufferath v. Kendenich, mit Beiträgen v. Dr. Gerbert Frodl, Peter Killer, Alfred Lüthy, Benteli Verlag, Bern 2001, 309 S.

Nichtselbständige literarische Veröffentlichungen: 1) Ratten und Mäuse retteten mein Leben, in: NL v. 25.1.1964, S. 6; 2) Weihnachten 1944, in: NL v. Weihnachten 1964, S. 7; 3) Und morgen ist serbischer hl. Abend. Ein Erlebnis aus der Lagerzeit, in: NL v. 23.1.1965, S. 6; 4) Dies war mein schön-ster Urlaub, in: NL v. 27.11.1971, S. 5; 5) Seitdem glaube ich ... Ein Weihnachtserlebnis im KZ, in: DS v. 21.12.1997, S. 3

Über Robert Hammerstiel: 1) Werschetzer Künstler (Robert Hammerstiel, geb. 1933, stellt aus) in Wien, in: NL v. 10.2.1968, S. 1; 2) Robert Hammerstiel „Meister des Holzschnittes", in: NL v. 28.4.1969, S. 5; 3) Von tragischer Überzeugungskraft. Holzschnitte von Robert Hammerstiel im Haus der Donauschwaben, in: DS v. 24.10.1976, S. 3; 4) Robert-Hammerstiel-Porträt im Österreichischen Fernsehen. Ein donauschwäbischer Maler und Holzschneider von internationalem Ruf, in: DS v. 4.4.1982, S. 6; 5) Robert Hammerstiel – Künstler von Weltformat. Ein wahres Kind unserer donauschwäbischen Heimat, in: DS v. 23.5.1982, S. 6; 6) Robert Hammerstiel, hrsg. v. NÖ Dokumentationszentrum f. Moderne Kunst, St. Pölten 1983, n. n. S., Zahlr. Abb.; 7) Kunstausstellung Prof. Robert Hammerstiels in Berlin (Fotoporträt), in: DS v. 16.11.1986, S. 4; 8) Warum habe gerade ich überlebt? Robert Hammerstiel: ein Künstler von Weltruf aus dem Banat (Fotoporträt), in: DS v. 20.9.1992, S. 5; 9) Ingeborg Seidl-Frisch: Ein Künstler von Weltruf. Der Werschetzer Maler und Holzschneider Robert Hammerstiel, in: DS v. 3.10.1993, S. 6; 10) Eine verbindende Geste. Dr.-Andreas-Lutz-Kulturpreis an Robert Hammerstiel, in: DS v. 7.8.1994, S. 6; 11) Aussage eines Soldaten. Ein erschütterndes Zeugnis in Buchform. Robert Hammerstiel, Karl Klusmeier – Der Soldat und das Kind. Acht Schlüsselerlebnisse 1941-1947, Holzschnitte und Stahlmonotypien von Robert Hammerstiel, in: DS v. 21.5.1995, S. 5; 12) Düstere Poetik. Robert Hammerstiel illustriert Schuberts „Winterreise", in: DS v. 9.2.1997, S. 5; 13) Weltliterarische Größe. Robert Hammerstiel stellt sich den Kindheitserinnerungen (Von Ikonen und Ratten), in: DS v. 25.4.1999, S. 5; 14) Eckstein baden-württembergischer Förderung. Ministerialdirigent Roland Eckert verlieh den donauschwäbischen Kulturpreis, in: DS v. 2.1.2000, S. 1/3; 15) Aufschrei gegen das Vergessen. Robert Hammerstiels neues Buch wurde im Haus der Heimat vorgestellt, in: DS v. 2.1.2000, S. 7; 16) Lynne Faulstroh: Weltbekannter Werschetzer. Robert Hammerstiel stellt in Brugg aus (Fotoporträt), in: DS v. 18.11.2001, S. 13; 17) Ernst Meinhardt: „Der klare und der blinde Spiegel". Robert Hammerstiel las in Berlin aus einem noch unveröffentlichten Buch, in: DS v. 19.5.2002, S. 6; 18) Thomas Stefanowitsch: Ein Künstler von Weltruf. Prof. Robert Hammerstiel aus Werschetz zum 70. Geburtstag, in: DSZ 2003/3, S. 21; 19) Der Maler von Rudolfsgnad. Robert Hammerstiel stellte seine Bilder für die Friedhofskapelle vor, in: DSZ 2003/6, S. 15

Es ist hier nicht der passende Ort, die zahlreichen Personalausstellungen und Ausstellungsbeteiligungen Robert Hammerstiels in ganz Europa und in New York, die Sendungen in Fernsehen und Rundfunk von ihm, mit ihm und über ihn sowie nicht wenige ihm verliehene internationale Preise zu belegen.

Haupt, Herbert Werner

<u>Selbständige Veröffentlichungen:</u> 1) Der Vierunzwanzich-Schtune-Urlaub. Humoristischi Korzprosa un Lyrik in banatschwowischer Mundart, HA-HA-HA Eigenverlag & -Druck, 1997, 140 S.; 2) Essentielles Vereinstohuwabohu mit Spiegelreflex. Ein ergreifend-reizend und blasphemisch Spiel in Aufzügen (Trauerspiel mit Tschinakl), HA-HA-HA Eigenverlag & -Druck, 1998, 111 S.; 3) Was auf uns zukommt. Buch der 107 Kata-Strophen, nur für Leute mit starken Nerven, Sinn für Humor und „E"-Spritt, HA-HA-HA Eigenverlag & -Druck, 1999, 118 S.; 4) Kata-Strophen kommen nie allein. Buch der nächsten 107. Auch nur für Leute mit guten Nerven, Sinn für Humor und „E"-Spritt., HA-HA-HA Eigenverlag & -Druck, 1999, 122 S.; 5) Schwert und Harnisch. Die Zeit davor – die Zeit danach. Nonkonformistische Schreiben aus zwei Jahrtausenden, Eigen-Druck und -Verlag Ha-Ha-Ha, Leimen 2003, 137 S.

<u>Über Herbert Haupt:</u> 1) Banater Präsenz. Humoristische Kurzprosa und Lyrik: eine Hauptsache, in: DS v. 8.3.1998; 2) Lesung mit Mundartdichter Bert Haupt, in: BP v. 20.3.2001, S. 15

Haupt, Nikolaus

<u>Selbständige Literatur:</u> 1) Herr Löffelstiel auf Reisen. Märchen, Kriterion Verlag, Bukarest 1976, 214 S.; 2) Feuersalamander. Märchen und Geschichten, Facla Verlag, Temeswar 1978, 107 S.; 3) Der Schatzsucher in den Katakomben. Drei Geschichten aus dem Temeswar von gestern, Facla Verlag, Temeswar 1981, 216 S.; 4) Jugenstreiche. Ein Ferienbuch. Banater Geschichten von Anno dazumal, Kriterion Verlag, Bukarest 1984, 183 S.; 5) Wohres un Unwohres uf Schwowisch, Kriterion Verlag, Bukarest 1989, 217 S., auch im Eigenverlag von Herbert Haupt erschienen, Leimen 1999, 200 Seiten; 6) Die Sündenbörse (Jugendstreiche). Banater Köstlichkeiten von Anno Dazumal, Eigenverlag von Herbert Haupt, Leimen 1999, ca. 190 S.; 7) Die sonderliche Geschichte des falschen Klosterbruders Timoteus, Eigenverlag von Herbert Haupt, Leimen 2000, 180 S.

<u>Nichtselbständige Literatur:</u> 1) Kämpfer für Scholle und Heimat. Der deutsche Bauernführer Peter Ströbl, in: ST v. 31.10.1943, S. 7 f.; 2) Moritat auf Banater Märkten, in: VK 1977/6, S. 52/63; 3) Die verspielt Selichkeit, NBZ-Kalender 1978, S. 56-58; 4) Wie ich de Weingeischt gebändicht han,

in: NBZ v. 27.1.1980, S. 3; 5) E zeitgerechti Norm fors Kaffeetrinke, in: NBZ v. 3.2.1980, S. 3; 6) In Warjasch bei der Schlacht, in: NBZ v. 10.2.1980, S. 3; 7) Wie de Pheder de Has gfang hat, in: NBZ v. 24.2.1980, S. 3; 8) Seelischi Grausamkeit, in: NBZ v. 2.3.1980, S. 4; 9) Wanns Eis, in: NBZ v. 9.3.1980, S. 4; 10) Selmols, wie Johrmark „choleraverdächtich" wor, in: NBZ v. 16.3.1980, S. 3; 11) Sie han mich gephennt, in: NBZ v. 30.3.1980, S. 3; 12) Vun em metergroße Begafisch, in: NBZ v. 6.4.1980, S. 3; 13) E Gschicht vun em große Knoche, in: NBZ v. 27.4.1980, S. 3; 14) Ich sin schwer gekränkt, in: NBZ v. 11.5.1980, S. 3; 15) Etwas iwer die Doktre, in: NBZ v. 18.5.1980, S. 3; 16) Wies mir mit die grieni Erwese gang is, in: NBZ v. 20.7.1980, S. 3; 17) E jeder Mensch hat sei Gfrett, in: NBZ v. 17.8.1980, S. 3; 18) Der Mehalaer Zugrund-Richter, in: NBZ v. 7.9.1980, S. 3; 19) Wann mer uner bessri Leit will sin, in: NBZ v. 28.9.1980, S. 3; 20) Der Strohsack. Heiteres Spiel in zwei Aufzügen, in: VK 1980/11, S. 38-41 (1. Teil), 1980/12, S. 34-36 (2. Teil); 21) Mer soll sich nit versindiche, in: NBZ-Volkskalender 1982, S. 86 f.; 22) An allem ist Eva schuld. Ein beschauliches Spiel in einem Aufzug, in: VK 1983/11, S. 28-32; 23) Peter der Storch, in: NBZ-Volkskalender 1988, S. 72-74; 24) Weles Ohr tut schelle?, in: BP v. 5.4.1994, S. 5

Anthologie: Anton Peter Petri: Deutsche Mundartautoren aus dem Banat, München 1984, darin: In de Berche derf mr net stulpre ..., S. 22, Wanns Eis nit hale tut, S. 59

Unveröffentlichte Texte: Dr Teiwl in dr Weihnachtsnacht. Posse in schwäbischer Mundart frei nach Egidius Haupt (aufgeführt in Siebenbürgen wahrscheinlich in den 80er Jahren)

Redaktion: Neueste Nachrichten, Schwäbische Verlags-AG, Temeswar, 1934 ff.

Über Nikolaus Haupt: 1) Früher Dichter-Ärger, spätes Debüt. Zum Geburtstag des Temeswarer Publizisten und Schriftstellers Nikolaus Haupt, in: DS v. 15.9.1991, S. 5; 2) Luzian Geier: Nestor der Banater Literaten. In Temeswar verstarb Nikolaus Haupt am 18. September, in: DS v. 17.10.1993, S. 10; 3) Luzian Geier: Nikolaus Haupt – ein verkappter Rebell. Zum 90. Geburtstag des Banater Schriftstellers und Publizisten, in: GGK, Heft 4, 1993, S. 212 ff. / BAN 1/1994, S. 5-12 (Fotoporträt)

Hauser, Hedi

Selbständige Literatur: 1) Waldgemeinschaft „Froher Mut" und andere Geschichten, Jugendverlag, Bukarest 1956, ^{2}1957, ^{3}1958, ^{4}1959, ^{5}1960 ^{6}1961, Meridiane Verlag ^{7}1963, 81 S. (rumänisch 1957); 2) Hannes Kinkerlitzchens Reise in die Welt, Bukarest 1956 (ungarisch 1957); 3) Seifenbläschens Abenteuer, 1957, ^{2}1974 (ungarisch 1962); 4) Eine ganz tolle Geschichte, Jugendverlag, Bukarest 1958, ^{2}1962, ^{3}1963, 127 S.; 5) Das bunte ABC (gezeichnet Dore Lore: Pseudonym für Arbeiten zusammen mit Ruth Lissai, 1958; 6) Hopp, hopp Reiter (Dore Lore), o. J. [1958]; 7) Im Guckkasten, Bukarest 1960, 28 Bl. (rumänisch 1962, auch ungarisch); 8) Jetzt schlägt's dreizehn, Jugendverlag, Bukarest 1962, 127 S.; 9) Viele Fenster hat mein Haus, Jugendverlag, Bukarest 1965; 10) Der große Kamillenstreit (illustriert von Edith Groß), Jugendverlag, Bukarest 1966, ^{2}1974, Einbandgestaltung und Illustrationen von Helga Unipan, 1976, ^{3}1979, ^{4}1983, 80 S.; 11) Himpelchen, Pimpelchen und die Riesen, Ion Creangă Verlag, Bukarest 1974, ^{2}1983, 75 S. (rumänisch 1975); 12) Lutz und die Hampelmänner, Kriterion Verlag u. Postreiter Verlag (DDR) 1975; 13) Der große Kamillenstreit und andere Geschichten, Ion Creangă Verlag, Bukarest 1976, 129 S. (ungarisch 1978); 14) Eine Tanne ist kein Hornissennest, Ion Creangă Verlag, Bukarest 1977, ^{2}1985, 101 S.; 15) Das verschnupfte Bilderbuch, Kriterion Verlag, Sibiu/Hermannstadt 1978, hora Verlag ^{2}1999, 16 S.; 16)

Igel Stachelfritz auf Reisen (mit Illustrationen von Helga Unipan), Ion Creangă Verlag, Bukarest 1984, ²1989, 159 S.

Nichtselbständige Literatur: 1) Wir sind jung und das ist schön. [anläßlich der Landesberatung junger Schriftsteller], in: NW v. 30.3.1950, Wochenbeilage Nr. 90; 2) Klein-Peterle, in: Kultureller Wegweiser 7/1951, S. 31 [unter Hedwig Bittenbinder]; 3) Schöne Winterferien auch ohne Schnee und Eis, in: NW v. 8.1.1953, S. 4; 4) Wenn wir in den Tagebüchern der Pionierabteilungen blättern ... Aus dem Leben der hauptstädtischen Pioniere, in NW v. 9.4.1953, S. 4 (Immer vorwärts!);.5) Kennt ihr die Seidenraupen?, in: NW v. 25.6.1953, S. 4; 6) Die Jugend aller Länder rüstet zum Festival, in NW v. 14.7.1953; 7) Der Schulgarten – und was jeder Pionier darüber wissen muß, in NW v. 2.4.1954, S. 2 (Immer vorwärts!); 8) Giordano Bruno, in NW v. 16.4.1954, S. 2 (Immer vorwärts!); 9) Thomas Müntzer (Lernt von grossen Männern!), in NW v. 14.5.1954, S. 2 (Immer vorwärts!); 10) Eine kleine Feriengeschichte, in: NW v. 10.7.1954, S. 2; 11) Wie eine Zeitung entsteht: Max entdeckt ein verkehrtes „i", in NW v. 11.6. / 18.6.1955, jeweils S. 2; 12) Ein Brief auf Reisen, in NW v. 18.6.1955, S. 2 (Immer vorwärts!); 13) Das kleine Seifenbläschen (Märchen), in: NEL 4/1956, S. 36-39; 14) Die Schnecke Gum als Fuhrmann, in: NW v. 23.3.1956, S. 4 (auch in: Die Waldgemeinschaft „Froher Mut"); 15) Nur für Bücherwürmer: Schlinghansels Abenteuer. NW v. 23.5.1956, S. 2 (Immer vorwärts!); 16) Wieder etwas zum Freuen [Geschichte über den neu eingeführten Trolleybus in Bukarest]. NW v. 4.11.1956, S. 4 (Immer vorwärts!); 17) Ein Brief und seine Geschichte. [Geschichte eines Umzugs in den neuen Block], in: NW v. 23.12.1956, S. 4 (Immer vorwärts!); 18) Reni, ein umgekipptes Tintenfaß und der Karneval, in: NW v. 24.2.1957, S. 4; 19) Die Geschichte eines Lebens (Erzählung), in: NEL 1957/4, S. 106-109; 20) Das Kind lügt (pädagogische Ecke in der Frauenrubrik), in NW v. 5.2.1958, S. 2; 21) Lutz und die Hampelmänner u. Lenchens Schule u. Fernseh-Turnen, in: NEL 2/1958, S. 74 f.; 22) Wo gehörst du hin? Einakter in drei Bildern, in: VK, 10. Jg., 1958, Nr. 3; 23) Der undankbare Kaktus / Der Wettlauf / Das Männlein im Staubsauger (Erzählungen), in: NEL 1960/3, S. 84-87; 24) Sherlock Holmes und der Wettbewerb, in: NEL 1961/5, S. 4-27; 25) Jetzt schlägt's dreizehn, in: NEL 1962/5, S. 83-89; 26) Spuren im Wald, in: NEL 1963/5, S. 52-59 (auch in: Der große Kamillenstreit und andere Geschichten, S. 29-39); 27) Große Wäsche u. a. Erzählungen, in: NEL 1964/5, S. 36-39; 28) Wo steckt der Dieb? (Prosa), in: NW v. 5.9. / 12.9.1965, S. 4 (Für Pioniere und Schüler); 29) Molli Pelz reißt aus, in: NEL 1966/5-6, S. 67-86 (auch in: Der große Kamillenstreit); 30) Die Schuhe (Geschichte für kleine Kinder), in: NW 9.8.1968, Raketenpost Nr. 12; 31) Das große Abenteuer, in: NW v. 5.6.1964, S. 3 / 9.8.1968, Raketenpost Nr. 12; 32) Kriterion Verlag 1970, in: NEL 1970/3, S. 3-5; 33) Der schönste Tag, in: NW v. 6.9.1968, Raketenpost Nr. 15; 34) Himpelchen, Pimpelchen und die Pilzsucher, in: Lernen, schaffen, fröhlich sein, NBZ v. 25.4.1973 / 2.5.1973 / 9.5.1973 / 16.5.1973 / 23.5.1973 / 30.5.1973; 35) Die vollständige Erfassung des kulturellen Erbes, in: NEL 1976/5, S. 3; 36) Der Igel Stichel-Michel wundert sich, in: NBZ – Unsere Schule v. 17.8.1979 / 31.8.1979; 37) Was ist los mit Peter? [Szenette], in: NW v. 31.1.1980, Raketenpost 4; 38) Lotte Berg zum Gedenken, in: NEL 1981/10, S. 102; 39) Das Symbol unserer Gewißheiten, in: NEL 1984/1, S. 10 f.; 40) Der Kuckuck aus der Kuckucksuhr, in: NW v. 22.10. bis 24.12.1981 (9 Folgen); 41) Verdienste um die Nationalitätenpolitik, in: VK 1984/4, S. 2; 42) Himpelchen und Pimpelchen auf Entdeckungsreisen, in: NEL 6/1987, S. 27-32

Herausgeberin: 1) Der Wunschring. Ein Lese- und Spielbuch für Kinder, zusammengestellt von Hedi Hauser, Kriterion Verlag, Bukarest 1977, ²1980, ³1983, ⁴1984, ⁵1989, 251 S.; 2) Rumänische

Gedichte – von Tudor Arghezi, Lucian Blaga und Ion Barbu, ausgew. v. Hedi Hauser u. Michael Rehs, Erdmann-Verlag, Tübingen

<u>Übersetzungen:</u> 1) Rik Auerbach: Wer spielt mit?, 1958; 2) Ilie Barbu: Sonnenstrahl auf Reisen, Die Kohle, 1960; 3) Octav Pancu-Iasi: Kling-klang Gloria (gez. Dore Lore), 1965; 4) Tudor Arghezi: Erste Enttäuschungen (8 Geschichten in Einzelbänden: Das Baumwollroß / Der Briefumschlag / Der Dieb / Erste Enttäuschung / Die Hasen und die Karpfen / Koko und die Katze / Eine Lokomotive und ein Bahnhof / Der Meisenstein [alle 1970]), 1969; 5) Iulia Murnu: Die große Fahrt des Telemachos, 1971; 6) Petre Sălcudeanu: Detektiv mit vierzehn Jahren, 1971; 7) Alexandru Mitru: Das goldene Hähnchen, Ion Creangă Verlag, Bukarest 1972; 8) Alexandru Mitru: Geschichten von Păcală und Tîndală, 1975, 1978, 1979; 9) Alexandru Mitru: Der Tomatenkönig und andere Geschichten (Illustrationen von Elke Bullert), Kinderbuchverlag, Berlin 1978, 80 S.; 10) Ion Dodu Balan: Die Kindheit eines Ikarus, 1978; 11) Valentin Avrigeanu: Das Märchen einer Neujahrsnacht (aufgeführt am DSTT, Januar 1981); 12) Octav Pancu-Iasi: Die Geschichte von den Schuhen (gez. Dore Lore), 1986

<u>Interviews:</u> 1) Hans Liebhardt: Die Fragen der Kinder. Gespräch mit Hedi Hauser, in: NW 4346/19. 4.1963, S. 3; 2) Anni Fronius: Talent, Fleiß und Arbeit. Was bei der Lektüre eines Buches wesentlich ist. Wann wird ein Aufsatz zu einem literarischen Werk? Gespräch mit der Kinderbuchautorin und Chefredakteurin des Kriterion Verlags Hedi Hauser, in: NW v. 15.4.1976, Raketenpost 14; 3) Lia Weber: Kinderliteratur heute anders? Gespräch mit Hedi Hauser, in: VK 12/1978, S. 35; 4) Horst Anger: Chancen immer wieder wahrnehmen. Gespräch mit Hedi Hauser. KR v. 30.5.1980, S. 1, 4-5; 5) A. Friedrich: Versäumnisse und ihre Überwindung. Gespräch mit Hedi Hauser, Chefredakteur bei Kriterion, in: VK 9/1982, S. 22-23; 6) Wilhelm Junesch: Gefällige Schulausgaben. NBZ-Gespräch mit Hedi Hauser, in: NBZ v. 8.6.1972; 7) Eduard Schneider: „Kindern was zum Lachen geben". Gespräch mit der Schriftstellerin Hedi Hauser, Chefredakteur des Kriterion Verlags Bukarest, über ihre literarische und verlegerische Tätigkeit, in: NBZ-Kulturbote, NBZ v. 22.11. 1987

<u>Über Hedi Hauser:</u> 1) Helga Reiter: Phantasie und Erlauchtes. Hedi Hausers Kinderbuch „Eine ganz tolle Geschichte", in: NW v. 22.5.1959, S. 4, Wochenbeilage 248; 2) Hans Liebhardt: Stups und der Flug zum Mond. Über Hedi Hausers Kinderbuch „Im Guckkasten", in: NEL 1960/5, S. 135 f.; 3) Elisabeth Axmann: Hedi Hauser: „Im Guckkasten" (Buchbesprechung), in: NW v. 10.11.1960, S. 2; 4) Elisabeth Axmann: Hedi Hauser. Profile, in: NW v. 26.7.1961; 5) Heinz Stănescu: Zur Entwicklung der zeitgenössischen rumäniendeutschen Literatur, in: VK 1969/2, S. 10; 6) Rumänien: Wöchentlich ein Buch in deutscher Sprache. Den Kriterion Verlag in Bukarest leitet die Banaterin Hedi Hauser, in: NL v. 10.11.1973, S. 1 / NBZ v. 14.11.1974, S. 3 / NBZ v. 5.2.1981, S. 2 f.; 7) Anni Fronius: Zwei neue Kinderbücher vom Kriterion Verlag. Sie interessieren vor allem kleinere Pioniere – aber gewiß nicht nur sie, in: NW v. 23.10.1975, Raketenpost 40; 8) Gertrude Marin [d. i. Helga Reiter]: Altes und Neues voller origineller Einfälle. Über Hedi Hausers Sammelband „Der grosse Kamillenstreit", in: NBZ v. 14.6.1977; 9) Inge Maurer: Wir lesen „Seifenbläschens Abenteuer", in: WA 48 v. 14.12.1957, Unsere Seite; 10) Nora Juga: Eine außergewöhnliche Chronik. VK 1978/3, S. 40 [Rezension v. Eine Tanne ist kein Hornissennest]; 11) Annemarie Schuller: Von Teehausen nach Berlin. Bücher, für Kinder geschrieben (II), in: KR 37 v 14.9.1984

Hecker, Róbert

Nichtselbständige Literatur: 1) Freude im Schatten, in: DK 1972, S. 239 / ZW, S. 75; 2) Für meine Mutter, in: NZ 1983/18, S. 6; 3) Spannung, in: NZ 1983/25, S. 7; 4) Die Tränen, in: NZ 1983/29, S. 6; 5) Ewig begrenzt, in: NZ 1983/31, S. 6; 6) Armut des Unvollkommenseins, in: NZ 1984/31, S. 6 / NZ 1984/49, S. 6; 7) Nebeneinander / Perspektiven, in: NZ 1984/51-52, S. 14; 8) Splitter, in: NZ 1985/1, S. 6; 9) Auferstehung / Lehre der Leere (Üresség-tan: ungarisch von Valeria Koch in: Utban a csönd felé, Pecs 1988, S. 97) / Wanderlied, in: SI 1985/2, S. 4; 10) Frühlingsgewitter, in: NZ 1985/15, S. 6; 11) Spiegelbild, in: NZ 1985/34, S. 6; 12) Scheidewege I / Scheidewege II / Scheidewege III, in: NZ 1985/47, S. 6; 13) Berufung, in: NZ 1985/51-52, S. 11; 14) Zukunftsempfinden, in: NZ 1986/1, S. 6; 15) Opfer-bereit, in: NZ 1986/5, S. 6; 16) Benannt – verwandt / Freude im Schatten, in: NZ 1986/23, S. 6; 17) Grenzenkorrektion, in: NZ 1986/51-52, S. 14 / DK 1989, S. 216; 18) Gastmahl, in: DK 1987, S. 250; 19) Schloßturmruine am Dorfrand, in: SI 1987/4, S. 8; 20) Talfahrt, in: NZ 1987/15, S. 4 / SI 1987/4, S. 8; 21) Flucht, in: NZ 1987/52, S. 15; 22) Die Schönheit (Du weißt es wohl ...), in: DK 1988, S. 242; 23) Wachsein mit der Feder, in: DK 1988, S. 246; 24) An die Schönheit, in: SI 1988/5, S. 11; 25) Zukunftsvision, in: DK 1989, S. 216; 26) Stumme Worte, in: NZ 1989/4, S. 10; 27) An die Schönheit II (Ach, wenn ich dich ...), in: NZ 1989/19, S. 10; 28) Frage an das Sachverständnis, in: DK 1989, S. 215 / DK 1990, S. 262; 29) Fluchtversuch, in: DK 1990, S. 263
Roman: Ein echter Held. Westernparodie in mehreren Episoden und mit unzähligen blauen Flecken, in: NZ November 1998 bis Dezember 1999 (wöchentliche Fortsetzungsteile)
Anthologien: 1) „Útban a csönd felé" (Texte ungarndeutscher Schriftsteller in ungarischer Sprache), Baranya Megyei Művekődési Központ, Pécs 1988; 2) Das Zweiglein. Anthologie junger ungarndeutscher Dichter, hrsg. v. Johann Schuth, Tankönyvkiadó, Budapest 1989; 3) Zukunftsvision / Frage an das Sachverständnis, in: Bekenntnisse eines Birkenbaumes. Ungarndeutsche Anthologie, hrsg. v. Johann Schuth u. Gyula Kurucz, Rheinisch-Westfälische Auslandsgesellschaft, Dortmund 1990, S. 86; 4) Freude im Schatten / Flucht / Talfahrt / Schloßturmruine am Dorfrand / Im Nebel, in: Das Zweiglein. Nachrichten aus Ungarn, Anthologie junger ungarndeutscher Dichter, hrsg. v. Johann Schuth, Olms Presse Hildesheim 1991, S. 75-79; 5) Lyrische Annalen, Band 7, Freie Autorengemeinschaft Collegium poeticum, Eppertshausen 1991

Hegel, Elisabeth

Selbständige Literatur: 1) Hinter Stacheldraht blühen keine Blumen, Selbstverlag, Fürth 1997, 152 S.; 2) Kostbare Erinnerung. Gedichte, Selbstverlag, Fürth [1999], 96 S.
Nichtselbständige Literatur: 1) Heimat, in: DS v. 23.2.1986, S. 3; 2) „Der Schlüssel liegt am alten Platz" (Auszug aus den Erinnerungen), in: BP v. 10.12.1999, S. 4 f.
Interview: „Es sollte nie vergessen werden". Fünf Fragen an Elisabeth Hegel (Fotoporträt), in: BP v. 5.8.2001, S. 4

Hehn, Ilse

Selbständige Literatur: **Lyrikbände:** 1) So weit der Weg nach Ninive. Gedichte, Kriterion Verlag, Bukarest 1973, 54 S.; 2) Flußgebet und Gräserspiel, Facla Verlag, Temeswar 1976, 46 S.; 3) Das Wort ist keine Münze. Gedichte, Kriterion Verlag, Bukarest 1988, 72 S.; 4) In einer grauen Stadt.

Gedichte, Hestia Verlag, Temeswar 1992, 79 S.; 5) Die Affen von Nikko. Gedichte, Hestia Verlag, Temeswar 1993 [Maimutele din Nikko. Poeme, in: românește de Constantin Gurau si Lucian Alexiu, Ed. Hestia, Timişoara 1992, 61 S.]; 6) Den Glanz abklopfen. Gedichte aus drei Jahrzehnten, Gerhard Hess Verlag, Ulm 1998, 123 S.; 7) Im Stein, 2001; 8) Lidlos Gedichte, Holzer Verlag, 2003; **Kinderbücher**: 9) Du machst es besser. Zeichenbuch für Kinder, Ion Creanga Verlag, Bukarest 1987, 32 S.; 10) Ferien – bunter Schmetterling, Kriterion Verlag, Bukarest 1987, 24 S.
Nichtselbständige Literatur: 1) Denn / Du kommst / Ich mache das Fenster auf / Wilder noch greifen die Wasser / Toleranzedikt-Gegenwart, in: NEL 1969/9, S. 109 f.; 2) Schwarz, in: NEL 1970/5, S. 11; 3) Meer, du hast / Im Schatten der Bäume / Schwester, wer nahm uns das Opium der Kindheit, in: NEL 1971/1, S. 40-43; 4) Sei nicht stumm sondern rund / Wenn ihr auch wollt / Dunkelblau zieht Moby Dick über / Heiß leg ich die Hände an dein Gitter / Du hast deinen Körper zerlegt / Wir können / Meine Uhr ist rund und klein, in: NEL 1971/7, S. 55 f.; 5) Ich vergaß zu sterben / Weshalb bis zur Mündung gehen, in: NEL 1972/5, S. 54; 6) Vom Drachen / sie sagen schreib, in: NEL 1973/5, S. 33; 7) Ich bin nicht zu Hause / Meine Hände sind höhnisch / Die Zuckermelonen vor dem Haus / In den Brotkanten, in: NEL 1974/12, S. 24; 8) Das Werkzeug ließ ich rosten / Manchmal erinnere ich mich, in: NEL 1975/3, S. 3; 9) Toleranzedikt – Nimm Farben / Heute / Auf der Straße gehört / Toleranzedikt Gegenwart, in: 1975/9, S. 20 f.; 10) Schülerballade, in: NEL 1977/8, S. 22; 11) Es schließt nicht aus – Das Kinderlied / Eine schöne graue Brücke / Da saß meine schwarze Katze / Auf großen Schmetterlingen davon / Meine Freunde / Winter 1977, in: NEL 1977/5, S. 54 f.; 12) Groß ist grün und schön – ein ganz gewöhnliches lied / ich darf / adam I / adam II, in: NEL 1979/9, S. 4-6; 13) Das Kinderlied, in: NEL 1986/4, S. 6; 14) Eine Rosine im Mund – wir haben versucht / Pack ruhig den Himmel mit deinen Fingern / Irrtum / Ihre Liebe / Auf großen Schmetterlingen davon / Da saß meine schwarze Katze / Eine schöne graue Brücke, in: NEL 1986/7, S. 8-10; 15) Man sagt, in: NEL 1986/8, S. 36; 16) Valentinstag / Hätt ich dich je geliebt / Sonntag / Lied von kahlen Bäumen / Ein Märchen nicht / Erstes Jahr in Deutschland / Aschermittwoch / Nicht zu vergessen, in: SV 1995/1, S. 45-47; 17) Nächtlich / August in Michelsberg / Porträt / Wenn keine Farben mehr / Ankunft Deutschland, in: SV 1998/3, S. 210 f.; 18) Trotzdem, in: BP v. 20.2.2001, S. 2; 19) Reiseskizzen, in: SV 2003/1, S. 12-14
Übersetzungen: „Wüste der Satellit-Antennen" (Deșertul antenelor-satelit), Gedichte des rumänischen Lyrikers Constantin Gurău in deutscher Übersetzung, Hestia Verlag, Temeswar 1997, 100 S.
Interview: mit Claus Stephani, in: NEL 1972/4, S. 78-80
Über Ilse Hehn: 1) Inge Meidinger-Geise: Bespr. „Das Wort ist keine Münze", in: SV 1989/2, S. 166 f.; 2) Inge Meidinger-Geise: Den Glanz abklopfen (Begleitworte zu einem Lyrikband von Ilse Hehn, Vorabdruck, in: SV 1998/3, S. 209; 3) Eduard Schneider: Bespr. „Den Glanz abklopfen", in: SV 1999/3, S. 301 f.; 4) Gerda Corches: Zum neuen Gedichtband von Ilse Hehn „Den Glanz abklopfen", in: BP 4/1999, S. 4; 5) Peter-Dietmar Leber: Die Dinge hinterfragen. Lesung von Ilse Hehn im Banater Kulturzentrum, in: BP v. 20.2.2001, S. 2; 6) Neuer Lyrik-Band von Ilse Hehn, in: BP v. 20.3.2002

Heidelbacher, Josef

Nichtselbständige Literatur: 1) Sathmar, wir grüßen dich!, in: DS v. Pfingsten 1972, S. 5; 2) Eure Sünde bleibt, in: DS v. Weihn. 1972, S. 2; 3) Karfreitag 1919. Aus dem Roman „Der Tag bricht an" von Josef Heidelbacher, in: DS v. Ostern 1973, S. 2 / 12; 4) Wenn wieder der Flieder blüht ..., in:

DS v. 27.5.1973, S. 8; 5) Die Zukunft, in: Backnanger Kreiszeitung v. 24.9.1973; 6) Wie's daheim war ..., in: DS v. Weihnachten 1973, S. 4; 7) Michel singt das Ave Maria, in: DS v. Pfingsten 1974, S. 10; 8) Groß war die Not und das Heimweh. Die erste Weihnacht – 1730 – der Bildegger Schwaben, in: DS v. Weihn. 1977, S. 2; 9) Nicoara, in: SV 1978/4, S. 253-257
Unveröffentlichtes Manuskript: Wie's daheim war ... Roman, 257 S.

Heilmann-Märzweiler, Leni

Selbständige Literatur: 1) Verlorene Kindheit. Erlebnisse und Gedichte, Scherer-Verlag, Freising o. J. [1987], 147 S.; 2) Zukunft hieß damals das Zauberwort, Hodschager Heimatverein, 16 S.
Nichtselbständige Literatur: 1) Schlittenfahrt nach Brestowatz, in: HH 1997/11, S. 9; 2) Der Anfang vom Ende, in: HH 1998/7, S. 14; 3) Leben in der Angst / Von Hodschager Sitten und Bräuchen – Hokus, Pokus, wir gehen auf Hexenjagd, in: HH 1999/3, S. 8 f.; 4) Der Otschagger Schinderhannes und sein grausiges Ende / Wie isch Trippsdrill uf Otschag kumme?, in: HH 1999/7, S. 9 f.; 5) 's Kukruzliedli, Wie Kindr spiele – sellmol un heint!, in: HH 1999/11, S. 10 f.; 6) Das Elternhaus. Es war eine sorglos glückliche Kindheit, in: DS v. 13.2.2000, S. 10; 7) Wieder von der Schippe gesprunge / Blutrote Gebirgshängenelken / Csupan und Wotan, unsere Freunde und Helfer, in: HH 2000/3, S. 11-13; 8) Dr Otschagr Bachschießr, in: HH 2000/7, S. 15; 9) Dr Oma ihre Bloofärwrschurz / Die Otschagr und ihre Nachbarn, in: HH 2000/7, S. 13; 10) Omami und ihre Spinnstubengeschichten, in: HH 2000/12, S. 11 f.; 11) Nur ein bißchen Wärme!, in: HH 2000/12, S. 17 f.; 12) Die Wundersuppe, in: HH 2001/3, S. 18; 13) „Kirwi und Erntedank", in: HH 2001/7, S. 3; 14) Wenn dr Wind blost ..., in: HH 2001/11, S. 18; 15) Frühling in der Donauschwabensiedlung, in: HH 2002/3, S 1 f.; 16) Die Ernte / Heimweh, in: HH 2002/7, S. 17 f.; 17) Der Gänsekrieg HH 1997/11, S. 10; 18) Der letzte Frühling, in: HH 1998/3, S. 1; 19) Pferdemusterung in Hodschag, in: HH 1997/7, S. 12
Über Leni Heilmann-Märzweiler: 1) Auf dem Weg ins Wunderland. Auch ein amerikanischer Paß schützte nicht vor dem KZ, in: DS v. Pfingsten 1998, S. 6; 2) Leni Heilmann-Märzweiler zum 65. Geburtstag (Fotoporträt), in: HH 1998/12, S. 5

Heim, Ferdinand

Selbständige Literatur: 1) Stachl-Gsätzle. Epigramme und Fabeln in banat-schwäbischer Mundart, Verlag Wilfried Eppe, Bergatreute 1994, 124 S.; 2) Stimmen, die zum Himmel schreien, edition phillon, Verlag Rainer E. Wiechert, Wolfsburg 1994, 168 S.; 3) Originelle Sprüche für Liebende, Selbstverlag, Bad Waldsee 1995, 106 S.; 4) Sprüche der Liebe. Aphorismen, Frieling Verlag, Berlin 2002, 96 S.
Nichtselbständige Literatur: 1) Die Zauberpeitsche, in: Märchen, Sagen, Schwänke, Kriterion Verlag, Bukarest 1979, S. 93; 2) 's is schad, in: NBZ v. 18.5.1980, S. 4; 3) Pipatsch, in: NBZ-Pipatsch v. 22.9.1990, S. 4; 4) Winterlied, in: NBZ-Pipatsch v. 11.1.1992, S. 4; 5) Ich habe Angst, Magdalena, in: Schwäbische Zeitung v. 7.5.1992, S. 3; 6) Schwanen-Leid, in: Schwäbische Zeitung v. 5.6.1992, S. 1; 7) Kerwei, in: BP v. 5.9.1992, S. 7; 8) Ähre un Ehre, in: BP v. 5.9.1992, S. 10; 9) Mir hoffe, in: BP v. 5.3.1994, S. 6; 10) Kerweih, in: BP v. 20.10.1994, S. 6; 11) Sprüche / Eifersucht / Verschiedene Liebe / Am Morgen mit Dir, in: Rind & Schlegel. Zeitschrift für Poesie, hrsg. v. Klaus Friedrich, Verlag: Gesellschaft zur Förderung von Literatur & Kunst e. V., München, Nr.

25 v. 18.10.1995, S. 23; 12) „Du bist für mich die Sonne meines Lebens", in: Wochenblatt Ravensburg v. 3.2.2000

Anthologien: 1) Fechsung. Lyrische Texte in banatschwäbischer Mundart, Kriterion Verlag, Bukarest 1979; 2) Deutsche Mundartautoren aus dem Banat, hrsg. v. Anton Peter Petri, München 1984, darin: Un wann die Welt ..., S. 39; 3) Internationale Sammlung zeitgenössischer Gedichte, LF-Verlag, Aalen 1992; 4) Menschen und Beziehungen. Gedichte und Epigramme, Rainer E. Wiechert Verlag, Wolfsburg 1995; 5) „Dein Himmel ist in Dir". Neue deutsche Lyrik zum Thema „Das Gedicht – die vergessene Sprache Gottes, Verlag Edition L, Hockenheim 1995; 6) „Haiku 1998", Deutsche Haiku-Gesellschaft, Verlag Graphikum, Göttingen 1998

Über Ferdinand Heim: 1) W. W.: „Eine Medizin gegen schlechte Laune". Bespr. „Stachl-Gsätzle", in: BP v. 20.4.1994, S. 3; 2) (gok): Gedichte gegen den Krieg, in: Schwäbische Zeitung v. 13.5. 1995; 3) Das neue Buch: Gedichte gegen Krieg und Unterdrückung. Mahnende Stimme für mehr Menschlichkeit, in: VdK-Zeitung 1995; 4) Mark Jahr: Gedichte wider den Krieg. Heims Verse sind schlicht und einprägsam, Rezension von „Stimmen, die zum Himmel schreien", in: DS v. 27.9.1998, S. 5

Heinz, Franz

Selbständige Literatur: 1) Husaren der Äcker. Einakter, Literatur-Verlag, Bukarest 1962, 66 S.; 2) Vom Wasser das flußauf fließt. Kurzgeschichten, Literatur-Verlag, Bukarest 1962, 159 S.; 3) Das blaue Fenster. Erzählungen, Literatur-Verlag, Bukarest 1965, 110 S.; 4) Acht unter einem Dach. Drei Erzählungen, Jugendverlag, Bukarest 1967, 143 S.; 5) Sorgen zwischen neun und elf. Kurze Prosa, Jugendverlag, Bukarest 1968, 133 S.; 6) Vormittags. Kurzroman, Kriterion Verlag, Bukarest 1970, 122 S.; 7) Erinnerung an Quitten. Kurzgeschichten, Kriterion Verlag, Bukarest 1971, 131 S.; 8) Ärger wie die Hund'. Die Aufzeichnungen eines Knechtes, Kriterion Verlag, Bukarest 1972, 94 S. (Ärger wie die Hund'. Erzählung, Rimbaud Verlag, Aachen ²1991, 95 S.); 9) Die Hauensteiner. Bühnenstück, Neue Literatur, Bukarest 1973; 10) Brücke über die Zeit, Ion Creangă Verlag, Bukarest 1973; 11) Das Kriegstagebuch der Uscha Wies. Hörspiel, Österreichischer Rundfunk in Graz, gesendet 1988; 12) Franz Ferch und seine Banater Welt. Monographische Studie, Verlag des Südostdeutschen Kulturwerks, München 1988, 44 S. u. 35 Abb.; 13) Lieb Heimatland, ade. Erzählungen. Zeichnungen Charlotte Heister, Westkreuz-Verlag, Bad Münstereifel 1998, 127 S.

Zusammen mit: 1) Dietlind in der Au / Horst Scheffler: Der Mensch ist schließlich kein Hase – Die Zweifel eines Touristen, München 1980, 100 S.; 2) Dietlind in der Au / Horst Scheffler: Unter dem Himmel der Treue – im Garten der Hoffnung, München 1980, 100 S.; 3) Gert Fabritius (Zeichnungen), Franz Heinz (Texte): Begegnung und Verwandlung. Bilder und Texte, Esslingen 1984, 46 S. u. 46 Zeichnungen; 4) Gert Fabritius: Was zählt, ist die Einsicht, Esslingen 1985, 48 S.; 5) Walter Engel: Franz Ferch – Mensch und Werk. Bilder aus dem Banat, Berlin/Bonn 1991, 108 S.

Literarische Beiträge in Anthologien (Ausw.): 1) 17 ich 1 wir, Literatur-Verlag, Bukarest 1965; 2) Worte und Wege, Kriterion Verlag, Bukarest 1970; 3) Worte unterm Regenbogen, Albatros Verlag, Bukarest 1973; 4) Nachrichten aus Rumänien, Olms Presse, Hildesheim/NewYork 1976; 5) Deutschland, das harte Paradies, Weidlich Verlag, Frankfurt/Main 1977; 6) Die fremden Nächte, in: Begegnungen und Erkundungen. Eine Anthologie der Künstlergilde, Delp'sche Verlagsbuchhandlung, München 1982, S. 62-66; 7) Kleiner Banater Bilderbogen, Herp Verlag, München 1982; 8) Almanach 82, Werkstatt Andreas Gryphius, Düsseldorf 1982; 9) Feder und Stift, Werkstatt Andreas

Gryphius, Düsseldorf 1984; 10) Vertrieben, Kulturstiftung der deutschen Vertriebenen, Bonn 1985; 11) Gästebücher erzählen, Westkreuz Verlag, Berlin/Bonn 1986; 12) Almanach 87, Werkstatt Andreas Gryphius, Düsseldorf 1987; 13) Journal 7, Heider Verlag, Bergisch Gladbach 1987; 14) Deutsche Schulen im Ausland, Westkreuz Verlag, Berlin/Bonn 1989

Literarische Beiträge in Zeitungen und Zeitschriften (Ausw.): 1) NW, Literaturbeilage 1960-74, Bukarest; 2) NEL, Bukarest, bis 1974; 3) KK, Bonn, ab 1977; 4) SV 1978/1, 1983/1, 1988/3; 5) Podium, Baden (Österreich), Heft 59, 1986; 6) Neues Rheinland, Brauweiler; die horen, Hannover/Berlin 1987; 7) Globus, Bonn, Heft 5, 1986; 8) Sudetenland, München, Heft 3, 1991; 9) Caritas-Kalender 1993, Freiburg

Einleitung: Brücke über die Zeit. Ein Reportagenband, eingeleitet von Franz Heinz, Ion Creangă Verlag, Bukarest 1972, 157 S.

Nichtselbständige Literatur: 1) Wetterleuchten. Schauspiel in 1 Aufzug, in: NEL 1958/1, S. 61-69; 2) Neuentdeckung unserer Heimatgemeinde (Perjamosch), in: WA v. 5.7.1958, S. 3; 3) Nördlich von Perjamosch. Wandel eines Landstriches, in: NW v. 29.1.1960, S. 4; 4) Der Bamberger Reiter / Vom Wasser, das flußauf fließt (Erzählungen), in: NEL 1960/2, S. 71-75; 5) Reisebetrachtungen aus dem Banat. Das ungeschriebene Buch von Segenthau. Tabakpflanzer gestern und heute, in: NW v. 6.3.1961, S. 4; 6) Reisebetrachtungen aus dem Banat. Meilensteine in Deutsch-Stamora, in: NW v. 7.3.1961, S. 4; 7) Der Sohn / Wer sich auf den Weg begibt / Gespräche am Abend (Erzählungen), in: NEL 1961/2, S. 9-20; 8) Geschwister gehen anders / Gegen Abend, in: NEL 1961/6, S. 44-49; 9) Wer mehr vom Leben hat, in: NEL 1962/3, S. 70-73; 10) Drei Häuser an der Straße, in: NW v. 25.1.1963, S. 3 f.; 11) Menschen und Boote (Fragmente eines Theaterstücks), in: NEL 1963/2, S. 48-72; 12) Ziegel. Skizze, in: NW v. 7.6.1963, S. 13; 13) Das Mädchen mit der Blume, in: NW v. 6.5.1964, Fortsetzg. bis 20.5., S. 4; 14) Jemand wartet auf Andres. Skizze, in: NW v. 4.9.1964, S. 3 f.; 15) Sonntags. Skizze, in: NW v. 11.12.1964, S. 3; 16) Einmal anders. Skizze, in: NW v. 31.12.1964, S. 3; 17) Ein Dach ist in Gefahr (Einakter), in: NEL 1964/6, S. 49-60; 18) Im Haus mit den zwei Toren. Eine Geschichte ohne Ende, in: NEL 1966/1-2, S. 3-28; 19) Max will helfen, in NW v. 14.1.1967, S. 3 f.; 20) Die Todesfahrer, in: NW v. 18.2.1967, S. 3; 21) König Lear, in: NW v. 16.9.1967, S. 3; 22) Der traurige Sänger / Sorgen in Konstanza / Zwei Bukarester kommen, in: NEL 1967/7-8, S. 35-41; 23) Ein Riegel vor der Zeit [Reportagen von der Baustelle „Eisernes Tor"], in: NEL 1967/11-12, S. 11-14; 24) Sorgen zwischen neun und elf, in: NBZ v. 24.11.1968; 25) Der Birnbaum, in: NW v. 30.4.1969, S. 4; 26) Im 25. Sommer. Reisenotizen aus dem Banat, in: NW v. 1.8.1969, S. 3; 27) Die Krähen kommen, in: NBZ v. 14.12.1969, S. 5; 28) Jenny und die anderen, in: NEL 1969/2, S. 30-47; 29) Alle hinken, in: NEL 1969/5, S. 4-6; 30) Kurze Prosa, in: NEL 1969/5, S. 3-14; 31) Kurze Prosa – Zeit für Beton / Erinnerung an Quitten / Fragment I / Die lange Nacht, in: NEL 1970/6, S. 3-14; 32) Toter Fisch, in: NBZ v. 15.11.1970, S. 5; 33) Sieben Schwaben plus der „Vetter Matz", in: NEL 1971/3, S. 6-11; 34) Ärger als die Hund (Tagebuch eines Knechtes – Fragment), in: NEL 1971/5, S. 4-20; 35) Am Mühlengraben, in: NBZ v. 13.6.1971, S. 4; 36) Dorf am Alt, in: NBZ v. 9.1.1972, S. 5; 37) Ein Nachlaßroman Otto Alschers, in: NEL 1972/3, S. 35 f.; 38) Ärger als die Hund, in: NEL 1972/4, S. 24-38; 39) Ein Belgrader Tagebuch (Überlegungen zu einigen Zeitungsausschnitten), in: NEL 1972/11, S. 47-49; 40) Programmierter Glanz – undüsterte Heiterkeit (Notizen zum olymischen München), in: NEL 1973/4, S. 49-54; 41) Die Hauensteiner (Eine Chronik), in: NEL 1973/7, S. 5-27; 42) Zwetschgenkrampus und Schwäbischer Globus (Überlegungen zur Situation der Mundartdichtung im Banat), in: NEL 1974/11, S. 86-91; 43) Otto Alscher – ein Banater Schriftsteller, in: NEL 1974/12, S. 30-44; 44) Die fremden Nächte / Mischu sucht einen Freund, in: NEL 1975/3, S. 13-20; 45) Karl Grünn (1855-1930) – ein Banater Dichter (einige Angaben und Bemerkungen zu seinem Leben und Werk), in: NEL 1975/8, S. 79-95; 46) Über die „Hoffähigkeit" des Vetter Sepp Zornich (Noch einmal zum Thema Mundartdichtung im Banat), in: NEL 1975/9, S. 110-114; 47) Tausend Seiten Alscher (Ein Nachlaß und sein Anspruch auf das öffentliche Interesse), in: NEL 1975/12, S. 96-102; 48) Der lange Weg nach Semlak / Vorarbeit zu einer Biographie des Banater Malers Franz Ferch, I), in: NEL 1976/4, S. 12-24; 49) Kunst, das ist Veränderung (Vorarbeit zu einer Biographie des Banater Malers Franz Ferch, II), in: NEL 1976/5, S. 54-62; 50) Fachwissen gegen Bürokratie. Probleme der Denkmalpflege in Siebenbürgen und im Banat, in: DS v. 5.6.1977, S. 4; 51) Liebe zur Heimat – Liebe zur Kunst, in: SV 1977/3, S. 193; 52) Heiliger Abend im Südosten. Erzählung, in: SV 1978/1, S. 1; 53) „Land und Leute, Kunst und Kunsthandwerk in Siebenbürgen", in: SV 1979/4, S. 264; 54) Abschied von Dechant Josef Sundhausen. Vierzig Jahre lang Seelsorger in Perjamosch, in: DS v. 1.2.1981, S. 2; 55) Franz Ferch und die Verklärung der Distel, in SV 1982/1, S. 18; 56) Hintern Zaun. Erzählung, in: SV 1983/1, S. 13; 57) Kosmos und Banater Provinz. Herta Müller und der unliterarische Streit über ein literarisches Debüt, in: BDK 1984/85, Folge 2, S. 80; 58) Ein Dichter sagte Nein. Zum Tode von Rolf Bossert, in: DS v. 23.3.1986, S. 3; 59) Begegnung in Perchtoldsdorf. Aufzeichnungen zur inneren und äußeren Wirklichkeit des Künstlers Hans Fronius (1903-1988), in: SV 1988/3, S. 189-93; 60) Ratzen und Schwalben. Auszug aus der Novelle „Ärger wie die Hund", in: SV 1991/2, S. 102-104; 61) Hochzeit in Malu. Auszug aus der Novelle „Als die Macht noch mächtig war", in: SV 1993/2, S. 115-19; 62) „Wie schmal ist worden der heimwärtslenkende Pfad". Hans Diplichs Dichtung am Schnittpunkt von Erbe und Integration, in: BP v. 20.2.1994, S. 3; 63) Jakob und die neue Freiheit, in: SV 1996/2, S. 102-09; 64) „Mir geht es um inhaltliche Aussagen über Probleme unserer Zeit". Gespräch mit dem Künstler und Kunsterzieher Franz Kumher, Gesprächsführung: Franz Heinz, in: BAN 1997/3-4, S. 79-87; 65) Unzeitgemäße Lehren aus einem beliebten Buch. Adam Müller-Guttenbrunns Roman „Meister Jakob und seine Kinder" neu gelesen, in: BAN 1998/2, S. 23-29; 66) Bonn am Meer. 15 Ratschläge für einen registrierten Fötus oder Notizen über das Fremdsein in Deutschland, SV 1999/4, S. 324-336 (Fotoporträt S. 326); 67) Vollendung ist erschreckend. Walter Andreas Kirchner – ein Banater Künstler, in: SV 2002/1, S. 65-70; 68) Tragik muss nicht schwarz sein. Ein Nachruf auf den Schriftsteller Bernhard Ohsam, in: DS v. 13.1.02, S. 5; 69) Kollektive Auslieferung und selektives Bekenntnis. Stefan Heinz-Kehrer und sein schwäbischer Lebensbericht zwischen Nationalsozialismus und Kommunismus, in: SV 2002/4, S. 330-335 70) „... wie mit vielen Trunkenheiten der Zeit. Julius Meier-Graefe und die organische Totalität der Bilder, in: SV 2003/4, S. 364-370; 71) Ollerhas, in: DJR 2004, S. 110-115; 72) Der Mut zum Maß aller Dinge. Zum 100. Geburtstag des bosniendeutschen Malers Hans Fronius, in: DSZ 2004/3, S. 8

Mitverfasser: 1) Sepp Schmidt. Tätigkeitsbericht des Bundesvorstandes zur Hauptversammlung am 25. September 1982 in Sindelfingen. Gedenkansprache am Ahnendenkmal zu Ulm anläßl. des Heimattages 1982, Veröfftl. d. Landsmannschaft der Banater Schwaben aus Rumänien in Deutschland, Arbeitsheft 13; 2) Temeschburg – Temesvár – Timişoara. Eine südosteuropäische Stadt im Zeitenwandel, hrsg. v. d. HOG Temeschburg – Temeswar (Heidenheim), 2. Aufl., Dinkelsbühl 2000 (mit Berichtigungen und Nachträgen), VII und 672 S.

Redaktion: 1) Kulturredakteur „Kulturpolitische Korrespondenz"; 2) Chefredakteur der Vierteljahresschrift „Der gemeinsame Weg", Bonn; 3) Chefredaktion „Kulturspiegel"; 4) 300 Jahre im Donauraum. Schicksal und Leistung der Donauschwaben im europäischen Südosten, Berlin 1988

Herausgeber: 1) Otto Alscher: Der Löwentöter. Ein Urweltroman, Kriterion Verlag, Bukarest 1972, 171 S.; 2) Johann Szimits: Blume vun dr Heed. Mundartgedichte, Bukarest 1973, 150 S.; 3) Otto Alscher: Belgrader Tagebuch. Feuilletons aus dem besetzten Serbien. 1917-1918, Kriterion Verlag, Bukarest 1975, 156 S. u. Bildanhang; 4) Karl Grünn: Gedichte, Kriterion Verlag, Bukarest 1976, 232 S. u. Bildanhang; 5) Otto Alscher: Belebte Jagd. Tier- und Jagdgeschichten, Kriterion Verlag, Bukarest 1977, 543 S.; 6) Magisches Quadrat. Erzählungen. Bekenntnisse zur Heimat in Deutschland, Walter Rau Verlag, Düsseldorf 1979, 128 S.; 7) Immer gibt es Hoffnung. Ostdeutsche Erzählungen, Westkreuz-Verlag, Berlin/Bonn 1986, 176 S.

Interviews: 1) „Die glücklichen Momente sind das Skelett meines Lebens." Interview mit dem Schriftsteller Franz Heinz (von Barbara Brunner-Dawidek), in: BAN 1999/1-2, S. 64-66; 2) „Wir haben ja nicht die Welt bewegt, wir wurden bewegt", Franz Heinz im Gespräch mit Stefan Sienerth (Fotoporträt), in: SV 1999/4, S. 315-324

Über Franz Heinz: 1) H. Müller: Bespr. „Das blaue Fenster", in: NEL 1965/5, S. 136-38; 2) Franz Liebhard: Bespr. „Sorgen zwischen neun und elf", in: NW v. 7.9.1968, S. 3; 3) Walter Engel: Bespr. „Brücke über die Zeit", in: NBZ v. 31.1.1973, S. 4; 4) Manfred Engelmann: Bespr. „Franz Ferch und seine Banater Welt. Monographische Studie", in: SV 1989/1, S. 81; 5) Andreas Turnsek: Das Kriegstagebuch des Uscha Wies. Zu einem Hörspiel von Franz Heinz, in: SV 1990/3, S. 212-14; 6) B. Gaug: Bespr. „Franz Ferch und seine Banater Welt. Monographische Studie", in: BAN 1990/4, S. 58 f.; 7) Halrun Reinholz: Bespr. „Lieb Heimatland, ade!" Erzählungen, in: SV 1998/4, S. 371

Heinz, Stefan

Bühnenstücke: 1) Der Kerweihhut. Einakter, Bukarest 1958, 32 S u. Der Kerweihhut. Einakter (Anleitungen für Spielleiter und Darsteller v. Hans Kehrer, Staatsverlag für didaktische und pädagogische Literatur, Bukarest 1958, 32 S. 2) Das Erntefest. Einakter, in: VK 1960/12, S. 40-46; 3) Verspätete Hochzeit. Einakter, Bukarest 1961, 40 S.; 4) Der Sackträger. Einakter, Literatur-Verlag, Bukarest 1961, 85 S.; 5) Versunkene Äcker. Schauspiel, Literatur-Verlag, Bukarest 1962, 114 S. / NEL 1960/1, S. 3-32 (51 Aufführungen); 6) Ruf in der Nacht. Einakter, Bukarest 1963 / in: VK 1965; 7) Großvaters schöner Urlaub. Lustspiel in drei Aufzügen, in: NEL 1965/6, S. 53-73; 8) Es geht um die Heirat. Mundartlustspiel in drei Teilen, Bukarest 1966, 20 S. (152 Aufführungen), in: VK 1968/2, S. 27-45; 9) Die Liebesprobe oder Braut mit Auto, in: VK 1970/2, S. 22-31; 10) Ein Riß im Bild, Bukarest 1972; 11) Narrenbrot. Drama, Bukarest (Sonderabdruck) 1974, 40 S. (9 Aufführungen, 3 Sendungen im rumänischen Fernsehen mit rumänischen Untertiteln 1975, 1976 u. 1977, Studio Burgenland, Österreich, brachte eine Rezension und zwei Szenen, ins Rumänische übersetzt von Carmen Pasculescu-Florin); 12) Mensche um mich rum. Kleines Schauspiel, Bukarest 1976; 13) Meister Jakob und seine Kinder, nach dem gleichnamigen Roman von Adam Müller-Guttenbrunn (Manuskript) 1977, 70 S. (84 Aufführungen, 3 Fernsehsendungen, Hörspielfassung wurde im Rundfunk gesendet, ins Rumänische übersetzt von Carmen Pasculescu-Florin); 14) E Geriß um de Michl, in: VK 1980/3, S. 28-33 (1. Teil), 1980/4, S. 40-44 (2. Teil); 15) De Ausbruch. Szenette, in: NBZ-Kalender 1980, S. 132 f.; 16) Viehwaggon 21. Schauspiel (geschrieben: 1978), Bukarest 1990, 22 S. (nicht aufgeführt); 17) Die Namenlosen im Viehwaggon 21. Drama (Neubearbeitung 1990, Manuskript), 90 S. (nicht aufgeführt); 18) Zwei Schwestern. Eine schwäbische Passion, 1980, Neufassung 1990 (Manuskript), 44 S. (43 Aufführungen 1980, zweite Inszenierung 1990 mit 30 Aufführungen, Theater Baden-Baden 1992 mit 10 Aufführungen); 19) Anno 1525 – Bauern-

krieg im Allgäu (Auftragsarbeit für die „Allgäuer Freilichtspiele Altusried", 1986, Manuskript, 129 S. (in Altusried 1986 uraufgeführt, 29 Vorstellungen 1986, 28 Vorstellungen 1999)
Rundfunk: Die gemütliche Neujahrsnacht. Szenette für den Rundfunk, in: VK 1975/3, S. 23-25
Kinderbücher: 1) Mein Sportbuch, Jugendverlag, Bukarest 1957; 2) Der Spatzenbaum, Facla Verlag, Temeswar 1977
Mundartprosa: 1) Schwowisches Volksbuch. Prosa und Stücke in Banater schwäbischer Mundart, hrsg. v. Karl Streit u. Josef Zirenner, Temeswar 1969, S. 126-147 / 237-257; 2) Pipatsch-Buch. Prosa in Banater schwäbischer Mundart von Nikolaus Berwanger, Hans Kehrer und Ludwig Schwarz, Facla Verlag, Temeswar 1972, S. 69-129; 3) Gschichte vum Vetter Matz, Editura Facla, Temeswar 1979, 143 S.
Gedichtbände: 1) Und es wird Friede sein, Staatsverlag für Kunst und Literatur, Bukarest 1953, 27 S.; 2) Und wir marschierten. Tagebuch von der Ostfront, Staatsverlag für Kunst und Literatur, Bukarest 1956, 47 S. – Weitere Gedichte in der Hochsprache und in Mundart sind verstreut in Zeitungen und Zeitschriften veröffentlicht worden, noch kein Sammelband erschienen.
Weitere selbständige Literatur: 1) Kleinsanktpeter-Totina. 1843-1993. Ein Heimatbuch zum Lesen, Schauen und Erinnern, Bielefeld 1992, 392 S. u. Karte; 2) Temeschburg – Temeswar. Eine südostdeutsche Stadt im Zeitenwandel, Gesamtredaktion mit Richard Weber, Karlsruhe 1994, 672 S.; 3) Lehrerwahl in Traunhofen. Erzählung. Mit Illustrationen von Karin Graf, Verlag Südostdeutsches Kulturwerk, München 1998, 96 S.; 4) Im Zangengriff der Zeiten. Ein langes Leben – in kurzen Geschichten, ADZ-Verlag, Bukarest 2001, 455 S.
Nichtselbständige Literatur: 1) Das Märchen von den zehntausend Kreuzern, in: BM 1933/34, H. 8, S. 242-46; 2) Die vergessene Trompete. Ein Märchen, in: BM 1934/35, H. 2, S. 55-61; 3) Der Weg ins Dorf. Erzählung, in NW v. 9.12.1955; 4) Der Ziegler und die Richterwahl, in: Deutsche Erzähler aus der RVR, Bukarest 1955, S. 121-28; 5) Begegnung in der Ukraine. Schauspiel in einem Aufzug, in: Banater Schrifttum. Almanach des Schriftstellerverbandes der RVR, 1955, Nr. 1, S. 31-57; 6) Vom ärarischen Tabaksgärtner zum Kollektivbauern, in: NW v. 6.1.1956, S. 3; 7) Der „Groschentanz", in: WA v. 13.2.1958; 8) Die Wahlen (Gedicht), in: VK 1958/2, S. 5; 9) Marienfeld (Aus dem Zyklus „Banater Herbst", 1958), in: NL v. 8.11.1958, S. 6; 10) Der Dorfrand / Wachsendes Dorf / Hochspannungsleitung (Gedichte), in: NEL 1959/1, S. 62 f.; 11) Premiere in Lenauheim, in: NW v. 26.6.1959, S. 3; 12) Dickschädel, in VK 1959/11, S. 11-24; 13) Die Parteiaktivisten (Gedicht), in: NEL 1961/2, S. 44; 14) Alle Jahre wieder. Eindrücke von einer Gastspielreise des Temesvarer Deutschen Staatstheaters, in: NW v. 28.6.1963, S. 3; 15) Großvaters schöner Urlaub. Skizze, in: NW v. 4.10.1963, S. 3; 16) Verspätete Hochzeit, in: VK 1965/4, S. 29-40; 17) Die „Lügenwette". Auswahl deutscher humoristischer Prosa aus Rumänien. Eine erfreuliche Neuerscheinung des Bukarester Jugendverlages, in: DS v. 23.4. 1967, S. 3; 18) Mei Alti is kywernarrisch gin!, in: DS v. 14.5.1967, S. 7; 19) Beim Beglerbeg vun Temeschwar, in: DS v. 4.1.1970, S. 4 / NBZ-Kalender 1980, S. 71 f.; 20) Heidestadt 1944 (I. und II. Teil), in: NEL 1974/7-8, S. 7-27; 21) Schnell awansiert, in: NBZ-Kalender 1978, S. 44 f.; 22) Theateranekdoten, in: NBZ-Volkskalender 1979, S. 53 f. / 80-82 / 106 f.; 23) Ehrlich vrdient, in: Deutsche Mundartautoren aus dem Banat, hrsg. v. Dr. Anton Peter Petri, München 1984, S. 62 f.; 24) Wilhelm Reiter 75 Jahre, in: SV 1985/3, S. 193; 25) Hügel, Kaspar: „Anno 1525 – Bauernkrieg im Allgäu", in: SV 1986/4, S. 280; 26) Vor dem Bild der Urgroßmutter, in: SV 1988/1, S. 37; 27) Widmete sich dem Deutschtum in Südosteuropa. Wilhelm Reiter im Alter von 78 Jahren gestorben, in: DS v. 1.5.1988, S. 3; 28) Begegnung in Perchtoldsdorf, in: SV 1988/3, S. 189-193; 29) Das Erwachen, in: DSK 1989, S. 63 f.; 30) Der Schirmflicker-Naz

und die Wassermüllerin, in: SV 1989/4, S. 284-88; 31) Das Eckhaus in der Tigergasse oder: Aufnahmeprüfung für die Deutsche Lehrerbildungsanstalt in Temesvar, in: DSK 1992, S. 125 ff.; 32) Adam Müller-Guttenbrunns Familie, in: BAN 2/1992, S. 5-10; 33) „Fahrende Gäste" in donauschwäbischen Dörfern, in: DSK 1993, S. 137 ff.; 34) Lehrerwahl in Traunhofen. Auszug aus einer unveröffentlichten Erzählung, in: SV 1993/2, S. 111-14; 35) „So will auch ich werden!" Schwester Patricia Zimmermann feierte 80. Geburtstag, in: DS v. 1./8.1.1995; 36) Mundartliche Erlebnisse, in: DSK 1995, S. 126 ff.; 37) Anekdoten aus dem Theaterleben, in: DSK 1996, S. 156 ff.; 38) E Schwob in Wien: I. Schun bal e jede Mensch hat sei Lewestraam, in: BP v. 20.5.1998, S. 7; II. Aan glickliche Täch langsamer un an schlimme Täch schneller, 5.6.1998, S. 4; III. Die schwowische Balwierer in Wien, 10.7.1998, S. 9; IV. Der groß Ehrgeiz hat schun vill angericht, 5.9.1998, S. 6; 39) Auf fernen Spuren, in: TH 1999; 40) Der Hatzfelder Schuster und ich. Eine Betrachtung (Fotoporträt), in: BAN 1/2002, S. 5 ff.

Anthologien: 1) Banater Schrifttum. Almanach des Schriftstellerverbands der R[umänischen] V[olks] R[epublik], Zweigstelle Temesvar: Winterpalast 1917 / Der Bibliothekar / Lenins Licht (Ged.), Jan. 1951, Unsre Volksrepublik (Zum 5. Jahrestag der Rumänischen Volksrepublik) (Ged.) 1952/1, S. 7-9, Ich liebe den Frieden / Den Müttern der Welt / Das Eine (Ged.), 1952/1, S. 84-87, Die Trennung ebd. S. 110-120, Fußballelf „Roter Acher" / Pflüger des Friedens (Ged.) 1953/1, S. 11-13, Die Aufgaben unserer Literatur im Lichte der Ausführungen des Genossen Malenkow über die Probleme des Typischen 1953/1, S. 85-88, Der Tag der Entscheidung / Die Antwort (Ged.) 1953/2, S. 57-60, An einen Kritiker (Ged.) 1954/1, S. 44 f., Schwäbische Schnurren 1954/2, S. 85-88, Begegnung in der Ukraine (Schauspiel in einem Aufzug) 1955/1, S. 31-57, Ruf (Ged.) 1955/2, S. 3; 2) Anton Peter Petri: Deutsche Mundartautoren aus dem Banat, München 1984, darin: Totina, S. 29 f.; 3) Schwowisches Volksbuch. Prosa und Stücke in Banater schwäbischer Mundart, Temeswar o. J., darin: De Mensch kann sich erre, S. 126, Dem Richter sei Wett, S. 128, Wie ich's erschtimol Kumedi gspielt han, S. 129, Beim Beglerbeg vun Temeswar, S. 130, Wer hat die dreckichscht Hose?, S. 133, Es geht um die Heirat, S. 237-57

Interview: Eduard Schneider: Geschichte und Geschicke. Gespräch mit Hans Kehrer vor der Uraufführung von „Zwei Schwestern", in: NBZ v. 10.4.1980, S. 2 f. (Fotoporträt)

Über Stefan Heinz: 1) Heinz Stănescu: „Der Kerweihhut". Interpretation des Stückes von Hans Kehrer, in: WA v. 4.10.1957, S. 3; 2) Der Weg der Preisgekrönten. Kulturbilder aus Eichental (Laienspielwettbewerb, Hans Kehrers „Der große Kürbis"), in: NW 24.12.1957, S. 4; 3) G. Wanderer: Besprechung „Versunkene Äcker", in: NEL 1961/6, S. 131-33 / Josef Fuchs, ebd. S. 133-36; 4) Gertrud Fernengel: Profile: Hans Kehrer, in: NW 6.10.1961, S. 3; 5) Martin Weger: Banater Dorfgeschichte, die wir erlebten. Uraufführung des Schauspiels „Versunkene Äcker" von Hans Kehrer im Temeswarer Deutschen Staatstheater, in: WA v. 12.10.1961, S. 3; 6) Mei Alti is kywernarrisch gin! Hans Kehrer wieder als Vetter Matz, in: DS v. 14.5.1967, S. 7; 7) De Vetter Matz vun Hopsenitz. Ein Banater Schauspieler im Hause der Donauschwaben, in: DS v. 10.1.1971, S. 5; 8) Hans Kehrer ein Sechziger, in: DS v. 13.5.1973, S. 4; 9) Hans Wolfram Hockl: Hans Kehrers „Narrenbrot" wurde in Hatzfeld aufgeführt. Können die Banater Schwaben im Westen dieses bedeutende Drama unbeachtet lassen?, in: DS v. 22.9.1974, S. 8; 10) „... Durch welche Stürme wir gegangen sind ..." Hans Kehrers „Narrenbrot" als Vergangenheitsbewältigung, ebd.; 11) Kaspar Hügel: Banater Zeitgeschichte auf der Bühne. Ergänzungen zu meinem Bericht über Kehrers „Narrenbrot", in: DS v. 15.12.1974, S. 6; 12) Zwei Schwestern – eine schwäbische Passion. Hans Kehrers neues Theaterstück auf der Temeswarer deutschen Bühne, in: DS v. 6.6.1980, S. 2; 13) Kaspar Hügel: Hans Kehrer in der Bundesrepublik. Schicksal eines Spätaussiedlers, in: DLB 1981/4, S. 170-173; 14) Stefan Heinz vollendete 75. Lebensjahr. Für seine Landsleute stets ansprechbar, zugänglich und hilfsbereit, in: DS v. 6.3.1988, S. 3; 15) Wilhelm Reiter: Stefan Heinz und die Identitätsbewahrung der Rumäniendeutschen. Zum 75. Geburtstag (Fotoporträt), Vor dem Bild der Urgroßmutter, Friedhof Kirchdornberg, in: SV 1988/1, S. 33-37; 16) Hat die Zensur überlebt: das Schauspiel „Viehwaggon 21" von Hans Kehrer, in: BAN 1992/1, S. 48; 17) Walter Engel: Verdienste um die Identität der Banater. Der Schriftsteller, Schauspieler und Publizist Stefan Heinz wurde 80, in: DS v. 25.4.1993; S. 8; 18) Luzian Geier: Einblicke ins Dorfleben von einst. Eine wiedergefundene Jugenderzählung macht mit dem Frühwerk Stefan Heinz-Kehrers bekannt, in: BP v. 20.9.1998, S. 3; 19) Rudolf Krauser: Stefan Heinz (Hans Kehrer) feierte am 28. Februar in Bielefeld seinen 85. Geburtstag, in: TH 1998; 20) O. N.: Stefan Heinz-Kehrer – 85 Jahre, in: SV 1998/3, S. 267 f.; 21) Franz Heinz: Lehrerwahl in Traunhofen. Erzählung, in: SV 1998/4, S. 368; 22) 's Hemweh. De Vetter Matz vun Hopsenitz im Banat, in: DS v. 17.1.1999; 23) Theaterpremiere in Homburg. Theatergruppe des Landesverbandes Saar führt „E Griss um de Michl" von Stefan Heinz-Kehrer erfolgreich auf (Fotoporträt), in: BP v. 20.3.2001, S. 15; 24) Würdigung einer Lebensleistung. Stefan Heinz-Kehrer wurde mit dem Verdienstkreuz Erster Klasse ausgezeichnet (Fotoporträt), in: BP v. 20.8.2001, S. 5; 25) Franziska Graf: Ein gelungener Auftritt, in: DS v. 2.12.2001, S. 10; 26) Heinrich Lauer: Ein Leben für das Theater: Stefan Heinz-Kehrer, in: BAN 1/2002, S. 23 ff.; 27) Horst Fassel: „In einer deutschen Bauernfamilie (im Banat) geboren". Die Lebenserinnerungen des Lehrers, Schauspielers und Schriftstellers Stefan Heinz-Kehrer. Nachrichten vom „Vetter Matz", in: BAN 1/2002, S. 67-70 / BP v. 5.2.2002, S. 6; 28) Franz Heinz: Kollektive Auslieferung und selektives Bekenntnis. Stefan Heinz-Kehrer und sein schwäbischer Lebensbericht zwischen Nationalsozialismus und Kommunismus, in: SV 2002/4, S. 330-335; 29) Helmfried Hockl: Die Fülle eines bewegten Lebens. Stefan Heinz-Kehrers jüngstes Buch: Rumänisch-banater Zeitgeschichte [„Im Zangengriff der Zeiten"], in: DS v. 24.3.2002, S. 5; 30) Franziska Graf: Zwischen gestern und morgen. Volkstumsnachmittag der Banater Jugend beim Heimattag in Ulm (Fotoporträt), in: DS v. 30.6.2002, S. 7

Hell, Karl

Selbständige Literatur: 1) Erlebnisse eines Amerikaners in Torontál, Nagybecskerek 1909; 2) Kleine Geschichte in kleinen Geschichten. Erlebnisse und Erkenntnisse eines Deutschen Schriftleiters im Banat, Druck der Schwäbischen Verlags-AG, Temeschburg (um 1942), 175 S.
Nichtselbständige Literatur: 1) Schwabengeschichten, in: NL v. 7.5.1950, S. 4; 2) Aus verklungenen Zeiten, in: NL v. 26.8.1951, S. 4; 3) In der Rolle des Judas, in: NL v. 30.11.1952, S. 5; 4) Die Rechtschreibung/Das dienstreue Gewissen, in: NL v. 7.12.1952, S. 6; 5) Die Hauptsache ist: Das Prinzip!, in: NL v. 21.12.1952, S. 8; 6) Von den Neuwahlen, in: NL v. 11.1.1953, S. 6; 7) Karneval in Weißkirchen, in: NL v. 2.2.1953, S. 7; 8) Ungarisches allzu ungarisch, in: NL v. 21.2.1953, S. 7; 9) Der Scheintote. Politik bei Joca Prodanov, in: NL v. 21.3.1953, S. 7; 10) Brüderlich geteilt (Begegnung mit den Serben), in: NL v. 28.3.1953, S. 7; 11) K. u. k. Geschichten (1), in: NL v. 4.4.1953, S. 8 / 11.4., S. 6 / 18.4., S. 6 / 9.5., S. 6 / 16.5., S. 6 / 23.5., S. 6 / 30.5., S. 6 / 6.6., S. 6 / 13.6., S. 6 / 20.6., S. 6 / 27.6., S. 8
Über Karl Hell: 1) Karl Hell, der Chronist einer vergangenen Zeit, in: NL v. 6.6.1953, S. 3; 2) Der älteste donauschwäbische Journalist gestorben, in: NL v. 26.9.1953, S. 6; 3) Karl Hell, Kämpfer für

Recht und Gerechtigkeit. Gedenkzeilen für Hell, den verstorbenen donauschwäbischen Journalisten und Verleger, in: DSR v. 11.10.1953, S. 5

Herdt, Barbara
Selbständige Literatur: Nur wer die Schwaben kennt, weiß was ich meine, mit einem Vorwort von Johannes Weidenheim und sechs Zeichnungen von Helmut Bischof, Donauschwäbische Verlagsgesellschaft Salzburg/Pannonia Verlag, Freilassing 1968, 96 S.
Nichtselbständige Literatur: 1) Der Bänkelsänger und sein Lied, in: SVE, Jg. 2, 1939/40, S. 34-37; 2) Zur Theorie von der kroatischen Abstammung des Tondichters Franz Liszt, in: DFU, Jg. 6, 1941, S. 345-51; 3) O wie traurig ist das Leben ... (Sekitscher Lagerlied), in: NL v. Weihn. 1951, S. 7; 4) Mehr als Werbesymbol, in: NL v. 24.12.1966, S. 1; 5) Der Pelzmantel oder der verlorengegangene Apfelstrudel, in: NL v. 31.12.1966, S. 6; 6) Nach dem Kriege viele Schwaben ..., NL v. 7.1.1967; 7) „Der rote Fürst der Kommunisten ...", in: NL v. 17.1.1967, S. 8; 8) Donauschwäbische Politik im Fasching 1967, in: NL v. 21.1.1967, S. 3; 9) Die einmalige Gelegenheit oder das Tüpfelchen auf dem i, in: NL v. 4.2.1967, S. 6; 10) Liewe Landsleit, hanr schon gheert?, in: NL v. 11.2.1967, S. 8; 11) Ein Schwabe fuhr nach Jugoslawien ..., in: NL v. 18.2.1967, S. 8; 12) Neuland-Jubiläum, in: NL v. 16.12.1967, S. 3; 13) Barbara Herdt glossiert, in: NL v. 21.9.1968, S. 3 / 28.9.1968, S. 3; 14) Eine vorwärts gerichtete Rückschau, in: NL v. 1.2.1969, S. 4; 15) Wir Schwaben hatten zu jeder Zeit ..., in: NL v. 8.3.1969, S. 3; 16) Das Spinnrad und die Tiefenpsychologie, in: NL v. 23.3.1969, S. 3; 17) Die DeAGeh, die seit Jahr und Tag ..., in: NL v. 28.2.1970, S. 3; 18) Aus den Memoiren einer Pensionistengattin, in: NL v. 11.11.1972, S. 5; 19) Barbara Herdt glossiert Die Hodschager, in: HH, 3/1995, S. 7
Interview: Donauschwäbische LM-Politik am Scheideweg, in: NL v. 6.5.1967, S. 3
Über Barbara Herdt: 1) Wilhelm Kronfuss: Warmer DS-Humor in den Barbara-Herdt-Glossen, in: NL v. 5.10.1968, S. 3; 2) Wilhelm Kronfuss: Barbara Herdt – ein donauschwäbischer Wilhelm Busch, in: NL v. 23.11.1968, S. 3; 3) Hans Diplich: Bespr. „Nur wer die Schwaben kennt", in: SV 1969/3, S. 204 f.

Herold, Johann
Nichtselbständige Literatur: 1) Spätherbst, in: DK 1973, S. 190 / NZ 47/1975, S. 5; 2) Zur Erinnerung, in: NZ 51-52/1974, S. 7 / NZ 3/1980, S. 7; 3) Lenin, in: NZ 12/1975, S. 5 / 45/1980, S. 1 / 44/1984, S. 1; 4) Winterausklang, in: DK 1976, S. 257; 5) Kronert Hans (Allmählich zog der Herbst ...), in: NZ 36/1976, S. 4; 6) Kronert Hans (Die Kirchturmuhr schlug ...), in: DK 1976, S. 312-314; 7) Silvester und Neujahr zu Hause, in: NZ 51-52/1976, S. 6; 8) Dank an die Mutter, in: NZ 18/1977, S. 5 / DK 1988, S. 243; 9) Kronert Hans (Es war Mitternacht ...), in: DK 1978, S. 309-311; 10) Das Irrlicht, in: DK 1977, S. 310 f.; 11) Der Rosmarein, in: DK 1978, S. 250; 12) Dein gedenk ich, in: NZ 51-51/1981, S. 11; 13) Kronert Hans. Die Kreistreibjagd, in: DK 1983, S. 287-290; 14) Das schlimme Peterlein, in: NZ 8/1984, S. 6; 15) Zum Abschied: An Josef Kretzer, in: NZ 15/1986, S. 8; 16) Frohsinn, in: DK 1987, S. 234; 17) Vom Trillam bis zum Trallam / Dank an die Mutter, in: DK 1988, S. 243; 18) Der Menschheit Traum, in: DK 1990, S. 262; 19) Kronrt Hans in Karlsbad, in: DK 1991, S. 268-271; 20) Vom Trillam bis zum Trallam, in: DK 1993, S. 245-247

Anthologien: 1) Zur Erinnerung / Abendlied, in: Tiefe Wurzeln, hrsg. v. Erika Áts, Budapest 1974, S. 63 f.; 2) Lenin / Spätherbst, in: Das schönste Erbe, hrsg. v. Johann Schuth, Budapest 1978, S. 127 / 139; 3) Dank an die Mutter / Spätherbst / Kronert Hans, in: Bekenntnisse-Erkenntnisse. Ungarndeutsche Anthologie, ausgew. u. zus.gest. v. Béla Szende, Lehrbuchverlag, Budapest 1979, S. 99 f. / 157 / 252-262; 4) Winterausklang / Wie Kronert Hans zum ersten Mal gefreit hatte / Die Treibkreisjagd / Liawa Freund Seppi! (1980) / Liawa Freund Seppi! (1982), in: Jahresringe. Ungarndeutsche Anthologie, ausgew. u. zus.gest. v. Béla Szende, Tankönyvkiadó, Budapest 1984^2, S. 57-73; 5) Kronert Hans, in: Tie Sproch wiedergfune. Ungarndeutsche Mundartanthologie, Publikation des Demokratischen Verbandes der Ungarndeutschen, ausgew. u. zus.gest. v. Johann Schuth, Tankönyvkiadó, Budapest 1989, S. 69-80

Über Johann Herold: 1) Oskar Metzler: Gespräche mit ungarndeutschen Schriftstellern, Tankönyvkiadó, Budapest 1985, S. 161-174; 2) J. A. S. [Johann Adam Stupp]: Johann Herold †, in: SV 1998/4, S. 360 f.

Herr, Anita

Nicht im Druck erschienen sind folgende Einakter: 1) Großbetschkereker Markttratsch; 2) Der Wirt zum Goldenen Dukaten; 3) Möblierte Zimmer; 4) Der Heiratsschwindler; 5) Moderne Eheberatung. Die Stücke wurden ab den 70er Jahren geschrieben und bis hin zum Jahr 2000 immer wieder inszeniert. Die Aufführungen zogen Landsleute aus aller Welt an. Vornehmlich wurden sie in der Badner Halle in Rastatt gegeben, die mit über 400 Plätzen regelmäßig ausverkauft war.

Herr, Christ N.

Nichtselbständige Literatur: 1) Im Dienste unseres Volkes. Für den Fortbestand des Donauschwabentums, in: Nachrichten, Jg. 3, 1957, Nr. 2, S. 1; 2) Der Kampf um die Aufrechterhaltung unseres Volkstums, in: Nachrichten, Jg. 4, 1958, Nr. 5, S. 1 f.; 3) Donauschwäbisches Tagebuch, in: DS v. 1.6.1958, S. 1 f.; 4) Donauschwäbisches Tagebuch. Wir wünschten stets Frieden und Arbeit, niemals Krieg, in: DS v. 12.10.1958, S. 1; 5) „Tag der Donauschwaben 1959" in Chicago. Im Zeichen des Weltflüchtlingsjahres, in: DS v. 6.9.1959, S. 4; 6) Über Grenzen und Meer hinweg. Grußbotschaften aus dem Ausland (Fotoporträt), in: DS v. 12.6.1960, S. 3; 7) Gesehenes und Erlebtes in der alten Heimat (zusammen mit Eugen Philips), in: Abendpost Chicago v. 14.7.1963 (drei Folgen vor diesem Datum); 8) Die US-Donauschwaben und der Landesverband Amerikas. In den letzten Jahren wurden größte Erfolge und bedeutende Leistungen verzeichnet, in: DS v. 31.1.1965, S. 3; 9) Tagung des US-Landesverbandes. Produktive Arbeitsleistung und eindrucksvolle, fröhliche Veranstaltungen, in: DS v. 7.5.1967, S. 1/4; 10) Nick Pesch (am 3. Sept. 1968) gestorben, in: DS v. 22.9.1968, S. 2 / MHJ 1968/19, S. 6; 11) Apatiner in Florida, in: AH Nr. 34, 1971, S. 13 f.; 12) Die Vereinigung der Donauschwaben in Chicago. Entstehung und Werdegang, in: 20 Jahre Vereinigung der Donauschwaben in Chicago (Nikolaus Schneider), Chicago 1973, S. 17-39; 13) Der Leser greift zur Feder. Geht es mit dem Deutschamerikanertum abwärts?, in: DS v. 22.7.1973, S. 5; 14) Tag der Donauschwaben in Chicago. Begegnung und Bespechung führender landsmännischer Vertreter aus vier Ländern und drei Kontinenten, in: DS v. 26.8.1973, S. 1/5 / MHJ 1963/16-17, S. 2; 15) Jahreshauptversammlung der Vereinigung der Donauschwaben. Lm. Nikolaus Schneider zum 11. Male an die Spitze berufen!, in: DS v. 24.2.1974, S. 8; 16) Bei unseren entfernten Vettern und Basen in

Iowa. Die Nachkommen der Verwandten unserer Ahnen in Amerika, in: DS v. 18./25.5.1975, S.7; 17) Der Engel beim Kreuz. Zur Erinnerung an den beliebten Schwabenbischof Dr. Augustin Pacha (1870-1954), in: DS v. 8.6.1975, S. 4/7; 18) Wir erinnern uns an Peter Max Wagner. Ein Freund, in dessen Schuld wir stehen, wird 77, in: DS v. 27.7.1975, S. 3; 19) In der Zeit unserer Urgroßeltern, in: DSK 1979, S. 125 ff.; 20) Begegnung unterm Lindenbaum, in: DSK 1981, S. 157 f.; 21) Schwarzes Gras, in: DSK 1982, S. 115 ff.; 22) Die Lausbubenjahre unserer Väter, in: DSK 1985, S. 172 ff.; 23) Wo wir gelebt, in: DS v. 30.3./6.4.1986, S. 7; 24) Weil ich a Schwob bin, in: DS v. 25.5.1986, S. 11; 25) Die Lerche, in: DS v. 19.7.1987, S. 5; 26) Wie's friehr war, in: SB, Jg. 1991, S. 5; 27) Rosmarin, ebd. S. 7; 28) Freudlose Welt, ebd. S. 8

Über Christ N. Herr: 1) Christ N. Herr, neuer Chef. Generalversammlung des Verbandes der Donauschwaben in Amerika brachte Änderungen in der Führung, in: DS v. 2.10.1960, S. 4; 2) Präsident Christ N. Herr 38 Jahre alt, in: DS v. 25.6.1961, S. 6; 3) Rat der Donauschwaben. Christ N. Herr tritt für weltweite organisatorische Zusammenfassung aller Landsleute ein, in: DS v. 12.1.1964, S. 1/4; 4) Einig und geschlossen. Jahreshauptversammlung in Cleveland. Christ N. Herr zum Vorsitzenden wiedergewählt (Fotoporträt), in: DS v. 18.10.1964, S. 1; 5) HeNi.: Reges kulturelles Leben im Banat. Kulturheim Eröffnung in Blumenthal / Peter Barth las aus eigenen Werken / Lm. Christ N. Herr geehrt, in: DS v. 31.5.1970, S. 4; 6) Christ N. Herr erwarb sich große Verdienste, in: DS v. 28.3.1971, S. 10; 7) Christ N. Herr 60. 30 Jahre lang unermüdlich und erfolgreich tätig für das US-Donauschwabentum (Fotoporträt), in: DS v. 22.5.1983, S. 3 f.; 8) Christ N. Herr ist von uns gegangen. War zeitlebens ein volksbewußter Donauschwabe (Fotoporträt), in: DS v. 12.2.1984, S. 3; 9) Christ N. Herr gestorben. Ein Nachruf von Eugen Philips (Fotoporträt), in: NDC v. März 1984, S. 1 f.

Heuer, Roswitha

Selbständige Literatur: Der Geisterhof. Roman, Cornelia Goethe Literaturverlag, Frankfurt a. M. 2004, 156 S.

Nichtselbständige Literatur: 1) Artikelserie „Gründerväter", in: FTB (Regionalzeitung des Münchner Merkur), Winter/Frühjahr 1999, ca. 14 Artikel (Am 18.2.1999 erschien S. 6 auch ein Artikel über den Vater der Autorin, seine Herkunft, die Flucht von Ungarn über Österreich nach Niederbayern und von dort nach Gröbenzell im Landkreis Fürstenfeldbruck, seinen Aufstieg vom Flüchtling, der, als er nach Deutschland kam, seine ganze Habe in einem Rucksack verstaut hatte und es im Laufe von Jahrzehnten von dieser Ausgangsposition zum Eigentümer eines mittelständischen Unternehmens brachte.); 2) Artikelserie „Traditionsfirmen im Landkreis", in: FTB, Januar bis Sommer 2000, 12 Artikel (Hier wurde die Geschichte einzelner Betriebe, Brauereien, Gasthäuser, Handwerksbetriebe, Bauernhöfe erzählt, die ihre Existenz teilweise mehrere Jahrhunderte zurückverfolgen können.); 3) Artikelserie „Zeitzeugen berichten", in: FTB, Sommer 2000 bis Januar 2001, 9 Artikel (Landkreisbürger berichten von Erlebnissen, die vom Ende des Ersten Weltkrieges bis zum Beginn der 80er Jahre reichen.)

Über Roswitha Heuer: Bespr. „Der Geisterhof", in: UP, August 2004, S. 25 f.

Hiel, Ingeborg
Selbständige Literatur: 1) 41 lustige Gespenstergeschichten (illustriert). Kinderbuch, Mangold Verlag, 1972; 2) Lustige Räubergeschichten. 41 Abenteuer erleben zwei wunderliche Freunde mit fliegenden Stelzen und einem Räuber. Kinderbuch, mit Illustrationen v. Paul Mangold, Mangold Verlag, 1973, 112 S. (Gespenster- und Räubergeschichten mit der gleichen Seitenzahl und zwei Neuauflagen auch im Leopold Stocker Verlag in Graz erschienen); 3) Der kleine Musketier (illustriert), Stocker und Mangold Verlag, 1977; 4) Bunte Spuren. Gedichte, Leykam Verlag, 85 S.; 5) Der Mondkratzer (illustriert), Außerhofer & Ploetz, 1979; KBR Gedichte, Edition L, 57 S.; 6) Istrienmappe (illustriert, auch in slowenisch), Edition Sackl-Kahr; 7) Viele Tage. Romandokumentation, J. G. Bläschke Verlag, St. Michael 1984, 93 S.; 8) Schatten im Licht. Erzählung u. Gedichte (illustriert), Scripta Verlag Kurt Klöckl, Karlsdorf b. Graz 1987, 60 S.; 9) Christian, der Mitternachtsdrachenerfinder. Kinderbuch (illustriert), Selbstverlag; Bunte Spuren 2. Gedichte, Scripta Verlag Kurt Klöckl, Karlsdorf b. Graz 1976, 43 S.; 10) Bunte Spuren 3. Gedichte, Scripta Verlag Kurt Klöckl, Karlsdorf b. Graz, 47 S.; 11) Szintigramme. Engel-Gedichte (illustriert), Scripta Verlag Kurt Klöckl, Karlsorf b. Graz, 47 S. (60 Gedichte); 12) Daham is daham (illustriert, freches Buch über die Steirer), Strahalm Verlag; 13) Morgen: Hoffnung. Ein Donauschwaben-Roman, Scripta Verlag Kurt Klöckl, Karlsdorf b. Graz 1996, 136 S.; 14) „... und anderen Zeitgenossen". Kurzgeschichten, Strahalm Verlag
Beiträge: in Anthologien, Zeitschriften, Tageszeitungen und im Rundfunk im In- und Ausland

Hieß, Joseph
Selbständige Literatur: 1) Junge Saat (Gedichte), Edelgarten Verlag Horst Posern, Freiberg i. S. 1925, 34 S.; 2) Roderich. Der letzte König der Westgoten. Geschichtliches Trauerspiel in 5 Aufzügen, Wölund-Verlag, Leipzig 1928, 111 S.; 3) Sternschnuppen (Gedichte), 1929; 4) Eine Heimaterzählung aus grenzdeutschem Land, Gutenberg Verlag, Wien 1929, 38 S.; 5) Lehrer Zessinger. Ein Südtiroler Notbild (Volksstück), Wien, 2. Aufl. 1931, 15 S.; 6) Fahrtenbüchlein. Tagebuchblätter eines österreichischen Wanderlehrers, 1931, 64 S.; 7) Vor Jahrhunderten. Geschichten aus Hainburgs alten Tagen, Edelgarten Verlag Horst Posern, Freiberg i. S. 1930, 62 S.; 8) Heilige Glut (Sonnwendspiel), 1932, 17 S.; 9) Bauernsterben. Ein Totentanz, Münchner Laienspiele 80, Kaiser-Verlag, 1932, 17 S.; 10) Jajado und Telingot. Ein Märchen, Weihnachtsausgabe f. d. Sendboten- und Wildvogelgemeinschaft, Aßmus-Verlag, Berlin 1934, 22 S.; 11) Die Fahne. Glaube, Kampf und Sehnsucht der deutschen Jugend Österreichs (Gedichte), Aßmus-Verlag, Berlin 1935, 30 S.; 12) Meine Weihnacht mit Hermann Löns. Eine Weihnachtsskizze, Aßmus-Verlag, Berlin 1935, 16 S.; 13) Der Kellner zu Memel, Volksdeutsche Spiele 3, A. Strauch, 1935, 30 S.; 14) Heiß auf! Wimpel- und Lagersprüche für die junge Mannschaft, Krämersche Buchdr., Potsdam 1937, 35 S.; 15) Hunger nach Deutschland. Jugendleben im österreichischen Grenzland. Roman, Verlag Karl Kühne, Stollberg 1938, 241 S.; 16) Die Grenzschatulle (Erzählungen u. Gedichte), Stuttgarter volksdt. Bücherei, [Abt.] Die dt. Ostmark, Verlag E. Wahl, 1938; 17) „Heiß auf!" Sprüche zu Arbeit und Feier, Volksb. f. d. Deutschtum im Ausland, (4.-6. Tsd.) 1938, 42 S.; 18) Soldaten des Deutschtums. Spiel vom volksdt. Schützengraben [2. veränd. Aufl.], A. Strauch, 1938, 31 S.; 19) Das österreichische Treuespiel, 1939; 20) Die Legende vom weißen Hirsch, Verlag E. Wahl, 1939, 46 S.; 21) Das österreichische Treuespiel, Kühne, Wien/Leipzig 1939, 38 S.; 22) Die Treuen. Buch einer Wanderung. Roman, Verlag Welsermühl, Wels 1940 / Kühne, Wien/Leipzig 1940, 216 S.; 23) Die Fahne. Lager-

sprüche f. d. junge Mannschaft, 2. erw. Aufl. Karlsruhe 1940, 50 S. [1. Aufl. 1939, 44 S.]; 24) Die goldenen Lerchen. Geschichten und Sagen aus Ober-, Niederösterreich und Burgenland, Linz 1949, 284 S.; 25) Das bulgarische Horn. Die Geschichte e. Geschichte, Länderverlag, Linz/Wien 1951, 48 S.; 26) Geburt im Nebel. Buch einer Kindheit (1. Teil d. Selbstbiographie „Der Lebensbogen"), Verlag Welsermühl, Wels/München 1954, 255 S.; 27) Die Jugend braust. Buch einer Jugend (2. Teil d. Selbstbiographie „Der Lebensbogen"), Verlag Welsermühl, Wels 1955, 253 S.; 28) Glasenbach. Buch einer Gefangenschaft (4. Teil d. Selbstbiographie „Der Lebensbogen"), Verlag Welsermühl, Wels 1956, 258 S.; 29) Wir kamen aus Glasenbach. Buch einer Heimkehr (5. Teil d. Selbstbiographie „Der Lebensbogen"), Verlag Welsermühl, Wels/München 1957, 251 S.; 30) Gott knüpft den Teppich. Eine österreichische Heimaterzählung, Verlag Welsermühl, Wels/München 1957, 276 S.; 31) Ringelspiel des Lebens, Eine erlebte Literatur- und Kunstgeschichte, Verlag Welsermühl, Wels o. J.

Nichtselbständige Literatur: 1) Volksdeutsche Erziehungsarbeit in Österreich, Hilfsbund der Deutsch-Österreicher, in: Heinrich Kipper: Der Grenzlandapostel, Wien 1934, 16 S.; 2) Zur Geschichte der deutschen Schutzarbeit in Österreich, in: Der Erzieher zwischen Weser und Ems, Folge 9, Oldenburg 1938; 3) Ein Sänger der Heimatlosen, in: NL v. 2.4.1949, S. 4; 4) Ein Stern steigt auf. Eine Adam-Müller-Guttenbrunn-Erzählung, in: NLV 1955, S. 92 ff. / Silberrose, Jg. 2, 1952, H. 7/8, S. 36-39; 5) Glaubensspruch der Heimatvertriebenen, in: NL v. 12.2.1955, S. 4; 6) Spruch, in: Heimatbuch der Donauschwaben, Aalen 1958, S. 237; 7) Herbstglaube, in: DS v. 24.10.1971, S. 3; 8) Ausrottung der Schwaben geschah planmäßig. Hunderttausende Deutsche in Jugoslawien waren zu einer rechtlosen Sache geworden, Auszug aus: Wir kamen aus Glasenbach, S. 64 ff., in: DS v. 15.12.1974, S. 4; 9) Geleitwort zu dem Band von Heinrich Kipper: Mei Ährefeld. Mundartgedichte aus dem Buchenland, München/Stuttgart 1975

Mitwirkung: Festschrift: Der Dichter Adam Müller-Guttenbrunn. Wesen, Werk und Wirkung, hrsg. v. d. Landsmannschaft der Donauschwaben in Oberösterreich

Über Josef Hieß: 1) Theater-Lexikon 1, 790; 2) T. Locker: Künder und Wegbereiter. Bebilderte FS f. ~, 1944; 3) B. Supply: Lebende Namen, in: Kultur u. Kunst 3, 1947; 4) Hans Wolfram Hockl: „Geburt im Nebel". Rezension, in: SV 1955/3, S. 155 f.; 5) Anni Schmidt-Endres: „Geburt im Nebel". Rezension, in: DS v. 14.9.1958, S. 4; 6) Österreichischer Schriftsteller, bewährter Freund der Donauschwaben, vollendete am 3. April 1955 sein 55. Lebensjahr (Porträtzeichnung), in: DS v. 24.5.1959, S. 6; 7) Leopold Harhammer: Josef Hieß: Geburt im Nebel. Buch einer Kindheit, in: DS v. 20.10.1968, S. 5; 8) Hans Wolfram Hockl: Josef Hieß †, in: SV 1974/4, S. 265

Hild, Fritz

Selbständige Literatur: 1) So war's drhaam in Franzfeld, Franzfelder Kulturelle Interessengemeinschaft e. V., Selbstverlag, Reutlingen 1985, 128 S.; 2) In Franzfeld hat m'r g'schwätzt. 2249 Wörter gesammelt vom Doktrs-Vettr (Dr. Fritz Hild), Verlag Harwalik, Reutlingen 1995, 177 S.; 3) Ich habe dem Tode ins Auge gesehen! Erlebnisbericht in jugoslawischer Kriegsgefangenschaft von Dr. Fritz Hild, Selbstverlag, Reutlingen 1992, 175 S.

Nichtselbständige Literatur: 1) Haben die DS-Künstler die „Plätte" gefunden?, in: NL vom 9.10. 1965, S. 6; 2) Antwort auf den Brief eines inzwischen Verstorbenen, in: DS v. 27.6.1982, S. 4; 3) D' Gretlbas, in: FR 1984, S. 37-46; 4) Die Franzfelder Frau in der neuen Heimat, in: FH 1984, S. 97-100; 5) Das Seifenkochen, in: FH 1985, S. 96 f.; 6) Muttr, d' Glocke leita!, in: FR 1985, S. 70-

73; 7) Ausstellung „Franzfeld-Neupasua, in: FR 1985, S. 34-37; 8) D'r Merkle Maurer und seine Kinder, in: FR 1986, S. 97 f.; 9) Etwas über Mundartforschung, in: FR 1986, S. 99-104; 10) Erinnerung an meine Volksschulzeit in Franzfeld, in: FR 1987, S. 67-73; 11) Zum Gedenken an Bischof Franz Hein, in: FR 1987, S. 32 f.; 12) Erinnerung an meine Volksschulzeit in Franzfeld, in: FR 1987, S. 67-73; 13) Alti Leit were wunderlich, in: FR 1987, S. 106-108; 14) Die Schulprüfung in Franzfeld, in: FR 1988, S. 49-53; 15) Meinre Muttr ihre klaini Hihnle, in: FR 1988, S. 93 f.; 16) Aberglaube? – Nein, alte Volksweisheit!, in: FR 1989, S. 41; 17) Die „Krischaner", in: FR 1990, S. 57-62; 18) Der Bräutigam, in: FR 1990, S. 81-84; 19) Treffen der Sippe Hild in Gochsheim, in: FR 1990, S. 108 f.; 20) Gesundheitliche Betreuung der Bevölkerung, in: FR 1991, S. 40-44; 21) Die „Krischaner", in: FR 1990, S. 57-62; 22) Der Bräutigam, in: FR 1990, S. 81-84; 23) Die Frau mit dem Kopftuch. Den Donauschwäbinnen zum Muttertag, in: DS v. 9.5.1993, S. 1/4; 24) Franzfelder Bräuche, in: FR 1993, S. 53-68; 25) Meine schönste Kindheitserinnerung, in: FR 1994, S. 36 f.; 26) Die Seidenraupenzucht in Franzfeld, in: FR 1994, S. 73-77; 27) Die Maulbeerbäume in Franzfeld, in: FR 1995, S. 65-67; 28) Erinnerungen an Hatzfeld, in: DS v. 10.11.1996, S. 8; 29) Was machten die Franzfelder mit ihrem Bargeld?, in: FR 1999, S. 44-46; 30) Weihnachten 1949 in der Strafanstalt Srem. Mitrovica, in: FR 1999, S. 81-83

Mitarbeiter: Franzfeld. 1792-1945. Geschichte einer donauschwäbischen Großgemeinde im Banat, Hg. Franzfelder Kulturelle Interessengemeinschaft e. V., Reutlingen 1982, 672 S., darin die Beiträge: 1) Die Sekten, S. 144-146; 2) Jugendarbeit und völkisches Erwachen, S. 191-194; 3) Das Rathaus (die „Hawacht"), S. 215-222; 4) Das Gesundheitswesen, S. 223-234; 5) Soziale und wirtschaftliche Struktur der Gemeinde, S. 241-246; 6) Gewerbe und Handwerksberufe, S. 247-252; 7) Industriebetriebe, S. 253-255; 8) Wandergewerbe und fahrende Leute, S. 260-262; 9) Die Franzfelder Frau, S. 271-301; 10) Tanzvergnügen und Hochzeitsbräuche, S. 302-322; 11) Eingewöhnung in die neuen Verhältnisse, S. 423-424

Über Fritz Hild: 1) Dr. Fritz Hild 75 Jahre alt. Der Doktors-Vetter" von Franzfeld feierte Geburtstag, in: DS v. 3.6.1984, S. 4; 2) Michael Lieb: Dr. Fritz Hild 75 Jahre alt, in: FR 1985, S. 46-48; 3) Ein Dokument des Verbrechens, in: DS v. 27.9.1992, S. 5; 4) Arnold Huttmann: Bespr. „Ich habe dem Tode ins Auge gesehen!", in: SV 1993/2, S. 178; 5) Abschied vom Dokt'rs-Vetter. Die Franzfelder trauern um Dr. med. Fritz Hild, in: DS v. 13.4.1997, S. 10

Hockl, Hans Wolfram

Selbständige Literatur: 1) Lieder einer Landschaft. Gedichte, Josef Botschmer, Hermannstadt, Reihe der Banater Blätter Nr. 8, 1939, 64 S.; 2) Volkstümliche Spiele aus dem Banat, Reihe der Banater Blätter Nr. 21, Hermannstadt 1940, Temeswar 1941, 26 S. / Volkstümliche Spiele aus dem Banat, Timisoara 1941, Tip. Victoria, 28 S.; 3) Lagermenschen. Bühnenspiel in drei Aufzügen, Pannonia Verlag, Freilassing 1954, 30 S. (hektogr.); 4) De dickscht Schwartlmaa. Schwäbischer Bauernschwank in einem Aufzug, Pannonia Verlag, Freilassing 1954, 13 S., Unterhaltung und Bildung. Schriftenreihe der Heimatbücher der Donauschwaben (hektogr.); 5) Die Brautfahrt nach Argentinien. Wochenschr. Neuland, geheftet 1955; 6) Brunnen, tief und klar. Lyrik in Mundart und Hochdeutsch, Verlag des Südostdeutschen Kulturwerks, München 1956, 134 S.; 7) Disteln rollen in das Meer. Gedichte, Europäischer Verlag, Wien 1957, 32 S.; 8) Mir ware jung un alles war denoh, Pfälzer in der weiten Welt, Veröffentlichungen der Heimatstelle Pfalz, Kaiserslautern, Folge 1, Neustadt an der Weinstraße 1957, 63 S.; 9) Im Lampenlicht. Erzählung, Reihe Freude bereiten 119,

Rufer Verlag, Gütersloh 1958, 5 S.; 10) Schloß Cumberland. Roman, Verlag des Südostdeutschen Kulturwerks, München 1958, 207 S.; 11) Daheim. Elegische Dichtung. Sonderdruck aus dem Heimatbuch der Donauschwaben 1958; 12) Donauschwäbische Kirchweihsprüche. Eigene Dichtung, Donauschwäbische Beiträge 32, Pannonia Verlag, Freilassing 1959, 16 S.; 13) Regina Lefort. Roman, Donauschwäbischer Heimatverlag, Aalen/Württemberg 1960, 184 S.; 14) Ungewisse Wanderung. Von Krieg zu Krieg, von Mensch zu Mensch. Autobiographie, Donauschwäbische Beiträge 33, Pannonia Verlag, Freilassing 1960, 239 S.; 15) Tudor und Maria. Eine Erzählung. Mit Illustrationen von Josef de Ponte, Leopold Stocker Verlag, Graz und Stuttgart 1961, 212 S.; 16) Lichter aus dem Dunkel. Nachkriegserzählungen, Verlag der Typographischen Anstalt, Wien 1963, 64 S.; 17) Zwei blinde Passagiere, in: ÖB 1963/1, S. 61-64 / NHÖ 1956, S. 102-07; Freunde in Amerika. Eine Vortragsreise zu den Donauschwaben in Übersee, Donauschwäbischer Heimatverlag, Aalen 1964, 64 S. / DS ab 15.12.1963 Fortsetzg.; 18) Schwabenstreiche. Von Spaßmachern, Spottvögeln und Spitzbuben, Verlag der Typographischen Anstalt, Wien 1964, 132 S.; 19) Heimatbuch Haid, Orbis Verlag, Ansfelden 1964; 20) Die Schwachen. Zwei Schicksale zwischen weißem Rassenfanatismus und Black Power. Roman, Leopold Stocker Verlag, Graz und Stuttgart 1967, 216 S.; 21) Gott will jung sein. Roman, Fortsetzung in: Der Donauschwabe, geheftet 1967; 22) Lenauheim. Zweihundert Jahre Friedenswerk, DS Heimatverlag, Aalen 1967; 23) Unser liewes Banat, Landesverlag. Linz 1976, 63 S.; 24) In einer Tour mit Amor. Don Janni war größer als Don Juan, Europäischer Verlag, Wien 1976, 79 S.; 25) Helft allen Schwachen. Appell an die freien Bürger der Welt. Festvortrag zur Verleihung des Donauschwäbischen Kulturpreises des Landes Baden-Württemberg in Sindelfingen am 1.12.1972, Donauschwäbisches Schrifttum 20, 54 S., ungekürzt in: DS v. 8.4.1973, S. 4 / 15.4., S. 4, Auszug in: UD 1973/2, S. 8-11 / BP 1973/1, S. 8 f.; 26) Steh still, mein Christ, geh nicht vorbei. Roman, J. G. Bläschke Verlag, St. Michael 1978, 176 S.; 27) Memoiren zufriedener Menschen, J. G. Bläschke Verlag, St. Michael 1978, 79 S.; 28) Offene Karten. Dokumente zur Geschichte der Deutschen in Rumänien 1930-1980, Selbstverlag, Donauschwäbische Beiträge 76, Linz 1980, 128 S.; 29) Kleine Kicker – große Klasse, Engelbert-Verlag, Balve 1981, 172 S.; 30) Ewiger Zauber. Die Welt wird anders durch das Kind. Gedichte, J. G. Bläschke Verlag, St. Michael 1981, 35 S., 31) Liebe auf Capri. Variationen von der Trauminsel, Hermansen Verlag, Köln 1981, 312 S.; 32) Schöne Häuser, wo Ruinen waren. Vierzehn Erzählungen aus Ost und West, J. G. Bläschke Verlag, St. Michael 1981, 128 S.; 33) Regina unsere Mutter. Blüte und Frucht eines deutschen Stammes. Romantrilogie: Kolonisten, Flüchtlinge, Weltbürger, J. G. Bläschke Verlag, St. Michael 1982, 816 S.; 34) Media in morte. Atominferno Deutschland? Kantaten vor dem Abschied, J. G. Bläschke Verlag, St. Michael 1984, 85 S.; 35) Die Kaiserhexe. Ereignisse auf Burg Allerzeith. Roman, Linz 1986, 147 S.; 36) Feuerliebe. Verstrickung in Siebenbürgen. Roman, edition fischer im R. G. Fischer Verlag, Frankfurt/Main 1987, 171 S.; 37) Deutscher als die Deutschen. Dokumentarische Studie über NS-Engagement und Widerstand rumäniendeutscher Volkspolitiker, Selbstverlag, Hörsching 1987, 180 S.; 38) Oweds am Brunne. Gsätzle vun domols un heit, Selbstverlag, Linz 1988, 144 S.; 39) Glühwürmchen über Deutschland und Österreich. Öfters auch heiter, edition fischer im R. G. Fischer Verlag, Frankfurt/Main 1989, 63 S.; 40) Steine für Mozart. Originelle Biographie, Edition Inge u. Theo Czernik BDW, Loßburg 1990, 63 S.; 41) Offenheit hat überzeugt. Zur NS-Geschichte der Deutschen im Südosten. Chronologie der Revolution in Rumänien, Pro Vobis Verlag, Metzingen 1990, 143 S.; 42) Sonne im Alter. Jedem Tag ein Gloria. Gedichte für Senioren und alle, die es werden wollen, edition fischer im R. G. Fischer Verlag, Frankfurt/Main 1992, 107 S.; 43) Völkerfreundschaft. Unerhörtes in Großeuropa, AGK-Verlag, Ippesheim 1993, 69 S.; 44) Liebtreu in Sarajevo. Frauenwürde unter Barbarei. Dichtung aus Wahrheit, Edition L, Inge u. Theo Czernik BDW, Hockenheim 1994, 66 S.; 45) Völkerfreundschaft. Eigenerlebnisse in Großeuropa, AGK Verlag, Ippesheim 1992; 46) Sarah – Unerhörte Schicksale. 1933-1995, Verlag Denkmayr, Linz 1995, 312 S.; 47) Gelobt sei die Mutter. Poesie für den Alltag, Verlag Denkmayr, Linz 1995, 160 S. u. 16 S. Fotos; 48) Niagara donnert und Manitu schläft. Unglaubliche Geschichten, Verlag Denkmayr, Linz 1998, 110 S.

Beiträge in Periodika: 1) Deutsches Schicksal am Don, in: ST v. 18.8.1942, S. 5; 2) Briefe aus der Verbannung, in: ST v. 21.8.1942, S. 4; 3) Mit rumänischen Truppen an der Wolga, in: ST v. 12.9.1942, S. 4; 4) Hänsche läuft nach Hatzfeld. Erzählung, in: ST v. 12.10.1943, S. 6 u. folgende Nr.; 5) Rumänische Infanteristen im Kampf, in: JDR 1944, S. 170-172; 6) Leid und Hoffnung, in: KH 1949, S. 70; 7) Eine Schlittenfahrt im Sommer, in: KH 1949, S. 74-79; 8) In der Heimat blüht der Klee, in: KH 1949, S. 113; 9) Der Kanari-Natari, in: NL v. 11.6.1949, S. 4; 10) Er kam aus Rußland, in: NL v. 16.7.1949, S. 4; 11) Deserteur Johnny Weißmüller, in: NL v. 10.9.1949, S. 6 / 17.9.1949, S. 4; 12) Mein Kind verleugnet Gott (Erziehungsmethoden im rumänischen Banat), in: NL v. 26.11.1949, S. 4; 13) Scherben am Weihnachtsabend, in: NL v. Weihnachten 1949, S. 7; 14) Die Brautfahrt nach Argentinien / Die Wallfahrt auf den Bahnhof / Wer hat die Nacht, in: NL v. 31.12.1949, S. 4/5; 15) Wie der Sepp seine Töchter verheiratet hat, in: KH 1950, S. 63-66 / DKS 1955, S. 122-126; 16) Brauchtum am Letztfasching, in: NL v. 26.2.1950, S. 5; 17) Das Osterfest beim Bader in Izgar, in: NL v. 9.4.1950, S. 7; 18) Kristof Manherz hilft sich selbst, in: NL v. 23.7.1950, S. 5; 19) Herrische und Bauern im Schnitt, in: NL v. 6.8.1950, S. 4 / 17.9.1950, S. 4; 20) Das kleinste Licht. Eine Weihnachtserzählung, in: NL v. 24.12.1950, S. 7; 21) Die Wallfahrt auf den Bahnhof, in: VDK 1951, S. 56-59; 22) Die Pfingschtquaak, in: NL v. 13.5.1951, S. 5; 23) Reenwedder, in: NL v. 18.11.1951, S. 4; 24) Michl möchte dies und das, in: NL v. 13.4.1952, S. 5; 25) Briefe einer Mutter, in: NL v. 11.5.1952, S. 4; 26) Unser Führer und Lehrer (Adam Müller-Guttenbrunn), in: Silberrose 1952, H. 7/8, S. 12-16; 27) Der aldi Hund, in: NL v. 14.12.1952, S. 6; 28) Das deutsche Sportleben im Banat. Rückblick auf den hohen Stand der Leibeserziehung in Schule und Verein, in: NL v. 2.5.1953, S. 6; 29) Rosmarein, in: NL v. 11.1.1953, S. 6; 30) A Schwob, a Östreicher un die Politik, in: NL v. 20.6.1953, S. 7; 31) Unser Applbaam, in: NL v. 22.8.1953, S. 7; 32) Olga und Elisabeth, in: NL v. 5.9.1953, S. 6; 33) Die gudi aldi Zeit, in: NL v. 12.9.1953, S. 6 / Deutsche Mundartautoren aus dem Banat, hrsg. v. Anton Peter Petri, München 1984, S. 61; 34) 's neiji Radio, in: NL v. 19.9.1953, S. 7; 35) Der Spiegel einer hohen Gesittung. Vom tieferen Sinn der Kirchweihfeste, in: NL v. 14.11.1953, S. 6; 36) Das Wichtigste ist immer der Beginn, in: NL v. 1.1.1954, S. 6; 37) Lebensstil der Arbeit, in: NL v. 23.1.1954, S. 6; 38) Der Regenbogen des Malermeisters Hennemann, in: NLV 1955, S. 46-50 / DKS 1956, S. 136 ff.; 39) Heimfahrt. Gedicht, in: SV 1955/1, S. 34; 40) So fand ich meine Urheimat im Sauerland, in: NLV 1956, S. 74-79; 41) Wohl keine Schande, aber ein Irrtum. Betrachtungen zur Frage der Koexistenz, in: Der Strom 1956/2, S. 50-53; 42) Unser größeres Vaterhaus („Banatia"), in: SOD 1956, Nr. 16, S. 6; 43) De Troppe, in: NLJ 1956, S. 171; 44) Heimatgefühl wächst nicht über Nacht, in: NL v. 7.1.1956, S. 1; 45) Ausschnitt aus dem Roman „Lazarett Schloß Cumberland", in: SV 1956/3, S. 147; 46) Das Vergangene und das Zukünftige. Gedanken zum 75. Geburtstag von Johann Petri, in: Pfälzer Feierwend 1956, Nr. 46; 47) Die Amschl on de Spatz / Noh vor deim erschte Taach / Jung verheirat / De giemietlich Hans, in: DKS 1957, S. 127, 132, 142, 152; 48) Michel möchte dies und das ..., in: DKS 1957, S. 89-91; 49) Oweds am Brunne, in KH 1957, S. 79; 50) Brauchtum zu Ostern, in: BP Nr. 4, April 1957, S. 1; 51) Erinnerungen an Johann Petri, in: DSR v. 15.12.1957, S. 4;

52) Erinnerungen an Johann Petri, in: DS v. 15.12.1957, S. 4; 53) Der alte Baum, in: DKS 1958, S. 44; 54) Das Osterfest beim Bache, in: DSR v. 6.4.1958, S. 2; 55) Die Jugendbewegung im Banat, in: DS v. 10.8.1958, S. 7; 56) Daheim. Gedicht, in: DS v. Weihnachten 1958, S. 13; 57) Weihnachtsabend 1945 im Lazarett, in: SOD 1958, Nr. 23/24, S. 2; 58) Der Fuchs auf dem Eis. Ein Schwabenstreich, in: DSK 1959, S. 166 f. / DS v. 28.3.1999, S. 15; 59) Bloß drei miserable Zähne, in: DSK 1959, S. 176 f.; 60) Sauerländer im Banat. Das Beispiel der deutschen Großgemeinde Lenauheim, in: Wegweiser 1959, S. 189-92; 61) Sunneblumm, in: DKS 1959, S. 65; 62) Deutsches Realgymnasium und Banatia, in: DLB 1959/17, S. 226 f. / Heimatbuch der Donauschwaben, Aalen 1959, S. 184 f.; 63) Begegnung mit Hirten, Adlern und Schlangen. Wandererlebnisse im Banat, in: DS v. 26.4.1959, S. 4 / 24.5.1959, S. 4; 64) Mutterhand, in: DS v. 10.5.1959, S. 6; 65) Die Mai zur Winterszeit, in: DLB 1959/16, S. 197-200; 66) Geen Owend. Gedicht, in: SV 1959/4, S. 199; 67) Mensch, da sind wir ja Brüder (aus: „Ungewisse Wanderung"), in: DB 1960/1, S. 19 f.; 68) Hora, ein rumänischer Tanz, in: SV 1960/3, S. 137 f.; 69) Die Buben zur Osterzeit, in: DS v. 17.4.1960, S. 3; 70) Hochzeit in Clopodiva, in: ÖB 1961/1, S. 57-64; 71) Weil wir Brüder sind. Erzählung, in: SV 1961/3, S. 136; 72) Rückblick auf den Südostdeutschen Wandervogel, in: SV 1962/3, S. 138-42; 73) De Maibaum un die Phingschtquaack – Welches Brauchtum kann belebt werden?, in: BP 1962, Nr. 5, S. 2; 74) Nikolaus Lenau 1802-1962. Lenaufeiern einst im Banat, in: BP 1962, Nr. 8, S. 3 f.; 75) Weil wir Brüder sind. Roman (1), in: DS v. Ostern 1963, S. 16; 76) Von Landsleuten erzählt: Bei den Landsleuten in Amerika, in: DB 1963/20, S. 6; 77) Beißzange auf Ungarisch, in: DB 1964/1, S. 11 f.; 78) Der Seher. Novelle. Sonderdruck, in: SV 1964/4, S. 201-206; 79) Gründung der Lenau-Gesellschaft. Eine Kulturtagung von historischer Bedeutung, in: DS v. 1.11.1964, S. 1/6; 80) Grobe und feine Wolle, in: DSK 1965, S. 121-24; 81) Eine Begegnung von vielen, in: ÖB 1965/12, S. 57 f.; 82) Brief an einen Freund in Amerika, in: DSK 1966, S. 90-92; 83) Alde Leit. Gedicht, in: SV 1966/2, S. 87; 84) Sauerländer siedelten im Banat, in: DS v. 31.7.1966, S. 3; 85) So fand ich meine Sippenheimat im Sauerland, in: DS v. 7.8.1966, S. 5; 86) Gott will jung sein. Roman, in: DS v. 13.11.1966, S. 6 (1) bis 13.8.1967, S. 8 (37); 87) Zweihundert Jahre Friedenswerk. Geschichte der Gemeinde Lenauheim (1767-1967), in: DS v. 5.3.1967, S. 6 (1) bis 23.4.1967, S. 3 (8); 88) Wenn eine Glocke läutet, in: DSK 1968, S. 117-20; 89) Rumänien kann zu einem geistigen Abenteuer werden, in: NL v. 18.5.1968, S. 3; 90) Auf dem Mond lebt schon ein Schwabe. Eine wahre Lügengeschichte, in: DSK 1969, S. 134 f.; 91) Dr. Fritz Klingler zum 70. Geburtstag, in: SV 1969/3, S. 150 / BP 1969/7, S. 10 f.; 92) Wir haben die Menschheit im Zimmer. Gedicht, in SV 1972/1, S. 5; 93) Noh zwansich Johr. Gedicht, in SV 1972/4, S. 225; 94) Sieben Schwaben auf dem Watzmann, in: UD 1972/10, S. 10; 95) Im Ring des Jahres, in: UD 1972/25-26, S. 12 f.; 96) Unser Vorbild und Lehrer. Vortrag zum 100. Geburtstag des Dichters Adam Müller-Guttenbrunn (Linz, 1952), in: DS v. 7.1.1973, S. 6; 97) Über dem See. Gedicht, in: SV 1973/1, S. 3; 98) Helft allen Schwachen. Festvortrag zur Verleihung des Donauschwäbischen Kulturpreises des Landes Baden-Württemberg in Sindelfingen am 1.12. 1972, in: DS v. 8.4.1973, S. 4 (1) / 15.4.1973, S. 4 (2); 99) 'm Joschka sei Vaterunser, in: DS v. 24.6.1973, S. 9; 100) Jugend und Heimat, Sonderdruck aus SV 1973/2, S. 97-99; 101) Forr was hat die Mutter ke Schnauzer, in: DS v. 19.8.1973, S. 8; 102) So schlau is es Nani!, in: DS 2.9.1973, S. 5; 103) Ich heer a Veeglche. Gedicht, in: SV 1973/3, S. 149; 104) Dank an Anni Schmidt-Endres zu ihrem 70. Geburtstag, in: DS v. Weihnachten 1973, S. 8; 105) Bei den Landsleuten in Amerika. Betrauung mit einer schönen Aufgabe, in: DS v. 6.1.1974, S. 4 (1) bis Ostern 1974, S. 4 (15) / Bei den Donauschwaben in Amerika, in: SV 1974/1, S. 13; 106) Die Bären von Hirschenau, in: DS v. 10.2.1974, S. 12; 107) Der Erzdonauschwabe Adam Müller-Guttenbrunn.

Vortrag zur Gedenkfeier in Linz am 7.10.1973, in: DS v. Pfingsten 1974, S. 7 f.; 108) Im Dienste der Wahrheit, in: SV 1974/2, S. 138; 109) Ein Leben für die Gemeinschaft. Dr. Fritz Klingler zum 75. Geburtstag, in: DS v. 28.7.1974, S. 3 / BP 1974/8, S. 9; 110) Banater Bilder, in: DS v. 1.9.1974, S. 3; 111) Ursprung des Lächelns. Gedicht, in: SV 1974/3, S. 156; 112) Ein kühner Sprung von Linz nach Wien. Adam Müller-Guttenbrunn in Oberösterreich, in: DLB 1974/2, S. 9-12; 113) Vor vierzig Jahren starb Otto Alscher. Einer der bedeutendsten Tiererzähler und Naturschilderer deutscher Zunge, in: DS v. 24.11.1974, S. 4; 114) Was unner dreißich is, in: DS v. 15.12.1974, S. 11; 115) Temeschwar. Gedicht, in: SV 1975/1, S. 15; 116) Imponierende Bilanz des deutschen Staatstheaters Temeswar. 5500 Vorstellungen vor 1,6 Millionen Zuschauern in zwei Jahrzehnten, in: DS v. 9.2.1975, S. 1/8; 117) Die Donauschwaben in Amerika, in DLB 3/1975, S. 11-16; 118) Gründung des Bundes der Jungschwaben, in: SV 1975/4, S. 174; 119) Die Donauschwaben wollen Einigkeit, in: NL v. 21.2.1976, S. 1/5; 120) Sprüche: in: SV 1976/2, S. 82; 121) Ein letztes Gleichnis / Dennoch / Die Überfahrt / Wie Klang und Rauch / Trage das Wort (Gedichte), in: SV 1976/3, S. 165 f.; 122) Peter Ludwig zum 70. Geburtstag. Ein Mann mit politischem Weitblick und Durchschlagskraft, in: DS v. 17.12.1978, S. 3; 123) Der Tanz. Gedicht, in: SV 1979/4, S. 245; 124) Prozession an der Grenze. Erzählung, in: SV 1982/3, S. 191; 125) Todesmarsch der Donauschwaben, in: DS v. 10./17.10.1982, S. 4; 126) Kleine Kerle tun sich groß / Winzer, sing die Weise! (Gedichte), in: SV 1985/1, S. 7; 127) Homerisch lacht die Erde / Gebündelte Aphorismen, in: SV 1985/4, S. 257/289; 128) Geschärfte Aphorismen, in: DS v. 29.6.1986, S. 9; 129) Ausbeutung unserer Kolonisten, in: DS v. 11.10.1987, S. 5; 130) Treffpunkt auf dem Thronhügel, in DSK 1990, S. 156 ff.; 131) Die erste politische Willensbekundung der Banater Schwaben, in: SV 1990/3, S. 244-47; 132) Die Letzten von Schulzenfeld, in: DSK 1991, S. 92 f.; 133) Pannonische Sommerszene, in: DSK 1992, S. 146; 134) Frauenbesuch im Krankenhaus, in: DSK 1992, S. 165 f.; 135) Wenn wir tanzten. Gedicht, in: SV 1992/1, S. 54; 136) Ausklang. Gedicht, in: DS v. 11.10.1998, S. 7; 137) Leise / Pannonische Sommerszene, in: SV 1999/2, S. 184; 138) Störche, in: DS v. 2.7.1995, S. 1; 139) De Weinkenner, in: DS v. 7.9.1997; 140) Schwowe! Schwowe!, in: DS v. 1.11.1998, S. 12; 141) Die Schlittenfahrt im Sommer. Ein altheimatlicher Schwabenstreich, in: DS v. 30.12.2001, S. 19 142) Ein großes Gut, in: DS v. 19.5.2002, S. 7

Beiträge in Anthologien, Heimatbüchern, Lesebüchern: 1) Junge Banater Dichtung, Reden und Gedichte einer Feierstunde, hrsg. v. Rudolf Hollinger, Temeswar 1940, 61 S.; 2) Die gudi aldi Zeit, S. 59 / Die Katz als Philosoph, S. 66 / Im Kukuruzbreche, S. 72 / In der Heimat blüht der Klee, S. 81 / Oweds am Brunne, S. 83 / Pipatsche, S. 95 / Briefe einer Mutter, S. 197 / Josef und Maria klopfen an, S. 211 / Heimkehr, S. 217, in: Anton Scherer: Die nicht sterben wollten. Donauschwäbische Literatur von Lenau bis zur Gegenwart. Eine Anthologie, Graz 1959, ²1985; 3) Dank for alles, in: Begegnungen und Erkundungen. Eine Anthologie der Künstlergilde, zusammengestellt v. Margarete Kubelka u. Franz Peter Künzel, Vorw. v. Wolfgang Schwarz, Schriftenreihe der Künstlergilde Bd. 23, hrsg. v. Ernst Schremmer u. Hanns Gottschalk, Delp'sche Verlagsbuchhandlung KG, München 1982, S. 50; 4) Wenn eine Glocke läutet. Lesebuch: Kein schöner Land. Baden-Württemberg, 1958; 5) Warm scheint die Sunn. Rhein- und moselfränkische Klänge in Mundartgedichten aus donauschwäbischem Geist, Pfälzer in der weiten Welt, Veröffentlichungen der Heimatstelle Pfalz, Kaiserslautern, Folge 10, Kaiserslautern [1973], 64 S.; 6) Anton Peter Petri: Deutsche Mundartautoren aus dem Banat, München 1984, darin: Sunndachs em Juli, S. 27 f. / Die gudi aldi Zeit, S. 61

Co-Autorschaft: 1) Was wor, is des vorriwer? Aus der donauschwäbischen Heimat erzählt für jung und alt (mit Nikolaus Engelmann), Pannonia Verlag, Freilassing 1960, 96 S. / NLJ 1960; 2) Rumänien. Zweitausend Jahre zwischen Morgenland und Abendland, Bildband (mit Peter A. Kroehnert), Pannonia Verlag, Freilassing 1968, 128 S.; 3) Deutsche Jugendbewegung im Südosten (mit G. Albrich u. H. Christ), Gieseking Verlag, Bielefeld 1969, 159 S.; 4) Miteinander. Eine Familie in Krieg und Frieden. Angst und Glück, Tagebuch und Fotos (mit Elisabeth Hockl), Verlag Denkmayr, Linz 1996, 144 S.; 5) Die Mundart von Lenauheim. Wörterbuch und Allerlei (mit Helmfried Hockl), Verlag Denkmayr, Linz 1997, 178 S.

Herausgeber: 1) Nikolaus Hans Hockl, Jugend im Aufbruch. Bundesbuch der Jungschwaben 1925-1930 (im unveränderten Originaltext), J. G. Bläschke Verlag, St. Michael 1980, 100 S.; 2) Deine Stunde Tod ist groß. Gedichte, hrsg. v. Hans Wolfram Hockl u. Hans Dama, Verlag Denkmayr, Linz 1997, 160 S.

Mitherausgeber: 1) Wir Donauschwaben – Heimat im Herzen, Sammelband (mit Hans Diplich), Akademischer Gemeinschaftsverlag, Salzburg 1950, 407 S. u. XXIV Bildtaf., darin: Nach neuem Land, S. 76 / Johann Jakob Hennemann, S. 98-100 / Die Banater Heide, S. 292-98 / Wieder Bauer sein, S. 398; 2) Heimatbuch der Donauschwaben (mit J. Schmidt, J. V. Senz u. A. Tafferner), hrsg. v. Südostdeutschen Kulturwerk, Donauschwäbischer Heimatverlag, Aalen 1958, 394 S.; darin Prinz Eugen, S. 51-53 / Johann Jakob Hennemann, S. 78-81 / Lenau in der Erinnerung seines Geburtsortes, S. 86-92 / Bedeutende Donauschwaben, 166-69 / Realgymnasium und Banatica, S. 184 f. / Die Jugendbewegung im Banat, S. 196-200 / Die Kirchweih, Spiegel hoher Gesittung, S. 249-53 / Volkstümliche Spiele, S. 295-301 / Daheim, S. 374-385

Redaktion: 1) Neuland-Volkskalender, Donauschwäbische Verlagsgesellschaft, Pannonia-Verlag Freilassing 1954, 240 S. mit 160 Abb. (Schriftleitung und Gestaltung); 2) Heimatbuch Haid – Von der Barackenkirche zur Autobahnkirche. Werden und Wachsen einer Siedlung, hrsg. v. Pfarrer P. Wagner, Ansfelden 1964, 98 S. u. 150 S. Fotos

Nicht erschienen: 1) Nicht Herr noch Knecht. Chorisches Festspiel, 1936 (80 Aufführungen); 2) Die letzten von Schulzenfeld. Roman eines deutschen Dorfes am Don, 1944 (Manuskript ging 1945 verloren); Anno Schnee. Satirischer Roman, 1955 (Manuskript)

Interview: Horst Fassel: Gespräch mit Hans Wolfram Hockl, 1986

Film: J. Habenschuß u. Oskar Feldtänzer: Zu Hans Wolfram Hockls 75. Geburtstag

Über Hans Wolfram Hockl: 1) Nikolaus Engelmann: Hans Wolfram Hockl (Fotoporträt), in: NL v. 30.3.1952, S. 4; 2) M. Heber: Hans Wolfram Hockl – Mensch und Werk, 1953; 3) Urpfälzisches bei Hans Wolfram Hockl. Erster Preis beim pfälzischen Mundartdichterwettbewerb in Bockenheim für unseren Landsmann, in: NL v. 30.10.1954, S. 6; 4) Hans Wolfram Hockl und Anni Schmidt-Endres Preisträger in der Pfalz, in: NL v. 29.10.1955, S. 4; 5) Wenn lahme Hände schreiben. Ein Besuch bei unserem Heimatdichter Hans Wolfram Hockl, in: DSR v. 1.4.1956, S. 9; 6) E. R.: Bild der Woche: Hans Wolfram Hockl (Fotoporträt), in: DSR v. 9.11.1958, S. 6; 7) F. E. Gruber: Bespr. „Regina Lefort", in: SV 1960/2, S. 121; 8) F. E. Gruber: Bespr. „Ungewisse Wanderung", in: SV 1960/4, S. 229 f.; 9) Ferdinand Ernst Gruber: Erlebte Jugend. Hans Wolfram Hockl zum 50. Geburtstag (Fotoporträt), in: DS v. 11.2.1962, S. 5 / SV 1962/3, S. 173 f. (Bibliographie); 10) Hans Diplich: Bespr. „Heimatbuch der Donauschwaben", in: SV 1962/1, S. 58 f.; 11) Hans Diplich: Bespr. „Tudor und Maria", in: SV 1962/1, S. 59 f.; 12) Heinrich Erk: Der Dichter Hans Wolfram Hockl, 1962, 13) J. Schmidt: Der Dichter Hans Wolfram Hockl, 1962; 14) Nikolaus Engelmann: Hans Wolfram Hockl. Ein Nachtrag zu seinem 50. Geburtstag, in: ÖB 1962/4, S. 30-52; 15) Josef Schmidt: Eine Westfalensippe im Banat. Der Dichter Hans Wolfram Hockl 50 Jahre alt, in: DLB 4/1962, S. 15-20; 16) Ein warmherziger Sänger seines Völkleins. Kulturpreisverleihung an Prof. Hans Wolfram Hockl, in:

DS v. 10.1.1965, S. 3; 17) Hans Diplich: Bespr. "Freunde in Amerika", in: SV 1965, S. 60 f.; 18) Leopold Harhammer: Die Schwachen. Zwei Schicksale zwischen weißem Rassenfanatismus und Black Power. Besprechung, in: DS v. 20.10.1968, S. 5 / v. Hans Diplich, in: SV 1967/3, S. 195 / v. Nikolaus Engelmann, in: BP 1967/7, S. 10 / DS v. 11.6.1967, S. 6; 19) Klaus Günther: Hans Wolfram Hockl 60 Jahre, in: DS v. 27.2.1972, S. 3 / BP 1972/3, S. 6 f.; 20) Hans Diplich: Hans Wolfram Hockl 60 Jahre alt (Fotoporträt), in: SV 1972/1, S. 1-5; 21) Hans Wolfram Hockl erhielt Donauschwäbischen Kulturpreis 1972, in: DS v. 10.12.1972, S. 7; 22) Donauschwäbischer Kulturpreis 1972 verliehen. Den Hauptpreis erhielt der Dichter Hans Wolfram Hockl (Fotoporträt), in: DS v. 17.12.1972, S. 4; 23) Jakob Wolf: Hans Wolfram Hockl zum 60. Geburtstag, 1972; 24) H. Schaus: Landsleute strömten in großen Scharen herbei. Der 15. Tag der Donauschwaben in Südkalifornien war ein voller Erfolg. Jakob Wolf hielt Festrede, Hans Wolfram Hockl las aus seinen Werken, in: DS v. 2.9.1973, S. 1 f.; 26) Wahrer und Hüter donauschwäbischer Kulturgüter. Dichterlesung H. W. Hockls in Cleveland, in: DS v. 9.9.1973, S. 9; 27) M. Müller: Sänger seines Volkes, 1974; 28) H. I. Reiter: Kraft und Impulse, 1975; 29) Hans Diplich: Unser liewes Banat / In einer Tour mit Amor. Besprechungen, in: SV 1977/1, S. 74 f.; 30) Hans Diplich: Bespr. "Steh still, mein Christ, geh nicht vorbei", in: SV 1981/1, S. 75; 31) Kerstin Schwob: Bespr. "Kleine Kicker – große Klasse", in: SV 1981/3, S. 240 f.; 32) Hans Wolfram Hockl – ein Siebziger (Fotoporträt), in: SV 1982/2, S. 154; 33) Johann Adam Stupp: Hans Wolfram Hockl – ein Siebziger, 1982; 34) Franz Heinz: Romantrilogie über das Schicksal der Banater Deutschen, in: KK 525/526 v. 10.10.1983, S. 42; 35) Hans Dama: Hans Wolfram Hockl 75. Im Wandel der Zeiten (Fotoporträt), in: DS v. 8.2.1987, S. 3; 36) Oskar Feldtänzer: Jubilar Hans Wolfram Hockl. Sein literarisches Werk im Urteil der Zeitgenossen (Fotoporträt), in: SV 1987/1, S. 10-15; 37) Weinlese auf dem Sonnberg. Vorabdruck aus dem Roman "Feuerliebe. Verstrickung in Siebenbürgen", ebd. S. 13-15; 38) Herbert Bockel: "Gib uns allen Zuversicht, stiller Stunden warmes Licht" [aus: "Zukunft, unsre dunkle Mutter"]. Zu Hans Wolfram Hockls 75. Geburtstag, in: BP v. 5.2.1987, S. 11; 39) Kerstin Schwob: Bespr. "Feuerliebe. Verstrickung in Siebenbürgen, in: SV 1988/1, S. 86; 40) Michael Kroner: Bespr. "Deutscher als die Deutschen". Dokumentarische Studie über NS-Engagement und Widerstand rumäniendeutscher Volkspolitiker, in: SV 1988/2, S. 169; 41) Jakob-Böshenz-Preis für Hans Wolfram Hockl, in: BAN 1988/4, S. 62; 42) Bespr. "Glühwürmchen über Deutschland und Österreich. Öfters auch heiter", in: Ban 1989/3, S. 60; 43) Wilhelm Bortenschläger: Bespr. "Glühwürmchen über Deutschland und Österreich. Öfters auch heiter", in: SV 1990/1, S. 81; 44) Kurt Bräutigam: Bespr. "Oweds am Brunne. Gsätzle von domols un heit", in: SV 1990/1, S. 82; 45) Hans Walter: Hans Wolfram Hockls Beitrag zum Mozartjahr, in: BAN 1/1991, S. 26 ff. / DLB 1991/2, S. 80-82; 46) Hans Wolfram Hockl – 80 Jahre (Fotoporträt), in: SV 1992/1, S. 20; 47) Georg Wildmann: "Kulturpreis Gemeinschaft aller Donauschwaben". Ein neuer donauschwäbischer Kulturpreis erstmals verliehen (Fotoporträt), in: DN 2/1992, S. 5; 48) Herbert Bockel: Bespr. "Sonne im Alter. Jedem Tag ein Gloria. Gedichte für Senioren und alle, die es werden wollen", in: SV 1993/1, S. 88; 49) Hans Wolfram Hockl: Lebenslauf und Werke, in: DLB 1994/1-2, S. 28; 50) [Horst Fassel]: Völkerfreundschaft. Unerhörtes in Großeuropa. Besprechung, in: BAN 1994/2, S. 55 f.; 51) Ingmar Brantsch: Fazit einer gehetzten Jugend. Hans Wolfram Hockls Buch „Völkerfreundschaft", in: ADZ v. 29. Juli 1994; 52) Herbert Bockel: „Für eine wahrhafte und wehrhafte Demokratie". Zu Hans Wolfram Hockls neuestem Buch („Sarah"), in: BP v. 5.1.1996, S. 3 / DN 1/1996, S. 13; 53) Romane und Novellen. Die Hockl-Bibliothek im Stifter-Institut in Linz, in: DS v. 6.10.1996, S. 6; 54) Kerstin Kordovsky-Schwob: Bespr. „Sarah – Unerhörte Schicksale 1933-1995", in: SV 1996/4, S. 343; 55) Hans Dama: Literatur als Lebenswerk. Dem Banater Dichter Hans Wolfram Hockl zum 85. (Fotoporträt), in: DS v 9.2.1997, S. 6; 56) Hans Wolfram Hockl/Helmfried Hockl: Die Mundart von Lenauheim. Wörterbuch und Allerlei, in: DS v. 21.9.1997, S. 5; 57) Hans Dama: „Entführung im September". Hans Wolfram Hockl zum Gedenken (Fotoporträt), in: BP v. 5.10.1998, S. 3; 58) Hans Dama: Ich brauche keine Gnade. Ein Nachruf auf Hans Wolfram Hockl (Fotoporträt), in: DS v. 18.10.1998, S. 9; 59) Tagebuchnoten einer Vortragsreihe 1958, in: SV 1998/4, S. 312-15; 60) Hans Wolfram Hockl, Jul. 1998 (Fotoporträt), ebd.; 61) In memoriam Hans Wolfram Hockl, in: SV 1999/1, S. 83

Hockl, Helmfried

Zusammen mit Hans Wolfram Hockl: Die Mundart von Lenauheim. Wörterbuch und Allerlei, Verlag Denkmayr, Linz 1997, 178 S.

Nichtselbständige Literatur: 1) Deutsche Lehnwörter in der rumänischen Umgangssprache des Banats, in: SV 1977/1, S. 24; 2) Die ersten fanden den Tod. Aus der Geschichte der Banater Deutschen, in: RP v. 15.8.1981; 3) Das Banat und die Banater, in: GW 27/1982, S. 16; 4) Das Banat. Ein Stück Europa, das fast keiner kennt, in: RNZ v. Osterausgabe 1983 / LZ v. 4.4.1983; 5) Brauchtum im Wandel der Zeit. Tod und Begräbnis im Banat, in: SV 1983/4, S. 288-94 / JOV, Band 27/1984; 6) Deutsche Lehnwörter in drei Sprachen Südosteuropas, in: SV 1984/4, S. 306; 7) Stolz wie e scheckiches Schweinche. Von der Bildhaftigkeit des Banater Schwäbischen, in: BDK 1984/85, Folge 3; 8) Totale Verwirrung in Baden. Zeitumstellung vor 94 Jahren, in: MM v. 2.4.1986; 9) Das Banat. Ein Experiment der Habsburgermonarchie, in: GLO 1986/5; 10) Gottlob, Liebling, Lenauheim. Deutsche Ortsnamen in Rumänien, in: GLO 1986/5; 11) Schrei net juchhe bevor daß 'd net iwerm Grawe bischt. Sprichwörter aus dem Banat, in: WN v. 31.10.1987; 12) Eine Sudetendeutsche hilft Banater Schwaben, in: BP v. 5.4.1988; 13) Die Kirche im Ostblock am Beispiel Rumäniens, in: GLO 1988/3; 14) Aussiedler. Die fremden Deutschen, in: Jahresarbeit am Katholisch-Sozialen Institut der Erzdiözese Köln, 40. Jahreskurs, Bad Honnef 1993/94; 15) Fremde Weihnacht, in: KK v. 15.12.1994 / RNZ v. Weihnachtsausgabe 1994 / BP v. 10.12.1996; 16) Wunderwelt der Sagen. Bespr. „Sagen der Rumäniendeutschen" v. Claus Stephani, in: KK v. 25.7.1995; 17) Mir geht's benissimo. Wie kommt es nur, daß ich so unzufrieden bin? Oder: Die Psyche und ich, in: KK 938 v. 5.6.1995, S. 13 f. / FT v. 21.11.1995; 18) Ein Mosaik zerbröckelt. Plädoyer für die multikulturelle Landschaft des Banats, in: GW, 80/1995, S. 36 f. / RNZ v. 5.-7.1.1996; 19) Die Base Margret und der liebe Gott, in: KK 966 v. 25.3.1996, S. 12 f. / BP v. 10.7.1996 / DS v. 7.5.2000, S. 9; 20) Telefonfreuden (Glosse), in: RNZ v. 20./21.4.1996; 21) Rechtschreibung mangelhaft. Auch „die vom Fernsehen" machen Fehler, in: KRE 1996/6, S. 30; 22) Allergien (Glosse), in: Mitgliederbrief des Kreisverbands der Grünen, Oktober 1996; 23) Unter der Lupe (Glosse), in: DS v. 27.7.1997, S. 2; 24) Kinder des Lichts. Eine Blumen-Betrachtung, in: DS v. 12.10.1997, S. 12 / SV 1998/2, S. 102 f.; 25) Wettstreit der Kirchtürme, in: KK v. 30.12.1996 / DS v. 9.11.1997, S. 4 / DSK 1999, S. 180 ff.; 26) Straßen meiner Erinnerung. Bilder der pannonischen Landschaft, in: SV 1997/4, S. 322-25 / DSK 2001, S. 133-138 (unter dem Titel: „Straßen der Erinnerung"); 27) Zwei Nummern größer. Betrachtungen am Rande eines HOG-Treffens, in: DS v. 4.1.1998, S. 8; 28) Die Zeit langer Winterabende. Adventsgedanken, in: DS v. 29.11.1998, S. 7; 29) Attacke im Zwielicht, in: SV 1999/1, S. 21 ff. / DS v. 10.2.2002, S. 16; 30) Der gelbe Ball. Eine Kindheitserinnerung, in: DS v. 17.1.1999, S. 15; 31) Der Februar. Betrachtungen über einen Monat des Umbruchs, in: DS v. 28.2.1999, S. 15; 32) Osterhase und -ratschen. Gedanken über das älteste und volkstümlichste Kirchenfest, in: DS v.

28.3.1999, S. 8 / KK v. 25.4.1999; 33) Spinnen, Käuzchen und tote Katzen. Volksglaube, Aberglaube und Irrglaube bei den Donauschwaben, in: DS v. 23.5.1999, S. 15 / GW 96/1999; 34) Recht haben und bekommen. Eine zeitkritische Betrachtung, in: DS v. 4.7.1999, S. 15; 35) Käfer. Gedanken zur Erstaufführung eines Banaters, in: BP v. 10.7.1999 / KK v. 10.7.1999 / DS v. 1.8.1999, S. 5; 36) Pflege und Erhalt des Erbes. Zur Tagung der Kulturschaffenden im Haus der Donauschwaben in Sindelfingen, in: DS v. 15.8.1999, S. 1; 37) Ein geschichtsträchtiges Buch. Auseinandersetzung mit Hans Bohns „Als die Schwalben heimwärts zogen", in: DS v. 29.8.1999, S. 5; 38) Marjann, das Sprachtalent, in: DS v. 26.9.1999, S. 14 ff.; 39) Vor zweihundert Jahren. Deutsch-Banater verteidigten die Alte Brücke in Heidelberg, in: GW 52/1988, S. 19 / DS v. 10.10.1999, S. 6; 40) Eine Gedenkfeier in Arad. Die erschossenen Revolutionäre von 1848/49 sind nicht vergessen, in: DS v. 19.12.1999, S. 4; 41) Minderheitenpolitik in Rumänien im Spiegel der Statistik, in: SV 1999/4, S. 372-74 / DS v. 12.9.1999, S. 14; 42) Stunden ohne Ende. Gedanken zum neuen Lyrikband von Hans Linder, in: BP v. 20.9.1999; 43) Erdbeben, Auswanderung, Ungarndeutsche. Helmfried Hockl blätterte für die „Donauschwaben"-Leser in alten Zeitungen, in: DS v. 2.1.2000, S. 19; 44) Schulzeit im Banat. Eine Heimaterinnerung, in: DS v. 30.1.2000, S. 4 / 13.2.2000 (4), S. 4; 45) Hoffnungsvolles Grün. Das Sinnbild des immerwährenden Lebens, in: DS v. 7.5.2000, S. 11; 46) Berta und Hilde, in: DS v. 10.9.2000, S. 14 / 24.9.2000, S. 13; 47) Das Brot unserer Vorfahren, in: DSK 2000, S. 177-179; 48) Strahlendes Weiß. Ein Farbbetrachtung, in: DS v. 30.12.2001, S. 19; 49) Gescheitert. Eine Passionsgeschichte, in: DS v. 8.4.2001, S. 20 / 22.4., S. 13 / 6.5., S. 17 / 20.5., S. 13; 50) Hundeleben einst und jetzt, in: DS v. 21.10.2001, S. 17; 51) Spucken erlaubt, in: DS v. 18.11.2001, S. 17; 52) Manchmol denk ich an die Bäsl Resi, in: BP v. 5.1.2002 / 20.2. / 20.4.; 53) Donauschwäbischer Humor. Eine Betrachtung über Redensarten und Redewendungen, in: DS v. 10.3.2002, S. 8; 54) Die Fülle eines bewegten Lebens. Stefan Hans-Kehrers jüngstes Buch: Rumänisch-banater Zeitgeschichte [„Im Zangengriff der Zeiten"], in: DS v. 24.3.2002; S. 5; 55) Zwei erfrischende Schwestern. Temesch und Bega, in: KK v. 10.3.2002 / DS v. 21.4.2002, S. 15; 56) Die Wiederauferstehung Draculas. In Schäßburg ist der Teufel los, in: KK v. 10.5.2002 / DS v. 19.5.2002; 57) Zwischenfall an der Grenze. Eine Banater Erzählung, in: DS v. 19.5.2002, S. 16; 58) Deutsches Staatstheater Temeswar vor dem Aus?, in: DS v. 16.6.2002 / SV 2002/2, S. 192; 59) Manchmal denk ich ..., in: DSK 2003, S. 177-182

Über Helmfried Hockl: 1) Hermann Möcker: Nochmals: „Deutsche Lehnwörter in drei Sprachen Südosteuropas", in: SV 1985/3, S. 240; 2) Hans Wolfram Hockl/Helmfried Hockl: Die Mundart von Lenauheim, Wörterbuch und Allerlei, in: DS v. 21.9.1997, S. 5

Hönig-Sorg, Susanne

Selbständige Literatur: 1) Heiteres und Besinnliches. Gedichte, Selbstverlag, Furth/ Göttweig 1983, 32 S.; 2) Meine Seele singt und weint, Selbstverlag, 1988, 80 S.; 3) Der wandelbare Tag. Erzählungen, merbod-Verlag, Wiener Neustadt 1991, 132 S.; 4) Einen bunten Blumenstrauß, St.-Georgs-Presse 1992, o. S.; 5) Auf kargem Boden, Verlag Niederösterreichisches Pressehaus, St. Pölten/ Wien 1994, 96 S.; 6) Flammende Röte, NP-Buchverlag Niederösterreichisches Pressehaus, St. Pölten/Wien 1997, 128 S.

Beiträge in Periodika: 1) Auf kargem Boden, in: DS v. 28.5.1995, S. 5; 2) Die Lesende, in: DS v. 3.5.1998, S. 10; 3) Helfend reiche ich die Hände, in: DS v. 18.10.1998, S. 6; 4) Die badende Amsel, in: DSK 1999, S. 192; 5) Farben spielen, in: DS v. 27.8.2000, S. 6 / DSK 2000, S. 104; 6) Nicht

siehst du den Tag, in: DS v. 22.10.2000, S. 3; 7) Die dicke, blöde Gans, in: DSK 2000, S. 159; 8) Vom Sturm gepeitscht, in: DSK 2001, S. 157-160; 9) Bunte Blüten, in: DSZ August 2004, S. 5
Anthologien: 1) Haiku Suin, Japan; 2) „Pflücke die Sterne Sultanim", Verlag Heike Wenig, Japan heute und morgen, Japanische Botschaft Wien; 3) „Texte für den Frieden", UNESCO Burgenland, Bio-Bibliographie der deutschen Haiku-Gesellschaft; 4) „Gedicht und Gesellschaft, Goethe-Gesellschaft Frankfurt a. M.
Herausgeberin: 1) Hommage. Anthologie, Holzschnitte v. Hubert Schmid, merbod-Verlag, Wiener Neustadt 1992, 110 S.; 2) Im Fluß der Zeit. Anthologie, Illustrationen Renata Frysarovà, Verlag Berger, Horn 1994, 144 S.
Über Susanne Hönig-Sorg: 1) Donauschwäbische Literatin. Susanne Hönig-Sorg aus Betschmen und ihr Werk, in: DS v. 28.5.1995, S. 5; 2) Literarische Miniaturen. Ein neues Buch von Susanne Hönig-Sorg, in: DS v. 30.11.1997, S. 5

Hollinger, Rudolf

Selbständige Literatur: 1) Das Eulenspiegelbuch von 1515. Seine soziale und geistige Problematik, Wien 1934, Dissertation, Wiener Universitätsbibliothek, Philosophiefakultät Rigorosenakt Nr. 12.378 v. 22.11.1934; 2) Junge Banater Dichtung. Reden und Gedichte einer Feierstunde, hrsg. v. Rudolf Hollinger, Temeswar 1940, 61 S., 3) Gedankensplitter aus dem Osten. Aus dem Tagebuch eines Südost-Europäers, Auswahl und Einleitung von Hans Dama, mit einem Vorwort von Erwin Ringel, hrsg. v. Johannes Pyerin, Verlag Klub Österreichischer Literaturfreunde und Autoren, Wien 1985, 78 S.; 4) Gedichte. Nachwort von Hans Dama, Verlag des Südostdeutschen Kulturwerks, München 1986, 63 S.; 5) Deine Stunde Tod ist groß. Gedichte, posthum hrsg. v. Hans Wolfram Hockl u. Hans Dama, Verlag Denkmayr, Linz 1997, 160 S.
Vorträge: 1) Adam Müller-Guttenbrunn (1852-1923), der Erwecker des Donaudeutschtums, Druck der Schwäbischen Verlags AG, Temeswar 1942, 23 S.; 2) Das Sonett in der deutschen Dichtung Rumäniens, gesendet im Rundfunk Temeswar am 18.5.1957, 17.40 Uhr; 3) Das deutsche Theater von den Anfängen bis zum Auftreten der englischen Komödianten in Deutschland, gesprochen am 13.2.1970 im Deutschen Staatstheater in Temeswar
Unveröffentlichte und nicht zur Aufführung gekommene Bühnenwerke, entstanden in den Jahren 1958-62: 1) Echnaton, König von Ägypten. Drama; 2) Die Feuerkrone. Drama; 3) Das Porträt, Dramenfragment; 4) Wege und Wege. Schauspiel; 5) Komödie des Alltags. Dramatische Skizze; 6) Matthias Waldeck. Fragment; 7) Der Bogenstrich. Drama
Nichtselbständige Literatur in „Der Donauschwabe": 1) Banater Elegie, Ostern 1977, S. 12; 2) Auf dem Heimweg, 19.9.1982, S. 4; 3) Der Weg zur Schönheit, 9./16.10.1983, S. 4; 4) Herbstregen, 9./16.10. 1983, S. 11; 5) Der Tod, 6.11.1983, S. 4; 6) Peter Ludwig – 75 Jahre; 7) Schnee, 4.12. 1983, S. 4; 8) Ein Weihnachtsgeschenk aus Wien, 12.2.1984, S. 6; 9) Banater Elegie, 27.5.1984, S. 1; 10) Abend, 19.8.1984, S. 2; 11) Druschtag, 9.9.1984, S. 5; 12) Allerseelen, 28.10.1984, S. 3; 13) Schwäbischer Hymnus, 2.-9.6.1985, S. 5; 14) Die Wolken / Mein Wörterbuch, 7.6.1985, S. 5; 15) Bakowa, 14.7.1985, S. 4; 16) Vor dem Dorfe, 20.10.1985, S. 6; 17) Gräber, von Efeu umblüht, 10.11.1985, S. 2; 18) Winterlandschaft, 24.11.1985, S. 6; 19) Weihnacht, 22./24.12.1985, S.3; 20) Vereinsamung, 30.3./6.4.1986, S. 6; 21) Druschtag, 17.8.1986, S. 7; 22) Nacht, 28.9.1986, S. 7; 23) Tschinakel / Früher Tag, 12.7.1987, S. 5; 24) Die Stunde fällt, 9.8.1987, S.4; 25) Hirtenfeuer, 10.1.1988, S. 6; 26) Mitte des Lebens, 5.6.1988, S. 3; 27) Der Nachsommer, 28.8.1988, S. 10; 28)

In den Abend gesprochen, 15.10.1989, S. 12; 29) Märztag, 11.3.1990, S. 4; 30) Hans Diplich in memoriam, 29.7.1990, S. 1; 31) Crysanthemen, 30.9.1990, S. 1; 32) Frühlingslied, 17.3.1991, S. 5; 33) Hyazinthen, 24.3.1991, S. 1; 34) Kleines Lied, 2.6.1991, S. 2; 35) Das Gebet, 2.6.1991, S. 5; 36) Die Trauerweide, 8.9.1991, S. 3; 37) April, 19./26.4.1992, S. 5; 38) Schnee, 27.10.1992, S.2; 39) Das Deutsch von 1944. Wie in Temeswar und im rumänischen Teil des Banats gesprochen wurde, 13.6.1993, S. 7 (1) / 20.6., S. 6 (2) / 27.6., S. 8 (3); 40) Akazien am Wegrand, 28.11.1993, S. 8; 41) Weihnacht, 19./26.12.1993, S. 3; 42) Enzian, 12.6.1994, S. 6; 43) Edelweiß im Garten, 24.7.1994, S. 5; 44) Stachelbeere an der Pappel, 25.9.1994, S. 4 / 13.11.1994, S. 2; 45) Sieh diese Rose ..., 12.2.1995, S. 7; 46) Die Roßmühle, 19.5.1996, S. 10; 47) Späte Rosen, 11.10.1998, S. 10; 48) Akazien am Wegrand, 28.2.1998, S. 20; 49) Der seltsame Dienst, 14.3.1999, S. 10; 50) Früher Tag, 25.4.1999, S. 15; 51) Tschinakel, 9.5.1999, S. 20; 52) Abend auf dem Felde, 6.6.1999, S. 14; 53) Der Dorfpfarrer. Besuch beim Freund im Nachbarort, 20.6.1999, S. 9; 54) Goldregen, 1.8.1999, S. 15; 55) Ein Weihnachtsgeschenk aus Wien. Jahreszeitliche Gedanken um das Buch, 19.12.1999, S. 13; 56) Später Winter, 17.12.2000, S. 5; 57) Toter Schimmel, 20.11.2002, S. 16; 58) Mosaik eines Untergangs. Memoiren (in Fortsetzungen), vom 3.1.1999, S. 5 (Beginn) bis 29.12.2002, S. 5 f. (Schluß)

in den Südostdeutschen Vierteljahresblättern: 1) Unbekannte Literaturgeschichte, 1972/1, S. 37; 2) Stern, 1972/1, S. 42; 3) Der alte Aprikosenbaum, 1972/4, S. 257; 4) Der Dichter, 1983/4, S. 294; 5) Der Drehorgelmann, 1983/4, S. 294; 6) Alles ist nichts, 1983/4, S. 295; 7) Josef Nadler, 1984/3, S. 172; 8) Vertikal, 1985/1, S. 5; 9) Ungarn, 1985/1, S. 6; 10) Alter Mann, 1985/1, S. 6; 11) Walja, 1985/4, S. 278; 12) Meine „Beziehung" zu Karl May, 1985/2, S. 125; 13) „Wer weiß von den Menschen". Zwei Texte: Kraft und Gegenkraft / Das Romanische Portal, 1989/1, S. 27-29; 14) Die Feuerkrone. Dózsas Kampf um Verklärung. Aus dem Trauerspiel, 1990/2, S. 136-140; 15) Ankunft in Wien, 1995/2, S. 111-117; 16) Stachelbeere an der Pappel, 1995/3, S. 232; 17) Schulfreundschaften, 1997/1, S. 23-28

in anderen Organen: 1) Deutsches Schauspiel im Banat, in: BM 1936, S. 81; 2) Heimische Dichtung, in: BM 1937, H. 4, S. 97-103; 3) „Die Auswanderer" von Hans Thurn, in: BM 1937, H. 7/8, S. 226-29; 4) Banater Dichtung der Gegenwart. Versuch einer geistigen Schau, in: Furche und Acker, Temeschburg 1940, S. 24-33; 5) Versuch einer Deutung der Banater Dichtung, in: BSB 1940, H. 3, S. 49-57 / BDZ v. 21.2.1940, S. 3 f., 22.2., S. 3 f., 23.2., S. 4; 6) Die Banater Dichtung der Gegenwart. Überschau und Ausblick, in: DL 1941, H. 1/2, S. 43-51 / VIS 1941, H. 9, S. 27-34 / Schwaben. Monatsheft für Volkstum und Kultur, Kohlhammer Verlag Stuttgart, Jg. 13, Heft 6/1941, S. 376-379; 7) Ein Jahr Kulturarbeit, in: ST v. 10.1.1943; 8) Das Wesen der deutschen Dichtung, in: Der deutsche Lehrer, Nr. 1-2, Hermannstadt 1944; 9) Die deutsche Umgangssprache von Alt-Temesvar, in: Omagiu lui Iorgu Iordan cu prilejul implinirii a 70 de ani (Festschrift für Iorgi Iordan zum 70. Geburtstag), hrsg v. d. Rumänischen Akademie der Wissenschaften, Akademieverlag 1958, S. 381-387 (gekürzt), ebenfalls gekürzt erschien die Arbeit in NBZ v. 2/3. / 4.4.1979; 10) Ein unbekannter Erzähler des Banats: Johann Eugen Probst, in: NW v. 28.9 1968; 11) Das Licht. Versuch einer Interpretation von Paul Celans „Sprachgitter", in: NW v. 20.4.1968; 12) Die deutsche Lyrik der Gegenwart (I), in: NBZ v. 13.10.1968; 13) Die deutsche Lyrik der Gegenwart (II), in: NBZ v. 20.10.1968; 14) Wege zur Moderne, in: NW v. März 1968; 15) Das moderne Gedicht, in: NBZ v. 4.8. / 18.8.1968; 16) Wirkung auf die Nachwelt. Zum 50. Todestag Frank Wedekinds, in: NW 1968; 17) Charakteristische Kennzeichen der deutschen Volkssprache von Temesvar (Fenomene specifice ale limbii populare germane din Timișoara), Extras din Analele Universitatii din Timișoara (Auszug aus den Annalen der Temesvarer Universität), Serie Stiinte filologice (Reihe: Philologische Wissenschaften), Bd. VII, 1969, S. 79-90; 18) Beim Meister: Johann Eugen Probst besucht Gottfried Keller, in: NBZ v. 20.9.1970; 19) Streit über oder Kampf um eine neue Lyrik, in: NBZ v. 8.1.1971; 20) Nicht Minne, sondern Liebe. Walthers Liebesdichtung, in: NBZ v. 28.8.1972; 21) Unbekannte Literaturgeschichte: Die Briefe von Johann Eugen Probst an Adolf Meschendörfer, in: Karpatenrundschau v. 18.9.1970 / SV 1972/1, S. 37 ff.; 22) Thomas Manns Novelle „Tristan" – Versuch einer Deutung, in: Analele Universitatii din Timişoara Serie Stiinte filologice, Vol II. IX Fasc. 1.1971, S. 322-328; 23) Faust – die dichterische Allegorie eines exemplarischen Lebens. Aus Anlaß des 140. Todestages von J. W. Goethe, in: Volk und Kultur, Nr. 6, Bukarest 1972, S. 41 f. / 61; 24) Stehen wir noch zu Faust? Oder steht Faust zu uns? 140 Jahre seit dem Tode J. W. Goethes, 1972; 25) Das Stadtdeutsch von Temesvar, in: DLB 3/1972, S. 8-12; 26) Theodor Fontanes Effi-Briest-Roman: Vorwort, Anmerkungen und Worterklärungen von R. Hollinger, Facla Verlag, Temeswar 1973, S. 5-16 / 383-405; 27) Der alte Aprikosenbaum, in: DSK 1973, S. 49; 28) Nachtrag zum Goethe-Jahr (1982). Versuch einer persönlichen Betrachtung von Goethes Faust-Dichtung, in: DLB 1983/1, S. 7 f.; 29) Verwirrung eines Hasen, in: DSK 1988, S. 153; 30) Temeswar und sein Deutsch, in: BAN 4/1989, S. 24-31; 31) Stachelbeere an der Pappel, in: SV 1995/3, S. 232; 32) Noch zur rechten Zeit, in: DSK 1996, S. 140 f.; 33) Früh übt sich ... Eine Erinnerung, in: DLB 1994/3-4, S. 69-72 / DSK 1997, S. 147 ff.; 34) Reifeprüfung, genannt Examen de Baccalaureat, in: DLB 1995/2, S. 32-35, 1995/3, S. 59-61 (Fortsetzung u. Schluß); 35) Von Terpsychore unbegnadet, in: DSK 1998, S. 124 ff.; 36) Der Brunnen, in: TH 1999; 37) Ausfahrt, in: DSK 2002, S. 102; 38) Alter Brunnen, in: DSK 2004, S. 115

Redaktion: Volk und Schule. Zeitschrift der deutschen Erzieherschaft in Rumänien, hrsg. v. Schulamt der deutschen Volksgruppe in Rumänien, Jg. 1-4, Temeschburg 1941-1944 [Jg. 1 unter dem Titel: Der deutsche Lehrer, monatl.]

Über Rudolf Hollinger: 1) Anton Scherer: Ergänzungen und Richtigstellungen zu Hollingers „Unbekannter Literaturgeschichte", in: SV 1972/3, S. 203 f.; 2) Hollinger-Abend in Wiener Literaturklub. Briefe des Temeswarer Dichters und Wissenschaftlers an Hermann Hesse, in: DS v. 4.12.1983, S. 7; 3) Hans Dama: Rudolf Hollinger. Dichter und Wissenschaftler aus dem Banat (Fotoporträt), in: SV 1983/4, S. 295-302; 4) Hans Dama: Der Banater Lehrer Prof. Dr. Rudolf Hollinger als Dichter und Wissenschaftler, in: DLB 1985/2, S. 49-56; 5) Hans Wolfram Hockl: Festliche Tage für Rudolf Hollinger, in: DS v. 2.-9.6.1985, S. 5; 6) Nikolaus Engelmann: Symposion für Rudolf Hollinger, in: SV 1985/3, S. 235 f.; 7) Prof. Dr. Rudolf Hollinger zum 75. Geburtstag. „Ich glaube an die Würde des Menschen ...", in: DS v. 11.8.1985, S. 3; 8) Hans Dama: Visionen. Prof. Dr. Rudolf Hollinger zum 75. Geburtstag, in: DS v. 25.8.1985, S. 3; 9) Hans Wolfram Hockl: Bespr. „Gedichte", in: SV 1987/1, S. 72; 10) Gedichte, die zum Nachdenken führen (von N. Engelmann), in: DS v. 22.2.1987, S. 5; 11) Nikolaus Engelmann: Über Rudolf Hollinger: Kunst als Lebensgrundlage der Welt, in: SV 1987/3, S. 202-205; 12) Hans Dama: Prof. Dr. Rudolf Hollingers Faust – Deutung in einem Münchner Vortrag, in: DLB 1988/4, S. 181; 13) Walter Engel: Betrachtungen zur Kurzprosa Rudolf Hollingers. Bruchstücke einer inneren Biographie (Fotoporträt), in: SV 1989/1, S. 23-27; 14) Hans Dama: Gedankenlyrik bei Rudolf Hollinger, in: DLB 1989/1, S. 30-32; 15) Ernst Veit: Bespr. „Gedankensplitter aus dem Osten", in: SV 1989/4, S. 353 f.; 16) Herbert Bockel: Das dramatische Werk Rudolf Hollingers, in: SV 1990/2, S. 127-135; 17) Der donauschwäbische Kulturpreis 1990 für Dr. Rudolf Hollinger, in: BAN 1/1995, S. 66; 18) Horst Fassel: Auf der Suche nach dem Glasperlenspiel. Der Schulmann Rudolf Hollinger, in: BAN 2/1994, S. 11-19; 19) Am schönsten ist der Sang der Nachtigall bei Fährnis. Dr. Rudolf Hollinger zum 85. Geburtstag, in: DS v. 6.8.1995, S. 9 f.; 20) Hans Dama: „Man kann in eigener Sache kein Prophet sein" – Hollinger zum 85. Geburtstag, in: BAN 2/1995, S. 34; 21) Radegunde Täuber: Der Germanist Rudolf Hollinger, in: BAN 2/1996, S. 5-18; 22) Vergänglichkeit ist aller Dinge Maß. Abschied von Rudolf Hollinger (Fotoporträt), in: DS v. 2.2.1997, S. 5 f.; 23) Hans Dama: In memoriam Rudolf Hollinger, in: SV 1997/1, S. 29-32; 24) Hans Dama: Bilder für die Ewigkeit. Die Lyrik Rudolf Hollingers, in: BAN 1/1997, S. 11-18; 25) Zu Beginn der Ewigkeit. Posthumes eines großen Südostdeutschen, in: DS v. 5.4.1998, S. 5; 26) George Răzvan Stoica: Bespr. „Deine Stunde Tod ist groß. Gedichte", in: SV 1998/2, S. 185; 27) Gudrun Heinecke: Hommage á Hollinger. Ein Dank an die Dichter, in SV 1998/3, S. 213-218; 28) Höchste Selbstentäußerung. Lyrik von Rudolf Hollinger vorgetragen, in: BP v. 5.2.2000, S. 3; 29) Rudolf Hollinger zu Ehren, in: SV 2000/1, S. 81 f.

Holzinger, Michael

Nichtselbständige Literatur: 1) Die aldi Narre sin die schlimmi. Einakter, in: VK 1976/2, S. 31-39; 2) Unser Hansi. Laienspiel in 3 Bildern, in: VK 1977/5, S. 23-33/35; 3) De Hooge in dr Familie. Laienspiel, in: VK 1978/4, S. 25-35; 4) Energiespare, in: VK 1979/5, S. 22-26; 5) 's Blatt hat sich gewend. Theaterstick in eem Akt, in: NBZ-Volkskalender 1980, S. 51-57 / Deutsche Mundautoren aus dem Banat, hrsg. v. Anton Peter Petri, München 1984, S. 33 (Textprobe)
Manuskripte: 1) Abwexlung. Einakter, 1972; 2) Weger nix un wieder nix. Einakter, 1973; 3) E Kumedi um de Fredi. Einakter, 1978; 4) Die Feierwehr uf Kontroll. Einakter, 1987
Dialekt-Wörterbuch: Die Oschtermer Sproch, Manuskript, ca. 100 S., Verbleib ungeklärt
Tonarchiv: Gespräche, die Dr. Hans Gehl am 22.5.1994 und am 28.10.1994 mit Michael Holzinger in Augsburg geführt und aufgezeichnet, später auch phonetisch transskribiert hat. Die Themen dabei waren: Landwirtschaft und Viehhaltung sowie Brauchtum im Lebens- und Jahreskreis der Gemeinde Ostern im Banat. Die Tonkassetten sind im Institut für donauschwäbische Geschichte und Landeskunde Tübingen (IDGL) unter den folgenden Signaturen zu finden: B-247-B / B-248-A / B-248-B / B-272-B / B-273-A / B-273-B.
Über Michael Holzinger: 1) Ludwig Schwarz: „Immer muß was geschrieb were!" Der LPG-Bauer, Dorfdichter und Theatermacher von Kleinkomlosch und was zum Leben unbedingt dazugehört. Ein Tag an der Seite von Michael Holzinger (Fotoporträt), in: NBZ v. 28.2.1974, S. 6; 2) Richard Wagner: Pillen mit Schokoladeglasur. Besuch bei dem Mundartautor Michael Holzinger (Fotoporträt), in: ADZ v. 1.6.1979, S. 5; 3) Anton Peter Petri: Deutsche Mundartautoren aus dem Banat, München 1984, darin: 's Blatt hat sich gewend ...(Textprobe), S. 33; 4) M. H. verstarb ..., in: SV 1996/3, S. 233; 5) Luzian Geier: Bauerndichter und Dialektgut-Sammler, in: TZ August 1996 / unter dem Titel: Bauerndichter und Dialektesammler. Nachruf auf den Oschtermer Mundartautor Michael Holzinger, in: DS v. 30.6.1996, S. 10

Hornyatschek, Josef

Selbständige Literatur: 1) Klaus, ein Tagebuch und ... Kaninchen, Jugendverlag, Bukarest 1966, 86 S.; 2) Rate rasch, wer raten kann. Lyrik. Kinderbuch, Bad Aibling 1979, 30 S.; 3) Im Tageslauf. Lyrik. Kinderbuch, Bad Aibling 1983, 28 S.; 4) Im Jahreslauf. Lyrik. Kinderbuch, Bad Aibling 1983, 28. S.; 5) Die Wasserpistole. Schul- und Tiergeschichten, Facla Verlag, Temeswar 1985, 124

S.; 6) Mei Freind, de Wind. Lyrische Texte in banatschwäbischem Dialekt, Kriterion Verlag, Bukarest 1987, 103 S.; 7) Darowa-Kranichstätten: Geschichte vom Aufstieg und Niedergang einer deutschen Gemeinde im Banat (zusammen mit Karl Orner), hrsg. v. d. Heimatortsgemeinschaft Darowa-Kranichstätten, Spaichingen 1991, 500 S.; 8) Am Kreuzweg der Erinnerungen. Lyrische Texte, Verlag Siegfried Bublies, Koblenz 1993, 131 S.; *Folgende Titel unter dem Künstlernamen Josef Bergmann (ebenso oben die Titel Nr. 2, 3 und 4:* 9) Der Dummheit Höhenflug. 120 Fabeln in Vers und Prosa, R. G. Fischer Verlag, Frankfurt a. M. 1994, 141 S.; 10) Das kleine große Herz. Von Kindern und Tieren. Gedichte und Geschichten. Kinder- und Jugendbuch, R. G. Fischer Verlag, Frankfurt a. M. 1994, 97 S.; 11) Rettet die Familie! Plädoyer für die Familie als zeitgemäße Lebensform, Frieling Verlag, Berlin 1995, 96 S.; 12) Wohin des Wegs, Homo sapiens? Gedanken zur Gestaltung der Gegenwart und Zukunft, Verlag Siegfried Bublies, Koblenz 1996, 120 S.; 13) Mit und ohne Maske. Fabeln und fabelähnliche Geschichten, Friedmann Verlag, München 2003, 112 S.; 14) Mein Rätselbuch, Friedmann Verlag, München 2003, 92 S.

Vertreten u. a. in den Anthologien: 1) E Mittl geje die Sitzungskrankheit / Herrgottsträne / De Vedr Phedr un die Buwe / E Mensch, e Kuh un a Pert Heu / Macht 's Gwand die Leit? / Die Nochberin und de Geldschein. Erzählungen, in: Schwowisches Volksbuch. Prosa und Stücke in Banater schwäbischer Mundart, hrsg. v. Verlag „Neuer Weg" in Zusammenarbeit mit d. „Neuen Banater Zeitung", Temeswar 1970, S. 225-233; 2) 21 Rätsel, in: Märchentruhe, Bukarest 1974, S. 230-235; 3) Das Zauberwort. Spiel in drei Bildern, in: Vorhang auf!, Bukarest 1979, S. 83-90; 4) Dorscht / Im Acker / Lewe / Entdeckung / Was ich net will / Zeit / De Unerschied / Großvatre und Enkle / Ich un de Wind / Noch net / Spruch. Mundartgedichte, in: Fechsung. Lyrische Texte in banatschwäbischer Mundart, Kriterion Verlag, Bukarest 1979, S. 69-74; 5) Ein Interview und ein Unwetter. Einakter in zwei Teilen, in: 6 Theaterstücke, Bukarest 1983, S. 57-74; 6) De Unerschied. Mundartgedicht, in: Deutsche Mundartautoren aus dem Banat, München 1984, S. 37 f.; 7) Sie oder wir? Einakter, in: 5 Theaterstücke, Bukarest 1984, S. 3-12; 8) De Franz un die Kälwer. E Spiel in eem Akt. Mundartstück, in: 5 Theaterstücke, Bukarest 1984, S. 73-85; 9) Ein Prachtkerl. Volksstück mit Gesang in sechs Bildern (Musik von Peter Focht), in: 6 Theaterstücke, Bukarest 1985, S. 185-245; 10) Vom Glauben an den Menschen und seinen geistigen Aufbruch. Kritische Betrachtung, in: Die großen Themen unserer Zeit, Berlin 1996, S. 16-25

In Zeitschriften: 1) In der Schule zurückgeblieben, in: VK 1973/2, S. 59 f.; 2) Zur Entwicklung des R-Lautes, in: VK 1977/4, S. 55/63; 3) Wir frohes Volk der Falken / Wir halten Wacht / Wiegenlied / Friedenslied / Meiner Mutti / Wir und Mama / Ball der Tiere. Kindergedichte. 8 Rätsel, in: VK, 30. Jg., September 1978, S. 22 f.; 4) Die Bewährung. Einakter, in: VK, 31. Jg., März 1979, S. 24-28; 5) Mer solls net glaawe. Es Stikl vun uns iwer uns. Mundartstück, in: VK, 34. Jg., Februar 1982, S. 37-39; 6) Das Schuldgefühl. Schauspiel in einem Aufzug, in: VK, 34. Jg., Juli 1982, S. 29-34; 7) Das Tiergericht. Spiel mit Gesang und Tanz (Musik von Peter Focht), Kinderstück, in: VK, 35. Jg., März 1983, S. 27-33; 8) Matz mal anders. Kurzstück für Kinder, in: VK, 36. Jg., April 1984, S. 26 f; 9) Sinn und Unsinn im Wortspiel, in: VK 1984/9, S. 45; 10) Sie oder wir? Einakter für Kinder, in: VK, 36. Jg., Januar 1985, S. 28 f.; 11) Hilfe in der Not (Einakter), in: VK 1985/5, S. 26/44; 12) Wer war der Täter? Spiel für Kinder in drei Bildern und einem Nachspiel, in: Cântarea României, 7. Jg., Bukarest, Mai 1986, S. 54-57

In Zeitungen: 1) Ährenlesen / Auf Fahrt. Gedichte, in: NW-Raketenpost v. 1.8.1973; 2) Das Gerücht. Fabel, in: KR v. 14.9.1973; 3) Die Heimat. Gedicht, in: NWR v. 14.8.1975; 4) Sommerregen. Liedtext (Musik: Michael Sieber), in: NWR v. 28.8.1975; 5) Frisch gespurt. Liedtext (Musik: Peter

Focht), in: NWR v. 28.12.1976; 6) Herbstlied. Liedtext (Musik: Peter Focht), in: NWR v. 13.10.1977; 7) Tannenbaum-Winterbaum. Liedtext (Musik: Peter Focht), in: NWR v. 4.1.1979; 8) Der erste Schultag. Liedtext (Musik: Peter Focht), in NWR v. 13.9.1979; 9) Freundschaft, Frieden, Glück. Liedtext (Musik: Klaus Metz), in: KR v. 9.11.1979; 10) Die Katzen und der Fuchs. Fabel, in: NWR v. 13.3.1980; 11) Lasst uns Blumen, Bäume pflanzen. Liedtext (Musik: Peter Focht), in NWR v. 17.4.1980; 12) Märchenrätsel. Verse, in: NWR v. 15.5.1980; 13) Wir lieben das Leben. Liedtext (Musik: Peter Focht), in: NWR v. 29.5.1980; 14) Märchenrätsel. Verse, in: NWR v. 12.6.1980; 15) Ferienlager Năvodari. Liedtext (Musik: Peter Focht), in: NWR v. 17.7.1980; 16) Schön ist unsere Straße. Liedtext (Musik: Peter Focht), in: NWR v. 3.9.1981; 17) Winterlied. Liedtext (Musik: Peter Focht), in: NWR v. 28.1.1982; 18) Unser Erdball bleibt nicht stehen. Gedicht, in: KR v. 24.9.1982; 19) Das braucht ein Kind. Gedicht, in: KR v. 10.6.1983; 20) Verkehrte Welt.Gedicht, in: Die kleine KR v. 1.6.1984; 21) Frühlingslied. Liedtext (Musik: Peter Focht), in: NWR v. 11.4.1985; 22) Lied vom Wattfraß. Gedicht, in: Die kleine KR v. 1.11.1985; 23) Winterlied. Liedtext (Musik: Peter Focht), in: NWR v. 13.2.1986; 24) Der Ochse und das Echo / Der Mist und der Berg / Der Papagei und die Schwalben / Der Bauer und der Hase / Der Esel und der Spiegel. Fabeln, in: NBZ v. 2.3.1986; 25) Zuversicht. Gedicht, in: Die kleine KR v. 8.5.1986; 26) Wanderlied. Liedtext (Musik: Peter Focht), NWR v. 29.5.1986; 27) Jahreswende. Gedicht, in: Die kleine KR v. 3.1.1987; 28) Schneefall. Gedicht, in: Die kleine KR v. 16.1.1987; 29) Worte auf den Weg. Gedicht, in: NWR v. 16.4.1987; 30) Ins kühle Naß. Gedicht, in: KKR v. 10.7.1987; 31) Gänse. Gedicht, in: NWR v. 3.9.1987; 32) Darowa. Gedicht, in: DS v. 21.10.1990, S. 5; 33) Meiner Mutter (unter: Josef Berger), in: DS v. 5.5.2002, S. 16; 34) St. Wendelin (unter: Josef Berger), in: DS v. 7.4.2002, S. 12
Anmerkung: In der „Pipatsch", der Beilage der NBZ, erschienen in den Jahren 1973-86 in fast regelmäßigen Abständen etwa 60-70 Mundartgedichte, eine genaue Evidenz liegt nicht vor. Hier drei Beispiele: 33) Fruhjohr / Noch net / E Bitt / Ich un de Wind / De Gedanke, in: NBZ v. 6.4.1978; 34) Motterseelalleenicht, in: NBZ v. 26.4.1985; 35) Summer, in: NBZ v. 21.7.1985
Im Hörfunk: 1) Eine Sache des Gewissens. Hörspiel, gesendet vom Temeswarer Rundfunk 1972; 2) Das Dilemma. Hörspiel, ebd. 1973; 3) Die Unbeugsamen, ebd. 1974
Anmerkung: Sporadisch sendete der Temeswarer Rundfunk (Deutsche Abteilung) von J. H. auch Lyrik, Beiträge zur Jugenderziehung sowie zu verschiedenen gesellschaftlichen Themen.
Journalistische Arbeiten: Sie bestehen aus einigen hundert Beiträgen in Zeitungen, Zeitschriften und im Rundfunk – Berichten, Porträts, Theaterkritiken, Reportagen, Artikeln zu kulturellen Fragen, über Jugend- und Sprecherziehung, Fachstudien u. a. Hier nur wenige Beispiele: 1) 21 Tage in Poiana Nărului. Eindrücke von einem Kuraufenthalt. Bericht, in: NW v. 3.10.1953, S. 2 (erste Veröffentlichung überhaupt); 2) Chorarbeit in Darowa, in: WA v. 16.5.1962, S. 3; 3) Ein beispielloser Kampf ums Überleben. Gedanken zum Erlebnisbericht eines ehemaligen Strafgefangenen. Buchrezension, in: BP v. 10.7.1988, S. 12 f.; 4) Ein denkwürdiges Ereignis. Bericht, in: BP v. 5.11.1994, S. 8; 5) Es war der traurigste aller Trauerzüge. Schilderung, in: BP v. 5.1.1995, S. 4; 6) Darowa-Kranichstätten. Vom Aufstieg und Niedergang einer banatdeutschen Gemeinde. Kurzmonographie, in: BP v. 20.2.1996, S. 8 f.; 7) Darowaer Blaskapelle beim Kilianifest. Bericht, in: BP v. 20.8.2001, S. 14; 8) Erinnerungen an die Russland-Deportation: Inbegriff von Güte und Selbstlosigkeit. Schilderung, in: BP v. 20.1.2002, S. 7; 9) Zum Nachlesen, zum Nachdenken, zum Nacherleben. Ein bemerkenswertes Buch von Heinrich Lay, in: ADZ (Beilage „Banater Zeitung") v. 19.3.2003; 10) „Primtal Express" in voller Fahrt. Junge Spaichinger Band macht Furore, in: BP v. 5.4.2003

Über Josef Hornyatschek: 1) Ludwig Schwarz: Josef Hornyacsek. Kritische Notiz, in: Fechsung. Lyrische Texte in banatschwäbischer Mundart, Bukarest 1979, S.; 2) HS (Horst Samson): Hornyacsek-Verse in der BRD. Notiz zu den Gedichtbändchen „Im Tageslauf" und „Im Jahreslauf" sowie zu anderen Veröffentlichungen, in: NBZ v. 16.2.1984, S. 1; 3) Josef Hornyacsek. Die Wasserpistole. Schul- und Tiergeschichten. Buchpräsentation, in: VK, 36. Jg., Juni 1985; 4) Anna Bretz: Seinen Mitmenschen nützlich sein. Gespräch mit Josef Hornyacsek, in: VK, 36. Jg., August 1985, S. 24 f.; 5) Eduard Schneider: In „schöne Aufregung" versetzen. Notiz zu Veröffentlichungen und Gespräch mit dem Banater Fabeldichter Josef Hornyacsek nach einer Lesung im Literaturkreis „Adam Müller-Guttenbrunn", in: NBZ v. 2.3.1986, S. 2; 12; 6) Hans Bader: Josef Hornyacsek greift zur Fabel. Notiz, in: BP v. 5.4. 1986; 7) Anton A. Villing: Kapitel zur Mundart ist das i-Tüpfelchen. Neues Heimatbuch für Banater eine Fundgrube. Ortsgemeinschaft Darowa-Kranichstätten ist Herausgeber des brauchbaren Nachschlagewerks. Buchbesprechung, in: Schwäbische Zeitung v. 12.12.1991; 8) Josef Hornyatschek/Karl Orner: Darowa-Kranichstätten. Geschichte und Niedergang einer deutschen Gemeinde im Banat. Besprechung, in: BAN 1992/1, S. 61-63; 9) Marius Koity: ... den Lebenden zum Vermächtnis. Rezension, in: NBZ v. 4.2.1992, S. 3; 10) Walter Wolf: Umfassender Auszug aus dem Leben. Heimatbuch Darowa-Kranichstätten. Buchbesprechung, in: BP v. 5.3.1992, S. 6; 11) Enge Beziehung zum „Musterländle". Josef Hornyatschek/ Karl Orner: Darowa-Kranichstätten. Rezension, in: DS v. 15.3.1992, S. 5; 12) Hugo Hausl: Heimat ist unersetzlich. Darowa-Kranichstätten. Bemerkungen zu einer Ortsmonographie. Rezension, in: NW v. 8.4.1992; 13) Josef Hornyatschek. Am Kreuzweg der Erinnerungen. Lyrische Texte. Rezension, in: BAN 1/1995, S. 66; 14) Josef Bergmann. Der Dummheit Höhenflug. 120 Fabeln in Vers und Prosa. Rezension, in: BAN 1/1995, S. 66 f.; 15) Maria Werthan: Für Kinder und Familie. Zwei Neuerscheinungen von Josef Hornyatschek (Josef Bergmann): Das kleine große Herz, Rettet die Familie! Rezension, in: BP v. 20.11.1995, S. 3; 16) Maria Werthan: Gedanken über die Zukunft. Zum Buch von Josef Bergmann: Wohin des Wegs, Homo sapiens? Rezension, in: BP v. 5.3.1997, S. 7

Horwath-Tenz, Maria

Selbständige Literatur: 1) Vier Jahre meines Lebens. Als Mädchen im Hungerlager Rudolfsgnad, hrsg. v. Pfarrer Matthias Merkle, Heilbronn 1987, 72 S.; 2) Übersetzung ins Englische: The Innocent must Pay. Memoirs of a Danube German Girl in a Yugoslavian Death Camp 1944-1948, by Maria Horwath Tenz, translated from German by John Adam Koehler, Illustrations by Susanna Tschurtz, published 1991 by the University of Mary Press, Bismarck, North Dakota, with permission of Eugen-Verlag, Munich/Bavaria; 3) Marias Mädchenjahre. Erinnerungen aus dem Todeslager, hrsg. u. mit einem Vorwort v. Stefan Teppert, Illustrationen v. Helga Feder, Hartmann Verlag, Sersheim 2004, 227 S.
Nichtselbständige Literatur: Als Mädchen im Hungerlager Rudolfsgnad. Erlebnisbericht einer jungen Donauschwäbin, in 27 Fortsetzungen abgedruckt in: DS vom 23.2.1986 bis 31.8.1986
Über Maria Horwath: 1) Kerstin Schwob: Bespr. „Vier Jahre meines Lebens", in: SV 1987/3, S. 255 f.; 2) The Innocent must pay. Book review by Frank Schmidt, in: HB, Mai 1992; 3) Josef Andreas Kauer: Bespr. „Vier Jahre meines Lebens", in: WEI Sept. 1987, S. 9; 4) SK: „The innocent must pay" – „Die Unschuldigen müssen bezahlen", in: WEI Sept. 1992, S. 8; 5) Bitteres Schweigen. Auf der Schattenseite des Jahrhunderts. Die Geschichte der Donauschwäbin Maria Tenz. Feature

von Heide und Rainer Schwochow mit Texten von Herta Müller, in: Deutschlandfunk, Sendung am 24. August 1993, 19.15 bis 20.00 Uhr

Hruszek, Heinrich

Nichtselbständige Literatur: 1) Vor 15 Jahren. Tagebuch eines donauschwäbischen Militärarztes von Dr. H. Hruszek, in: DSR v. 21.8.1955, S. 2 / 25.9.1955, S. 5; 2) Eine Ferienfahrt in die Batschka. Vorkriegserinnerungen, in: DSR v. 6.11.1955, S. 5, 3 Folgen bis 4.12.1955, S. 2; 3) Weingartenhüten (aus: „Pannonische Patrioten"), in: NL v. 29.10.1960, S. 6; 4) Brief über die Grenze, in: NL v. 10.6.1961, S. 6; 5) Eine peinliche Geschichte, in: NL v. 8.7.1961, S. 6; 6) Dorfjugend, in: DB 1961/8, S. 8-12; 7) Grenzenlos blamiert, in: NL v. 2.9.1961, S. 7; 8) Einer von vielen: ein Landsmann, in: NL v. 23.9.1961, S. 6; 9) Der rüpelhafte Narednik, in: NL v. 21.10.1961, S. 6; 10) Zur Strafwache verdonnert, in: NL v. 2.12.1961, S. 6; 11) Unvergeßliche Reise zur Weihnachtszeit, in: NL Weihnachten 1961, S. 12; 12) Glückliches altes Paar, in: NL v. 10.2.1962, S. 6; 13) Jenseits der Grenze, in: NL v. 14.7.1962, S. 6, 25 Folgen bis 19.1.1963, S. 6; 14) Dem toten Freund, in: DB 1962/5, S. 6 f.; 15) Ein Tagebuch, in: DB 1963/8, S. 1/6, 1963/13, S. 2, 1963/15, S. 9 f.; 16) Abschied für immer?, in: DS v. 26.7.1964, S. 3 f. / DB 1964, H. 14/15; 17) Bilanz einer Ferienfahrt durch Jugoslawien zwanzig Jahre nach der Vertreibung, in: NL v. 17.10.1964, S. 6, 4 Folgen bis 14.11. 1964, S. 6
Unveröffentlicht: 1) „Pannonische Patrioten". Aufzeichnungen zum dörflichen Leben in Siwatz; 2) Tagebuch eines donauschwäbischen Militärarztes und ca. 2500 Fotos vom Rußland-Feldzug; 3) Weitere Tagebücher (Manuskripte im Besitz der Witwe)
Über Heinrich Hruszek: 1) Von Landsmann zu Landsmann unterwegs. Er blieb ein echter Donauschwabe – der Arzt und Schriftsteller Dr. med. Heinrich Hruszek aus Alt-Sivatz (Fotos), in: DSR v. 24.7.1955, S. 5; 2) Zu unserem Bericht über Dr. Hruszek aus Alt-Sivatz, in: DSR 31.7.1955, S. 5

Huber, Adam

Selbständige Literatur: Halbmondschatten, Donauschwäbische Verlagsgesellschaft m.b.H., Salzburg 1955, 111 S.
Nichtselbständige Literatur: 1) Erinnerung, in: NL v. 9.1.1954, S. 7; 2) Wie die Franzfelder Hunde das Pantschewoer Stadtrecht erwarben, in: NL v. 6.2.1954, S. 6 / FR 1988, S. 61 f.; 3) Čika Perina politika, in: NL v. 10.7.1954, S. 6; 4) Wer's verdient, der kriegt's, in: NL v. 13.11.1954, S. 6; 5) Unser Ofen, in: NL v. 30.4.1955, S. 6; 6) Die vier Doppeltgebrannten, in: NL v. 18.6.1955, S. 6; 7) Heiteres aus der Wojwodina, in: NL v. 4.2.1956, S. 7; 8) Die gewonnene Tellerschlacht, in: NL v. 23.2.1957, S. 6; 9) Der Riedgassenkönig, in: NL v. 27.4.1957, S. 6; 10) Die Henne und die Ackerfurche, in: NL v. 31.5.1957, S. 6; 11) Nicht nur in Amerika, in: NL v. Weihnachten/Neujahr 1957/58, S. 9; 12) Donauschwäbische Mutterhände, in: NL v. 9.5.1959, S. 6; 13) Als die Pfeiler stürzten, in: NL, Beginn 18.7.1959, S. 9 (in 23 Folgen); 14) Die Launen des Herrn Ossorsky, in: NL v. 16.7.1960, S. 6
Über Adam Huber: Neue Bücher. Adam Huber: Halbmondschatten. Erzählungen, in: NL v. 17.12.1955, S. 6

Hübner, Jakob

Selbständige Literatur: Die Heilmanns. Ein schwäbischer Bauernroman, Staatsverlag für Kunst und Literatur, Bukarest 1956, 465 S.

Nichtselbständige Literatur: 1) Banater Schrifttum. Almanach des Schriftstellerverbandes der R[umänischen] V[olks] R[epublik], Zweigstelle Temesvar, Nr. 3 (1954); 2) (Unter Pseud. „Jakob Konrad":) Als Rebellen erschossen, in: Deutsche Erzähler der RVR, Staatsverlag für Kunst und Literatur, Bukarest 1955, S. 53-66; 3) Fragment, in: WA v. 15.2.1957, S. 4; 4) Auszug aus „Antonikrieg", in: NW v. 18.1.1957, S. 4; 5) Michael Martin. Besprechung, in: NW v. 18.1.1957, S. 2; 6) H. Stănescu, in: VK, 8. Jg., 1957, Nr. 1, S. 47 f. / NW v. 26.4.1957, S. 4; 7) Zwei Helden der Arbeiterklasse, in: NW v. 22.8.1957, S. 4; 8) Dieter, Sandu, Lajos. Erzählung, in: WA v. 13.9.1958, S. 3; 9) Sepp, der Letzte. Skizze, in: WA v. 26.3.1959, S. 3; 10) Die Geschichte der 2000 kg. Skizze, in: WA v. 23.5.1959, S. 3; 11) Neue Temeswarer Straßen auf altem Grund, in: WA v. 2.7.1959, S. 3; 12) Eine neue Künstlergeneration wächst heran (Vasile Pintea, Victor Gaga, Carola Fritz, Hildegard Kremper u. a.), in: WA v. 23.7.1959, S. 3; 13) Ein Blick hinter den Vorhang. Über die Arbeit an der Temeswarer Bühne, in: WA v. 11.8.1959, S. 3; 14) „Die Schwestern Boga" von Horia Lovinescu. Erstaufführung des Temeswarer Deutscher Staatstheaters, in: WA v. 3.9.1959, S. 3; 15) Junge Künstler am meisten vertreten. Von der internen Kunstausstellung, in: WA v. 24.12.1959, S. 3; 16) Schauspiel von Alexander Kornejtschuk. Erstaufführung des Temeswarer Deutschen Staatstheaters, in: WA v. 26.11.1959, S. 3; 17) Junge Temeswarer Künstler stellen aus, in WA v. 10.3.1960, S. 3; 18) Frühling, in: NEL 1961/6, S. 16-43; 19) Neue Kunstwerke entstehen. Atelier bei Temeswarer bildenden Künstlern, in: WA 14.9.1961, S. 3; 20) Die Rache der Spatzen, in: NEL 1962/6, S. 43-57

Hauptautorschaft und Redaktion: Monographie der Großgemeinde Sanktanna, hrsg. v. d. Heimatortsgemeinschaft Sanktanna, Lahr 1985, 196 S.

Unveröffentlichte literarische Werke: 1) Max und Mary oder Das dritte Herz. Roman, 634 S. (1962-1970); 2) Der Landstreicher oder Das hundertjährige Kreuz. Roman, 1. Buch: Herren und Knechte, 2. Buch: Der Türkenschatz, 3. Buch: Das Schachbrett, 4. Buch: Die Betjaren, 5. Buch: Sieg und Niederlage, 6. Buch: Der Galgen und das Kreuz, 548 S. (1971-1980); 3) Die Bastonack (Bruchstück aus dem Roman „Der Landstreicher"), 8 S.; 4) Bergauf. Novelle, 137 S. (1964); 5) Der Springbrunnen. Novelle, 133 S. (1964); 6) Willi. Novelle, 139 S. (1964); 7) Der Ritter von Baratz. Novelle, 55 S. (1980); 8) Die Flinte. Novelle, 56 S. (1980); 9) Der Barbier von Hopsenitz. Novelle, 68 S. (1980); 10) Der schweigsame Bote. Erzählung, 22 S. (1980); 11) Luise und die Grenadiere. Erzählung (Skizze), 4 S.; 12) Es war einmal ein Kater. Erzählung, 2 S.; 13) Das verbriefte Recht. Erzählung, 3 S.; 14) Das Haus und seine Kinder. Roman, Kapitelüberschriften: Festungsgelände / Eine neue Welt / Die fremde Sprache / Wer wohnt in uns? / Das Gewitter / Wer wagt es, Rittersmann oder Knapp? / Unter den Grünkäpplern / Die Hierarchie / Moral und Ethik / Der Heimatkult / Der Kulturwille / Der „Reichsnarr" / Erhebende Turnfeste / Zwei Gegenpole / Das Experiment / Königlicher Besuch / Irredentismus / Die Aktiengesellschaft / Marienheim / Quo vadis, Banatia? / Die Grünen kommen / Die große Wende / Der Wandel / Die Kaserne / La pelerinage / Der Herrgott in der Rumpelkammer / István Bänder und die anderen / Die Bastion / Der Sonderzug / Die Sieger / Universitatea de Vest / Die grassierende Angst / (1980-1983), 219 S.; 15) Der rote Schleier. Roman, Kapitelüberschriften: Interregnum / Die Epuration / Alexandras Untergang / Der Anfang / Die Parteilosen / Die Invasion / Der Verstoßene / Die neue Garnitur / Die Umerzieher / Stalingrad und eine Ohrfeige / Das deutsche Phänomen / Genosse Don Mitica / Der fatale 1. Mai / István Bänder, der Wohltäter / Theophils Einzug / Divide et impera / Exodus / Die latente Feindschaft / Feste und

Feiern / Eine kleine Nachtmusik / Schwäbischer Trachtenball / Warum gehst du zum Ion Bumbu / Theophil – der Junggeselle / Die große Fahrt / Die Revoltion / Der zweite Schwabenball / Pionierlager am Semenik / Der letzte Schwabenball / Die Unifizierung / Des Schönen Heinzis Sturz / Die hungrigen Erben / Die Raizzen kommen / Singt, singt, singt / Mischu Pfäffleins Heimgang / Don Bula und die anderen (letztes Kapitel nicht mehr ausgeführt, Roman entstand 1983-1985), 262 S.; 16) Anala, das Hirtenmädchen. Roman

Weitere Manuskripte: 1) Komlosch, Sanktanna, Neu-Sanktanna. Geschichte in Schlagzeilen; 2) Die Revolution von 1848 (Aufzeichnungen). Geschichte in Schlagzeilen; 3) Die Falkenburg. Aufzeichnungen zwischen Schoymoscher Burg, Maria Radna, Lippa, Türkenzeit, Dosza György; 4) Die Banater Schwaben, 25 S.

Über Jakob Hübner: Hans Weresch: „Die Heilmanns", von Jakob Hübner. Ein schwäbischer Bauernroman, in: NEL 1957/3, S. 133-137

Hübner, Nikolaus

Nichtselbständige Literatur: 1) Vorfrühling, in: DS v. 31.3.1968, S. 6; 2) Dank dem Schöpfer, in: DS v. Ostern 1968, S. 7; 3) In der Fremde / An meine Heimat, in: DS v. 28.4.1968, S. 4; 4) O liebe Mutter, in: DS v. 2.6.1968, S. 9; 5) An einem Herbsttag, in: DS v. 15.9.1968, S. 3; 6) Letzter Gruß, in: DSK 1969, S. 121; 7) Hemmwieh, in: DSK 1969, S. 143; 8) Erkenntnis, in: DS v. 2.11.1969, S. 4 / 17.8.1975, S. 7; 9) Gebet / Christkindlein vor der Tür, in: DS v. Weihn. 1969, S. 3; 10) Verabredeter Grenzübertritt, in: DSK 1970, S. 116 f.; 11) Lied der Lerche in der Fremde, in: DSK 1970, S. 123; 12) In Gedanken daheim, in: DS v. Weihn. 1970, S. 5; 13) Aus einem Leben, in: DS v. 14.2.1971, S. 3; 14) Mein Elternhaus, in: DSK 1972, S. 132; 15) Dr kitzlich Iesl – erlebt in Deitschzammpedr, in: DSK 1972, S. 172 f.; 16) Das gefangene Wildentlein (Märchen), in: DS v. Ostern 1972, S. 3; 17) Liebe, gute Mutter, in: DS v. 14.5.1972, S. 3; 18) An junge Menschen / Junggesellenmorgenspruch, in: DS v. Pfingsten 1972, S. 6; 19) Nachtgebet für ein Kind, in: DS v. 23.7.1972, S. 11; 20) Enttäuscht, in: DS v. 30.7.1972, S. 4; 21) Sprüche, in: DS v. 17.9.1972, S. 8; 22) Sprüche, in: DS v. 22.10.1972, S. 11; 23) Sprüche, in: DS v. 19.11.1972, S. 6; 24) Fern der Lieben, in: DS v. 10.12.1972, S. 5; 25) Der Mutter Grab, in: DSK 1973, S. 119; 26) Nun grünet wieder Wies' und Wald, in: DSK 1974, S. 143; 27) Weshalb, in: DS v. 27.4.1975, S. 5; 28) Geflüchtet, in: DS v. 18./25.5.1975, S. 5; 29) Der sparsam Balwiere in Deitschzammpedr. Vom Hieresaan nochvrziehlt, in: DSK 1977, S. 173; 30) Schparsamr Liebhawr. E erfunne Gschicht, in: DS v. 20.11.1977, S. 5; 31) Hasewunnr in Zammpedr. E wohr Gschicht, in: DSK 1978, S. 174; 32) Wie dr „Hansjeriche Grawe" im Wald bei Zammpedr sei Name griet hat, in: DSK 1979, S. 163 f.; 33) An den Winter, in: DS v. 20.2.1983, S. 7; 34) Frohe Fahrt, in: DS v. 21.8.1983, S. 6; 35) Im Frühling, in: DS v. 8.4.1984, S. 6; 36) In Zammpedr am Lang Grawe. Erinnerungsbilder zu eem vrbunn, in: DS v. 6.5.1984, S. 6; 37) Sprüche und Gedankensplitter, in: DS v. 7.10.1984, S. 4; 38) Zammpedrisch – e schwer Schbrooch, in: DS v. 23.6.1985, S. 11; 39) Gedankensplitter, in: DS v. 15.6.1986, S. 9; 40) Über das Gedicht, in: DS v. 24.8.1986, S. 5; 41) Kurzgedichte und Sprüche, in: DS v. 21.9.1986, S. 10; 42) Herbstlich, in: DS v. 19./26.10.1986, S. 5; 43) An einem Vorfrühlingstag, in: DS v. 8.3.1987, S. 5; 44) Zwischen Marosch-, Theiß- und Donaustrand (Januar 1945), in: DS v. 9.8.1987, S. 7; 45) Vagabund in einer ungarischen Tscharda, in: DS v. 8.11.1987, S. 6 / 8.11.1988, S. 6; 46) Ein Blümlein, in: DS v. 26.6.1988, S. 6; 47) Im Herbst, in: DS v. 2.10.1988, S. 10; 48) Zumbi – e gudr Kumrad, in: DSK 1990, S. 164 f.; 49) E Phiff – e Schtigglche drhemm, in: DS v. 1.4.1990, S.

8; 50) Des Jahres hohe Zeit, in: DS v. 20.5.1990, S. 1 / 30.4.1995, S. 7; 51) Bedenke, in: DS v. 22.7.1990, S. 4; 52) An die Sonne, in: DS v. 1.9.1991, S. 1; 53) Grenze der Gutmütigkeit, in: DS v. 25.10.1992, S. 3; 54) Dr Ustrhas, in: DS v. 4./11.4.1993, S. 1; 55) Traurig, in: DS v. 8.8.1993, S. 10; 56) Vorfrühling, in: DS v. 26.2.1995, S. 4; 57) Kurzgedichte, in: DS v. 5.3.1995, S. 6; 58) Saftschwund, in: DS v. 9.4.1995, S. 5; 59) So ist's halt / In der Fremde – 1948 / Naddenkenswert, in: DS v. 16./23.4.1995, S. 5/6/8; 60) Letztes Bild in: DS v. 7.5.1995, S. 7; 61) Aus letztem Denken, in: DS v. 21.5.1995, S. 10; 62) Über Amseln, in: DS v. 18.6.1995, S. 6; 63) Gedankensplitter / Vorfrühling, in: DS v. 25.6.1995, S. 10; 64) Blick durchs Fenster, in: DS v. 17.9.1995, S. 7; 65) Vorweihnachten 1945, in: 17.12.1995, S. 10; 66) Übers Hiersein, in: DSK 1996, S. 69

Hunoltstein, Hans von

Selbständige Literatur: 1) Izabrane pjesme [Gesammelte Gedichte], Šaban, Karlovac Banija 1936, 48 S.; 2) Gedichte 1941-1944, Selbstverlag [o. J., um 1950], 123 S., mit einem Porträt des Verfassers; 3) Was mir das Herz bewogen ... Gedichte (1936-1970) und Prosa (1950-1970) in deutscher, englischer, kroatischer, kroatisch-kajkawischer, serbischer und spanischer Sprache. Familiengeschichtliches. Wiedergabe von Zeitungsartikeln, Selbstverlag, als Manuskript, Würzburg 1970, 179 S.; 4) Der Mond hat sich gerundet. Erinnerungen aus den Jahren 1944-50, 1976

Nichtselbständige Literatur: 1) Erinnerungen aus den Jahren 1944-1950. Kanadische Impressionen, in: NL v. 14.7.1962, S. 6 / 21.7, S. 6 / 28.7., S. 6 / 4.8., S. 7; 2) Toter Friede, in: DS v. 5.12.1971, S. 6; 3) Heim der Kindheit, in: DS v. Weihn. 1971/Neujahr 1972, S. 6; 4) Neujahrswunsch / Jaškovo, in: DS v. 9.1.1972, S. 4/5; 5) Meine Wunden / Am Ufer der Donau, in: DS v. 20.2.1972, S. 4; 6) Die vier Kardinaltugenden, in: DS v. 5.3.1972, S. 5; 7) Rat, in: DS v. 26.3.1972, S. 5 / 21.1.1973, S. 4; 8) Segen der Kindheit, in: DS v. 7.5.1972, S. 3; 9) Lebensideal, in: DS v. 11.6.1972, S. 6; 10) Erinnerung, in: DS v. 23.7.1972, S. 11; 11) Fernes Dämmern, in: DS v. 13.8.1972, S. 5; 12) Geheimes Wiedersehen, in: DS v. 27.8./3.9.1972, S. 11; 13) Das Leiden, in: DS v. Weihn. 1972, S. 4; 14) Frühling in Jaškovo (Gedicht), in: DS v. 27.5.1973, S. 8; 15) Gegensätze, in: DS v. 22.7.1973, S. 5 / 13.6.1986, S. 4; 16) Schönheitswelt, in: DS v. 19.8.1973, S. 7; 17) Nachwort zu „Spuren, Stationen, Wege" von Wilfried Kniesel. Eine Forschungsarbeit über den donauschwäbisch-pfälzischen Sippenverband Kniesel/Knissel in Oberschwaben., Pfalz-Zweybrücken, der Batschka, dem Banat und der Pfalz, Schweinfurt 1973, S. 155 f.; 18) Der moderne Mensch, in: DS v. 17.2.1974, S. 3 / 15.12.1974, S. 5; 19) Lebenswahrheit, in: DS v. 8.9.1974, S. 11; 20) Seelenbild, in: DS v. 27.10.1974, S. 7; 21) Der Grund, in: DS v. 5.10.1975, S. 5; 22) Vergeßt die Mundart nie!, in: DS v. 26.9.1976, S. 3 / 19./26.5.1991, S. 9; 23) Lenau, in: DS v. 10.10.1976, S. 3; 24) heut und einst ..., in: DS v. 27.2.1977, S. 4; 25) lauf der welt, in: DS v. 27.3.1977, S. 3; 26) Hymne auf die Natur, in: DS v. Ostern 1977, S. 4; 27) glück der kindheit, in: DS v. 22.5.1977, S. 3; 28) Fragen und Antworten, in: DS v. 11.9.1977, S. 5 / 6.10.1985, S. 3 / 30.6.1996, S. 1; 29) Freundeswort, in: DS v. 25.9.1977, S. 6; 30) Abendglühn, in: DS v. 2.10.1977, S. 4; 31) Thema: Nikolaus Lenau / Lenau (Gedicht), in: DS v. 7.1.1979, S. 8; 32) Unser Los, in: DS v. 4.3.1979, S. 4; 33) Richtschnur, in: DS v. 18.3.1979, S. 5; 34) Nur im Traum noch, in: DS v. 17.6.1979, S. 2; 35) Erinnerungen an Lujo Plein, in: DS v. 12.8.1979, S. 5; 36) Künstlerdasein (Gedicht), in: DS v. 12.8.1979, S. 5; 37) Wird der Dichter mit dem König gehen? (Betrachtung) / Poetische Lektüre (Gedicht) / Realität (Gedicht), in: DS v. 26.8.1979, S. 4; 38) Kind singt und Greis, in: DS v. 4.7.1982, S. 4; 39) Flüchtigkeit, in: DS v. 15.8.1982, S. 7; 40) Maitag in der alten Heimat, in: DS v. 13.5.1982, S. 5; 41) Frühling in der

alten Heimat, in: DS v. 20.5.1984, S. 5; 42) schmerzliches erwachen, in: DS v. 16.9.1984, S. 5; 43) Freundschaft, in DS v. 5.1.1986, S. 4; 44) Herbststimmung, in: DS v. 21.9.1986, S. 6 / 25.10.1987, S. 8 / 10.9.1989, S. 8; 45) Herbstnebel, in: DS v. 2.11.1986, S. 6 / 16.10.1988, S. 12; 46) Damals und heute, in: DS v. 4.9.1988, S. 5; 47) Gesang des Porzellanzertrümmerers, in: DS v. 9.4.1989, S. 5; 48) Erwartung, in: DS v. 28.5.1989, S. 12; 49) Poetenschicksal, in: DS v. 22.10.1989, S. 7; 50) Am Ufer der Drau, in: DS v. 25.2.1996, S. 2; 51) Fragen, Antworten, in: DS v. 7./14.4.1996, S. 4
Viele Gedichte, Zahlenrätsel, Zitatesammlungen, zwei Romane und Filmkritiken von Hans von Hunoltstein erschienen in der „Croatian Voice" in Winnipeg/Manitoba (vgl. „Kanadische Impressionen", in: NL v. 28.7.1962, S. 6)
Über Hans von Hunoltstein: 1) Besprechung der „Gesammelten Gedichte", in: SVE, Jg. 2, 1939/40, H. 1, S. 63; 2) „Was mir das Herz bewogen", in: DS v. 28.11.1971, S. 6; 3) Wilfried Kniesel: Dichter Hans von Hunoltstein 60. Durch und durch Ästhet und Individualist alter und neuer Prägung (Fotoporträts), in: DS v. 27.10.1974, S. 7; 4) Wilfried Kniesel: Dichter Hans von Hunoltstein überrascht uns, in: DS v. 7.9.1975, S. 5; 5) Lotte Wilhelm: Hans von Hunoltstein: Der Mond hat sich gerundet. Ein neues Buch des donauschwäbischen Dichters ..., in: DS v. 26.10.1975, S. 7; 6) Wilfried Kniesel: Hans von Hunoltstein wird 65. „Ich habe immer gewußt, daß die Mehrzahl der Menschen keinen Sinn für Poetisches hat", in: DS v. 28.10.1979, S. 4

Hutterer, Christl

Bühnenstücke: Mehrere im Banat in der Vorkriegszeit entstandene und aufgeführte Theaterstücke von Christl Hutterer sind verschollen. Auch das Volksschauspiel „Evchens Hochzeit" war verlorengegangen und wurde nach der Flucht rekonstruiert.
Über Christl Hutterer: 1) „Evchens Hochzeit". Heimatliches Schauspielgut lebt wieder auf, in: NL v. 30.3.1952, S. 4; 2) Donauschwaben, das habt ihr fein gemacht! Das Volksstück „Evchens Hochzeit" in Heidenheim, in: NL v. 4.5.1952, S. 4; 3) Aufführung des Volksstückes „Evchens Hochzeit" von Christl Hutterer, in SV 1954/4, S. 197; 4) Das Bild der Woche: Christl Hutterer, in: DSR v. 13.4.1958, S. 4; 5) Oskar Feldtänzer: Erstmals „Evchens Hochzeit" in Oberösterreich. 800 Zuschauer im Volksheim zu Marchtrenk waren begeistert, in: DS v. 24.5.1981, S. 6

Hutterer, Franz

Selbständige Literatur: 1) Treue findet ihren Lohn. Eine Geschichte von einem Jungen, einem Mädel, einem Esel, einem kleinen und einem grossen braunen Bär, Hermann Schaffstein Verlag, Köln 1957, 96 S., ²1965 (Deutscher Jugendbuchpreis, Auswahlliste 1956, in acht Sprachen übersetzt); 2) Der Sohn der schwarzen Zelte. Geschichte eines Beduinenjungen, Herrmann Schaffstein Verlag, Köln 1958, 128 S., ²1965; 3) Die große Fahrt des Richard Hook. Eine Jugenderzählung von Treue, Kameradschaft und Wagemut, Hermann Schaffstein Verlag, Köln 1959, 168 S.; 4) An den Ufern der Donau. Peter, Michael und Brigitte reisen in die Heimat ihrer Eltern, Pannonia Verlag, Freilassing 1959, 100 S.; 5) Die Kinder von der Schäferwiese. Die Geschichte von Musch, dem Kätzchen, Jenki, dem Affen, den drei Hillebrandkindern und ihren neuen Freuden, Hermann Schaffstein Verlag, Köln 1960, ²1965 (ins Englische übersetzt); 6) Drei um Jacki. Die Geschichte von Paul und Hanni, ihrem Freund Benno und dem Esel Jacki, Hermann Schaffstein Verlag, Köln 1963, ²1965, 88 S.; 7) Die Welt an der Donau. Vom Schwarzwald bis zum Schwarzen Meer. Ein Buch für junge Menschen, Pannonia Verlag, Freilassing 1964, 79 S.; 8) Gesang über dem Wasser. Erzählungen, Verlag Südostdeutsches Kulturwerk, München 1996, 180 S.

Nichtselbständige Literatur: 1) Deutsche Kolonisten in Südosteuropa, in: VFS 1950, S. 153-155; 2) Die Nacht am Ufer, in: VDK 1951, S. 94-100; 3) Spuren im Schnee, in: Wir Donauschwaben, Salzburg 1950, S. 384-392 / NL v. 4.2.1951 / DSK 1986, S. 85 ff., S. 4; 4) Daheim ist jetzt der Weizen reif, in: OZ v. 19.8.1951 / NL v. 28.6.1969, S. 5; 5) Marginalien. Adam Müller-Guttenbrunn, gestern und heute, in: SH 1952, H. 1/2, S. 85-88; 6) Die Begegnung, in: VDK 1953, S. 79-83; 7) Unterwegs, in: NL Neujahrsnummer 1953, S. 5; 8) Die Heimkehr des verlorenen Sohnes, in: NL v. 11.1.1953, S. 6 / DKS 1956, S. 98 ff.; 9) Gehört das Buch dazu?, in: NL v. 25.1.1953, S. 3; 10) Gehört das Buch dazu? I. Das Fachbuch, in: NL v. 2.2.1953, S. 7; 11) Gehört das Buch dazu? II. Das Jugendbuch, in: NL v. 21.2.1953, S. 3; 12) Gehört das Buch dazu? III. Das unterhaltende Buch, in: NL v. 28.2.1953, S. 3; 13) ebd.: Das Fleisch ist schwach; 14) Das richtige Maß, in: NL v. 14.3.1953, S. 2; 15) Der Unbekannte. Legende aus unseren Tagen, in: NL v. 4.4.1953, S. 7 / DKS 1954, S. 36 ff.; 16) Das Leid ist alt, in: NL v. 11.4.1953, S. 3; 17) Etwas bleibt übrig ..., in: NL v. 18.4.1953, S. 3; 18) Die Nacht vor der Überfahrt, in: NL v. 25.4.1953, S. 6; 19) Der Knabe Thom, in: NL v. 23.5.1953, S. 7 / SH 1953/1, S. 34-48 / als Nr. 154 d. Schriftenreihe „Dein Leseheft", Gütersloh, Rufer-Verlag, 24 S. / Anton Scherer: Die nicht sterben wollten, Freilassing 1959, S. 201-207; 20) Grosse Buben, in: NL v. 13.6.1953, S. 3; 21) Sommermorgen in der Batschka, in: NL v. 1.8.1953, S. 6; 22) Der alte Weingartenhüter, in: NL v. 29.8.1953, S. 6; 23) Die Dorfschandaren, in: NL v. 19.9.1953, S. 3; 24) Weinlese, in: NL v. 3.10.1953, S. 7; 25) Sind wir die gleichen geblieben, in: NL v. 8.5.1954, S. 1; 26) Bleibt das Echo aus?, in: NL v. 10.7.1954, S. 1; 27) Die Versuchung, in: NLV 1955, S. 162 ff.; 28) Einige Bemerkungen zur donauschwäbischen Literatur der Gegenwart, in: DLB 1955/1, S. 5 f. / DL 1955/1, S. 5 f.; 29) Der Barbier, in: NLJ 1956, S. 88-91 (aus dem unveröff. Roman „Gras wächst über die Geschichte", u. d. T. „Der Dorfbarbier" in: JDJ 1960, S. 99-102; 30) Ein Sonntag vor Ostern (Auszug aus dem Roman: „Gras wächst über die Geschichte"), in: DH 1957, S. 176 ff. / NLJ 1957, S. 176-78; 31) Die Rosen, in: Heimatbuch der Donauschwaben, Aalen 1958, S. 365-71; 32) An den Ufern der Donau, in: NL v. 14.11.1959, S. 6; 33) Über die Schwierigkeiten, ein donauschwäbisches Jugendbuch zu schreiben, in: SV 1959, S. 108 f.; 34) Auf einsamem Posten, in: GB 1960, Nr. 7/8, S. [8], Nr. 9, S. [6] / JDJ 1961, S. 58-62; 35) Das war Fabian, in GB 1961, Nr. 10, S. [6]; 36) Der verdrängte Komplex. Völkerversöhnung und Völkerverständigung, in: NL v. 8.4.1961, S. 3; 37) Der donauschwäbische Schriftsteller und die moderne Literatur, in: NL v. 8.7.1961, S. 8 f.; 38) Zum Thema: Donauschwäbisches Kulturzentrum. Wo nehmen wir heute den verlorenen Faden auf?, in NL v. 22.4.1961, S. 1; 39) Der Herr allein weiß es (Fotoporträt), in: NL v. 11.8.1962, S. 8; 40) O. W. Cisek, ein deutscher Schriftsteller aus Rumänien. Die unterste Grenze der Zugeständnisse, in: NL v. 12.1.1963, S. 8; 41) Sein erster Karpfen, in: AH 1964, H. 17, S. 7-9; 42) Ehe das Eis bricht (Träger des Ostdeutschen Jugendbuchpreises 1964), in: NL v. 2.1.1965, S. 3; vgl. 43) Bevor das Eis bricht, in: SV 1965/2, S. 69-74; 44) Thomas und die Donau, in: DLB 12/1965, S. 117-119; 45) Sein erster Karfen / Der rote Stier, in: JDJ, Patenschafts-kalender 1966, S. 80-86; 46) Die jugoslawische Literatur seit 1945, in: DLB 4/1968, S. 76 f.; 47) Der Fischer, in: DSK 1977, S. 163 f.; 48) Herbst vierundvierzig, in: DSK 1985, S. 133 ff.; 49) Das Haus, in: DSK 1988, S. 118 f.; 50) Als er durch das Maisfeld lief, in: DSK 1989, S. 73 f.; 51) Der Reiher, in: DSK 1990, S. 154 f.; 52) Wildgänse, in: DSK 1991, S. 109 f.; 53) Prälat Josef Haltmayer, in: SV 1991/3, S. 199 f.; 54) Simka, in: DSK 1992, S. 130 f.; 55) Die Donauschwaben in der zeitgenössischen serbischen Literatur: Beispiele aus dem Werk von Mladen Markov, in: GGK, Heft 3, 1992, S. 107-112; 56)

Djordje oder Die Erbschaft, in: SV 1993/2, S. 103-110; 57) Literatur von und über Donauschwaben, in: GGK, Heft 4, 1993, S. 152 f.; 58) Die Donauschwaben in der zeitgenössischen serbischen Literatur: Beispiele aus dem Werk von Alexandar Tišma, in: GGK, Heft 5, 1994, S. 85-91; 59) Die Weidenflöte, in: DSK 1994, S. 145 f.; 60) Rauch steigt auf, in: DSK 1995, S. 120 f.; 61) Erinnerung und Gestaltung. Einleitung, in: GGK, Heft 6, 1995, S. 73 f.; 62) Begrüßung und Einführung, in: GGK, Heft 9, 1998, S. 91 ff.; 63) Der alte Nikola, in: DSK 1996, S. 145 f.; 64) Das Kreuz, in: DSK 1997, S. 162 ff.; 65) Aleksandar Tišma und seine multiethnische Welt, in: Durch aubenteuer muess man wagen vil. Anton Schwob zum 60. Geburtstag, Germanistische Reihe Band 57, hrsg. v. Werner Hofmeister und Bernd Steinbauer, Innsbruck 1997; 66) Von Vor-Urteilen zur Meinungsbildung. Ansätze zu einem Dialog, Vortrag beim 1. Dialog-Symposion der „Arbeitsgemeinschaft Dialog – Initiativkreis für donauschwäbisch-serbische Gespräche" (ARDI) vom 2. bis 4. Oktober 1998 im Haus der Heimat in Wien, Tagungsbroschüre S. 33-42; 67) Das Versteck, in: DSK 2003, S. 151-153

Veröffentlichungen in den Südostdeutschen Vierteljahresblättern: 1) Marginalien. Adam Müller-Guttenbrunn gestern und heute, 1952/1, S. 85-88; 2) Der Knabe Thom, 1953/1, S. 34 ff.; 3) Über die Schwierigkeit, ein donauschwäbisches Jugendbuch zu schreiben, in: SV 1959/2, S. 108 f.; 4) Bevor das Eis bricht, 1965/2, S. 69 ff.; 5) Ein Bericht über die banat-deutsche Literaturentwicklung, 1983/2, S. 113 / 1983/3, S. 260; 6) Phonologie der Gottscheer „Sprache", 1985/3, S. 212; 7) Wir sehnen uns nach Ofutak, 1956/2, S. 103 / 1965/2, S. 113 / 1967/1, S. 49 / 1974/3, S. 208 / 1985/2, S. 146 / 1985/4, S. 273; 8) Gruß an Weidenheim. Zum 70. Geburtstag, 1988/2, S. 101-104; 9) Deutschunterricht in Ungarn. Muttersprache oder Fremdsprache. Zu einer Tagung des Südostdeutschen Kulturwerks in Budapest, 1988/4, S. 267-272; 10) Danilo Kiš (1935-1989), 1990/1, S. 7-11; 11) Zur Geschichte der ungarländischen Deutschen. Laudatio zum Georg-Dehio-Förderpreis 1990 für Ingomar Senz, 1990/3, S. 227 f.; 12) „Gegenstands-Konstellationen". Zu einer Ausstellung von Franz Kumher, 1990/4, S. 314 f.; 13) Südostdeutsches Kulturwerk vor neuen Aufgaben, 1991/2, S. 81 f.; 14) Prälat Josef Haltmayer (1913-1991), 1991/3, S. 199 f.; 15) Ich bin das ganze Jahr vergnügt. Laudatio zur Georg-Dehio-Ehrengabe 1991 für Konrad Scheierling, 1991/3, S. 197 f.; 16) Jugoslawien – eine Last für Europa, 1992/1, S. 3-11; 17) Bilder aus Vukovar 1991 von Miloš Vasić und einem Reporterteam der „Vreme" (Franz Hutterer), 1992/1, S. 11-16; 18) Ergänzung, zu: Bruckner, W.: Willy Brandt – Politik auch für Südostdeutsche, 1992/3, S. 247 f.; 19) Ethnische Säuberung – schon vor fünfzig Jahren, 1994/2, S. 95-101; 20) Theresia Moho: Marjanci. Eine Kindheit in Kroatien 1928-1945, 1995/1, S. 78; 21) Anton Peter Petri zum Abschied, 1995/4, S. 344; 22) Eine Welt an der Donau. Stimmen aus Belgrad (Zur Geschichte der Jugoslawiendeutschen), 1997/3, S. 199-203; 23) Kosovo als Herausforderung. Europa an den Grenzen seiner Moral?, 1999/3, S. 205-209; 24) „Streng vertraulicher Genozid". Unterlassungssünden gegenwärtiger Geschichtsschreibung, 2000/1, S. 3-14; 25) „Der Südosten, unser Erfahrungsraum ..." Gedanken über kontinentale Geistesbeziehungen, 2002/2, S.116-118

Herausgeber: Wege der Liebe. Ein Buch für junge Menschen, illustriert v. Wolfgang H. Preuß-Milz, Friedrich Pustet Verlag, Regensburg 1966, 147 S.

Mitherausgeber: 1) Menschen in der Bewährung. Ausgewählte Erzählungen unserer Zeit. Für den Schul- und Unterrichtsgebrauch, Hermann Schaffstein Verlag, Köln 1960, ²1968, 64 S. (zusammen mit Heinz Protzer); 2) Menschen in Arbeit und Beruf. Ausgewählte Erzählungen unserer Zeit. Mit Angaben zu den Verfassern für den Schul- und Unterrichtsgebrauch, Hermann Schaffstein Verlag, Köln ²1966, 72 S.; 3) Menschen zwischen Recht und Unrecht. Ausgewählte Erzählungen unserer Zeit. Mit Angaben zu den Verfassern. Für den Schul- und Unterrichtsgebrauch, Hermann Schaffstein Verlag, Köln 1962, ²1963; 4) Menschen im Kollektiv. Ausgewählte russische Erzählungen unserer Zeit. Für den Schul- und Unterrichtsgebrauch, Hermann Schaffstein Verlag, Köln 1964, ¹1970, ²1966, 80 S.; 5) Ganzschriften im Unterricht. Inhalts- und Gehaltsanalysen, Hermann Schaffstein Verlag, Köln 1964, 136 S.; 6) Lesestoffe im Unterricht, 1970; 7) Wir lesen, Band 2, 3, 4, - 1969 ff.; Textbuch 5, 6, 7, 8 – 1972 ff.; 8) Lesebuch Oldenburg 2, 3, 4 – 1977 ff.

Nachdichtung: Hoch am Himmel steht ein Falke. Liebeslieder, übertragen aus dem Serbokroatischen (zus. mit Hans Diplich), Verlag des Südostdeutschen Kulturwerks, München 1986, 111 S.

Mitverfasser: 1) Die Vergangenheit lebt, Band 1, 2, 3, 4 – 1967 ff.; 2) Sachbuch Oldenburg 7, 8, 9 – 1971 ff.; 3) Geschichte Oldenburg 7, 8, 9 –1971 ff.; 4) Die Zeitung im Unterricht der Grundschule, 1972; 5) Handreichung für Lehrer 2, 3, 4 – 1974 ff.; 6) Blick in die Vergangenheit 5, 6, 7, 8, 9 – 1977 ff.; 7) Erlebnis Geschichte 5, 6, 7, 8, 9 – 1986 ff.

Mitarbeiter: Material- und Lesebuch zu „glauben – leben – handeln", 1971

Anthologien: 1) Spuren im Schnee, in: Wir Donauschwaben. Heimat im Herzen, hrsg. v. Hans Diplich u. Hans Wolfram Hockl, Akademischer Gemeinschaftsverlag, Salzburg 1950, S. 384-392; 2) Die Rosen, in: Heimatbuch der Donauschwaben, gestaltet v. Hans Wolfram Hockl u. a., hrsg. v. Südostdeutschen Kulturwerk München, Donauschwäbischer Heimatverlag, Aalen Württemberg, o. J. [1959]; 3) Der leuchtende Bogen, 1961; 4) Aber das Herz hängt daran, 1955; 5) Erbe und Auftrag, o. J.; 6) Der rote Stier, in: Ziel und Bleibe, hrsg. von der Künstlergilde, Delp'sche Verlagsbuchhandlung, München 1968, S. 244-246

Interviews: 1) „Völkerversöhnung und Völkerverständigung", in: NL v. 8.4.1961, S. 3; 2) Die Welt an der Donau. Ein Gespräch mit Franz Hutterer, Gesprächsführung: Stefan Sienerth, SV 1993/2, S. 97-103; 3) „Die Deutschen kehren nicht in die Wojwodina zurück". Franz Hutterer über seine geistigen Wurzeln und seine Erinnerungen an den Heimatort, Gesprächsführung: Nenad Stefanović, in der Illustrierten „Duga" Nr. 1626 v. 14.-27.10.1995, S. 20-23 (liegt auch übersetzt von Valentin Filko vor mit Fotoporträt sowie einem Foto Stefanovićs mit Hutterer)

Über Franz Hutterer: 1) Johannes L. Schmidt: „Der Erzähler Franz Hutterer", in: NL v. 23.5.1953, S. 3; 2) Heimatvertriebene Künstler in Deggendorf. Die Donauschwaben Weidenheim und Hutterer lesen in der Aula von Niederaltaich, in: NL v. 11.7.1953, S. 1; 3) Franz Hutterer: der donauschwäbische Schriftsteller und die moderne Literatur (Fotoporträt), in: NL v. 8.6.1961, S. 8 f.; 4) Hutterers Bücher – ein Welterfolg, in: NL v. 25.11.1961, S. 1; 5) Auszeichnung für Franz Hutterer, in: DS v. 10.1.1965, S. 3; 6) Franz Hutterer neuer Vorstand. Mitgliederversammlung des Südostdeutschen Kulturwerks, in: DS v. 12.5.1985, S. 7; 7) Hans Bergel: Das Südostdeutsche Kulturwerk in München. Orientierungsmarken eines Rundfunkgesprächs (mit Franz Hutterer und Krista Zach), in: SV 1987/3, S. 179-183; 8) Stefan Sienerth: Die Welt an der Donau. Ein Gespräch mit Franz Hutterer, in: SV 1993/2, S. 97-103; 9) Franz Hutterer (Fotoporträt), in: SV 1993/2, S. 90; 10) Franz Hutterer bei der Eröffnung der Ausstellung „Zeichen des Aufbruchs, Spuren des Abschieds", München 5.12.1994, (Fotoporträt) (Wolfram Schneider), in: SV 1995/2, S. 90; 11) Hans Bergel: Das Gespräch ohne Ende. Franz Hutterer zum siebzigsten Geburtstag, in: SV 1995/2, S. 91-93; 12) Stefan Sienerth: Einspruch gegen das Vergessen. Der Erzähler und Schulbuchautor Franz Hutterer, in: GW, Juli 1996, S. 36-39. (Dass. auch in: GGK 1995, S. 75-81); 13) Johannes Weidenheim: Bespr. „Gesang über dem Wasser. Erzählungen", in: SV 1997/3, S. 279; 14) Matthias Buth: Der pannonische Wandersmann. Zum 75. Geburtstag von Franz Hutterer, in: SV 2000/2, S. 116 ff.; 15) Wolfgang Gleich: Ein beispielhafter Brückenbauer. Franz Hutterer wurde mit dem donauschwäbischen Kulturpreis geehrt, in: DS v. 13.1.2002, S. 1/3; 16) Franz Hutterer, 1. Vorsitzender des Südostdeutschen Kulturwerks, München (Fotoporträt), in: SV 2000/2, S. 119; 17) Krista Zach: Nachruf auf Franz Hutterer (Fotos) / Brief des Präsidenten der Gesellschaft für serbisch-deutsche Zusammenarbeit und Bischofs von Šabac-Valjevo, Lavrentije, in: SV 2002/2, S. 113-115; 18) hajot: Ein Kind der Batschka. Die Donauschwaben trauern um Franz Hutterer, in: DS v. 16.6.2002, S. 11

Literarisches Symposion: Das Institut für deutsche Kultur und Geschichte Südosteuropas (IKGS) in München veranstaltet am 6. November 2004 ein literarisches Symposion mit dem Thema „Worte und Wege im 20. Jahrhundert. Der donauschwäbische Schriftsteller und Kulturpolitiker Franz Hutterer". Im Programm sind neben der musikalischen Umrahmung eine Besichtigung der Begleitausstellung „Franz Hutterer – Schriftsteller, Publizist, Herausgeber", eine Tonbandlesung des Gewürdigten und die folgenden Vorträge vorgesehen: Prof. Dr. Anton Schwob: Begrüßung und Schlußwort. Hon.-Prof. Dr. Krista Zach: Worte der Erinnerung. Dr. h. c. Hans Bergel (Festvortrag): „Ein Brückenmensch. Das Leben und Wirken des Schriftstellers und Kulturpolitikers Franz Hutterer". Hon.-Prof. Dr. Peter Motzan: „Franz Hutterers ‚Nachtvögel'. Versuch einer Interpretation". Johann Adam Stupp: „Franz Hutterer und die Zeitschrift ‚Südostdeutsche Vierteljahresblätter'". Hon.-Prof. Dr. Stefan Sienerth: „Vom Land an der Donau. Inhaltliche und sprachliche Charakteristika im Werk des Erzählers Franz Hutterer".

Ilk, Anton-Joseph

Selbständige Literatur: 1) Ter Zipser mit ter Laater. Kschichtn, Kriterion Verlag, Bukarest 1984, 148 S.; 2) Der singende Tisch. Zipser Volkserzählungen, Dacia-Verlag, Cluj-Napoca (Klausenburg) 1990, 220 S.; 3) Zipser Volksgut aus dem Wassertal, N. G. Elwert Verlag, Marburg 1990, 483 Seiten; 4) Überall auf und nirgend an. Zipser Volkserzählungen II, Dacia-Verlag, Cluj-Napoca (Klausenburg) 1992, 100 S.

Nichtselbständige Literatur: **a. Volkserzählungen:** 1) Heimatkundler zeichnen auf – Was in Rauch kehn muß, keht ßowießo in Rauch, in: VK 26/7, 1975, S. 49; 2) Auch in Herbst pliednt ti Rosn – Ein Schwank aus Oberwischau in zipserdeutscher Mundart, in: NW v. 31.1.1976, S. 4 / DS v. 15.6.1980; 3) Ausschnitt aus dem Leben – Nit immer is a kudi Lugn viel wert, in: VK 29/8, 1978, S. 43; 4) Vill Sprochen än der Wält – Ter Zipser mit ter Laater. Ein Schwank in zipserdeutscher Mundart, in: KR v. 29.9.1978, S. 3; 5) Purim. Alles in Gegntal. Ti Zilli und ter Viktor, in: NEL 33/7, 1982, S. 43-50; 6) Texte in Mundart – Toni, trat tich um, in: JNL 1983, S. 45-47; 7) Dort, wo Märchen auch heute noch entstehen – Historische Streiflichter aus dem Wassertal – Die Zipser in Oberwischau und ihre Überlieferungen, in: KR v. 27.2.1987, S. 6; 8) Freude am Erzählen – Besuch bei Maria Hagel im Wassertal, in: CR 3/1987, S. 64; 9) Uns alli elwe. Ein Zipser Märchen, in: NEL 38/5, 1987, S. 25-32; 10) Brücken über Zeiten und Räume – Eine Mära aus dem Wassertal: Ti kudi Schwester und ihri elw Prieder, in: CR 6/1987, S. 64; 11) Vill Sprochen än der Wält – Ti Entscheidung, in: KR v. 7.8.1987, S. 5; 12) Vogel, sag, was bleibt wohl vom Erlebten? – „Schreib tas auf, Toni!" Fer wem pfeift tas Vogl?, in: NEL 38/12, 1987, S. 12-13; 13) Vill Sprochen än der Wält – Tas Kind vun der Eiszapfn, in: KR v. 5.1.1988, S. 4 f.; 14) Mära und Kaßka aus dem Wassertal – Tas armi Pibl und ti Schlangen / Ter Schweinshiter und ti Keenigstochter / Ti vertriebenen Kinder, in: NEL 39/3, 1988, S. 29-35; 15) Brücken über Zeiten und Räume – Tas armi Pibl und ti Schlangen, in: CR 3/1988, S. 64; 16) Zipser Märchen (I) – Warum schreien die Gänse?, in: DW v. 29.4.1988, S. 5; 17) Zipser Märchen (II) – Krerl, pin tas ich? Ter Pedler und ter Teiwl, in: DW v. 20.5.1988, S. 5; 18) Vill Sprochen än der Wält – Ti undankbarn Kinder, in: KR v. 3.6.1988, S. 4 f.;

19) Zipser Märchen (III) – Lebnsweisheit, in: DW v. 24.6.1988, S. 5; 20) Erzählgut aus dem Wassertal – Ter Trikulitsch / Ter Wettervertreiber / Ti Froschhex, in: NBZ v. 28.8.1988, S. 2 f.; 21) Märchenerzähler heute – Glick und Unglick, in: CR 8/1988, S. 62 f.; 22) Vill Sprochen än der Wält – Einladung in Zipserland, in: KR v. 23.9. 1988, S. 4 f.; 23) Vun Waldweibln und Trikulitschn. Die Zipser im Wassertal – Bildnis einer Landschaft und ihrer Menschen. Überliefertes Erzählgut (III), in: NBZ v. 13.11.1988, S. 2 f.; 24) Ti Entscheidung, in: NBZ-Volkskalender 1989, S. 96; 25) Volkserzähler – heute. Tas Liebsti vun Zimmer, in: CR 4/1989, S. 62 f.; 26) Vill Sprochen än der Wält – Ter Mond wed tich außagn, in: KR v. 28.6.1989, S. 5; 27) Volkserzähler – heute. Was ich tenk mir, tas ßoll kschegn, in: CR 7/1989, S. 60 f.; 28) Volkserzähler – heute. Ter Rauber und ti Keenigstochter, in: CR 11/1989, S. 62-64; 29) Zipser Volksgut aufgezeichnet von Anton-Joseph Ilk – Lebnsweisheit, in: NW v. 17.2.1990, S. 4; 30) Zipser Volksgut aufgezeichnet von Anton-Joseph Ilk – Wrum schreint ti Gäns? Tas ßingeti Waldweibl, in: NW v. 10.3.1990, S. 4; 31) Zipser Volksgut aufgezeichnet von Anton-Joseph Ilk – Ti trei Faschingmänner (I) / Ter Waldmann und tas Waldweibl / Tas verspotti Kind, in: NW v. 24.3.1990, S. 4; 32) Zipser Volksgut aufgezeichnet von Anton-Joseph Ilk – Ti trei Faschingmänner (II) / Ti kstohleni Hackn / Tas aufkspießti Waldweibl, in: NW v. 14.4.1990, S. 4; 33) Zipser Volksgut aufgezeichnet von Anton-Joseph Ilk – Tas Waldweibl vun Nowetz / Tas Waldweibl und ter Mondsichtigi / Ti trei Faschingmänner (VI) / Ti Wassermandln, in: NW v. 27.4.1990, S. 4; 34) Zipser Volksgut aufgezeichnet von Anton-Joseph Ilk – Tas Weib, welchi hat kßegn in Teiwl / Ter Krumperrauber / Ti Milichrauberin, in: NW v. 11.5.1990, S. 4; 35) Zipser Volksgut aufgezeichnet von Anton-Joseph Ilk – Glick und Unglick, in: NW v. 25.5.1990, S. 4; 36) Volkserzähler – heute. Ter Rauber und ti Keenigstochter / Jesus ßegnt tas Kornfeld / Tas unpastrafti Kind / In Freitag ßollst haltn, in: VK 41/1, 1990, S. 15-17; 37) Zipser Volksgut aufgezeichnet von Anton-Joseph Ilk – Ter verfierti Schofhiter / Ter Klani mit ti Herner, in: NW v. 8.6.1990, S. 4; 38) Zipser Volksgut aufgezeichnet von Anton-Joseph Ilk – Ter Mond wed tich außagn / Ti Merderin / Ti Raubern vun Valea Peschtje / Ter verwunscheni Ssohn / Ter ßingeti Tisch, in: NW v. 22.6.1990, S. 4; 39) Zipser Volksgut aufgezeichnet von Anton-Joseph Ilk – Ter Holzhacker in der Hell / Ter Wettervertreiber, in: NW v. 7.7.1990, S. 4; 40) Zipser Volksgut aufgezeichnet von Anton-Joseph Ilk – Tas Opfer / Ti kstohleni Praut / Tas Abndgebet / Tas verspotti Kind / Fürßorg, in: NW v. 21.7.1990, S. 4; 41) Zipser Volksgut aufgezeichnet von Anton-Joseph Ilk – Ssag ka Traam, in: NW v. 4.8. 1990, S. 4; 42) Zipser Volksgut aufgezeichnet von Anton-Joseph Ilk – Aufknummeni Täg / Tas vergrabeni Geld / Gold in der Erd / Kinderbegehr / In Himml vor Gott / Maria Himmlfahrt, in: NW v. 17.8.1990, S. 4; 43) Zipser Volksgut aufgezeichnet von Anton-Joseph Ilk – Ter verhexti Waldarbeiter / Ter Hirsch mit plutigi Träner / Ter Todnvogl / Ter Mond wed tich außagn (II), in: NW v. 31.8.1990, S. 4; 44) Zipser Volksgut aufgezeichnet von Anton-Joseph Ilk – Kweichter Knowl und kweichtes Ssalz / Ter Hexer / Ter verhexti Waldarbeiter (II) / Iberall auf und nirgends nit an, in: NW v. 14.9.1990, S. 4; 45) Zipser Volksgut aufgezeichnet von Anton-Joseph Ilk – Jesus ßegnt ti Ssuppn / Ti Waldmänner vun Petroschen / Ter Waldmann und tas Waldweibl / Ter Waldmann vun Raho, in: NW v. 12.10.1990, S. 4; 46) Zipser Volksgut aufgezeichnet von Anton-Joseph Ilk – Jesus ßegnt tas Kornfeld / In Freitag ßollst haltn / Ter reichi Grof und tas armi Weib, in: NW v. 26.10.1990. S. 4; 47) Zipser Volksgut aufgezeichnet von Anton-Joseph Ilk – Jesus und ter Rauber / Ter fauli Mann muß heiratn a fleißiges Weib / Feiertäg prauch haltn, in: NW v. 9.11.1990, S. 4; 48) Zipser Volksgut aufgezeichnet von Anton-Joseph Ilk – Tas Unmeglichi. Ti kstorbeni Kamaradin / Tas unpastrafti Kind / Tas flinki Pubnkind / Ter Mann, welcher hat terschlagn 's Weib, in: NW v. 24. 11. 1990, S. 4; 49) Zipser Volksgut aufgezeichnet von Anton-Joseph Ilk – Ti fleißigi

Kirchnkeherin / Jesus ßegnt tas Prot / Ti Waldweibln vun Grentje / Ter todi Preidigan / Ter Aufkhonkeni, in: NW v. 7.12.1990, S. 4; 50) Cipszer legenda – Az elcsábított juhász, in: EF 5/1990, S. 11; 51) Zipser Volksgut aufgezeichnet von Anton-Joseph Ilk – Traam und Wahrheit (I) / Wiuda Majd. Ohni Bicher, in: NW 12.1.1991, S. 4; 52) Zipser Volksgut aufgezeichnet von Anton-Joseph Ilk – Forschtwald / Ti Froschhex / Der Decker tjemt, in: NW v. 8.2.1991, S. 4; 53) Zipser Volksgut aufgezeichnet von Anton-Joseph Ilk – Traam und Wahrheit (II) / Gottes Ssegn / Ssag ka Traam (I), in: NW v. 22.2.1991, S. 4; 54) Zipser Volksgut aufgezeichnet von Anton-Joseph Ilk – Ti Milichrauberin (II) / Ssag ka Traam (II), in: NW v. 22.3.1991, S. 4; 55) Zipser Volksgut aufgezeichnet von Anton-Joseph Ilk – Ter Trikulitsch / Ter Wassergeist / Ter Hexer (II), in NW v. 6.4.1991, S. 4; 56) Zipser Volksgut aufgezeichnet von Anton-Joseph Ilk – Tas terssoffeni Weib / Ti trei Faschingmänner (III), in: NW v. 26.4.1991, S. 4; 57) Zipser Volksgut aufgezeichnet von Anton-Joseph Ilk – Ter Hexer (I) / Ti parotzti Baba / Ter fauli Mann muß heiratn a fleißges Weib, in: NW v. 10.5.1991, S. 4; 58) Volksgut aus dem Wassertal. Zipser Erzählungen von Anton-Joseph Ilk gesammelt (I) – Zizipapa / Dopplti Straf / Anna, Marta, kudi Nacht, in: ADZ (Beilage KR) v. 22.3.2003, S. IV; 59) Volksgut aus dem Wassertal. Zipser Erzählungen von Anton-Joseph Ilk gesammelt (II) – Wildi Jacht (IV) / Ti warmi Hand / Ti plindi Wirtstochter / Ti Belohnung / Ter Wassermann, in: ADZ (Beilage KR) v. 29.3.2003, S. IV; 60) Volksgut aus dem Wassertal. Zipser Erzählungen von Anton-Joseph Ilk gesammelt (III) – Ter unpaholfeni Teiwl / Ter Trikulitsch (IV) / Ter Tanzpär / Tas verwunscheni Kind / Tas halbkrepierti Schweindl, in: ADZ (Beilage KR) v. 5.4.2003, S. IV; 61) Volksgut aus dem Wassertal. Zipser Erzählungen von Anton-Joseph Ilk gesammelt (IV) – Tag und Nacht / In Rab ssein Kind, in: ADZ (Beilage KR) v. 12.4.2003, S. III; **b. Mundart:** 62) „Ich sähn meng Liewen" – Mundartdichtung heute. Af Hochzeitsreis, in: VK 28/1, 1977, S. 27 f.; 63) „A kudi Ausred ..." – Sprichwörter aus Oberwischau, in: VK 29/5, 1978, S. 49; 64) Vill Sprochen än der Wält – Hartes Prot (zipserdeutsche Mundart), in: KR 48/1983, S. 5; 65) Mundartautoren im heutigen Rumänien – Tas is awas und keht awu. Fer wem pfeift tas Vogl?, in: SMZ 11/1987, S. 49-51; 66) Vun Waldweibln und Trikulitschn. Die Zipser im Wassertal – Bildnis einer Landschaft und ihrer Menschen. Besonderheiten der Mundart (II), in: NBZ v. 30.10.1988, S. 2 f.; 67) Det Wirt äs wai en Messer – Siebenbürgisch-sächsische Mundartdichtung heute. Einladung in Zipserland, in: NEL 40/2, 1989, S. 58 f.; **c. Brauchtum:** 68) A Wischauer Prauch – Ter Haas, tas Vogl und ti Versprechung, in: VK 29/10, 1978, S. 54; 69) Kfasteni Halupzi – Was essen die Zipser im Wassertal?, in: VK 33/6, 1982, S. 42; 70) Zum Gespräch über Brauchtum, in: VK 35/1, 1984, S. 39; 71) Zum Gespräch über Brauchtum, in: VK 35/7, 1984, S. 40; 72) Zwei Zipser Neujahrsbräuche – Ti Kapra. Ter Tanzpär, in: VK, 35/12, 1984, S. 41; 73) Kinderbräuche bei den Rumäniendeutschen – Lebendiges Winterbrauchtum, in: TR v. 1.1.1985; 74) „Pagriessn will ich ta a Praut" – Aufzeichnungen über das Hochzeitsbrauchtum im Wassertal, in: VK 36/10, 1985, S. 38 f. / 46; 75) „Matschkaraner" und „Zamlegn" – Zwei Zipser Volksbräuche oben im Wassertal, in: CR 2/1986, S. 62; 76) Die Klaka und die Versöhnung – Zwei Zipser Bräuche, in: CR 3/1986, S. 63; 77) Zur rumäniendeutschen Volkskunde – Der „Maipaam" / Johannisfeuer / Schädlingsbekämpfung, in: CR 7/1986, S. 63; 78) Die drei Faschingsmänner (I) – Zipser Brauchtum aus Oberwischau in mündlicher Überlieferung, in: ADZ, Beilage Karpatenrundschau v. 22.2.2003, S. II; 79) Die drei Faschingsmänner (II) – Zipser Brauchtum aus Oberwischau in mündlicher Überlieferung, in: ADZ, Beilage Karpatenrundschau v. 1.3.2003, S. II; **d. Haus, Hof:** 80) Blick über Zaunpflöcke – Hof und Haus bei den Zipsern im Wassertal, in: VK 33/5, 1982, S. 40; **e. Hausrat:** 81) „Begrüße früh den Morgen ..." – Gestickte Wandsprüche aus Oberwischau, in: VK 35/6, 1984, S. 44; 82) „Liebe, Glück, Zufriedenheit" –

Gestickte Wandsprüche aus Oberwischau, in: VK, 35/8, 1984, S. 45; 83) „Liebet einander..." – Gestickte Wandsprüche aus Oberwischau, in: VK 35/10, 1984, S. 41; 84) „Streut Blumen der Liebe ..." – Wandsprüche aus Oberwischau, in: VK 36/5, 1985, S. 42; 85) Beiträge zur Volkskunde der Rumäniendeutschen – „Wer Böses von mir spricht..." Sprüche auf Wandschonern in Oberwischau (I), in: KR v. 1.3.1990, S. 6; 86) Beiträge zur Volkskunde der Rumäniendeutschen – „Wer Böses von mir spricht ..." Sprüche auf Wandschonern in Oberwischau (II), in: KR v. 8.3.1990, S. 6; 87) Sprüche auf Wandschonern in Oberwischau, in: JOV Band 33, 1990, S. 325-342; **f. Feld, Vieh:** 88) Auf dem Zweiten Berg – Feld und Vieh bei den Zipsern im Wassertal, in: VK 33/6, 1982, S. 46; **g. Liedgut:** 89) Alte schwäbische Lieder aus der Sathmarer Gegend (I) – Herzigsches Schätzele / Wo diene Röselein, Blümelein / Wo wered mr schlafa? I woiß ui Bemelein, in: VK 35/10, 1984, S. 33-35; 90) Alte Schwäbische Lieder aus der Sathmarer Gegend (II) – Ujeh, mein Näne ka geiga / Es ischt kui bessers Lieba it / Das Liedla ischt g'sunga / Sathmarer Schwabentanz, in: VK 35/12, 1984, S. 29-31; 91) Neujahrslied aus Oberwischau – Was wintsch mer fer'n Herrn in Haus, in: VK 35/12, 1984, S. 46; **h. Kinderspiele:** 92) Pigra und Tschatscharitsch – Zipser Kinderspiele (I), in: VK 36/2, 1985, S. 40 f.; 93) Pigra und Tschatscharitsch – Zipser Kinderspiele (II), in: VK 36/3, 1985, S. 43 f.; 94) Pigra und Tschatscharitsch – Zipser Kinderspiele (III), in: VK 36/4, 1985, S. 40 f.; 95) Pigra und Tschatscharitsch – Zipser Kinderspiele (IV), in: VK 36/5, 1985, S. 41; 96) Pigra und Tschatscharitsch – Zipser Kinderspiele (V), in: VK 36/6, 1985, S. 46; 97) Pigra und Tschatscharitsch – Zipser Kinderspiele (VI), in: VK 36/9, 1985, S. 39; 98) Pigra und Tschatscharitsch – Zipser Kinderspiele (VII), in: VK 36/11, 1985, S. 41 f.; 99) Pigra und Tschatscharitsch – Zipser Kinderspiele (VIII), in: VK 36/12, 1985, S. 34 f.; **i. Volksmedizin:** 100) Volksmedizin der Oberwischauer Zipser, in: JOV Band 35, 1992, S. 288-299; 101) Hundsmilich und Katznschwanzln – Heilpflanzen bei den Oberwischauer Zipsern (I), in: KR v. 1.8.1986, S. 6; 102) Hundsmilich und Katznschwanzln – Heilpflanzen bei den Oberwischauer Zipsern (II), in: KR v. 8.8.1986, S. 6; **j. Volksglaube:** 103) „Träner pringend Freid ..." – Oberwischauer Volksglaube, in: KR v. 21.3.1986, S. 6; 104) Liebeszauber – Oberwischauer Volksglaube, in: KR v. 30.5.1986, S. 6; 105) Vun Waldweibln und Trikulitschn. Die Zipser im Wassertal – Bildnis einer Landschaft und ihrer Menschen. Wirklichkeit im Banne der Phantastik (IV), in: NBZ v. 27.11.1988, S. 2 f.; 106) Phantastische Wesen, in: VK 41/2, 1990, S. 34-37; 107) Die drei Faschingsmänner (I). Zipser Brauchtum aus Oberwischau in mündlicher Überlieferung, in: ADZ (Beilage KR) v. 22.2.2003, S. II; 108) Die drei Faschingsmänner (II). Zipser Brauchtum aus Oberwischau in mündlicher Überlieferung, in: ADZ (Beilage KR) v. 1.3.2003, S. II; **k. Landschaftsbilder:** 109) „Im goldenen Feld der Heimat wachend – Wischauer Heimat, in: VK 36/6, 1985, S. 27; 110) Wu tas Edlweiß plieht – A Fahrt hinauf af Wasser, in: NEL 29/11, 1978, S. 59-64; 111) Die Zipser im Wassertal – Bildnis einer Landschaft und ihrer Menschen, in: FVL Bd. 32/2, 1989, S. 99-106; 112) Németek a Wasser mellékén, in: EF 4/1990, S. 3; **l. Menschen, Siedlungsgeschichte:** 113) Leit vun Oberwischau. In Karaschgrabn, in: NEL 28/9, 1977, S. 25-29; 114) Junge Autoren. Purim. Alles in Gegntal, in: NEL 34/7, 1983, S. 43-50; 115) In Herbst ternach ..., in: NEL 35/2, 1984, S. 19-22; 116) Vun Leben in der Arbeitersiedlung – Klaka, in: NEL 35/8, 1984, S. 54-58; 117) Oberwischau einst und heute, in: VK 36/9, 1985, S. 40 f.; 118) Vun Waldweibln und Trikulitschn. Die Zipser im Wassertal – Bildnis einer Landschaft und ihrer Menschen. Herkunft und Siedlungsgebiet (I), in: NBZ v. 16.16.1988, S. 2 f.

<u>Interviews:</u> 1) Claus Stephani: In unserer Sprache – Gespräch mit Anton-Joseph Ilk über seine Aufzeichnungen in Zipser Mundart, in: NW v. 7.8.1976, S. 4; 2) Hans Eisenthaler (= Claus Stephani): Ausschnitt aus dem Leben – Gespräch mit Anton-Joseph Ilk in Oberwischau (Fotoporträt), in: VK

29/8, 1978, S. 43; 3) Brigitte Nussbächer: „... was ihre Existenz kennzeichnet" – Gespräch mit dem Mundartdichter Anton-Joseph Ilk, in: VK 30/12, 1979, S. 42; 4) Claus Stephani: Spaßen – eine ernste Sache. Gespräch mit dem Zipser Autor Anton-Joseph Ilk, in: NW v. 17.11.1984, S. 4; 5) Brigitte Nussbächer: Ein Buch aus Oberwischau – Gespräch mit dem Mundartschriftsteller Anton-Joseph Ilk, in: VK 36/1, 1985, S. 40 f.; 6) Claus Stephani: Frei wie ein Vogel – Gespräch mit dem Zipser Mundartschriftsteller Anton-Joseph Ilk, in: NL 36/3, 1985, S. 64-66; 7) György Csoma: A tizenkettedik órában – Interjú Ilk Antal József veresvízi római katolikus plébánossal, in: BU 2/51, 15.6.1990, S. 1

Über Anton-Joseph Ilk: 1) AFL: Anton-Joseph Ilk, Ter Zipser mit ter Laater, Kriterion Verlag, Bukarest 1984, in: VK 35/10, 1984, S. 21 f.; 2) Otto Willik (= William Totok): Anton-Joseph Ilk – Zipser Texte, in: NBZ v. 18.12.1984, S. 3; 3) Ion Bucovineanu (= Claus Stephani): Anton-Joseph Ilk – Ter Zipser mit ter Laater, Kriterion Verlag, in: TR v. 15.12.1984, S. 11; 4) Hans Gehl: Noch viel auf Lager, zu: Anton-Joseph Ilk, „Ter Zipser mit ter Laater". Kschichtn, Kriterion Verlag, Bukarest 1984, in: KR v. 24.5.1985, S. 4 f.; 5) Balthasar Waitz: Versuch zur Selbstverständigung? Bemerkungen zu Anton-Joseph Ilks Prosaband „Ter Zipser mit ter Laater", Kriterion Verlag, Bukarest 1984, in: NEL 36/6, 1985, S. 81 f.; 6) Eduard Schneider: Eigenartige Welt der Zipser, in: NBZ v. 24.5.1988, S. 3; 7) Luzian Geier: Zipser Volkserzählungen im Dacia-Verlag. Das erste rumäniendeutsche Buch nach der Revolution, in NBZ v. 8.8.1990, S. 1; 8) Horst Anger: Kunde von Volk und Gesellschaft – Drei Bücher über die Zipser in Nordrumänien, in: KR v. 16.8.1990, S. 4 f.; 9) Anton-Joseph Ilk: Der singende Tisch. Zipser Volkserzählungen, in: NBZ v. 17.8.1990, S. 3; 10) Horst Weber: „Der singende Tisch". Zipser Volkserzählungen, gesammelt von Anton-Joseph Ilk, in: DW v. 14.9.1990, S. 5; 11) Anneliese Thudt: Sehr lebendig erzählt. Zipser Volkserzählungen im Dacia-Verlag erschienen. Anton-Joseph Ilk: Der singende Tisch, in: NW v. 5.10.1990; 12) Hans Gehl: Ein gelungener Anfang – Anton-Joseph Ilk: Zipser Volksgut aus dem Wassertal, N. G. Elwert Verlag, Marburg/Lahn 1990, in: DS v. 2.12.1990, S. 5; 13) Hans Gehl: Der internationalen Forschung zugänglich gemacht. In Marburg erschien der Band „Zipser Volksgut aus dem Wassertal" von Anton-Joseph Ilk mit 62 Fotos und vier Karten, in: NW v. 15.12.1990, S. 4; 14) Dieter Drotleff: Volksweisheit schätzen, zu: Anton-Joseph Ilk, Zipser Volksgut aus dem Wassertal, N. G. Elwert Verlag, Marburg 1990, in: KR v. 7.2.1991, S. 6 f.; 15) Friedrich Berger: Aus der stilleren Heimat, in: OÖH, 46/3, 1992, S. 365-367; 16) Hans Gehl: Überall auf und nirgend an. Mära, Kaßka und Kschichtn. Sammlung Zipser Volkserzählungen von Anton-Joseph Ilk, in: ADZ v. 12.2.1993, S. 4 / BAN 1993/1, S. 74 f.; 17) Hans Gehl: Überall auf und nirgend an – Zipser Volkserzählungen für die Nachwelt, in: DS v. 4./11.4.1993, S. 5

Janko, Magdalena

Nichtselbständige Literatur: 1) Schwowegschichte, in: SP 1949, H. 9/12, S. 28-30; 2) Es brennt ein Weh, in: KH 1950, S. 49-54; 3) Schwowische Sache zum Schmunzle un Lache, in: KH 1950, S. 97-102; 4) Der Feldscher / Kopp hoch, in: Heimat im Herzen. Wir Donauschwaben, Salzburg 1950, S. 65/89; Der Felscher auch in: Die Donauschwaben an der Saar, Homburg 1962, S. 35-37; 5) Males Blaßl, in: NL v. 9.4.1950, S. 7; 6) Das Lebensbrünnlein im Sonderzug, in: NL v. 1.10.1950, S. 4; 7) Sonne über dem Salaschhaus, in: MHJ 1950, S. 1 f.; 8) Vum Kischkeerner Jächterverein, in: VDK 1951, S. 139 f.; 9) Das Märchen vom mutigen Schweinchen, in: VDK 1951, S. 142-144; 10) Die Pfingst-Au, in: NL v. 13.5.1951, S. 5; 11) Der bucklige Schutzengel. Eine Kindheitserinnerung, in:

DKS 1954, S. 51-53; 12) Als Gringo in Buenos Aires, in: VDK 1954, S. 98-101; 13) Deutsche oder Donauschwaben, in: DKS 1954, S. 110-112; 14) Unter blau-weiß-blauer Flagge, in: NLV 1955, S. 156 f.; 15) Weihnacht unterm Kreuz des Südens, in: DKS 1955, S. 86-89; 16) Donauschwäbisches aus Argentinien, in: NLV 1956, S. 41 f.; 17) Sidonia, die gute Mutter, in: DKS 1956, S. 78-83 / Heimatbuch der Donauschwaben, 1959, S. 357-363 / GB 1963/5, S. 7 / HB 1964, Nr. 43, S. 6 f.
Anthologie: Fenster, in: „Wer verzeiht, kann wieder lachen". Anthologie ostdeutscher Autorinnen der Gegenwart, hrsg. v. Irma Bornemann, Eigenverlag des Frauenbundes für Heimat und Recht im BdV e. V., Bonn 1985, S. 115-18
Redaktion: Donauschwäbischer Kalender für Südamerika. Almanaque Sudamericano para los Suabos del Danubio, hrsg. v. Argentinischen Kulturverband der Donauschwaben und der Schriftleitung der „Neuen Heimat", 1953 ff.
Über Magdalena Janko: 1) Christian Ludwig Brücker: Leni Janko geb. Petri zum herzlichen Gedenken. „Ihr Kampf in dieser Welt war hart, aber vielleicht nicht vergebens ...", in: DS v. 7.12.1986, S. 3; 2) Anton Scherer: Lene Hambacher †, SV 1986/4, S. 309

Johler, Matthias

Nichtselbständige Literatur: 1) Unsere Jugend, unsere Zukunft, in: HA 1954, S. 67-69 [Hektogr.]; 2) Tagebuchaufzeichnungen des Kaplan Matthias Johler aus Prigrevica Sveti Ivan, Bezirk Hodschag (Odžaci) in der Batschka (Original: 3. November 1945 bis 4. September 1947, 5 Hefte, 220 Seiten, DIN A 6, hschr.), in: Das Schicksal der Deutschen in Jugoslawien. Dokumentation der Vertreibung der Deutschen aus Ost-Mitteleuropa, Bd. V, hrsg. v. Bundesministerium für Vertriebene, Flüchtlinge und Kriegsgeschädigte, Deutscher Taschenbuch Verlag, München 1984 (unveränderter Nachdruck der Ausgabe von 1961), S. 442-485; 3) Die große Prüfung. Aus dem Lagertagebuch Gakova 1945, Msgr. Johler, in: FIL Dez. 1964, Heft 4, S. 8-13
Über Matthias Johler: 1) Nachruf auf Msgr. Matthias Johler, in: FIL 1969/13, S. 95-99; 2) Filipowa – Bild einer donauschwäbischen Gemeinde, Sechster Band: Kriegs- und Lageropfer, hrsg. v. Paul Mesli, Franz Schreiber, Georg Wildmann, Wien 1985, S. 177-200; 3) Filipowa – Bild einer donauschwäbischen Gemeinde, Siebenter Band: Filipowa weltweit, hrsg. v. Paul Mesli, Franz Schreiber, Georg Wildmann, Wien 1992, S. 82 f.

Jünger, Franz

Selbständige Literatur: 1) Tage der Liebe. Gedichte, Battert Verlag, Baden-Baden o. J. [1984], 231 S.; 2) Lehrbujohre, Selbstverlag, Baden-Baden 1984, 25 S.; 3) Banat, mein wiegenland. gedichte, Selbstverlag, Baden-Baden 1986, o. S.; 4) zum letschtemol – zum erschtemol. gedichte, Selbstverlag, Baden-Baden 1986, 19 S.; 5) Tage des grünen Reiters, Selbstverlag, Baden-Baden 1986, 19 S.; 6) Offene Fenster, Selbstverlag 1987, 22 S.; 7) Blaue Rösser, Selbstverlag, Baden-Baden 1988, o. S.; 8) Ich, Selbstverlag, Baden-Baden 1989, o. S.
Anthologien: 1) kunschtatierung / mitleid / mol was anres / dankscheen, in: Fechsung, Kriterion Verlag, Bukarest 1979, S. 75 f.; 2) dankscheen, in: Anton Peter Petri: Deutsche Mundartautoren aus dem Banat, München 1984, S. 44
Nichtselbständige Literatur: 1) Konstatiert. in: An Donau und Teiß. Banater Lesebuch, Landsmannschaft der Banater Schwaben, München 1986, S. 159; 2) Die Glaskugel / Die Narbe / Zärtlichkeit /

Die Hand, in: Der Kandelaber, Exlibris-Gruppe, Baden-Baden 1984, S. 46 / 48 / 76 / 102; 3) händedruck, in: Sonnenreiter Anthologie 1986, S. 35; 4) die wellen / zeitlos, in: Sonnenreiter Anthologie 1988, S. 86 f.; 5) vergiß, in: Sonnenreiter Anthologie 1989, S. 95
Herausgeber: 1) Battert-Anthologie 1988, Battert Verlag, Baden-Baden 1988, 96 S.; 2) Albrechtsflorer Blätter für das Donautal Magazin im Oswald Hartmann Verlag, Sersheim
Schallplatte: Mir sin Banater Schwowe, electrecord, Bukarest 1980, Beitrag: „Dankscheen"

Jung, Peter

Das literarische Schaffen Peter Jungs besteht vornehmlich aus Gedichten und Sprüchen. Der Dichter pflegte seine Schöpfungen mit Schreibmaschine abzutippen und sie in Quartmappen binden zu lassen. Kurz vor seinem Tod hat er selbst sein Werk geordnet. Den Nachlaß hat seine Frau verwaltet und ihn 1980 freigegeben. Er enthält nachstehende 16 Bände, zur ersten Hälfte weltlichen, zur zweiten religiösen Inhalts: 1. *Das Buch der Heimat.* Jung preist in 365 Gedichten oder 9 315 Versen seine geliebte Heimat; 2. *Das Buch der Gesänge* behandelt in 745 Gedichten oder 11 420 Versen die Themen Natur, Pflanze, Tier, Mensch, Sehnsucht, Treue, Liebe; 3. *Das Buch der Bilder* umfaßt 399 Gedichte oder 3 256 Verse und behandelt folgende Themen: Die vier Jahreszeiten, Die sechs Erdteile, Sagen und Gestalten aus den griechischen, römischen, deutschen Helden- und Göttersagen, Riese und Zwerg, Persönlichkeiten, Berufe; 4. *Das Buch der Einkehr* behandelt in 165 Gedichten oder 2 955 Versen verschiedene Themen; 5. *Das Buch der Balladen* enthält 63 Balladen mit 5 875 Versen; 6. *Das Buch der Zeitenwende* beinhaltet 92 Gedichte mit 3 659 Versen; 7. *Das Buch der Sprüche* umfaßt auf 655 Tippseiten 6 541 Sinnsprüche, davon 3 271 Vierzeiler und 3 270 Zweizeiler, zusammen 19 624 Verse; 8. *Pesti virágok* (Pester Blumen – Gedichte in ungarischer Sprache) enthält 73 Gedichte mit 1 000 Versen; 9. *Das Buch der Bücher* erzählt das Alte Testament in 2 771 Gedichten oder 22 168 Versen nach; 10. *Das Buch des Glaubens* enthält 184 religiöse Gedichte und Gesänge mit 3 568 Versen; 11. *Bilder aus beiden Testamenten* hat 106 Gedichte mit 848 Versen; 12. *Das Marienbuch* stellt eine Huldigung Mariens dar und umfaßt in 155 Gedichten oder 2 117 Versen folgende Kapitel: Huldigung Mariens, Marienblüten, Marienpreis, Ranken um Bethlehem, Huldigung der Blumen, der Hochheilige Rosenkranz, Marienleben; 13. *Das Heilandsbuch* erzählt in 239 Gedichten oder 2 640 Versen das Neue Testament nach; 14. *Das Heiligenjahr.* Hier werden die Heiligen aller 365 Tage des Jahres in Achtzeilern mit 2 344 Versen gewürdigt; 15. *Auf göttlichen Pfaden* umfaßt 75 Gedichte mit 600 Versen; 16. Das Buch *Der Ewige* behandelt in 108 Gedichten oder 1 015 Versen religiöse Themen. Es existieren außerdem zahlreiche nicht eingeordnete, teils unvollendete Gedichte, Gelegenheitslyrik, Gedankensplitter in ungarischer Sprache sowie zahlreiche Briefe. Insgesamt hat Peter Jung etwa 12 500 Gedichte in über 92 400 Versen hinterlassen, das allermeiste davon ist unveröffentlicht geblieben. Dr. Alexander Krischan, ein Landsmann des Dichters aus Hatzfeld, hat zu Jungs Nachlaß (Manuskripte, biographische Skizzen, Gedenkartikel, Fotos usw.) ein Gesamtverzeichnis erstellt und ihn 1984 an die Bayerische Staatsbibliothek vermittelt. Dort wird er in der Manuskriptabteilung unter der Signatur „Jungiana" verwahrt. An einer von der Kulturgesellschaft Hatzfeld projektierten Gesamtausgabe der Werke Jungs arbeitet Nikolaus Horn, sie wird sich aber mangels Nachfrage wohl nicht in Buchform, sondern nur digital verwirklichen lassen.

Selbständige Literatur: 1) Stunde der heimischen Kunst (16 Gedichte), hrsg. v. d. Wehrgemeinschaft schwäbischer Künstler und Kunstfreunde, Hatzfeld 1941; 2) Heidesymphonie. Verse aus vier Jahrzehnten, Literatur-Verlag, Bukarest 1961, 174 S.
Posthum erschienene Einzelausgaben: 1) Das Land, wo meine Wiege stand, hrsg. v. Franz Th. Schleich, Temeswar 1980, 144 S. (darin S. 5-35 umfassende biographische Angaben); 2) Das Buch der Sprüche. Sinngedichte, Hg. Kulturgesellschaft Hatzfeld e. V. unter Leitung v. Nikolaus Horn u. Hans W. Krutsch, Nürnberg 1993, 236 S.; 3) Artikel und Aufsätze [aus dem Nachlaß, von und über Peter Jung, o. J., o. S., Hektogr.], im Institut für donauschwäbische Geschichte und Landeskunde in Tübingen unter der Signatur 12 C 6, darin u. a.: Deutscher Volkstumskampf im Südosten 1921-1941. Gedanken und Überlegungen von Peter Jung; Anton Palfi: Das Bild der Banater Landschaft in der Lyrik Peter Jungs (1970); 4) Hans Bräuner (Hg.): Auswahl P. Jungscher Gedichte nach Stoff- und Motivkreisen, HKV-Verlag, Nürnberg 1996, 115 S.; 5) Du meine Heimat, mein Banat! Gedichte, Ausgabe von Simion Dănilă und Nikolaus Horn. Rumänische Fassung von Simion Dănilă, Marineasa Verlag, Temeswar 2001, 360 S.
Nichtselbständige Literatur: 1) Dr. Andreas Schira (Schriftleiter der „Hatzfelder Zeitung"), in: HZ v. 18.12.1921, S. 1; 2) Das Schwabenkind (Gedicht), in: KSK 1922, S. 51; 3) Rechenschaftsbericht über die eineinhalbjährige Tätigkeit der Hatzfelder Ortsgruppe des Schwäbisch-Deutschen Kulturbundes, in: HZ v. 5.2.1922, S. 3 f.; 4) In Erwartung des deutschen Parteitages, in: NZE v. 26.11.1922, S. 1; 5) Rechenschaftsbericht, in: HZ v. 20.5.1923, S. 3 f.; 6) Hatzfeld auf dem Schachbrett, in: DVB v. 11.8.1923, S. 1 / DVF v. 19.8.1924, S. 1 f.; 7) Religionsunterricht, in: HZ v. 12.8.1923, S. 1; 8) Auch eine Schadenfreude, in: HZ v. 2.12.1923, S. 1; 9) Hüben oder drüben (Gedicht), in: SVP v. 8.12.1923; 10) Dechantpfarrer Franz Neff, in: HZ v. 30.3.1924, S. 1; 11) Rund um die Hatzfelder Mittelschule, in: TZ v. 25.7.1924, S. 1; 12) Nach der Grenzregulierung mit Südslawien, in: TZ v. 12.8.1924, S. 1; 13) Hatzfeld – seine ehemalige Bedeutung in Südslawien und seine Bedeutung heute, in: DTP v. 31.10.1924, S. 1; 14) Die Schule / Abendglockenklang / Was uns not tut / Erhabener Beruf / Mein Heimatland / Stadt des Friedens (Gedichte), in: Heidenrösleinkranz. Widmung anlässlich der 150. Jahresfeier von Bogarosch, verlegt von Friedrich Ferch, Temeswar 1924, S. 10, 23, 24, 37, 39; 15) Vermächtnis / Liebesahnung / Was uns nottut / Willst du nicht ...? / Schattenhascherei, in: Von der Heide, April-Juni 1925; 16) Die Ansiedlung Hatzfelds und die wichtigeren Phasen seiner Entwicklung, in: HZ v. 31.5.1925, S. 3 f.; 17) Hundertfünfzig Jahre schwäbischer Arbeit, TZ v. 21.8.1925, S. 8; 18) Schaffen! / Jedem das Seine! / Die Welt / Leben (Gedichte und Sinnsprüche), in: SVO 1926, S. 41; 19) Ein Schwabe (Gedicht), in: UH September 1926; 20) Alte Weißheit / Nacht (Gedichte), in: SVO 1927, S. 48; 21) Mein Heimatland, in: Kultur und Leben 1/1927, Verlag Karl Hofer, Schorndorf; 22) Aus dem „Inferno" des Hatzfelder Staatsspitals, in: BDZ v. 5.1.1928, S. 5; 23) Die Hatzfelder Klosterschule vor der Übergabe, in: BDZ v. 20.6.1928, S. 3; 24) Rund um die Konkursmasse der Hatzfelder Reform-Mühle, in: BDZ v. 1.11.1928, S. 3; 25) Ewige Heimat / Scheidende Sonne / Zigeunerin (Gedichte), in: SVO 1928, S. 49, 58; 26) Geständnisse (Gedicht), in: BK 2/1929; 27) Schwäbische Bauern / Friede, in: BK 1/1928; 28) Die wirtschaftliche Zertrümmerung der Großgemeinde Hatzfeld, in: BDZ v. 2.3.1928, S. 2; 29) Winterlandschaft / Goldregen / Nebelschleier / Heide im Herbst (Gedichte), in: BK 4/1929; 30) Dr. Karl Diel. Zu seinem 75. Geburtstag am 14. Feber, in: BDZ v. 14.2.1930, S. 3; 31) Dem Gedächtnis Michael Bohns, in: BDZ v. 4.12.1930, S. 3; 32) Das schwäbische Dorf in der Gegenwart, in: TZ v. 25.12.1931, S. 27 f.; 33) Josef Linster, ein Tondichter und Chordirigent der Südostschwaben, in: DAD 1932/15, S. 381; 34) Schleifung der Hatzfelder Treiss'schen Ziegelei, in:

ARZ v. 29.7.1932, S. 2; 35) Der Schwabe Dr. Fritz Klingler und sein Werk, in: KLI 9/1932, S. 134-436; 36) Der Segenspender (Gedicht), in: DSS 1935/2, S. 3; 37) Banater Städte im Sturm der Krisenjahre, in: TZ v. 6.1.1932, S. 9; 38) Die Schönheit unserer Heimat, in: TZ v. 24.7.1933, S. 26 f.; 39) Ein weiterer Schritt zur Vernichtung der Banater Wirtschaft, in: TZ v. 26.7.1933, S. 8 / TON v. 30.7.1933, S. 3; 40) Die Hatzfelder Geisterburg. Eine Stunde beim Hatzfelder Uhrenkünstler Josef Reinholz, in: LK 1934, S. 132 ff.; 41) Wie die Gemeinde Hatzfeld totgewirtschaftet wird, in: ARZ v. 14.1.1934, S. 4; 42) Ein Denkmal für Dr. Karl Diehl, in: TZ v. 9.3.1934, S. 3; 43) Hundertachtundsechzig Jahre Jimbolia-Hatzfelder Gewerbe. Die Halbjahrhundertfeier der Innung, in: TZ v. 20.5.1934, S. 17 f.; 44) „Das junge Mädchen von Hatzfeld". Unberufene Kritik über unsere Heimat (Auseinandersetzung mit dem Artikel von Bibesco in der Wiener Zeitschr. „Die Bühne", zweites Augustheft 1934), in: ARZ v. 31.8.1934, S. 2; 45) Dem Gedächtnis Ludwig Wisskocsills, in: HZ v. 2.12.1934, S. 1 f.; 46) Zum 75. Geburtstag des Geheimkämmerers Emmerich Csicsaky, in: HZ v. 18.8.1935, S. 3; 47) Rudolf Wunder †, in: HZ v. 1.12.1935, S. 1 f.; 48) Werk eines Hatzfelder Uhrenkünstlers, in: VSL 3/1936, S. 85 ff.; 49) Auf den Ruinen einer 150jährigen Vergangenheit ... Die gräfliche Familie Csekonics löst die letzten Bande mit Jimbolia und dem Banat. Verkauf des Schlossgartens, des Schlosses und der Schlosskirche, in: HER v 5.1.1936; S. 2; 50) Das neue schwäbische Mädchen / Der Schatzgräber, in: DGK 1/1936, S. 141 ff. / 178 ff.; 51) Das Schicksal zweier Bauernhöfe, in: TZ v. 25.12.1936, S. 36; 52) Die herrlichste Kultur- und Kunstschöpfung des Banates, in: TZ v. 1.5.1937, S. 19 f.; 53) Dem Andenken Abtpfarrers Franz Neff, in: HZ v. 2.1.1938, S. 1 f.; 54) Unsere Vorfahren waren freie Männer und keine Knechte / Der Adel des schwäbischen Blutes / Der Churfürst von Trier und sein Secretarius / Das Wappen der schwäbischen Familie Reichrath, in: BDZ v. 9.1.1938, S. 15; 55) Die künstliche Schwindsucht, in: TZ v. 17.4.1938, S. 20; 56) Rund um das Denkmal für Dr. Karl Diel, in: BDZ v. 11.8.1938, S. 1; 57) Die Rolle Dr. Schiras in unserem völkischen Leben. Ein Hatzfelder Rechtsanwalt in Wien, in: BDZ v. 17.12.1938, S. 3; 58) Eine Friedhofskapelle, in: BDZ v. 10.9.1939, S. 8; 59) Blühender Flieder (Gedicht), in: Furche im Acker. Eine Auslese Banater deutschen Schrifttums der Gegenwart, Temeswar 1940, S. 34; 60) Der Schwabe Peter Heinrich. Zu seinem 50. Wiegenfest, in: HZ v. 11.2.1940, S. 2; 61) Professor Peter Heinrich. 50. Geburtstag des verdienstvollen Volkserziehers und Politikers, in: TZ v. 11.2.1940, S. 4; 62) Hatzfeld von Überschwemmungsgefahr bedroht, in: BDZ v. 29.1.1941, S. 4; 63) Hatzfeld hat es geschafft. Alle Vorbedingungen zur Eröffnung eines Mädchengymnasiums und eines Mädchenheimes werden erfüllt, in: ST v. 15.8.1942, S. 6; 64) Von der Hatzfelder Konsumgenossenschaft „Unitatea", in: NW v. 8.6.1949, S. 4; 65) Das Hatzfelder Volksathenäum, eine wertvolle Kultureinrichtung, in: NW v. 11.6.1949, S. 5; 66) Gedichte, in: NEL 1957/2, S. 57-60; 67) Aus dem Buch der Sprüche (Gedichte) / Bauernhände / Nacht auf der Heide, in: NEL 1957/4, S. 142; 68) Das Banater Schwabendorf, das schwäbische Haus und die schwäbische Bauernstube, in: VK 1957/7, S. 12-14; 69) Der 1. Mai, in: WA v. 30.4.1958, S. 3; 70) Werde Friedenskämpfer, in: WA v. 29.5.1958, S. 3; 71) An die Heimat, in: WA v. 17.6.1958, S. 3; 72) Heide im Herbst, in: DS v. 25.9.1966, S. 3; 73) Lied eines Heimatlosen / Der Bau der Pyramiden, in: NEL 1966/9-10, S. 105; 74) Die Heide / Mein Heimatland, in: DS v. 2.10.1966, S. 5; 75) Rechenschaft, in: DS v. 13.11.1966, S. 3; 76) Winter im Banat, in: DSK 1967, S. 73 f.; 77) Sperlinge / Der Bau der Pyramiden, in: DS v. 22.1.1967, S. 5; 78) Wenn ich sterbe, in: DS v. 5.2.1967, S. 7; 79) Rückschau, in: DS v. 12.2.1967, S. 3; 80) Schwäbische Bauern, in: DS v. 19.3.1967, S. 7; 81) Der Winter / Die Schmiede / Sinnsprüche / Im Frühling / Morgenstunde / Meine Wege / Ein Wort / Es zieht durch Blatt und Blüte / Ein jedes Lied das ich gesungen / Der Sonne Gold hab ich geraubt / Nacht auf der Heide / Sinnsprüche, in: WA-Kalender 1968; 82) Lied eines Heimatlosen / Blühender Flieder, in: DSK 1968, S. 83/88; 83) Siegende Heimat, in: DS v. 4.8.1968, S. 8; 84) Ein Wort, in: DS v. 3.11.1968, S. 6; 85) Hüben oder – drüben, in: DS v. 1.12.1968, S. 3; 86) Der Winter, in: DS v. Weihn. 1968, S. 4; 87) Nacht auf der Heide, in: DS v. 21.9.1969, S. 3 / DSK 1970, S. 45 / KR 2/1969, Nr. 33 / Auswahl literarischer Texte. Für die XII. Klasse, Didaktischer und pädagogischer Verlag, Bukarest 1977; 88) Auf Erden ist ... / Keine Lust ..., in: DSK 1970, S. 154; 89) Meine Wege, in: DS v. 15.2.1970, S. 4; 90) Morgenstunde, in: DS v. 1.3.1970, S. 3; 91) Die Schmiede, in: DS v. Pfingsten 1970, S. 10; 92) Der Sonne Gold hab ich geraubt, in: DS v. 21.6.1970, S. 3; 93) Wie das schwäbische Dorf entstand. Die Wandlung des Banater deutschen Hauses seit der Ansiedlung, in: NBZ v. 13. u. 26.8.1970, S. 3 / DS v. 13.9.1970, S. 3 / 20.9.1970, S. 3; 94) Schwabenfrühling, in: DS v. Ostern 1971, S. 4; 95) Im Frühling, in: DSK 1971, S. 90; 96) Der Schwabenzug, in: DS v. 10.12.1972, S. 4; 97) Heimatland, in: Wegzeichen der Heimat, Dacia Verlag, Cluj 1974, S. 196; 98) Heimat und Vaterland, in: NBZ-Heideblatt v. 21.4.1977, S. 3; 99) Heimat in: Sackelhaus. Ein Heimatbuch, Limburg/Lahn 1979, S. VIII; 100) Blühender Flieder, in: WEI Juni 1980, S. 8; 101) Aus meinem Leben. Aufzeichnungen aus dem Leben Peter Jungs im Besitze Therese Jungs I-V (Hochzeitsfoto in Folge II), in: NBZ v. 22.1.1980, S. 3 (I) / 21.2.1980, S. 3 (II) / 18.3.1980, S. 3 (III) / 22.4.1980, S. 2/3 (IV) / 15.5.1980, S. 3 (V), 102) Das Buch der Sprüche, in: NBZ v. 18.3.1980, S. 3 (1) / 24.7.1980, S. 3 (2); 103) Goldregen, in: WEI Dez. 1981, S. 9; 104) Die Arbeiterbewegung in Hatzfeld, in: NEL 1984/8, S. 77-80; 105) Ein Wort / Der Stärkere, in: NEL 1986/5, S. 36; 106) Ein Wort, in: NWK 1987, S. 102; 107) Gruß an Hatzfeld, in: Heimatbuch des Heidestädtchens Hatzfeld im Banat, hrsg. v. d. Heimatortsgemeinschaft Hatzfeld, Redaktion: Dr. Anton Peter Petri, Marquartstein 1991, S. 15; 108) Der Flüchtling, in: DS v. 1.7.2001, S. 8; 109) Der Pilger / Der Kirchhof / Der Hexenbaum. Eine Hatzfelder Sage / Überall, an allen Orten ... / Altschwäbischer Liederschatz (Sammlung Linster), in: Eduard Schneider (Hg.): Literatur in der „Temesvarer Zeitung" 1918-1949, IKGS Verlag, München 2003, S. 91 f. / 131 f. / 259 / 316-318

Anthologien: 1) Donauschwäbisches Dichterbuch, hrsg. v. Martha Petri, Wien und Leipzig 1939, S. 93, 348, 350 (drei Gedichte: Blühender Flieder / Mannespflicht / Der Treulose); 2) Das Lied der Unterdrückten. Ein Jahrhundert fortschrittlicher deutscher Dichtung auf dem Boden Rumäniens, hrsg. v. Heinz Stanescu, Literatur-Verlag, Bukarest 1963, S. 296-300 (5 Gedichte: Lied der Enterbten / Der Bau der Pyramiden / Der Sturm auf die Bastille / Das Recht auf Brot / Der Völkerhaß); 3) Marksteine. Literaturschaffende des Banats, hrsg. v. Heinz Stanescu, Facla Verlag, Temeswar 1974, S. 266-295 (35 Gedichte: Und alle Glocken klingen es / Das Lied vom Golde / Sprüche: von der Welt, vom Menschen, von der Kunst / Es zieht durch Blatt und Blüte / Unbegründete Furcht / Alte Gräber / Ein Wort / Willst du nicht ...? / Lied der Enterbten / Gruß an Hatzfeld / Das Recht auf Brot / Kahle Bäume / Des Liedes Zauber / Sterbender Rabe / Der Sturm auf die Bastille / Der Bau der Pyramiden / Der Mäuseturm bei Bingen / Des Übels Grund / Nacht auf der Heide / Berg und Tal und Wald und Fluß ... / Nikolaus Schmidt / Hyäne Gold / Der Storch / Wenn ich sterbe / Feldbrunnen / Der Stärkere / Kein Schwabe siedelt um / Im Wandern / An der Bega / Der Maulbeerbaum / Park im Regen / Bilderbogen: Geiserich, Schecherazade / Aufbruch der Namenlosen / Die Unbekannten / Grabspruch; 4) Prof. Dr. Hertha Perez / Gertrud Sauer / Michael Markel: Anthologie der deutschsprachigen Lyrik im 20. Jahrhundert, Ministerul Educației și Învățămîntului, Kapitel: Rumäniendeutsche Dichtung, Didaktischer und pädagogischer Verlag, Bukarest 1977, S. 301 f.; 5) Von der Heide. Anthologie einer Zeitschrift, Kriterion Verlag, Bukarest 1978, S. 114 f.; 6) Hatzfeld in Wort und Bild, hrsg. v. d. Kulturgesellschaft Hatzfeld (Autoren: Hans Werner Krutsch / Hildegard

Neidenbach / Robert Kaiser), Nürnberg 1990 (29 Gedichte und Sprüche: Ein Wort, S. 4 / Jedes Land ..., S. 13 / Alle Schönheit ist vergangen, S. 14 / Die reden ..., S. 19 / Wenn es die Vergangenheit ..., S. 25 / Von fröhlicher Zukunft ..., S. 71 / Friede, S. 72 / Gedankenstriche könnt ..., S. 89 / Schwäbische Bauern, S. 103 / Die Schule, S. 121 / Das Cholerakreuz, S. 127 / Verzage nie! ..., S. 128 / Was ich erlebt ..., S. 130 / Stehst du nicht ..., S. 140 / Glück, S. 146 / Es zieht durch Blatt und Blüte, S. 150 / Das Schwabenkind, S. 151 / Des Liedes Zauber, S. 152 / Nacht auf der Heide, S. 153 / Aus dem Kleinen wird das Große, S. 156 / Mit dem Strom ..., S. 181 / Ein Schwabe, S. 183 / Der Mensch – das könnt ..., S. 189 / Wer haben will, S. 214 / Nippe nicht ..., S. 220 / Gruß an Hatzfeld, S. 244 / Der Jugend – das Spiel ..., S. 247 / Möge noch so ..., S. 261 / Der Völker Weg zur Größe, S. 286; 7) Wanderers Nachtlied. Cântecul nocturnal călătorului. Eine Anthologie der deutschsprachigen Lyrik, ins Rumänische von Simion Dănilă, Hestia Verlag, Temeswar 1996, S. 48 f. (Welke Blätter rascheln / Moarte foi, sub pasu-mi)

Verantwortlicher Schriftleiter: Hatzfelder Zeitung. Deutschvölkisches Wochenblatt, Jimbolia [Hatzfeld] 1887 ff. [Wöchentl. So.; Aufl. 1500]

Mitarbeiter: 1) Neue Zeit (Großbetschkerek); 2) Deutsches Volksblatt (Neusatz); 3) Deutscher Volksfreund (Werschetz); 4) Banater Tagblatt (Temeswar); 5) Schwäbische Volkspresse (Temeswar); 6) Temesvarer Zeitung; 7) Deutsche Tagespost (Hermannstadt); 8) Banater Deutsche Zeitung, später Südostdeutsche Tageszeitung (Temeswar); 9) Siebenbürgisch-deutsches Tagblatt (Hermannstadt); 10) Kronstädter Zeitung; 11) Arader Zeitung; 12) Freiheit (Temeswar); 13) Neuer Weg (Bukarest), 14) Volk und Kultur (Bukarest), 15) Neue Literatur (Bukarest), 16) Die Wahrheit (Temeswar)

Vertonungen: 1) Emmerich Bartzer: Vier Männerchöre, Vertonung der Gedichte: Liebesahnung / Abendglockenklang / Im Walde / Wanderlied, Jimbolia o. J.; 2) Peter Horwath: Mein Heimatland, vertont von Josef Linster, in: DLB 1998/3, S. 63; 3) Dein Auge. Peter Jung (Verse), Emmerich Bartzer (Musik), in: VK 1979/6, S. 32; 4) Johann Weber (Schöndorf): Ein Schwabe, in: DS v. 2.8.1987, S. 3; 5) Wilhelm Ferch: Mein Heimatland

Interview: Vom „Faust" nie losgekommen. Eine Erinnerung an den Hatzfelder Lyriker Peter Jung. Ein bis dato unveröffentlichtes Interview, das Peter Jung 1958 seinem Freund Hans Matthias Just gab (Fotoporträt), in: DS v. 1.7.2001, S. 8

Über Peter Jung: 1) Ein schwäbischer Heimatdichter. Peter Jung aus Hatzfeld, in: VH 13 (1924/25) H. 7-9, S. 1-3; 2) Leonhard Kartye: Offene Antwort für Peter Jung, in: BAP v. 18.9.1926, S. 2; 3) Leonhard Kartye: In eigener Sache, in: BAP v. 5.3.1927, S. 2; 4) Banater deutsche Dichter, in: SVO 1933; 5) Das Lenaufest vom 15. August, in: BZ v. 13.8.1933, S. 2; 6) Peter Jung, der Dichter. Zu seinem 50. Geburtstage, in: DSS 1935/5, S. 6 f.; 7) Anton Valentin: Deutsches Geistesleben im Banat?, in: KLI 1936, S. 106-110; 8) Ders.: Peter Jung. Zu seinem 50. Geburtstag, in: BM 1937/38, H. 5, S. 145-147; 9) Martha Petri: Donauschwäbisches Dichterbuch, Wien und Leipzig 1939, S. 32; 10) Anton Valentin: Neuestes donauschwäbisches Schrifttum, in: SVO 1940, S. 119; 11) Heinz Stanescu: Dichter seiner Heimat. Peter Jung 70 Jahre alt. Kultur und Fortschritt, in: WA v. 2.8.1957, S. 3; 12) Ders: Zum 70. Geburtstag Peter Jungs, in: NEL 1957/4; 13) Frank Vally: Hatzfeld ehrt seinen Dichter, in: WA v. 15.4.1958, S. 3; 14) Anton Scherer: Die nicht sterben wollten. Ein Dichterbuch, Pannonia Verlag, München 1959, S. 244; 15) Michael Bürger: Besprechung von „Heidesymphonie", in: NEL 1961/6, S. 149 f.; 16) (J. M.): Peter Jung, der Sänger der Banater Heide. Sein Gedichtband „Heidesymphonie" in Bukarest jetzt erschienen, in: DS v. 18.2.1962, S. 4; 17) Franz Liebhard: Ein Gedenkblatt für Peter Jung, in: NW v. 20.8.1966, S. 3; 18) (j. g.): Peter Jung ist tot. Dichter, Kämpfer und Sänger der Banater Heide, in: DS v. 25.9.1966, S. 3; 19) Franz Liebhard: Jung Peter zum Gedächtnis, in: NEL 1966/9-10, S. 102; 20) Anton Valentin: Peter Jung gestorben, in: BP v. 15.10.1966, S. 6 f.; 21) Peter Jung (3. April 1887 – 24. Juni 1966) (Fotoporträt), in: DS v. 13.11.1966, S. 3; 22) Heinrich Zillich: Peter Jung †, in: SV 1966/4, S. 241; 23) Grabstein für den Banater Dichter Peter Jung. Seine Landsleute in Amerika spendeten das nötige Geld, in: DS v. 25.4.1971, S. 4; 24) Hans Bräuner: Peter Jung – Dichter der Banater Heide. Aus Leben und Werk mit „Letztwilliger Verfügung" und „Lied eines Heimatlosen" (Fotoporträt), in: DS v. 11.7.1971, S. 3, Fortsetzungen: 25.7., S. 6 / 8.8., S. 5 / 22 8., S. 7 / 5.9., S. 4; 25) zu Peter Jung vgl. SV 1971/2, S. 125 / SV 1971/4, S. 261; 26) Anton Palfi: Das Bild der Banater Landschaft in der Lyrik Peter Jungs. Diplomarbeit, Universität Temeswar 1971, 38 S. Mschr. (Standort: Univ.-Bibl. Temeswar); 27) Gedenkstunde in Hatzfeld. Marmorgrabstein für Peter Jung wurde feierlich enthüllt, in: NBZ v. 24.6.1971; 28) Anton Palfi: Ein Dichter seiner Landschaft. Am 24. Juni waren es fünf Jahre seit dem Ableben Peter Jungs, in: NBZ v. 27.6.1971, S. 5; 29) Stefan Binder: Deutsche Dichtung in Rumänien, in: NBZ v. 5. / 6.1.1973; 30) Heinz Stanescu: Peter Jung, in: VK-Heft 1973/5, S. 46-48; 31) Peter Jung, in: Marksteine. Literaturschaffende des Banats, hrsg. v. Heinz Stanescu, Facla Verlag, Timişoara 1974, S. 257-265 u. 360-363; 32) Karl Streit u. a.: Die rumäniendeutsche Gegenwartslyrik. Versuch einer Bestandsaufnahme und Interpretation. Peter Jung, in: VK 1974/2; 33) Hans Diplich: Essay. Beiträge zur Kulturgeschichte der Donauschwaben, Verlag Ermer KG, Homburg/Saar 1975, S. 126; 34) Peter Jung – Literaturlexikon, in: NBZ-Kulturbote v. 24.6.1975, S. 5; 35) Franz Schleich: Über alles liebte er seine Heimat. Zum 10. Todestag von Peter Jung. Gespräch mit Therese Jung (Fotos), in: NBZ-Kulturbote v. 17.6.1976, S. 2/3; 36) Peter Jung zum Gedenken (1887-1966), in: DS v. 22.8.1976, S. 3; 37) Luzian Geier: Peter Jung in den „Banater Monatsheften". Der Jimboliaer Lyriker und seine Mitarbeit an dieser Zeitschrift, in: NBZ-Heideblatt v. 24.10.1978, S. 3; 38) Dichterischer Nachlaß Peter Jungs in der Bayerischen Staatsbibliothek. Herzenswunsch der Witwe des Dichters ging damit in Erfüllung, in: DS v. 11.12.1983, S. 1/6; 39) Luzian Geier: Peter Jung. Kleines NBZ-Lexikon. Banatdeutsche Persönlichkeiten, in: NBZ v. 18.12.1983, S. 2/3; 40) Alexander Krischan: Dichterischer Nachlaß Peter Jungs in der Bayerischen Staatsbibliothek, in: Beiträge zur deutschen Kultur. Vierteljahrsschrift. Forschungen und Dichtungen, Aufsätze und Berichte, hrsg. v. Hans Weresch u. Horst Fassel, 1. Jg, F. 3, Freiburg 1984, S. 91-94; 41) Hans Bräuner: Peter Jungs Leben, Denken und Schaffen, in: BDK 1984/85, Folge 2, S. 5; 42) Nikolaus Engelmann: Land und Leute in Peter Jungs literarischem Werk, ebd. S. 19; 43) Hans Weresch: Peter Jungs Identität im Spiegel seiner Dichtungen, ebd. S. 32; 44) Im Mittelpunkt: Peter Jung und sein dichterisches Werk, in: DS v. 26.7.1985, S. 7; 45) Stefan Heinz: Erinnerungen: Peter Jung. Gekränkt und verbittert, in: BP v. 20.4.1987, S. 11; 46) Hans Werner Krutsch: Peter Jung – der große Hatzfelder Dichter. Ein Mann, der konsequent blieb – er ließ sich weder vor den „braunen" noch vor den „roten" Karren spannen (Fotoporträt), in: DS v. 2.8.1987, S. 3 f.; 47) Alexander Krischan: Bibliographie der Zeitungsaufsätze Peter Jungs 1920-1957, in: BDK IV (1987), Heft 3/4; 48) H. Bräuner/M. Schwarz: Peter Jung, in: Heimatbuch des Heidestädtchens Hatzfeld im Banat, hrsg. v. d. Heimatortsgemeinschaft Hatzfeld, Redaktion Dr. Anton Peter Petri, Marquartstein 1991, S. 510-515; 49) Bespr.: Hans Werner Krutsch/Nikolaus Horn: Peter Jung: Das Buch der Sprüche. Sinngedichte, in: BAN 1993/4, S. 57; 50) Nachschlagewerk und Dokumentation. Kulturgesellschaft Hatzfeld: „Das Buch der Sprüche" von Peter Jung, in: DS v. 23.1.1994, S. 5; 51) Herbert Mühlroth: Dichterlob oder Dichterleid. Zur Neuerscheinung „Das Buch der Sprüche" aus dem Nachlaß von Peter Jung, in: BP v. 5.2.1994, S. 3; 52) Hans Vastag: Herausgeberlob und Herausgeberleid, in: BP

v. 5.3.1994, S. 8; 53) Mein Lebensweg. Autobiographische Angaben Peter Jungs, in: DS v. 1.7.2001, S. 8; 54) Hatzfelder Tage mit kulturellen Schwerpunkten. Peter-Jung-Büste enthüllt. Neuerscheinungen über Peter Jung und Stefan Jäger, in: BP v. 20.9.2001, S. 13; 55) Helmine Buchsbaum: Über das Schaffen von Peter Jung, in: BP v. 20.11.2002, S. 9

Just, Hans Matthias
Selbständige Literatur: 1) Von Las Vegas nach Las Begas. Geschichten rund um den Rudolfsplatz, Mirton Verlag, Temeswar 1996, 343 S.; 2) Die Pollerpeitsch knallt wiedrum. Zusammengest. und eingel. von Hans Matthias Just, Mirton Verlag, Temeswar 1997, 380 S.; 3) In den Krallen des roten Drachen. Pater Paulus Anton Weinschrott SDS, ein Märtyrer des 20. Jahrhunderts. Eine Dokumentation erarbeitet, zusammengestellt und herausgegeben von Hans Matthias Just, Mirton Verlag, Temeswar 1999, 394 S.; 4) Temeswarer Geflüster, Mirton Verlag, Temeswar 1999, 112 S.
Nichtselbständige Literatur: 1) Tschiku. Rund um die Zigaretten. Affäre von Otopeni – Bukarest, in: DS v. 26.7.1998, S. 10; 2) Bosambo und Koprol, in: DS v. 26.7.1998, S. 12; 3) Alawitschka, in: DS v. 2.8.1998, S. 12; 4) Tamagot(s)chi. Anghorcht un ufgschrieb in eem Nürnberger Großkaufhaus, in: DS v. 9.8.1998, S. 8; 5) Heiliger Tee. Kuriose Blüten wirtschaftlicher Liberalisierung, in: DS v. 23.8.1998, S. 2; 6) Mottnpulva, in: DS v. 23.8.1998, S. 12; 7) Sonnenfinsternis. Aus dem Temeschburger Alltagsdschungel, in: DS v. 30.8.1998, S. 12; 8) Spionage und Verrat. 50 Jahre seit dem Interdikt der Griechisch-Katholischen Kirche in Rumänien u. Salvatorianer-Jubiläum. Eine weltumspannende Gemeinschaft gedachte ihres Gründers, in: DS v. 13.9.1998, S. 10 f.; 9) Fischsuppe und Bürgermeister. Auf freundschaftlicher Stippvisite im ungarischen Baja an der Donau, in: DS v. 20.9.1998, S. 6; 10) Kaviar, in: DS v. 11.10.1998, S. 12; 11) Sammla. Fast philosophische Betrachtungen rund um eine Leidenschaft, in: DS v. 18.10.1998, S. 12; 12) Schleichhändla. Ein Bericht aus dem rumänischen Alltag, in: DS v. 25.10.1998, S. 7; 13) Rosenduft. Nachdenkliches über den Stand der Temeswarer Mülldeponie, in: DS v. 25.10.1998, S. 10; 14) Stehkragnträga. Über größere und kleinere Gauner, in: DS v. 8.11.1998, S. 5; 15) Rumänien unterwegs. Grusel- und wahre Nachrichten über den Export von Kriminalität, in: DS v. 15.11.1998, S. 10; 16) Auf den Spuren der Ahnen. Exklusiv-Interview mit Magister Alexandra Müller-Guttenbrunn, in: DS v. 29.11.1998, S. 10; 17) Glaube, Hoffnung und Liebe. H. M. Just sprach mit Diözesanbischof Sebastian Kräuter, in: DS 6.12.1998, S. 10; 18) Glocken der Heimat. Die 3. Auflage der Temeschburger Kulturtage, in: DS v. 20.12.1998, S. 11; 19) Gramlpogatschn und Langosch, in: DSK 1999, S. 153 f.; 20) De Kercheturm vun Kleenbetschkerek. Eine mundartlich-nostalgische Reminiszenz, in: DS v. 3.1.1999, S. 15; 21) Handy-Wunda. Telekommunikations-Erlebnisse in Las Begas, in: DS v. 17.1.1999, S. 15; 22) In den Krallen des roten Drachen. Pater Paulus Anton Weinschrott SDS, ein Märtyrer des 20. Jahrhunderts, in: DS v. 31.1.1999, S. 14 f.; 23) Rindsfleisch mit Knoche, in: DS v. 9.5.1999, S. 20; 24) Die Domglocken läuteten, in: DS v. 10.10.1999, S. 1 / 3; 25) Blätterteppich, in: DS v. 21.11.1999, S. 14; 26) Ganshaut, in DSK 2000, S. 176 f.; 27) Imaginäres Interview mit Herkules, in: DS v. 30.7.2000, S. 8 f.; 28) Ordnung muss sein!, in: DS v. 5.11.2000, S. 15; 29) Temeswarer Dachritter, in: DSK 2001, S. 167-170; 30) Der Fluch. Zu Besuch in Werschetz im Winter 2000, in: DS v. 28.1.2001, S. 12; 31) Vom „Faust" nie losgekommen. Eine Erinnerung an den Hatzfelder Lyriker Peter Jung. Ein bis dato unveröffentlichtes Interview, das Peter Jung 1958 seinem Freund Hans Matthias Just gab, in: DS v. 1.7.2001, S. 8; 32) Ein Edelstein bei Ullstein. Temeswar entdeckte Ödön von Horváth neu, in: DS v. 8.9.2002, S. 5; 33) Deutsches Kulturzentrum, in: DS v.

8.9.2002, S. 7; 34) Bücher- und Musikliebhaber Hans Matthias Just erinnert an den Temeswarer Konrad Gräser, in: DS v. 16.6. 2002, S. 16; 35) Eine Hinterhofreportage, in: DSK 2003, S. 169-171

<u>Über Hans Matthias Just:</u> 1) Zwischen gestern und morgen. Ein Stubengespräch zwischen Veronika Dreichlinger und Hans Matthias Just, in: DS v. 10.5.1998, S. 10; 2) Aus dem Nähkästchen geplaudert. Lockere, anspruchsvolle Plaudereien mit einem Schuß Nostalgie. „Von Las Vegas nach Las Begas", in: DS v. 8.11.1998, S. 5; 3) Sabine Else Astfalk: Kompliziert zu lesen. Über den Märtyrer P. Paulus Weinschrott, in: DS v. 12.9.1999, S. 5; 4) Eleonora Pascu: Hans Matthias Just, ein Temeswarer Original (Fotoporträt), ist 70, in: BAN 2/2001, S. 61 f.; 5) Ein Temeswarer Original. Hans Matthias Just zum 70. (Fotoporträt), in: DS v. 1.7.2001, S. 11

ANTHOLOGIEN UND SEKUNDÄRLITERATUR

(zweiter Nachtrag)

Anthologie der deutschsprachigen Lyrik im 20. Jahrhundert (darin: Rumäniendeutsche Dichtung), Didaktischer und pädagogischer Verlag, Bukarest 1977

Aufs Wort gebaut. Deutsche Autoren in Rumänien, ADZ Verlag International Press, Bukarest 2003, 231 S.

Balogh, András F. / Fassel, Horst / Szabó, Dezsô (Hg.): **Zwischen Utopie und Realität. Deutschungarische Literaturbeziehungen im Wandel.** Die Beiträge des Budapester Symposions vom 21.-23. Juni 2000, Budapest 2001. 226 S.

Bockel, Herbert / Engel, Walter / Streit, Karl / Zirenner, Josef: **Die rumäniendeutsche Gegenwartslyrik. Versuch einer Bestandsaufnahme und Interpretation**, in: VK 1974/2

Bockel, Herbert: **Die Banater deutsche Dramatik der Nachkriegszeit. Versuch einer Bestandsaufnahme**, in: BAN 1/2002, S. 9-22

Brandsch, Ingmar: **Das Leben der Ungarndeutschen nach dem Zweiten Weltkrieg im Spiegel ihrer Dichtung**, Eckart-Schriften Heft 134, Wien 1995, 116 S.

Ders.: **Janos Szabo – der Geisterfahrer mit traumwandlerischer Sicherheit. Wie die ungarndeutsche Literatur satirisch über ihren eigenen Schatten springt**, in: DOD v. 8.8.1997, S. 10

Ders.: **Ungarndeutsche Literatur**, Bund der Vertriebenen, Arbeitshilfe Nr. 69, Bonn 1999, 22 S.

Ders.: **5. deutsche Literatur: Annemarie Podlipny-Hehn. Vermittlerin zwischen deutscher und rumänischer Kultur**, in: DOD 4/2003, S. 23-25

Ders.: **Als das Wort zu Ende war. Lucian Manuel Versandan. Freund und Förderer der rumäniendeutschen Literatur**, in: DOD 7/2003, S. 18 f.

Ders.: **Olivia Spiridon zur fünften deutschen Literatur. Neue Studie zur rumäniendeutschen Literatur**, in: DOD 10/2003, S. 20-23

Ders.: **Rumäniendeutsche Literatur und Kultur. Zu Hans Liebhardts Essayband „Deutsche in Bukarest"**, in: DOD 4/2004, S. 17-21

Ders.: **Literatur und Theater der Deutschen in Ungarn. Die deutsche Minderheit nach dem EU-Beitritt**, in: DOD 6/2004, S. 22-24

Ders.: **Die rumäniendeutsche Literatur lebt weiter. Gegenwärtige Lage und Bedeutung**, in: DOD 9/2004, S. 23-26

Daczi, Margit / Klein, Ágnes / Zrínyi, Andrea: **Lies mit, denk mit! Ungarndeutsche Autoren im Unterricht**, Szeged 2002, 173 S.

Engel, Walter: **Rumänische Revue. Monographischer Abriß und Anthologie**, Editura Facla, Temeswar 1978, 282 S.

Ders. (Hg.): **Von der Heide. Anthologie einer Zeitschrift**, Kriterion Verlag, Bukarest 1978, 375 S.

Ders.: **Deutsche Literatur im Banat (1840-1939)**. Beiträge d. Kulturzeitschr. zum banatschwäbischen Geistesleben, Groos Verlag, Heidelberg 1982, 290 S.

Ders.: **Betrachtungen zur Kurzprosa Rudolf Hollingers. Bruchstücke einer inneren Biographie**, in: SV 1989/1, S. 23-27

Ders.: **Meine ersten Jahre im Westen. Ein Erzählwettbewerb des Gerhart-Hauptmann-Hauses in Düsseldorf und der WDR-Sendung „Alte und neue Heimat"**, redig. v. Walter Engel u. Gudrun Schmidt, Westdeutscher Rundfunk, Köln 1996, 224 S.

Ders.: **Poetische Landvermessung. Raumtopoi in der deutschsprachigen Literatur des Banats im 20. Jahrhundert**, Vortrag bei der Internationalen Tagung „Historische Regionen und ethnisches Gruppenbewußtsein in Ostmittel- und Südosteuropa. Kontakträume, Raumidentitäten, Gemeinschaftsbildung" in Tübingen vom 25. bis 27. November 2004

Erwert, Helmut: **Literatur einer Zeitenwende: Das Endzeitalter donauschwäbischer Existenz in Südosteuropa im Spiegel seiner literarischen Erzeugnisse**, in: Ingomar Senz: Die Donauschwaben, Studienbuchreihe der Stiftung Ostdeutscher Kulturrat, Band 5, Langen Müller, München 1994, S. 194-217

Fassel, Horst: **Die donauschwäbische Literatur. Abgrenzungskriterien und Bestandsaufnahme**, in: BAN V (1988), Heft 3, S. 14-29

Ders.: **Die donauschwäbische Literatur und ihre Entwicklung vom 18. bis zum 20. Jahrhundert**, in: Die Donauschwaben. Deutsche Siedlung in Südosteuropa. Ausstellungskatalog, bearb. v. Immo Eberl u. a., Thorbecke Verlag, Sigmaringen 1989, S. 289 ff.

Ders.: **Buchbesprechungen aus den Jahren 1967-1989**, o. J., ca. 500 Bl., enthält Kopien von Buchbesprechungen

Ders.: **Die Literatur der Donauschwaben**, in: Carola L. Gottzmann (Hrsg.): Unerkannt und (un)bekannt. Deutsche Literatur in Mittel- und Osteuropa, Francke Verlag, Tübingen 1991, S. 239-260 (insges. 387 S.)

Ders.: **Die deutsche Literatur in Rumänien heute**, in: DLB 1991/3, S. 111-116 / 1991/4, S. 158-168

Ders. u. Schwob, Anton (Hg.): **Deutsche Sprache und Literatur in Südosteuropa. Archivierung und Dokumentation.** Beiträge der Tübinger Fachtagung vom 25.-27. Juni 1992, Reihe B 66, Verlag des Südostdeutschen Kulturwerks, München 1996, 327 S.

Ders. (Zusammenstellung): **Deutsch-südosteuropäische Literaturbeziehungen.** Info-Material, Tübingen 1996, 136 Bl.

Ders. (Hg.): **Deutsche Literatur im Donau-Karpatenraum (1918-1996). Regionale Modelle und Konzepte in Zeiten des politischen Wandels.** Beiträge der wissenschaftlichen Tagung vom 29.-30. November 1996 in Pécs, veranst. v. Institut für donauschwäbische Geschichte und Landeskunde in Tübingen und dem Kulturverein Nikolaus Lenau e. V. Pecs, IDLG 1997, 139 S.

Ders. (Hg.): **Theater und Politik. Deutschsprachige Minderheitentheater in Südosteuropa im 20. Jahrhundert. (Teatru si politică. Teatre minoritare de limbă germană din sud-estul Europei în secolul al 20-lea),** Presa Universitară Clujană (Reihe Karl Kurt Klein Bd. 1), Cluj-Napoca/Klausenburg 2001, 345 S.

Ders. (Hg.): **Deutsche Regionalliteratur im Banat und in Siebenbürgen im Vielvölkerraum,** Institut für donauschwäbische Geschichte und Landeskunde Tübingen, Karl-Kurt-Klein-Reihe 2, Cluj-Napoca/Klausenburg 2003, 196 S. (1. Teil)

Franyó, Zoltán: **Auftakt auch Aufstieg? Bemerkungen zur Wiederaufnahme der Tätigkeit des Adam-Müller-Guttenbrunn-Literaturkreises,** in: NBZ v. 18.11.1970, S. 4

Fröschle, Hartmut (Hg.): **Americana Germanica. Bibliographie zur deutschen Sprache und deutschsprachigen Literatur in Nord- und Lateinamerika,** Auslandsdeutsche Literatur der Gegenwart, Band 15, Hauptherausgeber: Alexander Ritter, Olms Presse, Hildesheim/Zürich/New York 1991, 233 S.

Geschichte, Gegenwart und Kultur der Donauschwaben. Texte aus den Jahresprogrammen 1992-1998, hrsg. v. d. Landsmannschaft der Donauschwaben - Bundesverband, Hefte 3-9, Sindelfingen 1993-1999 (darin zahlreiche Referate und Vortragstexte über Literatur von und über Donauschwaben, besonders unter der „Tagung der Kulturschaffenden")

Habermann, Paul Otto: **Annie Schmidt-Endres und ihr Werk oder „Singe, wem Gesang gegeben ...",** in: DS v. 14.11.1965, S. 4

Ders.: **Akazieblädder.** Unter diesem Titel schenkt uns Annie Schmidt-Endres ein neues Werk mit mundartlichen Kostbarkeiten aus der alten Heimat, in: DS v. 17.11.1968, S. 5

Ders.: **Annie Schmidt-Endres. Zur Vollendung ihres 65. Lebensjahres,** in: DS v. Weihn. 1968, S. 7

Ders.: **Einer großen edlen Frau nachträglich gewidmet. Annie Schmidt-Endres zur 71. Wiederkehr ihres Geburtstages**, in: DS v. 12.1.1975, S. 5

Ders.: **In memoriam. Unserer verehrten Heimatdichterin und Schriftstellerin Annie Schmidt-Endres ein Jahr nach ihrem Tode**, in: DS v. 11.6.1978, S. 5

Hartmann, Rudolf: **Das deutsche Volksschauspiel in der Schwäbischen Türkei**, Schriftenreihe der Kommission für ostdeutsche Volkskunde in der Gesellschaft für Volkskunde e. V., Bd. 12, Elwert Verlag, Marburg 1974, 326 S.

Heinz, Franz: (Hg.): **Otto Alscher: Der Löwentöter. Ein Urweltroman**, Kriterion Verlag, Bukarest 1972, 171 S.

Ders.: **Johann Szimits: Blume vun dr Heed. Mundartgedichte**, Bukarest 1973, 150 S.

Ders.: **Zwetschgenkrampus und Schwäbischer Globus** (Überlegungen zur Situation der Mundartdichtung im Banat), in: NEL 1974/11, S. 86-91

Ders.: **Otto Alscher – ein Banater Schriftsteller**, in: NEL 1974/12, S. 30-44

Ders. (Hg.): **Otto Alscher: Belgrader Tagebuch. Feuilletons aus dem besetzten Serbien. 1917-1918**, Kriterion Verlag, Bukarest 1975, 156 S. u. Bildanhang

Ders.: **Karl Grünn (1855-1930) – ein Banater Dichter** (einige Angaben und Bemerkungen zu seinem Leben und Werk), in: NEL 1975/8, S. 79-95

Ders.: **Über die „Hoffähigkeit" des Vetter Sepp Zornich** (Noch einmal zum Thema Mundartdichtung im Banat), in: NEL 1975/9, S. 110-114

Ders.: **Tausend Seiten Alscher** (Ein Nachlaß und sein Anspruch auf das öffentliche Interesse), in: NEL 1975/12, S. 96-102

Ders. (Hg.): **Karl Grünn: Gedichte**, Kriterion Verlag, Bukarest 1976, 232 S. u. Bildanhang

Ders. (Hg.): **Otto Alscher: Belebte Jagd. Tier- und Jagdgeschichten**, Kriterion Verlag, Bukarest 1977, 543 S.

Ders. (Hg.): **Magisches Quadrat. Erzählungen. Bekenntnisse zur Heimat in Deutschland**, Walter Rau Verlag, Düsseldorf 1979, 128 S.

Ders.: **Kosmos und Banater Provinz. Herta Müller und der unliterarische Streit über ein literarisches Debüt**, in: BDK 1984/85, Folge 2, S. 80

Ders. (Texte) / Fabritius, Gert (Zeichnungen): **Begegnung und Verwandlung**, Künstlergilde, Esslingen 1985, 48 S.

Ders.: **Ein Dichter sagte Nein. Zum Tode von Rolf Bossert**, in: DS v. 23.3.1986, S. 3

Ders. (Bearb. u. Einf.): **Immer gibt es Hoffnung. Erzählungen**, hrsg. v. Ostdeutschen Kulturrat, Westkreuz-Verlag, Berlin/Bonn 1986, 176 S.

Ders.: **„Wie schmal ist worden der heimwärtslenkende Pfad". Hans Diplichs Dichtung am Schnittpunkt von Erbe und Integration**, in: BP v. 20.2.1994, S. 3

Ders.: **Unzeitgemäße Lehren aus einem beliebten Buch. Adam Müller-Guttenbrunns Roman „Meister Jakob und seine Kinder" neu gelesen**, in: BAN 1998/2, S. 23-29

Ders.: **Kollektive Auslieferung und selektives Bekenntnis. Stefan Heinz-Kehrer und sein schwäbischer Lebensbericht zwischen Nationalsozialismus und Kommunismus**, in: SV 2002/4, S. 330-335

Heinz, Stefan: **Die „Lügenwette". Auswahl deutscher humoristischer Prosa aus Rumänien. Eine erfreuliche Neuerscheinung des Bukarester Jugendverlages**, in: DS v. 23.4. 1967, S. 3

Hockl, Hans Wolfram: **Unser Führer und Lehrer** (Adam Müller-Guttenbrunn), in: Silberrose 1952, H. 7/8, S. 12-16

Ders.: **Erinnerungen an Johann Petri**, in: DS v. 15.12.1957, S. 4

Ders.: **Nikolaus Lenau 1802-1962. Lenaufeiern einst im Banat**, in: BP 1962, Nr. 8, S. 3 f.

Ders.: **Gründung der Lenau-Gesellschaft. Eine Kulturtagung von historischer Bedeutung**, in: DS v. 1.11.1964, S. 1/6

Ders.: **Unser Vorbild und Lehrer. Vortrag zum 100. Geburtstag des Dichters Adam Müller-Guttenbrunn** (Linz, 1952), in: DS v. 7.1.1973, S. 6

Ders.: **Dank an Anni Schmidt-Endres zu ihrem 70. Geburtstag**, in: DS v. Weihn. 1973, S. 8

Ders.: **Der Erzdonauschwabe Adam Müller-Guttenbrunn. Vortrag zur Gedenkfeier in Linz am 7.10.1973**, in: DS v. Pfingsten 1974, S. 7 f.

Ders.: **Ein kühner Sprung von Linz nach Wien. Adam Müller-Guttenbrunn in Oberösterreich**, in: DLB 1974/2, S. 9-12

Ders.: **Vor vierzig Jahren starb Otto Alscher. Einer der bedeutendsten Tiererzähler und Naturschilderer deutscher Zunge**, in: DS v. 24.11.1974, S. 4

Ders.: **Imponierende Bilanz des deutschen Staatstheaters Temeswar**. 5500 Vorstellungen vor 1,6 Millionen Zuschauern in zwei Jahrzehnten, in: DS v. 9.2.1975, S. 1/8

Hockl, Helmfried: **Pflege und Erhalt des Erbes. Zur Tagung der Kulturschaffenden im Haus der Donauschwaben in Sindelfingen**, in: DS v. 15.8.1999, S. 1

Ders.: **Ein geschichtsträchtiges Buch. Auseinandersetzung mit Hans Bohns „Als die Schwalben heimwärts zogen"**, in: DS v. 29.8.1999, S. 5

Ders.: **Stunden ohne Ende. Gedanken zum neuen Lyrikband von Hans Linder**, in: BP v. 20.9.1999

Ders.: **Donauschwäbischer Humor. Eine Betrachtung über Redensarten und Redewendungen**, in: DS v. 10.3.2002, S. 8

Ders.: **Die Fülle eines bewegten Lebens. Stefan Hans-Kehrers jüngstes Buch: Rumänischbanater Zeitgeschichte** [„Im Zangengriff der Zeiten"], in: DS v. 24.3.2002; S. 5

Ders.: **Deutsches Staatstheater Temeswar vor dem Aus?**, in: DS v. 16.6.2002 / SV 2002/2, S. 192

Hollinger, Rudolf: **Deutsches Schauspiel im Banat**, in: BM 1936, S. 81

Ders.: **Heimische Dichtung**, in: BM 1937, H. 4, S. 97-103

Ders. (Hg.): **Junge Banater Dichtung. Reden u. Gedichte einer Feierstunde**, Temeswar 1940, 61 S.

Ders.: **Banater Dichtung der Gegenwart. Versuch einer geistigen Schau**, in: Furche und Acker, Temeschburg 1940, S. 24-33

Ders.: **Versuch einer Deutung der Banater Dichtung**, in: BSB 1940, H. 3, S. 49-57 / BDZ v. 21.2.1940, S. 3 f., 22.2., S. 3 f., 23.2., S. 4

Ders.: **Die Banater Dichtung der Gegenwart. Überschau und Ausblick**, in: DL 1941, H. 1/2, S. 43-51 / VIS 1941, H. 9, S. 27-34 / Schwaben. Monatsheft für Volkstum und Kultur, Kohlhammer Verlag Stuttgart, Jg. 13, Heft 6/1941, S. 376-379

Ders.: **Adam Müller-Guttenbrunn (1852-1923), der Erwecker des Donaudeutschtums**, Druck der Schwäbischen Verlags AG, Temeswar 1942, 23 S.

Ders.: **Das Sonett in der deutschen Dichtung Rumäniens**, gesendet im Rundfunk Temeswar am 18.5.1957, 17.40 Uhr

Ders.: **Ein unbekannter Erzähler des Banats: Johann Eugen Probst**, in: NW v. 28.9 1968

Ders.: **Unbekannte Literaturgeschichte: Die Briefe von Johann Eugen Probst an Adolf Meschendörfer**, in: Karpatenrundschau v. 18.9.1970 / SV 1972/1, S. 37 ff.

Hutterer, Franz: **Marginalien. Adam Müller-Guttenbrunn gestern und heute**, 1952/1, S. 85-88

Ders.: **Einige Bemerkungen zur donauschwäbischen Literatur der Gegenwart**, in: DLB 1955/1, S. 5 f.

Ders.: **Ein Bericht über die banat-deutsche Literaturentwicklung**, 1983/2, S. 113 / 1983/3, S. 260

Ders.: **Gruß an Weidenheim. Zum 70. Geburtstag**, 1988/2, S. 101-104

Ders.: **Theresia Moho: Marjanci. Eine Kindheit in Kroatien 1928-1945**, 1995/1, S. 78

Just, Hans Matthias: **Vom „Faust" nie losgekommen. Eine Erinnerung an den Hatzfelder Lyriker Peter Jung**. Ein bis dato unveröffentlichtes Interview, das Peter Jung 1958 seinem Freund Hans Matthias Just gab, in: DS v. 1.7.2001, S. 8

Karasek, Alfred / Horak, Karl: **Das deutsche Volksschauspiel in der Batschka, in Syrmien und Slawonien**, Schriftenreihe der Kommission für ostdeutsche Volkskunde in der Gesellschaft für Volkskunde e. V., Bd. 11, Elwert Verlag, Marburg 1974, 326 S.

Karasek-Langer, Alfred: **Literatur der Heimatlosigkeit**, in Kulturspiegel 1950/4, S. 7 10

Ders.: **Die donauschwäbische Volksschauspiellandschaft**, Sonderdruck aus: JVH, Bd. 1, Otto Müller Verlag, Salzburg 1955, 51 S.

Keil, Ernst Edmund (Auswahl u. Nachwort): **Ostdeutsches Lesebuch. I. Band. Vier Jahrhunderte deutscher Dichtung vom Baltikum bis zum Banat**, Vorwort von Prof. Dr. Roswitha Wisniewski, Kulturstiftung der deutschen Vertriebenen, Bonn 1983, 326 S.

Klein, Karl Kurt: **Literaturgeschichte des Deutschtums im Ausland. Schrifttum und Geistesleben der deutschen Volksgruppen im Ausland vom Mittelalter bis zur Gegenwart**. Mit Namen- u. Sachregister, Leipzig, Bibliographisches Institut 1939, XIV/475 S., neu herausgegeben mit einer Bibliographie (1945-1978) von Alexander Ritter, Georg Olms Verlag, Hildesheim/New York 1979, 575 S. (behandelt Schrifttum und Geistesleben der Deutschbalten, der Rußlanddeutschen, der Donauschwaben, der Deutschen aus Binnenungarn und der Zips, aus Siebenbürgen, Bessarabien, Pennsylvanien, Nordamerika, Lateinamerika und Kanada, aus Galizien und der Bukowina)

Kremling, Bruno (Hg.): **Adam Müller-Guttenbrunn, der Mensch und sein Werk**. Festschrift zum 70. Geburtstag des Dichters am 22. Oktober 1922, hrsg. v. d. Schriftleitung des „Deutschen Volksblattes" in Novisad-Neusatz, Buchdruckerei der Deutschen Druckerei und Verlags-A.G., Novisad-Neusatz 1923, 23 S.

Kronfuss, Wilhelm: **Südostdeutsche Büchersammlungen – geistiges Brachland**, in: NL v. 22.10.1977, S. 3

Markel, Kurt: **Die rumäniendeutsche Literatur in ihrem kulturpolitischen Kontext 1944-1989**, [Dissertation bei Wulf Segebrecht / Universität Bamberg, im Entstehen]

Metzler, Oskar: **Gespräche mit ungarndeutschen Schriftstellern**, Tankönyvkiadó, Budapest 1985, ²1987, 278 S.

Motzan, Peter: **Die rumäniendeutsche Literatur nach 1944**, in: NEL 27, 1976/2, S. 92-104, u. H. 3, S. 59-71

Ders.: **Die Lyrik Irene Mokkas**, in: NEL 28, 1977/9, S. 79-86

Ders.: (Hg.): **Der Herbst stöbert in den Blättern. Deutschsprachige Lyrik aus Rumänien**, Verlag Volk und Welt, Berlin 1984, 191 S.

Ders.: **Realitätserkundung, Selbstausforschung und der melancholische Traum vom geschriebenen Glück. Der Lyriker Werner Söllner**, in: GW 79/Juli 1995, S. 32-37

Motzan, Peter / Sienerth, Stefan (Hg.): **Die deutschen Regionalliteraturen in Rumänien (1918-1944). Positionsbestimmungen, Forschungswege, Fallstudien**, Verlag Südostdeutsches Kulturwerk, München 1997, 281 S.

Ders.: **Maresi – mein kleines Welttheater. Der donauschwäbische Erzähler Johannes Weidenheim wird wieder entdeckt**, in: Durch aubenteuer muess man wagen vil. Festschrift für Anton Schwob zum 60. Geburtstag, hrsg. von Wernfried Hofmeister und Bernd Steinbauer, Innsbruck 1997 (Innsbrucker Beiträge zur Kulturwissenschaft. Germanistische Reihe 57), S. 323-336

Nadler, Josef: **Literaturgeschichte des Deutschen Volkes. Dichtung und Schrifttum der deutschen Stämme und Landschaften,** 4 Bände (vierte, völlig neu bearb. Auflage), Propyläen, Berlin 1938-41, XXI, 709; XVII, 686; XV, 705; XVII, 685 S. u. Abbildungen

Oliveira, Claire de: **La Poésie allemande de Roumanie entre hétéronomie et dissidence (1944-1990)**, Collections Contacts, Peter Lang S. A., Editions scientifiques européennes, Bern/Berlin/Frankfurt a. M./New York/Paris/Wien 1995, 375 S. u. Anhang

Pável, Rita: **Die ungarndeutsche Literatur nach 1945**, in: SUE 2001, S. 5-53 (1. Teil), SUE 2002, S. 5-54 (2. Teil)

Perez, Hertha / Sauer, Gertrud / Markel, Michael (Hg.): **Anthologie der deutschsprachigen Lyrik im 20. Jahrhundert**, Ministerul Educației și Învățămîntului, Kapitel: Rumäniendeutsche Dichtung, Didaktischer und pädagogischer Verlag, Bukarest 1977, S. 301 f.

Ritter, Alexander (Planung und Gesamtredaktion): **Kolloquium zur literarischen Kultur der deutschsprachigen Bevölkerungsgruppen im Ausland**. Referate und Auswahlbibliographien. Erste bis achte Konferenz deutscher Volksgruppen in Europa in der Akademie Sankelmark, Dtsch. Grenzverein, Flensburg 1981-1991, jeweils 220-250 S.

Ders.: **Deutschsprachige Literatur im Ausland**, Vandenhoeck & Ruprecht, Göttingen 1985, 160 S.

Ders.: **Dilemma und Krise – Finale? Zur Lage deutschsprachiger Literatur im Ausland**, in: SV 1999/3, S. 209-217

Ders.: **Deutsche Minderheitenliteraturen. Regionalliterarische und interkulturelle Perspektiven der Kritik**. Mit einer Bibliographie zur Forschung 1970-2000, Verlag Südostdeutsches Kulturwerk, München 2001, 427 S.

Rudolf, Helmut: **Ungarndeutsche Literatur und Identitätsfindung. Eine produktive literarische Provinz**, in: Die Künstlergilde 1995/1, S. 6 f.

Ders.: **Wagnis und Wandel. Drei Jahrzehnte ungarndeutsche Literatur**, in: SV 2003/4, S. 338-341

Scherer, Anton: **Einführung in die Geschichte der donauschwäbischen Literatur**, Selbstverlag, Graz 1960, 31 S.

Ders.: **Geschichte der deutschen Literatur in den ehemaligen deutschen Siedlungsgebieten Jugoslawiens**, in: JDJ 1966, S. 89-110

Ders.: **Die Literatur der Donauschwaben als Mittlerin zwischen Völkern und Kulturen**, Selbstverlag, Graz 1972, 19 S.

Ders.: **Drei donauschwäbische Anthologien 1911, 1939, 1959**, in: SV 1986/1, S. 39-44

Ders.: **Deutsche Literatur im Banat (Rumänien) nach dem 23. August 1944. Künstlerische Normen, politische Tendenzen, typische Vertreter**, Donauschwäbisches Bibliographisches Archiv, Graz 1997, 34 S.

Ders.: **Donauschwäbische Bibliographie 1965-1975. Schöngeistiges Schrifttum**, Donauschwäbisches Bibliographisches Archiv, Graz 1998, 34 S.

Ders.: **Geschichte der donauschwäbischen Literatur von 1848 bis 2000**, München 2003, 156 S.

Schneider, Eduard / Sienerth, Stefan (Hg.): **Lenaus Leben und Werk in Bildern, Daten und Zitaten**, in: Nikolaus Lenau. "Ich bin ein unstäter Mensch auf Erden". Begleitbuch zur Ausstellung, München 1993, S. 1-92; 205-213

Schneider, Eduard: **Vom integrativen Umgang mit Dichtung. Johann Wolf, der Philologe und Pädagoge als Literaturhistoriker, Textinterpret und Herausgeber**, in: Johann Wolf. Erzieher, Forscher, Förderer, hrsg. von Walther Konschitzky und Eduard Schneider, München 1994, S. 160-168

Ders.: **Ein Wiegenfest des Banater Pressewesens**. [Zum Erscheinen des Wochenblattes "Temeswarer Nachrichten" vor 225 Jahren.], in: Banatica. Festgabe für Dr. Alexander Krischan zum 75. Geburtstag, Wien 1996, S. 12-20

Ders.: **Vom literarischen Leben der Banater Deutschen zu Beginn der [neunzehnhundert] zwanziger Jahre**, in: Sammlung und Integration. GGK 1996, S. 75-82

Ders.: **Die Südostdeutsche Tagespresse als literaturgeschichtliche Quelle. Forschungsstand und Perspektiven. Mit einem Zwischenbericht am Fallbeispiel "Temesvarer Zeitung"**, in: Die deutschen Regionalliteraturen in Rumänien (1918-1944). Positionsbestimmungen, Forschungswege, Fallstudien, hrsg. von Peter Motzan und Stefan Sienerth, Südostdeutsches Kulturwerk, München 1997 (Veröff. d. Südostdt. Kulturwerks Bd. 72), S. 117-147

Ders.: **Ein "Blatt der Nationen des Banats" – die "Temesvarer Zeitung"**, in: OG 1999, Redaktion: Peter Mast u. Silke Spieler, Bonn 1998, S. 450-455

Ders.: **Banater deutsche literarische Übersetzungen aus dem Rumänischen, Ungarischen und Serbischen. Versuch eines Überblicks von den Anfängen bis nach dem Ersten Weltkrieg**, in: Kulturdialog und akzeptierte Vielfalt? Rumänien und rumänische Sprachgebiete nach 1918, hrsg. von Horst Förster und Horst Fassel, Thorbecke Verlag, Stuttgart 1999 (Schriftenreihe des Instituts für Donauschwäbische Geschichte und Landeskunde Bd. 8), S. 111-125

Ders.: **Ein Schriftsteller und Journalist mit dem Wort Trauer im Namen. Der Banater Autor Willy Stepper-Tristis und seine Veröffentlichungen in deutscher, ungarischer und französischer Sprache**, in: Schriftsteller zwischen (zwei) Sprachen und Kulturen, hrsg. von Antal Mádl und Peter Motzan, Südostdeutsches Kulturwerk, München 1999 (Veröff. d. Südostdt. Kulturwerks Bd. 74), S. 217-233

Ders.: **Zur Ady-Rezeption bei den Deutschen Südosteuropas. Leben, Werk und Wirkung des Dichters in Beiträgen der deutschen Presse des Banats und Siebenbürgens im 20. Jahrhundert**, in: Aufbruch in die Moderne. Wechselbeziehungen und Kontroversen in der deutschsprachigen Literatur um die Jahrhundertwende im Donauraum, hrsg. von Anton Schwob und Zoltán Szendi, Südostdeutsches Kulturwerk, München 2000 (Veröff. d. Südostdt. Kulturwerks Bd. 86), S. 117-138

Ders.: **Der Temeswarer Germanist Otto Kein (1904-1939). Spiegelungen seines Lebens und Werkes in Pressebeiträgen der Zwischenkriegszeit**, in: Temeswarer Beiträge zur Germanistik, hrsg. von Roxana Nubert, Mirton Verlag, Temeswar 2001, S. 193-203

Ders.: **Ein Schriftsteller als Vermittler. Zur literarischen Publizistik von Franz Xaver Kappus**, in: 50 Jahre Südostdeutsches Kulturwerk. Südostdeutsche Vierteljahresblätter (1951-2001), Südostdeutsches Kulturwerk, München 2001 (Veröff. d. Südostdt. Kulturwerks), S. 71-82

Ders.: **Gestaltete Erfahrungen einer literarischen Generation. Über Johann Lippet und Horst Samson anlässlich einer Lesung im Südostdeutschen Kulturwerk München**, in: BAN, H. 1/2002, S. 36-40

Ders.: **Journalismus unter nationalsozialistischen Zwängen. Robert Reiter und der Kulturteil der "Südostdeutschen Tageszeitung", Ausgabe Banat (1941-1944)**, in: Deutsche Literatur in Rumänien und das "Dritte Reich". Vereinnahmung - Verstrickung – Ausgrenzung, hrsg. von Michael Markel und Peter Motzan, IKGS, München 2003 (Veröff. des Instituts für deutsche Kultur und Geschichte Bd. 94), S. 245-268

Ders. (Hg.): **Literatur in der „Temesvarer Zeitung" 1918-1949. Einführung, Texte, Bibliographie (CD-Rom). Eine Dokumentation**, IKGS Verlag, München 2003, 479 S.

Ders.: **Ein deutsches Theater in Südosteuropa. Zum fünfzigjährigen Werdegang der Temeswarer Bühne gelegentlich ihres Gastspiels in Deutschland im Winter 2003**, in: SV 53, 2004/1, S. 46-49

Schneider, Wilhelm: **Die auslanddeutsche Dichtung unserer Zeit**, Weidmannsche Verlagsbuchhandlung, Berlin 1936, 347 S.

Schwob, Anton (Hg.): **Beiträge zur deutschen Literatur in Rumänien seit 1918**, Verlag des Südostdeutschen Kulturwerks, München 1985, 176 S.

Ders.: **Methodologische und literarhistorische Studien zur deutschen Literatur Ostmittel- und Südosteuropas**. Internationales Symposion, Innsbruck 18.-19.10.1991, hrsg. v. Anton Schwob unter Mitarbeit von Carla Carnevale und Fridrun Rinner, Reihe B 67, Verlag des Südostdeutschen Kulturwerks, München 1994, 204 S.

Schuth, Johann / Szabó, János (Hg.): **Ungarndeutsche Literatur der siebziger und achtziger Jahre. Eine Dokumentation**, Verlag Südostdeutsches Kulturwerk, München 1991, 324 S. u. Bilddokumentation

Sienerth, Stefan: **Einspruch gegen das Vergessen. Der Erzähler und Schulbuchautor Franz Hutterer**, in: GW, Juli 1996, S. 36-39. (Dass. auch in: GGK 1995, S. 75-81

Ders.: **„Daß ich in diesen Raum hineingeboren wurde"**, Gespräche mit deutschen Schriftstellern aus Südosteuropa [Valeria Koch], München 1997, 352 S.

Spiridon, Olivia: **Untersuchungen zur rumäniendeutschen Erzählliteratur der Nachkriegszeit**, Literatur- und Medienwissenschaft Band 86, Igel Verlag Wissenschaft, Oldenburg 2002, 356 S.

Stanescu, Heinz (Hg.): **Das Lied der Unterdrückten. Ein Jahrhundert fortschrittlicher deutscher Dichtung auf dem Boden Rumäniens**, Literatur-Verlag, Bukarest 1963, 366 S.

Ders. (Hg.): **Lügenwette. Deutsche humoristische Prosa aus Rumänien**, Jugendverlag, Bukarest 1966, 380 S.

Ders.: **Die rumäniendeutsche Literatur im letzten Vierteljahrhundert**, in: NL v. 15.9.1973, S. 5

Ders. (Hg.): **Marksteine. Literaturschaffende des Banats**, Facla Verlag, Temeswar 1974, 368 S.

Ders.: **Zum Begriff „Rumäniendeutsche Literatur"**, in: NL v. 20.9.1975, S. 3

Stein, Conrad Jacob: **Fünfundzwanzig Jahre deutschen Schrifttums im Banate. Ein Beitrag zur deutschbanater Geistesgeschichte der Jahre 1890-1915**, Deutschbanater Volksbücher, Temesvar [1915], 140 S.

Ders.: **Jungschwäbische Lyrik in der Woiwodina**, in: DAD Jg. 6 (1923), S. 445 ff.

Ders.: **Zur Geschichte des deutschen Schrifttums im Banat**, in: DAD Jg. 12 (1929), H. 10, S. 320 f.

Stiehler, Heinrich (Hg.): **Nachrichten aus Rumänien. Rumäniendeutsche Literatur**, Auslandsdeutsche Literatur der Gegenwart Band 2 (Hauptherausgeber Alexander Ritter), Olms Presse, Hildesheim / New York 1976, 261 S.

Stupp, Johann Adam: **Die Donauschwaben im Spiegel des Schrifttums**. Festvortrag anläßlich der Kulturpreisverleihung der Donauschwaben am 29. Mai 1971, in: DS v. 20.06.1971, S. 4 f.

Szende, Béla (Hg.): **Útban a csönd felé. Magyarországi német költők, írók magyar nyelven**. [Unterwegs zur Stille. Ungarndeutsche Dichter und Schriftsteller in ungarischer Sprache], Pécs 1988, 120 S.

Tudorica, Cristina: **Rumäniendeutsche Literatur (1970-1990). Die letzte Epoche einer Minderheitenliteratur**, A. Francke Verlag, Tübingen und Basel 1997, 205 S.

Vetter, Roland: Die **fünfte Literatur vor dem Ende? Das Problem des Exils unter den Rumäniendeutschen**, in: der literat. Zeitschrift für Literatur und Kunst, Frankfurt 15.8.1988, S. 217 f.

ABKÜRZUNGEN

ADZ	*Allgemeine Deutsche Zeitung für Rumänien*, Bukarest
AH	*Apatiner Heimatblätter*, Schwimmbach/Inn
ARZ	*Arader Zeitung*, Arad
BAN	*Banatica. Beiträge zur Deutschen Kultur*, Freiburg i. Br.
BAP	*Banater Arbeiterpresse*, Hatzfeld
BDK	*Beiträge zur deutschen Kultur*, Freiburg i. Br.
BK	*Banater deutsche Kulturhefte*, Temeswar
BDZ	*Banater Deutsche Zeitung*, Temeswar
BSB	*Banater Schulbote*, Timişoara [Temeswar]
BM	*Banater Monatshefte*, Temeswar
BP	*Banater Post*, München
BU	*Bányavidéki Új Szó*, Baia Mare/Neustadt
BZ	*Bogaroscher Zeitung*, Perjamosch
CR	*Cintarea Romaniei*, Bukarest
DAD	*Der Auslandsdeutsche*, Berlin
DB	*Donauschwäbische Briefe*, Ulm
DFU	*Deutsche Forschungen in Ungarn*, Budapest
DGK	*Deutscher Genossenschafts-Kalender*, Lowrin
DJR	*Deutsches Jahrbuch für Rumänien*, Bukarest
DN	*Donaudeutsche Nachrichten*, Ludwigshafen am Rhein
DNZ	*Deutsche Nationalzeitung*, München
DH	*Donauschwäbischer Heimatkalender*, Karlsruhe
DK	*Deutscher Kalender*, Budapest
DKS	*Donauschwäbischer Kalender für Südamerika*, Buenos Aires
DL	*Donauschwäbischer Lehrer*, Temeswar
DLB	*Donauschwäbische (Forschungs- und) Lehrerblätter*, Straubing/München
DM	*Donautal Magazin*, Sersheim
DOD	*Deutscher Ostdienst. Nachrichtenmagazin des Bundes der Vertriebenen*, Bonn
DS	*Der Donauschwabe*, Aalen
DSK	*Donauschwaben Kalender*, Aalen
DSH	*Donauschwaben Heimatkalender*, Waiblingen
DSR	*Donauschwäbische Rundschau*, Karlsruhe/Großgmain
DSS	*Der Schwabenspiegel*, Temeswar
DSZ	*Donauschwaben-Zeitung*, Waiblingen
DTP	*Deutsche Tagespost*, Hermannstadt
DU	*Der Ungarndeutsche*, München
DVB	*Deutsches Volksblatt*, Neusatz
DVF	*Deutscher Volksfreund*, Werschetz
DW	*Die Woche*, Sibiu/Hermannstadt
EF	*Erdélyi féniks*, Baia Mare/Neustadt
FH	*Franzfelder Heimatkalender*, Pfullingen
FIL	*Filipowaer Heimatbriefe*, Wien/Linz
FR	*Der Franzfelder*, Pfullingen
FT	*Fränkischer Tag*, Bamberg

FTB	*Fürstenfeldbrucker Tagblatt*, Fürstenfeldbruck/München
FVL	*Forschungen für Volks- und Landeskunde*, Sibiu/Hermannstadt
GB	*Gerhardsbote*, Stuttgart
GGK	*Geschichte, Gegenwart und Kultur der Donauschwaben*, Sindelfingen
GLO	*Globus*, Sankt Augustin
GW	*Der Gemeinsame Weg*, Bonn/Düsseldorf
HA	*Heimat als Aufgabe*, Wien
HB	*Heimatbote*, Toronto
HER	*Hermannstädter Zeitung*, Sibiu/Hermannstadt
HH	*Hodschager (Haamet)Blättli*, Moosburg
HZ	*Hatzfelder Zeitung*, Hatzfeld
JDJ	*Jahrbuch der Deutschen aus Jugoslawien*, Sindelfingen
JDR	*Jahrbuch der deutschen Volksgruppe in Rumänien*, Hermannstadt
JNL	*Jahrbuch der Neuen Literatur*, Bukarest
JOV	*Jahrbuch für ostdeutsche Volkskunde*, Marburg
JVH	*Jahrbuch für Volkskunde der Heimatvertriebenen*, Salzburg
KH	*Kalender der Heimatlosen*, Linz/Salzburg
KK	*Kulturpolitische Korrespondenz*, Bonn
KLI	*Klingsor*, Kronstadt
KR	*Karpatenrundschau*, Kronstadt
KRE	*KulturReport*, Bonn
KKR	*Die kleine Karpatenrundschau*, Kronstadt
KSK	*Kalender des Schwäbisch-Deutschen Kulturbundes*, Neusatz
LK	*Landsmann-Kalender*, Arad
LZ	*Landshuter Zeitung*, Landshut
MHJ	*Mitteilungen für Heimatvertriebene aus Jugoslawien*, Stuttgart
MM	*Mannheimer Morgen*, Mannheim
NBZ	*Neue Banater Zeitung*, Temeswar
NDC	*Nachrichten der Donauschwaben in Chicago*, Chicago
NEL	*Neue Literatur*, Bukarest
NL	*Neuland*, Salzburg
NLJ	*Neuland Jahrbuch*, Salzburg
NLV	*Neuland Volkskalender*, Salzburg
NW	*Neuer Weg*, Bukarest
NWK	*Neuer Weg Kalender*, Bukarest
NWR	*Neuer Weg – Raketenpost*, Bukarest
NZ	*Neue Zeitung*, Budapest
NZE	*Neue Zeit*, Großbetschkerek
ÖB	*Österreichische Begegnung*, Wien
OG	*Ostdeutsche Gedenktage*, Bonn
OÖH	*Oberösterreichische Heimatblätter*, Linz
OWK	*Ost-West-Kurier*, Frankfurt a. M.
OZ	*Ostdeutsche Zeitung*, Hamburg/Bonn
RP	*Die Rheinpfalz*, Ludwigshafen

RNZ	*Rhein-Neckar-Zeitung*, Heidelberg
SAB	*Salzachbote*, Laufen
SB	*Der Schwengelbrunnen. Schöpfungen aus Amerika*, Chicago
SH	*Südostdeutsche Heimatblätter*, München
SI	*Signale*, Budapest
SMZ	*schwädds. Mundartzeitschrift*, Riederich
SO	*Sonntagsblatt*, Budapest
SOD	*Der Südostdeutsche*, München
SOF	*Südost-Forschungen*, München
SOK	*Südost-Kurier*, Bad Reichenhall
SP	*Schwabenpost*, Wien
SR	*Südostdeutsche Rundschau*, Budapest
ST	*Südostdeutsche Tageszeitung (Banater Ausgabe)*, Temeswar
SUE	*Suevia Pannonica*, München
SV	*Südostdeutsche Vierteljahresblätter*, München
SVE	*Schwäbischer Volkserzieher*, Neu-Werbaß
SVO	*Schwäbischer Volkskalender*, Temeswar
SVP	*Schwäbische Volkspresse*, Temeswar
TH	*Temeschburger Heimatblatt*, Temeswar
TON	*Torontaler Nachrichten*, Perjamosch
TR	*Tribuna Romaniei*, Bukarest
TT	*Trostberger Tagblatt*, Trostberg
TWB	*Traunsteiner Wochenblatt*, Traunstein
TZ	*Temesvarer Zeitung*, Temeswar
UH	*Unsere Heimat*, Stuttgart
UP	*Unsere Post*, Ostfildern
VB	*Volksbote*, München
VDK	*Volkskalender für Donauschwaben und Karpatendeutsche*, München
VDU	*Volkskalender der Deutschen aus Ungarn*, München
VIS	*Volkstum im Südosten*, Wien
VFS	*Volkskalender für Südostdeutsche*, München
VH	*Von der Heide*, Temeswar/Bukarest
VK	*Volk und Kultur*, Bukarest
VSL	*Volksbote-Kalender für Stadt und Land*, Temeswar
WA	*Die Wahrheit*, Temeswar
WEI	*Weißkirchner Nachrichten*, Föderlach
WN	*Weinheimer Nachrichten*, Weinheim